"Panorama do Direito
no terceiro milénio"

"Panorama do Direito no terceiro milénio"

LIVRO EM HOMENAGEM AO PROFESSOR DOUTOR
DIOGO LEITE DE CAMPOS

2013

ORGANIZADORES:
Daniel Freire e Almeida
Fabio Luiz Gomes
Verônica Scriptore Freire e Almeida

"PANORAMA DO DIREITO
NO TERCEIRO MILÉNIO"
ORGANIZADORES
Daniel Freire e Almeida
Fabio Luiz Gomes
Verônica Scriptore Freire e Almeida
EDITOR
EDIÇÕES ALMEDINA, S.A.
Rua Fernandes Tomás, nºs 76-80
3000-167 Coimbra
Tel.: 239 851 904 · Fax: 239 851 901
www.almedina.net · editora@almedina.net
DESIGN DE CAPA
FBA.
PRÉ-IMPRESSÃO
EDIÇÕES ALMEDINA, S.A.
IMPRESSÃO E ACABAMENTO
DIGITAL PAGE GRÁFICA E EDITORA
Junho, 2013
DEPÓSITO LEGAL

Apesar do cuidado e rigor colocados na elaboração da presente obra, devem os diplomas legais dela constantes ser sempre objecto de confirmação com as publicações oficiais.
Toda a reprodução desta obra, por fotocópia ou outro qualquer processo, sem prévia autorização escrita do Editor, é ilícita e passível de procedimento judicial contra o infractor.

 GRUPOALMEDINA

BIBLIOTECA NACIONAL DE PORTUGAL – CATALOGAÇÃO NA PUBLICAÇÃO

PANORAMA DO DIREITO NO TERCEIRO MILÉNIO

Panorama do Direito no terceiro milénio : livro
em homenagem ao Professor Doutor Diogo Leite
de Campos / org. Daniel Freire e Almeida, Fábio Luiz
Gomes, Verônica Scriptore Freire e Almeida. – (Estudos
de homenagem)
ISBN 978-972-40-4749-2

I – ALMEIDA, Daniel Freire e
II – GOMES, Fábio Luiz
III – ALMEIDA, Verônica Scriptore Freire e, 1977-

CDU 34

PREFÁCIO DOS ORGANIZADORES

DANIEL FREIRE E ALMEIDA

Os novos paradigmas e relações jurídicas do terceiro milénio têm proporcionado ao Direito constantes e motivadores desafios.

De fato, as relações jurídicas são agora impulsionadas por novos e numerosos atores. As empresas, as pessoas, os Estados, as comunidades, as organizações internacionais, a Internet, e o meio ambiente, apresentam-se como fonte inesgotável de inspiração legal aos profissionais do Direito.

Os contatos e contratos são cada vez mais internacionais, ampliando nossas referências e interferências do local para o global, e de lá pra cá.

O Direito segmentado em áreas passa a conviver interdisciplinarmente e a ganhar inovadores sufixos.

Para responder a estes complexos desafios do novo milénio, o jurista moderno deve incorporar os atuais problemas e encontrar originais caminhos jurídicos.

Vale aqui, então, enfatizar o merecido e inigualável destaque alcançado pelo Professor Doutor **Diogo Leite de Campos**.

O Doutor **Diogo Leite de Campos**, recentemente, aposentou-se de suas funções Docentes na mundialmente reconhecida Faculdade de Direito da Universidade de Coimbra.

Durante sua incomparável trajetória, contribuiu, decisivamente, através de seu empenho e dedicação, na positiva evolução da mais tradicional Faculdade de Direito do planeta rumo ao futuro.

Melhor ilustrando, o Doutor **Diogo Leite de Campos** é autor de mais de duzentas publicações jurídicas internacionais, sobre fundamentais temáticas deste milénio, e que atingiram todos os continentes da terra.

Esta indispensável tarefa, elevou e divulgou as pesquisas oriundas da Faculdade de Direito de Coimbra ao mundo.

Igualmente, seus trabalhos apresentaram-se como vetores aos corretos caminhos que o Direito deve seguir.

Na mesma ordem de ideias, seus estudos facilitaram aos juristas das mais díspares localidades, a melhor abordagem aos problemas suscitados pelas relações jurídicas atuais.

Oportuno, mencionar aqui, que sua brilhante formação acadêmica, alinhada ao desempenho de destacadas atividades profissionais ao longo de sua carreira, possibilitaram uma visão prática dos complexos fenômenos legais, ao que sempre confrontou apresentando a melhor e mais moderna técnica jurídica.

Do mesmo modo, ministrou relevantes Cursos, proferiu notáveis Palestras e participou de importantes júris, nas principais Universidades do mundo, compartilhando conhecimentos e abrindo novos caminhos de colaboração nacional e internacional.

Por igual apreciamos, que durante os 43 anos de dedicação Docente à Universidade de Coimbra, onde atingiu honrada e especial posição Catedrática, foram muitos os acadêmicos e acadêmicas que por ele foram orientados, assumindo lugar de proeminência no Brasil, Portugal, Espanha, França, China, entre muitos outros países.

Por outro lado, dentro do escopo desta Obra, podemos dizer, muito seguramente, que sua humildade e máxima atenção para com os estudantes sempre contribuíram, decisivamente, para a conclusão dos objetivos acadêmicos daqueles que o procuravam, justificando, também, a iniciativa de construção e organização deste Livro.

Em verdade, as qualidades do querido Professor serviam de referência positiva àqueles que, naquele momento, eram estudantes de Mestrado e Doutorado, e que a seguir passavam à atividade Docente em diversos pontos do planeta, mas, sobretudo, com um exemplo de nobreza e dedicação ao Magistério, atributos que sempre destacaram o Professor **Diogo Leite de Campos**.

Não obstante sua competência máxima, e carreira brilhante, o respeito, as orientações, e a interação nacional e internacional que se disponibilizou para com seus estudantes colocam o Doutor **Diogo Leite de Campos** como um dos maiores e melhores de Coimbra, em seus Séculos de história.

Por conseguinte, a presente Obra reúne artigos que traçam um panorama moderno do Direito, possibilitando o acesso aos principais trabalhos de Mestrado e Doutorado orientados pelo Doutor **Diogo Leite de Campos**, e aprovados por bancas em renomadas Universidades.

Os importantes temas desenvolvidos, muito diretamente, e positivamente, influenciados pelo conjunto da Obra do Professor Doutor **Leite de Campos**, transitam pelas áreas do Direito Tributário, Direito Civil, Direito Internacional, Direito na Internet, Direito Financeiro, Direito Econômico, Direito Empresarial e Direito Processual Civil, oferecendo uma oportunidade pioneira e inovadora de fonte interdisciplinar de pesquisas para estudantes e profissionais do Direito, e que foram especialmente dedicados ao ilustre Professor.

Por derradeiro, na qualidade de aluno, orientado no Mestrado e no Doutorado pelo Professor Doutor **Diogo Leite de Campos**, gostaria de enfatizar a máxima honraria e extrema felicidade em poder integrar, juntamente com os outros 21 importantes autores desta Obra, esta merecidíssima Homenagem ao Professor Doutor **Diogo Leite de Campos**.

Coimbra, Janeiro de 2012.

FABIO LUIZ GOMES

Muito me honra ser um dos prefaciadores da obra em Homenagem ao Professor Doutor Diogo Leite de Campos denominada Panorama do Direito no Terceiro Milênio.

O Professor Doutor Leite de Campos destaca-se como jurista na língua portuguesa com reconhecimento internacional por desenvolver relevantes trabalhos em diversas áreas do conhecimento humano. É profundo conhecedor interdisciplinar e multidisciplinar, estabelecendo conexões entre o Direito, a Economia, a Filosofia e a Sociologia.

É Professor Catedrático da Universidade de Coimbra. É Doutor em Direito pelas Universidades de Coimbra e de Paris II e também Doutor em Economia por Paris IX.

Possui enorme experiência acadêmica, onde lecionou, proferiu conferências ou fez parte de júris, nas Universidades de Coimbra, Católica Portuguesa, Nova de Lisboa, Autônoma de Lisboa, Portucalense, Livre de Lisboa, Paris II, Paris X, Montpellier, Poitiers, Bordeaux, Carlos de Praga, Academia Financeira de Moscou, Roma La Sapienza, Federal Fluminense, Federal de Minas Gerais, Salamanca, Santiago de Compostela, Federal do Paraná, Federal do Rio Grande do Sul, do Estado de São Paulo, Fundação Getúlio Vargas (São Paulo), Castilla - la Mancha, Pontifícia Universidade Católica de Minas Gerais (Belo Horizonte), Bologna (Itália), Complutense de Madrid, etc.

Nestas suas atividades, tive a honra de ser aluno do Professor Doutor Leite de Campos no curso de Mestrado em Direito na Universidade de Coimbra e tê-lo como orientador de dissertação. Fui ainda agraciado, na continuidade da carreira acadêmica, em ter o Professor Doutor Leite de Campos como orientador no Doutoramento em Direito pela mesma Universidade.

O Professor Doutor Leite de Campos é autor de mais de duzentas obras sobre temas de Direito Fiscal, Direito Civil e Direito Comercial, publicadas em Portugal, Espanha, França, Itália, Países Baixos, República Checa, Rússia, Brasil, Argentina, México, Canadá etc.

No rol da sua imensa produção científica, muito me dignificou ter o prefácio do Professor Doutor Leite de Campos na publicação da minha dissertação de Mestrado, cujo livro é o "Manual sobre o IVA nas Comunidades Européias e os Impostos sobre o Consumo no Mercosul". Igualmente honroso foi contar com o Professor Doutor Leite de Campos como prefaciador e autor do livro que coordenei denominado "Direito Internacional – Perspectivas Contemporâneas".

O Professor Doutor Leite de Campos tem também extensa participação na vida pública prática, sempre atuante no desenvolvimento da sociedade, não só a portuguesa, mas também mundial.

Foi administrador do Banco de Portugal (1994-2000); Presidente do Conselho Consultivo da CMVM (1994-2000); Presidente da Comissão que elaborou a Lei Geral Tributária (Portugal-1998); Presidente da Comissão que elaborou o Projeto da Tributação da Família (1999-2000).

É autor e co-autor de diversos anteprojetos de lei sobre direito fiscal, comercial e financeiro (locação financeira, titularização de créditos, imposto de mais-valia, sistema bancário de Macau etc).

Foi membro de diversos Grupos de Trabalho do Comitê de Assuntos Fiscais da OCDE e Membro da Comissão Técnica de Impostos da Ordem dos ROCS (2004).

É advogado atuante, é Sócio de Leite de Campos, Soutelinho & Rolim e Associados ,Sociedade de Advogados RL. (Lisboa).

O Professor Doutor Leite de Campos possui o título honorífico na qualidade de membro honorário do Instituto dos Advogados Brasileiros – IAB, o que muito me honra como membro efetivo do mesmo Instituto.

A homenagem feita ao Professor Doutor Leite de Campos representa uma oportunidade para dimensionar a extensão da sua contribuição ao desenvolvimento da sociedade coetânea. Neste sentido, a obra coletiva "Panorama do Direito no Terceiro Milênio" está perfeitamente adequada aos desafios do tempo atual.

Pela riqueza de abordagens, a obra é recomendada a todos aqueles que buscam aprofundamento doutrinário seguro sem abrir mão de pontos de vista inovadores sobre o novo milênio que se inicia.

Neste sentido "O Panorama do Direito no Terceiro Milênio" reflete uma merecida homenagem ao Professor Doutor Leite de Campos e se apresenta como importante contribuição, com profundos artigos elaborados por autores autorizados, sendo estes alunos ou ex-alunos do Professor Doutor Leite de Campos.

O leitor poderá constatar que os artigos são densos, profundos, inovadores, realizados por juristas destacados e inquietos e sempre buscando o melhor de si para todos NÓS.

VERÔNICA SCRIPTORE FREIRE E ALMEIDA

Podemos conferir a significância da palavra Direito como Lei, Ordem, Justiça. Regras obrigatórias de comportamento social, e necessárias para a convivência humana.

Contudo, o preâmbulo do novo milénio anuncia aquilo que antecipou o Professor Doutor **Diogo Leite de Campos**: *"o "fixo" e o "imutável" são apenas expressões que revelam um momento da evolução "*[1].

De fato, o Direito somente pode resistir se estiver intimamente ajustado aos novos Direitos, às novas relações.

Por sua vez, nas Universidades, os Cursos de Direito devem estar alinhados ao *curso* do Direito.

Neste contexto, na Licenciatura, em geral, os alunos aprendem as Leis, as regras obrigatórias, os códigos, sobrando pouco tempo para a reflexão acerca deles, e os "porquês" são incorretamente dispensáveis.

Entretanto, foi como aluna do ilustre Professor Doutor **Diogo Leite de Campos**, no Curso de Mestrado da Faculdade de Direito da Universidade de Coimbra que, muito oportunamente, pude refletir sobre as diferentes formas das inter-relações jurídicas, observando a sociedade hodierna.

Em suas inesquecíveis aulas aprendemos o Direito, não apenas objetivamente, mas, sim, profundamente, em todos os seus peculiares aspectos.

Através das lições do Doutor **Diogo Leite de Campos**, aprendemos a ir além, a inovar, a propor, a refletir, agir, transcender!

Com seu trabalho intelectual, suas inovadoras metodologias de ensino[2] e seu empenho em transmitir preciosos conhecimentos pertinentes, o Doutor **Diogo Leite de Campos** alcançou a simpatia e o respeito de número expressivo e qualitativo de juristas por todo o mundo.

---

[1] LEITE DE CAMPOS, Diogo. *The Law in US. New York: Lawinter Review*, Volume I, Issue 1, March 2010, p. 28.

[2] Em importante ilustração a respeito, podemos citar a ocorrência, em 2003, da brilhante Vídeo-Conferência Internacional ministrada pelo Professor Doutor Diogo Leite de Campos, "ao vivo", diretamente de Portugal ao Brasil, em tempos onde o "Skype" ainda estava em fundação. *Cfr.* LEITE DE CAMPOS, Diogo, FREIRE E ALMEIDA, Daniel (Org.). *A Formação do Direito Europeu. Vídeo-Conferência Internacional Portugal-Brasil.* Lisboa e Bauru: ITE, DVD, 2003.

Deve-se destacar, nesse plano e por fundamental, que o conjunto da Obra construída pelo Doutor **Diogo Leite de Campos**, engrandeceu o panorama de debates e reflexões a respeito dos mais expressivos temas do Direito.

Em breve ilustração a respeito, é de se recordar nesse ponto, o **pioneirismo** de publicações em diversos segmentos jurídicos, como, por exemplo, no Direito na **Internet** (1993), no Direito dos *Trusts* em Portugal (1999), no Direito **Fiscal e Tributário** (1971), no Direito **Civil** (1971), e na **Arbitragem** em Direito Tributário (2005), antecipando questões fulcrais do Direito no terceiro milénio[3].

Com efeito, o Doutor **Diogo Leite de Campos** sempre esteve à frente dos tempos, atraindo os acadêmicos desejosos em aprofundar temas futuristas e cruciais.

Foi nessa perspectiva então, que decidimos reunir em um especial Livro, seleto grupo de autores, que desenvolveram inovadores assuntos jurídicos, em linha com a devida evolução do Direito.

Se muito bem observarmos, as temáticas enfocadas nesta Obra guardam especial relação com aquelas antes propostas pelo Professor Doutor **Diogo Leite de Campos** ao longo de sua carreira.

Muito importante mencionar, neste contexto, a máxima disposição dos autores, e a unânime aceitação na edificação desta Obra, demonstrando a enorme felicidade em prestigiar tão querido Professor.

Nesta linha, pois, como Professora de Direito, Mestre e Doutoranda sob a orientação do Doutor **Diogo Leite de Campos**, é com muita alegria e satisfação, que em nome de todos NÓS autores profiro: "**MUITO OBRIGADA PROFESSOR!**".

O que se deseja por fim, é estender o convite a todos os profissionais do Direito, através da leitura deste Livro, a participarem do Direito no terceiro milénio!

Coimbra, Janeiro de 2012.

---

[3] Vide LEITE DE CAMPOS, Diogo. *A Imagem que dá poder: privacidade e Informática Jurídica*. Coimbra: Separata das Actas do Congresso Internacional realizado em Novembro de 1993 pelo Instituto Jurídico da Comunicação da Faculdade de Direito da Universidade de Coimbra. Coimbra, 1996. Vide LEITE DE CAMPOS, Diogo. *A Internet e o Princípio da Territorialidade dos Impostos*. Lisboa: Revista da Ordem dos Advogados, ano 58, 1998. Vide LEITE DE CAMPOS, Diogo; VAZ TOMÉ, Maria João. *A Propriedade Fiduciária (Trust), Estudo para a sua Consagração no Direito Português*. Coimbra: Almedina, 1999. Vide LEITE DE CAMPOS, Diogo. "A determinação do lucro tributável das agências das sociedades de seguros com sede no estrangeiro", C.T.F., Lisboa, 1971. Vide LEITE DE CAMPOS, Diogo. "Seguro da responsabilidade civil fundada em acidentes de viação – Da natureza jurídica", Coimbra, 1971, Livraria Almedina. Vide LEITE DE CAMPOS, Diogo. *Certeza e Segurança no Direito Tributário: a arbitragem*, R.O.Advs, ano 65, II, Lisboa, Setembro 2005, págs. 313 e segs.

HOMENAGEADO

PROFESSOR DOUTOR DIOGO LEITE DE CAMPOS

"Curriculum Vitae"
(resumido)

- Advogado e Professor Catedrático (Ap.) da Faculdade de Direito de Coimbra e da Universidade Autónoma de Lisboa.
- Doutor em Direito (Universidade de Coimbra), Docteur d'État en Droit (Universidade de Paris II) e Doutor em Economia – Políticas Económicas e Sociais (Universidade de Paris IX).
- DEA em História da Expansão pela EHESS e Universidade de Paris 4
- Administrador do Banco de Portugal (1994-2000).
- Presidente do Conselho Consultivo da CMVM (1994-2000).
- Presidente da Comissão que elaborou a Lei Geral Tributária (1998).
- Presidente da Comissão que elaborou um projecto sobre a tributação da família (1999-2000).
- Autor ou co-autor de diversos ante-projectos de lei sobre Direito fiscal, comercial e financeiro (locação financeira, titularização de créditos, imposto de mais-valias, sistema bancário de Macau, etc.)
- Foi membro de diversos grupos de trabalho do Comité de Assuntos Fiscais da OCDE.
- Membro da Comissão Técnica de Impostos da Ordem dos ROCs (2004)
- Autor de mais de duzentas obras sobre temas de Direito Fiscal, Direito Civil e Direito Comercial, publicadas em Portugal, Espanha, França, Itália, Países Baixos, República Checa, Rússia, Brasil, Argentina, México, Canadá, etc.
- Leccionou, proferiu conferências ou fez parte de júris, nas Universidades de Coimbra, Católica Portuguesa, Nova de Lisboa, Autónoma de Lisboa, Portucalense, Livre de Lisboa, Paris II, Paris X, Montpellier, Poitiers, Bordeaux, Carlos de Praga, Academia Financeira de Moscovo, Roma La Sapienza, Fede-

ral Fluminense, Federal de Minas Gerais, Salamanca, Santiago de Compostela, Federal do Paraná, Federal do Rio Grande do Sul, do Estado de S. Paulo, Fundação Getúlio Vargas (S. Paulo), Castilla – la Mancha, Pontifícia Universidade Católica de Minas Gerais (Belo Horizonte), Alma Mater Studiorum (Bologna),Complutense de Madrid, etc.

➢ Membro da Comissão de avaliação externa da Faculdade de Direito da Universidade de S. Paulo, Brasil (2010).

➢ Leccionou cursos de licenciatura, mestrado e doutoramento sobre Direito Civil, Direito Comercial, Direito Bancário e dos Seguros, Direitos da personalidade, Direito da insolvência e recuperação das empresas, Direito da regulação, etc.

BIBLIOGRAFIA DO HOMENAGEADO

PROFESSOR DOUTOR DIOGO LEITE DE CAMPOS

1. "Seguro da responsabilidade civil fundada em acidentes de viação – Da natureza jurídica", Coimbra, 1971, Livraria Almedina.
2. "Subsídio para o estudo de uma reforma dos processos de avaliação da matéria colectável", C.T.F., Lisboa, 1971.
3. "A determinação do lucro tributável das agências das sociedades de seguros com sede no estrangeiro", C.T.F., Lisboa, 1971.
4. "Taxation of small and medium enterprises", Madrid, 1972.
5. "Seguro e prevenção de acidentes automóveis", C.T.F., Lisboa, 1973.
6. «Les sociétés de personnes et les coentreprises en droit fiscal international", Cahiers de droit fiscal international, Rotterdam, 1973.
7. "A Responsabilidade Civil dos Administradores de Empresa e o seu Seguro", in "A Responsabilidade Civil Profissional e da Empresa e o seu Seguro", Lisboa, 1973.
8. "Subsidiariedade da obrigação de restituir o enriquecimento", Coimbra, Livraria Almedina, 1974.
9. "A indemnização do dano da morte", Boletim da Faculdade de Direito de Coimbra, 1974.
10. "Os agentes de seguros. Noção e regime jurídico fiscal", C.F.T., Lisboa, 1977.
11. «Les presupposés externes de l'action "de in verso", Paris, 1978, dact.
12. "A inconstitucionalidade do imposto complementar", Boletim da Faculdade de Direito de Coimbra, 1978.
13. "Contratos a favor de terceiro", Coimbra, Livraria Almedina, 1979 – 2ª ed., 1991.
14. Jean Carbonnier, Sociologia Jurídica, Tradução Portuguesa de Diogo Leite de Campos, Coimbra, Livraria Almedina, 1979.

15. "Tributação da família. Carga fiscal e inconstitucionalidade", Boletim da Faculdade de Direito de Coimbra, 1980.
16. "La protection de l'enfant en droit social portugais", Travaux de l'Association Henri Capitant, Paris, 1980, e Boletim da Faculdade de Direito de Coimbra.
17. "Família e Sucessão", Boletim da Faculdade de Direito de Coimbra, 1981.
18. "A locação financeira na óptica do utente", Revista da Ordem dos Advogados, Lisboa, 1982, e AIP, Informação ano 8, Dez. 1982.
19. "Enriquecimento sem causa e responsabilidade civil", Revista da Ordem dos Advogados, Lisboa, 1982.
20. "Autonomia contratual e contrato a favor de terceiro", Revista de Direito Comparado Luso-Brasileiro, Rio de Janeiro, 1982.
21. "Poluição industrial e responsabilidade civil", Revista da Ordem dos Advogados, Lisboa, 1983, e Revista de Direito Comparado Luso-Brasileiro.
22. "Nota sobre a admissibilidade da locação financeira restitutiva (lease-back) no direito português", Revista da Ordem dos Advogados, Lisboa, 1983.
23. "Evolução e perspectivas do Direito Fiscal", Revista da Ordem dos Advogados, Lisboa, 1983.
24. "Notas de Direito Fiscal", Revista da Ordem dos Advogados, Lisboa, 1983.
25. "Aspectos Institucionais do Problema da Habitação", in Propriedade Urbana, (Associação Lisbonense do Proprietário), nº 295, Julho/ Agosto 1983 (Colóquio sobre "Direito à Habitação"), págs. 6 e segs.
26. "As sociedades de garantias", Boletim da Associação Industrial Portuguesa, Lisboa, 1983.
27. "Locação financeira e seguro", Egide, Lisboa, 1984.
28. "Justiça e certeza no direito tributário português", Direito Tributário, Estudos em homenagem ao Prof. Ruy Barbosa Nogueira, S. Paulo, 1984.
29. "O sale and lease-back: estrutura e função", Estudos jurídicos em homenagem ao Professor Mário da Silva Pereira, Rio de Janeiro, 1984.
30. "O novo Direito sucessório português", Revista de Direito Comparado Luso-Brasileiro, Rio de Janeiro, 1984.
31. "Imposto sobre o aumento do valor do capital", DGCI, Lisboa, 1984.
32. "Imposto sobre o Aumento do Capital", Jornal da Contabilidade, VIII; Julho de 1984, pág. 171.

33. "Imposto e Desenvolvimento Económico", Revista da ACAP, ano X, nº 53, Outubro, 1984.
34. "Parentesco, casamento e sucessão", Revista da Ordem dos Advogados, Lisboa, 1985.
35. "A reforma dos tribunais fiscais", Revista da Ordem dos Advogados, Lisboa, 1985.
36. "Imposto sobre o aumento do valor do capital", Boletim da Faculdade de Direito de Coimbra, 1985.
37. "O enquadramento jurídico da empresa na óptica da adesão à C.E.E.", Jornal da Contabilidade, IX, 104, 1985.
38. "Fundamentação dos actos tributários: regras gerais", Revista do Instituto dos Advogados de S. Paulo, II, 1986, nº. 2.
39. "Onde se fala de boa fé no imposto de transacções", Anotação, Revista da Ordem dos Advogados, 1986.
40. "A invenção do Direito matrimonial/ I Parte" – Boletim da Faculdade de Direito de Coimbra, LXII, 1986, pág. 1 e segs.
41. "La responsabilité du banquier", Travaux de l'Association Henri Capitant, 1986; "A responsabilidade do banqueiro", Revista da Ordem dos Advogados, 1987.
42. "Aspectos Fiscais da Adesão – O melhor IVA da CEE", in "Cadernos do IEP" (Instituto de Estudos Políticos), 1, 1987, págs. 35 e segs.
43. «Plaidoyer pour la vie: l'indemnisation du dommage de la mort", Archives de Philosophie du Droit, Paris.
44. "A vida a morte e a sua indemnização", Boletim do Ministério da Justiça, Lisboa.
45. «La desinstitutionalisation du mariage", Revue de Droit Civil, Ottawa, Canadá.
46. "A desinstitucionalização do casamento", Tabulae, Juíz de Fora, (Brasil), e Revista de Direito Comparado Luso-Brasileiro, Rio de Janeiro.
47. Também em: Anales de Ciencias Sociales y Economicas de la Fondacion Faram Valles I Taberner.
48. "Fiscalidade e antropologia", Revista da Ordem dos Advogados, Lisboa e Cuadernos de Derecho Tributário, Madrid.

49. Coordenador da obra colectiva "Direito das empresas", editada pelo Instituto Nacional de Administração, redigindo também os capítulos "Arbitragem", "Contratos" e

50. "Sociedade de locação financeira".

51. "Ensaio de análise tipológica do contrato de locação financeira", Boletim da Faculdade de Direito de Coimbra.

52. Colaborador da "Enciclopédia Verbo".

53. Colaborador da "Enciclopédia Polis".

54. Diversas obras publicadas em policopiado, entre as quais "Direito tributário, I – Princípios constitucionais", Lições ao 2º ano de Direito de 1987-88, Coimbra, 1988.

55. O Estatuto Sucessório do Cônjuge Sobrevivo", R.O. Advs. 50, 1990, pág. 449 e segs. e Travaux de l'Association Henri Capitant, Paris, 1988.

56. "Fiscalidade do Urbanismo", Direito do Urbanismo, INA, Lisboa, 1988.

57. Diversos pareceres e anotações jurisprudenciais publicados.

58. Discursos em doutoramento "honoris causa" em Direito pela Universidade de Coimbra (Amintore Fanfani, Anselmo de Castro, Fernando de la Rùa, etc.)

59. «La verité et le droit – Aspects fiscaux" – Journées Canadiennes de l'Association Henri Capitant – Travaux.

60. "Acerca do Imposto Único sobre o Rendimento", R.O. Advogados, 48, 1988, pág. 663 e segs.

61. Acerca do Imposto Único sobre o Rendimento, R.O.Advs, ano 48, Lisboa, Setembro 1988, págs. 663 e segs.

62. Anatocismo, Regras e Usos Particulares do Comércio, R.O.Advs, ano 48, Lisboa, 1988, págs. 37 e segs.

63. "Direitos da Família e da Pessoa na Constituição" in "Planeamento Familiar", nºs 44/45, 1989, págs. 21 e segs.

64. "Acerca dos Códigos dos Impostos sobre o Rendimento – Brevíssimas Notas", Revista da Ordem dos Advogados, ano 49, Lisboa, Setembro 1989, pág. 325 e segs.

65. "Reavaliações dos Bens das Empresas", R.O. Advs., ano 49, Lisboa, 1989, pág. 957 e segs.

66. Acerca dos Códigos do Imposto sobre o Rendimento (Brevíssimas notas), R.O.Advs, ano 49, Lisboa, Setembro, 1989, págs. 329 e segs.

67. "Matéria Colectável na Contribuição Industrial" (1980), Rev. O. Adv., 1989, pág. 967 segs.

68. "Lições de Direitos da Personalidade", 1ª ed., Lisboa, 1989 (policop.) e 2ª ed., Coimbra, 1992.

69. "Ascensão e declínio da instituição jurídica do matrimónio", Revista Brasileira de Direito Comparado, 8, 1990, pág. 39 e segs.

70. Rogério Ehrhardt Soares e .... – "A família em Direito Constitucional Comparado", R. O. Advs., 50, 1990, pág. 5 e segs.

71. "Lições de Direito da Família e das Sucessões", Coimbra, 1991; 2º ed., Coimbra, 1997; 2ª ed., Belo Horizonte, 1997.

72. "A Nova Família", in "Direitos da Família e do Menor", ed. por Sálvio de Figueiredo Teixeira, Belo Horizonte, 1992.

73. "A Responsabilidade do Credor na fase de não cumprimento", Rev. O. Advs., Lisboa, 1992.

74. "A Locação Financeira", Lisboa, 1994.

75. "A Determinação da Matéria Colectável: Fixação de Rendimentos e Avaliação de Bens", C.T.F., 1994.

76. «La Bonne Foi en Droit Fiscal", Travaux de l'Association Henri Capitant, Paris, 1994.

77. "A Banca no Limiar do Ano 2000", in Revista da Banca, no. 32, Out/Dez, 1994, págs. 53 segs.

78. Os cidadãos e o Estado de Direito Democrático e Social, Revista da Faculdade de Direito da UFMG, nº 34, 1994, págs. 229 e segs.

79. A família como grupo: das suas agonias do Direito da Família, R.O.Advs, ano 54, III, Lisboa, Dezembro 1994, Págs. 916 e segs.

80. A harmonização fiscal na CEE, in "O Direito Comunitário e a Construção Europeia", Coimbra, 1994 (Studia Iurídica).

81. "A Tributação da Família em Portugal", Jornal Tributário, São Paulo, nº. 23.

82. "O Cidadão–absoluto e o Estado, o Direito e a Democracia", R.O.Advs., 53, I.

83. "Da Responsabilidade do Credor na fase de Incumprimento", R.O. Advs., 52, III.

84. "Os Direitos da Personalidade: Categoria em Reapreciação"; BMJ; 403, Revista da Faculdade de Direito Milton Campos, ano I, vol. 1, págs. 35 e segs.

85. "O Ofício do Jurista", R.O.Advs, 53, II.

86. "O Direito e os Direitos da Personalidade", DEREITO, Revista Xurídica da Universidade de Santiago de Compostela, II, 2.

87. "Burla e impostos", com Mônica Horta Neves Leite de Campos, R.O. Advs., Lisboa, Julho/1995, págs. 551 e segs.; Revista do Instituto dos Advogados de Minas Gerais, 1998, Belo Horizonte, págs. 131 e segs.

88. Direito Tributário, com Mônica Horta Neves Leite de Campos, Coimbra, Almedina, 1996.
2ª edição, Coimbra, Almedina, 2000
Ed. Brasileira, Liv. Del REY, Belo Horizonte, 2001

89. "A Imagem que dá poder: privacidade e informática jurídica", nas Actas do Congresso Internacional "Comunicação e Defesa do Consumidor", Coimbra, 1996.

90. Portugal e a Moeda Única Europeia", in Desafios do Século XXI, S. Paulo, 1997.

91. Valores e limites dos códigos éticos no sistema financeiro, in "Ética empresarial económica", Porto 1997.

92. Sigilo bancário, in "Sigilo Bancário", Lisboa 1997.

93. "O Direito Bancário e o Euro", policop., Lisboa, 1997 in "A importância do Direito Bancário em Portugal".

94. Evropske bankouri, právo a hospodáiská a munováunie, EMP, Odborn asopis o evropském a mezinárodnímprávu, Praga, 1997, 1-2, pág. 10 e segs.

95. "O estatuto jurídico do nascituro", R.O. Advs., Lisboa, 1997, ATA, Arquivos dos Tribunais de Alçada do Rio de Janeiro, v. 27, 1997, p. 31 segs, e Revista do Instituto dos Advogados de minas Gerais, nº 5, 1999, BH, M6, págs. 219 e segs.

96. Tendências Actuais do Leasing no Direito Europeu, ATA, 31, 1998, Editora Degrau Cultural, Rio de Janeiro, Págs. 17 e segs.

97. Princípios Fundamentais do Ordenamento Bancário e Financeiro na U.E. e na América Latina, in Revista de Direito Bancário, 1, S. Paulo, 1998, p. 119 e segs.

98. Direito da Família e das Sucessões – Relatório – Coimbra, 1998.

99. A alienação em garantia – Estudos em Homenagem ao Banco de Portugal – 150º Aniversário, Lisboa, Banco de Portugal, 1998, págs. 5 e segs.

100. "Internet e o princípio da territorialidade dos impostos", R.O.A., Lisboa, 58, Julho/1998, pág. 637 e segs.

101. A vossa vida é importante para Nós, Diogo Leite de Campos e Mónica Neves Leite de Campos, in "Reflexões sobre um referendo", "Vida e Direito", Princípia, Lisboa, 1998, págs. 50 e segs.

102. "Lei Geral Tributária, Comentada e Anotada", com Benjamim Silva Rodrigues e Jorge Lopes de Sousa, Lisboa, 1999.
2ª edição. Lisboa, Vislis, 2000.

103. Problemas Fundamentais do Direito Tributário, (autores diversos), Lisboa, Vislei, 1999.

104. Генезис Граданских Прав Личности, Moscovo, 1999.

105. Jurisprudência comentada.

106. Decisões administrativas comentadas.

107. "A unificação do Direito financeiro como pressuposto e consequência da União Europeia", Revista Brasileira de Direito Comparado, Rio de Janeiro, nº 16, 1999, págs. 3 e segs.

108. Maria João Tomé e Diogo Leite de Campos, A propriedade fiduciária ("Trust"), Estudos de adaptação ao Direito português, Coimbra, 1999

109. Ética, direito e actividade empresarial, Revista Doutrinária, Rio de Janeiro, 1999, págs. 41 e segs.

110. As transformações gerais do direito comercial a seguir à União Europeia, Revista Doutrinária, Rio de Janeiro, 1999, pág. 65 e segs.

111. Ética, Direito e ética empresarial, "Ética no Direito e na Economia", coord. Ives Gandra da Silva Martins, S. Paulo, 1999; Revista Doutrinária, Lúmen Juris, Rio de Janeiro, 1999, págs. 41 e segs.

112. A titularização de créditos (securitização), Revista brasileira de Direito Comparado, 17, 1999, Rio de Janeiro, págs.113 e segs.

113. A Unificação do Direito Financeiro como pressuposto e consequência da União Europeia, Revista Brasileira de Direito Comparado, (Instituto de Direito Comparado), nº 16, Rio de Janeiro, 1999, págs. 3 e segs.

114. Prefácio a Miguel Corte-Real, "Processo Contra-ordenação Fiscal – Tramitação", Vida Económica, Porto, 1999.

115. Lei Geral Tributária, comentado e anotada, Lisboa, Vislis, 1999, ..., Benjamim Silva Rodrigues e Jorge Lopes de Sousa.

116. A aplicação de recursos no mercado imobiliário: a experiência europeia, in Actas do seminário sobre aspectos jurídicos e económicos do sistema de financiamento imobiliário, Escola Nacional de Magistatura do Brasil, Praia do Forte, Bahia, 12/13 Março de 1999, págs. 47 e segs.

117. A Titularização de Créditos – Bases Gerais, in "Titularização de créditos", (Instituto de Direito Bancário), Lisboa, 2000, págs. 9 e segs.

118. A Alienação em Garantia, Revista Doutrinária (Instituto Ítalo-Brasileiro de Direito Comparado), Rio de Janeiro, 2000, Lúmen Juris, págs. 51 e segs.

119. Os Direitos da Personalidade: Génese e Sentido, in Revista Doutrinária (Instituto Ítalo-brasileiro do Direito Privado e Comparado, editora Lúmen Juris, Rio de Janeiro, 2000), ano 4, nº 4, Maio, 2001, págs. 27 e segs.

120. Locação Financeira (Leasing) e Locação, R.O.Advs, ano 62, III, Lisboa, Dezembro 2002, págs. 759 e segs.

120. A introdução dos direitos da personalidade no Direito Tributário: a Lei Geral Tributária Portuguesa, Actas do I Congresso Internacional de Direito Fiscal, Edições Universidade Fernando Pessoa, Porto, 2000, pág. 205 e segs.

121. O novo regime jurídico da titularização ("securitização") de créditos em Portugal, Revista de Direito bancário, do mercado de capitais e da arbitragem, S. Paulo, ano 3,no. 7,janeiro – março, 2000, págs. 239 e segs.

122. O euro e o Direito bancário, Revista de Processo, ano 25, Jan. Março 2000, Estudos em Homenagem ao Min. Sálvio Figueiredo Teixeira, págs. 135 e segs.

123. Abuso de confiança e IVA – Lisboa, CTF. 2001, no. 404.

124. "Banco de Portugal", Dicionário Jurídico da Administração Pública, 2º Suplemento, Lisboa, 2001, pág. 29.

125. ... e Manuel Monteiro, Titularização de Créditos, Anotações ao Decreto-Lei nº 453/99 de 5 de Novembro, Coimbra, Almedina, 2001.

126. Protecção fiscal da família," Direito da Família e Política social, Publicações da Universidade Católica, Porto, 2001,págs. 43 e segs.

127. ... e Stela Barbas – O início da pessoa humana e da pessoa jurídica, Revista Doutrinária, Ano 5, no.5, Rio de Janeiro, 2002,pág. 111 e segs.

128. O novo princípio da dignidade da mulher segundo Sto. Ambrósio, Estudos em Homenagem à Professora Doutora Isabel de Magalhães Collaço, Coimbra, Almedina, 2002, II vol.

129. Locação financeira (leasing) e locação, Rev. O. Advs., Lisboa, ano 62, Dez. 2002, págs. 762 e segs.

130. Direito das Finanças Privadas, BFDC, vol. Comemorativo, Coimbra, 2002.

131. Globalização e Regionalização em matéria de impostos, Revista Brasileira de Direito comparado, 22, 1º semestre 2002, pág. 3 e segs.

132. O regresso da sociedade civil: a arbitragem", in Os custos da Justiça, coord. João Álvaro Dias, Coimbra, Almedina, 2003, p. 165 e segs.

133. Aplicação no tempo da nova taxa da Sisa/IMT, Boletim da Ordem dos Advogados, 28, Set./Out. 2003, págs.60 e segs.

134. Direito sobre si mesmo? Não – Revista Ibero-Americana de Direito Público, vol. XII,2003, Rio de Janeiro, América Jurídica, págs. 83 e segs.

135. Coordenador de " O Direito Contemporâneo em Portugal e no Brasil", Almedina, Coimbra, 2003.

136. O Enriquecimento sem causa em Direito Brasileiro, in Nuovo Códice Civile Brasiliano, a cura di Alfredo Cardinale, Milano, Giuffrè, 2003, págs. 173 e segs.

137. Justiça e arrecadação nos impostos portugueses – Um sistema esgotado, ibid., págs. 133 e segs.

138. Direitos fundamentais de terceira geração, com Paulo Mota Pinto, ibid., págs. 497 e segs.

139. ... e Teresa Nogueira, Notas sobre a capacidade jurídico-fiscal do cabeça de casal (art. 91º e segs. Da LGT), CTF, 409/410, págs. 137 e segs.

140. NÓS, Estudos sobre o Direito das Pessoas, Coimbra, Almedina, 2004.

141. Abuso de confiança em IVA? Não. Revista TecnoMetal, Maio/Junho 2004, nº. 152,Porto, pág.43 e segs. (ed. IAMMP).

142. Compensação de créditos fiscais, Revista da Ordem dos Advogados, ano 64, Lisboa, Novembro de 2004, págs. 113 e segs.

143. "Eu – Tu: O amor e a família (e a comunidade), (Eu – Tu – Eles)", Comemoração dos 35 anos do Código Civil e dos 25 anos de Reforma de 1977, Coimbra, Coimbra Editora, 2004, págs. 41 e segs.

144. O Novo Contrato Social: dos impostos às contribuições, R.O.Advs, ano 65, III, Lisboa, Dezembro 2005, págs. 649 e segs.

145. O Estatuto Jurídico da Pessoa (Direitos da Personalidade) e os impostos, R.O.Advs, ano 65, I, Lisboa, Junho 2005, págs. 31 e segs.

146. El Estatuto Jurídico de la Persona (Derechos de Personalidad) y los impostos in coord. Pasquale Pistone e Heleno Taveira Tôrres,in Estudos de Derecho Tributário Constitucional e Internacional, Homenaje latinoamericano a Victor Uckmar, Editora Abaco, Buenos Aires, 2005, págs. 231 e segs.

147. Tributação dos Rendimentos de factos ilícitos, págs. 9 e segs.

148. Interpretação das Normas Fiscais, págs. 17 e segs.

149. Ineficácia dos Actos e negócios Jurídicos, págs. 185 e segs.

150. Evasão Fiscal, fraude Fiscal e Prevenção Fiscal, págs. 189 e segs.

151. Simulação dos Negócios Jurídicos, págs. 219 e segs.

152. Relatório Preliminar da Faculdade do Direito da Universidade de Coimbra, in "Reforma do Direito Civil", Ministério da Justiça, Gabinete da Política Legislativa e Planeamento, Coimbra, Almedina, págs. 25 e segs.

153. Certeza e Segurança no Direito Tributário: a arbitragem, R.O.Advs, ano 65, II, Lisboa, Setembro 2005, págs. 313 e segs.

154. Certeza e Direito Tributário: a arbitragem, in Tratado do Direito Constitucional Tributário, Estudos em Homenagem a Paulo de Barros Carvalho, Coord. Heleno Taveira Tôrres, editora Saraiva, S. Paulo, 2005, págs. 773 e segs.

155. "Código Civil dos franceses, ou Código Civil de Napoleão", Universidade Lusíada, II Série, nº 3, 2005.

156. A relação da pessoa comigo mesma, Comemoração dos 35 anos do Código Civil e dos 25 anos de Reforma de 1977, Coimbra, Coimbra Editora, 2006, págs. 139 e segs.

157. O Mercado Comum Europeu e a Instituição de Barreiras Tarifárias ou Compensatórias, R.O.Advs, ano 66, I, Lisboa, Janeiro 2006.

158. Discursos Universitários, Coimbra, 2006.

159. O regime Jurídico das opções sobre acções, in Rev. OA – Setembro de 2006

160. A capacidade sucessória do Nascituro, in Boletim da OA – Nov./Dez. 2006.

161. "A Procriação Medicamente assistida heteróloga e o Sigilo Sobre o Dador – ou a Omnipotência do Sujeito", REV. O.A., Lisboa, Dezembro 2006.

162. A jurisdicização dos Impostos: Garantias de Terceira Geração, in "O Tributo – Reflexão Multidisciplinar Sobre Sua Natureza" – Editora Forense – Rio de Janeiro – 2007.

163. "Estudos de Direito Fiscal", Coordenador, Almedina, Coimbra, 2007.

164. "Estudos sobre o Direito das Pessoas, Coordenador, Almedina, Coimbra, 2007.

165. "Caducidade e Prescrição em Direito Tributário Os Abusos do Estado Legislador/Credor" – Prof. Doutor Inocêncio Galvão Telles: 90 anos Homenagem da Faculdade de Direito de Lisboa, Almedina, 2007.

166. "A Arbitragem Voluntária, Jurisdição Típica do Estado-Dos-Direitos e Dos-Cidadãos", coord. Diogo Leite de Campos, Gilmar Mendes e Ives da Silva Martins – A Evolução do Direito no Século XXI – Estudos de Homenagem Do Professor Doutor Arnoldo Wald, Almedina, 2007.

167. "As Três Fases de Princípios Fundamentantes do Direito Tributário" – REV. OA, Lisboa, Janeiro 2007.

168. "Os Danos Causados Pela Morte e a Sua Indemnização" in Comemorações dos 35 Anos Do Código Civil e dos 25 Anos da Reforma de 1977, Coimbra Editora, Coimbra, 2007.

169. A Família: Do Direito Aos Direitos – Revista "O Direito III", Almedina, Coimbra, 2007.

170. O Estatuto Jurídico da Pessoa Depois da Morte – Revista "O Direito II", Almedina, Coimbra, 2007.

171. Estado de Derecho y lucha contra el fraude fiscal en Portugal, Miguel Angel Collado Yurrita, dir., Saturnina Moreno Gobnzalez e José Alberto Sanz Diaz-Palacios, coords., Atelier, Barcelona, 2008, págs. 461 e segs.

172. "Las tres fases de los principios fundamentales del Derecho Tributario", em Memórias de los seminarios de Derecho constitucional tributario, 2005-2006, VVAA. Suprema Corte de Justicia de la Nácion, México.

173. ... e João da Costa Andrade, "A norma geral anti-elisão em Direito Português", em Direito Tributário e Ordem Económica, Homenagem aos 60 anos da ABDF, São Paulo, Quartier Latin, 2010, págs. 297 e segs.

174. "Boa fé em Direito Tributário", em o Direito Tributário no Brasil, 2ª Edição, Coor. Ives Gandra da Silva Martins, Paulo Rebello de Castro, Rogério Vidal Gandra da Silva Martins, São Paulo, Quartier Latin, 2010, págs. 243 e segs.

175. "Estudos sobre o Direito Das Pessoas", Coordenador da Secção de Ciências Jurídico-Civilísticas, Almedina, Coimbra, Maio, 2007.

176. "Créditos Futuros, Titularização e Regime Fiscal", Almedina, Coimbra, Outubro, 2007.

177. A Jurisdicização dos Impostos: Garantias de Terceira geração, em "O Tributo – Reflexão Multidisciplinar sobre a sua Natureza", Colaborador, 1ª Edição, Ives Gandra da Silva Martins e Outros, Forense, Rio de Janeiro, 2007, págs. 87 a 111.

179. A Arbitragem em Direito Tributário português e o estado-dos-cidadãos, em "Revista de Arbitragem e Mediação", Doutrina Internacional, Coord. Arnoldo Wald, Editora Revista dos Tribunais, São Paulo, Ano 4-12, Janeiro--Março de 2007,págs. 149 a 158.

181. A Arbitragem em Direito Tributário português e o Estado-dos-cidadãos, em "Revista do Instituto dos Advogados de Minas Gerais", Coord. Ricardo Arnaldo Malheiros Fiuza, Editora FAPI Ltda, Belo Horizonte - Minas Gerais, Número 13-2007,págs. 161 a 173.

182. Boa Fé, Direito Tributário e Autonomia Privada, em "Tributos no Brasil: Auge, Declínio e Reforma", Colaborador, Organizadores: Ives Gandra da Silva Martins, Paulo Rabello e Castro e Rogério Vidal Gandra da Silva Martins, 70 anos Fecomercio, Brasil, 2008, Capítulo 5 – Por uma Reforma Eficaz de Tributação Eficaz, págs. 220 a 230.

183. Estado de Derecho Y Lucha contra El Fraude Fiscal en Portugal, em "La lucha contra el fraude fiscal. **Estrategias nacionales y comunitarias**", Colaborador, Direc. Miguel Ángel Collado Yurrita, Coord. Saturnina Moreno González e José Alberto Sanz Díaz-Palacios, Atelier Libros Jurídicos, Barcelona, 2008, Capítulo VIII, págs. 461 a 470.

184. "O Direito em Nós", REV. OA, Ano 68, II/III - Setembro/Dezembro, Lisboa, 2008.

185. Do Estado-dos-poderes ao Estado-dos-cidadãos: a arbitragem voluntária, em "Constituição Federal – Avanços, contribuições e modificações no processo democrático brasileiro", Coordenação Ives Gandra da Silva Martins e Francisco Rezek, Co-edição Centro de Extensão Universitária e Editora Revista dos Tribunais, Brasil, 2008, págs.134 a 148.

186. Boa Fé em Direito Tributário, em "O Direito Tributário no Brasil – Reflexão sobre o sistema tributário realizada por juristas e economistas", 2ª Edição, Organizadores Ives Gandra da Silva Martins, Paulo Rabello de Castro e

Rogério Vidal Gandra da Silva Martins, Editora Quartier Latin, São Paulo, 2010, págs.243 a 254.

187. "The Law in US". New York: Lawinter Review, Volume I, Issue 1, March 2010, p. 05/30.

188. ... e João da Costa Andrade, A Norma Geral Anti-Elisão Em Direito Português, em "O Direito Tributário e Ordem Econômica, Homenagem aos 60 anos da ABDF", Coord. Heleno Taveira Torres, Editora Quartier Latin, São Paulo, 2010, págs.298 a 319.

189. A procriação assistida heteróloga e o anonimato do dador – ou a omnipotência do sujeito, em "Direito Internacional – Perspectivas Contemporâneas", Coord. Fabio Luiz Gomes, Editora Saraiva, São Paulo, 2010, págs. 61 a 114.

190. "As Relações de Associação – O Direito sem direitos", Almedina, Coimbra, 2011.

191. ... Jorge Neto, Fiscalidade, em "Programa Empresas Parlamentares – As propostas dos líderes para uma sociedade mais próspera", Fórum de Administradores de Empresas e Vida Económica, 2011, págs. 89 a 106.

192. Manual de sobrevivência do advogado, Matéria Prima, Lisboa, 2011.

193. Securitização(titularização) de créditos futuros(em Direito português),in Direito empresarial atual, Del Rey e Rolim, Viotti & Leite Campos, Belo Horizonte, 2011, págs.65 e segs.

O Direito Tributário face à Internet e ao Comércio Electrónico Internacional

DANIEL FREIRE E ALMEIDA

- Doutor em Direito, na área de especialização em Direito Internacional, do Programa de Doutramento em Direito, Justiça e Cidadania no Séc. XXI – pela Faculdade de Direito da Universidade de Coimbra, em Portugal, sob Orientação do Professor Doutor **Diogo Leite de Campos**.
- Mestre em Ciências Jurídico-Comunitárias – União Européia, pela Faculdade de Direito da Universidade de Coimbra, em Portugal, com reconhecimento e revalidação pela Universidade de São Paulo-USP em Direito Internacional, sob Orientação do Professor Doutor **Diogo Leite de Campos**.
- Pós-Graduado em Ciências Jurídico-Comunitárias – Direito da União Européia pela Faculdade de Direito da Universidade de Coimbra, em Portugal.
- Pós-Graduado em Direito, Justiça e Cidadania no Séc. XXI, pela Universidade de Coimbra.
- Especialista em Política Externa dos Estados Unidos da América pela United States Embassy, em Brasília.
- Agente de Jogadores Oficial da FIFA-Fédération Internationale de Football Association.
- Agente de Jogadores Oficial da FIBA-Fédération Internationale de Basketball.
- Professor de Direito Internacional Público e Privado, Teoria das Relações Internacionais, Introdução às Relações Internacionais, Diplomacia, Direito da Integração e Comércio Internacional na Universidade do Sagrado Coração, São Paulo, Brasil.
- Advogado, Presidente da Comissão de Relações Internacionais e Direito na Internet, da Ordem dos Advogados do Brasil, secção São Paulo, subsecção Bauru.
- Editor da Lawinter Review (ISSN 2153-4020), New York-USA
- Editor Acadêmico da Revista Jurídico-Internacional Lawinter.

- Avaliador e Supervisor Especial dos Cursos de Direito e de Relações Internacionais do Ministério da Educação-MEC no Sistema Nacional de Avaliação da Educação Superior, SINAES, MEC.
- Revisor de Itens do Banco Nacional de Itens do ENADE (INEP – MEC).

Apresentação

Primeiramente, cabe destacar que o presente artigo tem como objetivo principal homenagear o muito querido Professor Doutor **Diogo Leite de Campos**.

A este respeito, é importante, antes de mais nada, indicar que os assuntos relacionados à Internet e ao Direito Tributário apresentaram-se, para nós, em uma primeira aproximação, quando tivemos a oportunidade de proceder a leitura de um pioneiro artigo, de 1998, de autoria do Doutor **Diogo Leite de Campos**, intitulado *"A Internet e o Princípio da Territorialidade dos Impostos"*. O notável ensaio foi publicado pela Revista da Ordem dos Advogados, em Lisboa[4].

Indubitavelmente, o artigo antecipava discussões fundamentais que, em nível europeu, somente vieram a ser discutidas anos mais tarde.

Abriam-se, desta forma, caminhos para uma investigação sobre o panorama europeu e norte-americano neste segmento.

Nesta sequência, quando revelamos ao Doutor **Leite de Campos** sobre nossas pretensões acadêmicas, em 1999, quanto à temática da Dissertação de Mestrado na Faculdade de Direito da Universidade de Coimbra, o querido Professor sintetizou nestas palavras: "O Daniel Pode começar a escrever!"

O maior significado de tal autorização é que, de fato, aquele foi o início de nossas pesquisas sobre o tema, e que culminaram na elaboração de nossa Dissertação de Mestrado, sob a Douta orientação do Professor **Diogo Leite de Campos**, com o seguinte título: *A Tributação do Comércio Electrónico nos Estados Unidos da América e na União Europeia*[5].

Alguns anos mais tarde, em 2009, demos continuidade nas pesquisas envolvendo o Direito, a Internet, e os desafios internacionais. Novamente o Doutor **Diogo Leite de Campos** acolheu nossos ideais acadêmicos, desta feita orientando para a Tese de Doutoramento na Faculdade de Direito da Universidade de Coimbra.

Tais condições, aliás e por fim, são de extrema importância em nossa carreira acadêmica, tendo em vista a perspectiva positiva com que fomos, sempre, recebidos e orientados pelo Doutor **Diogo Leite de Campos**.

---

[4] LEITE DE CAMPOS, Diogo. *A Internet e o Princípio da Territorialidade dos Impostos*. Lisboa: Revista da Ordem dos Advogados, ano 58, 1998.

[5] FREIRE E ALMEIDA, Daniel. *A Tributação do Comércio Electrónico nos Estados Unidos da América e na União Europeia*. Coimbra: Faculdade de Direito da Universidade de Coimbra, 2002.

Por outro lado, dentro do escopo desta obra, podemos dizer, muito seguramente, que sua humildade e máxima atenção para com os estudantes sempre contribuíram, decisivamente, para a conclusão dos objetivos acadêmicos daqueles que o procuravam.

Em verdade, serviam de referência positiva àqueles que, naquele momento, eram estudantes, e que a seguir passavam à atividade Docente no Brasil, Portugal, China, França, Espanha, entre outros, mas com um exemplo de nobreza e dedicação ao Magistério, atributos que sempre destacaram o Professor **Diogo Leite de Campos** em Portugal e no Mundo.

Não obstante sua competência máxima, e carreira brilhante, o respeito, as orientações, e a cooperação nacional e internacional que se disponibilizou para com seus estudantes colocam o Doutor **Diogo Leite de Campos** como um dos maiores e melhores de Coimbra, em seus séculos de história.

É de nosso desejo, então, que o presente artigo possa servir para homenagear, com a máxima consideração, o Professor Doutor **Diogo Leite de Campos**.

Introdução

Entre muitos outros problemas que as novas tecnologias reflectem na área do Direito, foi em relação ao Direito Tributário que nos centramos. Efectivamente, a tributação do Comércio Electrónico é a tributação de uma nova forma de fazer negócios.

A tributação é uma forma de regulação. Em seu desenrolar histórico, verificamos que todas as vezes nas quais se descobre um novo produto, desenvolve-se uma nova indústria, uma nova forma de organização social ou um novo conceito económico de rendimento e riqueza, alguém, no uso do poder tributário governamental, aparece com uma forma de tributá-lo.

Todo pesquisador ou estudioso do Direito Tributário alguma vez já ouviu a célebre frase de Benjamin Franklin, para quem *"neste mundo nada está garantido senão a morte e os impostos"*. No entanto, com a Internet esta última assertiva talvez não seja tão certa assim.

Com efeito, ao mesmo tempo em que os países se sentem atraídos pela nova fonte de receitas tributárias, proporcionada pela Internet e pelo Comércio Electrónico, os antigos métodos não têm resistido, nem alcançado tais transacções.

Até o presente momento, o Comércio Electrónico é tributado utilizando regras que não foram escritas para atingir os diferenciados aspectos introduzidos pela Internet.

Por todo o mundo, os sistemas tributários têm constantemente sofrido alterações para resolver os diversos desafios, bem como as próprias falhas descobertas por contribuintes não dispostos ao pagamento de tributos.

Com a Internet, o impacto destas falhas tem sido potencializado e ampliado. Neste sentido, é que LEITE DE CAMPOS (1998) já alertava, àquele tempo, para esta problemática [6]. Pois, vejamos:

1. Pequenas Empresas Mundiais

Anteriormente, para uma empresa realizar vendas internacionais, deveria despender grande esforço, tanto técnico quanto financeiro, para vencer as barreiras geográficas, e ainda, para promover seus produtos no exterior.

Os gastos, *verbi gratia*, para promover uma empresa no exterior, deixavam somente as grandes empresas, com enorme suporte financeiro, aptas a transaccionar com sucesso nestes mercados internacionais. Com efeito, as leis tributárias eram escritas com estas empresas em mente.

Com o Comércio Electrónico, surgiu um novo tipo de companhia, as micro-multinacionais. Realmente, ficou muito mais fácil, para uma pequena companhia, promover seus produtos e serviços, com potenciais consumidores por todo o mundo. Todos os consumidores do mundo podem acessar o *Web site* de uma empresa, mesmo que seja de outro país.

Os vendedores podem conduzir seus negócios em um país onde não possuem um estabelecimento físico, comunicando-se com seus compradores apenas através dos meios electrónicos. Não há barreiras e as leis tributárias, conseqüentemente, não foram escritas com o intuito de incidir sobre as actividades destas novas empresas virtuais [7].

2. Operação Distante de um Servidor

Um outro aspecto, exclusivo da Internet, é a facilidade em se operar com um servidor Internet, mesmo que longínquo. O servidor hospeda a *home page* que, *in casu*, comporta a empresa. Este servidor pode estar localizado em qualquer lugar, sem que isto afecte a performance ou operação da empresa. Algumas vezes, o servidor pode estar localizado em outra cidade, ou outro país, que não o da empresa.

---

[6] *Cfr.* LEITE DE CAMPOS, Diogo. *A Internet e o Princípio da Territorialidade dos Impostos*. Lisboa: Revista da Ordem dos Advogados, ano 58, 1998, p. 637/643.

[7] *Cfr.* HARDESTY, David E., *"Electronic Commerce – Taxation and Planning"*, Warren, Gorhan and Lamont, United States of America, 1999, p. 1-6/7. *Cfr.* KARLIN, Michael J.A., *"Pochet Switching-The Taxation of Electronic Commerce"*, Fiftieth Annual Tax Institute, Volume 1, The Law School University of Southern California, 1998, p. 9-37. *Cfr.* THORPE, Kyrie E., *"International Taxation of Electronic Commerce: Is The Internet age Rendering the Concept of Permanent Establishment Obsolete?"*, Emory International Law Review, Volume 11, Fall, 1997, p. 637. *Cfr.* HELLERSTEIN, Walter, HOUGHTON, Kendall L., *"State Taxation of Electronic Commerce: Perspectives on Proposal for Change and Their Constitutionality"*, Brigham Young University Law Review, Volume 2000, Number 1, 2000, p. 11. *Vide* OECD, *"Electronic Commerce: The Challenges to Tax Authorities and Taxpayers"*, *in* Rivista di Diritto Finanziario e Scienza delle Finanze, LVII, 2, I, 1998, p. 244/249.

Muitas companhias não possuem seu próprio servidor, compartilhando este com outras empresas. Em alguns casos, uma companhia independente é quem possui e opera o servidor para a empresa. É a chamada *hosting company*, que pode ser local ou não. A localização do servidor não afecta os negócios da empresa, sendo que o *Web site* pode ser programado e operado de qualquer lugar do mundo.

Algumas empresas preferem utilizar servidores longínquos, hospedados em países de baixa tributação, para obterem vantagens tributárias. A utilização, em certos casos, de um servidor estrangeiro pode esquivar uma empresa do poder tributante de seu país natal[8].

Assim, esta incerteza quanto à localização do servidor traz efeitos na tributação em outro Estado-Membro ou em outro país. Dessa forma, utilizar um servidor de outro Estado-Membro ou outro país *pode, ou não*, estabelecer um nexo naquele estado ou país, deixando incerta a passividade tributária daquela empresa[9].

3. Anonimato

Para a transferência de dados entre dois computadores em rede é necessária a adequação dos protocolos TCP/IP. No entanto, estes protocolos não revelam nada sobre o usuário da Internet e muito pouco, ou nada, sobre os dados que estão sendo transferidos. Além disso, o IP é um endereço digital que, dessa maneira, pode ser alterado facilmente. Não nos diz, *sempre*, quem enviou os dados, de onde os dados são provenientes, para onde os dados são remetidos, qual o motivo do envio dos dados e que espécie de dados são [10].

Sob o ponto de vista das autoridades tributárias, estes dados podem ser fundamentais. Enquanto no mundo real o anonimato tem que ser criado, no ciberespaço ele é determinado, faz parte de sua arquitectura.

---

[8] *Cfr.* RABY, Burguess, *"Taxes, Tariffs, and Other Regulatory Barriers to Electronic Commerce"*, Panel VII, Symposium – Responding to the Legal Obstacles to Electronic Commerce in Latin America, Arizona Journal of International and Comparative Law, Volume 17, Number 1, Winter, 2000, p. 183. *Vide* SMITH, Graham J.H.,*"Internet Law and Regulation"*, FT Law & Tax, London, 1996, p. 137.
[9] *Cfr.* HARDESTY, David E., *"Electronic Commerce – Taxation and Planning"*, Warren, Gorhan and Lamont, United States of America, 1999, p. 1-7. *Cfr.* PEHA, Jon M., STRAUSS, Robert P., *"A Primer on Changing Information Technology and the Fisc"*, National Tax Journal, Volume L, Nº 3, September, 1997, p. 616/617.
[10] Neste sentido a afirmação de (LESSIG, 1999): *"You can use the Net anonymously. You could build a (ro)bot to use the Net. No one need know your name, and there is no easy way to verify your age, your sex, or where you live. The Net knows only as much as you choose to tell, and it cannot even verify that information."* *Cfr.* LESSIG, Lawrence, *"Code and Other Laws of Cyberspace"*, Basic Books, New York, 1999, p. 28.

Na Internet, pode-se revelar apenas um endereço, mas que não tenha necessariamente nenhuma relação, a mais, com e sobre você[11].

Esta ausência de identificação reduz sensivelmente a regulação tributária no ciberespaço. Se um país deseja tributar uma actividade comercial, a Internet somente dificulta este objectivo. Tanto dados (mercadorias ou serviços) como contribuintes não são devidamente identificados neste espaço, digital. A tarefa mais árdua seria identificar alguém, como revelam as palavras de LESSIG: *"On the Internet it is both easy to hide that you are a dog and hard to prove that you are not"*[12].

Em prosseguimento, os vendedores têm consumidores dos quais se sabe muito pouco, o que poderá ser agravado pelo uso do *digital cash*, não ficando rastos sobre a identidade do usuário, sendo um paraíso para a lavagem de dinheiro, dentre outros crimes fiscais e financeiros[13].

Sob o ponto de vista tributário, o anonimato causa dois impactos. Em primeiro lugar, as empresas, tendo pouca ou nenhuma informação sobre os consumidores, ficarão em dificuldade, no momento de preencher os formulários fiscais.

Os sistemas tributários, norte-americano e europeu, baseiam, geralmente, sua tributação sobre as empresas no critério de localização e identificação dos consumidores. No caso de impostos sobre vendas e impostos sobre o rendimento, geralmente, os vendedores são potencialmente tributados somente nas vendas para residentes de um Estado-Membro. Para devidamente obedecer às regras tributárias, os vendedores precisam saber a residência de seus consumidores, que podem estar localizados em outro Estado-Membro ou em outro país[14].

---

[11] *Cfr.* ADAMS, Sally, *"Danger: Internet Taxes Ahead"*, Taxes, The Tax Magazine, CCH Incorporated, Vol. 75, nº 09, September, 1997, p. 500. *Cfr.* DELTA, George B., MATSUURA, Jeffrey H., *"Law of The Internet"*, Aspen Law & Business, New York, 2000, p. 10-22/23. *Cfr.* BOURGEOIS, Pierre J., BLANCHETTE, Luc, *"Income_taxes.ca.com: The Internet, Electronic Commerce, and Taxes-Some Reflections: Part I"*, Canadian Tax Journal, Volume 45, Issue Number 5, 1997, p. 1133.

[12] *Cfr.* LESSIG, Lawrence, *"Code and Other Laws of Cyberspace"*, Basic Books, New York, 1999, p. 33. *Cfr.* FOX, William F., MURRAY, Matthew N., *"The Sales Tax and Electronic Commerce: So What's New?"*, National Tax Journal, Volume L, Nº 3, September, 1997.

[13] *Cfr.* ADAMS, Sally, *"Danger: Internet Taxes Ahead"*, Taxes, The Tax Magazine, CCH Incorporated, Vol. 75, nº 09, September, 1997, p. 499/500. *Cfr.* PEHA, Jon M., STRAUSS, Robert P., *"A Primer on Changing Information Technology and the Fisc"*, National Tax Journal, Volume L, Nº 3, September, 1997, p. 613. *Vide* OECD, *"Electronic Commerce: The Challenges to Tax Authorities and Taxpayers"*, in Rivista di Diritto Finanziario e Scienza delle Finanze, LVII, 2, I, 1998, p. 244/249.

[14] *Cfr.* HARDESTY, David E., *"Electronic Commerce – Taxation and Planning"*, Warren, Gorhan and Lamont, United States of America, 1999, p. 1-8. *Cfr.* BRADFORD, David F., *"Commentary – Electronic Commerce and Fundamental Tax Reform"*, Tax Law Review, Volume 52, Number Four, Symposium on Internet Taxation, New York University School of Law, Summer, 1997, p. 562. *Vide* HELLERSTEIN, Walter, *"Transaction Taxes and Electronic Commerce: Designing State Taxes That Work in an Interstate Environment"*, National Tax Journal, Volume L, Nº 3, September, 1997.

Para dificultar, cabe registar-se que, em muitos casos, a informação sobre os compradores é desnecessária para completar as transacções electrónicas, como, por exemplo, nas vendas de produtos digitais ou serviços. Nestes casos, o vendedor não precisa saber a identidade do consumidor para completar as operações, permanecendo, estes, anónimos. Com isso, os vendedores talvez não obtenham todas as informações necessárias para preencher os formulários tributários. E quem não preenche os formulários fiscais, normalmente não recolhe os tributos.

Neste sentido, ADAMS aponta a dificuldade na obediência tributária para identificar a fonte ou destino das transacções electrónicas, pela irrelevância no *e-commerce* em se localizar o estabelecimento do vendedor em uma operação[15].

Um segundo efeito fiscal seria que alguns vendedores podem tirar vantagens deste anonimato de compradores para evadir pagamentos tributários. E isto seria possível nas vendas digitais de produtos ou serviços, em que não são necessárias informações fidedignas a respeito dos compradores para completar as operações[16].

Por outro lado, existem maneiras de facilitar a determinação e identificação de pessoas, para certificar-se serem estas autorizadas a adentrar bases de dados, servidores, trocar documentos, mercadorias e serviços. Mas, estas mesmas ferramentas, paradoxalmente tornam ainda mais difícil a fiscalização, por parte das administrações tributárias, com objectivos fiscais. Podemos citar, por exemplo:

– **Passwords:** A combinação de seu nome de usuário, com sua senha, verificará que alguém, com identificação somente pelo próprio consumidor, está autorizado a utilizar o sistema. Dessa maneira, a autoridade fica, desde já, obstaculizada para controlar dados que poderiam trazer informações fiscais.

– **Criptografia:** Se, por um lado, esta ferramenta representa um importante utensílio para a segurança no Comércio Electrónico, pode significar uma liberdade tributária para os usuários da Internet. Ela pode transformar-nos em anónimos e criar novas modalidades de crimes tributários. Por um lado, oferece confidencialidade nas comunicações, tornando-as secretas, e, por outro, torna a identificação, de dados e de pessoas, impossível para as fiscalizações tributárias[17].

---

[15] *Cfr.* ADAMS, Sally, *"Danger: Internet Taxes Ahead"*, Taxes, The Tax Magazine, CCH Incorporated, Vol. 75, nº 09, September, 1997, p. 498.

[16] *Cfr.* SHAKOW, David J., *"Commentary – Taxing Nothings: Intangibles on the Internet"*, Tax Law Review, Volume 52, Number Four, Symposium on Internet Taxation, New York University School of Law, Summer, 1997, p. 576. *Cfr.* HARDESTY, David E., *"Electronic Commerce – Taxation and Planning"*, Warren, Gorhan and Lamont, United States of America, 1999, p. 1-8. *Cfr.* HELLERSTEIN, Walter, HOUGHTON, Kendall L., *"State Taxation of Electronic Commerce: Perspectives on Proposal for Change and Their Constitutionality"*, Brigham Young University Law Review, Volume 2000, Number 1, 2000, p. 12.

[17] Para (PEREIRA, 1999), *"Por seu turno, a cifragem permite conservar os dados e a comunicação confidenciais. Nessa medida, desempenham uma função de confidencialidade dos dados...Com efeito, a cifragem consiste na transformação de dados numa forma ilegível para quem não tenha uma chave de decifragem, sendo utilizados*

Em outras palavras, a encriptação serve para tirar suas palavras dos olhos de outras pessoas. A comunicação encriptada cria uma linguagem privada entre os usuários. Usada para aumentar o poder de privacidade, ela pode aumentar o poder de burlar a administração tributária, ou ainda, de dificultar o seu trabalho.

De facto, muitos contribuintes têm, ou podem vir a adquirir, uma forte tecnologia de encriptação.

– **Estenografia:** Também utilizada para protecção dos dados, com o objectivo de escondê-los, esta técnica de ocultação torna ainda mais árduas as tarefas afectas à fiscalização de dados[18]. Com esta tecnologia, a administração tributária sequer pode detectar sua existência, tornando o poder de tributar impossível.

A seu turno, da mesma forma que não temos sistemas que possam nos dizer, fielmente, sobre os usuários, não há sistema que permita obter informações sobre os dados na rede, com o intuito de verificar quais produtos estão sendo comercializados e, assim, tributá-los.

Alguns motores de busca nos informam sobre dados que estão sendo transaccionados, mas sem uma forma consistente de se saber quais são eles. As figuras aparecem na tela dos computadores e são acusadas pelos sistemas, que por sua vez não nos informam se são uma foto de família ou sobre uma mercadoria que está sendo oferecida e comercializada. Dessa forma, o acesso a estes dados, com fins tributários, pode ficar impossível [19].

Neste passo, mister se faz trazer a proposta anterior de CORDELL e IDE, de considerar uma *bit tax*. Com argumentos económicos e sociais, os autores acredi-

---

algoritmos criptográficos com vista à transformação de texto simples em dados cifrados. Ao processo de transformação dos dados de novo em texto simples chama-se decifragem." Cfr. PEREIRA, Alexandre Libório Dias, *"Comércio Electrónico na Sociedade da Informação: Da Segurança Técnica à Confiança Jurídica"*, Almedina, Coimbra, 1999, p. 19 e 21. Ainda, neste contexto, por exemplo, o *Netscape's secure socket layer* (SSL), protocolo que utiliza duas diferentes chaves técnicas de encriptação, simétricas e assimétricas, são utilizados para trocar informações na Internet, sendo utilizado, *verbi gratia*, no envio de números de cartões de crédito pela *Net*. Cfr. PEHA, Jon M., STRAUSS, Robert P., *"A Primer on Changing Information Technology and the Fisc"*, National Tax Journal, Volume L, Nº 3, September, 1997, p. 614. Vide OECD, *"Electronic Commerce: The Challenges to Tax Authorities and Taxpayers"*, in Rivista di Diritto Finanziario e Scienza delle Finanze, LVII, 2, I, 1998, p. 247.

[18] Novamente, (PEREIRA, 1999) explica-nos: *"A estenografia tem por objectivo esconder os dados desejados secretos noutros dados, em termos de ninguém poder sequer detectar a sua existência, ao invés da criptografia, que permite que as mensagens sejam detectadas, intersectadas ou alteradas, sem porém violar certas premissas de segurança garantidas por um sistema criptográfico. Criptografia e estenografia constituem, portanto, métodos tecnológicos complementares, pois que, se a estenografia não substitui os sistemas de cifragem, já torna mais difícil a abertura dos dados."* Cfr. PEREIRA, Alexandre Libório Dias, *"Comércio Electrónico na Sociedade da Informação: Da Segurança Técnica à Confiança Jurídica"*, Almedina, Coimbra, 1999, p. 23.

[19] Cfr. ADAMS, Sally, *"Danger: Internet Taxes Ahead"*, Taxes, The Tax Magazine, CCH Incorporated, Vol. 75, nº 09, September, 1997, p. 500.

tam que a tributação deveria dar-se por um contador de *bits* [20]. No entanto, como supra exposto, uma arquitectura voltada para implantar um sistema deste tipo poderia resultar em medir absolutamente nada, face à inexactidão sobre o quê está a ser tributado[21].

4. Multiplicidade de identidade

Inicialmente, quando o usuário quer inscrever-se em um provedor de serviços Internet, como o Hotmail, por exemplo, ele pode ser 5 (cinco) ou mais pessoas diferentes. Quando este começa uma "conta" neste provedor, passa a ter direito a 5 diferentes identidades (*user names*). O que só poderia ser feito de forma ilegal, no mundo real, agora torna-se perfeitamente possível no mundo virtual. Alguns usuários, é claro, podem usar os demais *user names* para outros familiares ou colegas de trabalho, mas nem todos o fazem, podendo mudar seus nomes, sexo, idade, passando a possuir 5 ou mais identidades no ciberespaço.

O ponto fulcral, neste contexto, é que esta multiplicidade e liberdade permitidas pela Internet tornam ainda mais difícil o poder de identificação tributária dos consumos ou transacções electrónicas deste (s) usuário (s). Afinal, quatro pessoas não existem, realmente, mas virtualmente sim[22].

O problema pode ficar ainda mais complexo e ilimitado, visto que podemos possuir *user names* em diferentes provedores de serviço Internet.

5. Produtos Digitais

O facto de poder se vender produtos em formato digital é outra característica particular do Comércio Electrónico. *Softwares*, músicas, vídeos e até livros podem ser enviados electronicamente.

A problemática, neste ponto, está na questão de não haver uma harmonização nas informações sobre produtos digitais. A descrição destes produtos é muito importante para a internacionalidade de impostos sobre o rendimento, sobre

---

[20] O Bit é o dígito binário. Unidade elementar de informação que pode adoptar dois valores ou estados distintos: um ou zero. Na notação binária, unidade de dados. O bit é o menor dos elementos de uma linguagem binária de máquina, representado por um ponto magnetizado em uma superfície de registro ou gravação magnéticos ou por um elemento magnetizado num dispositivo de armazenamento. A carga eléctrica, positiva ou negativa, que cria o magnetismo é o factor que ajuda a determinar se o bit representa um 1 ou um 0. *Cfr.* Dicionário de Informática Inglês-Português/ Sociedade dos Usuários de Computadores e Equipamentos Subsidiários, 4ª ed., Livros Técnicos e Científicos Ed., 1985.

[21] *Cfr.* CORDELL, Arthur, IDE, T. Ran, *"The New Wealth of Nations: Taxing Cyberspace"*, Toronto: Between the lines, 1997. *Cfr.* SHAKOW, David J., *"Commentary – Taxing Nothings: Intangibles on the Internet"*, Tax Law Review, Volume 52, Number Four, Symposium on Internet Taxation, New York University School of Law, Summer, 1997, p. 577/579.

[22] *Cfr.* LESSIG, Lawrence, *"Code and Other Laws of Cyberspace"*, Basic Books, New York, 1999, p. 67.

venda, uso e serviços, de impostos estaduais sobre o rendimento (nos Estados Unidos da América), bem como do Imposto sobre o Valor Acrescentado (IVA), na União Europeia. Na tributação internacional, a descrição da venda de produtos digitais, onde são discriminados os produtos, *royalties*, serviços ou a venda de intangíveis, determina o país onde a venda será tributada[23].

Nos Estados Unidos da América, em seus Estados federados, o imposto sobre vendas e consumo normalmente incide somente para produtos tangíveis e determinados serviços, não havendo um acordo sobre se os produtos digitais são tangíveis ou não[24].

Por sua vez, nos países que adoptam o IVA, ou outro imposto equivalente sobre bens e serviços, a discriminação de produtos digitais, tanto como bens ou serviços, determina se estas vendas são tributadas e qual é o país que tem o direito a recolher tributos. Com alíquotas variadas de país para país, na União Europeia, esta determinação da venda é extremamente importante[25].

Outro ponto fundamental reveste-se na dificuldade criada para a fiscalização destas transacções, tendo em vista a problemática de se poder enviar directamente para o comprador, sem intermediários e sem constituição física dos produtos. Tal situação torna árdua, para as administrações tributárias, a tarefa afecta à fiscalização e recolhimento dos tributos.

6. Territorialidade

A facilitação que proporciona a Internet quanto à localização de consumidores e vendedores no Comércio Electrónico torna as regras tributárias locais obsoletas.

O comportamento para o não-recolhimento de tributos pode tornar-se irregulável. Mesmo que a legislação de determinado local decida pela tributação das actividades comerciais realizadas pela Internet, imaginemos o caso da empresa vendedora simplesmente alterar seu local de estabelecimento para outro não tributável, ou com baixa tributação[26]. Para os compradores, é perfeitamente possível acessar este novo estabelecimento.

---

[23] *Cfr.* HARDESTY, David E., *"Electronic Commerce – Taxation and Planning"*, Warren, Gorhan and Lamont, United States of America, 1999, p. 1-8/9. *Vide* HELLERSTEIN, Walter, *"Transaction Taxes and Electronic Commerce: Designing State Taxes That Work in an Interstate Environment"*, National Tax Journal, Volume L, Nº 3, September, 1997.

[24] *Cfr.* ADAMS, Sally, *"Danger: Internet Taxes Ahead"*, Taxes, The Tax Magazine, CCH Incorporated, Vol. 75, nº 09, September, 1997, p. 502.

[25] *Cfr.* SHAKOW, David J., *"Commentary – Taxing Nothings: Intangibles on the Internet"*, Tax Law Review, Volume 52, Number Four, Symposium on Internet Taxation, New York University School of Law, Summer, 1997, p. 575. *Cfr.* HARDESTY, David E., *"Electronic Commerce – Taxation and Planning"*, Warren, Gorhan and Lamont, United States of America, 1999, p. 1-9.

[26] *Cfr.* ADAMS, Sally, *"Danger: Internet Taxes Ahead"*, Taxes, The Tax Magazine, CCH Incorporated, Vol. 75, nº 09, September, 1997, p. 498.

Ainda, que este novo local decida por tributar as actividades comerciais electrónicas, novamente, o *site* comercial pode mudar-se para as Ilhas Cayman, *v.g.*, sem prejudicar o acesso de seus clientes, pois estes seriam redireccionados para o novo domínio e dificultariam, ainda mais, a tributação destas actividades. Os contribuintes que desejarem ignorar os governos podem comercializar através de governos *off-shore*. Pela arquitectura da Internet, não importando onde o servidor esteja, os acessos não dependem da geografia[27].

A localização das actividades da empresa é uma preocupação na tributação do Comércio Electrónico. Para fins fiscais, a localização das actividades pode determinar que Estado-Membro ou que país tem o poder de tributar os rendimentos de uma empresa virtual. Da mesma forma, a localização do comprador realça a dificuldade na determinação do poder tributário apto a colectar os tributos, e nem sempre a presença física do comprador será passível de conhecimento[28].

Neste passo, LEITE DE CAMPOS ressalta que as telecomunicações aproximaram prestadores de serviços e consumidores, elencando que a rapidez, anonimato e indetectabilidade das transacções electrónicas são susceptíveis de criar novas possibilidades de evasão fiscal, *"acrescentando-se a isto a dificuldade de associar as actividades em tempo real com localizações físicas precisas das partes."*[29].

A habilidade dos governos em regular o comportamento, no Comércio Electrónico, foi alterada, pois o comportamento de compradores e vendedores pode estar localizado em qualquer lugar na *Net*.

Agora, há um espaço virtual, onde as pessoas interagem, onde as pessoas comercializam. Alguns governos são mais regulados que outros e as pessoas já podem escolher a qual deles querem se submeter[30]. Isto nos remete para outra característica da tributação do Comércio Electrónico, qual seja, a soberania.

---

[27] *Cfr.* LESSIG, Lawrence, *"Code and Other Laws of Cyberspace"*, Basic Books, New York, 1999, p. 54.
[28] *Cfr.* HARRIS, Mark A., *"Advising the CyberBusiness: Apllying Fundamental Tax Concepts to Internet Sales"*, Taxes, The Tax Magazine, CCH Incorporated, Vol. 74, nº 12, December, 1996, p. 718. *Cfr.* ADAMS, Sally, *"Danger: Internet Taxes Ahead"*, Taxes, The Tax Magazine, CCH Incorporated, Vol. 75, nº 09, September, 1997, p. 497/498. *Cfr.* MINES, Paul, *"Commentary – Conversing With Professor Hellerstein: Electronic Commerce and Nexus Propel Sales and Use Tax Reform"*, Tax Law Review, Volume 52, Number Four, Symposium on Internet Taxation, New York University School of Law, Summer, 1997, p. 588 e ss.
[29] *Cfr.* LEITE DE CAMPOS, Diogo, *"A Internet e o Princípio da Territorialidade dos Impostos"*, Revista da Ordem dos Advogados, Lisboa, Ano 58, Julho, 1998, p. 640 e 642.
[30] Neste sentido, (JOHNSON & POST, 1996) afirmam: *"The rise of an electronic medium that disregards geographical boundaries throws the law into disarray by creating entirely new phenomena that need to become the subject of clear legal rules but cannot be governed, satisfactorily, by any current territorially based sovereign"*. *Cfr.* JOHNSON, David, POST, David, *"Law and Borders-The Rise of Law in Cyberspace"*, Stanford Law Review, 48, 1996, p. 1367, 1375, *in* LESSIG, Lawrence, *"Code and Other Laws of Cyberspace"*, Basic Books, New York, 1999, p. 24.

7. Soberania X Mobilidade

Nós podemos ter uma ideia do poder da soberania para regular o comportamento tributário dos cidadãos, mas nossa ideia é expressiva, absoluta, somente quando nós estamos num contexto de regulação ou em uma particular arquitectura de controlo. O poder estatal deve ser absoluto, mas se a arquitectura não suporta regulação, o poder efectivo do Estado é mínimo.

Isto nos leva a reflexionar sobre a soberania estatal no ciberespaço. O ciberespaço é um lugar. As pessoas vivem lá. Submetem-se a todo o tipo de experiência, tal como na vida real. Tais experiências não são somente isoladas, são em grupos, em comunidades, com estranhos, com pessoas que gostam ou não. Os internautas estão em todos os lugares, em um computador em casa, no trabalho, nos ciber-cafés, nos laboratórios de computadores das universidades. As pessoas vivem lá e aqui, simultaneamente. A *Net* trouxe-nos esta mudança. Quando as pessoas entram na *Net*, elas passam a estar, ao mesmo tempo, no espaço real e no ciberespaço, trazendo consequências sobre a qual soberania governamental estariam elas submetendo-se[31].

Em continuidade, nós, operadores do Direito, temos o desejo de saber onde as pessoas estão, quais regras serão aplicadas, qual jurisdição incidente sobre o caso. A resposta é dupla: qualquer que seja o momento em que a pessoa está no ciberespaço, ela também está aqui, no mundo real. Qualquer que seja o momento no qual a pessoa está sujeita às normas do ciberespaço, ela também estará sujeita às normas do espaço real. Nós estamos sempre nos dois lugares. O problema para a *Lex* é sobre como funcionar as normas de duas comunidades, como aplicar preceitos ao sujeito que está em dois lugares ao mesmo tempo. Quem tem a soberania para tributar?

Outrossim, quando este problema cresce, na medida em que mais pessoas estão sujeitas a uma dupla soberania, outra característica para a tributação floresce. Sim, o comportamento através das fronteiras ou o comportamento que gera efeitos para além das fronteiras conduz a um conflito, ou concorrência entre as normas.

Quanto mais haja uma integração comercial internacional, adiciona-se este problema. O comportamento, tendo efeitos em muitos lugares, suscita o questionamento sobre qual soberania tem o poder para regulá-lo, ainda mais no tocante à tributação, com o intuito de evitar-se a dupla tributação ou a multi-tributação. Ainda, indaga-se a respeito de qual a legislação que conseguiria sujeitar o com-

---

[31] *Cfr.* LESSIG, Lawrence, *"Code and Other Laws of Cyberspace"*, Basic Books, New York, 1999, p. 21. *Cfr.* SHAKOW, David J., *"Commentary – Taxing Nothings: Intangibles on the Internet"*, Tax Law Review, Volume 52, Number Four, Symposium on Internet Taxation, New York University School of Law, Summer, 1997, p. 574.

portamento tributário de um cidadão vinculado a várias soberanias. O ciberespaço tem aumentado este debate, consideravelmente[32].

O que antes era uma excepção, hoje, e no futuro, pode ser a regra. O comportamento tributário era governado ordinariamente por uma jurisdição ou por duas jurisdições coordenadas. Agora, será governado por várias jurisdições, descoordenadas. Este é também o pensamento de SMITH, que aponta o facto de que o internauta, individualmente, tem presença em mais de uma jurisdição[33].

Como a lei tributária pode tratar disso, sem prejudicar os Estados que objectivam receitas para a prestação de serviços públicos? Este é um dos desafios a que estamos sujeitos. Esta dualidade traduz-se em um grande problema, pois os conflitos comunitários ou internacionais com que nós estávamos nos deparando e as saídas legais, para tais conflitos, eram designadas para resolver problemas entre instituições e organizações; regras para grandes empresas com grandes empresas, empresas com governos, não para cidadãos (como uma única pessoa).

Neste passo, as regras, de tratados internacionais, para suprir conflitos entre soberanias, eram feitas para satisfazerem conflitos entre partes que corriqueiramente fazem negócios internacionais, como corporações que comercializam em dois países diferentes ou pessoas que frequentemente viajam entre dois países. Estas corporações ou pessoas podiam condicionar seu comportamento ao limite das regras, escassas, no meio em que viviam e adequando as leis aos seus objectivos. Mas, isto não sucede com o Comércio Electrónico, onde qualquer um pode ser "multinacional".

Quando vários cidadãos vivem em diferentes lugares, ao mesmo tempo, e um destes lugares não admite outra soberania, então que tipo de objectivos e justificativas podem ser mais nobres para determinar que um país deve tributar e outro não, ou que tipo de soberania existe no ciberespaço? Isto é algo novo, que não tem respostas satisfatórias nas legislações por todo o mundo. A solução para estes problemas não advirá, por patente, da resposta de que tudo é igual a antes. Exigirá uma reflexão para além disso, com muito cuidado.

Esta soberania do ciberespaço provoca competição. As regras que governam o comportamento tributário na Internet devem ser diferentes das regras do mundo real. Quando há uma competição destas regras, as do ciberespaço vencerão. São as normas, a liberdade, as regras, a lei do ciberespaço e um número maior de casos que competirão com as normas, as leis, as regras, das pessoas que vivem

---

[32] Cfr. BENTLEY, Duncan, QUIRK, Patrick, *"A Proposal for Electronic Transactions Tax Collection in the Context of Tax-Driven Reform of Banking Laws"*, Journal of International Banking Law, Volume 14, Issue 10, October, 1999, p. 335. Vide OECD, *"Electronic Commerce: The Challenges to Tax Authorities and Taxpayers"*, in Rivista di Diritto Finanziario e Scienza delle Finanze, LVII, 2, I, 1998, p. 244/249.

[33] Cfr. SMITH, Graham J.H.,*"Internet Law and Regulation"*, FT Law & Tax, London, 1996, p. 137.

num lugar. As leis dos países deverão estar dispostas a resistir à arquitectura com que a *Net* ameaça seus poderes regulatórios[34].

Durante a nossa história, a vida era geograficamente baseada em um país, localizado em um espaço físico determinado, com sua soberania presumida, e os cidadãos participavam social e politicamente nestes espaços, com direitos e deveres.

Com a Internet, ninguém "realmente" vive no ciberespaço, as pessoas estão no ciberespaço e no espaço físico ao mesmo tempo, sempre. Conseqüentemente, os cidadãos acreditam terem direitos e deveres neste novo espaço, na medida em que afectem suas vidas, como tais.

Também os governos (países), acreditam possuir capacidade para regular o comportamento tributário das pessoas, com o intuito de auferir receitas e prestar serviços públicos, posteriormente. Entretanto, a Internet possibilita-nos "mudar" de residência, na medida em que as regras tributárias forem mais ou menos satisfatórias para os nossos negócios [35]. Tal comportamento já era antes executado por grandes corporações, ou por Aristóteles Onassis, que possuía bandeiras em seus navios de países onde nunca antes esteve, com o objectivo de diminuir sua carga tributária. Agora, isto é possível para qualquer um.

Em prosseguimento, os governos, na medida em que forem mais ou menos repressivos, aumentando ou criando novos tributos, tornam-se competidores. É mais fácil, com a Internet, para o cidadão optar por um regime tributário ou outro, ou, ainda, burlar a Lei, para atingir seu objectivo, com menor custo[36]. No mundo real, como é mais difícil e custoso o curso de tais mudanças, para um cidadão comum, os governos conseguiam manter suas regras e atingir seus objectivos tributários. No ciberespaço, as mudanças não são assim tão difíceis. Pode-se possuir um provedor de serviços de seu país, ou alistar-se em um servidor de outro país para o qual nunca se foi antes. Isto é absolutamente possível.

Devido a este aumento nas situações que antes eram excepções, hoje os governos e outras organizações, das quais provem regras, são competidores no mercado. Isto mudará o conceito dos cidadãos e dos governos no ciberespaço. Um mundo de voluntários, onde as regras tributárias não são compulsórias, mas escolhidas.

---

[34] *Cfr.* LESSIG, Lawrence, *"Code and Other Laws of Cyberspace"*, Basic Books, New York, 1999, p. 198.
Cfr. ADAMS, Sally, *"Danger: Internet Taxes Ahead"*, Taxes, The Tax Magazine, CCH Incorporated, Vol. 75, nº 09, September, 1997, p. 498.

[35] *Cfr.* ADAMS, Sally, *"Danger: Internet Taxes Ahead"*, Taxes, The Tax Magazine, CCH Incorporated, Vol. 75, nº 09, September, 1997, p. 498.

[36] *Cfr.* RABY, Burguess, *"Taxes, Tariffs, and Other Regulatory Barriers to Electronic Commerce"*, Panel VII, Symposium – Responding to the Legal Obstacles to Electronic Commerce in Latin America, Arizona Journal of International and Comparative Law, Volume 17, Number 1, Winter, 2000, p. 183.
Cfr. ADAMS, Sally, *"Danger: Internet Taxes Ahead"*, Taxes, The Tax Magazine, CCH Incorporated, Vol. 75, nº 09, September, 1997, p. 498.

Um mundo, onde o poder soberano do Estado está minimizado, fazendo com que estes passem a competir por cidadãos contribuintes[37].

8. Patrimónios Intangíveis

Muitas empresas deste novo meio são compostas nada mais do que por *software*, dados e novas ideias, e, por isso mesmo, o seu valor de mercado, nas bolsas de valores, usualmente não reflectem o seu valor "patrimonial". Estas companhias virtuais são constituídas primordialmente por bens intangíveis.

Desta forma, ilustrativamente, a correcta discriminação fiscal sobre o desenvolvimento de custos e deduções de um *Web site*, assim como a tributação de compras e vendas de empresas electrónicas, dependem, em grande parte, das regras tributárias em relação aos bens intangíveis[38].

No entanto, as regras que são aplicadas hoje foram escritas por volta de 1960 e, de facto, estão longe da realidade dos *Web sites*, constituídos por *software*, gráficos, sons, vídeo, conhecimento e conteúdos em dados. Efectivamente, é difícil determinar-se onde o custo e a dedução de um elemento começa e o outro termina[39].

Via de consequência, as aquisições de uma companhia virtual são, em grande parte, bens intangíveis, que poderiam ser deduzidos de transacções tributáveis. Da mesma forma, a transferência de bens intangíveis, de direitos autorais (*domain names*), patentes, segredos industriais e *know-how* para outras companhias electrónicas, bem como a disposição e oscilação das acções destas empresas, colocam em questão as administrações tributárias em admitir deduções de difícil determinação e que antes não eram possíveis. Ainda, é possível que empresas virtuais sejam adquiridas livres do pagamento de tributos[40].

---

[37] *Cfr.* LESSIG, Lawrence, *"Code and Other Laws of Cyberspace"*, Basic Books, New York, 1999, p. 202. *Cfr.* GRUBERT, Harry, *"Has Globalization Transformed the Behavior of Governments and Taxpayers?"*, National Tax Association – Proceedings, November, 1997.

[38] *Cfr.* HARDESTY, David E., *"Electronic Commerce – Taxation and Planning"*, Warren, Gorhan and Lamont, United States of America, 1999, p. 1-9. *Cfr.* KARLIN, Michael J.A., *"Pochet Switching-The Taxation of Electronic Commerce"*, Fiftieth Annual Tax Institute, Volume 1, The Law School University of Southern California, 1998, p. 9-8/9.

[39] *Cfr.* ADAMS, Sally, *"Danger: Internet Taxes Ahead"*, Taxes, The Tax Magazine, CCH Incorporated, Vol. 75, nº 09, September, 1997, p. 502. *Vide* HELLERSTEIN, Walter, *"Transaction Taxes and Electronic Commerce: Designing State Taxes That Work in an Interstate Environment"*, National Tax Journal, Volume L, Nº 3, September, 1997. *Cfr.* MORSE, Edward A., *"State Taxation of Internet Commerce: Something New Under the Sun?"*, Creighton Law Review, Volume 30, Nº 4, June, 1997, p. 1133 e ss. *Cfr.* DELTA, George B., MATSUURA, Jeffrey H., *"Law of The Internet"*, Aspen Law & Business, New York, 2000, p. 10-19.

[40] *Cfr.* HARDESTY, David E., *"Electronic Commerce – Taxation and Planning"*, Warren, Gorhan and Lamont, United States of America, 1999, p. 8-2/35. *Cfr.* WEINER, Joann M., *"Discussion of Papers on Telecommunications Taxation"*, National Tax Journal, Volume L, Nº 3, September, 1997, p. 626. *Cfr.* KARLIN, Michael J.A., *"Pochet Switching-The Taxation of Electronic Commerce"*, Fiftieth Annual Tax Institute, Volume 1, The Law School University of Southern California, 1998, p. 9-17/20. *Vide*

9. Segurança do *Web Site* e os *Firewalls*

De facto, uma das preocupações das companhias virtuais é em relação à grande exposição a que ficam sujeitas perante a Internet. No momento actual de desenvolvimento tecnológico, o histórico das transacções, dados dos consumidores e informações internas da empresa *(intranets)* ficam constantemente expostos ao risco de serem revelados a pessoas não autorizadas, ou com intenções de sabotagem.

Neste passo, as empresas ficam no dilema de permanecerem acessíveis aos consumidores, mas também com os perigos de acessos não autorizados. Para resolver este problema, foi desenvolvida uma ferramenta tecnológica conhecida por *firewalls*, cujo objectivo é manter uma barreira total entre a Internet e os dados internos da companhia. Basicamente, os *firewalls* isolam a rede *intranet* (interna) da Internet[41].

Neste contexto, então, estariam os organismos de administração tributária impossibilitados tecnicamente de averiguar as empresas virtuais, ao mesmo tempo em que não podem interditar o comércio para dentro ou fora de suas fronteiras físicas, em razão do limitado controlo face ao *e-commerce*, de natureza desterritorializada[42].

Dessa forma, o desejo dos consumidores por privacidade, com os limites das autoridades tributárias no que concerne a respeitar a confidencialidade das transacções, aliados ao desenvolvimento tecnológico e ao uso de dinheiro digital, levam a um futuro de relativo anonimato das operações electrónicas.

Por conseguinte, tais dificuldades fizeram o Ministério das Finanças dos E.U.A. divulgar um relatório intitulado de *"Selected Tax Policy Implications of Global Electronic Commerce"*, onde as transacções anónimas e o uso de dinheiro digital são apontados como os principais desafios para a obediência, na tributação do *e-commerce*[43].

10. Dinheiro Electrónico

O dinheiro electrónico *(electronic money)*, ou o dinheiro digital, é considerado como um dos problemas exclusivos que envolvem a tributação do Comércio Elec-

---

TEIXEIRA DE ABREU, Miguel, *"Efeitos Fiscais da utilização da Internet em sede de Impostos sobre o Rendimento"*, Fiscalidade nº 02, Revista de Direito e Gestão Fiscal, Edição do Instituto Superior de Gestão, Abril, 2000, p. 31/32.

[41] *Cfr.* HARDESTY, David E., *"Electronic Commerce – Taxation and Planning"*, Warren, Gorhan and Lamont, United States of America, 1999, p. 4-10/11.

[42] *Cfr.* MCINTYRE, Michael J., *"Taxing Electronic Commerce Fairly and Efficiently"*, Tax Law Review, Volume 52, Number Four, Summer, 1997, p. 628/629.

[43] *Vide* Departament of the Treasury, *"Selected Tax Policy Implications of Global Electronic Commerce"*, U.S. Departament of Treasury, Office of Tax Policy, Nov., 1996, capítulo 8.

trónico, visto que pode ser usado de modo seguro e conveniente em quantias maiores, se comparado com o dinheiro expresso em cédulas; pode ser movimentado por todo o mundo instantaneamente e não deixa rasto, em comparação com outros recursos, como os cartões de crédito e cheques.

Na verdade, o termo *electronic money* engloba uma variedade de mecanismos de pagamento, onde destacam-se os *smart money card* pré-pagos[44]. Utilizando-se este mecanismo, segundo HARDESTY, não há maneira de se saber como este dinheiro electrónico será usado, nem por bancos, nem pelos governantes[45].

O principal problema do uso do dinheiro electrónico, sob a óptica fiscal, reside no anonimato do usuário. As técnicas desenvolvidas, no combate de evasão fiscal, no mundo do dinheiro em cédulas, pouco efectivas são no potencial de evasão proporcionado pelo dinheiro digital.

Com efeito, este dinheiro é facilmente transportado por todo o mundo, facilitando que pessoas ou empresas possam enviar grandes quantias para fora do país, assim removendo estes fundos do alcance governamental.

O dinheiro não necessita ser enviado fisicamente para um banco estrangeiro, bastando ser transferido para um computador no estrangeiro, fora do conhecimento das autoridades tributárias. Estas, por sua vez, depararam-se com enormes dificuldades para avaliar as contas dos contribuintes, conforme relatório do Ministério das Finanças dos E.U.A., que ainda aponta que 90% das transacções financeiras são agora conduzidas electronicamente[46].

Como bem afirma LEITE DE CAMPOS *"O fenómeno que tenho vindo a mencionar tem tido impacto, porém, no Direito Tributário e, especialmente, quanto ao princípio da territorialidade...O mercado de capitais constituiu-se à escala mundial dada a facilidade de conhecer, em segundos, quotações, movimentos e rendimentos em qualquer praça ou bolsa*

---

[44] *Cfr.* BENTLEY, Duncan, QUIRK, Patrick, *"A Proposal for Electronic Transactions Tax Collection in the Context of Tax-Driven Reform of Banking Laws"*, Journal of International Banking Law, Volume 14, Issue 10, October, 1999. p. 328/330.

[45] *Cfr.* HARDESTY, David E., *"Electronic Commerce – Taxation and Planning"*, Warren, Gorhan and Lamont, United States of America, 1999, p. 6-4. *Cfr.* DELTA, George B., MATSUURA, Jeffrey H., *"Law of The Internet"*, Aspen Law & Business, New York, 2000, p. 10-20.

[46] *Cfr.* Department of the Treasury, *"Selected Tax Policy Implications of Global Electronic Commerce"*, U.S. Departament of Treasury, Office of Tax Policy, Nov., 1996, capítulo 8.3.2. *Cfr.* ADAMS, Sally, *"Danger: Internet Taxes Ahead"*, Taxes, The Tax Magazine, CCH Incorporated, Vol. 75, nº 09, September, 1997, p. 500. *Cfr.* PEHA, Jon M., STRAUSS, Robert P., *"A Primer on Changing Information Technology and the Fisc"*, National Tax Journal, Volume L, Nº 3, September, 1997, p. 614/616. *Cfr.* KARLIN, Michael J.A., *"Pochet Switching-The Taxation of Electronic Commerce"*, Fiftieth Annual Tax Institute, Volume 1, The Law School University of Southern California, 1998, p. 9-17/20. *Vide* OECD, *"Electronic Commerce: The Challenges to Tax Authorities and Taxpayers"*, in Rivista di Diritto Finanziario e Scienza delle Finanze, LVII, 2, I, 1998, p. 248.

do mundo. E os capitais circulam, já não em papel ou em metal, mas nas vibrações da energia, procurando as aplicações mais rendosas." [47].

Para agravar ainda mais esta situação, o uso de tecnologias de encriptação, quando utilizadas fora dos domínios bancários, promove o desaparecimento do dinheiro dos olhos das administrações tributárias, tornando-se imperceptível e com potencial evasivo.

Da mesma forma, nos países que adoptam o segredo bancário, as quantias podem ser enviadas para eles sem que se saiba a procedência, desviando-se do pagamento de tributos em seu país de origem.

Mesmo que não se queira evadir ao pagamento de tributos, a tarefa de lançamento, por parte do poder tributante, poderá não ocorrer, face à dificuldade em se rastearem as operações.

Por último, há de se registar que uma transacção electrónica quase sempre envolve uma transferência monetária, tornando este problema de suma importância fiscal [48].

11. Internacionalidade

Com efeito, a Internet é internacional, comunitária, e uma comunidade internacional está se formando, havendo questões tributárias que se colocam em pauta, sendo que não podemos virar as costas para elas, ignorando que este espaço internacional existe e que as regras locais é que devem responder às questões que se colocam.

No ciberespaço, escapar da legislação torna-se mais fácil. Um *bit* para lá e o poder governamental pode não alcançar, incrementando o poder individual. As regras locais, neste contexto electrónico, tornam-se menos significantes pois é difícil confrontá-las com as regras internacionais. Os sistemas para distinguirem um residente de um país ou outro ainda são ineficazes [49].

---

[47] *Cfr.* LEITE DE CAMPOS, Diogo, *"A Internet e o Princípio da Territorialidade dos Impostos"*, Revista da Ordem dos Advogados, Lisboa, Ano 58, Julho, 1998, p. 639.

[48] *Cfr.* BENTLEY, Duncan, QUIRK, Patrick, *"A Proposal for Electronic Transactions Tax Collection in the Context of Tax-Driven Reform of Banking Laws"*, Journal of International Banking Law, Volume 14, Issue 10, October, 1999, p. 330/332. *Cfr.* VANDERHOFF, Anna M., *"The Tax Man Cometh: A Realistic View of the Taxation of Internet Commerce"*, Capital University Law Review, Vol. 27, Number 4, 1999, p. 955/956. *Cfr.* DELTA, George B., MATSUURA, Jeffrey H., *"Law of The Internet"*, Aspen Law & Business, New York, 2000, p. 10-20/22. *Cfr.* GUERREIRO, Tiago Caiado, *"O IVA no Comércio Electrónico"*, Tribuna, Diário de Notícias, 31 de julho de 2000, p. 08. *Vide* ALTAMIRANO, Alejandro C., *"La tributación Directa ante el Comercio Electrónico y La Fiscalización de las Operaciones Desarroladas a través de Internet"*, Ciência e Técnica Fiscal, Boletim da Direcção – Geral dos Impostos, Ministério das Finanças, Lisboa, nº 397, Janeiro-Março, 2000, p. 32/33.

[49] *Cfr.* SMITH, Graham J.H., *"Internet Law and Regulation"*, FT Law & Tax, London, 1996, p. 137. *Cfr.* LESSIG, Lawrence, *"Code and Other Laws of Cyberspace"*, Basic Books, New York, 1999, p. 205/207.

A seu turno, a legislação que regula as relações internacionais é resultado de negociações. Primeiramente, cumpre-nos salientar que o estudo da organização jurídica, sob a óptica internacional, resultará na conclusão de tratar-se de uma estrutura descentralizada, ausente de uma autoridade superior. Esta ideia contrapõe-se ao Direito nacional de cada país soberano, onde o Estado faz valer o conjunto de regras obrigatórias que visam a garantir a convivência ordenada da sociedade. Neste passo, na disposição geral jurídico-internacional, inexiste uma autoridade suprema e absoluta, que constranja os demais países soberanos ao seu grado. Os países, através de seu consentimento, dão origem às normas que regularão juridicamente as relações internacionais.

Dessa forma, enquanto a hierarquia estatal prevalece sobre a sociedade nacional, correspondendo à ideia de subordinação jurídica, no plano internacional, a organização é horizontal, sendo as soberanias dispostas pelo princípio da coordenação.

Em continuidade, a jurisdicionalidade, que caracteriza as actividades comuns nacionais, não encontra semelhança no plano internacional, pois o Estado soberano não permanece subordinado a nenhum tribunal, salvo por sua própria concordância. Dessa forma, o Direito Internacional é um sistema jurídico que se governa por leis próprias, regulando Estados soberanos em igualdade jurídica, baseando-se acerca do consentimento[50].

A seu turno, os particulares transferem-se, continuamente, de um país para outro e, mesmo ficando na própria terra, agora com a Internet, podem entrar em contacto cultural ou mercantil com outros indivíduos, estabelecendo relações por cima das fronteiras.

Os progressos tecnológicos alavancados pela Internet tornam o mundo cada vez mais um só, unindo indivíduos e grupos através de relações supranacionais, a tal ponto que as soluções internas já não mais acompanham os problemas jurídicos contemporâneos.

Surge aí, pois, o problema de se harmonizarem as regras jurídicas de um país para outro com referência às relações privadas constituídas no trato internacional [51]. Neste passo, não se trata de regras que disciplinem as relações entre as pessoas, mas sim normas destinadas a determinar quais preceitos que devem ser aplicados para disciplinar aquelas relações. Seria um Direito com objectivo de

---

Cfr. SCHAEFER, Barrett, *"International Taxation of Electronic Commerce Income: A Proposal to Utilize Software Agents for Source-Based Taxation"*, Santa Clara Computer and High Technology Law Journal, Santa Clara University School of Law, Volume 16, Number 1, November, 1999, p. 113/114.

[50] Cfr. REZEK, José Francisco, *"Direito Internacional Público"*, Saraiva Ed., 7ª ed., 2000, p. 01/06.

[51] Cfr. BENTLEY, Duncan, QUIRK, Patrick, *"A Proposal for Electronic Transactions Tax Collection in the Context of Tax-Driven Reform of Banking Laws"*, Journal of International Banking Law, Volume 14, Issue 10, October, 1999, p. 332/334.

regular as "regras de Direito" ou um "sobre Direito" (*ÜberRecht*). Dessa forma, no caso de haver conflito de normas, o Direito viria a decidir quais as regras que se destinam às relações entre particulares[52].

Efectivamente, para BLOOM e GIUSTI, as leis tributárias internacionais existentes não estão habilitadas para tratar deste novo meio de conduzir negócios. Para os autores, as leis foram escritas décadas atrás, para produtos tangíveis, e não são aplicáveis facilmente para os produtos digitais.

Regras envolvendo nexo, classificação, fonte dos rendimentos e aplicação de tratados têm gerado confusão, quando confrontadas por contribuintes utilizadores do mercado em linha [53].

A partir do facto de que as antigas regras não funcionam bem para o Comércio Electrónico, os países devem chegar a um acordo sobre como a lei regulará e sobre quais peculiaridades tributárias serão pautadas.

Isto requisitará das nações um protocolo comum quanto à tributação do Comércio Electrónico, de forma coordenada [54].

12. Mudanças Legislativas

A moderação legislativa, que iguala as actividades do mundo real com as do comércio *online*, num primeiro momento pode parecer como correcta, moderada. No entanto, tratar as duas actividades do mesmo modo é deixar esvaziada a letra da lei, e esta torna-se incumprível, sem efeito [55].

Uma lista de protecções de liberdade de expressão, de privacidade, no ciberespaço, é permitida por sua arquitectura: relativo anonimato, distribuição descentralizada, múltiplos pontos de acesso, sem sistema simples de identificação dos dados contidos, ferramentas para encriptar as informações: todas estas carac-

---

[52] *Cfr.* REALE, Miguel, *"Lições Preliminares de Direito"*, Saraiva Ed., São Paulo, 20ª ed., 1993, p. 348/350. *Vide* ALTAMIRANO, Alejandro C., *"La tributación Directa ante el Comercio Electrónico y La Fiscalización de las Operaciones Desarroladas a través de Internet"*, Ciência e Técnica Fiscal, Boletim da Direcção – Geral dos Impostos, Ministério das Finanças, Lisboa, nº 397, Janeiro-Março, 2000, p. 26/30.

[53] *Cfr.* BLOOM, Alan S., GIUSTI, Robert S., *"International Tax Implications of Electronic Commerce on Outbound Transactions"*, International Tax Journal, Volume 23, Number 4, Fall, 1997, p. 45/46.

[54] *Cfr.* FORST, David L., *"Old and New Issues in the Taxation of Electronic Commerce"*, The Legal and Policy Framework for Global Electronic Commerce: A Progress Report, Berkeley Technology Law Journal, Volume 14, Number 2, Spring, 1999, p. 718. *Cfr.* COCKFIELD, Arthur J., *"Balancing National Interests in the Taxation of Electronic Commerce Business Profits"*, Tulane Law Review, Volume 74, Number 1, November, 1999, p. 165.

[55] Neste mesmo sentido, *Cfr.* ADAMS, Sally, *"Danger: Internet Taxes Ahead"*, Taxes, The Tax Magazine, CCH Incorporated, Vol. 75, nº 09, September, 1997, p. 501. *Vide* FORTE, Steven J., *"Use Tax Collection on Internet Purchases: Should the Mail Order Industry Serve as a Model?"*, The John Marshall Journal of Computer & Information Law, Volume XV, Number 2, Winter, 1997, p. 203/226.

terísticas e consequências da Internet tornam difícil controlar as transacções electrónicas, com objectivos fiscais. A arquitectura da Internet é o principal protector do fraudador tributário [56].

Neste rumo, as regras escritas para os problemas específicos do Comércio Electrónico são poucas. As regras existentes têm sido criativamente adaptadas para os aspectos exclusivos do C.E. No entanto, com o aumento de volume de transacções electrónicas, é esperado um aumento de regras, alertando-se para o facto de que um excesso de legislação pode engessar o desenvolvimento tecnológico e comercial [57].

Por outro lado, a incerteza fiscal pode trazer enormes problemas financeiros para os novos negócios electrónicos, que em um momento anterior precisam planejar estrategicamente os custos tributários do novo negócio. Perguntas como quais transacções são tributadas na Internet, que jurisdição abrange, em qual país ou Estado a venda em linha é realizada, se o vendedor possui nexo com o poder tributário, entre outras, necessitam de respostas dos governos no exercício de seu poder tributante [58].

Como afirmam EADS e GOLDEN, os governantes nos Estados Unidos e por todo o mundo estão examinando as implicações das mudanças alavancadas pela Internet para tentar determinar quais alterações devem ser feitas em seus sistemas fiscais, no sentido de acompanhar as inovações.

No mesmo sentido, MAGUIRE afirma que os últimos três anos registraram um aumento do número de documentos em forma de consulta, exposição de

---

[56] Neste ponto, (LESSIG, 1999) afirma: *"If some networks are more regulable than others, this is simply a function of the network's design. The design of an unregulable network could be changed; it could be transformed into a regulable network. The Key is to identify the features of the unregulable space and to imagine them changed to make the space more regulable."* Cfr. LESSIG, Lawrence, *"Code and Other Laws of Cyberspace"*, Basic Books, New York, 1999, p. 27. Neste passo, *Vide* HELLERSTEIN, Walter, *"Transaction Taxes and Electronic Commerce: Designing State Taxes That Work in an Interstate Environment"*, National Tax Journal, Volume L, Nº 3, September, 1997.

[57] Cfr. ADAMS, Sally, *"Danger: Internet Taxes Ahead"*, Taxes, The Tax Magazine, CCH Incorporated, Vol. 75, nº 09, September, 1997, p. 499. *Vide* SAMUELSON, Paul e NORDHAUS, Willian, *"Economics"*, McGrall-Hill Ed., 16ª ed., New York, 1999, p. 260.

[58] *Vide* SAMUELSON, Paul e NORDHAUS, Willian, *"Economics"*, McGrall-Hill Ed., 16ª ed., New York, 1999, p. 260. Cfr. BENTLEY, Duncan, QUIRK, Patrick, *"A Proposal for Electronic Transactions Tax Collection in the Context of Tax-Driven Reform of Banking Laws"*, Journal of International Banking Law, Volume 14, Issue 10, October, 1999, p. 330/331. Cfr. PAYNTER, Judy, *"The Taxation of E-Commerce"*, Montana Law Review, Volume 61, Number 1, Winter, 2000, p. 18/23. Cfr. OWEN, Sandi, *"State Sales & Use Tax on Internet Transactions"*, Federal Communications Law Journal, Volume 51, Number 1, December, 1998, p. 246. *Vide* PATEL, Ajay, *"Electronic Commerce – A New Challenge for Consumer Organisations"*, Consumer Voice, Special Issue, Bruxelles, November, 1999.

motivos, discussão de *papers*, tanto da comunidade académica como nos vários níveis governamentais[59].

A seu turno, ALTAMIRANO lembra que qualquer regulação, seja ela local ou de projecção internacional, deve considerar a plena vigência do princípio da legalidade, já que as futuras normas sobre o Comércio Electrónico poderiam ter uma textura aberta que comprometesse aquele princípio constitucional. Reveste-se o tema de uma preocupação verdadeira, pois alguns princípios da tributação internacional serão modificados, como o princípio da fonte, da residência, da reciprocidade, do estabelecimento permanente, dentre outros. De forma coordenada, devem relacionar-se com alguns ordenamentos locais, como a legalidade e reserva da lei, interpretação conforme a Constituição de todo o ordenamento jurídico, de participação dos cidadãos, da segurança jurídica, da publicidade das normas e sua entrada em vigor, da eficácia da actuação administrativa, da igualdade, generalidade e equidade, *in exemplis*[60].

Em face de todo o escrito, urge seja adoptado um plano, em virtude da actual inabilidade de se responder às questões electrónicas que se colocam frente ao Direito Tributário.

Tais respostas podem partir de certos princípios, esquemas, que sugestionariam as mudanças que se devem efectuar. Mas, mesmo que as mudanças legislativas ocorram e consigam englobar todos os procedimentos do *e-commerce*, é igualmente necessário que existam medidas facilitadoras da efectiva aplicação deste regramento.

13. Análise da Tributação do Comércio Electrónico na União Europeia

A dedicação ao tema fiscal, nos contornos do Comércio Electrónico, inaugurou-se com a Iniciativa Europeia para o Comércio Electrónico e, já naquele tempo, a promoção da segurança jurídica e da igualdade fiscal era factor de preocupação[61].

Da mesma forma, alertava-se para a ausência de rasto, para o anonimato das transacções em linha, para a territorialidade nos sistemas de impostos directos

---

[59] *Cfr.* EADS, James R., GOLDEN, David F., *"E-Commerce Taxation Issues for Online Businesses"*, Georgia Bar Journal, Volume 5, Number 4, February, 2000, p. 14. *Cfr.* MAGUIRE, Ned, *"Taxation of E-Commerce"*, The Federal Lawyer, Volume 47, Number Five, June, 2000, p. 24.

[60] *Cfr.* ALTAMIRANO, Alejandro C., *"La tributación Directa ante el Comercio Electrónico y La Fiscalización de las Operaciones Desarroladas a través de Internet"*, Ciência e Técnica Fiscal, Boletim da Direcção – Geral dos Impostos, Ministério das Finanças, Lisboa, nº 397, Janeiro-Março, 2000, p. 21/23. *Vide* SAMUELSON, Paul e NORDHAUS, Willian, *"Economics"*, McGrall-Hill Ed., 16ª ed., New York, 1999, p. 291 e ss.

[61] Devemos, honradamente, recordar que o presente texto é baseado em parte de nossa Dissertação de Mestrado orientada pelo Professor Doutor Diogo Leite de Campos, intitulada: FREIRE E ALMEIDA, Daniel. *A Tributação do Comércio Electrónico nos Estados Unidos da América e na União Europeia*. Coimbra: Faculdade de Direito da Universidade de Coimbra, 2002.

e para os eventuais impactos do C.E. na legislação relativa ao IVA, tudo, pois, a dificultar um sistema colector eficiente.

Com acerto, a Comissão descartou, na Comunicação supra mencionada, a possibilidade da utilização do imposto sobre os *bits* transmitidos, por considerar que, devido à sujeição das actividades electrónicas ao IVA, tal medida seria inadequada.

No entanto, entendemos que, com as novas ferramentas de ocultação de dados, uma arquitectura voltada para implantar um sistema de contagem de *bits* poderia resultar em medir absolutamente nada, face à inexactidão sobre o quê está a ser tributado.

Este estudo preliminar, com suas correctas preocupações, foi renovado pela Comunicação da Comissão denominada *"Comércio Electrónico e Fiscalidade Indirecta"*.

Com o objectivo de preparar a contribuição do espaço europeu para a Conferência Ministerial da OCDE, subordinada ao tema *"Um Mundo sem Fronteiras: concretizar o Potencial do Comércio Electrónico"*, foi que a mencionada Comissão propôs orientações gerais, destinadas à adaptação do sistema comunitário do IVA ao C.E. na União Europeia.

Além da não criação de novos impostos, alinhada à posição norte-americana, a Comissão orientou que as transacções electrónicas devem ser consideradas, para efeitos do IVA, como prestação de serviços. Relembrando-se que a legislação comunitária do IVA estabelece uma distinção fundamental entre entrega de bens e prestação de serviços, instaurou-se, pois, controvérsia. Obras musicais, programas e películas podem ser fornecidos tradicionalmente, também sendo considerados como entrega de bens, alterando-se o lugar de tributação. Esta orientação, oposta às posições da OCDE e dos E.U.A., confronta-se com a dificuldade em se conhecer o lugar a que o fornecedor de serviços pertence. No *e-commerce*, pelas razões virtuais que o caracterizam, a localização fica prejudicada. Da mesma forma, a transferência do gravame do recolhimento para o consumidor (empresa) esbarra nos riscos de evasão, possibilitados pela falta de habilidade, por parte das administrações fiscais, em gerir, fiscalizar e identificar os contribuintes. No mesmo sentido, a isenção concedida aos particulares, na U.E., enfrentará, com o aumento destas transacções, diminuição de receitas e semelhantes problemas fiscalizatórios, para diferenciar quem são os contribuintes singulares, face ao anonimato na Internet.

Quanto à orientação de neutralidade, entre empresas comunitárias e não--comunitárias, percebemos que a isenção às empresas estrangeiras aos serviços prestados a particulares, na U.E., confronta-se com esta posição, resultando em uma desvantagem concorrencial para os fornecedores europeus. Da mesma maneira, os fornecedores comunitários de produtos tradicionais, mas que agora podem ser digitalizados, enfrentam a concorrência dos fornecedores, isentos, estrangeiros.

Neste desenrolar, revestem-se acertadas as orientações da Comissão, que visam a facilitar o cumprimento das obrigações fiscais, a garantir o controlo e o cumprimento da lei.

De facto, é primordial, o quanto antes, o desenvolvimento de técnicas hábeis, facilitadoras ao sistema fiscal, não só na visão do contribuinte, mas das autoridades fiscais, sob pena de uma indesejada desigualdade para aqueles que correctamente cumprem seu dever fiscal. Entretanto, a realidade nos preocupa. A evasão existe nos canais tradicionais de comércio e, agora, a virtualidade amplia a capacidade criminosa, com seus instrumentos (des) conhecidos das administrações tributárias.

Neste passo, a inquietação em relação à cobrança e fiscalização foi a pedra de toque do Parecer do Comité Económico e Social. Entre as várias sugestões e análises, todas importam em inconvenientes e nenhuma está imune a abusos ou fraudes, como expressa o próprio Comité.

No entanto, acreditamos que o debate é oportuno, decisivo e que a sugestão de cobrança, por um organismo internacional ou comunitário, pode servir como vector para uma possível solução.

Com efeito, entendemos que qualquer medida deveria ultrapassar os limites nacionais. Não existe nada mais internacional do que a Internet, portanto as decisões deveriam ocorrer em uma escala de nível, no mínimo, comunitário. Neste ponto, a União Europeia está na frente.

De facto, a União Europeia tem por base um sistema institucional único no mundo. Os Estados-Membros consentem, com efeito, delegações de soberania a favor de instituições independentes, que representam, simultaneamente, interesses comunitários, nacionais e dos cidadãos. A Comissão defende, tradicionalmente, os interesses comunitários, cada governo nacional está representado na órbita do Conselho da União e o Parlamento Europeu é directamente eleito pelos cidadãos da União[62].

Por outro lado, a atitude impositiva fiscal aos serviços de telecomunicações, com a inclusão da Internet, vai no sentido inverso às próprias iniciativas, incentivadoras, da U.E.. A preocupação fiscal, momentânea, pode barrar o desenvolvimento tecnológico e prejudicar as futuras receitas que resultariam das novas empresas prestadoras de serviços *online*.

A seu turno, a Proposta de Directiva do Conselho, referente ao regime do I.V.A. aplicável a determinados serviços prestados por via electrónica, ressalta o

---

[62] *Cfr.* http://www.europa.eu.int/inst-pt.htm, *access date*: 15.06.2001. *Vide* PATRUNO, M., *"Manuale di Diritto della Comunità Europea"*, Universita Edizioni – CxT, 3ª edizione, 1998.

desafio em traduzir os princípios gerais, antes propostos, em medidas susceptíveis de uma aplicação concreta. De facto, apesar das proposições apontarem directrizes mais apuradas, se comparadas com as anteriores, a arquitectura do ciberespaço pode dificultar a adequação das normas às hipóteses de incidência. Em virtude da necessidade de conhecimento de dados de registo e identificação para a correcta aplicação das directrizes, será primordial que as ferramentas, para tal, sejam disponibilizadas, o que, até o momento, não acontece.

Com a mesma relevância, deve ser rediscutida a questão de registo em um único país, para que o operador cumpra as obrigações em matéria do IVA. Isto deve-se ao facto de que é natural que o operador escolha, pois, o país que ofereça a menor alíquota, culminando com um ambiente de concorrência entre os próprios Estados-Membros. Dessa forma, acreditamos que, em razão da desterritorialização provocada pela Internet, faz-se inadiável a promoção de políticas fiscais harmonizadoras.

Em relação aos impostos directos, a problemática passa pela determinação de residência às empresas virtuais. Permanece complicado identificar quando uma empresa *dotcom* está a exercer comércio dentro de um país. Sem a presença física, o que é natural para o *e-commerce*, a norma tributária não se adequará às novas hipóteses virtuais.

No mesmo sentido, a imposição tributária directa confronta-se com a mobilidade. De facto, é muito mais fácil para as empresas da Internet se locomoverem para países de baixa tributação. Assim, partindo-se do facto de que, na União, não há harmonização fiscal em relação aos impostos directos, a discussão e a preocupação em torno da concorrência, entre os poderes tributários, reveste-se acertada.

Posto tudo isso, cabe enfatizar-se, que toda experiência construtiva, com sua devida reflexão, levou a União Europeia a uma postura inovadora em relação ao Comércio Electrónico.

Ponto fundamental da legislação é a DIRECTIVA 2006/112/CE DO CONSELHO, relativa ao sistema comum do imposto sobre o valor acrescentado. Em especial, no tocante aos serviços electrónicos, a Directiva 2002/38/CE DO CONSELHO, que entrou em vigor em 1 de julho de 2003, alterou a o regime do IVA, quando aplicável a determinados serviços prestados por via electrónica.

Nesta linha, a referida DIRECTIVA DO CONSELHO, englobou, de forma igualitária, praticamente todos os produtos digitais, incluindo os programas de computador, as músicas e o conteúdo *online*.

Em prosseguimento, as novas regras desobrigam os fornecedores europeus a cobrar o imposto (IVA) nas vendas para fora da União Europeia.

Contudo, pelo contrário, serviços electrónicos prestados por empresas provenientes de países não pertencentes a União Europeia devem recolher o IVA, como se fosse fornecedores europeus. De facto, o regime especial estabelecido, obriga todos os trâmites burocráticos, bem como o recolhimento do imposto quando fornecem serviços electrónicos para pessoas que não sejam sujeitos passivos (B2C) e que estejam estabelecidos num Estado-Membro. O IVA será cobrado no Estado-Membro do consumidor (destino). Na mesma ordem de ideias, mas quando o importador destes serviços forem as empresas (B2B) o IVA deverá ser recolhido pela empresa importadora sob o regime de autoliquidação (*reverse charge arrangements*) Ademais, a seu turno, as empresas estabelecidas na União Europeia devem recolher o IVA na alíquota de seu país de residência.

Já para os produtos vendidos pela Internet, o princípio da origem é aplicado. Dessa forma, os consumidores particulares devem pagar o IVA no país de aquisição, e não incorrem em encargos adicionais quando retornam ao seu país.

Contudo, a mencionada regra pode ser excepcionada se a empresa ultrapassar os limites de vendas a um país impostos pela DIRECTIVA 2006/112/CE DO CONSELHO (100.000 euros, ou 35.000 euros, dependendo do país envolvido). Igualmente, se a empresa assim desejar, deve então registar-se para o pagamento do IVA na alíquota aplicável no país de destino. Por sua vez, os produtos oriundos de empresas situadas fora da União Europeia ficam sujeitos ao imposto de valor acrescentado na importação.

Todas estas medidas colocaram a União Europeia em local de importante destaque, no que diz respeito ao tratamento da tributação do Comércio Eletrónico.

Conclusões

Além das potencialidades e grandes oportunidades, que encontramos na Internet e no Comércio Electrónico, constatamos haver implicações para a sociedade, na percepção e administração das legislações em virtude das profundas modificações nos quadros de comportamento individual e nos pressupostos jurídicos da comercialização dos produtos.

Por estas razões, a Internet e o Comércio Electrónico têm atraído o interesse de pesquisadores, governos, empresas e organizações internacionais, principalmente no Direito.

É neste desenrolar que o Direito Tributário tradicional enfrenta desafios. A principiar pela possibilidade das empresas conduzirem seus negócios em um país onde não possuem um estabelecimento físico, comunicando-se com seus compradores apenas através dos meios electrónicos.

Com efeito, não há barreiras e as leis tributárias, conseqüentemente, não foram escritas com o intuito de incidir sobre as actividades destas novas empresas virtuais. No mesmo sentido, algumas empresas preferem utilizar servidores longínquos para obterem vantagens tributárias. A utilização, em certos casos, de um servidor estrangeiro pode esquivar uma empresa do poder tributante de seu país natal.

Outro ponto constatado é o anonimato no mundo virtual. Sob o ponto de vista das autoridades tributárias, os dados de registo e identificação podem ser fundamentais. Mas, enquanto no mundo real o anonimato tem que ser criado, no ciberespaço ele é determinado, faz parte de sua arquitectura.

Na Internet, você pode revelar apenas um endereço, mas que não tenha necessariamente nenhuma relação a mais, com e sobre você. Este problema se agrava, na medida que a utilização e acesso à Internet são permitidas com a disponibilização de múltiplos *user names*. De facto, a incidência tributária poderá não encontrar seu sujeito passivo.

Concluímos, ainda, que a problemática envolve outros pontos, como a comercialização de produtos digitais, pois a descrição destes produtos é muito importante para a internacionalidade de impostos sobre o rendimento, para impostos sobre venda, uso e serviços, impostos estaduais sobre o rendimento (nos Estados Unidos da América), bem como para o Imposto sobre o Valor Acrescentado (IVA), na União Europeia.

Na tributação internacional, a descrição da venda de produtos digitais, onde são discriminados os produtos, *royalties*, serviços ou a venda de intangíveis, determina o país onde a venda será tributada. Com alíquotas variadas de país para país, na União Europeia, esta determinação da venda é extremamente importante.

Outro ponto importante reveste-se na dificuldade criada para a fiscalização destas transacções, tendo em vista a problemática de se poder enviar directamente para o comprador, sem intermediários e sem constituição física dos produtos. Tal situação torna árdua, para as administrações tributárias, a tarefa afecta à fiscalização, ao cruzamento de dados e ao consequente recolhimento dos tributos.

A desterritorialização é, da mesma forma, uma preocupação no Comércio Electrónico. Para fins fiscais, a localização das actividades pode determinar que Estado ou que país tem o poder de tributar os rendimentos de uma empresa virtual. Da mesma forma, a localização do comprador realça a dificuldade na determinação do poder tributário apto a colectar os tributos, e nem sempre a presença física do comprador será possível de conhecimento.

A habilidade dos governos em regular o comportamento no Comércio Electrónico foi alterada, pois a conduta de compradores e vendedores pode estar localizada em qualquer lugar na *Net*. Agora, há um espaço virtual, onde as pessoas interagem, onde as pessoas comercializam. Alguns governos são mais regulados que outros e as pessoas já podem escolher a qual deles querem se submeter.

Com efeito, os governos, na medida em que forem mais ou menos repressivos, aumentando ou criando novos tributos, tornam-se competidores. É mais fácil, com a Internet, para o cidadão optar por um regime tributário ou outro ou, ainda, fugir da Lei, para atingir seu objectivo, com menor custo.

No ciberespaço, pode-se possuir um provedor de serviços de seu país, ou alistar-se em um servidor de outro país no qual nunca se esteve antes. Isto é absolutamente possível.

A seu turno, os governos acreditam possuir capacidade para regular o comportamento tributário das pessoas, com o intuito de auferir receitas e prestar serviços públicos, posteriormente.

Entretanto, a Internet possibilita-nos "mudar" de nacionalidade na medida em que as regras tributárias forem mais ou menos satisfatórias para os nossos negócios. Tal comportamento, agora, é possível para qualquer um.

Em continuidade, a constituição dos *Web sites*, por *software*, gráficos, sons, vídeo, conhecimento e conteúdos em dados dificultam a determinação de onde o custo e a dedução de um elemento começa e o outro termina, não se encontrando respaldo nas actuais legislações sobre impostos directos.

Estes recursos, aliados aos desejos dos consumidores por privacidade, com os limites das autoridades tributárias no que concerne a respeitar a confidencialidade das transacções, e assim como o uso de dinheiro digital (*e-money*), levam a um cenário de relativo anonimato das operações electrónicas.

De facto, a Internet é internacional, comunitária e escapar da legislação local torna-se mais fácil. Um *bit* para lá e o poder governamental pode não alcançar, incrementando o poder singular. As regras locais, neste contexto electrónico, tornam-se menos significantes pois é difícil confrontá-las com o ambiente internacional.

A seu turno, a União Europeia, já no início de 1997, iniciou o tratamento ao tema, na Comunicação da Comissão intitulada *"Uma Iniciativa Europeia para o Comércio Electrónico"*. De facto, constatamos a preocupação, nesta iniciativa, com o estabelecimento de uma legislação que não resultasse em dúvidas ao sistema fiscal electrónico e que primasse pela igualdade das duas formas de comércio, a electrónica e a tradicional, visando a descaracterizar a competição que já era verificada em alguns sectores.

Realmente, já nesta Comunicação, a Comissão alertava para a potencial velocidade, ausência de rasto e para o anonimato das transacções realizadas electronicamente, que poderiam resultar em novas possibilidades de fraude e evasão fiscal. Culminou, naquela Comunicação, a decisão, juntamente com os Estados-Membros, em iniciar uma análise do impacto e das consequências do *e-commerce* nos direitos aduaneiros e impostos indirectos.

Foi acompanhando a Comunicação anterior que a Comissão renovou a preocupação com os desafios que o Comércio Electrónico coloca no domínio da fiscalidade, *in casu*, indirecta, através da Comunicação denominada *"Comércio*

Electrónico e Fiscalidade Indirecta", onde foi reafirmada a imposição do IVA, com excepção da aquisição directa de serviços por particulares na UE.

Nesta Comunicação, a Comissão propôs as orientações de não serem criados novos impostos, de considerar as transmissões electrónicas como sendo prestação de serviços, de garantir a neutralidade entre operadores comunitários e não--comunitários, de facilitar e simplificar o cumprimento das obrigações por parte dos operadores, de garantir o controlo e o cumprimento da lei e, finalmente, de facilitar a tarefa das autoridades fiscais.

De tudo se extrai a dificuldade da União Europeia em compatibilizar todas as orientações propostas, face às características peculiares da Internet e do Comércio Electrónico.

No presente trabalho, investigamos que, através da Directiva 1999/59/ CE do Conselho, alterou-se a Directiva 77/388/CEE, pelo que se aplicou o regime do Imposto sobre o Valor Acrescentado aos serviços de telecomunicações, incluindo a disponibilização do acesso a redes de informação mundiais (Internet). Por esta atitude impositiva fiscal, concluímos que a mesma vai no sentido contrário às próprias iniciativas da União Europeia de incentivar o acesso às novas tecnologias.

Finalmente, investigamos, neste trabalho, a proposta de Directiva do Conselho no que se refere ao Regime do Imposto Sobre o Valor Acrescentado aplicável a Determinados Serviços Prestados por via Electrónica.

Objectivamente, a proposta estabelece que, sendo os serviços prestados por um operador, estabelecido fora da UE, a um destinatário estabelecido na UE, o lugar de tributação por IVA será na UE. Por sua vez, isentou de IVA (da UE) as prestações de operadores da UE destinadas para fora da União Europeia e, ainda, colocou que o lugar da prestação será onde o destinatário se encontra estabelecido.

Em prosseguimento, constatamos que o tratamento se diferencia para destinatários da UE. Neste caso, o lugar da prestação será aquele em que o prestador se encontra.

Em continuidade, de facto, o *e-commerce* desafia a aplicação das tradicionais regras em muitos e exclusivos aspectos.

Constatamos, então, que o desenvolvimento de regras a serem aplicadas na determinação da residência, fonte e tipo de recursos, nas características provenientes do *e-commerce* e que possam resultar em uma efectiva imposição tributária directa, carecem de mecanismos. Conclui-se que, em alguns casos, é impossível saber a localização tanto do comprador como do vendedor, bem como a natureza dos rendimentos resultantes de vendas de produtos e serviços digitais. Em complemento, é incerto determinar-se a existência de uma companhia que conduz seus negócios a partir de um servidor longínquo.

Pela própria internacionalidade da Internet e do Comércio Electrónico, as regras tributárias precisam atingir um consenso supranacional. É claro que, para se atingir tal nível, as nações devem conciliar as propostas, adequando-as aos interesses dos demais sectores, tanto das empresas contribuintes, como das pessoas singulares, reunindo especialistas no assunto com o intuito de uniformizar as regras e resolver os problemas especiais, levantados pelo *e-commerce*.

Um ponto que deverá ser possibilitado vem a ser um sistema uniforme de cálculo do processo tributário, face às milhares de jurisdições deparadas pelos cibernautas. A existência de meios, bem como de cálculos correctos para se colectarem os tributos é um pré-requisito para qualquer sistema tributário efectivo.

Mais além, primordial se faz a fixação de alíquotas uniformes nos diversos países. O que ainda não é executado no comércio tradicional agrava-se no *e-commerce*, pela facilidade em se alterar o poder tributário, havendo concorrência entre Estados e países que disponibilizem alíquotas diferenciadas, tanto para produtos como para serviços, além de serem encontradas em níveis diferentes, de país para país.

Duas certezas existem. A explosão do Comércio Electrónico já é realidade. E os meios eficientes para tributar este novo conceito devem ser urgentemente desenvolvidos.

Não há respostas fáceis. As iniciativas progressivas devem partir de nível comunitário e internacional, para então conseguirem atingir a globalidade. Os projectos anteriores, relativos à harmonização fiscal, revelam o quanto é difícil adentrar às regras que envolvem as soberanias, no exercício de seu poder tributante.

A tradição dos sistemas tributários denota que são económica e culturalmente específicos, revelando o seu desenvolvimento e crescimento em resposta às necessidades e aos valores da sociedade para os quais foram elaborados.

Os problemas resultantes da existência de diferentes sistemas de tributação, bem como a ocorrência de paraísos fiscais ou sistemas privilegiados, tendem a aumentar com o Comércio Electrónico.

O comportamento do contribuinte ganha mobilidade virtual instantânea. Por sua vez, as administrações tributárias devem conviver com um número explosivo de empresas virtuais, e o registo e policiamento destes milhões de internautas só dificulta a actividade fiscal. A evasão ganha potencial, com a consequente diminuição de receitas.

Neste sentido, em face de todo o investigado, consideramos ser necessário um novo plano, em virtude da actual falta de habilidade de se responder às questões electrónicas que se colocam frente ao Direito Tributário.

Tais respostas devem partir de um nível internacional, harmonizado. Mas, mesmo que as mudanças legislativas ocorram e consigam englobar todos os procedimentos do *e-commerce*, é igualmente necessário que existam medidas que facilitem a efectiva aplicação deste regramento neste complexo ambiente.

Por todo o exposto, justifica-se o que este trabalho visou a investigar, no sentido de que os problemas existentes revelam a necessidade de identificar novas formas de tributação, face ao problema que se coloca, por meio de uma fiscalização ágil e moderna, bem como de uma legislação mais flexível, nos mesmos moldes desta nova modalidade internacional de actividade mercantil.

Bibliografia

ADAMS, Sally, *"Danger: Internet Taxes Ahead"*, Taxes, The Tax Magazine, CCH Incorporated, Vol. 75, nº 09, September, 1997.

ALTAMIRANO, Alejandro C., *"La tributación Directa ante el Comercio Electrónico y La Fiscalización de las Operaciones Desarroladas a través de Internet"*, Ciência e Técnica Fiscal, Boletim da Direcção – Geral dos Impostos, Ministério das Finanças, Lisboa, nº 397, Janeiro-Março, 2000.

BENTLEY, Duncan, QUIRK, Patrick, *"A Proposal for Electronic Transactions Tax Collection in the Context of Tax-Driven Reform of Banking Laws"*, Journal of International Banking Law, Volume 14, Issue 10, October, 1999.

BLOOM, Alan S., GIUSTI, Robert S., *"International Tax Implications of Electronic Commerce on Outbound Transactions"*, International Tax Journal, Volume 23, Number 4, Fall, 1997.

BOURGEOIS, Pierre J., BLANCHETTE, Luc, *"Income_taxes.ca.com: The Internet, Electronic Commerce, and Taxes-Some Reflections: Part 1"*, Canadian Tax Journal, Volume 45, Issue Number 5, 1997.

BRADFORD, David F., *"Commentary – Electronic Commerce and Fundamental Tax Reform"*, Tax Law Review, Volume 52, Number Four, Symposium on Internet Taxation, New York University School of Law, Summer, 1997.

COCKFIELD, Arthur J., *"Balancing National Interests in the Taxation of Electronic Commerce Business Profits"*, Tulane Law Review, Volume 74, Number 1, November, 1999.

CORDELL, Arthur, IDE, T. Ran, *"The New Wealth of Nations: Taxing Cyberspace"*, Toronto: Between the lines, 1997.

DELTA, George B., MATSUURA, Jeffrey H., *"Law of The Internet"*, Aspen Law & Business, New York, 2000.

EADS, James R., GOLDEN, David F., *"E-Commerce Taxation Issues for Online Businesses"*, Georgia Bar Journal, Volume 5, Number 4, February, 2000.

FORST, David L., *"Old and New Issues in the Taxation of Electronic Commerce"*, The Legal and Policy Framework for Global Electronic Commerce: A Progress Report, Berkeley Technology Law Journal, Volume 14, Number 2, Spring, 1999.

FORTE, Steven J., *"Use Tax Collection on Internet Purchases: Should the Mail Order Industry Serve as a Model?"*, The John Marshall Journal of Computer & Information Law, Volume XV, Number 2, Winter, 1997.

FOX, Willian F., MURRAY, Matthew N., *"The Sales Tax and Electronic Commerce: So What's New?"*, National Tax Journal, Volume L, Nº 3, September, 1997.

FREIRE E ALMEIDA, Daniel. *A Tributação do Comércio Electrónico nos Estados Unidos da América e na União Europeia*. Coimbra: Faculdade de Direito da Universidade de Coimbra, 2002.

GRUBERT, Harry, *"Has Globalization Transformed the Behavior of Governments and Taxpayers?"*, National Tax Association – Proceedings, November, 1997.

HARDESTY, David E., *"Electronic Commerce – Taxation and Planning"*, Warren, Gorhan and Lamont, United States of America, 1999.

HARRIS, Mark A., *"Advising the CyberBusiness: Apllying Fundamental Tax Concepts to Internet Sales"*, Taxes, The Tax Magazine, CCH Incorporated, Vol. 74, nº 12, December, 1996.

HELLERSTEIN, Walter, *"Transaction Taxes and Electronic Commerce: Designing State Taxes That Work in an Interstate Environment"*, National Tax Journal, Volume L, Nº 3, September, 1997.

HELLERSTEIN, Walter, HOUGHTON, Kendall L., *"State Taxation of Electronic Commerce: Perspectives on Proposal for Change and Their Constitutionality"*, Brigham Young University Law Review, Volume 2000, Number 1, 2000.

JOHNSON, David, POST, David, *"Law and Borders-The Rise of Law in Cyberspace"*, Stanford Law Review, 48, 1996.

KARLIN, Michael J.A., *"Pochet Switching-The Taxation of Electronic Commerce"*, Fiftieth Annual Tax Institute, Volume 1, The Law School University of Southern California, 1998.

LEITE DE CAMPOS, Diogo. *A Internet e o Princípio da Territorialidade dos Impostos*. Lisboa: Revista da Ordem dos Advogados, ano 58, 1998.

LESSIG, Lawrence, *"Code and Other Laws of Cyberspace"*, Basic Books, New York, 1999.

MAGUIRE, Ned, *"Taxation of E-Commerce"*, The Federal Lawyer, Volume 47, Number Five, June, 2000.

MCINTYRE, Michael J., *"Taxing Electronic Commerce Fairly and Efficiently"*, Tax Law Review, Volume 52, Number Four, Summer, 1997.

MINES, Paul, *"Commentary – Conversing With Professor Hellerstein: Electronic Commerce and Nexus Propel Sales and Use Tax Reform"*, Tax Law Review, Volume 52, Number Four, Symposium on Internet Taxation, New York University School of Law, Summer, 1997.

MORSE, Edward A., *"State Taxation of Internet Commerce: Something New Under the Sun?"*, Creighton Law Review, Volume 30, Nº 4, June, 1997.

OWEN, Sandi, *"State Sales & Use Tax on Internet Transactions"*, Federal Communications Law Journal, Volume 51, Number 1, December, 1998.

PATEL, Ajay, *"Electronic Commerce – A New Challenge for Consumer Organisations"*, Consumer Voice, Special Issue, Bruxelles, November, 1999.

PATRUNO, M., *"Manuale di Diritto della Comunità Europea"*, Universita Edizioni – CxT, 3ª edizione, 1998.

PAYNTER, Judy, *"The Taxation of E-Commerce"*, Montana Law Review, Volume 61, Number 1, Winter, 2000.

PEHA, Jon M., STRAUSS, Robert P., *"A Primer on Changing Information Technology and the Fisc"*, National Tax Journal, Volume L, Nº 3, September, 1997.

PEREIRA, Alexandre Libório Dias, *"Comércio Electrónico na Sociedade da Informação: Da Segurança Técnica à Confiança Jurídica"*, Almedina, Coimbra, 1999.

RABY, Burguess, *"Taxes, Tariffs, and Other Regulatory Barriers to Electronic Commerce"*, Panel VII, Symposium – Responding to the Legal Obstacles to Electronic Commerce in Latin America, Arizona Journal of International and Comparative Law, Volume 17, Number 1, Winter, 2000.

REALE, Miguel, *"Lições Preliminares de Direito"*, Saraiva Ed., São Paulo, 20ª ed., 1993.

REZEK, José Francisco, *"Direito Internacional Público"*, Saraiva Ed., 7ª ed., 2000.

SAMUELSON, Paul e NORDHAUS, Willian, *"Economics"*, McGrall-Hill Ed., 16ª ed., New York, 1999.

SHAKOW, David J., *"Commentary – Taxing Nothings: Intangibles on the Internet"*, Tax Law Review, Volume 52, Number Four, Symposium on Internet Taxation, New York University School of Law, Summer, 1997.

SMITH, Graham J.H.,*"Internet Law and Regulation"*, FT Law & Tax, London, 1996.

TEIXEIRA DE ABREU, Miguel, *"Efeitos Fiscais da utilização da Internet em sede de Impostos sobre o Rendimento"*, Fiscalidade nº 02, Revista de Direito e Gestão Fiscal, Edição do Instituto Superior de Gestão, Abril, 2000.

THORPE, Kyrie E., *"International Taxation of Electronic Commerce: Is The Internet age Rendering the Concept of Permanent Establishment Obsolete?"*, Emory International Law Review, Volume 11, Fall, 1997.

VANDERHOFF, Anna M., *"The Tax Man Cometh: A Realistic View of the Taxation of Internet Commerce"*, Capital University Law Review, Vol. 27, Number 4, 1999.

Documentos Oficiais Consultados

COMISSÃO DAS COMUNIDADES EUROPEIAS, *"Comércio Electrónico e Fiscalidade Indirecta"*, COM(1998) 374 Final, Bruxelas, 17.06.1998.

COMISSÃO DAS COMUNIDADES EUROPEIAS, *"Uma Iniciativa Europeia para o Comércio Electrónico"*, COM(97) 157 Final, Bruxelas, 16.04.1997.

COMISSÃO EUROPEIA, *"A Sociedade da Informação"*, A Europa em Movimento, CECA-CE--CEEA, Bruxelas, Luxemburgo, 1996.

COMISSÃO EUROPEIA, *"Europa...Perguntas e Respostas – A Concorrência nas Telecomunicações: Porquê? Como?"*, Serviço de Publicações Oficiais das Comunidades Europeias, Luxemburgo, 1997.

COMISSÃO EUROPEIA,*"Ciências e Tecnologias do Futuro- A Caminho da Europa do Século XXI"*, A Europa em Movimento, CECA-CE-CEEA, Bruxelas, Luxemburgo, 1994.

COMISSIONE EUROPEA, *"Un'Iniziativa Europea in Materia di Commercio Electtronico"*, in Rivista di Diritto Finanziario e Scienza delle Finanze, LVII, 2, I, 1998, p. 280/313.

Committee on Financial Affairs of the OECD, *"Electronic Commerce: The Challenges to Tax Authorities and Taxpayers"*, Nov., 1997.

Comunicação da Comissão ao Conselho e ao Parlamento Europeu *"Estratégia destinada a melhorar o funcionamento do sistema do IVA no âmbito do mercado interno"* COM (2000)349..

DIRECTIVA 1999/59/CE do Conselho, de 17 de Junho de 1999, que altera a Directiva 77/388/CEE *no que se refere ao regime do imposto sobre o valor acrescentado aplicável aos serviços de telecomunicações*, Jornal Oficial número L 162, de 26.06.1999.

DIRECTIVA 2000/31/CE do Parlamento Europeu e do Conselho, de 8 de Junho de 2000, *"Relativa a certos aspectos legais dos serviços da sociedade de informação, em especial do Comér-*

cio Electrónico, no mercado interno (Directiva sobre Comércio Electrónico)", Jornal Oficial das Comunidades Européias, 17.02.2000.

Documento Orientador da Iniciativa Nacional para o Comércio Electrónico, "*Fiscalidade e Serviços Aduaneiros*", Diário da República – I Série – B, no. 198, 25 de Agosto de 1999, p. 5758/5759.

HM CUSTOMS AND EXCISE, Electronic Commerce: UK Policy on Taxation Issues, Oct. 06, 1998.

HM CUSTOMS AND EXCISE, Notice 700, The Vat Guide (London: HM Customs and Excise (Mar., 1996; updated Feb. 1997, May 1997, Apr., 1998).

HM CUSTOMS AND EXCISE, Notice 702, VAT Imports and Warehouse Goods (London: HM Customs and Excise (Oct., 1995)) par. 2.2.

HM CUSTOMS AND EXCISE, Vat Information Sheet 2/97 (Jun., 1997), Telecomunications Services: Place of Supply

LA COMMISSION EUROPÉENNE, DG Enterprises, "*Innovation & Transfert Technologique – L'innovation se Propage*", Publié Par La Commission Européenne, Programme Innovaion/ PME, ESN, Bruxelles, Mai, 2000.

OECD, "*A Borderless World – Realising the Potential of Electronic Commerce*", OECD Ministerial Conference, Committee on Fiscal Affairs, October, 1998.

OECD, "*Clarification on the Application of the Permanent Establishment Definition in E-Commerce: Changes to the Commentary on the Model Tax Convention on Article 5*", Committee on Fiscal Affairs, December, 2000.

OECD, "*Electronic Commerce: The Challenges to Tax Authorities and Taxpayers*", in Rivista di Diritto Finanziario e Scienza delle Finanze, LVII, 2, I, 1998.

OECD, "*Implementing the Ottawa Taxation Framework Conditions*", Committee on Fiscal Affairs, June, 2000.

Parecer do Comité Económico e Social sobre a "Comunicação da Comissão ao Conselho, ao Parlamento Europeu e ao Comité Económico e Social *Comércio Electrónico e Fiscalidade Indirecta*" (98/C 407/49), Jornal Oficial das Comunidades Européias, 28.12.98.

PARLAMENTO EUROPEU E CONSELHO DA UNIÃO EUROPEIA, "*Proposta de Directiva do Parlamento Europeu e do Conselho relativa a certos aspectos jurídicos do Comércio Electrónico no mercado interno*", (1999/C 30/04), Jornal Oficial das Comunidades Européias, 05.02.1999..

Pergunta Escrita E-1105/98, Jornal Oficial das Comunidades Europeias, (98/C 386/110), 11.12.1998.

Pergunta Escrita E-2129/98, Jornal Oficial das Comunidades Europeias, (1999/C 96/059), 08.04.1999.

Proposta de Directiva do Conselho que altera a Directiva 77/388/CEE "*no que se refere ao Regime do Imposto Sobre o Valor Acrescentado aplicável a Determinados Serviços Prestados por via Electrónica*", Documento 500PC0349(02), Documento enviado em 19.02.2001.

Relatório relativo à cooperação administrativa e aos procedimentos de cobrança e fiscalização do IVA – COM(2000)28 final de 28 de janeiro de 2000.

Regime da Transparência Fiscal Internacional e a Convenção Modelo da OCDE contra a dupla tributação internacional[1]

GISELE BARRA BOSSA

Licenciada em Direito pela Universidade Presbiteriana Mackenzie em São Paulo; é Mestre Pré-Bolonha em Ciências Jurídico-Econômicas pela Faculdade de Direito da Universidade de Coimbra, em Portugal, sob orientação do Professor Doutor Diogo Leite de Campos, com reconhecimento e revalidação pela Universidade de São Paulo-USP, em Direito Econômico e Financeiro; é Doutoranda em Ciências Jurídico-Econômicas pela Faculdade de Direito da Uni-

---

[1] Gostaria de parabenizar a iniciativa e consignar meus sinceros agradecimentos pelo convite de participar neste livro de homenagem ao Senhor Doutor Diogo Leite de Campos com o tema da minha dissertação de mestrado, escrita sob orientação do querido professor homenageado. Recordo-me, com imenso saudosismo, da parte licenciada do meu mestrado (2006), ocasião em que o Professor Dr. Diogo Leite de Campos incentivou de maneira impar o amadurecimento dos meus estudos em Tributação Internacional, bem como os debates dos mestrandos sobre os dispositivos constantes da Convenção Modelo da OCDE e os Tratados para evitar a dupla tributação entre Portugal, Brasil e Espanha. Neste período, minhas maiores inquietudes acerca da justiça fiscal no âmbito internacional e da aplicabilidade do princípio da livre iniciativa foram intensificadas e levarei comigo o seguinte dizer do ilustre Professor Doutor ao tratar do tema prevenção fiscal e liberdade de gestão fiscal: *"A liberdade contratual é uma das bases, não só do sistema jurídico português, como também do nosso tipo de sociedade. O legislador fiscal não o pode ignorar sob pena de inconstitucionalidade das normas.(...) O administrador do patrimônio tem de obter dele o máximo de rendimentos e incorrer no mínimo de despesas, sob pena de má gestão. Aquele que rege o seu patrimônio em termos de se colocar nas situações tributadas mais pesadamente, não pode senão merecer um juízo de censura daqueles que têm interesses legítimos ou direitos em relação a esse patrimônio".* Campos, Diogo Leite de. *O sistema tributário no estado dos cidadãos.* Coimbra: Almedina, 2006, p. 59). Seu trabalho docente é uma fonte inesgotável de inspiração e aprendizado, especialmente para aqueles que tiveram o privilégio e a honra de serem seus alunos e orientados.

versidade de Coimbra, em Portugal, sob orientação do Professor Doutor José Casalta Nabais; é Advogada militante no Brasil desde 2004 e em Portugal desde 2007 na área tributária contenciosa, consultiva e internacional; recentemente lecionou na Graduação as disciplinas de Direito Internacional Público, Direito Internacional Privado, Direito Processual Civil, Ciência Política, Atualidades Geopolíticas e Geoeconômicas, Direitos Difusos e Coletivos e Direitos nos Meios Eletrônicos na Faculdade de Direito da Universidade Presbiteriana Mackenzie em Campinas; periodicamente publica artigos na Revista de Direito Tributário Internacional (RDTI), Editora Quartier Latin do Brasil.

1. Introdução:

O presente trabalho pretende ser uma reflexão sintética sobre confronto instaurado diante da aplicação concorrente das técnicas de transparência fiscal internacional (TFI) pelo país de residência da controladora, tal como uma medida neutralizadora interna, e da Convenção Modelo da OCDE contra a Dupla Tributação Internacional.

Em outras palavras, enquanto as convenções para evitar a dupla tributação internacional tentam evitar conflitos de jurisdições fiscais em face do caráter extraterritorial da materialização de determinada hipótese de incidência tributária, as legislações aplicáveis às sociedades controladas no exterior tendem a gerar, justamente, a manutenção das duas pretensões tributárias, a do Estado de Residência e a do Estado da Fonte.

Na atual conjuntura internacional é comum que a atividade empresarial seja submetida ao "conflito positivo de tributação"[2], ou seja, dois um mais Estados objetivando tributar o mesmo fato gerador e, consequentemente, a mesma manifestação de capacidade contributiva.

Os Estados baseiam suas pretensões impositivas no âmbito internacional em diferentes fundamentos. Alguns adotam o princípio da renda universal, segundo o qual o contribuinte deve ser tributado sobre todos os seus rendimentos, no seu Estado de residência, independentemente de onde foram produzidos. Outros o princípio da territorialidade, em que o contribuinte é tributado pelo Estado da fonte, ou seja, no local onde os rendimentos são produzidos, não importando o local de sua residência. Alguns poucos Estados adotam o princípio da nacionalidade, segundo o qual o contribuinte é tributado no Estado onde é cidadão (nacional), independentemente de qual seja sua residência ou do local de produção dos rendimentos.

Ocorre que, por vezes os Estados adotam para seus residentes o princípio da universalidade e para não-residentes o princípio da territorialidade, visto que

---

[2] Denominação conferida por Victor Uckmar em sua obra *Trattati Internazionali in Materia Tributaria*, *Trattado di Diritto Tributario*, coordenado por Andrea Amatucci, Padova, 2001, pp. 409 e seguintes.

não há qualquer vedação à adoção simultânea dos dois princípios[3]. Tal prática, entretanto, leva à ocorrência de hipóteses de dupla tributação internacional, sendo uma praticada pelo Estado de Residência e outra pelo Estado da Fonte dos rendimentos[4].

A título exemplificativo, supondo que uma determinada pessoa jurídica ou colectiva residente no país "A", que adota o princípio da universalidade, constitua uma sociedade no país "B", que adota o princípio da territorialidade, é certo que ocorrerá uma hipótese de dupla tributação internacional, vez que a sociedade constituída no país da fonte "B" produzirá rendimentos que serão lá tributados face à adoção do princípio da territorialidade e também dará ensejo a tributação no país de residência "A", em razão da aplicação do princípio da renda universal.

Neste contexto, eventualmente poder-se-ia então concluir que se os Estados uniformemente adotassem um só critério de tributação não haveria superposição

---

[3] É o que ocorre no ordenamento jurídico brasileiro.

[4] Cumpre salientar, a preferência doutrinária atual pelo princípio da territorialidade (critério da fonte - tributação no território onde são produzidos os rendimentos) por viabilizar a concorrência fiscal positiva (salutar). Nessa linha de entendimento, Klaus Vogel, assertivamente, aponta três principais aspectos: (i) questiona se estaria correta a presunção implícita da doutrina clássica com relação ao fator custo fiscal ser o principal aspecto que gera o desequilíbrio de investimentos no panorama global; se é o real ponto diferencial entre os Estados. Em sua análise incorpora os custos de transação, os custos derivados de utilização do mercado, dos trâmites burocráticos locais dadas as peculiaridades de cada atividade que se pretende desenvolver (por exemplo, licenças para importação de bebidas) e conclui que não se pode isolar o fator carga tributária dos demais elementos do negócio; (ii) pondera que nenhum Estado é capaz de assegurar através de seu sistema tributário que os investimentos de seus residentes estarão sujeitos aos mesmos custos públicos. E, mesmo que este Estado eleve sua carga tributária sobre investimentos realizados no exterior, não terá como influenciar os custos das transações inerentes a toda cadeia do investimento estrangeiro; (iii) sustenta que não há neutralidade fiscal sem que se leve em consideração a legalidade e as instituições afetas ao investimento. Seria o ambiente legal da empresa que determina os custos de transação. Feitas estas considerações, Vogel conclui que o critério da fonte satisfaz melhor às exigências de neutralidade que o critério da renda universal. VOGUEL, Klaus apud ROSEMBUJ, Tulio. *Fiscalidad Internacional*. Marcial Pons, Instituto de Fiscalidad Internacional. Madrid: 1998, p. 94 e 103. De fato, sob o ponto de vista prático, a adoção do princípio da territorialidade, mormente pelos países desenvolvidos, se apresenta mais equitativa ao considerarmos toda a cadeia produtiva de uma atividade empresarial seja ela qual for. Não se pode ouvidar que o fator fiscal embora seja um aspecto bastante significativo para o negócio não é o único fator a ser ponderado. Outrossim, ainda que a tributação seja vislumbrada como o fator mais importante para determinar ou não a realização de um investimento, é justo que o território onde esta sendo desenvolvida efetivamente a atividade empresarial receba a sua parcela de tributação para manutenção do seu Estado, pois este está sendo "explorado" de certa forma. E mais, partindo do pressuposto de que a maioria dos componentes para chegar a um produto final acabado são fabricados em diferentes países, cada qual deverá receber de acordo com os rendimentos auferidos territorialmente na especificidade de cada etapa da operação concretizada.

de incidências tributária. No entanto, os critérios para determinação da residência da pessoa jurídica ou colectiva e física ou singular, podem variar de país para país e, em razão disso, ainda que dois países adotem o princípio da universalidade para justificar sua tributação, poderá haver dupla imposição tributária caso ambos adotem critérios diversos para determinar o local da residência da pessoa jurídica, por exemplo. Com efeito, a mesma pessoa jurídica pode ser considerada residente nos dois Estados e estar sujeita à tributação em ambas as jurisdições. Assim, neste caso, pode haver a dupla tributação ainda que os países adotem um único critério para fundamentar os respectivos regimes de tributação.

2. Da dupla tributação internacional

O fenômeno da dupla tributação ocorre através de um concurso de normas sobre um mesmo fato gerador; e que pode formar-se tanto no interior de um dado sistema jurídico, como externamente (dupla tributação internacional), nas relações entre sistemas jurídicos postos em concurso por um determinado fato tributário.

Para que se verifique a dupla tributação, é necessário que ambas as normas se apliquem no caso concreto, dando origem ao nascimento de duas pretensões tributárias[5].

Especificamente **quanto ao conceito de dupla tributação internacional** cumpre salientar que, Manuel Pires[6] em sua obra *Da Dupla Tributação Jurídica Internacional sobre o Rendimento*, elaborou importante construção doutrinária acerca deste tema, evidenciando a multiplicidade de opiniões dos autores e a variedade de situações fáticas que podem influir na conceituação da dupla tributação.

Atualmente, conforme descrito por Alberto Xavier[7], a maioria da doutrina reconhece que a dupla tributação internacional poder ser divida em duas categorias: (a) a dupla tributação jurídica internacional quando presentes quatro identidades, quais sejam, *(i)* a identidade de contribuintes; *(ii)* a identidade de pressuposto (elemento objetivo do fato gerador do tributo); *(iii)* a identidade de tributo e (iv) a identidade de período de tempo e, de outro lado, (b) a denominada dupla tributação econômica, cuja diferença da anterior se dá em razão da inexistência de identidade de contribuintes (ocorrência de identidade objeto, de imposto e de período de tempo).

---

[5] A dupla tributação internacional não pode ser confundida com a figura do *bis in idem*, quando o fato jurídico é tributado por um pessoa política (única titularidade ativa), mas de uma vez; podendo tratar-se de simples adicional (uniformidade da espécie de tributo); além de cogitar-se de uma mesma base imponível (ex. IR e CSL, no ordenamento jurídico brasileiro).

[6] PIRES, Manuel. *Da Dupla Tributação Jurídica Internacional sobre o Rendimento*, Centro de Estudos Fiscais, Lisboa, 1984, pp. 29 e seguintes.

[7] XAVIER, Alberto Pinheiro. *Direito Tributário Internacional do Brasil*. 5ª Edição. Rio de Janeiro: Editora Forense, 2002, p. 35 e seguintes.

De forma pontual, Klaus Vogel[8] identifica a ocorrência da dupla tributação jurídica em três diferentes situações: *(i)* quando um país adota o princípio da universalidade (tributação no Estado de Residência do contribuinte) e o outro adota o princípio da territorialidade (tributação no Estado da Fonte de produção dos rendimentos) para tributar o mesmo rendimento auferido pelo mesmo contribuinte; *(ii)* quando um contribuinte é considerado residente em dois ou mais Estados, ou quando um mesmo rendimento é considerado como tendo sido auferido em dois ou mais Estados; e *(iii)* quando um país adota o princípio da nacionalidade para fundamentar a tributação de rendimentos e o outro adota o princípio da residência.

Já a dupla tributação econômica ocorreria sempre que o mesmo rendimento fosse tributado por dois ou mais Estados, durante o mesmo período, mas em mãos de dois contribuintes distintos. Exemplificativamente, o referido autor cita três possíveis ocorrências: *(i)* no caso do pagamento de alimentos pelo marido à sua mulher. Os rendimentos podem ser tributados pelo país de residência da mulher como rendimentos auferidos e, simultaneamente, considerados indedutíveis para fins fiscais pelo país de residência do marido; *(ii)* no caso de uma entidade cujos lucros são tributados pelo país onde está sediada, mas cuja personalidade jurídica é desconsiderada pela legislação do país onde residem os seus sócios e também lá são tributados; *(iii)* no caso de imputação de rendimentos a um contribuinte, quando da aplicação da legislação de preços de transferências.

Os comentários ao artigo 23 relativos aos métodos de eliminação da dupla tributação da Convenção Modelo, elaborados pelo Comitê de Assuntos Fiscais da OCDE, esclarecem que somente a dupla tributação jurídica internacional rege os tratados, *verbis*[9]:

"1. Estes artigos tratam da chamada dupla tributação jurídica, isto é, quando a mesma pessoa é tributada na titularidade do mesmo rendimento ou património por mais de uma estado.

2. Convém distinguir esta situação da chamada dupla tributação económica, ou seja, quando duas pessoas distintas são tributadas a título do mesmo rendimento ou património. Se dois Estados desejarem resolver problemas de dupla tributação económica, devem fazê-lo através de negociações bilaterais".

Logo, embora a dupla tributação internacional seja dividida em duas categorias, o Modelo de Convenção da OCDE disciplina os métodos de eliminação da

---

[8] VOGEL, Klaus. *Klaus Vogel on Double Taxation Convention*. London: Kluwer,1997, p.9 e ss.
[9] Modelo de Convenção Fiscal sobre o Rendimento e o Património. Versão Condensada. Comité dos Assuntos fiscais da OCDE. 197 Cadernos de Ciência e Técnica Fiscal. Coimbra: Almedina, 2005, p. 413 e seguintes.

dupla tributação jurídica internacional, ficando a cargo de cada Estado dispor sobre os casos de dupla tributação econômica e as suas formas de eliminação.

De qualquer forma, como é cediço, a dupla tributação é um fenômeno reconhecidamente prejudicial à atividade econômica mundial e face à sua patente ilegitimidade (ilegalidade/inconstitucionalidade), surgiram, na segunda metade do século XIX[10], os primeiros tratados bilaterais entre Estados, quando se verificou que as medidas legislativas unilaterais internas eram insuficientes para coibir os seus efeitos.

A partir de 1992, o já referenciado Modelo de Convenção Fiscal sobre o Rendimento e o Patrimônio da OCDE, vem sendo atualizado e utilizado pela maioria dos países do globo, embora não tenha caráter vinculante. Trata-se de orientações não obrigatórias em vista da proteção à soberania tributária de cada Estado perante a ordem internacional.

Considerando que, a OCDE constitui um fórum único onde os governos de 30 democracias trabalham em conjunto e o referido modelo de convenção vem sendo adotado, inclusive, por países não-membros, como é o caso do Brasil, assume especial relevância ao presente estudo a análise da compatibilidade da legislação de transparência fiscal internacional com a Convenção Modelo da OCDE.

3. A Legislação de Transparência Fiscal Internacional e a Convenção Modelo da OCDE

A questão da compatibilidade da legislação de TFI com as convenções[11] internacionais contra a dupla tributação internacional é matéria controvertida na doutrina e na jurisprudência internacionais[12], mormente porque: (i) não existe um modelo padrão de legislação de TFI adotado por todos os países. Contrariamente, são muitas variáveis possíveis e cada país estrutura suas legislações de TFI da forma mais compatível com seu sistema tributário[13]; (ii) a compatibi-

---

[10] VOGEL, op. cit., p. 17.

[11] O termo é utilizado como sinônimo de tratado ou acordo.

[12] Vale dizer que alguns tratados mais recentes já incluem dispositivos específicos sobre as normas de TFI.

[13] Sob este aspecto, vale destacar que o regime de transparência fiscal internacional tem lugar, em primeiro plano, quando (i) o princípio da universalidade está incorporado no ordenamento jurídico que pretende valer-se de tal medida; (ii) a percepção dos rendimentos no exterior dá-se através de uma sociedade, de alguma forma relacionada (controlada, coligada, filiada, *partnership*) com o sujeito residente (pessoa singular ou coletiva) no país de aplicação da medida. A aplicação do regime de transparência fiscal internacional possibilita imputar aos sócios ou acionistas residentes, por transparência, os lucros produzidos pela sociedade constituída e localizada no estrangeiro. Figura com um mecanismo neutralizador das condutas de sócios residentes em países de tributação normal, que detém participações acionárias de entidades (normalmente pessoas

lidade entre a lei interna de TFI e a convenção irá depender do tipo de regime de tributação adotado (universalidade / territorialidade) e, consequentemente, serão diferentes os artigos da Convenção Modelo que podem gerar conflitos com legislação interna de TFI em cada um dos ordenamentos envolvidos; (iii) como a forma de recepção dos tratados internacionais e sua prevalência ou não face à legislação interna podem variar de país para país, este aspecto também poderá gerar conflito[14].

coletivas) localizadas em países de tributação favorecida (*tax havens*) ou países que apliquem um regime privilegiado (*preferential tax system*), e que desviam para estas seus maiores lucros, postergando ao máximo o momento da distribuição e, consequentemente, da tributação desses lucros. A técnica *sub examine* determina a imputação automática dos lucros, ou seja, independente de um ato formal de distribuição de dividendos, os lucros de uma entidade não-residente são atribuídos os seus participantes (controladores/investidores) residentes, submetendo à tributação um lucro produzido no exterior tal como se ele tivesse sido produzido internamente (aplicação da teoria da desconsideração da personalidade jurídica; ou como se a sociedade, para fins tributários, já estivesse distribuído dividendos (teoria do dividendo fictício).
Em outras palavras, o regime de transparência fiscal internacional é aquele em que os lucros auferidos por determinadas pessoas jurídicas, sediadas em um país, passem a ser tributados diretamente na pessoa de seus sócios, residentes em outro país, como se estes últimos os tivessem auferido diretamente. É neste sentido que a pessoa jurídica sediada no exterior, do ponto de vista da legislação fiscal do país de residência dos sócios, é chamada de transparente.
A legislação instituidora do regime de transparência fiscal internacional tem natureza antievasiva vez que atua como medida de controle ao uso abusivo dos países de tributação favorecida, bem como figura como instrumento para que seja atingida a referida neutralidade tributária sobre a exportação de capital, ao dar plena aplicação ao regime da tributação da renda mundial (tributa-se de forma idêntica tanto as rendas auferidas no exterior como as auferidas no país de residência).
Embora a renda tenda sido produzida por uma sociedade controlada residente no exterior (fonte), a lei tributária do país de residência dos sócios considera que a sociedade sediada no exterior somente auferiu renda graças à capacidade contributiva da(s) sociedade(s) controladora(s), portanto deve sujeitar-se a tributação como se tivesse sido obtida no próprio país de residência dos sócios e não no exterior.
No geral, aguardadas as especificidades de cada ordenamento jurídico nacional, o regime de TFI tem sido aplicado quando presentes três condições especiais, quais sejam, (i) a existência de controle dos sócios residentes sobre a pessoa jurídica não residente; (ii) a apuração de rendas passivas pela pessoa jurídica não residente; (iii) e a localização da pessoa jurídica em país com tributação favorecida.
Conquanto pareça simples, em um primeiro momento, a aplicação das técnicas de transparência fiscal, é relevante salientar que, quando da sua internacionalização, surgem conflitos que envolvem a aplicação extraterritorial da lei fiscal e dão ensejo a alegação de suposta "extrapolação" da soberania tributária do país de residência dos investidores/controladores em detrimento do país onde se localiza a sociedade transparente/controlada.

[14] Conforme já referenciado, no Brasil os tratados em matéria tributária prevalecem sobre a lei interna, sem revogá-la (o mesmo ocorre com a Holanda). Já na Alemanha, a legislação de TFI dispõe

Destarte, a legislação de TFI de um determinado país poderá ser compatível com a convenção contra a dupla tributação internacional enquanto a de outro poderá ser incompatível. Assim sendo, faz-se mister destacar a forma como foi instituído o regime de TFI em alguns países, bem como a maneira como ele se relaciona com as convenções internacionais cujos países sejam signatários.

A compatibilidade deve ser buscada mais em função da análise casuística de cada legislação envolvida (interna e convencional) do que através de alguma construção doutrinária genérica. Assim, em observância aos pontos acima descritos, busca-se atingir uma efetiva adequação entre os sistemas tributários, a legislação de TFI e a convenção para evitar a dupla tributação.

3.1. Artigos da Convenção Modelo da OCDE potencialmente conflitantes com as legislações de TFI

Em que pese à própria OCDE reconheça a compatibilidade entre a convenção Modelo contra a dupla tributação internacional e as legislações internas sobre transparência fiscal internacional, especialmente nos comentários 23 ao artigo 1º, 10.1 ao artigo 7º e 37 do artigo 10º, há alguns dispositivos que oferecem dificuldades de interpretação e podem eventualmente gerar conflito com a legislação interna de TFI. Passemos a analisar cada um separadamente.

O artigo 7º, parágrafo 1º, traz a seguinte disposição, *verbis*[15]:

> Os lucros de uma empresa de um Estado Contratante só podem ser tributados nesse Estado, a não ser que a empresa exerça sua actividade no outro Estado Contratante através de um estável aí situado. Se a empresa exercer sua actividade deste modo, os seus lucros podem ser tributados no outro Estado, mas unicamente na medida em que sejam imputáveis a este estabelecimento estável.

A análise do dispositivo supra corrobora que o único Estado competente para tributar os lucros de uma empresa é o Estado de Residência, com efeito, há a expressa vedação ao exercício da competência tributária pelo Estado da fonte. Trata-se de uma norma de competência tributária exclusiva, vez que é clara a expressão "só podem ser tributados neste Estado".

A única exceção a essa regra geral ocorre quando a empresa mantiver um estabelecimento estável[16] no outro Estado contratante. Nesse caso específico, o outro Estado pode sim instituir a tributação dos lucros auferidos pela empresa

---

sobre sua prevalência em relação as convenções para evitar a dupla tributação. Nota-se que, esta prevalência é devidamente admitida no ordenamento jurídico em questão.

[15] Modelo de Convenção da OCDE, op. cit., p. 37-38.

[16] O Estabelecimento estável ou estabelecimento permanente (*permanent establish*) pode ser entendido nos termos do artigo 5º da Convenção Modelo da OCDE, como: "1 – Para efeitos desta

através do estabelecimento estável, ainda que ela seja residente no exterior, mas no limite dos lucros imputáveis a este estabelecimento (lucros advindos do exercício de suas atividades fins). Destarte, os lucros de atividades não relacionadas com a atividade desenvolvida pelo estabelecimento estável somente podem ser tributados pelo Estado da fonte (rendimentos passivos, por exemplo).

A linha de raciocínio da doutrina brasileira sobre a matéria[17], baseia-se no fato do Estado de residência da subsidiária ou controlada ser o competente para tributar os lucros auferidos por ela, sejam eles decorrentes do exercício das atividades fins ou não e, portanto, o artigo em exame (i) não se aplica no caso de

---

Convenção, a expressão «estabelecimento estável» ou «estabelecimento permanente» significa uma instalação fixa, através da qual a empresa exerça toda ou parte da sua actividade.
2 – A expressão «estabelecimento estável» compreende, nomeadamente: a) Um local de direcção; b) Uma sucursal; c) Um escritório; d) Uma fábrica; e) Uma oficina; f) Uma mina, um poço de petróleo ou gás, uma pedreira ou qualquer local de extracção de recursos naturais.
3 – Um local ou um estaleiro de construção ou de montagem só constitui um estabelecimento estável se a sua duração exceder **doze meses**.
4 – Não obstante as disposições anteriores deste artigo, a expressão «estabelecimento estável» não compreende: a) As instalações utilizadas unicamente para armazenar, expor ou entregar mercadorias pertencentes à empresa; b) Um depósito de mercadorias pertencentes à empresa, mantido unicamente para as armazenar, expor ou entregar; c) Um depósito de mercadorias pertencentes à empresa, mantido unicamente para serem transformadas por outra empresa; d) Uma instalação fixa, mantida unicamente para comprar mercadorias ou reunir informações para a empresa; e) Uma instalação fixa, mantida unicamente para exercer, para a empresa, qualquer outra actividade de carácter preparatório ou auxiliar; f) Uma instalação fixa, mantida unicamente para o exercício de qualquer combinação das actividades referidas nas alíneas a) a e), desde que a actividade de conjunto da instalação fixa resultante desta combinação seja de carácter preparatório ou auxiliar.
5 – Não obstante o disposto nos n.os 1 e 2, quando uma pessoa – que não seja um agente independente, a que é aplicável o nº 6 – actue por conta de uma empresa e tenha e habitualmente exerça num Estado Contratante poderes para concluir contratos em nome da empresa, será considerado que esta empresa tem um estabelecimento estável nesse Estado relativamente a qualquer actividade que essa pessoa exerça para a empresa, a não ser que as actividades de tal pessoa se limitem às indicadas no nº 4, as quais, se fossem exercidas através de uma instalação fixa, não permitiriam considerar esta instalação fixa como um estabelecimento estável, de acordo com as disposições desse número.
6 – Não se considera que uma empresa tem um estabelecimento estável num Estado Contratante pelo simples facto de exercer a sua actividade nesse Estado por intermédio de um corretor, de um comissário-geral ou de qualquer outro agente independente, desde que essas pessoas actuem no âmbito normal da sua actividade.

[17] *In* SCHOUERI, Luís Eduardo. *Direito tributário internacional. Acordos de bitributação. Lucros auferidos por coligadas e controladas no Exterior. Disponibilidade. Efeitos do artigo 74 da Medida Provisória nº 2.158-35. Parecer.* Direito Tributário Atual nº 16. São Paulo: IBDT/Dialética, 2001, p. 2002. XAVIER, Alberto, op. cit., p. 446 / 448. ROTHMANN, Gerd Willi. *Problemas de qualificação na aplicação as convenções contra a bitributação internacional",* Revista Dialética de Direito Tributário nº 76. São Paulo: Dialética, p. 39.

investimentos feitos em empresas controladas no exterior e (ii) impede que o Estado de residência da sociedade controladora/investidora institua tributo sobre os lucros auferidos pela sociedade controlada/investida.

Sustentam que, as controladas não são consideradas estabelecimentos estáveis dos seus sócios, conforme previsão inserta no artigo 5º, parágrafo 7º, da Convenção Modelo, *verbis*[18]:

> 7. O facto de uma sociedade residente de um Estado contratante controlar ou ser controlada por uma sociedade residente de outro Estado Contratante ou que exerce sua actividade nesse outro Estado (que seja através de um estabelecimento estável, quer de outro modo) não é, por si só, bastante para fazer de qualquer dessas sociedades estabelecimento estável da outra.

Neste dispositivo está expresso o princípio da independência de personalidades jurídicas entre as pessoas dos sócios e a sociedade controlada. A relação jurídica entre o Estado de residência dos sócios e o Estado de residência da controlada é distinta daquela que se estabelece entre a casa-matriz (localizada no Estado de residência dos sócios) e suas filiais/sucursais estabelecidas no exterior.

As filiais constituem centros operativos duradouros, tal como se fossem extensões da matriz, de modo a poderem concluir negócios com terceiros que, embora cientes da relação jurídica estabelecida com a matriz sediada no exterior em virtude da natureza jurídica das filiais (não se tratam de pessoas jurídicas ou colectivas autônomas e independentes), concretizam seus contratos diretamente com as sucursais.

Diferentemente, a relação entre a sociedade controladora/investidora e a sociedade controlada no exterior é de independência, tratam-se de pessoas jurídicas distintas, entidades autônomas e independentes, dotadas de personalidade e responsabilidades distintas, ainda que seja uma controlada integral, portanto as relações entre elas devem se dar *at arm's length*[19], à distância de um braço.

Baseado neste entendimento, uma legislação de transparência fiscal internacional que institua tributação dos rendimentos auferidos pela sociedade controlada, desconsiderando sua personalidade jurídica (*disregard of legal entity approach*) ou considerando-a transparente para este fim específico, é nitidamente incompa-

---

[18] Modelo de Convenção da OCDE, op. cit., p. 36-37.
[19] O princípio do *arm's length* precia que partes dependentes devem relacionar-se como se fosse independentes, ou seja, devem particar os precos que terceiros indepentes praticariam nas mesmas condições. As normas de TFI não são o único mecanismo exsitente para assegura que as relações entre partes relacionadas se dê à distância de um braço, as regras relativass a preços de transferência, de valoração aduaneira e de subcapitalização também cumprem e compelmentam essa tarefa.

tível como artigo 7º, parágrafo 1º, da Convenção Modelo, por extrapolar a competência tributária que lhe foi conferida pelo tratado.

De outra parte, é de suma importância salientar que nos comentários à Convenção Modelo da OCDE as normas de transparência fiscal internacional figuram como plenamente compatíveis às disposições nela contidas, tal como segue *ipsis litteris*:

> **Comentário 23 ao artigo 1º**: A utilização de sociedades ecrã[20] pode ser igualmente impedida através de legislação relativa às sociedades estrangeira controladas. Um número considerável de países membros e não membros adoptaram já legislação deste tipo. Ainda que a concepção deste tipo de legislação varie consideravelmente consoante o país, um traço comum a essas regras, agora reconhecidas internacionalmente como um instrumento legítimo de protecção da base fiscal nacional, é o de permitirem que um Estado Contratante tribute os seus próprios residentes pelos rendimentos imputáveis às suas participações em certas entidades estrangeiras. Contudo, tem-se afirmado por vezes, com base numa determinada interpretação as disposições da Convenção como seja o número 1 do artigo 7º ou o número 5 do artigo 10º, que esse traço comum das legislações sobre as sociedades estrangeira controladas era contrário às referidas disposições. Pelas razões expostas nos parágrafos 10.1 dos Comentários ao Artigo 7º e 37 dos comentários ao artigo 10º, esta interpretação não está conforme o texto das disposições. Por outro lado, não resiste à leitura dessas disposições inseridas no respectivo texto. **Assim, embora alguns países tenham considerado útil precisar expressamente nas suas convenções que a legislação respectiva relativa às sociedades estrangeiras controladas não era contrária a Convenção, a referida precisão não é necessária. Entende-se que a legislação relativa às sociedades estrangeira controladas que satisfaz este critério não entra em conflito com o disposto na Convenção.**

> **Comentário 10.1 ao artigo 7º**: O número 1 tem como propósito definir os limites ao direito de um Estado Contratante tributar os lucros realizados na sua actividade por empresas residentes do outro Estado Contratante. Em contrapartida, este número não restringe o direito de um Estado Contratante tributar os seus próprios residentes nos termos das disposições relativas às sociedades estrangeiras controladas, constantes da sua legislação interna, ainda que o imposto desse modo aplicado a esses residentes possa ser calculado em função da parte dos lucros de uma empresa residente do outros Estado Contratante, imputável à participação desses residentes na referida empresa. O imposto deste modo aplicado por um Estado aos seus próprios residentes não reduz os lucros da empresa

---

[20] Sociedade ecrã também denominada sociedade-base (*base company*).

do outro Estado, pelo que não se pode considerar que o mesmo incide sobre tais lucros (ver também o parágrafo 23 dos Comentários ao artigo 1º e os parágrafos 37 a 39 dos comentários ao artigo 10º).

A linha argumentativa adotada pelo Comitê de Assuntos Fiscais da OCDE baseia-se no fato das legislações de transparência fiscal não se submeterem ao disposto no artigo 7º e, portanto, estariam em perfeita sintonia com os tratados. A única restrição seria no caso dos estabelecimentos estáveis e nenhuma outra exceção poderia ser determinada pelo intérprete em decorrência do tratado[21].

Ademais, apresenta uma construção jurídica fundamentada em três pilares: *(i)* como o artigo 7º estabelece clara hipótese de competência tributária exclusiva do Estado de residência da empresa sobre os lucros por ela apurados conclui-se que o Estado onde está domiciliado o sócio investidor não tem competência para tributar os lucros apurados pela sociedade controlada se esta estiver localizada em outro Estado; *(ii)* contudo, isto não impede que leis internas editadas pelo Estado de residência dos sócios investidores, estabeleçam a tributação de seus próprios residentes sobre os rendimentos por eles mesmo auferidos, ainda que na apuração do montante tributável (base de cálculo do imposto) seja utilizado o valor dos lucros auferidos pela sociedade controlada sediada no exterior, a fim atribuir a respectiva participação societária detida pelas sociedades investidoras; *(iii)* sob esta ótica, não seriam os lucros da sociedade controlada que estariam sendo tributados pelo Estado de residência dos sócios (estes só poderiam ser tributados pelo Estado de residência da controlada – competência tributária exclusiva), mas os lucros auferidos pelos próprios sócios na medida de suas participações societárias[22].

Nesse sentido, Eduardo Sanz Gadea e Ignácio Cruz Padial ponderam que o objetivo do diploma legal em questão é delimitar o poder tributário do país da

---

[21] Sob este aspecto vale destacar o **Comentário 3 ao artigo 7º**: *"Este número trata de duas questões. Em primeiro lugar, reafirma o princípio geral enunciado nas convenções de dupla tributação, segundo o qual uma empresa de um Estado não deve ser tributada no outro Estado, a menos que exerça uma actividade industrial ou comercial neste outro Estado por intermédio de um estabelecimento estável aí situado. Afigura-se supérfluo sublinhar aqui as vantagens deste princípio. Limitar-nos-emos a recordar que, presentemente, nas relações fiscais internacionais, se aceita que uma empresa de um Estado só pode verdadeiramente ser considerada como participando na vida económica de um outro Estado de modo a ficar sujeita à sua jurisdição fiscal se aí criar um estabelecimento estável."*

[22] Neste sentido cumpre salientar o **Comentário 37 ao artigo 10º**: *"Poder-se-á defender que, quando o país da residência do contribuinte aplica legislação sobre as sociedades estrangeiras controladas ou outras regras de efeitos semelhantes para tributar lucros não distribuídos, tal procedimento é contrário ao disposto no número 5. Todavia, convém assinalar que este número visa apenas a tributação no local da fonte dos rendimentos e, por conseguinte, não diz respeito à tributação no local da residência do accionista por força deste tipo de legislação ou dessas regras. Por outro lado, o número 5 apenas diz respeito à tributação da sociedade e não à do accionista."*

fonte, de forma a disciplinar as hipóteses em que este Estado pode tributar as atividades empresariais conexas com o seu território, o que não impede a tributação pelo país de residência dos sócios dos rendimentos advindos da participação em sociedades controladas no exterior[23].

Estas assertivas estariam fundadas no fato das convenções contra a dupla tributação internacional terem por propósito a prevenção da elisão e da evasão fiscal, vez que os contribuintes poderiam ser tentados a utilizar a legislação fiscal de um Estado de forma abusiva, através da exploração das diferenças entre as várias legislações internas. Não seria, dessa forma, razoável supor que as convenções pudessem ser aplicadas de modo a convalidar referidos procedimentos considerados abusivos.

Tal raciocínio, entretanto, não é imune a críticas.

Quanto ao fato das convenções para evitar contra dupla tributação terem como condão prevenir a elisão e a evasão fiscal, Hans-Jörgen Aigner, Ulrich Scheuerle e Markus Stefaner[24] sustentam que não é possível identificar no texto da Convenção-Modelo um princípio antiabuso de forma a permitir ao intérprete concluir ser escopo do tratado prevenir a evasão fiscal. Ressaltam que, um objetivo desta natureza necessariamente deveria ser consignado pelos Estados Contrantantes através de um dispositivo convencional expresso, o que não foi feito pela Convenção-Modelo.

De outra parte, Renata Fontana[25], classifica o raciocínio desenvolvido pelo Comitê de Assuntos Fiscais da OCDE como "nada convincente", por considerar que o fim precípuo do mesmo é tributar os lucros da sociedade controlada antes da sua distribuição, o que é vedado pela literalidade do artigo 7º, parágrafo 1º, da Convenção-Modelo.

Ex positis, ainda que seja discutível a compatibilidade ou não das normas de transparência fiscal com a disposição contida no artigo 7º, a depender dos ordenamentos jurídicos envolvidos e do conteúdo das disposições contidas no referido regime de TFI, faticamente uma norma de transparência fiscal internacional que exija a tributação dos lucros da controlada no exterior antes da sua efetiva distribuição, é incompatível como o disposto no artigo 7º, parágrafo 1º, da Convenção-Modelo. As consequências desta incompatibilidade deverão ser analisadas caso a caso, à luz de cada ordemamento envolvido, a fim de determinar quais

---

[23] GADEA, Eduardo Sanz. *Transparencia fiscal internacional*. Madrid: Centro de Estudos Financeiros, 1996, p. 307-308 e PADIAL, Ignácio Cruz. *Transparencia Fiscal Internacional*. Valencia: Tirant Lo Blanch, 1999, p. 127-128.
[24] Hans-Jörgen Aigner, Ulrich Scheuerle e Markus Stefaner. *General Report, CFC Legislation, Tax Treaties and EC Law*, coordenado por Michael Lang, Kluwer, The Hague, 2004, p. 29.
[25] FONTANA, Renata. *The uncertain future of CFC regimes in the Member States of the European Union*, European Taxation nº 06, IBFD, Amsterdam, 2006, p. 259.

das normas irá prevalecer concretamente, se a norma convencional ou a legislação interna de TFI.

A segunda previsão que pode gerar conflito com as normas de TFI é o artigo 10 da Convenção-Modelo, mormente os parágrafos 1º, 2º e 5º, *verbis*:

> **Artigo 10º** – Dividendos:
> 1 – Os dividendos pagos por uma sociedade residente de um Estado Contratante a um residente do outro Estado Contratante podem ser tributados nesse outro Estado.
> 2 – Esses dividendos podem, no entanto, ser igualmente tributados no Estado Contratante de que é residente a sociedade que paga os dividendos e de acordo com a legislação desse Estado, mas se o beneficiário efectivo dos dividendos for um residente do outro Estado Contratante, o imposto assim estabelecido não excederá:
>
> *a)* **5%** do montante bruto dos dividendos, se o seu beneficiário efectivo for uma sociedade **(com excepção de uma sociedade de pessoas)** que detenha, directamente, pelo menos 25% do capital da sociedade que paga os dividendos;
> *b)* 15% do montante bruto dos dividendos, nos restantes casos.
>
> As autoridades competentes dos Estados Contratantes estabelecerão, de comum acordo, a forma de aplicar estes limites.
> **Este número não afecta a tributação da sociedade pelos lucros dos quais os dividendos não são pagos.**
> 3 – O termo «dividendos», usado neste artigo, significa os rendimentos provenientes de acções, acções ou bónus de fruição, partes de minas, partes de fundadores ou outros direitos, com excepção dos créditos, que permitam participar nos lucros, assim como os rendimentos derivados de outras partes sociais sujeitos ao mesmo regime fiscal que os rendimentos de acções pela legislação do Estado de que é residente a sociedade que os distribuí.
> 4 – O disposto nos n.os 1 e 2 não é aplicável se o beneficiário efectivo dos dividendos, residente de um Estado Contratante, exercer actividade no outro Estado Contratante de que é residente a sociedade que paga os dividendos, por meio de um estabelecimento estável aí situado, e a participação relativamente à qual os dividendos são pagos estiver efectivamente ligada a esse estabelecimento estável. Neste caso, são aplicáveis as disposições do artigo 7º (Identidade)
> 5 – Quando uma sociedade residente de um Estado Contratante obtiver lucros ou rendimentos provenientes do outro Estado Contratante, esse outro Estado não poderá exigir nenhum imposto sobre os dividendos pagos pela sociedade, excepto na medida em que esses dividendos forem pagos a um residente desse outro Estado ou na medida em que a participação geradora dos dividendos estiver efectivamente ligada a um estabelecimento estável situado nesse outro

Estado, nem sujeitar os lucros não distribuídos da sociedade a um imposto sobre os lucros não distribuídos, mesmo que os dividendos pagos ou os lucros não distribuídos consistam, total ou parcialmente, em lucros ou rendimentos provenientes desse outro Estado.

Estes dispositivos não tratam da tributação dos lucros das empresas controladas (tributação no Estado de residência da empresa – artigo 7º), mas sim dos dividendos distribuídos por esta empresa controlada no exterior aos seus sócios residentes em um outro Estado[26].

Em análise aos parágrafos 1º e 2º, evidencia-se que a competência para tributação dos dividendos pagos pela sociedade controlada no exterior é concorrente, podendo estes serem tributados tanto pelo Estado de residência dos sócios investidores (beneficiário dos dividendos), como pelo Estado de residência da sociedade controlada (fonte pagadora dos dividendos). Eventuais problemas de dupla tributação devem ser resolvidos em observância ao artigo 23 da Convenção-Modelo, através da aplicação dos métodos da isenção e do crédito[27].

---

[26] Vide nota de rodapé nº 20, Comentário 37 ao artigo 10º da Convenção-Modelo da OCDE. O referido comentário esclarece que a legislação de TFI, ao tributar o sócio residente pro lucros ainda não distribuídos pela sociedade, não contraria o disposto no artigo 10, número 5, visto que este diploma trata da tributação pelo país da fonte e a legislação de transparência estabele a tributação pelo país de residência.

[27] **A questão da incompatibilidade da legislação de TFI com a Convenção-Modelo da OCDE** também pode ser suscitada dependendo do método utilizado pelos países signatários para evitar a dupla tributação. Quando da adoção do método de isenção, por exemplo, as normas de TFI podem contrariar facilmente o tratado. Supondo que haja a tributação sobre distribuição presumida de dividendos ao invés da tributação sobre os dividendos pagos (o que já contraria as normas convencionais) e o país de residência do acionista adote o método da isenção, o que permitirá ao país de residência da sociedade controlada efetuar a retenção, de modo que suposta isenção não ocorre, há faticamente a dupla tributação, pois tributou-se os rendimentos tanto no estado de residência da sociedade como no estado da residência do sócio (não haverá creditamento face à adoção do método de isenção). Agora, se praticado o método de creditamento, o direito do país de residência dos sócios impor a tributação praticamente não estará tão limitado, visto que se houver a retenção pelo país onde a sociedade controlada é residente haverá o creditamento pelo país de residência dos sócios em face da tributação prévia sobre os dividendos presumidos. Neste exemplo, o que pode ocorrer é a tributação sobre a distribuição ficta (prévia e que contraria a convenção) ser superior à tributação que seria sobre a distribuição fática objeto de retenção (dividendos pagos), gerando divergências no valor a ser creditado, praticamente uma dupla tributação parcial (**vide comentários 38 e 39 ao artigo 10º da Convenção Modelo da OCDE constante da nota de rodapé nº 28**). Vale dizer, ainda, que existem dispositivos híbridos que adotam tanto o método da isenção como do crédito, a exemplo do dispositivo sobre *participation exemption*. A adoção de tal "isenção" decorrente da participação acionária acaba por complicar ainda mais este tema e obrigada o aplicador do direito analisar a situação caso a caso, ordenamento a ordenamento.

Ocorre que, o dispositivo convencional assegura a competência tributária concorrente tão somente dos dividendos pagos, não se referindo aos dividendos fictícios ou presumidos (dividendos considerados distribuídos).

O próprio comentário 7 ao artigo 10º da Convenção-Modelo reconhece que o termo pago reveste-se de "um sentido muito amplo", contudo não deixa de consignar o fato do conceito de pagamento significar *"a execução da obrigação de colocar os fundos à disposição do accionista de acordo com os termos previstos por contrato ou na prática usual"*[28].

Considerando que nos dividendos fictos não há a colocação de fundos a disposição dos sócios, estes não podem ser qualificados como dividendos pagos, restando, pois, inequívoco que o presente dispositivo não se aplicável para esta hipótese[29].

Participation exemption, affiliation privilege ou *dividends received deduction* é uma redução ou diferimento do imposto conferido a uma companhia quanto às distribuições que ela recebe ou (em alguns casos) aos ganhos de capital que ela realiza em relação a certas participações em outra companhia, geralmente quando a participação exceder um percentual mínimo ou o custo de aquisição. É possível que seja requerido um tempo mínimo de detenção daquela participação. A forma é, geralmente, a de isenção, mas, às vezes, podem se dar de outras formas, como por exemplo, através de uma dedução do valor beneficiado da base do imposto a pagar. Em alguns casos, um percentual pequeno da renda é efetivamente tributado. O benefício pode ser restrito a participações em sociedades residentes, ou pode ser estendido à participações em sociedades estrangeiras. O objetivo primordial é atenuar a dupla tributação econômica da renda na esfera corporativa. No original: *"Tax relief accorded to a company in respect of distributions it receives from, or (in some cases) capital gains it realizes on certain shareholdings in another company, typically where the shareholding exceeds a certain minimum percentage or acquisition cost. A minimum holding period may also be required. The relief generally takes the from of an exemption form tax but can take other forms such as a deduction form taxable income equal in amount to the benefited income. In some cases a small proportion of the income remains in effect taxed. The affiliation privilege be restricted to shares in resident companies or may be extended to shares in foreign companies. It is primarily intended to mitigate double economic taxation of income in the corporate sphere".*

[28] Modelo de Convenção da OCDE, op. cit., p. 228.

[29] Sob este aspecto vale citar o posicionamento de Taísa Oliveira Maciel ao considerar que *os comentários não esclarecem se dividem presumidos podem ser considerados como dividendos pagos, de forma que, de acordo com o artigo 3º, parágrafo 2º da Convenção, eles poderão ser assim qualificados se a lei interna do país de residência do sócio assim determinar. Essa interpretação até pode ser razoável no caso de o país que pretende aplicar a TLCE já empregar o regime antes da celebração do tratado. Salvo nessa hipótese, é difícil argumentar que a lei do país da residência possa unilateralmente definir que dividendos presumidos são considerados como dividendos pagos para fins de aplicação da sua legislação TLCE, mesmo porque não é esse o significado corrente do termo pagos."* MACIEL, Taísa Oliveira. *Tributação dos Lucros das Controladas e Coligadas Estrangeiras.* Rio de Janeiro: Renovar, 2007, p. 143/144.

Art. 3º, número 2, da Conveção-Modelo: *"No que se refere à aplicação da Convenção, num dado momento, por um Estado Contratante, qualquer termo ou expressão não definidos de outro modo terão, a não ser que o contexto exija interpretação diferente, o significado que lhe for atribuído nesse momento pela legislação desse Estado que regula os impostos a que a Convenção se aplica, prevalecendo a interpretação resultante da legislação fiscal sobre a que decorre de outra legislação deste Estado.* Modelo de Convenção da OCDE. Op. cit., p. 33.

Com efeito, o artigo 10 não pode servir de fundamento para justificar a compatibilidade entre a Convenção-Modelo e uma legislação de TFI que preveja a tributação ficta de dividendos (*fictive dividend approach*), até porque tratam-se de momentos temporais distintos, como podem ser tributados os dividendos fictos e, posteriormente, com base na norma convencional, os dividendos pagos? Indubitavelmente, estaríamos diante de uma dupla tributação e, consequentemente, seria necessário nos socorrermos das disposições contidas no artigo 23 da Convenção Modelo, o que também geraria complicações operacionais, nos termos dos comentários 38 e 39 da Convenção Modelo da OCDE[30].

O terceiro dispositivo a ser discutido é o Artigo 21º, parágrafo 1º, da Convenção-Modelo da OCDE, *verbis*:

---

[30] Para melhor clarificar a questão, vale incluir a literalidade dos comentários 38 e 39 ao artigo 10º da Convenção Modelo da OCDE, *verbis*: "*38. A aplicação deste tipo de legislação ou destas regras pode, no entanto, complicar a aplicação do Artigo 23º, se o rendimentos forem imputados ao contribuinte, cada elemento do rendimento deverá ser sujeito ao regime previsto pelas disposições correspondentes da Convenção (lucros industriais ou comerciais, juros, royalties). Se esta importância for tratada como um dividendo presumido, é evidente que o montante tributável provém da sociedade ecrã (de trânsito directo), correspondendo portanto a rendimento cuja fonte se situa no país da referida sociedade. Mas, quanto à questão de saber se o montante tributável deve ser considerado como um dividendo nos termos do Artigo 10º, ou como estando abrangido pela categoria de "outros rendimentos" visados no Artigo 21º, não é de modo algum líquida. Alguns países, com este tipo de legislação ou regras, consideram o montante tributável como um dividendo, pelo que uma isenção de imposto prevista por uma convenção fiscal, como seja o "privilégio de afiliação", deverá também ser-lhe aplicável. Podemos, porém, interrogarmo-nos sobre se a Convenção o exige. Se o país da residência considerar que não é esse o caso, expõe-se a que o acusem de impedir o funcionamento normal do privilégio de afiliação, ao tributar antecipadamente o dividendo (à título de dividendo presumido).*
39. Quando a sociedade ecrã distribui efectivamente dividendos, as disposições convencionais relativas aos dividendos são normalmente aplicáveis, dado tratar-se de rendimentos com a natureza de dividendos, nos termos da Convenção. O país da sociedade ecrã pode, portanto, sujeitar o dividendo a uma retenção na fonte. O país da residência do accionista aplicará os métodos normais para evitar a dupla tributação (concedendo um crédito de imposto ou uma isenção). Assim, a retenção na fonte sobre os dividendos daria direito a um crédito de imposto no país do accionista, mesmo que os lucros distribuídos (dividendos) tivessem sido tributados anos atrás por força das disposições relativas às sociedades estrangeiras controladas ou de outras disposições com idênticos efeitos. É, porém, duvidoso, que a Convenção obrigue a proceder deste modo, neste caso. A maior parte das vezes, o dividendo nessa qualidade fica isento de imposto (por já ter sido tributado por força da legislação ou das regras em causa), podendo dizer-se que a concessão de um crédito de imposto não tem fundamentação. Por outro lado, se fosse possível evitar a concessão de créditos de imposto mediante a simples tributação antecipada do dividendo, em virtude de uma disposição visando impedir a evasão fiscal, tal facto iria contrariar o objectivo da Convenção. O princípio geral atrás enunciado aconselharia a concessão do crédito do imposto, cujas modalidades dependeriam no entendo dos aspectos técnicos deste tipo de disposições ou de regras e dos regimes de imputação dos impostos estrangeiros no imposto nacional, bem como das circunstâncias específicas do caso particular (prazo decorrido desde a tributação do dividendo presumido, por exemplo). Todavia, os contribuintes que recorrem a sistemas artificiais assumem riscos contra os quais não podem ser inteiramente protegidos pelas autoridades fiscais". Modelo de Convenção da OCDE. Op. cit., p. 241-243.

1 – Os elementos do rendimento de um residente de um Estado Contratante, e donde quer que provenham, não tratados nos artigos anteriores desta Convenção, só podem ser tributados nesse Estado.

Do exame deste dispositivo, poder-se-ia, equivocadamente concluir que se a legislação de TFI não é regida por qualquer dispositivo da Convenção-Modelo, então o único artigo que lhe seria aplicável é o 21, por regular a tributação dos rendimentos não abordados nos artigos anteriores.

Desse modo, não haveria qualquer incompatibilidade entre as normas de TFI e a Convenção-Modelo da OCDE, haja vista a expressa previsão acerca da competência tributária exclusiva do Estado de residência do beneficiário do rendimento.

Nesta ótica, como o artigo 10 não abarca a hipótese de dividendos fictícios ou presumidos, estes seriam tratados como outros rendimentos pelo artigo 21.

Todavia, o raciocínio acima exposto apresenta-se claramente inconsistente uma vez que o regime de TFI é efetivamente tratado nos artigos 7º e 10 da Convenção-Modelo.

No obstante os comentários da OCDE de maneira geral reconheçam a compatibilidade entre os tratados para evitar a dupla tributação internacional e as normas de TFI, especialmente o 38 ao artigo 10, número 5, admite a existência de certos obstáculos, especialmente quando o país de residência do sócio adota o método de distruição fictícia de dividendos (*fictive divend approach*). Ainda que a legislação (TFI) do país estabeleça que a renda total será imputada ao sócio por ficção, quem aufere efetivamente a renda é outra pessoa jurídica sediada no exterior, portanto, em havendo um tratado bilateral para evitar a dupla tributação será difícil aplicar a norma de TFI, ou ainda, se este regime for aplicado complicará a sua compatibilização com os métodos da isenção e do crédito para evitar a dupla tributação, previstos no artigo 23 da Convenção-Modelo.

Via de regra, o artigo 21 deve ser aplicado exclusivamente nas hipóteses de rendimentos que não foram regulados pelos demais dispositivo da Convenção-Modelo. São os casos, por exemplo de rendimentos provenientes de instrumentos financeiros híbridos, que não se enquadram nem na categoria de juros nem na de dividendos. Ou de rendimentos provenientes da cessão de uso de um direito que não se enquadre na definição de *royalties*. [31]

Por todo o exposto, o dispositivo que irá determinar a compatibilidade ou não das normas de TFI com a Convenção Modelo da OCDE é o artigo 7º, amparado pelas construções jurídico-doutrinárias supra descritas, incluindo a inaplicabilidade/incompatibilidade, via de regra, de uma regime de TFI que exija a tribu-

---

[31] Nesse sentido, João Francisco Bianco. *Transparência fiscal Internacional*. São Paulo: Dialética, 2007, p. 153.

tação dos lucros da controlada no exterior, desconsiderando sua personalidade jurídica (afronta ao competência tributária exclusiva do Estado de residência da controlada), bem como a análise específica de cada ordenamento jurídico, o seu regime de tributação, a forma de recepção dos tratados internacionais e sua prevalência ou não face à legislação interna.

Ademais, cumpre lembrar o disposto no comentário 26[32] ao artigo 1º, da Convenção Modelo nas versões 1992 e 2003, que embora "superado" pelo comentário 23 ao artigo 1º, da Convenção-Modelo versão 2005, acima descrito, consignava a possibilidade dos tratados para evitar a dupla tributação e das normas de TFI serem compatíveis entre si, mas que seria necessário que estas últimas: (i) não acarretassem a dupla tributação – observância aos métodos da isenção e do crédito; (ii) não afetassem atividades empresariais realizadas de maneira real e efetiva no país da sociedade controlada no exterior; e (iii) não fossem aplicadas aos países que tivessem um nível de tributação comparável ao do país de residência do sócio, vez que são normas de exceção.

Tais aspectos são impactantes e dever ser observados quando da análise dos sistemas tributários envolvidos, caso a caso.

---

[32] Comentário 26 ao artigo 1º, **na versão de 1992** da OCDE: " *26. The majority of Member countries accept counteracting measures as a necessary means of maintaining equity and neutrality of national tax law in a international environment characterized by very different tax burdens but such measures should be used only for this purpose. It could be contrary to the general principles underlying the Model Convention and to spirit of tax treaties in general if counteracting measures were to be extended to activities such as production, normal rendering of services or trading of companies engaged in real industrial or commercial activity, when they are clearly related to the economic environment of the country where they are resident in a situation where these activities are carried out in such a way that no tax avoidance could be suspected. Counteracting measures should not be applied to countries in which taxation is comparable to that of the country of residence of the taxpayer*". Tradução nossa: A maioria dos Estados-Membros aceitou as medidas defensivas como meio necessário para preservar a equidade e a neutralidade das legislações tributárias nacionais num ambiente internacional caracterizado por uma grande desigualdade de níveis de tributação, mas essas medidas só devem ser utilizadas para este propósito. Seria contrário aos princípios gerais constantes da Convenção Modelo, bem como ao espírito dos tratados em matéria fiscal, se essas medidas defensivas fossem estendidas a atividades tais como a produção, as prestações de serviços regulares, exercício de atividades comerciais e industriais de maneira efetiva, integradas faticamente no ambiente econômico do país em que a sociedade reside e de forma que não se possa verificar a ocorrência de elisão fiscal. As medidas defensivas não podem ser aplicadas nos países em que o nível de tributação seja comparável àquele do país de residência do contribuinte. Comentário 26 ao artigo 1º, da versão de 2003, tal como segue: " *26. States that adopt controlled foreign companies provisions or the anti-abuse rules referred to above in their domestic laws seek to maintain the equity and neutrality of these laws in an international environment characterized by very different tax burdens, but such measures should be used only for this purpose. As a general rule, these measures should not be applied where the relevant income has been subjected to taxation that is comparable to tax in the country of residence of the taxpayer*".

3.2. A jurisprudência dos tribunais estrangeiros

Na jurisprudência internacional, algumas decisões são especialmente mencionadas pela doutrina e merecem registro[33].

A primeira delas foi proferida pelo Conselho de Estado da França, em 28 de junho de 2002, e é conhecida como o *Caso Schneider*[34]. A Suprema Corte Administrativa Francesa apreciou o caso de uma pessoa jurídica francesa que detinha o controle de uma subsidiária suíça, e cujos lucros pretendiam ser tributados pelo fisco francês, como base na sua legislação de TFI.

O tribunal aplicou o artigo 7º da Convenção firmada entre a França e a Suíça e reconheceu que os lucros da controlada suíça somente poderiam ser tributados pelo Fisco suíço (competência tributária exclusiva), sendo vedado à França impor tributos sobre o lucro por ela auferido.

A Corte ainda considerou que os benefícios do tratado não poderiam ser negados aos contribuintes com o objetivo de prevenir a adoção de mecanismos de elisão fiscal, sem norma convencional expressa nesse sentido.

A segunda decisão foi proferida pela Suprema Corte Administrativa da Finlândia, em 28 de março de 2002, no caso *A Oyi Abp*[35]. Tratava-se de uma empresa com sede na Finlândia que tinha uma controlada na Bélgica submetida a um nível de tributação inferior àquele vigente na Finlândia. Com base nessa diferença de níveis de tributação, a legislação de TFI finlandesa foi aplicada, tributando os lucros auferidos pela controlada belga antes da sua efetiva distribuição à sócia investidora finlandesa.

A decisão considerou a legislação de TFI finlandesa plenamente compatível com a convenção contra a dupla tributação internacional firmada entre o referido país e a Bélgica, visto que: (i) não havia qualquer dispositivo específico no tratado que proibisse a aplicação da legislação de TFI; (ii) a adoção deste regime é tradição entre os países membros da OCDE, a qual recomenda, inclusive, sua aplicação; (iii) de acordo com os comentários ao Modelo (versão de 1992), a maioria dos Estados-Membros considera que as normas de TFI não conflitam com os tratados para evitar a dupla tributação; (iv) o regime de TFI é parte das legislações internas de cada país, sistema tributário este que institui os respectivos fatos geradores e a responsabilidade em matéria tributária, de forma que não sofrem

---

[33] Os três casos também foram referenciados na obra de João Francisco Bianco, op.cit.p. 153-155, bem como na obra de Taísa Oliveira Maciel, op. cit. p. 145-150.

[34] KABBAJ, Hicham e BLETIÈRE, Emmanuel Raingeard de la. *National Report France*. In: LANG, Michael et al. *CFC Legislation, tax treaties and EC Law*. The Hague: Kluwer Law International, 2004 (Eucotax Series on European Taxation, V. 8), p. 237.

[35] HELMINEN,Marjaana. *National Report Finland*. In: LANG, Michael et al. *CFC Legislation, tax treaties and EC Law*. The Hague: Kluwer Law International, 2004 (Eucotax Series on European Taxation, V. 8), p. 204.

influência dos tratados; (v) a legislação de TFI só se aplica a regimes fiscais privilegiados e a renda passiva; (vi) de acordo com a legislação de TFI finlandesa, o sócio residente é o responsável pelo tributo e não a sociedade controlada no exterior; (vii) o tratado Finlândia-Bélgica não inclui qualquer previsão de que os países devem abolir a dupla tributação internacional, isto porque a Finlândia concede o crédito do imposto pago no exterior (reconhece automaticamente o método do crédito); (viii) a finalidade dos tratados não é apenas o de evitar a dupla tributação internacional, mas também de evitar a elisão fiscal; e (ix) de acordo com o relatório da OCDE sobre competição fiscal prejudicial, um regime fiscal, previsto em uma lei interna, que garanta um tratamento tributário privilegiado a certos contribuintes, constitui competição prejudicial, de forma que o relatório recomenda a adoção de normas de TFI.

A terceira decisão relevante foi proferida pela Corte Européia de Justiça, em 12 de setembro de 2006, no caso *Cadbury Schweppes*[36]. A situação fática versava sobre uma empresa residente na Grã-Bretanha que detinha o controle de duas subsidiárias integrais indiretas sediadas na Irlanda (*Cadbury Schweppes Treasury Services* (CSTS) e *Cadbury Schweppes Treasury International* (CSTI), cujos lucros eram submetidos à tributação à alíquota favorecida de 10%, em razão de um regime especial existente na Irlanda para o tipo de atividade que elas exercem. O objeto social das empresas era negociar e obter financiamentos para todo o grupo empresarial junto a instituições bancárias, utilizando, para isso, uma estrutura administrativa composta por mais de uma dezena de funcionários.

No dia 18 de agosto de 2000, o Fisco inglês autuou a empresa *Cadbury Schweppes Overseas Limited* (a controladora direta das duas irlandesas) em £ 8,638,633.54 relativos aos lucros oriundos da CSTI (equivalente a 33% menos os 10% pagos na Irlanda), sendo que a CSTS teve prejuízo no mesmo período, o qual foi compensado com os lucros obtidos pela CSTI.

As autoridades fiscais da Grã-Bretanha pretenderam tributar o lucro auferido pela empresa investida irlandesa antes de sua distribuição, com base sua legislação de TFI. A empresa defendeu-se sustentando ser referida legislação contrária à liberdade de estabelecimento assegurada pelo Tratado da Comunidade Européia, no seu artigo 43.

A Corte Européia de Justiça não apreciou propriamente a compatibilidade da legislação britânica de TFI com qualquer convenção para evitar a dupla tributação internacional, mas sim a compatibilidade do referido regime com o Tratado de Roma, que veda a criação de restrições à liberdade de estabelecimento.

---

[36] MEUSSEN, Gerard T. K.. Cadbury Schweppes: The ECJ Significantly Limits the Application of CFC Rules in the Member States. *European Taxation nº 1*. Amsterdam: IBFD, Janeiro de 2007, p. 13.

A referida Corte reconheceu que as pessoas ou as empresas não podem impropriamente ou fraudulentamente tirar proveito de normas do direito comunitário. Em outras palavras, uma lei interna que restrinja a liberdade de estabelecimento seria plenamente justificável quando aplicada a estruturas empresariais totalmente artificiais.

Entretanto, se uma empresa entende por bem estabelecer-se verdadeiramente em um Estado-Membro da Comunidade (organizar de fato a estrutura societária do grupo empresarial) ainda que com o único objetivo de beneficiar-se de um regime de tributação mais favorecido não caracteriza, por si só, um abuso do direito ao livre estabelecimento. Neste caso, a sociedade estará exercendo efetivamente sua atividade empresarial e não pode ser "punida" através da aplicação do regime de TFI por usufruir de um benefício concedido licitamente.

É praxe na ordem internacional a concessão de incentivos fiscais para atração de investimentos, não há qualquer proibição neste sentido e, desde que a empresa tenha real intenção exercer suas atividades, ou seja, comprovada a existência de propósito negocial (*business purpose*), não existe motivos para vedar a liberdade de estabelecimento.

No caso concreto examinado pela Corte de Justiça, a empresa controlada na Irlanda não havia sido constituída artificialmente, visto que tinha estrutura administrativa própria e desenvolvia efetivamente seu objeto social. Com efeito, não tendo sido feita prova de que a sua constituição e funcionamento eram eivados de artificialismo, decidiu a Tribunal ser inaplicável a legislação de TFI em favor da sociedade controladora britânica.

O *leading case* em questão, vem sendo analisado detalhadamente pela doutrina e pelas autoridades fiscais dos países da Comunidade Européia para que, futuramente, as legislações de TFI se adequem a esta tendência jurisprudencial.

3.3. A compatibilidade da legislação brasileira sobre TFI e os Tratados firmados pelo Brasil contra a dupla tributação internacional

Primeiramente, cumpre salientar que o Brasil, embora adote várias diretrizes constantes da redação "base" da Convenção-Modelo da OCDE para firmar os seus tratados internacionais, não imputa a mesma força jurídica, seja em termos doutrinários como jurisprudenciais, aos comentários do Comitê de Assuntos Fiscais da OCDE ao Modelo de Convenção[37].

Com efeito, o regime de TFI brasileiro é um tanto *sui generis* e não se enquadra, de maneira alguma, nas diretrizes recomendadas pela OCDE para o estabelecimento do regime em questão.

---

[37] Vale frisar que o Brasil não figura como país membro da OCDE.

O tema aqui analisado não irá abordar os casos de investimentos feitos no exterior em empresas sediadas em países que não têm tratado como o país em questão, tampouco das empresas *off-shore*, sediadas em paraísos fiscais típicos, vez que o Brasil não firmou qualquer tratado contra a dupla tributação internacional com países que possam ser denominados de paraísos fiscais, nos termos da Instrução Normativa da Secretaria da Receita Federal nº 188, de 06 de agosto de 2002[38]. Nessas hipóteses, a aplicabilidade da legislação brasileira dependerá da análise da sua constitucionalidade, visto que, via de regra, estas situações poderiam mais facilmente ensejar a aplicação do regime de TFI.

Colocadas estas observações, o principal aspecto a ser analisado é se a legislação do país de residência da sociedade controlada estará amparada ou não pelos benefícios do tratado, isto porque (i) há vários países que adotam a isenção condicionada, ou seja, a empresa estaria sujeita a tributação, mas face ao cumprimento de certos requisitos lhe é concedida a isenção, restando mantidos os benefícios dos tratados; (ii) outros países consideram que a pessoa isenta de imposto não está sujeita à tributação e, portanto, não será alcançada pelos benefícios dos tratados.

Com regra, para estar amparada pelo benefício dos tratados, a pessoa jurídica investida no exterior deverá ser considerada residente no Estado contratante em que esteja sediada, bem como sujeita à tributação deste Estado de acordo com a sua própria legislação interna[39].

A legislação do país de residência dos sócios, no caso da lei brasileira, é irrelevante para fins de determinação da residência da sociedade investida. Isso porque, o critério adotado pela legislação em exame para fins de determinação da residência da pessoa jurídica é onde esta sediada (sede social). Ora, como a sede social da sociedade controlada é no exterior, e como normalmente ela não mantém estabelecimentos no Brasil, ela jamais será considerada aqui residente e, portanto, a lei brasileira não tem qualquer relevância para fins de determinação da aplicação ou não do tratado.

---

[38] É importante mencionar que, a IN SRF nº 188, inclui Luxemburgo na lista negra de países de tributação favorecida **exclusivamente** no que se refere às operações realizadas com as sociedades *holdings* regidas pela Lei de 31de julho de 1929, portanto tendo o Brasil firmado tratado com o referido país, este não pode ser considerado paraíso fiscal, salvo na hipótese supra descrita (operações com as *holdings* 1929).

[39] Nesse sentido, o artigo 1º da Convenção-Modelo assim dispões, *verbis*: *"A presente Convenção aplica-se às pessoas residentes de um ou de ambos Estados Contratantes"*. Com mais detalhes o artigo 4º, número 1 da Convenção-Modelo, prevê: *"1. Para efeitos da presente Convenção, a expressão "residente de um Estado Contrante" significa qualquer pessoa que, por virtude da legislação desse Estado, está aí sujeita a imposto devido ao seu domicílio, à sua residência, ao local de direcção ou qualquer outro critério de natureza similar, e aplica-se igualmente a esse Estado e às suas subdivisões políticas ou autarquias locais. Todavia, esta expressão não inclui qualquer pessoa que está sujeita a imposto nesse Estado apenas relativamente ao rendimento de fontes localizadas nesse Estado ou a património aí situado.*

A legislação brasileira de TFI, fundamenta-se claramente na hipótese de distribuição fictícia de rendimentos, o que se depreende tanto da redação do artigo 74 da MP nº 2.158-35[40], como do fato deste regime não permitir a consolidação de prejuízos auferidos pela sociedade no cômputo do lucro do sócio brasileiro[41]. A lei considera disponibilizados os lucros auferidos por empresas investidas no exterior, independentemente de sua efetiva distribuição, na data do balanço no qual tiverem sido apurados. Nota-se que é irrelevante a ocorrência da situação fática de distribuição dos lucros para fins de determinação do nascimento da obrigação tributária (não importa a prova de sua materialização).

O exame do artigo 74 da Medida Provisória nº 2.158-35, de 24 de agosto de 2001 demonstra que o legislador pretendeu claramente tributar os lucros auferidos por empresas coligadas ou controladas no exterior em plena incompatibilidade com o artigo 7º da Convenção-Modelo da OCDE, vez que como regra este dispositivo não permite que um Estado contratante tribute os lucros auferidos por pessoa jurídica residente no outro Estado contratante, salvo quando da constituição de estabelecimento estável, o que não se verifica *in casu*.

Outrossim, o próprio comentário 26 ao artigo 1º da Convenção-Modelo, elaborado pelo Comitê de Assuntos fiscais da OCDE, reconhece que a legislação de TFI não deve ser aplicada quando não está caracterizado qualquer intuito evasivo fiscal (ilícito, abusivo) por parte do contribuinte, tal como segue *ipsis litteris*:

> Os Estados que adoptam na respectiva legislação interna regras relativas às sociedades estrangeiras controladas ou as regras anti-abuso acima referidas procuram preservar a equidade e a neutralidade das legislações fiscais nacionais num enquadramento internacional caracterizado por uma grande desigualdade de níveis de tributação, embora estas disposições não devam ser utilizadas senão para tal fim. Regra geral, as medidas anti-abuso não devem aplicar-se sempre que o rendimento em causa tenha sido sujeito a um nível de tributação comparável ao país de residência do contribuinte[42].

---

[40] Artigo 74 da MP nº 2.158-35: *"Para fim de determinação da base de cálculo do imposto de renda e da CSLL, nos termos do artigo 25 da Lei nº 9.249, de 26 de dezembro de 1995, e do artigo 21 desta mesma Medida Provisória, os lucros auferidos por controlada ou coligada no exterior serão considerados disponibilizados para a controladora ou coligada no Brasil na data do balanço no qual tiverem sido apurados, na forma do regulamento. Parágrafo único. Os lucros apurados por controlada ou coligada no exterior até 31 de dezembro de 2001, salvo se ocorrida, antes dessa data, qualquer das hipóteses de disponibilização previstas na legislação em vigor."*

[41] Na legislação brasileira está claro se tratar de lucro da sociedade não residente, o qual, consoante o artigo 10º da Convenção só poderia ser tributado no Brasil após sua efetiva distribuição. Outrossim, o artigo 7º, consigna a competência tributária exclusiva do Estado de residência da sociedade controlada no exterior.

[42] Modelo de Convenção da OCDE, op. cit., p. 87.

Os comentários sustentam a compatibilidade entre a convenção e as normas de TFI com base na necessidade de coibir abusos cometidos por contribuintes que adotam mecanismos evasivos. Logo, os investimentos feitos no exterior com propósitos negociais claros (legítimas atividades empresariais), sem caráter abusivo, não devem estar submetidos ao regime de TFI.

Considerando que no Brasil há inquestionável prevalência dos tratados internacionais em matéria tributária sobre a legislação interna, visto que o tratado figura como norma de caráter especial, com fundamento no já referenciado artigo 96 do Código Tributário Nacional, cabem as seguintes conclusões pontualmente delineadas por João Francisco Bianco[43].

Caso a hipótese fática em exame seja de investimento feito por uma sociedade brasileira em empresa no exterior sem qualquer tipo de intuito abusivo, sediada em um país que não pratica a concorrência fiscal danosa, e cujo lucro seja submetido a níveis normais de tributação, os tratados internacionais prevalecerão sobre a legislação interna brasileira de TFI, nitidamente incompatível com o disposto no artigo 7º da Convenção-Modelo e a competência tributária exclusiva do Estado de residência da controlada será preservada.

Outra hipótese seria se a sociedade brasileira realizou investimento em empresa no exterior de forma a usufruir de algum tipo de benefício fiscal, mas que seja considerada sujeita à tributação do país de sua sede nos termos da respectiva legislação interna. Em tal situação também não seria cabível a aplicação da legislação de TFI (também incompatível com o disposto no artigo 7º da Convenção-Modelo), devendo o tratado prevalecer, em vista da inexistência de disposição específica que proíba os contribuintes de adotarem o meio tributariamente menos oneroso através de mecanismos legítimos de planejamento tributário.

Finalmente, no caso de investimento feito em empresa no exterior que usufrua de algum tipo de benefício fiscal, e que não seja considerada residente no país de sua sede social de acordo com a respectiva legislação interna, os dispositivos dos Tratados são inaplicáveis ao caso concreto, por tratar-se de hipótese de pessoa jurídica não residente em um dos Estados contratantes. E não sendo residente, a ela não se aplicam os benefícios dos Tratados.

Nesse caso, a lei brasileira de transparência fiscal seria aplicável normalmente, da mesma forma que em uma situação de inexistência de Tratado.

Semelhante é o entendimento da doutrina portuguesa[44], representado nas palavras de Rui Duarte Morais:

---

[43] BIANCO. op. cit., p. 159-159.
[44] Insta destacar que, Portugal introduziu a legislação TFI em seu ordenamento jurídico através do Decreto-lei nº 37, de 14 de fevereiro de 1995, inserindo no Código de Imposto de Renda Pessoa Colectiva o artigo 57º-B e no Código de Imposto de Renda Pessoa Singular os números 3 e 4 no artigo 19º.

(...) as normas *CFC* – o artigo 60º do CIRC – alargam a incidência do imposto ao estabelecerem presunções de recebimento de lucros por sócios quando as convenções só prevêem a tributação no país da residência dos lucros efectivamente recebidos.

Para nós, essencial será o seguinte: as normas convencionais que admitem a tributação por um Estado de determinados rendimentos são normas sujeitas a uma tipicidade fechada, na medida em que delas directamente decorre a definição da concreta situação dos contribuintes. Essa tipicidade esgota-se com a própria convenção. Normas de hierarquia inferior não podem "completar" a previsão de uma norma convencional, salvo na medida em que o tratado o preveja.

Assim, entendemos que, sendo a questão suscitada em Tribunal, este teria boas razões para decidir pela ilegalidade da tributação feita com base no artigo 60º do CIRC estando em causa uma sociedade com sede num país com o qual Portugal celebrou uma convenção segundo o MOCDE.[45]

O legislador português instituiu tal modelo com o objetivo de combater a evasão fiscal internacional, assegurar uma incidência tributária justa e evitar o abuso na alocação de lucros em países de baixa tributação
O modelo português visa atingir os rendimentos passivos (juros, dividendos, *royalties*) - a legislação brasileira não distingue os rendimentos ativos dos passivos, de forma a onerar, ainda mais, o contribuinte - auferidos por sociedades controladas no exterior que, de outro modo, seriam tributados diretamente por sócios portugueses. Segundo o regime português, os residentes em Portugal, pessoas físicas (singulares) ou jurídicas (colectivas), que detenham investimentos em sociedades no exterior, devem ser tributados sobre os lucros por ela auferidos mesmo antes de sua distribuição, nos termos do artigo 60º do Código do IRC e do artigo 20º, nº 3 do Código do IRS. Do mesmo modo que é alvo de críticas no Brasil, a legislação de TFI portuguesa tributa os sócios residentes por rendimentos que podem ainda não terem sido disponibilizados pela CFC (o lucro pode não ter sido efetivamente distribuído), vez que a tributação ocorre no final de cada ano fiscal. No entanto, deixa de apresentar um caráter geral quanto à incidência da norma de transparência fiscal (diferente do que ocorre no caso da TFI brasileira, ao tributar a totalidade dos rendimentos das controladas ou coligadas no exterior, sem tipificá-los), em outras palavras, pormenoriza as hipóteses em que a legislação TFI deverá ser aplicada e sobre quais rendimentos, tais como: (i) a pessoa colectiva sediada no exterior deve ser uma sociedade; (ii) é necessário que o residente em Portugal (pessoa singular ou colectiva) seja o controlador da sociedade estrangeira, o que nos termos do artigo 60º, nº 1 do CIRC significa dizer: que seja titular, direta ou indiretamente, de 25% ou mais de seu capital social; que possua ao menos 10% do capital, desde que haja outros sócios residentes em Portugal que detenham, no conjunto, mais de 50% (regra seguida pela maioria dos países); (iii) o regime das CFCs não se aplica se ao menos 75% do lucro por elas apurado for decorrente do exercício de atividades comerciais, industriais ou agrícolas; e se cumulativamente a atividade principal das empresas controladas não consistir na prática bancária, de seguros, participações societárias e arrendamento mercantil (leasing) de bens móveis.
[45] MORAIS, Rui Duarte. *Imputação de lucros de sociedades não residentes : sujeitas a um regime fiscal privilegiado: Controlled Foreign Companies O art. 60 do C.I.R.C.*. Porto: Publicações Universidade Católica do Porto, 2005, p. 510-511.

Portanto, é de suma importância a análise da casuística envolvida, sob pena de afronta aos preceitos constitucionais tributários e aos princípios norteadores da tributação internacional[46].

4. Disposições Finais

Em vista do estudo formulado neste artigo, restou evidenciado que os regimes de TFI, tradicionalmente descritos como medida defensiva consistem, em última análise, numa atuação ofensiva sobre outros ordenamentos jurídicos que aplicam a legalidade que lhes é própria sobre as sociedades aí residentes.

Tal regime concentra-se em buscar a renda do sócio residente em uma jurisdição alheia, em relação à qual acaba por negar sua aptidão para ser fonte de direitos e obrigações, em flagrante afronta as diretrizes internacionais da OCDE que, inclusivamente, direcionam a aplicação de tais normas como a *ultima ratio*, em caráter de exceção e almejam, conjuntamente, a inocorrência de casos de dupla tributação internacional.

Este também é o entendimento de Tulio Rosembuj, tal como segue, *verbis*:

La preservación unilateral de la integridad del sistema tributario de cada Estado no puede legitimar la ultraterritorialidad de su ordenamiento jurídico, proyectado sobre otro u otros ordenamientos, a menos que existan tratados o acuerdos que expresa y explícitamente lo consientan. [...] La metodología TFI (CFC), en cualquiera de sus modos, transactional o jurisdictional approach, se funda en la naturaleza de los rendimientos que se obtienen (renta pasiva), lugar de su obtención o ambos simultáneamente en términos de ventajas fiscales para el accionista residente. El problema consiste em que por vía unilateral se pone en tela de juicio el entramado jurídico fiscal internacional representado en los CDI que adhieren al Modelo OCDE[47].

---

[46] Para maior aprofundamento sobre os princípios norteadores da tributação internacional, vide Paula Rosado Pereira, em *Princípios do Direito Fiscal Internacional – Do Paradigma Clássico ao Direito Fiscal Europeu*. Coimbra: Almedina, 2010.

[47] ROSEMBUJ, Tulio. *Fiscalidad Internacional*. Madrid: Marcial Pons, Instituto de Fiscalidad Internacional, 1998, p. 79. Nossa tradução: *"A preservação unilateral da integridade do sistema tributário de cada Estado não pode legitimar a ultraterritorialidade de seu ordenamento jurídico, projetado sobre outro ou outros ordenamentos, a menos que existam tratados ou acordos que expressa ou implicitamente o consintam. (...) A metodologia TFI (CFC), em qualquer de suas modalidades, método transacional ou jurisdicional, se funda na territorialização de renda extraterritorial, com fundamento na natureza dos rendimentos que se obtêm (renda passiva), lugar de sua obtenção ou ambos simultaneamente em termos de vantagens fiscais para o acionista residente. O problema consiste em que por via unilateral se colada em discussão o que foi acordado em termos fiscais internacionais representado nos tratados para evitar a dupla tributação que adotam o Modelo da OCDE."*

Desse modo, é inevitável concluir que para aplicação do regime de TFI, bem com o para sua compatibilização fática e prático-operacional com os tratados para evitar a dupla tributação, se faz necessária a análise pormenorizada dos sistemas tributários envolvidos e das diretrizes internacionais emanadas da OCDE, ainda que de forma relativizada de acordo com as peculiaridades de cada ordenamento jurídico.

Bibliografia

ACCIOLY, Hildebrando. *Manual de Direito Internacional Público*, São Paulo: Saraiva, 1998.

ADONNINO, Pietro. La pianificazione fiscale internazione. In: *Corso di Diritto Tributario Internazionale*. Coordenador Victor Uckmar. Padova, Cedam, 2002.

AIGNER, Hans-Jörgen, Ulrich Scheuerle e Markus Stefaner. *General Report, CFC Legislation, Tax Treaties and EC Law*, coordenado por Michael Lang, Kluwer, The Hague, 2004, p. 29.

BIANCO, João Francisco. *Transparência fiscal Internacional*. São Paulo: Dialética, 2007.

BOITEUX, Fernando Netto. As sociedades coligadas, controladoras, controladas e a tributação dos lucros obtidos no exterior. *Revista Dialética de Direito Tributário nº 105*. São Paulo: Dialética, jun. 2004.

CAMPOS, Diogo Leite de.
- A cláusula geral anti-abuso: artigo 38º nº. 2 da Lei Geral (e art. 46º, 10 do CIRC). In: *Revisores e Empresas. Revista da Ordem dos Revisores Oficiais de Contas, ano 7, nº. 29*. Lisbos: Abril-Junho, 2005.
- *O sistema tributário no estado dos cidadãos*. Coimbra: Almedina, 2006.
-- e CAMPOS, Mônica Horta Neves Leite de. *Direito Tributário*. 2ª Edição. Belo Horizonte: Del Rey, 2001.

CANOTILHO, José Joaquim Gomes. *Direito Constitucional*. Coimbra: Almedina, 7ª edição, 2003.

CID, José Manuel Almudí. *El régimen jurídico de la transparencia fiscal internacional*. Madrid: Instituto de Estudios Fiscales, 2005.

DÓRIA, Antônio Roberto Sampaio. *Elisão e Evasão Fiscal*. 2ª Edição. São Paulo: Ed. Bushatsky, 1977.

FONTANA, Renata. *The uncertain future of CFC regimes in the Member States of the European Union*, European Taxation nº 06, IBFD, Amsterdam, 2006, p. 259.

GADEA, Eduardo Sanz. *Transparencia fiscal internacional*. Madrid: Centro de Estudos Financeiros, 1996.

GRECO, Marco Aurélio. Planejamento Tributário. São Paulo: Dialética, 2008.

HELMINEN, Marjaana. *National Report Finland*. In: LANG, Michael et al. *CFC Legislation, tax treaties and EC Law*. The Hague: Kluwer Law International, 2004 (Eucotax Series on European Taxation, V. 8), p. 204.

KABBAJ, Hicham e BLETIÈRE, Emmanuel Raingeard de la. *National Report France*. In: LANG, Michael et al. *CFC Legislation, tax treaties and EC Law*. The Hague: Kluwer Law International, 2004 (Eucotax Series on European Taxation, V. 8).

MACIEL, Taísa Oliveira. *Tributação dos Lucros das Controladas e Coligadas Estrangeiras*. Rio de Janeiro: Renovar, 2007.

MEUSSEN, Gerard T. K.. Cadbury Schweppes: The ECJ Significantly Limits the Application of CFC Rules in the Member States. *European Taxation nº 1*. Amsterdam: IBFD, Janeiro de 2007, p. 13.

MORAIS, Rui Duarte. *Imputação de lucros de sociedades não residentes : sujeitas a um regime fiscal privilegiado: Controlled Foreign Companies O art. 60 do C.I.R.C.*. Porto: Publicações Universidade Católica do Porto, 2005.

NABAIS, José Casalta.
- *Constituição Européia e Fiscalidade*. Colóquio Ibérico: Constituição Européia, p. 569 – 592;
- Contencioso Administrativo e Código do Procedimento Administrativo. Coimbra: Almedina, 2002;
- *Direito Fiscal*. 4ª Edição. Coimbra: Almedina, 2006.

OCDE.
- *Modelo de Convenção Fiscal sobre o Rendimento e o Património. Versão Condensada*. Comité dos Assuntos fiscais da OCDE. 197 Cadernos de Ciência e Técnica Fiscal. Coimbra: Almedina, 2005.
- *Harmful Tax Competition: an emerging global issue*. Paris: OCDE, 1998;
- *Controlled Foreign Company Legislation* – Studies in Taxation of Foreign Source Income. Paris: 1996. Publicado na França sob o título: *Législation Relative aux Sociétés Étrangères Contrôlées*.
- *Internacional tax avoidance and evasion – four related studies*. Paris: OECD, 1987;

PADIAL, Ignácio Cruz. *Transparencia Fiscal Internacional*. Valencia: Tirant Lo Blanch, 1999.

PEREIRA, Paula Rosado. *Princípios do Direito Fiscal Internacional - Do Paradigma Clássico ao Direito Fiscal Europeu*. Coimbra: Almedina, 2010.

PIRES, Manuel. *Da Dupla Tributação Jurídica Internacional sobre o Rendimento*, Centro de Estudos Fiscais, Lisboa, 1984.

ROSEMBUJ, Tulio. *Fiscalidad Internacional*. Madrid: Marcial Pons, Instituto de Fiscalidad Internacional, 1998.

ROTHMANN, Gerd Willi. *Problemas de qualificação na aplicação as convenções contra a bitributação internacional"*, Revista Dialética de Direito Tributário nº 76. São Paulo: Dialética, p. 39.

SANCHES, José Luís Saldanha.
- *Manual de Direito Fiscal*. 3ª edição. Coimbra: Coimbra Editora, 2007;
- *Os limites do Planeamento Fiscal*. 1ª edição. Coimbra: Coimbra Editora, 2007.

SCHOUERI, Luís Eduardo. *Direito tributário internacional. Acordos de bitributação. Lucros auferidos por coligadas e controladas no Exterior. Disponibilidade. Efeitos do artigo 74 da*

Medida Provisória nº 2.158-35. Parecer. Direito Tributário Atual nº 16. São Paulo: IBDT/Dialética, 2001, p. 2002.

TORRES, Heleno Taveira (coordenador).
- *Direito Tributário Internacional.* 1ª Edição. São Paulo: Revista dos Tribunais, 2001;
- *Pluritributação Internacional sobre rendas de empresas.* 2ª Edição. São Paulo: Revista dos Tribunais, 2001;

UCKMAR, Victor. *Trattati Internazionali in Materia Tributaria, Trattado di Diritto Tributario,* coordenado por Andrea Amatucci, Padova, 2001.

VOGEL, Klaus. *Klaus Vogel on Double Taxation Convention.* London: Kluwer, 1997.

XAVIER, Alberto Pinheiro.
- *Direito Tributário Internacional do Brasil.* 2ª e 5ª Edição. Rio de Janeiro: Editora Forense, 1977 e 2002, respectivamente.
- *Direito Tributário Internacional.* Coimbra: Almedina, 2007.
- O Negócio Indirecto em Direito Fiscal. In: *Ciência e Técnica Fiscal, nº. 145-146.* Lisboa: Janeiro-Fevereiro, 1971.
- *Os princípios da legalidade e da tipicidade da tributação.* São Paulo: Revista dos Tribunais, 1978.

Os preços de transferência na Convenção Modelo da OCDE e sua (não) aplicação na legislação brasileira

PATRÍCIA LEATI PELAES

Mestre em Ciências Jurídico-Econômicas pela Faculdade de Direito da Universidade de Coimbra. Coimbra, Portugal (2009), sob orientação do Professor Doutor Diogo Leite de Campos; Pós-Graduada em Direito Tributário pelo Instituto Brasileiro de Estudos Tributários – IBET, em São Paulo (2002); Pós-Graduada em Direito Constitucional – Especialização profissionalizante com capacitação docente, pela Escola Superior de Direito Constitucional – ESDC, em São Paulo (2005); Graduação e Bacharelado em Direito pela Sociedade de Ensino Superior Toledo de Araçatuba (1998); Professora Tutora da disciplina de Controle de Constitucionalidade do Curso de Especialização Profissionalizante em Direito Constitucional da Escola Superior de Direito Constitucional – ESDC (2009); Advogada na Advocacia Ariboni Consultoria Empresarial, em São Paulo; Membro Associada do Instituto Brasileiro de Direito Tributário – IBDT.

A interdependência das economias mundiais, a complexidade das relações comerciais internacionais, o aparecimento de novas necessidades, bem como a revolução tecnológica dos meios de comunicação têm provocado, nas últimas décadas, a aparição de organizações empresariais que se caracterizam por atuar em mais de um Estado, transpondo fronteiras nacionais com a instalação de filiais em diversos países à procura de novos mercados.

Ditas organizações, de caráter multinacional, têm a vantagem de poder realizar transações entre entidades distintas de um mesmo grupo empresarial que, sendo completamente lícitas, podem provocar a transferência das bases imponíveis para Estados onde a carga tributária é menos onerosa, por meio de diversos mecanismos, dentre os quais pode ser citado o dos preços de transferência[1].

---

[1] Embora esse instituto seja definido pela grande maioria dos doutrinadores em tom pejorativo, para efeitos deste trabalho, a posição adotada é no sentido de que os preços de transferência têm um caráter neutro, não implicando sempre e necessariamente transferência abusiva ou dolosa de receitas para Estados onde a carga tributária é menos onerosa, uma vez que podem ocorrer hipó-

Nesse sentido, novos modelos de investimento e estratégias de administração tornaram-se imprescindíveis para a redução de despesas e ampliação e concentração dos lucros das empresas e vêm sendo constantemente utilizados como recursos eficientes em matéria tributária para a implantação de benefícios almejados, obtenção de bons resultados e redução da carga fiscal.

Todavia, muito embora na maior parte das situações a atuação das empresas seja plenamente válida e legal, alguns países acabam por considerar tais atividades como práticas evasivas de receitas.

Diante disso, os países onde se encontram organizações multinacionais, por necessidade de arrecadação, preocupados com a evasão fiscal e inspirados por seu direito de tributar os lucros, rendimentos ou patrimônio obtidos em seus respectivos territórios, produzidos por contribuintes residentes ou domiciliados neles ou não, vêem-se legitimados por seus ordenamentos jurídicos internos a garantir que os impostos por ele criados incidam sobre referidas bases tributárias, provocando, com isso, dupla ou múltiplas tributações.

A dupla tributação, todavia, é prejudicial para os contribuintes, assim como para as próprias Administrações Fiscais.

Deveras, como ensina Hermes Marcelo Huck (1997), a internacionalização do indivíduo, ou seja, a sua submissão a mais de um sistema jurídico nacional, decorrente de vínculos políticos entre diferentes Estados, do domicílio e da participação ativa na vida econômica do país, pode ensejar uma dupla (ou múltipla) obrigação tributária, e esse fato pode gerar, para o contribuinte, uma situação comparativamente mais onerosa quando relacionado a um contribuinte que se submete à tributação de um único Estado[2].

Por sua vez, as próprias Administrações fiscais podem, também, se verem prejudicadas por legislações que fazem incidir tributos sobre operações já tributadas, uma vez que cada Estado, ao estabelecer seus próprios critérios delimitadores de seu poder de tributar, decorrentes do concurso de diferentes pretensões fiscais, acaba por adotar diferentes parâmetros para a definição dos respectivos poderes tributários, resultando disso uma conceituação diversa de um mesmo princípio por parte dos diversos países envolvidos e configurando, dessa forma, uma espécie de patologia tributária para as Administrações Fiscais.

Além disso, a dupla tributação cria obstáculos para o desenvolvimento das relações econômicas e comerciais entre os países, afetando negativamente a comercialização de produtos e a prestação de serviços, bem como a movimen-

---

teses nas quais preços distintos aos de mercado são adotados sem que com isso reste afrontado o princípio da plena concorrência.

[2] Cf. HUCK, Hermes Marcelo. *Evasão e elisão*: rotas nacionais e internacionais do planejamento tributário. São Paulo: Saraiva, 1997, p. 232.

tação de capitais, de tecnologia e de pessoas, sendo essas apenas algumas das razões pelas quais tornou-se tão importante a busca de soluções para evitá-la.

Assim, no plano das medidas multilaterais tomadas para amenizar os efeitos da dupla tributação, a Organização para a Cooperação e Desenvolvimento Econômico – OCDE – previu no artigo 9º de seu Modelo de Convenção Fiscal para evitar a dupla tributação, relativo à matéria de preços de transferência, a aplicação do princípio da Plena Concorrência – ou *arm's length principle* – como orientação aos Estados para a eliminação da dupla tributação internacional decorrente de transações realizadas entre empresas associadas, dispondo métodos neutros de ajustamento dos lucros dessas empresas quando as transações são realizadas em condições que não sejam de plena concorrência, para o fim de que as receitas auferidas ou os custos incorridos pelas partes da operação, consideradas vinculadas, sejam corretamente repartidos entre os países onde elas se encontram localizadas.

Tais métodos, por sua relativa eficácia, são constantemente atualizados e há intensa recomendação, por parte da OCDE, para que haja esforço comum das administrações fiscais na busca de consenso quanto à interpretação dos dispositivos das convenções e minimização dos riscos da dupla tributação internacional.

No plano das medidas bilaterais, por sua vez, os Estados que seguem o Modelo de Convenção da OCDE reconhecem e estabelecem entre si Acordos Bilaterais nos quais são previstos os procedimentos para evitar a dupla tributação, bem como a adoção de medidas para a correção dos preços decorrentes das operações entre entidades associadas, existindo, ainda, a possibilidade de cada Estado adotar suas próprias regras, criando mecanismos específicos no sentido de criar obstáculos aos efeitos nocivos que a dupla tributação pode causar.

Nesse sentido, a legislação sobre preços de transferência, no Brasil, deveria ter essa função.

Todavia, países subdesenvolvidos ou em vias de desenvolvimento – "importadores de capitais", como é o caso, por exemplo, do Brasil – tendem a reter, em seus próprios territórios, parte da arrecadação tributária incidente sobre contribuintes residentes neles ou não, ainda que estes contribuintes sejam tributados também em outro país; para tanto, utilizam o ordenamento jurídico interno como recurso para prosseguir esse fim, tal como acontece com a disciplina legal dos preços de transferência, estabelecida pela Lei nº 9.430, de 27 de dezembro de 1996 pelo legislador ordinário brasileiro.

A lei nº 9.430, de 27 de dezembro de 1996[3], é o instrumento normativo brasileiro através do qual a matéria acerca dos preços de transferência foi regulamentada.

---

[3] BRASIL. Lei n. 9.430, de 27 de dezembro de 1996. Dispõe sobre a legislação tributária federal, as contribuições para a seguridade social, o processo administrativo de consulta e dá outras provi-

Antes dessa lei, publicada no findar do ano de 1996 para entrar em vigor e produzir efeitos já a partir de 1º de janeiro de 1997, o ordenamento jurídico tributário brasileiro não contemplava nenhuma normativa interna (só tinha Acordos Bilaterais – internacionais – de Bi-tributação) sobre a sistemática de apuração dos preços de transferência, embora já houvesse certa preocupação com os negócios realizados no âmbito do território brasileiro entre pessoas ligadas[4].

A necessidade de conhecimento e aprofundamento dos estudos sobre o *transfer pricing* surgiu, então, a partir do temor da Administração Fiscal brasileira de que as empresas estrangeiras com estabelecimentos no Brasil pudessem vir a praticar operações que resultassem em remessas de lucros para o exterior, implicando menor incidência tributária no território brasileiro, com suspeitas de que esse deslocamento dos lucros pudesse ser realizado por meio de um sistema de transferência de preços, com a utilização de mecanismos de superfaturamento ou subfaturamento entre empresas de um mesmo grupo multinacional.

Sob o ponto de vista histórico, portanto, a Lei nº 9.430/96 desempenhou um importante papel no desenvolvimento da legislação tributária brasileira, representando um passo fundamental para sua modernização, tendo em vista que, a partir dela, a Administração Fiscal do Brasil, representada pela Secretaria da Receita Federal, passou a dispor de instrumentos e métodos para fiscalizar e controlar as operações internacionais praticadas entre empresas vinculadas.

Assim, como o Brasil já possuía, desde 1967[5], Acordos Bilaterais para evitar a dupla tributação, nos quais o princípio da plena concorrência era reproduzido nos mesmos termos descritos no número 1 do Artigo 9º do Modelo de Convenção Fiscal da OCDE, e no plano internacional a sistemática de apuração dos preços de transferência já era praticada por alguns países com os quais o Brasil tem acordos celebrados, o legislador brasileiro inspirou-se, então, na experiência internacional para promulgar sua própria lei a regular essa matéria.

---

dências. *Presidência da República. Casa Civil*, Brasília, DF, 27 dez. 1996. DOU 30 dez 1996. Disponível em: <http://www.planalto.gov.br/ccivil_03/Leis/L9430.htm>. Acesso em: 20 set. 2011.

[4] Trata-se da legislação brasileira que cuida, desde 1964, das hipóteses de distribuição disfarçada de lucros no âmbito de incidência do Imposto de Renda, regulamentada pelo Decreto-lei nº 2.065, de 26 de outubro de 1983.

[5] Consta, no sítio eletrônico da Receita Federal do Brasil, que o país aprovou, por meio do Decreto Legislativo nº 43, de 23 de novembro de 1967, a convenção destinada a evitar a dupla tributação em matéria de impostos sobre rendimentos, concluída entre a República do Brasil e o Japão, assinada em Tóquio, em 24 de janeiro de 1967. Cf. BRASIL. Decreto Legislativo n. 43, de 23 de novembro de 1967. Aprova a convenção destinada a evitar a dupla tributação em matéria de impostos sobre rendimentos, concluída entre a República do Brasil e o Japão, assinada em Tóquio, em 24 de janeiro de 1967. *Senado Federal*, Brasília, DF, 23 nov. 1967. DOU 23 nov 1967. Disponível em: <http://www.receita.fazenda.gov.br/Legislacao/AcordosInternacionais/Japao/DecLegislativo0431967.htm>. Acesso em: 20 set. 2011.

Nesse ponto, inclusive, importante registrar que muito embora o Brasil não seja, efetivamente, membro da OCDE, esse fato não impediu que fosse adotado o modelo da OCDE para a aplicação das regras sobre preços de transferência.

De fato, desde agosto de 2007, o Ministério da Fazenda brasileiro vem avaliando, por meio de um Grupo de Trabalho criado especialmente para esse fim, a possibilidade e viabilidade do ingresso do país na Organização para a Cooperação e Desenvolvimento Econômico (OCDE); entretanto, até o momento nenhuma decisão definitiva quanto à sua admissão como membro efetivo dessa organização foi tomada[6]. Tal fato, todavia, nunca impediu que o Brasil mantivesse com países membros dessa organização (e também com países não-membros) acordos bilaterais com o objetivo de evitar a dupla tributação internacional e prevenir a evasão fiscal em matéria de impostos sobre a renda, tomando como referência para seus acordos bilaterais o Modelo de Convenção Fiscal da OCDE.

O fato de não ser país membro dessa organização tampouco o impediu de debater questões ligadas à negociação, à aplicação e à interpretação do Modelo de Convenção Fiscal. Na realidade, desde 1996, o Comitê de Assuntos Fiscais da OCDE organiza reuniões anuais nas quais permite a participação de alguns países não-membros – dentre os quais o Brasil – a fim de que eles possam expressar suas posições ou reservas a respeito do texto de um artigo da Convenção e dos comentários e interpretação produzidos pelo Comitê de Assuntos Fiscais[7].

Foi, então, segundo essa autorização que o Brasil, ao posicionar-se sobre o artigo 9º da Convenção Modelo, reservou-se o direito de não incluir o número 2[8] do artigo em suas convenções bilaterais. Por outro lado, quanto ao número 1,

---

[6] De fato, em agosto de 2007 foi criado, por meio da Portaria do Ministro de Estado da Fazenda – MF nº 214, de 28/08/07, um Grupo de Trabalho para avaliar, no âmbito do Ministério da Fazenda, a possibilidade de ingresso da República Federativa do Brasil na Organização para a Cooperação e Desenvolvimento Econômico – OCDE, mas, apesar de existir a explícita intenção do Brasil no sentido de tornar-se membro efetivo dessa organização, não houve, até o presente momento, qualquer definição do Ministério da Fazenda brasileiro quanto à sua admissão. BRASIL. Portaria nº 214, de 28 agosto de 2007. Cria Grupo de Trabalho para avaliar, no âmbito do Ministério da Fazenda, a possibilidade de ingresso da República Federativa do Brasil na Organização para a Cooperação e Desenvolvimento Econômico – OCDE. *Ministério da Fazenda*. Receita Federal, Brasília, DF, DOU 31 ago 2007. Disponível em: <http://sijut.fazenda.gov.br/netacgi/nph-brs?s1=P00000021420070828035.CHAT.%20E%20MF.ORGA.%20 E%2020070831.DDOU.&l=0&p=1&u=/netahtml/sijut/Pesquisa.htm&r=0&f=S&d=SIAT&SECT1= SIATW3>. Acesso em: 20 set 2011.

[7] Cf. Comentários ao modelo de convenção fiscal sobre o rendimento e o patrimônio. Coimbra: Edições Almedina, 2005, p. 560.

[8] Cuja redação é a seguinte: "2. Quando um Estado Contratante inclui nos lucros de uma empresa desse Estado – e tributa nessa conformidade – os lucros pelos quais uma empresa do outro Estado Contratante foi tributada nesse outro Estado, e os lucros incluídos deste modo constituem lucros que teriam sido obtidos pela empresa do primeiro Estado, se as condições acordadas entre as duas empresas tivessem sido as condições que teriam sido estabelecidas entre empresas indepen-

que propõe a aplicação do princípio *arm's length* para empresas associadas e dos métodos para determinação dos preços de transferência, não houve, da parte do Brasil, qualquer discordância ou ressalva, de maneira que se pode concluir que o país aceitou tanto a redação do artigo como a interpretação conferida a ele por meio dos comentários elaborados pelo Comitê de Assuntos Fiscais da OCDE.

Essa orientação e concordância com a interpretação das regras dispostas no Modelo de Convenção da OCDE, ademais, pode ser verificada na exposição de motivos do projeto que se transformou na Lei nº 9.430/96, apresentada na proposta encaminhada para votação pelo Poder Legislativo nacional, que foi explanada nos seguintes termos:

> 12. As normas contidas nos arts. 18 a 24 representam significativo avanço da legislação nacional face ao ingente processo de globalização experimentado pelas economias contemporâneas. No caso específico, *em conformidade com regras adotadas nos países integrantes da OCDE*, são propostas normas que possibilitam o controle dos denominados 'Preços de Transferência', de forma a evitar a prática, lesiva aos interesses nacionais, de transferências de recursos para o Exterior, mediante a manipulação dos preços pactuados nas importações ou exportações de bens, serviços ou direitos, em operações com pessoas vinculadas, residentes ou domiciliadas no Exterior[9]. [g.n.]

Diante disso, então, poder-se-ia concluir que ainda que a Administração Fiscal brasileira não esteja obrigada por qualquer das resoluções da OCDE, por não fazer parte efetiva dessa organização, ao reproduzir o texto do número 1 do artigo 9º do Modelo de Convenção Fiscal da OCDE em seus acordos bilaterais e afirmar que a legislação nacional estaria "em conformidade com regras adotadas nos países integrantes da OCDE", seria válido supor que o país tenha pleno conhecimento desse Modelo e, além disso, decidiu referendar sua expressa concordância com as regras nele enunciadas, assumindo, com isso, a obrigação moral de não se afastar das orientações do Comitê Fiscal em suas normas internas.

Na verdade, a coincidência de redação entre os textos da Convenção Modelo com os acordos de bitributação celebrados pelo Brasil e a afirmação de conformidade entre a lei nº 9.430/96 com as regras adotadas pela OCDE deveria, inclusive, reforçar a garantia aos contribuintes dos Estados contratantes de ver tais acordos e a lei interpretados e postos em prática em conformidade com o estabelecido

---

dentes, o outro Estado procederá ao ajustamento adequado do montante do imposto aí cobrado sobre os lucros referidos. Na determinação deste ajustamento serão tomadas em consideração as outras disposições da presente Convenção e as autoridades competentes dos Estados Contratantes consultar-se-ão, se necessário". Ibid., p. 40.

[9] Cf. BARRETO, Paulo Ayres. *Imposto sobre a renda e preços de transferência*. São Paulo: Dialética, 2001, p. 112.

entre as partes, impondo que sejam aplicadas, para tanto, as regras que orientam o Direito Internacional Público, sem prejuízo dos comentários que visam a regulamentar a implementação do princípio *arm's lenght*.

Apesar desses fatos, entretanto, em matéria de preços de transferência, o Brasil afastou-se do princípio da plena concorrência, da maneira como traçado e delimitado na Convenção Modelo e nos comentários da OCDE, uma vez que o legislador ordinário, muito embora tenha manifestado que as normas sobre controle de preços de transferência estejam "em conformidade com as regras adotadas nos países integrantes da OCDE", acabou por impor medidas que não se compatibilizam com as orientações dessa organização.

A lei, na verdade, deixa bastante a desejar.

Deveras, em que pese os métodos de ajuste dos preços na importação e exportação de bens e serviços estabelecidos pelos artigos 18 a 22 da Lei nº 9.430/96 apresentem certa semelhança com os métodos propostos pela OCDE, a principal diferença entre eles consiste no fato de que a lei brasileira impõe margens fixas e presunções que podem acabar acarretando desvirtuações na base de cálculo dos impostos, decorrentes da utilização de um preço superior ao que seria devido se fossem usados métodos comparativos com o preço real de mercado.

Além disso, a Lei brasileira propõe um significado mais abrangente para a caracterização dos laços de vinculação entre as empresas, criando um conceito específico de "pessoas vinculadas" que se afasta do estabelecido pela OCDE.

Assim, por repercutir nas operações que envolvem empresas e países protegidos por acordos bilaterais e, em decorrência das incompatibilidades encontradas entre a lei brasileira e o estabelecido para a aplicação do princípio da plena concorrência, procurar-se-á, então, nos próximos parágrafos, verificar as desconformidades da Lei nº 9.430/96 e os seus reflexos sobre a tributação internacional.

Considerações preliminares
O princípio da plena concorrência (*Arm's Length*) no artigo 9º do modelo de convenção fiscal da OCDE

Como já afirmado, as Administrações Fiscais têm a dupla tributação como preocupação constante; entre empresas associadas esse fenômeno é ainda mais preocupante, tendo em vista as relações de proximidade existentes entre empresas de um mesmo grupo, motivo pelo qual a OCDE estabeleceu, como parâmetro de apuração dos tributos incidentes nas operações entre empresas associadas, o *arm's length principle*.

Não é tarefa fácil para as Administrações Fiscais e muito menos para os contribuintes provar que os preços praticados em operações vinculadas guardam consonância com aqueles estabelecidos entre partes independentes, enquadrando-se em parâmetros considerados normais de mercado. Na verdade, os negócios acordados entre partes vinculadas sofrem grande influência de fatores, por vezes inexistentes entre partes independentes, que podem interferir diretamente na definição de preços e na alocação de resultados entre partes vinculadas, repercutindo na incidência de impostos sobre cada uma das partes da transação.

Em verdade, ao serem analisadas as condições de mercado, é possível verificar que, entre empresas independentes, as operações são realizadas sob a batuta de regras mercadológicas, praticadas sob a gerência de um agente regulador capaz de controlá-las e estabelecê-las, ao passo que entre empresas pertencentes a um mesmo grupo, os preços praticados para suas operações podem ser fixados livremente, sem a influência desse agente regulador.

As Administrações Fiscais viram, então, em decorrência dessas circunstâncias especiais que favorecem as empresas associadas, a possibilidade de realização de transações "maquiadas", por meio das quais as empresas poderiam manipular a obtenção de receitas ou a apuração de seus lucros ou perdas para fins de tributação, de modo a realizar uma distribuição indireta de lucros.

Nessa perspectiva, a fim de coibir essa prática, os países membros da OCDE previram regras para o ajustamento dos lucros e dos preços de transferência praticados por tais empresas, estabelecendo o princípio da plena concorrência para atribuir às empresas associadas o mesmo tratamento conferido às empresas independentes, aplicando-se àquelas o critério das entidades separadas, de forma a respeitar a capacidade contributiva de cada uma dessas empresas.

Schoueri (2006), reforçando essa idéia, menciona que a premissa para a compreensão do princípio da plena concorrência é que

> enquanto empresas independentes celebrando negócios geralmente mantêm condições de relacionamento comercial e financeiro (compreendendo o preço das mercadorias ou serviços, bem como as condições para a venda ou para a prestação de serviços) determinadas pelas forças do mercado, as condições comerciais e financeiras dos negócios celebrados entre empresas associadas podem não sofrer igual pressão das forças externas do mercado, por mais que essas empresas procurem reproduzi-las.

[Dessa forma] o princípio *arm's length* consiste, sinteticamente, em tratar os membros de um grupo multinacional como se eles atuassem como entidades separadas, não como partes inseparáveis de um negócio único[10].

---

[10] SCHOUERI, Luís Eduardo. *Preços de transferência no direito tributário brasileiro*. São Paulo: Editora Dialética, 2006, p. 27. No mesmo sentido, Altamirano (1999), entende que "o preço *arm's length* seria melhor definido como uma 'regra do operador independente', porque os desajustes nos preços de transferência são corrigidos considerando os ganhos que empresas independentes teriam obtido em operações e condições comparáveis, à medida que o princípio enfoca as empresas do

O princípio *at arm's length* é adotado, então, para demonstrar se há correspondência entre o preço das operações controladas e o preço de mercado. Pela adoção do princípio, os preços praticados pelas empresas associadas em suas relações comerciais deverão ser, para efeitos fiscais, semelhantes àqueles praticados por empresas não associadas, para as mesmas mercadorias, produtos ou serviços, ou outros semelhantes, nas mesmas ou similares circunstâncias, segundo condições normais de mercado. Torres (1999), a respeito, diz que

> o princípio *arm's length* sinaliza no sentido de que tais preços devem ser os de concorrência ou de mercado, sem superfaturamento nem subfaturamento, isto é, iguais àqueles praticados por empresas independentes, ou, metaforicamente, por pessoas situadas 'à distância de um braço' (*at arm's length*)[11].

Tal princípio vem enunciado no número 1 do Artigo 9º do MCOCDE (2005), que estipula o seguinte

1. Quando:
a) uma empresa de um Estado Contratante participa, directa ou indirectamente, na direcção, controlo ou no capital de uma empresa do outro Estado Contratante; ou
b) as mesmas pessoas participam, directa ou indirectamente, na direcção, controlo ou no capital de uma empresa de um Estado Contratante e de uma empresa do outro Estado Contratante,
e, em ambos os casos, as duas empresas, nas suas relações comerciais ou financeiras, estão ligadas por condições aceites ou impostas que difiram das que seriam estabelecidas entre empresas independentes, os lucros que, se não existissem essas condições, teriam sido obtidos por uma das empresas, mas não o foram por causa dessas condições, podem ser incluídos nos lucros dessa empresa e, consequentemente, tributados[12].

---

mesmo grupo económico como se fossem entidades separadas ou independentes, circunstância que permite uma ampla paridade de tratamento fiscal entre estas e as empresas independentes, de maneira a evitar distorções na concorrência." ALTAMIRANO, Alejandro. "Régimen de los precios de transferencia en la República Argentina". In *Revista euroamericana de estudios tributarios* n. 3, Madrid: Centro de Estudios Tributarios, sept-dic. 1999, p. 121.

[11] TORRES, Ricardo Lobo. "O Princípio *Arm's Length*, os preços de transferência e a teoria da interpretação no direito tributário". In *Revista dialética de direito tributário* nº 48. São Paulo: Dialética, setembro de 1999, p. 122.

[12] *Comentários...* Op. cit., Art. 9º, p 40. No original, a íntegra do art. 9º da Convenção Modelo da OCDE possui a seguinte redação: *"Article 9 – ASSOCIATED ENTERPRISES – 1. Where: a) an enterprise of a Contracting State participates directly or indirectly in the management, control or capital of an enterprise of the other Contracting State, or b) the same persons participate directly or indirectly in the management, control*

A natureza jurídica de princípio, ou seja, de norma que encerra um "enunciado lógico que, por sua grande generalidade, ocupa posição de preeminência nos vastos quadrantes do Direito, a vincular, por isso, de modo inexorável o entendimento e a aplicação das normas que com ele se conectam"[13] (implicando, assim, garantia a ser observada em determinado ordenamento jurídico), decorre do fato de que o princípio *arm's length* se consubstancia como cláusula geral, além de que sua aplicação proporciona igualdade tributária e realização da capacidade contributiva, como bem observado por Tôrres (2001). O autor, nesse sentido, defende que o enunciado descrito no art. 9º da Convenção Modelo

> é princípio no sentido de *limite objetivo*, que se perfaz como regra que permite a concretização de princípios valores, como é o caso do princípio da livre-concorrência e do princípio da capacidade contributiva. Princípio, como valor, são os que ele pretende realizar: princípio da plena concorrência e da livre-iniciativa, no âmbito das relações mercantis, e o princípio da capacidade contributiva, no Direito Tributário. Assim, mesmo não sendo admitido como um princípio que realiza um valor específico, não deixa o *arm's length* de ser forma de garantia a direitos fundamentais, um modo de efetivar outros princípios, estes sim, que concentram em si uma intensa carga axiológica[14].

Esta foi, assim, a forma encontrada para dar efetividade aos princípios da igualdade e da capacidade contributiva, que Tôrres (2001) diz serem os fundamentos do princípio da plena concorrência na medida em que, restando garantida a igualdade, a capacidade contributiva do contribuinte é priorizada. O autor assevera, nesse sentido, que

> em matéria tributária, o atendimento ao princípio *arm's length*, pela determinação do preço de referência, a partir da aplicação dos métodos de ajuste, serve para

---

or capital of an enterprise of a Contracting State and an enterprise of the other Contracting State, and in either case conditions are made or imposed between the two enterprises in their commercial or financial relations which differ from those which would be made between independent enterprises, then any profits which would, but for those conditions, have accrued to one of the enterprises, but, by reason of those conditions, have not so accrued, may be included in the profits of that enterprise and taxed accordingly."

[13] Cf. CARRAZZA, Roque Antonio. *Curso de direito constitucional tributário*. 13. ed., São Paulo: Malheiros, 1998, p. 31-32.

[14] TÔRRES, Heleno Taveira. *Direito tributário internacional*: planejamento tributário e operações transnacionais. São Paulo: Editora Revista dos Tribunais, 2001, p. 195. Ricardo Lobo Torres também conclui tratar-se de um verdadeiro princípio jurídico, tendo em vista que a "própria circunstância de se consubstanciar como cláusula geral o eleva a esse patamar. Exibe o *arm's length* características próprias dos princípios, como sejam a generalidade, a abstração, a abertura, a analogia, a vinculação a valores, as múltiplas possibilidades de concretização e a permanente ponderação com outros princípios". TORRES, Ricardo Lobo. Op. cit., pp. 128-129.

resgatar a efetiva capacidade contributiva do contribuinte, omitida pela manipulação dos preços, mediante subfaturamentos ou superfaturamentos[15].

É dizer, pretende-se, com o ajuste valorativo entre empresas associadas decorrente da aplicação do princípio *arm's length,* propiciar uma maior paridade no tratamento fiscal dispensado pelos ordenamentos jurídicos às empresas multinacionais em relação às empresas independentes, de maneira a evitar a concorrência desleal que as empresas associadas podem provocam ao intervir no mercado, já que, ainda que sejam juridicamente independentes, a dependência econômica ou a integração numa unidade econômica as subtrai das regras de mercado, neutralizando uma competitividade que, em outra circunstância, seria determinante dos preços operantes e do gravame do resultado.

Como se vê, o propósito do princípio é de igualdade e justiça fiscal, e por essa razão, as Administrações Fiscais de países filiados ou não à OCDE adotam o critério do preço sem interferência, seguindo as orientações dessa organização, mesmo apesar das inúmeras dificuldades de ordem prática que têm sido encontradas em sua aplicação, especialmente porque há diversas situações para as quais não há possibilidade de aproveitamento e utilização dos métodos criados para sua implementação, em função de contextos comerciais ou financeiros específicos de empresas que operam em grupo, insuscetíveis de serem praticados por empresas independentes[16].

Assim, em decorrência de sua aplicação para a situação específica das empresas associadas, e em face do contexto comercial em que se enquadram tais empresas, o princípio da plena concorrência tornou-se a norma básica para a determinação dos preços de transferência.

Essencialidade da configuração da vinculação ou interdependência entre as partes

Como pressuposto para a caracterização do fenômeno que enseja a aplicação do princípio *arm's length,* a OCDE apontou a necessidade de vinculação ou interdependência entre as partes que praticam uma operação controlada, sem a qual não se pode falar em ajustamento de valores para fins de adequação dos preços de transferência ao preço de mercado. Se a operação em apreço não for realizada

---

[15] TÔRRES, Heleno Taveira. *Pluritributação internacional sobre as rendas de empresas.* São Paulo: Editora Revista dos Tribunais, 2001, p. 198.
[16] O que tem a ver com o fato de "as empresas associadas serem susceptíveis de efectuar operações que empresas independentes não efectuariam". Cf. *Princípios aplicáveis em matéria de preços de transferência... Op.* cit. p. 38. Nesse caso, "essas operações não são realizadas, necessariamente, com o propósito de fugir ao imposto, mas porque, nas suas relações recíprocas, as empresas de um mesmo grupo atuam num contexto comercial diferente do das empresas independentes".

entre empresas associadas, ou seja, entre pessoas que possuam um nexo de interdependência que se enquadre no conceito de vinculação, a aplicação dos procedimentos de fiscalização e controle de preços não tem legitimidade.

A essencialidade da vinculação entre as empresas é de tal ordem que Paulo de Barros Carvalho (2005) indicou-a como um dos requisitos para que seja autorizada a aplicação das regras de preços de transferência. O autor leciona que

> para que se possa falar em preços de transferência, visando à tributação de transferências indiretas de lucros, é mister que se tenha verificado a transgressão ao parâmetro 'arm's length', mediante a fixação de preço 'viciado' pelo vínculo entre as partes do negócio jurídico. Para tanto, precisam estar presentes os seguintes caracteres: (i) *pessoas vinculadas*; (ii) com domicílio em países distintos; (iii) fixação de preço diverso daquele que seria estabelecido naquela operação caso as partes não fossem vinculadas; e (iv) vantagem fiscal para as partes contratantes[17]. [g.n.]

Mas, embora o art. 9º do Modelo de Convenção Fiscal da OCDE aponte como necessária a existência de vinculação entre as empresas para que se dê lugar à aplicação do princípio da plena concorrência, referido artigo não define, entretanto, o que vem a ser "empresas associadas" nem tampouco o conceito de "vinculação".

A falta de definição expressa, todavia, não impede que possam ser extraídas do próprio artigo algumas diretrizes para a conceituação de tais termos. Hamaekers (1999), partindo do texto do artigo 9º do Modelo de Convenção Fiscal da OCDE, conclui que a expressão "empresas associadas" comporta duas hipóteses distintas

> Os tratados de dupla tributação e os Modelos de convenções fiscais da OCDE e das N.U usam a expressão «empresas associadas» para contemplar as relações existentes entre empresas cuja estreita ligação permite a aplicação de regras de preços de transferência. A definição comporta as seguintes situações:
>
> (1) a empresa A do Estado Contratante A, que participa, directa ou indirectamente, na gestão, no controlo ou no capital da empresa B do Estado Contratante B;
>
> (2) a(s) mesma(s) pessoa(s) participa(m), directa ou indirectamente, na gestão, no controlo ou no capital de ambas as empresas A e B[18].

---

[17] CARVALHO, Paulo de Barros. "Preços de Transferência no Direito Tributário Brasileiro". In PEIXOTO, Marcelo Magalhães; e FERNANDES, Edison Carlos (coords.). *Tributação, justiça e liberdade*: homenagem da Associação Paulista de Estudos Tributários a Ives Gandra da Silva Martins. Curitiba: Juruá Editora, 2005. p. 548. Na mesma linha, Heleno Tôrres diz que é "da própria conexão entre os sujeitos que exsurge o elemento basilar da disciplina sobre preços de transferência". TÔRRES, Heleno Taveira. *Direito tributário internacional... Op. cit.*, p. 171-172.

[18] HAMAEKERS, Hubert. "A tributação face às relações internacionais e à utilização das novas tecnologias". In *Os preços de transferência no início do Século XXI*. Países Baixos: Centro Inter-Americano

Analisando essa definição e tendo em conta que a participação na gestão, controle ou capital implica existência de interesses recíprocos entre as empresas associadas, Alberto Xavier (2007) alerta, entretanto, que deve haver cuidado por parte das Administrações Fiscais ao definirem a vinculação em suas legislações internas porque, muito embora o nexo de interdependência seja mais amplo do que o resultante da visão que o cinja ao vínculo jurídico de filiação, ele também não significa presumir interdependência sempre que haja uma comunidade de interesses com caráter duradouro[19].

Este autor explica que a interdependência desdobra-se em duas realidades: i) a "estrutura" da ligação entre as empresas e ii) a "natureza" dessa ligação, que deve ser conseqüência da primeira. A "estrutura" está relacionada à participação direta ou indireta de uma empresa na direção, controle ou capital de outra, citando como exemplos as transferências verticais entre sociedades controladas ou coligadas, as transferências horizontais entre empresas interligadas, as sociedades-irmãs, bem como o reconhecimento de situações triangulares, por meio das quais empresas que não dependem uma da outra estão submetidas ao controle de uma terceira ou de um mesmo grupo[20]. Contudo, para que se configure efetivamente a interdependência, a estruturação das empresas não é suficiente, sendo necessária a ocorrência de vínculos que reflitam a "natureza" dessa ligação para torná-la uma interdependência real. O autor, nesse sentido, diz que tais vínculos estão presentes sempre que as relações comerciais ou financeiras entre as empresas estejam sujeitas a condições aceitas ou impostas que difiram das normalmente estabelecidas entre empresas independentes[21].

O conceito de vinculação, para efeitos de aplicação das regras de preços de transferência, portanto, está relacionado à sujeição do comportamento de uma empresa à direção, controle ou capital de outra empresa, localizada em outro Estado, com o objetivo de fixar preços às operações divergentes dos que seriam fixados em condições normais de mercado. Deveras, o preço de transferência somente é obtido porque há, entre as partes que promovem a operação, um estreito relacionamento movido por interesses comuns a favorecer as eventuais manobras de alteração do preço utilizado em operações internacionais.

---

de Administrações Tributárias – CIAT, 20-23 Setembro de 1999, p. 7. Essa é também a definição proposta no Glossário do Relatório da OCDE *Princípios aplicáveis em matéria de preços de transferência destinados às empresas multinacionais e às administrações fiscais*, segundo o qual "Duas empresas são associadas se uma delas se encontrar, face à outra empresa, nas condições estabelecidas nas alíneas 1a) e 1b) do Artigo 9º do Modelo de Convenção Fiscal da OCDE". *Princípios...* Op. cit. p. 28.

[19] XAVIER, Alberto. *Direito tributário internacional*. Coimbra: Almedina, 2007, p. 444.
[20] Ibid., p. 444.
[21] Ibid., p. 445.

A vinculação é, assim, caracterizada por supostos de domínio[22], participação ou integração[23] e poder de decisão[24] sobre o capital, controle ou direção de uma sociedade em relação a outras.

Como conseqüência da vinculação ou interdependência entre as empresas tem-se que as operações praticadas no seio de negociações intra-grupo receberão também a qualificação de vinculadas[25], merecendo, por isso, a especial atenção das Administrações Fiscais.

---

[22] O domínio pode ser direto, indireto ou mútuo/recíproco. O domínio direto é aquele que exercita uma sociedade dominante pela posse de ações de uma sociedade dependente; indireto é aquele que se realiza através de uma terceira sociedade, isto é, uma sociedade dependente de uma sociedade dominante que é, por sua vez, dominante de outra sociedade; o domínio recíproco ou mútuo se produz quando há uma inversão recíproca no capital de duas sociedades, ou seja, uma sociedade dependente controlada majoritariamente por uma sociedade dominante, adquire participações no capital da dominante, ou quando as duas sociedades têm participações cruzadas entre si.

[23] Também geram vinculação as relações estabelecidas entre uma sociedade com outra sociedade, ou com os sócios, conselheiros ou administradores dessa outra sociedade, formando-se, a partir de tais relações, "um grupo de sociedades" submetidas à direção unificada de outra empresa, tal como demonstrado na definição de Massaguer (1989): "Una unidad empresarial resultante de la articulación funcional de diversas sociedades independientes y autónomas a través de su común sometimiento a una dirección económica ejercida por otra sociedad. Sus notas definitorias son la carencia de personalidad y capacidad jurídica de la unidad, la independencia y autonomía jurídica de las sociedades integrantes del grupo, así como, sobre todo, su vertebración a través de la dirección unitaria ejercida por la sociedad dominante. Así concebido, el grupo de sociedades es un particular tipo de empresas, que se diferencia del tipo tradicional de empresa unitaria por su naturaleza poli corporativa". Cf. MASSAGUER, José: "La estructura interna de los grupos de sociedades (aspectos jurídicos-societarios)". In *Revista de derecho mercantil*, n. 192, 1989, p. 281-282.

[24] O exercício do poder de decisão assenta na possibilidade de uma empresa exercer influência decisiva ou dominante sobre outra. Consiste, por exemplo, segundo observações de Victoria Villaneuva, na "posibilidad de ejercer una influencia decisiva que se presume cuando la sociedad considerada dominante controla a otras sociedades (dependientes) a través de distintos mecanismos, entre los que se destaca la posesión de la mayoría del capital o de los votos de aquéllas". VILLANEUVA, Victoria Eugenia Combarros. *Régimen tributario de las operaciones entre sociedades vinculadas en el impuesto sobre sociedades*. Madrid: Tecnos, 1988. p. 86.

[25] Calvo Ortega, a respeito, contribui esclarecendo: "los requisitos para que pueda calificarse una operación como vinculada son dos: primero, el efecto tributario es parcialmente distinto (al menos para un de los sujetos que intervienen en la operación) del que se hubiese producido normalmente o del que correspondería según el correspondiente ordenamiento tributario; segundo, es necesario que entre los dos sujetos que intervienen en el hecho jurídico se dé una determinada relación preexistente al hecho mismo". CALVO ORTEGA, Rafael. "Aspectos tributarios de las operaciones vinculadas y de los grupos de sociedades". In *Grupos de sociedades*: su adaptación a las normas de las Comunidades Europeas. Madrid: Confederación Española de Organizaciones Empresariales/ Universidad de Alcalá de Henares, 1987, p. 102.

Aplicação do princípio da plena concorrência

O artigo 9º do Modelo de Convenção Fiscal da OCDE contém, como mencionado, o dispositivo encontrado pelos países membros da OCDE (e também pelos países não membros que adotam, entretanto, este Modelo de Convenção fiscal em seus acordos bilaterais) a autorizar que os lucros das empresas associadas, para efeitos fiscais, possam ser ajustados, se necessário, para corrigir as disparidades nos preços de transferência quando estes não refletirem os mecanismos do mercado – provocando, assim, distorções, seja do montante do imposto devido pelas empresas associadas, seja das receitas fiscais dos países – a fim de dar cumprimento ao princípio da plena concorrência.

Para dar efetividade a esse princípio foram elaborados métodos que vislumbram a possibilidade de se chegar a um ajustamento dos preços praticados por empresas associadas, a partir da verificação das transações e operações praticadas entre empresas independentes, em circunstâncias análogas.

A aplicação de tais métodos, todavia, deve ser precedida de criteriosa análise de diversas circunstâncias relacionadas ao negócio realizado entre empresas associadas, a fim de que sejam comparadas e destacadas as diferenças existentes entre as condições de uma operação controlada, praticada entre empresas associadas, e as condições do negócio de uma operação realizada por empresas independentes.

Rodrigues do Amaral (1999), citando Leonardo Costa, destaca a importância da análise da comparabilidade entre as operações como condição indispensável à apuração do preço normal de mercado alertando que

> o conceito chave para determinação de preços segundo o padrão 'arm's length' é a comparabilidade: comparação entre os resultados de transações entre partes relacionadas e os resultados obtidos por partes não relacionadas sob condições comparáveis. A característica chave dessa análise é que ela serve: 1) de base para caracterização das transações entre partes relacionadas e 2) para determinação do nível de comparabilidade entre as transações entre pessoas relacionadas (*controlled transactions*) e as transações entre partes não relacionadas[26].

Nesse sentido, o Relatório da OCDE – *Princípios aplicáveis em matéria de preços de transferência* – estabelece os critérios utilizados para a análise e definição do grau de comparabilidade das transações para que, se houver necessidade, sejam feitos, então, os ajustes adequados ao estabelecimento das condições *at arm's length*.

Assim, constatada a similaridade ou identidade entre as transações efetuadas (ou seja, verificado que é possível comparar a operação controlada com outra

---

[26] AMARAL, Antonio Carlos Rodrigues. "O preço de transferência e critérios de comparabilidade". In SCHOUERI, Luís Eduardo; e ROCHA, Valdir de Oliveira (coords.). *Tributos e preços de transferência*. 2º Volume, Dialética: São Paulo, 1999, p. 70.

operação praticada por empresas independentes, por existirem características idênticas ou similares entre elas), dever-se-á, em seguida, tomar-se em conta diferentes atributos de comparabilidade que incluem, entre outros, as características dos bens adquiridos ou dos serviços transferidos, a análise funcional das partes envolvidas (o que inclui as atividades e responsabilidades desempenhadas pelas empresas, bem como a dosagem dos riscos assumidos)[27], as cláusulas contratuais, as circunstâncias de enquadramento econômico das partes e as estratégicas empresariais e comerciais desenvolvidas pelas empresas[28].

A comparabilidade das operações para a aplicação do princípio *arm's length* e fixação dos preços de transferência tem como traço indispensável, portanto, a apreciação detalhada e casuística das circunstâncias que envolveram a operação, seja por parte da Administração Fiscal, seja pelo contribuinte.

Essa verificação se justifica pelo fato de que, entre empresas associadas, razões de natureza econômica, legal ou fiscal de diversa ordem podem contribuir para que os contratos celebrados entre partes de um mesmo grupo difiram, substancialmente, dos contratos ou acordos celebrados entre empresas independentes, havendo, de fato, inúmeros contratos e acordos comerciais próprios das empresas associadas não usualmente adotados por empresas independentes[29].

Como corolário do princípio da igualdade, o princípio *arm's length* busca, então, por meio da comparação dos diversos aspectos que envolvem as operações, tributar as empresas que possuem as mesmas características de uma forma igual, restabelecendo a concorrência entre empresas independentes e grandes grupos multinacionais.

Somente após a realização da análise de comparabilidade das transações é que se parte para a aplicação dos métodos de fixação dos preços de transferência apresentados pela OCDE e adotados pelos países que utilizam seu Modelo

---

[27] Rodrigues do Amaral, a propósito da relevância da análise funcional na comparabilidade das operações, comenta que "os procedimentos para identificação do preço de transferência, segundo o critério do 'arm's length principle', usualmente são iniciados com a análise das funções exercidas pelo contribuinte ('functional analysis'), conjuntamente aos riscos e obrigações assumidas na transação com a parte relacionada". O autor cita, para tanto, alguns elementos e características das operações que podem ser utilizados na análise funcional, quais sejam: "participantes na transação; funções levadas a efeito por cada parte; receitas obtidas em decorrência das funções desempenhadas; despesas incorridas por cada parte para prática de suas funções; ativos empregados em cada função; riscos assumidos pelas partes, incluindo todos os critérios e acordos estabelecidos para compensação das partes envolvidas; intangíveis envolvidos nos serviços prestados; valor e custo dos intangíveis utilizados; propriedade de cada intangível; pagamentos efetuados e a quem; e suportes de crédito obtidos". Ibid., p. 70-71.

[28] Cf. *Princípios aplicáveis em matéria de preços de transferência...* Op. cit., p. 44-51.

[29] A especificidade de tais contratos decorre justamente da confluência de interesses comuns entre as partes do grupo que não se apresentam da mesma maneira para empresas independentes.

de Convenção em Acordos Bilaterais, que Schoueri (2006) descreve como "as ferramentas de apoio ao emprego do princípio *arm's length*"[30].

Desse modo, portanto, resta claro que a função do princípio *arm's length*, além de garantir uma correta divisão das receitas entre os Estados contratantes, é também a de proporcionar aos contribuintes o mínimo de segurança na aferição do que se espera ser o "preço real de mercado", para que a realização dos ajustes somente se dê quando ele se tornar efetivamente necessário; assim, é possível, então, evitar a prejudicial dupla tributação internacional e determinar que os Estados envolvidos calculem os lucros das empresas associadas de acordo com esse princípio, de maneira harmonizada.

Princípios norteadores: igualdade, capacidade econômica e segurança jurídica

As regras que regulam os preços de transferência devem ser orientadas por princípios que garantam ao contribuinte a efetividade da não ocorrência da dupla-tributação. Para isso, a própria OCDE indica que os métodos de fixação dos preços de transferência, embora de indiscutível importância como ferramentas de apoio à aplicação do princípio da plena concorrência, não se sobrepõem, entretanto, ao próprio princípio *arm's length*.

Pelo contrário, a OCDE em diversas oportunidades alerta para o fato de que seus métodos somente devam ser aplicados dentro do contexto do princípio da plena concorrência, admitindo, inclusive, que o princípio seja observado mesmo sem a aplicação daqueles métodos[31].

E não poderia ser de outra forma. A realização de transações internacionais entre empresas associadas repercute sobre a ordem jurídica e sobre contribuintes de mais de um Estado Soberano; conseqüentemente, os efeitos tributários das operações vinculadas refletem na pluralidade de princípios tributários que se vêem afetados por esses tipos de operações. Por esse motivo, os ajustamentos nos preços de transferência pela aplicação do princípio *arm's length*, quando necessários, antes de obrigarem a aplicação inconteste dos métodos de fixação dos preços de transferência, devem garantir que alguns princípios tributários sejam observados.

De fato, a composição das operações controladas e a busca pelo preço de mercado aberto estão diretamente relacionadas com a efetivação de garantias e princípios tributários. Nesse sentido, já foi dito, algumas vezes, que o prin-

---

[30] SCHOUERI, Luís Eduardo. Op. cit., p. 36.
[31] Cf. SCHOUERI, Luis Eduardo. Op. cit., p. 37. Este autor menciona ainda que "mais do que isso, tal organização não hesita em afirmar que os métodos apresentados não são cogentes, tendo as empresas a liberdade de adotar outros métodos, desde que os preços assim obtidos satisfaçam o princípio *arm's length*".

cípio da plena concorrência é corolário do princípio da igualdade. Mas não só; os princípios da capacidade econômica (contributiva) assim como a segurança jurídica também devem ser tidos como referência na tentativa de se alcançar o padrão *at arm's length*.

Diante disso, não é demais reafirmar, então, que a paridade fiscal entre empresas associadas e independentes constitui, em definitivo, uma invocação da igualdade tributária como mecanismo imprescindível para que o princípio da plena concorrência seja aplicado.

A igualdade remete às finalidades que se quer alcançar com o restabelecimento dos preços de mercado em substituição aos fixados pelas partes da operação controlada. De um lado, não restabelecer os preços, quando efetivamente necessário, poderá favorecer o uso de estratégias que conduzam a uma menor tributação pelas empresas multinacionais e, em conseqüência, afetar a competitividade dessas empresas, que serão privilegiadas em relação às outras unidades empresariais. Por outro lado, impor a aplicação de métodos para a apuração dos preços de transferência quando as empresas não apresentam vínculos reais ou, sendo associadas, praticaram preços comparáveis aos de mercado – seja porque a análise de comparatividade, consideradas as circunstâncias das operações, demonstrou que os preços vinculados estão corretos, ou porque estas mesmas circunstâncias não são encontradas num ambiente sujeito a comparações – poderá favorecer às demais empresas que, por suas próprias características, não estão sujeitas ao princípio *arm's length*.

É, então, para dar efetividade ao princípio da igualdade que Schoueri (2006) diz ser necessária a profunda comparação entre contribuintes com igual capacidade econômica, procedendo-se, em seguida, à conversão de valores expressos em "reais de grupo" para "reais de mercado"[32]. O autor, nesse sentido, pondera

> A aplicação do princípio da igualdade impõe se paute o legislador por certos parâmetros (critérios de comparação) para diferenciar aqueles contribuintes que não se encontram 'em situação equivalente'. Especificamente na matéria tributária, surge como primeiro parâmetro a capacidade contributiva. Nesse sentido, deve a tributação partir de uma comparação das capacidades econômicas dos

---

[32] Interessante a analogia utilizada por este autor, ao explicar a função da legislação sobre preços de transferência. Ao esclarecer que com a aplicação do princípio *arm's length* se busca a aferição, com maior exatidão, da riqueza gerada pela empresa por meio da conversão dos preços praticados sem a influência de fatores externos em preços de mercado, o autor se baseia em dois conceitos por ele criados: o de valores "reais de grupo", definido como "a moeda constante nas contas das empresas com transações controladas", e o de valores "reais de mercado", entendido como "a moeda que expressa o resultado entre terceiros independentes". Dessa forma, "a legislação de preços de transferência apenas 'converte' para uma mesma unidade de referência ('reais de mercado') a mesma realidade expressa noutra unidade". SCHOUERI, Luís Eduardo. Op. cit., p. 22.

potenciais contribuintes, exigindo-se tributo igual de contribuinte em equivalente situação. Por óbvio, tal princípio somente se concretiza quando é possível compararem-se os contribuintes.

Vê-se, então, que o princípio da igualdade só encontra sustentação se conjugado à verificação da capacidade econômica (contributiva) das partes envolvidas, sendo este, também, um princípio sem o qual o objetivo de recompor as operações controladas não é alcançado.

O fundamento para o ajuste valorativo das operações vinculadas, atribuindo-lhes tratamento de igualdade em relação às operações praticadas entre empresas independentes encontra-se, também, na intenção de submeter à tributação a capacidade econômica efetiva, manifestada pelos sujeitos passivos na operação vinculada, bem como a capacidade econômica real que subjaz à citada operação[33]. A aplicação do princípio *arm's length* tem, assim, como finalidade o restabelecimento da capacidade concorrencial de um determinado negócio jurídico, obscurecida ou distorcida em função da existência de um único poder de decisão sobre o negócio realizado, exercido geralmente pela empresa controladora das demais no grupo empresarial.

Da mesma forma, é imprescindível que o estabelecimento de métodos de valoração de preços e a estipulação de critérios de comparabilidade na aplicação do princípio da plena concorrência pelas Administrações e contribuintes busquem a segurança jurídica e a compatibilidade do preço ajustado com o conceito de valor de mercado.

Nesse sentido, a atribuição de competência à Administração para valorar as operações praticadas entre entidades associadas, ajustando os preços de transferência para adequá-los aos preços de mercado, deve pautar-se nos princípios da igualdade, da segurança jurídica, proporcionalidade, certeza e boa-fé, de maneira a evitar que soluções discricionárias, por parte das Autoridades Fiscais, possam acarretar na adoção de possíveis condutas arbitrárias ou abusivas.

Isso significa dizer que a Administração somente poderá corrigir o preço de transferência, aplicando o princípio da plena concorrência e seus métodos, se forem devidamente constatadas as condições de comparação entre as operações controladas e as praticadas por empresas independentes e, principalmente, se

---

[33] Heleno Tôrres destaca, a este respeito, que "o que os métodos de comparação devem respeitar, portanto, é o princípio de capacidade contributiva, que corresponderão em maior ou menor medida ao critério *arm's length* na proporção do quanto o seu resultado reflita o preço efetivo de mercado (preços de livre-concorrência). Se há um princípio para ser respeitado pela legislação e pelos aplicadores do direito, este é o da capacidade contributiva. Este sim, um verdadeiro princípio. Do contrário, a disciplina do *transfer price* serviria como um mecanismo de tributação por meio de ficções e presunções". TÔRRES, Heleno Taveira. *Pluritributação...* Op. cit., p. 198.

ficar evidenciado que em decorrência da transação entre pessoas vinculadas se tenha alcançado uma tributação menor que o esperado.

Verificadas tais condições, a Administração estará habilitada a atuar.

Por outro lado, se restar comprovado, considerando o conjunto das pessoas ou entidades associadas, que o preço praticado corresponde a um preço de mercado, seja porque não há outro similar em decorrência da impossibilidade de comparação sobre o produto comercializado ou serviço prestado e das condições de mercado, seja porque a análise das circunstâncias que envolveram a operação levaram à conclusão de que o contribuinte, de boa-fé, poderia adotar esse preço sem que com isso implicasse arrecadação inferior à que seria devida para o Estado, a Autoridade Fiscal deve abster-se de qualquer atividade, respeitando os métodos e preços utilizados pelo contribuinte.

Nessa perspectiva, portanto, o ajuste, sendo necessário, somente será obrigatório para gravar a capacidade econômica efetiva ou real dos sujeitos passivos.

A OCDE, nesse sentido, recomenda o seguinte:

> A verificação pela Administração Fiscal de uma operação vinculada deve basear-se na operação efectivamente ocorrida entre as partes e no modo como foi estruturada pelas partes, segundo os métodos utilizados pelo contribuinte na medida em que sejam conformes com os métodos de ajustamento propostos pela OCDE. Salvo em casos excepcionais, a Administração Fiscal não deve abstrair das operações efectivas, nem substitui-las por outras operações[34].

A constatação de que houve abrandamento na tributação em decorrência do uso de preços de transferência é, então, necessária para que sejam aplicadas as regras de ajuste, de ordem a evitar que se coloquem em situação de desvantagem (para não dizer discriminatória) as partes vinculadas em relação às partes independentes. Essa circunstância, ademais, é necessária, tendo em vista que, conforme bem lembrado por Schoueri (2006)[35], em se tratando de empresas independentes, o ajustamento para um valor de mercado nunca é aplicado porque tais empresas sempre agem *at arm's length*, havendo ampla liberdade por parte delas para pactuarem qualquer preço em suas transações; por outro lado, no que diz respeito às empresas associadas, basta que se verifique algum dos supostos de vinculação legalmente estabelecidos para que lhes sejam aplicados os ajustes valorativos.

Por esse motivo, em respeito ao princípio da segurança jurídica, as operações e os preços utilizados por contribuintes qualificados como partes vinculadas devem ser respeitados, somente tornando-se objeto de ajuste se o preço, além

---

[34] *Princípios aplicáveis em matéria de preços de transferência...* Op. cit., p. 51.
[35] SCHOUERI, Luís Eduardo. Op. cit., p. 47.

de dever ser distinto do valor normal de mercado, implicar criação de vantagens discrepantes no mercado, decorrentes do vínculo entre as partes, e conseqüente diminuição da tributação que seria devida à Administração Fiscal[36].

Regulamentação Pela Lei Nº 9.430/96
Abrangência do conceito de pessoa vinculada

Já se disse, anteriormente, que a Lei nº 9.430/96, efetivamente, não adotou o princípio da plena concorrência tal como ele é apresentado nos países integrantes da OCDE, muito embora o legislador brasileiro tenha tido como referência esse princípio, assim como a concordância com a interpretação das regras dispostas no Modelo de Convenção da OCDE.

Deveras, como visto, o número 1 do Artigo 9º do Modelo de Convenção da OCDE, repetido em todos os Acordos de Bitributação celebrados pelo Brasil, e usado como referência para a elaboração e promulgação da Lei nº 9.430/96, estabelece como pressuposto para a aplicação do princípio da plena concorrência a necessidade de verificação de laços de vinculação ou interdependência entre as partes que praticam uma operação que poderá vir a sofrer ajustes pela utilização de métodos de apuração dos preços de transferência.

Sem a constatação de que entre as empresas envolvidas numa transação exista um nexo de interdependência que se enquadre no conceito de vinculação recomendado pela OCDE, os procedimentos de fiscalização, controle e ajuste de preços para adequação aos valores reais de mercado não têm nenhuma legitimidade.

Para tanto, conforme acima apresentado, para fins de satisfação das condições *at arm's length*, o Relatório da OCDE define que duas empresas serão "associadas" se uma delas participar, direta ou indiretamente, da direção, controle ou capital da outra empresa, ou se as mesmas empresas participarem, direta ou indiretamente, da direção, controle ou capital de ambas as empresas, estando, assim, sob um controle comum.

As noções de participação, direção, controle e capital são, portanto, condições necessárias de suma importância para a caracterização da vinculação entre

---

[36] Veja-se a respeito, ainda que restrita à legislação espanhola sobre preços de transferência, a Resolução do TEAC (Tribunal Económico-Administrativo Central da Espanha), de 26 de março de 2001, segundo a qual "una vez que ha sido probada la vinculación entre dos sociedades será necesario demostrar que la operación u operaciones realizadas entre aquéllas lo han sido por un precio distinto al de mercado, dado que la vinculación entre dos o mas entidades no implica, automáticamente, la presunción de que en sus transacciones estén utilizando precios diferentes a los de mercado, siendo esta y no otra la interpretación que debe darse al contenido de los preceptos resenados". ESPANHA. Resolución nº 00/15/2001. Fecha de resolución 26/03/2004. *Ministerio de Economía Y Hacienda*. Doctrina del Tribunal Económico Administrativo Central, Madri. Disponível em: <http://serviciosweb.minhac.es/apps/doctrinateac/detalle.asp?button1=00/15/2001>. Acesso em: 25 mai. 2008.

as partes de uma transação, pois, a partir destes conceitos pode-se quantificar e qualificar o grau de atuação de uma empresa sobre as decisões de outra e a influência dessa atuação/participação para atingir a finalidade de criação de vantagens anormais ou a transferência indireta de lucros entre elas, necessárias para a aplicação das regras sobre preços de transferência.

A propósito desse assunto, considerando sua importância, Schoueri (2006) alerta que "a participação [na direção, controle ou capital] tem que ser suficiente para as companhias não serem mais enquadradas como empresas independentes"[1].

Mas não foi esta, todavia, a definição adotada pelos artigos 23, 24 e 24-A da Lei nº 9.430/96.

A legislação brasileira, neste passo, inovou ao estabelecer requisitos subjetivos que ultrapassam o conceito de vinculação ou interdependência recomendado pela OCDE e aceito pela comunidade internacional, estendendo a aplicação do controle de preços de transferência no Brasil para empresas que realizam transações com pessoas físicas ou jurídicas, residentes ou domiciliadas no exterior, inclusive se localizadas em países com tributação favorecida (tais como os que não tributam a renda ou que a tributam à alíquota máxima inferior a vinte por cento), que concedem algum tipo de regime fiscal privilegiado ou que opõem sigilo à composição societária, independentemente de existir ou não vínculos societários ou econômicos entre elas.

Ainda, além dessas hipóteses, foram incluídos, também, casos em que as transações se realizam porque há, entre as empresas, algum tipo de consórcio ou condomínio, relações de parentesco, ou, ainda, situações nas quais não há nenhuma vinculação senão um contrato de exclusividade, criando-se hipóteses em que não existe nenhum tipo de participação de uma empresa na direção, controle ou capital da outra, ou, quando existente a participação, esta não é suficiente para interferir numa decisão de manipulação dos preços entre as partes.

Assim, como bem lembrado por Ayres Barreto (2001), há casos de "vinculação" determinados pela referida lei que nem sequer permitem inferir que o "vínculo", conquanto exista efetivamente, será suficiente para favorecer ou influenciar nos preços do negócio, tal como ocorre nas hipóteses em que "a relação entre a pessoa física ou jurídica domiciliada no Brasil e aquela domiciliada no exterior é de mera coligação, consórcio, condomínio, ou decorrente de contrato de agenciamento, distribuição ou concessão"[2], previstas nos incisos III, IV, VI, VII, IX e X do artigo 23 da Lei.

---

[1] SCHOUERI, Luís Eduardo. Op. cit., p. 48.
[2] BARRETO, Paulo Ayres. Op. cit., p. 122. No mesmo sentido, Alberto Xavier destaca que "o círculo de pessoas vinculadas deveria restringir-se a reais relações de influência dominante, suscetíveis de afetar a subjetividade do negócio, que não se verificam necessariamente nos casos de simples

São hipóteses, portanto, em que a Lei nº 9.430/96 cria ficções para estabelecer o vínculo, impondo a aplicação da sistemática de preços de transferência independentemente da comprovação de existência da intenção de transferência indireta de lucros entre as empresas ou da criação de vantagens anormais para a transação.

A situação, entretanto, agrava-se ainda mais com relação às regras que impõem a aplicação dos métodos de ajuste quando, mesmo sem ter vínculo algum, a empresa localizada no Brasil realiza transações com pessoas físicas ou jurídicas, residentes ou domiciliadas em país que não tributa a renda ou que a tributa à alíquota máxima inferior a vinte por cento, ou ainda, no caso criado mais recentemente pelo legislador brasileiro, de operações realizadas entre a empresa localizada no Brasil com qualquer pessoa física ou jurídica residente ou domiciliada no exterior, ainda que não vinculada, que possua algum tipo de regime fiscal privilegiado.

Nesses casos, a inovação do conceito de vinculação estabelecido pela Lei nº 9.430/96, ao pretender que se imponham os métodos de ajuste dos preços de transferência nas operações com pessoas não-vinculadas só pelo fato de que se encontram domiciliadas ou são residentes nos chamados *paraísos fiscais*, ou, mesmo que não se tratem de paraísos fiscais, mas possuem algum tipo de regime fiscal que a lei entende ser privilegiado, acaba por estabelecer um atentado à livre-iniciativa das empresas brasileiras, pois "cria entraves tributários para a realização de operações comerciais com essas pessoas e cerceia o livre desenvolvimento de suas atividades"[3], violando direitos fundamentais protegidos pela Constituição brasileira.

Por tais razões, se o país se declara observador do princípio da plena concorrência e adota esse princípio em seus acordos contra a bitributação, suas normas internas (leis, regulamentos, instruções normativas, etc.) devem estar conformes com este princípio, sob pena de não se aplicarem às transações realizadas entre empresas que não apresentem efetivos laços de interdependência, pois, tendo em conta a recepção do princípio da plena concorrência pela legislação interna, esta deveria compatibilizar-se à norma de Direito Internacional, afastando-se, dessa maneira, qualquer conclusão que conduza à inclusão, na noção de empresas associadas, de companhias que, por serem não-vinculadas, necessariamente atuam segundo o princípio *arm's length*[4].

---

coligação de empresas, participação em conjunto de relações de coligação, de consórcios ou condomínios temporários". XAVIER, Alberto. Op. cit., p. 310.

[3] Cf. GUERREIRO, Rutnéia Navarro; e ANDRADE FILHO, Edmar Oliveira. "Preços de transferência". In ROCHA, Valdir de Oliveira. (coord.). *Tributos e preços de transferência*. São Paulo: Dialética, 1997, p. 112.

[4] SHOUERI, Luís Eduardo. Op. cit., p. 49. José Artur Lima Gonçalvez também faz uma advertência neste mesmo sentido ao esclarecer que "O conceito de pessoa vinculada consta do artigo 23 da

Métodos de apuração do *transfer pricing*

Do mesmo modo que inovou ao estabelecer um conceito mais abrangente de pessoas vinculadas, o legislador brasileiro, nos artigos 18 a 22 da Lei nº 9.430/96, também fugiu às regras recomendadas pela OCDE ao criar seus próprios métodos de apuração dos preços de transferência e impor ao contribuinte que utilize somente tais métodos – ainda que o preço encontrado não corresponda a um preço *at arm's length* – impedindo, dessa maneira, a adoção de qualquer outro, por mais favorável que seja.

Os métodos instituídos pela Lei nº 9.430/96 dirigem-se às operações que envolvem importações ou exportações de bens, serviços ou direitos, realizadas entre a pessoa física ou jurídica localizada no Brasil e a pessoa vinculada apontada pela mesma lei.

Para o uso dos métodos, o legislador permitiu que a escolha do melhor fique a critério do contribuinte, que poderá deduzir, na hipótese de importação, o maior dentre os valores apurados, ou, no caso de exportação, o menor dos valores (caso tenha utilizado mais de um método), sem a necessidade de interferência da Administração Fiscal na aprovação do método escolhido. Todavia – e é também neste ponto que o regime de preços de transferência brasileiro se distancia dos preceitos de igualdade, capacidade contributiva, segurança jurídica, dentre outros princípios preconizados pela OCDE – se o valor apurado resultar em um preço maior que o da aquisição (na importação) ou menor que o preço de venda (na exportação), o contribuinte ficará obrigado a utilizar o valor constante de seus documentos[5], o que deixa claro que não importa, para a Administração Fiscal brasileira, se o contribuinte atuou de acordo com o princípio *arm's length* ou não: uma vez que exista qualquer possibilidade de redução da carga tributária, a lei impõe que se aplique a regra que mais beneficie o ente arrecadador.

Assim, conforme as operações se iniciem no exterior – com a aquisição de bens, serviços ou direitos pela empresa brasileira – ou as receitas sejam oriundas de exportações para o exterior – pela venda de bens, serviços ou direitos para

---

Lei nº 9.430/96, em termos tais que colidem com a definição de 'empresas associadas' adotada em diversos tratados celebrados pelo Brasil para evitar a dupla tributação internacional da renda, razão pela qual as disposições desta nova lei, sempre que forem pretensamente aplicáveis a situações fáticas sujeitas a estes tratados, deverão ser sumariamente afastadas, pois a legislação interna superveniente deve observar os termos de tratados internacionais anteriormente celebrados e regularmente ratificados". GONÇALVES, José Artur Lima. "Certos aspectos da disciplina dos preços de transferência em face do ordenamento constitucional brasileiro". In SCHOUERI, Luís Eduardo; e ROCHA, Valdir de Oliveira (coords.). *Tributos e preços de transferência*. 2º Volume, Dialética: São Paulo, 1999, p. 225-226.

[5] Cf. estabelecido nos parágrafos 4º e 5 do art. 18 e nos parágrafos 5º e 6º do art. 19 da Lei nº 9.430/96.

as pessoas vinculadas – nos artigos 18 e 19 da Lei nº 9.430/96 foram fixados sete diferentes tipos de métodos: três para as operações de importação e quatro para as de exportação, os quais serão brevemente comentados a seguir:

Importação
i) *Método dos preços independentes comparados* (PIC), definido como a média aritmética dos preços de bens, serviços ou direitos, idênticos ou similares, apurados no mercado brasileiro ou de outros países, em operações de compra e venda, em condições de pagamento semelhantes.

Conquanto a lei atribua ao método o nome de "preços independentes comparados", querendo fazer referência ao método do preço comparável de mercado (MPC) indicado pela OCDE, as diferenças entre um e outro são significativas e demonstram, a partir delas, a postura de afastamento do legislador brasileiro quanto à adoção da sistemática de verdadeira comparação dos diversos elementos e fatores que interferem na composição dos preços praticados entre empresas associadas, indispensáveis à apuração do preço normal de mercado.

Isso porque a utilização de uma média aritmética de preços não reflete, fidedignamente, a realidade pontual das transações praticadas, pois, como bem adverte Mariz de Oliveira (1999),

> [...] falar em média é falar em preços diversos entre si, que produzem um valor médio a eles, o que significa dizer que o valor médio é diferente da totalidade, ou da quase totalidade, dos valores específicos que compõem a média[6].

Resultado disso são, então, situações nas quais os preços acordados entre as partes poderão ser superiores ou inferiores à média apurada.

Ademais, a clara incompatibilidade deste método com a necessidade de comparação é reforçada pelo fato de que, tratando-se de média calculada com base em preços praticados durante todo um período de apuração da base de cálculo do imposto, as sazonalidades e outros fatores típicos de oscilações de mercado que influem no preço poderão também ser desconsiderados.

ii) *Método do preço de revenda menos lucro* (PRL), definido como a média aritmética dos preços de revenda dos bens ou direitos, diminuídos dos descontos incondicionais concedidos, dos impostos e contribuições incidentes sobre as vendas, das comissões e corretagens pagas e das margens de lucro de sessenta por cento,

---

[6] OLIVEIRA, Ricardo Mariz. "Preços de transferência – o método do custo mais lucro – o conceito de custo – o método do custo mais lucro e as indústrias de alta tecnologia – como conciliar dispêndios intensivos, em pesquisas e desenvolvimento, com esse método". SCHOUERI, Luís Eduardo; e ROCHA, Valdir de Oliveira (coords.). Op. cit., p. 305.

calculada sobre o preço de revenda após as deduções já referidas e do valor agregado no País, no caso de bens importados aplicados à produção, ou de vinte por cento, calculada sobre o preço de revenda, nas demais hipóteses.

Neste caso, além da média aritmética de preços, que, como no método PIC pode não refletir corretamente o preço de mercado, o legislador introduz, também, margens de lucro presumidas, conforme o bem seja aplicado ou não à produção, podendo não corresponder (como, de fato, na grande maioria das vezes não corresponde) à realidade.

Por essa razão, outrossim, não é possível estabelecer nenhum tipo de conexão entre o método PRL brasileiro e o método do preço de revenda minorado (RPM) elaborado pela OCDE. De acordo com o método RPM, ainda que haja referência à utilização de uma margem de lucro, esta corresponderá às funções assumidas e aos riscos contraídos pela empresa revendedora, podendo ser maior ou menor de acordo com as diferenças existentes entre essas funções ou riscos desempenhados por cada uma das empresas ou conforme as circunstâncias econômicas que envolvam as transações. No método PRL, por sua vez, a margem de lucro é definida *"ex vi legis* de forma padrão, atingindo indistintamente os mais diversos setores econômicos, os quais, evidentemente, comportam as mais variadas margens"[7].

iii) *Método do custo de produção mais lucro* (CPL), definido como o custo médio de produção de bens, serviços ou direitos, idênticos ou similares, no país onde tiverem sido originariamente produzidos, acrescido dos impostos e taxas cobrados pelo referido país na exportação e de margem de lucro de vinte por cento, calculada sobre o custo apurado.

Também para este método, as mesmas críticas que foram feitas aos anteriores podem ser aqui reiteradas, pois, como nos demais, a Lei determina a apuração do preço de transferência a partir da aplicação de médias apuradas e acréscimo de margens de lucro preestabelecidas, sem conferir ao contribuinte qualquer possibilidade de demonstração das circunstâncias que nortearam a transação.

E tal como ocorre com o método PRL, o método brasileiro do custo de produção mais lucro não se assemelha ao método do custo majorado (CPLM) recomendado pela OCDE, pois neste caso, como naquele, a margem de lucro é definida *ex vi legis*, impedindo que o contribuinte aponte os aspectos de comparabilidade entre as transações, bem como as funções assumidas e os riscos contraídos por cada uma das empresas envolvidas no negócio.

---

[7] Cf. BARRETO, Paulo Ayres. Op. cit., p. 115.

Exportação

O *caput do* artigo 19 da Lei nº 9.430/96 determina que se o preço de exportação praticado com pessoa vinculada localizada no exterior for inferior a noventa por cento do preço médio praticado na venda dos mesmos bens, serviços ou direitos, no mercado brasileiro, a receita das operações realizadas será determinada por um dos quatro métodos fixados no parágrafo 3º deste mesmo artigo.

Ayres Barreto (2001) descreve essa regra como uma espécie de *safe harbour*, criada pelo legislador brasileiro como uma faixa de segurança ou zona de certeza, e explica sua aplicação da seguinte maneira

> Receitas de exportação decorrentes de operações, cujo preço fixado seja até 90% dos preços contratados no mercado brasileiro, não estarão sujeitas a nenhum ajuste, na composição da base calculada do imposto sobre a renda. [...] Feita a comparação com dados internos da própria empresa, ou, na falta destes, com preços médios obtidos no mercado brasileiro, só haverá cogitar-se da aplicação de métodos, com o intuito de apurar-se a necessidade de ajuste à receita de exportação reconhecida pela pessoa jurídica, se o preço médio de exportação dos bens, serviços ou direitos for inferior a 90% do preço de comparação[8].

Assim, diferente do que acontece nas operações de importação, para as quais o contribuinte sempre deverá aplicar um dos métodos estabelecidos na Lei (ainda que, ao final, dependendo do valor que resultar da adoção dos métodos, tenha que utilizar o valor constante de seus documentos), nas operações de exportação, o regime de preços de transferência só se aplicará se restar configurada a hipótese descrita no *caput* do artigo 19 citado.

Feitas, assim, essas ponderações iniciais, parte-se, agora, para os métodos:

i) *Método do preço de venda nas exportações* (PVEx), definido como a média aritmética dos preços de venda nas exportações efetuadas pela própria empresa, para outros clientes, ou por outra exportadora nacional de bens, serviços ou direitos,

---

[8] Cf. BARRETO, Paulo Ayres. Op. cit., p. 116. Roberto Mosquera, todavia, questiona o uso dessa regra, e mais especificamente, a adoção da porcentagem fixada pelo legislador, com os seguintes comentários: "Presume o legislador que o contribuinte brasileiro não poderá ter seu preço de venda de exportação inferior a um determinado patamar que entendeu razoável, no caso 90%. Até que ponto essa pauta mínima corresponde à realidade da atividade de uma determinada empresa? Caso o contribuinte se encontre em situação dificultosa em termos financeiros deve ele acatar o valor ou prevalece a real situação de preço praticada e devidamente comprovada?" Com esses questionamentos, o autor deixa claro que o uso de presunções pelo legislador brasileiro prejudica o contribuinte que, ao obrigar-se à lei, poderá ter que submeter-se a uma tributação *presumida*, tendo em vista que o preço ajustado nos termos da lei não corresponde a um verdadeiro preço *at arm's length*. MOSQUERA, Roberto Quiroga. "O regime jurídico-tributário dos preços de transferência e a lei nº 9.430/96". In ROCHA, Valdir de Oliveira. (coord.). Op. cit., p. 95.

idênticos ou similares, durante o mesmo período de apuração da base de cálculo do imposto de renda e em condições de pagamento semelhantes.

Apesar da suposta semelhança com o método do preço comparável de mercado (MPC) proposto pela OCDE, o PVEx distancia-se das orientações dessa organização pelas seguintes razões: além de utilizar como parâmetro, para fins de comparação, a média aritmética dos preços de venda nas exportações, cujas críticas já feitas em relação aos outros métodos que usam médias aritméticas de preços, cabem perfeitamente também para o PVEx, outro problema que se destaca com relação a essa regra diz respeito à impossibilidade de o contribuinte brasileiro poder demonstrar que o adquirente, no exterior, pagou o mesmo preço pelo bem, serviço ou direito, quando contratou com parte não-vinculada, isso porque a lei restringe a comparação somente para preços pactuados nas exportações realizadas pela própria empresa no Brasil ou por outra exportadora nacional, não se cogitando verificar as transações do adquirente estrangeiro.

ii) *Método do preço de venda por atacado no país de destino, diminuído do lucro* (PVA), definido como a média aritmética dos preços de venda de bens, idênticos ou similares, praticados no mercado atacadista do país de destino, em condições de pagamento semelhantes, diminuídos dos tributos incluídos no preço, cobrados no referido país, e de margem de lucro de 15% (quinze por cento) sobre o preço de venda no atacado.

A primeira observação a ser feita é a de que este método só se aplica nas exportações de bens, uma vez que a Lei nº 9.430/96 não fez menção, no inciso II, do parágrafo 3º, do artigo 19, às operações que envolvem serviços ou direitos.

Também neste caso, não é possível estabelecer nenhum tipo de relação com o método do preço de revenda minorado (RPM) da OCDE, pois a regra considera somente as vendas realizadas no atacado do país de destino, faz uso de médias aritméticas de preços e impõe a aplicação de margem de lucro presumida e pré-fixada, sem atentar para as circunstâncias da realidade material das transações.

iii) *Método do preço de venda a varejo no país de destino, diminuído do lucro* (PVV), definido como a média aritmética dos preços de venda de bens, idênticos ou similares, praticados no mercado varejista do país de destino, em condições de pagamento semelhantes, diminuídos dos tributos incluídos no preço, cobrados no referido país, e de margem de lucro de 30% (trinta por cento) sobre o preço de venda no varejo.

Trata-se de regra sobre preço de revenda semelhante à do método PVA, com diferenças somente em relação ao mercado no país de destino e à margem de lucro predeterminada que, no método PVV, referem-se ao mercado varejista e ao percentual de 30% sobre o preço de venda no varejo.

Assim como no PVA, a Lei atribuiu a aplicação do método somente a bens, excluídas transações que envolvam serviços e direitos. Em razão disso, os comentários sobre o método PVA são válidos também para o método PVV.

iv) *Método do custo de aquisição ou de produção mais tributos e lucro* (CAP), definido como a média aritmética dos custos de aquisição ou de produção dos bens, serviços ou direitos, exportados, acrescidos dos impostos e contribuições, cobrados no Brasil, e de margem de lucro de 15% (quinze por cento) sobre a soma dos custos mais impostos e contribuições.

Também para este caso, a tentativa de aproximação com o método do custo majorado (CPLM) da OCDE não passa no teste da análise comparativa, tendo em vista que a fixação de margem de lucro presumida pela lei e o uso de média aritmética para o cálculo dos custos de aquisição não permitem uma apuração do preço de transferência de acordo com os parâmetros do princípio da plena concorrência.

Assim, do que se viu, resta, então a percepção de que a sistemática de preços de transferência no Brasil em pouco se assemelha às regras recomendadas pela OCDE, pois, embora para alguns métodos (PIC, CPL, PVEx, PVA e PVV) seja possível certa análise de comparabilidade entre os bens, serviços ou direitos, nos casos em que eles são considerados pelo legislador como "idênticos" ou "similares", o fato é que a análise das funções assumidas e dos riscos contraídos pelas empresas envolvidas nas transações não está prevista em nenhum dos métodos. E, de qualquer maneira, mesmo que se possa falar em comparabilidade entre bens, serviços ou direitos, a imposição de médias aritméticas e de margens fixas pré-determinadas pelos artigos 18 e 19 da Lei nº 9.430/96, pelos motivos já apresentados, impede a apuração de um preço de transferência que possa ser real e faticamente comparado a um preço de mercado.

Margens preestabelecidas
Outras ponderações, ainda, merecem ser feitas.

Como visto, toda a temática acerca dos preços de transferência está relacionada a provar que empresas associadas não se aproveitaram de suas relações de interdependência e influência de uma sobre outras para beneficiarem-se de vantagens fiscais anormais ou de transferência indireta de lucros para países com tributação favorecida, objetivando, assim, demonstrar que tais empresas agem segundo o princípio da plena concorrência.

Para isso, a OCDE recomenda a adoção de métodos que têm como fundamento a análise das operações e dos diversos elementos que se circunscrevem às transações – tais como a verificação das características dos bens, serviços ou direitos, a análise funcional das partes, as responsabilidades e os riscos assumidos, as variadas estratégias contratuais, bem como condições comerciais e econômicas que envolvam as operações – aspectos, estes, intrinsecamente relacionados à matéria de prova.

A legislação brasileira, todavia, aparentemente sob o pretexto de facilitar o trabalho da fiscalização (diante da dificuldade de buscar informações em outros países, especialmente nas hipóteses em que o sigilo de dados seja imprescindível para os negócios), impôs diversas margens de lucro, definidas de acordo com um critério desvinculado de provas, fixando-as antecipadamente à realização das operações.

E, muito embora o parágrafo segundo do artigo 21 da Lei nº 9.430/96 mencione que poderão ser admitidas margens de lucro diversas das fixadas nos métodos adrede mencionados, desde que o contribuinte as comprove, com base em publicações, pesquisas ou relatórios elaborados em conformidade com as regras dispostas na própria lei, não se tem notícia, no Brasil, de que alguma vez a autoridade tributária tenha reconhecido as razões dos contribuintes que procuraram fazer prova de suas margens de lucro.

Assim, fazendo uso de margens de lucro dissociadas da realidade, pois fundamentadas em ficções e presunções legais mistas, o legislador brasileiro andou em descompasso com as orientações do Direito Internacional Público, além de ter declaradamente desrespeitado os princípios constitucionais tributários da segurança jurídica, capacidade contributiva e igualdade, garantidos pela Carta Política brasileira.

Presunções e ficções
Além de médias aritméticas e margens preestabelecidas, o legislador brasileiro fez uso, também, de presunções e ficções legais para a apuração dos preços de transferência das empresas aqui estabelecidas.

O uso de presunções e ficções em Direito Tributário, porém, é assunto dos mais discutidos entre juristas e doutrinadores e causa preocupação diante das diversas conseqüências que dele decorrem.

Dentre os benefícios que se pode conquistar com o uso de ficções e presunções podem ser citados o combate à evasão fiscal, a melhoria dos sistemas de arrecadação e a redução das dificuldades que a multiplicidade dos aspectos da realidade prática dos fatos tributários pode impor à fiscalização que se vê, com a adoção de ficções e presunções, dispensada da "investigação exaustiva de casos isolados e da colheita de provas difíceis ou mesmo impossíveis em cada caso concreto, para, com isso, assegurar a satisfação do mandamento normativo"[9].

---

[9] Cf. DERZI, Misabel de Abreu Machado. *Direito tributário, direito penal e tipo*. São Paulo: Revista dos Tribunais, 1988, p. 105.

O que se questiona, todavia, é se em nome de facilidades que favorecem mais à Administração Fiscal do que ao contribuinte, podem ser renegados ou diminuídos de valor os princípios fundamentais que garantem o cumprimento da estrita legalidade, segurança jurídica, igualdade e capacidade contributiva.

E em matéria de preços de transferência essa questão toma ainda maior relevo, pois além de constituir assunto ligado à matéria de prova, repercute também em relações internacionais nas quais se busca exatamente a redução ou eliminação da dupla tributação.

Explicando o uso das presunções e ficções, José Artur Lima Gonçalvez (1999), citando Pontes de Miranda, ensina que a presunção legal, ao contrário de constituir o meio de prova (*presumptiones facti* ou *hominis*), na verdade cria meios para que o legislador possa provar a existência de um fato jurídico, ao estabelecer uma regra para ele, sem que se possa provar o contrário (*presumptiones iuris et de iure*, presunções legais absolutas), ou enquanto não se prova o contrário sobre tal fato (presunções legais relativas)[10]. Assim, ao esclarecer que a ficção e a presunção absoluta "enchem de artificial o suporte fáctico", porque não admitem qualquer tipo de prova em contrário (diferenciando-se da presunção relativa no aspecto de que esta admite prova em contrário – considerando a probabilidade), o autor deixa claras as diferenças entre as diversas presunções legais, ensinando que

> Na ficção, tem-se A, que não é, como se fosse. Na presunção legal absoluta, tem-se A, que pode não ser, como se fosse, ou A, que pode ser, como se não fosse. Na presunção relativa, tem-se A, que pode ser, como se não fosse, admitindo-se prova em contrário[11].

Assim, ao determinar que um fato deu-se por ocorrido, sem que tenha ocorrido (ficção) ou sem que possa ter ocorrido (presunção), a lei, em matéria de prova, elimina a possibilidade da verificação da ocorrência efetiva do fato, o que, no âmbito tributário, acarreta inversão do ônus da prova para o contribuinte, desprezo ao fenômeno da tipicidade e da subsunção normativa, distorção do conceito de renda (já que a aplicação de margens presumidas poderá restringir a dedutibilidade de despesas ou exigir o reconhecimento de receitas que efetivamente não existiram), tributação de base de cálculo presumida (com grande

---

[10] GONÇALVES, José Artur Lima. "Certos aspectos da disciplina dos preços de transferência em face do ordenamento constitucional brasileiro". In SCHOUERI, Luís Eduardo; e ROCHA, Valdir de Oliveira (coords.). Op. cit., p. 227.

[11] Ibid., p. 228. Alfredo Becker, em feliz explicação, esclarece que, na verdade, "a distinção entre a presunção e a ficção existe apenas no plano pré-jurídico", pois, "uma vez criada a regra jurídica, desaparece aquela diferenciação porque tanto a presunção, quanto a ficção, ao penetrarem no mundo jurídico por intermédio da regra jurídica, *ambas entram como verdades (realidades jurídicas)*". BECKER, Alfredo Augusto. *Teoria geral do direito tributário*. 3. ed. São Paulo: Lejus, 1998, p. 510.

chance de tributar-se renda que efetivamente não se auferiu), possibilidade de ocorrência de dupla tributação e violação aos comezinhos princípios da capacidade contributiva e segurança jurídica[12].

Diante, portanto, de um sistema constitucional rígido quanto às limitações ao poder de tributar e de acordos internacionais que objetivam justamente o equilíbrio e a harmonização das imposições tributárias entre os países contratantes, não deveria ter espaço a criação de presunções e ficções desvinculadas da realidade fática que se circunscrevem às transações internacionais.

A Lei nº 9.430/96, todavia, está repleta de ficções e presunções legais absolutas e relativas, seja ao dispor como empresa vinculada a pessoa que na verdade não é (porque não possui qualquer laço de interdependência ou simplesmente porque se encontra localizada em paraíso fiscal ou possui regime tributário privilegiado), seja ao estabelecer margens de lucro dissociadas de critérios reais (que, de presunções relativas, eis que a lei impõe que o contribuinte – e não a Administração Fiscal – faça prova de que as margens utilizadas são compatíveis com as consideradas normais de mercado, possam transformar-se em presunções absolutas, já que a última palavra é sempre do Ministro de Estado da Fazenda, que poderá, por critérios arbitrários, se recusar a reconhecer as características intrínsecas da transação), o que necessariamente conduz à conclusão de que o legislador, contrariando suas próprias razões, não adotou o princípio da plena concorrência na metodologia dos preços de transferência no Brasil.

A (NÃO) ADOÇÃO DO PRINCÍPIO *ARM'S LENGTH* PELA LEI BRASILEIRA

Diante de tudo que se viu, resta a seguinte conclusão: o princípio *arm's length* é, por recomendação da própria OCDE, o grande referencial de regulação da questão dos preços de transferência, tendo se tornado uma espécie de princípio-guia na avaliação do preço justo a ser utilizado em operações controladas.

Tal como demonstrado, o princípio *arm's length* procura neutralizar os efeitos que as relações de proximidade e vínculo comercial e financeiro, existentes entre empresas associadas em grupos, podem provocar no comércio e na tributação internacional, aproximando, por meio de métodos baseados primordialmente na comparação, os preços praticados nas negociações entre empresas associadas aos que seriam utilizados em condições normais de mercado, segundo as circunstâncias que permeiam as negociações realizadas entre empresas independentes.

Por proporcionar paridade de tratamento entre empresas que se encontram em situação concorrencialmente desigual, equilibrando suas capacidades con-

---

[12] Ibid., p. 230. E no mesmo sentido: BARRETO, Paulo Ayres. op. cit., p. 136-151; e ROLIM, João Dácio. "As presunções da lei 9.430/96 e os casos especiais nos preços de transferência". In ROCHA, Valdir de Oliveira (coord.). Op. cit., p. 41-51.

tributivas em nome de outros princípios essenciais, o princípio da plena concorrência, quando adotado pelos países em seus ordenamentos jurídicos internos, acaba por vincular as Administrações Fiscais na busca da melhor aproximação possível do funcionamento de um mercado livre.

Sua adoção, assim, é recomendada para evitar que se criem situações de vantagens ou desvantagens fiscais que poderiam distorcer a concorrência e a competitividade entre quaisquer tipos de empresas, preservando-se o princípio da igualdade e da capacidade contributiva que deve prevalecer entre empresas associadas e independentes.

No Brasil, a Lei nº 9.430/96, como visto, tratou desse assunto estabelecendo que o preço de transferência deve ser alcançado pelo uso de métodos através dos quais a Administração Fiscal fica autorizada a aplicar margens de lucro presumidas e médias aritméticas de preços para evitar o super ou subfaturamento nas importações e exportações.

Além disso, referida Lei estabeleceu hipóteses específicas, não previstas na Convenção Modelo da OCDE e nos Acordos de bitributação celebrados pelo Brasil, para configurar a associação ou o vínculo entre as empresas sujeitas ao regime de preços de transferência, tudo levando a crer que o princípio da plena concorrência não tenha sido plenamente adotado pelo legislador brasileiro.

O grande diferencial entre este regime brasileiro com relação às disposições da OCDE reside, então, justamente no fato de que, no que diz respeito aos tratados contra a bitributação que se baseiam na Convenção Modelo da OCDE, para que qualquer ajuste nos preços seja feito, deverá restar evidenciado o vínculo de interdependência entre as empresas contratantes, a prova de que as relações comerciais e financeiras havidas entre empresas associadas diferem das que ocorrem entre empresas independentes e, mais do que isso, que dessas relações sobreveio uma vantagem anormal que não seria obtida se as transações fossem realizadas entre empresas independentes.

O princípio da plena concorrência, como traçado na Convenção da OCDE, todavia, prestigia os preços e os documentos apresentados pelas empresas, podendo até mesmo ocorrer situações nas quais não haverá obrigatoriedade de adoção de qualquer método se ficar comprovado que os preços foram praticados sem favorecimento[13].

---

[13] Ou, como a própria OCDE recomenda, nos seus comentários ao Artigo 9º: "Não é autorizada qualquer rectificação da contabilidade das empresas associadas se as respectivas transacções se tiverem processado nas condições comerciais normais do mercado livre (de plena concorrência ou com absoluta independência". *Comentários...* Op. cit., p. 220.

Isso, entretanto, não é o que ocorre no Brasil; basta que as empresas sejam vinculadas nos termos da lei para que se dê a aplicação de um dos métodos objetivos estabelecidos pelo legislador.

Por tais razões, a sistemática de preços de transferência adotada pela lei nº 9.430/96 tem sido bastante criticada.

Deveras, a adoção de métodos baseados em fórmulas para a aferição dos benefícios, ou que imponham margens de lucro fixas e presumidas para os preços de transferência, não se compatibilizam com a experiência internacional de determinação dos preços sem interferência, nem tampouco com as recomendações da OCDE sobre o princípio da plena concorrência, uma vez que tais fórmulas e margens de lucro mostram-se arbitrárias, ignoram as condições que fazem parte da realidade do mercado e não tomam em consideração as circunstâncias fáticas ou econômicas das empresas associadas.

Alberto Xavier (2004), nesse sentido, é dos mais críticos ao apontar a incompatibilidade da legislação brasileira com as regras internacionais, afirmando que

> a Lei nº 9.430/96 parte do princípio de que, nas situações a que se aplica, o preço relevante para efeitos tributários, não é o preço real e efetivo estipulado pelas partes, mas um preço objetivo que, hipoteticamente, teria sido pactuado entre as partes, caso entre elas não existissem relações especiais resultantes ou de laços de vinculação, ou da localidade em certos territórios.

Ao contrário das legislações que, seguindo as recomendações da OCDE, se baseiam no princípio *at arm's length*, a fixação do preço objetivo não é fruto de uma atividade administrativa que recuse o preço efetivo, face às características do caso concreto, mas sim de uma determinação da própria lei, que desde logo estabelece os critérios para a sua fixação[14].

---

[14] XAVIER, Alberto. Op. cit., p. 316. No mesmo sentido da crítica à metodologia adotada, Plínio Marafon destaca que "a introdução legal dos chamados *transfer pricing* no Brasil foi efetuada de forma empírica, adotando-se formas simplórias de custos agregados a margens de lucro, como se as demonstrações financeiras das empresas só contivessem esses dados. Foram desprezados fatores como despesas de publicidade, com aperfeiçoamento tecnológico de produtos, *cost sharing* e outros que nem sempre são computados nos custos (embora possam sê-lo no exterior, descaracterizando a justa comparação com os nacionais)". MARAFON, Plínio J. "Preços de transferência". In ROCHA, Valdir de Oliveira. (coord.). Op. cit., p. 76. E Ricardo Mariz de Oliveira confirma esse argumento, apontando incisivamente a arbitrariedade e o autoritarismo do legislador brasileiro ao destacar que "a Lei nº 9.430/96 não deixa escapatória e preestabelece *o valor legal, mas não necessariamente o real*, dos negócios praticados e, consequentemente, dos lucros sujeitos à tributação. Pode-se dizer que a *lei quer*, nos atos sujeitos aos arts. 18 a 24, que *o contribuinte tenha um lucro mínimo*, razão pela qual, *mesmo que não o tenha, a lei considerará que ele teve esse lucro por ela pretendido*, e é este que ela tomará como base de cálculo dos tributos sobre a renda". OLIVEIRA, Ricardo Mariz. "Tributos e preços de transferência". In ROCHA, Valdir de Oliveira (coord.). Op. cit., p. 82.

O que se percebe, portanto, é que essas regras parecem mais ser uma tentativa de tributar um lucro mínimo do contribuinte (seja pelo estabelecimento de preços máximos de importação ou de preços mínimos de exportação), do que de estabelecer o equilíbrio fiscal com o objetivo de reduzir a dupla tributação, pois, em qualquer caso, o melhor método será o que resultar em maior tributação.

Esse, todavia, não é o tratamento que se espera de países que proclamam seguir as orientações e regras adotadas nos países integrantes da OCDE e celebram entre si acordos contra a bitributação adotando o mesmo Modelo de Convenção Fiscal dessa organização.

Nas hipóteses de acordos de bitributação celebrados pelo Brasil com outros Estados, porque se está diante de tratados internacionais, regidos sob princípios do Direito Internacional Público, a pretensão tributária do Estado contratante fica limitada pelo conteúdo, orientações e interpretação do acordo contra a bitributação, devendo prevalecer as regras nele definidas, ainda que a legislação interna determine orientação contrária, pois, conforme os precisos comentários de Schoueri (2004),

> os Estados contratantes [quando celebram acordos contra a bitributação], renunciam à sua prerrogativa de efetuar ajustes: (i) no caso de empresas não associadas; (ii) no caso de transações cobertas pelo princípio *arm's length;* e (iii) no caso de inexistência de redução no lucro decorrente da inobservância do princípio *arm's length*[15],

cabendo o ajuste, dessa forma, somente nas hipóteses em que se constatar a existência de relações especiais e de vantagens anormais, que terceiros independentes não contratariam.

Por essa razão, há que se distinguir, na aplicação do regime de preços de transferência brasileiro, os casos em que as empresas se localizam em territórios com os quais o Brasil é país contratante de acordos internacionais, dos casos em que o Direito Internacional Público não se aplica.

Em outros termos, significa dizer que o Brasil, porque não adotou o princípio *at arm's lenght* em sua legislação interna da forma como definido e recomendado pelos acordos de bitributação que usam como modelo o artigo 9º da Convenção da OCDE, só poderá ter competência para realizar ajustes por meio dos métodos definidos nos artigos 18 e 19 da Lei nº 9.430/96 nos casos que envolvam contribuintes não abrangidos por tais acordos.

Nas demais situações, existindo acordos de bitributação a resguardar o direito dos contribuintes, o Brasil, a fim de se adequar às normas que levam à melhor

---

[15] SCHOUERI, Luís Eduardo. Op. cit., p. 289.

interpretação e à finalidade precípua dos acordos, deverá ajustar os preços das operações em respeito aos padrões recomendados pela OCDE.

Do contrário, o Brasil só virá a ser prejudicado se continuar adotando a postura de que qualquer contribuinte estabelecido em seu território tem como único objetivo transferir, por meio dos preços de transferência, seus rendimentos para o exterior, pois, com o crescimento da internacionalização da economia brasileira no cenário mundial, o país dependerá, e muito, da demonstração de que se constitui num pólo atrativo de investimentos e não num lugar onde a carga tributária incide mesmo quando desrespeitados direitos constitucionais.

Bibliografia

ALTAMIRANO, Alejandro. "Régimen de los precios de transferencia en la República Argentina". In Revista Euroamericana de estudios tributarios. Madrid: Centro de Estudios Tributarios, 1999, n. 3, sept-dic.

AMARAL, Antonio Carlos Rodrigues. "O Preço de transferência e critérios de comparabilidade". In SCHOUERI, Luís Eduardo; e ROCHA, Valdir de Oliveira (coords.). Tributos e preços de transferência. 2º Volume, Dialética: São Paulo, 1999.

BARRETO, Paulo Ayres. Imposto sobre a renda e preços de transferência. São Paulo: Dialética, 2001.

BECKER, Alfredo Augusto. Teoria geral do direito tributário. 3. ed. São Paulo: Lejus, 1998.

BRASIL. Decreto Legislativo n. 43, de 23 de novembro de 1967. Aprova a convenção destinada a evitar a dupla tributação em matéria de impostos sobre rendimentos, concluída entre a República do Brasil e o Japão, assinada em Tóquio, em 24 de janeiro de 1967. Senado Federal, Brasília, DF, 23 nov. 1967. DOU 23 nov 1967. Disponível em: <http://www.receita.fazenda.gov.br/Legislacao/AcordosInternacionais/Japao/DecLegislativo0431967.htm>. Acesso em: 20 set. 2011.

—. Lei n. 9.430, de 27 de Dezembro de 1996. Dispõe sobre a legislação tributária federal, as contribuições para a seguridade social, o processo administrativo de consulta e dá outras providências. Presidência da República. Casa Civil, Brasília, DF, 27 dez. 1996. DOU 30 dez 1996. Disponível em: <http://www.planalto.gov.br/ccivil_03/Leis/L9430.htm>. Acesso em: 20 set. 2011.

—. Portaria nº 214, de 28 agosto de 2007. Cria grupo de trabalho para avaliar, no âmbito do Ministério da Fazenda, a possibilidade de ingresso da República Federativa do Brasil na Organização para a Cooperação e Desenvolvimento Econômico – OCDE. Ministério da Fazenda. Receita Federal, Brasília, DF, DOU 31 ago 2007. Disponível em: <http://sijut.fazenda.gov.br/netacgi/nphbrs?s1=P00000021420070828035.CHAT.%20E%20MF.ORGA.%20E%2020070831.DDOU.&l=0&p=1&u=/netahtml/sijut/Pesquisa.htm&r=0&f=S&d=SIAT&SECT1=SIATW3>. Acesso em: 20 set. 2011.

CALVO ORTEGA, Rafael. "Aspectos tributarios de las operaciones vinculadas y de los grupos de sociedades". In Grupos de sociedades: su adaptación a las normas de las Comunidades Europeas. Madrid: Confederación Española de Organizaciones Empresariales/ Universidad de Alcalá de Henares, 1987.

CAMPOS, Diogo Leite de; e CAMPOS, Mônica Horta Neves Leite. Direito tributário. 2. ed. Coimbra: Almedina, 2003.

—. "Evasão fiscal, fraude fiscal e prevenção fiscal", In Problemas fundamentais do direito tributário. Lisboa: Vislis Editores, 1999.

CARRAZZA, Roque Antonio. "Mercosul e tributos estaduais, municipais e distritais". In Revista de direito tributário nº 64. São Paulo: Malheiros, s/d.

CARVALHO, Paulo de Barros. "Preços de transferência no direito tributário brasileiro". In PEIXOTO, Marcelo Magalhães; e FERNANDES, Edison Carlos (coords.). Tributação, justiça e liberdade: homenagem da Associação Paulista de Estudos Tributários a Ives Gandra da Silva Martins. Curitiba: Juruá Editora, 2005.

Comentários ao modelo de convenção fiscal sobre o rendimento e o patrimônio. Coimbra: Edições Almedina, 2005.

DERZI, Misabel de Abreu Machado. Direito tributário, direito penal e tipo. São Paulo: Revista dos Tribunais, 1988.

ESPANHA. Resolución nº 00/15/2001. Fecha de resolución 26/03/2004. Ministério de Economía Y Hacienda. Doctrina del Tribunal Económico Administrativo Central, Madri. Disponível em: <http://serviciosweb.minhac.es/apps/doctrinateac/detalle.asp?button1=00/15/2001>. Acesso em: 25 mai. 2008.

GONÇALVES, José Artur Lima. "Certos aspectos da disciplina dos preços de transferência em face do ordenamento constitucional brasileiro". In SCHOUERI, Luís Eduardo; e ROCHA, Valdir de Oliveira (coords.). Tributos e preços de transferência. 2º Vol. São Paulo: Dialética, 1999.

GUERREIRO, Rutnéa Navarro; e ANDRADE FILHO, Edmar Oliveira. "Preços de transferência". In ROCHA, Valdir de Oliveira. (coord.). Tributos e preços de transferência. São Paulo: Dialética, 1997.

HAMAEKERS, Hubert. "A tributação face às relações internacionais e à utilização das novas tecnologias". In Os preços de transferência no início do século XXI. Países Baixos: Centro Inter-Americano de Administrações Tributárias – CIAT, 20-23 Setembro de 1999.

HUCK, Hermes Marcelo. Evasão e elisão: rotas nacionais e internacionais do planejamento tributário. São Paulo: Saraiva, 1997.

MARAFON, Plínio J. "Preços de transferência". In ROCHA, Valdir de Oliveira. (coord.). Tributos e preços de transferência. São Paulo: Dialética, 1997.

MASSAGUER, José: "La esctructura interna de los grupos de sociedades (aspectos jurídicos--societarios)". In Revista de derecho mercantil n. 192. 1989.

MOSQUERA, Roberto Quiroga. "O regime jurídico-tributário dos preços de transferência e a lei nº 9.430/96". In ROCHA, Valdir de Oliveira (coord.). Tributos e preços de transferência. São Paulo: Dialética, 1997.

OCDE. Princípios Aplicáveis em Matéria de Preços de Transferência Destinados às Empresas Multinacionais e às Administrações Fiscais. Portugal: Centro de Estudos e Apoio às Políticas Tributárias, 2002.

OLIVEIRA, Ricardo Mariz. Fundamento do imposto de renda. São Paulo: Quartier Latin do Brasil, 2008.

—. "Preços de transferência – o método do custo mais lucro – o conceito de custo – o método do custo mais lucro e as indústrias de alta tecnologia – como conciliar dispêndios intensivos, em pesquisas e desenvolvimento, com esse método". In SCHOUERI, Luís Eduardo; e ROCHA, Valdir de Oliveira (coords.). Tributos e preços de transferência. 2º Vol. São Paulo: Dialética, 1999.

—. "Tributos e preços de transferência". In ROCHA, Valdir de Oliveira (coord.). Tributos e preços de transferência. São Paulo: Dialética, 1997.

ROLIM, João Dácio. "As presunções da lei 9.430/96 e os casos especiais nos preços de transferência". In ROCHA, Valdir de Oliveira (coord.) Tributos e preços de transferência. São Paulo: Dialética, 1997.

SCHOUERI, Luís Eduardo. Preços de transferência no direito tributário brasileiro. São Paulo: Editora Dialética, 2006.

TÔRRES, Heleno Taveira. Direito tributário internacional: planejamento tributário e operações transnacionais. São Paulo: Editora Revista dos Tribunais, 2001.

—. Pluritributação internacional sobre as rendas de empresas. São Paulo: Editora Revista dos Tribunais, 2001.

TORRES, Ricardo Lobo. "O Princípio Arm's Length, os preços de transferência e a teoria da interpretação no direito tributário". In Revista dialética de direito tributário nº 48. São Paulo: Dialética, setembro de 1999.

VILLANEUVA, Victoria Eugenia Combarros. Régimen tributario de las operaciones entre sociedades vinculadas en el impuesto sobre sociedades. Madrid: Tecnos, 1988.

XAVIER, Alberto. Direito tributário internacional do Brasil – tributação das operações internacionais. 6. ed., Rio de Janeiro: Forense, 2004.

—. Direito tributário internacional. Coimbra: Almedina, 2007.

Os *Trusts* e seus aspectos fiscais no Direito Português

VERÔNICA SCRIPTORE FREIRE E ALMEIDA

A Professora VERÔNICA SCRIPTORE FREIRE E ALMEIDA é Doutoranda em Direito Econômico pela Faculdade de Direito da Universidade de Coimbra, em Portugal, sob orientação do Professor Doutor Diogo Leite de Campos; é Mestre em Direito Econômico pela Faculdade de Direito da Universidade de Coimbra, em Portugal, sob orientação do Professor Doutor Diogo Leite de Campos, com reconhecimento e revalidação pela Universidade de São Paulo-USP, em Direito Econômico e Financeiro; é Pós-Graduada em Direito Econômico pela Faculdade de Direito da Universidade de Coimbra, em Portugal, é Professora do Programa de Pós-Graduação na Universidade do Sagrado Coração- USC, na área de Gestão Empresarial e Finanças Internacionais e Gestão Empresarial e Negócios Internacionais, nos módulos de Direito Empresarial e Direito dos Contratos; é Professora nas disciplinas de Direito Tributário, Direito Ambiental, Direito do Trabalho, Instituições de Direito; Direito aplicado à informática e Legislação Jornalística; é Advogada, Coordenadora da Comissão de Direito Econômico da Ordem dos Advogados do Brasil, é Editora da Lawinter Review (ISSN 2153-4020), New York-USA, é Editora Acadêmica da Revista Jurídico-Internacional Lawinter; é autora do livro *"A Tributação dos Trusts"*, publicado pela editora Almedina de Portugal.

Introdução

Um passo fundamental e inovador na integração jurídica dos países da *Common law* e da *Civil law*, tem sido dado através do reconhecimento do instituto dos *Trusts*.

Inicialmente, a transposição do *Trust* ao Direito interno português, *in casu*, revelava-se extremamente complexa, pois não se tratava de alterar alguns dispositivos legais, mas, sim, de introduzir uma instituição totalmente nova e quase desconhecida dos juristas.

Além disso, outra dificuldade residia no facto de o *Trust* ser susceptível de possibilitar uma duplicação com noções preexistentes no Direito português.

Ademais, as regras do *Trust*, por vezes, pareciam incompatíveis com alguns princípios do Direito lusitano.

Contudo, um importante, inovador e esclarecedor estudo realizado por LEITE DE CAMPOS E VAZ TOMÉ (1999) tornou a consagração dos *Trusts* em Portugal como possível, e demonstrou as vantagens da aproximação ao instituto nos planos jurídico e económico[1]. Do ponto de vista jurídico, permitiria, por exemplo, fornecer as ferramentas necessárias para a plena utilização do instituto em Portugal, ampliando as possibilidades de integração com os sistemas que admitem este novo quadro jurídico. Do ponto de vista económico, uma vez instaurado, permitiria a Portugal e aos operadores portugueses os benefícios nos mais variados campos do Direito, além dos privilégios financeiros, excepcionais, que constituem, por exemplo, os fluxos de investimentos trans-fronteiriços dos tipos de *Trusts* de carácter internacional.

Por outro lado, além da ideia de competitividade que se coloca a Portugal no cenário internacional, o maior benefício do reconhecimento dos *Trusts* é a possibilidade das autoridades estabelecerem regras que facilitem a sua tributação.

Neste sentido, o objectivo principal deste artigo é tratar do desafio de cuidar da convergência e interacção de duas áreas complexas e interessantes: os *Trusts* e a tributação.

Para atingirmos este ponto de controvérsia, principiaremos por um breve estudo dos aspectos estruturais do *Trust*, incluindo o seu conceito, constituição e características essenciais.

A partir daí, nos dedicaremos à verificação das possíveis hipóteses de incidência tributária do instituto, bem como a identificação do eventual sujeito passivo da relação jurídica em *Trust*.

Devemos ressaltar que, para tal, um sistema impositivo deve sempre ter em conta as especificidades concretas da espécie, principalmente devido as variedades existentes no *Trust*. Assim, neste trabalho, devemos individualizar as suas características específicas, e evidenciar os momentos fiscalmente relevantes.

Desta forma, procuraremos através deste estudo, *concessa venia*, contribuir com vistas à aproximação e a futura criação de um sistema fiscal ao instituto do *Trust*. Tudo, pois, em um carácter construtivo, e humildemente sugestivo.

1. Conceito

Inicialmente, podemos definir o *Trust* como uma relação jurídica que permite a uma pessoa (*settlor*), proprietária de bens ou direitos, passar a propriedade dos seus bens ou direitos, em *Trust*, para uma outra pessoa (*trustee*) de sua confiança,

---

[1] LEITE DE CAMPOS, Diogo; VAZ TOMÉ, Maria João. *A Propriedade Fiduciária (Trust), Estudo para a sua Consagração no Direito Português*. Coimbra: Almedina, 1999.

administrá-los. Além disso, o rendimento desses bens ou direitos será repassado para um beneficiário[2].

Mais especificamente, LEITE DE CAMPOS e VAZ TOMÉ (1999), definem o *Express Trust* como sendo uma relação fiduciária voluntariamente constituída por convenção ou por decorrência de lei, relativamente a bens cujo título legal pertence a determinado sujeito, o *trustee*. Porém, o beneficio da titularidade do direito é atribuído a uma outra pessoa: o beneficiário[3].

Neste passo, não existe nos paises da *civil law* uma definição universalmente admitida na instituição do *Trust*[4]. No entanto, para fixar as ideias, não parece abusivo emprestar a definição do artigo 2º da Convenção de Haia sobre o Direito Aplicável aos *Trusts* e o seu Reconhecimento, de 1985, nestes termos:

"For the purposes of this Convention, the term "trust" refers to the legal relationships created – inter vivos or on death – by a person, the settlor, when assets have been placed under the control of a trustee for the benefit of a beneficiary or for a specified purpose." [5]

---

[2] No mesmo sentido, para XAVIER (2005) o *Trust* é essencialmente um desmembramento da propriedade que se opera pelo acto pelo qual alguém (*settlor*) confia um bem ou conjunto de bens a outrem (*trustee*), com a finalidade de fazer beneficiar um terceiro (*cestui que trust*). Cfr. XAVIER, Alberto. *Direito Tributário Internacional do Brasil*. Rio de Janeiro: Forense, 2005, p. 163.

[3] Explicam, ainda, LEITE DE CAMPOS e VAZ TOMÉ (1999) que o *Trust* impõe deveres fiduciários ao *trustee*, pois este terá a obrigação de administrar a *Trust res* em favor de outrem (o beneficiário), que poderá exigir o cumprimento desta obrigação. Cfr. LEITE DE CAMPOS, Diogo; VAZ TOMÉ, Maria João. *A Propriedade Fiduciária (Trust), Estudo para a sua Consagração no Direito Português*. Coimbra: Almedina, 1999, p. 19. ALMEIDA, Verônica Scriptore Freire e. *A Tributação dos Trusts*. Coimbra: Almedina, 2009, p. 29.

[4] No mesmo sentido é a opinião de BEILFUSS (1997) que se detém na dificuldade em definir o *Trust* por receio em categorizar e com isso reduzir sua flexibilidade. A autora reflete ainda sobre a importância da descrição dada ao *Trust* na Convenção de Haia, posto que proporciona uma primeira ideia acerca do que é o *Trust* e ampara quem se aproxima do *Trust* pela primeira vez. Por sua vez, TRIPET (1989) acha interessante aproximar a definição proposta pela Convenção de Haia de uma definição geralmente admitida na Grã-Bretanha: *"Une obligation équitable por laquelle le trustee est appelé à détenir des biens déterminés au profit de bénéficiaires, en se conformant au deed of trust et à la law of trust"*. (intertax numero 3, avril 1977) Ele ainda compara com a definição de um juiz norte-americano: *"De son côté le juge américain a parfois défini le trust comme un accord de nature fiduciaire, né d'une volonté testamentaire ou d'une déclaration inter vivos, par laquelle un ou plusieurs trustees sont investis de titres de propriété de biens déterminés, et ont la responsabilité de les gérer équitablement en vue de leur protection ou de leur conservation, au profit de tiers bénéficiaires "*. Cfr. TRIPET, François. *Trust Patrimoniaux Anglo-Saxons et Droit Fiscal Français*. Paris: Litec, 1989, p. 3/4. BEILFUSS, Cristina González. *El Trust- La Instituición Anglo-Americana y El Derecho Internacional Privado Español*. Barcelona: Bosch, 1997, p. 16.

[5] HCCH. *Convention on the Law Applicable to Trusts and on their Recognition*. Disponível em: http://hcch.e-vision.nl/index_en.php?act=conventions.text&cid=59 . Acesso em 13.03.2006. ALMEIDA, Verônica Scriptore Freire e. *A Tributação dos Trusts*. Coimbra: Almedina, 2009, p. 30.

Com sua origem na Idade Média, o *Trust* servia basicamente para ladear as restrições feudais existentes naquela época. Porém, no desenrolar de seu desenvolvimento legal, o *Trust* deixou de ser um mecanismo de transmissão do direito de propriedade sobre a terra para, actualmente, assumir novas e variadas funções, sendo considerado instrumento eficaz, nomeadamente na administração de bens e activos financeiros[6].

2. A Estrutura do *Trust:* Subjectiva e Objectiva

Analisando a estrutura, verificaremos que o núcleo do *Trust* reside nesta ideia: enquanto um sujeito possui juridicamente o bem, o outro o possui sob o aspecto económico.

Na estrutura subjectiva do *Trust* notam-se normalmente três sujeitos: o *settlor*, o *trustee* e o beneficiário[7].

O *settlor* é o fundador do *Trust*. Poderá ser pessoa física ou jurídica e normalmente não retém faculdade nenhuma sobre os bens que transmite ao *Trust*, nem sobre a administração dos mesmos[8].

Nesse contexto, para que ocorra o *Trust*, o *settlor* constitui determinada pessoa (podendo ser inclusive a si próprio)[9] como *trustee* de seus bens, os quais serão agora transmitidos e confiados a este por relativo prazo[10]. Adicionalmente, o *settlor* pode ser também o titular do benefício no caso de declarar a si mesmo, tácita ou expressamente, como beneficiário[11].

A relevância da figura do *settlor* se extingue com a emissão da declaração de vontade de constituição do *Trust*, ligada à imposição de deveres ao *trustee* relati-

---

[6] Cfr. LEITE DE CAMPOS, Diogo; VAZ TOMÉ, Maria João. *A Propriedade Fiduciária (Trust), Estudo para a sua Consagração no Direito Português*. Coimbra: Almedina, 1999, p. 20.

[7] Cfr. ALMEIDA, Verônica Scriptore Freire e. *A Tributação dos Trusts*. Coimbra: Almedina, 2009,p. 33.

[8] Mas, em determinados casos, o *settlor* retém certas faculdades, que podem incluir a revogação do *Trust*. Esse mecanismo ocorre geralmente quando a finalidade principal do *Trust* não é a transmissão nem a salvaguarda do património de uma pessoa física ou de um grupo familiar, mas sim quando o *Trust* girar em torno de interesses empresariais. Por exemplo: *"como vehículo para instrumentar un producto financiero o como titular de unos bienes o derechos determinados, como podrían ser unas opciones sobre aciones."* TROST, Andreas. *El Trust en la Planificacion Fiscal Internacional*. Madrid: Fiscalidad Internacional, Centro de Estudios Financeiros, 2003, p. 601.

[9] Neste caso, devemos mencionar que os benefícios devem ser totais ou parcialmente conferidos a terceiro. Cfr. ALMEIDA, Verônica Scriptore Freire e. *A Tributação dos Trusts*. Coimbra: Almedina, 2009,p. 33.

[10] Cfr. GOMES, A. C. N. *A Propriedade Jurídica e a Propriedade Econômica no Trust*. Coimbra: Faculdade de Direito da Universidade de Coimbra, *Working Paper*, 2000, p. 06.

[11] Por exemplo, a mesma pessoa pode ser simultaneamente o *settlor* e o beneficiário, importando o *Trust* aqui em uma mera delegação do poder de administração dos bens do *settlor* beneficiário para o *trustee*. Cfr. LEITE DE CAMPOS, Diogo; VAZ TOMÉ, Maria João. *A Propriedade Fiduciária (Trust), Estudo para a sua Consagração no Direito Português*. Coimbra: Almedina, 1999, p. 41.

vamente a *res*, a favor do beneficiário, e acompanhada pela transferência da titularidade dos respectivos bens ou direitos constituídos em *Trust*[12].

Por sua vez, o *trustee* é aquele que adquire a titularidade da *res*, ou seja, o titular do "*legal title*" dos bens ou direitos, mas com a incumbência de geri-la em proveito do beneficiário. É de se destacar, nesse ponto, que o *trustee* é sujeito fundamental na estrutura de um *Trust*[13].

Em geral, qualquer pessoa singular ou colectiva pode ser *trustee*. Contudo, deve ser o *trustee* um profissional bastante especializado, e é fundamental que tenha capacidade e legitimidade para dispor dos títulos legais dos bens ou direitos constituídos em *Trust*[14].

Após a aceitação, o *trustee* não tem o poder de extinguir voluntariamente a relação em *Trust*, excepto nos termos previstos no acto constitutivo do *Trust*, mediante autorização judicial ou a prestação de consentimento por parte do conjunto dos beneficiários, se tiverem capacidade negocial de exercício. Ainda, o acto constitutivo do *Trust* tem, muitas vezes, uma cláusula de consentimento ao *trustee* para renunciar a sua função, bem como a possibilidade de ser afastado da mesma[15].

O *trustee* actua em nome próprio frente a terceiros e tem o direito de ressarcisse do *Trust*, nos gastos e impostos que tenha que satisfazer. Ainda, a remuneração pelos serviços prestados na administração do *Trust* deve ser previamente estipulada no acto constitutivo.

Deve-se atentar que apesar do *trustee* ser o real titular da *trustres*, ele não usufrui suas utilidades. Isto porque, a observância dos interesses económicos do beneficiário impõe ao trustee certos limites[16].

---

[12] Neste passo, após a realização desses actos jurídicos, o *settlor* fica na posição semelhante à de qualquer ex-titular, sendo, pois, imprescindível somente na sua constituição. Neste sentido afirma BEILFUSS (1997) que "(...) *salvo que el settlor haja retenido determinadas facultades, una vez constituyente desaparezca de la relacón jurídica. En en el esquema del trust la intervencion del settlor tan sólo es imprescindible en su constitucion*". Cfr. BEILFUSS, Cristina González. *El Trust- La Instituición Anglo-Americana y El Derecho Internacional Privado Español*. Barcelona: Bosch, 1997, p. 29. ALMEIDA, Verônica Scriptore Freire e. *A Tributação dos Trusts*. Coimbra: Almedina, 2009, p. 36.
[13] Cfr. ALMEIDA, Verônica Scriptore Freire e. *A Tributação dos Trusts*. Coimbra: Almedina, 2009, p. 37.
[14] Cfr. BEILFUSS, Cristina González. *El Trust- La Instituición Anglo-Americana y El Derecho Internacional Privado Español*. Barcelona: Bosch, 1997, p. 40.
[15] Cfr. LEITE DE CAMPOS, Diogo; VAZ TOMÉ, Maria João. *A Propriedade Fiduciária (Trust), Estudo para a sua Consagração no Direito Português*. Coimbra: Almedina, 1999, p. 45.
[16] Mesmo não sendo objecto específico deste trabalho, vale mencionar que os deveres do *trustee* no que diz respeito aos beneficiários são múltiplos, como principalmente o dever de tomar posse e gerir activamente os bens detidos em *Trust*, respeitar as imposições do seu acto constitutivo relativo às distribuições de rendimentos ou a política de investimentos e, também, emitir relatórios regulares relativos à sua a gestão dos capitais. Cfr. TRIPET, François. *Trust Patrimoniaux Anglo-Saxons*

Não obstante tal restrição, o *trustee* efectivamente se encontra numa legítima condição de proprietário, alertando-se para o facto de que a medida que crescem seus poderes, aumentam seus deveres, bem como as sanções que pode vir a sofrer no caso de violar a confiança depositada pelo *settlor*[17].

Por último, em relação à estrutura subjectiva dos *Trusts*, vamos nos referir ao beneficiário (*cestui que trust*).

Trata-se do sujeito para cujo benefício o *Trust* é constituído. É o beneficiário quem adquire o *beneficial tittle* sobre a *res*[18].

Geralmente, qualquer pessoa ou entidade pode ser um beneficiário, incluindo indivíduos, corporações, associações ou unidades do governo[19].

O *settlor* deverá determinar o beneficiário com exactidão, ou se for o caso, a categoria dentro da qual ele será selecionado.

O acto constitutivo do *Trust* deve definir suficientemente os benefícios de cada um dos beneficiários. Com efeito, o *trustee* necessita de saber quem é beneficiário e o conteúdo dos respectivos direitos. A possibilidade de identificar o beneficiário a qualquer tempo deve ser real[20].

Atendendo a questão de quais são os direitos dos beneficiários, importa distinguir entre o *Trust* discricionário, no qual o *trustee* administra livremente e decide sobre a distribuição dos rendimentos aos beneficiários, e o *Trust* estrito, no qual o *settlor* decide desde o início os direitos de cada beneficiário[21].

Por último, em relação ao *settlor*, importa mencionar que o *settlor* poderá designar beneficiários do capital e/ou beneficiários do rendimento[22].

---

et Droit Fiscal Français. Paris: Litec, 1989, p. 07. ALMEIDA, Verônica Scriptore Freire e. *A Tributação dos Trusts*. Coimbra: Almedina, 2009, p. 40.

[17] A partir do exposto, ressalta-se que o *trustee* não tem uma posição de domínio total e absoluto sobre os bens ou Direitos constituídos em *Trust* em virtude das limitações que lhe são impostas pelas regras da equidade. Estas lhe impõem um feixe de obrigações e de poderes que o distinguem de outras figuras funcionalmente semelhantes. Cfr. ALMEIDA, Verônica Scriptore Freire e. *A Tributação dos Trusts*. Coimbra: Almedina, 2009, p. 40.

[18] Cfr. ALMEIDA, Verônica Scriptore Freire e. *A Tributação dos Trusts*. Coimbra: Almedina, 2009, p. 42.

[19] Cfr. ALMEIDA, Verônica Scriptore Freire e. *A Tributação dos Trusts*. Coimbra: Almedina, 2009, p. 42.

[20] Cfr. LEITE DE CAMPOS, Diogo; VAZ TOMÉ, Maria João. *A Propriedade Fiduciária (Trust), Estudo para a sua Consagração no Direito Português*. Coimbra: Almedina, 1999, p. 46.

[21] Cfr. PACHECO, A. D. *Las Entidades en Atribuición de Rentas y el Régimen Fiscal de Partnerships y Trusts en España*. Madrid: Manual de Fiscalidad Internacional, Instituto de Estudios Fiscales, 2ª edición, 2004, p. 374.

[22] Entende-se por capital do *Trust*, o património constituído em *Trust* pelo *settlor*, assim como as quantias recebidas pela alienação dos bens ou direitos que o integram (os produtos da venda dos bens fazem parte do principal). O rendimento do *Trust* é o proveito patrimonial decorrente da utilização produtiva do capital (rendas, juros, dividendos).

Em sequência, fundamentalmente, agora, em relação à estrutura objectiva do *Trust*, temos a Declaração de Vontade, a Transmissão dos Bens ou dos direitos para o *trustee* e a *res*.

Primeiramente, na edificação da estrutura está a inequívoca declaração de vontade do *settlor*, que pode ser atestada no momento em que este leva ao conhecimento do *trustee* sua vontade de constituir um *Trust*, caso o próprio *settlor* não seja o *trustee*[23].

Para a validade do *Trust*, o *settlor* deve ser realmente o titular (ou estar para isto autorizado) dos bens ou direitos que deseja transferir.

Além da declaração de vontade do *settlor*, é necessária a transferência dos bens ou direitos para o *trustee*. De facto, o funcionamento do *Trust* exige a pertinência dos bens ou direitos à esfera jurídica do *trustee*. Destaca-se, neste ponto, que esta transferência de bens e direitos para o *trustee* deve observar as normas respeitantes à alienação dos bens ou direitos, objectos do *Trust*[24].

Em prosseguimento, com relação agora a *res* do *Trust*, pode-se dizer que o objecto do *Trust* deve revestir sempre natureza patrimonial. Geralmente, todo e qualquer bem patrimonial pode ser objecto de um *Trust*[25]. Deve se atentar ainda, que a existência de um direito patrimonial afigura-se como sendo um requisito essencial[26].

Neste passo, deverá haver uma identificação exacta dos bens que passarão a conformar o património do *Trust*, não criando margens para qualquer dúvida. Logo, a massa patrimonial que constituirá o *Trust* deve estar devidamente delimitada como um património separado, tanto dos bens do *settlor* como dos bens do *trustee*. A separação patrimonial é fundamental na estrutura dos *Trusts*, devido aos interesses dos próprios beneficiários, para que eles possam ter o controlo das actividades do *trustee* referente às suas diligências em cumprimento às instruções recebidas pelo *settlor*[27].

---

[23] Cfr. ALMEIDA, Verônica Scriptore Freire e. *A Tributação dos Trusts*. Coimbra: Almedina, 2009, p. 47.
[24] Cfr. LEITE DE CAMPOS, Diogo; VAZ TOMÉ, Maria João. *A Propriedade Fiduciária (Trust), Estudo para a sua Consagração no Direito Português*. Coimbra: Almedina, 1999, p. 37.
[25] A *Res* pode ser todo o recurso, tal como o estoque, propriedade real, dinheiro, um negócio ou seguro. A *Res* do *Trust* pode também incluir algum interesse ou direito futuro à posse futura, tal como o direito de receber rendimentos de um seguro de vida. Cfr. HAYTON, D.J. *The Law of Trusts*. London: Sweet e Maxwell, 1998, p. 101/103. ALMEIDA, Verônica Scriptore Freire e. *A Tributação dos Trusts*. Coimbra: Almedina, 2009, p. 46.
[26] Cfr. LEITE DE CAMPOS, Diogo; VAZ TOMÉ, Maria João. *A Propriedade Fiduciária (Trust), Estudo para a sua Consagração no Direito Português*. Coimbra: Almedina, 1999, p. 39.
[27] Cfr. TROST, Andreas. *El Trust en la Planificacion Fiscal Internacional*. Madrid: Fiscalidad Internacional, Centro de Estudios Financeiros, 2003, p. 599.

3. A Constituição do *Trust*

Como visto, o *Trust* tem um conceito amplo e flexível, pois poderá ser constituído para vários propósitos, podendo dar lugar a uma multiplicidade de combinações[28].

Neste passo, o *Trust* poderá surgir por vontade das partes, por lei (*constructive trust*) ou por decisão dos Tribunais (*resulting trust*)[29]. É mister salientar, que o *Trust* fundado sob a explícita vontade das partes, como exemplo, o *Express trust*, traz a própria fonte constitutiva no instrumento do *Trust*[30].

Normalmente, o *Trust* é constituído por um acto voluntário do *settlor*, *inter vivos* ou *causa mortis*[31]. Adicionalmente, destaca-se, que os *Trusts inter vivos* podem ser "revogáveis ou irrevogáveis"[32].

Em geral, um *Trust* revogável é usado quando o *settlor* não quer perder o controlo permanente da propriedade em *Trust*. De facto, o *settlor* pode mudar os termos ou cancelar um *Trust inter vivos* revogável. Dessa forma, é possível o *settlor* restaurar a posse da propriedade em *Trust*[33].

De sua face, caso seja um *Trust* irrevogável, poderá o *settlor* reservar-se no acto constitutivo, de poderes menores que a revogação, mais, também, de grande valia, como o poder de modificar determinadas cláusulas do *Trust*, por exemplo, alterando a lista de beneficiários ou o próprio *trustee*, bem como o poder de autorizar ou não determinados investimentos[34].

Em âmbito agora dos poderes conferidos ao *trustee*, existem os *Trusts* discricionários ou estritos.

O *Trust* é discricionário quando o *settlor* no acto constitutivo concede ao *trustee* o poder de administrar livremente e decidir sobre a distribuição dos rendimentos[35]. Ao passo que não distribuindo todo o rendimento do *Trust* aos beneficiários,

---

[28] Cfr. BEILFUSS, Cristina González. *El Trust- La Institución Anglo-Americana y El Derecho Internacional Privado Español*. Barcelona: Bosch, 1997, p. 39..

[29] Sobre os *resulting Trusts* ver MARTIN, Jill E., *Modern Equity*. Fifteenth Edition. London: Sweet & Maxwell, 1997, p. 229 –231.

[30] Cfr. SALVATORE, Vicenzo. *IL Trust, Profili di Diritto Internazionale e Comparato*. Padova: CEDAM, 1996, p. 11.

[31] Importante salientar, que é na constituição do *Trust*, que é determinado se o *Trust* será revogável ou irrevogável, discricionário ou estrito às determinações do *settlor*. Podendo ser estabelecido no acto de sua constituição combinações, de acordo com a vontade do *settlor*. ALMEIDA, Verônica Scriptore Freire e. *A Tributação dos Trusts*. Coimbra: Almedina, 2009, p. 65.

[32] MARTIN, Jill E., *Modern Equity*. Fifteenth Edition. London: Sweet & Maxwell, 1997, p. 75.

[33] WSBA. *Trusts*. Disponível em: http://www.wsba.org/~/media/Files/News_Events/Publications/Consumer%20Info%20Pamphlets/Revocable%20Living%20Trusts%200211.ashx. Acesso em 8/10/2011. Cfr. ALMEIDA, Verônica Scriptore Freire e. *A Tributação dos Trusts*. Coimbra: Almedina, 2009, p. 65. PENNER, J. E., *The Law of Trusts*. Fifth Edition, Londres: Oxford University Press, 2006, p. 18.

[34] BRAZ DA SILVA, José Manuel. *Os Paraísos Fiscais*. Coimbra: Almedina, 2000, p. 200.

[35] MARTIN, Jill E., *Modern Equity*. Fifteenth Edition. London: Sweet & Maxwell, 1997, p. 60.

poderá o *trustee* acumular rendas em sede do *Trust*. O direito de usar e gozar do bem podem ser submetidos pelo *settlor* à absoluta discricionariedade do *trustee*[36].

Por outro lado, no *Trust* estrito, o *trustee* é obrigado a seguir a risca as instruções feitas pelo *settlor* no acto constitutivo do *Trust*. Os rendimentos são distribuídos inteiramente aos beneficiários e em seguida da sua aquisição[37].

A esse propósito, TRIPET (1999)[38] considera essas denominações de grande importância para o Direito Fiscal, *in verbis* :

"Par sa puissante influence, le droit fiscal a imposé des dénominations parfois différents qui recoupent, en vérité, les trois catégories susvisées: c'est ainsi qu'un grantor trust n'est qu'une veriété de trust révocable, qu'un trust simple n'est qu'un arrangement strict tandis qu'un trust complexe est bien un trust discrétionnaire ".

4. Características e Finalidades do *Trust*

Inicialmente, podemos apontar como carcaterística dos *Trusts* a propriedade dualística. Com efeito, a divisão da propriedade entre o *trustee* e o beneficiário constitui o traço distintivo do *Trust*. Neste passo, o *Trust* também se caracteriza pela administração especializada exercida pelo *trustee*, por conta de outrem[39].

Outra característica fundamental é que os bens ou direitos do *Trust* formam um património separado. De facto, o *Trust*, é um instrumento de administração de bens e direitos através do qual é possível isolar os bens de determinado negócio e com ele constituir património autónomo, que não se confunde com o património da instituição administradora (ou do *trustee*), de modo que eventuais insucessos dessa gestão não atingem os direitos dos beneficiários[40].

Recorre-se fundamentalmente ao *Trust*, para Protecção da Família, Administração de Bens, Transmissão de Empresas, Destinação dos Bens *mortis causa*, Vias de Titularização de Crédito, bem como reunir outros objectivos sociais, de caridade, investimentos ou comerciais[41].

---

[36] Cfr. ALMEIDA, Verônica Scriptore Freire e. *A Tributação dos Trusts*. Coimbra: Almedina, 2009, p. 67.
[37] Cfr. ALMEIDA, Verônica Scriptore Freire e. *A Tributação dos Trusts*. Coimbra: Almedina, 2009, p. 67.
[38] Cfr. TRIPET, François. *Trust Patrimoniaux Anglo-Saxons et Droit Fiscal Français*. Paris: Litec, 1989, p. 05.
[39] Cfr. BEILFUSS, Cristina González. *El Trust- La Instituición Anglo-Americana y El Derecho Internacional Privado Español*. Barcelona: Bosch, 1997, p. 32.
[40] Cfr. CHALHUB, Melhim Namem. *A Regularização do Trust no Direito Brasileiro*. São Paulo: Gazeta Mercantil, p. 4, 30.03.2000. WALD, Arnoldo. *Algumas considerações a respeito da utilização do "trust" no direito brasileiro*. Revista dos Tribunais, São Paulo, v. 34, nº 99, Julho-Set, 1995, p. 109.
[41] Cfr. LEITE DE CAMPOS, Diogo; VAZ TOMÉ, Maria João. *A Propriedade Fiduciária (Trust), Estudo para a sua Consagração no Direito Português*. Coimbra: Almedina, 1999, p. 15. WALD, Arnoldo. *Algumas considerações a respeito da utilização do "trust" no direito brasileiro*. Revista dos Tribunais, São Paulo, v. 34, nº 99, Julho-Set, 1995, p. 109. LEITE DE CAMPOS, Diogo; MONTEIRO, Manuel. *Titularização de Créditos – Anotações ao Decreto-Lei nº 453/99, de 5 de Novembro*. Coimbra: Almedina, 2001.

Concluímos assim, que o seu quadro jurídico possibilita a utilização em vários domínios, com diversas finalidades, o que justifica nosso estudo acerca dos aspectos fiscais que envolvem o instituto.

5. Os principais aspectos fiscais do *trust*

Nesta parte, atentaremos para alguns dos assuntos principais que podem ser vislumbrados em relação à tributação dos *Trusts*.

Um dos maiores desafios em identificar o sujeito passivo[42] do *Trust* encontra-se na tipologia do instituto, que é totalmente múltipla. Assim, procuraremos individualizar cada solução em relação às diferentes situações em *Trust*.

Outra fundamental dificuldade reside na fragmentação da propriedade existente no instituto do *Trust*. Surge com o *Trust*, um novo Direito real de propriedade, onde o *trustee* e o beneficiário figuram como proprietários da massa patrimonial do *Trust*[43].

Sendo assim, o núcleo do *Trust* reside nesta idéia: enquanto um sujeito possui juridicamente o bem, o outro o possui sob o aspecto económico.

Além disso, vimos que a validade do *Trust* depende da efectiva transferência dos bens e direitos do *settlor* para o *trustee*. O *trustee* é titular de dois patrimónios, o seu e aquele constituído em *Trust*. Por outro lado, deverá gerir este último em proveito do beneficiário.

Portanto, devemo-nos pautar pela cautela ao considerarmos a sujeição passiva, ou não, de cada sujeito da relação do *Trust*.

Para nossa análise fiscal, basicamente, a tipologia do *Trust* leva em conta três aspectos da instituição em cada suposto facto: o carácter revogável e irrevogável do *Trust*; os direitos concretos dos beneficiários e a própria determinação de cada momento destes; os poderes designados ao *trustee*.

5.1. Análise Fiscal dos Sujeitos do *Trust*
a) *Settlor*

Para sabermos o grau de responsabilidade fiscal que o *settlor* possui dependerá se, na constituição do *Trust*, ele reservou para si direitos de revogação ou de

---

[42] "*O sujeito passivo propriamente dito é aquele que é titular da capacidade contributiva, do rendimento ou da riqueza sobre que incide o imposto. Contudo, outros sujeitos há, também obrigados a prestar o imposto, mas que não são titulares do rendimento ou da riqueza. Embora estejam, naturalmente numa certa posição em relação a esta, ou perante o sujeito passivo propriamente dito*". LEITE DE CAMPOS, Diogo; LEITE DE CAMPOS, Mônica. *Direito Tributário*. Belo Horizonte: Del Rey, 2º Edição, 2001, p. 269.

[43] Nesse passo, importante novamente ressaltar que, no *Trust*, o *trustee* e o beneficiário são titulares de faculdades distintas sobre os mesmos bens, onde o *trustee* tem o Direito e a obrigação de administrar e dispor dos bens (se necessário) e o beneficiário têm certas faculdades de gozo e fruição dos bens e Direitos em *Trust*.

modificação do instrumento do *Trust*, visto que dessa forma, ainda comporta-se como um proprietário em relação aos bens postos em *Trust*, o que será ainda mais caracterizado se o *settlor* também figurar entre os beneficiários do *Trust*[44].

Inicialmente, pode o *settlor* não reter faculdade nenhuma sobre os bens que transmite ao *Trust*, nem sobre a administração dos mesmos. Neste caso, uma vez manifestada a vontade de constituir o *Trust* e transmitidos à titularidade dos bens ou direitos ao *trustee*, o *Trust* adquire vida. A partir daí, o *settlor* desaparece, como tal, da relação jurídica, ficando apenas o registo de sua posição de antigo titular dos bens ou direitos transmitidos[45].

Dito isso, em nossa análise entendemos que ocorre a renúncia efectiva dos bens, quando o *settlor* não tem mais nenhum poder ou relação com os bens ou direitos transferidos para o *Trust*. Neste sentido, não poderá o *settlor* pagar tributos ou declarar bens que não mais lhe pertencem. É o caso, por exemplo, do *Trust* irrevogável e que não comporta cláusula de modificação em prol do *settlor*[46].

Neste passo, conclui-se que a renúncia efectiva sobre os bens postos em *Trust* acarreta na exclusão definitiva do *settlor* como sujeito passivo de qualquer imposto sobre os bens ou direitos transferidos em *Trust*.

Por outro lado, em um *Trust inter vivos* revogável, ou irrevogável, com cláusula de modificação em prol do *settlor*[47], ele é considerado com capacidade contributiva em relação aos bens, portanto, poderá ser o sujeito passivo da relação em *Trust*.

Por último, vale mencionar que o *Trust* testamentário já é naturalmente revogável, até a morte do *settlor*. Neste caso o *Trust* só terá início após a morte do *settlor*, não alterando a sua posição de sujeito passivo até então.

b) *Trustee*
Nesta sede, agora de enquadramento do *trustee* como sujeito passivo, devemos considerar que apesar do *trustee* ser o real titular da *trust res*, não usufrui suas utilidades, ou melhor, não desfruta das vantagens que esta situação lhe conferiria no direito clássico: gozar da coisa, sem qualquer limitação, e com exclusividade.

---

[44] Poderá assim, designar um *trustee* para fornecer uma gerência profissional, continuando a ter poderes sobre esses bens, podendo modificar ou até revogar. Esse mecanismo ocorre geralmente quando a finalidade principal do *Trust* girar em torno de interesses empresarias. Cfr. ALMEIDA, Verônica Scriptore Freire e. A Tributação dos Trusts. Coimbra: Almedina, 2009, p. 245.

[45] Cfr. ALMEIDA, Verônica Scriptore Freire e. *A Tributação dos Trusts*. Coimbra: Almedina, 2009, p. 246.

[46] Outro caso é o do *Trust* irrevogável *inter vivos*, onde o *settlor* não figurar como *trustee* nem for o beneficiário.

[47] Incluem-se aqui apenas os poderes possíveis de alterar substancialmente o ato constitutivo do *Trust*, como por exemplo, o poder de modificar a lista de beneficiários.

Isto porque, a observância do acto constitutivo do *Trust* com os devidos interesses económicos do beneficiário impõe ao *trustee* limites[48].

O *trustee* não pode dispor dos rendimentos produto do *Trust*, apenas deverá agir segundo as indicações contidas no acto constitutivo. Em realidade, não fará parte de seu património tal rendimento, nem pode utilizar-se dos bens do *Trust*, de maneira que a imposição do imposto ao *trustee* não é correlata com a sua capacidade contributiva[49].

De facto, o *trustee* tem uma propriedade aparente. Ele não tem capacidade contributiva sobre os bens em *Trust*[50].

Por outro lado, em nossa análise, acreditamos que o *trustee*, por sua própria qualidade, se encontra efectivamente em uma posição jurídica perante o rendimento, a riqueza ou perante o sujeito passivo propriamente dito[51].

Desta forma, poderá o *trustee* ser o responsável pelo cumprimento das obrigações principais e acessórias do sujeito passivo, em virtude de razões de conveniência, de eficácia e de segurança do pagamento do imposto.

Na nossa concepção, o *trustee* deverá fazer a retenção na fonte dos impostos sobre o rendimento distribuídos aos beneficiários. O *trustee* seria o responsável em reter e pagar os impostos ao Estado por conta de terceiros, utilizando-se de rendimentos ou riquezas do beneficiário, que é o verdadeiro sujeito dotado de capacidade contributiva[52].

Nesse passo, poderia normalmente ser responsável em efectuar as declarações de impostos de renda, além de efectuar os pagamentos tributários nos prazos legais[53]. Para oficializar tais tarefas, deveria, em nossa opinião, registar-se junto a administração fiscal do país[54].

---

[48] Cfr. ALMEIDA, Verônica Scriptore Freire e. *A Tributação dos Trusts*. Coimbra: Almedina, 2009, p. 247.

[49] Nestes termos, o artigo 4º da Lei Geral Tributária, *in verbis*: *"Os impostos assentam essencialmente na capacidade contributiva, revelada, nos termos da lei, através do rendimento ou da sua utilização e do património"*.

[50] Com sua propriedade aparente, o *trustee* actua em nome próprio frente a terceiros.

[51] LEITE DE CAMPOS, Diogo; LEITE DE CAMPOS, Mónica. *Direito Tributário*. Belo Horizonte: Del Rey, 2ª Edição, 2001, p. 270.

[52] Devemos mencionar que a instituição do *Trust* não excepciona a normalidade das diferentes incidências tributárias concernentes aos bens constantes do património (por exemplo, o IMT, IMI, SELO) que devem ser pagos pelo *trustee* como parte de suas obrigações inerentes a administração do património do *Trust*.

[53] A falha em um destes procedimentos poderia acarretar na sua retirada da qualidade de *trustee*, em penalidades ou, ainda, multas.

[54] Cfr. ALMEIDA, Verônica Scriptore Freire e. *A Tributação dos Trusts*. Coimbra: Almedina, 2009, p. 248.

Em havendo mais de um *trustee*, como por exemplo, nas sociedades de *trustees*, todos seriam responsáveis solidários entre si. Na prática, poderia ser nomeado um dos *trustees* que agiria na qualidade de "*trustee* activo" para tratar com as autoridades tributárias. Mas, tais actividades efectuadas pelo "*trustee* activo" seriam tratadas como acções de todos os *trustees*.

O *trustee* seria sujeito passivo propriamente dito, apenas no que se refere aos rendimentos que receber do *Trust* a título de remuneração, em troca dos serviços prestados na administração do *Trust*. Pagará desta forma, IRS, na categoria B, sobre seus rendimentos e também estará sujeito ao imposto do artigo 2º, 1, a, do CIVA, em decorrência da prestação de serviços.

c) Beneficiário

A seu turno, o beneficiário seria, nos casos de renúncia efectiva dos bens por parte do *settlor*, inevitavelmente o verdadeiro sujeito passivo tributário, pois, é ele quem recebe a vantagem económica dos bens ou direitos do *Trust*. Ou seja, ele é o titular da capacidade contributiva.

Por outro lado, não havendo a renúncia efectiva dos bens por parte do *settlor*, a extensão da sujeição passiva tributária do beneficiário dependeria de cada situação específica.

Assim, primeiramente, no caso do *Trust* discricionário, o *trustee* tem amplos poderes, entre os mais relevantes está o poder de escolher o beneficiário[55], o *quantum* o beneficiário receberá do *Trust*, e a freqüência que essa renda será atribuída ao beneficiário. Nesse passo, fica claro que o beneficiário só será sujeito passivo dos impostos referentes aos bens ou direitos directamente a ele atribuídos[56].

Por sua vez, em outra situação, se for beneficiário apenas do capital do *Trust*, não será sujeito passivo dos rendimentos do *Trust*. Na mesma linha de raciocínio, se for beneficiário dos rendimentos não será sujeito passivo quanto ao capital do *Trust*[57].

A seu turno, se o *settlor* é o único beneficiário, então o *settlor* será o sujeito passivo.

---

[55] A escolha será feita dentre os beneficiários da lista ou categoria já previamente definidos pelo *settlor* no acto constitutivo do *Trust*.

[56] Cfr. ALMEIDA, Verônica Scriptore Freire e. *A Tributação dos Trusts*. Coimbra: Almedina, 2009, p. 250-251.

[57] Neste ponto, importa recordar que o *settlor* poderá designar beneficiários do capital e/ou do rendimento: Entende-se por capital do *Trust*, o património constituído em *Trust* pelo *settlor*, assim como as quantias percebidas pela alienação dos bens ou direitos que o integram (os produtos da venda dos bens fazem parte do principal). O rendimento do *Trust* é o proveito patrimonial decorrente da utilização produtiva do capital (rendas, juros, dividendos).

5.2. *Trust* – Existência Fiscal Distinta

Os bens do *Trust* formam um património separado, e não formam parte do património do *trustee*. Deste modo, o *Trust* poderia ser visto como uma entidade jurídica separada, titular dos bens ou direitos constituídos em *Trust*[58].

Considerando as múltiplas especificidades existentes no *Trust*, avaliamos a possibilidade do *Trust* ser sujeito passivo distinto em certas situações. Justificamos com a análise a seguir exposta.

O *Trust* é uma instituição de Direito anglo-saxão e dificilmente se encaixa na figura das entidades existente na *civil law*, consideradas inadequadas para a consecução das funções jurídicas e económicas exercidas pelo *Trust*, que se aproxima de uma figura de património separado[59].

Com efeito, conforme o artigo 2º da Convenção de Haia sobre o Direito Aplicável aos *Trusts* e o seu Reconhecimento, os bens ou direitos do *Trust* constituem um fundo separado[60].

Neste sentido, o artigo 18º da LGT prevê a possibilidade do património autónomo ser considerado sujeito passivo da obrigação Tributária[61]. É dentro deste conceito que gostaríamos, inicialmente, de conferir sujeição passiva ao *Trust*.

Em prosseguimento, elencamos abaixo diferentes hipóteses jurídicas tributárias, com nossas respectivas conclusões[62]:

a) Em primeiro lugar, o *Trust* irrevogável não discricionário seria considerado como fiscalmente inexistente, ao passo que todo rendimento obtido pelo *Trust* será distribuído aos beneficiários. Neste caso, os impostos serão imputados diretamente aos beneficiários.

b) O *Trust* irrevogável discricionário é considerado com existência fiscal distinta, ao passo que não distribuindo todo o rendimento do *Trust* aos beneficiários, poderá o *trustee* acumular a renda em sede do *Trust*. Neste caso, o mais adequado será tributar em sede do próprio património separado, visto a subjectividade existente quanto aos direitos dos beneficiários.

---

[58] LEITE DE CAMPOS, Diogo; VAZ TOMÉ, Maria João. *A Propriedade Fiduciária (Trust), Estudo para a sua Consagração no Direito Português*. Coimbra: Almedina, 1999, p. 265.

[59] Cfr. ALMEIDA, Verônica Scriptore Freire e. *A Tributação dos Trusts*. Coimbra: Almedina, 2009, p. 252.

[60] Article 2 – *"For the purposes of this Convention, the term "trust" refers to the legal relationships created – inter vivos or on death – by a person, the settlor, when assets have been placed under the control of a trustee for the benefit of a beneficiary or for a specified purpose. A trust has the following characteristics – a) the assets constitute a separate fund and are not a part of the trustee's own estate; (...)"*. HCCH. *Convention on the Law Applicable to Trusts and on their Recognition*. Disponível em: http://hcch.e-vision.nl/index_en.php?act=conventions.text&cid=59 . Acesso em 13.03.2006.

[61] Artigo 18º – Sujeitos – *"3 – O sujeito passivo é a pessoa singular ou colectiva, o património ou a organização de facto ou de direito que, nos termos da lei, está vinculado ao cumprimento da prestação tributária, seja como contribuinte directo, substituto ou responsável."*

[62] Cfr. ALMEIDA, Verônica Scriptore Freire e. *A Tributação dos Trusts*. Coimbra: Almedina, 2009, p. 254.

c) Por último, o *Trust* não será considerado um contribuinte distinto nos casos de *Trust* revogável ou de *Trust* irrevogável sem renuncia efetiva[63].

5.3. As hipóteses de incidência tributária no *Trust*
a) Transferência dos bens

A transferência dos bens ou direitos, na estrutura dos *Trusts*, se verifica em dois momentos distintos: em um primeiro momento, como vimos, deverá o *settlor* transferir válida e eficazmente os bens ou direitos para o *trustee*. Em um segundo momento, deverá o *trustee* ao término do *Trust*, distribuir os bens aos beneficiários do *Trust*[64].

Trataremos, neste momento, a respeito da transferência inicial, onde a indagação que se faz é a seguinte: quando o *settlor* transfere os bens para o *Trust* ele é tributado?

Adequando-se ao sistema fiscal português, primeiramente, sobre o acto constitutivo do *Trust*, entendemos que deverá incidir o Imposto de Selo, nos termos do artigo 1º, do Código do Imposto de Selo, que abrange os actos, contratos e documentos.

Dessa forma, os bens constituintes da massa patrimonial do *Trust*, que forem sujeitos a registo devem ser registados com a menção de que são tidos em *Trust*, com a consequente indicação do beneficiário[65].

Outra hipótese de incidência observada na transferência inicial é a incidência do Imposto de Selo sobre as transmissões gratuitas de bens[66]. Temos então as situações analisadas, que seguem:

Em não havendo renúncia efectiva dos bens, como vimos, o *settlor* ainda é considerado como proprietário dos bens em *Trust*. Neste caso, em virtude desta transferência ser inerente a estrutura inicial do *Trust*, fazendo parte característica do instituto, entendemos que não deverá sofrer incidência tributária do imposto em questão.

Por outro lado, havendo renúncia efectiva dos bens, poderíamos considerar a ocorrência de uma transmissão gratuita de bens, por doação ou sucessão, con-

---

[63] Neste caso, o *trustee* não se destaca claramente da influência do *settlor*, ou seja, este poderá controlar estreitamente a gestão do *trustee* ou ser o único ou principal beneficiário do *Trust*.

[64] Neste contexto, verifica-se no *Trust* sempre uma dupla transferência, com excepção dos casos em que não é imposta a cláusula *rule against perpetue* (*Trusts Charitable, in exemplis*). Cfr. ALMEIDA, Verônica Scriptore Freire e. *A Tributação dos Trusts*. Coimbra: Almedina, 2009, p. 255.

[65] *Vide* LEITE DE CAMPOS, Diogo; VAZ TOMÉ, Maria João. *A Propriedade Fiduciária (Trust), Estudo para a sua Consagração no Direito Português*. Coimbra: Almedina, 1999, p. 330.

[66] *Vide* artigo 1º, 1, do Código do Imposto de Selo.

forme o caso. Assim, neste caso, ocorre a incidência do Imposto de Selo sobre a transmissão gratuita de bens[67].

Entretanto, vale dizer, que em Portugal são isentos do Imposto de Selo sobre as transmissões gratuitas de bens os cônjuges, descendentes e ascendentes[68].

Lembramos, que o *trustee* não será sujeito passivo. O *trustee* consta apenas como gestor, não sendo o titular de capacidade tributária e, portanto, não é o devedor do Imposto de Selo.

Nesse sentido, no âmbito do *Trust* podemos concluir sobre as transmissões gratuitas de bens, o que se segue:

a) Sempre que um *settlor* transfere os bens ao *trustee* em condições que não caracterize uma renúncia efectiva dos bens transferidos, a operação é considerada como neutra no plano fiscal. Os bens são fiscalmente considerados pertencentes ao *settlor* e farão parte da sua sucessão no dia de seu óbito.

b) Sempre que um *settlor* transfere os bens ao *trustee* em condições que caracterize uma renúncia efectiva dos bens transferidos, o Imposto de Selo deverá ser imediatamente exigido. Desta forma, a aquisição gratuita de bens pelos beneficiários que não estiverem isentos, estará sujeita a Imposto de Selo à taxa única de 10%, antes de juntar-se ao fundo do *Trust*[69].

Por outro lado, estes bens não farão mais parte da sucessão no dia do óbito do *settlor*. Quando o *trustee* distribuir posteriormente os bens do *Trust* aos beneficiários, não pagarão novamente o Imposto.

c) No caso de *Trust* Testamentário, sempre que um *settlor* prevê por testamento a transferência após sua morte, dos seus bens e direitos em *Trust*, estes bens são considerados parte do seu património no momento que precede seu óbito: desta forma, antes mesmo da transferência dos bens para o *Trust*, a aquisição gratuita de bens pelos beneficiários que não estiverem isentos, está sujeita a Imposto de Selo.

d) Lembramos que no caso específico de *Trust* discricionário, onde os beneficiários apenas têm uma expectativa de direito, os beneficiários não isentos, são contribuintes dos impostos correspondentes apenas nas suas quotas parte, quando receberem os bens e direitos na ocasião da extinção do *Trust*, finalizado todo o incremento patrimonial dos beneficiários. Desta maneira, evitam-se problemas concernentes ao cálculo da base imponível, e consequentemente do imposto[70].

---

[67] Por outro lado, o beneficiário só poderá ser considerado donatário se recebe direitos derivados do *Trust* que suponha um enriquecimento actual e que não estejam sujeitos a termos ou a condições suspensivas para o efectivo recebimento dos bens ou direitos em *Trust*.
[68] *Vide* sobre a isenção: Código de Imposto de Selo, em seu artigo 6º.
[69] Conforme previsto no nº 1.2 da Tabela Geral do Imposto de Selo.
[70] Argumenta-se para tanto, que a aplicação do imposto sobre sucessão na transferência inicial ao *trustee*, resultaria em graves problemas. Neste passo, o cálculo da base imponível e, portanto do imposto, resultaria aleatório, isto é, não seria baseado nos incrementos do património do be-

Da mesma forma ocorre, quando existir uma condição suspensiva quanto ao beneficiário. O regime fiscal aplicável e os valores passíveis de imposto serão determinados na data da realização da condição.

Em ambos os casos, conclui-se que será devido o imposto na época da referida cessação, ou na época da realização da condição, e em função do valor dos bens em *Trust* actuais, tendo em conta a alíquota fiscal em vigor nessa mesma época.

b) **Rendas Obtidas e Distribuídas pelo *Trust***
Neste ponto, procuraremos analisar a incidência do Imposto sobre o Rendimento.

Primeiramente, a base tributária seriam as rendas obtidas pelo *Trust*, que seria cobrado da seguinte forma:

Como contribuinte distinto, o *Trust* paga o imposto à razão dos rendimentos que o *trustee* recolhe, mas, quando ocorrer a distribuição aos beneficiários, estes beneficiam de um crédito de imposto correspondente ao imposto já suportado pelo *Trust*.

Neste passo, o *Trust* como sujeito passivo, estará sujeito a alíquota aplicada as Pessoas Singulares (IRS).

Em contrapartida, se a influência do *settlor* sobre o *Trust* continuar a existir, no caso de não haver renúncia efetiva dos bens, vimos que o *Trust* será considerado fiscalmente inexistente. Desta forma, a imposição do IR será suportado directamente pelo *settlor*.

Por sua vez, na análise do IR sobre os rendimentos auferidos no *Trust* e distribuídos através do *trustee* aos beneficiários, devemos verificar os seguintes casos:

a) *Settlor* é o único beneficiário: o *Trust* é considerado fiscalmente inexistente. O sujeito passivo é o *settlor*. Será devido o imposto à razão dos rendimentos recolhidos pelo *trustee* ao abrigo do ano no curso do qual o *trustee* é creditado dos referidos rendimentos.

b) *Settlor* e beneficiário são pessoas distintas: neste caso, pouco importa se o *Trust* é revogável ou não, o beneficiário é unicamente o sujeito passivo do imposto à razão dos rendimentos que lhe distribuir certamente o *trustee*.

Em qualquer dos casos, os beneficiários são tributados na fonte (IRS) sobre os pagamentos de rendimentos efectuado pelo *trustee*. Neste passo, terão direito ao crédito dos impostos já suportados pelo *Trust* para efeitos da sua declaração pessoal de IR.

Neste ponto, vale dizer que os beneficiários teriam a obrigação de declarar o IR, mesmo que não tenham quantia a recolher.

---

neficiário final. Ao passo que em um *Trust* discricionário, não é improvável que haja variações, qualitativas e quantitativas da *Trust Property*.

c) A Cessação do *Trust* e a Distribuição do Capital aos Beneficiários

Nesta derradeira fase do instituto do *Trust*, devemos analisar as eventuais hipóteses de incidência tributária.

Trataremos agora, da segunda transferência de bens ou direitos verificada na estrutura do *Trust*, a distribuição do capital aos beneficiários, ao término do *Trust*.

Como vimos, há casos em que o Imposto de Selo (Portugal) só deve ser recolhido no momento em que os beneficiários receberem os bens e direitos por ocasião da extinção do *Trust*, e conseqüentemente da distribuição dos bens pelo *trustee*. Ressalvadas as isenções agora existentes em Portugal (sucessões e doações entre cônjuges, descendentes e ascendentes)[71].

Neste passo, concluímos que com exceção do Imposto de Selo, nos casos que são devidos, os beneficiários não devem ser tributados sobre as distribuições de capital quando da extinção do *Trust*.

Por último, não haverá incidência de IRS, que não incide sobre os incrementos patrimoniais sujeitos a imposto sobre as sucessões e doações[72].

Conclusão

Durante o desenrolar de nosso estudo, pudemos vislumbrar que o *Trust* constitui um dos traços distintivos entre o Direito da *common law* e o Direito da *civil law*.

Com efeito, trata-se de um instituto com características particulares que vão desde a divisão da propriedade, passam por sua estrutura com três sujeitos (*settlor*, *trustee* e beneficiário) com suas funções e prerrogativas peculiares, até sua edificação, onde temos a declaração de vontade do *settlor*, a devida transmissão dos bens ou dos direitos para o *trustee* e a *res*.

De facto, a partir destas premissas o seu quadro jurídico possibilita a utilização em vários domínios, com diversas finalidades importantes, que justificaram nosso estudo acerca dos principais aspectos fiscais que envolvem o referido instituto.

Dentro deste contexto, podemos agora afirmar que é possível, sim, considerarmos alguns pontos que podem ser de importância particular aos operadores do Direito, aos acadêmicos, pesquisadores, bem como às autoridades que venham a endereçar a tributação aos *trusts* pela primeira vez, como certamente virá a ocorrer em Portugal.

Assim, em nossa análise fiscal com vistas a determinação do sujeito passivo, verificamos que o *settlor* incorrerá em responsabilidade fiscal se reservou para si direitos de revogação ou modificação do instrumento do *Trust*, permanecendo, pois, relacionado aos bens em *Trust*.

---

[71] Mesmo não sendo devido o Imposto de Selo, os beneficiários isentos devem prestar as declarações e proceder à relação dos bens e direitos, conforme alude o Código de Imposto de Selo, em seu artigo 28º.
[72] *Vide* artigo 12, nº 6, do IRS.

A seu turno, o *trustee* possui uma propriedade aparente, não possuindo capacidade contributiva sobre os bens. O papel do *trustee* seria o de responder pelo cumprimento das obrigações principais e acessórias do sujeito passivo, em virtude de razões de conveniência, de eficácia e de segurança do pagamento do imposto.

Por sua vez, o beneficiário seria nos casos de renúncia efectiva dos bens por parte do *settlor*, inevitavelmente, o verdadeiro sujeito passivo tributário, pois, é ele quem recebe a vantagem económica dos bens ou direitos do *Trust*. Ou seja, ele é o titular da capacidade contributiva.

Em prosseguimento, dentro das hipóteses de incidência tributária no *Trust*, concluímos pela incidência do Imposto de Selo na transferência inicial dos bens, naqueles casos em que o *settlor* a faz de forma definitiva. Já no caso do *trustee* possuir poderes discricionários, concluímos que deverá ser liquidado o imposto apenas na transferência final do capital, com todo o incremento patrimonial vislumbrado.

Por outro lado, sempre que o *settlor* transfere os bens ao *trustee* em condições que não caracterize uma renúncia efectiva dos bens transferidos, a operação é considerada como neutra no plano fiscal. Portanto, entendemos que não deverá sofrer incidência tributária do referido imposto.

Mesmo estando ciente que em Portugal os cônjuges, descendentes e ascendentes são isentos do Imposto de Selo sobre as transmissões gratuitas de bens, não poderíamos deixar de analisar essa importante hipótese de incidência, diante da possibilidade dos beneficiários não se encontrarem entre os isentos.

Já em sede do Imposto sobre o Rendimento, pudemos verificar que como contribuinte distinto, o *Trust* deve pagar o imposto à razão dos rendimentos que o *trustee* recolhe, mas, quando ocorrer a distribuição aos beneficiários, estes beneficiam de um crédito de imposto correspondente ao imposto já suportado pelo *Trust*. De facto, os beneficiários, por razões de comodidade, eficiência e segurança jurídica, são tributados na fonte sobre os pagamentos de rendimentos efectuados pelo *trustee*.

Finalmente, por ocasião da segunda transferência de bens verificadas na estrutura do *Trust*, os beneficiários somente devem ser tributados sobre as distribuições de capital no caso de não ocorrência da incidência do Imposto de Selo, no momento da transferência inicial (situações que mantém o *settlor* de alguma forma ainda ligado aos bens e direitos do *Trust*).

Por todos os títulos, concluímos que na área da tributação dos *Trusts*, progressivamente, as jurisdições que não estão familiarizadas com este inovador instituto estão sendo chamadas a lidar com estes novos desafios. Assim, o devido endereçamento da tributação dependerá do nível de entendimento das características do instituto bem como da compreensão da necessidade de consagrar o instituto em território português. Somente a partir daí, o regramento fiscal poderá ser efectivo. É o que buscamos!

Bibliografia

ALMEIDA, Verônica Scriptore Freire e. A Tributação dos Trusts. Coimbra: Almedina, 2009.

BEILFUSS, Cristina González. *El Trust- La Instituición Anglo-Americana y El Derecho Internacional Privado Español.* Barcelona: Bosch, 1997.

BRAZ DA SILVA, José Manuel. *Os Paraísos Fiscais.* Coimbra: Almedina, 2000.

CHALHUB, Melhim Namem. *Trust.* Rio de Janeiro: Renovar, 2001.

CHALHUB, Melhim Namem. *A Regularização do Trust no Direito Brasileiro.* São Paulo: Gazeta Mercantil, p. 4, 30.03.2000.

CHIMIENTI, M. T. *Trusts Interni Disposti Inter Vivos: Orientamenti in Materia di Imposte Dirette.* Bologna: Rivista Bimestral. Diritto e Pratica Tributaria. Marzo-Aprile, 2003.

GARDNER, Simon. *An Introduction to the Law of Trusts.* Oxford: University Press, 2003.

GOMES, A. C. N. *A Propriedade Jurídica e a Propriedade Econômica no Trust.* Coimbra: Faculdade de Direito da Universidade de Coimbra, *Working Paper,* 2000.

HAYTON, D.J. *The Law of Trusts.* London: Sweet e Maxwell, 1998.

HCCH. *Convention on the Law Applicable to Trusts and on their Recognition.* Disponível em: http://hcch.e-vision.nl/index_en.php?act=conventions.text&cid=59 . 1985.

LEITE DE CAMPOS, Diogo; LEITE DE CAMPOS, Mônica. *Direito Tributário.* Belo Horizonte: Del Rey, 2º Edição, 2001.

LEITE DE CAMPOS, Diogo; VAZ TOMÉ, Maria João. *A Propriedade Fiduciária (Trust), Estudo para a sua Consagração no Direito Português.* Coimbra: Almedina, 1999.

LEITE DE CAMPOS, Diogo; MONTEIRO, Manuel. Titularização de Créditos – Anotações ao Decreto-Lei nº 453/99, de 5 de Novembro. Coimbra: Almedina, 2001.

MARTIN, Jill E., *Modern Equity.* Fifteenth Edition. London: Sweet & Maxwell, 1997.

PACHECO, A. D. *Las Entidades en Atribuición de Rentas y el Régimen Fiscal de Partnerships y Trusts en España.* Madrid: Manual de Fiscalidad Internacional, Instituto de Estudios Fiscales, 2º edición, 2004.

PENNER, J. E., *The Law of Trusts.* Fifth Edition, Londres: Oxford University Press, 2006, p. 18.

PETTIT, Philip H. *Equity and the Law of Trusts.* Londres: Butterworths, 1993.

SALVATORE, Vicenzo. *IL Trust – Profili di Diritto Internazionale e Comparato.* Padova: CEDAM, 1996.

TRIPET, François. *Trust Patrimoniaux Anglo-Saxons et Droit Fiscal Français.* Paris: Litec, 1989.

TROST, Andreas. *El Trust en la Planificacion Fiscal Internacional.* Madrid: Fiscalidad Internacional, Centro de Estudios Financeiros, 2003.

XAVIER, Alberto. *Direito Tributário Internacional do Brasil.* Rio de Janeiro: Forense, 2005.

WSBA. *Trusts.* Disponível em: http://www.wsba.org/media/publications/pamphlets/trusts.htm, Acesso em 3/2/2006.

WSBA. *Trusts.* Disponível em: http://www.wsba.org/~/media/Files/News_Events/Publications/Consumer%20Info%20Pamphlets/Revocable%20Living%20Trusts%200211.ashx. Acesso em 8/10/2011.

WALD, Arnoldo. *Algumas considerações a respeito da utilização do "trust" no direito brasileiro.* Revista dos Tribunais, São Paulo, v. 34, nº 99, Julho-Set, 1995.

A securitização de créditos no direito português (titularização) e o "trust": um breve estudo

MARCUS HENRIQUE NIEBUS STEELE

Graduado em Direito pela UFF – Universidade Federal Fluminense, Mestre em Direito Empresarial pela Faculdade de Direito da Universidade de Coimbra – Portugal (orientado pelo Professor Doutor Diogo Leite de Campos), Doutorando em Direitos Humanos pela Facultad de Derecho da Universidad Nacional de Lomas de Zamora – Argentina, Defensor Público do Estado do Rio de Janeiro, Advogado inscrito na OAB/RJ e na OAP/Coimbra, Ex-Professor da Faculdade de Direito da UFF – Universidade Federal Fluminense, Membro do IDCLB – Instituto de Direito Comparado Luso-Brasileiro, Membro da Sociedade Portuguesa de Psiquiatria e Psicologia da Justiça.

I – Introdução

A necessidade de crédito para o desenvolvimento do comércio, da indústria e da agricultura, assim como ao próprio consumidor para aquisição de bens é reconhecida e incontestada pelos que analisam essa matéria no campo jurídico-econômico nos dias de hoje.

Nos meios de circulação de riquezas, dos mais exigentes aos corriqueiros, dos que envolvem os mais expressivos capitais destinados a grandes investimentos aos que operam individualmente em pequenos comércios, vêm ocorrendo modificações constantemente e cada vez mais rápidas, exigindo das respectivas sociedades onde se enquadram condições para que se implemente essas transformações, acomodando-as às próprias necessidades.

Sob a égide do aspecto jurídico-econômico, o crescimento social e econômico tem encontrado certos obstáculos para seu natural deslinde. Do rápido e incessante acúmulo de informações a que se submete a sociedade globalizada atual deriva uma necessidade patente de normatização e enquadramento de novas formas de relacionamento desta sociedade, seja sob o ângulo individual de cada componente seu, seja de maneira coletiva e pluralística.

Corporificando este sentimento e tentando exteriorizá-lo, SAVATIER referiu-se, à época, como sendo uma *aceleração da história*, aquela *mudança de marcha do tempo* que se faz sentir em todos os setores da vida humana, que se reflete de forma especial na atividade econômica e na sua disciplina jurídica.[1]

Registrou, a propósito, a substancial transformação do conceito de empresa[2], que encontrava-se regulada no Código Civil como um contrato de locação de serviços e que passou a ser tratada como uma unidade econômica destinada a reunir e coordenar fatores de produção, constituindo a base econômica de toda uma série de contratos e propiciando a expansão do capitalismo.

Certamente é no mercado de capitais e no mercado financeiro que se nota com mais clareza a crescente necessidade de adaptação do direito de propriedade em virtude da também crescente necessidade de simplificação e aceleração na circulação de riquezas.

A intensificação juntamente com a crescente e continua complexidade da atividade econômica, cada vez mais especializada, estão sempre exigindo um aperfeiçoamento dos institutos e mecanismos jurídicos existentes e a elaboração de novos instrumentos de dinamização dos negócios.

Procura-se, também, em vista da celeridade das operações financeiras e do estímulo à inversão de capitais, engendrar mercado mais ágil à circulação de créditos correspondentes, dotando-os de maior credibilidade e garantia.

Entretanto, a outorga de crédito envolve risco. Risco esse que tem seus parâmetros no volume envolvido na operação financeira e no respectivo tempo fixado para seu retorno.

Dessarte, as garantias sejam pessoais ou reais são formas de minimizar esse risco.

Nas últimas décadas do século XX verificou-se a predominância do capitalismo financeiro e o desenvolvimento paralelo do mercado de capitais com a captação de recursos junto ao público.

---

[1] *"Metamorphoses du Droit Civil d'aujourd'hui"* apud RIPERT, GEORGE, *in "Aspectos Jurídicos do capitalismo Moderno"*, Freitas Bastos, 1947, p. 59, *apud* CHALHUB, MELHIM N., *in "Negócio Fiduciário"*, Renovar, Rio de Janeiro, 2000, 2ª ed., p. 1.

[2] Em contrapartida ao conceito "clássico" de empresa – que, ao longo destas últimas décadas, vem se aperfeiçoando e se especializando, tentando englobar a verdadeiro significado do termo – como a vislumbrava FERRER CORREIA, *in "Estudos Jurídicos II – Direito Civil e Comercial; Direito Criminal"*, Coimbra, Atlântida Editora, 1969, p. 255, *verbis*: *"As expressões 'empresa' e 'estabelecimento comercial', embora nem sempre assumam, na doutrina comercialística, significados coincidentes, podem, no entanto, ser tomadas como sinónimas"*. Neste mesmo diapasão, contudo numa forma conceitual mais para o aspecto organizacional, PIRES CARDOSO define empresa como *"organismos económicos que têm por objectivo explorar, dum modo regular e permanente, determinado ramo de negócio"* (in *"Elementos de Direito Comercial"*, 11ª ed., Lisboa, Empresa Nacional de Publicidade, 1949, p. 60).

A busca de soluções mais rápidas e eficientes para o retorno do financiamento concedido e para início de um novo giro de capitais levou à substituição das garantias tradicionais por novos instrumentos jurídicos.

Recentemente, no contexto das profundas transformações pelas quais tem passado a sociedade, a conjuntura econômica vem ganhando novos contornos, com alterações substanciais nos mecanismos de financiamento e na circulação de capitais.

A dinâmica da vida econômica moderna direcionou para a criação de novos direitos reais. É o caso da chamada propriedade fiduciária, trazendo-se para o sistema financeiro a propriedade como garantia.

Vislumbra-se, neste mesmo diapasão, o desenvolvimento de um novo mercado de crédito, fora do circuito do mercado financeiro, por meio de um processo denominado de desintermediação financeira, onde as empresas não financeiras transformam seus direitos creditórios em valores mobiliários para captação de recursos no mercado de capitais, através de um processo que convencionou-se chamar securitização.

Esse processo demonstra a necessidade de mais agilidade e segurança na operação de captação de recursos, necessidade essa que cresce à medida em que se intensifica o fluxo de investimento no plano internacional, circunstância que enseja a instrumentalização de mecanismos no ordenamento jurídico--econômico que sejam capazes de ser utilizados com mais eficiência no fluxo de capitais externos.

Com o intuito de possibilitar o atendimento dessas novas necessidades, cogita--se o aproveitamento da figura da fidúcia, com as características que emprestou--lhe o instituto anglo-saxão do *trust*.

O *trust* remete à segregação de bens e a constituição de um patrimônio de afetação, que retira dos bens que o integram a vulnerabilidade aos efeitos da insolvência das partes envolvidas.

Considerando a flexibilidade caracterizadora do instituto do *trust* este se mostra dotado de capacidade para atender variados anseios da sociedade moderna, notadamente na conjuntura originada pela desintermediação financeira e pela globalização.

Além das incontáveis funções que a fidúcia pode desempenhar na esfera dos negócios, destaca-se sua importante contribuição seja como garantia, permitindo a expansão do crédito, seja como instrumento do mercado de investimento, inclusive na securitização de créditos, funcionando como catalisador no processo de captação de recursos.

O presente estudo comporta interesses tanto na esfera jurídica quanto na econômica, devendo ser esclarecido, ao princípio, que a narrativa que será encaminhada apresenta termos e noções utilizados tanto no âmbito das ciências jurídicas quanto no das ciências econômicas, o que faz merecer transcrição da obra do insigne Professor COUTINHO DE ABREU, que assim explicita: *"é reconhecida a interdependência da economia e do direito. As estruturas e processos económicos são enquadrados por dados jurídico-normativos. O económico, requerendo o direito, não pode deixar de influenciar este (quer se veja aquele como basicamente determinante ou condicionante quer não, certo é ser ele um dos factores constituintes do jurídico); por outro lado, o direito não deixa também de influenciar o económico, agindo sobre ele (desde acções predominantemente sancionadoras de processos e estruturas surgidos espontaneamente na vida económica, até intervenções mais promotoras, ou críticas e regulativo-conformadoras).*

Lógico, por isso, o reconhecimento da utilidade das análises económico-científicas para a compreensão do direito. Utilidade ainda mais manifesta quando se considera o moderno fenómeno da 'funcionalização' e 'economização' do direito (que vai a par da 'juridificação'da economia): o direito como instrumento de direcção da economia, utilizando por conseguinte conhecimentos económicos, e recorrendo mesmo à utilização de conceitos primariamente económicos na previsão e na estatuição dos seus enunciados normativos. Fenómeno esse particularmente visível em domínios como o direito comercial, das sociedades, da concorrência, da economia, das empresas...

Porém, é também reconhecida a autonomia relativa do direito e da economia. Um não se reduz ao outro. Aliás, a interdependência de ambos supõe uma correlativa autonomia. E esta manifesta-se também, em geral, ao próprio nível dos conceitos ligados a cada uma dessas realidades. Um vocábulo ou locução típicos da linguagem económica – mesmo que monossémicos – não têm de ser acolhidos na linguagem do direito com o mesmo sentido (à homonímia não corresponderá, por norma, perfeita sinonímia). Inseridas no direito, as expressões económicas transmudam-se em expressões jurídicas, cujo sentido há-de ser apreendido de acordo com o respectivo contexto sistemático e funcional." [3] [4]

II – A Securitização de Créditos no Direito Português (titularização)
1. Conceituação e aplicabilidade

O termo titularização, utilizado no ordenamento jurídico português pela legislação pertinente, encontra constantemente uma pluralidade de sentidos (técnicos

---

[3] ABREU, JORGE M. C., in *"Da Empresarialidade (As Empresas no Direito)"*, Almedina, Coimbra, 1996, pp. 16/20.

[4] Exemplo desta oportuna transcrição, que no decorrer deste estudo servirá como apoio didático para a compreensão do texto, é o comentário do Professor JOÃO CALVÃO DA SILVA, que em seu livro *"Euro e Direito"*, p. 63, assim diz: *"Economistas e juristas, modernamente, qualificam a moeda, não pela forma, mas (sobretudo) pelas funções que ela desempenha. Em certo sentido diz-se até que a moeda não tem estrutura, mas complexidade funcional. Os economistas sublinham a função de troca, medida geral de valores e reserva de liquidez; e os juristas vêem a moeda nas unidades (materiais ou imateriais) que realizam tais funções de meio geral de pagamentos, critério de medida dos valores económicos, acumulação ou reserva de poder de aquisição e objecto de propriedade ou capitalização".*

e não técnicos) que dificultam uma clara e imediata interpretação do referido vocábulo que, por inúmeras vezes, é empregado de forma incorreta (ou inexata) no contexto em que se encontra inserido. A este fenômeno soma-se a falta de rigorosidade com que a expressão é comumente empregue gerando uma certa confusão em sua corriqueira aplicação, sendo considerado por alguns como um dos termos mais ambíguos do vocabulário jurídico.

Segundo PAULO CÂMARA *"não se reputam, porém, como justas estas observações. A titularização tem um espaço demarcado no tráfego e na literatura, apesar da sua púbere existência. Em vez de lhe apontar traços de ambiguidade, há que anotar o acentuado poliformismo do fenómeno e a diversidade das configurações que na prática recebe. Aliás, sucede que a diversidade de esquemas de titularização se explica, não apenas pela sua versatilidade, mas também por razões históricas, ligadas à génese do fenómeno".*[5]

A conceituação pode ser extraída do contexto da própria legislação portuguesa, sendo um conjunto de operações consistente na transformação de créditos em títulos, criando novos valores mobiliários, proporcionando sua autonomização em relação à origem, com previsível emissão de valores representativos – as respectivas unidades de titularização – possibilitando uma simples mudança de titularidade consubstanciada na aquisição correspondente, conectando os dois mercados (o de crédito e o de valores mobiliários), disponibilizando-os aos interessados em geral.

JOSÉ C. J. S. MEIRELLES conceitua a securitização[6] como uma *"utilização de receitas futuras, segregadas da empresa que as originou, para lastrear títulos (securities), que podem ser emitidos tanto no mercado interno quanto no mercado externo. As receitas futuras normalmente são chamadas de recebíveis ou de direitos creditórios"*[7].

A titularização em âmbito do ordenamento jurídico português é recentemente reconhecida em termos legais, sendo a sua aplicação ainda restrita em comparação com países de origem anglo-americana, onde sua utilização é reforçada pela possibilidade de praticar o *trust* como forma de estruturação de uma entidade cessionária.

Antes da entrada em vigor do Decreto-Lei nº 453/99, de 5 de novembro, o direito português cingia-se tão somente ao reconhecimento da emissão de obrigações hipotecárias, vislumbrada no Decreto-Lei nº 125/90, de 16 de abril, não tendo, entretanto, tido sucesso na esfera nacional portuguesa.

---

[5] CÂMARA, P., "A Operação de Titularização", in *Colecção de Colóquios do Instituto de Direito Bancário 4*, Instituto de Direito Bancário, Lisboa, 1999.
[6] Este termo é utilizado na legislação brasileira em similitude ao vocábulo titularização, que é adotado no DL nº 453/99, de 5 de novembro.
[7] MEIRELLES, J.C.J.S., "Securitização', in *Colecção de Colóquios do Instituto de Direito Bancário 4*, Instituto de Direito Bancário, Lisboa, 1999.

Por outro lado, em vista da flexibilidade deste instituto, ora consagrado, tudo leva a crer que sua aplicabilidade terá êxito e se transformará no meio de captação de recursos no mercado mais eficiente até então.

A destacar é o fato de ser a securitização um meio de captação de recursos com um custo inferior ao praticado nos moldes da clássica operação de financiamento junto a uma instituição financeira intermediadora, como por exemplo a contratação de empréstimos.

Isto ocorre porque o risco assumido pela entidade financiadora – um banco[8], por exemplo – é sensivelmente diminuído ao adotar a prática da securitização de créditos. Em vez de repassar um capital anteriormente adquirido ao sujeito carecedor de financiamento, capital este proveniente de depósitos monetários efetuados pelos que detêm os recursos (e estão dispostos a disponibilizá-los em troca de determinado rendimento), ele – o banco – passa a gerenciar a operação em questão, sendo remunerado por uma comissão predefinida, abstendo-se de cobrar uma taxa de juro (remuneração pelo risco em ceder o capital em empréstimo) suficiente para assumir o risco, colocando o capital nas mãos do sujeito que necessita dos recursos a um preço inferior. Por fim todos acabam ganhando, pois a entidade financiadora passou a ser, *grosso modo*, o próprio detentor original do capital, gerando, em consequência, uma desintermediação financeira.

2. Análise da legislação pertinente

Em Portugal, como já dito, a legislação referente à titularização de créditos é relativamente recente, vindo a exteriorizar-se através do Decreto-Lei nº 453/99, de 5 de novembro.

O citado diploma legal estabelece o regime das cessões de créditos para efeitos de titularização e regula sua constituição e seu funcionamento através da criação das sociedades de titularização de créditos, dos fundos de titularização de créditos e suas respectivas sociedades gestoras (art. 1º. do DL nº 453/99).

Como entidades cedentes – aquelas que podem ceder créditos para efeitos de titularização – o art. 2º. da referida legislação elenca o Estado e demais pessoas coletivas públicas, as instituições de crédito, as sociedades financeiras, as empresas de seguros, os fundos de pensões, as sociedades gestoras de fundos de pensões, bem como outras pessoas coletivas cujas contas dos três últimos exercí-

---

[8] *"Embora seja trivial, é útil lembrar que configuração típica do sistema financeiro baseada no financiamento bancário supõe a interposição das instituições de crédito entre os aforradores e os sujeitos carecidos de financiamento. É graças à dupla função das instituições de crédito – recepção de fundos reembolsáveis e concessão de crédito – somada ao efeito jurídico-real de transmissão da propriedade dos bens (fungíveis) depositados para a esfera do depositário que este circuito económico flui. Assim se apresenta o sistema financeiro assente na intermediação, na sua acepção mais central"* (CÂMARA, P., *in op. cit.*).

cios tenham sido objeto de certificação legal por auditor registrado na Comissão do Mercado de Valores Mobiliários (CMVM).

Em Portugal restringiu-se o legislador a admitir apenas dois tipos de entidades cessionárias (também conhecidas como *special purpose vehicles*): os fundos de titularização de créditos e as sociedades de titularização de créditos, sendo os primeiros tratados no Capítulo II e os demais no Capítulo III da legislação em análise.

Uma das diferenças básicas entre as duas entidades é a forma de emissão dos valores mobiliários. Os fundos de titularização de créditos são divididos em parcelas que revestem a forma de valores escriturais (mobiliários), sob a designação de unidades de titularização (art. 31º.), as quais conferem aos seus respectivos detentores, cumulativa ou exclusivamente, os direitos ao pagamento de rendimentos periódicos, ao reembolso do valor nominal das unidades de titularização e, no termo do processo de liquidação e partilha do fundo, à parte que proporcionalmente lhes competir do montante que remanescer depois de pagos os rendimentos periódicos e demais despesas e encargos do fundo.

Por outro lado, em relação às sociedades de titularização de crédito, a emissão de valores mobiliários ocorre quando são emitidas as obrigações para pagamento dos créditos adquiridos, como disciplinam os arts. 46º. e seguintes.

Quanto à qualificação dos créditos suscetíveis de serem titularizados dispõe o art. 4º. que estes só podem ser objeto de cessão para titularização se em relação a eles se verificar cumulativamente certos requisitos, como a transmissibilidade não se encontrar sujeita a restrições legais ou convencionais, serem eles de natureza pecuniária, não se encontrarem sujeitos a qualquer condição nem vencidos, e não serem litigiosos nem se encontrarem dados em garantia ou judicialmente penhorados ou apreendidos.

Podem ainda ser cedidos para titularização (*nomem iuris* português) créditos futuros desde que provenientes de relações jurídicas constituídas e de montante conhecido, ou, pelo menos, estimável. Daí conclui-se, portanto, *contrario sensu*, que o legislador afastou, *a priori*, a possibilidade de titularização de expectativa de direito, visto não ter esta situação jurídica a suficiente segurança econômica garantidora do sucesso da respectiva cessão.

O legislador preferiu ater-se a um critério rigoroso de segurança, pondo de lado a competitividade emergente de uma situação de valoração de uma expectativa de direito. Se por um lado existe uma possibilidade de inocorrência do fato (ou ato), o que geraria um risco de investimento, por outro tal risco serviria para fomentar e incrementar o ganho relativo à tais expectativas de crédito. Por que não apostar-se na renda de um *show* musical onde o artista é uma pessoa muito conhecida e provavelmente arrastará uma multidão para lhe ver? Se os produtores do aludido *show* não têm no momento certo a disponibilidade financeira para financiar o espetáculo, que problema haveria em eles procurarem se socorrer através de uma cessão de uma expectativa de direito (créditos futuros indeterminados) se se enquadrassem no rol elencado no nº 1 do art. 2º. do DL nº 453/99? O que certamente iria acontecer seria uma cessão por valores inferiores ao de um crédito certo e determinado, levando aos que acreditassem no êxito do evento a um ganho muito maior que o convencional.

A título de informação, vale ressaltar que em se tratando de empresas de seguros, de fundos de pensões e de sociedades gestoras de fundos de pensões, somam-se aos requisitos supracitados os complementares descritos no nº 3 do citado art. 4º., restringindo a cessão para titularização aos créditos hipotecários, aos créditos sobre o Estado ou outras pessoas coletivas públicas e aos créditos de fundos de pensões relativos às contribuições dos respectivos participantes.

A gestão dos créditos é regida pelo que dispõe o art. 5º., o qual prevê a obrigatoriedade de celebração de um contrato acessório ao de cessão quando a entidade cedente seja instituição de crédito, sociedade financeira ou empresa de seguros, pelo qual esta fique obrigada a praticar todos os atos que se revelem adequados à boa gestão dos respectivos créditos, assim como das garantias, se for o caso. É de se destacar ainda que o contrato de cessão dos créditos para titularização pode ser celebrado por instrumento particular, mesmo tendo por objeto créditos hipotecários.

Em caso de situação de falência do gestor dos créditos os montantes que na sua posse estiverem em decorrência de pagamentos relativos a créditos cedidos para titularização não integram a massa falida.

III – A Instituição *Trust*
1. O conceito e a origem do *trust*

O *trust* pode definido como um negócio jurídico onde um sujeito recebe a propriedade de uma coisa para administrá-la em benefício de outrem, ou seja, o titular originário do direito de propriedade transfere a sua titularidade para um outro sujeito que será incumbido de sua administração, porém repassará os benefícios de aludida administração para um terceiro.

Também se pode tentar conceituá-lo como uma obrigação imposta por convenção ou em decorrência de lei, em vista da qual o obrigado deve gerir bens sobre os quais tem controle em prol do benefício de certas pessoas, as quais podem exigir o implemento da obrigação.

A exata definição do *trust*, pela sua origem na *Common Law*, poderia se tornar uma tarefa razoavelmente complicada, vez que é patente a tradicional hostilidade dos juristas anglo-saxônicos frente à necessidade de definições e conceitos na esfera jurídica. Entretanto, o conceito básico pode ser transposto da definição de REUTLINGER, como sendo o *trust* uma *"fiduciary relationship with respect to property, in which one person (the trustee) holds property (the trust res) for the benefit of another person (the beneficiary), with specific duties attaching to the manner in which the trustee deals with the property*".[9]

Como trata-se de um instituto muito flexível, sua aplicação variada e sua atuação favorecida pelo baixo custo operacional tornou sua difusão rápida e crédula no direito anglo-americano, disseminando uma idéia de praticidade e garantia de resultados mais eficientes. Como sua aplicação é vasta e facilmente adaptável – e esse é o espírito do *trust* – torna-se desnecessária e até desaconselhável uma definição muito específica e delimitada deste instituto. Tal providência poderia vir a cercear a sua aplicação restringindo seu alcance que, na conjuntura atual, atingiu praticamente todos os ramos do direito.

A dificuldade encontrada em conceituar especificamente o *trust* repousa na análise do direito de propriedade da forma como habituaram-se os juristas dos países da *civil law*, agarrados ao conceito absoluto de propriedade.

No caso do *trust* o *trustee* e o *beneficiary* são titulares de faculdades distintas sobre um mesmo bem: o primeiro tem a obrigação de administrar e o direito de dispor do referido bem, enquanto o segundo o de gozar e desfrutar a coisa. A posição de um e do outro depende do que estabeleça o instrumento do *trust*. Tanto os interesses do beneficiário como os do *trustee* guardam relação com a propriedade tal como se entende no sistema de Direito Civil, e não constituem *iura in re aliena* como nos direitos reais.

Aquele que entrega os bens e, conseqüentemente, institui o *trust*, é chamado de *settlor* (instituidor); o *settlor* transmite efetivamente, a propriedade sobre aqueles bens. Quem os recebe, e assume a obrigação de administrá-los, é denominado *cestui que trust* (aquele que confia).

Trust significa confiança, entretanto esta não é emanada da lei ou do direito, mas sim da probidade e da consciência que tem o *trustee*. Em função disso, a restituição do bem em questão, ou sua entrega ao *cestui que trust*, correspondia apenas a um dever de consciência do *trustee*.

O que diferenciava o direito inglês do direito germânico era que legalmente, *in law*, o *feoffe to use* inglês exercia o direito de propriedade sem qualquer restrição e que o beneficiário não detinha nenhum direito real ou pessoal contra aquele em depositou sua confiança. Foi apenas depois do início do século XV que os chanceleres intervieram, constrangendo o *feoffee*, em nome da moral e da eqüidade, a cumprir os encargos que lhe foram impostos.

---

[9] REUTLINGER, M., *Wills, Trusts, and Estates, Essential Terms and Concepts*, Boston, New York, Toronto, London, Little, Brown and Company, 1993, p. 143, *apud* CAMPOS, D. L. e TOMÉ, M.J.R.C.V. in *"A Propriedade Fiduciária (Trust), Estudo para a sua consagração no Direito Português"*, Almedina, Coimbra, 1999, p. 19.

Com relação à origem histórica do *trust*, convém transcrever excerto da obra literária espanhola[10] que sintetiza brilhantemente a matéria.

"El trust se desarrolla en la Baja Edad Media en relación a lo que en aquella época constituía la riqueza por execelencia, la tierra, cuya tenencia estaba organizada desde la conquista normanda de 1066 conforme a esquemas estrictamente feudales. De acuerdo com las líneas de pensamiento propias de la época sólo el Rey era 'propietario' de la tierra, sus vasallos y subvasallos tenían distintos intereses (estates) sobre la misma en contrapartida a los servicios debidos al rey o al señor feudal.

El control del Rey o del señor feudal sobre la tierra era prácticamente omnimódo: cada transmisión del estate mortis causae estaba gravada por un cánon (el denominado relief) y la Corona podía privar al titular del estate en caso de traición o si éste fallecía sin dejar un herdero varón. El titular del estate no podía incluir sus derechos sobre la tierra en su testamento y éstos no se transmitían a mujeres o niños. Si los servicios debidos en relación al estate eran militares, el Rey o el señor feudal podían, por tanto, poseer la tierra hasta la mayoría del herdero.

Frente a esta situación un recurso jurídico inicialmente utilizado sobre todo por los caballeros que partían a las Cruzadas ganó popularidad, el denominado feoffment to uses, en virtud del cual se transmitía, de acuerdo com la modalidad habitual de transmisión de la tierra (el feoffment), el estate a un amigo to the use of, es decir, en beneficio de, usualmente, la mujer e hijos menores del transmitente. De esta forma el caballero confíaba em que sus tierras serían defendidas durante su ausencia frente a los intentos de usurpación de caballeros rivales puesto que sólo un varón libre y mayor de edad podía acudir a los tribunales reales (tribunales de Common law) para solicitar protección.

Entre los años 1350 y 1400, en una época marcada por las luchas fratricidas entre la nobleza y, por tanto, poco propicia para las reformas legislativas, el use se generalizó y sirvió de instrumento para superar las trabas que un sistema de 'propriedad' de la tierra arcaico imponía al tránsito de una sociedad feudal a una sociedad burguesa. A través del use se superó la prohibición de disponer mortis causa de la tierra que se mantuvo legalmente hasta 1540. Gracias al use se evitó el pago del relief en detrimento de las arcas reales. El use que posteriormente pasó a denominarse trust se utilizó también para intentar eludir el riesgo de confiscaciones reales cuando se tomaba partido en las disputas políticas de lá época."

Em síntese, pode-se dizer que a partir da Idade Média passa a configurar-se na Inglaterra o instituto do *trust*, que tem como antecedente histórico o *use*. Assinala GIUSEPPE MESSINA que, com o passar dos tempos, os *uses* passaram a ser chamados de *trusts* e, ainda hoje, estes são, substancialmente, os remotos *uses*, que se definem como uma relação jurídica pela qual uma pessoa (*feoffe to*

---

[10] BEILFUSS, C.G., *"El Trust, La Institución Anglo-americana y el Derecho Internacional Privado Español"*, Bosch, Barcelona, 1997, p. 23/25.

use) era investida, segundo a *common law*, de poder jurídico cujo exercício deveria beneficiar economicamente outra pessoa (*cestui que use*). Desta forma, continua o Jurisconsulto, se, por exemplo, se quisesse atribuir o gozo de um fundo a alguém, seria possível se chegar a esse resultado mediante um ato de *feoffement* que investisse outrem do direito legal de propriedade sobre tal fundo, mas para uso, isto é, para benefício daquele alguém.[11]

De fato, o *trust* se configura pela situação de entrega de certos bens para uma pessoa, que deles fará uso conforme determinado encargo que lhe caiba, baseando esse conceito na confiança depositada naquele que recebe os referidos bens.

2. A estrutura organizacional do *trust*

Pode-se fazer duas análises da estrutura do *trust*, uma subjetiva e outra objetiva.

Com efeito, em se tratando da primeira, tem-se a comunhão dos participantes do *trust* como mencionados na conceituação retro, envolvendo três figuras: o *settlor* (ou *trustor*), que é o fundador da relação, o *trustee* e o beneficiário (*cestui que trust*).

O *settlor* inicia a cadeia do *trust* por ato voluntário, *inter vivos* ou *causa mortis*, e seu papel extingue-se após a emissão de sua declaração de vontade, na qual impõe deveres fiduciários ao *trustee* relativos à *res* em favor do beneficiário. Com a transferência da titularidade dos respectivos bens ou direitos inicia-se o *trust*.

O *trustee* reveste-se da titularidade do *legal title* dos bens ou direitos, podendo (e devendo) administrá-los em benefício de outrem – o *cestui que trust*.

A figura do *trustee* pode ser ocupada por pessoa singular ou coletiva, exigindo-se, contudo, que tenha ela capacidade e legitimidade para dispor do *legal title* dos bens ou direitos constituídos em *trust*. Pode inclusive ser indicado mais de um *trustee*, repartindo-se as respectivas funções entre os nomeados.

O beneficiário (ou *cestui que trust*) é a figura para o qual o *trust* é concebido, tornando-se o titular do direito aos benefícios dos bens ou direitos em *trust* e, conseqüentemente, o credor do *trustee*.

Em síntese: o *trust* envolve três figuras participantes, porém isso não significa que necessariamente haja três pessoas envolvidas. Pode um desses participantes desempenhar mais de uma função (como, por exemplo, quando o *settlor* se intitula beneficiário do *trust* ou quando guarda para si a função de *trustee*),

---

[11] MESSINA, GIUSEPPE, in *"Negozi fiduciari"*, Dott. A. Giuffré, Milão, 1948, p. 179: *"L'use era una relazione giuridica per cui un soggetto (feoffee to use) era rivestito secondo il common law di una persona (cestui que use). Posto, ad es., che si volesse attribuire il godimento di un fondo ad A, si poteva raggiungere questo risultato mediante un atto di feoffement che investisse B del diritto legale di proprietà del fondo, ma to use, cioè a beneficio di A. La livery of seisin era fatta a B, che si considerava vested della legal estate; A aveva il godimento effettivo del fondo senz'obbligo alcuno di adempiere gli obblighi gravanti sulla tenutta."*, apud, CHALHUB, MELHIM N., ob. cit., p. 22.

assim como cada figura envolvida pode ser constituída por mais de uma pessoa (dois ou mais *trustees*).

No que tange à estrutura objetiva a divisão envolve dois momentos distintos e um objeto; vale dizer: a declaração de vontade, a transmissão dos bens ou dos direitos e a coisa.

A declaração de vontade afigura-se como a necessária manifestação de constituir um *trust*, abraçando o princípio da liberdade da forma. Entretanto, o *settlor* ao manifestar-se deve ser o mais claro possível, evitando ambiguidades ou dúvidas que futuramente possam viciar o *trust*. Trata-se do requisito da *certainty of words*.

A transmissão dos bens ou direitos para o *trustee* reveste-se como requisito obrigatório e imprescindível, pois só após seu acontecimento é que a declaração de vontade se aperfeiçoa. Com ela o *trustee* é investido no *legal title* e o beneficiário incorpora o *beneficial title* respectivamente aos bens e/ou direitos.

A coisa (*res, corpus, subject matter* ou *principal*), que é o objeto do *trust*, tem que ser determinada e alienável, revestindo-se sempre de natureza patrimonial. É mister que o ato constitutivo do *trust* determine adequadamente quais os bens e/ou direitos que estejam envolvidos ou, pelo menos, estipule os critérios de sua determinação (é o requisito da *certainty of subject matter*).

3. A concepção moderna do *trust*

Na concepção anglo-americana, o *trust* é definido por MAITLAND, da seguinte forma:

"*Quando uma pessoa cede seus direitos: (a) a uma outra pessoa ou (b) para realização de qualquer fim particular, diz-se que ela possui seus direitos sob a forma de trust (em confiança ou consignação), em relação a essa outra pessoa ou para esse fim: e nós a chamamos trustee.*

O grande segredo do trust repousa aqui não mais sobre a propriedade, mas sobre os modelos de confiança e de consciência impostos pela corte. A solução que dá a corte ao beneficiários de um trust, seja ele expresso ou não, é não estar de acordo com eles em virtude de uma espécie de direito de propriedade que lhes cabe, mas somente porque esse direito é contrário à consciência do trustee de faltar à sua função ou de abusar dela.

É, pois, para conduzir o trustee que há controle; é para purificar sua consciência que a corte o restringirá, mantendo-o nos limites do trust que a ele foi confiado por outrem, ou, no caso em que o próprio trustee tenha criado o trust, seguindo a vontade que ele formalmente manifestou. A idéia de consciência marca também os limites de proteção ao beneficiário. Significa dizer, quando o trustee, proprietário legal do objeto do trust, vende-o a comprador de boa fé, que paga o preço estabelecido e que não conhece e nem deve conhecer nada do trust, este comprador adquire o bem sem que sua consciência seja afetada pelo trust, e que ele será proprietário legal sem ter que se ocupar deste último; ele não será em nenhum sentido um trustee instituído pela corte. O momento crítico é o da aquisição da propriedade legal, a revelação posterior do trust não poderá afetar sua consciência, pois ele, de boa fé, pagou o preço e adquiriu a propriedade.

Os beneficiários perderão, pois, todo o direito sobre o bem e não terão senão o direito de serem reembolsados, se possível, por seu trustee faltoso.

A corte é, assim, em primeiro lugar, um instrumento para disciplinar os trustee e ela não é senão, em segundo lugar, e indiretamente, o meio de proteger os beneficiários.

Há que se observar que o trustee não pode ser liberado de suas obrigações, transferindo a propriedade a outrem através de doação. Nesse caso, aquele que recebe a doação será considerado implied trustee, e não poderá requerer a assistência da corte para fugir às demandas dos beneficiários – qui prior est in tempore, portior est in jure – : os interesses equitativos dos beneficiários do trust serão, então, protegidos, mas o comprador não se encontrará suficientemente liberado: equity do not assist a volunteer. A equity não irá de encontro ao comprador de boa fé que adquiriu o título legal: equity follows the law, mas aquele que não é um comprador a título gratuito não se encontra na mesma situação: ele deverá tomar a propriedade com seus encargos equitativos e os trusts.

O beneficiário e o trustee não se distinguem, sempre, pelo fato de um ser proprietário e o outro não.

Efetivamente o beneficiário pode ser ele mesmo um trustee, então, conjuntamente, um dos proprietários da indivisão.

Pode ser ainda que o objeto do trust seja formado por uma parte indivisa de um fundo (trust fund). Aquele que se beneficia de uma parte, mesmo indivisa, pode cedê-la, hipotecá-la ou vendê-la, ou pode ele mesmo fazer um outro trust de seu interesse, não o movimentando mais para o legal tittle dos fundos.

O trust é, pois, sobretudo, um instrumento em que o essencial é o respeito e a confiança pelo titular e seus sucessores. As duas fontes dessa idéia de respeito e confiança são a Ética a Nicômaco, de Aristóteles, freqüentemente citada nas cortes de eqüidade nos tempos da Rainha Elizabeth I, e a moral cristã interpretada pelos Chanceleres que, até o primeiro leigo, Thomas More, foram os eclesiásticos."[12]

4. Classificação dos *trusts*

Os *trusts* são tipicamente classificados em razão da aplicação do critério do beneficiário, ou seja, se particulares ou públicos, *Private Trusts* ou *Charitable Trusts*, respectivamente.

Os *Private Trusts* são aqueles constituídos para beneficiar pessoa que mantém, de alguma forma, relação com o *settlor*, podendo, inclusive, por esta ser executado (legitimação do beneficiário para executar o *settlor*). Dividem-se em *Express, Constructive* e *Resulting Trusts*, em virtude da aplicação do critério da autonomia da vontade à sua constituição.

---

[12] *Apud* CHALHUB, MELHIM N., ob. cit., pp. 24/6.

O *Express Trust* resulta da manifesta vontade do *settlor* em criar um *trust*, podendo ser ele *executed* ou *executory, completely constituted* e *incompletely constituted*.

Em se tratando de uma vontade presumida, não havendo uma disposição completa e eficaz do *equitable title*, tem-se um *Resulting Trust*, revertendo-se este em benefício do disponente.

Por derradeiro vê-se a figura do *Constructive Trust*, que ocorre quando há interferência judicial da equidade, utilizado como remédio pelos tribunais, derivado automaticamente da lei, em contrapartida ao mencionado *Express Trust*, que resulta da expressa manifestação de vontade do *Settlor*.

Existem outras classificações de *trusts* de somenos importância, cabendo apenas a menção sucinta de suas nomenclaturas: 1) *Legal e Illegal Trusts*; 2) *Passive e Active Trusts*; 3) *Testamentary e Inter Vivos (Living) Trusts*; 4) *Revocable e Irrevocable Trusts*; 5) *Spendthrift, Protective, Support , Discretionary e Blended Trusts*; 6) *Funded e Unfunded Life Insurance Trusts*; 7) *Land Trusts*; 8) *Massachusetts Business Trusts*; 9) *Illinois Land Trusts*; 10) *Unit Trusts*; 11) *Totten e Farkas v. Willimas Trusts*; e, 12) *Family Trusts*.

5. Considerações finais sobre o *trust*

Pelo exposto, pode-se concluir que o *trust*, assemelhando-se, todavia, com algumas características da fidúcia romana e do penhor da propriedade germânico, distingui-se desses dois institutos, principalmente em virtude da dicotomia da propriedade, noção peculiar ao direito inglês, e em razão do sistema processual de proteção do beneficiário, mediante atuação do Poder Judiciário no controle e fiscalização da atividade do *trustee*, sistema esse que proporciona o mais alto grau de eficácia na implementação dos *trusts* e na defesa dos interesses do beneficiário.

O dinamismo e a extrema flexibilidade do *trust* permitem a sua utilidade quase infinita no que se pode chamar de "direito dos negócios", criando uma circunstância que recomenda a identificação de suas características fundamentais e a tentativa de sua adoção pelos países de tradição legislativa romanística. Além da utilidade do *trust* como mecanismo para administração, garantia ou investimento, sua aplicação se denota ainda mais relevante nas relações internacionais. Com efeito, o processo de harmonização legislativa, no campo do direito comparado, decorrente do estreitamento das relações internacionais é reclamado cada vez mais para atender as necessidades que surgem em vista da internacionalização das relações negociais. É nesse campo que a presença do *trust* se mostra com maior intensidade, sobretudo na medida em que se identifica o fluxo de capitais no plano internacional, não só em razão da atuação de companhias de administração de investimentos, como, também, pela necessidade de instrumentos e mecanismos jurídico-financeiros que permitam a regularidade da circulação de capitais no plano internacional. Exemplo dessa última hipótese é a adaptação das legislações da Venezuela, do Chile e da Argentina, que reformularam sua legislação sobre fideicomisso na linha do conceito do patrimônio de afetação, exatamente com o propósito de criar condições para o ingresso de capitais estrangeiros.

Entretanto, há que se remarcar, mais uma vez, que o *trust* contempla, necessariamente, como fundamental característica, a dicotomia do direito de propriedade, pela qual podem coexistir sobre um mesmo bem dois direitos de propriedade (a *legal property*, do *trustee*, e a *equitable property*, do beneficiário ou *cestui que trust*), peculiar do direito anglo-saxão e não acolhido pelos sistemas de tradição romana. O *trust* em sua concepção natural só pode ser acolhido em países que adotem a dualidade da propriedade, em que coexistem as aludidas duas espécies de proprietários. Essa peculiaridade torna impossível a recepção pura e simples do *trust* pelos ordenamentos jurídicos de origem romana, daí porque a configuração de um instituto que possa exercer as mesmas funções do *trust* passa por uma construção doutrinária e legislativa assentada na possibilidade de separação de patrimônio e, conseqüentemente, na criação patrimônios de afetação – nesse conceito, o proprietário de certos bens transmite-os a outrem para atender a determinados fins (de investimento, garantia ou administração, por exemplo), atribuindo a essa transmissão caráter puramente fiduciário; aquele que recebeu os bens tem sobre eles um domínio restrito (domínio fiduciário) e com essa propriedade fiduciária constitui um patrimônio de afetação, com a destinação específica e única de cumprimento da finalidade definida no ato de sua constituição.

A reconhecida e já comprovada utilidade do *trust* vem, há muito, despertando o interesse de juristas de países de tradição legislativa romana, levando-os à elaboração de estudos que penetrem nessa área, visando uma possível adaptação do conceito do *trust* em seus ordenamentos respectivos. A assimilação do instituto anglo-americano corresponde ao desejo de proporcionar uma maior flexibilidade ao direito privado nacional, necessária para que se alcance situações jurídico-financeiras de impossível ou, ao menos, difícil realização nos moldes do sistema tradicional de origem romanística.

As dificuldades de natureza histórica e estrutural, entretanto, não permitem a inserção direta do *trust* nos sistemas coordenados pela *civil law*. Antes de se adotar o *trust* é preciso permanecer no domínio tradicional da fidúcia, de características psicológicas semelhantes, adaptando-se aos seus efeitos, preparando-se para uma possível conciliação entre a estrutura do *trust* e uma forma semelhante – que respeite os princípios da *civil law* – que aproveite a experiência positiva e os benefícios já consagrados neste instituto.

De fato, comparando a estrutura da fidúcia com a do *trust*, se verifica que em ambos os institutos os princípios da boa fé se mostram presentes e efetivos, denominando, assim, uma importante semelhança positiva. Contudo, sobressaem, por outro lado, discrepâncias entre certos princípios fundamentais da *civil law* e da *common law*, que criam sério obstáculo à assimilação do instituto anglo-americano pelos sistemas de tradição romana.

De concluir-se que, realmente, as profundas diferenças que distanciam o sistema da *civil law* do sistema anglo-americano ressaltam de forma límpida na configuração do *trust*, tendo, como exemplo, a instituição da propriedade dos bens objeto do *trust* em nome do próprio *trustee* ou de quem este vier a indicar, a autonomia desses bens em relação em relação ao patrimônio do *trustee* e, ainda, o poder-dever de administrar que lhe é atribuído, incluindo o poder de disposição sobre estes bens, de acordo com os fins para o qual o *trust* fora instituído. Sinteticamente, são essas as características que constituem a noção fundamental do *trust*, sem as quais ele não existiria.

Contudo, não obstante essas discrepâncias, é perfeitamente aceitável (e altamente aconselhável) o aproveitamento, na medida do possível, da idéia geral do *trust* nos sistemas submetidos à *civil law*, com vistas à elaboração de institutos (ou adequação dos já existentes, como, por exemplo, os negócios fiduciários) que tenham funções análogas às intrínsecas ao *trust*, sem que com isso se afronte o princípio da exclusividade da propriedade.

Considerando que o *trust* tem como elementos essenciais um patrimônio determinado e uma afetação, poder-se-ia obter, consoante uma determinação de certo patrimônio e sua respectiva afetação, os efeitos econômicos e jurídicos peculiares ao *trust*, ou seja, basta se atribuir um direito patrimonial – a propriedade fiduciária – a alguém para que o administre em prol de outrem, mantendo-se a propriedade fiduciária em patrimônio apartado, sem que com isso se violasse o princípio da exclusividade da propriedade integrante do sistema da *civil law*.

Neste diapasão, é oportuna a transcrição de parte da obra da já citada escritora espanhola que assim se manifestou:

> *"En su reciente estudio sobre el derecho internacional privado del trust, LIPSTEIN apunta que los Estados de Derecho civil que desconocen la institución tienen frente a ella tres alternativas. Pueden, en primer lugar, arguir que, puesto que el trust es una institución desconocida, no cabe reconocer su existencia. Dado que, como veremos, dicha postura es de difícil justificación, además de ser, como he indicado antes, una postura políticamente míope, es más frecuente que se opte por alguno de los métodos siguientes. Cabe intentar «adaptar» o «transponer» el trust a las instituciones existentes en el Derecho interno. Cabe, finalmente, insertar la categoría del trust en el Derecho internacional privado de los Estados que desconocen la institución y a partir de ahí establecer un tratamiento autónomo"*[13].
>
> *"El método alternativo basado en la inserción de la categoría del trust en el Derecho internacional privado de los Estados de Derecho civil es el que emplea el Convenio de La Haya de 1985 que, como hemos visto, establece en su artículo 2, una descripción del trust*

---

[13] LIPSTEIN, K., *"Trust..."*, p. 16/17, apud BEILFUSS, C.G., in ob. cit., p. 58/59.

y, a partir de la misma, dispensa a las instituciones que corresponden a dicha descripción un tratamiento especial".[14]

Corroborando o raciocínio em andamento, vale relembrar DIOGO L. DE CAMPOS, quando em conferência manifestou-se: *"tenho partido, na análise precedente, do princípio de que o enquadramento jurídico da titularização deve ser o mais alargado possível, em homenagem à liberdade contratual (...) também aqui proponho um largo espectro de agentes de titularização: fundos de investimentos em titularização; sociedades de investimentos em titularização; trusts (propriedade fiduciária)".*[15]

IV. Conclusão

O negócio fiduciário, como restou esclarecido, configura situação jurídica onde há uma transferência de um direito real e a conseqüente criação de uma obrigação. Ao fiduciário é atribuída posição jurídica mais forte do a efetivamente necessária para o alcance do objetivo econômico estipulado.

Assim sendo, origina daí uma desproporção entre o meio utilizado e o exigido para atingimento do escopo a que se destina, tendo como ponto de equilíbrio a convenção assumida entre as partes, que neutraliza os efeitos do direito real transmitido: se por um lado há a transferência do *dominium* da coisa para o fiduciário (um negócio de natureza real e conteúdo positivo), pelo outro a imposição obrigacional adjeta (um negócio de natureza obrigacional e conteúdo negativo) faz com que o efeito seja amenizado, tornando o direito real parcialmente neutralizado, ou seja, se o fim especial almejado pelas partes for atingido, o fiduciante é obrigado a devolver a propriedade adquirida.

Conclui-se, portanto, que a titularidade da coisa fiduciada não é plena, mas sim parcial, e ela é acoplada à necessidade e à finalildade para que foi realizada a fidúcia, traduzindo-se numa transferência do direito de propriedade submetida a uma condição resolutiva com efeitos reais. A verificação da ocorrência desta condição leva à repristinação, com efeitos *ex tunc*, da situação original.

Este equilíbrio gerado pela obrigação assumida pelo fiduciário possibilita a utilização da transferência da propriedade com finalidades indiretas, tais como para fins de garantia, de mandato, de depósito, etc.

Nos sistemas jurídicos da *civil law*, a exemplo do direito italiano, a figura do negócio fiduciário assume importante relevo, podendo ser em certos casos tão versátil quanto o *trust*. Veja o caso do contrato celebrado entre o disponente e um "administrador", citado como criação acadêmica na *case law* e não no Código

---

[14] BEILFUSS, C.G., *in* ob.cit., p. 59/60.
[15] CAMPOS, DIOGO. L., "A Titularização de Créditos ('Securitização'): bases gerais", *in Colecção de Colóquios do Instituto de Direito Bancário 4*, Instituto de Direito Bancário, Lisboa, 1999.

Civil[16]. O primeiro transmite a propriedade formalmente ao segundo tornando-se, este, seu titular legal. Simultaneamente, celebram eles um contrato acessório no qual estipulam que o "administrador" será uma espécie de mandatário do disponente, comprometendo-se a administrar os bens em proveito de um "beneficiário", no caso uma terceira parte do contrato.

Sendo o "administrador" o único titular real dos bens em questão, pode ele transferir essa titularidade ou celebrar outros negócios que lhe digam respeito, tudo em conformidade com a estipulação pactuada. A exequibilidade do contrato celebrado entre o disponente e o aludido "administrador" constitui a única forma de controle sobre a propriedade administrada que eles – "administrador" e "beneficiário" – dispõem, pois o contrato pode ser objeto de execução específica caso as obrigações assumidas não estejam sendo respeitadas. Esta situação proporciona ao "beneficiário" um grau de proteção análogo ao oferecido pelo instituto do *trust* da *common law*.

Como ficou aclarado neste estudo, nas codificações e regulamentos inspirados na *civil law* existem institutos que permitem a distribuição (repartição) de poderes entre vários titulares. Entretanto, o instituto anglo-saxônico do *trust* não se limita a produzir este efeito, visto que ultrapassa este conceito extinguindo realmente a propriedade de um determinado sujeito – o *settlor*. Pode-se dizer, então, que a constituição de um *trust* interfere diretamente no direito de propriedade, e não apenas nos poderes que lhe são inerentes.

V. Bibliografia

ABREU, Jorge Manuel Coutinho de (1996) *Da Empresarialidade (As Empresas no Direito)*, Coimbra: Livraria Almedina.

___ (1999) *Curso de Direito Comercial (Introdução, Actos de Comércio, Comerciantes, Empresas, Sinais Distintivos) – Volume I*, reimpressão, Coimbra: Livraria Almedina.

ASCARELLI, Tulio (1969) *Problemas das Sociedades Anônimas e Direito Comparado*, 2ª ed., São Paulo: Editora Saraiva.

BEILFUSS, Cristina González (1997) *El Trust, La Institución Anglo-americana y el Derecho Internacional Privado Español*, Barcelona: Bosch, Casa Editorial.

CÂMARA, Paulo (1999) "A Operação de Titularização", in *Colecção de Colóquios do Instituto de Direito Bancário 4*, Lisboa: Instituto de Direito Bancário.

CAMPOS, Diogo Leite de (1999) "A Titularização de Créditos ('Securitização'): bases gerais", in *Colecção de Colóquios do Instituto de Direito Bancário 4*, Lisboa: Instituto de Direito Bancário.

___ (1998) "A Alienação em Garantia", in *Estudos em Homenagem ao Banco de Portugal*, Lisboa: Banco de Portugal.

---

[16] TOMÉ, MARIA J. R. C. V. e CAMPOS, D. L., *in* ob. cit., pp. 202/3.

CARDOSO, J. Pires (1949) *Elementos de Direito Comercial*, 11ª ed., Lisboa: Empresa Nacional de Publicidade.
CARNEIRO, Manuel Borges (1858) *Direito Civil de Portugal*, Lisboa: Typographia de Maria da Madre de Deus.
CERLES, Alain (1997) *"Le Contrat Fiduciaire et ses Applications Bancaires: Present et Avenir"*, in *Revista da Faculdade de Direito da Universidade de Lisboa – Suplemento: Direito Bancário*, Coimbra: Coimbra Editora.
CHALHUB, Melhim Namem (2000) *Negócio Fiduciário*, 2ª ed., Rio de Janeiro: Editora Renovar.
COELHO, José Gabriel Pinto (1946) *Lições de Direito Comercial*, Lisboa: Editor Carlos Ernesto Martins Souto.
CORDEIRO, António Menezes Cordeiro (1999) *Manual de Direito Bancário*, reimpressão, Coimbra: Livraria Almedina.
CORREIA, António de Arruda Ferrer (1966) *Lições de Direito Comercial – Volume III*, Coimbra: datilografado por Mário da Silva e Sousa.
___ (1969) *Estudos Jurídicos II – Direito Civil e Comercial; Direito Criminal*, Coimbra: Editora Atlântida.
DIAS, F. Caetano (1939) *Comércio e Contabilidade – 1º. Volume – Noções Gerais de Comércio*, 4ª ed., Lisboa: Livraria Moraes.
DICHTER, Barry J. (1999) "Titularização nos Estados Unidos", in *Colecção de Colóquios do Instituto de Direito Bancário 4*, Lisboa: Instituto de Direito Bancário.
GOMES, Luiz Roldão de Freitas (1998) "Mutações Subjetivas na Relação Contratual", in *Revista de Direito do Tribunal de Justiça do Estado do Rio de Janeiro – Vol. 40*.
GONÇALVES, Luiz da Cunha (1951) *Princípios de Direito Civil Luso-Brasileiro – Volume I (Parte Geral e Dos Direitos Reais ou Direitos sobre as Cousas)*, São Paulo: Max Limonad Editor.
LOBÃO, Manoel D'Almeida e Sousa de (1854) *Notas do Uso Pratico e Criticas Sobre todos os Titulos, e todos os §§. do Livro 3º. das Instituições do Direito Civil Lusitano do Dr. Pascoal José de Mello Freire – Parte III*, Lisboa: Imprensa Nacional.
MEIRELLES, José Carlos Junqueira S. (1999) "Securitização", in *Colecção de Colóquios do Instituto de Direito Bancário 4*, Lisboa: Instituto de Direito Bancário.
MIRANDA, Francisco Cavalcante Pontes de (1954) *Tratado de Direito Privado – tomo III*, Rio de Janeiro: Editora Borsoi.
MONCADA, Luis Cabral de (1959) *Lições de Direito Civil – Parte Geral – Vol. I e II*, 3ª ed., Coimbra: Editora Atlântida.
MONTEIRO, António Pinto (1993) *Direito Comercial – Plano do Curso e Tópicos da Lições sobre Contratos Comerciais aos alunos do 5º. Ano da Faculdade de Direito de Coimbra*, Coimbra: policopiadas.
MOREIRA, Guilherme Alves (1911) *Instituições do Direito Civil Português – volume segundo*, Coimbra: Typographia F. França Amado.
NUNES, A. J. Avelãs (1999) *Economia II – O Crédito, apontamentos segundo as aulas dadas ao 5º Ano da Faculdade de Direito de Coimbra, no ano lectivo de 1998/1999*, Coimbra: Serviços de Acção Social da Universidade de Coimbra – Serviço de Textos.

PINTO, Carlos Alberto da Mota (1994) *Teoria Geral do Direito Civil*, 3ª ed., 9ª reimpressão, Coimbra: Coimbra Editora.

PRIETO, Rafael Mínguez (1999) "A Nova Regulação sobre a Titularização de Activos", tradução de Ana Filipa Cordeiro, *in Colecção de Colóquios do Instituto de Direito Bancário 4*, Lisboa: Instituto de Direito Bancário.

REQUIÃO, Rubens (1998) *Curso de Direito Comercial – 1º Volume*, 23ª ed., São Paulo: Editora Saraiva.

__ (1998) *Curso de Direito Comercial – 2º Volume*, 21ª ed., São Paulo: Editora Saraiva.

ROCHA, M. A. Coelho da (1867) *Instituições de Direito Civil Portuguez*, Coimbra: Imprensa da Universidade.

RODRIGUES, Sílvio (1988) *Direito Civil – Parte Geral das Obrigações – Volume II*, 18ª ed., São Paulo: Editora Saraiva.

__ (1989) *Direito Civil – Direito das Coisas – Volume V*, 18ª ed., São Paulo: Editora Saraiva.

SERRA, João Rodrigues Mathias (1952) *Noções de Comércio*, Porto: Livraria Figueirinhas.

SILVA, De Plácido e (1987) *Vocabulário Jurídico*, Rio de Janeiro: Editora Forense.

SILVA, João Calvão da (1999) *Euro e Direito*, Coimbra: Livraria Almedina.

TEIXEIRA, Antonio Ribeiro de Liz (1848) *Curso de Direito Civil Portuguez*, Coimbra: Imprensa da Universidade.

TOMÉ, Maria João Romão Carreiro Vaz; e CAMPOS, Diogo Leite de (1999) *A Propriedade Fiduciária (Trust): Estudo para a sua consagração no Direito Português*, Coimbra: Livraria Almedina.

TOMÉ, Maria João Romão Carreiro Vaz (1998) "Fundos de Investimento Mobiliário Abertos", *in Estudos em Homenagem ao Banco de Portugal*", Lisboa: Banco de Portugal.

VARELA, João de Matos Antunes (1950) *Noções Fundamentais de Direito Civil – Volume I*, 2ª ed., Coimbra: Coimbra Editora.

__ (1997) *Das Obrigações em Geral – Volume II*, 7ª ed. , Coimbra: Livraria Almedina.

WALD, Arnoldo (1992) *Curso de Direito Civil Brasileiro – Obrigações e Contratos – Vol. II*, 10ª ed., São Paulo: Editora Revista dos Tribunais.

__ (1993) *Curso de Direito Civil Brasileiro – Direito das Coisas – Vol. III*, 9ª ed., São Paulo: Editora Revista dos Tribunais.

Elementos para um Sistema Tributário dos Cidadãos[1]

MARCO AURÉLIO BORGES DE PAULA [2]

Doutorando em Direitos e Garantias do Contribuinte pela Universidade de Salamanca. Mestre em Ciências Jurídico-Econômicas pela Universidade de Coimbra. Pós-graduado em Direito Público da Economia e em Direito Penal Econômico e Europeu, ambas pela Universidade de Coimbra. Presidente do Centro de Pesquisas e Estudos Jurídicos de Mato Grosso do Sul (CEPEJUS). Editor chefe da *Systemas*: Revista de Ciências Jurídicas e Econômicas (www.revistasystemas.com.br). Advogado e consultor jurídico.

SUMÁRIO: 1. Considerações preliminares – 2. Política tributária *versus* política tão-somente arrecadatória: 2.1 Política tão-somente arrecadatória: 2.1.1 Obediência atávica à *relação de poder*; 2.1.2 Défice de legitimação do Estado Fiscal Social: a) Brevíssima referência à possibilidade de carência de idoneidade dos impostos para cumprir os fins extrafiscais; b) Breve referência à conexão entre os *impostos* e as *despesas públicas* para a caracterização do défice em epígrafe; c) Conclusão. O imposto enquanto *norma de rejeição social*; 2.2 Política tributária: 2.2.1 Só a justiça é eficiente; 2.2.2 Há espaço para o cumprimento voluntário das normas tributárias? 2.2.3 A importância de uma relação baseada no *dever de colaboração recíproco*: a) A informação vinculativa – 3. Considerações finais – 4. Referências bibliográficas.

PALAVRAS-CHAVE: Estado Fiscal Social português – Política Tributária – Política Arrecadatória – Extrafiscalidade – Segurança Jurídica – Certeza – Proteção da Confiança – Justiça – Eficiência – Relação Tributária – Carga Fiscal Desmedida – Norma de Rejeição Social – Cumprimento Voluntário.

1. Considerações preliminares

Não há como negar que os sistemas tributários de diversos países – independentemente do nível de desenvolvimento dos mesmos – estão extremamente comple-

---

[1] Utilizamos as seguintes abreviaturas: CRP, Constituição da República Portuguesa; LGT, Lei Geral Tributária; CPPT, Código de Procedimento e de Processo Tributário; RGIT, Regime Geral das Infrações Tributárias; CTOC, Câmara dos Técnicos Oficiais de Conta.
[2] Doutorando em Direitos e Garantias do Contribuinte pela Universidade de Salamanca. Mestre em Ciências Jurídico-Econômicas pela Universidade de Coimbra. Pós-graduado em Direito Público da Economia e em Direito Penal Econômico e Europeu, ambas pela Universidade de Coimbra. Presidente do Centro de Pesquisas e Estudos Jurídicos de Mato Grosso do Sul (CEPEJUS). Editor chefe da *Systemas*: Revista de Ciências Jurídicas e Econômicas (www.revistasystemas.com.br). Advogado e consultor jurídico. Email: marcoaurelio@borgesdepaula.com.br

xos, sendo retratados, por exemplo, pela prolixidade e incontinência normativa; no seio dos quais os cidadãos-contribuintes sentem-se desnorteados pela *falta de segurança jurídica*. Assim sendo, as semelhanças quanto a este tema em países como Estados Unidos, Alemanha e Portugal são reveladoras do "estado de doença" dos seus sistemas tributários.[3][4] Não estaríamos, assim, perante uma *pseuda ordem tributária* (porque caótica e incompreensível)?[5] Não estaríamos diante do "manicômio tributário" vislumbrado por Lello Gangemi?[6]

Nessa senda, e sendo certo que, para ser *justo e democrático*, o sistema tributário tem de ser compreendido,[7] evitando, com isso, a depreciação dos direitos dos cidadãos e o maior custo tributário;[8] é digno de aplausos o despertar de consciência e comportamentos, em Portugal, em prol de um sistema tributário simplificado, tanto mais que a simplicidade é promotora do cumprimento das *prestações tributárias inerentes à aplicação dos tributos* (*prestação tributária propriamente dita* e as *prestações formais*)[9] (vide os artigos 30º, 31º e 59º da LGT), que são, como é cediço,

---

[3] O "estado de não doença" (estado de saúde, portanto) é "aquele estado do qual se encontra arredada toda a incerteza" (MARCOS, António. *O Direito dos Contribuintes à Segurança Jurídica*. Porto: Universidade Fernando Pessoa, 1997, p. 301).

[4] Acerca da complexidade do *sistema tributário norte-americano*, vide SLEMROD, Joel e BAKIJA, Jon. *Taxing Ourselves. A Citizen's Guide to the Debate over Taxes*. 3. ed. Londres: Massachusetts Institute of Technology, 2004, p. 157. Sobre o "caos" (Klaus Vogel) do *sistema tributário alemão*, vide TIPKE, Klaus. *Moral Tributaria del Estado y de los Contribuyentes*. Madrid: Marcial Pons, 2002, p. 85. Quanto ao *sistema tributário português*, Cidália Mota Lopes afirma que ele "é hoje uma 'manta de retalhos' e muito complexo" (LOPES, Cidália M. Mota. Simplicidade e complexidade do sistema fiscal: algumas reflexões. *Fiscalidade*, n. 13/14 (jan.-abr. 2003). Lisboa: Instituto Superior de Gestão, p. 67).

[5] Não restam dúvidas de que o aluvião de leis, decretos e regulamentos faz do Direito Tributário um "conjunto heterogêneo de normas, o que ameaça seu princípio sistematizador" (NAVARRO, Pablo E. e SANTI, Eurico Marcos Diniz de. São Válidas as Normas Tributárias Imprecisas? *Revista Dialética de Direito Tributário*, nº 148 (jan. 2008). São Paulo: Dialética, p. 69).

[6] GANGEMI, Lello. Manicomio tributario italiano. *Studi in Memoria di Benvenuto Griziotti*. Milão: Dott A. Giuffrè, 1959, pp. 125-194. Dentre os vários problemas destacados por este autor no que ao sistema tributário italiano diz respeito, importa extrair o que há de mais importante neste texto: a exaltação, já naquela década, da complexidade do sistema tributário. Vale à pena considerar a seguinte lição deste autor (idem, ibidem, p. 133): "E tuttavia ecco le numerose caratteristiche negative del nostro sistema tributario: I) il sistema fiscale italiano è divenuto, via via, sempre più complesso. È indubitato che i lamenti più giustificati del contribuente riguardano l'intrico delle leggi fiscali, la moltiplicazione dei tributi che minaccia di assumere le caratteristiche di un caso di patologia fiscale, ginepraio dei contributi e tributi e di enti cui sono dovuti questi contributi. In generale il contribuente si lagna di dovere obbedire ad un sistema privo di organicità. II) Oi troviamo, spesso, davanti a gravi incoerenze fiscali. Le leggi tributarie si mostrano difettose o per imprecisione volontaria, o per inesattezza dei legislatori, si mostrano imperfette dal punto di vista tecnico e, e sovente, frammentarie, ossia incomplete".

[7] "A tax system is unsuitable for a democracy if can't be understood by the taxpayers themselves" (Church of Scientology, campanha intitulada "How to Protect your Rights as a Taxpayer", apud UCKMAR, Victor. L'incertezza del Diritto Tributario. In: *La Certezza del Diritto – un valore da ritrovare*. Milão: Dott. A. Giuffrè, 1993, p. 51).

[8] Neste sentido, MORAIS, Carlos Blanco de. Sinopse sobre a avaliação prévia das políticas públicas contidas em lei. Revista da Faculdade de Direito, Fundação Armando Alvares Penteado, n. 4 (2007). São Paulo: FAAP, p. 99.

[9] A designação utilizada com o fim de abarcar o conjunto de prestações relativas à "relação complexa" é de LAGO MONTEIRO, José María. *La sujeción a los diversos deberes y obligaciones tributarios*.

essenciais ao cumprimento das *tarefas fundamentais do Estado português* (artigo 9º da CRP), enquanto *Estado Fiscal Social* (Casalta Nabais). Podemos citar, como exemplos dessa conscientização, o Plano de Atividades 2001, o Programa Simplex 2006 e, em atenção a este, o Decreto-Lei nº 238/2006 de 20 de Dezembro de 2006, bem como o Decreto-Lei nº 8/2007 de 17 de Janeiro.[10-11-12]

Madrid: Marcial Pons, 1998, pp. 23-51. Conforme a sua definição, este *conjunto de prestações tributárias inerentes à aplicação dos tributos* seria o "conjunto de prestaciones, objeto de deberes y obligaciones, consistentes en un dar, hacer o soportar, que el administrado há de satisfacer a la Administración Tributaria o a otros administrados con motivo de la aplicación de los tributos" (idem, ibidem, p. 23). Portanto, daqui se depreende a distinção feita por Diogo Leite de Campos e Mônica Leite de Campos relativamente às duas "zonas" da relação complexa: uma *nuclear* ("relação obrigacional propriamente dita") e uma *periférica* ("relação de obrigação procedimental") (CAMPOS, Diogo Leite de e CAMPOS, Mônica Leite de. *Direito Tributário*. 2. ed. Coimbra: Almedina, 2000, p. 262).
10 De fato, a simplificação, a rentabilização do trabalho desenvolvido e o esforço de desburocratização foram os alvos do "Plano de Actividades 2001", pois que, atendidas estas condições, seria atingido um aumento da eficiência da Administração Tributária (vide MINISTÉRIO DAS FINANÇAS. *Plano de Actividades 2001*, p. 117, apud LOPES, Cidália M. Mota. Simplicidade e complexidade do sistema fiscal..., cit., p. 60) O Simplex constitui o Programa de Simplificação Legislativa e Administrativa. Já o Decreto-Lei nº 238/2006 traz em seu bojo algumas alterações referentes ao Código do Imposto sobre o Rendimento das Pessoas Coletivas, no Código do Imposto sobre o Valor Acrescentado e no Regime do IVA nas Transações Intracomunitárias, no Código do Imposto de Selo, no Código do Imposto Municipal sobre Imóveis, no Código do Imposto sobre Transações de Imóveis, na Lei Geral Tributária e no Código do Procedimento e Processo Tributário, tendo em vista o *aperfeiçoamento técnico-jurídico da formulação de algumas disposições legais e, sobretudo, a eliminação e simplificação de um vasto conjunto de obrigações acessórias impostas aos contribuintes ao nível dos diversos impostos*. Vale a pena ter em mente que estas obrigações "são, muitas vezes, o factor principal que permite qualificar um sistema fiscal em termos de simplicidade ou complexidade" (PEREIRA, Manuel Henrique de Freitas. *Fiscalidade*. Coimbra: Almedina, 2005, p. 233). Assim sendo, há quem tenha elogiado as alterações introduzidas pelo Decreto-Lei em apreço. Neste sentido, vide PLMJ Sociedade de Advogados. Departamento de Direito Fiscal. Medidas de simplificação fiscal. *Informação Fiscal*, n. 3 (2007). Obtido via Internet: www.plmj.com/xms/files/Medidas_de_Simplificacao_Fiscal.pdf, em 12.01.07. São elucidativas as propostas de reforma do sistema tributário português para o século XXI, baseadas, todas elas, na *estabilidade, simplicidade e clareza das normas tributárias*, bem como na maior *previsibilidade da atuação da Administração Tributária* (vide MINISTÉRIO DAS FINANÇAS. *Estruturar o Sistema Fiscal do Portugal Desenvolvido*. Coimbra: Almedina, 1998, p. 121). Por último, importa aplaudir mais uma medida tomada no âmbito do mencionado Simplex. Trata-se do Decreto-Lei nº 8/2007, cujo objetivo é a redução dos chamados "custos de contexto". Para tanto, prevê o condensamento, num único documento, da informação relevante de caráter fiscal, contabilístico e estatístico. Para maiores considerações sobre este Decreto-Lei, vide PLMJ Sociedade de Advogados. Informação empresarial simplificada. *Informação Fiscal*, n. 5 (2007). Obtido via Internet: www.plmj.com/xms/files/newsletters/2007/Informacao_Empresarial_Simplificada.pdf, em 10.02.07. Urge sublinhar que a *simplificação fiscal* passa necessariamente pelo alívio das obrigações acessórias (TORRES, Ricardo Lobo. Princípio da eficiência em matéria tributária. In: MARTINS, Ives Gandra da Silva (coord.). *Princípio da eficiência em matéria tributária*. São Paulo: Revista dos Tribunais/Centro de Extensão Universitária, 2006, p. 74).
11 Vale frisar que desde o ano de 2001 o Governo Português "não deixou de criar comissões técnicas para a realização de diagnósticos sobre o 'estado da legislação' (XIV Governo constitucional) e. ditado a elaboração de trabalhos preparatórios de diplomas relativos à organização da gestão do processo legislativo (XV e XVII Governos constitucionais). Paralelamente, e tal como se afirmou, foi dada pelo XVI e XVII Governos constitucionais, uma maior atenção à Legística formal, seja

Portanto, em meio a toda a complexidade da "sociedade pós-industrial", a favor da qual acresce a abundância legislativa e a complexidade das normas jurídicas, muitas são as ideias e variados são os instrumentos criados pelo legislador para que a arrecadação de tributos não esmoreça. Porém, nem sempre estas ideias e inovações legislativas estão em harmonia com a *finalidade do Direito Tributário* que é, *prima facie*, a *limitação ao poder de tributar*, através de normas jurídicas que propiciem aos contribuintes a *segurança jurídica* indispensável ao planejamento de suas atividades, à sua liberdade, em suma. Diga-se, já agora, que uma norma jurídica deve revestir-se do máximo de *precisão*, de modo a ser concebida como "um limite genuíno à arbitrariedade do Estado".[13] Daí que a segurança jurídica seja sempre "segurança de liberdade."[14]

Nesta linha de pensamento, insta referir que a *técnica legislativa*, cada vez mais escassa enquanto técnica e crescentemente dominada por *grupos de pressão*, pouco tem contribuído para o "estado de saúde" do sistema tributário português. Ao contrário, ela tem sido pródiga no que à crescente complexidade diz respeito, aumentando a *insegurança jurídica* dos cidadãos-contribuintes *para além do mínimo suportável*, o que dá azo à superioridade do Fisco frente aos contribuin-

através da revisão das diretrizes existentes, seja através da publicação de guias ou manuais pelo Ministério da Justiça". O XVII Governo constitucional aprovou, ainda, "mediante a Resolução do Conselho e Ministros nº 23/2006, o Programa 'Legislar Melhor'. Este configurou-se como o primeiro documento estratégico para a promoção da qualidade e eficiência dos actos legislativosem Portugal, seguindo os passos do *Relatório Mandelkern* e do *Better Regulation Action Plan* da União Europeia, em cuja denominação se inspirou." (MORAIS, Carlos Blanco de. Sinopse sobre a avaliação prévia das políticas públicas contidas em lei, cit., p. 120)

[12] Quanto à necessidade e exigência de simplificação do sistema tributário, vide, dentre outros autores, LOPES, Cidália M. Mota. Simplicidade e complexidade do sistema fiscal..., cit., pp. 51-83; MARTINS, António Carvalho. **A complexidade do sistema tributáro: uma inevitabilidade económica?** In: *Fisco*, n. 119/121 (set. 2005). Lisboa: Lex, pp. 27-36; CARLOS, Américo Fernando Brás. *Impostos: teoria geral*. Coimbra: Almedina, 2006, pp. 142-143; DOURADO, Ana Paula. *O Princípio da Legalidade Fiscal. Tipicidade, Conceitos Jurídicos Indeterminados e Margem de Livre Apreciação*. Coimbra: Almedina, 2007, pp. 571 e segs.

[13] NAVARRO, Pablo E. e SANTI, Eurico Marcos Diniz de. São Válidas as Normas Tributárias Imprecisas? cit., p. 69.

[14] MARCOS, António. *O Direito dos Contribuintes à Segurança Jurídica*, op. cit., p. 49. "La *seguridad jurídica* es sinónimo de respeto de la libertad individual al eliminar la posibilidad de que ella sea objeto de las restricciones, caprichos o ataques del poder público" (ALTAMIRANO, Alejandro C. Legalidad y discrecionalidad. In: TÔRRES, Heleno Taveira (coord.). *Tratado de direito constitucional tributário: estudos em homenagem a Paulo de Barros Carvalho*. São Paulo: Saraiva, 2005, p. 169). Neste sentido, vide ainda TORRES, Ricardo Lobo. A Segurança Jurídica e as Limitações Constitucionais ao Poder de Tributar. In: FERRAZ, Roberto (coord.). São Paulo: Quartier Latin, 2005, pp. 434--435; e FERREIRO LAPATZA, José Juan. Marco normativo y conflictividad social (La nueva L.G.T. como nuevo marco de garantias de los contribuyentes). *Crónica Tributaria*, n. 100 (2001). Madrid: Instituto de Estudios Fiscales, p. 121.

tes e, consequentemente, à mitigação da liberdade destes. Neste mesmo sentido, não faltam doutrinas com posições defensoras de alguns instrumentos viabilizadores da *eficiência fiscal* que não são congruentes com a almejada *conciliação* entre o *interesse arrecadatório do Estado* e a *justiça fiscal*[15] – *justiça* que, no plano da aplicação-interpretação do Direito, é implementada pela proibição do arbítrio (*segurança jurídica*).[16]

Com efeito, como sublinham alguns estudiosos do Direito Tributário português, este Direito debate-se entre o *pólo da justiça* e o *pólo estritamente financeiro*, sendo este último o "habitat" da desigualdade na relação entre a Administração Fiscal e os contribuintes. Daí que o contribuinte possa vir a ser um *mero objeto* do acontecer fiscal, um súdito fiscal; daí que o *fosso que separa o Estado dos particulares em sede tributária* possa vir a ser ainda mais agravado. Fosso esse que, em virtude de uma dificuldade crescente do Estado em arrecadar as astronômicas receitas de que necessita para fazer face às não menos astronômicas despesas, tem levado a que se aumente constante e incontidamente a carga tributária sobre os cidadãos.[17]

Ao fim e ao cabo, e sendo certo que a *Administração Fiscal propende, a medida que aumenta o seu poder, a desconhecer os direitos da pessoa individual, sacrificando-os em nome de um chamado interesse superior que muitas vezes não é outro senão o interesse dos governantes e dos seus clientes políticos*;[18] resulta imperioso controlá-la de alguma maneira, de modo que a *justiça fiscal* impere no âmbito da aplicação-interpretação do Direito, extirpando, de uma vez por todas, a odiosa concepção do imposto como *"imposição dos governantes aos seus governados"*.[19]

Na realidade, é, hoje, trivial falar-se na busca da *harmonia* entre o *interesse arrecadatório* do Estado português – para a satisfação do bem comum – e a *justiça fis-*

---

[15] Neste sentido, MARCOS, António. *O Direito dos Contribuintes à Segurança Jurídica*, op. cit., p. 24.
[16] Vale fazer referência, mesmo aqui, à seguinte lição de SAINZ DE BUJANDA, Fernando. *Hacienda y Derecho*, vol. III. Madrid: Instituto de Estudios Políticos, 1963, p. 330: "la seguridad jurídica, en su doble manifestación – certidumbre del Derecho y eliminación de la arbitrariedad – há de considerarse ineludiblemente en función de la legalidad y de la justicia. Esta ultima y la seguridad son valores que se fundamentan mutuamente y que a su vez, necesitan de la legalidad para articularse de modo eficaz".
[17] Parafraseamos MARCOS, António. *O Direito dos Contribuintes à Segurança Jurídica*, op. cit., pp. 23-24.
[18] SAINZ DE BUJANDA, Fernando. *Sistema de Derecho Financiero*, t. I, vol. 2. Madrid: Facultad de Derecho de la Universidad Complutense, 1985, p. 219, n. 132. (Traduzimos e destacamos).
[19] COELHO, Sacha Calmon Navarro. *Teoria geral do tributo, da interpretação e da exoneração tributária*. São Paulo: Dialética, 2003, p. 92. Vide ainda CAMPOS, Diogo Leite de. *O Sistema Tributário no Estado dos Cidadãos*. Coimbra: Almedina, 2006, pp. 09-12; idem e CAMPOS, Mônica Leite de. *Direito Tributário*, op. cit., pp. 212-216; e MARTINS, Ives Gandra da Silva. *Teoria da imposição tributária*. 2. ed. (rev. e atual.). São Paulo: LTr, 1998, p. 77.

cal. Almeja-se – tal como o quer Diogo Leite de Campos – um *Direito Fiscal mais justo, seguro e eficaz*, visando, sempre, a realização do bem comum.[20-21]

Não podemos deixar de sublinhar que essa necessidade de busca por um *Direito Tributário justo, seguro e eficiente* resulta, em grande medida, das consequências do alargamento das funções do Estado, que, no plano da tributação, trouxe à tona o fenômeno da *extrafiscalidade* e, ato contínuo, a *massificação da aplicação da lei*, da qual adveio a *gestão tributária privatizada*, aperfeiçoada, por sua vez, pela generalização do chamado "autolançamento". Ou seja, em virtude do irromper do Estado intervencionista (Welfare State, Estado-Providência, Estado Fiscal Social etc.), mudanças ocorreram na seara tributária, como a progressiva modificação dos métodos tradicionais de atuação da Administração Fiscal, deixando aos contribuintes a responsabilidade pelo cumprimento de um grande número de atos de gestão imprescindíveis à aplicação das normas tributárias. Com efeito, os contribuintes passaram a ser considerados o "ponto de imputação"[22] de uma panóplia de prestações tributárias inerentes à aplicação dos tributos, sendo que aquela Administração foi transformada numa Administração vigilante do "interesse público".

Nessa senda, e porque sobremodo pertinente no cenário da fiscalidade portuguesa, importa lançar luz, ainda que fugaz, sobre o tema da "luta contra a fraude e a evasão fiscal". É, de fato, um assunto demasiadamente referido desde há muito em Portugal, tanto pelos sucessivos Governos quanto pela imprensa deste país. Tamanha é a exploração do tema que Diogo Leite de Campos afirmou que proibir os Governos de falarem sobre a luta contra a fraude e a evasão fiscal seria uma

---

[20] Sentimo-nos impelidos a reproduzir, aqui e agora, as seguintes palavras elucidativas de MARCOS, António. *O Direito dos Contribuintes à Segurança Jurídica*, op. cit., p. 70: "Não nos repugna pois aceitar que a 'velha' trilogia dos fins do Direito – bem comum, justiça e segurança – se possa reduzir, de forma mais própria, à prossecução do bem comum e da justiça, isto porque entendemos que a segurança não é, nem pode ser, um fim em si mesmo, mas antes se deve assumir como um meio, meio capaz de realizar esse fim superior que todo o homem e toda a comunidade humana almeja – a justiça."

[21] É importante esclarecermos que o uso indistinto de terminologias (Direito *Fiscal* e Direito *Tributário*) foi proposital. Aliás, há exemplos de obras portuguesas cujo título acompanha tal indistinção, apesar de ser do conhecimento geral de que, por razões de ordem constitucional, há uma diferenciação de regimes no que aos impostos e aos demais tributos diz respeito, tendo os primeiros recebido maior atenção por parte da CRP. Como assinala Casalta Nabais, "a própria Constituição integra toda uma série de princípios e regras que, valendo para os impostos, não valem ou não valem em igual medida para os demais tributos" (NABAIS, José Casalta. Direito fiscal e tutela do ambiente em Portugal. In: TÔRRES, Heleno Taveira (org.). *Direito tributário ambiental*. São Paulo: Malheiros, 2005, p. 413). Daí a adoção da terminologia "Direito Fiscal" ou "Direitos dos Impostos" por determinados autores portugueses. Vide idem, *Direito Fiscal*. 2. ed. (ref. e aum.). Coimbra: Almedina, 2005, pp. 03 e segs. O Direito dos Tributos (ou simplesmente "Direito Tributário") será em regra citado neste texto.

[22] SANCHES, José L. Saldanha. *A Quantificação da Obrigação Tributária. Deveres de Cooperação, Autoavaliação e Avaliação Administrativa*. 2. ed. Lisboa: Lex, 2000, p. 47. (O itálico é nosso).

"boa medida"... Deveras, muita tinta tem sido vertida sobre este assunto, o que não deixa de ser preocupante quando a mesma é jorrada a favor da *criminalização das infrações tributárias*. Como não é difícil de perceber, trata-se de mais uma consequência do intervencionismo estatal. O que interessa frisar, aqui, em termos de risco para o contribuinte, é a somatória desta consequência com outras duas citadas acima, quais sejam, a complexidade do sistema tributário e a privatização da gestão tributária. Logo, temos, de um lado, o contribuinte como *o destinatário de um sistema tributário extremamente complexo* (de difícil aplicação-interpretação) e, de outro, um Estado ávido em receitas tributárias e que não deixa de lançar mão da sanção de natureza penal para punir os contribuintes que tenham levado a cabo uma interpretação errada da lei – leia-se: em desfavor do Fisco.

Portanto, num Estado Fiscal Social, como o português, é importante ter em conta o perigo – para a esfera de liberdade do contribuinte – de uma aplicação equivocada das normas fiscais.

Aqui chegados, urge esclarecermos que este estudo não tem outro propósito senão o de seguir os mesmos passos trilhados por alguns autores que celebram o estabelecimento de um *novo pacto entre o Estado e os cidadãos*, que passa pelo estrito cumprimento das leis fiscais, a partir de um sistema fiscal dotado de garantias de estabilidade, segurança, coerência e eficiência; mantendo sempre sob o nosso olhar o *conceito democrático de relação jurídica tributária*,[23] para que, assim, possamos remar a bom porto, isto é, ao encontro do *Direito Fiscal dos cidadãos*.

2. Política tributária *versus* política arrecadatória

Feitas essas considerações preliminares, importa traçar um esboço – sobremodo reducionista, porém não menos realista – do que vem sucedendo na seara fiscal desde o irromper do chamado Estado Fiscal Social,[24] cuja caracterização tem

---

[23] Neste sentido, vide, dentre muitos outros autores: MARTÍNEZ, Pedro Soares. A obrigação tributária. Esboço do seu conceito e do seu desenvolvimento. *Ciência e Técnica Fiscal*, n. 51 (mar. 1963). Lisboa: Ministério das Finanças, pp. 642 e segs., e 669 e segs.; CAMPOS, Diogo Leite de. Evolução e perspectivas do Direito Fiscal. *Revista da Ordem dos Advogados*, ano 43 (1983). Lisboa: Ordem dos Advogados Portugueses, 1983, pp. 662-665; idem, *O Sistema Tributário no Estado dos Cidadãos*, op. cit., maxime pp. 12-17 e 73; idem e CAMPOS, Mônica Leite de. *Direito Tributário*, op. cit., pp. 33 e 261; COÊLHO, Sacha Calmon Navarro Princípios retores da tributação: legalidade e tipicidade. *Revista de Direito Tributário*, n. 33 (jul.-set. 1985). São Paulo: Revista dos Tribunais, pp. 198-207; TÔRRES, Heleno Taveira. *Direito tributário e direito privado: autonomia privada: simulação: elusão tributária*. São Paulo: Revista dos Tribunais, 2003, p. 47; FERREIRO LAPATZA, José Juán. *Ensayos sobre metodología y técnica jurídica en el Derecho Financiero y Tributario*. Madrid: Marcial Pons, 1998, p. 266; e idem, *Curso de Derecho Financiero Español*, vol. I. 24. ed. (corrig. e atual.). Madrid: Marcial Pons, 2004, pp. 182 e segs.

[24] Para um estudo sobre a "ideia de estado fiscal" ("estado fiscal liberal" e "estado fiscal social"), vide NABAIS, José Casalta. *O Dever Fundamental de Pagar Impostos*: Contributo para a compreensão

a ver com o *polvo de mil tentáculos* (Bobbio[25]) – muitos "fatos da vida" passaram a ser alvo da atuação tentacular do Poder Legislativo, convertendo-se, pois, em "fatos jurídicos" (*fatos imponíveis*, segundo Dino Jarach): (1) as *funções extrafiscais dos impostos se multiplicaram para viabilizar os fins – o interesse público superior – deste Estado Fiscal*; (1.1) passou a falar-se numa *convulsiva e desordenada proliferação da extrafiscalidade*;[26] (1.2) daí adveio a hipertrofia legislativa; (1.3) daí resultou o *caráter muitas vezes prolixo, casuístico e complexo das normas tributárias*, que, em alguns momentos, é estimulador do *animus apropriandi* e do *animus abutendi* da Administração Tributária,[27] e, como sói ocorrer, da "distorção" do *processo de interpretação/ aplicação*, tornando difícil, quando não impossível, a *segurança jurídica* (certeza do direito) – requisito este indispensável, como sabemos, para o desenvolvimento pacífico e sem sobressaltos do cidadão (tranquilidade social), bem como para o desenvolvimento econômico;[28] (1.4) daí dimanou, pois, o *efeito multiplicador da complexidade no sistema tributário* – que não deixa de ser oriunda, num primeiro momento, da complexidade das relações sociais, econômicas e políticas da sociedade pós-industrial; (1.5) daí proveio, outrossim, a aberrante ideia da *eficiência singelamente arrecadatória*; (1.5.1) passou a falar-se em *praticabilidade*, em razão de

---

constitucional do estado fiscal contemporâneo. Coimbra: Almedina, 2004 pp. 191 e segs.; e idem, *Por um Estado Fiscal Suportável – Estudos de Direito Fiscal*. Coimbra: Almedina, 2005, pp. 09-118. Em razão da análise deste autor – segunda a qual não houve, ao longo da história, uma única "modalidade" de Estado Fiscal (vide idem, *O Dever Fundamental de Pagar Impostos...*, op. cit., p. 194; e *Por um Estado Fiscal Suportável...*, op. cit., p. 28) –, devemos chamar a atenção do leitor para a abrangência daquela idéia. Há, desta feita, um contraste com o posicionamento de Joseph Schumpeter (SCHUMPETER, Joseph A. *La crisis fiscal del Estado*. *Hacienda Publica Española*, n. 02 (1970). Madrid: Instituto de Estudios Fiscales, pp. 145-169) acerca da mesma, já que, como disse José Casalta Nabais, Schumpeter identificou o Estado Fiscal com o Estado Liberal. Sobre a natureza fiscal do Estado contemporâneo, vide, ainda, TORRES, Ricardo Lobo. *A ideia de liberdade no Estado patrimonial e no Estado fiscal*. Rio de Janeiro: Renovar, 1991, pp. 97 e segs. Por último, vide BORGES DE PAULA, Marco Aurélio. *Algumas notas sobre o paradigma clássico e o paradigma keynesiano: as mudanças relacionadas à neutralidade econômica do Estado, ao equilíbrio orçamental e à certeza da tributação*. Revista Tributária e de Finanças Públicas, n. 71 (nov.-dez. 2006). São Paulo: Revista dos Tribunais, maxime pp. 179-182 e 185, 199 e 201-202.

[25] BOBBIO, Norberto. *El futuro de la democracia*. (Trad. espanhola). Barcelona: Plaza y Janes, 1985, p. 168.
[26] LEJEUNE VALCÁRCEL, Ernesto. Prólogo. In: AIZEGA ZUBILLAGA, Joxe Mari. *La utilización extrafiscal de los tributos y los principios de justicia tributaria*, op. cit., p. 13. (A tradução é nossa).
[27] Pondera António Marcos (*O Direito dos Contribuintes à Segurança Jurídica*, op. cit., pp. 313-314) que a Administração Tributária "aproveita quer o carácter defeituoso da redacção de certas normas que se apresentam assim com forte dose de obscuridade (...) para daí retirar dividendos que apenas servem os seus caprichos predatórios quase obsessivos e para, arvorando-se em anjo vingador, aplicar ao contribuinte sanções que ferem o ordenamento vigente e a consciência colectiva, na mais pura e arrojada atitude antijurídica".
[28] Neste sentido, vide PONT CLEMENTE, Joan-Francesc. *La economía de opción*. Madrid: Marcial Pons, 2006, p. 169; e MARCOS, António. *O Direito dos Contribuintes à Segurança Jurídica*, op. cit., p. 130.

um tal *estado de necessidade da Administração Tributária*, como se o despreparo para lidar com o ritmo vertiginoso da economia não fosse fruto de sua própria incompetência e/ou da falta de vontade política das entidades políticas;[29] [30] (1.5.1.1) presunções passaram a ser utilizadas (alterando a realidade[31]); (1.5.2) cláusulas gerais anti-abuso passaram a ser vistas como imprescindíveis;[32] (1.5.3) foi concedido, pois, um espaço mais alargado de atuação (amplos poderes de decisão) à Administração do Estado Fiscal Social, o que evidenciou, no mais das vezes, *a relativização do princípio da legalidade tributária (reserva absoluta de lei formal)*, a *maximização das desigualdades*, para além de reforçar a *volatização da segurança jurídica*;[33] (1.6) o uso, pelo Estado, do *caráter coercitivo do Direito Penal* tornou-se atraente enquanto *solução rápida e barata* para sanar aquela incompetência do Fisco, tudo em prejuízo dos princípios do "Estado de direito democrático" (art. 2º da CRP),

---

[29] Sobre ser deveras oportuno, importa lançar luz na seguinte lição de Iso Scherkerkewitz: "Realmente o Fisco, de uma maneira geral, está despreparado para lidar com o ritmo atual da economia, que exige capacidade de adaptações rápidas às mudanças, aparato tecnológico avançado e treinamento constante de pessoal especializado, porém, no mais das vezes, esse despreparo é fruto de sua própria incompetência e da pouca visão dos governantes, não sendo algo inevitável e, portanto, que deveria ser corrigido pelo direito. Ao contrário, se houvesse o devido treinamento e valorização do pessoal, uma política tributária séria, uma fiscalização severa da própria atividade fiscalizadora e um aparelhamento adequado, com certeza a arrecadação iria aumentar, diminuir-se-ia a sonegação e a fraude tributária" (SCHERKERKEWITZ, Iso Chaitz. *Presunções e ficções no Direito Tributário e no Direito Penal Tributário*. Rio de Janeiro: Renovar, 2002, p. 23).

[30] Neste mesmo sentido, CAMPOS, Diogo Leite de. Justiça e Arrecadação nos Impostos Portugueses – Um Sistema Esgotado". In: CAMPOS, Diogo Leite de e MARTINS, Ives Gandra da Silva da Silva (coords.). *O Direito Contemporâneo em Portugal e no Brasil*. Coimbra: Almedina, 2003, p. 147.

[31] Não é inútil ressaltar que "só o conhecimento da matéria colectável *real* permite constituir um sistema fiscal verdadeiro, e só um sistema fiscal verdadeiro pode ter pretensões a ser justo" (CAMPOS, Diogo Leite de. Evolução e perspectivas do Direito Fiscal, op. cit. p. 658). (O itálico é nosso). Cfr. idem e CAMPOS, Mônica Leite de. *Direito Tributário*, op. cit., pp. 127-129.

[32] Vale a pena ter sempre presente a seguinte lição de Diogo Leite de Campos: "O legislador deve, nomeadamente, abster-se de recorrer a cláusulas gerais ou conceitos indeterminados, precisando o mais possível o conteúdo dos conceitos que utiliza. Caso contrário, deixar-se-ia entrar pela janela o que se proibiu que entrasse pela porta: eximindo o contribuinte ao arbítrio do legislador, através do princípio da tipicidade, entregar-se-ia depois ao arbítrio do intérprete. A doutrina completa o princípio da tipicidade, com o princípio da tipicidade fechada, com a exigência da descrição exaustiva e clara dos tipos legais de impostos. *Nunca se conseguirá eliminar totalmente a margem de incerteza inerente ao processo de interpretação/aplicação do direito, já que normalmente as situações a regular não coincidirão totalmente com a situação pré-suposta pelo legislador. Mas conseguirá reduzir-se até um grau desprezível*" ("Anotação. Onde se fala de boa fé no Imposto de Transacções – nota aos Acs. S.T.A., de 27-10-82 e de 4-7-84". In: *Revista da Ordem dos Advogados*, ano 45 (dez. 1985). Lisboa: Ordem dos Advogados, p. 812). (O itálico é nosso).

[33] Como vaticinam Marcelo Rebelo de Sousa e André Salgado de Matos, "a existência de margem de livre decisão administrativa envolve, necessariamente, a perda de alguma segurança jurídica e a introdução de alguma desigualdade friccional" (SOUSA, Marcelo Rebelo; e MATOS, André Salgado. *Direito Administrativo Geral*, Tomo I. Lisboa: Dom Quixote, 2004, pp. 177 e 192).

porquanto não é raro ver alguns contribuintes incumpridores serem detectados por acaso e penalizados a título de exemplo;[34-35-36] (1.7) ocorreu a *privatização da gestão tributária*; (1.7.1) as denominadas prestações formais passaram a pesar cada vez mais sobre os ombros dos contribuintes;[37] (1.7.2) a atividade inspetora da Administração Tributária ganhou extrema importância; (1.7.3) ocorreu, assim, o *incremento das sanções*[38-39]...

[34] Diogo Leite de CAMPOS, Justiça e Arrecadação nos Impostos Portugueses – Um Sistema Esgotado, cit., p. 141.

[35] Importa considerar, *in limine*, a lição sempre atual de BERLIRI, Luigi Vittorio. *El Impuesto Justo*. Madrid: Instituto de Estúdios Fiscales, 1986, p. 263: "las oficinas financieras, ante la imposibilidad absoluta de llevar a cabo esa aplicación rigurosa de la ley fiscal si no es limitándola a una ínfima minoría de contribuyentes, sienten que su poder se agota en la peligrosa y odiosa facultad discrecional de elegir una posible víctima, sobre la cual concentrar los escasos medios de investigación y de este modo arruinar *injustamente*, aunque con arreglo a la ley, a uno u outro contribuyente, sin atender de manera correspondiente a la necesidad de la colectividad". Neste mesmo sentido, porém já no caminho rumo à esfera penal, Klaus Tipke (*Moral Tributaria del Estado y de los Contribuyentes*, op. cit., p. 130) afirma que: "Los jueces penales deben considerar también que los inspectores especializados en delitos fiscales, por regla general, solo pueden perseguir – de modo más o menos aleatório – algunos casos que sirvan de escarmiento. No es raro que estos pocos sujetos se conviertan en chivos expiatórios en medio de una generalizada falta de moral tributaria del Estado". Daí que seja normal a punição de alguns contribuintes para *intimidar* os outros. Elio Lo Monte destaca que, com isso, o sujeito incumpridor é convertido "num instrumento exclusivo para a intimidação de outros" (MONTE, Elio Lo. *Princípios de Derecho Penal Tributario*. Buenos Aires: B de F, 2006, p. 111). (Tradução livre).

[36] "O que não se deve admitir é a utilização do Direito Penal como forma de compensar a ineficiência estatal. E no campo do Direito Tributário a ineficiência é sobressalente. (...) Entretanto, o legislador, ao invés de reformar a lei tributária e conferir meios para que a fiscalização cumpra efetivamente seu papel, prefere encobrir a ineficiência estatal adotando uma solução simplista, definindo como crime meras infrações tributárias" (MONTEIRO, Rodrigo Oliva. Dos crimes contra a ordem trbutária: definição do tributo e formação do tipo. *Revista Brasileira de Ciências Criminais*, n. 64 (jan.-fev. 2007). São Paulo: Revista dos Tribunais, p. 147). No que toca à facilidade (solução rápida e barata) do recurso ao Direito Penal, vide, ainda, URIBE MANRÍQUEZ, Alfredo. Tolerância cero: del olvido a las ventanas rotas. *Revista Brasileira de Ciências Criminais*, n. 63 (nov.-dez. 2006). São Paulo: Revista dos Tribunais, p. 09.

[37] Há mesmo uma "complexa teia de prestações não-pecuniárias" (MARTINS, António Carvalho. *Simulação na Lei Geral Tributária e Pressuposto do Tributo – Em Contexto de Fraude, Evasão e Planeamento Fiscal*. Coimbra: Coimbra, 2006, p. 40).

[38] "A deslocação sistemática de fases e sectores do procedimento de determinação, liquidação e cumprimento das obrigações fiscais para os particulares, veio criar um corpo de normas com características especiais, tendo sempre como destinatários os particulares – os sujeitos passivos das obrigações fiscais – e cujo cumprimento é assegurado por variados tipos de sanções administrativas ou penais" (SANCHES, José L. Saldanha. *A Quantificação da Obrigação Tributária. Deveres de Cooperação, Autoavaliação e Avaliação Administrativa*, op. cit., p. 56). Neste sentido, vide ainda NABAIS, José Casalta. Avaliação Indirecta e Manifestações de Fortuna na Luta contra a Evasão Fiscal em Portugal. In: TORRÊS, Heleno Taveira e PIRES, Adilson Rodrigues (Organizadores). *Princípios de*

2.1. Política tão-somente arrecadatória
2.1.1. Obediência atávica à *relação de poder*

... (1.8) Sucedeu, em não poucas vezes, a *deterioração dos direitos e garantias dos cidadãos-contribuintes*, já que, diante da possibilidade de maior arrecadação de impostos, o Poder e seus especialistas já não viam estes cidadãos senão como *meros objetos*[40] de sua *destruidora* atividade. Como refere Ives Gandra Martins, *o Poder cerca-se de especialistas em arrecadar cada vez mais da sociedade, sendo tais especialistas, por sua própria natureza, incapazes de examinar o tributo de uma forma abrangente, porque sua função é cobrar, exigir e criar novas hipóteses de imposição.*[41] Há, assim, uma visão limitada da tributação, sem levar em consideração, pois, a *justiça da tributação*.

Em poucas palavras: a transferência, para o campo fiscal, da diabólica regra "*os fins justificam os meios*" vem sendo patenteada no Estado Fiscal Social, na medida em que a satisfação "do social" e "do econômico" – o chamado "interesse superior" – vem sendo um pretexto avidamente aproveitado pelos Poderes Públicos para justificar a utilização de alguns *instrumentos de viabilização da eficiência arrecadatória*, entendidos tão-somente como *instrumentos de maximização da arrecadação*, contrariando, desta feita, a finalidade do Direito Tributário que é, como dissemos, a limitação do *poder de tributar*, para que não ocorram intervenções "gratuitas" na esfera privada dos cidadãos-contribuintes, por arbitrariedade, má-fé ou ignorância.[42] Salta aos olhos, neste toar, o confronto "política tributária *versus* arrecadação de receitas" tão bem demonstrado por Diogo Leite de Campos.[43]

---

direito financeiro e tributário – Estudos em homenagem ao Professor Ricardo Lobo Torres. Rio de Janeiro: Renovar, 2006, pp. 768-770; e MARTINS, António Carvalho. *Simulação na Lei Geral Tributária e Pressuposto do Tributo...*, op. cit., p. 39.

[39] Para um relevante estudo (sistematizador) de muitos desses fatos, sobre os quais a doutrina tributária cumpre lançar luz para sistematizá-los, vide GONZÁLEZ GARCÍA, Eusebio. Medios de Defensa del Contribuyente Frente a la Creciente Presión Fiscal Indirecta. *Revista Brasileira de Direito Tributário e Finanças Públicas*, n. 7 (mar.-abr. 2008). Porto Alegre: Magister/CEU, pp. 152-163.

[40] CAMPOS, Diogo Leite de. *O Sistema Tributário no Estado dos Cidadãos*, op. cit., p. 15.

[41] MARTINS, Ives Gandra da Silva. *Uma Teoria do Tributo*. São Paulo: Quartier Latin, 2005, pp. 40 e 224.

[42] Como assevera Hugo de Brito Machado, a finalidade do Direito Tributário é simplesmente limitar o poder de tributar, "estabelecendo normas que o disciplinam para proteger o cidadão contribuinte, dando a estes, pelo menos, a segurança e a previsibilidade que lhes permitem, pelo menos, vivenciar a relação tributária sem que esta seja um obstáculo ao planejamento de suas atividades" (MACHADO, Hugo de Brito. A Falta de Propósito Negocial como Fundamento para Exigência de Tributo. *Revista Dialética de Direito Tributário*, n. 143 (agosto 2007). São Paulo: Dialética, p. 48). Neste mesmo sentido, vide idem, Revisão dos Limites e Possibilidades de Atuação Eficiente do Fisco. In: ROCHA, Valdir Oliveira (coord.). *Grandes questões atuais do direito tributário*, 11 vol. São Paulo: Dialética, 2007, p. 131.

[43] CAMPOS, Diogo Leite de. Justiça e Arrecadação nos Impostos Portugueses – Um Sistema Esgotado, op. cit., passim.

Em outras palavras: em nome do "interesse público", e porque os impostos se consolidaram como a melhor fonte de ingressos públicos – para satisfazer aquele "interesse superior", isto é, os inúmeros objetivos sociais e econômicos (artigo 81, b, da CRP) –, os Poderes Públicos têm a falsa ideia de que a finalidade da Administração Tributária é apenas a cobrança das receitas, contrapondo, assim, a *eficiência (lato sensu) da arrecadação* aos *direitos e garantias dos contribuintes*, isto é, à *justiça fiscal*, dando, pois, prevalência ao interesse financeiro à custa do Direito Fiscal.[44] Há, com efeito, a retirada do *Direito dos impostos* do *mundo do Direito*.[45] Trata-se, enfim, de uma *política* que, segundo Ives Gandra da Silva Martins, gera *injustiça tributária* e pouco desenvolvimento econômico e social.[46]

Iluminados pelas sábias palavras de Vítor Faveiro, cumpre referirmos que *a prática fiscal vem dando sinais de que é frequente a opção dos detentores do poder por soluções casuísticas, mais orientadas para a dimensão e a garantia das cobranças do que para o rigor dos princípios jurídicos*.[47] *Daí que uma singela política arrecadatória esteja sempre associada a uma cultura de desrespeito pelos cidadãos, porquanto radicada numa crescente e por vezes exacerbada egolatria ou culto do poder pessoal do administrador, no orgulho de mandar, no prazer de comando, na auto-criação de um verdadeiro mito de soberania e a prática do arbítrio, da discricionariedade e da sobranceriedade.* [48] [49]

---

[44] Insta referir que a *eficiência* pode ser compreendida no seu *sentido lato*, decompondo-se: a) no *princípio da eficiência stricto sensu ou da economia*, "que relaciona os meios utilizados e os resultados obtidos de modo a obter o melhor resultado ao menor custo"; e b) no *princípio da eficácia*, "que relaciona os objectivos propostos com os resultados alcançados" (NABAIS, José Casalta. *O Dever Fundamental de Pagar Impostos...*, op. cit., p. 374, nota 557).

[45] CAMPOS, Diogo Leite de. Interpretação das normas fiscais. In: CAMPOS, Diogo Leite de, et alii. *Problemas fundamentais do direito tributário*. Lisboa: Vislis, 1999, p. 21.

[46] Segundo Ives Gandra Martins, há uma distinção, pelo prisma da eficiência, entre uma autêntica *política tributária* de uma singela *política de arrecadação*, pois esta "gera pouco desenvolvimento econômico e social, além de injustiça tributária, e a primeira propicia o crescimento econômico e social e a justiça fiscal" (MARTINS, Ives Gandra da Silva. Princípio da eficiência em matéria tributária, cit., pp. 36-37).

[47] Neste sentido, vide FAVEIRO, Vítor. *Noções Fundamentais de Direito Fiscal Português*, vol. I. Coimbra: Coimbra, 1984, pp. 17-18.

[48] Idem, ibidem, pp. 18-19; e idem, *O Estatuto do contribuinte: a pessoa do contribuinte no Estado social de Direito*. Coimbra: Coimbra, 2002, p. 195

[49] Aliás, por falar em *soberania*, é importante realçar que a mesma está restrita à ação do Estado enquanto Estado-legislador, ou seja, enquanto *criador do Direito*. A partir da fixação, em forma de lei, da norma tributária, o Estado passa a ser *sujeito de direitos e obrigações*, estando adstrito àquilo que a lei determina. Para Achille Donato Giannini, enquanto o Estado-legislador, "nella esplicazione del suo potere finanziario, sovranamente determina le varie imposte e le persone tenute a soddisfarle", o Estado-administrador, "invece, realizza il suo diritto al tributo in conformità alla legge, le cui norme vincolano lo Stato stesso non meno che il contribuente" (GIANNINI, Achille Donato. *I concetti fondamentali del Diritto Tributario*. Torino: Torinese, 1956, p. 03). Neste sentido, vide ainda VANONI, Ezio. *Naturaleza e interpretación de las Leyes Tributarias*. (Trad. espanhola). Madrid:

Nessa senda, a *cultura de desprezo pelo cidadão-contribuinte* se patenteia, de forma insofismável, quando, em virtude daquela incompetência do Fisco (falta de organização etc.), ocorre a crescente *cultura da acusação*. "Basta-lhes apenas acusar", afirma Domingues de Azevedo. "São práticas a que nos vamos habituando por parte do funcionamento da Administração Pública, em que, não havendo um mínimo de organização, profere acusações que mais não são do que autênticos atentados aos direitos dos contribuintes",[50] como se o Direito Fiscal fosse um *Direito Fiscal do inimigo*.[51]

Observamos, nesse sentido, os fundamentos do *Estado de direito democrático* serem contrariados,[52] já que os *valores fundamentais da pessoa humana e do cidadão* são tripudiados pelos agentes fiscais, cabendo ao *contribuinte* tão-somente o acatamento da ordem desses agentes. Não há respeito e, pois, *igualdade no relacionamento entre o Fisco e os contribuintes*. Há, sim, reminiscências de velhas doutrinas,

Instituto de Estudio Fiscales, 1973, pp. 139 e segs., sobretudo p. 162; e BORGES, José Souto Maior. *Iniciação ao Direito Financeiro*. Recife: Imprensa Universitária (Universidade Federal de Pernambuco), 1966, pp. 18-19. Cfr., ainda, CAMPOS, Diogo Leite de. Natureza jurídica do Direito Tributário. In: *Estudos em homenagem à Dra. Maria de Lourdes Órfão de Matos Correia e Vale. Cadernos de Ciência e Técnica Fiscal*, n. 171 (1995). Lisboa: Ministério das Finanças, pp. 121 e 125-127; e GUIMARÃES, Vasco Branco. *A responsabilidade civil da Administração Fiscal: emergente da obrigação de imposto*. Belo Horizonte: Fórum, 2007, p. 31, n. 27.

A relação jurídica tributária é mesmo uma relação obrigacional "ex lege" e não uma relação de poder. Aceitamos, pois, a concepção do tributo como uma *obrigação* "ex lege". A razão dessa aceitação advém do seguinte raciocínio: "con ella se logra un acoplamiento perfecto entre las dos partes, acreedor y deudor, sometidos ambos al mandato de la ley; por outra parte, al acto de liquidación se le puede atribuir una función declarativa, en lugar de constitutiva de la obligación, con lo que la Administración pierde una posición preeminente, no apareciendo como *potentior personae*, con lo cual se supera una etapa del Derecho Público – la del Derecho Público autoritario construido en Alemania el último tercio del siglo XIX – en el que la acción administrativa era inseparable de las prerrogativas del *imperium*" (RAMALLO MASSANET, Juan. La eficácia de la voluntad de las partes en las obligaciones tributarias. In: ELORRIAGA PISARIK, Gabriel (coord.). *Convención y Arbitraje en el Derecho Tributario*. Madrid: Marcial Pons, 1996, p. 221).

[50] AZEVEDO, António Domingues de. A eficiência fiscal e os direitos dos contribuintes (I). Obtido via Internet: www.ctoc.pt/noticias_site/detalhes.php?id=3879, em 09.02.2007.

[51] Neste caso, alguns contribuintes não são tratados como *pessoas*, como *cidadãos*, mas, sim, como os inimigos dos agentes do Fisco. "Que os inimigos não sejam tidos 'como pessoas' – afirma Esser, a propósito da *teoria do direito penal do inimigo* (de G. Jakobs) –, é uma consideração que já conduziu muitas vezes à negação do Estado de Direito" (apud DIAS, Jorge de Figueiredo. *Direito Penal. Parte Geral.*, t. I. Coimbra: Coimbra, 2004, p. 35). Para uma brevíssima leitura dessa teoria levada a cabo por G. Jakobs no âmbito das ciências jurídico-criminais, vide idem, ibidem, pp. 34-35 e 94; e FERRAJOLI, Luigi. *Derecho y razón (Teoría del garantismo penal)*. 7. ed. (Trad. espanhola). Madrid: Trotta, 2005, pp. 274-275.

[52] Segundo MARTINS, António Carvalho. *Juízo Fiscal: libelo versus resgate*. Coimbra: Coimbra, 2000, p. 48, n. 4, *a proteção dos cidadãos contra a prepotência, o arbítrio e a injustiça (especialmente por parte do Estado) constitui o cerne do Estado de direito democrático*.

como a juspublicista alemã de finais do século XIX e inícios do século XX, manifestada, *verbi gratia*, por Otto Mayer e Franz Schneider.

Eis a razão pela qual é usual o *conflito* na órbita tributária portuguesa, onde *Governo e agentes administrativos consideram-se numa posição oposta a dos contribuintes*, consagrando, assim, a passos largos, a imagem do sujeito passivo como um "malfeitor",[53] como uma *cobaia* da atividade do Fisco,[54] como um *súdito fiscal*,[55] ou como um *mero administrado*. "A chocante injustiça de uma relação integrada por um credor omnipotente e um devedor-sujeito (submisso) parece evidente" – afirmam Leite de Campos.[56]

Daí que a busca *desenfreada* pela "maximização da receita líquida dos impostos"[57] venha sendo considerada a causa do *constante retrocesso à relação de poder*, uma vez que o Estado Fiscal Social, como o português, vem privilegiando, em alguns casos, a atuação estatal, visualizada mais como realização de *fins* do que como execução *ex officio* do Direito.[58] Como pondera o atual presidente do Conselho Diretivo da Ordem dos Técnicos Oficiais de Contas de Portugal (OTOC), António Domingues de Azevedo, "se atentarmos em algumas práticas do nosso sistema, que praticamente ninguém questiona, verificamos que nele abundam conceitos e orientações de salvaguarda excessiva dos direitos do Estado português, deixando o contribuinte completamente desprotegido".[59] Aliás, a desterrar qualquer dúvida relativamente à desigualdade na relação fiscal entre o contribuinte português e o Fisco, Domingues de Azevedo narra o caso de um sujeito passivo que se viu confrontado com a *liquidação errada de um tributo* (erro da Administração), tendo reclamado perante a instância competente. Ao ser confrontado com a instauração do processo executivo, deslocou-se ao competente serviço solicitando a resolução da sua reclamação, tendo obtido como resposta que, logo que fosse possível, seria dado despacho ao seu protesto, mas que, primeiramente, havia que garantir a dívida do *processo de execução*. Segundo Domingues de Azevedo, "esta resposta é, para ser cordial, verdadeiramente surrealista",

---

[53] AZEVEDO, António Domingues de. A eficiência fiscal e os direitos dos contribuintes (I), cit.
[54] MARCOS, António. *O Direito dos Contribuintes à Segurança Jurídica*, op. cit., p. 130.
[55] SÁNCHEZ SERRANO, Luís. Los españoles, ¿súbditos fiscales?. *Impuestos*, I (1992). Madrid: La Ley, pp. 236-264.
[56] CAMPOS, Diogo Leite de e CAMPOS, Mônica Leite de. *Direito Tributário*, op. cit., p. 14 ; e CAMPOS, Diogo Leite de. Interpretação das normas fiscais, cit., p. 20.
[57] BASTO, José Xavier de. Uma reflexão sobre a Administração Fiscal. *Notas Económicas*, n. 4 (nov. 1994). Coimbra: Universidade de Coimbra, p. 102.
[58] Vide COELHO, Sacha Calmon Navarro e Valter LOBATO. Reflexões sobre o art. 3º da Lei Complementar 118. Segurança Jurídica e a Boa-fé como Valores Constitucionais. As Leis Interpretativas no Direito Tributário Brasileiro. *Revista Dialética de Direito Tributário*, n. 117 (jun. 2005). São Paulo: Dialética, 2005, p. 112.
[59] AZEVEDO, António Domingues de. A eficiência fiscal e os direitos dos contribuintes (I), cit.

até porque, neste caso, o contribuinte teve que garantir uma dívida proveniente de um *erro (técnico ou aritmético) da própria Administração Fiscal*.[60] Trata-se, como se vê, de uma resposta que põe às claras quão desigual é a relação entre o Fisco e os contribuintes portugueses, quão conflituosa é esse tipo de relação entre o Estado português e os seus cidadãos.

A evidenciar ainda mais o desequilíbrio entre as prerrogativas da Administração Fiscal e os direitos e garantias dos contribuintes, impende ressaltar, em benefício do que ficou dito acima, que muito do *constante retrocesso à relação de poder* é diagnosticado no âmbito da *fixação da matéria coletável*. A *cláusula geral anti-abuso* (artigo 38º, 2, da LGT) talvez seja o melhor "sinal" de como o "Estado-credor" pode esmagar, enquanto rolo compressor, os direitos e garantias dos cidadãos- -contribuintes. Visando, pois, a *eficiência na arrecadação fiscal*, o "Estado-credor" age movido por fins estritamente arrecadatórios, o que o faz amesquinhar, amiúde, alguns *princípios jurídicos*, como a *legalidade do tipo tributário*.

Com efeito, a despeito de alguns *avanços* a favor do Direito Tributário português,[61] há sempre um novo motivo para deflagrar o divórcio entre este Direito e os impostos (poder unilateral), de modo que o caminho rumo à *eliminação do desequilíbrio na relação tributária* vem sendo longo, difícil e insuficientemente conseguido.[62] Portanto, o Direito Tributário, porventura latente ou em boas perspectivas de evolução, entra logo em crise manifesta[63] quando aquela

---

[60] Idem, A eficiência fiscal e os direitos dos contribuintes (II). Obtido via Internet: www.semanarioeconomico.com/opiniao/opiniao_desarrollo4.html, em 09.02.2007.

[61] Houve, de fato, *avanços* significativos na "jurisdicização" da tributação portuguesa, considerando: (a) que a relação entre o Fisco e os contribuintes está assente numa *relação obrigacional fiscal*, isto é, numa relação que "desenvolve-se em termos pré-fixados pelo credor-Estado, que define o montante, o tempo, etc., e as condições em que vai tornar o crédito certo e exigível (liquidação)" (CAMPOS, Diogo Leite de e CAMPOS, Mônica Leite de. *Direito Tributário*, op. cit., p. 14.); (b) que esta relação jurídica tributária nasce, pois, quando se verificam os pressupostos de fato previstos na lei, isto é, no momento da verificação do fato jurídico tributário (artigos 36º, 48º, 1, e 77º, 6, da LGT) (vide idem, ibidem, pp. 352-353) que, por sua vez, está delineado na lei tributária (hipótese de incidência), sendo, portanto, uma *obrigação "ex lege"*, vale dizer, uma obrigação que não provém da vontade de um sujeito ou de um acordo entre as partes (idem, ibidem, p. 262-263); (c) e que, por isso, "o acto ou procedimento de *liquidação* terá uma *eficácia meramente declarativa* e não constitutiva, pois não é ele que dá origem à obrigação", servindo unicamente "para tornar esta certa e, consequentemente, exigível" – afirmaram Leite de Campos, ibidem, p. 352, sendo o itálico nosso –. Para maiores considerações sobre o tema, vide idem, ibidem, pp. 261 e segs., e 347 e segs.

[62] CAMPOS, Diogo Leite de e CAMPOS, Mônica Leite de. *Direito Tributário*, op. cit., pp. 14 e 103 ; e CAMPOS, Diogo Leite de. Interpretação das normas fiscais, cit., pp. 20-21.

[63] FAVEIRO, Vítor. *Noções Fundamentais de Direito Fiscal Português*, op. cit., p. 18.

cultura de desrespeito pelos contribuintes vem à tona – a serviço da voracidade fiscal do Estado –.[64]

Daí que Diogo Leite de Campos tenha afirmado que a prática fiscal portuguesa dá razão à lição de Adam Smith – segundo a qual *os contribuintes ficam nas mãos da Administração fiscal e dos seus agentes caso a legalidade dos impostos não seja respeitada* –, já que não são poucas as vezes que a Administração Tributária portuguesa tenta fazer os contribuintes pagarem impostos mediante *interpretações distorcidas*, mediante *ficções* e mediante *presunções*.[65]

O que se vê, em suma, é o Fisco reclamando para si cada vez mais *poderes*, de modo a maximizar cada vez mais a receita líquida dos impostos; e o Estado-legislador concedendo esta situação, fundamentando sua postura no "interesse público". Trata-se de uma atitude incompreensível no Estado de direito democrático,[66] já que, assim agindo, o Estado-legislador sempre desamparará o cidadão-contribuinte – sujeito mais fraco da relação tributária – ao colocar a Administração "en situación de dominio, imperio, prevalencia, señorío, preponderancia, primacía o preminencia", enquanto que a situação do contribuinte será sempre "de subordinación, dependencia, acatamiento o sumisión, esto es de inferioridad".[67] Não há a menor dúvida de que, assim, o Estado de direito democrático se "desnutrirá" – para fazer uso da linguagem de Ruy Barbosa Nogueira[68] – pela transformação da relação jurídica em relação de força, sacrificando-se a *justiça fiscal*, pois "só é justa a relação jurídica entre iguais".[69]

---

[64] Neste sentido, CAMPOS, Diogo Leite de e CAMPOS, Mônica Leite de. *Direito Tributário*, op. cit., p. 103.

[65] CAMPOS, Diogo Leite de. *O Sistema Tributário no Estado dos Cidadãos*, op. cit., p. 14. Vide, ainda, idem, Interpretação das normas fiscais, cit., p. 20, e idem e CAMPOS, Mônica Leite de. *Direito Tributário*, op. cit., p. 228.

[66] Como refere FERREIRO LAPATZA, José Juan. *Ensayos sobre metodología y técnica jurídica en el Derecho Financiero y Tributario*, op. cit., p. 266, "resulta difícilmente comprensible cómo la Administración tributaria de un Estado de Derecho reclama para sí como necesaria, y el legislador se la concede, una situación de poder inmune a los princípios más generales y fundamentales de un ordenamiento jurídico democrático."

[67] PONT MESTRES, El interés de demora según la Sentencia del Tribunal Constitucional de 26 de abril de 1990, y algunas cuestiones conexas (I), p. 06, apud ALFONSO GALÁN, Rosa Maria. *Los Intereses por Retraso o Demora a Favor de la Hacienda Pública*. Madrid: Dykinson, 1998, p. 105, e LOPES MARTÍNEZ, Juan. *Régimen jurídico de los llamados 'intereses moratórios' en matéria tributaria (Un análisis de su ubicación dogmática en el seno de la deuda tributaria)*. Madrid: Civitas, 1994, p. 175, n. 345.

[68] Apud CAMPOS, Diogo Leite de. *O Sistema Tributário no Estado dos Cidadãos*, op. cit., p. 14.

[69] CAMPOS, Diogo Leite de. *O Sistema Tributário no Estado dos Cidadãos*, op. cit., p. 16. (O grifo é nosso). Neste mesmo sentido, vide idem, ibidem, p. 14, 73 e 117; idem, Natureza jurídica do Direito Tributário, cit., pp. 125-126; e idem e CAMPOS, Mônica Leite de. *Direito Tributário*, op. cit., p. 33.

Estas são, pois, algumas considerações referentes a um dos pontos relativos à *política meramente arrecadatória*, qual seja, a *carência de justiça fiscal*,[70] sendo que esta justiça, no nível de atuação da Administração Fiscal – diz Diogo Leite de Campos –, reveste *a face da segurança jurídica*, como *proibição do arbítrio* dos agentes fiscais.[71]

Mas, afinal, pode haver *eficiência injusta* que seja *eficiente*? Como é possível pedir ao contribuinte que respeite o pacto constitucional fundado na contribuição para a *"satisfação das necessidades financeiras do Estado e outras entidades públicas"* e para a *"repartição justa dos rendimentos e da riqueza"* (artigo 103º, nº 1 da CRP) se há, de fato, uma *degradação da pessoa do contribuinte*?[72] Não será essencial – para a eficiência do sistema fiscal – que os cidadãos concebam os impostos como *contribuição* necessária à sustentação do Estado Fiscal Social? Não será indispensável estimular o *cumprimento voluntário das obrigações tributárias*? Não será essa questão de suma importância num sistema fiscal massificado? Não serão essas indagações cruciais para a *sobrevivência do Estado Fiscal Social*?[73]

Tudo visto – no tocante ao predomínio da *relação de poder* numa política *singelamente arrecadatória* –, importa insistir que *a tese de que o interesse público deve sempre prevalecer sobre os direitos individuais e os interesses por eles protegidos, hospeda teoria edificante e prática indecente, como o espoucar, no mundo inteiro, de casos de abuso de poder e corrupção crescente, está a demonstrar*.[74] [75]

---

[70] Como dissemos acima, para Ives Gandra da Silva Martins (Princípio da eficiência em matéria tributária, cit., p. 37) a *singela política de arrecadação* "gera pouco desenvolvimento econômico e social, além de injustiça tributária".

[71] CAMPOS, Diogo Leite de. Justiça e Arrecadação nos Impostos Portugueses – Um Sistema Esgotado, cit., p. 134. Neste sentido (segurança jurídica como dimensão da justiça), vide ainda: MARCOS, António. O Direito dos Contribuintes à Segurança Jurídica, op. cit., pp. 53-72; CAMPOS, Diogo Leite de e CAMPOS, Mônica Leite de. Direito Tributário, op. cit., pp. 16 e 108 ; CAMPOS, Diogo Leite de. Interpretação das normas fiscais, cit., p. 21; e SILVA, Almiro do Couto e. Princípios da Legalidade da Administração Pública e da Segurança Jurídica no Estado de Direito Contemporâneo. *Revista de Direito Público*, n. 84 (out.-dez. 1987). São Paulo: Revista dos Tribunais, p. 47.

[72] Esta é precisamente a pergunta feita por PIETRO, Adriano di. Tutela del Contribuyente y Constitución Material en la Aplicación de la Norma Tributaria, cit., p. 93, após constatar que o contribuinte italiano está numa posição que juridicamente é pior que a do cidadão frente à Administração Pública.

[73] Vide BARQUERO ESTEVAN, Juan Manuel. *La Información Administrativa a los Contribuyentes*. Navarra: Aranzadi, 2002, pp. 38-40.

[74] MARTINS, Ives Gandra da Silva. Limitações ao poder impositivo e segurança jurídica, cit., p. 53.

[75] Lançando luz, ainda que fugaz, sobre o quadro de corrupção em Portugal, podemos referir que, em estudo levado a cabo, em 2005, no seio dos Programas Globais do Instituto do Banco Mundial, Daniel Kaufmann, diretor destes Programas, afirmou que a corrupção é um dos grandes males de Portugal, sendo que este país poderia estar ao nível de desenvolvimento da Finlândia, caso não padecesse desse mal. (Veja-se o artigo intitulado "Fim da corrupção colocaria Portugal ao nível da Finlândia", em www.portugaldiario.pt). Segundo este informativo, "a corrupção acaba por resultar

2.1.2 Défice de legitimação dos impostos no Estado Fiscal Social

a) Breve referência à possibilidade de carência de idoneidade dos impostos para cumprir os fins extrafiscais.

Ora bem. Não há como negar que o discurso dos defensores dos *instrumentos viabilizadores da eficiência arrecadatória* esteja assente na satisfação do *interesse público*, isto é, na "satisfação das necessidades financeiras do Estado e outras entidades públicas" e, principalmente, na "*repartição justa dos rendimentos e da riqueza*" (artigo 103º, nº 1 da CRP), destacando-se, com efeito, o *objetivo igualitário* como uma das "incumbências prioritárias" do Estado Fiscal Social. Aliás, importa realçar que a política fiscal é a única política expressamente referida no artigo 81º, b, da CRP, como instrumento de correção das desigualdades econômicas.[76]

Neste toar, os agentes do Estado Fiscal Social fundamentam os seus atos – é indispensável que seja assim – com base na busca pelo "interesse público", isto é, com fulcro na efetivação dos direitos sociais, econômicos etc. (artigo 9º, *d*) da CRP). Mas *será que ao menos a satisfação* "do social" e "do econômico" tem sido efetiva? *Será que os fins extrafiscais* (redistribuição de rendimentos, por exemplo) – pertinentes ao referido "interesse público" – *vêm sendo cumpridos?* Recordando os atentados aos direitos e garantias dos cidadãos-contribuintes, será que não estamos diante de um *sacrifício estéril*?

Não é certamente este o lugar adequado para ser estudado um tema tão relevante como a possibilidade de carência de idoneidade dos impostos para cumprir os fins extrafiscais. Ocorre, todavia, que uma perfunctória análise é salutar ao propósito que temos de evidenciar o *défice na aceitação dos impostos*.

Assim sendo, quanto a este tema (*efetivo cumprimento dos fins extrafiscais*), e indo ao encontro do posicionamento de alguns autores no que toca especificamente à *tributação progressiva*, devemos fazer como José Xavier de Bastos o fez, isto é, pôr o leitor de "sobreaviso contra excessivos entusiasmos sobre a sua capacidade de proceder à redistribuição do rendimento".[77] Barquero Estevan, por exemplo, chega

---

numa desproporção para as famílias com menores rendimentos: pagam mais impostos do que deveriam, e parte dos seus rendimentos é gasto em 'subornos' para terem acesso aos serviços públicos". Vide, ainda, o artigo do jornal "Diário de Notícias" de 16.09.06 (http://dn.sapo.pt/2006/09/16/economia/corrupcao_menos_controlo.html), intitulado "Corrupção com menos controlo", em cujo seio está dito o seguinte sobre a corrupção no país: "Entre os países da União Europeia a quinze, Portugal supera dois países de forma clara no controlo da corrupção – a Itália e a Grécia –, mas fica atrás de todos os outros, tendo vindo a afastar-se nos últimos anos do desempenho da Espanha".

[76] Vide CARLOS, Américo Fernando Brás. Os Princípios da Eficácia e da Eficiência Fiscais. *Ciência e Técnica Fiscal*, n. 416 (jul.-dez. 2005). Lisboa: Centro de Estudos Fiscais, pp. 164-166.

[77] BASTO, José Xavier de. Uma reflexão sobre a Administração Fiscal, cit., p. 101. Neste sentido, vide ARROJA, Pedro. *O Estado e a Economia*. Porto: Vida Económica, 1989, p. 87; e BARQUERO ES-

a dizer que a realidade se encarrega de desmentir ou ao menos de relativizar a finalidade redistributiva.[78] Daí que, conquanto o agir do Estado Fiscal Social deva estar direcionado ao cumprimento dos direitos fundamentais de caráter social, econômico e cultural, não é descabida qualquer afirmação no sentido de que, na prática, os impostos não atendem, *de forma efetiva*, alguns objetivos relacionados a esses direitos fundamentais, como seja a redistribuição de rendimentos.[79]

Há, portanto, uma crítica à idoneidade dos impostos para cumprir algumas finalidades extrafiscais. Daí a razão pela qual se exige um "controle de racionalidade da opção elegida" (Cubero Truyo[80])[81]. Para alguns autores, as aspirações de política econômico-social não devem ser cumpridas mediante os *ingressos públicos*, *maxime os impostos*, mas, sim, através do *gasto público*, onde há uma maior *predisposição técnica* para tanto. "No es un rechazo de plano a la extrafiscalidad – afirma Cubero Truyo – sino una busqueda de la alternativa más conveniente. 'La fuerza de la razón – señalan Calero y Navas – impone que estos fines se logren a través del gasto público'. Para Rodríguez Bereijo, 'la función de redistribución se cumple de una manera mucho más eficaz por la vía de los gastos públicos, mediante transferencias o subvenciones, que a través del sistema fiscal, por muy justo y muy progresivo que aparezca configurado en las leyes, pues, en el mejor de los casos, consigue una distribución proporcional, pero no progresiva, de la carga tributaria.

TEVAN, Juan Manuel. *La función del tributo en el Estado social y democrático de Derecho*. Madrid: Centro de Estúdios Políticos y Constitucionales, 2002, pp. 22 e 56-58.

[78] BARQUERO ESTEVAN, Juan Manuel, ibidem, p. 22.

[79] Insta consignar, para que não reste qualquer dúvida, que *os direitos fundamentais de caráter social, econômico e cultural* (Constituição da República Portuguesa, Título III da Parte I) são *irrenunciáveis*. É compreensível, portanto, qualquer posicionamento favorável ao "princípio da proibição do retrocesso" na esfera desses direitos. Neste sentido, vide CANOTILHO, José Joaquim Gomes. *Constituição Dirigente e Vinculação do Legislador. Contributo para a Compreensão das Normas Constitucionais Programáticas*. 2. ed. Coimbra: Coimbra, 2001, pp. 368-376, maxime p. 374 (sobre a *dimensão subjetiva* no que à concretização dos direitos econômicos, sociais e culturais diz respeito); idem, *Direito Constitucional e Teoria da Constituição*. 6. ed. Coimbra: Almedina, 2002, pp. 338-339; VAZ, Manuel Afonso. *Lei e Reserva da Lei. A causa da lei na Constituição Portuguesa de 1976*. Porto: Universidade Católica Portuguesa, 1996, pp. 383-386; e SARLET, Ingo Wolfgans. A Eficácia do Direito Fundamental à Segurança Jurídica: Dignidade da Pessoa Humana, Direitos Fundamentais e Proibição de Retrocesso Social no Direito Constitucional Brasileiro. *Informa*, n. 47 (jan.-fev. 2007). São Paulo: Revista dos Tribunais, p. 13.

[80] Vide CUBERO TRUYO, António M. *La Simplificación del Ordenamiento Tributário (desde la perspectiva constitucional)*. Madrid: Marcial Pons, 1997, p. 19.

[81] Convém recordar que há sempre outras técnicas substitutivas aos tributos, sejam financeiras (receitas patrimoniais, gasto público...), sejam, ainda, não financeiras (tipificação penal...). Sobre o assunto, vide AIZEGA ZUBILLAGA, Joxe Mari. *La utilización extrafiscal de los tributos y los principios de justicia tributaria*, op. cit., p. 84.

En todo caso, un programa justo de gastos públicos es más redistributivo que el más justo de los impuestos sobre la renta'."[82]

Assim, não ignorando que *os impostos extrafiscais* – criados para a prossecução do interesse público – *são, muitas vezes, mais fomentadores da complexidade do sistema fiscal do que propriamente instrumentos de satisfação direta das metas sociais e econômicas*, não podemos deixar de frisar o seguinte: a) a *legitimidade* do fenômeno da extrafiscalidade, que advém, como vimos, da busca do interesse geral, é, em alguns casos, deficitária; b) se ao menos os méritos da extrafiscalidade fossem mais ostensivos, seria mais fácil "aceitar" a suas sequelas.

Portanto, tendo em consideração que os impostos nem sempre são *idôneos para o cumprimento dos fins sócio-econômicos* ("carência de idoneidade"), e lançando luz sobre as *sequelas oriundas da extrafiscalidade, como a complexidade do sistema fiscal, e tudo o que dimana de negativo para a esfera jurídica (e econômica) dos contribuintes*; não se afigura imprudente relevar a lição de Cubero Truyo, segundo a qual há um "sacrifício estéril" proveniente da proliferação da extrafiscalidade.[83]

E as despesas públicas? Estarão elas atingindo os fins sociais e econômicos albergados na CRP? Se o Estado português é pródigo, será que essa prodigalidade está assente na *justiça* e na *eficiência* das despesas públicas? Será que os administradores públicos (políticos e burocratas) do Estado português estão fazendo bom uso dos impostos arrecadados? Podemos dizer que a legitimidade dos impostos está conexionada com a *justiça* e a *eficiência* dessas despesas?

b) Breve referência à conexão entre os *impostos* e as *despesas públicas* para a caracterização do défice em epígrafe.

No que tange às *despesas públicas*, importa referir que, nada obstante a defesa de uma maior "predisposição técnica" das mesmas para o cumprimento das aspirações de política econômico-social, o fato é que há, deveras, por um motivo ou por outro, uma tendência do seu crescimento. Resta saber se este aumento coincide com o chamado interesse público superior.[84]

---

[82] CUBERO TRUYO, António M. *La Simplificación del Ordenamiento Tributário*, op. cit., p. 19.
[83] Idem, ibidem, p. 17.
[84] Ao fazermos esta afirmação, vem de imediato à mente a famosa lição que ADOLPH WAGNER proferiu no final do século XIX (1883), segundo a qual existe uma tendência de crescimento das despesas públicas. (Para uma leitura sobre o "aumento progressivo das despesas públicas", vide BALEEIRO, Aliomar. *Uma Introdução à Ciência das Finanças*, vol. I. 2. ed. (rev. e aum.). Rio de Janeiro: Forense, 1958, pp. 96 e segs.. Ocorre que esta explicação tem vindo a ser complementada – ou mesmo criticada – por outros autores (PEACOCK, WISEMAN, BAUMOL, STIGLER, NISKANEN etc.). A título de exemplo do que ocorreu nesta seara, vale trazer à colação uma breve passagem da lição (norteadora) de FERREIRA, Eduardo da Paz. *Ensinar Finanças Públicas numa Faculdade de Direito*. Coimbra: Almedina, 2005, pp. 174-175: "Uma nova ordem de explicações surge associada à teoria da *public choice* e encontra uma tradução especialmente clara em STIGLER, para quem o crescimento

Feita essa consideração inicial, é importante que fique bem claro que, como dizem Leite de Campos,[85] *o problema da justiça das receitas públicas está intimamente conexionado, em termos de serem as duas faces do mesmo problema, com a questão da justiça e da eficiência das despesas públicas. Quanto menos justas e eficazes forem as despesas públicas* – atestam aqueles autores –, *mais injusto se sentirá o encargo fiscal. Enfim, os impostos só se justificam em diálogo com as necessidades que visam satisfazer.*[86]

Definitivamente, o "poder de gastar" está *intimamente ligado* ao "poder tributário".[87] Com efeito, fica respondida aquela última pergunta, registrando, pois, que "não se pode minimizar a importância das despesas públicas como factor de legitimação da receita pública. A percepção que cada comunidade tem da utilidade da despesa pública condiciona, por outro lado, de forma nítida, a reacção à própria carga fiscal".[88]

Sucede, todavia, que até hoje "não se deu a devida importância, na composição do tributo e de sua destinação, àquilo que retorna à sociedade em serviços e àquilo que fica nos meandros e bastidores dos governos e governantes e de suas ambições, mordomias, privilégios, subsídios, vencimentos, nepotismo, corrupção, multiplicação de funções remuneradas e benefícios variados".[89] "Jamais se fez um estudo comparativo do que representou a criação do Estado de 'Bem-Estar Social', analisando seu custo tributário e o retorno à sociedade em serviços, dos recursos que lhe foram tirados."[90]

---

da despesa seria essencialmente o resultado dos grupos de pressão organizados, que conseguiriam capturar os decisores financeiros para a defesa dos seus interesses, ainda que constituindo grupos minoritários, em face da impossibilidade dos restantes eleitores conseguirem pôr-se de acordo quanto aos seus próprios interesses. Outras contribuições da área da *public choice*, como a de NISKANEN viriam acentuar a acção decisiva dos burocratas, num quadro geral de análise e combate ao Estado-Leviatã."
Sobre Adolph Wagner, Paulo Sandroni afirmou que: "WAGNER, Adolph Heinrich Gotthelf. Economista alemão (1835-1917), representante da nova Escola Histórica alemã, fundada por Gustav Schmoller (1838-1917), e que se opôs à Escola Marginalista austríaca... foi um crítico conservador do liberalismo econômico, defendendo a intervenção do Estado para assegurar justiça social para a classe trabalhadora" (*Dicionário de Economia*, 1985, p. 454, apud MARTINS, Ives Gandra da Silva. *Uma Teoria do Tributo*, op. cit., p. 214, n. 150).
[85] CAMPOS, Diogo Leite de e CAMPOS, Mônica Leite de. *Direito Tributário*, op. cit., p. 105.
[86] Neste mesmo sentido, vide MARTINS, Ives Gandra da Silva. Princípio da eficiência em matéria tributária, cit., p. 31.
[87] NABAIS, José Casalta. Avaliação Indirecta e Manifestações de Fortuna na Luta contra a Evasão Fiscal em Portugal. In: TORRÊS, Heleno Taveira e PIRES, Adilson Rodrigues (Organizadores). *Princípios de direito financeiro e tributário – Estudos em homenagem ao Professor Ricardo Lobo Torres*. Rio de Janeiro: Renovar, 2006, p. 780.
[88] FERREIRA, Eduardo da Paz. *Ensinar Finanças Públicas numa Faculdade de Direito*, op. cit., p. 172.
[89] MARTINS, Ives Gandra da Silva. *Uma Teoria do Tributo*, op. cit., p. 51.
[90] Idem, ibidem, p. 221.

Dissemos acima que a satisfação "do social" e "do econômico" – o chamado "interesse superior" – vem sendo um pretexto avidamente aproveitado pelos Poderes Públicos para justificar a utilização de alguns *instrumentos de viabilização da eficiência arrecadatória*. Ocorre que a busca pela satisfação "do social" e "do econômico" é igualmente utilizada como desculpa para justificar o *alargamento dos quadros de pessoal do Estado, a criação de novos departamentos e novas burocracias para os administrar*.[91] Neste prisma, como afirma Pedro Arroja, *pessoas até então obscuras são guindadas a posições e cargos de destaque na vida pública, frequentemente criados com o objetivo específico de as acolher. As despesas do Estado aumentam* ...[92]

Ora, sendo certo que *a burocracia tende ao seu próprio crescimento* (Nieto de Alba[93]), é sintomático que o volume dos gastos públicos seja potencializado para fazer face a este crescimento, o que, como é óbvio no Estado Fiscal português, acaba surtindo efeitos no âmbito dos impostos. Neste sentido, o aumento destes tributos acaba sendo indelével. Mas, neste caso, os "principais recipientes dos dinheiros públicos acabam sendo aqueles que deles menos necessitam".[94]

É digna de colação, neste momento, a seguinte lição de Sousa Franco: "Particularmente importante, no domínio financeiro, é o estudo da *burocracia* (ou, até, tecnocracia), que não é eleita mas condiciona decisivamente o fenómeno financeiro (em geral no sentido do aumento da sua dimensão, que é sempre acréscimo do poder dos burocratas). ...Os seus interesses básicos consistem em manter o emprego, ganhar mais e subir na carreira, por um lado; e em ganhar poder (ascender à chefia, ter mais poderes – 'sub-regulamentação burocrática' – com expressão, sobretudo, em mais pessoal e maior orçamento); em trabalhar menos; e em ganhar influência (o público como cliente, como patrão e como aliado, pois o burocrata também é eleitor...)".[95]

Será de concluir, pois, que *o aumento das despesas públicas nem sempre se traduz no correspondente aumento de bem-estar geral e de desenvolvimento econômico*,[96] já que estas despesas são direcionadas mais à conservação dos administradores públicos (políticos e burocratas) no exercício do poder, do que àquilo que traduz a "vontade geral" (Rousseau), hoje traduzida no aumento de bem-estar e no

---

[91] Vide ARROJA, Pedro. *O Estado e a Economia*, op. cit., pp. 81 e 83.
[92] Idem, ibidem, p. 83.
[93] NIETO DE ALBA, Ubaldo. *La Incertidumbre en la Economia (paradigmas, tiempo y agujeros negros)*. Barcelona: Real Academia de Ciencias Economicas y Financieras, 1989, p. 28.
[94] ARROJA, Pedro. *O Estado e a Economia*, op. cit., p. 84.
[95] FRANCO, António L. de Sousa. *Finanças Públicas e Direito Financeiro*, vol. I. 4. ed. (9. reimp.). Coimbra: Almedina, 2003, p. 86.
[96] Neste sentido: NIETO DE ALBA, Ubaldo. *La Incertidumbre en la Economia...*, op. cit., p. 28.

desenvolvimento econômico. Numa palavra: são despesas injustas, improdutivas e impeditivas da justiça fiscal.[97]

Tecendo comentários sobre a má gestão dos recursos públicos portugueses, bem como sobre os efeitos maléficos daí decorrentes no que aos impostos e à economia diz respeito, Caiado Guerreiro declarou, em 2006, que Portugal está "no fio da navalha", considerando o aumento do número de seus funcionários públicos. "Em 1983 tínhamos cerca de 435.000 funcionários públicos, actualmente são mais de 800.000 mil. Não admira pois que a receita total do Estado em percentagem do PIB seja já superior à Alemanha, Irlanda, Itália, Países Baixos, Espanha, Reino Unido entre outros... com as consequências nefastas que acarreta na competitividade das empresas e do país."[98] [99] Nunca é demais lembrar, com Diogo Leite de Campos, que *favorecer o desenvolvimento econômico significa, antes de mais, não o obstaculizar.*[100]

Daí falar-se, como o fez Casalta Nabais, *num défice público que tem lugar a um nível de despesa pública totalmente incompatível para a economia e as finanças de um país como Portugal*. Este autor assinala que "o verdadeiro problema reside, afinal de contas, no excessivo nível da nossa despesa pública. Uma despesa pública que, para além do mais, tem uma estrutura rígida, a qual deriva do facto de a mesma estar excessivamente afecta ao pagamento dos vencimentos e salários dos funcionários e agentes da Administração pública, vencimentos e salários que, como é sabido, absorvem à volta de 15% do PIB, quando a média na União Europeia anda à roda dos 10% do PIB". É, pois, visível a olho nu que o Estado português

---

[97] "Estão os governos muito mais preocupados em encontrar novas formas impositivas e novas áreas de imposição para obter mais recursos 'pro domo sua', do que propriamente em buscar a tributação justa, caminho único para um fluir harmónico no plano da economia" – afirmou MARTINS, Ives Gandra da Silva. *Uma Teoria do Tributo*, op. cit., p. 301.

[98] GUERREIRO, Tiago Caiado. No fio da navalha. *Diário Econômico*, Lisboa, 23.05.06. Opinião, p. 43.

[99] Como assevera MARTINS FILHO, Ives Gandra. *Manual esquematizado de direito e processo de trabalho*. 13. ed. (rev., atual. e ampl.). São Paulo: Saraiva, 2005, p. 09: "A tônica de uma economia globalizada é a da 'competitividade internacional', em que o produto nacional deve competir no mercado interno com o produto estrangeiro, e vice-versa no mercado externo. Daí a necessidade de redução de custos e otimização da conjugação dos fatores produtivos. Nesse contexto, coloca-se o problema da oneração das empresas com excessivos 'encargos tributários e trabalhistas', repercutindo no preço final e tornando mais caro o produto nacional." Há de ser destacada, entretanto, a figura da "concorrência fiscal prejudicial", consistente – como afirma CAMPOS, Diogo Leite de. Globalização e Regionalização em matéria de impostos. *Stvdia Ivridica*, n. 73. *Globalização e Direito*. Coimbra: Coimbra, 2003, pp. 19-21; e idem, *O Sistema Tributário no Estado dos Cidadãos*, op. cit., pp. 28-29 – em "regimes especiais mais favoráveis concedidos a residentes de outros Estados, com o fim de obter investimento ou receitas para o Estado que os concede", e contra a qual a União Européia e a OCDE têm tomado algumas medidas, "embora nem sempre criteriosas e de sucesso".

[100] CAMPOS, Diogo Leite de. Evolução e perspectivas do Direito Fiscal. *Revista da Ordem dos Advogados*, ano 43 (1983). Lisboa: Ordem dos Advogados Portugueses, p. 673.

gasta muito e gasta mal (ineficiência da despesa pública), afirma este professor coimbrão.[101] "Assim e antes de mais, é bom que tomemos plena consciência de que o problema número um com que o país se defronta é o problema da despesa pública, seja pelo nível incomportável que atinge, seja pela sua enorme ineficiência. Por isso, é imperioso que o Estado deixe de gastar muito e de gastar mal".[102]

Daí a razão do burburinho existente desde há muito em prol da *reforma da Administração Pública Portuguesa* e da *melhor utilização dos recursos públicos portugueses*, uma vez que o peso excessivo desta Administração e o desperdício daí decorrente são, como é sabido, fatores que inibem o bem-estar social e o crescimento econômico de qualquer país.

Portanto, *o resultado da somatória envolvendo (1) uma "máquina" estatal muito pesada (Estado gordo), (2) aumento das despesas públicas, (3) despesas supérfluas* – mais com recursos humanos do que com investimentos, por exemplo –, e (4) *aumento dos impostos* – para fazer face ao acréscimo de despesa corrente, uma vez que o recurso ao défice já não é admissível[103] [104] –; *constitui um grande obstáculo ao progresso econômico e social do país.*

Naquilo que nos interessa, podemos dizer, em síntese e com Caiado Guerreiro, que a um *Estado gordo* – e, por isso, *ineficiente* – corresponde, necessariamente, um *contribuinte magro*.

Desta feita, nos parece sobremodo oportuna a referência à *confusão* – constatada por inúmeros autores, dentre os quais destacamos Sainz de Bujanda e Ives Gandra Martins – entre o chamado "interesse público superior" e o "interesse dos detentores do poder". Neste sentido, o imposto acaba sendo a transferência de recursos da sociedade para o *sustento dos detentores do poder.*[105]

---

[101] NABAIS, José Casalta. Avaliação Indirecta e Manifestações de Fortuna na Luta contra a Evasão Fiscal em Portugal, op. cit., p. 763. Afirma (idem, ibidem, últ. loc. cit.), ainda nesta esteira: "Ineficiência das despesas públicas que, no respeitamente às do ensino superior, mostram mesmo um país à deriva, um país sem rumo..."

[102] Idem, ibidem, pp. 779-780.

[103] Aliás, assim como a reforma da Administração Pública – a "mãe das reformas" –, o tema da redução do défice orçamental para um valor inferior a 3% do PIB vem sendo um dos cavalos de batalha dos últimos Governos – pela necessidade de cumprimento do Pacto de Estabilidade (proposto no Conselho Europeu de Dublin e aprovado no Conselho Europeu de Amsterdam), cuja entrada em vigor se deu no primeiro dia de maio de 1999, como cumprimento à "grande exigência de rigor" (na gestão das finanças públicas) para a manutenção da estabilidade e credibilidade da moeda única européia (PORTO, Manuel Carlos Lopes. *Economia: um texto introdutório*. Coimbra: Almedina, 2002, pp. 353-354).

[104] Porém, é mister destacar a lição de Pedro Arroja (*O Estado e a Economia*, op. cit., p. 83), **segundo** a qual a "capacidade tributária de uma Nação é limitada, mas não a energia gastadora de uma Democracia ilimitada. Esgotadas as receitas dos impostos, o Estado recorre ao défice."

[105] Neste sentido, vide: MARTINS, Ives Gandra da Silva. *Uma Teoria do Tributo*, op. cit., pp. 43-52.

Mais uma vez é o *povo* o elo desfavorecido, subjugado, enfraquecido, a tornar-se *mero objeto* da Administração do Estado, *mero produtor de recursos*. Em outras palavras, os detentores do poder necessitam do povo, do seu trabalho, do seu esforço para conservarem-se no poder.[106]

Daí que possamos reafirmar que *parte dos impostos que a sociedade paga para o poder não objetiva beneficiar a sociedade, mas, sim, os detentores do poder (políticos, burocratas, aproveitadores, amigos, empresários etc.)*.[107] *Gastos supérfluos, ineficientes (improdutivos) e injustos, portanto!*

Mas não é o Estado que deveria estar ao serviço dos cidadãos?

A resposta é indubitavelmente positiva: sim, o Estado deveria estar ao nosso serviço, e nós, cidadãos, sermos tratados efetivamente como "utentes" de uma Administração prestadora.[108]

Contudo, o que se vê é um cenário eivado pela dicotomia entre *classe governante* e *cidadãos* ("the individual" *versus* "the state"[109]), confirmando a ponderada lição de Ives Gandra Martins, segundo a qual existem duas *categorias* ou *classes* de cidadãos: (a) a *classe privilegiada* (ou *cidadãos de primeira categoria*), isto é, os "servidores" públicos (políticos e burocratas) que, por sua vez, são servidos pela sociedade a que, em tese, deveriam servir; e (b) a *classe desprivilegiada* (ou *cidadãos de segunda categoria*), ou seja, os cidadãos comuns, que não são agentes públicos e que devem suportar uma carga fiscal, *que vez ou outra retorna em serviços*.[110]

Em suma, "os detentores do poder, que constituem a classe privilegiada dos homens desiguais, necessitam da classe desprivilegiada, que é o povo, para se sustentar no governo".[111] Daí que o tributo seja o "elemento mais relevante para o exercício do poder".[112]

Nesta toada, além de manter vivo, em não poucas vezes, o ataque ao Direito Fiscal – ao vilipendiar os direitos e garantias dos cidadãos-contribuintes –, escorando-se, sempre, de forma pouco escrupulosa, na satisfação do *interesse público*; o Estado Português, como muitos outros Estados, não tem conseguido (a) aumentar o *estado de bem-estar dos cidadãos* e (b) proporcionar o *crescimento económico* almejado. Este Estado – que é, ainda, um *Estado adiposo* – posa como virtuoso, mas, na

---

[106] Idem, ibidem, pp. 49-51.
[107] Idem, ibidem, pp. 51-52.
[108] Neste sentido, veja-se CAMPOS, Diogo Leite de. *O Sistema Tributário no Estado dos Cidadãos*, op. cit., pp. 16 e 123.
[109] BUCHANAN, James. 'La Scienza delle Finanze': The Italian Tradition in Fiscal Theory. *Fiscal Theory and Political Economy. Selected Essays*. The University of North Carolina Press, 1960, pp. 36 e segs.
[110] MARTINS, Ives Gandra da Silva. Limitações ao poder impositivo e segurança jurídica, cit., p. 31.
[111] Idem, *Uma Teoria do Tributo*, op. cit., p. 50.
[112] Idem, ibidem, p. 51.

realidade, não vem servindo os cidadãos. Os motivos desta ineficiência são variados, dentre os quais destacamos a *má escolha dos objetivos a serem perseguidos*. Entre o desenvolvimento empresarial e o inchaço da máquina estatal, por exemplo, a opção preferencial dos governantes tem sido, no últimos anos, esta última, impedindo a Administração Pública portuguesa de atingir a *eficiência* conformadora da sua *legitimidade* (vide artigo 267º da CRP).

Não provoca espanto, com efeito, a *rejeição da tributação* por parte da sociedade civil portuguesa – "rejeição generalizada", diz Diogo Leite de Campos[113] –, apesar da eleição dos dirigentes pressupor consenso na política a ser adotada quanto às despesas públicas. E vários são os "raciocínios" (enunciativos de uma "carga fiscal desmedida") do porquê dessa rejeição, destacando-se, nessa seara, (1) *os objetivos e necessidades mal colocadas* – "o contribuinte entende que a fixação de objetivos, no concernente às necessidades públicas, é feita na perspectiva de metas superiores às possibilidades governamentais, quando não mal eleitas entre as prioridades existentes" – e (2) *os gastos supérfluos* – "na linha dos funcionários desnecessários e das mordomias institucionalizadas ... o contribuinte sente que o peso excessivo da receita aumentada para o inútil e supérfluo é coberto pela carga tributária acrescida" –.[114]

Daí a razão de Eduardo Paz Ferreira insistir na necessidade de se estabelecer um *novo pacto entre o Estado e os cidadãos*, que passa pelo *estrito cumprimento dos deveres fiscais*, a partir (a) de um *sistema fiscal dotado de garantias de estabilidade, segurança e coerência* (como vem defendendo Klaus Tipke[115])[116], e (b) do *aperfeiçoamento dos mecanismos de decisão e controlo financeiro*, "por forma a tentar encontrar máximos de bem estar social". Neste sentido, torna-se indispensável o "controlo e responsabilidade financeira" (controlo interno e externo), tudo em conformidade com o *movimento geral no sentido da contenção da despesa* que, por sua vez, tem uma primeira vertente na *verificação da sua utilidade*, "por forma a impedir os desperdícios e más utilizações".[117]

---

[113] CAMPOS, Diogo Leite de. *O Sistema Tributário no Estado dos Cidadãos*, op. cit., p. 123.

[114] MARTINS, Ives Gandra da Silva. *Da sanção tributária*. 2. ed. (rev. e atual.). São Paulo: Saraiva, 1998, pp. 52-53. São, ao todo, "seis raciocínios" que evidenciam que a carga fiscal é "desmedida" e, por isso, injusta, o que dá azo àquela rejeição. Os outros quatro são os seguintes: (3) *Os contribuintes apenados*; (4) *A sonegação e o tratamento prático diferencial*; (5) *A fiscalização*; (6) *A sonegação e o aumento de receita*. (ibidem, pp. 54-55).

[115] TIPKE, Klaus. *Moral Tributaria del Estado y de los Contribuyentes*, op. cit., pp. 121-128.

[116] Neste sentido, é importante destacar, mais uma vez, *as propostas de reforma do sistema tributário português para o século XXI*, baseadas, todas elas, na *estabilidade, simplicidade e clareza das normas tributárias*, bem como na maior *previsibilidade da actuação da Administração Tributária*. Vide MINISTÉRIO DAS FINANÇAS. *Estruturar o Sistema Fiscal do Portugal Desenvolvido*, op. cit., p. 121.

[117] FERREIRA, Eduardo da Paz. *Ensinar Finanças Públicas numa Faculdade de Direito*, op. cit., pp. 157-158. A propósito do "controlo interno e externo", vale trazer à colação a seguinte lição deste

Cabe realçar, nesse passo, que esse *novo pacto* é salutar à legitimidade dos impostos. Ora, se o sistema tributário português está "esgotado" (Diogo Leite de Campos), evidenciando, pois, a *injustiça fiscal*, e se o *impedimento* dos desperdícios e má utilização dos recursos públicos facilita a *detecção do interesse público* (*justiça* e *eficiência* das despesas públicas), esse *novo pacto* torna-se um elemento conformador da legitimidade dos impostos, vale dizer, do Estado Fiscal Social.

Nesse diapasão, torna-se imprescindível que nós, cidadãos, fiquemos sempre muito atentos ao comportamento dos detentores do poder, já que a democracia não garante a obediência dos mesmos ao Direito, senão a possibilidade de controle efetivo de sua conduta.[118] Assim agindo, estaremos protegendo a sociedade ao cumprir o ofício que a democracia nos empresta: o controle da conduta dos detentores do poder, reivindicando o *controle e responsabilidade financeira* na gestão dos recursos públicos.[119] [120]

Daí se inferir que o Estado deva atuar com *parcimônia, frugalidade e responsabilidade em sua gestão financeira*, não fazendo do cidadão-contribuinte um mero produtor de recursos, uma unidade social de produção, um mero objeto – importa repetir – da sua administração,[121] pois, como leciona Vítor Faveiro, é o Estado que serve o homem e que existe para o homem, e não o homem que serve o Estado ou que para ele existe.[122] [123]

---

autor (ibidem, p. 159): "O controlo interno representa o prolongamento e a evolução lógica da fiscalização administrativa levada a cabo por organismos integrados orgânica e funcionalmente na própria Administração Pública, enquanto que o controlo externo corresponde ao desenvolvimento da fiscalização jurisdicional, tradicionalmente exercida pelo Tribunal de Contas, da fiscalização política, exercida pela Assembleia da República e, ainda, num âmbito mais específico, da fiscalização técnica, efectuada pelo Tribunal de Contas Europeu".

[118] LASARTE ÁLVAREZ, Javier. *El sistema tributário actual y la situación financiera del sector público*. Sevilha: Real Academia Sevillana de Legislación y Jurisprudencia, 1993, p. 34.

[119] Vale anotar que o Tribunal de Contas tem uma fundamental importância no tocante ao *controle (externo) financeiro*, uma vez que "se trata da única entidade com competência para efectivar a responsabilidade financeira, essencial para garantir a eficácia do sistema de controlo" (FERREIRA, Eduardo da Paz. *Ensinar Finanças Públicas numa Faculdade de Direito*, op. cit.,, p. 159). Vide, ainda, idem, ibidem, pp. 166-167.

[120] Cumpre referir, outrossim, que a Declaração dos Direitos do Homem e do Cidadão, de 1789, já continha, no seu artigo 15, o seguinte princípio: *a sociedade tem o direito de pedir conta a todo agente público de sua administração*.

[121] ANDRADA, José Bonifácio Borges de. Inter-relação do direito e da economia no mundo globalizado. In: WALD, Arnoldo; MARTINS, Ives Gandra da Silva e PRADO, Ney (coords.). *O direito brasileiro e os desafios da economia globalizada*. Rio de Janeiro: América Jurídica, 2003, p. 11.

[122] FAVEIRO, Vítor. *Noções Fundamentais de Direito Fiscal Português*, op. cit., pp. 36-39.

[123] Como refere CAMPOS, Diogo Leite de. *O Sistema Tributário no Estado dos Cidadãos*, op. cit., pp. 13 e 123, os cidadãos são anteriores e superiores ao Estado. "O Estado é um mero instrumento da sociedade civil" (idem, ibidem, p. 123).

Essa afirmação é tanto mais relevante quanto é certo que, de fato, ainda há um *divórcio entre impostos e justiça*, isto é, entre estes tributos e o Direito. Trata-se de uma separação que envolve a "rejeição acrescida dos sistemas fiscais e da utilização que os governantes dão às receitas públicas".[124]

c) Conclusão: O imposto enquanto *norma de rejeição social*.
Munidos desses elementos, e sem deixar de referir que outras razões há que evidenciam a carência de legitimidade dos impostos, concluímos que tudo isso dá ensejo à *desconfiança* dos contribuintes no Estado Fiscal Social português, ao ponto de ser questionada a sua *legitimação* ("défice de legitimação"[125]).

Portanto, o défice na aceitação social dos impostos vem sendo configurado com cores muito vivas, chamando, assim, a atenção de todos para os comportamentos de *rejeição* – nos seus variados graus e formas – dos contribuintes frente a estes tributos.[126]

Por tudo o que ficou dito nas linhas anteriores, é compreensível que o tributo seja visto como uma "norma de rejeição social", vale dizer, como uma norma que depende da ameaça de uma *sanção* para o seu cumprimento. Por outras palavras, em função das várias razões que denotam a *injustiça fiscal*, a norma que exige o tributo será sempre "examinada com resistência, ao contrário da maior parte das normas sociais, cujo cumprimento faz-se naturalmente, sendo o castigo exceção colocada à margem para os casos excepcionais de desrespeito. A sanção para a *norma social de aceitação* sem resistência é completamente natural à sua vigência e eficácia. A sanção para a *norma de rejeição social* é complemento essencial à sua vigência e eficácia. Mesmo sem sanção, a norma de aceitação sem resistência seria cumprida pela grande maioria da população. A *norma de rejeição*, sem a sanção, seria cumprida por muito poucos."[127]

Com feito, sendo certo que hodiernamente os impostos não são vistos por muitos contribuintes como Direito, mas como "torto",[128] estes cidadãos somente cumprem suas *obrigações tributárias* em razão do receio da aplicação da norma

---

[124] Idem, ibidem, p. 12.
[125] HABERMAS, Jürgen (1986). *Problemas de legitimación en el capitalismo tardío*. Buenos Aires: Amorrortu, 1986, pp. 88-95.
[126] Vide BARQUERO ESTEVAN, Juan Manuel. *La función del tributo en el Estado social y democrático de Derecho*, op. cit., p. 37; e AZEVEDO, António Domingues de. Tempo para o desenvolvimento. *Semanário Económico*, Lisboa, de 05.01.2007 a 12.01.2007. Obtido via Internet: www.semanarioeconomico.com/opiniao/opiniao_desarrollo.html, em 13.01.2007.
[127] MARTINS, Ives Gandra da Silva. *Da sanção tributária*, op. cit., p. 50. (O itálico é nosso).
[128] Neste sentido, vide CAMPOS, Diogo Leite de. *O Sistema Tributário no Estado dos Cidadãos*, op. cit., p. 123.

sancionatória.¹²⁹ Como refere Ives Gandra Martins, "dificilmente a obrigação de recolher o tributo seria cumprida sem sanção".¹³⁰ ¹³¹ ¹³²

De fato, devido a todas as causas do défice de legitimação dos impostos – como, por exemplo, a *carga fiscal desmedida* –, pouquíssimos são os contribuintes que cumprem as leis fiscais de modo *voluntário*. Há, pois, uma diminuição acentuada do *lealismo* no Estado Fiscal Social, isto é, da lealdade em relação às leis fiscais.¹³³

Portanto, porque aventada em situação de rejeição acrescida dos impostos, a *sanção* vem à tona como um elemento do qual o Estado retira a *certeza* – constantemente buscada, independentemente do meio – *de que estes tributos serão pagos pelos contribuintes*, já que a sanção desincentiva o não-pagamento dos mesmos.¹³⁴

Compreende-se, pois, que, "na medida em que o Estado se tornou complexo e o *interesse público mais indetectável*",¹³⁵ a decepção com o sistema tributário e fuga ilegítima daí decorrente passaram a preocupar o Estado-legislador, motivando--lhe a priorizar o *aumento das sanções*, sobretudo num cenário de privatização da gestão tributária e de ineficiência da Administração Fiscal.

Não temos dúvidas de que *a vigência efetiva do Direito Fiscal requer a coercibilidade, isto é, a ameaça de uma sanção*. Como refere Baptista Machado, *o Direito carece da Força*.¹³⁶ Porém, é mister ter *imensa cautela* – frise-se – nesse assunto, sobretudo

---

¹²⁹ MARTINS, Ives Gandra da Silva. *Uma Teoria do Tributo*, op. cit., p. 288.

¹³⁰ MARTINS, Ives Gandra da Silva. *Teoria da imposição tributária*, op. cit., p. 129.

¹³¹ Para maiores considerações sobre este tema (tributo enquanto *norma de rejeição social*), vide MARTINS, Ives Gandra da Silva. *Teoria da imposição tributária*, op. cit., pp. 126-132; idem, *Da sanção tributária*, op. cit., 50-56; idem, *Uma Teoria do Tributo*, op. cit., pp. 287-291; e idem, Limitações ao poder impositivo e segurança jurídica, cit.,, pp. 683-688. Vale ressaltar que há quem concorde com essas ideias (FURLAN, Anderson. Sanções Penais Tributárias. In: MACHADO, Hugo de Brito. *Sanções penais tributárias*. São Paulo: Dialética/ICET, 2005, p. 13) e quem discorde das mesmas (HUCK, Hermes Marcelo. *Evasão e elisão: rotas nacionais e internacionais*. São Paulo: Saraiva, 1997, p. 02; e TÓRTIMA, José Carlos. Despenalização do Delito Fiscal? In: MACHADO, Hugo de Brito. *Sanções penais tributárias*. São Paulo: Dialética/ICET, 2005, p. 481).

¹³² Sobre a *"não espontaneidade de cumprimento do dever de contribuir"*, vide FAVEIRO, Vítor. *O Estatuto do contribuinte: a pessoa do contribuinte no Estado social de Direito*. Coimbra: Coimbra, 2002, pp. 788-789 e 949-950. EUSÉBIO, Domingos Martins. A consulta prévia. *Ciência e Técnica Fiscal*, n. 79 (jul. 1965). Lisboa: Ministério das Finanças, p. 29, por sua vez, assinala o seguinte: "Se é certo poder afirmar-se que a existência de um 'sentimento jurídico nato' impele a generalidade das pessoas a uma observância voluntária e espontânea dos imperativos legais estabelecidos, não é menos verdade que no domínio do direito fiscal esse sentido de obediência se apresenta consideràvelmente esbatido e deformado, e que a noção de 'dever' para com as administrações fazendárias se situa nas zonas menos iluminadas da consciência individual".

¹³³ Vide CAMPOS, Diogo Leite de. *O Sistema Tributário no Estado dos Cidadãos*, op. cit., pp. 10-11.

¹³⁴ MARTINS, Ives Gandra da Silva. *Da sanção tributária*, op. cit., p. 56.

¹³⁵ MARTINS, Ives Gandra da Silva. *Teoria da imposição tributária*, op. cit., p. 130. (O itálico é nosso).

¹³⁶ MACHADO, João Baptista. *Introdução ao Direito e ao Discurso Legitimador*. 13. reimp. Coimbra: Almedina, 2002, pp. 34-42. É bom que se diga que este autor destaca que o Direito existiria mes-

numa situação de *carga fiscal desmedida*, de complexidade elevada do sistema tributário e numa situação na qual prevalece a *relação de poder* entre o contribuinte e o Fisco; situações, portanto, que configuram a *injustiça fiscal* e o ataque ao Direito, sendo, portanto, situações de *violência fiscal*.[137][138]

Neste passo, cabe frisar, porque sempre oportuno, que a *criminalização das infrações fiscais* constitue a expressão da *extrema violência* contra os contribuintes, se implementada num cenário de *injustiça fiscal*, no qual o povo "deixa de reconhecer os seus interesses nos impostos que surgem cada vez mais como um sorvedor insaciável de bens",[139] e no qual o mesmo queda desprotegido da arbitrariedade do Estado através da extrema complexide das normas tributárias, muitas vezes desprovidas do grau mínimo de precisão. Aliás, vale sublinhar, com Pablo Navarro e Eurico de Santi, que não cabe falar em tipicidade penal tributária se não houver, antes, a tipicidade tributária.[140]

No que pertine ainda à *criminalização das infrações tributárias*, urge lançar luz, mais uma vez, sobre a seguinte lição de Klaus Tipke: *num Estado de Direito, o trabalho do Direito Penal não pode consistir em garantir, proteger ou estabilizar o ordenamento jurídico injusto. Se a pena é consequência do descumprimento de uma tributação injusta, o próprio Direito Penal resulta injusto, porque arbitrário.*[141] Ademais disso, não é admissível – insta referir novamente – que o Direito Penal seja utilizado como forma de compensar a ineficiência estatal. Daí que, numa situação de *injustiça fiscal*, a criminalização das infrações fiscais configura-se igualmente desmedida (desproporcional) e, por isso, igualmente injusta.

mo sem a presença da coação. Logo, para ele, *a coercibilidade não é elemento essencial do Direto*. Neste mesmo sentido, vide LOURENÇO, Ana Príncipe. *O Impacto da Lei nos Custos de Transacção: aplicação ao agrupamento complementar de empresas*. Porto: Universidade Católica, 2004, p. 24; e MELLO, Celso de Albuquerque. As sanções e os Direitos Humanos na Ordem Jurídica Internacional. In. TORRÊS, Heleno Taveira; e PIRES, Adilson Rodrigues (Organizadores). *Princípios de direito financeiro e tributário – Estudos em homenagem ao Professor Ricardo Lobo Torres*. Rio de Janeiro: Renovar, 2006, p. 14, o qual cita, nesta mesma página, J. HAESAERT E PETRAZYCKI, para além de outros seguidores desta corrente.

[137] Neste sentido, vide Diogo Leite de CAMPOS, 2003[a], p. 133; e idem, 2006, pp. 33-34.

[138] Baseado na idéia de que *a Força sem o Direito é violência*, visto que *é o Direito que legitima a Força*, Baptista Machado afirma que "a coacção apenas será legítima se a norma também o for, isto é, se esta puder ser considerada como uma norma conforme à ideia de Direito e, portanto, uma norma que vise, em último termo, a defesa e a promoção da autonomia da pessoa humana, e não a subordinação desta a valores *supostamente* superiores" (MACHADO, João Baptista. *Introdução ao Direito e ao Discurso Legitimador*, op. cit., p. 35 [O itálico é nosso]).

[139] CAMPOS, Diogo Leite de. Justiça e Arrecadação nos Impostos Portugueses – Um Sistema Esgotado, cit., p. 133; e idem, *O Sistema Tributário no Estado dos Cidadãos*, op. cit., pp. 33-34.

[140] NAVARRO, Pablo E. e SANTI, Eurico Marcos Diniz de. São Válidas as Normas Tributárias Imprecisas? cit., p. 73.

[141] Parafraseamos TIPKE, Klaus. *Moral Tributaria del Estado y de los Contribuyentes*, op. cit., pp. 129-130.

Ocorre que, a continuar a situação de *carga fiscal desmedida* e de *relação de poder entre o Fisco e os cidadãos-contribuintes*, estes, mesmo os menos atentos, perceberão quão injusta continuará a ser a tributação do Estado Fiscal Social. Por conseguinte, o índice de *evasão fiscal* – enquanto modalidade típica de rejeição dos impostos – permanecerá preocupante, o que denotará um "crescendo de violência tributária pelo aumento das taxas dos impostos e sanções desproporcionadas. Numa espiral injustiça/evasão/injustiça/evasão".[142]

Em suma, se os fins extrafiscais vem agregando complexidade aos sistemas fiscais – com os mais pecaminosos efeitos para a esfera jurídica (e econômica) dos contribuintes, com tratamentos desiguais entre os mesmos, com a míngua da justiça fiscal, com a volatilização do Direito através da instalação e *propensa perdurabilidade do clima de incerteza*[143] –, se esses fins não são suficientemente logrados, e se "os contribuintes sabem que pagam mais do que deveriam para atender às necessidades maiores do Estado e às necessidades menores dos detentores do poder",[144] o *défice na aceitação dos impostos* vem à tona acompanhada, como é óbvio, de alguma espécie de resistência dos contribuintes, como, *exempli gratia*, a fraude fiscal (fuga ilegítima), o que, ao fim e ao cabo, estimula as indesejadas desigualdades sociais e econômicas, para além de provocar o aumento da tributação – de modo a compensar a receita não arrecadada – e, como vimos, das *sanções*.[145]

Por conseguinte, enquanto houver *injustiça fiscal* (violência fiscal), o ideal de uma *"sociedade dos homens perfeitos"* – aquela na qual o cumprimento das leis fiscais dar-se-ia *voluntariamente*, isto é, sem necessidade de *coercibilidade* – permanecerá longe do mundo real, porquanto sempre haverá uma rejeição maior ou menor dos impostos. Decididamente, enquanto prevalecer a *injustiça fiscal*, não existirá, por parte dos contribuintes, um "respeito sacrossanto" pela lei que os leve a cumpri-la *voluntariamente*.[146]

---

[142] CAMPOS, Diogo Leite de. Justiça e Arrecadação nos Impostos Portugueses – Um Sistema Esgotado, cit., p. 133; e idem, *O Sistema Tributário no Estado dos Cidadãos*, op. cit., pp. 33-34.

[143] "Pero es que, además, en las manipulaciones del mecanismo tributario al amparo de tan variados fines, el legislador – como otra Penélope – actúa frecuentemente en direcciones opuestas. Así se explica que, pese a las muchas modificaciones que los poderes públicos tejen en el sistema fiscal, éste apenas si se mueve del mismo sitio: el cambio se detiene en las normas y no alcanza a los resultados que – en términos sobre todo de justicia fiscal – se siguen de su aplicación. Y esta situación constituye, en la perspectiva de la seguridad jurídica y de la justicia tributaria, una de las paradojas más odiosas del crónico *reformismo fiscal de nuestro tiempo*." (CASADO OLLERO, Gabriel. Extrafiscalidad e incentivos fiscales a la inversión en la Comunidad Económica Europea, cit., p. 372).

[144] MARTINS, Ives Gandra da Silva. *Uma Teoria do Tributo*, op. cit., p. 288; e idem, Uma teoria sobre a sanção tributária, cit., p. 684.

[145] Vale a pena ter em consideração a seguinte lição de BASTO, José Xavier de. Uma reflexão sobre a Administração Fiscal, cit., p. 104: "A experiência ensina que a introdução de novos tributos, muitas vezes destinada a compensar perdas resultantes da evasão, é geralmente contraproducente".

[146] Idem, ibidem, p. 103.

Faz sentido concluir, neste passo, que muitas vezes a ânsia de obter mais impostos (eficiência singelamente arrecadatória) redunda em situações arbitrárias e, via de consequência, menos eficazes, porquanto incitadora de comportamentos de resistência dos contribuintes.[147] Noutro passo, mas ainda no plano da voracidade do Fisco, isto é, da *eficiência singelamente arrecadatória*, é imperioso destacar o acerto da lição de Adam Smith, segundo a qual a *incerteza da tributação* estimula a insolvência. Isto se deve ao fato de que, imersos num ambiente de insegurança jurídica (incerteza) – provocado pelos mais variados instrumentos criados para satisfazer aquela gula fiscal –, os contribuintes não têm conhecimento das suas obrigações fiscais, dificultando, consequentemente, o fiel cumprimento das mesmas.[148]

2.2. Política tributária:
2.2.1. *Só a justiça é eficiente!*

Por tudo isso, é inegavelmente sensata a lição de Leite de Campos, segundo a qual *as normas assentes na violência acabam por produzir resultados contrários àqueles que visam, uma vez que, sem justiça, cai-se na dialética da injustiça-evasão-injustiça-evasão*.[149] Numa palavra: onde houver injustiça fiscal, lá estarão os comportamentos de resistência aos impostos, o que significa dizer que *não há eficiência injusta que seja eficiente, já que só a justiça é eficiente*.[150]

Dessarte, resta incontroverso que não se pode sacrificar o contribuinte para satisfazer o Fisco;[151] não há que se falar em eficiência da Administração Fiscal quando em confronto direto com a justiça fiscal. De onde resulta que a ideia chave a ser ressaltada é a seguinte: *é imprescindível, nos quadros do Estado de Direito, a conciliação entre justiça e eficiência. É indispensável o equilíbrio entre a eficiência do Fisco e a*

---

[147] Daí a causa para António Domingues de Azevedo afirmar que a eficiência fiscal (tão-somente arrecadatória) seja apenas uma "vitória precoce" que, ao fim e ao cabo, "não instiga nem sustenta o cumprimento espontâneo das leis pelos cidadãos" (A eficiência fiscal e os direitos dos contribuintes. Obtido via Internet: www.ctoc.pt/noticias_site/detalhes.php?id=2419, em 09.02.2007).

[148] No sentido de que a *incerteza do direito* instiga o descumprimento da lei, vide Piero Calamandrei, *Instituciones de Derecho Procesal Civil Segun el Nuevo Código*, p. 72, apud NOGUEIRA, Ruy Barbosa. *Direito Financeiro. Curso de Direito Tributário*. 3. ed. (rev. e atual.). São Paulo: Bushatsky, 1971, p. 214. Segundo Lello Gangemi, "**non assicurando al rapporto tributario carattere di certezza e di giuridicità è vano pretendere l'osservanza delle leggi fiscali**" (GANGEMI, Lello. Manicomio tributario italiano, cit., p. 167-168).

[149] CAMPOS, Diogo Leite de. Justiça e Arrecadação nos Impostos Portugueses – Um Sistema Esgotado, cit., p. 147; e idem, *O Sistema Tributário no Estado dos Cidadãos*, op. cit., p. 47.

[150] Veja-se CAMPOS, Diogo Leite de e CAMPOS, Mônica Leite de. *Direito Tributário*, op. cit., p. 104; Diogo Leite de CAMPOS, Justiça e Arrecadação nos Impostos Portugueses – Um Sistema Esgotado, cit., p. 147; e idem, *O Sistema Tributário no Estado dos Cidadãos*, op. cit., p. 47.

[151] Neste sentido, COELHO, Sacha Calmon Navarro. *Teoria geral do tributo...*, op. cit., p. 167.

justiça tributária, pois só assim teremos um Direito Tributário justo, seguro e eficiente;[152] só assim o Estado Fiscal Social integrar-se-á, de fato, no "Estado-dos-direitos (liberdades e garantias)"[153] e as considerações de eficiência compatibilizar-se-ão aos princípios constitucionais tributários da *legalidade, igualdade, proteção da confiança e da proporcionalidade.*[154] [155]

A propósito, como bem observa Francesco Moschetti, *a Administração Tributária não é o instrumento do interesse fiscal, senão o instrumento dos valores constitucionais em cujo âmbito o interesse fiscal encontra o seu reconhecimento, mas também os seus limites.*[156]

Com efeito, as considerações de eficiência não podem, definitivamente, constituir a orientação-primeira da Administração Tributária, haja vista que há princípios constitucionais que as restringem. Entretanto, essas considerações ganharão consistência e visibilidade se o objetivo da Administração – sempre conforme a um princípio jurídico – for o de conseguir o máximo de cumprimento voluntário da lei.[157]

---

[152] Neste sentido, CAMPOS, Diogo Leite de e CAMPOS, Mônica Leite de. *Direito Tributário*, op. cit., pp. 16, 104 e 108; CAMPOS, Diogo Leite de. Justiça e Arrecadação nos Impostos Portugueses..., cit., p. 147; idem, *O Sistema Tributário no Estado dos Cidadãos*, op. cit., p. 47; e MACHADO, Hugo de Brito. A Falta de Propósito Negocial como Fundamento para Exigência de Tributo, cit., p. 48.

[153] CAMPOS, Diogo Leite de. *O Sistema Tributário no Estado dos Cidadãos*, op. cit., p. 12.

[154] CARLOS, Américo Fernando Brás. Os Princípios da Eficácia e da Eficiência Fiscais, cit., p. 168. Neste mesmo sentido, vide C. Pamplona Corte-Real, *Curso de Direito Fiscal*, apud BASTO, José Xavier de. Uma reflexão sobre a Administração Fiscal, cit., p. 103. Tecendo comentários sobre a liberdade negocial, TÔRRES, Heleno. *Direito tributário e direito privado*, op. cit., pp. 14-15, afirma: "Nenhum espaço para que seja corrompidas a tipicidade e demais garantias de limitações constitucionais ao poder de tributar, pondo a praticidade e a eficiência em favor de arbitrariedades e superação dos direitos decorrentes do lídimo exercício das liberdades negociais".

[155] Importa anotar, aqui, que o *princípio da eficiência* (artigos 106º, 1; 266º e 267º da CRP) tem *natureza meramente instrumental*. Esta é a conclusão a que chegam C. Pamplona Corte-Real (apud BASTO, José Xavier de. Uma reflexão sobre a Administração Fiscal, cit., p. 102) e José Xavier de Basto (ibidem, últ. loc. cit.). Há, inclusive, quem negue normatividade ao princípio da eficiência (entendido no seu sentido estrito: *eficácia*): vide GARRIDO FALLA, Fernando. Comentario al art. 103. In: GARRIDO FALLA, Fernando. *Comentarios a la Constitución*. Madrid: Civitas, 1985, p. 1426; ESCUIN PALOP, Vicente. La Administración del Estado en la Constitución. In: *Estúdios sobre la Constitución española de 1978*. Valencia: Universidad de Valencia, 1980, p. 286; e BAENA DEL ALCÁZAR, Mariano. Artículo 103. La organización y la función pública. In: ALZAGA VILLAAMIL, Oscar (coord.). *Comentarios a las leyes políticas*. Madrid: Editorial Revista de Derecho Privado / Editoriales de Derecho Reunidas, 1985, p. 272. Como este último autor assinala (ibidem, últ. loc. cit.), "**Por supuesto que la Administración pública debería actuar con eficacia, pero de este deber ser no se desprende ninguna consecuencia en la práctica ni para la comprensión de lo que sea la Administración pública ni para el valor jurídico de sus actos y la garantía del ciudadano frente a ellos**".

[156] MOSCHETTI, Francesco. El principio de la capacidad contributiva, cit., p. 250.

[157] BASTO, José Xavier de. Uma reflexão sobre a Administração Fiscal, cit., p. 103.

Nesse sentido, como observa Cidália Mota Lopes, o *incentivo ao cumprimento voluntário da lei* tem sido um assunto importante no debate atual da reforma dos sistemas tributários.[158]

Ora bem. Se é certo que a rejeição generalizada dos impostos (pela sociedade civil portuguesa) é uma verdade, e uma verdade contraproducente aos objetivos do Estado Fiscal Social; e se não é menos certa a afirmação no sentido da inevitabilidade da morte e dos impostos – Benjamin Franklin (1796): *"nothing is certain in this world except death and taxes"* –, também não deixa de ser verdadeira a afirmação no sentido de que *a injustiça dos impostos é evitável, assim como a sua rejeição é passível de mitigação*. Logo, torna-se elementar que algo seja feito em prol da *justiça fiscal*, de modo a aumentar o lealismo dos cidadãos-contribuintes e, por conseguinte, a eficiência do Estado Fiscal Social, tornando este um *Estado forte*, capaz de garantir o cumprimento das leis fiscais sem fazer uso constante da coercibilidade.

Daí que seja premente a necessidade de "jurisdicizar" os impostos,[159] abolindo, *exempli gratia*, os problemas decorrentes da aplicação indiscriminada de uma concepção economicista do imposto,[160] "mediante uma volta firme, decidida e irreversível ao Direito",[161] para que o Estado de Direito e os direitos dos particulares não sejam meras figuras de retórica.[162]

A realização da *justiça tributária* é, pois, o fator que caracteriza uma *verdadeira política tributária*, ao contrário do que passa numa política tão-somente arrecadatória.[163]

2.2.2 Há espaço para o cumprimento voluntário das normas tributárias?

Dito isso, a despeito dos irrefutáveis argumentos a favor da concepção do tributo como *norma de rejeição social*, é salutar manter sempre presente a seguinte lição de Macneil: "o Direito é tanto mais poderoso quanto mais a sua função sancionató-

---

[158] LOPES, Cidália M. Mota. Simplicidade e complexidade do sistema fiscal..., cit., p. 76.

[159] CAMPOS, Diogo Leite de. *O Sistema Tributário no Estado dos Cidadãos*, op. cit., p. 123. Neste mesmo sentido, PONT CLEMENTE, Joan-Francesc. *La economía de opción*, op. cit., p. 179; e FERREIRO LAPATZA, Impuesto al tonto, castigo al listo, premio al delincuente, p. 12, apud PONT CLEMENT, ibidem, últ. loc. cit.

[160] Vide PONT CLEMENT, ibidem, p. 169; e CAMPOS, Diogo Leite de e CAMPOS, Mônica Leite de. *Direito Tributário*, op. cit., p. 228. Vale lembrar, em abono do que dissemos *supra*, que "la orientación de la política fiscal hacia fines extrafiscales con miras políticas electoralistas há conducido cada vez más a una *desjuridificación*, una fugacidad y una enorme complicación del Derecho tributaria" (TIPKE, Klaus. *Moral Tributaria del Estado y de los Contribuyentes*, op. cit., p. 86). (O itálico é nosso).

[161] PONT CLEMENT, ibidem, p. 179. (Traduzimos).

[162] Neste sentido, vide GUIMARÃES, Vasco António Branco. *A responsabilidade civil da Administração Fiscal...*, op. cit., p. 522.

[163] Neste sentido, vide PASIN, João Bosco Coelho. Princípio da eficiência no direito tributário, cit., p. 184.

ria é menos invocada pelo homem".[164] Nestes termos, tem razão Casalta Nabais ao afirmar que "o melhor direito penal e contra-ordenacional é, afinal de contas, aquele que não precisa de ser aplicado no dia a dia".[165]

Com efeito, o Direito Tributário será tanto mais poderoso quanto menos as sanções (administrativas ou penais) – assecuratórias da norma de comportamento – forem aplicadas. Dito de outro modo, o Direito Tributário será tanto mais poderoso quanto mais favorável for ao *cumprimento voluntário* das obrigações tributárias. Portanto, o lealismo do cidadão-contribuinte deve ser instigado tanto quanto possível, e de diversas maneiras, evitando, com isso, a aplicação do Direito Contra-Ordenacional Tributário (Título II do RGIT) e, sobretudo, do Direito (de *ultima ratio*) Penal Tributário (Título I do RGIT).

Porém, é salutar que fique bem claro que, diante da maior ou menor rejeição social ao tributo, a *atividade fiscalizadora da Administração Tributário* (vide art. 2º do Regime CPIT) é sobremodo importante para o fiel cumprimento do sistema tributário, sobretudo num cenário de privatização da gestão dos tributos. Destarte, não há dúvida de que, enquanto "polícia fiscal",[166] esta Administração deve perseguir os não cumpridores das normas tributárias,[167] deve exercer plenamente a sua *atividade de controle*[168] na chamada "zona patológica da relação tributária",[169] deixando claro aos contribuintes que a sua atuação poderá ser sancionada, se for o caso. Resta saber se essa atividade de polícia fiscal não será implementada

---

[164] Apud LOURENÇO, Ana Príncipe. *O Impacto da Lei nos Custos de Transacção...*, op. cit., p. 25.

[165] NABAIS, José Casalta. Avaliação Indirecta e Manifestações de Fortuna na Luta contra a Evasão Fiscal em Portugal, op. cit., p. 770.

[166] XAVIER, Alberto. *Conceito e Natureza do Acto Tributário*. Coimbra: Almedina, 1972, p. 138; idem, *Do lançamento: teoria geral do ato, do procedimento e do processo tributário*. 2. ed. (reform. e atual.). Rio de Janeiro: Forense, 2002, pp. 115 e 117; COSTA, José Cardoso da. *Curso de Direito Fiscal*. 2. ed. (atual.). Coimbra: Almedina, 1972, pp. 360-361; e CASADO OLLERO, Gabriel. La colaboración con la Administración tributaria, cit., p. 170.

[167] Aliás, já há resultados que comprovam quão eficaz (para preenchimento das burras do Estado português) tem sido, por exemplo, o combate ao crime tributário. Vide dados publicados nas seguintes fontes: EXPRESSO, Presos por fuga ao fisco, Lisboa. Obtido via Internet: http://semanal.expresso.clix.pt, em 15.02.2007; DIÁRIO ECONÓMICO, Incumprimento fiscal caiu para metade em 2006, Lisboa. Obtido via Internet: www.diarioeconomico.sapo.pt, em 20.02.2007; e DIÁRIO ECONÓMICO, PJ investiga 415 milhões de euros em crimes fiscais, Lisboa. Obtido via Internet: www.diarioeconomico.sapo.pt, em 20.02.2007.

[168] Vide COLLADO YURRITA, Miguel Angel. Las inspecciones tributarias y las situaciones jurídicas del contribuyente en el Derecho italiano: Un apunte. *Revista española de Derecho Financiero*, n. 54 (abr.-jun. 1987). Madrid: Civitas, p 205.

[169] SANCHES, José Saldanha, *A Quantificação da Obrigação Tributária*, op. cit., p. 131; e idem, *Manual de Direito Fiscal*. 2. ed. Coimbra: Coimbra, 2002, p. 130. Vide, ainda, Lourenço Vilhena de FREITAS, 2002, p. 09.

mediante a criação de bodes expiatórios para a instalação de um clima de *intimidação* dos demais contribuintes.[170] [171]

Depreende-se da leitura atenta da última parte do parágrafo anterior a conclusão, chegada pela melhor doutrina, no sentido de que aquela intimidação afronta os princípios éticos do Estado de Direito Democrático, ainda que possa surtir efeitos positivos no que ao cumprimento das obrigações tributárias diz respeito.[172] "Voluntary compliance may be encouraged if the tax administration is successful in making the taxpayer community realize that non-compliance will be detected and effectively punished".[173] Contudo, ainda que essa afirmação não esteja desprovida de sentido, o certo é que "facilitating tax compliance is not simply a matter of adequately penalizing non-compliance".[174] Daí que, num sistema tributário combalido pela complexidade, a atitude mais coerente seja a de se pensar, antes, num meio de se atingir a simplificação do mesmo, já que não restam dúvidas de que a interpretação-aplicação das normas tributárias são estimuladas pela sua simplicidade, clareza, coerência etc. Porém, como não podemos ignorar que há, de fato, uma extrema dificuldade de concretização desse desiderato,[175] só nos resta concordar com Richard Bird quando ele afirma que a Administração Tributária deve *facilicar* o cumprimento das normas tributárias (*facilitating tax compliance*) através de uma melhora na qualidade dos serviços prestados à comunidade, como, por exemplo, por meio da prestação de informações, esclarecimentos etc. Segundo este autor, o contribuinte deve ser tra-

---

[170] Vide CAMPOS, Diogo Leite de. *Justiça e Arrecadação nos Impostos Portugueses...*, cit., p. 141; e TIPKE, Klaus. *Moral Tributaria del Estado y de los Contribuyentes*, op. cit., p. 130.

[171] Privilegia-se, desta feita, a denominada *prevenção geral negativa*, isto é, a intimidação, a ameaça. Com isso, o sujeito incumpridor é convertido "num instrumento exclusivo para a intimidação de outros" (MONTE, Elio Lo. *Princípios de Derecho Penal Tributario*, op. cit., p. 111). Para uma crítica dessa *prevenção geral negativa*, vide idem, ibidem, pp. 107 e segs.; e FERRAJOLI, Luigi. *Derecho y razón*, op. cit., pp. 277 e segs.

[172] CAMPOS, Diogo Leite de. *Justiça e Arrecadação nos Impostos Portugueses...*, cit., p. 141.

[173] SILVANI, Carlos e BAER, Katherine. **Designing a Tax Administration Reform Strategy: Experiences and Guidelines**. *International Monetary Fund Working Paper*, p. 11.

[174] BIRD, Richard M. Administrative Dimensions of Tax Reform. Asia-Pacific Tax Bulletin (mar. 2004). Obtido via Internet: http://unpan1.un.org/intradoc/groups/public/documents/UNPAN/UNPAN015761.pdf; em 10.05.08, p. 135.

[175] Isensee, por exemplo, assinala que a simplificação dos sistemas tributários não passa de uma utopia (apud NABAIS, José Casalta. *O Dever Fundamental de Pagar Impostos...*, op. cit., p. 356). Já Américo Brás Carlos (*Impostos: teoria geral* , op. cit., 2006, p. 143) afirma que há uma "crescente" tendência para o aumento da complexidade. António Martins (A complexidade do sistema tributáro: uma inevitabilidade económica?, cit., p. 28) também faz referência a esta tendência. Klaus TIPKE (*Moral Tributaria del Estado y de los Contribuyentes*, op. cit., p. 87), por sua vez, enfatiza que, "[p]or desgracia, no hay que esperar que en el futuro se aprueben grandes reformas tributarias (...) que sistematicen y simplifiquen notablemente el Derecho tributário."

tado como um "client" ("utente", na linguagem de Diogo Leite de Campos[176]).[177] "For example, when introducing a VAT or other new tax – afirma Richard Bird, fazendo alusão sobretudo ao IVA –, emphasis should first be given to assisting taxpayers to comply with the new tax, then to detecting non-compliance, and *finally* to applying penalties".[178]

Portanto, num cenário de complexidade tributária, de leis com baixa qualidade técnica e de privatização da gestão das normas tributárias, são fundamentais as *atividades de educação* (e, dentro desta, a informação) como, por exemplo, os esclarecimentos relativos aos procedimentos relacionados ao cumprimento das obrigações tributárias.[179] Como bem disse Barquero Estevan, "la información y asistencia a los contribuyentes les facilita a éstos el cumplimiento de sus obligaciones, lo que supone ya un aspecto positivo con vistas a la eficaz y justa aplicación de los tributos.[180]

Lançando luz sobre a lição de Richard Bird segundo a qual "attitudes affect intentions and intentions affect behaviour",[181] vale considerar, com Barquero Estevan, que a *atividade de educação dos contribuintes* ("clients") cumpre uma função de enorme relevância relativamente à aceitação social do tributo, fomentando o cumprimento voluntário das obrigações tributárias, essencial para conseguir uma aplicação mais eficaz e mais justa dos tributos.[182] Ademais disso, esta atividade, na qual está inserida a atividade de informação, é indubitavelmente salutar à legitimação do sistema tributário e à diminuição da litigiosidade entre os

---

[176] CAMPOS, Diogo Leite de. *O Sistema Tributário no Estado dos Cidadãos*, op. cit., pp. 16 e 123.
[177] "Facilitating compliance involves such elements as improving services to taxpayers by providing them clear instructions, understandable forms, and assistance and information as necessary" (BIRD, Richard M. Administrative Dimensions of Tax Reform, cit., p. 136).
[178] Idem, ibidem, p. 137. (O destacado é nosso).
[179] Neste sentido, vide SAINZ DE BUJANDA, Fernando. *Hacienda y Derecho*, op. cit., pp. 136-137. Vide ainda: BARQUERO ESTEVAN, Juan Manuel. *La Información Administrativa a los Contribuyentes*, op. cit., p. 39; PONT CLEMENTE, Joan-Francesc. *La economía de opción*, op. cit., p. 179; BIRD, Richard M. Administrative Dimensions of Tax Reform, cit., p. 140; e MARTINS, Antonio e SANTOS, Renata Borges. A Administração Fiscal como Elemento do Sistema Tributário. *Ciência e Técnica Fiscal*, n. 418 (jul.-dez. 2006). Lisboa: Centro de Estudos Fiscais, p. 161.
[180] BARQUERO ESTEVAN, Juan Manuel, ibidem, últ. loc. cit.
[181] "Attitudes are formed in a social context by such factors as the perceived level of evasion, the perceived fairness of the tax structure, its complexity and stability, how it is administered, the value attached to government activities, and the legitimacy of government. Government policies affecting any of these factors may influence tax-payer attitudes and hence the observed level of taxpayer compliance" (BIRD, Richard M. Administrative Dimensions of Tax Reform, cit., p. 136).
[182] BARQUERO ESTEVAN, Juan Manuel. *La Información Administrativa a los Contribuyentes*, op. cit., pp. 39-40.

sujeitos da relação tributária, para além de ser eficaz no que toca à redução da ocorrência de erros no cumprimento daquelas obrigações.[183]

Mas, afinal, quais são as providências que devem ser adotadas para potenciar o cumprimento voluntário das normas tributárias, sem ferir, contudo, os princípios éticos do Estado de Direito Democrático? Que condições favorecem a realização aproximada deste objetivo ótimo?

Há, deveras, um série de estudos a elencar inúmeros fatores idôneos a estimular esse cumprimento voluntário.[184] Porém, de momento, interessa-nos acentuar ainda mais a importância de dois fatores desde há muito mencionados neste texto.

Ora bem, em primeiro lugar, não restam dúvidas de que o *âmbito legislativo* é e sempre será o alvo principal no que tange à fiel aplicação das normas tributárias e ao estímulo do cumprimento voluntário das mesmas. Neste sentido, como já referiu Calsamiglia, há de ser ressaltado que as normas devem incentivar os indivíduos ao seu cumprimento.[185] Daí falar-se, por exemplo, em taxas (alíquotas) *não exageradas* como sendo um estímulo a mais ao cumprimento voluntário, "já que o 'prémio' pela evasão pode deixar de compensar os riscos ligados à sua descoberta".[186] Mas, neste âmbito de análise, destacaremos sempre a *simplicidade, a clareza, a precisão, o adequado recorte técnico e a estabilidade das normas tributárias* como os mais importantes pilares em sede de cumprimento voluntário num Estado Fiscal Social, já que, como refere Victor Uckmar, é inegável que "la produzione legislativa improvvisata, estemporanea, di pessima tecnica accresce le difficoltà di interpretazione e di applicazione" do Direito Tributário.[187] Neste sentido, ambos os sujeitos da relação de tributo são beneficiados com a melhora significativa da qualidade do sistema tributário, aumentando, assim, a eficiência e a complacência em sede de arrecadação de tributos.

No âmbito da *Administração Tributária*, e tendo em consideração o desejo de muitos especialistas por uma *reforma* desta Administração (em benefício do efetivo cumprimento do sistema tributário), vale registrar que "one of the most impor-

---

[183] Idem, ibidem, p. 40.
[184] Veja-se, dentre outros trabalhos, SLEMROD, Joel e BAKIJA, Jon. *Taxing Ourselves*, op. cit., pp. 157 segs.; BIRD, Richard M. Administrative Dimensions of Tax Reform, cit., pp. 134-150; SILVANI, Carlos e BAER, Katherine. Designing a Tax Administration Reform Strategy, cit., pp. 10-12; BASTO, José Xavier de. Uma reflexão sobre a Administração Fiscal, cit., pp. 100-109; e MARTINS, Antonio e SANTOS, Renata Borges. A Administração Fiscal como Elemento do Sistema Tributário, cit., pp. 157-202.
[185] CALSAMIGLIA, Albert. *Racionalidad y Eficiencia del Derecho*. México: Fontamara, 1993, pp. 64, 68 e 70.
[186] BASTO, José Xavier de. Uma reflexão sobre a Administração Fiscal, cit., p. 104. Neste mesmo sentido: MARTINS, Antonio e SANTOS, Renata Borges. A Administração Fiscal como Elemento do Sistema Tributário, cit., p. 164.
[187] UCKMAR, Victor. L'incertezza del Diritto Tributario, cit., p. 53.

tant lessons emerging from experience in various countries is that an essential precondition for the reform of tax administration is to simplify the tax system in order to ensure that it can be applied effectively".[188] Portanto, temos, de um lado, a necessidade de uma Administração eficiente para que o sistema tributário seja efetivamente cumprido;[189] e, de outro, a indispensabilidade de um primeiro passo: a simplificação de tal sistema. Mas não há que se falar – vale frisar de uma vez por todas –, em sede de eficiência da Administração, em instrumentos de viabilização da arrecadação que ponham em risco a cidadania do contribuinte, mesmo porque esses instrumentos aumentam ainda mais o "estado de doença" do sistema tributário (pelo acréscimo de complexidade daí dimanado e pela subalternização do contribuinte, o que acaba sendo contraproducente ao cumprimento voluntário). "Se houvesse o devido treinamento e valorização do pessoal, uma política tributária séria, uma fiscalização severa da própria atividade fiscalizadora e um aparelhamento adequado, com certeza a arrecadação iria aumentar, diminuir-se-ia a sonegação e a fraude tributária",[190] sem, contudo, trazer à tona, de uma maneira ou de outra, a relação de poder entre Fisco e contribuinte.[191]

No que à esfera do cidadãos-contribuinte diz respeito, devemos dizer o seguinte: buscar a *simplicidade, a maior precisão e a estabilidade das normas tributárias* é o mesmo que buscar a instalação e sustentação da segurança jurídica, da certeza da tributação, da confiança, o que proporciona aos contribuintes o conhecimento das suas obrigações fiscais, bem como estimula o cumprimento voluntário das mesmas. Inclusive, esta afirmação é ainda mais oportuna no âmbito da *privatização da gestão tributária*.[192]

---

[188] BIRD, Richard M. Administrative Dimensions of Tax Reform, cit., p. 135.

[189] Como diz Lello Gangemi, ancorado em B. Visentini, "oggi è largamente riconosciuto 'che le innovazioni legislative rimangono di scarso effetto pratico se non sono accompagnate dalla efficienza dell'Amministrazione e da una nuova impostazione del lavoro degli uffici, rispondente ai nuovi criteri legislativi'" (GANGEMI, Lello. Manicomio tributario italiano, cit., p. 164).

[190] SCHERKERKEWITZ, Iso Chaitz. *Presunções e ficções no Direito Tributário e no Direito Penal Tributário*, op. cit., p. 23.

[191] Na mesma linha do que Isso Scherkerkewitz afirmou, Richard Bird salientou que "only well-trained people, *with adequate political support*, can administer taxes effectively" (Administrative Dimensions of Tax Reform, cit., p. 141). (O itálico é nosso). Fazendo referência ainda à reforma da Administração Tributária e à necessidade de computadorização do sistema, este autor pondera que "even the best computerized system will not produce useful results unless there are real incentives for tax administrators to utilize the system properly" (idem, ibidem, p. 138). "Computerization and appropriate use of modern information technology can help a lot, but technology alone cannot do the job" (idem, ibidem, p. 140). Tudo isso depende de vontade política.

[192] Como González Méndez assevera, a obscuridade e a incerteza provenientes da falta de um adequado recorte técnico das normas fiscais são ainda mais graves quando o contribuinte é o encarregado de levar a cabo o labor hermenêutico (GONZÁLEZ MÉNDEZ, Amélia. *Buena Fe y Derecho Tributario*. Madrid: Marcial Pons, 2001, p. 110).

Sendo certo, como já fizemos questão de sublinhar, que há uma propensão para o abuso da Administração Tributária, e sendo igualmente inegável que a *complexidade* do sistema tributário constitui um fator estimulante deste abuso, buscar a sua *simplicidade* é o mesmo que munir o "sujeito mais débil da relação tributária"[193] com uma armadura capaz de protegê-lo da "espada da imposição".[194]

Revestindo a justiça fiscal, no âmbito de aplicação-interpretação, a face da segurança jurídica, enquanto proibição do arbítrio da Administração Tributária (e dos Tribunais),[195] podemos afirmar, pois, que uma legislação confusa, obscura e imprecisa, com a utilização extravagante – leia-se: "além do mínimo insuperável"[196] – de *cláusulas gerais* ou de *conceitos indeterminados*, traz consequências nefastas ao valor *justiça* no âmbito de aplicação-interpretação da lei. Como referem Leite de Campos, "para além da justiça material, o seu outro nível de actuação é o da Administração fiscal e o dos tribunais. Mas a este plano a justiça reveste, a maioria das vezes, a face da segurança".[197]

Resta cristalino, neste sentido, que quanto mais simples for o sistema tributário, tanto menor será a *injustiça* na órbita tributária e, consequentemente, a *rejeição ao pagamento de impostos*, já que aquela propensão para o abuso será coibida em sede de aplicação-interpretação da lei.

Deveras, a *erradicação* de margens de livre decisão da Administração derivadas da utilização extravagante de *cláusulas gerais ou de conceitos indeterminados* é algo que urge suceder em prol da justiça tributária. Como referem Diogo Leite de Campos e António Marcos, *a dar-se a possibilidade ao legislador de lançar mão de cláusulas gerais ou de conceitos indeterminados, além do mínimo insuperável, permitir-se-ia retirar o contribuinte do arbítrio do legislador, mas já não do intérprete.*[198]

Porém, não podemos ignorar que todos os conceitos são intrinsecamente dotados de um grau mínimo de indeterminação,[199] o que nos faz lançar um alerta no

---

[193] MARTINS, Ives Gandra da Silva. *Teoria da imposição tributária*, op. cit., p. 57.
[194] Idem, ibidem, últ. loc. cit.
[195] CAMPOS, Diogo Leite de. Justiça e Arrecadação nos Impostos Portugueses – Um Sistema Esgotado, cit., p. 134. Neste sentido (segurança jurídica como dimensão da justiça), vide ainda: MARCOS, António. *O Direito dos Contribuintes à Segurança Jurídica*, op. cit., pp. 53-72; CAMPOS, Diogo Leite de e CAMPOS, Mônica Leite de. *Direito Tributário*, op. cit., pp. 16 e 108 ; CAMPOS, Diogo Leite de. Interpretação das normas fiscais, cit., p. 21; e SILVA, Almiro do Couto e. Princípios da Legalidade da Administração Pública e da Segurança Jurídica..., cit., p. 47.
[196] MARCOS, António. *O Direito dos Contribuintes à Segurança Jurídica*, op. cit., p. 170.
[197] CAMPOS, Diogo Leite de. Justiça e Arrecadação nos Impostos Portugueses – Um Sistema Esgotado, cit., p. 134; e idem e CAMPOS, Mônica Leite de. *Direito Tributário*, op. cit., p. 16.
[198] CAMPOS, Diogo Leite de. Anotação. Onde se fala de boa fé no Imposto de Transacções..., cit., p. 812; e MARCOS, António. *O Direito dos Contribuintes à Segurança Jurídica*, op. cit., p. 170.
[199] Neste sentido, CAMPOS, Diogo Leite de. Evolução e perspectivas do Direito Fiscal, cit., pp. 663-664; idem e CAMPOS, Mônica Leite de. *Direito Tributário*, op. cit., pp. 227-228 e 241;

que respeita ao "proceso de interpretación y aplicación plural y complejo"[200] e aos "sucesivos cambios en los criterios interpretativos".[201]

Com efeito, e sendo certo que *interpretações imprevisíveis instalam a arbitrariedade, que desiguala injustamente os contribuintes e projetam insegurança,*[202] é impreterível que *a Administração Tributária seja controlada* (de diversas maneiras),[203] de modo a reduzir a *incerteza* ao seu grau mais desprezível,[204] não permitindo, pois, que a *insegurança jurídica* seja multiplicada e que a *relação de poder* seja perpetrada.

Vale ressaltar que essa afirmação é tanto mais verdadeira quanto é certo que, "sem a possibilidade, juridicamente garantida, de poder calcular e prever os possíveis desenvolvimentos da actuação dos poderes públicos susceptíveis de repercutirem na sua esfera jurídica, o indivíduo converter-se-ia, em última análise, com violação do princípio fundamental da dignidade da pessoa humana, em *mero objeto* do acontecer estatal".[205] A *proteção da confiança dos cidadãos relativamente à ação dos órgãos do Estado* surge, neste prisma, como o "elemento essencial, não apenas da segurança da ordem jurídica, mas também da própria estruturação do relacionamento entre Estado e cidadãos em Estado de Direito".[206]

Com isso, chegamos à conclusão de que, *no âmbito de aplicação da norma tributária, e na perspectiva do indivíduo, a transcendência da segurança jurídica (enquanto proteção da confiança*[207]*) é indubitável, pois a sua inobservância não só reforça o desequilí-*

MARCOS, António. *O Direito dos Contribuintes à Segurança Jurídica*, op. cit., p. 162, n. 190, e 170; e NAVARRO, Pablo E. e SANTI, Eurico Marcos Diniz de. São Válidas as Normas Tributárias Imprecisas? cit., maxime p. 74.

[200] GARCÍA LLOVET, Enrique. Conocimiento de la norma y seguridad jurídica. In: *El Derecho Administrativo en el umbral del siglo XXI – Homenage al Profesor Dr. D. Ramón Martín Mateo*, t. II. Valencia: Tirant lo blanch, 2000, p. 1733.

[201] ZORNOZA PÉREZ, Juan José. Interpretación administrativa y consulta tributaria (Consideraciones sobre la reforma del artículo 107 de la Ley General Tributaria). *Revista española de derecho financiero*, n. 47-48 (jul.-dez. 1985), p. 466. Vide, ainda, PONT CLEMENTE, Joan-Francesc. *La economía de opción*, op. cit., p. 180.

[202] DERZI, Misabel Abreu Machado. Mutações, complexidade, tipo e conceito, sob o signo da segurança e da proteção da confiança. In: TÔRRES, Heleno Taveira (coord.). *Tratado de direito constitucional tributário: estudos em homenagem a Paulo de Barros Carvalho*. São Paulo: Saraiva, 2005, p. 284.

[203] CAMPOS, Diogo Leite de e CAMPOS, Mônica Leite de. *Direito Tributário*, op. cit., pp. 228 e 241.

[204] CAMPOS, Diogo Leite de. Anotação. Onde se fala de boa fé no Imposto de Transacções..., cit., p. 812. Neste sentido, MARCOS, António. *O Direito dos Contribuintes à Segurança Jurídica*, op. cit., p. 170, n. 209.

[205] NOVAIS, Jorge Reis. *Os Princípios Constitucionais Estruturantes da República Portuguesa*. Coimbra: Coimbra, 2004, pp. 262-263. (O itálico é nosso).

[206] Idem, ibidem, p. 262.

[207] Como ressalta NABAIS, José Casalta. *O Dever Fundamental de Pagar Impostos*, op. cit., p. 395, "a ideia de protecção da confiança não é senão o princípio da segurança jurídica na perspectiva do indivíduo".

brio existente entre *Administração Tributáriale contribuinte*, senão que, para o particular, pode resultar muito mais prejudicial pela acumulação da insegurança na aplicação da lei com a eventual incerteza da norma que se aplica.[208] Tendo em conta que esta Administração opera como intérprete oficial da vontade legislativa, se ela não mantém alguns critérios estáveis em suas manifestações, o contribuinte não saberá a que ater-se quando vier a dar cumprimento às obrigações que as normas tributárias lhe impõem.[209]

Resulta óbvio, assim, que não pode haver um *acúmulo de insegurança* para os cidadãos. Ocorrendo, dar-se-á a dissolução dos valores da previsibilidade, da certeza, da proteção da confiança etc., e, inevitavelmente, a "dissolução dos direitos e do Direito",[210] enfim, do Estado de Direito – "aquél en el que los ciudadanos pueden calcular antecipadamente qué ocurrirá en el futuro en un sentido específico".[211]

Daí que, hodiernamente, num "universo de inseguridad inevitable",[212] de "contínua insegurança"[213], de *sociedade de riscos*, de *sociedade de incerteza*; a redução da segurança jurídica seja uma tarefa prioritária do Estado.[214] [215] Uma das funções do Direito não é precisamente conferir certeza à incerteza das relações

---

[208] VILLAVERDE GÓMEZ, Mª Begoña. *Las Consultas a la Administración Tributaria*. Madrid: Marcial Pons, 2002, p. 29.

[209] Idem, ibidem, últ. loc. cit.

[210] CALSAMIGLIA, Albert. *Racionalidad y Eficiencia del Derecho*, op. cit., p. 36. (Traduzimos e destacamos).

[211] BACIGALUPO, Enrique. Jurisprudência y seguridad jurídica. *Estudios de derecho judicial*, nº 34 (*La fuerza vinculante de la jurisprudencia*). Madrid: Consejo General del Poder Judicial, 2001, p. 132.

[212] NIETO, Alejandro. *Derecho Administrativo Sancionador*. 4. ed. Madrid: Tecnos, 2005, p. 49.

[213] CAMPOS, Diogo Leite de e CAMPOS, Mônica Leite de. *Direito Tributário*, op. cit., p. 228.

[214] Vide CALSAMIGLIA, Albert. *Racionalidad y Eficiencia del Derecho*, op. cit., p. 36; e NIETO, Alejandro. *Derecho Administrativo Sancionador*, op. cit., p. 49.

[215] Sobre a denominada "sociedade do risco", é obrigatória a referência à clássica obra do sociólogo alemão Ulrich BECK, intitulada *Risikogesellschaft. Auf dem Weg in eine andere Moderne* – trazida à tona em 1986 (ano do acidente na central nuclear de Chernobyl, na Ucrânia) –, cuja tradução espanhola (2001), utilizada por nós, é a seguinte: BECK, Ulrich. *La sociedad del riesgo. Hacia una nueva modernidad*. Barcelona: Paídos, 2001.
COSTA, José de Faria. *O Perigo em Direito Penal (contributo para a sua fundamentação e compreensão dogmáticas)*. Coimbra: Coimbra, 2000, p. 593, afirma que, mais do que uma *sociedade de riscos*, vive-se, hoje, uma *sociedade de incerteza*. Como este mesmo autor assinala (ibidem, últ. loc. cit.), "se actua em uma *situação de incerteza* quando a cada decisão correspondem vários resultados, todos possíveis, sem se conhecer a probalidade da ocorrência de cada um deles. No entanto, já se age em uma *situação de risco* quando a cada decisão correspondem também vários resultados, mas no que a estes se refere, e contrariamente ao caso anterior, consegue-se estimar a probabilidade da sua ocorrência". Para maiores referências sobre o *risco, o perigo, a incerteza* etc., vide GIDDENS, Anthony. *O mundo na era da globalização*, 5. ed. Lisboa: Presença, 2000, pp. 31-43; LOUREIRO, João. Da sociedade técnica de massas à sociedade de risco: prevenção, precaução e tecnociência – Algumas questões juspublicísticas. *Stvdia Ivridica*, n. 61. *Estudos em Homenagem ao Prof. Doutor Rogério Soares*. Coimbra:

sociais? Uma das tarefas do Estado não é exatamente prestar à economia segurança jurídica?

As respostas a estas perguntas são incontestavelmente positivas: uma das funções do Direito é conferir certeza à incerteza das relações sociais,[216] é, por exemplo, prestar segurança jurídica à economia privada.[217] Acresce que, como disse Jorge Reis Novais, a *dignidade da pessoa humana* depende da promoção dessa segurança (proteção da confiança). Daí que *o arbítrio há de ser evitado no plano da aplicação-interpretação da lei, tanto pela vinculação da atividade da Administração Fiscal para o futuro, quanto pelo controle da mesma,*[218] *pois, do contrário, o cidadão será sempre um mero objeto do acontecer estatal.*

Decididamente, é chegada a hora da insegurança jurídica, das incertezas e das desconfianças serem mitigadas tanto quanto possível, para que o cidadão não sofra demasiadamente com a intranquilidade proveniente da *sociedade de riscos* e da *sociedade de incerteza* e para que ele não seja um *mero objeto* do Estado Fiscal. Numa palavra: é chegada a hora dos efeitos maléficos da *sociedade de riscos* e da *sociedade de incerteza* serem atenuados por aqueles resultantes da instituição da "sociedade baseada na confiança",[219] sobretudo na boa aplicação da lei, com o predomínio do respeito pela *dignidade da pessoa humana,* pelos *direitos e garantias dos contribuintes* etc.

Nestes termos, *promover e tutelar a confiança dos contribuintes na Administração Fiscal* significa proporcionar tranquilidade aos primeiros, significa "criar no cidadão contribuinte a convicção de que a sua conduta está isenta, pelo menos juridicamente, de consequências imprevisíveis. Trata-se no fundo de criar nos contribuintes um sentimento de confiança que lhes permita trabalhar, investir, aforrar – ou seja, e em síntese, projectar o futuro, porque sabem com aquilo que poderão, ou não poderão, contar, sabem aquilo que é seu e aquilo que deverão partilhar com os demais".[220] Trata-se, pois, de uma confiança que, ao ser tutelada, *pacificará* o relacionamento entre o Estado e os contribuintes, sendo esta "a única

---

Coimbra, 2001, pp. 797-891; e LOURENÇO, Ana Príncipe. *O Impacto da Lei nos Custos de Transacção...*, op. cit., p. 76.

[216] BECKER, Alfredo Augusto. *Teoria geral do direito tributário.* 3. ed. São Paulo: Lejus, 2002, p. 76; e BALEEIRO, Aliomar. *Uma Introdução à Ciência das Finanças,* vol. I, op. cit., pp. 61-63.

[217] ANDRADA, José Bonifácio Borges de. Inter-relação do direito e da economia no mundo globalizado, cit., p. 10; e NUSDEO, Fábio. *Fundamentos para uma codificação do direito econômico.* São Paulo: Revista dos Tribunais, 1995, p. 201.

[218] Vide CAMPOS, Diogo Leite de. Justiça e Arrecadação nos Impostos Portugueses – Um Sistema Esgotado, cit., p. 134; e idem e CAMPOS, Mônica Leite de. *Direito Tributário,* op. cit., pp. 16 e 241.

[219] WALD, Arnoldo. Os efeitos e desafios da globalização. In: MARTINS, Ives Gandra da Silva; PRADO, Ney; WALD, Arnoldo (Coordenadores). *O direito brasileiro e os desafios da economia globalizada.* Rio de Janeiro: América Jurídica, 2003, p. 05.

[220] MARCOS, António. *O Direito dos Contribuintes à Segurança Jurídica,* op. cit., p. 129.

via capaz de garantir o bom funcionamento da sociedade, das instituições e, por isso mesmo, da salvaguarda dos direitos fundamentais".[221][222]

Desse modo, em prol da eficiência do Estado Fiscal, *urge melhorar a qualidade da relação da Administração Fiscal com os contribuintes*, de modo que estes tenham poucos motivos para se sentirem traídos, enganados e subalternizados (súdito fiscal) pelo Estado-Administração. Como assinala Alvarez del Manzano, "la actitud que se debe pretender es que el contribuyente no se sienta profundamente maltratado; que su conciencia fiscal tenga los menores motivos posibles para resistirse al Impuesto".[223] Em outras palavras, já agora nas de Rodríguez Bereijo, "la recaudación de los impuestos tiene que hacerse de modo que consiga la mayor aceptación, tolerancia o aquiescencia social de los contribuyentes que evite situaciones de conflicto social (resistencias o revueltas fiscales) (...) y satisfaga, así, la *creciente necesidad de legitimación del Estado*"[224]. Daí a relevância de uma relacionamento fiscal baseado na *confiança* do contribuinte na Administração Fiscal. "Confiança – diz António Marcos – é certeza, é segurança, é ausência de receio de ser enganado, de laborar em erro sobre as premissas de uma dada opção existencial ou económica".[225]

Com efeito, "quanto mais segura e transparente for a relação entre a Administração Fiscal e o contribuinte, mais claro e simples se tornará o sistema fiscal e maior será o cumprimento voluntário" das normas tributárias.[226] Daí a cobrança de muitos profissionais no sentido de uma alteração da perspectiva de relacionamento entre o Fisco e os contribuintes portugueses.[227] Não podemos deixar de relevar esta preocupação, sobretudo se recordarmos, com Diogo Leite de Cam-

---

[221] Idem, ibidem, p. 172.

[222] Importa ter sempre em atenção as seguintes palavras de UCKMAR, Victor. L'incertezza del Diritto Tributario, cit., p. 50: "l'assetto tributario è uno degli elementi dai quali meglio si può desumere la qualità di uno Stato dal punto di vista dell'organizzazione pubblica e dei rapporti fra Governo e cittadini".

[223] Apud CASADO OLLERO, Gabriel. La colaboración con la Administración tributaria. Notas para un nuevo modelo de relación con el Fisco. *Hacienda Publica Española*, n. 68 (1981). Madrid: Instituto de Estudios Fiscales, p. 154, n. 11bis.

[224] RODRIGUEZ BEREIJO, Álvaro. **Los principios de la imposición en la jurisprudencia constitucional española**. *Revista Española de Derecho Financiero*, n. 100 (1998). Madrid: Civitas, p. 594. (O itálico é nosso).

[225] MARCOS, António. *O Direito dos Contribuintes à Segurança Jurídica*, op. cit., p. 176.

[226] LOPES, Cidália M. Mota. Simplicidade e complexidade do sistema fiscal..., cit., p. 77.

[227] Manuela Duro Teixeira, por exemplo, preferiu uma palestra na Aula Magna da Reitoria da Universidade de Lisboa (ocorrida nos dias 15 e 16 de Setembro de 2006) com o seguinte tema: "A relação fisco-contribuinte". Dentre outras coisas, esta estudiosa afirmou que a relação fisco-contribuinte "não é de fornecedor/cliente e se calhar deveria ser" (TEIXEIRA, Manuela Duro. "A relação fisco--contribuinte". Aula Magna da Reitoria da Universidade de Lisboa, 2006. Obtido via Internet: www.ctoc.pt/noticias_site/detalhes.php?id=2639&t=Q29tdW5pY2Fkb3M, em 09.02.2007).

pos, que a *igualdade entre contribuintes e Administração Fiscal* deriva da própria idéia de *Estado de Direito democrático dos cidadãos*.[228] [229]

Tudo se conjuga, assim, em abono da tese segundo a qual é indubitável a *possibilidade de um maior cumprimento voluntário da lei fiscal*, ainda que o imposto não possa ser considerado como uma *norma de aceitação social*, haja vista que ele *sempre será mais ou menos rejeitado* – daí a necessidade de uma sanção (*proporcional*) que assegure o fiel cumprimento da lei fiscal –. Aliás, demonstrar que é possível chegar-se a "uma política de rejeição menor" foi o objetivo de Ives Gandra Martins no seu livro *Uma Teoria do Tributo* (2005).[230]

Aqui chegados, resta anotar, porque eloquente, a seguinte lição de Victor Uckmar: "occorre, soprattutto, un'effettiva ferma volontà per intraprendere una nuova strada, verso la certezza, l'equità, la trasparenza e l'efficienza, tenendo presente l'ammonimento del giudice Marshall nella nota sentenza McCulloch v. Maryland, 17US316 (1819): *'An unlimited power to tax involves necessarily a power to destroy: because there is a limit beyond which no citizen, no institution and no property con bear taxation'*."[231] Mais do que isso, é preciso descobrir "novos meios de expressão da vontade popular soberana, de modo a preencher-se o 'deficit democrático' que hoje existe pelo menos em matéria de impostos."[232]

2.2.3 A importância de uma relação baseada no *dever de colaboração recíproco*.

Afinado por esse diapasão, resulta essencial a realização do que se conhece como o "princípio do trabalho conjunto e baseado na confiança mútua" entre os con-

---

[228] CAMPOS, Diogo Leite de. *O Sistema Tributário no Estado dos Cidadãos*, op. cit., p. 117. No que toca à igualdade jurídica (submissão à lei e à jurisdição) entre contribuinte e Administração Fiscal, vide, dentre muitos outros autores citados neste estudo, idem, ibidem, pp. 14, 16 e 73; idem, Natureza jurídica do Direito Tributário, cit.,, pp. 125-126; idem e CAMPOS, Mónica Leite de. *Direito Tributário*, op. cit., p. 33; MARCOS, António. *O Direito dos Contribuintes à Segurança Jurídica*, op. cit., p. 23; MARTINS, Ives Gandra da Silva. Limitações ao poder impositivo e segurança jurídica, cit., p. 286; MARTINS, Ives Gandra da Silva. Uma teoria sobre a sanção tributária, cit., p. 683; TÔRRES, Heleno. *Direito tributário e direito privado...*, op. cit., p. 47; FERREIRO LAPATZA, José Juán. *Curso de Derecho Financiero Español*. 12. ed. (rev. e atual.). Madrid: Marcial Pons, 1990, p. 465; idem, *Curso de Derecho Financiero Español*. 16. ed. Madrid: Marcial Pons, 1994, p. 338; e idem, *Curso de Derecho Financiero Español*, vol. I. 24. ed. (corrig. e atual.). Madrid: Marcial Pons, 2004, pp. 183-185.

[229] Cabe reafirmar que, no plano do Estado-Administrador, não há que se falar em "soberania". (Vide *supra* n. 53). "A própria ideia de 'soberania', de qualidade do poder que está acima e todos os outros, é incompatível com o Estado-de-Direito-democrático" (CAMPOS, Diogo Leite de. Natureza jurídica do Direito Tributário, cit., p. 127).

[230] Como este autor refere, "pretendo mostrar que, apesar de o tributo revestir-se, ainda hoje, como já formulei no livro *Teoria da Imposição Tributária*, de crescente rejeição social, seria possível, em tese pelo menos, chegar-se a uma política de rejeição menor" (MARTINS, Ives Gandra da Silva. *Uma Teoria do Tributo*, op. cit., p. 41).

[231] UCKMAR, Victor. L'incertezza del Diritto Tributario, cit., p. 56.

[232] CAMPOS, Diogo Leite de. *O Sistema Tributário no Estado dos Cidadãos*, op. cit., p. 124.

tribuintes e a Administração Tributária. Como bem afirma Barquero Estevan, é preciso "materializar a idéia de que a relação entre Administração e contribuinte, longe de constituir uma relação de poder, é uma relação jurídica, regulada pelo Direito, e baseada na mútua confiança entre as partes".[233]

Com efeito, importa assinalar, à luz do que se deixou dito, uma visível linha de fratura com o tipo de relação Fisco/contribuinte veiculada pela *política tão-somente arrecadatória*, que nada tem a ver – importa repetir – com a *justiça fiscal*, não sendo, pois, estimuladora da *eficiência fiscal* (só a justiça é eficiente!).

Daí que seja digno de aplausos qualquer movimento como aquele implementado em meio à "reforma de mentalidades" do início dos anos sessenta, chamado "movimento das Relações Humanas" na Administração Pública, e que tinha como ponto de partida a ideia-mestra de que a relação tributária constituía "fundamentalmente uma relação de cooperação" entre os seus sujeitos.[234] Segundo Martins Eusébio, registrava-se, na época, "uma acentuada tendência para quebrar as barreiras" que vinham separando as Administrações dos cidadãos.[235-236]

Ocorre que, passados cerca de 40 anos, vem à tona, no ordenamento jurídico português (artigo 59º da LGT), o chamado "dever de colaboração recíproco" entre ambos os sujeitos da relação tributária, tendo como um dos escopos a *pacificação* daquela relação – desde há muito desgastada, ainda que as intenções de outrora tenham sido louváveis –. Mas, como temos demonstrado, ainda impera a necessidade de dar efetividade, de dar cumprimento ao referido artigo 59º Portanto, a *relação humana* – leia-se: relação assente na *dignidade da pessoa humana* – com os contribuintes tem de melhorar, de modo que o fosso que separa o Estado destes cidadãos seja efetivamente superado. Como alguém já disse, *a Administração Tributárial tem de fazer parte da solução e não do problema*. Para tanto, os funcionários

---

[233] BARQUERO ESTEVAN, Juan Manuel. *La Información Administrativa a los Contribuyentes*, op. cit., p. 39. (Tradução livre).

[234] Vide EUSÉBIO, Domingos Martins. A consulta prévia, cit., p. 31.

[235] Idem, ibidem, últ. loc. cit.

[236] Inclusive, durante as décadas de sessenta e setenta, muitos foram os países que buscaram instrumentos para melhorar o relacionamento entre o Fisco e os contribuintes. Em França, por exemplo, "la política de mejora de las relaciones entre la administración y los contribuyentes se ha acometido de una forma sistemática. 'El Tesoro debe establecer, al igual que todas las administraciones en contacto directo y diário con el publico, un nuevo tipo de relaciones, *más humanas*, más confiadas con los usuários', declaraba el 20 de enero de 1978 el Presidente de la República. [...] la mejora de las técnicas fiscales debe permitir mejorar las relaciones entre el fisco y los contribuyentes *sustituyendo la confrontación propia de dos antagonistas por la colaboración de los sócios a la hora de determinar los impuestos*" (GAUDEMET, Paul M. Las relaciones entre el fisco y el contribuyente. In: *El Estado y los contribuyentes: la resistência fiscal*. Madrid: Instituto de Estúdios Fiscales, 1986, pp. 577-579).

desta Administração devem se conscientizarem de que não são apenas *servidores do Estado*, mas também *assistentes dos cidadãos*.[237]

Portanto, é chegada a hora da concretização de "um diálogo assente numa relação entre iguais",[238] numa relação sustentada pela confiança, capaz de amenizar a insegurança proveniente do âmbito legislativo, atenuando, com isso, a intranquilidade dos membros da *sociedade de riscos, de incertezas* etc.

Daí a importância do princípio da colaboração, pois que não há espaço, nesta seara, para uma Administração Tributária "toda poderosa perante um contribuinte em posição de mera sujeição".[239] Se admitíssemos a idéia de *súdito fiscal*, tal como Márquez Márquez o fez,[240] não haveria margem para uma concepção de relação tributária baseada na "confiança jurídico-pública" entre o Estado e o cidadão, com direitos e deveres para ambas as partes.[241] Tanto é assim que António Lima Guerreiro assevera que o princípio da colaboração, "além de uma função garantística, visa reforçar a eficácia da actividade tributária e o controlo político exercido pelos cidadãos sobre uma Administração que se exige aberta".[242] De onde resulta que, por meio do cumprimento do dever de colaboração recíproco, dar-se-á a) a satisfação da necessidade de reforço dos direitos e garantias individuais dos cidadãos; b) a satisfação da necessidade de uma aproximação entre tais sujeitos; e, consequentemente; c) a satisfação do "desiderato coletivo visado pela tributação"; promovendo, pois, a eficiência fiscal, a certeza (proteção da confiança) e a justiça fiscal.[243]

Em suma, através da viabilização de uma relação assente na igualdade, na dignidade da pessoa humana, na confiança mútua etc., o Estado-Administração estará hasteando a bandeira da *justiça fiscal*, satisfazendo, com efeito, a *"crescente*

---

[237] BARQUERO ESTEVAN, Juan Manuel. *La Información Administrativa a los Contribuyentes*, op. cit., p. 41.
[238] MARCOS, António. *O Direito dos Contribuintes à Segurança Jurídica*, op. cit., p. 23.
[239] GUERREIRO, António Lima. *Lei Geral Tributária anotada*. Lisboa: Editora Rei dos Livros, 2000, p. 268.
[240] MÁRQUEZ MÁRQUEZ, António. Reflexiones acerca de los límites reales de las garantías del contribuyente en la fase de comprobación-investigación inspectora. *Revista de Derecho Financiero y de Hacienda Pública*, vol. XLVI, n. 239 (jan.-mar. 1996). Madrid: Editoriales de Derecho Reunidas, pp. 11-41.
[241] ZORNOZA PÉREZ, Juan José. Interpretación administrativa y consulta tributaria..., cit., p. 467.
[242] GUERREIRO, António Lima. *Lei Geral Tributária anotada*, op. cit., p. 268.
[243] Como destaca MARCOS, António. *O Direito dos Contribuintes à Segurança Jurídica*, op. cit., p. 25, "um vasto rol de queixas, azedumes, apreensões têm sido esgrimidos pela mais variada doutrina no sentido de demonstrarem o mal estar que perdura entre os sujeitos da relação tributária corroborando, unanimemente, a tese de que algo urge fazer para que tais relações se aproximem e se tornem amistosas, por só assim se poder atingir o desiderato coletivo visado pela tributação".

necessidade de legitimação do Estado" (Rodríguez Bereijo) e o desejo de uma melhora no que se refere ao aumento do cumprimento voluntário das normas tributárias.

Vejamos, já agora, a letra da lei (LGT): "Artigo 59º. Princípio da colaboração. 1. Os órgãos a administração tributária e os contribuintes estão sujeitos a um dever de colaboração recíproco. 2. Presume-se a boa fé da actuação dos contribuintes e da administração tributária. 3. A colaboração da administração tributária com os contribuintes compreende, designadamente: *a*) A informação pública, regular e sistemática sobre os seus direitos e obrigações; *b*) A publicação, no prazo de seis meses, das orientações genéricas seguidas sobre a interpretação das normas tributárias; *c*) A assistência necessária ao cumprimento dos deveres acessórios; *d*) A notificação do sujeito passivo ou demais interessados para esclarecimento das dúvidas sobre as suas declarações ou documentos; *e*) A informação vinculativa sobre as situações tributárias ou os pressupostos ainda não concretizados dos benefícios fiscais; *f*) O esclarecimento regular e atempado das fundadas dúvidas sobre a interpretação e aplicação das normas tributárias; *g*) O acesso, a título pessoal ou mediante representante, aos seus processos individuais ou, nos termos da lei, àqueles em que tenham interesse directo, pessoal e legítimo; *h*) A criação, por lei, em casos justificados, de regimes simplificados de tributação e a limitação das obrigações acessórias às necessárias ao apuramento da situação tributária dos sujeitos passivos; *i*) A publicação, nos termos da lei, dos benefícios ou outras vantagens fiscais salvo quando a sua concessão não comporte qualquer margem de livre apreciação da administração tributária. *j*) O direito ao conhecimento pelos contribuintes da identidade dos funcionários responsáveis pela direcção dos procedimentos que lhes respeitem; *l*) A comunicação antecipada do início da inspecção da escrita, com a indicação do seu âmbito e extensão e dos direitos e deveres que assintem ao sujeito passivo. 4. A colaboração dos contribuintes com a administração tributária compreende o cumprimento das obrigações acessórias previstas na lei e a prestação dos esclarecimentos que esta lhes solicitar sobre a sua situação tributária, bem como sobre as relações económicas que mantenham com terceiros. 5. A publicação dos elementos referidos nas alíneas *e*), *f*) e *i*) do nº 3 far-se-á no jornal oficial ou nos termos a definir por despacho do Ministro das Finanças. 6. A administração tributária publica integralmente, até 31 de Março de cada ano, os códigos tributários devidamente actualizados."

O que importa apreender da leitura desse texto, *no que toca especificamente ao dever de colaboração da Administração com o contribuinte*, é o seguinte: o *princípio da colaboração recíproca* entre a Administração Fiscal e os contribuintes "tem por objecto geral um dever de atenção sobre todas as situações em que, razoavelmente, se deva prever, em relação aos contribuintes em geral e em relação às situações individuais, dificuldade de conhecimento e de interpretação das leis que imponham deveres ou concedam direitos aos contribuintes, ou do seu efectivo cumprimento e exercício, e, por objecto concreto e específico, as formas de cooperação referidas no nº 3 do mesmo artigo entre as quais se destacando: a informação pública e individual; o esclarecimento das dúvidas sobre o teor das leis; a qualificação dos factos e a realidade das situações tributárias; a assistência ao cumprimento dos deveres acessórios; a simplificação; e o carácter aberto de todo o procedimento administrativo."[244]

Ora bem, se é certo que o *contribuinte é o destinatário do ordenamento tributário*, "a quien corresponde, en definitiva, cumplir las obligaciones y deveres conectados con los tributos"[245]; não causa espanto assinalar a importância que para ele representa a possibilidade de "conocer con claridad y sin duda alguna cuáles son las exigencias legales respecto del mismo. Precisa, en definitiva, *certidumbre*, esto es, *saber a qué atenerse*"[246]. Eis a razão pela qual *o contribuinte tenha cada vez mais consciência de que precisa saber a maneira como a Administração Fiscal aplica o Direito, interpretando as normas, para poder determinar-se quanto aos seus atos e poder avaliar a consequência dos atos com relevância tributária que praticou.*[247]

a) A informação vinculativa

Daí que o *dever de colaboração da Administração Fiscal com o contribuinte, isto é, de assistência, de informação* etc., se apresente como imprescindível para a implementação e manutenção de um ambiente de confiança mútua entre a mesma e os contribuintes, de certeza, em suma.[248] Neste sentido, ninguém questiona a relevância das *informações vinculativas* (artigos 59º, 3, *e*), e 68º, 1, da LGT, e artigo 57º, 1, do CPPT[249]), uma vez que as mesmas constituem "un instrumento especialmente

---

[244] FAVEIRO, Vítor. *O Estatuto do contribuinte...*, op. cit., p. 648. (O negrito é nosso).

[245] PONT MESTRES, Magín. Estallido de la seguridad jurídica del contribuyente: expansión de la inseguridad. *Gaceta Fiscal*, n. 60 (nov. 1988). Madrid: Gaceta Fiscal, p. 172.

[246] Idem, ibidem, últ. loc. cit.

[247] CAMPOS, Diogo Leite de e CAMPOS, Mónica Leite de. *Direito Tributário*, op. cit., p. 241. (O negrito é nosso).

[248] Aliás, no que tange à certeza, Pedro Gonçalves noticia que, "através da informação administrativa de orientação e de conformação de comportamentos, pretende a Administração Pública contribuir para atenuar ou evitar os *riscos* (...) A difusão deste tipo de informação constitui, portanto, uma nova forma de actuação administrativa que, como outras, responde aos desafios colocados ao direito público pela actual *sociedade de risco* – a *insegurança*, a *incerteza* e a *imprevisibilidade* que caracterizam esta" (GONÇALVES, Pedro. Advertências da Administração Pública. *Stvdia Ivridica*, n. 61. *Estudos em Homenagem ao Prof. Doutor Rogério Soares*. Coimbra: Coimbra, 2001, pp. 727-728).

[249] Artigo 68º, 1, da LGT: "As informações vinculativas sobre a situação tributária dos sujeitos passivos e os pressupostos ainda não concretizados dos benefícios fiscais são requeridos ao dirigente máximo do serviço, sendo o pedido acompanhado da identificação dos factos cuja qualificação jurídico-tributária se pretenda".
Artigo 57º, 1, do CPPT: "O despacho que recair sobre o pedido de informação vinculativa sobre a concreta situação tributária dos contribuintes ou os pressupostos de quaisquer benefícios fiscais

útil para incrementar la colaboración entre la Administración tributaria y los ciudadanos, en cuanto que permite a estos conocer de antemano el parecer de la Administración a fin de poder planificar sus actuaciones en un sentido u otro en función de su coste en términos fiscales".[250] [251]

Ora, se é inegável que a Administração, ao aplicar a lei, tem de interpretá-la, "parece lógico admitir que pueda adelantar, *con carácter vinculante*, cual será el sentido de dicha interpretación, reforzando así la vigencia efectiva del principio de legalidad al abrir nuevas posibilidades para el control judicial de las potestades interpretativas de la Administración y confirmar que ésta sólo interpreta y aplica las normas bajo la reserva del ulterior control judicial, lo que supone en un Estado de derecho la máxima garantía de la legalidad".[252] Portanto, "no se deriva riesgo alguno para la legalidad. Antes bien, con ello se refuerza la sujeción de la Administración a la Ley al establecerse un límite frente al empleo incorrecto de sus potestades de gestión y abrir nuevas posibilidades de control jurisdiccional sobre sus actividades de interpretación de las normas".[253]

A *autovinculação da Administração Fiscal às interpretações contidas nas informações vinculativas* cumpre, pois, uma importante função de garantia da segurança jurídica, o que não acontece, como é óbvio, nos casos de informações *não vinculativas* (respostas com caráter *meramente informativo*). Daí que, segundo Calvo Ortega, seria conveniente atribuir *efeitos vinculativos* a todas as informações prestadas pela Administração Tributária, enquanto manifestação do poder de interpretação, pois "lo contrario (efectos limitados) quita dignidad a esta figura y le da un cierto aire de respuesta de acreedor privado".[254] É o que quer Pont Clement quando defende a "generalización de las consultas vinculantes".[255]

---

será notificado aos interessados, vinculando os serviços a partir da notificação que, verificados os factos previstos na lei, não poderão proceder de forma diversa, salvo em cumprimento de decisão judicial".

[250] ADAME MARTÍNEZ, Francisco D. *La consulta tributaria*. Granada: Dodeca/Comares, 2000, p. XIII.

[251] Neste sentido, vide NABAIS, José Casalta. Contratos Fiscais (reflexões acerca da sua admissibilidade). *Stvdia Ivridica*, n. 5. Coimbra: Coimbra, 1994, p. 178; e GAMA, João Taborda da. Contrato de Transacção no Direito Administrativo e Fiscal. In: *Estudos em Homenagem ao Professor Inocêncio Galvão Telles*, vol. V. Coimbra: Coimbra, 2003, p. 675.

[252] ZORNOZA PÉREZ, Juan José. Interpretación administrativa y consulta tributaria, cit., pp. 466-467. (O itálico é nosso).

[253] Idem, Significado y funciones de las consultas a la Administración tributaria. *Crónica Tributaria*, n. 50 (1984), p. 227.

[254] CALVO ORTEGA, Rafael. *Curso de Derecho Financiero*, vol. I. 9. ed. Navarra: Aranzadi, 2005, p. 100. Neste mesmo sentido, VILLAVERDE GÓMEZ, Mª Begoña. *Las Consultas a la Administración Tributaria*, op. cit., p. 296.

[255] PONT CLEMENTE, Joan-Francesc. *La economía de opción*, op. cit., p. 180. Neste mesmo sentido, VILLAVERDE GÓMES, ibidem, p. 297.

Por tudo isso, resta cristaliano que a informação *vinculativa* surge no âmbito do dever de colaboração da Administração como uma figura de iniludível utilidade, tanto pela pacificação entre os sujeitos da relação tributária, extirpando, pois, o antagonismo desde há muito existente nesta relação; quanto pela redução da insegurança jurídica no plano da aplicação-interpretação do Direito, o que equivale à promoção da *justiça fiscal* neste âmbito e, consequentemente, ao sucesso no fomento ao *cumprimento voluntário da lei fiscal*.[256]

3. Considerações finais

Como o percurso até aqui empreendido terá deixado claro, o Estado português, enquanto Estado Fiscal Social, foi atingido pela *convulsiva e desordenada proliferação da extrafiscalidade*. Neste sentido, o aluvião normativo passou a ser inevitável, a demonstrar a ansiedade do legislador tributário na busca pela satisfação das incumbências prioritárias do Estado português (artigos 81º, b, da CRP), o que aumentou o âmbito de interferência dos impostos, com alguns (muitos) *fatos da vida* sendo alvo da atuação tentacular do Poder Legislativo (*fatos jurídico-tributários*). Foi neste ritmo vertiginoso de transformações (intervencionistas, de matiz keynesiano) que algumas figuras tributárias de extrema complexidade vieram à tona no cenário da fiscalidade portuguesa, bem como em outros vários Estados Fiscais Sociais de iguais contornos; foi assim que a prolixidade e a escassez da técnica na confecção das normas tributárias exsurgiram, dificultando sobremaneira a aplicação das mesmas; foi perante este revolto mundo normativo que a ineficiência da Administração Tributária passou a ganhar destaque naquele cenário, passando a ser motivo de grande preocupação no tocante à *"satisfação das necessidades financeiras do Estado e outras entidades públicas"* e à *"repartição justa dos rendimentos e da riqueza"* (artigo 103º, nº 1 da CRP).

Mas porque o Estado Fiscal Social é caracterizado, dentre outras coisas, por uma "estesa varietà di presupposti" (Giannini[257]) e, consequentemente, por um número enorme de cidadãos-contribuintes; eis que ocorreu, na órbita tributária portuguesa, a substituição do até então procedimento padrão da *gestão dos tributos* por um outro revelado pela panóplia de *prestações tributárias* (inerentes à aplicação dos tributos) imputadas aos contribuintes. Consequentemente, a estes cidadãos foi dispensada a responsabilidade pelo cumprimento de um grande número de atos imprescindíveis à aplicação das normas tributárias. A justificativa era a seguinte: o trabalho da Administração Tributária ficou quase imprati-

---

[256] Neste sentido, vide BARQUERO ESTEVAN, Juan Manuel. *La Información Administrativa a los Contribuyentes*, op. cit., p. 40, sobretudo a n. 54; e CASADO OLLERO, Gabriel. La colaboración con la Administración tributaria, cit., p. 164.

[257] GIANNINI, Achille Donato. *I concetti fondamentali del Diritto Tributario*, op. cit., p. 159.

cável, já que os recursos à sua disposição acabavam sendo escassos para as suas atividades, como a implementação do lançamento tributário. A maioria dos casos sujeitos a lançamento ficaria sem atendimento. Passou a falar-se, pois, em *praticabilidade*, em razão de um tal *estado de necessidade da Administração Tributária*. Daí o porquê da chamada *privatização da gestão tributária*. Foi dado aí o primeiro passo em benefício da *eficiência na arrecadação dos tributos*.

Não há a menor dúvida de que a complexidade característica da sociedade pós-industrial e a maré legislativa do seu Direito demandam uma Administração Pública eficiente para aplicar as leis tributárias. Porém, essa almejada eficiência jamais poderá subtrair os obstáculos criados ao longo do tempo para proteger os cidadãos do poder que o Estado tem de tributá-los. Esse poder é, indubitavelmente, o *poder de destruir* e, por isso, deve ser limitado.

Vale ressaltar, outrossim, que, conquanto o Estado (e sua Administração) deva ser *racionalizado* em prol da sua adequação à realidade social, o certo é que a Administração do Estado Social foi ganhando uma adiposidade que cada vez mais diminuía a sua eficiência (conformadora da sua legitimidade). Daí que não proceda a busca por essa eficiência se a mesma for atingida à custa dos direitos e garantias dos cidadãos. Em geral, falta vontade política para promover, em primeiro lugar, a "dieta" do Estado e, consequentemente, a *desburocratização* de sua Administração. Definitivamente, a *eficiência* da Administração Pública para aplicar as leis tributárias não pode prescindir dos *valores ligados à dignidade da pessoa humana* (artigo 1º da CRP), isto é, não pode fazer com que o cidadão-contribuinte pague o ônus da incompetência gerada, no mais das vezes, pela própria Administração.

Ainda que não seja este o melhor sítio para transcrevermos qualquer lição de outro autor, entendemos que a temperança da seguinte lição de Hugo de Brito Machado é sobremodo aliciante, eloquente e abonadora do nosso descomedimento. Vejamos: "Muitos afirmam que o Direito Tributário é o conjunto de normas que se prestam para viabilizar a arrecadação, pelo Estado, dos recursos financeiros de que necessita para o desempenho de suas funções. A maioria talvez o faça de boa-fé, por pura ingenuidade. Alguns, entretanto, certamente o fazem porque realmente pretendem sustentar que o Direito deve ser visto como instrumento dos poderosos. Na verdade, o Direito Tributário não tem por finalidade viabilizar a arrecadação de recursos financeiros. O tributo, este sim, tem essa finalidade. Não o Direito Tributário. A finalidade deste é simplesmente limitar o poder de tributar, estabelecendo normas que o disciplinam para proteger o cidadão contribuinte".[258]

---

[258] MACHADO, Hugo de Brito. A Falta de Propósito Negocial como Fundamento para Exigência de Tributo, cit., p. 48.

Há, inegavelmente, inúmeras *ameaças fáticas* – desde a hipertrofia legislativa e a defeituosa elaboração das normas à assunção, pela Administração, do qualificativo de *potentior personae* – e outras *ameaças teóricas* – como a defesa de uma política tão-somente arrecadatória, traduzida por todas as correntes de pensamento que de um modo ou de outro ressuscitam a doutrina juspublicista alemã de finais do século XIX e inícios do século XX – a ferirem o Direito Tributário, a anunciarem, pois, o seu "estado de doença", o que dá azo, sem sombra de dúvidas, à possibilidade de desnutrição do "Estado de direito democrático" (art. 2º da CRP).

Se, como vimos, a justiça do tributo tem a ver com a justiça da despesa pública (qualidade das despesas no que respeita ao interesse público), então os cidadãos portugueses devem ficar preocupados e muito atentos ao destino que os detentores do poder dão ao dinheiro público – leia-se: dinheiro dos impostos pagos por aqueles cidadãos –, fiscalizando, o mais intençamente possível, as atividades destes senhores que detêm o poder, já que, assim como em outros países – certamente em desigual proporção –, em Portugal tem predominado, nos últimos anos, os gastos com despesas correntes, isto é, as despesas afetas ao pagamento dos vencimentos e salários dos funcionários e agentes da Administração Pública, vale dizer, aqueles que detêm o poder. Daí falar-se, como o fez Casalta Nabais, *num défice público que tem lugar a um nível de despesa pública totalmente incompatível para a economia e as finanças de um país como Portugal*. É, pois, visível a olho nu que o Estado português *gasta muito e gasta mal* (ineficiência da despesa pública), afirma este professor coimbrão.

Do que restou salientado até o presente momento podemos extrair uma conclusão consentânea àquela exarada há mais de vinte anos por Ives Gandra da Silva Martins, em sua tese de doutoramento, segundo a qual o tributo não pode ser outra coisa senão uma *norma de rejeição social*, é dizer, uma norma que não seria cumprida sem a previsão de uma sanção para o seu incumprimento. Se não houvesse esta previsão, os cidadãos não recolheriam os seus tributos. Mas nada obstante essa sua convicção, este autor afirma (em seu livro *Uma Teoria do Tributo*[259]) que é possível chegar-se a "uma política de rejeição menor". Estamos convencidos que sim, Senhor Professor.

Em assim sendo, e lançando luz sobre o propalado défice de legitimação do Estado Fiscal Social – oriundo, por exemplo, da ruptura de comunicação entre o Fisco e o contribuinte[260] –, não enxergamos outro caminho para a satisfação da crescente necessidade dessa legitimação senão a busca incessante pelo Direito Tributário *justo, seguro e eficiente*, o que certamente diminuirá aquela rejeição aos

---

[259] 2005, p. 41.
[260] Vide NAVARRO, Pablo E. e SANTI, Eurico Marcos Diniz de. São Válidas as Normas Tributárias Imprecisas? cit., p. 73.

tributos, aumentando, pois, a eficiência do sistema tributário e, consequentemente, a consecução dos fins daquele Estado Fiscal.

Tudo se conjuga, assim, em abono da tese segundo a qual é indubitável a *possibilidade de um maior cumprimento voluntário das leis tributárias*, ainda que o imposto não possa ser considerado como uma *norma de aceitação social*, haja vista que ele *sempre será mais ou menos rejeitado* – daí a necessidade de uma sanção (*proporcional*) que assegure o fiel cumprimento da lei fiscal.

Em benefício desse objetivo ótimo ("política de rejeição menor"), resulta imprescindível um considerável salto qualitativo no relacionamento da Administração para com o cidadão-contribuinte, de modo que seja materializada, de uma vez por todas, a idéia de que a relação entre ambos é uma relação jurídica, regulada pelo Direito, e baseada na mútua confiança entre as partes; pois só assim o Estado-Administração hasteará a bandeira da *justiça fiscal*, (a) satisfazendo, por conseguinte, a *crescente necessidade de legitimação do Estado*, (b) correspondendo os deveres de colaboração exigidos dos contribuintes, (c) aumentando a eficiência na arrecadação dos impostos através do estímulo ao *cumprimento voluntário* das obrigações fiscais, que, por sua vez, advém, em grande medida, da diminuição da incerteza da tributação (Adam Smith).

Nesta senda, enquanto realizadora do princípio da colaboração, as *informações vinculativas* constituem um excelente meio de *controle do Estado-Administração*, diminuindo, consequentemente, a expansão da insegurança jurídica. Ademais disso, essas informações de índole *vinculativa* constituem um dos meios pelos quais os contribuintes se sentem estimulados a cumprirem, *voluntariamente*, as suas obrigações tributárias, porque escorados na certeza de que estão obrando com correição. Neste sentido, já que a *justiça*, na aplicação do Direito, reveste a face da segurança jurídica, a generalização de efeitos vinculativos para as informações prestadas pela Administração Fiscal não pode ser outra coisa senão a harmonização da justiça com a eficiência na arrecadação dos impostos. Preserva-se, assim, a vigência efetiva da legalidade tributária, ao abrir nova possibilidade de controle judicial ao poder de interpretação da Administração, garante-se a permanência da insegurança jurídica no seu grau mais desprezível, conferindo tranquilidade aos cidadãos para que possam agir economicamente. Numa palavra: a generalização das informações vinculativas é salutar ao *sistema tributário dos cidadãos*, vale dizer, ao Direito Tributário *justo, seguro e eficiente*.

O sistema tributário dos cidadãos se decanta, pois, pela linha de convergência entre a *eficiência da máquina fiscal* e a *justiça fiscal*, é dizer, pela *política tributária propriamente dita*; e os seus argumentos se centram precisamente: a) no enfoque do contribuinte como cidadão, e não como *mero objeto* da atividade do Fisco; b) na relação jurídica tributária assente na igualdade dos seus sujeitos, vale dizer, na concepção do tributo como uma obrigação *ex lege*; e, com efeito, c) na segurança jurídica (certeza do direito), enquanto uma das faces da *justiça fiscal* e, pois,

4. Referências bibliográficas

ADAME MARTÍNEZ, Francisco D. *La consulta tributaria*. Granada: Dodeca/Comares, 2000.

AIZEGA ZUBILLAGA, Joxe Mari. *La utilización extrafiscal de los tributos y los principios de justicia tributaria*. Bilbao: Universidad del País Vasco/Euskal Herriko Unibertsitatea, 2001.

ALFONSO GALÁN, Rosa Maria. *Los Intereses por Retraso o Demora a Favor de la Hacienda Pública*. Madrid: Dykinson, 1998.

ANDRADA, José Bonifácio Borges de. Inter-relação do direito e da economia no mundo globalizado. In: WALD, Arnoldo; MARTINS, Ives Gandra da Silva e PRADO, Ney (coords.). *O direito brasileiro e os desafios da economia globalizada*. Rio de Janeiro: América Jurídica, 2003, pp. 07-11.

ARROJA, Pedro. *O Estado e a Economia*. Porto: Vida Económica, 1989.

ATALIBA, Geraldo. *Hipótese de Incidência Tributária*. 6. ed. (4. tiragem). São Paulo: Malheiros, 2003.

AZEVEDO, António Domingues de. Tempo para o desenvolvimento. *Semanário Económico*, Lisboa, de 05.01.2007 a 12.01.2007. Obtido via Internet: www.semanarioeconomico.com/opiniao/opiniao_desarrollo.html, em 13.01.2007.

__ A eficiência fiscal e os direitos dos contribuintes. Obtido via Internet: www.ctoc.pt/noticias_site/detalhes.php?id=2419, em 09.02.2007.

__ A eficiência fiscal e os direitos dos contribuintes (I). Obtido via Internet: www.ctoc.pt/noticias_site/detalhes.php?id=3879, em 09.02.2007.

__ A eficiência fiscal e os direitos dos contribuintes (II). Obtido via Internet: www.semanarioeconomico.com/opiniao/opiniao_desarrollo4.html, em 09.02.2007.

BACIGALUPO, Enrique. Jurisprudência y seguridad jurídica. *Estudios de derecho judicial*, nº 34 (*La fuerza vinculante de la jurisprudencia*). Madrid: Consejo General del Poder Judicial, 2001, pp.

BAENA DEL ALCÁZAR, Mariano. Artículo 103. La organización y la función pública. In: ALZAGA VILLAAMIL, Oscar (coord.). *Comentarios a las leyes politicas*. Madrid: Editorial Revista de Derecho Privado / Editoriales de Derecho Reunidas, 1985, pp. 249-285.

ALTAMIRANO, Alejandro C. Legalidad y discrecionalidad. In: TÔRRES, Heleno Taveira (coord.). *Tratado de direito constitucional tributário: estudos em homenagem a Paulo de Barros Carvalho*. São Paulo: Saraiva, 2005, pp. 149-175.

BALEEIRO, Aliomar. *Uma Introdução à Ciência das Finanças*, vol. I. 2. ed. (rev. e aum.). Rio de Janeiro: Forense, 1958.

BARQUERO ESTEVAN, Juan Manuel. *La función del tributo en el Estado social y democrático de Derecho*. Madrid: Centro de Estúdios Políticos y Constitucionales, 2002.

__ *La Información Administrativa a los Contribuyentes*. Navarra: Aranzadi, 2002.

BASTO, José Xavier de. Uma reflexão sobre a Administração Fiscal. *Notas Económicas*, n. 4 (nov. 1994). Coimbra: Universidade de Coimbra, pp. 100-109.

BECK, Ulrich. *La sociedad del riesgo. Hacia una nueva modernidad*. Barcelona: Paídos, 2001.

BECKER, Alfredo Augusto. *Teoria geral do direito tributário*. 3. ed. São Paulo: Lejus, 2002.

BERLIRI, Luigi Vittorio. *El Impuesto Justo*. Madrid: Instituto de Estúdios Fiscales, 1986.

BOBBIO, Norberto. *El futuro de la democracia*. (Trad. espanhola). Barcelona: Plaza y Janes, 1985.

BORGES, José Souto Maior. *Iniciação ao Direito Financeiro*. Recife: Imprensa Universitária (Universidade Federal de Pernambuco), 1966.

BUCHANAN, James. 'La Scienza delle Finanze': The Italian Tradition in Fiscal Theory. *Fiscal Theory and Political Economy. Selected Essays*. The University of North Carolina Press, 1960, pp. 24-74.

BÜHLER, Ottmar. La influencia del Derecho Tributario en la formación de conceptos de Derecho Público. *Hacienda Pública Española*, n. 22 (1973). Madrid: Instituto de Estudios Fiscales, pp. 198-206.

CALSAMIGLIA, Albert. *Racionalidad y Eficiencia del Derecho*. México: Fontamara, 1993.

CALVO ORTEGA, Rafael. *Curso de Derecho Financiero*, vol. I. 9. ed. Navarra: Aranzadi, 2005.

CAMPOS, Diogo Leite de. Evolução e perspectivas do Direito Fiscal. *Revista da Ordem dos Advogados*, ano 43 (1983). Lisboa: Ordem dos Advogados Portugueses, pp. 645-675.

__ Anotação. Onde se fala de boa fé no Imposto de Transacções – nota aos Acs. S.T.A., de 27-10-82 e de 4-7-84. *Revista da Ordem dos Advogados*, ano 45 (dez. 1985). Lisboa: Ordem dos Advogados, pp. 807-826.

__ O cidadão-absoluto e o Estado, o Direito e Democracia. *Revista da Ordem dos Advogados*, ano 53 (1993). Lisboa: Ordem dos Advogados, pp. 05-19.

__ Natureza jurídica do Direito Tributário. In: *Estudos em homenagem à Dra. Maria de Lourdes Órfão de Matos Correia e Vale. Cadernos de Ciência e Técnica Fiscal*, n. 171 (1995). Lisboa: Ministério das Finanças, pp. 119-129.

__ Interpretação das normas fiscais. In: CAMPOS, Diogo Leite de, et alii. *Problemas fundamentais do direito tributário*. Lisboa: Vislis, 1999, pp. 17-31.

__ e CAMPOS, Mônica Horta Neves Leite de. *Direito Tributário*. 2. ed. Coimbra: Almedina, 2000.

__ Justiça e Arrecadação nos Impostos Portugueses – Um Sistema Esgotado. In: CAMPOS, Diogo Leite de; MARTINS, Ives Gandra da Silva (coords.). *O Direito Contemporâneo em Portugal e no Brasil*. Coimbra: Almedina, 2003, pp. 133-148.

__ Globalização e Regionalização em matéria de impostos. *Stvdia Ivridica*, n. 73. *Globalização e Direito*. Coimbra: Coimbra, 2003, pp. 11-22.

__ *O Sistema Tributário no Estado dos Cidadãos*. Coimbra: Almedina, 2006.

CANOTILHO, José Joaquim Gomes. *Constituição Dirigente e Vinculação do Legislador. Contributo para a Compreensão das Normas Constitucionais Programáticas*. 2. ed. Coimbra: Coimbra, 2001.

__ *Direito Constitucional e Teoria da Constituição*. 6. ed. Coimbra: Almedina, 2002.

CARLOS, Américo Fernando Brás. Os Princípios da Eficácia e da Eficiência Fiscais. *Ciência e Técnica Fiscal*, n. 416 (jul.-dez. 2005). Lisboa: Centro de Estudos Fiscais, pp. 163-181.

__ *Impostos: teoria geral*. Coimbra: Almedina, 2006.

CARRAZZA, Roque Antonio. *Curso de Direito Constitucional Tributário*. 22. ed. (rev., ampl. e atual.). São Paulo: Malheiros, 2006.

CASADO OLLERO, Gabriel. La colaboración con la Administración tributaria. Notas para un nuevo modelo de relación con el Fisco. *Hacienda Publica Española*, n. 68 (1981). Madrid: Instituto de Estudios Fiscales, pp. 151-170.

__ Extrafiscalidad e incentivos fiscales a la inversión en la Comunidad Económica Europea. *Hacienda Pública Española*, n. 96 (1985). Madrid: Instituto de Estudios Fiscales, pp. 333--372.

CAZORLA PRIETO, Luis María. *El poder tributario en el Estado contemporáneo: un estudio*. Madrid: Instituto de Estudios Fiscales, 1981.
__ *El Derecho Financiero y Tributario en la Ciencia Jurídica*. Navarra: Aranzadi, 2002.
COÊLHO, Sacha Calmon Navarro Princípios retores da tributação: legalidade e tipicidade. *Revista de Direito Tributário*, n. 33 (jul.-set. 1985). São Paulo: Revista dos Tribunais, pp. 198-207.
__ *Teoria geral do tributo, da interpretação e da exoneração tributária*. São Paulo: Dialética, 2003
__ e LOBATO, Valter. Reflexões sobre o art. 3º da Lei Complementar 118. Segurança Jurídica e a Boa-fé como Valores Constitucionais. As Leis Interpretativas no Direito Tributário Brasileiro. *Revista Dialética de Direito Tributário*, n. 117 (jun. 2005). São Paulo: Dialética, 2005, pp. 108-123.
COLLADO YURRITA, Miguel Angel. Las inspecciones tributarias y las situaciones jurídicas del contribuyente en el Derecho italiano: Un apunte. *Revista española de Derecho Financiero*, n. 54 (abr.-jun. 1987). Madrid: Civitas, pp. 205-214.
CORREA, Walter Barbosa. Tensão entre direito de tributar e poder de tributar no direito tributário brasileiro. In: MACHADO, Brandão (coord.). *Direito Tributário – Estudos em homenagem ao Prof. Ruy Barbosa Nogueira*. São Paulo: Saraiva, 1984, pp. 201-218.
COSTA, Alcides Jorge. Algumas Notas sobre a Relação Jurídica Tributária. In: SCHOUERI, Luís Eduardo e ZILVETI, Fernando Aurelio. *Direito tributário: estudos em homenagem a Brandão Machado*. São Paulo: Dialética, 1998, pp. 21-35.
COSTA, José de Faria. *O Perigo em Direito Penal (contributo para a sua fundamentação e compreensão dogmáticas)*. Coimbra: Coimbra, 2000.
COSTA, José Manuel M. Cardoso da. *Curso de Direito Fiscal*. 2. ed. (atual.). Coimbra: Almedina, 1972.
CUBERO TRUYO, António M. *La Simplificación del Ordenamiento Tributário (desde la perspectiva constitucional)*. Madrid: Marcial Pons, 1997.
DERZI, Misabel Abreu Machado. Mutações, complexidade, tipo e conceito, sob o signo da segurança e da proteção da confiança. In: TÔRRES, Heleno Taveira (coord.). *Tratado de direito constitucional tributário: estudos em homenagem a Paulo de Barros Carvalho*. São Paulo: Saraiva, 2005, pp. 245-284.
DIÁRIO ECONÓMICO. Incumprimento fiscal caiu para metade em 2006, Lisboa. Obtido via Internet: www.diarioeconomico.sapo.pt, em 20.02.2007.
__ PJ investiga 415 milhões de euros em crimes fiscais, Lisboa. Obtido via Internet: www.diarioeconomico.sapo.pt, em 20.02.2007.
DIAS, Jorge de Figueiredo. *Direito Penal*. Parte Geral., t. I. Coimbra: Coimbra, 2004.
DOURADO, Ana Paula. *O Princípio da Legalidade Fiscal. Tipicidade, Conceitos Jurídicos Indeterminados e Margem de Livre Apreciação*. Coimbra: Almedina, 2007.
ESCUIN PALOP, Vicente. La Administración del Estado en la Constitución. In: *Estúdios sobre la Constitución española de 1978*. Valencia: Universidad de Valencia, 1980, pp. 285-299.
EUSÉBIO, Domingos Martins. A consulta prévia. *Ciência e Técnica Fiscal*, n. 79 (jul. 1965). Lisboa: Ministério das Finanças, pp. 29-56.
EXPRESSO, Presos por fuga ao fisco, Lisboa. Obtido via Internet: http://semanal.expresso.clix.pt, em 15.02.2007.

FAVEIRO, Vítor. *Noções Fundamentais de Direito Fiscal Português*, vol. I. Coimbra: Coimbra, 1984.

__ *O Estatuto do contribuinte: a pessoa do contribuinte no Estado social de Direito*. Coimbra: Coimbra, 2002.

FERRAJOLI, Luigi. *Derecho y razón (Teoría del garantismo penal)*. 7. ed. (Trad. espanhola). Madrid: Trotta, 2005.

FERREIRA, Eduardo da Paz. *Ensinar Finanças Públicas numa Faculdade de Direito*. Coimbra: Almedina, 2005.

FERREIRO LAPATZA, José Juán. *Curso de Derecho Financiero Español*. 12. ed. (rev. e atual.). Madrid: Marcial Pons, 1990.

__ *Curso de Derecho Financiero Español*. 16. ed. Madrid: Marcial Pons, 1994

__ *Ensayos sobre metodología y técnica jurídica en el Derecho Financiero y Tributario*. Madrid: Marcial Pons, 1998.

__ Marco normativo y conflictividad social (La nueva L.G.T. como nuevo marco de garantias de los contribuyentes). *Crónica Tributaria*, n. 100 (2001). Madrid: Instituto de Estudios Fiscales, pp. 119-126.

__ *Curso de Derecho Financiero Español*, vol. I. 24. ed. (corrig. e atual.). Madrid: Marcial Pons, 2004.

__ *Curso de Derecho Financiero Español*, vol. II. 23. ed. Madrid: Marcial Pons, 2004.

__ (investigador principal). *La justicia tributaria en España. Informe sobre las relaciones entre la Administración y los contribuyentes y la resolución de conflictos entre ellos*. Madrid: Marcial Pons, 2005.

__ Apología contracorriente de la estimación objetiva. *Cronica Tributaria*, n. 116 (2005). Madrid: Instituto de Estudios Fiscales, pp. 63-79.

__ La simplificación del ordenamiento; una idea general que debe concretarse: la base imponible. In: TÔRRES, Heleno Taveira (coord.). *Tratado de direito constitucional tributário: estudos em homenagem a Paulo de Barros Carvalho*. São Paulo: Saraiva, 2005, pp. 85-110.

FRANCO, António L. de Sousa. *Finanças Públicas e Direito Financeiro*, vol. I . 4. ed. (9. reimp.). Coimbra: Almedina, 2003.

FREITAS, Lourenço Vilhena de. A Autoliquidação: contributo para uma análise da sua natureza jurídica. *Ciência e Técnica Fiscal*, n. 405 (jan. mar. 2002). Lisboa: Centro de Estudos e Apoio às Políticas Tributárias, pp. 07-49.

FURLAN, Anderson. Sanções Penais Tributárias. In: MACHADO, Hugo de Brito. *Sanções penais tributárias*. São Paulo: Dialética / ICET, 2005, pp. 13-99.

GAMA, João Taborda da. Contrato de Transacção no Direito Administrativo e Fiscal. In: *Estudos em Homenagem ao Professor Inocêncio Galvão Telles*, vol. V. Coimbra: Coimbra, 2003, pp. 607-694.

GANGEMI, Lello. Manicomio tributario italiano. *Studi in Memoria di Benvenuto Griziotti*. Milão: Dott A. Giuffrè, 1959, pp. 125-194.

GARCÍA DE ENTERRÍA, Eduardo e FERNÁNDEZ, Tomás-Ramón. *Curso de Derecho Administrativo*, vol. II, 9. ed. (reimp.). Madrid: Thomson/Civitas, 2005.

GARCÍA LLOVET, Enrique. Conocimiento de la norma y seguridad jurídica. In: *El Derecho Administrativo en el umbral del siglo XXI – Homenage al Profesor Dr. D. Ramón Martín Mateo*, t. II. Valencia: Tirant lo blanch, 2000, pp.

GARRIDO FALLA, Fernando. *Comentarios a la Constitución*. Madrid: Civitas, 1985.
GAUDEMET, Paul M. Las relaciones entre el fisco y el contribuyente. In: *El Estado y los contribuyentes: la resistência fiscal*. Madrid: Instituto de Estúdios Fiscales, 1986, pp. 569-585.
GIANNINI, Achille Donato. *I concetti fondamentali del Diritto Tributario*. Torino: Torinese, 1956.
GIDDENS, Anthony. *O mundo na era da globalização*, 5. ed. Lisboa: Presença, 2000.
GONÇALVES, Marcos Peixoto Mello. *Pluralismo Organizado, uma nova visão do direito econômico*. São Paulo: Quartier Latin, 2002.
GONÇALVES, Pedro. Advertências da Administração Pública. *Stvdia Ivridica*, n. 61. *Estudos em Homenagem ao Prof. Doutor Rogério Soares*. Coimbra: Coimbra, 2001, pp. 723-796.
GONZÁLEZ GARCÍA, Eusebio. Medios de Defensa del Contribuyente Frente a la Creciente Presión Fiscal Indirecta. *Revista Brasileira de Direito Tributário e Finanças Públicas*, n. 7 (mar.--abr. 2008). Porto Alegre: Magister/CEU, pp. 152-163.
GONZÁLEZ MÉNDEZ, Amélia. *Buena Fe y Derecho Tributario*. Madrid: Marcial Pons, 2001.
GUERREIRO, António Lima. *Lei Geral Tributária anotada*. Lisboa: Editora Rei dos Livros, 2000.
GUERREIRO, Tiago Caiado. No fio da navalha. *Diário Económico*, Lisboa, 23.05.06. Opinião, p. 43.
GUIMARÃES, Vasco Branco. *A responsabilidade civil da Administração Fiscal: emergente da obrigação de imposto*. Belo Horizonte: Fórum, 2007.
HABERMAS, Jürgen. *Problemas de legitimación en el capitalismo tardío*. Buenos Aires: Amorrortu, 1986.
HENSEL, Albert. La influencia del Derecho Tributario sobre la construcción de los conceptos del Derecho Público. *Hacienda Pública Española*, n. 22 (1973). Madrid: Instituto de Estudios Fiscales, pp. 174-197.
HERRERA MOLINA, Pedro M. ¿Rehabilitar a Otto Mayer? (Paradojas en el 'tránsito de la relación jurídica a la relación de poder'). I Jornada Metodológica 'Jaime García Añoveros' sobre la metodologia académica y la enseñanza del Derecho Financiero y Tributário. *Documentos de Trabajo del Instituto de Estudios Fiscales*, n. 11/02 (2002), pp. 130-139.
HUCK, Hermes Marcelo. *Evasão e elisão: rotas nacionais e internacionais*. São Paulo: Saraiva, 1997.
HUMBOLDT, Wilhelm von. *Os Limites da Acção do Estado*. (Trad. portuguesa). Porto: Rés, 1990.
JARACH, Dino. *El hecho imponible. Teoria general del derecho tributario sustantivo*. 3. ed. (reimp.). Buenos Aires: Abeledo-Perrot, 1996.
LAGO MONTEIRO, José María. *La sujeción a los diversos deberes y obligaciones tributarios*. Madrid: Marcial Pons, 1998.
LASARTE ÁLVAREZ, Javier. *El sistema tributário actual y la situación financiera del sector público*. Sevilha: Real Academia Sevillana de Legislación y Jurisprudencia, 1993.
LEJEUNE VALCÁRCEL, Ernesto. Prólogo. In: AIZEGA ZUBILLAGA, Joxe Mari. *La utilización extrafiscal de los tributos y los principios de justicia tributaria*. Bilbao: Universidad del País Vasco/Euskal Herriko Unibertsitatea, 2001, pp. 11-14.
LOPES, Cidália M. Mota. Simplicidade e complexidade do sistema fiscal: algumas reflexões. *Fiscalidade*, n. 13/14 (jan.-abr. 2003). Lisboa: Instituto Superior de Gestão, pp. 51-83.
LOPES MARTÍNEZ, Juan. *Régimen jurídico de los llamados 'intereses moratórios' en matéria tributaria (Un análisis de su ubicación dogmática en el seno de la deuda tributaria)*. Madrid: Civitas, 1994.

LOUREIRO, João. Da sociedade técnica de massas à sociedade de risco: prevenção, precaução e tecnociência – Algumas questões juspublicísticas. *Stvdia Ivridica*, n. 61. *Estudos em Homenagem ao Prof. Doutor Rogério Soares*. Coimbra: Coimbra, 2001, pp. 797-891.

LOURENÇO, Ana Príncipe. *O Impacto da Lei nos Custos de Transacção: aplicação ao agrupamento complementar de empresas*. Porto: Universidade Católica, 2004.

MACHADO, Hugo de Brito. Princípio da eficiência em matéria tributária. In: MARTINS, Ives Gandra da Silva (coord.). *Princípio da eficiência em matéria tributária*. São Paulo: Revista dos Tribunais / Centro de Extensão Universitária, 2006, pp. 50-68.

___ A Falta de Propósito Negocial como Fundamento para Exigência de Tributo. *Revista Dialética de Direito Tributário*, n. 143 (agosto 2007). São Paulo: Dialética, pp. 48-53.

___ Revisão dos Limites e Possibilidades de Atuação Eficiente do Fisco. In: ROCHA, Valdir Oliveira (coord.). *Grandes questões atuais do direito tributário*, 11 vol. São Paulo: Dialética, 2007, pp. 131-153.

MACHADO, João Baptista. *Introdução ao Direito e ao Discurso Legitimador*. 13. reimp. Coimbra: Almedina, 2002.

MORAIS, Carlos Blanco de. Sinopse sobre a avaliação prévia das políticas públicas contidas em lei. Revista da Faculdade de Direito, Fundação Armando Alvares Penteado, n. 4 (2007). São Paulo: FAAP, pp. 97-122.

MARCOS, António. *O Direito dos Contribuintes à Segurança Jurídica*. Porto: Universidade Fernando Pessoa, 1997.

MÁRQUEZ MÁRQUEZ, António. Reflexiones acerca de los límites reales de las garantías del contribuyente en la fase de comprobación-investigación inspectora. *Revista de Derecho Financiero y de Hacienda Pública*, vol. XLVI, n. 239 (jan.-mar. 1996). Madrid: Editoriales de Derecho Reunidas, pp. 11-41.

MARTÍNEZ, Pedro Soares. A obrigação tributária. Esboço do seu conceito e do seu desenvolvimento. *Ciência e Técnica Fiscal*, n. 51 (mar. 1963). Lisboa: Ministério das Finanças, pp. 621-773.

MARTINS, António Carvalho. *Juízo Fiscal: libelo versus resgate*. Coimbra: Coimbra, 2000.

___ A complexidade do sistema tributáro: uma inevitabilidade económica? *Fisco*, n. 119/121 (set. 2005). Lisboa: Lex, pp. 27-36.

___ *Simulação na Lei Geral Tributária e Pressuposto do Tributo – Em Contexto de Fraude, Evasão e Planeamento Fiscal*. Coimbra: Coimbra, 2006.

___ e SANTOS, Renata Borges. A Administração Fiscal como Elemento do Sistema Tributário. *Ciência e Técnica Fiscal*, n. 418 (jul.-dez. 2006). Lisboa: Centro de Estudos Fiscais, pp. 157-202.

MARTINS, Ives Gandra da Silva. *Teoria da imposição tributária*. 2. ed. (rev. e atual.). São Paulo: LTr, 1998.

___ *Da sanção tributária*. 2. ed. (rev. e atual.). São Paulo: Saraiva, 1998.

___ *Uma Teoria do Tributo*. São Paulo: Quartier Latin, 2005.

___ Limitações ao poder impositivo e segurança jurídica. In: MARTINS, Ives Gandra da Silva (coord.). *Limitações ao poder impositivo e segurança jurídica*. São Paulo: Revista dos Tribunais / Centro de Extensão Universitária, 2005, pp. 29-61.

___ Uma teoria sobre a sanção tributária. In: TÔRRES, Heleno Taveira (coord.). *Tratado de direito constitucional tributário: estudos em homenagem a Paulo de Barros Carvalho*. São Paulo: Saraiva, 2005, pp. 677-688.

___ Princípio da eficiência em matéria tributária. In: MARTINS, Ives Gandra da Silva (coord.). *Princípio da eficiência em matéria tributária*. São Paulo: Revista dos Tribunais / Centro de Extensão Universitária, 2006, pp. 29-49.

MARTINS FILHO, Ives Gandra. *Manual esquematizado de direito e processo de trabalho*. 13. ed. (rev., atual. e ampl.). São Paulo: Saraiva, 2005.

MAYER, Otto. *Derecho administrativo alemán*, t. II. Buenos Aires: Depalma, 1950.

MELLO, Celso de Albuquerque. As sanções e os Direitos Humanos na Ordem Jurídica Internacional. In. TORRÊS, Heleno Taveira; e PIRES, Adilson Rodrigues (Organizadores). *Princípios de direito financeiro e tributário – Estudos em homenagem ao Professor Ricardo Lobo Torres*. Rio de Janeiro: Renovar, 2006, pp. 09-33.

MOREIRA, José Manuel. *Ética, Democracia e Estado*. 1. ed. Cascais: Principia, 2002.

MINISTÉRIO DAS FINANÇAS. *Estruturar o Sistema Fiscal do Portugal Desenvolvido*. Coimbra: Almedina, 1998.

MONTE, Elio Lo. *Princípios de Derecho Penal Tributario*. Buenos Aires: B de F, 2006.

MONTEIRO, Armindo. Introdução ao Estudo do Direito Fiscal. *Revista da Faculdade de Direito da Universidade de Lisboa*, vol. IX (1953). Lisboa: Universidade de Lisboa, pp. 05-54.

MONTEIRO, Rodrigo Oliva. Dos crimes contra a ordem tributária: definição do tributo e formação do tipo. *Revista Brasileira de Ciências Criminais*, n. 64 (jan.-fev. 2007). São Paulo: Revista dos Tribunais, pp. 145-196.

MOSCHETTI, Francesco. El principio de la capacidad contributiva. In: AMATUCCI, Andrea (dir.). *Tratado de Derecho Tributario*, t. I. Bogotá: Temis, 2001, pp. 240-284.

NABAIS, José Casalta. Contratos Fiscais (reflexões acerca da sua admissibilidade). *Stvdia Ivridica*, n. 5. Coimbra: Coimbra, 1994, 326 pp.

___ *O Dever Fundamental de Pagar Impostos: Contributo para a compreensão constitucional do estado fiscal contemporâneo*. Coimbra: Almedina, 2004.

___ *Direito Fiscal*. 2. ed. (ref. e aum.). Coimbra: Almedina, 2005.

___ *Por um Estado Fiscal Suportável – Estudos de Direito Fiscal*. Coimbra: Almedina, 2005.

___ Direito fiscal e tutela do ambiente em Portugal. In: TÔRRES, Heleno Taveira (org.). *Direito tributário ambiental*. São Paulo: Malheiros, 2005, pp. 412-444.

___ Avaliação Indirecta e Manifestações de Fortuna na Luta contra a Evasão Fiscal em Portugal. In. TORRÊS, Heleno Taveira; e PIRES, Adilson Rodrigues (Organizadores). *Princípios de direito financeiro e tributário – Estudos em homenagem ao Professor Ricardo Lobo Torres*. Rio de Janeiro: Renovar, 2006, pp. 761-787.

NAVARRO, Pablo E. e SANTI, Eurico Marcos Diniz de. São Válidas as Normas Tributárias Imprecisas? *Revista Dialética de Direito Tributário*, nº 148 (jan. 2008). São Paulo: Dialética, pp. 69-80.

NAWIASKY, Hans. *Cuestiones fundamentales de Derecho tributário*. Madrid: Instituto de Estudios Fiscales, 1982.

NIETO, Alejandro. *Derecho Administrativo Sancionador*. 4. ed. Madrid: Tecnos, 2005.

NIETO DE ALBA, Ubaldo. *La Incertidumbre en la Economia (paradigmas, tiempo y agujeros negros)*. Barcelona: Real Academia de Ciencias Economicas y Financieras, 1989.

NOGUEIRA, Ruy Barbosa. *Direito Financeiro. Curso de Direito Tributário*. 3. ed. (rev. e atual.). São Paulo: Bushatsky, 1971.

NOVAIS, Jorge Reis. Contributo para uma Teoria do Estado de Direito: do Estado de Direito liberal ao Estado social e democrático de Direito. *Separata do Suplemento ao Boletim da Faculdade de Direito da Universidade de Coimbra*, vol. XXIX. Coimbra: Universidade de Coimbra, 1987, 252 pp.

__ *Os Princípios Constitucionais Estruturantes da República Portuguesa*. Coimbra: Coimbra, 2004.

NUSDEO, Fábio. *Fundamentos para uma codificação do direito econômico*. São Paulo: Revista dos Tribunais, 1995.

PASIN, João Bosco Coelho. Princípio da eficiência no direito tributário. In: MARTINS, Ives Gandra da Silva (coord.). *Princípio da eficiência em matéria tributária*. São Paulo: Revista dos Tribunais/Centro de Extensão Universitária, 2006, pp. 178-189.

PAULA, Marco Aurélio Borges de. Algumas notas sobre o *paradigma clássico* e o *paradigma keynesiano*: as mudanças relacionadas à neutralidade econômica do Estado, ao equilíbrio orçamental e à certeza da tributação. *Revista Tributária e de Finanças Públicas*, n. 71 (nov.--dez. 2006). São Paulo: Revista dos Tribunais, pp. 155-210.

PEREIRA, Manuel Henrique de Freitas. *Fiscalidade*. Coimbra: Almedina, 2005

PIETRO, Adriano di. Tutela del Contribuyente y Constitución Material en la Aplicación de la Norma Tributaria. In: *Garantias Constitucionales del Contribuyente*. 2. ed. Valencia: Tirant lo blanch, 1999, pp. 81-93.

PLMJ Sociedade de Advogados. Departamento de Direito Fiscal. Medidas de simplificação fiscal. *Informação Fiscal*, n. 3 (2007). Obtido via Internet: www.plmj.com/xms/files/Medidas_de_Simplificacao_Fiscal.pdf, em 12.01.07.

__ Informação empresarial simplificada. *Informação Fiscal*, n. 5 (2007). Obtido via Internet:www.plmj.com/xms/files/newsletters/2007/Informacao_Empresarial_Simplificada.pdf, em 10.02.07.

PONT CLEMENTE, Joan-Francesc. *La economía de opción*. Madrid: Marcial Pons, 2006.

PONT MESTRES, Magín. Estallido de la seguridad jurídica del contribuyente: expansión de la inseguridad. *Gaceta Fiscal*, n. 60 (nov. 1988). Madrid: Gaceta Fiscal, pp. 169-205.

PORTO, Manuel Carlos Lopes. *Economia: um texto introdutório*. Coimbra: Almedina, 2002.

RAMALLO MASSANET, Juan. La eficácia de la voluntad de las partes en las obligaciones tributarias. In: ELORRIAGA PISARIK, Gabriel (coord.). *Convención y Arbitraje en el Derecho Tributario*. Madrid: Marcial Pons, 1996, pp. 219-245.

RODRIGUEZ BEREIJO, Álvaro. *Introducción al estúdio del Derecho Financiero*. Madrid: Instituto de Estudios Fiscales, 1976.

__ Los principios de la imposición en la jurisprudencia constitucional española. *Revista Española de Derecho Financiero*, n. 100 (1998). Madrid: Civitas, pp. 593-626.

ROSANVALLON, Pierre. *La Crisis del Estado Providencia*. Madrid: Civitas, 1995.

SAINZ DE BUJANDA, Fernando. *Hacienda y Derecho*, vol. III. Madrid: Instituto de Estudios Políticos, 1963

___ *Sistema de Derecho Financiero*, t. I, vol. 2. Madrid: Facultad de Derecho de la Universidad Complutense, 1985

SANCHES, José L. Saldanha. *A Quantificação da Obrigação Tributária. Deveres de Cooperação, Autoavaliação e Avaliação Administrativa*. 2. ed. Lisboa: Lex, 2000.

___ *Manual de Direito Fiscal*. 2. ed. Coimbra: Coimbra, 2002.

SÁNCHEZ SERRANO, Luís. Los españoles, ¿súbditos fiscales?. *Impuestos*, I (1992). Madrid: La Ley, pp. 236-264.

SARLET, Ingo Wolfgans. A Eficácia do Direito Fundamental à Segurança Jurídica: Dignidade da Pessoa Humana, Direitos Fundamentais e Proibição de Retrocesso Social no Direito Constitucional Brasileiro. *Informa*, n. 47 (jan.-fev. 2007). São Paulo: Revista dos Tribunais, p. 13.

SCHERKERKEWITZ, Iso Chaitz. *Presunções e ficções no Direito Tributário e no Direito Penal Tributário*. Rio de Janeiro: Renovar, 2002.

SCHUMPETER, Joseph A. La crisis fiscal del Estado. *Hacienda Publica Española*, n. 02 (1970). Madrid: Instituto de Estudios Fiscales, pp. 145-169.

SEIXAS FILHO, Aurélio Pitanga. Natureza Jurídica da Obrigação Tributária. *Revista Dialética de Direito Tributário*, n. 152 (maio 2008). São Paulo: Dialética, pp. 55-74.

SILVA, Almiro do Couto e. Princípios da Legalidade da Administração Pública e da Segurança Jurídica no Estado de Direito Contemporâneo. *Revista de Direito Público*, n. 84 (out.-dez. 1987). São Paulo: Revista dos Tribunais, pp. 46-63.

SILVANI, Carlos e BAER, Katherine. **Designing a Tax Administration Reform Strategy: Experiences and Guidelines**. *International Monetary Fund Working Paper*, n. 97/30 (mar. 1997), 36 pp.

SLEMROD, Joel; e BAKIJA, Jon. *Taxing Ourselves. A Citizen's Guide to the Debate over Taxes*. 3. ed. Londres: Massachusetts Institute of Technology, 2004

SOARES, Rogério Guilherme Ehrhardt. Administração Pública, Direito Administrativo e Privado. *Boletim da Faculdade de Direito de Coimbra*, vol. XXXVII (1961). Coimbra: Coimbra Editora, pp. 117-137.

SOUSA, Marcelo Rebelo; e MATOS, André Salgado. *Direito Administrativo Geral*, t. I. Lisboa: Dom Quixote, 2004.

TEIXEIRA, Manuela Duro. A relação fisco-contribuinte. *Aula Magna da Reitoria da Universidade de Lisboa*, 2006. Obtido via Internet: www.ctoc.pt/noticias_site/detalhes.php?id=2639&t=Q29tdW5pY2Fkb3M, em 09.02.2007.

TIPKE, Klaus. *Moral Tributaria del Estado y de los Contribuyentes*. Madrid: Marcial Pons, 2002.

TÔRRES, Heleno Taveira. *Direito tributário e direito privado: autonomia privada: simulação: elusão tributária*. São Paulo: Revista dos Tribunais, 2003.

TORRES, Ricardo Lobo. *A ideia de liberdade no Estado patrimonial e no Estado fiscal*. Rio de Janeiro: Renovar, 1991.

___ A Segurança Jurídica e as Limitações Constitucionais ao Poder de Tributar. In: FERRAZ, Roberto (coord.). São Paulo: Quartier Latin, 2005, pp. 429-445.

___ Princípio da eficiência em matéria tributária. In: MARTINS, Ives Gandra da Silva (coord.). *Princípio da eficiência em matéria tributária*. São Paulo: Revista dos Tribunais/Centro de Extensão Universitária, 2006, pp. 69-82.

TÓRTIMA, José Carlos. Despenalização do Delito Fiscal? In: MACHADO, Hugo de Brito. *Sanções penais tributárias*. São Paulo: Dialética/ICET, 2005, pp. 476-483.

UCKMAR, Victor. L'incertezza del Diritto Tributario. In: *La Certezza del Diritto – un valore da ritrovare*. Milão: Dott. A. Giuffrè, 1993, pp. 49-56.

URIBE MANRÍQUEZ, Alfredo. Tolerância cero: del olvido a las ventanas rotas. *Revista Brasileira de Ciências Criminais*, n. 63 (nov.-dez. 2006). São Paulo: Revista dos Tribunais, pp. 09-24.

VANONI, Ezio. *Naturaleza e interpretación de las Leyes Tributarias*. (Trad. espanhola). Madrid: Instituto de Estudio Fiscales, 1973.

VAZ, Manuel Afonso. *Lei e Reserva da Lei. A causa da lei na Constituição Portuguesa de 1976*. Porto: Universidade Católica Portuguesa, 1996.

VILLAVERDE GÓMEZ, Mª Begoña. *Las Consultas a la Administración Tributaria*. Madrid: Marcial Pons, 2002.

WALD, Arnoldo. Os efeitos e desafios da globalização. In: MARTINS, Ives Gandra da Silva; PRADO, Ney e WALD, Arnoldo (Coordenadores). *O direito brasileiro e os desafios da economia globalizada*. Rio de Janeiro: América Jurídica, 2003, pp. 03-05.

XAVIER, Alberto. *Conceito e Natureza do Acto Tributário*. Coimbra: Almedina, 1972.

__ *Do lançamento: teoria geral do ato, do procedimento e do processo tributário*. 2. ed. (reform. e atual.). Rio de Janeiro: Forense, 2002.

ZORNOZA PÉREZ, Juan José. Interpretación administrativa y consulta tributaria (Consideraciones sobre la reforma del artículo 107 de la Ley General Tributaria). *Revista española de derecho financiero*, n. 47-48 (jul.-dez. 1985), pp. 463-497.

La caducidad de los procedimientos tributarios en España: especial referencia a su inaplicación al procedimiento inspector

ALFONSO SANZ CLAVIJO

Profesor Contratado Doctor de Derecho Financiero y Tributario.
Universidad de Cádiz – Espanha

RESUMEN: Atendiendo a su articulado, podría parecer que la Ley General Tributaria española consagra la caducidad de los procedimientos tributarios como la consecuencia jurídica derivada del incumplimiento del deber de resolver y notificar en el plazo establecido normativamente que incumbe a la Administración Tributaria. Sin embargo no es así, mediante la oportuna deslegalización, este efecto sólo va a darse en relación con los procedimientos de aplicación de los tributos de menor importancia –los procedimientos de gestión tributaria-, quedando el procedimiento inspector casi ajeno a esta problemática de las consecuencias extintivas del transcurso del tiempo en las relaciones jurídicas.

PALABRAS CLAVE: CADUCIDAD DE LOS PROCEDIMIENTOS TRIBUTARIOS, PROCEDIMIENTO INSPECTOR, ESPAÑA.

SUMARIO
I. LA CADUCIDAD DEL PROCEDIMIENTO EN LA LRJAP-PAC
I. 1. El incumplimiento del deber de resolver y notificar como presupuesto para la aplicación de la caducidad a los procedimientos administrativos.
I. 2. Presupuestos y consecuencias de la aplicación de la caducidad.
II. LA CADUCIDAD DEL PROCEDIMIENTO EN LA LGT
II. 1. El incumplimiento del deber de resolver y notificar como presupuesto para la aplicación de la caducidad a los procedimientos tributarios.

II. 2. La caducidad como consecuencia (subsidiaria) del incumplimiento del deber de resolver y notificar en los procedimientos tributarios.

II. 3. Los distintos grados de aplicación de la caducidad a los procedimientos tributarios.

III. CONCLUSIONES

> "Cada relaçao jurídica tem o «seu tempo», convém que não perdure quando o seu tempo já passou"[1]

I. LA CADUCIDAD DEL PROCEDIMIENTO EN LA LRJAP-PAC

Para entender cómo se aplica la caducidad a los procedimientos tributarios en España, es necesario analizar previamente el origen y el fundamento de esta institución que, lógicamente, han de encontrarse en las disposiciones reguladoras del procedimiento administrativo común.

I. 1. El incumplimiento del deber de resolver y notificar como presupuesto para la aplicación de la caducidad a los procedimientos administrativos.

Concretamente, la caducidad del procedimiento por la inactividad resolutoria de la Administración Pública se introduce, con carácter general, con la aprobación de la Ley 30/1992, de 26 de Noviembre, de Régimen Jurídico de las Administraciones Públicas y del Procedimiento Administrativo Común –en adelante, LRJAP-PAC-, norma cuya redacción originaria trajo consigo la primera (y poco afortunada) regulación de la institución.

Con esta apuesta del legislador, especialmente tras la reforma operada en la ordenación de la caducidad del procedimiento (y correspondiente mejora) que supuso la Ley 4/1999, se terminaba con la desigualdad existente en este ámbito y se equiparaban las consecuencias jurídicas que debían anudarse a la inactividad en el procedimiento administrativo de la Administración Pública y de los interesados[2].

---

[1] LEITE DE CAMPOS, D.: *"Caducidade e prescrição em Direito Tributário"*, en *"Prof. Doutor Inocêncio Galvão Telles – 90 anos – Homenagem da Faculdade de Direito de Lisboa"*, Almedina, Coimbra, 2007, página 341.

[2] Recuérdese que, junto a la caducidad del procedimiento por la inactividad resolutiva de la Administración Pública, en el artículo 92 LRJAP-PAC se regula la terminación del procedimiento administrativo por su paralización por causa imputable al interesado. Véase lo dispuesto al respecto en el artículo 92 LRJAP-PAC:

"En los procedimientos iniciados a solicitud del interesado, cuando se produzca su paralización por causa imputable al mismo, la Administración le advertirá que, transcurridos tres meses, se producirá la caducidad del mismo. Consumido este plazo sin que el particular requerido realice las actividades necesarias para reanudar la tramitación, la Administración acordará el archivo de las actuaciones, notificándoselo al interesado".

Como se decía, esta caducidad de los procedimientos por causa imputable a las Administraciones Públicas es una forma de terminación de los expedientes vinculada no a cualquier inactividad de los entes públicos en su actuar, sino a su inactividad resolutoria, pues es sólo con la aprobación de la LRJA-PAC, a diferencia de las anteriores disposiciones reguladoras del procedimiento administrativo común[3], cuando al incumplimiento del deber de resolver en el plazo establecido normativamente por parte de la Administración Pública se le anuda, por fin, esta consecuencia extintiva de los expedientes, ya que, con anterioridad a la LRJAP-PAC, tal infracción parecía no merecer más reproche que la (posible) responsabilidad disciplinaria del funcionario y el derecho del interesado a reclamar en queja ante el superior jerárquico[4], sin posibilidad de caducar los procedimientos en la medida que *"la jurisprudencia entendía que estos casos quedaban cubiertos por la responsabilidad disciplinaria al funcionario causante de la dilación"*[5].

De esta forma, sentado que la caducidad del procedimiento es una consecuencia jurídica de la inactividad resolutoria de la Administración Pública, es necesario a continuación determinar cuando se produce esta circunstancia, pues no debe identificarse inactividad resolutoria con una total y material ausencia de actuaciones por parte de los entes públicos; no, por tal se entiende el mero incumplimiento del deber de resolver y notificar en el plazo establecido normativamente que incumbe a las Administraciones Públicas *ex* artículo 42 LRJAP-

---

[3] Formalmente, la regulación del procedimiento administrativo común en España no ha sido una materia ordenada por un gran número de normas, al contrario, sólo se han conocido tres disposiciones con rango de Ley en más de ciento veinte años de historia. Así, más allá de la LRJAP-PAC que rige sólo desde el año 1992, con anterioridad fue la Ley de 19 de octubre de 1889 –denominada *Ley Azcarate* en honor a su *autor* y considerada por GARCÍA DE ENTERRÍA la primera ley en el mundo sobre procedimiento administrativo- la norma que *reguló* esta materia –pues era una Ley de bases- por un plazo de casi setenta años, siendo sustituida por la Ley de 17 de Julio de 1958, de Procedimiento Administrativo –en adelante, LPA-, que, respecto a su antecesora, sólo estuvo vigente algo más de treinta años.

[4] Sea en relación con la *Ley Azcarate* que en relación con la LPA, la doctrina rechazó esta disparidad en las consecuencias jurídicas previstas en ambos cuerpos legales para la inactividad de las partes en el procedimiento, añadiendo además que la práctica administrativa había demostrado la ineficacia de la responsabilidad disciplinaria y del derecho del interesado a reclamar en queja como medidas para incentivar el cumplimiento del deber de resolver en plazo que incumbe a la Administración Pública.

En este sentido, en relación con la *Ley Azcarate*, véase lo manifestado por HERNÁNDEZ GONZÁLEZ al respecto (HERNÁNDEZ GONZÁLEZ, F. L.: *"La caducidad del procedimiento administrativo"*, Montecorvo, Madrid, 1998, página 79), y, en relación con la LPA, léase la denuncia que sobre la cuestión GONZÁLEZ PÉREZ realiza (GONZÁLEZ PÉREZ, J.: *"Comentarios a la Ley de Procedimiento Administrativo"*, 3ª Edición, Civitas, Madrid, 1989, página 477 y 478).

[5] AGUADO I CUDOLÀ, V.: *"Prescripción y caducidad en el ejercicio de potestades administrativas"*, Marcial Pons – Escola d'Administració Pública de Catalunya, Madrid – Barcelona, 1999, página 48.

-PAC, sin necesidad de que el transcurso de este plazo sea consecuencia de la incuria o de las dilaciones indebidas en que se haya podido incurrir[6].

Así es, tras sentarse en el artículo 42. 1 LRJAP-PAC que las Administraciones Públicas tienen la obligación –deber[7]– de dictar y notificar resolución expresa en todos los procedimientos, este mandato del legislador se completa con lo dispuesto en el artículo 42. 2 LRJAP-PAC, precepto que ordena que el plazo máximo en el que debe notificarse la resolución expresa será el fijado por la norma reguladora del correspondiente procedimiento.

De esta forma, ciertamente, el legislador deslegaliza en cierta medida este deber de resolver y notificar, pues los plazos para completar tales actuaciones administrativas –las de resolución y notificación– pueden y son frecuentemente establecidos por norma reglamentaria, optándose así por la particularidad de los mismos y habilitándose a que sean los propios órganos de las Administraciones Públicas los que autodeterminen el lapso de tiempo en que deben resolver los expedientes que tramitan[8].

No obstante, esta remisión a la norma reguladora del correspondiente procedimiento a tales efectos conoce de ciertos límites, pues, de una parte, el propio artículo 42. 2 LRJAP-PAC dispone que este plazo no podrá exceder de seis meses salvo que una norma con rango de Ley establezca uno mayor o así venga previsto por normativa comunitaria europea, y, de otra, el artículo 42. 3 LRJAP--PAC subraya que, en ausencia de plazo establecido normativamente, este será de tres meses.

Consecuencia de lo anterior, puede decirse que son tres las reglas que regulan los tiempos de tramitación de los procedimientos en la LRJAP-PAC:

1. Con carácter general, el plazo para resolver y notificar será el establecido por la norma de procedimiento que regule el expediente administrativo.

---

[6] Contrario en cierta medida a esta identificación se muestra GÓMEZ PUENTE, quien cree necesario disociar esta inactividad del incumplimiento del deber de resolver y notificar en el plazo establecido normativamente y vincularla al transcurso del plazo razonable para terminar el procedimiento (GÓMEZ PUENTE, M.: "La inactividad de la Administración", cit., 3ª Edición, Aranzadi, Cizur Menor, 2002, páginas 532 y 510).

[7] Sobre la naturaleza jurídica de la obligación – deber de resolver y notificar, en el Fundamento Jurídico Único de la STS de 22 de Septiembre de 1987 el Tribunal Supremo señala al respecto que ésta *"deber es y no obligación, puesto que nace directamente de la Ley"*, posición en la que se encuentra GÓMEZ PUENTE (GÓMEZ PUENTE, M.: *"La inactividad de la Administración"*, cit., página 493).

[8] Este aspecto de la regulación del deber de resolver y notificar ha sido severamente criticado por autores como SANTAMARÍA PASTOR (SANTAMARÍA PASTOR, J. A.: *"Caducidad del procedimiento (art. 44. 2 LRJAP)"*, Revista de Administración Pública número 168, Madrid, 2005, páginas 11 y 12), GÓMEZ PUENTE (GÓMEZ PUENTE, M.: *"La inactividad de la Administración"*, cit., página 530), etc.

2. El plazo que resulte del criterio anterior no podrá ser superior a los seis meses, salvo que así lo disponga una norma con rango de Ley o de Derecho de la Unión Europea.

3. El plazo para resolver y notificar será de tres meses cuando la norma de procedimiento no disponga nada al respecto[9].

Se subraya esta circunstancia de la remisión a la norma reguladora del procedimiento a estos efectos y la introducción de límites a la misma, pues como se verá, adelantando conclusiones, es esta técnica de la remisión a la norma reguladora del procedimiento –aunque referida a las consecuencias derivadas del incumplimiento del deber de resolver- la que ha permitido la insuficiente aplicación de la caducidad a los procedimientos tributarios... y lo que es más grave todo ello con la bendición del Tribunal Supremo[10].

Dicho lo anterior, y volviéndose ya a la ordenación del deber de resolver y notificar en la LRJAP-PAC, se ha dicho que este deber ha de cumplimentarse en el plazo establecido normativamente, plazo cuya reglas de determinación ya se conocen y en relación al cual quedaría, para poder mesurarlo, que se fijara el *dies a quo* y el *dies a quem* para su cómputo.

Pues bien, en relación con el *dies a quo* para el cómputo del plazo para resolver y notificar en los procedimientos administrativos, el artículo 42. 3 LRJAP-PAC establece que en los expedientes iniciados de oficio –aquellos susceptibles de caducar por inactividad resolutoria de la Administración Pública como se verá- el mismo se contará "*desde la fecha del acuerdo de iniciación*".

---

[9] Mitigando las referidas críticas que surgieron por la remisión a la norma reguladora del procedimiento a estos efectos y considerando que con estos límites se subsana en cierta medida tal circunstancia, véanse las opiniones al respecto de GARCÍA DE ENTERRÍA y FERNÁNDEZ RODRÍGUEZ (GARCÍA DE ENTERRÍA, E. y FERNÁNDEZ RODRÍGUEZ, T. R.: "*Curso de Derecho Administrativo I*", 12ª Edición, Civitas, Madrid, 2004, página 612) y de CABALLERO SÁNCHEZ (CABALLERO SÁNCHEZ, R.: "*Prescripción y caducidad en el ordenamiento administrativo*", McGraw – Hill, Madrid, 1999, páginas 230 a 232).

[10] En efecto, en referencia al silencio administrativo –la otra consecuencia jurídica relevante derivada del incumplimiento del deber de resolver y notificar- y su regulación en la LGT española, en el Fundamento de Derecho Segundo de su STS de 4 de marzo de 2009 el Tribunal Supremo admite *grosso modo* que con la remisión a normas reglamentarias a tales efectos "*la propia Ley habilita a una disposición reglamentaria para establecer el sentido del silencio, pues sólo habla de "normativa reguladora", a diferencia de lo que señala el 43. 2 de la Ley 30/92, que autoriza el cambio del sentido de silencio por una norma con rango de ley o norma de Derecho Comunitario*". Sobre este asunto ya se profundizó en otro momento en SANZ CLAVIJO, A: "*La deslegalización de las consecuencias jurídicas derivadas del incumplimiento del deber de resolver y notificar en los procedimientos de aplicación de los tributos*", Quincena Fiscal, número 14, 2009, páginas 89 a 95.

Con esta solución del legislador en cuanto al *dies a quo*, aun apoyada por parte de la doctrina[11], no se resuelven las dificultades para fijar certeramente el momento en el que realmente una Administración Pública inicia la tramitación de un procedimiento, pues, al ser la orden de incoación de un expediente una actuación administrativa interna, la fecha del acuerdo de iniciación es un presupuesto del acto de incoación incierto y que queda en manos del órgano administrativo instructor, el cual podría verse tentado, con los solos límites que marcan la data del registro de salida y de la notificación del acuerdo de iniciación, de variarla, la fecha del acuerdo de iniciación, bien omitiéndola o bien postergándola en el tiempo, en la idea de ganar así plazo para resolver y notificar y atrasar la concurrencia de la caducidad al procedimiento.

Fijado el *dies a quo* para el cómputo del plazo para resolver y notificar, en relación con el *dies ad quem* es el ya mencionado artículo 42. 1 LRJAP-PAC el que marca indirectamente el mismo al extender el deber de resolver hasta la notificación de la resolución que pone fin al procedimiento.

De esta forma, parecería que el legislador minora el tiempo del que disponen las Administraciones Públicas para tramitar y resolver los expedientes, pues los plazos no son ya plazo de resolución –como los eran en la LRJAP-PAC/1992- sino de resolución y notificación, carga adicional para los entes públicos que el mismo legislador supo compensarles configurando en el artículo 58. 4 LRJAP-PAC una menos exigente forma de notificación personal de los actos administrativos, *"a los solos efectos de entender cumplida la obligación de notificar dentro del plazo máximo de duración de los procedimientos"*, con la que se les facilita de manera el cumplimiento de este deber de resolver y notificar y se aleja la concurrencia de la caducidad a los procedimientos.

Establecidos así el *dies a quo* y el *dies a quem* para el cómputo del plazo para resolver y notificar, sucede sin embargo que el transcurso del mismo no es lineal, y así, durante la tramitación de los procedimientos, pueden darse circunstancias que aconsejan suspender o ampliar el plazo para resolver y notificar.

En efecto, comenzándose por las causas de suspensión del plazo para resolver y notificar, en el artículo 42. 5 LRJAP-PAC se contemplan cinco diversos supuestos en los que el legislador entiende *grosso modo* que hay que parar el tiempo del procedimiento pues en los mismos la Administración Pública actuante no tiene plena capacidad para completar las actuaciones tendentes a la resolución y notificación del expediente[12]. Junto a estos cinco supuestos de suspensión, en

---

[11] Por todos véase SANTAMARÍA PASTOR (SANTAMARÍA PASTOR, J. A.: *"Caducidad del procedimiento (art. 44. 2 LRJAP)"*, cit., página 30).

[12] Interesante y crítico es el comentario del Profesor SANTAMARÍA PASTOR sobre las causas de suspensión del plazo para resolver y notificar, sobre las que apunta que *"Era de esperar, por tanto, que se terminaran ideando válvulas de escape, sistemas que persiguen una prolongación artificial de los plazos y que,*

el artículo 44 *in fine* LRJAP-PAC se habilita un sexto (y quizás más importante) al disponerse en este precepto que *"En los supuestos en los que el procedimiento se hubiera paralizado por causa imputable al interesado, se interrumpirá el cómputo del plazo para resolver y notificar la resolución"*.[13]

Más allá de la descripción y aplicación de cada una de ellas –lo que superaría con creces la humilde intención descriptiva de este papel-, interesa poner de manifiesto que las causas de suspensión del plazo para resolver y notificar, en la medida que obligan a una «parada de reloj» del mismo, deberían estar reguladas por Ley, pues de lo contrario, si se habilita a la norma reglamentaria a tales efectos, podría quedar en nada la suerte de reserva de Ley que viene a establecer el artículo 42. 2 LRJAP-PAC en cuanto a la fijación de plazos para resolver y notificar superiores a seis meses[14].

Algo similar sucede con la causa de ampliación del plazo para resolver y notificar prevista en el artículo 42. 6 LRJAP-PAC, precepto que, sustancialmente, autoriza a las Administraciones Públicas para habilitar los medios personales y materiales disponibles para el despacho de los asuntos en término, de manera que, *"sólo una vez agotados todos los medios a disposición posible"*, se podría acordar subsidiaria y excepcionalmente la ampliación de los plazos máximos para resolver y notificar. Se subraya que deberían darse estas circunstancias –y no otras como la acumulación de tareas, el volumen o la complejidad de las actuaciones a desarrollar, etc.- para poder ampliarse los plazos de resolución y notificación de los expedientes, pues, adelantando nuevamente conclusiones, se verá que no es esto lo que exige el legislador tributario en el artículo 150. 1 LGT a la hora de

---

por lo mismo, constituyen hoy el núcleo de los problemas y debates en todo supuesto de caducidad", válvulas de escape entre las que sitúa, con papel protagonista, a la técnica de la suspensión, mediante la cual se persigue *"la prolongación artificial del plazo máximo de resolución mediante el arbitrio de la suspensión de su cómputo: esto es, mediante la apreciación de un conjunto de circunstancias que legalmente imponen una «parada de reloj», durante la cual el plazo de resolución no corre"* (SANTAMARÍA PASTOR, J. A.: *"Caducidad del procedimiento (art. 44. 2 LRJAP)"*, cit., páginas 32 y 24).

[13] Contrarios a la aplicación de este supuesto de suspensión se han manifestado numerosos autores, alegando que las posibles situaciones de paralización por causa imputable al interesado deberían superarse por el deber de impulsión de oficio de las actuaciones que compete a la Administración Pública actuante. No obstante lo anterior, se cree que no siempre puede optarse por la inaplicación del mismo, pues, en determinadas circunstancias, la impulsión de oficio no es suficiente para superar situaciones en las que la iniciativa de la Administración Pública no alcanza para continuar la tramitación al ser preceptiva e insustituible determinada acción u omisión del administrado, tenido a las mismas por el deber de colaboración con la Administración Pública que le incumbe *ex* artículo 39. 1 LRJAP-PAC.

[14] En idéntico sentido se han manifestado SANTAMARÍA PASTOR (SANTAMARÍA PASTOR, J. A.: *"Caducidad del procedimiento (art. 44. 2 LRJAP)"*, cit., página 40) y AGUADO I CUDOLA (AGUADO I CUDOLA, V.: *"Prescripción y caducidad en el ejercicio de potestades administrativas"*, cit., página 29).

legitimar a la Inspección de los Tributos para acordar la ampliación del plazo de duración del procedimiento inspector.

Sea como fuese, y por la misma razón, se reitera que, al igual que con los supuestos de suspensión, las causas de ampliación de los plazos para resolver y notificar deberían quedar igualmente cubiertos por la referida *reserva de Ley* en cuanto a duración de los procedimientos superiores a seis meses –se señala en este sentido que la denunciada causa de ampliación del plazo de duración del procedimiento inspector es aceptable por estar expresamente prevista por el artículo 150. 1 LGT-.

Conocidos todos los extremos anteriores (*dies a quo*, *dies a quem*, suspensión del plazo para resolver y notificar, etc.) se está en disposición de fijar cual es la duración máxima del procedimiento administrativo, de manera que, una vez determinado que se ha sobrepasado el plazo, pueda deducirse –automáticamente- el incumplimiento del deber de resolver y notificar que ocupa.

A este incumplimiento la LRJAP-PAC anuda distintas consecuencias jurídicas según a la forma de iniciación de los expedientes administrativos, y así, si los mismos se incoan a instancia de parte, tal incumplimiento provocará el silencio administrativo estimatorio o desestimatorio según proceda *ex* artículo 43. 2 LRJAP-PAC, mientras que en la tramitaciones iniciadas de oficio, la inactividad resolutoria de la Administración Pública dará lugar ex artículo 44. 1 LRJAP-PCA o bien a la desestimación de las pretensiones si del expediente pudiera derivarse el reconocimiento de derechos o situaciones jurídicas individualizadas, o bien a la caducidad cuando en tales procedimiento la Administración Pública ejercite potestades de intervención o de gravamen.

En otras palabras, caducan los procedimientos administrativos iniciados de oficio de *carácter desfavorable...* como los procedimientos tributarios.

I. 2. Presupuestos y consecuencias de la aplicación de la caducidad.

Atendiendo a lo expuesto en el apartado anterior, y centrando ya el discurso en la caducidad de los procedimientos, el artículo 44. 2 LRJAP-PAC[15] regula esta institución estableciendo los presupuestos que han de concurrir para acordar su

---

[15] Véase lo dispuesto sobre la caducidad de los procedimientos en el artículo 44. 2 LRJAP-PAC: "En los procedimientos iniciados de oficio, el vencimiento del plazo máximo establecido sin que se haya dictado y notificado resolución expresa no exime a la Administración del cumplimiento de la obligación legal de resolver, produciendo los siguientes efectos:
[...]
En los procedimientos en que la Administración ejercite potestades sancionadoras o, en general, de intervención, susceptibles de producir efectos desfavorables o de gravamen, se producirá la caducidad. En estos casos, la resolución que declare la caducidad ordenará el archivo de las actuaciones, con los efectos previstos en el artículo 92".

aplicación y fijando las consecuencias cuyo concurso determina. A continuación se analizan unos y otras con la debida separación.

En efecto, el artículo 44. 2 LRJAP-PAC contempla cuáles son los presupuestos cuyo concurso se precisa para poder acordarse la caducidad de un procedimiento administrativo, a saber:

1. Que se trate de un expediente iniciado de oficio.

En principio, qué se entiende por un procedimiento administrativo iniciado de oficio es una cuestión que no debería plantear especial problemática, siendo las normas que regulen las distintas tramitaciones las que establezcan, en su caso, las especialidades en cuanto al acto de incoación del expediente.

No obstante, aunque referido al *procedimiento sancionador común*, un profundo desarrollo de esta cuestión puede encontrarse en los artículos 11 y 13 del Real Decreto 1398/1993, de 4 de agosto, por el que se aprueba el Reglamento del procedimiento para el ejercicio de la potestad sancionadora.

2. Que se trate de un expediente en el que la Administración Pública ejercita potestades de intervención.

A diferencia de la redacción anterior de la Ley en la que el artículo 43. 4 LRJAP-PAC/1992 exigía que se tratara de *"procedimientos iniciados de oficio no susceptibles de producir actos favorables para los ciudadanos"* –lo que en muchas ocasiones no se podía saber sino con el acto de terminación del expediente-, determinar la concurrencia de este presupuesto con la vigente LRJAP-PAC, que hace referencia a *"procedimientos en que la Administración ejercite potestades sancionadoras o, en general, de intervención, susceptibles de producir efectos desfavorables o de gravamen"*, se ha facilitado enormemente al tomarse ahora como referencia no el resultado de la tramitación, extremo incierto que no puede adivinarse apriorísticamente, sino el carácter de la potestad que la Administración Pública ejercita, extremo este de no tan difícil verificación, si se tiene en cuenta el mayor consenso existente en cuanto a la idoneidad de las diversas potestades administrativas para la producción de efectos desfavorables, y que puede determinarse antes de dictarse resolución del procedimiento.

3. Que se trate de un expediente en cuya tramitación transcurre el plazo establecido normativamente sin que la misma haya dictado resolución y notificado la misma.

En relación con la concurrencia de este último presupuesto, se remite a lo dicho anteriormente sobre el incumplimiento del deber de resolver y notificar en el plazo establecido normativamente.

Una vez se considere que concurren los presupuestos anteriores, remitiéndose al artículo 92 LRJAP-PAC –que, recuérdese, regulaba la caducidad del procedimiento por la inactividad del interesado-, el artículo 44. 2 LRJAP-PAC anuda a la caducidad del procedimiento por inactividad resolutoria de la Administración Pública una serie de consecuencias que van a distinguirse según se proyecten sobre el expediente –efecto intraprocedimental- o fuera del expediente –efectos extraprocedimentales-, diferenciándose dentro de estos últimos entre aquellos de naturaleza jurídico-material y aquellos de naturaleza procedimental.

Pues bien, en relación con lo que se ha denominado efecto intraprocedimental, éste se materializa, lógicamente, en la terminación del expediente con el archivo de las actuaciones, efecto que, como se decía, opera *ex legem*, *ope legis*, automáticamente con el incumplimiento del plazo para resolver y notificar. En principio, la concurrencia de este efecto no debiera generar problema alguno, sin embargo, consecuencia de la poco precisa remisión al artículo 92 LRJAP-PAC contenida en el artículo 44. 2 LRJAP-PAC, no han faltado quienes han patrocinado una caducidad del procedimiento del artículo 44. 2 LRJAP-PAC a imagen de aquella prevista en el artículo 92 LRJAP-PAC, condicionada a un requerimiento previo a la Administración Pública para que ponga fin a su inactividad resolutoria –en este sentido, el artículo 92. 1 LRJAP-PAC ordena que "*la Administración le advertirá* [al interesado] *que, transcurridos tres meses, se producirá la caducidad del mismo*"- y en la que la declaración de caducidad tendría efectos constitutivos y no meramente declarativos[16]. No obstante lo anterior, se cree con la doctrina mayoritaria que la caducidad del procedimiento por inactividad resolutoria de la Administración Pública es una consecuencia derivada automáticamente del incumplimiento del deber de resolver y notificar del artículo 42 LRJAP-PAC[17].

---

[16] Sobre este punto, debe decirse que la remisión al artículo 92 LRJAP-PAC contenida en el artículo 44. 2 LRJAP-PAC a los efectos de fijar las consecuencias comporta la caducidad del procedimiento es del todo imprecisa, pues, mientras que la caducidad por inactividad de la Administración Pública concurre automáticamente, sin necesidad de requerimiento o declaración que constitutivamente la acuerde ("*se producirá la caducidad del mismo*"), en cambio, la caducidad por inactividad del interesado no puede ser automática, pues el artículo 92. 1 LRJAP-PAC exige el requerimiento previo ("*la Administración le advertirá que, transcurridos tres meses, se producirá la caducidad del mismo*") y, no menos importante, el artículo 92. 4 LRJAP-PAC permite excepcionarla en determinadas circunstancias ("*Podrá no ser aplicable la caducidad en el supuesto de que la cuestión suscitada afecte al interés general, o fuera conveniente sustanciarla para su definición y esclarecimiento*"), de manera que, consecuencia de lo anterior, su declaración tiene efectos necesariamente constitutivos ("*la Administración acordará el archivo de las actuaciones, notificándoselo al interesado*") hasta el punto que interesado podrá enervarla si actúa antes de recibir la notificación a la que apenas se ha hecho referencia.

[17] Así es, en este sentido véanse por todos el Fundamento de Derecho Cuarto de la STS de 16 de Junio de 1998, SANTAMARÍA PASTOR (SANTAMARÍA PASTOR, J. A.: "*Caducidad del procedimiento (art. 44. 2 LRJAP)*", cit., página 43), y GÓMEZ PUENTE (GÓMEZ PUENTE, M.: "*La inactividad de la Administración*", cit., página 574).

Por otra parte, ya en lo tocante a los efectos extraprocedimentales, la concurrencia de la caducidad se caracteriza, *ex* artículo 92. 3 LRJAP-PAC, por no producir consecuencias en relación con el poder jurídico que ejercita la Administración Pública actuante en el procedimiento[18], o, siguiendo palabras del Tribunal Supremo, por la inocuidad de la caducidad del procedimiento respecto a la prescripción en tanto que *"ambas instituciones juegan por separado, de modo que, si no ha transcurrido el plazo para que queden extinguidos los derechos que sirvieron de base a la petición deducida en el procedimiento caducado, su titular podrá incoar en cualquier momento un nuevo procedimiento para hacer efectivo aquel derecho"*[19].

Este efecto de la caducidad del procedimiento derivado del artículo 92. 3 LRJAP-PAC viene interpretándose de la siguiente forma, una vez que concurra la caducidad desaparece con las actuaciones que se archivan la interrupción del cómputo del plazo de prescripción de la potestad administrativa ejercitada que supuso la incoación del procedimiento. Con ello, se da respuesta legal a parte de la problemática que se deriva de la cohabitación de la caducidad del procedimiento con la prescripción del poder jurídico ejercitado por la Administración Pública, mas restan sin contestar ciertamente otros interrogantes no menos importantes tales como desde cuándo debería entenderse no interrumpido el transcurso del referido plazo de prescripción o en qué punto deberá reanudarse el cómputo del mismo una vez acaezca la caducidad.

Finalmente, un efecto extraprocedimental de naturaleza formal relacionado con la caducidad de procedimiento es el relativo a la posibilidad o no de que, una vez concurra ésta, la Administración Pública pueda iniciar un nuevo expediente idéntico a aquel que caducó. En principio, recordando el mandato del transcrito artículo 92. 3 LRJAP-PAC, nada debería impedir tal iniciación si el poder jurídico ejercitado por la Administración Pública no está prescrito[20]... y se dice en

---

[18] Véase lo dispuesto al respecto en el artículo 92. 3 LRJAP-PAC:
"La caducidad no producirá por sí sola la prescripción de las acciones del particular o de la Administración, pero los procedimientos caducados no interrumpirán el plazo de prescripción".

[19] Fundamento de Derecho Cuarto de la STS de 29 de Enero de 1994.

[20] Así lo entiende el Tribunal Supremo, que, en el Fundamento de Derecho Quinto de su STS de 12 de Junio de 2003, sentado doctrina legal al respecto, señala que *"la caducidad declarada de un procedimiento sancionador, no constituye obstáculo alguno para la posibilidad de iniciar o reiniciar otro procedimiento sobre el mismo objeto dentro del plazo de prescripción".*
Contrario a este efecto que se deriva de la aplicación del artículo 92. 3 LRJAP-PAC al que se remite el artículo 44. 2 LRJAP-PAC, SANTAMARÍA PASTOR muestra su disconformidad con la tesis establecida por el Tribunal Supremo y, aunque la acepta, sostiene que "esta doctrina conduce a un completo absurdo, al enervamiento puro y simple del instituto de la caducidad" ya que "se priva a la caducidad de su principal efecto; de nada sirve declarar caducado un procedimiento si, acto seguido, la Administración puede reiniciarlo con mínimo esfuerzo" (SANTAMARÍA PASTOR, J. A.: "Caducidad del procedimiento (art. 44. 2 LRJAP)", cit., página 52 y 53).

principio pues, en el ámbito tributario, se asiste ya a un supuesto en el que la concurrencia de la caducidad del procedimiento comporta la caducidad de la potestad ejercitada por la Administración Pública, concretamente, tras disponerse en el artículo 211. 4 LGT que *"El vencimiento del plazo establecido en el apartado 2 de este artículo sin que se haya notificado resolución expresa producirá la caducidad del procedimiento"*, se añade que *"Dicha caducidad impedirá la iniciación de un nuevo procedimiento sancionador"*, o lo que es lo mismo la caducidad de la potestad sancionadora en materia tributaria.

Así, recapitulando estos últimos párrafos, puede decirse que la concurrencia de la caducidad del procedimiento comporta como principales consecuencias jurídicas las siguientes:

1. La terminación automática del expediente al incumplimiento del plazo para resolver y notificar y el consiguiente archivo de las actuaciones desarrolladas.

2. La inocuidad respecto de la prescripción o caducidad del poder jurídico ejercitado por la Administración Pública en el procedimiento que caduca.

3. La posibilidad de iniciar un nuevo expediente si el poder jurídico ejercitado por la Administración Pública actuante no ha prescrito o caducado.

Una reflexión crítica sobre tales efectos, unida a algunos aspectos de la regulación del deber de resolver y notificar en el plazo establecido normativamente, debería llevar a relativizar (y mucho) la garantía que puede suponer la caducidad del procedimiento para los administrados.

II. LA CADUCIDAD DEL PROCEDIMIENTO EN LA LGT

Atendiendo a su Exposición de Motivos, con la entrada en vigor de la actual LGT el legislador perseguía tres objetivos fundamentales, de una parte, la actualización[21] y la codificación de la denominada parte general del sistema español de Derecho Tributario[22] y, de otra, una cierta aproximación del Derecho Tributario al sistema de derechos y garantías que establece la LRJAP-PAC en las relaciones entre las Administraciones Públicas y los ciudadanos. En este último objetivo debería encuadrarse la generalización de la aplicación de la caducidad a los procedimientos tributarios de la se hace gala en la LGT.

---

[21] Sobre el verdadero alcance actualizador de la LGT véase TEJERIZO LÓPEZ (TEJERIZO LÓPEZ, J. M.: *"Algunas reflexiones sobre la reforma de la aplicación de los tributos"*, Revista Técnica Tributaria número 60, 2003, páginas 64 y 65).

[22] Un profundo estudio sobre el (excesivo) carácter codificador de la LGT y su desarrollo reglamentario lo realiza CARBAJO VASCO (CARBAJO VASCO, D.: *"Los desarrollos reglamentarios de la nueva Ley General Tributaria. Incógnitas y reflexiones"*, Crónica Tributaria número 120, 2006, página 24).

Sin embargo, como se señalaba anteriormente y por la causa que se advirtió –la deslegalización y remisión a la norma reguladora del procedimiento para establecer las consecuencias derivadas del incumplimiento del deber de resolver y notificar-, esta generalización de la aplicación de la caducidad a los procedimientos tributarios es más aparente que real, circunstancia a la que coadyuva el hecho de que la regulación de esta institución contenida en la LGT está inspirada, no tanto en su ordenación actual en la LRJAP-PAC resultante de su reforma (y mejora) por Ley 4/1999, sino en aquella otra contenida en la LRJAP-PAC/1992. Sea como fuese, por una causa u otra, lo cierto es que la caducidad del procedimiento *"sigue siendo un instituto jurídico que no ha calado en su total dimensión en el ordenamiento jurídico-tributario"*[23].

Para corroborar esta conclusión acerca de la aplicación de la caducidad, al igual que se hiciera con la LRJAP-PAC, es preciso en primer lugar indagar sobre el presupuesto que genera esta consecuencia jurídica: el (incumplimiento) del deber de resolver y notificar en los procedimientos tributarios.

II. 1. El incumplimiento del deber de resolver y notificar como presupuesto para la aplicación de la caducidad a los procedimientos tributarios.

En efecto, al igual que la LRJAP-PAC, la LGT contempla la caducidad del procedimiento como una consecuencia jurídica derivada del incumplimiento del deber de resolver y notificar que incumbe a la Administración Tributaria *ex* artículo 103 LGT, razón por la cual, en las líneas que continúan, van a analizarse brevemente los preceptos que la LGT dedica a este deber de resolver y notificar para así, posteriormente, poder evidenciar las divergencia que existen entre la regulación del mismo en la LGT y en la LRJAP-PAC.

Pues bien, el artículo 103.1 LGT, en términos similares al artículo 42.1 LRJAP-PAC, consagra el deber de resolver y notificar y delimita su ámbito de aplicación al disponer que *"La Administración tributaria está obligada a resolver expresamente todas las cuestiones que se planteen en los procedimientos de aplicación de los tributos, así como a notificar dicha resolución expresa"*. De esta forma, impuestos tales deberes a la Administración Tributaria, y de acuerdo con los artículos 42. 2 y 3 LRJAP-PAC, en el párrafo 1º del artículo 104. 1 LGT se establece el plazo en cual deberán perfeccionarse estas actuaciones de resolución y notificación al sentarse que *"El plazo*

---

[23] MARTÍNEZ GINER, L. A.: *"La caducidad de los procedimientos tributarios en la nueva Ley General Tributaria"*, Quincena Fiscal número 11, 2004, página 13.
En idéntico sentido véase JUAN LOZANO (JUAN LOZANO, A. M.: "Novedades de la Ley General Tributaria en materia de prescripción y caducidad de los procedimientos de aplicación de los tributos y del procedimiento sancionador", Tribuna Fiscal número 161, 2004, página 85) y CARBAJO VASCO (CARBAJO VASCO, D.: "Los desarrollos reglamentarios de la nueva Ley General Tributaria. Incógnitas y reflexiones", cit., página 29).

máximo en que debe notificarse la resolución será el fijado por la normativa reguladora del correspondiente procedimiento, sin que pueda exceder de seis meses, salvo que esté establecido por una norma con rango de ley o venga previsto en la normativa comunitaria europea. Cuando las normas reguladoras de los procedimientos no fijen plazo máximo, éste será de seis meses". Hasta este punto, más allá de que el *legislador tributario* haya optado por fijar en seis meses el plazo máximo de los procedimientos tributarios cuya norma reguladora no contemple término alguno, puede decirse que la regulación administrativa general y la regulación tributaria del deber de resolver y notificar no difieren en lo significativo.

Sin embargo, la primera diferencia de cierto relieve entre la LGT y la LRJAP-PAC va a encontrarse a reglón seguido, con motivo de la fijación del *dies a quo* para el cómputo del plazo para resolver y notificar en los procedimientos tributarios.

En efecto, en la letra a) del párrafo 2º del artículo 104.1 LGT se señala que el plazo para resolver y notificar se contará *"En los procedimientos iniciados de oficio, desde la fecha de notificación del acuerdo de inicio"*, data diversa de la prevista en el 42.3 LRJAP-PAC que, como se vio, fija el *dies a quo* en la fecha del acuerdo de iniciación de oficio. Podría parecer que con ello LGT adquiere un perfil más garantista en este punto que la LRJAP-PAC –pues la fecha de notificación del acuerdo de iniciación dota de más certeza a la fijación del *dies a quo* que la fecha de adopción de dicho acuerdo-, y no siendo ello incierto, no lo es menos que situar el *dies a quo* en la data de la notificación del acuerdo de inicio genera también otra incerteza en cuanto al inicio del cómputo del plazo para resolver y notificar, pues la Administración Tributaria podrá disponer en cierta medida de esa fecha según su pericia o impericia en la práctica de la notificación de dicho acto, ganando con ello algunos días para resolver y notificar y postergando así la concurrencia, en su caso, de la caducidad al procedimiento tributario de que se trate[24].

Dicho lo anterior sobre el *dies a quo*, en relación con el *dies ad quem* la LRJAP-PAC y la LGT vienen a coincidir al fijar el mismo en la fecha de la notificación de la resolución que pone fin al procedimiento administrativo o al procedimiento tributario de que se trate. En este sentido, visto que el hecho relevante en la determinación del *dies ad quem* lo representa la notificación de la resolución del procedimiento, resulta conveniente recordar que el artículo 109 LGT se remite a estos efectos a la normativa contenida en la LRJAP-PAC al ordenar que *"El régimen de notificaciones será el previsto en las normas administrativas generales con las especialidades establecidas en esta sección"*, especialidades que no van a incidir especialmente en el régimen de la caducidad en los procedimientos tributarios[25].

---

[24] En este sentido véase HERNANZ MARTÍN (HERNANZ MARTÍN, A.: *"El tiempo en las actuaciones inspectoras"*, Impuestos número 8, 2003, página 15).

[25] En este sentido, sobre la remisión a estos efectos a la LRJAP-PAC véase JABALERA RODRÍGUEZ (JABALERA RODRÍGUEZ, A.: *"La notificación en la nueva LGT"*, Revista Española de Derecho Fi-

Una vez fijados el *dies a quo* y el *dies ad quem* para el cómputo del plazo para resolver y notificar, *a imagen* de la LRJAP-PAC, la LGT se *ocupa* de la cuestión de las incidencias que pueden acaecer en el transcurso de los plazos para resolver y notificar. Se pone cursiva que *se ocupa* de esta cuestión *a imagen* de la LRJAP-PAC, pues, lo cierto, es que la regulación de estos aspectos en la LGT es parca y discrepante de aquella contenida en la LRJAP-PAC, parquedad y discrepancia que se observa al comprobar que (i) en relación con los supuestos de suspensión, en el párrafo 2º del artículo 104. 2 LGT el *legislador tributario* se limita a afirmar que *"Los períodos de interrupción justificada que se especifiquen reglamentariamente y las dilaciones en el procedimiento por causa no imputable a la Administración tributaria no se incluirán en el cómputo del plazo de resolución"*, o que (ii) la LGT no dedica siquiera una disposición a normar con carácter general la cuestión de la ampliación de los plazos para resolver y notificar en los procedimientos tributarios –excepción de la ampliación en las actuaciones de comprobación e investigación de la que se ocupa el ya referido artículo 150. 1 LGT-.

Pero, más allá de esa parquedad y discrepancia, lo realmente negativo de la LGT en la ordenación de los supuestos de suspensión y de ampliación de los plazos para resolver y notificar es la remisión a la norma reglamentaria a tales efectos, vulnerándose así –salvo excepciones como el artículo 150. 1 LGT- la pretendida reserva de Ley que en esta materia aspiraban a instaurar el artículo 42. 5 y 6 LRJAP-PAC y permitiéndose que la Administración Tributaria, a través de la pertinente norma reguladora del procedimiento, excepcione fácil e indirectamente tal reserva de Ley para el establecimiento de plazos para resolver y notificar superiores a seis meses[26].

Sentados en los párrafos precedentes el *dies a quo*, *dies a quem*, suspensión del plazo para resolver y notificar, etc., tal y como sucediera con la LRJAP-PAC, se está nuevamente en disposición de determinar cuál es el plazo para cumplimentar el deber resolver y notificar en los procedimiento tributarios y verificar, en su caso, si ha incumplido el mismo y con ello posibilitado la aplicación de la caducidad.

II. 2. La caducidad como consecuencia (subsidiaria) del incumplimiento del deber de resolver y notificar en los procedimientos tributarios.

Pues bien, partiéndose de la premisa que se haya incumplido el deber de resolver y notificar en el correspondiente procedimiento tributario, es menester ahora

---

nanciero número 128, 2005, página 818).
[26] Véase en este sentido la interpretación menos negativa que sostiene FALCÓN Y TELLA (FALCÓN y TELLA, R.: *"Plazo máximo para la resolución de los procedimientos tributarios y efectos de su incumplimiento en el Anteproyecto de LGT"*, Quincena Fiscal número 11, 2003, página 5).

profundizar en cuales son las consecuencias jurídicas que la LGT anuda al incumplimiento del deber de resolver y notificar en estas tramitaciones.

Como se advertía, centrando ya el discurso sólo en la caducidad del procedimiento, la LGT se separa en este punto de la LRJAP-PAC, pues, en la letra b) del artículo 104. 4 LGT, a diferencia de su equivalente el artículo 44. 2 LRJAP-PAC, se señala que *"En los procedimientos iniciados de oficio, el vencimiento del plazo máximo establecido sin que se haya notificado resolución expresa producirá los efectos previstos en la normativa reguladora de cada procedimiento de aplicación de los tributos"*. A continuación se añade a este mandato que *"En ausencia de regulación expresa, se producirán los siguientes efectos: [...] b) En los procedimientos susceptibles de producir efectos desfavorables o de gravamen se producirá la caducidad del procedimiento"*.

Atendiendo a los preceptos trascritos, no puede concluirse que la caducidad sea la consecuencia jurídica que la LGT anuda al incumplimiento del deber de resolver y notificar en los procedimientos tributarios, pues el efecto que se deriva del vencimiento del plazo para resolver y notificar es en puridad aquel previsto en la norma reguladora del procedimiento, norma frecuentemente de rango reglamentario que puede atribuir a la inactividad resolutoria de la Administración Tributaria otro consecuencia jurídica distinta de la caducidad, al no preverse el artículo 104. 4 LGT, como sí hacen los artículos 43 y 44 LRJAP-PAC, una reserva de Ley en la determinación de los efectos que comporta el incumplimiento del deber de resolver y notificar o, al menos, alguna suerte de limitación en la remisión a la norma reglamentaria a tales efectos[27]. Por todo ello, se está con aquellos que, en referencia al Proyecto de LGT, afirmaban que *"de poco sirve establecer solemnemente la duración de las actuaciones administrativas, si como se hace en el Proyecto no se fijan, a reglón seguido, unas consecuencias jurídicas equitativas"*[28].

Desafortunadamente, el legislador tributario ha hecho uso (y abuso) de esta posibilidad de fijar consecuencias jurídicas distintas de la caducidad vía norma reguladora del procedimiento, y así, aunque sea mediante norma con rango de Ley, ha vaciado el posible ámbito de la caducidad de los procedimientos tributarios al sentar en los artículos 150. 2 y 104. 1 *in fine* LGT la inaplicabilidad de esta institución a los principales expedientes en materia tributaria: el procedimiento

---

[27] Sobre como la deslegalización contenida en el artículo 104. 4 LGT en cuanto a las consecuencias jurídicas derivadas del incumplimiento del deber de resolver y notificar va a determinar que el régimen general de la caducidad en los procedimientos tributarios pase a ser un régimen subsidiario, véase MARTÍNEZ GINER (MARTÍNEZ GINER, L. A.: *"La caducidad de los procedimientos tributarios en la nueva Ley General Tributaria"*, cit., página 17) y JUAN LOZANO (JUAN LOZANO, A. M.: *"Novedades de la Ley General Tributaria en materia de prescripción y caducidad de los procedimientos de aplicación de los tributos y del procedimiento sancionador"*, cit., página 84).

[28] HERNANZ MARTÍN, A. y RÍO RODIL, C.: *"Comentarios al Proyecto de Ley General Tributaria"*, Impuestos número 13, 2003, página 18.

de inspección tributaria y el procedimiento de apremio para la recaudación de las deudas tributarias, haciendo del pretendido régimen general de la caducidad de los procedimientos tributarios la excepción, la cual se aplicara sólo subsidiariamente y a las actuaciones tributarias de menor relevancia.

Precisamente, en el siguiente apartado va verse cómo se aplica la caducidad a los procedimientos tributarios, pero antes debe cerrarse éste trayendo a colación lo dispuesto en el artículo 104. 5 LGT, disposición que sobre los efectos que comporta la caducidad del procedimiento señala que *"Producida la caducidad, ésta será declarada, de oficio o a instancia del interesado, ordenándose el archivo de las actuaciones"*, añadiendo a continuación que *"Dicha caducidad no producirá, por sí sola, la prescripción de los derechos de la Administración tributaria, pero las actuaciones realizadas en los procedimientos caducados no interrumpirán el plazo de prescripción"*, consagrándose de esta forma consecuencias jurídicas similares a la previstas por la LRJAP-PAC anteriormente relacionadas.

II. 3. Los distintos grados de aplicación de la caducidad a los procedimientos tributarios.

Una vez visto el deber de resolver y notificar en los procedimientos tributarios, una vez analizado el que debiera ser régimen general de la caducidad de los procedimientos tributarios, sorprende a continuación la LGT al contemplar en su articulado distintos supuestos o grados de aplicación de esta institución a las actuaciones desarrolladas por la Administración Tributaria[29].

Concretamente, se distinguen en la LGT los siguientes supuestos o grados de aplicación de la caducidad a los procedimientos tributarios:

a) El régimen general de la caducidad de los procedimientos tributarios.

Como se ha dicho, este pretendido régimen general de la caducidad, normado sustancialmente en los artículos 103 y 104 LGT, va a encontrar aplicación sólo en relación con algunas actuaciones de gestión tributaria *strictus sensus*, al preverse en el artículo 133. 1 letra d) LGT y en el artículo 139. 1 letra b) LGT la terminación de los procedimientos de verificación de datos y de comprobación limitada respectivamente por caducidad, sin mayores singularidades respecto al régimen general previsto en los artículo 103 y 104 LGT.

b) La no aplicación de la caducidad al procedimiento de apremio para la recaudación de las deudas tributarias.

---

[29] Sobre los supuestos de aplicación de la caducidad en la LGT véase JUAN LOZANO (JUAN LOZANO, A. M.: *"Novedades de la Ley General Tributaria en materia de prescripción y caducidad de los procedimientos de aplicación de los tributos y del procedimiento sancionador"*, cit., página 89) y PÉREZ ROYO (PÉREZ ROYO, F.: *"Derecho Financiero y Tributario"*, 15ª Edición, Civitas, Cizur Menor, 2005, página 241).

Dentro de los preceptos que la LGT dedica a la regulación de los plazos para resolver y notificar, el artículo 104. 1 *in fine* LGT dispone que *"Queda excluido de lo dispuesto en este apartado el procedimiento de apremio, cuyas actuaciones podrán extenderse hasta el plazo de prescripción del derecho de cobro"*. En otras palabras, que el procedimiento para la realización de las deudas tributarias no conoce término alguno para su tramitación, la cual se encuentra limitada temporalmente sólo por el plazo (de cuatro años) de prescripción del derecho de la Administración Tributaria a exigir el pago de la deuda liquidada.

Ciertamente, esta opción del legislador debe reputarse correcta, pues lo cierto es que el procedimiento de apremio para la recaudación de las deudas tributarias no es apto para caducar. Quiere decirse, que en este procedimiento falta no sólo el fundamento último de la caducidad –las situaciones de incertidumbre sobre cuál será la actuación de la Administración Pública *"desencadenantes de evidentes perjuicios para los administrados interesados"*[30]-, sino también que la Administración Tributaria ejercita una potestad *poco* susceptible de producir efectos desfavorables o de gravamen –pues la deuda tributaria vencida, liquida y exigible-. Estas circunstancias, una y otra, invitan a no aplicar la caducidad al procedimiento de apremio para la recaudación de las deudas tributarias, por existir certeza acerca de cuál será la actuación de la Administración Tributaria –ésta se limita a completar los actos y trámites para realizar el derecho de crédito de la Hacienda Pública- y de la deuda tributaria exigible que origina las actuaciones de recaudación, las cuales son un mero instrumento de ejecución de la misma[31].

c) La injustificada no aplicación de la caducidad al procedimiento inspector[32].

Tras establecerse en el artículo 150. 1 LGT cual será la duración máxima del procedimiento inspector al prever este precepto que *"Las actuaciones del procedimiento de inspección deberán concluir en el plazo de 12 meses contado desde la fecha de notificación al obligado tributario del inicio del mismo"*, el artículo 150. 2 LGT advierte a continuación que *"La interrupción injustificada del procedimiento inspector [...] el incumplimiento del plazo de duración del procedimiento al que se refiere el apartado 1 de este artículo no determinará la caducidad del procedimiento"*.

---

[30] Fundamento de Derecho Cuarto de la STS de 29 de Enero de 1994.

[31] En este sentido se pronuncia MARTÍNEZ GINER (MARTÍNEZ GINER, L. A.: *"La caducidad de los procedimientos tributarios en la nueva Ley General Tributaria"*, cit., páginas 25 y 26) y PÉREZ ROYO (PÉREZ ROYO, F.: *"Derecho Financiero y Tributario"*, 17ª Edición, Civitas, Cizur Menor, 2007, páginas 360 y 227).

[32] Sobre la duración y las incidencias del plazo para resolver y notificar en el procedimiento inspector puede verse SANZ CLAVIJO (SANZ CLAVIJO, A.: *"Procedimiento inspector"*, Documentos de trabajo del Instituto de Estudios Financieros número 16/10, 2010).

Ante la rotundidad de tal previsión legal, parece que carece de sentido profundizar en cuál es la razón por la que el procedimiento inspector simple y llanamente no caduca aun cuando haya transcurrido el plazo para resolver y notificar que la LGT impone, pues, como señala el Profesor FALCÓN Y TELLA, *"no existe ningún fundamento para excepcionar la regla general antes expuesta, según la cual el transcurso del plazo máximo para resolver en los procedimientos iniciados de oficio y susceptibles de producir efectos desfavorables determina la caducidad del procedimiento"*[33].

Sin embargo, se cree que es posible al menos hacer una reflexión a este respecto. El artículo 150. 2 LGT, sin mayor explicación, equipara las consecuencias jurídicas que se anudan a la interrupción injustificada del procedimiento inspector y al incumplimiento del plazo para resolver y notificar en tal tramitación. Curiosamente, con anterioridad a la entrada en vigor de la LGT, el ordenamiento jurídico-tributario sólo contemplaba algunos efectos jurídicos en relación con los supuestos de interrupción injustificada del procedimiento inspector: no interrupción del cómputo del plazo de prescripción, consideración como pagos espontáneos de los pagos a cuenta satisfechos durante la tramitación del procedimiento inspector, etc., efectos estos que son los diametralmente opuestos a los previstos para el inicio de las actuaciones de comprobación e investigación. De esta forma parecía darse a entender que dicho inicio de las actuaciones, y con él el procedimiento, desaparecía con su interrupción injustificada, lo que no era estrictamente necesario, pues no todo fenómeno de interrupción injustificada del procedimiento inspector comportaría el incumplimiento del plazo para resolver y notificar –que en aquellos momento siquiera existía- y con ello la posibilidad de caducar este procedimiento.

Pues bien, parece que el legislador se hizo eco de esta reflexión, pero, en lugar de anudar las distintas consecuencias jurídicas a las hipótesis de interrupción injustificada y de incumplimiento del plazo para resolver y notificar, opta, interesadamente, por dar las mismas, mas *por debajo*, quiere decirse, en vez de otorgar la caducidad del procedimiento en ambas hipótesis –extendiendo la misma a los supuestos de incumplimiento del plazo para resolver y notificar, que es lo correcto, y a los de interrupción injustificada-, anuda a las mismas los efectos jurídicos que ya se han referido: no interrupción del cómputo del plazo de prescripción, consideración como pagos espontáneos de los pagos a cuenta satisfechos durante la tramitación del procedimiento inspector, etc., dando así a los supuestos de incumplimiento del plazo para resolver y notificar la misma (y más

---

[33] FALCÓN Y TELLA, R.: *"Plazo máximo para la resolución de los procedimientos tributarios y efectos de su incumplimiento en el Anteproyecto de LGT"*, Quincena Fiscal número 10, 2007, página 7.

leve) consecuencia jurídica que a los supuestos de interrupción injustificada, aun cuando, obviamente, el reproche que una y otra situación merece no es el mismo[34].

Pese al apunte anterior, sea como fuese, debe reiterarse que a día de hoy no se aplica la caducidad al procedimiento inspector, injustificadamente, por la voluntad contumaz del legislador, pero no se aplica... aun cuando el contexto normativo, precisamente, hace pensar lo contrario.

d) La particular caducidad del procedimiento sancionador en materia tributaria[35].

Ciertamente, la aplicación de la caducidad al procedimiento sancionador en materia tributaria es del todo particular, ya sea por la existencia de un doble plazo de caducidad en esta tramitación que por los efectos que la misma comporta en relación con el poder jurídico que ejercita la Administración Tributaria actuante.

En efecto, como ya se ha dicho, el artículo 211. 4 LGT ordena que *"El vencimiento del plazo establecido en el apartado 2 de este artículo sin que se haya notificado resolución expresa producirá la caducidad del procedimiento"*, mandato al que añade a continuación que *"Dicha caducidad impedirá la iniciación de un nuevo procedimiento sancionador"*.

Atendiendo al precepto trascrito, debe concluirse que el legislador no se ha conformado, en esta ocasión, con anudar al incumplimiento del plazo para resolver y notificar en este procedimiento la consecuencia jurídica de su caducidad, sino que ha ido (mucho) más lejos, otorgando a su transcurso efectos extintivos, no procedimentales, sino materiales, por afectar y determinar la extinción del poder jurídico ejercitado por la Administración Tributaria en esta tramitación. En otras palabras, que en esta ocasión el legislador no ha dado al plazo del artículo 211. 4 LGT la naturaleza de plazo de caducidad del procedimiento, sino de caducidad del derecho o potestad, inaugurando así una ignota senda de atribución de eficacia extintiva material a plazos procedimentales.

Algo similar sucede con el plazo para iniciar el procedimiento sancionador en materia tributaria, sobre el que el artículo 209. 2 LGT señala que, aquellos que traigan origen de actuaciones de comprobación e investigación tributaria, *"no*

---

[34] Sobre este punto opina MARTÍNEZ GINER que *"Quizás el error radique en asignar los mismos efectos al incumplimiento del plazo máximo para resolver que a la interrupción injustificada por más de seis meses por causa no imputable al obligado tributario. En el primer de los caso debería haberse optado por la caducidad del procedimiento. En el segundo caso no existiría inconveniente en seguir manteniendo [...] la desaparición del efecto interruptivo de la prescripción"* (MARTÍNEZ GINER, L. A.: "La caducidad de los procedimientos tributarios en la nueva Ley General Tributaria", cit., página 24).

[35] Sobre la caducidad del procedimiento sancionador en materia tributaria véase el compendioso estudio de MARTÍN LÓPEZ (MARTÍN LÓPEZ, J.: *"La sedicente caducidad del procedimiento sancionador tributario"*, Revista Española de Derecho Financiero número 145, 2010).

podrán iniciarse respecto a la persona o entidad que hubiera sido objeto del procedimiento una vez transcurrido el plazo de tres meses desde que se hubiese notificado o se entendiese notificada la correspondiente liquidación o resolución".

Nuevamente, atendiendo al precepto trascrito, no puede considerarse que esta disposición consagre un plazo de mera caducidad del procedimiento, y no puede considerarse tal pues en este supuesto el procedimiento, precisamente, no se ha iniciado aún, siendo entonces altamente improbable que pueda dársele esa naturaleza al plazo del artículo 209. 2 LGT, el cual, a imagen del artículo 211. 4 LGT, alberga en realidad un supuesto de caducidad de la potestad de la Administración Tributaria consecuencia esta vez de la no iniciación del procedimiento sancionador en el plazo de tres meses[36] desde la finalización de las actuaciones de comprobación e investigación de las que éste trae origen.

De esta forma, teniendo en cuenta lo dicho en los apartados anteriores, se reitera que la aplicación de la caducidad al procedimiento sancionador en materia tributaria es sumamente particular, pues, al incumplimiento de los plazos para iniciar y terminar este procedimiento, curiosamente, no sigue (sólo) la caducidad de esta tramitación, sino también el decaimiento del poder ejercitado por la Administración Tributaria en la misma.

Con todo, como se decía, resulta curioso que la LGT contiene un régimen general de la caducidad del procedimiento que, en realidad, es excepcional y de aplicación casi exclusiva sólo a determinadas tramitaciones menores en el ámbito de la gestión tributaria. En cambio, los restantes (y más importantes) procedimientos tributarios conocen de regimenes de caducidad específicos, que pasan de su inaplicación a las actuaciones de apremio para la recaudación de la deuda tributaria y de comprobación e investigación –procedimiento inspector- a un particular e intenso recurso a la misma en el procedimiento sancionador en materia tributaria, donde se confunde ésta con la caducidad del derecho ejercitado por la Administración Tributaria actuante.

III. CONCLUSIONES

Atendiendo a lo dicho hasta ahora, interesa finalmente alcanzar las siguientes dos conclusiones sobre la aplicación de la caducidad del procedimiento en España:

PRIMERA. La consagración de supuestos de caducidad del procedimiento, como consecuencia jurídica derivada del incumplimiento del deber de resolver y notificar en el plazo establecido normativamente, es una forma adecuada para evitar la inactividad resolutoria de las Administraciones Públicas.

---

[36] Sobre las consecuencias del alargamiento de este plazo véase FALCÓN Y TELLA (FALCÓN y TELLA, R.: *"El plazo para iniciar el expediente sancionador"*, Quincena Fiscal número 10, 2007, páginas 5 y 6).

Sin embargo, para una verdadera eficacia de esta institución, el legislador debe revisar aquellos pasajes, sea de la LRJAP-PAC que de la LGT, que permiten que mediante normas reglamentarias se alteren los elementos sustanciales de la caducidad del procedimiento –suspensión y ampliación del plazo para resolver y notificar, consecuencias jurídicas derivadas de su incumplimiento, etc.-, pues, de lo contrario, de nada vale establecer los plazos máximos de duración de los procedimientos y las consecuencias jurídicas de su incumplimiento si, a continuación, las Administraciones Públicas llamadas a respetarlos pueden alterarlos por ellas mismas adaptándolos a sus necesidades.

SEGUNDA.- Aunque el legislador hiciera lo anterior, no debe sobrevalorarse la garantía que supone la caducidad del procedimiento para los ciudadanos, ya que, como se decía, las Administraciones Públicas pueden iniciar otro expediente idéntico si no les ha caducado o prescrito el poder jurídico ejercitado. Por esta razón se cree que, en realidad, el verdadero y único límite temporal a la actuación de las Administraciones Públicas lo sigue representando el plazo de prescripción o caducidad de la potestad o derecho ejercitado por la Administración Pública correspondiente... como sucede, por ejemplo, en Portugal, donde, por ejemplo, el artículo 36. 1 del Decreto-Lei nº 413/98, de 31 de Dezembro, regime complementar do procedimento de inspecção tributária, dispone que *"O procedimento de inspecção tributária pode iniciar-se até ao termo do prazo de caducidade do direito de liquidação dos tributos ou do procedimento sancionatório"*.

Bibliografía

AGUADO I CUDOLÀ, V.: *"Prescripción y caducidad en el ejercicio de potestades administrativas"*, Marcial Pons – Escola d'Administració Pública de Catalunya, Madrid- Barcelona, 1999.

ARIAS VELASCO, J.: *"Las inspecciones eviternas: un riesgo para la seguridad jurídica de los ciudadanos"*, Tribuna Fiscal número 51, Madrid, 1995.

BAYONA GIMÉNEZ, J. J.: *"La caducidad en el ordenamiento tributario español"*, Editorial Aranzadi, Pamplona, 1999.

CABALLERO SÁNCHEZ, R.: *"Prescripción y caducidad en el ordenamiento administrativo"*, McGraw – Hill, Madrid, 1999.

CARBAJO VASCO, D.: *"Los desarrollos reglamentarios de la nueva Ley General Tributaria. Incógnitas y reflexiones"*, Crónica Tributaria nº 120, 2006.

CUESTA MAESTRO, L. C.: *"La caducidad en el procedimiento tributario"*, Revista de Estudios Financieros nº 211, 2000.

FALCÓN y TELLA, R.: *"La prescripción en materia tributaria"*, Editorial La Ley, Madrid, 1992.

FALCÓN y TELLA, R.: "Plazo máximo para la resolución de los procedimientos tributarios y efectos de su incumplimiento en el Anteproyecto de LGT", Quincena Fiscal nº 11, 2003.

FALCÓN y TELLA, R.: "El plazo para iniciar el expediente sancionador", Quincena Fiscal nº 10, 2007.

GARCÍA DE ENTERRÍA, E.: *"Sobre el silencio administrativo y recurso contencioso"*, Revista de Administración Pública nº 16, Madrid, 1965.

GARCÍA DE ENTERRÍA, E. y FERNÁNDEZ, T. R.: *"Curso de Derecho Administrativo II"*, 5ª Edición, Civitas, Madrid, 1998.
GARCÍA DE ENTERRÍA, E. y FERNÁNDEZ, T. R.: *"Curso de Derecho Administrativo I"*, 12ª Edición, Civitas, Madrid, 2004.
GARCÍA DE ENTERRÍA, E. y FERNÁNDEZ, T. R.: *"Curso de Derecho Administrativo II"*, 9ª Edición, Civitas, Madrid, 2004.
GARCÍA NOVOA, C.: *"El silencio administrativo en Derecho Tributario"*, Aranzadi, Elcano, 2001.
GÓMEZ PUENTE, M.: *"La inactividad de la Administración"*, 3ª Edición, Aranzadi, Cizur Menor, 2002.
GONZÁLEZ PÉREZ, J.: *"Comentarios a la Ley de Procedimiento Administrativo"*, 3ª Edición, Civitas, Madrid, 1989.
GONZÁLEZ PÉREZ, J. y GONZÁLEZ NAVARRO, F.: *"Régimen Jurídico de las Administraciones Públicas y Procedimiento Administrativo Común"*, 2ª Edición, Civitas, Madrid, 1994.
GONZÁLEZ PÉREZ, J. y GONZÁLEZ NAVARRO, F.: *"Comentarios a la Ley de Régimen Jurídico de las Administraciones Públicas y Procedimiento Administrativo Común"*, 2ª Edición, Civitas, Madrid, 1999.
GONZÁLEZ PÉREZ, J., GONZÁLEZ NAVARRO, F. y GONZÁLEZ RIVAS, J. J.: *"Comentarios a la Ley 4/1999, de 13 de Enero, de modificación de la Ley 30/1992"*, Civitas, Madrid, 1999.
HERNÁNDEZ GONZÁLEZ, F. L.: *"La caducidad del procedimiento administrativo"*, Montecorvo, Madrid, 1998.
HERNANZ MARTÍN, A.: *"El tiempo en las actuaciones inspectoras"*, Impuestos número 8, 2003.
HERNANZ MARTÍN, A. y RÍO RODIL, C.: *"Comentarios al Proyecto de Ley General Tributaria"*, Impuestos nº 13, 2003.
JABALERA RODRÍGUEZ, A.: *"La notificación en la nueva LGT"*, Revista Española de Derecho Financiero nº 128, 2005.
JUAN LOZANO, A. M.: *"Novedades de la Ley General Tributaria en materia de prescripción y caducidad de los procedimientos de aplicación de los tributos y del procedimiento sancionador"*, Tribuna Fiscal nº 161, 2004.
MARTÍN LÓPEZ, J.: *"La sedicente caducidad del procedimiento sancionador tributario"*, Revista Española de Derecho Financiero número 145, 2010.
MARTÍNEZ GINER, L. A.: *"La caducidad de los procedimientos tributarios en la nueva Ley General Tributaria"*, Quincena Fiscal nº 11, 2004.
MESEGUER YEBRA, J.: *"La caducidad en el procedimiento administrativo sancionador"*, Bosch, Barcelona, 2002.
PÉREZ ROYO, F.: *"Derecho Financiero y Tributario"*, 15ª Edición, Civitas, Cizur Menor, 2005.
PÉREZ ROYO, F.: *"Derecho Financiero y Tributario"*, 17ª Edición, Civitas, Cizur Menor, 2007.
PÉREZ ROYO, I.: *"La prescripción en las actuaciones inspectoras"*, Revista Española de Derecho Tributario número 96, Madrid, 1997.
RODRÍGUEZ-ARANA MUÑOZ, J.: *"La caducidad en el Derecho Administrativo español"*, Montecorvo, Madrid, 1993.
SANTAMARÍA PASTOR, J. A.: *"Caducidad del procedimiento (art. 44. 2 LRJAP)"*, Revista de Administración Pública número 168, Madrid, 2005.
SANZ CLAVIJO, A.: *"Procedimiento inspector"*, Documentos de trabajo del Instituto de Estudios Financieros número 16/10, 2010.
TEJERIZO LÓPEZ, J. M.: *"Algunas reflexiones sobre la reforma de la aplicación de los tributos"*, Revista Técnica Tributaria nº 60, 2003.

Aproximações entre os conceitos de consumidor e contribuinte[1]

JOÃO BOSCO COELHO PASIN* E MARCELA JUDITH WASSERMAN**

* Doutor em Direitos e Garantias do Contribuinte pela Universidade de Salamanca, Espanha. Mestre em Direito Político e Econômico pela Universidade Presbiteriana Mackenzie. Especialista em Direito Tributário pelo Centro de Extensão Universitária – CEU/IICS. Professor e Chefe do Núcleo Temático de Direito e Processo Tributário da Faculdade de Direito da Universidade Presbiteriana Mackenzie. Professor Convidado do Instituto Nacional de Pós-Graduação – INPG – e da Universidade Nacional de Córdoba, Argentina. Coordenador da *Revista Brasileira de Direito Tributário e Finanças Públicas*. Membro Perpétuo e Vice-Presidente da Academia Paulista de Letras Jurídicas. Advogado e Consultor Tributário em São Paulo.

** Doutoranda em Direito Civil pela Universidade de Salamanca, Espanha. Professora Titular da Faculdade de Direito da Universidade de Palermo, Argentina. Professora Ajudante Ordinária da Universidade de Buenos Aires, Argentina. Membro do Conselho da *Revista Ratio Legis*, Peru. Coordenadora da *Revista de Derecho Internacional y del Mercosur*, Argentina. Membro Correspondente da Academia Paulista de Letras Jurídicas. Advogada e Consultora Jurídica em Buenos Aires.

SUMÁRIO: I – Introdução: qualificativos em evolução, desde sempre. II – Primeiros passos do "consumidor", como "sujeito de direitos e deveres". III – Noção de "consumidor": definindo-se o seu "conceito". IV – O "contribuinte", enquanto "sujeito da potestade impositiva". V – O "cidadão-contribuinte", enquanto "contribuinte de fato". VI – A defesa do consumidor e o indefeso "contribuinte de fato". VII – Conclusões. VIII – Referências.

---

[1] Trabalho, aqui, apresentado em homenagem ao querido Professor Diogo Leite de Campos. Vid. "Código de Defesa do Consumidor: Comemoração dos seus 20 anos" (Coord. ANDREUCCI, Ana Cláudia Pompeu Torezan; e outros. São Paulo: LTr, 2010, pp. 196 a 214).

I. Introdução: qualificativos em evolução, desde sempre

Desde os primeiros tempos da humanidade, até hoje em dia, nos mais remotos e conhecidos lugares, os indivíduos sempre experimentaram a condição de serem "consumidores" e "contribuintes", ainda que sob o império de diferentes graus de segurança jurídica, notadamente, quanto ao nível de respeito dispensado aos seus direitos e as suas garantias.

Sem dúvida, os primeiros homens na face da Terra foram "consumidores" e "contribuintes". Eles caçavam e, entre si, dividiam e trocavam as diferentes carnes das presas abatidas. Igualmente, os indivíduos mais fracos e de diferentes etnias só eram aceitos e passavam a integrar algumas hordas, caso realizassem algum tipo de pagamento ou sacrifício em favor do líder do grupo. À medida que, as hordas deixavam de ser nômades e, aos poucos, iam se estabelecendo em tribos, a agricultura começou a se desenvolver e tornou-se uma realidade, principalmente, junto às várzeas dos grandes rios como, por exemplo, no Oriente: o Tigre, o Eufrates, o Nilo, o Ganges e o Amarelo; e, na Europa: o Danúbio, o Sena, o Elba, o Douro e o Ebro, entre os mais conhecidos.

É lógico que, até aqui, estamos diante de noções bem rudimentares de consumidor e contribuinte, respectivamente, até porque, referimo-nos a um tempo no qual as relações sociais, econômicas e jurídicas eram insuficientes e os Estados ainda estavam longe de existirem.

O que importa é que, no tempo e no espaço –em especial, no mundo ocidental, tanto no *Civil Law* (sistema romano-germânico), como no *Commow Law* (sistema inglês)–, houve uma evolução constante dos conceitos de "consumidor" e "contribuinte", sempre em consonância com a evolução social da humanidade, até se chegar às noções atuais, que são mais bem estruturadas e alinhadas com os direitos fundamentais. Por outro lado, em grande parte do mundo oriental, sobretudo, em Estados patrimonialistas –onde o cidadão não contribui para a cobertura dos gastos públicos, é dizer, não paga tributos, em especial, impostos (O governo cobre seus gastos com uma fonte segura de renda: a exploração do petróleo, por exemplo. Nos Estados patrimonialistas, as relações de consumo gozam de relativa proteção jurídica, em especial, quando o Estado patrimonialista é, também, fundamentalista, ou seja, adota o *Islamic Law*)–, e em Estados de exceção –onde as relações de consumo são controladas e os cidadãos sofrem com medidas confiscatórias (O governo limita a liberdade econômica: controla os meios de produção e interfere diretamente no direito de propriedade dos cidadãos)– os conceitos de "consumidor" e "contribuinte" seguem padecendo de uma maior estruturação e reconhecimento,

Será, pois, sobre esta evolução – sobretudo, a mais recente e conhecida, que se verifica no mundo Ocidental – e, ainda, sobre o estágio conceitual atual – ainda distante de ser unívoco –, que nós desenvolveremos nossas breves e pontuais considerações, nunca deixando de lado o emprego do Direito comparado, enquanto método de análise da legislação, jurisprudência e da doutrina existente sobre a matéria.

II. Primeiros passos do "consumidor", como "sujeito de direitos e deveres"
Cada vez que estudamos este assunto, centramo-nos em dois pontos: o conceito de consumidor e os seus direitos e deveres.

Hoje, deparamo-nos com uma grande e diversa quantidade de acepções relativas ao "consumidor", que se situa, inegavelmente, no polo considerado mais débil das relações contratuais de consumo.

Ainda que na atualidade o conceito de "consumidor" integre e forme parte da linguagem jurídica, sua origem procede da Ciência Econômica.

Na Economia, o termo "consumidor" designa o sujeito de mercado, ou seja, aquele que adquire bens ou utiliza serviços para seu próprio uso ou para a satisfação de suas necessidades pessoais ou familiares. Nesta relação, por um lado, podemos identificar a pretensão do consumidor, que dispõe de um valor econômico para comprar um bem ou utilizar um serviço; por outro lado, contrapondo-se, encontramos o empresário, que ao receber referido valor objetiva não só recuperar seu investimento, mas, também, multiplicá-lo, auferindo lucro.

No Direito, a problemática atual relativa à delimitação e aos sentidos atribuídos ao termo "consumidor" não pode ser facilmente assimilada, sem que se proceda a devida análise tópica e histórica da origem e evolução dos sucessivos movimentos de proteção e defesa dos consumidores, que, notadamente, manifestaram-se no final do século XIX e ao longo do século XX.

Devemos recordar que, inicialmente, na Alemanha Federal, no ano de 1960, foi criada uma Associação de Consumidores; e, posteriormente, na Grã-Bretanha realizaram-se os primeiros trabalhos oficiais e institucionalmente organizados em comissão, com a finalidade de buscar-se uma maior proteção aos consumidores. O informe "Molony" foi, pois, o resultado dos labores e esforços desta comissão.

Nos Estados Unidos da América, floresceram várias organizações de consumidores – destacando-se, entre tais, a Liga dos Consumidores, que foi criada em New York em 1891. A consolidação destes pioneiros movimentos de proteção surgiu como consequência da publicação do livro *Your Money's Worth*, que foi escrito pelos procuradores da '*Consumer Union*', como manifesto contra a falta de transparência institucional relativa aos dados de estudos comparativos sobre produtos, que eram realizados e não divulgados pela Administração Pública[2].

---

[2] Destacamos que o engenheiro Stuart Chase e o economista F. J. Schlink, ambos funcionários da *"National Bureau of Standards"*, foram os fundadores da referida organização, sendo que, o segundo does, também criou a denominada *"Consumer's Research"*, que foi a primeira entidade norte-

O primeiro grande estadista incentivador do movimento de proteção dos direitos dos consumidores veio a ser o Presidente dos Estados Unidos da América, John F. Kennedy. À época pré-eleitoral, sua equipe de campanha já havia identificado e tirado proveito dos "eleitores-consumidores": habilmente e de forma reiterada, Kennedy prometeu várias medidas em concreto para a efetiva proteção deste coletivo, até então, sem representação. Já eleito e de posse de seu mandato, John F. Kennedy proferiu uma Mensagem Especial ao Congresso Nacional, no dia 15 de março de 1962[3], sobre a Proteção dos Interesses dos Consumidores, na qual enfatizou: a) os meios necessários para o fortalecimento dos programas de proteção dos consumidores; b) a importância da obediência a quatro princípios básicos – "segurança" (no âmbito jurídico, correspondente aos mandados de "não-arbitrariedade" e "certeza do direito"), "informação" (publicidade, transparência e visibilidade dos dados de produtos e serviços), "eleição" (livre opção do consumidor na escolha de produtos e serviços) e "mediação" (diálogo entre as partes envolvidas na relação de consumo, em especial, promovido por órgãos e organismos interlocutores); e, c) a ampla, comum e corrente condição de consumidor, que, por definição, não só alcança, mas, também, inclui a todos[4].

-americana dedicada a oferecer informações ao consumidor, notadamente, através da difusão entre seus associados:
a) do resultado de pesquisas, que, comparativamente, eram realizadas sobre o preço e a qualidade dos produtos e serviços verificados no mercado; e,
b) da publicação de estudos técnicos em um periódico especializado, editado em forma de revista e com circulação mensal, denominado de "Consumer Bulletin", cuja venda serviu para financiar as atividades da entidade.
Ademais, devemos lembrar que a primeira organização norte-americana de consumidores com natureza estatal foi criada em 1936, denominando-se *Consumer's Union of United States*. Finalmente, Vance Packard publicou o livro *The Hidden Persuaders* no ano de 1957, no qual apresentou a figura do consumidor como um sujeito débil, vulnerável e, facilmente, manipulado pelas empresas. Panorama que, indubitavelmente, serviu de alerta para a sociedade norte-americana e acabou abrindo novos horizontes, sempre, favoráveis à proteção e defesa dos consumidores.
[3] Segundo a doutrina, esta é a data apontada como marco do efetivo nascimento do movimento organizado de proteção do consumidor. Contudo, Federico de CASTRO Y BRAVO, em suas "Notas sobre las limitaciones intrínsecas de la autonomía de la voluntad. La defensa de la competencia. El orden público. La protección do consumidor" (*ADC*, 4, 1982, vol. 35, pp. 987 a 1085) aponta o dia 19 de março de 1962 e não o citado dia 15, citando o *Special Message to the Congress on Protecting the Consumers Interest*", consagrado por V. HIPPEL, VERBRAUCHERSSCHUTZ, Tubingen, 1979, pp. 225 a 234.
[4] Seus efeitos prontos e acabados foram notados em sua política legislativa e, logo, na pessoa de seus sucessores. Na parte central de seu discurso, o Presidente Kennedy manifestou: *"Los consumidores, todos nosotros por definición, representan el grupo económico más importante y se hallan interesados en casi todas las decisiones económicas, públicas y privadas. Sus gastos representan las dos terceras partes de los gastos económicos totales. Sin embargo, constituye el único grupo que no está organizado realmente y cuya opinión casi nunca es tenida en cuenta"*, añadiendo a continuación *"si a los consumidores se les ofrecen*

À evidência, podemos afirmar que a brilhante retórica adotada por Kennedy em seu discurso em defesa dos consumidores representou um marco na proteção deste seguimento, em especial, por haver destacado que as questões relativas aos consumidores afetam a todos os indivíduos e a toda a comunidade nacional[5].

Neste contexto, nasce a proteção do "consumidor", enquanto sistema jurídico de defesa particular do indivíduo inserido na sociedade, ou seja, como uma nova manifestação revelada a partir da evolução social do direito, na esteira da terceira geração dos "direitos humanos fundamentais" vinculados à ordem sócio-econômica[6], onde a "igualdade formal" em face da lei cede espaço à "igualdade material" – respectivamente, consideradas igualdades "jurídico-política" (horizontal) e "sócio-econômica" (vertical), nos dizeres de Giovanni Sartori[7] –, com o objetivo de proporcionar uma maior proteção e defesa do "consumidor", assim como sucedeu em relação aos direitos e garantias dos "trabalhadores" e "contribuintes", que também tiveram seus direitos e garantias individuais aperfeiçoados, com o reconhecimento deste novo enfoque aplicativo conferido ao princípio da igualdade[8].

III. Noção de "Consumidor": definindo-se o seu "conceito".

A evolução em concreto da noção de "consumidor" sempre se fundou no uso privado de bens adquiridos[9].

---

productos inferiores, si los precios son exorbitantes, si las medicinas son peligrosa o ineficaces, si el consumidor no tiene posibilidad de elegir en base a una adecuada información, entonces se despilfarra su dólar, y su salud y su seguridad quedan amenazadas y sufre el interés nacional". Cfr. "*Special Message to the Congress...t*", recolhido por V. HIPPEL, VERBRAUCHERSSCHUTZ, op. cit.

[5] DE CASTRO Y BRAVO, F., "Notas sobre las limitaciones intrínsecas...", op. cit., p. 1068.

[6] Neste sentido, Manoel GONÇALVES FERREIRA FILHO (cfr. *Direitos Humanos Fundamentais*. 3ª ed. São Paulo, Saraiva, 1999).

[7] *Elementos de Teoría Política*. Vers. María Luz MORÁN. Madrid, Alianza, 1999, pp. 101 e 102.

[8] Sobre o tema: ABELLÁN TOLOSA L.; FERNÁNDEZ GIMENO J. P.; FONTANA PUIG A.; MARTORELL ZULUETA, P.; REYES LÓPEZ M. J.; REYES LÓPEZ A., *Derecho de Consumo*, Coordinador: REYES LÓPEZ, M. J., Valencia: Tirant lo blanch, 1999; BERCOVITZ RODRIGUEZ CANO, A., *La Protección de los consumidores. La Constitución española y el derecho mercantil. Lecturas sobre la Constitución española*, Madrid, 1978; BERCOVITZ RODRIGUEZ CANO, A. y BERCOVITZ RODRIGUEZ CANO, R., *Estudios jurídicos sobre la protección de los consumidores*, Tecnos, Madrid, 1987; DE CASTRO Y BRAVO, F., "Notas sobre las limitaciones intrínsecas de la autonomía de la voluntad. La defensa de la competencia. El orden público. La protección do consumidor", *ADC*, 4, 1982, vol. 35, pp. 987 a 1085; DIEZ-PICAZO, L. e PONCE DE LEÓN, L., "¿Una nueva doctrina general do contrato?", *ADC*, 4, 1993, vol. 46; MARTINEZ DE AGUIRRE, C., "Trascendencia do principio de protección a los consumidores en el derecho de obligaciones", *ADC*, 1, 1994, vol. 47, pp. 31 a 89; PRADA ALONSO, J., *Protección do Consumidor y Responsabilidad Civil*, Marcial Pons, Madrid, 1998; POLO, E., *La Protección do Consumidor en el Derecho Privado*, Cívitas, Madrid, 1980.

[9] Neste sentido, temos a *Carta de Proteção dos Consumidores do Conselho Europeu* de 1973.

Aplicou-se, desde sempre, um critério específico à noção de "consumidor", que se interpretou de forma restritiva nos Tribunais[10], mas, invariavelmente, considerada como sendo o "destinatário final" de bens e serviços de uso familiar ou doméstico.

Na doutrina, encontramos as denominadas noções de consumidor em concreto e em abstrato; sendo que, esta última, denota vários sentidos [11].

Em abstrato, o "consumidor" é considerado como todo o "cidadão"[12], que adquire ou utiliza bens e serviços. Trata-se, nesta concepção, de um conceito dos mais amplos.

---

[10] Vid. "LETE ACHIRICA, J., "La Directiva sobre la venta y las garantías de los bienes de consumo de 25 de mayo de 1999 y su transposición en el derecho español", *AC*, 4, 1999, p. 1368

[11] PENCO, Á. A., "La noción de consumidor y su tratamiento en el derecho comunitario, estatal y autonómico. Breve referencia al concepto de consumidor en el derecho extremeño", *Anuario de la Facultad de Derecho*, nº 18, 2000, p. 310 e FERNANDEZ GIMENO, J. P., "Los consumidores y usuarios como sujetos afectos a una especial tutela jurídica", en *Derecho Privado de Consumo*, Coordinación a cargo de REYES LÓPEZ, M. J., Valencia: Tirant lo blanch, 2005, pp. 97 a 99.

[12] No campo dos direitos políticos, segundo Manoel Gonçalves Ferreira Filho, o vocábulo "cidadão" designa aquele que possui o direito de participar do processo governamental (ativa ou passivamente) em um regime democrático ou, ainda, oligárquico. O autor destaca, ainda, que "cidadão", em sentido ativo, diz respeito àqueles que podem votar, ou seja, que são eleitores, enquanto que "cidadão", em sentido passivo, refere-se à qualidade de poder ser eleito (cfr. Curso de Direito Constitucional. São Paulo: Saraiva, pp. 111 e 112). Esta concepção de "cidadania" é, pois, alçada num sentido estritamente técnico. Em outra concepção, a ideia posta é a de que o "cidadão" é o "nacional", principalmente, em decorrência de legislações que não traçam nenhuma linha distintiva entre os dois conceitos, como colima a lição do professor Manoel Gonçalves Ferreira Filho ao identificar essa situação de verdadeira sinominia (cfr. Curso de Direito Constitucional. São Paulo: Saraiva, pp. 111 e 112). Nesta perspectiva, a acepção de "cidadania" é tomada como sinônimo de "nacionalidade". No Brasil, embora a linha distintiva entre "cidadão" e "nacional" tenha sido traçada pelo constituinte de 1988, ainda que de forma tecnicamente tênue, na prática, a difusão do termo "cidadão" entre as pessoas comuns da sociedade vem sendo correntemente associada à figura daquele que faz jus à reivindicação de direitos e garantias consagrados pela Constituição Federal. Aliás, a Carta Magna de 1988 é o grande marco desta perspectiva, isto porque, nasceu como sendo a "Constituição Cidadã", nas palavras de Ulysses Guimarães, presidente de sua Assembleia Constituinte. Sendo, pois, o que lembra João Bosco Leopoldino da Fonseca:
"Em mensagem ao Congresso, datada de 28.06.1985, o Presidente da República propunha a convocação de uma Assembleia Nacional Constituinte, o que se efetivou através da Emenda Constitucional nº 26, de 27.11.1985. A Assembleia instalou-se em 01.02.1987.
O rompimento com o período político anterior propiciou a formação de uma ideologia marcada pela contraposição aos fundamentos informadores do constitucionalismo anterior, nos campos econômico e social. Pode-se afirmar que houve acentuada ênfase no aspecto social, – quer sob o aspecto de se dar uma configuração de alto relevo ao cidadão, – o que levou o deputado Ulisses Guimarães a apelidar o novo texto de Constituição cidadã – quer sob o prisma do novo papel a ser desempenhado pelo Estado." (Direito Econômico. 2ªed. Rio de Janeiro: Forense, p. 84). Ademais, no atual estágio de globalização internacional, o termo "cidadão" vem ganhando uma conotação cosmopolita com a difusão da expressão "cidadão do mundo", que ressalta a queda

Desta forma, todos os "cidadãos" são considerados "consumidores", segundo expressa esta corrente em plena conformidade com os primeiros movimentos organizados de defesa e proteção dos consumidores.

Esta verdadeira equiparação faz com que os direitos à educação, informação, segurança e saúde, entre outros, restem reconhecidos de igual maneira em relação a ambas as figuras. Assim, a proteção e defesa do "consumidor" ganha uma dimensão constitucional em razão não só da sua condição como "cidadão", mas, também, como "administrado" e, até mesmo, como "contribuinte", condição que o faz gozar de uma gama de direitos bem mais amplos do que aquela constante das normas específicas e hierarquicamente inferiores existentes sobre a matéria[13].

Esta concepção abstrata serve para justificar e expressar metas e programas políticos, sempre e quando seja esperada uma pronta atuação do Poder Público em atenção aos anseios sociais dos cidadãos, enquanto consumidores[14].

No Brasil, as motivações de alguns textos legislativos reiteram esta acepção abstrata e política de consumidor, que é ampla e possui um inegável apelo popular. É, pois, o que notamos, por exemplo, a partir da leitura das apresentações do Código de Defesa do Consumidor (Lei Nº 8.078/90) – no qual se consagra, de forma expressa, a "defesa do cidadão" em suas relações de consumo – e da Lei Estadual Nº 10.294/99 (sobre a proteção e defesa do usuário do serviço público do Estado de São Paulo) – na qual se emprega a expressão "cidadão consumidor".

Por outro lado, temos a noção concreta de consumidor, que é o responsável pelo exercício de certos direitos e garantias em seu próprio interesse. Nesta concepção, o consumidor só poderá exercitar determinados direitos em função da realização de um ato de consumo. Contudo, como não existe nenhuma definição jurídico-universal de consumidor, acabam sempre prevalecendo as "noções de consumidor" – com os seus direitos e garantias correspondentes – instituídas pelas ordens positivas.

Esta situação encontra-se, por exemplo, refletida nas díspares e sucessivas Diretivas Comunitárias da União Europeia[15], que objetivam delimitar o alcance

---

de barreiras não só políticas, mas, também, econômicas e sociais. Nesta perspectiva, fica claro uma concepção de "cidadão" transcendente à figura do "nacional", isto porque, nela também estão incluídos os estrangeiros. É dizer, a "cidadania" ganha um sentido "popular-cosmopolita" e "humanístico" por alcançar todas as pessoas sem nenhum tipo de distinção.

[13] Os direitos reconhecidos ao consumidor em sentido abstrato podem ser exercitados em defesa dos interesses gerais dos consumidores, sem a necessidade de atender a uma participação em especial de proteção a um determinado ato de consumo.

[14] Este é o caráter adotado para a noção de consumidor na Resolução do Conselho da Comunidade de Estados Europeus de 1975, que aprovou o Programa Preliminar para uma política de proteção e informação aos consumidores.

[15] Diretiva 1985/577/CEE do Conselho de 20.12.1985 relativa à proteção dos consumidores no caso de contratos negociados fora dos estabelecimentos comerciais. (DOL 31.12.1985, n° 372, LCEur

das disposições legais relativas aos direitos e garantias do consumidor, no marco das diferentes ordens jurídicas dos países membros – em verdade, todas se referem aos "consumidores", que são considerados à luz de diferentes aspectos e circunstâncias. Identificamos que, nesta matéria, o próprio legislador comunitário é consciente de que as acepções de consumidor adotadas em suas Diretivas são diferentes[16].

1985\1350) manifesta que consumidor é *toda pessoa física que, nas transações amparadas pela presente Diretiva, atue para um uso que se poda considerar alheio à atividade profissional*; Diretiva 87/102/CEE do Conselho de 22.12.1986 relativa a aproximação das disposições legais, regulamentares e administrativas dos Estados membros em matéria de crédito destinado ao consumo (DOL 12.02.1987, n° 42, p. 48 a 53). Modificada pela Diretiva 90/88/CEE do Conselho, de 22.02.1990 (DOL 10.03.1990, n° 61, p. 14 a 18) e pela Diretiva 98/7/CE do Parlamento Europeu e do Conselho de 16.02.1998 (DOL 01.04.1998, n° 101, p. 17 a 23)], dispõe que consumidor é *a pessoa física que, nas operações reguladas pela presente Diretiva, atua com fins que se podam considerar à margem de seu ofício ou profissão*; Diretiva 1993/13/CEE do Conselho de 05.04.1993 relativa às Cláusulas abusivas nos contratos celebrados com consumidores (DOL 21.04.1993 n° 95, LCEur 1993\1071) entende-se por consumidor *toda pessoa física que, nos contratos regulados pela presente Diretiva, atue com um propósito alheio à sua atividade profissional*; no mesmo sentido, a Diretiva 1997/7/CE do Parlamento Europeu e do Conselho de 20.05.1997 sobre a proteção dos consumidores em matéria de contratos à distância (DOL 04.06.1997, n° 144, LCEur 1997\1493) manifesta que consumidor é *toda pessoa física que, nos contratos regulados pela presente Diretiva, atue com um propósito alheio à sua atividade profissional*; Diretiva 1998/6/CE do Parlamento Europeu e do Conselho de 16.02.1998 em matéria de divulgação dos preços dos produtos oferecidos ao consumidor, que é considerado *qualquer pessoa física, que compre um produto com fins alheios a sua atividade comercial ou profissional*; Diretiva 1998/10/CE do Parlamento Europeu e do Conselho de 26.02.1998 relativa à aplicação da oferta de rede aberta (ONP) à telefonia vocal e sobre o serviço universal de telecomunicações no âmbito concorrencial (DOL 01.04.1998, n° 101, LCEur 1998\1007) considera o consumidor como *qualquer pessoa física, que utilize um serviço de telecomunicações acessível ao público para fins alheios ao seu ofício, comércio ou profissão*, Diretiva 1999/44/CE do Parlamento Europeu e do Conselho de 25.05.1999 sobre determinados aspectos da venda e das garantias dos bens de consumo (DOL 07.07.1999, nº 171, LCEur 1999/1654) manifesta que consumidor é *toda pessoa física que, nos contratos a que se refere a presente Diretiva, atua com fins que não entram no marco de sua atividade profissional*. E, finalmente, a Diretiva 2002/21/CE do Parlamento Europeu e do Conselho de 07.03.2002 sobre o marco regulador comum das redes e os serviços de comunicações eletrônicas (DOL 24 abril 2002, n° 108, LCEur 2002\1040) entende por consumidor *qualquer pessoa física, que utilize um serviço de comunicações eletrônicas disponível para o público para fins não profissionais*; Diretiva 2002/65/CE do Parlamento Europeu e do Conselho de 23.09.2002 sobre a comercialização de serviços financeiros destinados aos consumidores (DOL 09.10.2002 n° 271, LCEur 2002\2613) e modifica as Diretivas 90/619/CEE, de 08.11.1990 (LCEur 1990\1309), 97/7/CE, de 20.05.1997 (LCEur 1997\1493) e 98/27/CE, de 19.05.1998 (LCEur 1998\1788) expressa que consumidor é *toda pessoa física que, nos contratos à distância, atue com um propósito alheio a sua atividade comercial ou profissional* e Proposta de Diretiva COM (2003) 356, de 18.06 de 2003 (LCEur 2003\2310) manifesta que consumidor é *qualquer pessoa física que, nas práticas comerciais contempladas pela presente Diretiva, atue com um prpósito alheio a sua atividade econômica, negócio ou profissão*.

[16] Diretiva 1985/577/CEE do Conselho de 20.12.1985 relativa a proteção dos consumidores no caso de contratos firmados fora dos estabelecimentos comerciais (DOL 31.12.1985, n° 372, LCEur

Esta situação ocorreu na Europa, em especial, porque a temática relativa ao consumidor é uma matéria multidisciplinar com reflexos notados em diversos âmbitos da Ciência Jurídica[17]. Por este motivo, naquele momento, haveria sido oportuno que os legisladores dos Estados membro, ou os próprios legisladores comunitários, optassem pela integração e harmonização de todas as disposições normativas existentes sobre os direitos e garantias dos consumidores em torno da instituição de um *Código de Consumo*[18].

1985\1350) manifesta que *consumidor é toda pessoa física que, para as transações amparadas pela presente Diretiva, atue para um uso que poda ser considerado alheio a sua atividade profissional*. Diretiva 87/102/CEE do Conselho de 22.12.1986 relativa a aproximação das disposição legais, regulamentares e administrativas dos Estados membros em matéria do crédito ao consumo (DOL 12.02.1987, n° 42, pp. 48 a 53). Modificada pela Diretiva 90/88/CEE do Conselho, de 22.12.1990, que modifica a Diretiva 87/102/CEE relativa a aproximação das disposições legais, regulamentares e administrativas dos Estados Membros em matéria de crédito ao consumo (DOL 10.03.1990, n° 61, pp. 14 a 18) e pela Diretiva 98/7/CE do Parlamento Europeu e do Conselho de 16.02.1998 (DOL 01.04.1998, n° 101, pp. 17 a 23)], dispõe que *consumidor é toda pessoa física que, nas operações reguladas por esta Diretiva, atua com fins que possam ser considerados à margem de seu ofício ou profissão*; Diretiva 1999/44/CE do Parlamento Europeu e do Conselho de 25.05.1999 sobre determinados aspectos da venda e das garantias dos bens de consumo (DOL 07.07.1999, n° 171, LCEur 1999/1654) manifesta que *consumidor é toda pessoa física que, nos contratos aos quais se refere a presente Diretiva, atua com fins que não entram no marco da sua atividade profissional*.

[17] No mesmo sentido: FERNANDEZ GIMENO, J. P., "Los consumidores y usuarios como sujetos afectos a una especial tutela jurídica", en *Derecho Privado de Consumo*, Coordinación a cargo de REYES LÓPEZ, M. J., Valencia: Tirant lo blanch, 2005, pp. 95 a 119.

[18] Outra possibilidade, teria sido a incorporação diretamente de toda a legislação referida, relativa à proteção do consumidor, no regime de compra e venda civil, situação que, eventualmente, haveria contribuído para a sua modernização, ao menos, no que diz respeito à ampliação dos mecanismos de tutela estabelecidos frente ao inadimplemento e saneamento de vícios, na linha do que havia sido realizado na Alemanha com o BGB. Foi uma árdua tarefa, isto porque, a "reforma" do BGB necessitou de tempo, de um amplo debate e, finalmente, de um difícil consenso para sua aprovação antes do prazo final (31.12.2001). O objetivo da modernização do direito das obrigações, ainda que apenas de forma parcial, exigia um grande esforço, notadamente, de tempo, que acabou sendo alcançado com êxito. Ainda pelo tempo que se levou para realizar a reforma, devemos lembrar que seu primeiro antecedente refere-se a um projeto levado ao Parlamento Federal em 1978 e, também, a 52ª Assembleia de Juristas Alemães. Tal projeto caiu no esquecimento em razão da falta de debate verificada à época. Contudo, o debate sobre uma reforma ressurgiu com a necessidade de transposição da Diretiva 1999/44/CE. Em agosto de 2000, apresentou-se, assim, o Projeto de Discussão da Lei de Modernização do Direito das Obrigações. Elaborou-se uma "Redação consolidada do Projeto de Discussão", que melhorou em grande parte o texto anterior. Em janeiro de 2001, foram constituídas as comissões para a elaboração do regime jurídico sobre o regime jurídico da compra e venda de obra; no dia 02 de março de 2001, os trabalhos foram concluídos e, no dia 06 de março, foi publicado o projeto, que serviu de base para o governo federal. Em 09 de maio de 2001, o Projeto do Governo, *Entwurf eines Gesetzes zur Modernisierung des Schuldrechts*, acompanhado das devidas explicações e justificativas da Reforma; *a posteriori*, algumas mudanças

Com efeito, a situação brasileira é completamente oposta à referida realidade encontrada na Europa, uma vez que, no Brasil, o *Código de Defesa do Consumidor*[19] é uma realidade exitosa há duas décadas, que, hoje, nós celebramos.

O legislador brasileiro bem soube concentrar em um único texto todas as normas relativas à regulação das relações de consumo e, ainda, instituir um conceito unívoco de "consumidor", que é considerado como sendo *toda pessoa física ou jurídica que adquire produtos e serviços como destinatário final* (caput, art. 2º, Lei 8078/90), equiparando-se ao conceito *a coletividade de pessoas, ainda que indetermináveis, que tenham intervindo nas relações de consumo* (par. único, art. 2º, Lei 8078/90)[20].

À evidência, o Código de Defesa do Consumidor opta por uma noção de consumidor em concreto, que como mencionamos anteriormente, responsável por lhe atribuir direitos e garantias, que, individualmente, podem ser exercitados na proteção de seus interesses em particular. Ademais, centra-se no caráter de

---

foram introduzidas e, finalmente, veio a ser aprovado pelo Parlamento Federal em 11 de outubro de 2001, passando ao Conselho Federal. A vigência da lei teve início em 01 de janeiro de 2002.

[19] Vid. BRASIL, República Federativa do. *Código de Defesa do Consumidor*. Lei 8.078, de 11 de setembro de 1990.

[20] A Lei 26/1984, de 19 de julho, que estabelece normas gerais para a Defesa dos Consumidores e Usuários na Espanha (artigo 1.2) manifesta que: "*A los efectos de esta Ley son consumidores o usuarios las personas físicas o jurídicas que adquieren, utilizan o disfrutan, como destinatarios finales, bienes muebles o inmuebles, productos, servicios, actividades o funciones, cualquiera sea la naturaleza pública o privada, individual o colectiva, de quienes los producen, facilitan, suministran o expiden*" y añade en su apartado 3 que "*no tendrán la consideración de consumidores o usuarios quienes, sin constituirse en destinatarios finales, adquieran, almacenen, utilicen o consuman bienes o servicios, con el fin de integrarlos en procesos de producción, transformación, comercialización o prestación a terceros*." Na Argentina, a Ley 24.240 entende por Consumidor "*toda persona física o jurídica que adquiere o utiliza bienes o servicios en forma gratuita u onerosa como destinatario final, en beneficio propio o de su grupo familiar o social. Queda comprendida la adquisición de derechos en tiempos compartidos, clubes de campo, cementerios privados y figuras afines. Se considera asimismo consumidor o usuario a quien, sin ser parte de una relación de consumo, como consecuencia o en ocasión de ella adquiere o utiliza bienes o servicios como destinatario final, en beneficio propio o de su grupo familiar o social, y a quien de cualquier manera está expuesto a una relación de consumo*". No México a Lei Federal de Proteção do Consumidor no seu artigo 2º dispõe que: "*Para los efectos de esta ley, se entiende por I. Consumidor: la persona física o moral que adquiere, realiza o disfruta como destinatario final bienes, productos o servicios. Se entiende también por consumidor a la persona física o moral que adquiera, almacene, utilice o consuma bienes o servicios con objeto de integrarlos en procesos de producción, transformación, comercialización o prestación de servicios a terceros, únicamente para los casos a que se refieren los artículos 99 y 117 de esta ley. Tratándose de personas morales que adquieran bienes o servicios para integrarlos en procesos de producción o de servicios a terceros, sólo podrán ejercer las acciones a que se refieren los referidos preceptos cuando estén acreditadas como microempresas o microindustrias en términos de la Ley para el Desarrollo de la Competitividad de la Micro, Pequeña y Mediana Empresa y de la Ley Federal para el Fomento de la Microindustria y la Actividad Artesanal, respectivamente y conforme a los requisitos que se establezcan en el Reglamento de esta ley.*" No Peru, a Lei de Proteção do Consumidor entende como consumidor "*a las personas naturales o jurídicas que adquieren, utilizan o disfrutan como destinatarios finales productos o servicios*".

"destinatário final" do "consumidor", que não pode adquirir produtos ou utilizar serviços colocando-os, novamente, no mercado.

Segundo J. M.. Farina, "consumidor final" é quem adquire bens ou serviços sem a intenção de obter um proveito econômico posterior por sua inexecução, nem de empregá-los em um processo de produção ou comercialização de bens ou serviços destinados ao mercado[21].

Pode ocorrer que quem compra certos produtos não o faça para transferi-los, novamente, mas, sim, para utilizá-los no que constitui seu negócio habitual, ou seja, não para fins pessoais ou domésticos como, por exemplo, sucederia na compra de um computador para a utilização em uma loja ou supermercado, fato que o faz parecer assumir a condição de destinatário final e, portanto, de consumidor. Assim, não pode ser considerado consumidor quem se comporta de forma contrária, adquirindo os mesmos bens, entretanto, objetivando integrá-los a um processo de produção ou comercialização, que se sujeitará a disciplina jurídica do Código Civil.

Igualmente, devemos ter em conta que a integração de um bem a um processo de produção deve ser matizada, uma vez que nem todos aqueles que adquirem um produto para integrá-lo a um processo de produção não podem ser considerados consumidores. Seria, pois, o caso da pessoa que compra uma máquina para cozinhar alimentos em sua casa; daquela outra que, no seu sítio de lazer, emprega o adubo adquirido em sua horta, onde são produzidas verduras para seu consumo doméstico; ou, ainda, o caso típico da avó que adquire lã para tricotar novas roupas para seus netos. Nestes casos, a aquisição da máquina de cozer, do adubo da horta e da lã em novelo realiza-se com a finalidade de uso em um processo de transformação ou produção, que se verifica fora do âmbito empresarial, até porque, todas as três atividades são realizadas fora do mercado e sem ânimo de lucro, colocando os seus protagonistas na posição de consumidores[22].

No caso das "pessoas jurídicas", tema muito discutido entre os doutrinadores[23], o legislador brasileiro, também, atribuiu-lhes o caráter de "destinatários finais",

---

[21] FARINA, J. M., *Defensa do consumidor y do usuario. Comentario exegético de la ley 24.240 y do decreto reglamentario 1798/94*. 3ª ed. Buenos Aires: Astrea, pp. 45 e 46.

[22] FERNÁNDEZ GIMENO, J. P., "Los consumidores y usuarios...", op. cit., p. 102.

[23] ALFARO ÁGUILA REAL, J. (cf. *Las condiciones generales de la contratación*, Madrid, Civitas, 1991, p. 159) expressa que a inclusão das pessoas jurídicas na noção legal de consumidor não possui demasiada transcendência, uma vez que, sendo assim, só podem ser considerados consumidores aquelas pessoas jurídicas que, sem a finalidade de lucro, transmitem à título gratuito os bens e serviços adquiridos, mas, no que se refere à opção legislativa, o conceito ampliado deve ser considerado equivocado, uma vez que uma das razões fundamentais em prol da proteção do consumidor reside na carência de organização frente aos empresários. FERNÁNDEZ GIMENO, J. P. (cf. "Los consumidores y usuarios..." op. cit., pp. 104 e 105) manifesta que a concepção consumidor extendida as pessoas jurídicas sem nenhuma limitação é digna de critica. Dentro das pessoas jurídicas

responsáveis por adquirir um bem em um estabelecimento comercial para seu próprio consumo, atuando fora de sua atividade profissional, posto que, nem sempre, os bens adquiridos pelas pessoas jurídicas integram a cadeia do processo de produção ou de comercialização[24].

encontramos as associações e fundações (cuja proteção poderia ser lógica, inclusive, necessária), mas, ao seu lado, apresentam-se, também, não apenas as sociedades personalistas, mas, também, as capitalistas (sociedades limitadas e, inclusive, anônimas), cuja proteção não se adéqua com o fundamento e o espírito das leis dos consumidores. Por sua vez, também, manifesta que as sociedades contam com importantes assessorias jurídicas, fiscais e financeiras, que lhe aconselham na formalização de seus contratos. Isto pode levar a que o adquirente seja uma grande sociedade capitalista, cujos recursos econômicos e de assessoramento sejam muito superiores aos do ofertante e, todavia, a primeira goze de proteção especial da Lei, enquanto que o segundo tenha contra todos os mecanismos articulados para a defesa do consumidor. Levado ao extremo, esta equiparação de todas as pessoas jurídicas, pode acabar com a situação de privilégio gozada pelos consumidores. "Los consumidores y usuarios..." (cf. op. cit., pp. 104 e 105).

[24] Na Espanha, a jurisprudência do Tribunal Supremo – órgão equivalente ao Superior Tribunal de Justiça, STJ, no Brasil – (Sentenças de 17.06.1997 [RJ 1997,5759], 17.03.1998 [RJ 1998, 1351], 18.06.1999 [RJ 1999, 4478] e 16.10.2000 [2000, 9906], entre outras), excluiu do âmbito de proteção da Lei Geral de Defesa dos Consumidores e Usuários aqueles que adquirem bens sem serem os destinatários finais, com o fim de integrá-los em atividades empresariais ou profissionais. Considerando que não é objeto da discussão a existência da vulneração legal denunciada na demanda e elucidada na sentença recorrida, a questão debatida no referido grupo de recursos refere-se a determinar se a entidade demandante, um sindicato, tem, nos termos do artigo 1.3 da Lei Geral de Defesa dos Consumidores e Usuários, a qualidade de consumidor final; qualificativo que sustenta a parte recorrente e que lhe é negado pela demanda da recorrente, que entende que a mesma não pode ser objeto de especial proteção tanto por esta lei, como pela Lei de Contratos celebrados fora de estabelecimentos mercantis. Senão, vejamos: *"Entiende la Sala que el sindicato demandante, tiene, a efecto de ambas normas, la condición de consumidor final, en primer lugar, porque se trata de un ente de carácter asociativo, con personalidad jurídica propia, cuya función primordial es servir de cauce al ejercicio de la libertad sindical mediante la promoción y defensa de los intereses sociales y económicos de los trabajadores (artículo 1 de la Ley Orgánica 11/1985, de Libertad Sindical), lo que en modo alguno puede equipararse a las actividades profesionales o empresariales de producción, transformación, comercialización o prestación de servicios a terceros que la Ley 26/1984 excluye de su ámbito de protección; y en segundo lugar porque, como señala la Sentencia de la Audiencia Provincial de Burgos de 15 de febrero de 2001(AC 2001, 875), «... para que se lleve a cabo la exclusión do concepto de consumidor no basta con el hecho de que el bien o servicio se integre sin más en un proceso de producción, transformación, comercialización o prestación a terceros, pues en ese caso, y sobre todo si se lleva al extremo la idea, realmente será difícil encontrar supuestos en los que se aplique la legislación de defensa de los consumidores, sino que lo realmente importante y que excluye la aplicación de la legislación especial es que ese bien o servicio que se adquiere, tenga por finalidad directa llevar a cabo labores de producción, transformación, comercialización o prestación a terceros, de tal manera que esos bienes o servicios se integren de manera relevante en el ámbito comercial que desarrolla la adquirente», lo que evidentemente, en el presente caso no ha ocurrido, ya que ni la adquirente realiza labores de aquella índole, ni la publicidad contratada se integra de manera relevante en el ámbito propio de su actividad; lo que conduce necesariamente a la desestimación do recurso y a la confirmación de la resolución recurrida...".*

Em face do exposto e em razão da infinidade de supostos, acreditamos que, em qualquer caso, notadamente, naqueles mais controvertidos, será sempre o Juiz quem deverá valorar as circunstâncias de cada caso, de modo a verificar se o adquirente pode, ou não, invocar a proteção especial dispensada aos consumidores.

IV. O "contribuinte", enquanto "sujeito da potestade impositiva".

Nos dias atuais não nos restam dúvidas, o "contribuinte" é a pessoa física ou jurídica, que possui relação pessoal e direta com o fato gerador. É, em regra, quem realiza o fato gerador. É a pessoa que, no campo fenomênico, perfaz o preceito descrito pela hipótese de imposição consagrada por uma norma tributária.

Podemos dizer, assim, que o "contribuinte" é o titular do fato gerador. Sendo, pois, não só o titular de um "dever" – "pagar o tributo devido", "suportar a dívida tributária" –, mas, também, o titular de uma série de "direitos e garantias".

Nesta condição, o "contribuinte" deve revelar a titularidade de uma "riqueza econômica", que é indispensável para sua sujeição à imposição tributária. Do contrário, os princípios da "capacidade contributiva" e da "isonomia em matéria tributária" restariam vulnerados.

O "contribuinte" figura no polo passivo da obrigação tributária – *ex lege*, por excelência[25]. É, assim como o "consumidor", a parte considerada mais vulnerável na relação jurídica, até porque, no polo ativo da relação jurídico-tributária sempre figurará o Estado. Aliás, a relação jurídico-tributária caracteriza-se, inegavelmente, não só como uma relação de "crédito-débito" – *schuld* –, mas, também, como uma relação de "Poder-dever" – *haftung*.

À evidência, o "contribuinte" é quem se sujeita à "potestade de imposição", que é uma manifestação do próprio Poder de Tributar – expressão do Poder Estatal, uno e indiviso –, segundo preceitua Ezio Vanoni:

"La potestà d'imposizione si può definire secondo noi come il potere spettante ad un ente pubblico nei confronti di tutti coloro che appartengono a quell'ente per vincoli politici, sociali, economici, al fine di procurarsi i mezzi per l'esplicazione dell'attività publica."[26]

No plano de análise da figura do "contribuinte de direito", Antonio Berliri defende que quem deve pagar o imposto ao sujeito ativo é aquele sobre o qual venha a recair a ação executória em caso de não pagamento tempestivo do tri-

---

[25] O professor Américo Masset Lacombe, sob a influência do pensamento de Geraldo Ataliba, ressalta o aspecto pessoal da hipótese de incidência como sendo o atributo responsável pela determinação dos sujeitos ativo e passivo da obrigação tributária. Esse professor, ainda, enfatiza o papel determinante da lei em relação à determinação do sujeito passivo da obrigação tributária (Cf. *Obrigação Tributária*. São Paulo: Revista dos Tribunais, p. 30).

[26] *Elementi di Diritto Tributario. Altri Saggi di Diritto Finanziario. Opere Giuridiche*. Vol. II. Milano: Giuffrè, 1962, p. 37.

buto[27]. Antonio Berliri baseia sua posição ao destacar a importância em se distinguir de forma rigorosa o "Direito Tributário" da "Ciência das Finanças Públicas", bem como a "relação jurídica impositiva" da "obrigação tributária", quando do estudo dos problemas de identificação do sujeito passivo[28].

No mesmo sentido, ao tratar da relação jurídica tributária, enquanto relação pessoal, Dino Jarach aponta que em alguns tributos pode haver um certo grau de dificuldade para se identicar quem é o "contribuinte" e, em virtude disso, preceitua que o "sujeito passivo da obrigação tributária" é sempre aquele que realiza o fato imponível ou, ainda, aquele que guarda relação com esse fato da vida humana, previamente definido em lei como seu pressuposto[29].

Devemos destacar que, no polo passivo da obrigação tributária, ainda pode figurar o "responsável tributário" – ao lado do "contribuinte", como "coobrigado tributário"; ou, sozinho, como único "obrigado tributário" –, que é uma pessoa – física ou jurídica – apontado pela legislação tributária como sujeito passivo da obrigação tributária. É, pois, o que ocorre, por exemplo, quando a obrigação tributária deriva de um "fato gerador presumido" – §7º, art. 150 da Constituição Federal de 1988. Por suposto, todos os "direitos e garantias dos contribuintes" estendem-se ao "responsável tributário", ainda que o mesmo não tenha realizado o fato gerador de certo e determinado tributo.

Desde uma perspectiva histórica, fácil é reconhecer que o "contribuinte" sempre esteve, continua estando e seguirá à mercê dos desígnios do Estado-Fiscal.

À época em que os "confiscos" eram realizados através da imposição de "supostos tributos" – em verdade, "pseudotributos" (falsos tributos) –, o Estado não reconhecia os direitos e garantias dos contribuintes. Neste período, no qual não havia tributo propriamente dito, prevalecia a máxima: *in dubio pro Fiscun*.

Ao longo dos séculos esta situação foi mudando, isto porque, os direitos e garantias dos contribuintes foram sendo reconhecidos e assegurados pelos Estados em suas ordens jurídicas, que passaram a limitar o exercício do Poder de Tributar, agora, não mais considerado como absoluto. Merece destaque, neste período, a Carta de *Alfonso* VI de *Castilla e León*, datada do ano de 1091, que foi o documento responsável por instituir formalmente o "Princípio da Autoimposição", ou seja, a necessidade de "consentimento dos súditos" para criar ou majorar os tributos da Coroa. Fernando Sáinz de Bujanda, Victor Uckmar, Eusebio González e João Bosco Coelho Pasin, entre outros, referem-se ao referido documento como o mais importante precedente da "legalidade em matéria tributária", que nasceu com a *Magna Charta Baronorum* do rei **John I – John Lackland, *o rei João***

---

[27] Cf. *Principios de Derecho Tributario*. Vol. 2, traducción, estudio preliminar y notas por Narciso Amorós Rica y Eusebio González García. Madrid: Editorial de Derecho Financiero, p. 211.

[28] Cf. op. cit., p. 208.

[29] Cf. *Curso Superior de Derecho Tributario*. Buenos Aires: Liceu Profesional CIMA, pp. 170 e 171.

"sem Terra" – *outorgada na Inglaterra em 1215. A Magna Carta e sua posterior ratificação pela Declaração de Direitos* – Bill of Rights *(1688), que foi antecedido pela* Petition of Rights *(1628)* – *e, ainda, pelas várias Declarações de Direitos das Colônias Inglesas na América* – *Charter of New England* (1620); *Charter of Massachusetts Bay* (1629); *Charter of Maryland* (1632); *Charter of Connecticut* (1662); *Charter of Rhode Island* (1663); *Charter of Carolina* (1663); *Charter of Georgia* (1732), *Massachusetts Body of Liberties* (1641); *New York Charter of Liberties* (1683) *e Pennsylvania Charter of Privileges* (1701) –, *consolidou a primeira geração dos "direitos humanos fundamentais", tão comprometida com os "ideais de liberdade".*

Com a Revolução Francesa (1789), outros dois ideais afloraram: a "igualdade" e a "fraternidade", que se associam diretamente com a segunda e terceira gerações dos "direitos humanos fundamentais", respectivamente. Estas gerações comprometem-se, justamente, em assegurar a "igualdade social e econômica" – *formalmente, os direitos sociais restam consagrados pelas Constituições Mexicana (1917), Soviética (1918) e Alemã da República de Weimar (1919)* – *e a "solidariedade"* – *na atualidade, extremamente necessária em um mundo neoliberal-globalizado, com sucessivas crises econômicas e com tantos problemas sócio-ambientais.*

No século XIX, verificamos que o Direito Tributário começa a ser estudado como capítulo próprio da Ciência Econômica. No final do século XIX, alguns autores já situavam o Direito Tributário na Ciência das Finanças Públicas. Até, aqui, prevalecia um estudo tributário influenciado pela Revolução Industrial e pelo liberalismo econômico – também, decisivos para a evolução dos direitos e garantias dos consumidores. Consequentemente, o estudo do Direito Tributário passou a ser realizado de forma predominante no campo próprio da Ciência Jurídica, primeiramente, como capítulo do Direito Administrativo; e, posteriormente, como capítulo do Direito Financeiro. No que se refere ao estudo da "obrigação tributária", inicialmente, sua análise esteve vinculada ao Direito Privado, em especial, ao Direito Civil; e, depois, passou a ser estudada sob o império dos princípios próprios do Direito Público.

Apesar dos esforços realizados, o Direito Tributário ainda estava longe de lograr sua autonomia científica, que só foi sendo conquistada ao longo do século XX, quando surgiram algumas "teorias do imposto" e, cada vez mais, os "direitos e garantias dos contribuintes" foram sendo acolhidos pelas ordens jurídicas e observados pelos Estados.

No século XX, ainda, surgiria a idéia de uma interpretação *in dubio pro contribuinte*, que evoluiria para uma concepção exegética mais equilibrada e acertada: a interpretação *in dubio pro Justitia Tributaria*, segundo bem ensina o professor Eusebio González e Teresa González Martínez[30].

---

[30] *Direito Tributário: Elementos de Teoria Geral.* Tradução e Notas: João Bosco Coelho Pasin. São Paulo: RIDEEL, 2010.

V. O "cidadão-contribuinte", enquanto "contribuinte de fato.

Numa perspectiva abstrata, assim como ocorre com o conceito de "cidadão-consumidor", surge a figura do "cidadão-contribuinte", que possui uma conotação nitidamente política e, principalmente, vinculada à sua retórica.

A expressão "cidadão-contribuinte" designa não só o "contribuinte de direito" – "contribuinte" ou "responsável tributário", nos termos do parágrafo único do art. 121 do Código Tributário Nacional –, mas, também, o "contribuinte de fato", que carece de uma maior proteção jurídica.

Podemos, ainda, incluir no conceito de "cidadão-contribuinte" todas aquelas pessoas que se sujeitam às "obrigações tributárias acessórias" – cumprimento de deveres instrumentais e formais (apresentação de declarações, escrituração de livros contábeis, colaboração com a fiscalização, etc.) –, até porque, estas pessoas nem sempre também são "contribuintes de direito". Aliás, no Direito Tributário, as "obrigações tributárias acessórias" não decorrem, necessariamente, das "obrigações tributárias principais", como se verifica nos casos de apresentação da "declaração de isento" imposta pelo regime jurídico do Imposto de Renda das Pessoas Físicas ou, ainda, a necessidade das "entidades beneficiadas por imunidade tributária" de manter a escrituração contábil, bem como os certificados necessários para a concessão do referido benefício fiscal.

Destacamos que, na doutrina, Achille Donato Giannini não utiliza a expressão "contribuinte de fato", muito embora, na análise das possíveis relações de sujeição passiva, não se afaste da tarefa de tratar da situação econômica por ela permeada, considerando que "...la persona obligada al pago del impuesto – tanto si se trata del sujeto pasivo, como del responsable o del sustituto – no es siempre aquella sobre la que recae, en definitiva, la carga del tributo, toda vez que en muchas ocasiones le es posible obtener de otras el rembolso de la suma pagada. A este hecho económico de la traslación del impuesto de la persona a otra distinta (regreso en sentido lato) corresponden en el ámbito del Derecho situaciones sustancialmente diversas entre sí. En efecto, a veces se trata de un mero proceso económico, que el Derecho no regula de ningún modo (...); otras se trata de una relación (regreso en sentido proprio), regulada por una norma tributaria o extraña al Derecho tributario, entre el sujeto pasivo del impuesto y otra persona que no participa en la relación tributaria (...), o bien entre los diversos participantes en dicha relación (...)."[31]

---

[31] Achille Donato Giannini, também, esclarece:
"Dada la infinita cadena de relaciones económicas y la libre formación de los precios de las cosas y de los servicios, es natural que el contribuyente obligado, según la ley tributaria, a pagar el impuesto por el hecho de poseer una cosa o de desarrollar una actividad (es decir, el 'contribuyente percutido', según la terminología de los hacendistas'), tienda a transferir la carga do tributo a otras personas con las cuales entra en relación a causa de la cosa poseída o de la actividad desarrollada

Ezio Vanoni ao abordar a figura do "contribuinte de fato" aponta que "...con questa espressione, presa dalla Scienza delle Finanze, si designa colui il quale sopporta nella realtà economica il peso di un tributo" e, em seguida, aclara que "il contribuente di fatto può coincidere col contribuente di diritto, cioè con colui che è chiamato dalla legge a pagare el tributo, come può essere un sogetto diverso sul quale il contribuente di diritto riversa in tutto o in parte il peso del tributo da lui pagato"[32].

Em última análise, podemos dizer que todos os demais "cidadãos" –"estrangeiros" ou "nacionais" – residentes no país são "cidadãos-contribuintes" na medida em que sofrem direta, ou indiretamente, os efeitos da imposição tributária. É dizer, adotando-se uma "concepção abstrata" – assim como sucede em relação ao conceito de "cidadão-consumidor", onde todos são apontados como "consumidores" –, todos devem ser considerados "contribuintes", ou seja, "cidadãos-contribuintes".

Nesta perspectiva, muitas vezes, o "consumidor" – sujeito aos "tributos indiretos" sobre bens e serviços– acaba figurando, de forma efetiva, como "cidadão-contribuinte". Aliás, devemos apontar que os "tributos indiretos" são aqueles que repercutem economicamente sobre terceiros, ou seja, acabam sendo suportados de fato por pessoas que, legalmente, não figuram como "contribuintes de direito", mas, sim, como "destinatários finais", é dizer, como "consumidores" de bens ou serviços. Isto ocorre, pois, por desejo do próprio legislador, quando o mesmo exerce sua "potestade normativa" em matéria tributária e opta pela adoção de modelos simplificados de gestão tributária, que facilitam as tarefas de arrecadação e fiscalização[33], mas dificultam a proteção jurídica dos direitos

---

mediante el aumento do precio de los productos que él vende, de los servicios prestados o de las unidades suministradas." (*Instituciones de Derecho Tributario*. Trad. Fernando Sainz de Bujanda. Madrid: Editorial de Derecho Financiero, 1957, pp. 132 e 133).

[32] *Elementi di Diritto Tributario. Altri Saggi di Diritto Finanziario. Opere Giuridiche*. Vol. II. Milano: Giuffrè, 1962, p. 125.

[33] Frente ao Direito português e europeu, Claudia Dias Soares explica:
"A não coincidência entre o contribuinte de direito/contribuinte e o contribuinte de facto (sujeito que suporta o 'sacrifício tributário efectivo') pode ser intencional ou não. Quando seja intencional, o legislador pode escolher entre prever na lei de forma expressa essa repercussão ou limitar-se a não proibir, concebendo-a, logo no momento da criação do imposto, como provável. A administração fiscal considera, então, como sujeito passivo aquele que realiza ou desencadeia o facto gerador, mas quer que seja outrem a suportar o sacrifício patrimonial. Pelo que obriga ou autoriza o contribuinte de direito a repercutir o imposto. (...). Nos impostos indirectos é, em regra, prevista e/ou desejada a ocorrência de repercussão fiscal. Pelo que alguns autores falam, a este propósito, de 'repercussão obrigatória *ex lege*' e de contribuintes legais de facto'. O IVA, *v. g.*, elege como sujeito passivo o transmitente dos bens ou o prestador do serviço, mas é o consumidor que se pretende que o suporte, sendo, por isso, a sua repercussão querida pelo legislador." (*O Contribuinte de Direito*

e garantias dos "contribuintes de fato" – em verdade, por vezes, identificados como "consumidores"[34].

Teresa González Martínez e Eusebio González lembram que José Luis Pérez de Ayala identifica este problema, após discutir a questão examinando a doutrina alemã, prescrevendo que a figura do "contribuinte 'legal' de fato" deveria ser reconhecida pelo legislativo de modo que os direitos e garantias dos "contribuintes de fato" restassem devidamente assegurados[35].

e o Contribuinte de Facto do Imposto Ecológico, in *Revista Tributária e de Finanças Públicas*. Ano 08. Nº 34. São Paulo: Revista dos Tribunais, pp. 38 e 39).

[34] A jurisprudência vem reiterando não haver identidade entre as figuras do "contribuinte de direito" (contribuinte ou responsável tributário) e do "consumidor". Aponto, pois, o extrato de uma sentença proferida, por unanimidade, pelos integrantes da 2ª Câmara Cível do Tribunal de Alçada do Estado do Paraná: "Ação Civil Pública – Propositura por Ministério Público – Hipótese de lançamento de tributos pela Municipalidade – Ilegitimidade *ad causam* – Defesa do contribuinte inadmissível por não se confundir com a figura do consumidor – Restrição da tutela às hipóteses legalmente previstas – Inteligência dos arts. 129, III, da CF, 81, parágrafo único, III e 92 da Lei 7.347/85 e Lei 8.078/90. (...) O conteúdo das expressões 'consumidor' e 'contribuinte' não se equivale e, se está o Ministério Público expressamente autorizado à promoção da defesa dos direitos do primeiro, o mesmo não ocorre com relação ao segundo na hipótese de lançamento de tributos pela Municipalidade que, por sua vez, não se identifica na categoria de entidade comercial ou prestadora de serviços. (...)
A relação jurídica que ora se apresenta é entre o contribuinte e a Fazenda Pública Municipal, e enquanto não se identifica aquele na categoria de consumidor também não o faz esta na categoria de consumidor também não o faz esta na categoria de entidade comercial ou prestadora de serviços, a não ser nas exceções previstas pelo art. 22 do Código de Defesa do Consumidor, onde o fornecedor se equipara.
Outrossim, fica perfeitamente claro que a Carta Constitucional, a Lei Específica (n. 7.347/85) e o próprio Código de Defesa do Consumidor (Lei n. 8.078/90) excluem do âmbito de legitimidade do Ministério Público a defesa do contribuinte com relação ao lançamento de impostos editados pela municipalidade, por não se confundir este com a figura do consumidor que, conforme já acima referido, são pessoas distintas uma da outra, sendo o direito do primeiro (contribuinte) meramente individual, daí porque, com relação a ele, não está o *parquet* legitimado para propor ação em seu nome. (...)" (Cf. RT, 691:170 – AC 53.111-5 – Reexame. Rel. Juiz Irlan Arco-Verde). À nitidez, percebemos que o Ministério Público Paranaense pretendeu equiparar a figura do "contribuinte de direito" com a figura do "consumidor" (em realidade, o "contribuinte de fato") ao intentar uma Ação Civil Pública e não obteve êxito. A referida equiparação foi refutada alegando os magistrados que as figuras relativas ao "consumidor" e ao "contribuinte" pertencem à categorias jurídicas distintas. Além disto, os julgadores entenderam que o Ministério Público não poderia se legitimar para defender o contribuinte, já que os direitos desse seriam meramente individuais. Não temos dúvidas, pois, que sob a égide dos atuais "Código de Defesa do Consumidor" e "Código Tributário Nacional" referente equiparação é inviável. Por outro lado, não podemos concordar que o Ministério Público não possa se legitimar para defender os contribuintes, inclusive, valendo-se de Ação Civil Pública, posto que, os direitos e garantias dos contribuintes também são passíveis de serem coletivamente tutelados.

[35] *Direito Tributário: Elementos de Teoria Geral*. Tradução e Notas: João Bosco Coelho Pasin. São Paulo: RIDEEL, no prelo.

Nesta linha, Gustavo Miguez de Mello afirma ser o "contribuinte de fato" aquele que, por vezes, suporta o "encargo econômico do tributo repercutido", em sua totalidade ou, apenas, em sua parcialidade[36]. E, neste tema, o autor defende que quem "...pagou indevidamente tributos 'indiretos' ou 'diretos' não pode sofrer encargos maiores do que o contribuinte que se absteve de pagar o tributo indevido. Tem de prevalecer o princípio da igualdade mesmo que o contribuinte não faça prova de haver assumido o encargo."[37] Além deste princípio, Gustavo Miguez de Mello também invoca os princípios da segurança jurídica, da capacidade contributiva e da equidade na defesa dos direitos e garantias dos "contribuintes de fato"[38].

Contudo, Hugo de Brito Machado adverte que não existe o intitulado "contribuinte de fato", porque a qualificação jurídica do "contribuinte" não prescinde da identificação de quem em realidade suportou o peso financeiro do tributo[39]. Além disto, Hugo de Brito Machado entende que a repercussão meramente econômica do tributo não é juridicamente relevante e lembra que o artigo 166 do Código Tributário Nacional[40] não teve o seu real alcance fixado, no meio doutrinário e jurisprudencial[41].

Portanto, com a expressão "cidadão-contribuinte" objetivamos demonstrar que todos aqueles sujeitos relacionados com o fenômeno impositivo tributário e com os seus reflexos merecem ter seus direitos humanos fundamentais efetivamente assegurados, seja no âmbito do Direito Público – em particular, no Direito Tributário – ou, então, pela implementação de adequados instrumentos a serem viabilizados, até mesmo, pelo Direito Privado[42].

---

[36] *Comentários aos artigos 165 a 169*, in *Comentários ao Código Tributário Nacional*. São Paulo: Saraiva. Coordenação: Ives Gandra da Silva Martins, 1998, p. 367.
[37] Op. cit, p. 364.
[38] Cf. op. cit., pp. 365 e 366
[39] Cf. *Sujeito Passivo*, in *Obrigação Tributária*. São Paulo: Revista dos Tribunais, coordenador: Carlos Valder do Nascimento, 1988, p. 80.
[40] O Código Tributário Nacional consagra:
"Art. 166. A restituição de tributos que comportem, por sua natureza, transferência do respectivo encargo financeiro somente será feita a quem prove haver assumido referido encargo, ou, no caso de tê-lo transferido a terceiro, estar por este expressamente autorizado a recebê-la."
[41] Cf. Op. cit., p. cit. Hugo de Brito Machado salienta:
"A propósito da repercussão, incorre a doutrina jurídica em lamentável equívoco, cuidando de classificar os tributos em *diretos* e *indiretos*, e cogitando um tal de *contribuinte de fato*, como se entre este e o sujeito ativo da obrigação tributária houvesse algum tipo de relação jurídica.
Contribuinte é somente a pessoa, referida na norma pela categoria da qual participa, que tenha relação pessoal e direta com o fato gerador da obrigação tributária. Relação jurídica, obviamente, que só pode existir se prevista em norma válida." (Op. cit., p. cit.).
[42] Por exemplo, a regulamentação da mediação e arbitragem em matéria tributária (não permitida pelo ordenamento jurídico brasileiro) poderia ser um valioso instrumento posto à disposição do "cidadão-contribuinte".

V. A defesa do Consumidor e o indefeso "contribuinte de fato"

O princípio constitucional de defesa do consumidor reflete uma das modernas tendências do Direito: a defesa da livre economia de mercado a partir da proteção de seus elementos microeconômicos.

Nesta perspectiva, o professor Marcos Sacristán Represa ensina que na "... origen de la necesidad de una política y un Derecho protector de los consumidores, están, como se advertía, determinadas transformaciones sufridas por el mercado en las últimas décadas, que obligan a caracterizarlo en sus aspectos más nuevos, funcionalmente como un mercado de producción tecnificada, de comercialización masiva, promoción agresiva y estructuralmente carente de condiciones para que actuara plenamente el principio de libertad de competencia."[43]

No Brasil, o princípio de defesa do consumidor[44] foi consagrado pelo inciso V do artigo 170 da Constituição Federal de 1988, muito embora, a Política Nacional de Relações de Consumo viesse a ser implementada apenas em 1990, com o advento da Lei Nº 8078, que estatuiu o Código de Defesa e Proteção do Consumidor[45]. Na Europa, Portugal e Espanha já haviam consagrado a "defesa do consumidor" a partir de suas Constituições de 1976 (reformada em 1982) e 1978, respectivamente.

Ao se referir à política estatal de defesa do consumidor, o professor Celso Ribeiro Bastos adverte que não obstante "...medidas efetivas tenham sido tomadas nesse setor, é forçoso reconhecer que muito mais resta ainda a ser feito. A questão crucial é posta pelo fato de que a antiga relação entre o adquirente e o artesão foi substituída por uma cadeia de agentes que vai desde o produtor até o consumidor final."

Sobre a nitidez, pudemos reconhecer que um dos principais problemas decorrentes desta moderna cadeia composta pelos agentes econômicos, no circuito

---

[43] Cf. *Protección de los Consumidores*, in *Políticas Comunitarias*. Título XIV. Coordinador: Antonio Calonge Velázquez. Valladolid: Caja Duero, Lex Nova, UVA e IEE, 1998, p. 416.

[44] João Bosco Leopoldino da Fonseca preceitua:
"O Constituinte entendeu, seguindo as modernas correntes do Direito, que um dos elos da economia de mercado é o consumidor, e por isso impõe ao Estado a sua proteção." (*Direito Econômico*. 2ª ed. Rio de Janeiro: Forense, 1999, p. 90).

[45] Sobre as normas constitucionais relativas à defesa do consumidor, enquanto Princípio Constitucional de Direito Econômico, Eros Roberto Grau observa que "...confere a Constituição, desde logo, concreção nas regras inscritas nos seus arts. 5º, XXXII – 'o Estado promoverá, na forma da lei, a defesa do consumidor' –, 24, VIII – responsabilidade por dano ao consumidor –, 150, § 5º – 'a lei determinará medidas para que os consumidores sejam esclarecidos acerca dos impostos que incidam sobre mercadorias e serviços' –, e 48 das Disposições Transitórias – determinação que o Congresso Nacional elaborasse, dentro de 120 dias da promulgação da Constituição, código de defesa do consumidor. Ademais, o parágrafo único, II do art. 175 introduz entre as matérias sobre as quais deverá dispor a lei que trate de concessão ou permissão de serviço público os direitos dos usuários." (*A Ordem Econômica na Constituição de 1988*. 4a. ed. São Paulo: Malheiros, 1998, p. 258).

de produção de riquezas, diz respeito à tributação, uma vez que, na maioria das vezes, o seu "peso" vem sendo suportado pelo "consumidor" – o "destinatário final" do produto adquirido ou do serviço contratado –, ou seja, por aquele que, quase sempre, encontra-se apenas na condição de "contribuinte de fato".

Não é possível que, nos dias atuais, a reconhecida figura deste "destinatário final" – igualmente, identificada com as figuras do "consumidor" e do "contribuinte de fato" – continue apenas tutelada no âmbito do Direito Civil e siga sem receber a devida proteção jurídica no âmbito tributário.

VII. Conclusões

a) Na Europa e no Brasil, as "relações de consumo" gozam de proteção jurídica, ainda que, em concreto, suas diferentes legislações não acolham um conceito comum de "consumidor". Da mesma forma, as "relações jurídico-tributárias" são protegidas pelas legislações, que adotam conceitos semelhantes de "contribuinte";

b) Em abstrato, sob uma "concepção retórico-política", todos os "cidadãos" são "consumidores" e "contribuintes". Daí, pois, as expressões "cidadão-consumidor" e "cidadão-contribuinte"; e

c) Por vezes, a mesma pessoa assume a condição de "consumidor" e "contribuinte de fato", sem ser "contribuinte de direito" – "contribuinte" ou "responsável tributário". Neste caso, na esfera tributária, inexistirá qualquer proteção jurídica objetiva conferida ao "contribuinte de fato", enquanto que, na esfera cível, será dispensada a devida proteção jurídica ao "consumidor". Nesta condição, o "contribuinte de fato" só poderá postular seus direitos na esfera tributária com a expressa autorização do "contribuinte de direito". Tal situação verifica-se no Brasil e, igualmente, na Europa, onde a doutrina vem reclamando o devido reconhecimento dos direitos e garantias do "contribuinte de fato" pela legislação.

VIII. Referências

ABELLÁN TOLOSA L.; FERNÁNDEZ GIMENO J. P.; FONTANA PUIG A.; MARTORELL ZULUETA, P.; REYES LÓPEZ M. J.; REYES LÓPEZ A., *Derecho de Consumo*, Coordinador: REYES LÓPEZ, M. J., Valencia: Tirant lo blanch, 1999.

ALFARO ÁGUILA REAL, J. *Las condiciones generales de la contratación*, Madrid, Civitas, 1991.

BERCOVITZ RODRIGUEZ CANO, A., *La Protección de los consumidores. La Constitución española y el derecho mercantil. Lecturas sobre la Constitución española*, Madrid, 1978.

BERCOVITZ RODRIGUEZ CANO, A. y BERCOVITZ RODRIGUEZ CANO, R., *Estudios jurídicos sobre la protección de los consumidores*, Tecnos, Madrid, 1987.

BERLIRI, Antonio. *Principios de Derecho Tributario*. Vol. 2, traducción, estudio preliminar y notas por Narciso Amorós Rica y Eusebio González García. **Madrid: Editorial de Derecho Financiero, 1973.**

Carta de Proteção dos Consumidores do Conselho Europeu de 1973.

DE CASTRO Y BRAVO, Federico. "Notas sobre las limitaciones intrínsecas de la autonomía de la voluntad. La defensa de la competencia. El orden público. La protección del consumidor" *ADC*, 4, 1982, vol. 35.

DIEZ-PICAZO, L. e PONCE DE LEÓN, L., "¿Una nueva doctrina general do contrato?", *ADC*, 4, 1993, vol. 46.

FARINA, J. M., *Defensa do consumidor y do usuario. Comentario exegético de la ley 24.240 y do decreto reglamentario 1798/94*. 3ª ed. Buenos Aires: Astrea, 2004.

FERNANDEZ GIMENO, J. P., "Los consumidores y usuarios como sujetos afectos a una especial tutela jurídica", en *Derecho Privado de Consumo*, Coordinación a cargo de REYES LÓPEZ, M. J., Valencia, Tirant lo blanch, 2005.

FERREIRA FILHO, Manoel Gonçalves. *Direitos Humanos Fundamentais*. 3ª ed. São Paulo: Saraiva, 1999.

FONSECA, João Bosco Leopoldino da. *Direito Econômico*. 2ª ed. Rio de Janeiro: Forense, 1999.

GONZÁLEZ, Eusebio; GONZÁLEZ MARTÍNEZ, Teresa. *Direito Tributário: Elementos de Teoria Geral*. Tradução e Notas: João Bosco Coelho Pasin. São Paulo: RIDEEL, 2010.

GIANNINI, Achille Donato. *Instituciones de Derecho Tributario*. Trad. Fernando Sainz de Bujanda. Madrid: Editorial de Derecho Financiero, 1957.

GRAU, Eros Roberto. *A Ordem Econômica na Constituição de 1988*. 4ª. ed. São Paulo: Malheiros, 1998.

JARACH, Dino. *Curso Superior de Derecho Tributario*. Buenos Aires: Liceu Profesional CIMA, 1969.

LACOMBE, Américo Masset. *Obrigação Tributária*. São Paulo: Revista dos Tribunais, 1977.

LETE ACHIRICA, J., "La Directiva sobre la venta y las garantías de los bienes de consumo de 25 de mayo de 1999 y su transposición en el derecho español", *AC*, 4, 1999.

MACHADO, Hugo de Brito. *Sujeito Passivo*, in *Obrigação Tributária*. São Paulo: Revista dos Tribunais, coordenador: Carlos Valder do Nascimento, 1988.

MARTINEZ DE AGUIRRE, C., "Trascendencia do principio de protección a los consumidores en el derecho de obligaciones", *ADC*, 1, 1994, vol. 47.

MELLO, Gustavo Miguez de. *Comentários aos artigos 165 a 169*, in *Comentários ao Código Tributário Nacional*. São Paulo: Saraiva. Coordenação: Ives Gandra da Silva Martins, 1998.

PENCO, Á. A., "La noción de consumidor y su tratamiento en el derecho comunitario, estatal y autonómico. Breve referencia al concepto de consumidor en el derecho extremeño", *Anuario de la Facultad de Derecho*, ISSN 0213-988X, nº 18, 2000. (http://dialnet.unirioja.es/servlet/articulo?codigo=831211)

POLO, E., *La Protección do Consumidor en el Derecho Privado*, Cívitas, Madrid, 1980.

PRADA ALONSO, J., *Protección do Consumidor y Responsabilidad Civil*, Marcial Pons, Madrid, 1998;

SACRISTÁN REPRESA, Marcos. *Protección de los Consumidores*, in *Políticas Comunitarias*. Título XIV. Coordinador: Antonio Calonge Velázquez. Valladolid: Caja Duero, Lex Nova, UVA e IEE, 1998.

SOARES, Claudia Dias. *O Contribuinte de Direito e o Contribuinte de Facto do Imposto* Ecológico, in *Revista Tributária e de Finanças Públicas*. Ano 08. Nº 34. São Paulo: Revista dos Tribunais, 2000.

V. HIPPEL, VERBRAUCHERSSCHUTZ, T., *Special Message to the Congress on Protecting the Consumers Interest*, 1979.

VANONI, Ezio. *Elementi di Diritto Tributario. Altri Saggi di Diritto Finanziario. Opere Giuridiche*. Vol. II. Milano: Giuffrè, 1962.

A avaliação indirecta padronizada da matéria tributável [1]

JOÃO PEDRO RODRIGUES
Professor Assistente da Faculdade de Direito da Universidade de Coimbra

1. Tradicionalmente incluída num domínio estritamente procedimental e aí compreendida como mero instrumento de determinação do valor da obrigação tributária, a avaliação indirecta assume actualmente uma fisionomia que ultrapassa essa dimensão apenas adjectiva e que a projecta para o domínio da própria definição quantitativa do facto tributário, sobrepondo-se aí às normas de incidência que recortam a medida do tributável.

De facto, atentos os diferentes pressupostos de que a lei faz depender a mobilização administrativa dos métodos indirectos, a sua distinta teleologia justificadora, e, sobretudo, os díspares critérios definidos em sede de quantificação, é claramente discernível neste horizonte dogmático uma cisão metodológico--intencional que autoriza a distinção entre avaliação indirecta "procedimental" e avaliação indirecta "substancial".

[1] Recebi, com muita honra, o convite para participar neste livro de homenagem ao Senhor Doutor Diogo Leite de Campos, tendo-me sido proposto que o texto incidisse sobre o tema da minha dissertação de mestrado, escrita sob orientação do homenageado. Nessa medida, o presente texto incide precisamente sobre matéria que tratámos nos *Critérios normativos de predeterminação da matéria tributável: os "novos" caminhos abertos pela [pré-]suposta avaliação indirecta na imposição fiscal do rendimento*. Devo dizer que este retorno aos meus primeiros passos no domínio do direito fiscal avivou a memória das conversas que fui mantendo com o Senhor Doutor Diogo Leite de Campos, pelo que, com essa imagem bem nítida, resta-me aqui agradecer, muito penhorado, a simpatia, a amizade e o profissionalismo do Senhor Doutor, a quem dedico estas palavras que não teriam sido escritas sem a sua determinante colaboração.

Na primeira hipótese, encontram-se compreendidos os métodos indirectos que operam na dependência das normas de definição do quantum tributável, perante as quais assumem carácter instrumental; na segunda, estão englobados os métodos indirectos que comportam em si um critério próprio e autónomo de incidência quantitativa que se substitui às normas que definidoras da matéria tributável.

Partindo dessa distinção de base, podem diferenciar-se, de entre a panóplia de hipóteses que o legislador define em sede de avaliação indirecta, os métodos indirectos *stricto sensu* – que constituem todo aquele conjunto de métodos mobilizados pela administração tributária em virtude de ser impossível operar uma quantificação directa e exacta da matéria tributável e que, por isso, se encontram numa relação de estrita subsidiariedade relativamente aos métodos directos (artigo 87º, alínea *b)* e artigo 88º da LGT) – dos métodos indirectos *lato sensu* (ou métodos indirectos essencialmente controladores) – que não estão dependentes da impossibilidade de determinar directamente a matéria tributável, assentando o seu pressuposto numa *ratio* essencialmente verificadora da situação fiscal do sujeito passivo, justificada por preocupações relacionadas com a fraude e a evasão fiscais, e que operam um controlo normativo da declaração do contribuinte através de presunções, indícios ou indicadores objectivos de actividade de base técnico-científica, tendendo, em sede de quantificação, a determinar a matéria tributável com base numa modelação autónoma dessa base (artigo 87º, alíneas *c), d), e)* e *f)* da LGT[2].

---

[2] Note-se que distinção a traçada não abarca a realidade normativa do regime simplificado de tributação, impropriamente mencionado como um procedimento de avaliação indirecta da matéria tributável, contrariamente ao que sucede em Espanha onde a Ley General Tributaria, no artigo 47º, nº 1, refere, como métodos de determinação, a *"Estimación directa"*, a *"Estimación indirecta"* e a *"Estimación objectiva"*, correspondendo esta a um autêntico regime simplificado de tributação. Na verdade, no regime simplificado não está tanto em causa uma reconstrução indiciária dos rendimentos que presumivelmente podem imputar-se a um determinado sujeito passivo porque os elementos por ele fornecidos não apresentam, formal ou materialmente, um grau de credibilidade que pudesse fundar a avaliação indirecta, mas sim a criação legislativa de um regime específico de determinação de uma base tributável "alternativa".
No regime simplificado aquilo que se assume como rendimento tributável não é o resultado da consideração dos elementos conformadores da matéria tributável que são espelhados, com maior ou menor certeza, nos resultados da avaliação directa ou indirecta, mas uma magnitude distinta que é construída pelo legislador com base em critérios de normalidade ou num juízo de valoração – v. SÁNCHEZ PINO (1995: 282), FERREIRO LAPATZA (1996: 500) e PÉREZ ROYO (1992: 164-165). Não está em causa um qualquer escopo de índole presuntiva relativamente a um pré-suposto rendimento real, mas a quantificação, através dos indicadores objectivos, de um rendimento normalizado relativamente a cada sector de actividade, tendo em conta um conjunto variado de circunstâncias, e daí se ter ponderadamente excluído a possibilidade de revisão da matéria tributável.

Subjacente ao alargamento das possibilidades de tributação indirecta decorrente da introdução destas "novas" formas de avaliação, encontra-se não só a expectativa de, por um lado, suprir as crónicas dificuldades da administração fiscal ao nível do cumprimento das suas funções de fiscalização e controlo, mas também a criação de um eficiente sistema de detecção de situações anómalas exponencialmente indicadoras ou reveladoras de evasão fiscal através de um "controlo" material dos rendimentos declarados que escapam à teia da fiscalização administrativa sucessiva em face da manifesta ineficiência da máquina tributária[3].

Ao que acresce estarmos perante um regime cuja efectiva aplicação está "nas mãos" do sujeito passivo que pode optar pela determinação "analítica" do seu rendimento tributável, o que abona em favor da sua autonomização em face dos métodos indirectos porque revela a intenção do legislador em implementar um procedimento que é alternativo-optativo perante o binómio avaliação directa-indirecta.

Nesse sentido, poderá mesmo referir-se, com algum exagero, é certo, que o regime simplificado se aproxima mais da avaliação directa do que dos métodos indiciários, na medida em que é susceptível de se prefigurar como uma quantificação *ex ante* realizada directamente pelo legislador – v. Tosi (1999: 35, nt. 66).

Por outro lado, quanto à avaliação indirecta prevista no artigo 87º, alínea *e*), da LGT, convém explicitar que a mesma constitui uma mera especificação antecipante do sentido prático inferido da regulamentação dos indicadores objectivos (artigo 87º, alínea *c*), da LGT), sendo a sua razão--de-ser justificada pela ausência dessa regulamentação e pela necessidade de obter uma resposta imediata para aqueles casos de maior gravidade.

Na verdade, os casos agora mencionados na nessa norma já ficavam abrangidos pela previsão normativa do afastamento relativo aos indicadores objectivos, na medida em que a apresentação de resultados tributáveis nulos ou de prejuízos fiscais sempre comporta um afastamento – e, nestes casos, no máximo possível – perante a matéria tributável que pode imputar-se ao sujeito passivo por referência aos indicadores objectivos.

No entanto, apesar desta hipótese de avaliação indirecta partilhar a teleologia fundamentante que caracteriza os demais métodos indirectos de *ratio* controladora, não se encontram legalmente previstos quaisquer critérios de quantificação do rendimento tributável, sendo discutível a aplicação analógica do artigo 90º, nº 1, da LGT.

[3] Cfr. Tosi (1994: 339) que verifica a *"tendência actual [...generalizada em Itália] favorável à ampliação das hipóteses de uma tributação a forfait no âmbito da determinação da matéria tributável (...) [já que] tal método é tido como particularmente eficaz para combater as irregularidades associadas às empresas de menor dimensão e aos trabalhadores independentes de quem se teme uma elevada propensão para a evasão, que não deixa de ser amplificada pelas crónicas dificuldades operativas com que se debate a administração tributária"*. Entre nós, esta tendência já havia sido claramente assumida no art. 56º da Lei do Orçamento para 1996 (Lei nº 10-B/96 de 23 de Março) e, reflectindo as perspectivas da revisão da tributação do rendimento, XAVIER DE BASTO (1998: 138ss.) dava também conta de que *"o reconhecimento da importância dessa evasão e dos danos que ela causa à equidade geral do sistema e à moral física dominante tem conduzido, entre nós, à discussão da necessidade de encontrar métodos alternativos de determinação da matéria tributável supostamente mais seguros e eficazes, que permitam aumentar as cobranças fiscais sobre os rendimentos mais vulneráveis à evasão e repor alguma dose de justiça na distribuição do IRS (...) [pelo que]*

Na verdade, tais métodos indirectos acabam, assim, por estender (*rectius*, antecipar) a função verificadora-fiscalizadora da administração, para montante, à determinação da matéria colectável, nos casos onde se suspeita, tendo em conta determinados padrões de normalidade, que o rendimento declarado pelo sujeito passivo não corresponde ao rendimento real, daí resultando a instituição de um tal *contrôle* prévio da veracidade material dos dados apresentados pelos contribuintes que poderá conduzir à avaliação administrativa dos rendimentos sujeitos a tributação quando não sejam apresentadas razões que justifiquem os concretos resultados tributáveis declarados[4].

Com efeito, atentando nos pressupostos desta avaliação indirecta, torna-se possível verificar que a sujeição do contribuinte à determinação indiciária da matéria tributável está intrinsecamente relacionada com os resultados tributáveis apresentados, independentemente da existência de um vício formal que afecte a credibilidade da escrita do sujeito passivo.

São, portanto, os rendimentos declarados que, em face do desvio perante certos padrões estabelecidos pelo legislador, acabam por determinar a mobilização destes métodos indirectos[5], pelo que a efectiva mobilização destes métodos indirectos não está dependente de prova demonstrativa da existência de

---

tem-se discutido muito sobre se o sistema de determinação da matéria colectável do IRS, que assenta sobre o rendimento constante das declarações dos contribuintes, controlada pela administração fiscal, não deveria ceder o seu lugar, para certos grupos de sujeitos passivos em que o controlo fiscal se apresenta mais difícil e a evasão do imposto mais facilitada, a métodos de determinação, em que "indícios objectivos" sobre o valor da matéria colectável são tomados como ponto de partida para o cálculo do rendimento colectável".
No mesmo sentido se havia, aliás, pronunciado o RCDRF (1996: 333ss) que, após dar conta de que *"subsistem sérios indícios de que, por evasão ou fraude fiscais, parte considerável das actividades empresariais e profissionais independentes não é tributada pelo rendimento efectivamente obtido"*, pondera não só o desenvolvimento dos pressupostos de aplicação da avaliação indirecta fundada na impossibilidade de quantificar directa e exactamente o valor da matéria tributável, como também a possibilidade de introdução de novos métodos indirectos no nosso sistema fiscal – vejam-se, a este propósito as 8ª e 9ª recomendações do Capítulo 8º, p. 357.

[4] Segundo PUHL (1997: 4), a possibilidade *"de dispor de instrumentos eficazes para controlar os dados declarados pelo contribuinte e para adquirir todas as informações relativas à matéria tributável constitui um elemento essencial do direito tributário"*.

[5] Refira-se que tal "princípio" sempre constituiu uma importante dimensão da actividade inspectiva da administração fiscal e constitui um aspecto deveras importante na luta contra a evasão fiscal; assim o reconhecia a RCM nº 119/97, de 19 de Junho, que insistia na necessidade de racionalizar *"os procedimentos de determinação indirecta do rendimento, nomeadamente através de análises económicas sectoriais sistemáticas, de aprofundamento das técnicas de elaboração de rácios e da clarificação do conceito legal de «indícios fundados»"* e, mais recentemente, pode mencionar-se a RCM nº 163/2001, de 23 de Novembro, que reforça a ideia de que *"competindo à administração fiscal promover as necessárias correcções da base tributável e seleccionar, por razões de equidade fiscal e para efeitos da instauração de procedimentos de inspecção, os contribuintes que apresentem indicadores de rendibilidade fiscal inferiores aos do respectivo sector de actividade"*.

vícios e/ou irregularidades que impossibilitem a quantificação directa e exacta da matéria tributável.

A construção legislativa parte, assim, de critérios estabelecidos *ex ante* que permitem a referência a um determinado rendimento elaborado normativamente com o qual se confrontam os valores declarados pelo contribuinte, estando a avaliação indirecta dependente da verificação da existência de um desvio significativo que, do ponto de vista legal, determine a procedência dos métodos indirectos sempre que não sejam apresentadas razões que permitam justificar os resultados apresentados, acabando por ser a "anormalidade" dos rendimentos declarados pelos contribuintes, desvelada pelos critérios legais – e que carece de uma justificação atestadora da veracidade material dos dados apresentados–, que verdadeiramente caracteriza esta avaliação indirecta[6].

Ora, para além do aspecto referido, a verdadeira marca de contraste desta avaliação indirecta acaba por residir na relação unicitária entre os pressupostos e os critérios mobilizáveis para a quantificação da obrigação tributária, resultante da função ambivalente associada aos seus elementos tipificadores que actuam em momentos funcional e logicamente diferenciados, um orientado para equacionar a verdade material dos rendimentos declarados em face do desvio parametrizado *(pars destruens)*, o outro voltado para a fixação da matéria tributável *(pars construens)*[7].

Daí resulta, pois, uma rígida predeterminação da matéria tributável uma vez que o valor imputado ao contribuinte resulta, exclusivamente, da aplicação de critérios, indicadores ou padrões normativos estabelecidos previamente, não sendo relevados, a este título, quaisquer elementos relativos à concreta situação do sujeito passivo[8], como sucede nos casos referidos no artigo 87º, alíneas *c*) e *d*), da LGT[9].

---

[6] No mesmo sentido XAVIER DE BASTO (2001:17-18). Para o autor, esta avaliação indirecta tem na sua base um *"desvio à normalidade e não uma impossibilidade de quantificação"* já que *"não é normal que os resultados das empresas se afastem tanto e durante tanto tempo dos indicadores objectivos de base técnico--científica, como não é normal que quem disponha das referidas manifestações de fortuna aufira rendimento tão desproporcionadamente baixo, como não é normal ainda, salvo no início da actividade, que os resultados tributáveis sejam nulos ou negativos durante três anos consecutivos...".*

[7] Cf. Tosi (1999: 16).

[8] Note-se, todavia, que a aplicação destes métodos indirectos não é automaticamente determinada pela constatação da divergência entre os rendimentos declarados e os critérios legais pré-estabelecidos. Não se trata de tributar, *a outrance*, através de tal metodologia, um qualquer desvio relativamente aos padrões normativamente instituídos, fazendo valer, apodicticamente, a *"forfetização"* legal sobre a situação concreta do sujeito passivo.
Se, na origem desta regulamentação não deixa de estar presente uma inequívoca preocupação anti-evasiva, funcionalmente orientada para a detecção de situações anómalas, não deve estranhar--se que seja conferida ao contribuinte a possibilidade de justificar os rendimentos apresentados,

2. A fixação normativa da matéria tributável através de critérios apriorísticos que, em resultado de uma valoração legislativa, se sobrepõem à realidade, apresenta alguns pontos de contacto com outras figuras jurídicas cujos contornos nem sempre são susceptíveis de uma clara e inequívoca individualização concretizadora[10].

Desde logo, existe aí uma clara afinidade com a esquematização estruturante que é comummente reconhecida no âmbito das presunções legais[11].

---

estando a efectiva aplicação deste regime dependente da ausência – ou insuficiência – das razões invocadas para "sufragar" os dados tributáveis declarados.

De facto, atenta a intencionalidade que perpassa esta avaliação indirecta, não podemos deixar de entender que as hipóteses normativas correspondem a um mero indiciar sintomático de possíveis ocorrências fraudulentas que carece de ser confrontado em face das particularidades concretas que entretecem a situação tributária do sujeito passivo, pelo que o acto "tributário" determinante da aplicação dos métodos indirectos terá de ser devidamente fundamentado tendo em conta as razões justificativas apresentadas.

Nessa medida, a simples verificação do pressuposto-base não dá origem, *op legis*, à quantificação indirecta do rendimento tributário. É igualmente necessário que o contribuinte não apresente uma justificação válida que sustente materialmente a sua declaração de rendimentos.

[9] Nestes casos, como é consabido, a matéria tributável é quantificada por referência a um rendimento padronizado e construído *a priori*. Solução que não foi mantida para as hipóteses constantes das alíneas *e)* e *f)* da mesma norma.

Quanto à alínea *e)*, como já se referiu, não se encontram estabelecidos quaisquer critérios de quantificação, sendo problemática a aplicação dos critérios previstos no artigo 90º, nº 1, da LGT, para os casos de comprovada impossibilidade de quantificação directa e exacta da matéria tributável. Nessa lógica, justifica-se uma alteração da lei no sentido de determinar quais os critérios aplicáveis nessa hipótese, ainda que o faça por remissão para o artigo 90º, nº 1, da LGT, como sucede nos casos previstos no artigo 89º-A, n.ºs 4 e 5, da LGT.

No caso da alínea *f)*, o rendimento será quantificado em função da mera diferença entre o acréscimo patrimonial e os rendimentos declarados, não existindo aí uma padronização do rendimento, mas apenas a definição de uma autónoma base tributável.

[10] Note-se que os termos "sobreposição", referido por Lupi, e "prevalência", mencionado Grippa Salvetti, *apud* Tosi (1999: 16), justificam-se sobretudo naquelas hipóteses de predeterminação que têm uma ratio essencialmente controladora dos resultados apresentados pelos contribuintes, enquanto que, o termo substituição – referido por Tosi (1999: 16) – será mais apropriado para aqueles casos, de tributação simplificada, onde os valores normativamente predeterminados acabam por ocupar o lugar do rendimento determinado com base no material fáctico-informativo declarado pelo contribuinte.

[11] É tradicional a distinção entre as *praesumptio iuris seu legis* (presunções legais) e as *praesumptio hominis seu iudicis* (presunções judiciais), acolhida no artigo 349º, do Código Civil, que define as presunções como ilações que a lei ou o julgador tira de um facto conhecido para firmar um facto desconhecido, na linha do também disposto no art. 1349º do Code Civil *("Les présomptions sont dês consequences que la loi ou le magistrat tire d'un fait connu à un fait inconnu")* e no art. 2727 do Códice Civile *("Le presunzioni sono le conseguenze che la legge o il giudice trae da un fatto noto per risalire a un fatto ignorato").*

Na verdade, em ambos os casos existe idêntica formalização estrutural[12], assente na existência de uma relação inferencial entre um facto conhecido – o facto-base sustentador da consequência alcançada – e um facto desconhecido, sendo que, quer nas presunções legais, quer na fixação da matéria tributável com base em instrumentos que predeterminam o rendimento, existe um laço jurídico que expressa uma valoração legislativa efectuada a partir de um dado (pré-)suposto.

Todavia, apesar de tal semelhança ao nível da arquitectura dos institutos, os institutos não se confundem.

Sejam legais ou judiciais, as presunções podem definir-se como a actividade lógico-intelectual realizada pelo legislador – ou pelo juiz – pela qual, em função de um nexo lógico-causal, se considera, a partir de um facto conhecido (facto base), como provável um facto desconhecido (facto presumido). Outra classificação com especial interesse prático no domínio tributário diz respeito à distinção entre *praesumptio iuris tantum* (comumente designadas de presunções relativas) e *praesumptio iure et de iure* (as chamadas presunções absolutas): as primeiras admitem a produção de prova contrária do facto presumido, enquanto que as segundas acompanham o estabelecimento do facto presumido com a impossibilidade de fazer prova em contrário.
Nestes casos, não falta quem negue a tais expedientes probatórios a natureza de uma verdadeira presunção, posto que, "quando se proíbe toda a prova em contrário, já não nos encontramos no âmbito do direito probatório, mas perante uma norma configuradora do tributo que não cabe qualificar como uma presunção". FALCON Y TELLA, citado por SÁNCHEZ PINO (1995: 33ss.), entende precisamente que as presunções *iure et de* iure não constituem verdadeiras presunções, porque estas operam ao nível do direito probatório e, em rigor, requerem sempre a admissibilidade de prova em contrário. Quando essa possibilidade não exista, encontramo-nos fora do terreno da prova (...). Em suma, quando uma norma impossibilite a prova em contrário, está a afastar-se da essência da presunção. As presunções absolutas são, portanto, comandos legislativos, declarações de direito substantivo, constituindo uma técnica legislativa que não tem sentido no âmbito probatório, onde actuam as presunções autênticas".
No entanto, tal posição acaba por não reter que as próprias regras relativas à repartição do ónus da prova – e, assim, também as presunções relativas – assumem natureza substantiva. Cf., a este propósito, as notas mencionadas por ANTUNES VARELA (1985: 443) que, dando conta da querela entre "os processualistas" e "os civilistas", distingue, na esteira de VAZ SERRA, entre "as normas reguladoras do modo como as provas devem ser requeridas, produzidas e recolhidas ou assumidas em juízo" – que constituem o cerne do denominado direito probatório formal–, e as normas integradas no domínio do direito probatório material que, por sua vez, respeitam ao problema do ónus da prova, à admissibilidade dos meios de prova e à sua força probatória específica". Por outro lado, afigura-se claro que em ambos os casos nos encontramos perante figuras construídas através de uma inferência logicamente fundada que permite afirmar, a partir de um facto-base e através de um percurso lógico, um facto que se presume (ainda que nas presunções absolutas tal afirmação vá acompanhada da impossibilidade de prova em contrário), estando, por isso, perante uma autêntica presunção.

[12] Partilha-se, assim, da opinião de TOSI (1999: 21ss), quando a Autora afirma que *"não pode negar-se que o esquema aplicativo da predeterminação coincida com o das presunções, sendo ambos baseados num nexo inferencial entre facto conhecido e facto ignorado, onde o primeiro é constituído por uma dada situação-base (...) e o segundo pelo rendimento que aí vá imputado".*

Desde logo, porque são moldados segundo uma díspar funcionalidade prático-
-jurídica que lhes determina, *et pour cause*, um diferente traçado normativo que
demarca o núcleo inferencial da predeterminação da "estruturação probatória"
que vai implicada pela assumpção de um esquema presuntivo.

Destarte, enquanto que a figura jurídica da presunção, nos seus contornos
substantivos, se reveste de uma incontornável natureza probatória, porquanto
destinada a facilitar a desocultação fáctica de elementos da realidade através de
um nexo inferencial lógico-argumentativamente estabelecido (permitindo, pois,
que firmado o facto-base, se afirme, logo, um facto desconhecido)[13], já a predeterminação não assenta em qualquer intencionalidade probatória, mas numa autónoma composição regulativa mediante a qual se atinge e disciplina a realidade[14].

Depois, porque os alicerces que suportam a ponte entre o facto de que se
parte e a proposição aonde se chega e o tipo de percurso que vai implicado em
tal caminho também são diferenciados. Assim, enquanto as presunções tendem
a partir de um inequívoco e efectivo ancoramento na realidade[15] – que é proba-
bilisticamente representada na conclusão inferenciada –, já a predeterminação
repousa numa valoração normativa discricionária, potencialmente desvinculada
do material empírico oferecido pela realidade, direccionada à estatuição de um
efeito jurídico imposto [desejado] pelo legislador[16].

Assim sendo certo que as presunções correspondem a uma representação da
realidade que se assume em termos do estabelecimento de factos com ela cone-
xionados, sendo construídas mediante um juízo valorativo conformado a partir
da assumpção de "regras de experiência", que se traduzem numa assumida normalidade – assente na repetição dos pressupostos modelos empíricos – e numa
repetida causalidade – retratada pelo nexo que permite inferir da mesma causa
um efeito constante[17], o mesmo não sucede nos casos onde a matéria tributável
– ou uma sua componente – surge determinada através de critérios normativos
que a pré-quantificam.

---

[13] Não é assim de estranhar que as presunções fiscais sejam geralmente estabelecidas com uma *ratio* de *favor fisci*, como forma de facilitar a tarefa de conhecimento fáctico que se faz impender sobre a administração tributária. Cf. SÁNCHEZ PINO (1995: 89ss.), TESAURO (1987: 39), TRIMELONI (1994: 88ss.), ESEVERRI MARTINEZ (1995: 17ss.) e GENTILLI (1984: 23ss.).
[14] Cf. DE MITA (1995: 197).
[15] Cf. TRIMELONI (1994: 85) e GENTILI (1984: 15ss.).
[16] Argumento por TOSI (1999: 24).
[17] Cf. SÁNCHEZ PINO (1995: 51). E daí a referência, comummente efectuada, dos esquemas presuntivos a juízos de probabilidade que permitem cristalizar normativamente um determinado
pedaço da realidade através de um percurso logicamente fundado – cf. FALSITTA (1968: 37) e
TOSI (1999: 25).

Em tais casos, ao invés de uma correspondência lógico-inferencial fundada numa pressuponente realidade, existe antes uma valoração voluntarística funcionalmente direccionada à prossecução de uma finalidade legislativa[18]. E, por isso, uma eventual correspondência dos critérios de predeterminação com a realidade não vai implicada na estrutura operativa da predeterminação – em termos de lhe ditar um sentido unívoco e empiricamente constatável –, antes se prefigurando como um resultado consequencial da própria valoração enformadora desses critérios[19].

Num caso estamos perante um juízo de fundada probabilidade que autoriza o alcance de uma realidade presumida[20] – que opera enquanto mecanismo probatório e factor inferencial de conhecimento fáctico; no outro, diferenciadamente, encontramo-nos diante de uma valoração normativa e de uma realidade disciplinada (de acordo com o juízo de valor que lhe subjaz) [21].

Assim e tendo por base tal linha reflexiva, deve reconhecer-se que os já mencionados critérios normativos de quantificação da matéria tributável em sede de avaliação da matéria tributável não concretizam um qualquer esquema presuntivo (*iure et de iure*, no caso), antes consubstanciam a construção de uma base tributável enquanto tipo de incidência autonomamente regulador da realidade: não se trata de estabelecer, por via presuntiva, quaisquer factos instrumentais da efectiva aplicabilidade de um determinado comando jurídico, mas de construir uma regulamentação específica da *fattispecie* fiscal.

---

[18] Cf. TOSI (1999: 25).
[19] Tal distinção tende, no entanto, a perder parte do seu significado para quem não reveja nas presunções um expediente logicamente sustentado por uma ligação à realidade fundada na assumpção do *il quod plerumque accidit* – cf. GENTILLI (1984: 14ss.).
[20] Segundo TOSI (1999:25) a relação entre probabilismo, possibilismo e certezza cataliza, desde há muito, o debate dogmático quanto aos caracteres essenciais da inferência presuntiva. A nosso ver, não é de exigir um nexo de derivação necessária entre os pólos da presunção, pelo que adoptamos a concepção que exige apenas um nexo de probabilidade fundamentante do percurso presuntivo, tratando-se, no entanto, de uma probabilidade qualificada, isto é, fundada numa regra de experiência susceptível de conduzir, através de um nexo lógico, ao resultado que se presume – cf. SÁNCHEZ PINO (1995: 26). Sobre o problema, *v*. FALSITTA (1968: 34), MANZONI (1993: 179), GENTILLI (1984: 103).
[21] ESEVERRI MARTINEZ (1995: 18), referindo-se à avaliação da matéria tributável dá conta de que *"entre as presunções tributárias e os sistemas de 'estimación' (...) existem (...) notáveis diferenças, seja porque as presunções se situam no dominio da prova e as 'estimaciones' no ámbito das valorações fiscais ou entre os meios de determinação da materia tributável, seja porque, na maioria dos casos, a presunção é uma maneira de determinar sobre quem recai o ónus da prova, enquanto que a determinação indirecta da materia tributável é uma forma de substituição dos "rigores de la prueba", seja ainda porque a finalidade da avaliação é apenas quantitativa e a da presunção passa por criar a aparência de um facto através de um processo de dedução lógica e daí que a mesma não dispense a própria valoração em sede quantitativa, porquanto o valor de um objecto pode ser obtido por estimativa, o mesmo não sucedendo com o juízo sobre a existência desse mesmo objecto".*

Note-se, no entanto, que a distinção efectuada não se prefigura tão nítida e cortante naqueles casos em que a construção normativa assuma como padrão um rendimento médio-normal, repousando assim numa certa observação da realidade, ou quando as presunções assentem em "regras de experiência" grosseiramente equacionadas.

Contudo, mesmo nestes casos, e sobretudo quando os critérios normativos se perfilem como formas de regulamentação do *il quod plerumque accidit*, importa reconhecer a inexistência de uma qualquer sobreposição das duas esferas, em virtude da diferente intencionalidade funcional que vai implicada em tal construção – grau de conformação da realidade que, no âmbito da avaliação indirecta de carácter substancial não é forçosamente sustentada por um nexo lógico de causalidade[22]. Pelo que, como refere CASALTA NABAIS, haverá sempre "que separar as situações em que estamos face a presunções legais, em que se infere de um facto conhecido (...) se infere um facto jurídico naturalmente provável, caso em que há-de admitir-se prova em contrário (...), das situações em que nos deparamos com a assumpção de regras da experiência comum como regras de tributação, verificando-se assim a construção de normas jurídicas (ou de tipos legais) com o (eventual) recurso a ficções legais"[23].

A segunda observação diz respeito à especificidade do esquema operativo que imputámos aos métodos indirectos de controlo que assentam numa estruturação complexa onde é discernível uma ineliminável componente racional presuntiva que funda a mobilização do procedimento de avaliação indirecta.

Nesses casos importa, sobretudo, distinguir a "presunção" que funda a avaliação indirecta, e que é determinada com base num juízo de probabilidade qualificada, potencialmente revelador de uma anormalidade denunciada a partir das

---

[22] Cf. FALSITTA (1987: 61ss.). TOSI (1999: 32), apresenta um outro argumento ao por a tónica no diferente grau de conformação da realidade que vai implicado pelas duas figuras e que, na predeterminação, não é forçosamente sustentado por um nexo de causalidade, uma vez que na "predeterminação", a ligação à realidade *"não reúne, em concreto, um suficiente nível de atendibilidade: ou porque os valores médios ou normais são referidos a tipos de actividade e/ou grandezas económicas que, por si, não se prestam a uma rígida "estandardização"*; ou, ainda, porque não se poderá dizer que nesses casos o critério da normalidade venha correctamente traduzido na disposição. E neste caso: ou porque a técnica de selecção dos sujeitos e de recolha e tratamento e a sua elaboração estatística são pouco 'científicas'; ou porque o procedimento seguido para o estabelecimento da predeterminação é desconhecido e indecifrável. Note-se, no entanto, que tal argumentação não leva na devida conta a predeterminação efectuada a partir de elementos respeitantes à situação do sujeito passivo – como "deverá" suceder no domínio dos nossos indicadores objectivos de actividade e como acontece no âmbito dos *Studi di Settore* italianos –, onde, na verdade não se pode recusar a estrita ligação desses instrumentos à realidade que disciplinam, sendo que, por esta via, não causaria particular espanto qualificá-los como "presunções qualificadas".

[23] CASALTA NABAIS (1998: 500).

regras da experiência – e que o contribuinte pode ilidir mediante a apresentação de razões justificativas que denunciem a improcedência do juízo presuntivo –, da determinação operada ao nível da quantificação do rendimento tributável, que não resulta de uma forte probabilidade inferida do real – desveladora, enquanto regra de experiência, da natural correspondência dos valores fixados à realidade concreta e concretizada numa qualquer espécie de presunção absoluta –, mas sim de uma valoração legislativa, *absque tali causa*, que não tem qualquer intenção probatória, antes correspondendo a uma imposição imperativa disciplinadora da realidade.

Por outro lado, afigura-se que a avaliação indirecta assente em critérios de pré-quantificação da matéria tributável não se reconduz igualmente à figura das ficções jurídicas, atendendo sobretudo ao facto de estas figuras jurídicas se consubstanciarem na imposição legislativa de uma verdade jurídica onde se prescinde da realidade[24].

O principal traço distintivo das ficções assenta no facto de se impor um determinado resultado desvinculado da assumpção de quaisquer regras de experiências, ignorando-se – ou, porventura melhor, subestimando-se – assim toda e qualquer correspondência do facto fictício com a realidade[25].

---

[24] Conforme afirma MARTÍN OVIEDO (*apud* SÁNCHEZ PINO, 1995: 56), pode definir-se uma ficção jurídica como uma *"técnica de construção jurídica, mediante a qual se estabelece de modo imperativo uma realidade ou uma verdade jurídica que é constitutivamente distinta da realidade ou da verdade natural subsequente"*. SÁNCHEZ PINO (1995: 57) concretiza afirmando que a ficção *"engendra a sua própria verdade jurídica, ignorando a própria existência do facto ficcionado na hora de o impor como certo ou produzido, pelo que os efeitos jurídicos não correspondem com a natureza real do pressuposto de facto"*. Igualmente nesse sentido, ROZAS VALDÉS (1993: 101): *"na ficção adquire uma dimensão preponderante o seu processo de criação, ao transformar, redefinir, o conteúdo da realidade objecto de ordenação, até justificar a elaboração do conceito como categoria diferenciada de norma material. A ficção constitui uma norma material que recria o seu objecto próprio ao prescindir da realidade na sua ordenação"*.

[25] Aqui, a distinção da figura perante as presunções assenta precisamente no facto de que, enquanto nas ficções o que existe é uma imposição, por parte do legislador, de uma verdade jurídica que tende a desprezar o material empírico extraível da realidade, nas presunções estamos, ao invés, perante um juízo de probabilidade realizado por uma operação mental lógica que parte da conexão existente entre dois factos, supondo que o resultado alcançado não é contrário à realidade (cf., SÁNCHEZ PINO, 1995: 57) – ou seja, *fictio fingit vera esse ea quae vera non sunt, praesumptio vero praesumit super re dúbia, quia ita aut non esse potest. Unde fictio numquam convenit cum veritate, praesumptio vero saepe* – GENTILLI (1984: 72).

Segundo alguns autores (cf. GENTILI, 1984: 77, SÁNCHEZ PINO, 1995: 61 e MARTÍN OVIEDO, 1970: 381 – citado por este último autor), a distinção fundamental reside, todavia, na diferente natureza jurídica das figuras referidas posto que "a ficção é um expediente normativo, enquanto que a presunção, contrariamente, desenrola a sua eficácia no terreno probatório [...pelo que] a ficção pertence ao âmbito do direito material, enquanto que a presunção ostenta um carácter processual" (SÁNCHEZ PINO, 1995: 61), isto é, *"a ficção cria o seu objecto (a realidade jurídica), a presunção cria tão-só uma relação causal entre duas realidades o factos naturais, e daí que, enquanto a ficção serve as exigências*

Nessa base, poderia entender-se que a predeterminação da matéria tributável não constituiria mais do que uma mera ficção legislativa de rendimentos imputados ao contribuinte. Mas, não será forçosamente assim.

Não se ignorando que a predeterminação conduzirá por via de regra a um afastamento em face de elementos efectivos, como se compreenderá em função do reconhecimento de estarmos perante uma realidade disciplinada segundo uma valoração legislativa, tal não significa, todavia, que, por definição, haja sempre de afirmar-se essa discrepância para com a realidade efectiva, ao contrário das ficções, que operam justamente com base nesse pressuposto[26].

A fronteira, como se vê, é aqui recortada com menos nitidez do que sucede no domínio das presunções, pois, à partida, não se pode excluir que a predeterminação conduza, como resultado, à imposição de uma verdade apenas jurídica e desfasada do real, contudo tal sucede ao nível do resultado extraído do confronto concreto perante a realidade e não como pressuposto abstracto da previsão legislativa.

Nesse sentido, cumpre reconhecer que no caso da predeterminação, esta corresponderá mais a uma norma de conformação de uma realidade disciplinada assente numa valoração do legislador – podendo assim configurar-se como uma pré-suposição dirigida a "magnitudes quantificáveis" – do que a uma norma disciplinadora de uma verdade formal construída em contradição natural com a realidade que juridicamente inverte[27].

---

valorativas do direito, a presunção tem um objeto mais limitado que é o de facilitar o estabelecimento jurídico de um facto nos casos onde a sua prova resulta muito difícil ou impossível no campo do direito" (MARTÍN OVIEDO, 1970: 384). Note-se, todavia, que para estes autores, também as presunções absolutas não são em bom rigor verdadeiras presunções, mas antes autênticas normas materiais, porém, mesmo em tal quadro, não deixa de manter-se a distinção, afirmando-se, todavia, que a diferença entre ambas as instituições é metajurídica, na medida em que apenas se alcança se se atender ao momento anterior à sua consagração legislativa (cf. SÁNCHEZ PINO, 1995: 63).

[26] TOSI (1999: 30) refere, nessa linha que as ficções operam em *"pleno contraste com a realidade"* enquanto que, nos exemplos de predeterminação, a valoração do legislador não vai disciplinada segundo esse princípio conformador.

[27] Cf. ESEVERRI MARTINEZ (1995: 47) que, apesar de dar conta do grau de aproximação entre "normas de valoração" e "ficções jurídicas", não deixa de dar conta de assinaláveis diferenças: as primeiras referem-se a "magnitudes quantificáveis", as segundas são "meras aparências de verdade criadas pelo direito e que, por vezes, arrastam como consequência a necessidade de que a lei determine um critério ou uma regra para a quantificar". Sendo que, enquanto a "norma que contém uma ficção vem equiparar algo que juridicamente se sabe desigual, já a regra de valoração contida numa norma não equipara nada desigual, limitando-se a estimar a quantia de bens e direitos ou realidades que a norma jurídica previamente equiparou".

3. Assim recortada a esfera fisionómica da predeterminação, não restam dúvidas de que o problema da sua legitimidade axiológico-material constitui um aspecto de capital importância, porquanto o seu natural distanciamento perante a realidade efectiva acaba por "colidir" com o princípio da capacidade contributiva, exigindo um esforço reflexivo relativamente aos termos em que se poderá admitir sustentadamente a mobilização de formas normativas orientadas à realização de uma predeterminação do rendimento tributável.

Enquanto expressão densificadora – e aglutinadora – de uma ineliminável exigência axiológico-material, o princípio da capacidade contributiva não pode deixar de ser convocado nesta sede como critério-base de aferição da validade substancial da predeterminação, constituindo assim uma pressuponente base valorativa assumida como critério básico de justeza que há-de presidir à repartição dos encargos fiscais – e recordando, assim, a referência, feita por TIPKE e LANG, ao *"leistungsfähigkeitsprinzip"* como *"Fundamentalprinzip gerechter Besteuerung"*[28].

De facto, a tributação segundo uma capacidade contributiva efectiva – o *Prinzip der Ist-Einkommensbesteuerung* alemão e o requisito *di effettività della capacità contributiva* italiano – exige, pois, a individualização de um critério personalizado de imposição reditual que permita ter em consideração as particularidades especificantes relativas aos diferenciados sujeitos passivos, assegurando que a *fattispecie* fiscal assente sobre uma idoneidade efectiva, expressante de uma real força económica que não pode deixar de se encontrar pressuposta na tributação, aqui residindo um importante núcleo garantístico da capacidade contributiva que deve encontrar-se directamente reflectido na substancial modelação normativa da incidência fiscal[29] e que, sancionando o respeito por uma adequação ao caso concreto[30], impõe que a tributação assente sobre rendimentos realmente auferidos pelo sujeito passivo.

Contudo, importa reconhecer que a capacidade contributiva não se reveste apenas desta indefectível esfera personalista, estando-lhe igualmente subjacente uma relevante dimensão solidarística, implicitamente relacionada com a ideia

---

[28] TIPKE/LANG (1991: 57).

[29] Refira-se, porém, acompanhando MOSCHETTI (1994: 231ss.) e TOSI (1999: 87), que também a configuração procedimental relativa à avaliação da matéria tributável deve compatibilizar-se com o respeito pelo princípio da capacidade contributiva, assegurando mobilização de um *instrumentarium* que permita a sua efectivação prática – em sentido contrário, cf. TINELLI (1993:93).

[30] Cf. TOSI (1999: 85ss.), MOSCHETTI (1994: 255), OSTERLOH (1992:105) – *apud* ROMOLO (1996: 428). Entre nós, SÁ GOMES (1997: 124) é bastante explícito ao afirmar que *"a função garantística decorrente do princípio da capacidade contributiva, no sentido de que os impostos devem ser estabelecidos de harmonia com a capacidade económica dos contribuintes pode, eventualmente, determinar a inconstitucionalidade dos impostos estabelecidos legalmente por métodos indiciários, por presunções absolutas de riqueza, por ficções jurídicas, etc, que dêem origem a tributações injustas por falta de capacidade económica..."*

hodierna de um Estado Fiscal[31]. E esta "visão de *Janus*" do princípio da capacidade contributiva assume uma importância capital, porquanto da equilibrada ponderação destas duas vertentes simbióticas deverá resultar uma resposta que permita realizar o cumprimento sustentado do inelimínável imperativo da efectividade que reveste o sentido prático-operativo deste princípio fundamental.

Na verdade, não pode ignorar-se que o dever de contribuir para os encargos públicos, enquanto expressão de um dever de solidariedade, exprime uma exigência colectiva assumida pelo eminente interesse público na realização das receitas fiscais[32], donde decorre, de forma inequívoca, que o Estado está vinculado a assegurar que todos os contribuintes paguem os impostos devidos e que o façam segundo sua a real capacidade contributiva, devendo, para isso, estabelecer os meios instrumentais apropriados à realização de uma emergente justiça fiscal comunitária.

Não se trata, no entanto, de sacrificar aquela dimensão nuclearmente constitutiva do princípio da capacidade contributiva à luz das exigências impostas pelo "interesse fiscal", enquanto interesse da colectividade, mas sim de procurar ponderar, sustentadamente, de que maneira a interposição de certas preocupações funcionais poderá constituir uma via para a realização das materiais exigências de sentido assumidas por este nódulo axiológico sustentador da imposição fiscal sobre o rendimento[33].

Assim sendo, e assumindo o radical constitutivo da capacidade contributiva, a resposta ao dilema "rendimento real – rendimento normal", passa pela exclusão, *semel pro semper*, que a tributação leve pressuposto, na sua configuração substancial, um conceito de rendimento potencial que determine, autoritária e apodic-

---

[31] Cf., entre a abundante literatura sobre este assunto, DE MITA (1995: 77), MOSCHETTI (1994: 239ss.), FANTOZZI (1991: 30), TOSI (1999: 89ss.), FALSITTA (1997: 157), TIPKE (1993: 481), HUSTER (1993: 412), KIRCHHOF (1983: 306 e 1991: 22), MÔNICA e DIOGO LEITE DE CAMPOS (2000: 124ss.), SÁ GOMES (1997: 123ss.) VÍTOR FAVEIRO (2002: 147ss.) e HERRERA MOLINA (1998: 92ss.). Especificamente sobre o Estado Fiscal, v. CASALTA NABAIS (1998: 191ss.; 2000: 363ss. e 2002b: 561ss.).
[32] Cf. MOSCHETTI (1994: 239).
[33] Cf. DE MITA (1995: 195ss.) e MOSCHETTI (1994: 241. Entre nós, VÍTOR FAVEIRO (2002: 266) refere precisamente *que "não se pode basear a injusta distribuição da carga tributária no reconhecimento da incapacidade do Estado de controlar todas as situações da vida económica e pessoais iguais. Se o legislador reconhecer a impossibilidade de controlar todas ou uma parte das situações reais que ofereçam caracteres de revelação de capacidade contributiva em termos de garantia de igualdade de tributação de todos os titulares da base ou destinatários de certo imposto, o legislador só pode tomar uma atitude : abster-se de criar tal imposto, e procurar reflectir a carga tributária de que careça, em outros sectores ou situações que assegurem a igualdade de tratamento e que caibam dentro do âmbito da capacidade macro-social e individual".*

ticamente, a imputação ao contribuinte do rendimento "médio" que este poderia ter obtido num quadro esboçado pelo pincel da normalidade[34],[35].

[34] Seja este o rendimento apurado num determinado ano, seja num determinado conjunto de anos, sendo que em ambos os casos, como refere TEIXEIRA RIBEIRO (1991: 262) estamos perante o rendimento que o contribuinte poderia ter obtido em condições normais, o que remete para *"as condições mais frequentes naquela época e lugar (...) [operando o contribuinte] com a diligência, técnica e preços geralmente praticados"*. Por outras palavras, XAVIER DE BASTO (2001: 10) identifica o rendimento normal como sendo aquele *"atribuível a condições de normalidade no funcionamento geral da economia e da unidade de produção em questão"*. Há ainda quem acrescente – cf. STEVE [(1976: 307) *apud* TOSI (1999: 18) e LECCISOTTI (1990: 12-13)], que o rendimento normal pode indicar, igualmente, o *"rendimento médio que o contribuinte obteve durante uma série de anos"*, contudo, importa referir que esta definição, além do pouco préstimo, acaba por ser estranha ao objectivo ínsito na tributação do rendimento normal, na medida em que apenas indica a média dos rendimentos efectivamente obtidos. Note-se, porém, que existindo uma sinonímia consolidada entre "rendimento normal" e "rendimento médio", os dois conceitos não se confundem forçosamente, já que o conceito de rendimento "normal" aponta para a individualização de um resultado que, em paridade de circunstâncias, se repete com maior frequência, enquanto que, quando se fala em "rendimento médio", tem-se em conta um nível "intermédio" entre dados que se distanciam por excesso e por defeito, exemplificando: na série de dados 20, 20, 20, 20, 10, 0, o dado médio é 15, enquanto que o valor que se repete com normalidade é 20 – cf. TOSI (1999: 19). Quanto às incongruências suscitadas pelo tratamento "médio-normal" do rendimento, atente-se nas observações de MANZONI (1993: 203), que afirma precisamente que "uma media de 100 pode resultar de uma oscilação entre valores compreendidos entre 95 a 105, ou entre valores que vão de 70 a 130, e se, por hipótese a faixa de preços praticados num mercado vá de 70 a 130, um preço de 80 não é menos normal do que um preço de 120".

[35] Entre nós a tributação pelo rendimento normal marcou parte relevante do século passado caracterizado por uma série de "avanços e recuos", reformas e "contra-reformas", que oscilaram entre a opção aberta pelo este modelo tributário e a imposição constitucionalmente afirmada de tributar o rendimento real.
A primeira grande reforma do sistema fiscal, que traçou um quadro unitário das múltiplas disposições avulsas que davam corpo a diversas figuras fiscais, deu-se com – a "notável", nas palavras de VÍTOR FAVEIRO (1986: 18ss. e 2002: 30ss.) – Lei nº 1368, de 23 de Abril de 1922 que, além de uma taxa anual fixa, previa uma taxa complementar que incidia sobre os lucros verificados ou presumivelmente obtidos (art. 12º). Porém, tal reforma acabou por fracassar rotundamente e apenas decorridos quatro anos foi constituída uma comissão, presidida por OLIVEIRA SALAZAR que, em 1929, instituiu um regime de tributação baseado no rendimento normal – Decreto nº 16731, de 13 de Abril – apurado com base no capital social de certas empresas ou em índices objectivos de rendimento, que se justificava *"ao menos enquanto não tenhamos os nossos organismos de imposição e fiscalização em condições de se executar a sério, sem injustiças, mas também sem violências e sem abusos, o imposto pessoal de rendimento"* – Preâmbulo do Decreto nº 16731 [-cf., além de VÍTOR FAVEIRO, SOARES MARTÍNEZ (1984: 481ss.), MENEZES LEITÃO (1997: 12ss), o Relatório da Comissão nomeada em 1926 para propor as bases da reforma tributária, in CTF: 1964 e, igualmente com interesse, as justificações plasmadas no Preâmbulo do Decreto nº 16731, de 13 de Abril de 1929], situação que se manteve até à reforma fiscal "dos anos sessenta" que, sob a mestria de TEIXEIRA RIBEIRO, "tentou" implementar um sistema de tributação pelo rendimento real, apurado segundo uma base contabilística, reconhecendo, no entanto, essa "verdade inequívoca" de que nem todos os contribuintes "dispõem ou podem dispor de contabilidade organizada em termos de revelar

E assim porque no âmbito de um sistema norteado pelo rendimento normal não se relevam os valores efectivamente obtidos pelo contribuinte, posto que, em lugar destes, a tributação decorre exclusivamente de critérios pré-estabelecidos, tendo como base elementos reveladores de uma potencial rendibilidade exclusivamente parametrizada por referência ao *il quod plerumque accidit*.

Ora, a capacidade contributiva não se expressa num valor potencial e, por isso, tendencialmente fictício, antes se refere a um quadro de concretização diferenciada atento às particularidades discriminadoras da efectiva situação fiscal de um determinado contribuinte.

Daí que este princípio estruturante impeça, justamente, que o golpe da "espada" tributária atinja uma riqueza fictícia ou inexistente, sancionando, em consequência, o respeito por uma capacidade contributiva efectivamente existente no caso concreto[36].

---

claramente os resultados do seu exercício", o que determinou a criação, ao nível da contribuição industrial, de três grupos – A, B e C (correspondendo, respectivamente, em termos aproximados, a grandes, médias e pequenas empresas, art. 7º, 11º e 12º do CCI) que seriam tributados pelos lucros efectivamente obtidos – grupo A –, pelos lucros presumivelmente obtidos – grupo B e pelos lucros que podiam ter sido obtidos – grupo C. Porém, não tardou muito a que, ao jeito de uma "contra-reforma", nas palavras de TEIXEIRA RIBEIRO (1989a: 59ss.), se tenham introduzido distorções implicadas por um retorno ao rendimento normal – v. DL nº 45676, de 24 de Abril de 1964, DL nº 46496, de 18 de Agosto de 1965 e DL nº 48316, de 5 de Abril de 1968. Só com a posterior dos anos oitenta e com a reforma da tributação do rendimento (CIRS – DL nº 442-A/88, de 30 de Novembro e CIRC – DL nº 442-B/88, de 30 de Novembro) se levou "à prática" a tributação pelo rendimento real, cumprindo a exigência estabelecida pela Constituição de 1976 – art. 107º, nº 2 [–cf. TEIXEIRA RIBEIRO (1989b: 97ss.), MENEZES LEITÃO (1997: 24ss.), SALDANHA SANCHES (1991:19ss.) sendo que, actualmente pode falar-se novamente numa contra-reforma suscitada pelos "novos-velhos" caminhos da "avaliação indirecta"...

[36] Cf. TOSI (1999: 97ss.), DE MITA (1995: 77) e, com muito interesse, MOSCHETTI (1990: 80ss. e 1994: 261).
No mesmo sentido segue TEIXEIRA RIBEIRO (1989: 13ss.) – cuja posição é igualmente acolhida por XAVIER DE BASTO (2001: 10-11) – ao afirmar os três grandes "contras" da incidência dos impostos sobre o rendimento normal: é arbitrária – em face da ausência (determinada pela impossibilidade prática de definição) de critérios adequados à avaliação do rendimento normal –, impossibilita a personalização do sistema – gerando, assim, "enormes desigualdades" verdadeiramente comprometedoras de uma tributação justa – e, por fim, abstrai da conjuntura económica – porque é independente dos resultados obtidos, continuando os contribuintes a pagar impostos mesmo quando têm prejuízos. Perspectiva contrária é sustentada por quem vê no princípio da capacidade contributiva uma pura expressão de uma ideia de responsabilidade social, justificada por uma distribuição "mais" equitativa dos encargos tributários, assente, sobretudo no rendimento que cada um, utilizando diligentemente os recursos à sua disposição, podia – *recte*, devia – ter obtido. Para esta concepção, não interessa, portanto, o rendimento efectivo, mas sim o rendimento que, em abstracto, seja revelador de um critério de normalidade, sancionador dos rendimentos inferiores aos padronizados.

Tributar segundo a capacidade contributiva significa, acima de tudo, atender ao rendimento real do contribuinte, correspondendo este, na sapiente lição de TEIXEIRA RIBEIRO, ao rendimento que se apura ou se "presume" que um determinado contribuinte obteve[37], e, nessa medida, a referência ao princípio da tributação do rendimento real constitui precisamente uma densificação concretizadora do sentido material enucleado no radical fundamentante da capacidade contributiva[38], sendo com esse sentido que a nossa Lei Fundamental estabelece estruturalmente que o sistema fiscal não pode deixar de assegurar uma "repartição justa dos rendimentos e da riqueza" (artigo 103º, nº 1 da CRP)[39], especificando posteriormente que os impostos devem ter em conta as "necessidades e os rendimentos [concretos] do [de cada] agregado familiar"[40] e que a "tributação das empresas incide fundamentalmente sobre o seu rendimento real".

Ora, reconhecida a ligação umbilical do princípio da capacidade contributiva e da tributação do rendimento real e sendo esse o quadro valorativo enformador das concretas – e correctas – soluções legais relativas ao sensível domínio da determinação dos rendimentos tributáveis, não se deve ignorar que o caminho

---

Por outro lado, saliente-se também que mesmo no plano da equidade e da solidariedade social, a tributação do rendimento normal enfrenta dificuldades inultrapassáveis, na medida em que, ficando excluídos da tributação aqueles rendimentos superiores aos normais (e em medida proporcional ao aumento do seu real valor), esse dever de solidariedade vai realizado ao contrário, posto que, como refere MOSCHETTI (1994: 82), se impõe *"la solidarietà del soggetto che ha meno capacita contributiva a favore del soggetto che há pie capacità contributiva"*.

[37] TEIXEIRA RIBEIRO (1991: 262), XAVIER DE BASTO (1997: 121): *"na tributação do rendimento presumido, quer-se determinar o rendimento efectivamente percebido pelo contribuinte; apenas se não confia nos dados por ele fornecidos, substituindo-os ou complementando-os por índices, por elementos de carácter indirecto, que não deixam de visar a obter o rendimento real"*. Ou seja, a tributação do rendimento real presumido ainda vai pré-ordenada à imposição do rendimento que o contribuinte obteve, ainda que, para tal, haja de combinar elementos subjectivos e objectivos: atente-se na determinação da matéria tributável por impossibilidade de quantificação directa e exacta da matéria tributável nos termos do art. 90º, nº 1, da LGT – neste caso, ainda estamos no domínio da tributação do rendimento real, não podendo, pois confundir-se tal hipótese com a tributação segundo o rendimento normal.

[38] Como também reconhece explicitamente CASALTA NABAIS (2002a: 18).

[39] V. VÍTOR FAVEIRO (2002: 145ss, esp. 158ss.).

[40] MÓNICA e DIOGO LEITE DE CAMPOS (2000: 127), quando referem a exigência de que a capacidade contributiva se expresse através da consideração de rendimentos efectivos: *"a CRP aponta claramente no sentido da tributação da matéria colectável real e só desta (...) di-lo expressamente quanto à tributação das empresas que deve incidir fundamentalmente sobre o seu rendimento real (artigo 104º, nº 2)"* e assenta nela *"implicitamente a tributação do rendimento pessoal na medida em que se refere às necessidades e rendimentos do agregado familiar – necessariamente as necessidades e rendimentos concretos de cada agregado familiar (...) o que conduz ao rendimento real (artigo 104º, nº 1 da CRP)"* e, assim, para os autores, o texto constitucional não tinha sequer do dizer tão claramente, *"já que a tributação pela riqueza, rendimento ou despesa reais resulta directamente do princípio da capacidade contributiva"* enquanto critério de material de uma justa repartição do rendimento obtido.

a percorrer para a "desocultação" do valor efectivo da riqueza sujeita a tributação nem sempre deve partir do adro unicitariamente constituído pelos elementos fornecidos à administração pelo contribuinte, posto que o rendimento real – o rendimento verdadeiro – não se esgota numa declaração cujo conteúdo não é possível atestar.

Assim, tem-se hoje por certo que, constituindo o rendimento real uma expressão *ex post* demonstradora da efectiva situação fiscal de um contribuinte, a sua determinação assenta essencialmente nos elementos de teor contabilístico que são declarados à administração fiscal e com base nos quais se procede à correspondente liquidação do imposto, sendo que, para tal e em ordem a assegurar uma adequada fixação do *quantum debeatur* a partir desses elementos, é estabelecida uma complexa teia de deveres acessórios que impõem a colaboração do contribuinte, cujo núcleo é fundamentalmente constituído por imposições de conteúdo escritural-contabilístico destinadas a retratar com precisão a realidade – e a capacidade – económica que funda a tributação, permitindo assim que os dados constantes da declaração do contribuinte sejam sustentados por um registo adequado das suas operações fiscalmente relevantes, razão pela qual se tende a identificar o rendimento real com o rendimento contabilístico que resulta dos livros do contribuinte.

Todavia, com isto, apenas está abrangida parte do problema da imposição fiscal sobre o rendimento real, faltando aí uma vertente essencial e determinante do eficiente exercício desta configuração funcional: o controlo administrativo da declaração apresentada.

É que, na verdade, sem uma adequada actividade inspectora-verificadora ou controladora dirigida aos elementos apresentados pelos contribuintes e à sua efectiva situação tributária, fica por atestar a real coincidência entre os rendimentos efectivamente auferidos e os que são declarados ao fisco, potenciando-se a ocorrência de situações de evasão e fraude fiscais, sendo, por isso, imperioso reconhecer que a eficácia da actuação administrativa constitui uma condição necessária para a subsistência de um sistema fiscal justo, já que a aplicação deficiente das normas fiscais acarreta forçosamente uma desigual repartição da carga tributária em favor daqueles que têm na mão um *instrumentarium* apto à evasão fiscal[41].

Nessa medida, a representação "contabilístico-declarativa" do rendimento real carece, pois, de ser controlada pela administração fiscal, sob pena de, não o sendo, se tributar apenas o rendimento tal como é declarado ao fisco[42]. O que jus-

---

[41] Cf. HERRERA MOLINA (1998: 161).
[42] Cf. TANZI (1990: 36) e, de forma clara e impressiva, CASALTA NABAIS (1998: 620) que, quanto à tributação do rendimento do trabalho independente e do lucro das empresas, refere que *"os titulares de tais rendimentos, porque infiscalizáveis e insancionáveis, dada a mobilização de meios humanos e materiais (...) que exigiriam da administração e da justiça fiscal, acabam por pagar o IRS e o IRC relativo*

tificará a conclusão de que, no mesmo passo, a contabilidade constitui o suporte da tributação do rendimento real e um forte instrumento de evasão que se coloca nas mãos dos contribuintes, contribuindo, nesta medida, para a transformação do princípio da tributação segundo o rendimento real numa insustentável imposição de rendimentos fictícios, que, na falta de meios para controlar com eficiência as declarações dos contribuintes, acaba por conduzir ao "direito de pagar o imposto resultante de uma declaração fraudulenta e (...) de ver reconhecidos pela Administração situações empresariais caracterizadas por prejuízos perpétuos"[43], assim se pervertendo as exigências fundamentais do princípio da capacidade contributiva, sacrificadas às mãos de uma crónica ineficiência administrativa.

Assim sendo, o problema fundamental que entretece o presente âmbito problemático não pode deixar de considerar as tremendas dificuldades enfrentadas por uma sustentada realização do rendimento real enquanto expressão efectiva do substrato económico que gera a obrigação tributária.

Dificuldades essas a que não é estranha a própria configuração do rendimento real que suscita a intervenção de um larguíssimo universo de sujeitos aos quais é imposta uma panóplia diferenciada de obrigações, cujo cumprimento efectivo não é – nem pode ser – integralmente sancionado, criando-se assim o espectro de que o rendimento real, para alguns contribuintes, constitui um puro utopismo de matriz voluntarista onde os rendimentos declarados – e tributados – são, no fundo, aqueles que o contribuinte "quer" que o sejam, assim se justificando, de forma clara, a observação da Comissão nomeada em 1926 para propor as bases da reforma tributária, segundo a qual as "dificuldades de ordem administrativa são por vezes suficientes para fazer falir o sistema [fiscal] mais bem arquitectado"[44-45].

aos rendimentos que entendem declarar, obtendo-se assim um resultado bem oposto ao que as exigências duma tributação pautada pelos princípios do rendimento líquido e do lucro real reclamam", assim denunciando a existência prática de dois tipos de contribuintes: "*os que pagam os impostos determinados (com base) na lei (maxime, os trabalhadores dependentes), e os que pagam impostos determinados com base no que eles desejam declara (maxime, os profissionais liberais e as empresas), valendo assim para estes uma autotributação muito especial (...)*" (1998: 319, n.599 e, mais recentemente, o autor refere (2002: 10) tal iniquidade como um verdadeiro *apartheid* fiscal). afirmando que, com iguais rendimentos, os trabalhadores dependentes pagam (a) mais e os restantes pagam (a) menos...

[43] V. SALDANHA SANCHES (1997: 110), DALLERA (1990: 55).

[44] In CTF (1964-nº 61: 187). "Não há possibilidades práticas de a administração fiscal inspeccionar eficazmente mais de 200000 contribuintes com rendimentos tributáveis muito baixos – reconhece o RCDRF (1996: 580) – [para além de que] os acréscimos de receita que se conseguissem através de uma fiscalização mais intensa seriam certamente muito exíguos. Na sua maior parte, os contribuintes não têm nem é previsível que venham a ter, registos adequados das suas receitas e dos seus custos, e mesmo nos casos em que tais registos existam é quase impossível à administração fiscal controlar a sua veracidade e introduzir neles as correcções devidamente justificadas e comprovadas".

TEIXEIRA RIBEIRO (1989b: 59ss.) dá precisamente conta de que essas dificuldades administrativas estiveram na origem de uma "contra-reforma" fiscal, sentidas noutros tempos – como agora, estiveram na origem de uma "contra-reforma" fiscal que acabou por inverter o sentido da tributação do rendimento real então cautelosamente afirmado nos idos de sessenta, pelo que o propósito louvável da Reforma de TEIXEIRA RIBEIRO, no caminho para a tributação do rendimento real, exigia – como refere o Mestre (1989: 43)– entre outras medidas que *"se reorganizassem os serviços de fiscalização, de modo a estes ficarem a dispor do numeroso pessoal necessário à correcta leitura e apreciação das escritas das empresas"*, uma vez que *"disso dependia altamente o êxito da contribuição industrial e do imposto sobre a indústria agrícola"*, e, com um tremendo optimismo legislativo, consagrava-se no art. 114º do CCI que *"as escritas dos contribuintes do grupo A serão examinadas pelo menos uma vez em cada quinquénio"*, o que não sucedeu. Não se duvida, acompanhando sempre as angústias do Professor de Coimbra (1989b: 71), que *"se a administração cumprisse o disposto naquele artigo, não só se descobririam todas as fraudes importantes como se evitaria, pelo temor de serem descobertas, a prática de muitas outras (...) [mas] a verdade, porém, é que a administração não cumpriu: (...) só uma pequena percentagem de contribuintes tiveram entretanto a sua escrita examinada (...) [logo] em tais condições não admira que o funcionamento do sistema do grupo A tenha conhecido largas deficiências: perante uma tributação dos lucros particularmente gravosa e uma fraca probabilidade de serem descobertas as fraudes, claro que se tornou tentador cometê-las"*. Assim se perverteu o sentido originário da tributação do rendimento real, metamorfoseado praticamente numa tributação dos – fictícios – lucros declarados, *"porque as estruturas e os quadros dos serviços de finanças se mostraram deficientes, porque alguns funcionários fizeram mau entendimento das normas, porque outros, quiçá, reagiram contra os princípios concretizados [!] (...) que o diga a contribuição industrial, cuja execução constituía a pedra de toque da reforma [dos anos sessenta] e que tanto tem sofrido por falta não só de fiscalização das escritas no grupo A, como de critérios adequados à presunção dos lucros no grupo B"*. Assim, não tardou muito a que se alterassem os termos em que a Reforma de TEIXEIRA RIBEIRO havia colocado o procedimento de determinação do lucro tributável e, logo em 1968 – com o Dec-Lei nº 48316–, procedeu-se a uma alteração do § único do art. 54º no sentido de que além dos casos de "falta ou insuficiência das declarações (...) subsistindo a impossibilidade de determinar a matéria colectável de harmonia com as disposições desta secção", também o facto de haver "dúvida fundada sobre se o resultado da escrita corresponde ou não à realidade" determinaria a "passagem" para o sistema de determinação dos rendimentos estipulado para o grupo B (cf. TEIXEIRA RIBEIRO, 1989B: 71ss e COSTA TEIXEIRA et alii, 1988: 523ss.); além deste dispositivo, foi introduzida uma outra alteração de monta no art. 114º que passou a afirmar, no seu §1º, que *"a Direcção-Geral das Contribuições e Impostos promoverá obrigatoriamente o exame à escrita sempre que o lucro tributável seja inferior ao do exercício anterior ou quando a diferença para mais fique abaixo do crescimento considerado razoável e desde que os resultados não se considerem suficientemente justificados"* e, no §2º, que *"sempre que em face do exame à escrita se verifique a impossibilidade de controlar a matéria colectável já determinada de harmonia com as disposições dos arts. 22º a 49º ou desse exame ressaltem dúvidas fundadas sobre se o resultado apurado corresponde ou não à realidade, será a matéria colectável determinada de novo, de harmonia com as disposições aplicáveis aos contribuintes do grupo B (...)"*. Tal configuração, no entender de TEIXEIRA RIBEIRO (1989b: 74), *"contende, e em muito, com os princípios da reforma"* já que se recorre à mobilização dos critérios do rendimento presumido, *"não apenas no caso de ser impossível, em face da escrita, averiguar o lucro real efectivo, mas ainda no caso de surgirem fundadas dúvidas sobre se os resultados da escrita correspondem à realidade"*, o que significa *"que a escrita das empresas, quando devidamente organizada (...) deixa de ser necessariamente a base do apuramento do lucro tributável, [posto que] agora é à administração que compete decidir, sem contestação possível do contribuinte, se o seu lucro há-de ser determinado perante a contabilidade, ou há-de ser presumido pela comissão de fixação de rendimentos"*.

[45] SALDANHA SANCHES (1997: 112) considera que a resposta para tal problema reside na melhoria das condições de operatividade da administração fiscal: *"porque sendo a tributação segundo do lucro real*

A AVALIAÇÃO INDIRECTA PADRONIZADA DA MATÉRIA TRIBUTÁVEL

Nessa linha, importa atender a uma ideia fundamental de praticabilidade[46]

um verdadeiro desafio para a administração ela só pode desempenhar as tarefas que a lei lhe atribui se houver um sincero empenhamento político na construção de uma administração fiscal moderna, eficaz, competente, bem paga e que – ponto absolutamente decisivo – possa executar as suas tarefas sem qualquer impedimento por parte do executivo".

[46] Princípio que deve ter-se como sendo de matriz constitucional enquanto associado à ideia da criação e funcionamento de um sistema fiscal que é assumido pela nossa ConTeixeira Ribeiro (1989b: 59ss.) dá precisamente conta de que essas dificuldades administrativas estiveram na origem de uma "contra-reforma" fiscal, sentidas noutros tempos – como agora, estiveram na origem de uma "contra-reforma" fiscal que acabou por inverter o sentido da tributação do rendimento real então cautelosamente afirmado nos idos de sessenta, pelo que o propósito louvável da Reforma de Teixeira Ribeiro, no caminho para a tributação do rendimento real, exigia – como refere o Mestre (1989: 43) – entre outras medidas que "se reorganizassem os serviços de fiscalização, de modo a estes ficarem a dispor do numeroso pessoal necessário à correcta leitura e apreciação das escritas das empresas", uma vez que "disso dependia altamente o êxito da contribuição industrial e do imposto sobre a indústria agrícola", e, com um tremendo optimismo legislativo, consagrava-se no art. 114º do CCI que "as escritas dos contribuintes do grupo A serão examinadas pelo menos uma vez em cada quinquénio", o que não sucedeu. Não se duvida, acompanhando sempre as angústias do Professor de Coimbra (1989b: 71), que "se a administração cumprisse o disposto naquele artigo, não só se descobririam todas as fraudes importantes como se evitaria, pelo temor de serem descobertas, a prática de muitas outras (...) [mas] a verdade, porém, é que a administração não cumpriu: (...) só uma pequena percentagem de contribuintes tiveram entretanto a sua escrita examinada (...) [logo] em tais condições não admira que o funcionamento do sistema do grupo A tenha conhecido largas deficiências: perante uma tributação dos lucros particularmente gravosa e uma fraca probabilidade de serem descobertas as fraudes, claro que se tornou tentador cometê-las". Assim se perverteu o sentido originário da tributação do rendimento real, metamorfoseado praticamente numa tributação dos – fictícios – lucros declarados, "porque as estruturas e os quadros dos serviços de finanças se mostraram deficientes, porque alguns funcionários fizeram mau entendimento das normas, porque outros, quiçá, reagiram contra os princípios concretizados [!] (...) que o diga a contribuição industrial, cuja execução constituía a pedra de toque da reforma [dos anos sessenta] e que tanto tem sofrido por falta não só de fiscalização das escritas no grupo A, como de critérios adequados à presunção dos lucros no grupo B". Assim, não tardou muito a que se alterassem os termos em que a Reforma de Teixeira Ribeiro havia colocado o procedimento de determinação do lucro tributável e, logo em 1968 – com o Dec-Lei nº 48316–, procedeu-se a uma alteração do § único do art. 54º no sentido de que além dos casos de "falta ou insuficiência das declarações (...) subsistindo a impossibilidade de determinar a matéria colectável de harmonia com as disposições desta secção", também o facto de haver "dúvida fundada sobre se o resultado da escrita corresponde ou não à realidade" determinaria a "passagem" para o sistema de determinação dos rendimentos estipulado para o grupo B (cf- Teixeira Ribeiro, 1989b: 71ss e Costa Teixeira et alii, 1988: 523ss.); além deste dispositivo, foi introduzida uma outra alteração de monta no art. 114º que passou a afirmar, no seu §1º, que "a Direcção-Geral das Contribuições e Impostos promoverá obrigatoriamente o exame à escrita sempre que o lucro tributável seja inferior ao do exercício anterior ou quando a diferença para mais fique abaixo do crescimento considerado razoável e desde que os resultados não se considerem suficientemente justificados" e, no §2º, que "sempre que em face do exame à escrita se verifique a impossibilidade de controlar a matéria colectável já determinada de harmonia com as disposições dos arts. 22º a 49º ou desse exame ressaltem dúvidas fundadas sobre se o resultado apurado corresponde ou não à realidade, será a matéria colectável determinada de

que, entendida como condição normativo-funcional de eficiência do sistema tributário, permita lograr um grau de realização optimizado do cumprimento do dever de contribuir para a satisfação das (comunitárias) receitas públicas[47], correspondendo assim ao desafio suscitado pela crescente complexificação e massificação das relações jurídico-fiscais que se materializa num acervo de dificuldades administrativas inultrapassáveis perante a exigência de um grau de "analiticidade" compatível com uma pormenorizada personalização do imposto e a consequente necessidade de assegurar a imposição fiscal sobre rendimentos efectivos, sendo que tal multiplicidade operativa, imposta por um modelo fiscal assente, *tout court*, no apuramento absolutamente diferenciado do quantitativo sujeito a tributação – e a consequente impossibilidade material de controlar adequadamente os rendimentos declarados –, abre uma larga porta aos fenómenos de evasão fiscal, sendo, por isso, dificilmente compatível com uma eficiente, adequada e justa realização prática do sistema[48], devendo pois convocar-se uma tal "elementar" dimensão de praticabilidade como condição *sine qua non* de concretização efectiva das mais elementares exigências materiais decorrentes do princípio da capacidade contributiva, visando superar as dificuldades endémicas suscitadas pela fenomenologia massificada que caracteriza o direito fiscal e, consequentemente, desatar o nó górdio de uma iniquidade contributiva fundada na insancionabilidade das prescrições legais que remete o direito fiscal para uma "ética da consciência" – transformando-se, para alguns – e não são poucos... – o dever

---

novo, de harmonia com as disposições aplicáveis aos contribuintes do grupo B (...)". Tal configuração, no entender de Teixeira Ribeiro (1989b: 74), "contende, e em muito, com os princípios da reforma" já que se recorre à mobilização dos critérios do rendimento presumido, "não apenas no caso de ser impossível, em face da escrita, averiguar o lucro real efectivo, mas ainda no caso de surgirem fundadas dúvidas sobre se os resultados da escrita correspondem à realidade", o que significa "que a escrita das empresas, quando devidamente organizada (...) deixa de ser necessariamente a base do apuramento do lucro tributável, [posto que] agora é à administração que compete decidir, sem contestação possível do contribuinte, se o seu lucro há-de ser determinado perante a contabilidade, ou há-de ser presumido pela comissão de fixação de rendimentos".stituição nos art.os 103º e 104º na sua numeração actual mas cuja normatividade sempre constou de preceitos correspondentes em todas as versões da Constituição de 1976 – cf., neste sentido, CASALTA NABAIS (1998: 335ss.).

[47] Cf. SOUSA FRANCO (1998: 198) e CASALTA NABAIS (1998: 373) que, justamente, dá conta de que a ideia de eficiência lato sensu tende actualmente *"a ser vista como um princípio jurídico-constitucional com validade geral, [que] tem, no domínio do direito fiscal, um peso muito específico atento o carácter de procedimentos de massa em que os impostos se concretizam"*. Refira-se ainda que este Autor (1998: 374, n.557) esclarece, fundadamente, que a eficiência lato sensu (ou princípio da economicidade – *Wirtschafttlichkeitprinzip*) *"se decompõe no princípio da eficiência (Effizienz, efficiency) stricto sensu ou da economia (Sparsamkeit, economy), que relaciona os meios utilizados e os resultados obtidos de modo a poder obter o melhor resultado ao menor custo, e no princípio da eficácia (Effektivität, effectivness), que relaciona os objectivos propostos com os resultados alcançados (...)"*.

[48] Cf. LECCISOTTI (1990: 18).

fundamental de pagar impostos numa "quase-obrigação natural" cujo cumprimento não pode [por uma real impossibilidade prática] ser exigido, mas sempre corresponde[ria] a um dever de justiça.

Nessa medida, deve considerar-se que a determinação contabilística do rendimento real não constitui um imperativo que, categoricamente, haja sempre e em todo o caso de ser prosseguido pelo legislador fiscal, o qual, no recorte específico das diversas figuras tributárias, não pode deixar de relevar um critério nuclear de adequação prática, constitucionalmente tutelado enquanto condição de funcionalidade do sistema dos impostos.

Nesses termos, importa não esquecer que o próprio texto constitucional acabou por expressamente por reconhecer, a propósito da tributação das empresas, que a imposição fiscal deve incidir fundamentalmente sobre o rendimento real, não excluindo, com tal disposição, o recurso a outras formas fiscais estranhas ao "mito" do apuramento declarativo-contabilístico do rendimento real[49].

Assim, não se crê que o legislador esteja vinculado à assumpção de um modelo fiscal "acabado", nem que a nossa Lei Fundamental tenha pretendido impor, ignorando completamente os condicionalismos histórico-sociológicos, uma via única de realização das suas intenções de justiça contributiva[50].

Mas, se é certo que existe uma constitucionalmente imposta vinculação às exigências de praticabilidade, também não é menos verdade que estas não constituem um valor em si, mas "apenas" um critério funcional direccionado a garantir que a tributação assente numa capacidade contributiva efectiva – logo, não ficcionada, seja pelo contribuinte, seja pelo legislador.

Nessa medida, tais exigências apenas têm razão de ser enquanto pré-ordenadas ao respeito pelo quadro axiológico-material delimitado pelas normas constitucionais, carecendo de justificação no preciso instante em que pervertam o sentido riscado por tais linhas estruturantes, atentando contra os termos em que vai constitucionalmente consagrada a justa repartição dos encargos fiscais. Ou seja, o legislador ordinário pode pintar o "quadro", não pode é ir além da

---

[49] Quanto ao "mito" do rendimento real, ver EINAUDI (1959: 35) e PACE (1990: 251).

[50] No mesmo sentido, cf. CASALTA NABAIS (2002a: 19) para quem, a CRP, ao exigir que a tributação das empresas se norteie pelo rendimento real, está apenas a *"«recortar» o quadro típico ou caracterizador do sistema fiscal (...) e não [a] «estabelecer» ou «desenhar a cheio» esse mesmo quadro. O que supõe que esse programa não tem de se concretizar de uma só vez e, menos ainda, que seja logo realizado no seu mais elevado grau, mas antes que o mesmo se ponha em prática gradual e progressivamente. Para além de que leva implícita a ideia de que a sua concretização pode ser objecto de ensaios, de experiências, de testes (...), permitindo-se, por conseguinte, que as fasquias de realização legalmente estabelecidas possam, num momento de menor performance económica e empresarial, ser alteradas e mesmo baixadas (...) [daí que se compreende] facilmente que o que o legislador constituinte, por certo, não quis, nem podia querer, foi impor ao legislador o impossível, a realização de um nível ou fasquia de um programa cujas variáveis só o legislador ordinário em cada momento está em condições de conhecer e avaliar".*

moldura... e, por isso, na "pintura" que efectuar, tem de respeitar, além de um critério de necessidade, que, no fundo "dá as mãos" às exigências de praticabilidade, também uma clara ideia de proporcionalidade entendida enquanto "justa medida" para a obtenção dos resultados prosseguidos[51].

Ora, decerto que não se irá para além da moldura quando se considera que a determinabilidade das previsões jurídico-tributárias deve ser conformada segundo critérios de razoabilidade e simplicidade, daí resultando que a regulamentação fiscal possa justificadamente negligenciar, sem perverter o sentido material-fundamentante da justeza tributária, todo um arrimo especificante de pormenores (concretos), cuja diferenciada particularização deixaria, decerto, o direito fiscal à beira do caos. E, nessa medida, importa reconhecer que não é com outro fundamento de base que a própria concretização[-criação] do rendimento efectivo não prescinde de certas referências a padrões de normalidade, em boa medida afastados da realidade concreta: o rendimento real tributável não é uma realidade que pré-exista, em toda a sua extensão (acentue-se), aos dados normativos, mas sim uma intenção transpositiva que o legislador, não podendo deixar de assumir, tem alguma margem para moldar.

Na verdade, não é difícil constatar que a determinação *a posteriori* do rendimento real acaba, não raras vezes, por ser talhada pelo legislador segundo o formão da "normalidade", de forma que, não constituindo o rendimento real um conceito ontologicamente perceptível e inexoravelmente radicado "na natureza das coisas", não se pode deixar de se proceder a uma certa "desmitificação" do seu carácter apodíctico.

De facto e em bom rigor, o "rendimento real" não se esgota numa mera categoria empírico-analítica, apta a traduzir, com precisão e certeza, os fenómenos da realidade e em convertê-los numa cifra aritmética absoluta que o direito tributário invariavelmente acolha, metamorfoseando o "real" num dado normativo cuja neutralidade esteja axiomaticamente implicada na sua definição. A matéria tributável não é o espelho de uma realidade empírica, mas de uma "realidade" normativa construída mediante a recepção de um conceito económico de rendimento (suportado pelo aparato contabilístico necessário para a sua determinação) e que é complementada "por uma leitura fiscal" dos elementos activos e passivos que são conformados por qualificações legislativas que, não raras vezes, assumem natureza presuntiva[52], o que nos leva a afirmar, acompanhando FRANCO GALLO, que o rendimento contabilístico (real), fundando-se "sobre valores em grande medida fixados por razões de política fiscal (...) e sobre valorações nem sempre aderentes à realidade económica", não deixa de ser um rendimento "con-

---

[51] Cf. CASALTA NABAIS (2002a: 26).
[52] Assim, expressamente, PACE (1999: 255) que segue, de perto, as reflexões de D'AMATI (1989: 9ss.).

vencional", análogo – na sua natureza – aqueloutro apelidado de "normal"[53-54]. E, de facto, o rendimento real fiscalmente relevante é sempre um rendimento padronizado através de correcções que lhe introduzem determinados traços de "normalidade" que, muito frequentemente, se afastam da realidade económica concretamente imputável ao sujeito passivo da relação de imposto, e que se traduzem, como releva XAVIER DE BASTO, em normalizações destinadas a uniformizar os procedimentos de apuramento e a prevenir evasões, sobretudo se se atender ao carácter sempre ambíguo de toda a determinação periódica do rendimento empresarial[55], daí podermos concluir que, em boa medida, não existe, para efeitos de determinação da base tributável, um conceito de rendimento real puro – uma noção de rendimento real *in rerum natura* –, assente numa exacta correspondência entre a realidade fáctica e a realidade normativamente recortada, mas antes uma regulamentação convencionalmente modelada através do recurso a normalizações tipificadas – que visam, em primeira linha, tornear algumas das distorções a que se presta o apuramento "contabilístico" do rendimento real[56].

Parece, no entanto, que ir mais longe – ao jeito das soluções de "cortar o mal pela raiz" – e estabelecer um sistema inspirado numa predeterminação do rendimento tributário com base na tipificada assumpção de critérios de normalidade, seria sacrificar o princípio estruturante da capacidade contributiva às mãos de uma funcional dimensão de praticabilidade e, nesse caso, dificilmente tal opção poderia justificar-se materialmente.

4. A resposta a tal questão envolve uma superação das tradicionais impostações que partem de uma radical oposição entre "rendimento normal: determinação *a priori*" e "rendimento real: determinação *a posteriori*", e que, face à posição já sustentada, se afiguram insustentáveis, porquanto determinariam, "inapelavelmente", um retorno à tributação do rendimento normal.

É certo que este problema toca no essencial. Só que também aqui o essencial é invisível aos olhos do dilema "rendimento real – rendimento normal": a única solução compatível com o princípio da capacidade contributiva é aquela que, fundamentalmente, tende a assegurar o respeito pelo rendimento real – o que não coincide forçosamente com o rendimento declarado –, pelo que o problema que se coloca nesta sede é o de saber se, e pese embora o aparente paradoxo, é possível predeterminar o rendimento real, considerando, nessa medida, o binómio rendimentos [essencialmente] determinados *a posteriori* e rendimentos [essen-

---

[53] GALLO (1990: 310) e FANTOZZI/NARDUZZI (1996:33).
[54] V. ROGÉRIO FERNANDES FERREIRA (1997: 40s e 84ss.).
[55] XAVIER DE BASTO (2001: 12).
[56] Cf. SOAREZ MARTINEZ (1983: 484).

cialmente] *predeterminados*[57], ou melhor, rendimentos determinados com base nos dados contabilísticos declarados à administração fiscal e rendimentos predeterminados com base em critérios normativos referenciais[58].

No fundo, a questão equacionada remete, no princípio que leva subjacente, para uma solução simplificada que, em boa medida, corresponde ao justo reconhecer de que nem todos os sujeitos passivos da relação de imposto podem – devem – ser tributados pelo rendimento real apurado, de forma a posteriori, com base na sua contabilidade: assim acontecerá no caso daqueles contribuintes relativamente aos quais a imposição de um forte e extenso artefacto contabilístico se afigura um claro *non sense*, atendendo ao facto de desenvolverem uma actividade de micro, pequena ou média dimensão.

Nestas hipóteses, a opção por uma predeterminação reditual permite não só aligeirar o peso – e o custo – de toda uma série de obrigações formais que, ao jeito de uma medida quase-paliativa, se faz recair sobre estes contribuintes, mas também suprir as crónicas dificuldades da administração fiscal ao nível da fiscalização dos rendimentos declarados, apresentando-se, por isso, claramente justificada no contexto de um universo sociológico do tipo do nosso.

Na verdade, tendo em conta a interligação dos factores "enormidade da grande evasão fiscal", "sobre-peso da carga tributária sobre os trabalhadores por conta de outrem", "hiperatrofiamento das estruturas administrativas", "ausência de fiscalização dos rendimentos declarados", "certeza e previsibilidade das receitas públicas", "desenvolvimento económico-social" – ... no fundo, os factores já equacionados –, não pode deixar de ser imperioso reconhecer, por motivos de praticabilidade e por respeito a uma tributação norteada pelo sancionar de uma efectiva capacidade contributiva, a imprescindibilidade de formas de simplificadas de fixação do rendimento tributável, são verdadeiramente impostas pela Constituição, na parte em que funda a repartição dos encargos públicos num princípio de justiça contributiva – que num sistema de absoluta quantificação *a posteriori* do rendimento tributável não é possível realizar: não só quanto aos que pagam os impostos que "querem", mas também relativamente aos outros

---

[57] Cf. GALLO (1990: 310ss.). Na perspectiva do Autor, a dicotomia *"rendimento real – rendimento normal"* acaba igualmente por não fazer muito sentido, preferindo antes uma referência ao *"reddito determinato in via automatica ed extracontabile"* e ao *"reddito determinato contabilmente in via analitica"*.

[58] Para CASALTA NABAIS (2002a: 26), *"o afastamento do rendimento real não se compadece com uma visão dicotómica, binária ou maniqueísta, do rendimento, nos termos da qual teríamos necessariamente de considerar duas hipóteses: a tributação do rendimento real, baseada na contabilidade organizada do contribuinte ou nos elementos e documentos que suportam a sua declaração de rendimentos, ou a tributação pelo rendimento normal, assente em indicadores de natureza estritamente objectiva e independente da situação concreta ou efectiva do contribuinte".*

que, numa desequilibrada repartição prática da carga fiscal, pagam os impostos que "não querem".

Contudo, em ordem a afirmar a compatibilidade constitucional de um tal modelo, não basta que a predeterminação assuma, mesmo que de forma elaborada, determinadas regras de experiência que reflictam uma tendencial normalidade, porquanto a parametrização de um valor tributável com base em valores médios-normais sempre conduz a que um sujeito passivo possa ser tributado por um rendimento que nunca auferiu e a que todos aqueles que superem o patamar de normalidade legalmente estabelecido fiquem libertos do pagamento do imposto devido.

Na verdade, em face do polimorfismo dos factores que influenciam a produção de um determinado rendimento – e assim incidem sobre a capacidade contributiva –, dificilmente se conseguirá, por essa via, uma adequação da padronização legal às circunstâncias concretas que diferenciam a singular situação tributária de um sujeito passivo, pelo que não pode, em face desta consideração, ignorar-se que a infinita diversidade dos elementos que conduzem ao concreto resultado tributável e as inultrapassáveis dificuldades de cruzar adequadamente todas essas variáveis construídas em função de uma modelada normalidade acabam por conduzir à manifesta impossibilidade de definir quantitativamente *ex ante* o *quantum debeatur* em total sintonia com a real capacidade contributiva de um determinado sujeito passivo[59]. Mesmo quando o legislador assuma, criteriosa e minuciosamente, as mais basilares regras de experiência – funcionalmente adequadas a retratar o il quod plerumque accidit–, e as vaze numa regulamentação abstracta, não podemos ignorar que, em bom rigor, está sempre a criar um "con-

---

[59] Cf. TOSI (1999: 99) que dá conta de que *"a predeterminação despreza por definição as diferenças que inevitavelmente existem entre cada contribuinte e, dentro de cada sector económico, entre as diversas "faixas" de contribuintes, e que são fruto de uma gama infinita de variáveis, que se alteram no tempo e no espaço, como a idade do sujeito, a sua experiência, habilidade e atitude no trabalho; área geográfica em que labora, o tipo de produção, a sua organização... [sendo que] todos estes factores incidem sobre o resultado efectivo em face do modo como se combinam entre si e daí que precludem um resultado que não se presta a uma predeterminação normativa"*. Também MANZONI (1993: 202s. e 332) refere que *"as médias e os dados estatísticos representam, por definição, meras abstracções que, ainda que se baseiem em dados e elementos de facto extraídos da realidade, não encontram forçosamente correspondência nela. Na realidade, não existe a empresa média, nem o rendimento médio. Existem dados e elementos que podem concorrer para determinar a média, mas tratam-se de dados que podem divergir notevolmente dessa mesma média, daí que considerar que não corresponda à "norma" tudo o que se distancie dessa média constitui uma ilação totalmente arbitrária e completamente oposta àquelas que são as comuns regras de experiência (...) e, assim, só de uma forma completamente acidental-casual pode verificar-se que os rendimentos efectivos de uma certa actividade correspondam àqueles que são os rendimentos médios de um sector [pelo que] pretender construir o rendimento auferido pelo contribuinte a partir de parâmetros gerais e uniformes só pode conduzir a um resultado afastado da realidade"*.

tribuinte-tipo", ao qual a norma dá vida, mas sem que se encontre exacta – ou sequer aproximada – correspondência com a realidade[60].

Daí que, na esteira de FALSITTA, possa afirmar-se que, para determinar o rendimento efectivo de um sujeito passivo, a única regra de experiência invocável é aquela que considera o seu objecto de regulação não como uma entidade estática e estandardizada, mas sim como um organismo vivo, com uma individualidade própria e específica. Ou seja, a única regra de experiência possível é aquela que determina a imprestabilidade de quaisquer critérios construídos em abstracto para revelar a concreta e efectiva capacidade contributiva de um determinado sujeito passivo[61].

Em consequência, por muito densa que seja a regulamentação legal, as variáveis consideradas e o artefacto técnico-científico posto em acção no tratamento estatístico-matemático dos elementos recolhidos, dificilmente se alcançará, por esta via, uma adequação efectiva ao princípio da capacidade contributiva, mas tão só exponencial e potencial, em face da sua "inidoneidade estrutrural" para atender às especificidades do caso concreto[62], para além de que, em certos domínios produtivos – como, por exemplo, ao nível de algumas actividades de prestação de serviços – a instituição de critérios-base de predeterminação pode encontrar algumas dificuldades inultrapassáveis[63].

De resto, existe aqui uma tendencial identidade substancial com o que sucede do âmbito das presunções legais de incidência, cuja legitimidade, à luz do princípio da capacidade contributiva, não está apenas dependente da racionalidade e da idoneidade com que reflictam as máximas da experiência, mas sobretudo da admissibilidade do contribuinte produzir prova em contrário, donde resulta indubitavelmente a inconstitucionalidade das *praesumptio iure et de iure*, por violação deste princípio estruturante do direito tributário[64].

---

[60] TOSI (1999: 444) e MOSCHETTI (1994: 241).

[61] Cf., *apud* TOSI (1999: 446), FALSITTA (1972: 210ss.), que tem por pressuposto que *"andar à procura de regras de valoração que permitam construir, apurados certos dados, o rendimento efectivo de cada contribuinte, é uma tarefa, mais que árdua e dificultosa, impossível (...) [e, por isso] nem a mais escrupulosa e apurada investigação permite uma aproximação às componentes positiva e negativa do rendimento tributável"*. No mesmo sentido, MOSCHETTI (1973: 370) dá conta de que *"a única regra de experiência acertada é a de que cada empresa não é uma entidade estática e estandardizada, tendo as suas características próprias que resultam de uma série de elementos activos e passivos"*.

[62] Nesse sentido, v. TOSI (1999: 446).

[63] Especificando, SALDANHA SANCHES (1997: 114) dá conta dos problemas relacionados com a instituição destes critérios no domínio dos "novos sectores da economia", nomeadamente, naqueles que "dispensam mesas, balcões ou portas abertas e que trabalham com muito poucos empregados.

[64] cf. CASALTA NABAIS (1998a: 94), que, em anotação ao Acórdão do TC nº 348/97, reconhece a ilegitimidade constitucional das presunções absolutas, na medida em que estas acabam por permitir *"a tributação de situações sem qualquer suporte na capacidade contributiva"*, daí que, segundo o

Já quando os instrumentos de predeterminação estejam assentes numa sustentada base informativa que, além dos traços de normalidade, considere determinados factores de diferenciação relativos às condições materiais específicas em que o contribuinte desenvolve a sua actividade, não pode deixar de considerar-se que o impacto com o princípio da capacidade contributiva é substancialmente atenuado, uma vez que, apesar de tais critérios normativos de "fixação" da base tributável serem estabelecidos em abstracto, sempre existe um ajustamento circunstanciado da hipótese normativa à realidade concreta e, assim, uma "predeterminação [relativamente] personalizada".

No entanto, ainda assim, perante a impossibilidade de, em abstracto, estabelecer critérios desveladores do rendimento efectivo do contribuinte, o choque com o princípio da capacidade contributiva só será verdadeiramente evitado se for consentida, *in concreto*, uma integração dos critérios normativos tipificados com base nas particularidades que diferenciam a situação específica do sujeito passivo em face da "hipótese" padronizada em abstracto, ou se, por outro lado, for admitida a possibilidade de "prova contrária" em relação dos elementos predeterminados.

Se assim for, não se duvida que ainda nos encontramos no domínio da esfera garantística recortada pelo princípio da capacidade contributiva e no âmbito da determinação do rendimento real. Porém, ao invés deste ser revelado, *prima facie*, pelos elementos escriturais-contabilísticos declarados pelo contribuinte, acaba por ter como ponto de partida uma predeterminação fundada pela assumpção do *il quod plerumque accidit*, moldado, em maior ou menor medida, por elementos que, logo no plano abstracto, permitem efectuar uma diferenciação "particula-

Autor, uma norma de natureza presuntiva *"ao obstar, em termos absolutos, à possibilidade de o contribuinte provar a eventual insuficiência ou mesmo a ausência de manifestações da respectiva capacidade contributiva* (...) [conduz a uma] *tributação em que está de todo ausente o critério da capacidade contributiva"*.
Igualmente neste sentido, referindo o art. 26º do CIMSISD, que estabelecia, relativamente às transmissões por morte, uma presunção de existência de bens móveis sem admissão de prova em contrário, LEITE DE CAMPOS *et alii* (2000: 305) pronunciavam-se na linha da inconstitucionalidade material desse preceito com base no princípio da capacidade contributiva.
Tais considerações estiveram na origem da introdução do art. 73º da LGT que, concretizando as exigências constitucionais materialmente relevantes, veio estabelecer que "as presunções consagradas nas normas de incidência tributária admitem sempre prova em contrário" – cf., sobre este preceito, LEITE DE CAMPOS *et alii* (2000: 305).
Assim sendo, importa não desprezar que os termos em que se deve admitir a prova contrária não podem ser estranhos ao problema da legitimidade das presunções. Estamos a pensar sobretudo naqueles expedientes presuntivos que, aparentemente, são construídos numa base *iuris tantum*, mas que, na prática, estabelecem determinadas limitações à produção de prova contrária, em termos de conduzir a um "impossível e diabólico" exercício de demonstração do oposto ao que legalmente se presume, metamorfoseando praticamente uma presunção *iuris tantum* numa apodíctica afirmação *iuris et de jure*.

rizante" de alguns traços atinentes à actividade geradora dos proveitos sujeitos a tributação.

Nestes termos, o que se verifica não é uma tributação do rendimento "normal-potencial", recaindo a imposição fiscal sobre um valor abstracto-potencial que o contribuinte poderia ter obtido, outrossim a desocultação do rendimento que o contribuinte presumível-efectivamente obteve, mas partindo de critérios – revisíveis, integráveis ou contraditáveis – fixados *aprioristicamente*[65].

Com o que, acolhendo a distinção efectuada por Tosi, conclui-se que a predeterminação, para respeitar a axiologia fiscal constitucionalmente tutelada, não pode, imperativamente, conduzir a uma delimitação substancial apodíctica da factispécie impositiva, delimitadora – melhor se diria, definidora – do âmbito de incidência dos impostos sobre o rendimento, que exclua – e aqui por definição – a possibilidade de serem relevados elementos relativos ao contribuinte, devendo apenas configurar-se como uma figura que, ainda sendo substancial, integra momentos de procedimento, constituindo o ponto de partida para a

---

[65] Cf. CASALTA NABAIS (2002a: 18ss, esp. 26ss.) que, após de afirmar que a imposição constitucional do princípio da tributação do rendimento real *"não exclui qualquer possibilidade de recurso à tributação dos rendimentos empresariais baseada em rendimentos normais"* e assim admitir que tal princípio *"não impede, naturalmente, que haja empresas que não sejam tributadas pelo rendimento real, mas sim pelo rendimento normal [...], não obsta a que a tributação no limite possa ter por base um puro rendimento normal, conquanto que não se tenha apurado qualquer outro rendimento mais próximo do rendimento real nem este apuramento seja praticável, no sentido de economicamente suportável"*, acaba por concluir que mesmo *"numa tal hipótese extrema, para que a tributação possa passar com êxito o teste da constitucionalidade, há-de admitir-se a possibilidade de o contribuinte produzir prova em contrário, demonstrando que não teve o rendimento normal que a lei ou a administração tributária lhe imputa, ou até que nem obteve lucros, mas sim prejuízos. Pois, caso a lei não admita expressamente a possibilidade de prova em contrário ou não se preste a ser interpretada em conformidade com a Constituição no sentido de não excluir essa possibilidade, então a tributação assente num puro rendimento normal enfermará de inconstitucionalidade sem apelo nem agravo (...) [uma vez que] numa situação dessas, estaremos caídos numa presunção absoluta de rendimentos, a qual (...) briga com a Constituição. Uma inconstitucionalidade que tem por base um duplo fundamento, pois viola o princípio da capacidade contributiva, enquanto se tributam manifestações inexistentes ou mesmo negativas da capacidade contributiva, seja o princípio da igualdade fiscal (...)"*.
Na verdade, ao exigir-se a possibilidade de prova em contrário, existirá sempre um afastamento perante tributação do rendimento normal – que só excepcionalmente admite que possam ser relevadas certas excepções à aplicação das normas impositivas – para obter, por esta via, uma forma de determinar o rendimento que o contribuinte obteve, como, de resto, é confirmado por XAVIER DE BASTO (1997: 121): *"aceita-se a prova em contrário [ao rendimento real presumido], justamente porque se quer atingir o rendimento real. O rendimento presumido é sempre, ao fim e ao cabo, uma matéria tributável de segunda linha, a utilizar quando o rendimento real efectivo não puder ser calculado. Num sistema de tributação do rendimento normal já não tem sentido a elisão da presunção. Não tem sentido que o contribuinte seja admitido a provar que as condições da sua exploração não coincidem com as condições normais ou médias, pois o que se visa tributar é o rendimento normal não como aproximação do rendimento real auferido, mas como base de incidência autónoma"*.

determinação do rendimento tributável, como vai configurado pelo legislador, mas admitindo uma integração, em concreto, perante as particularidades relativas ao exercício da actividade do contribuinte[66].

Nessa medida, compreende-se que o regime simplificado, conduzindo ao apuramento e incontestável de um rendimento potencial, tenha sido concebido como um regime não-obrigatório[67], sendo que, ao conferir-se ao sujeito passivo

---

[66] TOSI (1999: 36ss.) efectua precisamente uma *"summa divisio tra le predeterminazioni che escludono la prova contraria (cosidette assolute) e quelle che invece la ammettono (cosidette relative)"*.
A distinção efectuada acaba por corresponder também, *cum grano salis*, à sustentada pela doutrina alemã que diferencia a *materielle Typisierung* da *formelle Typisierung*, sendo que, no primeiro caso, existe uma "ficção" de realidade(s) concreta(s) efectuada pelo legislador, sem possibilidade do contribuinte fornecer prova contrária com fundamento na particularidade da sua situação concreta em face da *fattispecie* disciplinada e que, portanto, *"incide directamente sobre uma disciplina substancial do imposto, afastando-se da realização de uma justiça substancial perante os casos particulares e da realização do princípio da capacidade contributiva"*, enquanto que na *formelle Typisierung*, existe um esquema "presuntivo" de factos típicos, funcionalmente orientado "ao auxílio normativo" na definição de elementos fácticos característicos, que admite a possibilidade de se fornecer prova contrária – cf. ROMOLO (1996: 424).
Em ambos os casos, existe uma valoração legislativa que despreza a singularidade da vida e as especificidades dos casos concretos para abarcar, na previsão em que aquela se verte, um conjunto multiforme de circunstâncias típicas, pelo que a diferença fundamental está em admitir-se, ou não, a prova contrária, ou, melhor dizendo, a demonstração da efectiva situação particular. Sobre esta matéria as diversas pronuncias do *Bundesfinanzhof* vão no sentido de considerar ilegítima a *materielle Typisierung*, com fundamento em que este instituto, ao ignorar as particularidades dos casos concretos, acaba por conduzir à imposição fiscal de uma base tributável fictícia, desrespeitadora do princípio da igualdade e do princípio da capacidade contributiva (cf. as diversas decisões-judicativas, mencionadas por ROMOLO, in BStBl, 1959, II: 47; 1970, II: 498; 1984, II: 137, 139, 798, 800). Também o *Bundesverfassungsgericht*, em decisão de 3 de Novembro de 1982 – in BStBl, 1982, II: 725s. –, manifestou-se igualmente no sentido de reconhecer que, na medida em que a "tipicização material" incida sobre a disciplina substancial do imposto, acaba por existir uma incompatibilização com o princípio da capacidade contributiva, posto que "o objecto do imposto devem ser factos reconductíveis a uma determinada manifestação de riqueza, segundo um critério que assegure a igualdade dos contribuintes e forneça um certo grau de certeza ao imposto" – cf. ROMOLO (1996: 426, n.7).

[67] Note-se que TOSI (1999: 120ss.) afirma, quanto a esta matéria, que a possibilidade de opção por um regime *a forfait* não legitima a constitucionalidade de tal tributação, uma vez que *"a bem ver, uma tal concepção pressupõe que cada um seja árbitro do seu próprio interesse (...) numa visão tudo menos do que consonante com a dimensão solidarística que está presente na Constitui, e, provavelmente, contrasta com tudo quanto dispõe o art. 53º, que sanciona um critério de participação para os encargos públicos que não admite excepções, nem por vontade legislativa, nem – como importa sublinhar, por vontade da parte. A visão individualística do problema, pode, assim, revelar-se parcial e apenas abranger um aspecto do principio di effettività (...) sendo inadequada para exprimir a complexidade e a profundidade da ratio subjacente ao princípio da capacidade contributiva (...) e, se assim, é, encontramo-nos perante uma distorção [dos princípios], não sendo suficiente responsabilizar os contribuintes quanto ao regime tributário aplicável para que o principio di effettività possa dizer-se respeitado. Ponhamo-nos naquela posição dos contribuintes que não têm qualquer*

a possibilidade de optar pela determinação analítica – personalizada – da sua matéria tributável, apurada segundo os termos específicos previstos para as singulares categorias fiscais, fica salvaguardada a sua validade substancial[68].

De facto, a Constituição, quando assume esta axiologia, não está a impor, a todo o custo, a tributação do rendimento declarado, mas, antes de tudo, a tutelar a tributação do rendimento obtido, sendo que, para tal, não deve excluir-se que a tributação do rendimento possa partir de critérios definidos *ex ante* pelo legislador, seja no domínio de um modelo simplificado "supletivo", seja no âmbito de uma predeterminação procedimental que deixe em aberto a possibilidade do contribuinte oferecer "prova contrária" à normativa parametrização reditual, estando, em ambos os casos, pressuposta a ideia, já por diversas vezes referida, de que para certas categorias de contribuintes, o nefelibata apego à representação contabilístico-declarativa do rendimento real não constitui mais do que uma indesejada "constitucionalização" interpretativa da evasão e da fraude fiscais.

A questão que agora se coloca é a de saber se, fora de um esquema de tributação simplificada, onde, na prática, existe uma substituição dos valores declarados pelos contribuintes pela "quantificação" operada normativamente, fará sentido recorrer à predeterminação enquanto um instrumento de controlo das declarações apresentadas que se sobrepõe aos elementos declarados.

O problema coloca-se a propósito dos métodos indirectos *lato sensu* que tendem a realizar um controlo da veracidade lógico-substancial dos dados declarados pelos contribuintes à luz de um rendimento potencialmente equacionado e normativamente construído.

Nestes casos, o contribuinte acaba, em sede de uma "fiscalização antecipada", por ser sancionado pelo rendimento que poderia ter obtido em confronto com

---

possibilidade de optar entre o regime ordinário e o forfettario, uma vez que estão taxativamente sujeitos a um ou a outro. Do seu ponto de vista, pode colocar-se um problema de discriminação...".
[68] Com a introdução deste regime, o legislador fiscal estabeleceu uma clara e cortante cisão entre dois sistemas de determinação da matéria tributável – o regime "simplificado" e o regime "analítico de determinação escritural-contabilística do rendimento real" –, impondo a todos os contribuintes que resolvam optar pelo regime de determinação do rendimento real a obrigação de manterem uma contabilidade organizada nos termos da lei comercial e fiscal.
Assim sendo e a bem ver, não se pode ignorar que esta radicalizada dicotomia "contabilidade simplificada"–"contabilidade organizada", revela uma desproporcionalidade gritante relativamente à forma como se coloca a referida opção, podendo levar a que, para muitos dos contribuintes que desenvolvem uma actividade de micro-pequena dimensão, este regime assuma verdadeiramente uma inequívoca natureza imperativa em face da impossibilidade prática, pelos custos que isso determina, de poderem realmente optar pela conformação do imposto ao seu rendimento efectivo: nestes casos, estamos perante autênticas situações onde os contribuintes, não podendo pagar o [que é] imposto pela contabilidade organizada, são de facto forçados a pagar o [que é] imposto pelo regime simplificado

determinados resultados tributáveis que sendo considerados anormais – na óptica do legislador e com um maior ou menor grau de ancoramento em regras de experiência –, não são justificados, pelo que o total desprezo dado ao concreto circunstancialismo que rodeia a actividade geradora dos proveitos fiscalmente relevantes pode redundar numa insustentável imposição forfetária de um rendimento "normalizado" ao jeito de uma predeterminação de matriz substancialista.

Ora, em primeiro lugar, cumpre reconhecer que nesta sede assume capital importância o grau de "perfeição" colocado na elaboração destes instrumentos, os quais, para além de deverem ser, quanto ao quantitativo que expressam, configurados segundo um princípio de máxima segurança, devem também assentar em critérios racionalmente fundados e perceptíveis, dando a conhecer os coeficientes técnico-estatísticos que presidiram à sua criação, para que se permita invocar, com maior "certeza" a improcedência da predeterminação em confronto com a situação concreta.

Em segundo lugar, também a apresentação de razões justificativas que permitam "contraditar" o "juízo" abstracto do legislador – sendo, portanto, completamente inconcebível que, logo ao nível dos pressupostos, se impusesse um apodíctico rendimento "normal", em aberta transgressão com os princípios constitucionais –, assume aqui um papel crucial, sendo que tais regimes só não serão inconstitucionais na medida em que se possa entender a condição operativa da predeterminação, consubstanciada na "ausência de apresentação de fundadas razões justificativas", no sentido desta constituir uma "prova contrária antecipada" da improcedência dos valores prefixados perante a situação fiscal concreta do contribuinte, de forma que, nos casos-limite onde se proceda à quantificação parametrizada, a aplicação dos indicadores normativos possa considerar-se uma refracção do rendimento real auferido pelo contribuinte, porquanto este não conseguiu sustentar a veracidade dos elementos que declarou, demonstrando que a sua concreta situação tributária não se encontrava adequadamente considerada na padronização legal que lhe foi apresentada como parâmetro legal predefinido de contraste na motivação administrativa.

Por esse motivo, o juízo da administração fiscal quanto à (in)existência de razões justificativas deve, ainda aqui, considerar-se "vinculado" à prossecução do rendimento real, não podendo deixar de convocar, numa antecipação comparatística, os indicadores legais "em relação com as específicas condições do exercício da actividade concreta".

Isto significa que, em bom rigor, devem relevar-se todas as particularidades de diferenciação que permitam afastar o rendimento declarado pelo contribuinte do rendimento normativamente parametrizado, de forma que, quando não existam razões justificativas válidas, a padronização legal possa entender-se como um valor bastante aproximado ao rendimento efectivamente obtido pelo contribuinte.

Por fim, em terceiro lugar, como tutela axiológica de *ultima ratio*, deve entender-se que a quantificação legislativa não exclui a ponderação de elementos relativos à situação concreta do sujeito passivo que sejam idóneos a demonstrar a irrazoabilidade do rendimento fixado por via normativa[69-70].

[69] No sentido de que deve ser consentido ao contribuinte a possibilidade de provar a sua situação específica, demonstrando que não cabe na previsão de normalidade acolhida pela norma delimitadora dos elementos quantitativos, através do fornecimento de um material informativo credível que permita desvelar o seu rendimento efectivo, também se pronuncia, em face de institutos análogos, TOSI (1999: 494ss.).

[70] Muito recentemente, o Supremo Tribunal Administrativo (Acórdão de 19 de Maio de 2010 – Processo nº 0734/09), ainda que com uma fundamentação algo equívoca quanto à natureza jurídica do rendimento-padrão previsto no artigo 89º-A, nº 4, da LGT, teve o ensejo de concretizar corajosamente que:

"*Não pode, pois, deixar de ser reconhecido ao contribuinte o direito de provar o manifesto excesso dessa quantificação, pela demonstração de que o seu rendimento tributável não pode ser igual ao rendimento padrão que a lei fixa ou presume, na medida em que logrou demonstrar a proveniência de parte do montante que permitiu a manifestação de fortuna e esse montante não está sujeito a declaração e tributação como rendimento para efeitos de IRS. Impedir o contribuinte de fazer essa prova ou defender que não se pode dar qualquer relevância à demonstração da proveniência parcial do rendimento utilizado na manifestação da fortuna, argumentando que a quantificação tem, necessariamente, de ser aquela que resulta da aplicação de um critério estritamente legal e que parte de uma ficção ou presunção de um determinado rendimento sujeito a tributação (rendimento padrão), constituiria, desde logo, uma clara e directa violação do artigo 73º da LGT, pois que sendo a situação em apreço uma daquelas que bule com a incidência objectiva de IRS, há que dar à parte desfavorecida com esta presunção a possibilidade de a ilidir, mediante prova em contrário (nº 2 do artigo 350º do Código Civil).*

Acresce que a solução a que conduziria o não relevo da justificação parcial da manifestação de fortuna, levaria a tributar de forma igual situações diversas e para as quais a Constituição parece impor tratamento tributário diverso, em conformidade com os princípios da igualdade, da capacidade contributiva e da tributação dos rendimentos reais. De facto, mal se compreenderia, à luz dos referidos princípios, que, perante contribuintes relativamente aos quais se verificassem os pressupostos legais do recurso à avaliação indirecta por "sinais exteriores de riqueza" e que tivessem adquirido imóveis de valor idêntico, o contribuinte que nada justificou fosse tributado em sede de categoria G de IRS por montante exactamente igual ao contribuinte que justificou que parte significativa da fonte do acréscimo patrimonial não justificado lhe adveio do recurso a um empréstimo bancário, acrescendo, ainda que o montante obtido por via do empréstimo bancário acabaria também por ser tributado, não obstante tratar-se comprovadamente de montante não sujeito a tributação em sede de IRS.

Ora, a interpretação adoptada no acórdão recorrido conduz, inevitavelmente, a um tratamento grosseiramente igualitário de situações diversas e bem assim autoriza e valida a tributação de rendimentos que, comprovadamente, não estão sujeitos a tributação em sede de IRS, razões pelas quais deve ser rejeitada sob pena de afronta aos princípios da igualdade, da capacidade contributiva e da tributação dos rendimentos reais (Cfr., o Acórdão do Tribunal Constitucional nº 348/97, de 29 de Abril de 1997, que julgou inconstitucional, por violação do princípio da igualdade consagrado no artigo 13º da Constituição, a norma do §2 do artigo 14º do Código do Imposto de Capitais, na parte em que não permite a elisão de onerosidade dos mútuos efectuados pelas sociedades a favor dos respectivos sócios e respectiva anotação de CASALTA NABAIS, que convoca também o princípio da capacidade contributiva para defesa de que a predita norma também é inconstitucional em si mesma, na medida em que permite a tributação de situações sem qualquer suporte na capacidade contributiva – «Presunções Inilidíveis e Princípio da Capacidade

A AVALIAÇÃO INDIRECTA PADRONIZADA DA MATÉRIA TRIBUTÁVEL

Fora deste quadro, nem a não-automaticidade destas figuras poderá determinar a sua conformidade constitucional, porquanto se vedará ao contribuinte a consideração do seu rendimento real, impondo-lhe, ao invés, um rendimento normal assente em factores de índole exclusivamente objectiva[71].

Contributiva: Acórdão nº 348/97, processo nº 63/96», Fisco, n. 84/85, Setembro/Outubro 1998, ano IX, pp. 85/95)".
Caminho diferente havia sido percorrido pelo Tribunal Constitucional, que, no seu Acórdão nº 84/03, declarou, *tout court*, a constitucionalidade do disposto no artigo 87º, alínea c), da LGT. Ressalvando melhor opinião, a razão encontrava-se no lado das declarações de voto dos Juízes Conselheiros José Cardoso da Costa e Paulo Mota Pinto, como se depreenderá, neste momento, da exposição *supra* efectuada. Acrescenta-se, porém, que o Tribunal não aferiu devidamente as exigências do princípio da capacidade contributiva, deixando-se impressionar pelo advérbio ínsito no artigo 104º, nº 2, da CRP, para partir daí permitir que a tributação do rendimento empresarial e de *outros rendimentos* se faça *fundamentalmente* pelo rendimento normal sempre que não forem atingidos os patamares quantitativos definidos legislativamente e quando esse desvio não seja justificado. Nessa medida, também nesta questão entendemos que a apresentação e a ponderação de "razões justificativas" deve ser feita numa relação bidimensional, não relevando apenas em sede de pressupostos de aplicação do regime, mas também ao nível da quantificação, pelo menos mediatamente quando se demonstre, previamente à aplicação dos critérios objectivos, que o rendimento daí decorrente é excessivo face ao circunstancialismo concreto que envolve o sujeito passivo.

[71] Em sentido muito crítico, XAVIER DE BASTO (2001: 20) é peremptório ao afirmar, depois de ter equacionado a possibilidade de se justificar uma interpretação revogatória do artigo 90º, nº 2, da LGT, que as soluções de predeterminação substancial da matéria tributável introduzidas no procedimento de avaliação indirecta são *"incompatíveis com a Constituição da República, por ofensa do princípio da tributação do rendimento real"*.
Igualmente para SOUSA DA CÂMARA (1999: 354), a *"introdução desta nova possibilidade para determinar a matéria tributável de forma indirecta vem minar o sistema (...) contribui[ndo] decisivamente para criar um sistema de avaliação paradoxal (...) [que é] infeliz e contrária aos princípios constitucionais que presidem à criação dos impostos (...) [numa] manifesta violação dos princípios da tributação real e da capacidade contributiva"*.
SALDANHA SANCHES (1997: 117), ainda que não se referindo especificamente à figura acaba por referir que a *"tentação do legislador voltar ao rendimento normal"* conduz a *"formas de tributação anti-sistemáticas e por isso destituídas de racionalidade e legitimidade"*, especificando, com a entrada em vigor "da[s] perigosa[s] inovações da LGT", que estas se traduzem num *"perigoso retorno às concepções do lucro normal"*.
Com maiores, mas justificadas cautelas, CASALTA NABAIS (2000a: 255) começou por afirmar que um juízo a constitucionalidade da avaliação indirecta com base nos indicadores *"apenas pode fazer-se após a concretização na lei do quadro dentro do qual o Ministro das Finanças há-de definir anualmente os mencionados indicadores objectivos de base técnico-científica e, mesmo depois dessa concretização, não pode deixar de convocar-se o princípio da praticabilidade e ter em consideração os termos em que tais métodos indirecta são aplicados"*, sendo que, actualmente (2002a: 27ss.) e em tom mais crítico considera, quanto à generalidade dos métodos indirectos *lato sensu* que *"se a lei mandar atender apenas a elementos exclusivamente objectivos, a elementos que não digam respeito à situação concreta do contribuinte, mesmo relativamente a situações em que haja elementos respeitantes à situação concreta do contribuinte ou a sua obtenção não se apresente impraticável, parece-nos que os princípios da graduabilidade e da proporcionalidade do afastamento da tributação pelo rendimento real não serão respeitados"*.

Bibliografia:

ANTUNES VARELA, J. M. (1985) – *Manual de Processo Civil*, 2ª Ed., Coimbra.
CASALTA NABAIS, J. (1998) – *O dever fundamental de pagar impostos*, Coimbra
CASALTA NABAIS, J. (2000) – *"O princípio do Estado Fiscal"*, in Estudos Jurídicos e Económicos em Homenagem ao Professor João Lumbrales, FDL, Coimbra.
CASALTA NABAIS, J. (2000a) – *Direito Fiscal*, Coimbra.
CASALTA NABAIS, J. (2002a) – *Alguns aspectos do quadro constitucional da tributação das empresas*, in Fisco, n.os 103/104.
CASALTA NABAIS, J. (2002b) – *"Estado fiscal, cidadania fiscal e alguns dos seus problemas"*, in BCE, XLV-A.
COSTA TEIXEIRA/QUINTINO FERREIRA/MARTINS BARREIROS (1988) – *Código da Contribuição Industrial, Comentado* 3ª ed., Lisboa.
D'AMATI, N. (1989) – *Ricavi, oneri ed accantonamenti nella disciplina del reddito d'impresa*, in Dir. Prat. Trib., I.
DALLERA, G. (1990) – *Reddito normale, equità e capacita contributiva*, in Leccisotti, M. (org.), Per un'imposta sul reddito normale, Bolonha.
DE MITA, E. (1995) – *Interesse Fiscale e tutela del contribuente* – Le garanzie costituzionali, Milão.
EINAUDI, L. (1959) – *Miti e paradossi della giustizia tributaria*, 3ª ed., Torino.
ESEVERRI MARTINEZ (1995) – *Presunciones Legales y Derecho Tributario*, Madrid.
FALSITTA, G. (1968) – *"Appunti in tema di legitimità delle presunzioni fiscale"*, in Riv. Dir. Fin. – Giurisprudenza
FALSITTA, G. (1972) – *Il ruolo di riscossione*, Pádova.
FALSITTA, G. (1997) – *Manuale di diritto tributario* – Parte generale, Padova.
FANTOZZI (1991) – *Diritto tributario*, Torino.
FERREIRO LAPATZA (1996), *Curso de derecho financiero español*, 18ª edição, Madrid, 1996.
FANTOZZI/NARDUZZI (1996) – *Il Malessere Fiscale* – Governare il fisco nel duemila, Roma.
GALLO, F. (1990), *Il dilema reddito normale o reddito effettivo: il ruolo dell'accertamento induttivo*, in LECCISOTTI, M. (org.), Per un'imposta sul reddito normale, Bolonha.
GENTILLI, G. (1984), *Le prezunzioni nel diritto tributario*, Padova
GRIPPA SALVETTI (1998), *Riserva di legge e delegificazione nell'ordinamento tributário*, Milão.
HERRERA MOLINA (1998) – *Capacidad económica y sistema fiscal* (Prólogo de Klaus Tipke), Madrid.
HUSTER, S. (1993) – *Rechte und Ziele – Zur Dogmatik dês allgemeinen Gleichssatzes*, Berlin.
KIRCHHOF, P. (1983) – *Steuergleichheit*, in StuW, 4.
KIRCHHOF, P. (1991) – *Grundriβ des Abgabenrechts – Steuer, Gebühren, Beiträge EG, und Sonderabgaben*, Heidelberg.
LECCISOTTI, M. (1990), *Per un'imposta sul reddito normale – Introduzione*, Bolonha.
LEITE DE CAMPOS, SILVA RODRIGUES e JORGE DE SOUSA (2000), *Lei Geral Tributária, comentada e anotada*, 2ª Edição, Vislis.
LEITE DE CAMPOS, MÔNICA /LEITE DE CAMPOS, DIOGO (2000) – *Direito Tributário*, 2ª ed. Coimbra.
MANZONI, I. (1993), *Potere di accertamento e tutela del contribuente*, Milão.
MENEZES LEITÃO, L. (1997) – *Evolução e situação da reforma fiscal*, in CTF nº 387.

MOSCHETTI (1973) – *Il principio della capacità contributiva*, Padova.
MOSCHETTI, F. (1990), *La tassazione del reddito normale: lineamenti costituzionali*, in LECCISOTTI, M. (org.), Per un'imposta sul reddito normale, Bolonha.
MOSCHETTI, F. (1994) – *La capacità contrbutiva*, in Trattato di diritto tributario, dir. A. Amatucci, Vol. I, Pádova.
OSTERLOH (1992), *Gesetzesbindung und Typisierungsspielräume bei der Anwendung der Steuergesetze*, Colónia.
PACE, E. (1990), *Forme di normalizzazione della base imponibile nella disciplina delle imposte dirette*, in Per un'imposta sul reddito normale, LECCISOTTI, M. (org.), Bolonha.
PÉREZ ROYO, F. (1992) – *Derecho Financiero y tributário*, 2ª ed. Madrid.
PUHL, THOMAS (1997), *Le procedure e i metodi di accertamento tributário alla luce dei principi costituzionali*, in L'accertamento tributário nella comunità europea – L'esperienza della Repubblica Federale Tedesca (dir. Adriano di Pietro), Milão
RCDRF (1996) – Relatório da Comissão para o desenvolvimento da Reforma Fiscal, Lisboa.
ROGÉRIO FERNANDES FERREIRA (1997) – *Gestão, contabilidade e fiscalidade*, Lisboa.
ROMOLO, L. (1996) – *Fiscalità di massa ed esigenze di semplificazione: la typisierung nell'ordinamento tributario tedesco*, in Riv. Dir. Trib., nº 7-8.
ROZAS VALDÉS (1993) – *El derecho tributário ante el fraude de ley*, in REDF, nº 233.
SÁ GOMES, N. (1996), *Subsídios para a revisão da Constituição Fiscal Portuguesa*, in CTF, nº 381.
SALDANHA SANCHES, J.L. (1991), *Princípios estruturantes da reforma fiscal*, Fisco.
SALDANHA SANCHES, J.L. (1997), *Sistema e Reforma Fiscal: Que evolução*, in Fisco, nº 82/83.
SÁNCHEZ PINO (1995), *Presunciones y ficciones en el impuesto sobre la renta de las personas físicas*, Huelva, 1995.
SOARES MARTÍNEZ, P. (1984) – Manual de directo Fiscal, Coimbra.
SOUSA DA CÂMARA (1999), *A avaliação indirecta da matéria colectável e os preços de transferência na LGT*, in Problemas fundamentais do direito tributário, Lisboa.
SOUSA FRANCO (1998), Finanças públicas e direito financeiro, vol. II, 4ªed., 6ª reimp., Coimbra.
STEVE, S. (1976), *Lezioni di scienza delle finanze*, Padova.
TANZI, V. (1990), Il *reddito potenziale come base imponibile in teoria ed in pratica*, in Leccisotti, M. (org.), Per un'imposta sul reddito normale, Bolonha.
TEIXEIRA RIBEIRO, J.J. (1989) – *"A Reforma fiscal"* (texto da oração de sapiência proferida na abertura solene da Universidade de Coimbra em 20 de Outubro de 1965 e inicialmente publicado no BCE, vol. IX) in A Reforma fiscal, Coimbra.
TEIXEIRA RIBEIRO, J.J. (1989a) – *"A contra-reforma fiscal"* (texto inicialmente publicado no BCE, vol.XI), in A Reforma fiscal, Coimbra.
TEIXEIRA RIBEIRO, J.J. (1989b) – *"O sistema fiscal na Constituição de 1976"* (texto inicialmente publicado no BCE, vol. XXII.
TEIXEIRA RIBEIRO, J.J. (1991) – *Lições de Finanças Publicas*, 4ª Ed., Coimbra.
TESAURO, F. (1987) – *"Le presunzioni nel processo tributário"*, in *Le presunzione in materia tributaria*, org. A. E. Granelli, Rimini
TIPKE/ LANG (1991) *Steuerrecht*, 13ª Ed., Colónia.
TIPKE (1993) – *Die Steuerrechtordung*, Vol. I, Colónia.

TOSI, LORIS (1994), *La Capacità Contributiva, Tit.IV: Il Requisito di Effettività*, *in* Trattato di Diritto Tributario (dir. Andrea Amatucci), II, Pádova.

TOSI, LORIS (1999), *Le predeterminazioni normative nell'imposizione redituale (Contributo alla trattazione sistematica dell'imposizione su basi forfettarie)*, Milão.

TRIMELONI, M. (1994), *Le presunzioni tributarie, in* Tratatto di diritto tributario (dir. Andrea Amatucci), II, Pádova.

TOSI, LORIS (1999), *Le predeterminazioni normative nell'imposizione redituale (Contributo alla tratttazione sistematica dell'imposizione su basi forfettarie)*, Milão.

VÍTOR FAVEIRO (1986) – *Noções fundamentais de Direito Fiscal Português, II – Estrutura Jurídica do Sistema Fiscal Português*, Coimbra.

VÍTOR FAVEIRO (2002) – *O estatuto do contribuinte – A pessoa do contribuinte no Estado Social de Directo*, Coimbra.

XAVIER DE BASTO, J. (1997), Comentário à intervenção do Professor Doutor José Luís Saldanha Sanches, *Sistema e Reforma Fiscal: Que evolução, in* Fisco, nº 82/83.

XAVIER DE BASTO, J. (1998) – *"As perspectivas actuais da revisão da tributação do rendimento e da tributação do património em Portugal", in* BCE.

XAVIER DE BASTO, J. (2001), *O princípio da tributação do rendimento real e a Lei Geral Tributária, in* Fiscalidade, 5.

Direito Fiscal Ambiental
Considerações iniciais e breve comparativo entre as normas portuguesas e brasileiras

WANGRY BONK

Advogada, Mestre pela Universidade de Coimbra no âmbito das Ciências Jurídico-económicas, com a orientação do Senhor Professor Doutor Diogo Leite de Campos, Especialista em Direito Tributário pela Faculdade de Direito de Curitiba, tendo título de bacharel em Direito e também em Administração de Empresas

INTRODUÇÃO: **Instrumentos econômicos e a política ambiental**
Instrumentos econômicos são meios através dos quais se modifica o preço do bem a fim de se alcançar determinados objetivos, sejam eles referentes ao desenvolvimento econômico ou a questões de ordem social.

A União Européia vem atuando no sentido de fazer valer a utilização de instrumentos econômicos e isto pode ser verificado junto aos programas de ação no domínio do ambiente.

É através de normas que refletem na disponibilidade econômica do mercado que o Direito Econômico age. A Fundação Européia para a Melhoria das Condições de Vida e de Trabalho realizou pesquisas a respeito da utilização dos instrumentos econômicos em vigor na Comunidade Européia e concluiu que "existe uma grande margem para aumentar a utilização de instrumentos econômicos em quase todos os países da UE". Tal pesquisa confirma a utilização vulgar de medidas econômicas na política ambiental, fazendo com que a 'moeda' trabalhe a favor do ambiente.

Estudos sobre a utilização de instrumentos econômicos e fiscais na política do ambiente já vislumbravam, há alguns anos, a necessidade de uma regulamentação mais eficaz na política de proteção ambiental e, ainda, a verificação de que tal regulamentação deveria proteger o ambiente mesmo em detrimento da concorrência.

A exemplo disso, o Comunicado da Comissão Européia de 15 de maio de 2001, alinhado com os resultados da ECO 92, aponta que a Europa deve buscar um desenvolvimento sustentável e propõe que os preços devem refletir os custos "meio ambientais e sociais, o que resultará em um mercado com produtos e serviços menos contaminantes e modificará o comportamento dos consumidores".

Na última década, e, especialmente, nos anos mais recentes, a utilização de instrumentos econômicos passou a ser um dever dos poderes públicos para contribuírem com o desenvolvimento sustentável com o apoio da UE. Desde o Quinto Programa de Ação no Domínio do Ambiente já se tratava do tema e afirmava-se que a "utilização de instrumentos econômicos e fiscais terá de passar a constituir uma parte cada vez mais importante da abordagem global, tendo em vista o estabelecimento correto dos preços e a criação de incentivos, baseados no mercado, a um comportamento econômico benéfico ao ambiente."

Uma das soluções econômicas para proteção ambiental é a cobrança de um preço em decorrência da utilização dos recursos naturais, impelindo os produtores a buscarem novas formas não-poluidoras para produzir. Os bens utilizados do meio ambiente, ou seja, os recursos naturais deveriam ter um preço para que no momento da utilização o seu custo fosse cobrado do utilizador. Entretanto, é muitas vezes difícil ou impossível, por exemplo, mensurar o preço do ar que foi poluído por uma indústria, ou dos resíduos produzidos por uma família em um determinado período. Desta forma, os bens e serviços devem, de alguma forma, levar em consideração esta utilização da natureza. Os "instrumentos econômicos e fiscais necessitam de ser aplicados de forma pragmática, afetando os preços de modo a conseguir mudanças tecnológicas e de comportamento, especialmente a longo prazo". Já afirmavam os peritos da UE, em 1990.

Para uma eficiente utilização dos instrumentos econômicos em busca da melhoria da qualidade ambiental e efetiva diminuição da poluição hoje realizada será necessário buscar um ponto de equilíbrio entre o lucro das atividades (qualquer atividade econômica) e o prejuízo ambiental produzido (pois sempre haverá alguma poluição).

Os instrumentos que atingem a esfera financeira da população são um dos mecanismos de alteração de padrões comportamentais, assim, produtores e consumidores, com a eminente alteração econômica que sofrerão (com o acréscimo monetário sobre os bens poluentes), poderão alterar comportamentos e agir de maneira mais responsável com relação aos recursos naturais, a fim de evitar um ônus financeiro. A conseqüência será a diminuição da poluição.

Os instrumentos econômicos que atualmente são mais facilmente encontrados nas legislações européias são: tributos, chamados instrumentos fiscais positivos; as licenças ou direitos transacionáveis, chamadas simplesmente de autorizações para emissão; os depósito-reembolso; os subsídios, que podem ser de cunho econômicos ou fiscal, neste caso chamados de instrumentos fiscais negativos; os acordos voluntários; as atribuição de responsabilidades, as premiação entre outros. Uma síntese destes instrumentos econômicos será a seguir apresentada.

1. TRIBUTAÇÃO

1.1. Função fiscal e função fiscal ambiental

Para executar suas funções o Estado utiliza de recursos financeiros arrecadados por diversas fontes e meios através de uma atividade financeira pública.[1] Para isso, dispõe de diversas normas jurídicas que regulam a atividade de obtenção, despesas e gestão das receitas. A este conjunto de regras definimos o Direito Financeiro Público.[2] Nos termos da lei, a tributação é uma das formas de satisfazer as necessidades financeiras do Estado e das entidades públicas, devendo servir para promover a justiça social, a igualdade de oportunidades e ser objeto de diminuição de desigualdades na distribuição das riquezas. Desta maneira, não se pode deixar de mencionar que a tributação está presente como um dos sectores do Direito Financeiro.

Como afirma Nuno de Sá[3] os impostos são hoje uma das mais importantes fontes de receitas públicas, característica dos Estados modernos e do mercado capitalista. Entretanto, os impostos não são somente formas de arrecadação, de geração de renda do Estado; eles estão sempre em contato com a realidade econômica e social que tributam.[4] Assim, a receita pública assume natureza variada[5] podendo ser classificada com base em critérios econômicos, políticos ou jurídicos.

---

[1] GOMES, Nuno de Sá. *Manual de Direito Fiscal*, Vol (I) (Reimpressão), Editora Rei dos Livros, Lisboa, 1995, p. 11; MARTÍNEZ, Soares, Direito..., p. 3; CASALTA NABAIS, J. Direito Fiscal..., p. 3.
[2] CASALTA NABAIS, José. *Direito Fiscal*. 2ª Edição refundida e aumentada, Coimbra: Almedina, 2003, p. 4.
[3] GOMES, Nuno de Sá. *Manual de Direito Fiscal*, Vol (I) (Reimpressão), Editora Rei dos Livros, Lisboa, 1995, p. 13.
[4] "Há, assim, uma extrafiscalidade em sentido impróprio, uma extrafiscalidade imanente, que acompanha as normas de direito fiscal, sejam estas normas de tributação ou de não tributação, que se revela quer na presença de efeitos econômicos e sociais na generalidade de tais normas, quer no relevo que o legislador fiscal frequentemente atribui às finalidades extrafiscais secundárias ou acessórias." NABAIS, José Casalta. *Direito Fiscal*, 2ª Edição refundida e aumentada, Coimbra: Almedina, 2003, p. 402.
[5] GOMES, Nuno de Sá. *Manual de Direito Fiscal*, Vol (I) (Reimpressão). Lisboa: Editora Rei dos Livros, 1995, p. 11.

A política fiscal com objetivos ambientais é distinta da política fiscal pura, pelo critério de que a proteção da natureza sempre será um objetivo extrafiscal,[6] visando comportamentos e atividades que promovam o bem-estar social.[7][8] Nestes termos, poderá servir para *alteração de comportamento*, em ações para o *benefício ambiental*, e, ainda, de *arrecadar recursos*, a fim de custear os gastos com a poluição aplicando-se o princípio do poluidor pagador. Acrescenta-se que é possível realizar ações *motivadoras de novos comportamentos* através de desonerações fiscais, incentivos fiscais, repartição de receitas de forma diferenciada (em parte aplicando o princípio do protetor recebedor). Assim, os recursos econômicos disponíveis da política fiscal ambiental podem advir de receitas fiscais, de origem tributária, que resultem em um aumento do patrimônio do Estado. O sistema fiscal ambiental deve ser usado com a *finalidade extrafiscal*.

Poderá ser utilizada uma parte dos recursos arrecadados com a tributação para custear as desonerações, as despesas fiscais (diminuição do orçamento) por via de gastos públicos para a concessão de vantagens econômicas conferidas a sujeitos que podem ter seu comportamento ambientalmente adverso alterado.

O sistema fiscal deve ser um instrumento orientador do Estado e de suas políticas econômica[9] e financeira, um instrumento de política social[10] em busca da melhoria dos problemas, em especial os relativos à natureza, que estão a causar

---

[6] A política ambiental conta com situações tributárias onde a finalidade é não financeira, ou seja, quando o objetivo é buscar uma mudança de comportamento. Isto pode se dar através da criação e imposição de novos tributos ou elevação da quantidade arrecadada (ou pelo aumento do percentual, ou da base de cálculo) ou através da utilização de mecanismos de diminuição arrecadatório (com exclusões, deduções, benefícios fiscais, entre outras). Neste caso estamos diante da função extrafiscal do sistema tributário. EZCURRA, Marta Villar. Los tributos ambientales em el marco de um desarrollo sostenible. In: MAÑAS, Piñar José Luiz. *Desarrollo sostenible y protección del medio ambiente*. Madrid: Editora Civitas, 2002, p. 400.

[7] MARTINS, Guilherme W. d'Oliveira. As implicações financeiras da política tributária ambiental, em 15 anos da reforma fiscal de 1988/89: *Jornadas de homenagem ao Professor Doutor Pitta e Cunha*. Associação Fiscal Portuguesa, Instituto de Direito Econômico, Financeiro e Fiscal da Faculdade de Direito de Lisboa. Coimbra: Livraria Almedina, 2005.

[8] O problema ambiental está em garantir o bem estar social da presente geração e das futuras, aplicando-se o que se chama de desenvolvimento sustentável. Como afirma Guilherme Waldemar d'Oliveira Martins "o problema ambiental para além de ter uma dimensão integracional, assume contornos intergeracionais". MARTINS, Guilherme W. d'Oliveira. As implicações financeiras da política tributária ambiental, em 15 anos da reforma fiscal de 1988/89: *Jornadas de homenagem ao Professor Doutor Pitta e Cunha*, Associação Fiscal Portuguesa, Instituto de Direito Econômico, Financeiro e Fiscal da Faculdade de Direito de Lisboa. Coimbra: Livraria Almedina, 2005, p. 500.

[9] SOARES, Claudia Alexandra Dias. *O imposto ecológico* – Contributo para o estudo dos instrumentos econômicos de defesa do ambiente. Coimbra: Coimbra, Editora, 2001, p. 297.

[10] LEITE DE CAMPOS, Diogo e LEITE DE CAMPOS, Mônica Horta. *Direito Tributário*. Coimbra: Livraria Almedina, 1996, p. 66.

o comprometimento do bem-estar da sociedade contemporânea e comprometendo as futuras gerações.

1.2. Extrafiscalidade

Na presente fase do estudo, é necessário demonstrar a diferença entre fiscalidade e extrafiscalidade. A primeira trata da simples cobrança tributária pelo Estado, levando em conta apenas a intenção arrecadatória. A segunda cuida da arrecadação fiscal não com função meramente financeira, mas sim objetivando privilegiar situações sociais, políticas e econômicas diversas.

Quando falamos em extrafiscalidade o pensamento deveria nos levar à questão da "ciência das finanças" e à forma de administração do Estado e em como influencia o comportamento da sociedade, da economia, da atividade política e social. É a característica dada à função dos instrumentos fiscais que visam não somente a persecução de receitas, mas igualmente a realização de outros valores.

Para melhor exemplificarmos, são fins extrafiscais: o combate ao desemprego, a recessão, o incentivo à cultura, o desenvolvimento de certas regiões, ou de setores específicos da economia, o estímulo ao consumo de determinados bens, a proteção ambiental, etc.

Com relação à parte impositiva podemos citar como exemplo a alta tributação de produtos como a bebida alcoólica. O consumo abusivo de bebidas alcoólicas causa danos irreparáveis à saúde pública, e, conseqüentemente, demasiados gastos ao poder público.[11] O mesmo acontece com a venda de tabaco. Deste modo, tem-se que com o agravo da tributação ocorre o desincentivo do consumo destes itens, e ainda repõe o gasto do Estado com os danos causados pelo seu consumo excessivo. Desta forma, a tributação está sendo utilizada visando duas finalidades distintas, uma fiscal, quando falamos em restituição dos gastos públicos; e outra extrafiscal, com a finalidade de não estimular o consumo.

Por fim, a extrafiscalidade ocorre quando da necessidade de uma intervenção estatal em âmbitos econômicos e sociais, mas sempre de acordo com preceitos e limites constitucionais e em apoio à ação social. Apoio no sentido de criar normas que ajudem a sociedade a atingir o desenvolvimento sustentável. Quando os instrumentos fiscais são utilizados no sentido de "obter resultados em sede de proteção do meio ambiente então caímos no domínio da extrafiscalidade".[12]

As normas que integram o direito fiscal e que possuem características para atingir objetivos ambientais são sempre extrafiscais, e, em alguns casos, extrafis-

---

[11] MOLINA, Pedro M. Herrera. *Capacidad Económica y Sistema Fiscal, Análisis del Ordenamiento Español a la Luz del Derecho Alemán*. Madrid: Marcial Pons, Ediciones Jurídicas e Sociales, S.A., 1998. p. 495.
[12] CASALTA NABAIS. Direito Tributário Ambiental, p. 412 a 443. In TORRES, Heleno Taveira (ccord) *Direito tributário ambiental*, colaboradores Alejandro C. Altamirano ..., São Paulo: Malheiros, 2005, p. 422.

cais e fiscais concomitantemente.[13][14] Fiscais quando pretendem, com a arrecadação, obter receitas e extrafiscais quando alteram comportamentos,[15] ao buscarem a finalidade de proteção ambiental.

Os tributos ambientais são extrafiscais, mesmo que haja a arrecadação. A sua criação deve ser orientada pelos objetivos em tela: o bem-estar social, a preservação, e conservação da natureza, o desenvolvimento sustentável. A arrecadação é o meio para a consecução destes objetivos, da mesma forma a desoneração é o meio pelo qual se estimula o sujeito a quem a tributação se refere.

Cabe mencionar que no caso de criação de tributos com a finalidade única de arrecadação, como, por exemplo, aqueles com a finalidade de repor os custos da despoluição neste caso a finalidade será fiscal, pois "domina uma finalidade recaudatória."[16]

A questão da extrafiscalidade refere-se principalmente à concessão e estabelecimento dos benefícios fiscais. Como afirma Casalta Nabais "o segmento mais operacional da extrafiscalidade é, sem sombra de dúvidas, o dos benefícios fiscais".[17] O mesmo autor ainda indica como alvo predileto da fiscalidade e da extrafiscalidade, nas suas palavras, a tributação ambiental.[18]

---

[13] A função extrafiscal de um tributo pode ser verificada da simples análise dos tributos sobre importação. Este é o típico exemplo de como o Estado se utiliza da tributação para proteger a sua economia interna. "É possível detectar a existência de tributos com uma finalidade, "simultaneamente", recaudatória e extra-reaudatória, ou melhor, que visam realizar tanto quanto possível cada uma das duas funções, e que, por isso, as cumprem de forma limitada e deficiente." SOARES, Claudia Alexandra Dias. *O imposto ecológico* – Contributo para o estudo dos instrumentos econômicos de defesa do ambiente. Coimbra: Coimbra, Editora, 2001, p. 300.

[14] Importante destacar parte dos ensinamentos do ilustre professor José Casalta Nabais, que ensina: "toda fiscalidade tem inerente uma certa dose de extrafiscalidade. Isto mesmo quando a extrafiscalidade esteve de todo ausente dos propósitos do legislador fiscal ao moldar a disciplina dos impostos. Com efeito, e ao contrário do que se chegou a pensar no século XIX, os impostos, quaisquer que eles sejam, não são neutros do ponto de vista econômico e social. Pois, mesmo que o legislador se tenha preocupado exclusivamente com a obtenção de receitas fiscais, ainda assim os impostos não são assépticos face à realidade econômica e social que tributam e, por conseguinte, moldam." NABAIS, Casalta, Direito Tributário Ambiental, p. 412 a 443, em *Direito tributário ambiental*; coordenação de Heleno Taveira Torres, colaboradores Alejandro C. Altamirano ..., São Paulo: Malheiros, 2005, p. 423.

[15] CASALTA NABAIS, J. Direito Tributário Ambiental, p. 412 a 443, em TORRES, Heleno Taveira. *Direito tributário ambiental*, colaboradores Alejandro C. Altamirano ..., São Paulo : Malheiros, 2005, p. 423.

[16] SOARES, Claudia Alexandra Dias. *O imposto ecológico* – Contributo para o estudo dos instrumentos econômicos de defesa do ambiente. Coimbra: Coimbra Editora, 2001, p. 303.

[17] CASALTA NABAIS, José. *Direito Fiscal*, 2ª Edição refundida e aumentada. Coimbra: Almedina, 2003, p. 404.

[18] Idem, Ibidem, p. 407.

1.3. Parafiscalidade

Além das receitas obtidas com os impostos que se destinam aos fins gerais do Estado, algumas receitas podem ser afetas ao financiamento de certas entidades públicas que co-participam de objetivos públicos.[19] São os tributos em que o sujeito ativo é pessoa diversa em relação ao Estado e o montante arrecadado é recolhido a um fundo diferenciado ao dos impostos. Tais tributos podem ser de toda espécie, assumindo as características e forma de cada uma destas espécies, apenas a sua cobrança é que se realiza por terceiros.

A parafiscalidade está ligada à finalidade financeira dos tributos, ou seja, destina-se à satisfação de fins específicos, e, neste caso, justifica os tributos ambientais.

No caso do tributo ecológico a parafiscalidade pode ser uma alternativa interessante. O sujeito que cria o tributo pode não ser o mesmo que o arrecada e controla. A utilização desta figura poderá na prática fazer com que instituições mais engajadas nas questões ambientais possam fazer valer a finalidade do tributo.

Para Túlio Rosembuj a fiscalidade ambiental tem utilizado da parafiscalidade para sua afetação[20]. A parafiscalidade pode ser exercida no âmbito ambiental, desde que os preceitos constitucionais sejam obedecidos.[21]

2. O SISTEMA FISCAL AMBIENTAL E O TRIBUTO AMBIENTAL

O sistema tributário ambiental tem como principais finalidades a proteção do meio ambiente, que, através da tributação, fomentará o incentivo à mudança de comportamento. Com a tributação positiva, o montante do tributo deve corresponder ao custo total da poluição, incluindo a externalidade negativa causada pelo produto que originou a poluição. Com isso, seu preço final aumenta e sua procura será diminuída.[22] Para evitar este aumento de preço a poluição deve cessar para que não incida o tributo. Por seu lado, as desonerações tributárias, via

---

[19] SANCHES, J. L. Saldanha. *Manual de Direito Fiscal*. Coimbra: Coimbra Editora, 2002, 2ª Edição p. 26.
[20] ROSEMBUJ, Túlio. *Los tributos y la protección del medio ambiente*. Madrid: Marcial Pons, 1995, p. 94 e ss.
[21] SOARES, Claudia Dias. O sujeito activo do imposto ecológico. O papel das finanças locais na tributação ambiental. A realidade Portuguesa. *Revista de Direito Ambiental*, Ano 9, N. 34, Abril--Junho, São Paulo: 2004, p. 9. A autora ainda cita em seu texto importante nota que segue: Para Gomes Canotilho e Vital Moreira, *Constituição da República Portuguesa Anotada*.Coimbra, 3ª Ed. revista, 1993, p. 460, "a Constituição não deu guarida ao equívoco conceito de parafiscalidade, que comporta figuras que são verdadeiros impostos, que como tais devem ser tratados para todos os efeitos (...), mesmo que cobrados em benefícios de outras entidades que não o Estado ou outras colectividades territoriais". Disponível em: http://pwp.netcabo.pt/0454049801/O%20sujeito%20 activo.pdf, acesso em 12/01/2008.
[22] LOBO, Carlos Manuel Baptista. Imposto Ecológico. *Revista de Direito Público*. Lisboa, a. 8, nº 16, Julho-Dezembro/1995, p. 51-111, p. 82.

incentivos fiscais e benefícios, visam incentivar a mudança de comportamento prejudicial por ações desejáveis ao meio ambiente.

Desta forma, a tributação não pode ser um impeditivo da liberdade de escolha do indivíduo, devendo estabelecer opções para que ocorram escolhas. Possibilitar que os indivíduos possam através do livre-arbítrio adotar ou não determinada conduta deve ser o reflexo das medidas fisco-ambietais impostas pelo Estado,[23] garantindo, assim, os princípios fundamentais da liberdade e da dignidade da pessoa humana.

O tributo ambiental não pode ser uma forma de punição ao poluidor[24]; deve ser um instrumento de mudança de comportamento e arrecadatório para cobrir os gastos do Estado com a preservação, recuperação e prevenção ambiental. Afirma Roberto Ferraz:"uma prestação compulsória que se constitua como sanção de ato ilícito será multa e não tributo."[25]

Comparativamente ao sistema de regulação convencional, a tributação ambiental tem como atrativo o fato de possibilitar que a sociedade escolha entre continuar poluindo e com isso arcar com custos elevados, ou reduzir a poluição quando os custos para isso são mais atrativos; que a tributação pode oferecer vantagens mercadológicas (produtos ambientalmente corretos) e fiscais (desonerações), que podem funcionar melhor do que as regulamentações de comando-controle; a tributação terá como segundo plano a arrecadação fiscal, o que possibilitará a realização de políticas ambientais, fiscais ou não, quando a simples regulamentação não o faz.[26]

A tributação, como espécie de instrumento econômico, visa a melhoria contínua do desenvolvimento tecnológico, de meios de produção, de ações humanas, a fim de que possam sempre ser implementados e modificados em benefício do ambiente. Cabe lembrar que há pouco tempo os carros movidos a gás natural representavam um avanço na diminuição de gás carbônico na atmosfera, mas continuam a ser um derivado do petróleo e um recurso natural finito. Atualmente,

---

[23] SEBASTIÃO, Simone Martins. *O tributo e seu viés ambiental*: extrafiscalidade e função promocional do direito. Curitiba: Juruá, 2006, p. 245.

[24] As coimas sobre fontes poluentes não tem surtido o efeito necessário para impedir a ocorrência da poluição contínua. Mesmo que o Estado estabeleça limites para a poluição estes não estão sendo cumpridos, uma vez que as penalidades não são suficientemente altas para cobrir os ganhos obtidos com a produção ou serviço ou utilização de determinado bem poluente.

[25] "É de fundamental importância que se perceba que a função essencial do tributo é incompatível com qualquer forma de sanção de atividade." FERRAZ, Roberto, Tributação ambientalmente orientadora e as espécies tributárias no Brasil. In: TORRES: Heleno Taveira (coord). *Direito tributário ambiental*, colaboradores Alejandro C. Altamirano ..., São Paulo : Malheiros, 2005, p. 340.

[26] ALTAMIRO, Alejandro C. El derecho constitucional a um ambiente sano, derechos humanos y su vinculacíon com el derecho tributário, MARINS, James. *Tributação e meio ambiente*. In: MARINS, James. Coleção Tributação em Debate. Curitiba: Juruá Editora, 2002, p. 38.

o carro movido a motor híbrido evidencia forte onda de mudança[27], como o uso do biodiesel, o etanol, e o hidrogênio,[28] fontes de energia renovável que podem simbolizar melhorias nas emissões; o tributo ambiental pode agir de forma a incentivar o desenvolvimento dessas novas fontes de energia e colaborar com a diminuição das emissões de gases de efeito estufa causados pelos veículos motorizados. A tributação ambiental deve proporcionar a substituição dos antigos meios pelos novos meios menos poluentes.

Como afirma Claudia Dias Soares "quanto mais eficaz for o tributo ecológico que visa incentivar a adopção de comportamento menos danosas a sociedade menor será a receita obtida através dele, esta nunca chegará a ser nula".[29] O tributo ambiental estará sempre em evolução, à medida que os recursos naturais são e serão sempre utilizados pelo homem e a atualização dos meios e das tecnologias uma constante histórica.[30]

A política tributária deve estar vinculada a compromissos ambientais em que o Estado deve ser um orientador da sociedade, a fim de que possam juntos resolver os problemas de poluição de utilização dos recursos.[31] Tal política deve permitir que o Estado possa analisar e criar os instrumentos econômicos fiscais adequados para cada tipo de situação, percebendo as conseqüências da utilização de um tributo ou de uma desoneração fiscal, tendo-se em conta que a finalidade principal é incentivar a mudança de comportamento. Sempre vinculado aos princípios da capacidade contributiva, eficiência e eficácia, além dos da precaução, prevenção, do poluidor pagador, e, quando possível, do protetor recebedor.

No Brasil, a Consituiçao da República, principal fonte de direito tributário do Brasil, o artigo 170, inciso IV, pertencente ao título Ordem Econômica, a "defesa do meio ambiente, inclusive mediante tratamento diferenciado conforme o impacto ambiental dos produtos e serviços e de seus processos de elaboração

---

[27] Motores a Gás Natural apresentam vantagens consideráveis em relação aos motores que funcionam a gasolina ou gasóleo, a principal delas é o fato de ser 70% menor a emissão de dióxido de carbono ($CO2$) do que a emissão dos motores a gasóleo e 50% inferior da dos motores a gasolina. Nos motores híbridos, que combina um motor eléctrico com um motor a gasolina, e em alguns modelos ainda produzem certa energia eléctrica armazenada me baterias, as emissões são mais baixas devido ao consumo menos de combustível. Disponível em: http://www.quercus.pt/scid/webquercus/defaultArticleViewOne.asp?categoryID=567&articleID=2063 acesso em 13/08/2007.
[28] BIODIESELBR ONLINE. Disponível em: http://www.biodieselbr.com/destaques/2006/carros-alternativos-biodiesel-etanol-hibridos-gas-natural-hidrogenio.htm, acesso em 12/08/2007.
[29] SOARES, Cláudia Alexandra Dias. A receita dos impostos ambientais. Separata de: *Scientia Iuridica*, Tomo 50, (Jan.-Abr.), nº 289, 2001, p. 53.
[30] Idem, ibidem, p. 54.
[31] ALTAMIRO, Alejandro C., El derecho constitucional a um ambiente sano, derechos humanos y su vinculacíon com el derecho tributario. In; MARINS, James. *Tributação e Meio Ambiente* – Coleção Tributação em Debate, Coordenação: James Marins, Curitiba: Juruá Editora, 2002, p. 38.

e prestação", e conjugado com o artigo 225, *caput* "todos têm direito ao meio ambiente ecologicamente equilibrado, bem de uso comum do povo e essencial à sadia qualidade de vida, impondo-se ao Poder Público e à coletividade o dever de defendê-lo e preservá-lo para as presentes e futuras gerações", constituem os argumentos legais para a implementação da política tributária ambiental.

O sistema fiscal português adotado no texto Constitucional representa a estrutura do ordenamento jurídico-tributário[32] e não se limita a definir princípios e determinar encargos tributários, como pode ser observado no artigo 104 da CRP, que se limita a tratar do imposto amplamente. Lembre-se que a capacidade contributiva é fator determinante para a classificação fiscal adotada pelo legislador constitucional. A Constituição Portuguesa não limita a utilização dos tributos para os objetivos ambientais.[33]

A divisão do tributo entre impostos, taxas, contribuições não é concebida no texto constitucional, entretanto, é apresentada na Lei Geral Tribuária (LGT) que classifica e define esta divisão. No direito anglo-saxão a palavra *tax* é utilizada para tratar de impostos. Da mesma forma que o termo Direito Fiscal e Direito Tributário são tratados como iguais, quando na realidade a doutrina divide-os como direito dos impostos e direito dos tributos respectivamente.[34]

De acordo com o artigo 3º da LGT, os tributos compreendem uma categoria geral das receitas fiscais[35] definitivas para a satisfação de fins públicos não constituindo sanção, sendo melhor definidos quando destacados em espécies distintas[36], quais sejam, os impostos, as taxas e as contribuições (item 2), cada um com sua natureza e objetivos diversos. O artigo ainda classifica os tributos como fiscais e parafiscais (item 1, a) e serem destinados ao Estado ou a regiões específicas (item 1,b). O tributo ambiental pode se dar, por exemplo, sob a modalidade de emissões quantificadas e sobre determinados produtos como o caso do petróleo[37], e as taxas que se exprimem pela prestação de um serviço público individua-

---

[32] SANCHES, J. L. Saldanha. *Manual de Direito Fiscal*. Coimbra: Coimbra Editora, 2002, 2ª ed p. 13.

[33] Para o autor, por um lado vai a abertura constitucional À utilização da extrafiscalidade e por outro a tutela constitucional do ambiente, a qual convoca a política fiscal".NABAIS, Casalta. Direito Tributário Ambiental, p. 412 a 443. In: TORRES, Heleno Taveira (coord). *Direito tributário ambiental*; colaboradores Alejandro C. Altamirano ..., São Paulo: Malheiros, 2005, p. 429.

[34] MARTÍNEZ, Soares. *Direito Fiscal*, 10 ª Edição (Reimpressão), Almedina, Coimbra, 2003, p. 24, SANCHES, J. L. Saldanha, Manual de Direito Fiscal, 2ª Edição, Coimbra Editora, 2002, p. 9; GOMES, Nuno de Sá, Teoria Geral dos Benefícios Fiscais, in Revista Ciência e Técnica Fiscal, Nº 359, págs.09 e seg., Julho-Setembro, 1990 , p. 17

[35] SANCHES, J. L. Saldanha. *Manual de Direito Fiscal*. Coimbra: Coimbra Editora, 2002, 2ª edição p. 16

[36] GOMES, Nuno de Sá Teoria Geral dos Benefícios Fiscais. In *Revista Ciência e Técnica Fiscal*, Nº 359, p. 09 e seg., Julho-Setembro, 1990, p. 59.

[37] MARTINS, Guilherme W. d'Oliveira. As implicações financeiras da política tributária ambiental, em 15 anos da reforma fiscal de 1988/89. In: *Jornadas de homenagem ao Professor Doutor Pitta e Cunha*.

lizado, podem ser exemplificadas nos casos da taxa de coleta de lixo, ou a taxas municipais para controle de tráfego.[38]

De acordo com a LGT, artigo 6º, a tributação pode ser classificada em direta e indireta, e para isso são utilizados critérios econômicos e jurídicos[39] para diferenciá-las de forma sintética:[40]

a) Tributação direta (LGT, art. 6º, 1)- leva em conta o rendimento e a situação patrimonial familiar e as necessidades para uma existência digna, bem como as condições que podem levar à perda da capacidade contributiva (critério econômico), tais como doença e velhice. Os tributos diretos referem-se aos que não integram o custo de produção dos bens (critério econômico *strictu sensu*), e, conseqüentemente, não devem repercutir no consumo (critério da repercussão econômica[41]).

b) Tributação indireta (LGT, art. 6º, 2)- refletem indiretamente na capacidade contributiva, uma vez que têm em vista o consumo, entretanto, devem sempre favorecer o consumo de primeira necessidade e onerar as demais despesas, as transferências de bens, entre outros (critério econômico). Estes tributos acabam por ser integrados nos custos de produção, ou seja, são acumulados em todas as fases da cadeia produtiva (critério econômico *strictu sensu*), representando efetivamente um tributo sobre o consumo (critério da repercussão econômica[42]).

Um dos maiores custos da atividade econômica são as incidências tributárias, por isso, estes instrumentos têm a capacidade de influenciar a atividade econômica.[43]

Apesar da tributação ambiental ser um forte instrumento de política ambiental, cabe dizer que, na realidade, nem sempre os resultados são positivos; é o caso das empresas que mudam seus domicílios fiscais para países em que a política fiscal ambiental não resulta em exigências, e, conseqüentemente, em menores

---

Associação Fiscal Portuguesa, Instituto de Direito Econômico, Financeiro e Fiscal da Faculdade de Direito de Lisboa. Coimbra: Livraria Almedina, 2005, p. 500, p. 517.

[38] REBELO, Marta. As taxas orientadoras de comportamentos: a ampliação do artigo 19º da lei das finanças locais e o caso do Central London Congestion Charging Scheme. *Revista Jurídica do Urbanismo e do Ambiente*. Coimbra, n.21-22(Jun.-Dez.2004), p. 143-158.

[39] CASALTA NABAIS, José. *Direito Fiscal*, 2ª Edição refundida e aumentada. Coimbra: Almedina, 2003, p. 41.

[40] Idem, ibidem, p. 41 e seguintes.

[41] "O fenômeno da repercussão econômica é muito mais amplo abarcando freqüentes vezes manifestações da própria tributação do rendimento e da repercussão econômica." CASALTA NABAIS, José, Direito Fiscal, 2ª Edição refundida e aumentada, Coimbra: Almedina, 2003, p. 43.

[42] Idem, ibidem, p. 43.

[43] OLIVEIRA, José Marcos Domingues de. Tributação e meio ambiente. In: MARINS, James. *Tributação e meio ambiente* – Coleção Tributação em Debate, Coordenação: James Marins, Curitiba: Juruá Editora, 2002, p. 116.

custos fiscais[44]. A concorrência fica abalada, e a natureza desprotegida, sem que a finalidade seja alcançada. Os interesses particulares acabam por desconsiderar as necessidades ambientais, muito comum atualmente.[45]

Outro fator importante a mencionar é que a criação de novas imputações fiscais, novas taxas e novos impostos, ou simplesmente seu aumento, causará uma diminuição do bem-estar, da qualidade de vida dos indivíduos em detrimento da proteção ambiental. Alternativamente, para solucionar estes problemas as desonerações podem ser utilizadas, e podem servir de incentivo à modificação de comportamento com a não diminuição dos rendimentos e o bem-estar social.

Quanto ao direito comunitário, cabe salientar que as ações são as mais diversas, tanto para ações locais quanto no contexto europeu. São levadas em consideração as disposições sobre a concorrência, principalmente as normas da OMC e as da CEE.

A tributação ambiental depende muito da disposição dos legisladores para que se inicie efetivamente.

2.1. Discussão morfológica

São diversas as nomenclaturas utilizadas para se tratar dos instrumentos fiscais com finalidade de preservação e prevenção ambiental, diminuição da poluição gerada ou em busca de comportamentos "filoambientais". As mais comuns utilizadas pela doutrina portuguesa, brasileira e nas demais doutrinas latinas são: tributos ecológicos, ou verdes ou ambientais, e, ainda, impostos ambientais, impostos verdes, impostos ecológicos, eco-taxas, entre outros. Já na doutrina anglo-saxã, a terminologia mais vulgar é *environmental taxes, green taxes, eco-taxes, environmental charges, levys* entre outras.[46]

O nome que é dado ao tributo pode variar, contudo, o que vai determinar a sua característica de ecológico ou ambiental[47] é a sua finalidade, seja como imposto, seja como taxa ou qualquer outra espécie tributária.

---

[44] MARTINS, Guilherme W. d'Oliveira. As implicações financeiras da política tributária ambiental, em 15 anos da reforma fiscal de 1988/89. In: *Jornadas de homenagem ao Professor Doutor Pitta e Cunha*, Associação Fiscal Portuguesa, Instituto de Direito Económico, Financeiro e Fiscal da Faculdade de Direito de Lisboa. Coimbra: Livraria Almedina, 2005, p. 500, p. 519.

[45] MODÉ, Fernando Magalhães. *Tributação Ambiental* – A Função do Tributo na Proteção do Meio Ambiente, Curitiba: Juruá Editora, 2003, p. 70 e 71.

[46] SNAPE, John e Souza, Jeremy de. *Environmental taxation law*: policy, contexts and practice.Hants: Burlington: Ashgate, cop. 2006, p. 5.

[47] A doutrina Italiana, quando trata da questão terminológica, determina que os gravames sobre emissões serão tassa ou cânone, taxas ou encargos, e quanto a terminologia da tributação ambiental define "Sobre esta denominação entendemos coletar todos os tributos especialmente postos sobre a produção ou descargas poluentes. No ordenmaneto positivo terão outra denominação como

Ideal seria seguir uma única forma nominal e dizer que a tributação é ambientalista. Mas em todos os termos utilizados há uma componente ambientalista, por isso pouco importa a denominação, o importante é que a finalidade seja alcançada.

No sentido genérico, ao tratar da tributação em geral, o termo tributação ambiental refere-se ao discurso genérico de "tributação ambiental ou tributação ecológica ou *environmental levy*" e a definição tende a diminuir o sentido dos seus dois elementos constitutivos, mas o termo é interpretado como sendo todo instrumento fiscal utilizado com fim ambiental.[48]

Como afirma a doutrina italiana, o termo tributação ambiental tem suas deficiências terminológicas, mas pode-se seguramente dizer que se trata de um instrumento fiscal utilizado com finalidade ambiental.[49] A denominação tributação ambiental empregada de forma "atécnica", compreende cada instrumento fiscal voltado a esculpir, prevenir, eliminar ou reduzir comportamentos e atividades poluentes.[50]

As demais terminologias, como: imposto, taxa, *tax* e *fee, charges, canon*, têm seu próprio sentido de ser, e mesmo utilizadas ao lado de ambiental, ecológica, verde, *environmental, ecological or green*, devem respeitar suas definições legais tributárias.[51]

A doutrina divide a tributação ambiental em estrita ou ampla, *strict sense* ou *comun sense*,[52] respectivamente. A tributação ampla refere-se aos tributos ordinários aos quais foi adicionada uma componente chamada ambiental, ou uma majoração de alíquota, ou alteração na estrutura do tributo desde que destinado ao meio ambiente. Já aqueles, em sentido estrito, referem-se aos tributos criados inteiramente para uma finalidade ambiental. Assim, esta divisão é observada dependendo da forma de criação e utilização do instrumento fiscal ambiental.

---

imposto e taxae e como tarifas" OSCULATI, Franco. *La Tassazione Ambientale*. Pubblicazioni della Università di Pavia, Studi nelle scienze giuridiche e sociali, Volume 24, Padova: Cedam, 1979, p. 5.

[48] RODRíGUEZ, Alberto & VILLAMARÈN, Xosé. La imposición ambiental: definición y análisis, estadístico. *Seminário internacional fiscalidad del medio ambiente y desarollo energético*, Madrid, 2001, p. 98

[49] ALIBERTI, Andrea, FERGOLA, Cristina, MARTINELLI, Mário, MARCHETTI, Fabio. *La tassazione Ambientale*. Roma: Edizioni Quasar, 1995, p. 64.

[50] Idem, ibidem, p. 64

[51] Segundo Rosembuj a desordem semântica e confusão terminológica é característica da pouca utilização (elementar e primário), isso em 1995. Contudo, pode-se perceber que não houve muita evolução para a terminologia e desde então, e ainda não se verifica uma definição específica para a questão. ROSEMBUJ, Túlio. *Los tributos y la protección del medio ambiente*. Madrid: Marcial Pons, 1995

[52] SNAPE, John e Souza, Jeremy de. *Environmental taxation law*: policy, contexts and practice. Hants: Burlington: Ashgate, cop. 2006, p. 16.

O mais importante quanto à terminologia e suas implicações é a origem do termo, que tem por base a sua finalidade, seu motivo de criação,[53] e não o montante a ser aplicado, alíquotas e fato gerador. Tais fatores serão importantes para a classificação quanto à nomenclatura taxa, imposto, tarifa, contribuição ou outra. O ser "ambiental", simplesmente "eco", "verde" ou "ecológico" deriva da sua qualidade em atuar na defesa do ambiente.

Como adverte Pedro Herrera Molina, "independentemente da nomenclatura que se adote, é preciso caracterizar a estrutura e os elementos que constituem o tributo em questão para que a finalidade do tributo atenda as disposições objetivas de seus aspectos constitutivos".[54] Entretanto, a análise morfológica das palavras ambiental, ecológico e ambientalista pode colaborar no sentido de eleger uma terminologia única para o presente trabalho:

a) Ambiental: o termo refere-se ao que é relativo ao ambiente, e ao próprio ambiente.[55]

b) Ecológico: o termo tem origem na palavra ecologia,[56] que vem de *oikos* – que significa casa e *logos* – tratado. Ecologia, dentre as mais diversas definições, mais precisamente para o que está em questão, "é o movimento que visa o estabelecimento de um melhor equilíbrio entre o homem e o meio ambiente, assim como a preservação deste."[57] Ecológico é um adjetivo, relativo à ecologia.

c) Ambientalista: o termo de algumas décadas para cá traduz a pessoa interessada e preocupada com os problemas do meio ambiente, preocupada na manu-

---

[53] SOARES, Claudia Alexandra Dias. *O imposto ecológico* – Contributo para o estudo dos instrumentos económicos de defesa do ambiente. Coimbra: Coimbra, Editora, 2001, p. 290.

[54] HERRERA MOLINA, Pedro M. *Derecho tributario ambiental*: la introducción del interés ambiental en el ordenamiento tributário. Madrid: Marcial Pons, 2000, p. 55 e 56.

[55] De acordo com o *Novo Dicionário Aurélio*, Ambiental é um adjetivo e possui o seguinte conceito: "Relativo a, ou próprio de ambiente; ambiente. V. determinismo, impacto, preservação, proteção." Aurélio On-Line corresponde–à 3ª. Edição, 2ª. impressão da Editora Positivo, revista e atualizada do *Aurélio Século XXI*, O Dicionário da Língua Portuguesa, 2004 by Regis Ltda., http://universitario.educacional.com.br/dicionarioaurelio/

[56] O termo que dá origem à questão ecológica é "ecologia" que de acordo com o Novo Dicionário Aurélio conceitua como substativo a palavra ecologia, e define: "1.Parte da biologia que estuda as relações entre os seres vivos e o meio ou ambiente em que vivem, bem como as suas recíprocas influências; mesologia. 2.Ramo das ciências humanas que estuda a estrutura e o desenvolvimento das comunidades humanas em suas relações com o meio ambiente e sua conseqüente adaptação a ele, assim como novos aspectos q novos aspectos que os processos tecnológicos ou os sistemas de organização social possam acarretar para as condições de vida do homem." Aurélio On-Line corresponde à 3ª. Edição, 2ª. impressão da Editora Positivo, revista e atualizada do *Aurélio Século XXI*, O Dicionário da Língua Portuguesa, 2004 by Regis Ltda.. Disponível em universitaio.educacional.com.br/dicionarioaurelio/, acesso em 15/01/2008.

[57] O conceito é fornecido pelo dicionário digital Priberam. Disponível em: http://www.priberam.pt/dlpo/definir_resultados.aspx acesso em 15/09/2007.

tenção deste e engajanda em movimentos para defendê-lo. Além disso, refere-se ao que é relativo ao ambiente.[58] Antes disso, o termo representava aquele que estudava a influência do meio ambiente e o homem, e, agora, estudo as influências do homem no meio ambiente.

Neste estudo optou-se por utilizar todos os termos, mas na grande maioria dos casos pelo conjunto "tributação ambiental" por defender que em todos os tipos de elementos tributários e aplicações fiscais é possível haver uma componente ambiental.

2.2. Finalidade do tributo ambiental

Os tributos ambientais têm como finalidade primeira a alteração de comportamento e a defesa do meio ambiente, ou seja, finalidade extrafiscal, para que possa corrigir as externalidades negativas[59] e estimular condutas sustentáveis.[60] Com a conseqüente arrecadação verificar-se-á uma segunda finalidade, a finalidade fiscal arrecadatória. O tributo ambiental serve para integralizar as políticas econômicas e ambientais.[61] A forma de ação é a internalização obrigatória dos custos ambientais,[62] conferindo validade ao princípio do poluidor pagador.[63] Cabe ao Estado assegurar que a política fiscal seja realizada neste sentido.

Em Portugal, o artigo nº 66 da CRP é importante figura normativa da defesa ambiental e preconiza que a política fiscal deve atuar e auxiliar o desenvolvimento com protecção do ambiente e qualidade de vida. No Brasil a proteção ao meio ambiete está prevista nos artigos nº 24, inciso VI e nº 225 da CRFB, que prevêem,

---

[58] O *Novo Dicionário Aurélio* explica: ambientalista é um Adjetivo "relativo ao meio ambiente ou a algo próprio do meio ambiente", e ainda, um substantivo que se refere ao "especialista em assuntos ou problemas relacionados ao meio ambiente, a sua defesa, etc." Aurélio On-Line corresponde-à 3ª Edição, 2ª impressão da Editora Positivo, revista e atualizada do *Aurélio Século XXI*, O Dicionário da Língua Portuguesa, 2004 by Regis Ltda.. Disponível em universitario.educacional.com.br/dicionarioaurelio/, acesso em 15/01/2008.

[59] São negativas as externalidades que causam a majoração do custo marginal privado com relação ao custo marginal social, ou seja, quando a sociedade sofre determinado prejuízo, ação externa negativa, que no fim acaba por causar um custo final maior. Conforme anteriormente explicitado.

[60] SOARES, Claudia Alexandra Dias. *O imposto ecológico* – Contributo para o estudo dos instrumentos econômicos de defesa do ambiente, Coimbra: Coimbra Editora, 2001, p. 295.

[61] TORRES, Heleno Taveira. *Direito tributário ambiental*; colaboradores Alejandro C. Altamirano ..., São Paulo: Malheiros, 2005, p. 476 e 477.

[62] Como mencionado no Capítulo anterior.

[63] Como bem explica Roberto Ferraz "se uma fábrica de fertilizantes polui um rio, o imposto verde deverá acrescentar um custo ao produto, correspondente ao custo que o Estado terá para promover a despoluição do rio, tornando interno à atividade um custo que antes era externo". FERRAZ, Roberto. Tributação ambientalmente orientadora e as espécies tributárias no Brasil. In: TORRES, Heleno Taveira (coord). *Direito tributário ambiental*. colaboradores Alejandro C. Altamirano ..., São Paulo : Malheiros, 2005, p. 342.

respectivamente, da competência legislativa concorrente entre os entes administrativos (União, Estados e Distrito Federal) para tratar dos assuntos de proteção ambiental, e da competência material comum da União dos Estados e dos Municípios referente às questões relativas à proteção e ao combate à poluição, entretanto, não há qualquer menção sobre a interferência fiscal nas questões ambientais.

Os eco-tributos são os meios de consecução desta determinação constitucional. Cláudia Dias Soares bem coloca que "o tributo ambiental é uma realização da justiça daquilo que se prossegue, uma vez que do seu uso garante-se que as condições de igualdade são reais e efectivas".[64] Podem não garantir um fluxo de receitas contínuo, visto sua arrecadação ser motivadora de mudança de comportamento, diferentemente do verdadeiro imposto que possui um fim recaudatório. Apesar de se admitir que os tributos ecológicos possuam as duas finalidades, serem extrafiscal e arrecadatória.

Casalta Nabais entende que existem tributos ambientais com finalidade simplesmente financeira, chamados tributos ambientais em sentido amplo, atécnico ou impróprio, ou seja, falsos tributos ambientais, pois tem os mesmo objetivos dos tributos em geral.[65] Neste sentido somente podem ser ambientais os tributos que visam objetivos ambientais e não somente arrecadatórios.

Assim, são designados como 'próprios' ou 'impróprios' consoante a finalidade a que se propõem, ou seja, se for a obtenção de recursos para a defesa do ambiente, política ecológica, deixando para segundo plano a prevenção, então, estes são tributos em 'sentido impróprio'[66].

Assim, a finalidade do tributo ambiental sempre estará vinculada ao fator arrecadação, mas o importante é que este fator nunca será constante e estável, pois a principal razão de ser é a prevenção. A modificação do preço/custo dos bens/serviços poluentes resultará na mudança de comportamento por parte do consumidor.

Apesar da discussão sobre a característica monetária do tributo ambiental, de não serem verdadeiro tributos, mas falsos tributos, importa mencionar que

---

[64] SOARES, Claudia Alexandra Dias. *O imposto ecológico* – Contributo para o estudo dos instrumentos económicos de defesa do ambiente. Coimbra: Coimbra Editora, 2001, p. 288.

[65] CASALTA NABAIS, José. *Direito Tributário Ambiental* em Direito tributário ambiental; coordenação de Heleno Taveira Torres, São Paulo: Malheiros, 2005, p. 430.

[66] "O imposto ambiental em sentido próprio inserem-se numa linha de prevenção (do dano ambiental) e os em sentido impróprio visam a recuperação (do equilíbrio ecológico). Ambos constituem, então, instrumentos fundamentais da política ambiental. Os impostos ambientais em sentido próprio ao actuarem sobre os comportamentos, promovendo a sua alteração para moldes mais compatíveis com o ambiente, são determinantes para prevenir futuros danos no continuum naturale. Mas a política ambiental não pode também abdicar do uso de gravames ambientais em sentido impróprio." SOARES, Claudia Alexandra Dias. O Imposto Ambiental. Direito Fiscal do Ambiente. *Cadernos CEDOUA*. Editora Livraria Almedina, 2002, p. 14 e 15.

como afirma Cláudia Dias Soares, não podem manter uma constância na arrecadação. Mesmo sabendo que as atividades econômicas e a incidência fiscal jamais encerrarão, não há como garantir que as receitas auferidas pelo tributo ambiental garantam a arrecadação.

A finalidade principal da imposição fiscal ambiental deverá realizar a alteração de comportamento para que as ondas de consumo migrem para outras atividades menos poluentes em que incidem uma carga fiscal menor, consequentemente uma arrecadação diminuída.

Note-se que não há intenção de punir o poluidor através de impostos fiscais, pois, para tanto, existem normas específicas. Alguns autores defendem que o tributo ambiental deve ser gravoso o suficiente para impedir e inibir por completo a atividade poluente,[67] mas isso resultaria comparativamente em proibir a realização da atividade, e, neste caso, poderia a imposição fiscal ser comparada a uma norma de comando e controle punitiva. Isto é visivelmente incorreto, pois a liberdade econômica é inerente ao sistema vigente.

No direito brasileiro, esta determinação é explícita, visto que nenhum imposto pode ser constituído como sanção de ato ilícito.[68] O tributo ambiental deve ser constituído e orientado conforme os ditames constitucionais e legais de qualquer outro tributo, respeitando a estrutura e as regras tributárias.

Caso seja um ato ilícito, o que se aplicará é uma penalidade, uma multa, em decorrência da infração. A poluição não é uma infração, apesar de ser tão grave ou mais do que certas infrações. A poluição não é proibida, mas deve ser evitada. A aplicação fiscal busca a orientação do comportamento do agente poluente, tornando bem pouco atraente, pela via econômica agravada, a ação poluente.[69] A imposição fiscal é a expressão da realidade social, da democracia, do exercício da liberdade através da legislação e da ação administrativa. É uma forma de ação indireta do administrador sobre o fato que deseja evitar, caso a poluição ocorra e se trate de um caso previsto na norma de comando e controle e que o ato seja

---

[67] "Se utiliza o imposto como instrumento para inibir por completo a atividade questionada". ALTAMIRANO, Alejandro C., El derecho constitucional a um ambiente sano, derechos humanos y su vinculación con el derecho tributário. In: MARINS, James (ccord). *Tributação e meio ambiente* – Coleção Tributação em Debate. Curitiba: Juruá Editora, 2002, p. 67.
[68] No Brasil o artigo 3º do Código Tributário Nacional classifica o tributo como "prestação pecuniária compulsória em moeda cujo valor se possa exprimir, que não constitua sanção e ato ilícito, instituída em lei e cobrada mediante atividade administrativa plenamente vinculada". BRASIL. CTN. – *Código Tributário Nacional*. Disponível em: www.receita.gov.br/Legislacao/CodTributNaci/ctn.htm, acesso em 24/01/20008
[69] MODÉ, Fernando Magalhães. *Tributação ambiental* – A Função do Tributo na Proteção do Meio Ambiente. Curitiba: Juruá Editora, 2003, p. 81 e ss.

proibido, a ação será direta, através da imposição de normas sancionatórias de ordem proibitiva.

Nas palavras de Fernando Modé "as normas tributárias, em verdade são alheias a qualquer valoração de licitude ou ilicitude".[70]

Claudia Dias Soares bem afirma que a razão da criação destes instrumentos fiscais é diferente da razão de criação das sanções, que neste caso é a manutenção de um sistema econômico sadio, é orientar comportamentos, ajudar subsidiariamente a sociedade e não determinar condutas e eliminar atividades que possam poluir.[71] Assim, a finalidade dos tributos ecológicos serve para caracterizá-los como não sancionatórios.

O que se pretende não são a proibição e a punição, mas sim fazer com que a sociedade perceba que sua ação está resultando em danos ambientais e que outras possibilidades sadias ao ambiente podem ser viáveis.

2.3. Receita e despesa fiscal ambiental

A política ambiental fiscal poderá apresentar resultados financeiros positivos e negativos, no sentido de que o Estado irá angariar receitas com a inclusão da hipótese ambiental na arrecadação, ou através da criação de novas formas tributárias ou através da reforma das incidências fiscais que atualmente estão a vigir para que parte destas incidências seja a título ambiental. E, ainda, o Estado poderá, através da criação de benefícios e políticas fiscais negativas, implementadas em troca de comportamentos ambientais desejáveis, e consideradas despesas fiscais, atingir objetivos favoráveis.

Com relação aos valores monetários envolvidos de receita ou de despesa decorrentes dos instrumentos fiscais estes se referem à proveniência e destino econômico dos recursos disponíveis.[72]

Ao se tratar das políticas ambientais fiscais positivas, verifica-se a aplicação do princípio do poluidor pagador, e quando se trata de políticas fiscais negativas podemos estar diante de princípios como a prevenção e protector recebedor. É através dos instrumentos fiscais que será possível ao Estado a arrecadação de divisas aumentando seu patrimônio pela inclusão das externalidades sugeridas por Pigou.

---

[70] Idem, ibidem, p. 83.

[71] SOARES, Claudia Alexandra Dias. *O imposto ecológico* – Contributo para o estudo dos instrumentos económicos de defesa do ambiente, Coimbra: Coimbra Editora, 2001, p. 304 e ss.

[72] MARTINS, Guilherme W. d'Oliveira, As implicações financeiras da política tributária ambiental, em 15 anos da reforma fiscal de 1988/89: *Jornadas de homenagem ao Professor Doutor Pitta e Cunha*, Associação Fiscal Portuguesa, Instituto de Direito Econômico, Financeiro e Fiscal da Faculdade de Direito de Lisboa. Coimbra: Livraria Almedina, 2005.

Os instrumentos fiscais ambientais que geram receitas são: os impostos, as taxas e as contribuições (estas menos aplicáveis, ou pouco vulgares).

A arrecadação a ser obtida com a tributação ambiental pode, em um primeiro momento, ser gradativa e vultosa, entretanto, deve necessariamente ser diminuída, tendo em vista os objetivos a que se presta, ou seja, evitar uma determinada ação por parte do cidadão. A análise econômica deve ser neutra, sempre com relação ao mesmo objetivo, mesmo número de contribuintes e mesmas condições de mercado. Desta forma, caso não haja diminuição do montante da receita decorrente da fiscalidade ambiental este será o fator de verificação de alteração da conduta ou comprovada falha da tributação. Neste caso ou tributo deverá ser majorado para fazer valer a sua finalidade ou repensado, por isso uma análise constante deve ser realizada. Caso se verifique a diminuição de arrecadação pela mudança do consumo isso prova que novas alternativas surgiram, e até mesmo estas deverão ser analisadas e ser, se for o caso, objeto da tributação ambiental.

Como defende a doutrina, nunca haverá fim para a arrecadação fiscal ambiental, pois é impossível verificar se há patamares perfeitos de não poluição.[73] E sempre é necessária a interveniência fiscal para a educação ambiental.

As despesas fiscais ambientais referem-se aos custos com a sua execução e através da renúncia do Estado a determinadas receitas ou despesas diretas. Podem ocorrer de diversas formas, contudo a mais importante refere-se a subsídios fiscais, que podem ser a fundo perdido ou reembolsáveis (quando o Estado posterga o recebimento de certo tributo), ou seja, benefícios, incentivos, desonerações, postergação de receita. Em geral estes subsídios são concedidos se em troca o Estado visualiza o objetivo a que se propõe ao elaborar e oferecer tal concessão. Ou seja, incentivar a prática ambientalista, alterando comportamentos empresariais (como a inclusão de tecnologias que permite a diminuição da poluição) e pessoais (como por exemplo a maior utilização de equipamentos que permitam a inclusão na vida comum de energias renováveis).

Caso se trate de uma política fiscal negativa e o incentivo para a mudança de comportamento ou adoção de novas alternativas menos poluentes não se demonstrar eficaz, isso comprovará que não estará a funcionar, devendo tal política ser redimensionada ou até mesmo cancelada.

A tributação-regra é a arrecadação. A despesa fiscal é a parte deste montante que o Estado abdica de diversas formas. Pode ser concedida a pedido do sujeito passivo, ou pela vontade do Estado em oferecer alternativas financeiras que resul-

---

[73] "Mas não só a absoluta pureza ecológica das actividades económicas é impossível de açcançar, como também a necessidade de atingir patamares sempre mais elevados de compatibilidade ambiental sugere o progressivo incremento desta espécie de tributos." SOARES, Cláudia Alexandra Dias. A receita dos impostos ambientais, Separata de: *Scientia Iuridica*, Tomo 50, (Jan.-Abr.), nº 289, p. 54.

tem na diminuição, postergação da arrecadação ou, ainda, na divisão proporcionalmente diversa do montante destinado a entes públicos que vão depender da atividade ambientalista exercida por estes entes.[74]

Como já foi dito, é a finalidade extrafiscal que será a base da política fiscal ambiental, em que o contribuinte se compromete a realizar determinados fatos para exercer o direito de obter tal benefício. As ações de desoneração tributárias são nomeadamente subsídios fiscais, e ordinariamente denominaremos benefícios fiscais. Dentre os benefícios fiscais mais importantes encontram-se as desonerações, isenções e as amortizações, cada qual será explanada no Capítulo seguinte.

As despesas públicas são subordinadas ao regime de orçamento próprio e anual e no caso português existem regras comunitárias que devem ser observadas em matéria de auxílio de Estado.[75-76]

2.4. Duplo dividendo

O duplo dividendo é a possibilidade que o tributo ambiental tem, através da arrecadação, de influenciar outras atividades e outras arrecadações. É a possi-

---

[74] Como ocorre no Brasil com o ICMS Ecológico, que será explicado no Capítulo III.

[75] A exemplo disso pode ser mencionado a disposição do artigo 87 do Tratado da União Européia que, em proteção da livre concorrência entre as empresas da Comunidade, estabelece que seja incompatíveis com o Mercado Comum os auxílios concedidos pelos Estados que causem danos, ou interfiram na concorrência, desta forma os auxílios estatais estão sempre subordinados a uma análise de legalidade pela Comunidade.

[76] Data de adopção da decisão: 30.3.2004, Estado-Membro: Espanha, Número do auxílio: N] 104/2003: Denominação: Regime de auxílio à investigação e desenvolvimento, auxílio ambiental e auxílio à formação para as empresas carboníferas durante o período 2003-2006 na Comunidade Autónoma de Castela e Leão. Objectivo: Promover a investigação e o desenvolvimento tecnológico, proteger o ambiente e proporcionar aos trabalhadores boas qualificações técnicas com vista a reduzir ao mínimo os acidentes nas minas. Base jurídica: Orden de la Consejería de Industria, Comercio y Turismo de la Junta de Castilla y León por la que se regula la concesión de incentivos mineros a empresas para los programas de investigación y desarrollo, medio ambiente y formación minera. Orçamento: 1 871 425 euros por ano para o período 2003-2006. Duração: 2003 – 2006. Outras informações: A Comissão decidiu não levantar objecções ao auxílio estatal N 104/2003-Espanha (auxílio à investigação e desenvolvimento, auxílio ambiental e auxílio à formação para as empresas carboníferas durante o período 2003-2006, na Comunidade Autónoma de Castela e Leão,desde que este auxílio seja compatível com o Regulamento (CE)n.o1407/2002 do Conselho, o quadro comunitário para os auxílios estatais à investigação e desenvolvimento, o enquadra-mento comunitário dos auxílios estatais a favor do ambiente e o Regulamento (CE) n.o68/2001 da Comissão relativo à aplicação dos artigos 87.e 88.do Tratado CE aos auxílios à formação. Disponível em: Jornal Oficial da União Européia, 24.05.2005, C125/6, PT, Autorização de auxílios concedidos pelos Estados no âmbito das disposições dos artigos 87. e 88. do Tratado CE a respeito dos quais a Comissão não levanta objecções. Disponível em: http://www.eur-lex.europa.eu/LexUriServ/site/pt/oj/2005/c_125/c_12520050524pt00060008.pdf,acesso em 24/01/2008.

bilidade de remover outras ineficiências existentes no sistema fiscal[77], assim, os tributos ambientais podem ser utilizados para diminuir a carga fiscal de outros tributos já existentes.[78]

A instituição dos tributos ambientais, que, conseqüentemente, aumentarão o gravame fiscal, poderá aliviar a tributação em outras áreas, como é o caso da diminuição da tributação sobre os rendimentos, ou sobre as contribuições sociais[79]. Tal realização resultará na diminuição do custo do financiamento público. Esta hipótese de que se poderá gerar a "melhoria da distribuição de recursos, redução do desemprego involuntário, ou aumento da eficiência econômica"[80] é defendida por Cláudia Dias Soares.

Sabe-se, entretanto, que os impostos ambientais também vão gerar custos para sua implementação e controle, sendo assim, não será verificada a economia em estado ótimo,[81] pois também serão apresentadas distorções com a inclusão da imposição fiscal ecológica. Desta forma, somente a prática de cada sujeito ativo é que poderá demonstrar se realmente o duplo dividendo será uma realidade.[82]

A busca de um segundo benefício não deve ser a finalidade do tributo ambiental, visto que poderá causar distorções com relação à quantificação das externalidades e resultar em taxas ambientais não condizentes com a necessária para a alteração e modificação de comportamentos. Contudo, caso a teoria das externalidades seja aplicada como se propõe, ou seja, para internalizar os custos das externalidades, no caso da tributação positiva para incluir os custos das externalidades negativas, não haverá arrecadação suficiente para o duplo dividendo proposto.[83]

---

[77] SOARES, Cláudia Alexandra Dias. A receita dos impostos ambientais. Separata de: *Scientia Iuridica*, Tomo 50, (Jan.-Abr.), nº 289, p. 53-67, 2001, p. 56.

[78] EZCURRA, Marta Villar. Los tributos ambientales en el marco de un desarrollo sostenible, in: MAÑAS, Luiz Piñar Jose Luiz. *Desarrollo sostenible y protección del medio ambiente*. Madrid: Editora Civitas, 2002, p. 415.

[79] ALMEIDA, Gilson C. B, e LOBATO, Anderson O. Tributação Ambiental: uma contribuição ao desenvolvimento sustentável: TAVEIRA, Heleno Torres (coord). *Direito tributário ambiental*. São Paulo: Malheiros, 2005, p. 633.

[80] A autora denomina estes dividendos como distribucional, de emprego e de eficiência. SOARES, Cláudia Alexandra Dias. A receita dos impostos ambientais. Separata de: *Scientia Iuridica*, Tomo 50, (Jan.-Abr.), nº 289, p. 53-67, 2001, p. 56.

[81] SOARES, Claudia Alexandra Dias. *O imposto ecológico* – Contributo para o estudo dos instrumentos econômicos de defesa do ambiente, Coimbra: Coimbra Editora, 2001, p. 531 a 537.

[82] Na Alemanha o duplo dividendo é uma realidade, estudos apontam para um incremento do número de empregos em função da diminuição da tributação sobre a seguridade social e em função das novas pesquisas em soluções ambientalmente novas e favoráveis, produto da nova economia ecológica.

[83] Como defende Claudia Soares, se um imposto arrecada valores superiores ao que se propõe como imposto ambiental, além das externalidades, ele é extra-ambiental, e não verdadeiramente ambiental, pois um imposto ecológico neutro em termos de receita não pode estar associado

O surgimento de uma componente ambiental nos tributos vai gerar novos custos, e, como é claro, serão também parte da externalidade causada. Entretanto, outras despesas deixarão de existir com a introdução da tributação ambiental, visto que o montante arrecadado servirá para compensar um outro tributo. Neste caso poderá, mediante um controle da administração pública, ser diminuída a segunda tributação mencionada. Como exemplo, tome-se a tributação ambiental da indústria de cimento, exemplo já mencionado anteriormente. Parte das externalidades a serem internalizadas refere-se ao prejuízo que a sociedade sofre na área da saúde, com a contaminação em decorrência da poluição emitida pela indústria de cimento. O tributo ambiental deverá somar as despesas efetuadas para oferecer à sociedade serviços de saúde pública gastos para sanar os efeitos daquela poluição, o que hoje é pago pela própria sociedade através das contribuições para a seguridade social. Ou seja, este contributo poderá ser diminuído com a existência da tributação ambiental. Neste caso há um duplo dividendo.

O que não se sabe[84] é se haverá arrecadação suficiente para remanejar o sistema tributário. Tal argumentação serve para ajudar a promover o marketing da implementação do sistema fiscal ambiental e ajudar a sua promoção pública.[85] Entretanto, dizer que realmente existe um duplo dividendo que pode fazer diminuir a carga fiscal de outros impostos pode não ser verdade e gerar desconfianças e malefícios para a política fiscal ambiental.

Países como Noruega, Suécia, Dinamarca, Alemanha e Holanda introduziram os tributos fiscais ambientais em seu sistema tributário e assumiram o argumento do duplo dividendo, propondo a redução da carga fiscal sobre o trabalho.[86]

Na Comunidade Européia tem-se verificado que o uso de impostos ambientais destinados à redução de outros impostos, tais como os relacionados à segurança social, tem causado uma redução de custos de mão-de-obra para as empresas e proporcionado um aumento da oferta de emprego.[87]

Outra hipótese que se põe é a existência de um terceiro dividendo, que surgiu da idéia de que a eliminação dos auxílios financeiros que resultam em impac-

ao duplo dividendo. A aplicação das receitas de forma adequada pode sim gerar o segundo dividendo. SOARES, Claudia Alexandra Dias. O imposto ecológico – Contributo para o estudo dos instrumentos econômicos de defesa do ambiente, Coimbra: Coimbra, Editora, 2001, p. 533.

[84] D. Pierce, The Role of Carbon taxes in adjusting to global warming, *The Economic Journal*, n.101, London: 1991, p.938 e ss, p. 947.

[85] SOARES, Cláudia Alexandra Dias. A receita dos impostos ambientais, Separata de: *Scientia Iuridica*, Tomo 50, (Jan.-Abr.), nº 289, p. 53-67, 2001, p. 57.

[86] Martínez, Saúl Pérez. *Fiscalidad y Medio Ambiente en España*. Disponível em: http://www.economiacritica.net, acesso em 01/06/2007.

[87] HEADY, Christopher. *Opciones para el uso de recursos fiscales derivados de impuestos ambientales.* Disponível em: http://www.ine.gob.mx/ueajei/publicaciones/libros/373/opciones.html, acesso em 24/01/2008.

tos ambientais negativos poderá funcionar positivamente na redistribuição das receitas públicas utilizadas neste auxílio,[88] além de ajudar o ambiente pela própria diminuição das ocorrências danosas. Há os subsídios danosos, como, por exemplo, o baixo nível de taxas e impostos sobre pesticidas agrícolas. Não só são adversos ao meio ambiente, mas geram conflitos de mercado, estimulam o uso do produto venenoso, prejudicam a concorrência com países menos desenvolvidos, e o mau uso do pesticida e de suas embalagens pode contaminar com facilidade as águas e prejudicar a saúde da população. Os recursos poupados com a extinção deste tipo de subsídio pode ser usado para a realização de outras atividades fiscais que incentivem alterações de comportamentos. Entretanto, podemos defender que este benefício faz parte do segundo dividendo da tributação ambiental. É apenas mais uma ocorrência financeira positiva da reforma fiscal que o tributo ecológico está a realizar.

Portanto, o duplo dividendo é a contribuição para a melhoria do meio ambiente, o que pode ser chamado de primeiro benefício verificado com a tributação ambiental (primeiro dividendo), e a melhoria do sistema tributário, com a possibilidade de diminuição dos valores impostos por outros tributos em função do tributo ambiental e, ainda, remanejamento de outras receitas, que antes eram destinadas à subsídios adversos para outras ações fiscais ambientais, através de planejamento fiscal da arrecadação, todo este conjunto revela o segundo benefício (segundo dividendo).

2.5. Classificação fiscal

A tributação ambiental, na prática, enfrenta dificuldades para encontrar o ponto de equilíbrio para a determinação do *quantum* a ser imposto. É necessária uma gama enorme de informações para que a proposta fiscal ambiental seja efetivada com sucesso.

A determinação dos elementos fiscais que compõem cada tributo vai depender das ações a serem alteradas, como, por exemplo, um processo produtivo poluente e/ou a ação e consumo domésticos gerador de resíduos tóxicos; e ainda, caso se trate de utilização dos recursos naturais, ou contaminação, poluição do meio

---

[88] "Verifica-se, então, o ganho ambiental e econômico resultante da eliminação do ecológico e das distorções econômicas produzidas pelo subsídio perverso (dividendo número 1), o ganho da obtenção de benefícios ambientais emergentes da retirada do subsídio perverso (dividendo número 2) e os ganhos ambientais econômicos resultantes da aplicação dos recursos assim poupados na realização de outros objectivos públicos (dividendo número 3)." SOARES, Claudia Dias. A despesa pública e a política do ambiente: algumas considerações. *Direito e Justiça*, Lisboa, Volume XV, Tomo 2, 2001, p. 165-187, p. 186 e ss.

ambiente. Para a determinação da base de incidência do imposto é necessária a análise do seu objetivo.[89]

Quanto ao fator externalidades, os tributos são os instrumentos utilizados para a sua correção, a partir da da visão dos recursos naturais e das conseqüências causadas pelos danos ambientais, pelo gasto do Estado para suprir as conseqüências danosas ambientais geradas poder-se-á mensurar um *quantum*.

Basicamente, a proposta é encontrar a base de cálculo do tributo para que o resultado se verifique conforme o foco a que se destina. Utilizando os critérios adotados por Alejandro Altamirano[90] e complementando-os, verifica-se que alguns fatores importantes devem ser levados em consideração:
- o tributo exigido dos agentes contaminantes (poluidores) deve ser equivalente a uma parte substancial do custo que incorre para a aplicação de elementos e procedimentos substitutivos que não geram contaminação, ou, ainda, que a aplicação do tributo permitisse que o novo produto pudesse apresentar um custo menor do que o mais poluente;
- que os tributos garantissem realmente internalizar as despesas das ações preventivas e despoluidoras;
- para todo recurso natural utilizado que fosse atribuído um valor e transformado em tributo.

Para Carlos Lobo[91] os tributos podem ser aplicadas com base em diferentes funções e para o alcance de objetivos determinados e podem ser agrupadas em diferentes grupos, tais como:
- sobre a poluição – calculada sobre as emissões diretas de agentes poluentes ao meio ambiente (ex.: resíduos, ruídos de aeronaves, poluição das águas)
- de utilização – para cobrir os custos da despoluição (ex.: para a estações de tratamento de resíduos)
- sobre os produtos – servem para elevar o preço dos produtos cuja utilização/consumo, fabricação ou eliminação causem danos ambientais (ex.: sobre pilhas de mercúrio e cádmio, pesticidas)

---

[89] Para LOBO as emissões que se relacionam mais diretamente ou não com as emissões, as quais denomina tributação output e input, dependem da análise do custo administrativo de controle, e, ainda, com a conexão do imposto com a poluição causada. LOBO, Carlos Manuel Baptista. *Imposto Ecológico*, p. 88.

[90] ALTAMIRANO, Alejandro C. El derecho constitucional a um ambiente sano, derechos humanos y su vinculación con el derecho tributário. In: MARINS, James (coord). *Tributação e Meio Ambiente* – Coleção Tributação em Debate. Curitiba: Juruá Editora, 2002, p. 67.

[91] O autor se refere a tributos de maneira generalizada de taxa, entretanto, de acordo com a divisão aqui proposta a classificação do autor é entendida em equivalência a tributo. LOBO, Carlos Manuel Baptista. *Imposto Ecológico*, p. 83.

– administrativas – para emissão (ex.: conseqüentemente análise e verificação por órgão da adminsitração) de autorizações, alvarás, licenças para a fabricação, utilização, produção de determinado bem (para inspeção de veículos automotores).

Estudos realizados há mais de uma década pela Comunidade Européia[92] defendiam a divisão dos tipos de imposição ambiental em duas categorias distintas: a imposição sobre emissões e a imposição sobre produtos. A primeira refere-se à quantificação real ou estimada das emissões que causam dano ao ar, água, ou ao solo, e com relação ao ruído. Quanto à tributação sobre os produtos, tem-se em conta os produtos utilizados e consumidos.

Em 1999, a Agência Européia do Ambiente[93] distingue os tributos ambientais em:

– taxa de cobertura de custo, em função de um serviço de proteção ao meio ambiente que é prestado pelo Estado;
– impostos de incentivo, que visam a alteração de comportamento; e ainda,
– impostos ambientais de finalidade arrecadatória.

Neste contexto, de acordo com as análises desenvolvidas e apresentadas acima e, ainda, com base nos trabalhos de importatnes doutrinadores,[94] propõe-se que a tributação ambiental deva estar baseada na seguinte classificação:

---

[92] Comunicado da Comissão sobre Taxas e Impostos Ambientais no mercado interno, COM(97) 9 final, de 26/03/1997, disponível em http://www.ec.europa.eu/environment/docum/pdf/979pt.pdf, em 06 de novembro de 2007.

[93] EZCURRA, Marta Villar, Los tributos ambientales em el marco de um desarrollo sostenible, in MAÑAS, José Luiz. *Desarrollo sostenible y protección del medio ambiente*. Madrid: Editora Civitas 2002, p. 401. De acordo com o relatório da Agência Européia do Ambiente, Taxas Ambientais – Implementação e Eficácia Ambiental, publicado em 21/06/1999 para a análise da eficácia das taxas ambientais foi necessária a divisão e repartição destas em grupos distintos, de acordo com o objetivo proposto: "taxas por serviço prestado – destinadas, por exemplo, a cobrir os custos dos serviços ambientais e das medidas de redução, como o tratamento da água (taxas de utilização), e que podem ser usadas em gastos ambientais dentro da mesma área (taxas reservadas); taxas de incentivo – que visam mudar o comportamento dos produtores e/ou dos consumidores; e taxas fiscais ambientais – essencialmente destinadas a gerar receitas."

[94] Cláudia Dias Soares, organiza a política fiscal ambiental em instrumentos econômicos de incentivos negativos: os tributos em incentivos positivos: subsídios, que poderão ser diretos e indiretos. Para José Casalta Nabais: classifica de maneira resumida, a incidência fiscal ambiental em instrumentos da política (de defesa) do ambiente os instrumentos de orientação direta, os instrumentos de orientação indireta: a extrafiscalidade nas duas modalidades, a de contenção ou cerceamento de atuações anti ambientais, através de uma maior tributação: impostos e a de estímulos ou incentivos das atuações filoambientais: eco-benefícios fiscais. Já Simone Martins Sebastião defende que a tributação ambiental deve se dividida em tributo ambiental e incentivos e desestímulos fiscais: formas tributárias exonerativas ou redutoras da carga tributária. SEBASTIÃO, Simone Martins. O tributo..., p. 259.

- instrumentos econômicos fiscais: por atingirem a esfera econômica do contribuinte por via fiscal e neste sentido podem ser subdivididos em:
  a) instrumentos de orientação onerosos (ou negativos): tributos, quai sejam: taxas, impostos e contribuições;
  b) instrumentos de incentivos (ou positivos): incentivos fiscais por meio de subsídios indiretos: benefícios, incentivos tributários.[95]

Nas subclassificações acima a identificação "ambiental" deve estar inserida nos elementos, e os instrumentos econômicos onerosos devem ser necssariamente extrafiscais, tendo a arrecadação como conseqüência e não fim, ou seja, como assinala Pedro Herrera Molina, que a obtenção de ingressos seja o fim acessório do tributo.[96]

2.6. Métodos

A partir da classificação proposta, os instrumentos de operação deverão ter como base de cálculo as seguintes vias: a produção, o consumo e os custos administrativos inerentes à realização de atividades de prevenção e de políticas de proteção ambiental.

A base de cálculo dos tributos poderá ser avaliada com base na teoria de mercado chamada de modelo *input* (insumos/bens) e *output* (produtos/emissões),[97] ou seja, para a verificação da base de cálculo de tributos ambiental poderá ser analisada a estrutura produtiva ou o serviço a fim de identificar quais são os consumos poluentes e quais são os processos poluentes.[98]

Assim, a tributação poderá ter por base as emissões produzidas ou os recursos naturais utilizados, como a matéria-prima consumida.

---

[95] "A noção genérica de incentivos fiscais abrange ou pode abranger, além das isenções, outras espécies tributárias" BORGES, José Souto Maior, Subvenções financeiras, isenção e dedução tributária, In *Revista de Direito Público*. Editora Revisa dos Tribunais, ano VIII, nº 41-42, janeiro/junho 1977, p. 43-54, p. 53.

[96] HERRERA MOLINA, Pedro M. *Derecho tributario ambiental*: la introducción del interés ambiental en el ordenamiento tributário. Madrid: Marcial Pons, 2000, p. 61.

[97] A estrutura de modelo econômico input output refere-se a qunatificação monetária das interdependêcias das unidades de produção e consumo dentro do sistema econômico. CRUZ, Luis, BARATA, Eduardo. *Estrutura econômica, intensidade energética e emissões de CO2*: Uma abordagem Input-Output, Estudos do GEMF, Nº 8, 2007, Impresso na Secção de Textos da FEUC, Coimbra: 2007, p. 5.

[98] A tributação dos insumos poderá desencorajas o uso de substâncias poluentes no processo de produção, mas pode não ser tão eficiente se for utilizada de forma isolada, sem a tributação dos insumos, tendo em vista a possibilidade de utilização de materiais mais poluentes ou de outros recursos os quais podem prejudicar ainda mais o meio ambiente. LOBO, Carlos Manuel Baptista, Imposto Ambiental Análise Jurídico-financeira (continuação do número anterior), Revista jurídica do urbanismo e do ambiente, Coimbra, nº 3, Junho-1995, p. 11-65, p. 49 e ss.

Aparentemente, a tributação dos insumos parece mais prática e de fácil realização, pois no segundo caso a medição e controle das externalidades é trabalhosa, entretanto, esta deverá ser feita para a quantificação do montante a ser cobrado.

Haverá uma influência econômica com a tributação ambiental de uma atividade ou produto em todo restante da cadeia produtiva. Por exemplo, com a correta interiorização dos custos dos recursos naturais, como no exemplo da água, refletirá em toda a cadeia produtiva do ramo da produção de energia, visto que a água é utilizada pra arrefecer as turbinas de produção de energia nuclear, ou o aumento do custo dos produtos alimentares que têm a água como insumo.

Deverão ser considerados os custos com as medidas administrativas para a ação protetora da natureza, como no caso da necessidade de gastos para reparação de danos ambientais, ou para desenvolvimento de novas tecnologias.[99]

3. INSTRUMENTOS FISCAIS DE ORIENTAÇÃO ONEROSOS: TRIBUTOS

São instrumentos fiscais onerosos todas as formas de incidência tributária sobre um determinado sujeito (sujeito passivo) que tenha de pagar determinada quantia ao Estado (sujeito ativo). Como afirma Simone Martins, os direitos tributários devem atender direitos fundamentais dos cidadãos, como a "vida, a saúde, a habitação, a alimentação" como também atender aos princípios orientadores da política social e econômica "no sentido de que se proporcione sua distribuição eqüitativa e eficiente, satisfazendo a necessidade coletiva de defesa ambiental".[100]

A tributação ambiental é o método proposto para solucionar a questão das externalidades negativas, modificar o comportamento dos cidadãos e proporcionar vantagens financeiras ao Estado, que intervém economicamente nas operações comerciais para colaborar e orientar a sociedade a tomar comportamentos ambientalmente saudáveis, colaborando para um desenvolvimento sustentável. Como definido por Carlos Lobo, a tributação ambiental é uma "prestação coativa exigida pelo Estado através de normas gerais, diretamente relacionada com o nível de poluição causado pelo sujeito sobre o qual a taxa ambiental incide".[101]

Os instrumentos fiscais onerosos são um reflexo da adoção das medidas propostas pelo princípio norteador das políticas ambientais, ou seja, o princípio do poluidor pagador. Todavia, encontra guarida em outros princípios considerados indicadores que dão união e coerência à formação de normas de direito ambiental

---

[99] SILVA, Isabel Marques da. O princípio do poluidor-pagador. In: ROCHA, Mário de Melo (coord.). *Estudos de direito do Ambiente*. Porto: Publicações Universidade Católica, 2003, p. 96-131, p. 115.

[100] SEBASTIÃO, Simone Martins. *O tributo e seu viés ambiental*: extrafiscalidade e função promocional do direito. Curitiba: Juruá, 2006, p. 234.

[101] LOBO, Carlos Manuel Baptista. Imposto Ecológico. *Revista de Direito Público*. Lisboa, a. 8, nº 16, Julho-Dezembro/1995, p. 83.

(não necessariamente integram o direito positivo).[102] Como os princípios fiscais da eficiência, capacidade contributiva, simplicidade administrativa; os princípios políticos-sociais e éticos, como o da justiça, proporcionalidade, igualdade, generalidade; e ainda, os princípios de tributação político-econômicos da coerência do sistema, da flexibilidade ativa e passiva[103] adicionados a estes princípios estão os princípios da cooperação internacional e da integração.

Ao se tratar de princípios de direito ambiental cabe salientar que a sua existência depende de outros campos do direito, assim, o legislador ao criar normas nesta seara também estará levando em consideração outros fatores que não somente o meio ambiente.[104]

Vê-se, portanto, que a tributação ambiental assume em sua estrutura alicerces extrafiscais com finalidade ambiental, incitando o poluidor a optar por uma alternativa não poluente por via dos custos. A resposta deverá ser a diminuição da poluição.

As espécies tributárias a seguir podem melhor esclarecer como a incidência fiscal contribui para a a preservação ambiental.

3.1. Taxas ambientais

As taxas são tributos exigidos em função de uma contrapartida para o contribuinte por parte do Estado. Devem ter por base a utilização concreta de um serviço público. As taxas representam o valor da prestação, do custo suportado pelos sujeitos da obrigação tributária, por isso classificada como de caráter bilateral.

A taxa se revela uma prestação que resulta em contrapartida para ambas as partes da relação jurídica, ou seja, um sinalagma.[105] O contribuinte recebe o serviço do Estado (seja por uma prestação ou por um a disposição de determinando bem de domínio público) e o Estado o pagamento pelo mesmo.

Em Portugal, como aduz nº 2 do artigo 4º da LGT são, desta forma, a representação do custo do serviço público. Sendo assim, deve ser individualizada, mensurável e específica.[106] O regime das taxas é primeiramente competência da Assembléia da República, que deverá legislar sobre o tema.[107]

---

[102] DERANI, Cristiane. *Direito Ambiental Econômico*, 2ª Edição. São Paulo: Max Lemonade, 2001, p. 156.
[103] SEBASTIÃO, Simone Martins. *O tributo e seu viés ambiental*: extrafiscalidade e função promocional do direito. Curitiba: Juruá, 2006, p. 235
[104] DERANI, Cristiane. *Direito ambiental econômico*. São Paulo: M.eLemonade, 1997, p. 160.
[105] Conforme o Acórdão 20.227, de 15/01/1997, do Supremo Tribunal Administrativo, o sinalagma "baseia-se tradicionalmente na equivalência jurídica e não necessariamente económica entre o benefício auferido e o custo da actividade pública, considerando, desde logo, que tal custo será de difícil quantificação nos casos em que o benefício for a remoção de um limite jurídico à actividade dos particulares", diponível no boletim do Ministério da Justiça nº 463, p. 379 e ss
[106] Sobre a definição de tacas ver J. L. Saldanha Sanches, Manual de..., p. 18; CASALTA NABAIS, José. *Direito Fiscal* 2ª Edição refundida e aumentada. Coimbra: Almedina, 2003, p. 13.
[107] De acordo com a Constituição Portuguesa , nos termos da alínea i), do nº 1, do artigo 165º, a competência para legislar sobre as taxas é exclusiva da Assembléia da República que deverá

Conforme o artigo no. 3 do Regime Geral das Taxas das Autarquias Locais,[108] as taxas deve ser cobradas em função de uma "prestação concreta de um serviço público local, na utilização privada de bens do domínio público e privado das autarquias locais ou na remoção de um obstáculo jurídico ao comportamento dos particulares", ou seja, é possível, no âmbito do Direito Fiscal Ambiental, que as taxas sejam cobradas pelas autarquias locais em todas as possibilidades propostas pelo artigo citado. A mesma legislação, ainda, determina que o valor deverá ser alcançado com base no princípio da equivalência, artigo nº 4, devendo ser proporcional aos custos ou com base em critérios de desestímulo à prática de certos atos ou operações, e neste último é que mais sintonia há com a questão das taxas ambientais em Portugal.

Outro artigo que importa para este tema é o artigo nº 5, também do Regime Geral das Taxas das Autarquias Locais, que trata da criação das taxas. Nesta determinação as autarquias ainda devem respeitar o princípio da justa repartição dos encargos públicos, em que as taxas são colocadas como fonte de riqueza para a satisfação das necessidades financeiras da autarquia. E determina que entre as atividades da autarquia esteja presente a qualificação ambiental. Assim, a criação de taxas para cobrir gastos com a preservação e educação ambiental é plenamente aceitável.

A legislação brasileira prevê que as taxas sejam aplicadas em função do exercício do poder de polícia ou pela utilização de serviços públicos, efetivamente prestados ou somente postos à disposição do contribuinte, conforme artigo nº 145, inciso II da CFRB. O Código Tributário Nacional (CTN), legislação que gere as matérias da ordem tributária brasileira, defende em seu artigo nº 77 as questões relativas às taxas, e determina que a taxa "tem como fato gerador o exercício regular do poder de polícia, ou a utilização, efetiva ou potencial, de serviço público específico e divisível, prestado ao contribuinte ou posto à sua disposição". Aqui a taxa deve ser referente a um serviço efetivamente prestado pelo ente administrativo (taxas cobradas pela União, pelos Estados, pelo Distrito Federal ou pelos Municípios), sendo necessário identificar quem se beneficia do serviço prestado ou posto à disposição[109] e *quantum* do referido benefício.

É importante mencionar que "há muitas actividades e serviços públicos de que os particulares extraem individualmente certas vantagens, pelo que, nesses

---

ser responsável pela "criação de impostos e sistema fiscal e regime geral das taxas e demais contribuições financeiras a favor das entidades públicas".

[108] PORTUGAL. *Regime Geral das Taxas das Autarquias Locais*, Lei nº 53-E/2006, de 29 de Dezembro, publicada no Diário da República, 1ª Série, nº 249, de 29/12 2006, p. 8626-(393).

[109] "Taxas são tributos que se caracterizam por apresentarem, na hipótese da norma, a descrição de um fato revelador de uma atividade estatal, direta e especificamente dirigida ao contribuinte." CARVALHO, Paulo de Barros. *Curso de Direito Tributário*, 5ª Edição, Editora Saraiva, 1991, pág. 32.

casos, há a possibilidade de realizar a respectiva cobertura financeira, total ou parcialmente, mediante a criação de taxas".[110]

Este tributo pode ser aplicado no campo da fiscalidade ambiental para incluir o custo ecológico no peso econômico da atividade ou serviço público,[111] e responsabilizar o usuário de um bem público referente aos recursos naturais. As taxas também podem servir para responsabilizar o poluidor pelo que causou.

No entanto, há certa dificuldade de se atribuir à figura das taxas a finalidade ambiental, primeiramente, pela dificuldade de se individualizar os custos para cada responsável pela poluição. Contudo, já se decidiu que a determinação econômica da taxa não precisa necessariamente ser rigorosa e exatamente equivalente ao serviço prestado, mas deve haver certa proporcionalidade, caso contrário terá características de imposto[112].

Tendo em vista a dificuldade de se valorar os recursos ambientais e os custos ambientais, não há juridicamente grandes possibilidades de se atribuir uma taxa ambiental propriamente dita. Para tanto basta analisar a questão da utilização da água, que, em geral, somente é cobrado do utilizador a parcela referente à colocação da disposição e a manutenção da mesma, mas não o custo do recurso natural em si. Basicamente o que diferencia a taxa do imposto é a possibilidade de um cálculo matemático para a divisão do serviço prestado pelo número de contribuintes que utilizam o serviço. Já é possível analisar decisões portuguesas e brasileiras recentes sobre a má utilização do termo taxa pelo sujeito ativo. Em Portugal, o Tribunal Administrativo do Norte teve a oportunidade de declarar ilegal a cobrança da taxa de extração quando esta deveria ser tratada como um imposto, da forma como estava constituída.[113]

---

[110] E continua: "é o que suced com as propinas da instituição pública, custas de justiça, selos inutilizados para serviços postais, taxas burocráticas...." sempre ocorrendo a formação bilateral. GOMES, Nuno de Sá, Manual de. *Direito Fiscal*, Vol (I) (Reimpressão). Lisboa: Editora Rei dos Livros, 1995, p. 74.

[111] ALTAMIRANO, Alejandro C. El derecho constitucional a um ambiente sano, derechos humanos y su vinculación con el derecho tributário. In: MARINS, James. *Tributação e Meio Ambiente* – Coleção Tributação em Debate. Curitiba: Juruá Editora, 2002, p. 72.

[112] Para isso utiliza-se aqui as palavras de Bravo Serra no Acórdão nº 654/93, de 04/11/93, referente ao processo nº 239/93 do Tribunal Constitucional de Portugal, quais sejam: "A diferença específica entre o 'imposto' e a 'taxa' tem sido situada pela pela nossa doutrina na existência ou não existência de um vínculo sinalagmático, característico da segunda, representando o encargo a pagar como que o "preço" do serviço ou da prestação de um serviço ou actividade públicas ou de uma utilidade de que o tributado beneficiará (e sem aqui se olvidar que esse "preço" não tem, necessariamente, de corresponder à contrapartida financeira ou económica do serviço prestado).

[113] Acórdão do Tribunal Central Administrativo do Norte, Processo sob nº 68/04, da 2ª Secção – Contencioso Tributário, Relator Valente Torrão, 18 de novembro de 2004, determina que a taxa de exploração de intertes aplicada pela Câmara de Coimbra não pode ter a natureza de taxa, pois s base de cálculo seria um determinado prejuízo que a câmara sofre com a exploração de inertes,

No Brasil, o STJ tem decidido que a cobrança pelo serviço público de água e esgoto é efetivada por taxa, pois é um serviço público compulsório.[114]

Quando ocorre a utilização de um bem considerado de domínio público, desde que comprovada a extração ou utilização, como ocorre com a extração de areia das margens dos rios ou da beira-mar, neste caso pode-se dizer que a taxa de utilização deve ser aplicada, e adicionado o custo ambiental do bem.

As concessões de licenças e autorizações de comercialização de determinados produtos tóxicos que necessitam de controle por parte das autoridades, podem ser consideradas taxas administrativas. Estas medidas estão em linha com o princípio do poluidor pagador, e representam um custo para o Estado em prol da prevenção ambiental.[115]

Acrescenta, neste sentido, a opinião de Isabel Marques da Silva[116] que entende ser legítimo aos municípios "lançar mão e cobrar tributos que têm na defesa do ambiente e no urbanismo o respectivo fundamento". A autora coloca em dúvida se no caso ambiental haverá a possibilidade de se formalizar a contraprestação específica de forma correta, como o que acontece com o preço do serviço de abastecimento de água, ou gestão das águas residuais ou dos resíduos sólidos urbanos do qual os Municípios fixam taxas abaixo dos custos reais.

De acordo com Maria Alexandra Aragão, as taxas ambientais são pagamentos de serviços pela despoluição prestados pelo Estado, ou entidades privadas, aos poluidores; uma forma indireta de se atribuir um preço à utilização dos recursos disponíveis no meio ambiente.[117]

---

entretanto a cobrança não é efetivada sobre estes prejuízos, mas sim o volume do produto extraído. Assim, este tributo criado não pode, conforme determina a CRP ser uma taxa, no mais um imposto. Se tal tributo é imposto, o município carece de competência para institui-lo, conforme preconiza o artigo 165, 1, i da CRP.

[114] "Uma vez que a remuneração dos serviços de água e esgoto é feito por taxa, face à obrigatoriedade da ligação domiciliar à rede pública e, tendo em vista a natureza tributária da exação, para a constituição da dívida ativa, deve-se obedecer aos requisitos dos arts. 201 e 202 do CTN." Recurso Especial n. 127.960 – RS, (1997/0026210-3) 1a. Turma do STJ, 01.07.2002. Relator: Ministro Francisco Falcão.

[115] "A comunidade econômica européia decidiu outorgar estas licenças para cobrir as cargas derivadas da fiscalização e controle, como os direitos de registros de pesticidas da Dinamarca, Finlândia, França e Holanda e o de produtos químicos da Finlância e Suécia." ALTAMIRANO, Alejandro C., Direito tributário Ambiental, em Direito tributário ambiental; Heleno Taveira Torres, São Paulo: Malheiros, 2005, p. 497 a 499.

[116] SILVA, Isabel Marques da. Fiscalidade ambiental e urbanismo. In: Associação Fiscal Portuguesa, Instituto de Direito Econômico, Financeiro e Fiscal da Faculdade de Direito de Lisboa, 15 anos da reforma fiscal de 1988/89: *Jornadas de homenagem ao Professor Doutor Pitta e Cunha*. Coimbra: Livraria Almedina, 2005, p. 541.

[117] Para a autora tanto as taxas, como os impostos "preenchem igualmente a função de incentivo e de financiamento" e permitem a internalização da poluição com a "máxima eficácia econômica

As taxas devem se basear no princípio do poluidor-pagador e refletir os reais custos ambientais para que, efetivamente, induzam um comportamento ambiental por parte do contribuinte.

3.2. Imposto

Imposto[118] é uma prestação pecuniária (prestação patrimonial positiva[119]), única ou repetida, unilateral (não sinalagmática), tendo como sujeito ativo o Estado e passivo o contribuinte, sendo que nenhuma contraprestação é devida pelo seu titular,[120] além de "pressuporem a capacidade contributiva do sujeito passivo a serem medidos por esta".[121] Seu conteúdo é expresso em lei e pode ter como objetivo, além da obtenção de receitas públicas a busca de fins de cunho social.[122] Salienta-se, aqui, para o tema em questão, que a doutrina é pacífica quando exclui do conceito do imposto o caráter sancionatório.[123]

Tanto em Portugal quanto no Brasil os impostos dependem da verificação do princípio da capacidade contributiva e da legalidade. Para aquele tal fato se dará com base nos ditames constitucionais, artigo nº 103, da CP, e na LGT, nos termos do nº 1 do artigo n 4º A legislação brasileira tem por base as determinações constitucionais do artigo nº 145 e seguintes, da CRFB, e, ainda, o CTN.

Os impostos permitem que incida sobre a produção e o consumo uma parcela monetária de finalidade extrafiscal com função ambiental, através da uti-

---

e ecológica, e constituiem um forte estímulo ao melhoramento do comportamento ecológico dos poluidores, mesmo para além dos níveis legais de qualidade do ambiente." ARAGÃO, Maria Alexandra de Sousa. O princípio do poluidor pagador: pedra angular da política comunitária do ambiente. Coimbra: Coimbra Editora, 1997, *Stvdia Ivridica*, 23. p. 180 e 181.

[118] Para o ilustre professor Casalta Nabais o imposto deve ser definido com base em três elementos: Objetivo, quais sejam: é prestação pecuniária, unilateral, definitiva e coativa; pelo elemento subjetivo, por ser devido por aqueles que detêm capacidade contributiva a favor de entidades que exerçam função pública ou tarefas públicas e, por fim, em função da finalidade, qual seja a de possibilitar ao Estado o exercício das suas funções, não podendo ser sancionatória. NABAIS, José Casalta. *Direito Fiscal*, 2ª Edição refundida e aumentada.Coimbra: Almedina, 2003, p. 11.

[119] GOMES, Nuno de Sá. *Manual de Direito Fiscal*, Vol (I) (Reimpressão). Editora Rei dos Livros, Lisboa, 1995, p. 62.

[120] Sobre as definições de imposto ver: SANCHES, J. L. Saldanha. *Manual de Direito Fiscal*, 2ª Ed., Coimbra Editora, 2002, p. 9; CASALTA NABAIS, José. *Direito Fiscal*, 2ª Edição refundida e aumentada. Coimbra: Almedina, 2003, p. 9.

[121] LEITE DE CAMPOS, Diogo; RODRIGUES, Benjamin Silva e SOUZA, Jorge Lopes, *Lei Geral Tributária*. Comentada e Anotada. Lisboa: Vislis Editores, 1999, p. 37.

[122] Saldanha Sanches entende que o imposto constitui uma forma de financiamento do Estado. SANCHES, J. L. Saldanha. *Manual de Direito Fiscal*, 2ª Ed, Coimbra: Coimbra Editora, 2002, p. 9

[123] "A nível teleológico os impostos podem ter uma finalidade fiscal ou extrafiscal, mas nunca uma finalidade sancionatória." A autora cita diversos autores portugueses que partilham do mesmo entendimento. SOARES, Claudia Alexandra Dias. *O imposto ecológico* – Contributo para o estudo dos instrumentos económicos de defesa do ambiente. Coimbra: Coimbra Editora, 2001, p. 286.

lização de alteração de alíquotas ou da base de incidência do imposto. Assim, o imposto permite a aplicação da teoria de Pigou para a internalização dos custos com a poluição, e ainda, para orientar comportamentos. A função extrafiscal de "estímulo dirigido a uma conducta ecológica"[124], e se tais estímulos forem eficazes, haverá a alteração de comportamento por parte dos poluidores. Quando a alíquota do imposto for alterada, esta incentivará um determinado comportamento conexo com a vontade do legislador.[125]

É elemento essencial a autonomia e a função creditícia do imposto.Verifica-se que se na relação jurídica tributária o elemento pecuniário for secundário, não se tratará da figura jurídica do imposto, como afirma Soares Martinez.[126] Por este motivo tem-se considerado o imposto ambiental como falso imposto, tendo em vista que o principal objetivo é extrafiscal. De qualquer forma a função extrafiscal é pressuposto de outros impostos como nos impostos aduaneiros, e quanto a estes já restam dúvidas quanto a sua classificação como imposto[127], o mesmo ocorrerá com os impostos ambientais.

De acordo com Casalta Nabais, no que tange ao imposto, "nenhum outro segmento do universo jurídico estabelecemos com o Estado uma relação tão duradoura , que em rigor nos acompanha até à morte, e tão diversificada, já que afecta praticamente todos os aspectos da nossa vida por mais variados ou mesmo vulgares que se apresentem."[128]

Dentro da espécie tributária impostos, as incidências ambientais podem ser realizadas nas seguintes áreas de atuação:[129] [130]

a) diretamente sobre a poluição gerada: emissões, efluentes e resíduos;
b) sobre o produto: seu uso ou consumo

---

[124] ARAGÃO, Maria Alexandra de Sousa, O princípio do poluidor pagador: pedra angular da política comunitária do ambiente, Coimbra: Coimbra Editora, 1997, *Stvdia Ivridica*, 23, p. 180 e ss.
[125] LOBO, Carlos Manuel Baptista. Imposto Ambiental Análise Jurídico-financeira (continuação do número anterior), *Revista Jurídica do Urbanismo e do Ambiente*. Coimbra, nº 3, Junho-1995, p. 11-65, p. 51.
[126] MARTÍNEZ, Soares. *Direito Fiscal*, 10 ª Edição (Reimpressão), Almedina, Coimbra, 2003, p. 34.
[127] LEITE DE CAMPOS, Diogo; RODRIGUES, Benjamin Silva e SOUZA, Jorge Lopes. *Lei Geral Tributária*. Comentada e Anotada. Lisboa: Vislis Editores, 1999, p. 38.
[128] CASALTA NABAIS, José. *Direito Fiscal*, 2ª Edição refundida e aumentada. Coimbra: Almedina, 2003, p. 9.
[129] São três as áreas de aplicabilidade atual dos tributos ambientais, "emissões, efluentes e vertidos, processo de manufatura e consumo de bens ambientais perniciosos e serviços administrativos e exploração econômica-coletiva" ROSEMBUJ, Túlio. *Los tributos y la protección del medio ambiente*. Madrid: Marcial Pons, 1995, p. 94 e ss.
[130] .Os impostos podem incidir sobre o rendimento, consumo ou patrimônio, a chamada repartição tripartida dos impostos. CASALTA NABAIS, José. *Direito Fiscal*, 2ª Edição refundida e aumentada. Coimbra: Almedina, 2003, p. 61

Tais incidências terão característica de impostos reais, já que o critério de verificação do tributo será o efeito ambiental nestas atuações. Em relação à alíquota, poderá ainda ser fixa ou variável. O valor a ser pago, podendo depender da forma estabelecida ao contribuinte, assim, poderá ser um valor preestabelecido legalmente, ou o montante variar em função da matéria coletável ou tributável, em decorrência da base de cálculo ou a taxa estipulada.[131] Os impostos com quotas variáveis podem ainda ser progressivos/regressivos e proporcionais.[132]

No caso das emissões, efluentes e resíduos os impostos deverão variar de acordo com a quantidade e qualidade.[133] Neste caso, a conexão entre a determinação da incidência fiscal e o objetivo a ser alcançado refere-se à necessidade de se manter a qualidade da água, do solo, do ar, enfim, dos recursos naturais. Diversas frentes de trabalho são desenvolvidas no sentido de se evitar o lançamento de resíduos tóxicos, de substâncias degradantes, de recuperação dos danos já causados.

Já os impostos sobre o produto são, segundo a OCDE, em geral, aplicados sobre o preço do bem, do produto, gerador de poluição ao serem consumidos ou ao serem utilizados. Para exemplificar, a OCDE[134] indica o uso de lubrificantes, pesticidas, combustíveis fósseis, sendo que a incidência fiscal ambiental nestes produtos causará um custo maior na utilização destes fazendo com que o consumidor passe a buscar outras alternativas, como a utilização de transporte coletivo e a valorização da agricultura biológica.

Os bens considerados de risco para o meio ambiente são agravados de um imposto majorado. Nestes casos, a relação entre o efeito a que se quer evitar, ou o dano que o bem em si causa, é mais facilmente identificada do que no caso das emissões e lançamento de resíduos e efluentes. Tal fato torna a tributação mais transparente e bem-vinda aos olhares públicos. No entanto, o consumo de determinados funcionam como a própria tributação do produto, como é o caso da energia e da água. Uma sugestão para a facilitar a tributação ambiental seria estabelecer um consumo médio de energia que cada indivíduo poderia gastar em sua residência e tributar de maneira fixa; o que for consumido a mais trata-se de supérfluo e poderia ser taxado a uma alíquota majorada, para forçar a diminuição do consumo energético doméstico.

---

[131] CASALTA NABAIS, José. *Direito Fiscal*, 2ª Edição refundida e aumentada. Coimbra: Almedina, 2003, p. 55.
[132] Idem, ibidem, p. 53 e seguintes.
[133] ROSEMBUJ, Túlio. *Los tributos y la protección del medio ambiente*. Madrid: Marcial Pons, 1995, p. 94 e ss.
[134] BARDE, Jean-Philippe. Economic Instruments in Environmental Policy: Lessons from the OECD Experience and their Relevance to Developing Economies, *Working Paper* No. 92,, OCDE/GD(93)193, Janeiro:1994 p. 11

3.3. Contribuições

As contribuições são pagas em função de alguma vantagem que o contribuinte auferiu através do serviço do público ou em função de obras públicas que foram realizadas e resultaram em mais-valia.

A legislação de Portugal determina as questões referentes a esta contribuição no artigo nº 4, nº 3 da LGT, determinando que além da obtenção de algum benefício ou vantagem patrimonial em função de resultados de obras públicas (encargos de mais-valia) ou de alguma atividade ou serviço público pode ocorrer ainda quando há desgaste de um bem púbico ocasionado pela sua utilização ou atividade, e que esta não esteja abrangida pelos impostos.[135]

Pelo princípio da equivalência e da equidade,[136] os impostos ambientais se aproximam da definição das contribuições especiais, pois se verifica muito mais uma função extrafiscal[137] do que a própria arrecadação de receitas. A legislação portuguesa entende serem as contribuições especiais um tipo de imposto, conforme artigo 4º da LGT[138], entretanto, como afirma Soares Martinez e Nuno de Sá, algumas contribuições são diversas dos impostos por serem passíveis de "utilidade individualizada", mas que a maioria das contribuições não se afastam nem do ponto de vista econômico-financeiros nem do ponto de vista jurídico das características dos impostos.[139] Com esta figura se pode absorver uma exterioridade positiva obtida pelo contribuinte, que é absorvida pelo Estado através da contribuição.[140]

No Brasil é o artigo nº 81, do CTN, que fundamenta a instituição deste tributo, que trata de impor a cobrança dos custos das obras públicas pela decorrente valorização imobiliária do suposto sujeito passivo, chamada de contribuição de melhoria. Na prática, caso o Estado arque com os custos de obras e ações para recuperação ambiental ou criação de parques e bosques de uma determinada área, desde que reflita positivamente na valorização dos imóveis vizinhos, os custos poderão ser cobrados. Entretanto, esta medida poderá ocasionar uma visão negativa por parte do contribuinte, tendo em vista que os custos tributá-

---

[135] SANCHES, J. L. Saldanha. *Manual de Direito Fiscal*, 2ª Ed, Coimbra Editora, 2002, p. 16, 24 e 25; MARTÍNEZ, Soares. *Direito Fiscal*, 10ª Edição (Reimpressão), Almedina, Coimbra, 2003, p. 38 e 39.
[136] SANCHES, J. L. Saldanha. *Manual de Direito Fiscal*, 2ª Ed, Coimbra Editora, 2002, p. 25.
[137] Sobre a função extrafiscal dos impostos ecológicos ver Capitulo II, item 1.2.
[138] LEITE DE CAMPOS, Diogo; RODRIGUES, Benjamin Silva e SOUZA, Jorge Lopes, *Lei Geral Tributária*. Comentada e Anotada. Lisboa: Vislis Editores, 1999, p. 38.
[139] De acordo com o autor as expressões deveriam ser sinônimas, MARTÍNEZ, Soares. *Direito Fiscal*, 10ª Edição (Reimpressão). Coimbra: Almedina, 2003, p. 26, ver ainda GOMES, Nuno de Sá. *Manual de Direito Fiscal*, Vol (I) (Reimpressão). Lisboa: Editora Rei dos Livros, 1995, p. 79.
[140] CASALTA NABAIS, José. *Direito Fiscal*, 2ª Edição refundida e aumentada, Coimbra: Almedina, 2003, p. 26 e ss.

rios podem não colaborar com as medidas ambientais. Este tributo também não realiza a mudança de comportamento do contribuinte e também não internaliza os custos da poluição.

Quanto às contribuições, apresenta-se ainda uma segunda espécie de contribuição, chamadas especiais ou sociais. Assim, estabelece o artigo nº 149 da CRFB que cabe à União instituir contribuições sociais de intervenção no domínio econômico e de interesse das categorias profissionais ou econômicas, e ainda cabe aos demais entes (estados municípios e Distrito Federal) instituir a seus servidores contribuição a ser paga para o custeio dos benefícios destes, bem como da previdência e assistência social.

Assim, a finalidade da contribuição especial pode variar desde a finalidade de garantir os recursos para a seguridade social, quanto para assegurar um meio de o Estado agir na economia como instrumento fiscal de atuação e intervenção.

No Brasil, as contribuições especiais já apresentam uma figura de proteção ambiental, como a CIDE. Contudo, outras propostas do Ministério do Meio ambiente já avançam a possibilidade de criar uma nova contribuição de intervenção ambiental, prevendo que tal tributo poderá ser calculado pela "razão do grau de utilização ou degradação dos recursos ambientais ou da capacidade de assimilação do meio ambiente".[141]

4. INSTRUMENTOS DE ORIENTAÇÃO INCENTIVADOS

4.1. Breves esclarecimentos.

Antes de adentrar nas questões dos incentivos fiscais positivos para o meio ambiente, será necessário esclarecer alguns pontos importantes quanto à nomenclatura utilizada para a consideração dos subsídios fiscais ambientais.

O benefício fiscal é uma forma de subsídio, mais especificamente um subsídio fiscal,[142] e trata-se de um desagravamento que pode ser verificado por meio de exoneração, redução de tributos ou de isenção realizadas em prol de uma determinada ação ou comportamento por parte do contribuinte[143]. Cabe ao legislador

---

[141] Proposta do Ministro do Ambiente Brasileiro para a modificação do artigo 149 da Constituição Brasileira, conforme PEC 474/01 (Proposta de Emenda à Constituição), conforme segue: "§ 2º As contribuições de intervenção ambiental poderão ter fatos geradores, alíquotas e bases de cálculo diferenciados em razão do grau de utilização ou degradação dos recursos ambientais ou da capacidade de assimilação do meio ambiente".

[142] Distinguindo-o desta forma das concessões econômicas ou subsídios econômicos ou financeiros.

[143] "Generalização é desconsiderar diferenças essenciais e fixar-se em semelhanças eventuais dos efeitos da norma tributária. Não há quem confunda uma depreciação acelerada de bens do ativo fixo com isenções". GOUVEIA, Marcus de Freitas. *A Extrafiscalidade no Direito Tributário*. Del Rei:Belo Horizonte, 2006, p. 196.

eximir as obrigações tributárias, de forma que atinjam o tributo total ou parcialmente, e isto se dará por razões políticas, sociais, econômicas, entre outras[144].

Alguns doutrinadores defendem que os benefícios são exceções ao sistema de tributação-regra e que estão fora do sistema fiscal; outros, que são desagravamentos estruturais; há, ainda, os que defendem que os benefícios contrariam os princípios tributários, e, finalmente, os que não distinguem isenções de benefícios fiscais.

Deve ser levado em consideração que os benefícios fiscais são medidas tributárias que devem ter maior importância e maior validade do que a concreta tributação,[145] medidas de política fiscal, e, no caso em discussão neste trabalho, em função da preservação ambiental. Assim, dentro do sistema fiscal, são formas instrumentos poderosos para incentivar ações ecológicas.

Esta importância está ligada às vantagens que serão auferidas pela coletividade face à concessão de um desagravamento, o que faz dos benefícios fiscais normas de fim social.[146] Como defende José Antunes Ribeiro[147], alguns requisitos, ou melhor, algumas características são importantes para reger a concessão dos benefícios, tais como caráter excepcional, só devendo ser concedidos em casos de reconhecido interesse público; estabilidade, de modo a garantir aos contribuintes uma situação clara e segura; moderação, dado que as receitas são postas em causa com a concessão de benefícios, quando o País tem de reduzir o peso do déficit público, e, simultaneamente, realizar investimentos em infra-estrutura e serviços públicos.

A excepcionalidade dos benefícios fiscais não está no fato de resultarem de *normas excepcionais,* mas sim de terem como requisito o fato de somente serem reconhecidos em casos de extrafiscalidade. Mesmo porque entendemos que estas normas não podem ser analisadas em separado às demais regras impositivas.

---

[144] LEITE DE CAMPOS, Diogo e LEITE DE CAMPOS, Mônica Horta. *Direito Tributário,* 2ªEdição, Livraria Almedina, Coimbra, 2000, p. 363.
[145] RIBEIRO, José Antunes. *Estatuto dos benefícios Fiscais Anotado e Comentado.* Lisboa: Dislivro, 2004, Lisboa, p. 74.
[146] "Os benefícios ficais enquadram-se em normas de fim social. Contudo emprega-se vulgarmente o conceito de benefício fiscal para designar realidades que nada tem a ver com qualquer benefício fiscal ou vantagem de fim social, mas antes se reduzem as ponderações a nível das normas tributárias propriamente ditas. Não se deve empregar este conceito para designar as deduções à base tributável em atenção meramente à capacidade contributiva. Assim, não constituem benefícios fiscais as deduções aos ganhos das sociedades para levar em conta os custos necessários à formação do rendimento colectável – despesas com serviços, matérias primas, equipamento, publicidade, etc. O conceito de benefício fiscal deve restringir-se aos preceitos que visam favorecer o contribuinte, em violação, nomeadamente, do princípio da capacidade contributiva." LEITE DE CAMPOS, Diogo e LEITE DE CAMPOS, Mônica Horta. *Direito Tributário.* Coimbra: Livraria Almedina, 1996, p. 184.
[147] RIBEIRO, José Antunes. *Estatuto dos benefícios Fiscais Anotado e Comentado.* Lisboa: Dislivro, 2004, p. 33.

Através da análise dos diversos posicionamentos poderemos entender a dificuldade de uma identificação jurídica, seja pela simples interpretação ou por questões de Ciência Jurídica.[148]

O professor Diogo Leite de Campos[149] concorda com as diretrizes do artigo nº 2, do EBF, como medidas de caráter excepcional e, ainda, que se trata de norma de fim social. O ilustre professor afirma que o termo é empregado vulgarmente, para designar realidades que "em nada tem a ver com qualquer benefício fiscal ou vantagem de fim social, mas antes se reduzem a ponderações a nível das normas tributárias propriamente ditas". Sendo assim, em concordância com o citado professor "não se deve utilizar o termo benefício fiscal para conceituar e designar as deduções à base tributável em atenção meramente à capacidade contributiva. Assim, não constituem benefícios fiscais as deduções aos ganhos das sociedades para levar em conta os custos necessários à formação do rendimento colectável – despesas com serviços, matérias primas, equipamento, publicidade, etc. O conceito de benefício fiscal deve restringir-se aos preceitos que visam favorecer o contribuinte, em violação, nomeadamente, do princípio da capacidade contributiva".[150]

Para Nuno de Sá Gomes,[151] benefícios fiscais são "fatos impeditivos do nascimento da obrigação tributária, com seu conteúdo normal, de caráter excepcional, para tutela de interesses extrafiscais relevantes e superiores ao da tributação que impedem"[152] e, ainda, se traduzem em "perdas de receitas que constituem gastos ou despesas fiscais". Para este autor, os benefícios fiscais impedem que a relação jurídica nasça ou a impedem que exista de forma plena. Desta forma, é um fato impeditivo da tributação-regra. Além disso, o autor entende que são fatos contrários aos princípios gerais da tributação, quais sejam o da capacidade contributiva e da igualdade tributária. Quanto à localização, para Nuno de Sá Gomes, os benefícios fiscais são desagravamentos excepcionais instituídos com finalidades extrafiscais, e diferem dos demais desagravamentos que estão previstos na regra geral, chamados de desagravamentos estruturais ou desagravamentos regra.[153].

O professor José Casalta Nabais entende que os benefícios fiscais revelam um regime mais favorável ao contribuinte e que constituem um instrumento normal de política social do Estado e não um tratamento excepcional[154].

---

[148] ARAMAYO, Maria Silvia Valverde. *Benefícios e Minoraciones em Derecho Tributário*. Madrid: Marcial Pons, Ediciones Jurídicas y Sociales S.A., 1997, p. 56.

[149] LEITE DE CAMPOS, Diogo e LEITE DE CAMPOS, Mônica Horta. *Direito Tributário*, 2ªEdição, Editora Almedina, Coimbra, 2000, p. 84.

[150] LEITE DE CAMPOS, Diogo e LEITE DE CAMPOS, Mônica Horta. *Direito Tributário*, 2ªEdição, Editora Almedina, Coimbra, 2000, p. 84.

[151] GOMES, Nuno de Sá. *Manual de Direito Fiscal*, Volume I, Editora Rei dos Livros, 2000, p. 173.

[152] GOMES, Nuno de Sá. *Manual de Direito Fiscal*, Volume I, Editora Rei dos Livros, 2000, p. 324.

[153] Idem, p. 332.

[154] CASALTA NABAIS, José. *Direito Fiscal*. Coimbra: Livraria Almedina, 2001, p. 144.

Maria Silvia Valverde Aramayo,[155] ao conceituar de forma descritiva e geral, como ela mesma menciona, os benefícios fiscais tem como prioridade gerar posições preferenciais entre sujeitos igualmente a uma norma, promovendo dado comportamento, entretanto. Para a autora, é muito difícil distinguir as diminuições tributárias concedidas sem carater extrafiscal dos benefícios fiscais, pois ambos operam de forma indistinta sobre os mesmos elementos, sendo possível encontrar deduções estruturais juntamente com as deduções preferenciais.[156]

São considerados benefícios fiscais os incentivos as reduções, isenções, amortizações aceleradas ou outros, desde que obedeçam à condição de relevante interesse público de natureza econômica, social, cultural ou humanitária.

Alguns autores são contra a existência dos benefícios fiscais por entenderem que estes são os causadores de maior complexidade no sistema fiscal[157], além de reflexos da necessidade de amenizar o alto índice de tributação[158]. Contudo, para o conceito aqui apresentado são cruciais para as medidas de preservação e prevenção.

Em Portugal, o Estatuto dos Benefícios Fiscais (EBF) foi aprovado pelo Decreto-Lei nº 215/1989, de 1 de julho, e recentemente foi revisto pelo Decreto-Lei nº 198/2001, de 3 de julho. O conceito de benefício fiscal está consagrado na primeira parte do artigo nº 2 do Estatuto como sendo: "Consideram-se benefícios fiscais as medidas de caráter excepcional instituídas para tutela de interesses públicos extrafiscais relevantes que sejam superiores aos da própria tributação que impedem."

A Lei Geral Tributária (LGT) trata do tema benefícios fiscais em seu artigo nº 14,[159] entretanto, não define o seu conceito. Além da questão da caducidade,

---

[155] ARAMAYO, Maria Silvia Valverde. *Benefícios e Minoraciones em Derecho Tributário*. Madrid: Marcial Pons, Ediciones Jurídicas y Sociales S.A, 1997, p. 53.
[156] Idem, p. 57.
[157] LOPES, Cidália M. Mota. Simplicidade e complexidade do sistema fiscal: algumas reflexões, em *Fiscalidade – Revista de Direito e Gestão Fiscal*, Janeiro/Abril 2003, Coimbra Editora, p. 68.
[158] "Os benefícios fiscais e as altas taxas de tributação sempre estiveram relacionados, num efeito espiral, isto é, taxas mais altas originam a pressão para mais benefícios, mas a erosão das bases de incidência trazidas por novos benefícios induz taxas mais altas." Mais tarde a mesma autora afirma que a simplicidade do sistema fiscal está em ter uma larga base de incidência e o suo reduzido de benefícios fiscais, ou mesmo elimina-los. LOPES, Cidália M. Mota, Simplicidade e complexidade do sistema fiscal: algumas reflexões, em Fiscalidade – *Revista de Direito e Gestão Fiscal*, Janeiro/Abril 2003, Coimbra Editora, p. 68.
[159] Artigo 14º da LGT: Benefícios fiscais : 1 – Sem prejuízo dos direitos adquiridos, as normas que prevêem benefícios fiscais vigoram durante um período de cinco anos, se não tiverem previsto outro, salvo quando, por natureza, os benefícios fiscais tiverem carácter estrutural. 2 – A atribuição de benefícios fiscais ou outras vantagens de natureza social concedidas em função dos rendimentos do beneficiário ou do seu agregado familiar depende, nos termos da lei, do conhecimento da situação tributária global do interessado. 3 – A criação de benefícios fiscais depende da clara definição dos seus objectivos e da prévia quantificação da despesa fiscal. 4 – Os titulares de benefícios fiscais

este artigo cuida da atribuição e criação de benefícios. Nestes termos, a legislação portuguesa, também objeto estudo do presente trabalho, é a indicada no EBF[160]. Em Portugal, os benefícios podem ser concedidos[161] de maneira automática ou por meio de autorização[162-163].

No Brasil todos os entes da União podem criar impostos, taxas e contribuições e ainda gerir estas exações. Tal liberdade gera independência na estipulação das formas de se instituir os benefícios fiscais, tendo cada ente competência para administrar os tributos a que lhes compete. O artigo nº 151 da CRFB, inciso

de qualquer natureza são sempre obrigados a revelar ou a autorizar a revelação à administração tributária dos pressupostos da sua concessão, ou a cumprir outras obrigações previstas na lei, sob pena de os referidos benefícios ficarem sem efeito.

[160] De acordo com o artigo 1º do EBF, apenas alguns impostos podem ser objeto de concessão de benefícios. A Lei nº 8/89, de 22 de abril, que autoriza ao governo a legislar sobre benefícios fiscais prevê que apenas os impostos a seguir listados poderão ser beneficiados: IRS –imposto sobre os rendimentos das pessoas singulares, IRC – imposto sobre o rendimento das pessoas coletivas, CA – contribuição autárquica, imposto sobre sucessões e doações, e refere-se ainda sobre diplomas complementares que poderão tratar de outras figuras trbutárias.

[161] São espécies de concessão as formas indicadas na primeira parte do artigo 4º do EBF, que identifica os benefícios fiscais automáticos e os dependentes de reconhecimento:
"1 – Os benefícios fiscais são automáticos ou dependentes de reconhecimento; os primeiros resultam directa e imediatamente da lei; os segundos pressupõem um ou mais actos posteriores de reconhecimento.
2 – O reconhecimento dos benefícios fiscais pode ter lugar por acto administrativo ou por acordo entre a Administração e os interessados, tendo, em ambos os casos, efeito meramente declarativo, salvo quando a lei dispuser o contrário." São: a) automáticos: Assim, quando a eficácia dos benefícios é automática, verificando-se da simples análise de um texto legal, esta independe da autorização da administração (São exemplos de benefícios fiscais automáticos as disposições dos artigos 45 e 46 do EBF). b) dependentes de autorização:Enquadram-se nos benefícios fiscais dependentes de reconhecimento aqueles realizados por meio de acordo entre a administração e o contribuinte. Os princípios da indisponibilidade do crédito tributário, o da legalidade e ainda, o princípio da igualdade são condicionantes na elaboração de acordos fiscais que tenham como objeto desagravamento. Podemos, quanto aos benefícios fiscais dependentes de reconhecimento, classificar e distinguir os tipos como: aqueles realizados por atos e os realizados por acordo. Veja que o legislador separa os tipos, quando se trata de acordo não há um ato administrativo, mas sim um contrato entre as partes.

[162] "A celebração de uma transacção entre contribuintes e administração fiscal é uma fenômeno que facilmente se aproxima da temática dos contratos fiscais e, por conseguinte, das suas condições de admissibilidade e limites". GAMA, João Taborda da. Contrato de Transação no Direito Administrativo e Fiscal. *Estudos em homenagem ao professor Inocêncio Galvão Telles*, Volume V, Almedina, 2003, p. 667.

[163] Seguindo o critério de Casalta Nabais a administração pública se manifesta na área fiscal sob a forma de contratos, alguns destes contratos podem ser os citados acordos, convenções, pactos, convênios, concordatas, transações, agreements. CASALTA NABAIS. *Contratos Fiscais*, Coimbra, 1994, p. 84.

I, permite a concessão de incentivos fiscais pela União mas que somente poderão ser concedidos como instrumentos para promover o equilíbrio e desenvolvimento sócio-ecômico entre as diferentes regiões do país. Serão espécies de incentivos fiscais brasileiros as isenções, as reduções de base de cálculo, as reduções de alíquotas, a concessão de créditos presumidos, a alíquota zero, as imunidades, entre outros.

Bibliografia

ALIBERTI, Andrea, FERGOLA, Cristina, MARTINELLI, Mário, MARCHETTI, Fabio. La tassazione Ambientale. Roma: Edizioni Quasar, 1995.

ALMEIDA, Gilson C. B, e LOBATO, Anderson O. Tributação Ambiental: uma contribuição ao desenvolvimento sustentável: TAVEIRA, Heleno Torres (coord). Direito tributário ambiental. São Paulo: Malheiros, 2005.

ALTAMIRANO, Alejandro C. El derecho constitucional a um ambiente sano, derechos humanos y su vinculación com el derecho tributário. In: MARINS, James (coord). Tributação e Meio Ambiente - Coleção Tributação em Debate. Curitiba: Juruá Editora, 2002.

ARAGÃO, Maria Alexandra de Sousa, O princípio do poluidor pagador: pedra angular da política comunitária do ambiente, Coimbra: Coimbra Editora, 1997, Stvdia Ivridica, 23.

ARAMAYO, Maria Silvia Valverde. Benefícios e Minoraciones em Derecho Tributário. Madrid: Marcial Pons, Ediciones Jurídicas y Sociales S.A., 1997.

Aurélio On-Line corresponde-à 3ª Edição, 2ª impressão da Editora Positivo, revista e atualizada do Aurélio Século XXI, O Dicionário da Língua Portuguesa, 2004 by Regis Ltda.. Disponível em universitario.educacional.com.br/dicionarioaurelio/, acesso em 15/01/2008.

BARDE, Jean-Philippe. Economic Instruments in Environmental Policy: Lessons from the OECD Experience and their Relevance to Developing Economies, Working Paper No. 92, , OCDE/GD(93)193, Janeiro:1994.

BIODIESELBR ONLINE. Disponível em: http://www.biodieselbr.com/destaques/2006/carros-alternativos-biodiesel-etanol-hibridos-gas-natural-hidrogenio.htm, acesso em 12/08/2007.

BORGES, José Souto Maior, Subvenções financeiras, isenção e dedução tributária, In Revista de Direito Público. Editora Revisa dos Tribunais, ano VIII, nº 41-42, janeiro/junho 1977.

CARVALHO, Paulo de Barros. Curso de Direito Tributário, 5ª Edição, Editora Saraiva, 1991.

CASALTA NABAIS, J. Direito Tributário Ambiental, p. 412 a 443, em TORRES, Heleno Taveira. Direito tributário ambiental, colaboradores Alejandro C. Altamirano ..., São Paulo : Malheiros, 2005.

CASALTA NABAIS, José. Direito Fiscal 2ª Edição refundida e aumentada. Coimbra: Almedina, 2003.

CASALTA NABAIS, José. Direito Tributário Ambiental em Direito tributário ambiental; coordenação de Heleno Taveira Torres, São Paulo: Malheiros, 2005.

CASALTA NABAIS. Contratos Fiscais, Coimbra, 1994.

Comunicado da Comissão sobre Taxas e Impostos Ambientais no mercado interno, COM(97) 9 final, de 26/03/1997, disponível em http://www.ec.europa.eu/environment/docum/pdf/979pt.pdf, em 06 de novembro de 2007.

CRUZ, Luis, BARATA, Eduardo. Estrutura económica, intensidade energética e emissões de CO2: Uma abordagem Input-Output, Estudos do GEMF, Nº 8, 2007, Impresso na Secção de Textos da FEUC, Coimbra: 2007.

CTN. – Código Tributário Nacional. Disponível em: www.receita.gov.br/Legislacao/CodTributNaci/ctn.htm, acesso em 24/01/20008

D. PIERCE, The Role of Carbon taxes in adjusting to global warming, The Economic Journal, n.101, London: 1991.

DERANI, Cristiane. Direito Ambiental Econômico, 2ª Edição. São Paulo: Max Lemonade, 2001.

EZCURRA, Marta Villar, Los tributos ambientales em el marco de um desarrollo sostenible, in MAÑAS, José Luiz. Desarrollo sostenible y protección del medio ambiente. Madrid: Editora Civitas 2002, p. 401.

EZCURRA, Marta Villar. Los tributos ambientales em el marco de um desarrollo sostenible. In: MAÑAS, Piñar José Luiz. Desarrollo sostenible y protección del medio ambiente. Madrid: Editora Civitas, 2002.

FERRAZ, Roberto, Tributação ambientalmente orientadora e as espécies tributárias no Brasil. In: TORRES: Heleno Taveira (coord). Direito tributário ambiental, colaboradores Alejandro C. Altamirano ..., São Paulo : Malheiros, 2005.

GAMA, João Taborda da. Contrato de Transação no Direito Administrativo e Fiscal. Estudos em homenagem ao professor Inocêncio Galvão Telles, Volume V, Almedina, 2003, p. 667.

GOMES, Nuno de Sá Teoria Geral dos Benefícios Fiscais. In Revista Ciência e Técnica Fiscal, Nº 359, p. .09 e seg., Julho-Setembro, 1990.

GOMES, Nuno de Sá, Manual de. Direito Fiscal, Vol (I) (Reimpressão). Lisboa: Editora Rei dos Livros, 1995.

GOUVEIA, Marcus de Freitas. A Extrafiscalidade no Direito Tributário. Del Rei:Belo Horizonte, 2006.

HEADY, Christopher. Opciones para el uso de recursos fiscales derivados de impuestos ambientales. Disponível em: http://www.ine.gob.mx/ueajei/publicaciones/libros/373/opciones.html, acesso em 24/01/2008.

HERRERA MOLINA, Pedro M. Derecho tributario ambiental: la introducción del interés ambiental en el ordenamiento tributário. Madrid: Marcial Pons, 2000.

Jornadas de homenagem ao Professor Doutor Pitta e Cunha, Associação Fiscal Portuguesa, Instituto de Direito Económico, Financeiro e Fiscal da Faculdade de Direito de Lisboa. Coimbra: Livraria Almedina, 2005.

LEITE DE CAMPOS, Diogo e LEITE DE CAMPOS, Mônica Horta. Direito Tributário. Coimbra: Livraria Almedina, 1996.

LEITE DE CAMPOS, Diogo; RODRIGUES, Benjamin Silva e SOUZA, Jorge Lopes. Lei Geral Tributária. Comentada e Anotada. Lisboa: Vislis Editores, 1999.

LOBO, Carlos Manuel Baptista, Imposto Ambiental Análise Jurídico-financeira (continuação do número anterior), Revista jurídica do urbanismo e do ambiente, Coimbra, nº.3, Junho-1995, p. 11-65.

LOBO, Carlos Manuel Baptista. Imposto Ecológico. Revista de Direito Público. Lisboa, a. 8, nº.16, Julho-Dezembro/1995.

LOPES, Cidália M. Mota. Simplicidade e complexidade do sistema fiscal: algumas reflexões, em Fiscalidade – Revista de Direito e Gestão Fiscal, Janeiro/Abril 2003, Coimbra Editora.

MARTÍNEZ, Saúl Pérez. Fiscalidad y Medio Ambiente en España. Disponível em: http://www.economiacritica.net, acesso em 01/06/2007.

MARTÍNEZ, Soares. Direito Fiscal, 10 ª Edição (Reimpressão), Almedina, Coimbra, 2003, p. 24, SANCHES, J. L. Saldanha, Manual de Direito Fiscal, 2ª Edição, Coimbra Editora, 2002, p. 9; GOMES, Nuno de Sá, Teoria Geral dos Benefícios Fiscais, in Revista Ciência e Técnica Fiscal, Nº 359, págs.09 e seg., Julho-Setembro, 1990.

MARTINS, Guilherme W. d'Oliveira, As implicações financeiras da política tributária ambiental, em 15 anos da reforma fiscal de 1988/89: Jornadas de homenagem ao Professor Doutor Pitta e Cunha, Associação Fiscal Portuguesa, Instituto de Direito Económico, Financeiro e Fiscal da Faculdade de Direito de Lisboa. Coimbra: Livraria Almedina, 2005.

MODÉ, Fernando Magalhães. Tributação Ambiental - A Função do Tributo na Proteção do Meio Ambiente, Curitiba: Juruá Editora, 2003.

MOLINA, Pedro M. Herrera. Capacidad Econômica y Sistema Fiscal, Análisis del Ordenamiento Español a la Luz del Derecho Alemán. Madrid: Marcial Pons, Ediciones Jurídicas e Sociales, S.A., 1998.

NABAIS, Casalta, Direito Tributário Ambiental, p. 412 a 443, em Direito tributário ambiental; coordenação de Heleno Taveira Torres, colaboradores Alejandro C. Altamirano ..., São Paulo: Malheiros, 2005.

NABAIS, José Casalta. Direito Fiscal, 2ª Edição refundida e aumentada, Coimbra: Almedina, 2003.

OLIVEIRA, José Marcos Domingues de. Tributação e meio ambiente. In: MARINS, James. Tributação e meio ambiente - Coleção Tributação em Debate, Coordenação: James Marins, Curitiba: Juruá Editora, 2002.

OSCULATI, Franco. La Tassazione Ambientale. Pubblicazioni della Università di Pavia, Studi nelle scienze giuridiche e sociali, Volume 24, Padova: Cedam, 1979.

PORTUGAL. Regime Geral das Taxas das Autarquias Locais, Lei nº 53-E/2006, de 29 de Dezembro, publicada no Diário da República, 1ª Série, nº 249, de 29/12 2006.

REBELO, Marta. As taxas orientadoras de comportamentos: a ampliação do artigo 19º da lei das finanças locais e o caso do Central London Congestion Charging Scheme. Revista Jurídica do Urbanismo e do Ambiente. Coimbra, n.21-22(Jun.-Dez.2004).

RIBEIRO, José Antunes. Estatuto dos benefícios Fiscais Anotado e Comentado. Lisboa: Dislivro, 2004, Lisboa.

RODRIGUES, Alberto & VILLAMARÈN, Xosé. La imposición ambiental: definición y análisis, estadístico. Seminário internacional fiscalidad del medio ambiente y desarollo energético, Madrid, 2001.

ROSEMBUJ, Túlio. Los tributos y la protección del medio ambiente. Madrid: Marcial Pons, 1995.

SANCHES, J. L. Saldanha. Manual de Direito Fiscal, 2ª Ed, Coimbra Editora, 2002, p. 16, 24 e25; MARTÍNEZ, Soares. Direito Fiscal, 10ª Edição (Reimpressão), Almedina, Coimbra, 2003, p. 38 e 39.

SEBASTIÃO, Simone Martins. O tributo e seu viés ambiental: extrafiscalidade e função promocional do direito. Curitiba: Juruá, 2006.

SILVA, Isabel Marques da. Fiscalidade ambiental e urbanismo. In: Associação Fiscal Portuguesa, Instituto de Direito Económico, Financeiro e Fiscal da Faculdade de Direito de Lisboa, 15 anos da reforma fiscal de 1988/89: Jornadas de homenagem ao Professor Doutor Pitta e Cunha. Coimbra: Livraria Almedina, 2005.

SNAPE, John e Souza, Jeremy de. Environmental taxation law: policy, contexts and practice.Hants: Burlington: Ashgate, cop. 2006.

SOARES, Cláudia Alexandra Dias. A receita dos impostos ambientais. Separata de: Scientia Iuridica, Tomo 50, (Jan.-Abr.), nº 289, 2001.

SOARES, Claudia Alexandra Dias. O Imposto Ambiental. Direito Fiscal do Ambiente. Cadernos CEDOUA. Editora Livraria Almedina, 2002.

SOARES, Claudia Alexandra Dias. O imposto ecológico - Contributo para o estudo dos instrumentos económicos de defesa do ambiente. Coimbra: Coimbra, Editora, 2001.

SOARES, Claudia Dias. A despesa pública e a política do ambiente: algumas considerações. Direito e Justiça, Lisboa, Volume XV, Tomo 2, 2001.

SOARES, Claudia Dias. O sujeito activo do imposto ecológico. O papel das finanças locais na tributação ambiental. A realidade Portuguesa. Revista de Direito Ambiental, Ano 9, N. 34, Abril-Junho, São Paulo: 2004.

TORRES, Heleno Taveira. Direito tributário ambiental; colaboradores Alejandro C. Altamirano ..., São Paulo: Malheiros, 2005.

A garantia da não discriminação do contribuinte

JURACY APARECIDA DA SILVA

Doutoranda na Universidade de Salamanca, Mestre pela Universidade de Coimbra no âmbito das Ciências Jurídico-Políticas com o diploma reconhecido pela Universidade de São Paulo, Especialista em Direito Tributário Internacional pela Universidade de Salamanca, tendo título de bacharel em Direito e também em Ciências Contábeis e Administração de Empresas em São Paulo.
Homenagem ao Senhor Professor Doutor Diogo Leite de Campos
Grande colaborador no aprendizado, homem de fé, admirável profissional, prega solidariedade entre os alunos e os incentiva a compartilhar conhecimento, como sementes que, no meu sentir, é a única forma em que a humanidade constata real avanços no saber. Ele tem a admiração, respeito e carinho de todos os seus alunos. E mesmo distante, eu cultivo estas sementes, levando suas lições aos meus alunos como discípula do Professor Diogo Leite de Campos.

A garantia da não discriminação do contribuinte
Após a coleta de dados e sua organização, foi apurado o resultado, e a discussão levada a cabo no presente trabalho tem como corolário a conclusão sobre a garantia da não discriminação fiscal que ora se passa a enunciar.

Logo de início, ao se analisar as garantias do contribuinte em relação ao direito à segurança, direito à justiça e direito a não discriminação, limite material da tributação, verificou-se os textos constitucionais para conhecer da positivação do instituto da não discriminação tributária nas Constituições de diferentes países, como por exemplo: Alemanha (artigo 3º), Austria (artigo 7º), Bélgica (artigo 10º), Dinamarca (artigo 74º), Finlândia (artigo5º), França (artigo 2º), Portugal (artigo 13º), Suécia (artigo 2º), Grécia (artigo 4º), Holanda (artigo 1º e 4º), Irlanda (artigo 4º), Itália (artigo 3º), Luxemburgo (artigo 11º), Espanha (artigo 14º), em relação à dimensão negativa da igualdade, a proibição da discriminação, são cinco países que regulam de forma concreta: Alemanha (artigo 3º), Áustria (artigo 7º), Bélgica (artigo 11º), Finlândia (artigo 5º) e Holanda (artigo 4º). Os dez novos Estados membros, Chipre, Rep. Checa, Estónia, Hungria, Letónia, Lituânia, Malta, Polónia, Eslováquia e Eslovénia, independentemente das suas constituições internas, desde o alargamento da União Europeia em 01 de Maio de 2004, estão sob a égide do princípio da igualdade, num regime de não discriminação entre os demais Estados da Comunidade[164].

Nas Américas, dentro do Direito constitucional do continente americano, a consagração da igualdade também é uma constante: a Constituição do Canadá, no artigo 15º, prevê uma igualdade sem discriminação; nos Estados Unidos da América, está consagrada no artigo 14º; no México, os artigos 1º e 4º, em geral, e o artigo 31º (IV), especificamente para a igualdade tributária, contém uma previsão pormenorizada; na Argentina, encontra-se no artigo 16º da Constituição; no Brasil, dispõem os artigos 5º e 150 (II); na Bolívia, o artigo 6º prevê a não discriminação implícita, ao passo que nos artigos 8º e 27º se refere a igualdade em matéria fiscal; na Colômbia, logo o preâmbulo do texto constitucional alude à igualdade, para expressamente se estabelecer a não discriminação nos artigos 5º, 13º, 43º e a igualdade fiscal no artigo 95º (9); na Costa Rica, o texto constitucional prevê a igualdade e a não discriminação em seu artigo 33º, enquanto que o artigo 18º proclama a igualdade tributária.

No Estado de Cuba se faz referência à igualdade nos artigos 41º e 44º de sua Norma Constitucional, que no artigo 42º proibe a discriminação; no Chile, se faz referência três vezes à igualdade nos artigos 1º paragrafo 1, 19º (2) e 19º (3), e a igualdade fiscal consta do artigo 19º (20) e a não discriminação dos artigos 19º (16) parágrafo 3 e 19º (22); no Equador, o artigo 19º (5) alude à igualdade e o 52º à não discriminação e à igualdade tributária; El Salvador só apresenta, na sua constituição, um artigo sobre igualdade; na norma fundamental da Guatemala, o artigo 4º prevê a igualdade, e o artigo 135º (d) faz referência à igualdade fiscal; as Honduras, no artigo 60º da Constituição, estabelece o princípio da igualdade e não discriminação, e o seu artigo 351º prevê a igualdade em matéria fiscal; na Nicarágua, nos artigos 27º e 48º, se faz referência à igualdade e à não discriminação; no Panamá, o artigo 20º explicita a igualdade, enquanto que no artigo 48º, por interpretação, se pode divisar a igualdade tributária; no Paraguai, tal e qual como na Colômbia, se menciona a igualdade logo no preambulo da Constituição, e a sua previsão normativa consta do capitulo III, com o titulo *"De la igualdad"* (artigos 46º, 47º e 48º), ainda que o artigo 88º estabeleça a proibição discriminatória e o artigo

---

[164] Proposta de decisão do Parlamento Europeu e do Conselho relativa ao Ano Europeu da Igualdade de Oportunidades para Todos (2007) – Para uma Sociedade Justa [COM (2005) 225 – Não publicada no Jornal Oficial]. Livro Verde da Comissão, de 28 de Maio de 2004, intitulado «Igualdade e combate à discriminação na União Europeia alargada» [COM (2004) 379 final].

181º a igualdade tributária; no Peru, o artigo 2º (2) faz referência à igualdade e o artigo 139º, paragrafo 2, prevê a igualdade em matéria tributária; em Porto Rico, só o artigo 2º (1) fala de igualdade e não discriminação; na República Dominicana, o artigo 8º (5) regula a igualdade; no Uruguai, o seu artigo 8º proclama a igualdade; e também a Constituição da Venezuela, nos artigos 45º, parágrafo 1, e 56º, estabelece a igualdade na lei e perante a lei e em matéria tributária.

Em todas as Constituições, explicita ou implicitamente, se tem garantido ao contribuinte o direito a não discriminação. Coloca-se, então, o problema da existência ou não do direito a não discriminação fiscal ou tributária internacional. Verifica-se, primeiramente, com fundamento nas convenções internacionais sobre dupla tributação e até mesmo na convenção de direitos humanos, esta última sem aplicabilidade prática para questões fiscais, que existe a não discriminação Tributária internacional devidamente ariticulada coincidindo muitas vezes até mésmo o número do artigo, posto que nos modelos de convênio se apresenta sempre no artigo 24 . O mesmo ocorre num regime geral de direitos fundamentais. Buscando-se um fundamento nos princípios gerais que garantem direitos e que tem suas consequências na tutela da não discriminação observa-se, porém, diante dos diversos casos e controvérsias internacionais que neste âmbito, ainda não se verifica a não discriminação fiscal como princípio geral de garantia autônoma no direito internacional.

Com relação aos princípios, porém, identifica-se, no princípio da igualdade fiscal – enquanto expressão específica do princípio geral da igualdade – uma especificidade estruturante do sistema constitucional global, que dá origem a preceitos da não discriminação. Funda-se, assim, a não discriminação como um desdobramento do princípio da igualdade fiscal, como manifestação específica do princípio geral da igualdade de tratamento na forma negativa, embora com pressupostos próprios do direito tributário internacional. Aí se faz uma distinção, *mutatis mutandis*, entre a análise da não discriminação ante a norma ,que se dirige aos órgãos encarregados de aplicar as normas gerais, os órgãos jurisdicionais e administrativos, com condições de funcionamento imparcial, e a não discriminação na norma, que se dirige aos órgãos encarregados de ditar as normas gerais, sendo que esta última enumera as discriminações proibidas, estabelecendo um grau de igualdade no sistema. Isso é importante quanto à diferenciação por destinatário.

A não discriminação fiscal internacional, nessa ótica, é susceptível de uma outra distinção: quanto ao seu efeito, a não discriminação pode ser Direta ou Indireta. Vale ressaltar aqui um acordo semântico, que somente ao se analisar os pressupostos da não discriminação fiscal Direta, que incide nos tributos Diretos, e na Discriminação Tributária Indireta, que incide nos tributos Indiretos, é que se revela com clareza qual é o papel deste instituto no cenário mundial até este momento:

1º) A não Discriminação Tributária Internacional Indireta na Norma tem consagração no Tratado da União Europeia, e, portanto, é norma de direito derivado dos Estados membros. Daqui se conclui que existe um direito europeu a não discriminação fiscal indireta. Com essa consagração, a não discriminação fiscal indireta internacional na Europa passou a ser assegurada e desenvolvida através da jurisprudência da instância judicial comunitária (como fonte) – papel protagonizado com consolidação em seus efeitos, e privilegiado diante das demais realidades, que por sua vez se constata nos diversos países pesquisados o respeito interno e entre países soberanos e blocos econômicos o respeito ao direito da não discriminação no que tange aos impostos indiretos. Claro que ainda em alguns Estados do mundo, isso fica à mercê de uma integração maior que tenha por conseqüência uma harmonização fiscal nesse sentido. Nos países da América, como na maior parte do mundo, a OMC tem tutelado, através do FMI, muitos acordos que fazem direito entre as partes e que visam superar essa questão, tendo por princípio orientador, por regra, fomentar uma previsibilidade da harmonização fiscal entre países. No Acordo do GATT- *General Agreement on tariffs and trade*, está ligada à livre circulação de mercadorias, e ,conseqüêntemente, à integração comunitária, Tendo um grande número de Estados soberanos como signatários. No que especificamente concerne à proibição de discriminação, no TCE, além do art. 12º, devem apontar-se inúmeras disposições[165]: o artigo 2º, com os princípios comunitários; o artigo 3º, com a eliminação das restrições de entrada e saída de mercadorias, assim como a harmonização das questões fiscais inerentes; e os artigos 23º, 25º, 26º e 27º, quanto à política da comunidade – assim como os artigos 28º, 29º, 30º e 31º; e os artigos 90º, 91º e 92º contêm, em geral, disposições fiscais contendo a proibição da discriminação – daí resultando a obrigação de harmonizar os impostos indiretos para assegurar, deste modo, a igualdade de tratamento nas legislações nacionais. Refira-se (também o artigo 4º, inciso 7, do Regulamento CEE 2913/92 do Conselho de 12 de Outubro, que aprova o "Código Aduaneiro Comunitário". Na não discriminação fiscal indireta encontra-se ainda a Diretiva 70/50 de 22 de dezembro de 1969, que cita como constitutivas de efeito equivalente: a) as disposições legislativas, regulamentos administrativos que impossibilitem as importações ou dificultando ou encarecendo-as mais que as venda da produção nacional; b) a prática das autoridades administrativas, assim como todos os atos que emanem de uma autoridade pública, incluídas as iniciativas que se realizam com a mesma finalidade que os presupostos anteriores; e c) o princípio da não discriminação (artigo 6ºdo TCE). E a proibição da discriminação fiscal do TCE, no artigo 90º, inclui a supressão

---

[165] MIRANDA PÉREZ, Armando. *La no discriminación fiscal em los âmbitos internacional y comunitário*. México, J. M. Bosch Editor, 2005, p. 207 ss.

dos direitos aduaneiros e exações de efeito equivalente nas restrições quantitativas e as medidas de efeito equivalente, como a tributação discriminatória dos produtos dos países comunitários frente aos tributos nacionais. Essa norma tem eficácia em consonância com o GATT. Vale lembrar, neste contexto, que a cláusula do trato nacional, com repercursões fiscais, que consta no artigo III do Acordo (GATT) que afetam as normas das operações comerciais e as denominadas "políticas comerciais indiretas" – especificamente as de carater fiscal e todas as que afetem a venda, compra, transporte, distribuição e uso dos produtos. Determina o pressuposto de aplicação da regra de não discriminação. Só é afrontada pelas medidas protecionistas (artigo XX do GATT), no mais, obriga a se outorgar aos produtos importado as mesmas condições, incluindo as fiscais, que são outorgadas aos produtos nacionais similares.

2º) Quanto a Não Discriminação Tributária Indireta Internacional Ante à norma, a investigação demonstra um protagonismo do TJCE, o qual assume um papel relevante que privilegia o método objetivista da interpretação e a interpretação extensiva, embora aceite que as exceções e as derrogações das normas comunitárias devem ser interpretadas restritivamente. Efetivamente, é o Tribunal que desenvolve o direito da não discriminação fiscal internacional indireta na Europa. Fora do âmbito da União Europeia, existe o Tribunal Internacional de Justiça, que se debruça sobre as lides que têm como base as contratações internacionais entre Estados dessas garantias de não discriminação contidas nos acordos internacionais.

O Mercado Comum do Sul – (Mercosul) originou-se em 26 de Março de 1991, pelo Tratado de Assunção, tendo como membros, Argentina, Brasil, Paraguai e o Uruguai. Este Tratado declara a intenção de constituir um mercado comum, que tem como objetivo uma coordenação das políticas cambial, monetária e fiscal. O Mercosul visa a livre circulação de mercadorias, a liberdade de estabelecimento, a livre circulação de trabalhadores, a livre circulação de capitais e a liberdade de concorrência. Tendo como princípios orientadores a flexibilidade (como diretiva de procedimento para tomada de deliberações para a execução do Tratado e flexibilidade de interpretação), a gradualidade (demonstra a intenção dos Estados partes de que a integração ocorra em etapas definidas para adequações necessárias para a adaptação de uma abertura parcial e seletiva dos mercados), o equilíbrio (visa determinar que a integração não ocorra com o sacrifício de um Estado em provimento dos demais, sem um devido programa de compensação para a região) e a reciprocidade (trata de um controle mútuo da execução e aplicação do Tratado onde cada Estado assume direitos e obrigações equitativas: cláusula de reciprocidade, artigo 2º). Os litígios sobre a discriminação internacional do contribuinte no espaço do Mercosul, como em todos os países, são interpostos diretamente nas jurisdições nacionais, uma vez que a norma internacional já tem sido recepcionada internamente. Ocorre que as conseqüências das relações entre Estados se refletem na tutela de proibição discriminatória. Até por uma necessidade de maior desenvolvimento, a nova ordem mundial como que obriga a um relacionamento inter-regional onde Estados que participam de um bloco regional podem fazer acordos internacionais com outros blocos e com outros Estados. Essa peculiaridade – que pode, ou não, vir a explicar a fragilidade da defesa da não discriminação dos contribuintes, tanto na tributação direta, como na indireta, tanto com relação às pessoas físicas, como às pessoas jurídicas – ajuda a eleger o Mercado Comercial do Sul (Mercosul) como objeto desta pesquisa, que marca bem a realidade vivida pelos contribuintes da maioria dos demais blocos regionais sul-americanos. Muitos consideram que a origem remota do Mercosul está ligada aos acordos bilaterais entre o Brasil e a Argentina, preponderantes, sobretudo a partir dos anos 80 do século XX – haja vista que os dois países visavam a uma intensificação de relações comerciais, pelo fato de a crise da dívida externa e o problema da proliferação de barreiras protecionistas nos mercados desenvolvidos começarem a impor limites ao crescimento e ao próprio modelo de desenvolvimento seguido pela maior parte dos países latino-americanos.

É importante lembrar que, antes da criação das Instituições hoje existentes, os antecedentes históricos da integração latino-americana foram inspiradas nas ações e lutas de libertação do idealista e revolucionário venezuelano Simón Bolívar (1783 a 1830), que muito contribuiu para o processo de independência de vários países da América Latina, no século XIX. Já naquela época ele preconizava que a integração era o único caminho para o sucesso econômico e cultural da região: "É uma ideia grandiosa, pretender formar, de todo o Novo Mundo, uma só nação, com um só vínculo, que ligue suas partes entre si e com o todo. Já que tem uma origem, uma língua, os mesmos costumes e uma religião, deveria, por conseguinte, ter um só governo que confederasse os diferentes Estados que venham a formar-se"[166].

Em 1986, o Brasil e a Argentina firmaram dois Protocolos de Comércio contemplados posteriormente pelo Tratado de Integração, de Cooperação e Desenvolvimento para a criação de um mercado comum, com a adesão da República do Paraguai e a República do Uruguai[167]. Seguiram-se anos de construção, que mais recentemente se consolidaram[168].

---

[166] BOLÍVAR, apud ALMEIDA, 1996, p. 43.
[167] ALMEIDA, Paulo Roberto de. O Mercosul no Contexto Regional e Internacional. Porto Alegre, Edições Aduaneiras, 1993, p. 72.
[168] Algumas datas podem assinalar, de um modo bem expressivo, essa evolução: 1948 – a CEPAL (Comissão Econômica para a América Latina) defende ideias de integração regional, cogitando mesmo uma união aduaneira na América do Sul. A teoria da Integração Regional na América

A GARANTIA DA NÃO DISCRIMINAÇÃO DO CONTRIBUINTE

Em Dezembro de 1990 é firmado o Acordo de Complementação Econômica nº 14 (ACE 14) entre o Brasil e a Argentina, o Tratado de Montevidéu (1980); assim se consolidou, e segundo o disposto neste, e no âmbito da Associação Latino-Americana de Integração (ALADI), o programa de liberalização comercial previsto na Ata de Buenos Aires, no sentido de eliminar os gravames e demais restrições impostas ao seu comércio recíproco teve por objetivo a não discriminação. O Mercosul foi instituído em 26 de Março de 1991, através do Tratado de Assunção[169], e possui uma estrutura institucional[170] composta por cinco órgãos de formação de vontade política. Em 17 de Dezembro de 1994 foi acordado o Pro-

Latina, vista como um mecanismo de desenvolvimento econômico e de crescimento industrial do continente, foi formulada tecnicamente, pela primeira vez, pela CEPAL e divulgada com maior intensidade entre os anos 1954 e 1959. Em 1960, a convergência de um grupo de países da América Latina, com a criação da Associação Latino-Americana de Livre Comércio (ALALC), apresentava como objetivo principal a constituição de um mercado comum regional, a partir da conformação de uma zona de livre comércio, no prazo de doze anos. É essa vontade conjunta que torna possível, vinte anos mais tarde, a assinatura do Tratado de Montevidéu. Em 1980, a Assinatura do Tratado de Montevidéu cria a Associação Latino-Americana de Integração (ALADI), reformulando a integração econômica da região rumo à conformação de uma área de preferências tarifárias. O Tratado de Montevidéu criou novos mecanismos de integração conforme os princípios de pluralismo político e econômico, convergência de objetivos, flexibilidade de acordos, tratamentos diferenciais e diversas formas de ajustes entre os Estados, visando ao desenvolvimento de funções de associação, promoção e regulação de comércio recíproco e a consecução de acordos bilaterais setoriais, com a liberação do intercâmbio comercial regional.

[169] SILVA, G. E. do Nascimento e, *Manual de Direito Internacional Público*. 13ª edição, SP, Saraiva, 1988, p. 223 e 226. O Tratado de Assunção deve o seu nome ao fato de ter sido assinado na cidade de Assunção, Paraguai, conhecido como Tratado do Mercosul, firmado pela Argentina, Brasil, Paraguai e Uruguai, com o objetivo precípuo de evoluir até à condição de um mercado comum. Para alcançar esse objetivo, convencionou-se: 1. Adotar um programa de reduções tarifárias progressivas, lineares e automáticas, 2. Estabelecer uma tarifa externa comum, 3. Harmonizar as políticas macroeconômicas de liberação do intercâmbio e de adoção de acordos setoriais.

[170] A estrutura definitiva dos órgãos do Mercosul encontra-se consignada no artigo 1º do Protocolo de Ouro Preto, assinado em 17 de Dezembro de 1994. São eles:
- Órgãos Decisórios: Conselho do Mercado Comum (CMC): conforme o artigo 3º do Protocolo, é o órgão superior do Mercosul, ao qual incumbe a condução política do processo de integração e também a tomada de decisões para assegurar os objetivos estabelecidos no Tratado de Assunção (artigoº 8º do Protocolo); Grupo Mercado Comum (GMC): é o órgão executivo do Mercosul, ao qual estão incumbidas as faculdades de decisão. Para tanto, ele é assessorado nas suas atividades por Subgrupos de Trabalho, tais como, Reuniões Especializadas e Grupos Ad Hoc, (Integração Fronteiriça; Comitê de Cooperação Técnica; Grupo de Serviços; e Comissão Social-Laboral) entre outros. Tratando cada um desses foros auxiliares de temas específicos; Comissão de Comércio do MERCOSUL (CCM): composta pelos Comitês Técnicos e pelo Comitê de Defesa Comercial e Salvaguardas, é o órgão encarregado de assistir ao Grupo Mercado Comum.
- Órgão de Representação Parlamentar: Comissão Parlamentar Conjunta (CPC): além do Plenário, integrado por representantes nacionais, é composta pela Mesa Executiva e pela Secretaria Administrativa Parlamentar Permanente, e é auxiliada por Subcomissões, criadas para analisar os temas relacionados com o processo de integração.

tocolo de Ouro Preto – assinado na cidade de mesmo nome, no Estado brasileiro de Minas Gerais – estabelecendo, entre outras coisas, que não houvesse qualquer tipo de diferença entre os Estados-partes em termos de direitos e obrigações; e que qualquer Estado-parte pudesse a qualquer tempo abandonar o Mercosul[171].

Trata-se de uma união aduaneira imperfeita com livre circulação de bens e serviços entre os referidos quatro Estados, e que reconhece certo desenvolvimento de livre circulação de mercadorias, sendo as fronteiras internas de caráter administrativo. Prevê uma livre circulação de pessoas, em uma União que não conta, distintamente das Comunidades Europeias, com um Supremo Tribunal de Justiça. Prevê negociação direta com os Estados nas soluções de controvérsias; não logrando êxito a questão é remetida ao Grupo Mercado Comum, que formulará recomendações pertinentes para a resolução do caso. As decisões do Conselho do Mercado Comum, as resoluções do Grupo de Mercado Comum e as diretivas da Comissão de Comercio do Mercosul formam o direito originário do Mercosul, com o Protocolo de Brasília (de 17 de Dezembro de 1991), para a solução de controvérsias.

O Mercosul tem personalidade jurídica assim como a Comunidade Europeia[172], e a titularidade da personalidade jurídica do Mercosul é exercida pelo Conselho do Mercado Comum[173]. Por delegação expressa desse Conselho, o Grupo Mercado Comum pode negociar acordos em nome do Mercosul com terceiros países, grupo(s) de países e organismos internacionais[174]. Suas decisões são intergovernamentais – e não supranacionais, como na União Europeia – o que torna necessária a sua incorporação (como normas aprovadas) no ordenamento jurídico de cada Estado-parte[175]. Dessa forma, nota-se que a integração: 1.- é promovida pelos Estados, 2.- formula-se pelo Direito, 3.- impõe-se pela econo-

---

- Órgão Consultivo: Foro Consultivo Econômico-Social (FCES): composto pelas Comissões e Comitê Misto CES-FCES,
- Órgão de Apoio: Secretaria Administrativa do Mercosul (SAM): é um órgão de apoio operacional composto por setores.

[171] Artigo 21º Tratado de Assunção.
[172] Artigo 34º Protocolo de Ouro Preto.
[173] Artigo 8º, III – Protocolo de Ouro Preto.
[174] Artigo 14º, VII – Protocolo de Ouro Preto.
[175] "A composição e a atuação dos órgãos executivos do Mercosul têm configuração estritamente intergovernamental, com delimitação de áreas de competência e atuação marcadas por pouca flexibilidade." (CASELLA, Mercosul, op. cit., p. 159). Os seus órgãos são compostos por representantes diretos dos governos, cujas decisões são sempre tomadas por unanimidade; daí que cada reunião seja um verdadeiro encontro de missões diplomáticas. Na América do Sul, o Mercosul representa 70% do território, 64% da população, 60% do PIB. Com 11,9 milhões de quilômetros quadrados, possui 210 milhões de habitantes, 1,1 trilhão de dólares de PIB somado, e as suas exportações são de 80 bilhões de dólares por ano, contra 95 bilhões de dólares de importações.

mia e 4.- formaliza-se por agentes que não são necessariamente estatais ou, pelo menos, não são apenas estatais[176].

Um grande problema do Mercosul é a inexistência de um Direito Comunitário, o que lhe acarreta a falta de superioridade hierárquica, de supranacionalidade e de auto-aplicabilidade. Com o Pacto Andino foi criada uma Corte de Justiça, entendida por muitos doutrinadores como precoce, mas que, ainda assim, poderá servir como modelo para o Mercosul[177,178]. O que acontece com as organizações internacionais de natureza intergovernamental, onde não são geradas normas comunitárias, é que fica imprescindível o fenômeno da recepção. Por esse prisma, consta-se que o Mercosul, na realidade, é uma organização internacional, onde o direito comunitário se apresenta em fase embrionária, em vias de formação. Acresce que, sem a criação de órgãos supranacionais, e especialmente de um Tribunal de Justiça comum aos países-membros dificilmente o Mercosul logrará o êxito proposto no Tratado de Assunção para a consecução de um Mercado Comum. Só mais recentemente se cogita a criação do Tribunal Recursal, que muito trará em termos de avanço na criação de um sistema jurisdicional regional equivalente ao comunitário.

Apesar de este bloco estar em fase de mercado comum, para que se concretize, é necessária a suspensão de barreiras fiscais e tributárias, e para isso a harmonização das normas tributárias, inclusive dos Impostos diretos e Indiretos, Imposto de Valor Agregado sem que haja discriminação. A não discriminação fiscal quanto aos produtos originários dos Estados-parte é consagrada diretamente no artigo 7º do Tratado de Assunção[179]. Mas, desde logo, estão fora do seu

---

[176] MELLO, Celso D. de Albuquerque. *Direito Internacional da Integração*. Rio de Janeiro, Renovar, 1996. p. 32. Ensina Celso que "a globalização é realizada pelas grandes empresas, que transformaram os estados em seus reféns. Enfim, a integração é de iniciativa do poder público, enquanto a globalização do poder privado". E, ainda, Celso Furtado: "a estrutura internacional do poder evoluiu para assumir a forma de grandes blocos de nações-sedes de empresas transnacionais que dispõem de rico acervo de conhecimentos e pessoal capacitado".

[177] Na realidade, os países da América Latina passaram por problemas político-econômicos semelhantes, por frustrações sociais parecidas, por antidemocracias análogas (todas as ditaduras do mundo se parecem, aliás...), sem que tivesse sido firmada uma cidadania comum, que oferecesse, aos respectivos povos, a possibilidade da escolha dos caminhos a percorrer, das soluções a serem ensaiadas quanto aos problemas semelhantes enfrentados (Cf. Boletim da Faculdade de Direito – STVDIA IVRIDICA, 40, Colloquia 2 – Portugal-Brasil, ano 2000, Tema Direito – Universidade de Coimbra.).

[178] Artigo intitulado "The reception of community law by the national legal systems", p. 37-51, Separata de Direito Comunitário do Mercosul, Porto Alegre, Ed. Livraria do Advogado, 1997.

[179] Artigo 7º "Em matéria de impostos taxas e outros tributos internos, os produtos originários do território de um Estado-parte gozarão, em outros Estados-parte, do mesmo tratamento que se aplique ao produto nacional". Em consonância com o anexo I do Tratado estabelece a supressão de tributar o comércio recíproco nos Estados-parte. Não ficam compreendidos no conceito as taxas ou encargos quando corresponderem a serviços prestados: artigo 2º do Anexo I do Tratado.

âmbito de aplicação e, conseqüentemente, desprotegidos, os produtos estrangeiros, que ficam sem configuração pelas vias da devolução, subvenção ou reintegração. Assim, faltam os pressupostos de uma igualdade formal na tributação. Ou seja, o produto estrangeiro permanece discriminado.

Não é, portanto, aplicado o princípio da não discriminação à origem e procedência estrangeira de um produto. O mesmo acontece em caso de nacionalidade ou residência estrangeira do trabalhador, empresário, ou prestador de um serviço com produção no território nacional, e com trabalhadores nacionais, mas com capital estrangeiro. Trata-se de um preceito que rege, basicamente, as limitações materiais de aplicação de taxas e medidas de efeitos equivalentes a importações e exportações de produtos. Tal garantia de caráter formal se encontra complementada nos Estados de estrutura federal do Mercosul (República Argentina e República Federativa do Brasil) com o princípio jurídico da subsidiariedade: no caso de falta de adoção, por parte das instâncias infranacionais com poder normativo, das medidas oportunas para o respeito da não discriminação fiscal, será o próprio Estado obrigado a adotar essas medidas.

É ainda relevante, no que diz respeito à previsão da não discriminação no âmbito do Mercosul, a assinatura do Acordo Marco Inter-regional de cooperação entre a Comunidade Europeia e seus Estados-membros por uma parte, e o Mercosul e seus Estados-partes, por outra (em 15 de Dezembro de 1995), o qual assumiu como objetivo geral e fundamental a facilidade da inserção internacional da economia e do comércio, com reflexos fiscais.

Em conclusão desta breve análise, pode se dizer que, no quadro do Mercosul, cuida-se apenas de discriminação fiscal indireta, e em termos muito limitados. Seguindo uma tendência da globalização que se projeta no âmbito dos sistemas fiscais, a aproximação dos ordenamentos tributários passa a ser um pressuposto para os países que buscam a inserção e a integração econômica. Com isso se impõe uma mudança da visão ou conceito absoluto de soberania ou poder de tributar, que permite a cada país impor seus tributos de forma não harmonizada com o resto do mundo. Sendo que hoje um pressuposto das economias que procuram se integrar ao comércio internacional é o assentamento de um regime tributário que se aproxime dos principais modelos que existe. O exemplo típico é a realidade da tributação sobre o consumo. O Imposto de Valor Agregado (IVA) – tributo indireto a incidir sobre o comércio de bens e serviços, que foi introduzido até mesmo nos Estados Unidos, apesar da relutância em sua implantação. O Estado de Michigan introduziu um sistema baseado no regime de débitos ("outputs") e créditos ("inputs") que vem sendo aceito como alternativa ao imposto sobre vendas ("sales tax"). Essa realidade ainda está bem distante da realidade brasileira, onde se tem uma repetição de tributos a afetar o consumo, seja o ICMS- que possui dezenas de alíquotas que variam desde a exoneração a alíquota mais alta, não cogitada nem mesmo pelos países nórdicos. O sistema tributário brasileiro, desta perspectiva de inserção no mercado internacional, se encontra quase em bruto. Enquanto que outros países vão se harmonizando e tornando seus sistemas mais atrativos a investimentos e ao comércio, o sistema tributário brasileiro vai se desarmonizando, com espécies tributárias que se superpõem. Falta sensibilidade e coordenação política para se querer resolver efetivamente essas questões. Uma alternativa pode ser exercida pelos próprios operadores econômicos, a partir das regras emanadas do Acordo Geral de Tarifas e Comércio (GATT), coordenadas desde de 1994 pela Organização Mundial do Comércio (OMC), da qual o Brasil é signatário a que deve respeito. Entre as regras já estabelecidas em busca do respeito pela igualdade de condições (neutralidade fiscal) no comércio internacional, está o denominado princípio da não discriminação. Por este princípio, os países não podem impor regras mais onerosas a empresas ou cidadãos não-residentes que atuem no país, impedindo, a concessão de subsídios fiscais, ou de uma carga tributária mais onerosa aos investimentos estrangeiros. As regras do GATT devem servir de ferramenta à sociedade para impor limites aos Estados. Com relação à harmonização de incentivos das exportações entre os Estados-partes[180], estes comprometeram-se a aplicar incentivos para a exportação que respeitem as disposições resultantes dos compromissos assumidos no Acordo Geral do GATT[181]. Os incentivos às exportações não serão aplicáveis ao comércio regional com as exceções: a) financiamento das exportações de bens de capital a longo prazo[182] e; b) devolução ou exceção de imposto indireto[183].

---

[180] Decisão CMC número 10/94 do Conselho do Mercado Comum. Na reunião, celebrada em Buenos Aires, em 5 de Agosto de 1994, com referência à harmonização para aplicação e utilização de incentivos para as exportações.
[181] Compatível com a Decisão CMC 10/94, artigo 12º
[182] Poderão outorgar-se nas condições expostas no artigo 4º da Decisão CMC número 10/94 que diz: os Estados-parte poderão conceder créditos de fomento e financiamento às suas exportações, quando os mesmos são outorgados em condições, prazo e taxas de interesses compatíveis com as acertadas internacionalmente em operações equivalentes.
[183] Podendo reintegrar-se ou eximir-se das condições previstas nos artigos 5º e 6º, até serem amortizadas as condições que garantissem, às produções localizadas no Mercosul, um tratamento tributário de forma igualitária. Artigo 5º – os Estados-partes poderão reintegrar, total ou parcialmente, os impostos indiretos ou diretos pagos pelos exportadores ou acumulados ao longo das etapas anteriores de produção dos bens exportados, conforme as disposições do acordo Geral do GATT. Por uma questão não integracionista, mas sim burocrática, não ocorrendo a comprovação do pagamento da Tarifa Externa Comum de uma mercadoria que entra, por exemplo, pela Argentina e é destinada ao Brasil, ocorre o duplo pagamento.
Artigo 6º – estabelece que: os Estados-partes poderão eximir-se do pagamento dos tributos internos indiretos ou diretos aos bens destinados à exportação, de acordo com as normas da OMC: a) não se podem devolver impostos indiretos ou diretos vinculados com as exportações (impostos sobre a renda, contribuições patronais da segurança social, impostos sobre ativos ou capitais de empresas etc.); b) podem-se devolver impostos aduaneiros e indiretos ou diretos internos (Iva, seletivos etc.)

Neste sentido, é claro, o princípio da não discriminação não obsta a que um país crie um sem número de tributos, desde que esse sem número de tributos seja estendido indistintamente ao comércio e investimentos internos e externos.

Assim o sistema tributário torna-se complexo e suscetível a pressões políticas (criação de regimes tributários mais favoráveis para certos setores de atividade econômica) de entidades que ensejam a discriminação positiva em seu favor e que acabam por se mostrar, especialmente, quando da realização de novos investimentos ou atividades. Ocorre quando as regras do GATT atuam, autorizando os operadores econômicos a pleitearem o afastamento de uma determinada incidência tributária pela sua incompatibilidade com o princípio da não-discriminação, direito este que pode ser exercido por uma empresa ou pessoa física nacional (residente).

Atualmente é o que ocorre no Brasil, com a exigência das contribuições sociais do PIS/Cofins, da Contribuição de Intervenção no Domínio Econômico (Cide) e do Imposto de renda na Fonte, a gravar a importação de serviços. A atual legislação brasileira aplicada tem como consequência uma discriminação fiscal direta e indireta que pode e deve ser afastada a partir das regras do GATT. Mas o ideal seria que o legislador brasileiro se ocupasse em reformar ou elaborar uma legislação fiscal mais justa e eficiente. Sendo que o GATT deve servir de ferramenta à sociedade para impor limites às diferenças legislativas que prejudiquem uma maior participação do país no comércio internacional, e consequentemente seu desenvolvimento econômico sustentável[184].

Cabe deduzir, tal e qual, na norma, que no âmbito das relações entre Estados comunitários e Estados terceiros, ou seja, Estados soberanos singatarios do GATT ou organizações internacionais, os problemas de não discriminações devem ser dirimidos no contexto do GATT-OMC[185] (ante à norma), no mundo como um todo, os países com controvérsias nesse sentido consultam, em geral, a OMC. Essas entidades internacionais mesmo sem poder jurisdicional são consultadas, e, visando elas um fomento da abertura comercial mundial, têm-se posicionado

---

sempre que se possa calcular, de forma precisa, a carga tributária no momento da exportação; c) poderão ser concedidos regimes aduaneiros especiais nas condições estabelecidas nos artigos 9º, 10º e 11º, para insumos em parte utilizados na elaboração dos bens sujeitos às disposições dos parágrafos primeiro e segundo do artigo 2º referido ao âmbito de Aplicação do Regime de Origem do Mercosul.

[184] Por MARCOS ANDRÉ VINHAS CATÃO, *in* palestra no I Congresso Internacional de Direito Tributário, que aconteceu no Rio de Janeiro em 27 a 29 de abril de 2005.

[185] O FMI – Fundo Monetário Internacional dá assistência técnica com seus *experts*, que realizam estudos aos Estados-membros, assessorando na implementação de políticas monetárias e fiscais, posto que com o objetivo de promover a estabilidade no intercâmbio de divisas e promover a cooperação monetária internacional, e promove o Acordo Geral sobre tarifa e comércio – GATT, aprovada mediante ata de Marrakech que cria a OMC, *Word Trade Organization ou WTO*, com uma missão e objetivo muito mais amplos que o originário GATT mediante a Ronda Uruguai de 14 de Dezembro de 1993.

positivamente na resolução de lides com relação a não discriminação fiscal indireta internacional. Constata-se, nesse sentido, a importância da convenção de Viena, que é destinada a se projetar sobre os acordos internacionais, como referência mundial.

3º) Agora veja a diferença. A não Discriminação Tributária Internacional Direta na Norma encontra-se apenas subliminarmente nos tratados, pois os Estados membros europeus não cederam soberania suficiente para se conhecer da eficácia daquela no âmbito europeu. Não obstante existe o artigo 58 do Tratado da União Européia que permite a discriminação a Estados Terceiros. A interpretação teleológica dos preceitos sobre a não discriminação como direito expresso nos Tratados verifica que o sistema de garantias dos ordenamentos internos vem sendo tutelado pela Constituição nacional dos Estados, os quais nem sempre estão voltados para a abertura da nova ordem mundial. Porém, com a erosão do velho conceito de soberania e com a relativização do positivismo jurídico, e inexistindo um constitucionalismo mundial, há que se estudar a garantia da não discriminação no quadro daquela crise, sob várias óticas.

Uma delas é a política, onde a liberdade de contratação das garantias cresce a partir de uma atitude liberal existente na Europa e em outros países do mundo: um exemplo são os convênios que evitam a dupla tributação, mecanismo que pode resolver *a priori* a questão da tutela da não discriminação fiscal, se forem considerados com *status* hierárquico de Tratado constitucional no caso da União Européia e eventuais blocos econômicos ou de constituição no caso dos diversos países. Há que se distinguir aqui o campo de aplicação, conteúdo e objetivo do princípio em função do ordenamento ou da norma que o formula. Em primeiro lugar, deve-se evitar qualquer tendência para confundir a ação do princípio no ordenamento comunitário com a ação e função das cláusulas de não discriminação contidas nos convênios de dupla tributação. A Não Discriminação Fiscal/Tributária Direta Internacional na norma é de suma importância para a democracia mundial – sem que se vislumbre perspectiva de positivação no âmbito mundial, o que depende da vontade política do conjunto para se tornar uma realidade internacional. A seguir pode-se observar que os casos de discriminação partem dos países soberanos com maior desenvolvimento, capital e tecnologia.

4º) A Não Discriminação Tributária Direta Internacional Ante a Norma, tem, na Europa, como importante protagonista, o TJCE. Por ação dele caminha-se para uma futura criação do direito da não discriminação fiscal direta no âmbito europeu, com fundamento na interpretação dos tratados. Isso ainda não ocorre efetivamente hoje, conforme se constata nas sentenças do mesmo, dos casos mais antigos aos mais recentes: Como exemplo, Sentença do TJCE de 15 de Julho de1960. *Comptoirs de vente du charbon de la Rhur*, proc. 36 a 38 40/59,

Col. 1954-1961. Sentença do TJCE de 13 de Julho de 1962. *Klöckner-Werke et Hoesch c. H. A.* Assuntos 17 e 20/61, 1962. Sentença do TJCE de 5 de fevereiro de 1963, assunto 26/62, o caso Van Gend en Loos. Sentença do TJCE. de 15 de Junho de 1964. Caso Flaminio Costa / ENEL, assunto 6/64. Sentença do TJCE de 16 de Junho de 1966. *Firma Alfons Lutticke GmbH/Hauptzollamt de Saarlouis*, assunto 57/65, Recompilação. Sentença do TJCE de 10 de março de1971. *Coleti.*, proc. 38/70, n. 10. Sentença do TJCE de 12 de Dezembro de1972. *Internacional Fruit Co., colt.* proc. 21 à 24. Sentença do TJCE de 28 de outubro de 1975. Caso *Pain d'épice, cit.*, p. 827; e Rutili, proc. 36/75. Sentença do TJCE de 19 de Novembro de 1977, *Rickdeschel et Hansa'Lagerhaus, Diamalt Hambtzollant itzehoe*, assuntos 117/76 e 16/77 Rec. 1977. Sentença do TJCE de 27 outubro de1977. Caso *Bouchereau*, proc. 30/77, Rec. 1977. Sentença do TJCE de 9 março de 1978.Caso *Simmenthal*, proc. 106/77, Rec. 1978. Sentença do TJCE de 16 de Outubro de 1980, *Hochstrass*, assunto 147/79. Sentença do TJCE de 8 de outubro de 1980, *Peter Uberschaer c. Bundesversicherunsgestalt fuer Angestelte*, Rec. 1980. Sentença do TJCE de 28 ottobre 1982. Caso **Faust**/*Commissione – Faust C. Comission* Rec. 1982, assunto 52/81. Sentença do TJCE de 13 de Novembro de 1984. *Racke c.Hauptzollamt Mainz*, Rec. 1984, assunto 283/83 (Racke) parágrafo 7. Sentença do TJCE de 28 de Janeiro de 1986. Caso *avoir fiscal*, comissão das comunidades europeias/Republica francesa, assunto 270/83, Rec.1986. Sentença do TJCE de 24 de Junho de 1986. Caso *Luigi Brugnoni –*, proc. nº 157/85, col. 1986. Sentença do TJCE de 23 de abril de 1986. "Os Verdes c. Parlamento Europeu", , proc. 294/83, Col., 1986, 4, considerandos 20-25. Sentença do TJCE de 12 de Abril de 1984. *Unifrex c. Comisión y Consejo*, assunto 281/82, Rec. 1984, pp. 1969-1988, (Unifrex) paragrafo 30. Sentença do TJCE de 17 de Maio de 1988. *Marcel Erpelding c. Secrétaire d'État de l'Agriculture et de la Viticulture*, Rec. 1988, p. 2647, assunto 84/87 (Erpelding) parágrafo 29. Sentença do TJCE de 8 de Maio de 1990. Caso *Biehl* sala 5, *Klaus Biehl/Adminstration des contributions del GranDucado de Luxemburgo*, assunto C-175/88. Rec.1990. Sentença do TJCE de 28 de Janeiro de 1992. *Hans-Martin Bachmann*, proc. C- 204/90), Fisco nsº 59/60, 1993. Sentença do TJCE de 13 de Dezembro de1991. Caso *Mario Nijs*, proc. 158/90, col. 1991. Sentença do TJCE de 25 de Julho de 1991. *Factortame*, assunto 221/89, Rec. 1991. Sentença do TJCE de 4 de Outubro de 1991. Comissão/Reino Unido, assunto C-246/89,Rec.4585, apartado 12. Sentença do TJCE de 28 de Janeiro de 1992. Caso *Bachmann- Hans-Martin Bachmann/État belge*, assunto 204/90. Rec.1992. Sentença do TJCE de 26 de Janeiro de 1993. Caso Werner/ Finanzamt, assunto C-112/91. Sentença do TJCE de 13 de Julho de 1993. Caso *Commerzbank The Queen/Inland Revenue Commissioner ex parte Commerzbank A.G.*, assunto C-330/91, Rec. 1993. Sentença do TJCE de 26 de Janeiro de 1993. Caso *Werner – Hans Werner/Finanzamt Aachen-Innenstadt*, C-112/91, Rec. 1993. Sentença do TJCE de 2 de Agosto de 1993. *M. Helen Marshall c. Southampton and South West*

A GARANTIA DA NÃO DISCRIMINAÇÃO DO CONTRIBUINTE

Hampshire Area Health Authority, Rec.1993. Sentença do TJCE de 12 de Abril de 1994. Caso *Halliburton Services – Halliburton Services BV/Staatssecretaris van Financiën*, C-1/93, Rec. 1994. Sentença do TJCE de 12 de Abril de 1994. *Hallibuton Services By c. Staatssecretaris van Financien*, C-1/93. Sentença do TJCE de 12 de Fevereiro de 1994. *Giovanni Maria Sotgiu/Deutsche Bundespost*, assunto 152/73, Rec.1974. Sentença do TJCE de 11 de Agosto de 1995. Caso *Wielocks, G.H.E.J. Wielockx/Inspecteur der directe belastingen*, assunto C-80/94, Rec.1995. Sentenças TJCE de 14 de Fevereiro de 1995. *Finanzamt Köln-Altstadt/Roland Schumacker*, assunto C-279/93, Rec. 1995. Sentença do TJCE de 27 de Junho de 1996. Caso *Asscher – P.H. Asscher/Staatssecretaris van Financiën*, C-107/94, Rec.1996. Sentença do TJCE de 15 de maio de 1997. Caso *futura Participations – Futura Participations S. A. e Singer c. Administration des contributions*, C-250/95.Sentença TJCE de 28 de abril de 1998. Caso *Safir*, C-118/ 96. Rec.pp I- 1897 e ss., fund. Jurídico 22. Sentença do TJCE de 12 de Maio de 1998. Caso *Esposos Gilly – Esposos Robert Gilly/Directeur des services fiscaux du Bax-Rhin*, assunto 336/96. Sentença do TJCE de 28 de outubro de 1999. Caso *Vestergaad* – C-55/98, Sentença do TJCE de 29 de Abril de 1999. Caso Royak Bank – Royal Bank of Scotland plc/Estado Helénico, assunto C-311/97. Sentença do TJCE de 21 de Setembro de 1999. *Compagnie de Sanint-Gobain, Zweigniederlassung Deutschland/Finanzamt Aachen-Innenstadt*, asunto C-307/97. Sentença do TJCE de 6 de Junho de 2000. Caso *Verkooijen* – C-35/98.Sentença do TJCE de 29 de Novenbro de 2001. Caso *De Coster* – C-17/00.

em razão de ele evitar entrar na soberania dos Estados Membros (poder derivado não cedido). Essa realidade está em plena mutação. Sem prejuízo da importância do TJCE na defesa da não discriminação, a via prejudicial não é o meio adequado para, de forma exclusiva, ou principal, se proceder a eliminação deste obstáculo fiscal às atividades e aos investimentos intracomunitários. Ou seja, não substitui uma harmonização fiscal, sistemática e progressiva. Quanto aos países da América e outros, eles têm-se valido do CDT para superar o problema em análise, como já foi comentado: eles, ante à lei, contam com o Tribunal Internacional de Justiça, para a aplicação do direito contratado entre Estados, nos litígios entre os signatários, e com os Tribunais nacionais para a resolução dos demais litígios. Constata-se ainda a importância da aplicação da Convenção de Viena na resolução das lides.

Outra divisão dicotômica se deve fazer a partir desta análise com relação aos países pobres e ricos, ou ainda, num segundo acordo semântico, este ratificado pela ONU, aos países subsenvolvidos e em desenvolvimento e aos países desenvolvidos. Se pode observar que neste sentido os primeiros não discriminam, mas são discriminados e o segundo grupo de países discriminam quando se trata de discriminação direta. Claro que isso se traduz em empresas e pessoas, contribuintes que são discriminados nestes países. Isso inclui a análise das teorias dualista e monistas, a primeira que percebe o seu ordenamento jurídico interno distinto das normas internacionais obrigando-se a um maior rigor de formalização para a internalização dos convênios e tratados e a segunda que considera todas as normas como parte de um ordenamento só. Um exemplo interessante mostra que esta questão não auxilia e não impede ou atrapalha que a discriminação tributária aconteça ou deixe de acontecer. Posto que, o monismo europeu não impede que a partir do art 58 do TCE os países terceiros, ou ainda os contribuintes destes, sejam discriminados com relação aos impostos diretos. Fica subentendido que os países superavitários que são detentores de capital e de tecnologia discriminem tributariamente, como uma barreira invisível.

Paralelamente, se observa que blocos econômicos na fase da intergovernamentabilidade que impõe o processo de integração, que assumem a postura da teoria dualista de formalmente ter um processo de internalização da norma internacional mais rigoroso, os países soberanos que fazem parte merecem aplauso com relação à efetividade nas decisões que envolve a não discriminação tributária direta e indireta, na norma e ante a norma.

Curiosidade ainda mais interessante é a realidade brasileira que assume uma postura dualista com um processo legislativo rigoroso para a internalização da norma internacional.

Em geral, o referido princípio constitucional estabelece, que ninguém é obrigado a fazer ou deixar de fazer alguma coisa senão em virtude de lei (artigo 5º, II, da CF). E o princípio da legalidade tributária significa que nenhum tributo pode ser criado, aumentado, reduzido ou extinto sem que o seja por lei (artigo 150º, I da CF). Da mesma forma, se tem que a União não poderá conceder isenção de tributos de competência dos Estados, Distrito Federal e os Municípios (artigo 151º, III da CF). Seguindo esta trilha o art. 97º do Código Tributário Nacional, ao condicionar a instituição e o aumento de tributo à edição da lei, quer se referir, à lei ordinária federal, estadual e municipal.

Formalmente, para Aliomar Balleeiro, a palavra lei, na linguagem jurídica dos Estados de Direito, é o ato normativo do Parlamento sancionado pelo Executivo ou promulgado pelo próprio Legislativo, na falta de sanção oportuna ou no caso de rejeição do veto[186].

No que diz respeito às relações entre o tratado internacional e norma interna (infraconstitucional), a doutrina, como já foi mencionado, é amplamente majoritária no sentido monístico jurídico, com prioridade para o direito internacional. Desta forma, o tratado prevalece sobre o direito interno, alterando a lei anterior, mas não pode ser alterado por lei superveniente: é o entendimento aposto no artigo 98º do CTN.

---

[186] BALEEIRO, Aliomar,. *Direito Tributário Brasileiro*. 10º ed. Rio de Janeiro, Forense, 1990, p. 402.

Luis Roberto Barroso[187] escreve que a orientação do Supremo Tribunal Federal é a do monismo moderado, segundo o qual o tratado se incorpora ao direito interno no mesmo nível hierárquico da lei ordinária, sujeitando-se ao princípio consolidado: em caso de conflito, não se colocando a questão em termos de regra geral e regra particular, prevalece a norma posterior sobre a anterior. E adianta: existem apenas duas ordens de exceções a essa equiparação entre tratado e lei ordinária na jurisprudência do Supremo. A primeira dá-se em matéria fiscal, onde o Código Tributário Nacional (artigo 98º), como visto, é expresso quanto à prevalência da norma internacional. A segunda exceção colhe os casos de extradição, onde se considera que a lei interna (Lei 6.815 de 19.8.1980), que é regra geral, cede vez ao tratado, que é regra especial[188].

O Código Tributário Nacional (CTN) dispõe no artigo 98º que os tratados e convenções internacionais revogam ou modificam a legislação tributária interna e serão observados pela que lhes sobrevenha[189].

O CTN faz alusão à legislação tributária externa, constituída das normas atinentes à matéria e constantes dos tratados e convenções internacionais. Enquanto vigentes os tratados internacionais dispondo sobre tributos, não será lícito ao Poder Legislativo elaborar leis que entrem em conflito com a matéria desses acordos.

No entendimento do professor Hugo de Brito Machado[190], há evidente impropriedade terminológica na disposição legal. Na verdade um tratado internacional não revoga nem modifica a legislação interna. A lei revogada não volta a ter vigência pela revogação da lei que a revogou, enaltece. Denunciado um tratado, a lei interna com ele incompatível estará estabelecida, em pleno vigor. O que o CTN pretende dizer é que os tratados e convenções internacionais prevalecem sobre a legislação interna, seja anterior ou mesmo posterior[191].

Paulo de Barros Carvalho, por sua vez, aponta ainda um outro equívoco na dicção do artigo 98º do CTN. Isto porque não são os tratados e as suas convenções internacionais que têm idoneidade jurídica para revogar ou modificar a legislação interna, e sim os decretos legislativos que os ratificam, incorporando-se à ordem jurídica brasileira[192].

---

[187] BARROSO, Luis Roberto,. *Interpretação e Aplicação da Constituição*. São Paulo, Saraiva, 1996, p. 19.
[188] Id., Ibidem, p. 19.
[189] Sobre o artigo 98º do CTN, ver a "Sentença do Supremo Tribunal Federal do RE 80.004-SE (RTJ) v. 83, p. 809-851. O Ministro Cunha Peixoto chegou a proferir que o artigo 98º do CTN como sendo de constitucionalidade duvidosa", p. 824.
[190] MACHADO, Hugo de Brito. *Curso de Direito Tributário*. 7ª ed. Rio de Janeiro, Forense, 1993, p 559/9.
[191] Id. Ibidem.
[192] CARVALHO, Paulo de Barros. *Curso de Direito Tributário no Termos da Constituição Federal de 1988*, 4ª ed., São Paulo, Saraiva, 1991, p. 62.

A constitucionalidade do artigo 98º do CTN foi repetidas vezes questionada. A norma, no dizer de Rezek, construiu, no domínio do direito tributário, uma regra de primado do direito internacional (desde que obviamente introduzido no ordenamento jurídico nacional através do *referendum* do Congresso Nacional) sobre o direito interno[193].

Os tratados internacionais, como as leis, são interpretados, aplicando-se-lhes as regras e princípios do Direito Internacional, além das regras comuns de hermenêutica.

No Sistema Tributário Brasileiro, por tratar-se de um Estado Federal, as dificuldades a serem superadas neste processo de integração econômica do Mercosul, envolvem não somente as relações diretas com outros países, mas as relações internas, em conseqüência do poder tributante dos estados e municípios, previsto na Constituição Federal, conforme já enaltecido.

Deve ser destacado que, rigorosamente, nos termos da Constituição Federal, incumbe à União manter relações internacionais, podendo Estados e Municípios efetuar empréstimos externos com autorização do Senado Federal.

As Constituições dos países do Mercosul tratam sobre a proteção dos direitos humanos, sendo que a maioria opta por aprovar a recepção de tratados internacionais, desde que sejam firmados em condições recíprocas o igualitárias, respeitando a democracia e os direitos humanos, como pode ser observado na Constituição Argentina (artigo 75º – 24º).

A Carta Política do Uruguai dispõe sobre os direitos fundamentais no artigo 7º, que são os direitos de primeira geração. O artigo 72º dispõe sobre os direitos sociais.

Busca, entre outras disposições, a integração sócio-econômica entre as nações latino-americanas, assegurando a todos os indivíduos o princípio de igualdade e garante que todos os habitantes do Uruguai têm os direitos à vida, à honra, à liberdade, à segurança, ao trabalho e à propriedade protegidos (artigos 6º e 7º).

O artigo 145º da Constituição do Paraguai estabelece a garantia pelo respeito aos direitos humanos, à paz, à justiça, à cooperação e ao desenvolvimento político, econômico, social e cultural. Especificamente em matéria de direitos fundamentais, o capítulo V da Constituição dispõe sobre os direitos, as garantias e as obrigações. A Constituição também fixa deveres que devem ser cumpridos por todos os membros da sociedade, o que seria verdadeira espécie de dever de solidariedade. Enuncia a liberdade individual, reconhece o direito de asilo, a igualdade de todos os habitantes do Paraguai, tanto em termos de dignidade como de direitos. Na Constituição do Paraguai, os direitos e garantias não são exaustivos (artigos 12º, 43º e 45º).

---

[193] RESEK, José Francisco. *Tratado e Legislação interna..*, cit., p. 22.

A GARANTIA DA NÃO DISCRIMINAÇÃO DO CONTRIBUINTE

A Constituição brasileira dispõe sobre os direitos e garantias individuais e logo o seu artigo 5º prescreve que são direitos auto-aplicáveis, constituindo-se em cláusulas pétreas[194]. A Carta Política brasileira está baseada na soberania, na dignidade da pessoa humana, nos valores sociais do trabalho, na livre iniciativa e no pluralismo político, sob um Estado Democrático de Direito (artigo 1º – I a V).

Em caracterização, a constituição garante também o direito à vida, à igualdade, à segurança e à propriedade a todos os brasileiros e estrangeiros residentes no país.

A Constituição brasileira enuncia que os direitos e garantias, por ela protegidos, não excluem outros provenientes de tratados internacionais de que o Brasil seja parte, e que as normas definidoras desses direitos e garantias fundamentais têm efeito direto (artigo 5º – Parágrafo 1º).

Pode, feito este breve percurso, concluir-se que os textos constitucionais dos países do Mercosul estão pautados na dignidade da pessoa humana, enquanto princípio fundamental da defesa dos direitos fundamentais – a preocupação se volta para a efetividade destas previsões constitucionais. Assim, pode-se observar que a dimensão internacional dos direitos humanos não permite que um bloco econômico que busca a formação de um mercado comum deixe de lado uma real preocupação com a proteção dos direitos humanos. Por outro lado, ao consagrar o primado do respeito aos direitos humanos, como paradigma propugnado para a ordem internacional, abre a ordem jurídica interna ao sistema internacional de proteção dos direitos humanos.

Neste quadro, há que realçar que, em Agosto de 1995, foi elaborado o Regulamento da Comissão Parlamentar Conjunta do Mercosul, enaltecendo que os propósitos do Regulamento são entre outros, o de proteger a paz, a liberdade, a democracia e a vigência dos direitos humanos.

Por tudo isso, atualmente não se pode negar que o respeito e a promoção dos direitos humanos é um padrão de conduta de natureza obrigatória. Dificilmente pode ser encontrado um sistema tributário que seja estatuído levando em consideração plenamente os direitos humanos. Ricardo Torres escreve que: Qualquer discriminação injustificável que implique excluir alguém da regra tributária geral ou de um privilégio não odioso, constituirá ofensa aos direitos humanos, posto que desrespeitará a igualdade assegurada no artigo 5º da Constituição brasileira[195]. Da mesma forma, a proibição da utilização do tributo com efeito de confisco, a teor do inciso IV do artigo 150º da Carta Política brasileira é considerado

---

[194] O artigo 60º, parágrafo 4º da Constituição Federal brasileira, entre outros dispositivos, estabelece que os direitos e garantias constitucionais não podem ser alterados por Emenda Constitucional.
[195] PAIVA, Mario Antonio Lobato de, *Direitos Humanos e tributação*, pesquisado na home page http://www.jus.com.br/doutrina 1999.

uma limitação constitucional ao poder de tributar. A capacidade contributiva é a base fundamental de onde partem as garantias materiais diretas ou indiretas que as Constituições outorgam aos particulares, tais como a generalidade, a igualdade, a proporcionalidade e a vedação de confisco. Por outro lado, como já se viu, tem especial importância neste domínio o princípio da igualdade que proíbe a discriminação como um dos mais importantes princípios fundamentais. Como consequência do primado dessa igualdade decorre um imperativo para o legislador segundo o qual os poderes que de todos recebe devem traduzir-se em benefícios e encargos iguais para todos os cidadãos. De nada valeria a legalidade, se não fosse marcada pela igualdade. É preciso, por sim, considerar a justa aplicação dos princípios constitucionais da legalidade, irretroatividade, anterioridade, igualdade, da capacidade contributiva, da vedação do confisco e os direitos fundamentais.

Em se tratando de Direitos Fundamentais, é importante ainda trazer à colação alguns destaques da Exposição de Motivos do projeto do Código de Defesa do Contribuinte. Com a aprovação do Projeto, o cidadão-contribuinte passa a ter uma relação de igualdade jurídica com o Fisco para – co-responsabilidade cívica – tratarem juntos, e com transparência democrática, da origem e da aplicação da arrecadação pública. Os deveres e os direitos são mútuos; nada se presume negativamente contra um ou outro; o quanto se decidir, a favor de um ou outro, será mediante expressa indicação dos fatos e motivada declinação do direito[196].

A reciprocidade de tratamento e as isonomias e liberdades são elementos essenciais do processo de integração. Assim, estará valorizando o homem, e efetivando as liberdades de circulação de mercadorias, serviços e capitais, e desta forma permitindo a verdadeira integração social, econômica e cultural nos países do Mercosul. Pode ser observado, com o presente estudo, que os países, e especialmente os países do Mercosul, para lá dos seus interesses individualizados, têm que assumir interesses do bloco – mas sempre transpondo para estes os valores fundamentais.

---

[196] A reforma tributária brasileira é tarefa extremamente complexa, uma vez que os conflitos federativos sobrepujam os aspectos econômicos, jurídicos e administrativos da matéria. Cabe discutir o nível da carga tributária, a progressividade e a abrangência dos impostos, a simplificação legislativa, a desoneração da produção, os direitos do contribuinte, a administração tributária entre outros aspectos relevantes. O atual sistema tributário brasileiro tem demonstrado que tem estrutura obsoleta, prejudica a competitividade, é complexo e induz à sonegação e não é propício à harmonização com outros sistemas tributários. Com o ingresso no Mercosul, o Brasil deverá adequar-se às exigências estabelecidas no Tratado de Assunção e seus Protocolos. Não se pode negar a racionalidade da unificação dos impostos sobre produtos industrializados (IPI), circulação de mercadorias (ICMS) e sobre serviços de qualquer natureza (ISS), em um único imposto sobre o valor agregado (IVA).

Daí destacar que o principal objetivo da harmonização é chegar a sistemas nacionais que permitam, ao mesmo tempo, conciliar os objetivos de integração econômica com o respeito às identidades nacionais, e, principalmente, aos direitos humanos.

Sabe-se que o sistema tributário pode se tornar um fator limitativo à integração econômica. Os processos de integração econômica requerem certo grau de integração tributária, cuja intensidade se vincula com o tipo de integração e a etapa do processo vigente em cada caso; (Hugo González Cano)[197]. E naturalmente quanto maior o grau de integração econômica pretendido e quanto mais o processo se desenvolve, mais se deve avançar em termos de harmonização tributária[198]. Neste particular além das disposições constitucionais propugnadas na Carta Política de 1988, de que a União não poderá conceder isenções de tributos de competência distrital, estadual e municipal (art. 151-III), deve ser considerado que com o Tratado de Assunção, firmado em 1991, o Mercosul é uma realidade na qual, não se pode deixar para segundo plano ao aspecto da harmonização da legislação tributária. Isto porque logo em um dos objetivos do referido Tratado, (artigo 1º) vem destacado que os Estados membros assumem o compromisso de harmonizar suas legislações, nas áreas pertinentes, para lograr o fortalecimento do processo de integração. Tal posicionamento vem sacramentado no artigo 2º, que ressalta que o Mercosul foi fundado na reciprocidade de direitos e obrigações entre os Estados partes.

Em face disto, deve o Brasil adequar sua legislação para acompanhar o progresso da harmonização da legislação tributária do Mercosul. E, da conjugação dos dispositivos constitucionais já citados, tem-se que, respeitada a independência nacional, deverá o Brasil praticar os atos necessários para celebrar tratados e acordos internacionais, atendendo desta forma o que propugna a Constituição Federal – cooperação entre os povos para o progresso da humanidade e integração da América Latina. Para tanto, várias propostas de alteração da Constituição Federal foram apresentadas, após a assinatura do Tratado de Assunção. Há ainda expectativa em curto período de tempo, de se proceder a alteração necessária e a adequação da legislação ordinária face às disposições firmadas no referido Tratado, especialmente no que tange à instituição do IVA.

---

[197] GONZÁLEZ CANO, Hugo, *La armonización tributaria en procesos de integración económica*. Impuestos .Buenos Aires, 1991, p. 885.

[198] Ib., ibidem, p. 885. Na Comunidade Europeia, os esforços no sentido da harmonização tributária após 1985 propiciaram a superação de uma fase de estagnação do processo de integração econômica e o início de uma nova etapa, em que se constituiu, em oito anos, o mercado único, sem fronteiras, com circulação livre de bens, serviços e fatores. Isso só foi possível porque os avanços em termos de harmonização dos sistemas tributários evitaram que surgissem distorções capazes de tornar politicamente insustentável o processo de integração econômica em desenvolvimento.

O que deve permanecer claro é que o artigo 7º do Tratado de Assunção, quando determina o tratamento isonômico dos Estados-membros em relação os impostos, taxas e outros tributos, tem como finalidade precípua não a questão tributária em si, mas garantir a livre concorrência entre os mercados que estão integrando[199].

Recorde-se que, na União Europeia, o processo se desenvolve por outra via. As normas comunitárias prevalecem sobre as normas dos Estados-membros – sendo inclusivamente estas normas entendidas por muitos como uma "Constituição Europeia"[200], que prevalece inclusive sobre suas respectivas Constituições. Segundo C. Blanco de Moraes, "julga-se não ser por acaso que, logo no ano seguinte à afirmação do princípio do efeito direto das normas comunitárias, o Tribunal de Justiça tenha estugado o passo e declarado mesmo a prevalência (na aplicação) do direito comunitário sobre o direito dos Estados-membros"[201]. Assim, considerando não só estas normas comunitárias, mas também os acórdãos do Tribunal de Justiça que estão constituindo uma jurisprudência, mediante uma interpretação teleológica que fez surgir algumas figuras doutrinárias, com o mesmo efeito a realidade da integração européia distingue-se radicalmente. Ora, não pode deixar de se constatar que esta é a situação mais adequada: com efeito, a eficácia do direito comunitário não pode variar de um Estado para outro em função de legislação interna posterior, sem colocar em perigo a realização dos objetivos do Tratado referidos no artigo 5º (atual artigo 10º do TCE, segundo parágrafo), e sem provocar uma discriminação proibida pelo artigo 7º (atual artigo 12º do TCE).

É oportuno lembrar que, embora o Tratado só entre em vigor após a sua ratificação, um Estado deve abster-se desde logo da prática de qualquer ato capaz de frustrar o seu objeto e finalidade[202]. Como vimos, essa regra é reforçada especificamente pelos dispositivos constitucionais de cada Estado-parte.

---

[199] GONZÁLEZ CANO, Hugo, *La armonización tributaria en procesos de integración económica*. Impuestos .Buenos Aires, 1991.

[200] Constituição material, a entender como tal, as normas regionais da União Europeia – a qual se converterá eventualmente em constituição formal, conforme, sobre o que se diz no texto, PIRES, Francisco Lucas, Introdução ao direito Constitucional europeu (seu sentido, problemas e limites), Coimbra, 1997, p. 21 e seguintes.

[201] É curiosa a forma como o autor se refere a esta característica do Direito Comunitário, a que chama o "instituto da prioridade aplicativa" ou "da aplicação preferente": "Progressivamente, sedimentou-se um ordenamento jurídico supranacional, cujos atos-regra passaram a produzir efeitos na ordem jurídica interna dos Estados-membros, em paralelo com a legislação ordinária. Dir--se-ia que o velho "Direito Imperial" reemergiu das cinzas, sob a forma de normas comunitárias, as quais, longe de assumirem um caráter puramente supletivo, passaram a couraçar-se nos contrafortes de um inusitado poder obrigatório, prevalecendo no giro de certas matérias sobre o Direito interno antitético". MORAES, Carlos Blanco de, As Leis Reforçadas, Coimbra, Coimbra Editora, 1998, p. 367.

[202] SILVA, G. E. do Nascimento, in Manual de Direito Internacional Público, p. 29, referindo-se ao artigo 18º da Convenção de Viena sobre o Direito dos Tratados.

A GARANTIA DA NÃO DISCRIMINAÇÃO DO CONTRIBUINTE

A investigação revela, portanto, que não existe uma regra geral e internacional reconhecida que proíba a não discriminação fiscal. Constata-se que, enquanto desdobramento do princípio geral da igualdade, o princípio da não discriminação fiscal direta internacional está previsto no CDT – Convênios de Dupla Tributação – já assinados assim como em todas as versões de MCDT – Modelo de Convênio de Dupla Tributação, na Europa, é assumido na interpretação teleológica dos seus Tratados. Não há convenção internacional que no seu conteúdo e na sua aplicação consagrem esse princípio específico, mas apenas convênios que parecem insuficientes, pelo o que se conclui que não há um direito com essas características. Isso não ocorre com a discriminação fiscal indireta, em virtude da sua consagração no Tratado da União européia (como direito), e por ser fomentada pelos órgãos internacionais, como a OMC e FMI no mundo. Contudo, até ao presente, com relação à discriminação tributária direta, não há conhecimento de desenvolvimentos a não ser os já expostos.

Referências Bibliográficas

ACCIOLY, Elizabeth. "O atual mecanismo de solução de controvérsias no Mercosul: O Protocolo de Olivos". in Revista da Faculdade de Direito da Universidade de Lisboa. Volume XLV – nº 1 e 2, Coimbra Editora, Coimbra, 2004.

ALMEIDA, Paulo Roberto de. O Mercosul no Contexto Regional e Internacional., Porto Alegre, Edições Aduaneiras.,. 1993.

AMARAL, Francisco do. "Comentário". in Revista Temas de Integração, 1º volume. Coimbra, ed. FDUC, 1996.

AMATUCCI, Fabizio. Il princípio de non discriminazione fiscale. Itália, ed. Padova, 1998.

ANDRADE, José Carlos Vieira de. Os direitos fundamentais na constituição portuguesa de 1976. 2ª ed. Coimbra. Almedina, 2001.

ARAÚJO, Nadia de. Código do Mercosul. São Paulo, ed. RT, 1999.

BALEEIRO, Aliomar. Direito Tributário Brasileiro. 10ª ed., Rio de Janeiro, ed. Forense, 1996.

BARNARD, Catherine. Gender Equality in the EU: And Human Rights. Oxford, Edited by Philip Alston, Oxford University Press, 1999.

BARRETO, Irineu Cabral. A Convenção Europeia dos Direitos do Homem, Anotada. Coimbra, Coimbra Editora, 2005.

BARROSO, Luis Roberto. Interpretação e Aplicação da Constituição. São Paulo, Saraiva, 1996.

BASTOS, Celso Ribeiro, Cursos de Direito Constitucional, S.Paulo, Saraiva, 1988.

BASTOS, Celso Ribeiro e Ivens Gandra da Silva Martins. Comentarios à Constituição do Brasil. 1ºvol. Saraiva, São Paulo, 1988.

BATISTA, Luiz Olavo. O Mercosul, suas Instituições e Ordenamento Jurídico. São Paulo, ed. LTR, 1998.

BOGNETTI, Giovanni. Introduzione al Diritto Costituzionale Comparado. Torino, G. Giappichelli Editore, 1994.

BOULOUIS, Jean Marco Darmon. Comentieux Communautaire. Paris, ed. Paris, 2001.

CAETANO, Marcelo. *Manual de Ciência Política e Direito Constitucional*. Lisboa, 1972.

CALDERÓN CARRERO, José Manuel, *Intercambio de Información y Fraude Fiscal Internacional*, Madrid, Ediciones Estudos Financieros, 2000.

CALDERÓN CARRERO, José Manuel y MARTÍN JIMÉNES, Adolfo. *Comentarios a los convenios de doble imposición y prevenir la evasión fiscal concluidos por Espanha (análisis a la luz del Modelo de Convenio de la OCDE y de la legislación y jurisprudencia española)*. Galicia, Fundacion Pedro Barré de la Maza, Instituto de Estudios Económicos de Galicia, 2004.

CAMPOS, Diogo Leite de. "O enquadramento jurídico da empresa na óptica da adesão à C.E.E." in *Revista de Contabilidade e Comércio*, n. 193/96-vol XLIX. Coimbra, 1986.

CAMPOS, Diogo Leite de. *Direito Tributário*. Coimbra, ed. Almedina, 1996.

CAMPOS, Diogo Leite de. "Globalização e regionalização em matéria de impostos". in *Boletim da Faculdade de Direito, STVDIA IVRIDICA* 73, Colloquia – 12, Coimbra, ed. Universidade de Coimbra, 2002.

CAMPOS, Diogo Leite de. "Compensação de créditos fiscais". in *Separata da Revista da Ordem dos Advogados*, Ano 64, I/II, Lisboa, ed. O.A., 2004.

CAMPOS, João Mota de. *Manual de Direito Comunitário*. 3ª ed., Lisboa, Serviço de Educação e Bolsas – ed. Fundação Calouste Gulbenkian, 2000.

CAMPOS, João Mota de. *Contencioso Comunitário*. Lisboa, Serviço de Educação e Bolsas – Fundação Calouste Gulbenkian, 2002.

CANARIS, Claus-Wilhelm, *Direitos Fundamentais e Direito Privado*. Coimbra. Ed. Almedina. 2003.

CANOTILHO, J. J. Gomes. *Direito Constitucional e Teoria da Constituição*. Coimbra, Coimbra Editora, 1998.

CANOTILHO, J. J. Gomes. *Direito Constitucional e Teoria da Constituição*. 4ª ed. Coimbra, Coimbra Editora, 2001.

CANOTILHO, J. J. Gomes. *Direito Constitucional e Teoria da Constituição*. 7ª Ed. Almedina. Coimbra, 2003.

CARVALHO, Paulo de Barros, *Curso de Direito Tributário no Termos da Constituição Federal de 1988*, 4ª ed., São Paulo, Saraiva, 1991

CASELLA, Paulo Borba. *Contratos Internacionais, Direito Econômico no Mercosul*. São Paulo, ed. LTR, 1996.

CORREIA, António de Arruda Ferrer. "Quelques réflexions sur le système portugais concernant la reconnaissance et l'exécution des jugements étrangers en matiére civile et commerciale". in *Revista Droit International et Droit Communautaire. Actes du Colloque*, Paris, ED, 1990.

C. PETERS. *No discrimination : The Freedom of Establishment in European Tax Law. Legal Protection against Discriminatory Tax Legislation*. The struggle for Equality in European Tax Law. Editor Hans Gribnau. Kluwer Law Internacional. 2003.

DALLARI, Pedro Bohomoletz de Abreu. "O Mercosul perante o Sistema Constitucional Brasileiro" in *Revista Mercosul – Seus efeitos jurídicos, economicos e Politicos nos Estados membros*. 2ªed. Organizada por Maristela Bosso. Porto Alegre, Livraria do Advogado Editora.1997.

DELORS, Jacques. "L'Europe entre la survie et le déclin". in *Revista Europa Novas Fronteiras*, nº 2, Lisboa, ed. Novas Fronteiras, 1997.

DOURADO, Ana Paula. *A Tributação dos Rendimentos de Capitais: A Harmonização na comunidade europeia*. Lisboa. Centro de Estudos Fiscais – Direção-geral das contribuições e impostos – Ministério das Finanças. 1996.

DUARTE, Maria Luísa. "A aplicação jurisdicional do princípio da subsidiariedade no Direito Comunitário – Pressupostos e limites" *in Estudos Jurídicos e Económicos em Homenagem ao Professor Lumbrales*. Lisboa, ed. Lisboa, 2000.

DWORKIN, Ronald. *Taking Rights Seriously*. Cambridge, Cambridge University Press, 1978.

FERREIRO-LAPATZA, José J. *Curso de Derecho Tributário*. Madrid, Marcial Pons Libero-editor, 1989.

FRANCO, António L. de Sousa. *Finanças Públicas e Direito Financeiro*. Volume II 4ª. Coimbra, ed. Almedina, 2004.

GARCÍA-QUINTANA. Cessar Albiñana. *Sistema Tributario Español y Comparado*. Madrid, ed. Tecnos S.A., 1986.

GARCÍA PRATS, Francisco Alfredo. *Imposición directa, no discriminación y derecho comunitario*. Madrid. Tecnos.1989.

GOMES, Francisco da Câmara Santa Clara. "Portugal, o Brasil e a Globalização, 500 Anos a Caminho do Futuro". por – (membro da Comissão Europeia, Direcção Geral de Relações Exteriores, Direcção Americana Latina). *in Revista Temas de Integração*, números 10 e 11, Coimbra, ed. FDUC, 2000.

GONZÁLEZ, Dário. "Controversias Tributarias en el Mercosul". *in Diritto e Pratica Tributaria Internazionale*, volume 1, número 2, Março-Agosto, Bologna, Casa Editrice Dott. António Milani (CEDAM), 2001.

GONZÁLEZ CANO, Hugo, *La armonización tributaria en procesos de integración económica*. Impuestos .Buenos Aires, 1991.

GONZÁLEZ, Eusebio. *Derecho Tributario I*. Salamanca, Plaza Universitaria Ediciones, 2004.

GRIMM, Dieter. "Una Constituzione per l'Europa". *in Revista, Futuro della Constituzione* (Obra Colectiva), Turim, ed.Turim, 1996.

GUERRA REGUERA, Manuel. *Suspensión de atos administrativos tributários*. Granada, ed. Instituto de Estudios Fiscales, 1999.

HENRIQUES, Miguel Gorjão. *Direito Comunitário*. Coimbra, ed. Almedina, 2003.

J.W. VAN DEN BERGE. *Equality: Applying the Principle of Non-discrimination (art. 14 ECHR, art. 26ICCPR). Protection against Discriminatory Tax Legislation*. The struggle for Equality in European Tax Law. Editor Hans Gribnau. Kluwer Law Internacional. 2003.

JAVIER TAPIA C. "Bases para Un Debido Proceso Tributario: Tres Teorías acerca de la Relación entre el Estado e los Contribuyentes". *in Revista chilena de Derecho*, Vol.32 nº 2, pp. 329 – 362, maio- agosto. Faculdade de Direito da Pontificia Universidad Católica de Chile, comentário de la jurisprudência, 2005.

LAGO MONTEIRO, José Maria, *La Sujeción a los diversos deberes y obrigaciones tributarios*. Monografias Jurídicas ; Madrid, Marcial Pons, 1998.

LAWRENCE, Collins. *Q.C.L-L.D. Under the General Editorship, (Cantab.), F.B.A.-with SPECIALIST*, Vol. 2. London, Ed. Sweet & Maxwell, 2000.

LEWANDOWSKI, Enrique Ricardo. "A Proteção dos Direitos Humanos". *in Boletim da Faculdade de Direito, STVDIA IVRIDICA* 40, Colloquia – 2, Portugal-Brasil Ano 2000, Tema Direito. Coimbra, Universidade de Coimbra, 2000.

LOUIS, J., Vandersanden G., Wallboeck, d., & Wallboeck M., *Comentaire Megret, Le Droit de la CEE*, Vol.X, La Cour de justice, Les actes des institutions. 2ª ed. Collection Études Européennes Université di Bruxelles, 1993.

LUPONE, Angela, "La convenzione comunitaria sulle procedure di insolvenza e la riforma del sistema italiano di diritto internazionale privato". in Revista *Diritto Internazionale*, volume CI/ E, Padova, 1999.

MACHADO, Hugo de Brito. *Curso de Direito Tributário*. 7ª Rio de Janeiro, ed. Forense. 1993.

MARTINS, Ana Maria Guerra, *A Natureza Jurídica da Revisão do Tratado da União Europeia*, Lisboa, ed. Lisboa, 2000.

MARTINS, Ives Gandra. *Comentários à Constituição do Brasil*. São Paulo, Ed. Saraiva, 1998, vol. 1, p. 464.

MARTINS, Ives Gandra da Silva, *Direitos Fundamentais do Contribuinte*, São Paulo, ed. *Revista dos Tribunais* – Centro de Extensão Universitária, 2000.

MARTINS, Ives Gandra da Silva, *O Direito Contemporâneo em Portugal e no Brasil*, Coimbra, ed. Almedina, 2004.

MELLO, Celso Albuquerque D. *Direito Constitucional Internacional*. Rio de Janeiro, Ed. Renovar, 1994.

MELLO, Celso D. de Albuquerque. *Direito Internacional da Integração*. Rio de Janeiro, Renovar, 1996.

MIRANDA, Jorge, *Direito Constitucional, III*, Coimbra, Coimbra Editora, 2001.

MIRANDA, Jorge. *Manual de Direito Constitucional*, III vol., 3. ed. Coimbra,Coimbra Editora, 1994.

MIRANDA PÉREZ, Armando. *La no discriminación fiscal em los âmbitos internacional y comunitário*. J.M. México. Bosch Editor. 2005.

MIRANDA, Pontes de, *Comentários à Constituição de 1967. Com a Emenda nº 1, Portugal de 1969*.

MONTEIRO, Washington de Barros, *Da nacionalidade e da cidadania em face da nova Constituição*, Brasil, ed. RDA, 1991.

MONTOYA MELGAR, Alfredo, *Instituciones de Derecho Social Europeo*, Madrid, ed. Tecnos, 1988.

MORAES, Carlos Blanco, *As Leis Reforçadas*, Coimbra, Coimbra Editora, 1998.

MORAES, Rui Duarte, Imputação de Lucros de Soiedades Não Residentes Sujeitas a Um Regime Fiscal Privilegiado. (Controlled Foreign Comanies O art. 60º do C.I.R.C. Porto, Publicações Universidade Católica, 2005.

NABAIS, José Casalta, *Dever Fundamental de Pagar Impostos*, Coimbra, ed. Almedina, 1998.

NABAIS, José Casalta, *O Princípio da Legalidade Fiscaol e os Actuais Desafios da Tributação*. Boletim da Faculdade de Direito, Universidade de Coimbra, Volume Comemorativo, Coimbra, 2002.

NABAIS, José Casalta, *O regime das Finanças Locais em Portugal*, Boletim da Faculdade de Direito, Universidade de Coimbra, Volume LXXX (Separata), Coimbra, 2004.

NABAIS, José Casalta, *Justiça Administrativa e Justiça Fiscal*. Boletim da Faculdade de Direito, Universidade de Coimbra, STVDIA IVRIDICA 86 Colloquia – 15, Coimbra, 2005.

NABAIS, José Casalta, *Liberdade de Gestão Fiscal e Dualismo na Tributação das Empresas*, Separata de Homenagem a José Guilherme Xavier de Basto, Coimbra Editora 2006.

NABAIS, José Casalta, *Investimento Estrangeiro e Contratos Fiscais,* Separata 15 Anos da Reforma Fiscal de 1988/89 Jornadas de Homenagem ao Professor Doutor Pitta e Cunha, Almedina – Coimbra 2005.

NABAIS, José Casalta, *O Quadro Constitucional da Tributação das Empresas,* Nos 25, Anos da Constituição da República Portuguesa de 1976, Associação Académica da Faculdade Direito Lisboa. 2001.

NABAIS, José Casalta, *Estado Fiscal, Cidadania Fiscal e Alguns dos seus Problemas,* Boletim da Faculdade de Direito, Universidade de Coimbra, Coimbra, 2002.

NABAIS, José Casalta, *Direito Fiscal,* Coimbra, ed. Almedina, 2001.

NEVES, A. Castanheira, *O Direito hoje e Com que sentido?* Lisboa, Intituto Piaget, 2002.

NEVES, A. Castanheira, *A crise actual da filosofia do direito no contexto da crise global da filosofia.* Tópico para a possibilidade de uma reflexiva reabilitação. Universidade de Coimbra, Coimbra. Coimbra Editora, 2003.

NOGUEIRA, Roberto Wagner Lima, "Premissas para uma abordagem semiótica dos princípios constitucionais tributários", in *Revista da Faculdade de Direito da UCP* Vol. 2 – São Paulo, UCP, 2000.

NOGUEIRA, Rui Barbosa, "Imposto, Tirania, Liberdade e Progresso", in *Revista Forense,* vol. 299, São Paulo, Forense, 1987.

P.ALSTON, "Conjuring up new human rigth: a proposal para quality control", in American Journal of Internacional Law" vol. 78, 1984.

PARTSCH, Philippe Emmanuel, "De quelques questions juridiques relatives au passage à la troisième phase de l'Union Économique et monétaire et au fonctionnement de celle-ci", in *RTDE,* n.1, 1998.

PERCEROU, Dessertaux, *Des faillites et banqueroutes et des liquidations judiciaires,* Paris, Ed. Paris, vol. 1, 1935.

PEREIRA, Paula Rosado, *A tributação das Sociedades na União Europeia – Entraves fiscais ao Mercado interno e estratégias de actuação comunitária.* Ed. Almedina. Coimbra: 2004.

PÉREZ LUNO, Antonio E., *Los Derechos Fundamentales,* 3ª. Ed. Madrid, Tecnos, 1988.

PESCATORE, Pierre, "Aspects Judiciaires de l'acquis communautaire", in *RTDE* 636 Luxemburgo.RTDE, 1981.

PINHEIRO, Luís de Lima, "Regime Interno de Reconhecimento de Decisão Judiciais Estrangeiras", in Revista *ROA,* Lisboa, ROA, 2001.

PIRES, Francisco Lucas. *Introdução ao Direito Constitucional Europeu.* Coimbra. Almedina. 1997.

QUADROS, Fausto de, *Contencioso Comunitário,* Lisboa, editora Almedina, 2002.

RAMOS, Rui Manuel Gens de Moura, *Do Directo Português da nacionalidade.* Coimbra Editora, Coimbra 1992.

RAMOS, Rui Manuel Gens de Moura, *A Reforma do Direito Processual Civil Internacional,* Coimbra, Coimbra Ed., 1998.

RAMOS, Rui Manoel Gens de Moura, *Tratado da União Européia e Tratado da Comunidade Européia.* 3ª ed. Coimbra Editora. Coimbra. 2006.

RESEK, José Francisco, *Direito Internacional Público,* 5ª ed., São Paulo, Saraiva, 1995.

RIBES, Aurora Ribes. *Convenios Para Evitar La Doble Imposición Internacional: Interpretación, procedimiento amistoso y arbitraje.* Madrid. Ed. De Derechos Reunidas S. A. 2003.

RICHARD L. Doernberg, Kees Van Raad, C. Van Raad. *"The 1966 United States model Income Tax Convention: Analysis, Commentary and Comparison"*, The Net-her lands, Kluwer Law International, 1997.

RODRÍGUEZ, *La ciudadanía europea como presuposto de la Carta de Derechos Fundamentales*, Madrid, Ed. Madrid, 1999.

RODRÍGUEZ PIÑERO, Miguel. *Igualdad y Discriminación*, Madrid, ed. Tecnos S.A., 1986.

ROHATG, Roy. *Basic International Taxation*. London, Kluwer law international: 2002.

ROUSSEAU, Jean-Jacques. *O Contrato Social*. Editora Ridendo Castigat Mores (www.jahr.org).

SANTA BÁRBARA RUPÉREZ, Jesús., *La no discriminación Fiscal*. Madrid. Ed. Edersa. 2001.

SÁINZ, de Bujanda F. *Estudios de Derecho y Hacienda*. Vol. I Madrid. Ed. Ministerio da Economía y hacienda. 1987.

SERRANO ANTÓN, Fernando, *Fiscalidad Internacional*, Madrid, Ediciones Estudios financieros, 2005.

SERF, Arlette Martin, "La faillite internationale: une réalité économique pressante, un enchevêtrement juridique croissant", in *Journal du Droit International*, 1, Paris, 1995.

SILVA, G. E. do Nascimento e, *Manual de Direito Internacional Público*, 13ª edição, São Paulo, Saraiva, 1988.

SILVA, José Afonso, *Curso de Direito Constitucional Positivo*, 21ª ed., São Paulo, ed. Saraiva, [Nos termos da Reforma Constitucional Brasileira (até a Emenda Constitucional nº 38, de 12.06.2002)].

SILVA, G. E. do Nascimento e, *Manual de Direito Internacional Público*. 13ª edição, São Paulo, Saraiva,. 1988.

SOARES, António Goucha, *Repartição de competências e preempção no Direito Comunitário*, Lisboa, Edições Cosmos, 1996.

SOUZA, Marcelo Rebelo de, "Em Torno da Revisão do Tratado da União Europeia", *in A cidadania europeia. Nível de concretização dos direitos, possibilidade de alargamento e suas implicações*. Coimbra.Almedina. 1997.

SOUZA, Miguel Teixeira, *A competência declarativa dos tribunais comuns*, Lisboa, Ed. Lex – Ed. Jurídicas, 1994.

SOUZA, Miguel Teixeira, *Estudos sobre o novo Processo Civil*, Lisboa, Ed. Lex – Ed. Jurídicas, 1995.

TEIXEIRA, Glória, *A tributação do rendimento – Perspectiva nacional e internacional*, Coimbra, ed. Almedina, 2000.

TELÓ, Mário, "The European Union and Mercosul", in IDEM (ed.), European Union and New Regionalism – Regional Actor and Global Governance in a Post-Hegemonic Era. Ashgate, Burlington, Vermont, 2001. [1ª versão, Europa – Novas Fronteiras, 7, Junho de 2000].

TEODORO Cordón Ezquerro, *Manual de Fiscalidad Internacional*, Madrid, Institutos de Estudos Fiscales, Escuela de la Hacienda Pública, 2004.

TORRES, HELENO, *Pruritributação Internacional sobre as Rendas de Empresas*. São Paulo, Editora Revista dos Tribunais. 2001.

UCKMAR, Victor. *Curso de Derecho Tributário Internacional*. Bogotá – Colombia. Editora Temis S. A. 2003.

VALDÉS COSTA, Ramón. "Estudos de Direito Tributário Internacional". Montevideo, AMF Editorial, 1978.

VASCONCELOS, Álvaro de. "Portugal, o Brasil e a Globalização, 500 anos a caminho do Futuro", in Revista *Temas de Integração*, números 10 e 11, Coimbra. 2000.

VENTURA, Deisy de Freitas Lima. A Ordem Jurídica do Mercosul. Porto Alegre: Livraria do Advogado, 1996.

VOLKEN, Paul, *L'harmonisation du droit international privé de la faillite. Recueil des Cours de l'Académie de Droit International de La Haye*. Paris V, Paris – Ed. Recueil des Cours, 1991.

VOGEL, Klaus, *Double Taxation Conventions*. Ed. Kluwer Law International London – The Hague – Boston: 1997.

XAVIER, Alberto, *Direito Tributário Internacional – Tributação das operações internacionais*. Coimbra, ed. Almedina, 1997.

XAVIER, Alberto. *Direito Internacional Tributário do Brasil*. São Paulo, Resenha Tributária, 1977.

XAVIER, Alberto. "Inexistência Jurídica e Inconstitucionalidade da Denúncia do Tratado contra a Dupla Tributação entre o Brasil e Portugal". In *Revista Dialética de Direito Tributário*. São Paulo, Ed.RDDT, 1999.

Acórdão de 15.7.1964, proc. 6/64, Cols. 1962-1964, pp. 549.

Convenção de Haia de 1961 – que aboliu as formalidades de legalização dos documentos públicos estrangeiros.

Decreto-Lei número 53/2004 de 18 de Março de 2004.

Pesquisa retirada do site: http: // www.curia.eu.int/pt/instit/ presentarionfr/tpi.htm datado de 28 de março de 2004 e www.c.cmercosul.org.br.

Protocolo de Fortaleza – com uma lista de compromissos que os governos já deveriam ter cumprido desde 1998.

Mario Antonio Lobato de Paiva, Direitos Humanos e tributação, pesquisado na home page http://www.jus.com.br/doutrina 1999.

Unidade Técnica de Apoio Orçamental: como funcionar?

NUNO SAMPAYO RIBEIRO

Advogado, Especialista em Direito Fiscal (O.A.)
IBFD – ITA Fellow in International Taxation

Nota

1. No cerne do sistema e processo orçamental, está a auto-confissão de uma sociedade sobre o sistema político aplicável num dado período histórico. Na ordem prática do quotidiano, a medida dos poderes dos agentes de acompanhamento e controlo orçamental, a estrutura humana e material que lhe está afeta, assim como a qualidade da informação orçamental (*"timely, targeted and comprehensive"*), de que dispõem, ou não, são critérios objetivos para o apuramento do estádio de democracia financeira vigente.

2. Indiscutivelmente a situação do euro e as vicissitudes recentes das finanças públicas nacionais realçam a importância decisiva dos valores e bens que o sistema e o processo de controlo orçamental visam proteger, incluindo a perenidade de Portugal como pátria economicamente independente.

3. Nesta oportunidade distinta por ser nos Estudos em Homenagem ao Prof. Doutor Diogo Leite de Campos, faço votos para que tudo aquilo que no limiar do terceiro milénio são planos ou projetos no domínio do reforço do processo orçamental, em especial do controlo *ex ante* sejam, num futuro muito próximo, realidades meritórias de um estádio avançado de democracia financeira.

4. A UTAO – Unidade Técnica de Apoio Orçamental criada pela Resolução 20/2004, de 16 de fevereiro, foi um impulso pioneiro do Parlamento Português, que visou reforçar o seu envolvimento, em especial com a transparência fiscal,

nomeadamente no assegurar que a complexidade técnica inerente às matérias de Finanças Públicas, não constitui entrave à ação daquela que é a principal instância do poder de decisão pública em matéria financeira: a Assembleia da República.

5. A especificidade da UTAO decorre desde logo de estar funcionalmente enquadrada num órgão mediador do conflito político democrático: a Comissão Parlamentar de Orçamento e Finanças. Ao iniciar funções em 6 de novembro de 2006, importava assim estudar as melhores experiências internacionais de modo a apurar um protocolo de funcionamento adequado ao imperativo de rigor, qualidade e distância do debate e ciclo políticos. Nesse sentido, por iniciativa da Mesa da Comissão de Orçamento e Finanças, uma sua Delegação efetuou uma Missão de Estudo aos Parlamentos do Reino Unido, do Reino dos Países Baixos e à Comissão Europeia, entre 22 e 26 de janeiro de 2007.

6. O texto que agora se publica foi elaborado pelo autor na sua anterior qualidade de Consultor Técnico da UTAO (6.11.2006 – 4.02.2008), e serviu de base ao "Relatório da Missão de Estudo aos Parlamentos do Reino Unido, do Reino dos Países Baixos e à Comissão Europeia", de 27 de março de 2007. Este Relatório iniciou a série de trabalhos elaborados por esta Unidade para a Comissão de Orçamento e Finanças em cumprimento do Plano Global de Actividades da UTAO (aprovado na reunião da Comissão de Orçamento e Finanças de 14.03.2007), e está publicado no Diário da Assembleia da República II-Série-C nº 23, de 9 de fevereiro de 2008, em conformidade com o despacho de Sua Excelência o Senhor Presidente da Assembleia da República, Exmo. Senhor Dr. Jaime Gama, sob proposta do Presidente da Comissão de Orçamento e Finanças, Exmo. Senhor Deputado Prof. Doutor Mário Patinha Antão. Nessa ocasião, o autor beneficiou dos comentários então oferecidos pelo Prof. Doutor Carlos Marinheiro e pelo Dr. Fernando Coalho, assim como das notas que ambos recolheram nas reuniões havidas e de que de novo gratamente beneficia.

Lisboa, 6 de abril de 2011
N.S.R.

Sumário Executivo

I. Por iniciativa da Comissão de Orçamento e Finanças (COF), uma sua Delegação efectuou uma Missão de Estudo aos Parlamentos do Reino Unido, do Reino dos Países Baixos e à Comissão Europeia, entre 22 e 26 de Janeiro de 2007. Esta Missão foi promovida no quadro da instalação e funcionamento da Unidade Técnica de Apoio Orçamental (UTAO) e foi composta por: SExas. os Deputados Mário Patinha Antão e Teresa Venda, respectivamente Presidente e Vice-Presidente da COF; os srs. Consultores técnicos da UTAO, Nuno Sampayo Ribeiro, Carlos Marinheiro e Fernando Coalho; e a sra. Assessora da COF, Margarida Miranda, apenas na visita ao Parlamento do Reino Unido. Por razões de última hora, não puderam integrar a Delegação, os restantes membros da Mesa da COF, SExas. os Deputados Honório Novo e Diogo Feio.

II. A Delegação teve reuniões com o nível e os interlocutores apropriados, designadamente com Presidentes de Comissões Parlamentares congéneres da COF, equipas técnicas congéneres da UTAO e representantes seniores dos organismos nacionais que prestam informação ao Parlamento respectivo. Manteve, ainda, reuniões com membros dos gabinetes e dos serviços dos Comissários Europeus dos Assuntos Económicos e Monetários e da Fiscalidade e União Aduaneira e com um Conselheiro do Presidente da Comissão Europeia. O propósito das reuniões mencionadas foi o de conhecer experiências nacionais com o objectivo referido no ponto III seguinte. Foi, ainda, o de apresentar a UTAO, em testemunho, também, do crescente envolvimento do Parlamento Português no processo de construção Europeia, e recolher impressões da Comissão Europeia sobre assuntos de primeira actualidade no domínio das Finanças Públicas.

III. O objectivo deste relatório, solicitado pela Mesa da COF à UTAO, e por esta elaborado, é o de descrever a Missão de Estudo com o intuito de apurar ilações quanto a boas práticas para o funcionamento da UTAO. Tendo nesse sentido, a UTAO recolhido e procedido a uma primeira avaliação da informação a partir das respostas às seguintes perguntas:
- No domínio das Finanças Públicas, existe apoio técnico à actividade Parlamentar?
- Em caso afirmativo, como se organiza e funciona?

IV. Apurou-se que, nos Parlamentos visitados, existem soluções orgânicas de apoio técnico ao exercício dos poderes Parlamentares no domínio das Finanças Públicas. A sua criação resultou do reconhecimento do elevado grau de complexidade e especialização técnica de tal domínio. Trata-se de uma inovação recente, em fase de afirmação e aprofundamento em ambos casos.

V. Nas experiências nacionais visitadas apurou-se em comum a origem e razão de ser do apoio técnico instituído. Porém, já o seu formato e modo operativo reflecte as especificidades do contexto constitucional e legal em que se insere, assim como da metodologia de trabalho dos Comités especializados. No Reino Unido, a especificidade determinante é o modelo de organização e funcionamento dos Comités especializados, enquanto que no Reino dos Países Baixos, é o regime do processo orçamental. Os aspectos caracterizadores dessas especificidades podem ler-se no corpo do Relatório.

VI. Os resultados do levantamento efectuado por ocasião da Missão de Estudo permitem identificar, numa primeira análise, as seguintes considerações:

1. As soluções de apoio técnico, criadas para apoiar os Comités que se dedicam às Finanças Públicas, são distintas do apoio técnico já existente no Parlamento para apoiar os Comités afectos a outras matérias parlamentares.

2. As soluções orgânicas de apoio técnico são diferentes na sua configuração nacional. Porém, comuns na filosofia: a confiança de todos os sectores políticos e do público em geral, resultante dos seus princípios-rectores: independência e imparcialidade, eficácia e qualidade do trabalho produzido.

3. Criação de regras práticas de funcionamento do apoio técnico destinadas a proteger a independência e imparcialidade, a eficácia e a exequibilidade do trabalho técnico.

VII. Regras relativas à independência e à imparcialidade:
- O recrutamento dos especialistas técnicos é efectuado através de concurso público aberto.
- O apoio técnico é prestado aos Comités especializados e não aos Deputados a título individual.
- O tópico de análise técnica baseia-se num entendimento partilhado pelo Comité Parlamentar respectivo e consta de um mandato escrito objectivamente expresso.
- O conteúdo do trabalho técnico consiste em informação técnica e não em aconselhamento. Acresce que não incide sobre as opções políticas (*policy*), nem na formulação de recomendações, incluindo sobre as opções políticas.
- O apoio técnico prestado aos Comités é tornado público, salvo razão expressamente invocada, como seja a confidencialidade das matérias.

VIII. Regras relativas à eficácia:
- Os Comités requerem directamente a informação que necessitam em ordem a assegurar o acesso do Parlamento a elementos informativos que em tempo útil habilitem análises técnicas *rectius* escrutínio informado.

O apoio técnico intervém a sinalizar aos Comités a necessidade de obter a informação e a habilitá-lo com uma minuta de carta.

- O momento da intervenção do apoio técnico é definido de modo a garantir que está disponível na fase da formação da decisão política.

IX. Regras relativas à exequibilidade:

- Na selecção dos tópicos e na fixação dos prazos de entrega existem preocupações relativas à sua exequibilidade (*feasibility*), no que é instrumental à defesa da qualidade e rigor técnico.

X. As modalidades de apoio técnico aos Comités especializados, consistem designadamente: – na preparação de informações técnicas; – relatórios; – *briefings* aos Comités; – minuta de questões para as inquirições; – conferir a informação enviada ao Parlamento, incluindo as respostas dadas pelo Executivo; – e indicação da informação escrita ou testemunhos orais a solicitar para a adequada concretização dos objectivos dos Comités.

XI. Na Comissão Europeia, foi sublinhada a importância da existência da UTAO, a qual vem ao encontro da preocupação da Comissão de criação de unidades técnicas independentes e da credibilidade ligada à qualidade e rigor do seu funcionamento. Foi especialmente reforçada a importância da publicação dos trabalhos que efectue e que o seu ciclo de existência e avaliação não se ligue ao ciclo eleitoral.

XII. Na sequência da apreciação que efectuou, a Mesa da COF considerou que as considerações acima referidas, elaboradas a partir das informações recolhidas no âmbito da Missão de Estudo serão oportunamente objecto de ponderação no quadro das condições e procedimentos que estão previstos, designadamente, no Regimento da Assembleia da República e no regulamento de funcionamento da UTAO

PARTE I - Introdução

1. **Missão de Estudo**

Em 6 de Novembro de 2006 foi comunicado pela Mesa da COF o propósito de realizar uma Missão de Estudo ao estrangeiro[1]. A Missão de Estudo mereceu autorização subsequente de Sua Excelência o Senhor Presidente da Assembleia da República, Dr. Jaime Gama, por Despacho exarado em 19/01/2007 e foi com-

---

[1] Na reunião com a Mesa da COF de 19 de Dezembro de 2006 foi iniciado e desenvolvido o processo nos termos constantes da nota 'Actividades e Iniciativas em Curso na UTAO' (Refª ACT/1/2006, ponto I, 1 e Refª ACT/2/2007, ponto II, 3) e da Informação Refª1/COF-M/2007.

posta por: SExas. os Deputados Mário Patinha Antão, Teresa Venda, respectivamente Presidente e Vice-Presidente da COF; os srs. Consultores técnicos da UTAO, Nuno Sampayo Ribeiro, Carlos Marinheiro e Fernando Coalho; e a sra. Assessora da COF, Margarida Miranda, apenas na visita ao Parlamento do Reino Unido. Por razões de última hora, não puderam integrar a Delegação, os restantes membros da Mesa da COF, SExas. os Deputados Honório Novo e Diogo Feio.

O agendamento das reuniões beneficiou dos bons ofícios do Presidente do Tribunal de Contas, Juiz Conselheiro Dr. Guilherme d'Oliveira Martins e do Director-Geral, Juiz Conselheiro Dr. José Tavares, e dos Prof. Wim Wijnen e Doutor Réne Offermans, *International Bureau of Fiscal Documentation*. As reuniões foram solicitadas com base na agenda que consta do Anexo nº 1, tendo resultado no programa de reuniões descrito no Anexo nº 2.

2. Objectivo do relatório

Este relatório tem um objectivo duplo. Visa indicar e descrever os contactos efectuados no curso da Missão de Estudo efectuada pela UTAO, inserida na Delegação da COF que se deslocou ao Reino Unido, ao Reino dos Países Baixos e à sede da Comissão Europeia, na semana de 22 a 26 de Janeiro de 2007. Visa, também, analisar a informação recolhida na perspectiva de apurar boas práticas para o funcionamento da UTAO.

3. Metodologia

O propósito da Missão de Estudo pode sintetizar-se através das seguintes perguntas:
– No domínio das Finanças Públicas existe apoio técnico à actividade Parlamentar?
– Em caso afirmativo, como se organiza e funciona?

As experiências visitadas confirmam que a solução de apoio técnico em matéria de Finanças Públicas, criada e a funcionar nos Parlamentos do Reino Unido e dos Países Baixos só pode alcançar-se tendo presente a especificidade da organização e do funcionamento da actividade Parlamentar respectiva. Por esta razão, a exposição é enquadrada por uma breve identificação e caracterização dos sistemas constitucionais e legais respectivos, no que respeita ao Parlamento e Finanças Públicas, bem como da metodologia de trabalho das Comissões congéneres da COF. Destaca-se que este enquadramento é instrumental ao objectivo: captar a solução de apoio técnico referida. Não existe, pois, o propósito de ser exaustivo no apontado enquadramento. Apenas o de se prestar a informação que se tem por essencial para explicar a origem, a razão de ser, e o modo operativo do apoio técnico em análise.

A preparação deste relatório foi sensível a um conjunto de cuidados. Reconheceu antes de mais, tratar-se de matéria extensa e complexa. Como o prova o facto de não estar compendiada. Acresce que a informação recolhida na pesquisa efectuada ou nos contactos mantidos denota a ausência de uma visão de conjunto que integre os aspectos sectoriais das Finanças Públicas – desde logo porque nos Parlamentos visitados, a actividade da COF se reparte por vários Comités. Acresce, ainda, que a informação obtida tem origem em várias fontes, e que o seu conteúdo é norteado por fins muito diversos. Na origem destas condicionantes influi, em boa parte, a circunstância de a criação de unidades congéneres à UTAO ser um movimento internacional recente, ainda em fase de arranque e densificação. Outro cuidado tido respeitou ao facto, de por vezes, e não obstante o elevado denodo nas apresentações efectuadas pelos interlocutores contactados, estas requererem o domínio do código implícito aos raciocínios ou explicações oferecidas.

O Relatório que se apresenta tomou por base os elementos bibliográficos citados. No entanto, a sua estrutura e conteúdo centra-se largamente nas notas dos Consultores Técnicos da UTAO relativas às reuniões efectuadas. O objectivo é imprimir no texto, de forma objectiva e rigorosa, o resultado dos testemunhos oferecidos nessas reuniões, por forma a que o Relatório não se limite a uma mera aproximação estática às realidades em estudo, e ganhe um sentido dinâmico, em especial sobre o impacto do contexto institucional no funcionamento das soluções de apoio técnico ao trabalho parlamentar, no domínio das Finanças Públicas.

4. Plano de exposição

A exposição estrutura-se em quatro partes. A primeira parte, descreve o ciclo da visita: da decisão de a realizar à de elaborar o presente relatório. A segunda parte dá nota das experiências nacionais visitadas. A terceira parte versa sobre as reuniões mantidas na Comissão Europeia. A quarta parte dá nota das principais observações apuradas na perspectiva do apuramento de boas práticas para o funcionamento da UTAO. Acresce a indicação das fontes bibliográficas e anexos com informação destinada a especificar aspectos do texto.

A exposição organiza-se com base numa estrutura comum e sistema de remissões com o objectivo de melhor articular análise e síntese, facilitar a leitura comparada e evitar a duplicação de informação. Também por esta razão e sem querer descuidar a enorme dívida para com as fontes pessoais ou documentais consultadas, a inclusão de bibliografia ou da autoria de ideias ou frases-síntese, nas notas de pé de página é reduzida ao eticamente obrigatório.

PARTE II – Experiências Nacionais
CAPÍTULO 1 – O Parlamento do Reino Unido
SUB-CAPÍTULO 1 – Aspectos gerais

1. Parlamento: sistema bi-cameral

O sistema constitucional consiste numa monarquia parlamentar assente num parlamento bi-cameral (*two houses system*): a Câmara dos Comuns (*House of Commons*) e a Câmara dos Lordes (*House of Lords*). A actividade das Câmaras é similar, mas não inteiramente coincidente. Dedicam-se, ambas, à aprovação de legislação, ao escrutínio do Governo e ao debate dos assuntos da actualidade. Porém, só a Câmara dos Comuns tem poderes para autorizar legislação (Bills) relativa à realização de Despesa ou à cobrança de Impostos (ver ponto 3.).

2. Parlamento e Governo

O Governo governa o país. É o responsável pelo desenvolvimento e implementação das políticas e de preparação das leis (*draft of legislation*). O Parlamento tem a responsabilidade de escrutinar a acção governativa, de examinar, debater e aprovar legislação. Neste último domínio, é a suprema instância legislativa no Reino Unido, com poder para criar ou extinguir qualquer lei.

3. Processo Legislativo

O processo legislativo pode ser iniciado em qualquer das câmaras. Na prática os diplomas politicamente mais controversos são apresentados pelo Governo na Câmara dos Comuns. A tipologia dos actos normativos em que se organiza inclui os seguintes: uma proposta para nova legislação ou para a modificação de legislação existente é designada por 'Bill'. Merecendo aprovação é designada por 'Act of Parliament'. Pela sua importância para o objecto do presente relatório cabe destacar o 'Draft Bills'. Esta expressão designa o documento que é disponibilizado para consulta pública antes de ser formalmente apresentado ao Parlamento. (ver sub-capítulo 3, ponto 1.1.1.2.).

4. Escrutínio da acção do Governo

O Parlamento examina e escrutina a acção governativa. As Câmaras exercem esta função através da formulação de questões ao governo *rectius* ministros, debates e através da actividade de Comités de Inquirição (*Governmental Departmental Select Committees*). Este tipo de Comité é uma das modalidades dos Comités especializados da Câmara dos Comuns. Com efeito, existem nesta Câmara vários tipos de Comités, dos quais só dois relevam para o presente relatório: os Legislativos (*Standing*) e os de Inquirição (*Select*). Ambos são integrados por Deputados (*Member of Parliament*) ou *Lords*. Os Comités Legislativos têm natureza transitória, sendo criados e compostos por ocasião de cada legislação em concreto (*Bills*). Diferentemente, os Comités de Inquirição são criados para o período da legislatura e compreendem na sua actividade uma ampla liberdade para determinar a sua agenda e realizar a sua actividade de inquirição. Destaca-se que a sua metodologia de trabalho influenciou decisivamente a configuração do apoio técnico que existe e funciona no Parlamento. Por esta razão, prossegue-se com uma nota de enquadramento, a qual se restringe à caracterização dos aspectos mais salientes dos Comités de Inquirição. Os Comités Legislativos serão analisados unicamente na medida em que permitem clarificar o apoio técnico criado no Parlamento (ver Unidade de Escrutínio, sub-capítulo 3, ponto1.1.).

4.1. Comités de Inquirição dos Comuns

Na Câmara dos Comuns existe um Comité de Inquirição (*Commons Select Committee*) por cada área Governamental *rectius* Ministério. Ou seja: os Comités de Inquirição espelham a estrutura orgânica do Executivo. Um aspecto distintivo deste tipo de Comité é que centra a sua actividade no exame do Ministério respectivo e organismos públicos por ele tutelados. Este exame incide em todos os Comités de Inquirição –, em três aspectos: Despesa (*expenditure*), Administração (*management*), e Políticas (*policy*).

Os Comités de Inquirição são integrados por um mínimo de 11 deputados. A actividade que desenvolvem desdobra-se na promoção e recolha de depoimentos escritos (*inquiries*) e orais (*evidence*). Habitualmente o processo decorre do seguinte modo. O Comité elege um tópico e torna-o público através de uma nota de imprensa. Segue-se a obtenção de depoimentos escritos, a qual consiste na solicitação de informação escrita às partes interessadas[2]. Em complemento poderão ser promovidas audições orais de testemunhos-chave[3]. Sendo o caso, o Comité pode realizar visitas no país ou no estrangeiro. Cumpridas estas fases, o Presidente do Comité promove um relatório que é analisado, debatido, incluindo as alterações e, depois de acordado, publicado no sítio do Parlamento. Em geral, o Governo tem 60 dias para responder às recomendações que venham a ser formuladas. Em certos casos, o Relatório pode ser debatido na Câmara dos Comuns.

Em regra, cada Comité de Inquirição confina a sua actividade de inquirição ao escrutínio do Ministério respectivo[4]. Porém, no caso do Comité de Contas Públicas a sua competência é transversal aos vários Ministérios. Em resultado,

---

[2] Os Ministérios respectivos são solicitados a apresentar um memoradum (detalhado), cobrindo todos os aspectos da matéria em inquirição.
[3] Existe um Guião (*Guide of Witnesses*) concebido com o propósito de servir de guia geral para a prestação de depoimento, escrito ou oral, a um Comité.
[4] Relembra-se que todos e cada um dos Comités de Inquirição focam nos três tópicos referidos e onde se inclui a execução orçamental dos fundos atribuídos ao ministério respectivo.

este Comité, tal como adiante melhor se referirá (ver sub-capítulo 2, ponto 2.2), pode dirigir-se a qualquer Ministério ou organismos sob a tutela do Governo.

4.2. A COF espelhada nos Comités da Câmara dos Comuns

No Parlamento do Reino Unido, as atribuições e competências de fiscalização política da COF[5] encontram correspondência no âmbito funcional dos Comités de Inquirição seguintes:

Comité de Contas Públicas (Public Accounts Committee). A actividade central consiste no exame dos Relatórios *Value for Money* (i.e a fórmula dos três 'E' (Economia, Eficiência e Eficácia)) elaborados pelo *Comptroller and Auditor General* (NAO) nos seus estudos que procuram avaliar a forma com que o Governo e outros órgãos aplicam os recursos públicos na prossecução dos seus objectivos (ver adiante sub-capítulo 2, ponto 2.1.).

Comité de Inquirição da Administração Pública (Public Administration Select Committee). A actividade central é examinar: – os relatórios do *Parliamentary Commissioner for Administration* e de outros agentes públicos que são específicos da organização administrativa do Reino Unido; – os assuntos relativos à qualidade e aos padrões do serviço público prestado pelos funcionários públicos; – e a outros assuntos relativos ao funcionalismo público.

Unidade de Escrutínio Europeu (*European Scrutiny* Unit). A actividade central consiste em avaliar a importância jurídica ou política de cada documento comunitário, e decidir quais os documentos que deverão ser objecto de debate na Câmara. Procede, também, ao rastreio das actividades dos Ministros do Reino Unido nos Conselhos Europeus, e mantém sobre acompanhamento e apreciação os desenvolvimentos legais, processuais e institucionais na UE.

Comité do Tesouro (Treasury Committee). A actividade central consiste em examinar o HM Treasury, o *Board of Inland Revenue, the Board of HM Customs and Excise* e organismo públicos associados, incluindo o Banco de Inglaterra e a *Financial Services Authority*.

SUB-CAPÍTULO 2 – **Parlamento e Finanças Públicas**

1. Finanças Públicas: níveis de escrutínio

O Parlamento através da Câmara dos Comuns escrutina as Finanças Públicas em dois níveis. Um primeiro nível efectua-se através do processo de autorização (em detalhe) da despesa planeada pelo Governo (*Supply*). Um segundo nível efectua--se através da autorização da cobrança de receita: necessária para custear a des-

---

[5] Recorde-se que a actividade legislativa no Parlamento do Reino Unido está atribuída aos Comités Legislativos (*Standing Committee*).

pesa (*Ways* and *Means*). Acresce que a Câmara desenvolve um ciclo de escrutínio, com vista a assegurar-se que a quantia autorizada – e não mais do que essa –, foi empregue, pelo Governo, nos fins para os quais foi autorizada. De realçar que a Câmara do Comuns não autoriza despesa nem a correspectiva tributação, a não ser na sequência de iniciativa do Governo.

Dorian Gerhold, *Principal Clerk of Select Committes*, no âmbito da apresentação geral sobre a actuação do Parlamento nas Finanças Públicas e da organização e funcionamento do apoio técnico reforçou a ideia que norteia a vida dos Comités: **better scrutiny is better government (sic.).** Referiu que o actual sistema do Reino Unido se inspira na experiência dos Estados Unidos, em particular no *Congressional Budget Office*. Referiu, igualmente, que a Câmara dos Comuns quando discute o Orçamento foca no *revenue raising* e não no *spending*. Este último aspecto – *spending* – é objecto de escrutínio da auditoria Value for Money, o qual é depois escrutinada nos Comités de Inquirição (ver sub-capítulo 2). Um aspecto também salientado foi a função do Comité de Ligação (*Liasion Committee*). Este Comité exerce uma tarefa de supervisão (**"*look over the boundaries*" (sic.)**) das áreas de actuação dos vários comités de inquirição, em ordem a detectar boas práticas, e em especial o determinar quando um assunto é merecedor de atenção da Câmara dos Comuns.

2. Parlamento e Comités especializados-chave

Na ordem constitucional e legal do Reino Unido, existe um ciclo de escrutínio (*cicle of accountability*) das Finanças Públicas, cuja essência reside na interligação entre o Parlamento e um orgão público dotado de grande credibilidade, prestigio técnico e independência: o Gabinete Nacional de Auditoria (*National Audit Office* (NAO)). Em ordem a propiciar um adequado enquadramento ao funcionamento do apontado ciclo de escrutínio parlamentar, em especial do modelo de apoio técnico existente, prossegue-se com a caracterização sumária do NAO. Para em seguida se retomar a actividade da instituição Parlamentar centrada nos comités especializados-chave: o Comité de Contas Públicas e o Comité do Tesouro.

2.1. Gabinete Nacional de Auditoria

A razão de ser do Gabinete de Auditoria Nacional (NAO) auto-explica-se na sua divisa institucional: **helping the nation spend wisely**. A sua missão consiste em prestar ao Parlamento informação e apoio técnico independente, nos termos que adiante se referem. O Gabinete é liderado pelo *Comptroller and Auditor General* ('C&AG') que é um *Officer of the House of Commons*. Estatutariamente, o C&AG goza de independência e a sua função é a de reportar ao Parlamento sobre o dispêndio de dinheiro público, pelo governo central. Como frisou Joe Cavanagh, Director, *Business Development*, na escolha dos tópicos de reporte o C&AG não recebe instruções do Parlamento, mas o seu interesse é tido em conta. O mencionado reporte efectua-se através das seguintes modalidades-chave: – a auditoria financeira (*Financial Audit*); – a auditoria *Value for Money*; – e a promoção das melhores práticas de dispêndio do dinheiro público.

Como em seguida melhor se concretizará, o traço distintivo e nuclear do NAO é a estreita articulação funcional com o Parlamento. Essa articulação ocorre com vários interlocutores Parlamentares. Porém, por força do funcionamento do ciclo de escrutínio parlamentar interessa ao presente Relatório a articulação com o Comité de Contas Públicas (PAC). Esse ciclo inicia-se quando o Parlamento concede fundos ao Governo. A partir do momento em que o dinheiro público é dispendido, pelo governo central, o C&AG tem liberdade para reportar ao Parlamento. Este reporte é feito na perspectiva da conformidade legal (*regularity*), adequação (*propriety*) e *Value for Money* e pode culminar na entrega de um relatório ao PAC. Uma vez entregue o Relatório, o PAC, este Comité, pode em face dos indícios, decidir sujeitar o Relatório a inquirição nas suas sessões. Esta inquirição pode culminar num relatório do PAC e na formulação recomendações às quais o Governo responde até 2 meses (ver sub-capítulo 1, ponto 4.1). Numa palavra: o essencial da actividade do PAC desenvolve-se a partir dos relatórios entregues pelo NAO: cujo conteúdo consiste num dos tipos de auditoria antes mencionada, cujos aspectos principais se referem em seguida:

Auditoria Financeira. O C&AG e o NAO são responsáveis pela auditoria das contas de todos os Ministérios e de o reportar ao Parlamento. O C&AG tem o dever de emitir opinião sobre as contas, quanto à inexistência de erros materiais. Tem também o dever de confirmar que as transacções nas contas estão cobertas por autorização Parlamentar. Ao detectar incorrecções materiais nos lançamentos, o C&AG emite uma opinião qualificada (*qualified opinion*). Apesar de não existirem erros materiais ou irregularidades o C&AG pode, ainda assim, preparar um relatório para o Parlamento incidindo em outros aspectos.

Cabe ao PAC decidir a inclusão do relatório nas suas actividades de inquirição. Na eventualidade de não elaborar um relatório, o NAO pode, nos casos em que o considere adequado, escrever uma carta ao organismo responsável pela gestão apontando os melhoramentos a introduzir no sistema. Em regra, estas denominadas *'management letters'* conduzem a alterações significativas.

Auditoria *Value for Money*. A actividade de auditoria, assim designada, consiste em examinar e reportar o dispêndio de dinheiro público à luz do critério designado abreviadamente pelos '3E': 'economia, eficiência e eficácia'. Como se salienta no portal do NAO, os termos são empregues com o significado seguinte:

- Economia (*economy*): minimizar os custos dos recursos utilizados ou requeridos – **gastar menos** (*spending less*).
- Eficiência (*efficiency*) relação entre o resultado (*output*) dos bens e serviços e os recursos afectos à sua existência – **gastar bem** (*spending well*).
- Eficácia (*effectiveness*) – relação entre os resultados projectados e os obtidos – **gastar com sensatez** (*spend wisely*).

Esta auditoria incide sobre um amplo leque de matérias. Desde o exame de uma operação do sistema de justiça criminal, aos projectos do Ministério da Defesa ou a administração dos dinheiros dos programas da UE pelo Ministério do Ambiente, Alimentação e Assuntos Rurais. Em média são enviados para o Parlamento cerca de 60 relatórios desta natureza por ano.

O NAO está estruturalmente vocacionado para apoiar o Parlamento. Dispõe de uma equipa de cerca de 800 pessoas e quando necessário recorre a consultores externos. Tem o poder de aceder directamente às fontes de informação, por exemplo informações estatísticas. Anualmente, audita cerca de 500 contabilidades públicas, realiza 60 relatórios sobre auditoria *Value for Money* e responde a mais de 400 questões colocadas pelos deputados sobre a utilização de dinheiro público. Em síntese, o NAO apoia o Parlamento, em especial o PAC através das modalidades seguintes:

- NAO reports
- Briefings for Committee
- Drafting PAC reports
- Reviewing government responses
- Follow-up work
- Media support to the Chairman
- Advice on topical issues & correspondence
- Draft speeches
- New MPs (post election) and new PAC members are invited to hear more about NAO

Alex Kidner, Director do NAO, sublinhou que o NAO, em regra, não efectua escrutínio pré-legislativo nem avalia as opções políticas a elas subjacentes. A sua actividade de auditoria situa-se, em regra, na fase *ex-post*, i.e. centra-se nos resultados ligados à execução pelo Governo. Existe, porém uma importante excepção, relativa ao processo orçamental no âmbito do qual o NAO intervém *ex-ante*. Com efeito, desde 1997 que o NAO tem mandato para auditar as hipóteses macroeconómicas subjacentes às projecções orçamentais apresentadas, ao Parlamento, pelo Executivo. Procede, assim, à avaliação das hipóteses macroeconómicas confrontando-as com as previsões de outras reputadas entidades independentes. Desta forma, audita a razoabilidade do cenário macroeconómico do Executivo, tendo acesso ao modelo e a toda a informação utilizada pelo Tesouro para elaborar a previsão governamental.

2.2. Comité de Contas Públicas

O PAC é porventura o mais destacado comité Parlamentar[6]. Como referido, tem competência para escrutinar a acção de qualquer Ministério. Nas palavras de Dorian Gerhold: *'can trace the money spent by any public body'(sic.)* sendo *'the only committee that is really feared by the civil servants'(sic.)*. As suas inquirições, conforme referido, baseiam-se no apoio prestado pelo NAO, em especial nos seus relatórios. Como indicado, o PAC visa apurar se o dinheiro público foi dispendido de acordo com o autorizado pelo Parlamento, recebendo nessa actividade o apoio técnico da estrutura humana do NAO. Resulta assim que o PAC não utiliza os serviços de apoio técnico existentes na Câmara dos Comuns (ver adiante sub-capítulo 3). Por convenção, o Presidente do PAC é um representante senior da Oposição, sendo habitualmente um ex-Membro do Governo.

O PAC realiza uma média de 50 audições (*hearings*) por ano. A maioria destas incide na auditoria *Value for Money*, embora também realize inquirições sobre auditoria financeira. Um aspecto distintivo das inquirições *Value for Money* é que o **PAC não questiona Ministros, mas sim os funcionários públicos.** Igualmente, **não questiona as opções políticas, mas tão só a sua execução passada e não futura**. Essas inquirições duram entre 1 a 2 horas, e decorrem num estilo descrito por Joe Cavanagh: como **"inquisitorial"** e **"designed to be formidable"** (sic).[7] Na sequência da inquirição, assim efectuada, o PAC emite o seu próprio Relatório, incluindo a formulação de Recomendações. A prática estabelecida é

---

[6] O plano internacional confirma o crescente interesse na actividade do PAC. Com efeito, no Relatório do Grupo de Trabalho Sobre a Eficácia da Despesa Pública e do Controlo Parlamentar criado na Assembleia Nacional Francesa e presidido por Laurent Fabius, (citado na biliografia), pode ler-se a propósito das medidas nele propostas que: "ces mesures s'inspirent en large partie de l'experience britannique ou une collaboration étroite entre le National Audit Office et la Chambre dês Communes a permis a cette derniére de retrouver un vrai pouvoir de *contrôle sur la utilisation dês fonds publics*" (sic.).

[7] A Delegação da COF assistiu ao decurso da Sessão do PAC relativa ao *Sure Start Children's Centres*, na sequência de lhe ter sido apresentado o Relatório do NAO por Sandy Gordon. A Sessão decorreu envolta num ambiente tenso, de perguntas acutilantes, formuladas por cada membro no uso da palavra, e as respostas escutadas com silêncio absoluto na sala. O acesso à sala implica desligar o telemóvel, e é interdito depois do início da sessão. No decurso da mesma, a movimentação na sala reduz-se aos funcionários parlamentares que o faziam '*pé ante pé*'. Num gesto de deferência, o Presidente em exercício do PAC, convidou a Delegação da COF a permanecer na sala e assistir à fase dita '*private session*', a qual sucede à sessão pública.

que a resposta do Governo às Recomendações surge até dois meses depois[8]. Subsequentemente, o C&AG ou o PAC podem decidir pela realização de uma investigação de acompanhamento no tocante aos tópicos suscitados.

2.3. Comité do Tesouro (Treasury Committee)

A área funcional equivale à inquirição das actividades já apontadas (ver sub-capítulo 1, ponto 4.2). O seu Presidente, Sir Jonh McFall, destacou que um dos aspectos centrais da escolha das inquirições que promove é a relativa a programas ou projectos que envolvam despesas públicas muito elevadas, na medida em que estes podem transformar-se em aumento de impostos. Apontou o exemplo dos contratos do sector da Defesa. Referiu também o envolvimento do Comité no escrutínio do *Financial Action Plan* (UE). Este comité dispõe do seu próprio pessoal técnico de apoio, não recorrendo à unidade de apoio técnico da Câmara dos Comuns. As características do apoio técnico que dispõe são apontadas adiante (ver sub-capítulo 3, ponto1.3). Outro aspecto apontado foi o acompanhamento por este Comité dos trabalhos da UE sobre fiscalidade, incluindo as negociações relativas ao Código de Conduta relativo à fiscalidade das empresas[9].

SUB-CAPÍTULO 3 – Apoio técnico à actividade Parlamentar

1. Aspectos gerais

Com base no sistema em vigor, o Parlamento dispõe de uma pluralidade de fontes de apoio técnico externas e internas. Entre as fontes externas inclui-se a articulação com o NAO. Entre as fontes internas, incluem-se a Unidade de Escrutínio e as soluções específicas do Comité de Contas Públicas e do Comité do Tesouro. Referem-se em seguida os seus aspectos mais significativos, prosseguindo-se com a análise das suas características de funcionamento e perspectivas de evolução futura.

1.1. Unidade de Escrutínio: origem e propósito

A Unidade de Escrutínio (*Scrutiny Unit*) ('SU') foi criada na Câmara dos Comuns em Novembro de 2002. Simon Fiander, Sub-Director da SU, destacou que na sua origem estiveram duas razões. A primeira razão ligou-se à constatação que a falta de saber especializado impedia o efectivo exercício dos poderes do Parlamento. Um exemplo disto prendeu-se com as alterações à apresentação das contas dos

---

[8] As respostas do Executivo são coordenadas pelo HM *Treasury* daí serem designadas por *Treasury Minutes*.
[9] "Resolução do Conselho e dos Representantes dos Governos dos Estados Membros, Reunidos no Conselho de 1 de Dezembro de 1997 relativa a um código de conduta no domínio da fiscalidade das empresas", JO C 2 6.1.98.

Ministérios que passaram a ser feitas nos termos aplicáveis às empresas[10]: o que levou à constatação que os Deputados não tinham preparação técnica para as analisar[11]. A segunda razão ligou-se aos resultados do debate empreendido na sequência do Relatório do Comité de Modernização sobre os Comités de Inquirição. Com efeito, o Comité de Ligação, que reúne os Presidentes de todos os Comités de Inquirição, aprovou em Junho de 2002 o documento *Core Tasks for Select Committees* (ver Anexo nº 3). O objectivo foi o de compelir os Comités de Inquirição a aumentarem a qualidade e a quantidade do seu trabalho, confrontando-os com a publicação, no final do ano, de uma lista relativa ao (não) desempenho das *core tasks*. Ou seja, compelir ao cumprimento pela metodologia *'name and shame'*. Neste contexto, a Câmara reconheceu que a concretização do elenco das ditas *core tasks* só seria viável com a existência de apoio técnico especializado aos comités. Surgiu, assim, a criação de uma unidade técnica. A opção recaiu num orgão central – a SU –, que apoia todos os comités, com excepção do PAC e do Comité do Tesouro. Ambos os comités, em razão da complexidade da sua actividade, dispõem de soluções específicas, como adiante melhor se concretizará. Em resumo: é proventura o Comité de Ligação quem melhor nos desvenda o propósito da SU ao referir que "*it would be up to individual committees to decide how to take things foward – the Unit would provide them with ammunition, not write their script*"[12].

1.1.1. Áreas de actividade e composição

Na Câmara dos Comuns, como se referiu, existem os Comités Legislativos e os Comités de Inquirição. Todos e cada um dos Comités de Inquirição procedem ao escrutínio do dinheiro público afecto a cada Ministério. Esta tipologia influenciou decisivamente a organização da SU que compreende duas áreas de actividade: – o escrutínio financeiro (*Financial Scrutiny*), e – o escrutino pré-legislativo (*Legislative Scrutiny*). Para o desenvolvimento das suas actividades a SU integra uma equipa de 18 membros. Os saberes profissionais incluem especialistas em estatística, conselheiros em política social, advogados, economistas, especialistas em projecções, auditores e contabilistas do NAO. Os aspectos mais relevantes da actividade da SU são apontados em seguida.

1.1.1.1. Escrutínio Financeiro

Esta actividade centra-se na Despesa Governamental e na respectiva performance (*Government Expenditure and Performance*). Efectua-se através de actividade que inclui: projecções, relatórios ministeriais e contabilidade de recursos (*resource*

---

[10] Ver ponto 4.1 sub-capítulo 1.
[11] Relembra-se que cada comité acompanha a execução orçamental do Ministério respectivo.
[12] Citado na apresentação de Simon Fiander.

accounts). O slide da apresentação de Simon Fiander, denominado *'Financial work: What we do'* é auto-explicativo, razão pela qual se opta pela sua transcrição:
- Assist departmental select committes
- Written questions
- Briefs for oral evidence – facts & questions
- Drafting reports
- Sharing best practice across committes
- Recommendations to Treasury on improvements to reporting systems in Government.

1.1.1.2. Escrutínio Pré-legislativo

O escrutínio pré-legislativo consiste na indagação parlamentar de um Draft Bill[13] conduzida por um Comité Legislativo. O objectivo é elaborar um relatório sobre o *Draft Bill*, em apreço, em ordem a que o Governo promova uma melhor legislação. Existe uma crescente preocupação para que cada Bill seja precedido de um *Draft Bill*. Esta preocupação foi descrita como estando paulatinamente a institucionalizar a fase do *Draft Bill* apesar de alguma resistência por parte do Executivo (sobre o impacto desta tendência Simon Fiander afirmou: *'is being though and the government did not like' (sic.)*). As razões apresentadas para justificar este tipo de escrutínio são as relativas a uma maior participação parlamentar, um parlamento melhor informado, e criar melhor legislação e maior participação do público.

1.2. Comité de Contas Públicas

A Unidade de Escrutínio não presta apoio ao PAC. O PAC é apoiado pelo NAO (ver sub-capítulo 2, ponto 2.2.).

1.3. Comité do Tesouro

O Comité do Tesouro está dotado do seu próprio pessoal de apoio técnico. Esta situação fundamenta-se na complexidade e no elevado grau de especialização das matérias envolvidas. Em resultado, este Comité recrutou uma equipa de três especialistas, em concurso público aberto (*open competitition*). No plano conceptual, o apoio técnico da SU pode ser solicitado pelo Comité do Tesouro. Contudo, os testemunhos oferecidos pelo Presidente deste Comité, Sir John Mc Fall e por Simon Fiander referem que, na prática, a SU não tem sido solicitada.

2. Funcionamento

O funcionamento do apoio técnico está protegido por regras práticas destinadas a garantir a sua independência e imparcialidade. Está também rodeado de regras

---

[13] Ver sub-capítulo 1, ponto 3.

práticas que assegurem a sua eficácia e exequibilidade, em especial que o Parlamento disponha da informação necessária à boa efectivação da sua actividade de escrutínio. Indicam-se em seguida os aspectos mais significativos.

2.1. Independência e imparcialidade

A actividade técnica da SU ou dos especialistas ao serviço do Comité do Tesouro é prestada ao Comité de Inquirição. Acresce que do ponto de vista funcional, os técnicos em apreço, não se relacionam, nem prestam apoio aos Deputados a título individual. Como foi salientado por Dorian Gerhold e Simon Fiander, a SU **"Don't get involved with MP"** (sic.).

Os tópicos de intervenção da SU ou dos especialistas ao serviço do Comité do Tesouro são estabelecidos pelos Comités de Inquirição através de sua concretização objectiva em mandatos escritos. Também é da exclusiva responsabilidade dos Comités decidir sobre as audições a promover. A natureza do trabalho técnico consiste em prestar informação e não conselho (*advice*), assim como não inclui a formulação de conclusões. Pode, contudo, incluir ênfase sobre certos aspectos. Por exemplo, a propósito dos indicadores propostos pelo Governo para avaliar o atingir dos objectivos de um determinado programa, pode pronunciar-se sobre a objectividade dos mesmos.

Os recursos humanos da SU são providos por concurso público ou originários do NAO.

2.2. Eficácia

Nos casos em que seja necessário obter informação para o desenvolvimento do trabalho técnico, a SU ou os especialistas ao serviço do Comité do Tesouro não se relacionam directamente com as fontes de informação. Solicitam-na através do Comité de Inquirição. Para esse efeito, é preparada uma minuta de carta que é enviada pelo dito Comité ao organismo em questão. Acresce a preocupação quanto ao momento da intervenção do apoio técnico o qual é definido de modo a garantir que está disponível na fase da formação da decisão política.

2.3. Exequibilidade

Na selecção dos tópicos e na fixação dos prazos de entrega existem preocupações relativas à sua exequibilidade (*feasibility*), no que é instrumental à defesa da sua qualidade e rigor técnico.

3. Futuro

Existe uma crescente percepção e interesse em habilitar o Parlamento ao exercício mais efectivo dos seus poderes, sobretudo no domínio orçamental. Referindo-se às perspectivas de evolução futura do funcionamento do Parlamento,

Simon Fiander destacou um relatório de 2006 da Hansard Society intitulado "The Fiscal Maze: Parliament, Government and Public Money" (*Fiscal Maze*). No *Fiscal Maze* surgem um conjunto de recomendações entre as quais se destaca um maior escrutínio do processo orçamental e da legislação fiscal. Surge, também, uma recomendação relativa à afectação de mais recursos ao apoio técnico a prestar aos deputados e aos Comités especializados. Sobre a evolução futura neste domínio, a apresentação de Simon Fiander destacou um conjunto de tópicos em análise no Parlamento os quais constam dos dois slides da sua apresentação e que pelo seu relevo se reproduzem:

Slide 1
For the future

❖ ***Fiscal Maze***
Scrutiny of expenditure already significant, but more follow up work.
Scrutinise Spending Reviews, especially 'CSR' in 2007.
More scrutiny of expenditure plans.
More early scrutiny of the annual 'Budget'
More scrutiny of Taxation (Finance Bill)
More resources, to support MPs as well as committees.
❖ ***'Public Bill Committees' to take evidence on all government Bills***

Slide 2
For the future – issues to be weigthed

❖ How to link finance to policy and outputs?
❖ Separate committees examining financial matters?
❖ More support/resources from Scrutiny Unit and/or NAO?
❖ Changing the system, rather than doing our best with an unhelpful system?....
  – Estimates considered alongside Annual Reports?
  – Focus on Budgets rather than Estimates?
  – Focus on 'Spending Review' rather than annual Estimates? – would government allow this?

CAPÍTULO 2 – O Parlamento do Reino dos Países Baixos
SUB-CAPÍTULO 1 – Aspectos gerais

1. Parlamento: sistema bi-cameral

O sistema constitucional consiste numa monarquia parlamentar assente num parlamento bi-cameral (*two houses system*): a Câmara dos Representantes (*Tweede Kamer*) e o Senado (*Erste Kamer*). A actividade de cada uma das Câmaras é distinta. A Câmara dos Representantes centra-se em questões políticas e tem poder legislativo para propor, criar ou modificar legislação. O Senado concentra-se em questões constitucionais e participa no processo legislativo unicamente para aceitar ou recusar a legislação originária da *Tweede Kamer*, porquanto não pode introduzir modificações.

2. Parlamento e Governo

O Governo governa o país. É o responsável pelo desenvolvimento e implementação das políticas e de elaboração das leis (*draft of legislation*). O Parlamento (Câmara dos Representantes) tem a responsabilidade de escrutinar a acção governativa, de examinar, debater e aprovar legislação.

3. Processo Legislativo

O processo legislativo só pode ser iniciado na Câmara dos Representantes. De entre os actos normativos cabe destacar designadamente o seguinte: uma proposta para nova legislação ou para a modificação de legislação existente é designada por '*Wetsvoorstel*'. Merecendo aprovação é designada por '*Wet*' (Lei). Destaca-se que não existe um acto semelhante ao *Draft bill* (ver capítulo1, sub-capítulo 1, ponto 3).

4. Escrutínio da acção do Governo

A Câmara dos Representantes examina e escrutina a acção governativa. Esta função é exercida através da formulação de questões ao governo *rectius* ministros, debates e acção de Comités (*committees*). Os Comités são de dois tipos. Os Legislativos (*Standing*) e os de Gerais (*General*). Os segundos têm um carácter consultivo, enquanto que os primeiros se dedicam a actividades de inquirição governamental e à produção legislativa.

4.1. Comités parlamentares

Na Câmara dos Representantes existem dois tipos de Comités instituídos para toda a legislatura. Os Comités Gerais e os Comités Legislativos. Pela sua relevância para o presente relatório cabe destacar, entre os do primeiro tipo, o Comité de Despesa Pública, e entre os do segundo tipo, o Comité de Finanças. Contudo, para assuntos específicos, podem ser instituídos Comités Temporários. Os funcionários públicos, desde que sejam autorizados e designados pelo Ministro respectivo, podem ser convocados para prestar informação oral em audições nesta sede.[14]

4.2. A COF espelhada nos Comités da Câmara dos Representantes
No Parlamento dos Países Baixos, as atribuições e competências de fiscalização política da COF encontram correspondência no âmbito funcional dos Comités de Inquirição que se apontam em seguida:

Comité de Despesa Pública. Tem uma tarefa sobretudo consultiva, ocupando-se de questões gerais sobre o sistema orçamental.

Comité de Finanças: A actividade central consiste em examinar a política orçamental. Ocupa-se em especial do Orçamento Anual, assim como da Despesa e da Receita (ver sub-capítulo 3, ponto 2).

SUB-CAPÍTULO 2 – Parlamento e Finanças Públicas
1. Finanças Públicas: níveis de escrutínio
O Parlamento através da Câmara dos Representantes escrutina as Finanças Públicas. A organização e o funcionamento do escrutínio Parlamentar assim como a configuração do apoio técnico nele existente, é fortemente influenciado pelo processo orçamental. Por esta razão, procede-se, em seguida, à sua caracterização sumária.

2. Processo Orçamental
A necessidade de criar governos de coligação é um dado constante da vida política do Reino dos Países Baixos. Em resultado, a configuração do processo orçamental, é grandemente determinada por esta circunstância. O processo orçamental consiste em duas fases. A primeira respeita ao Acordo de Coligação. A segunda decorre anualmente, por ocasião da apresentação do Orçamento do Estado. Os seus aspectos mais importantes serão apontados em seguida.

Um aspecto central do processo orçamental é o que respeita à cautela colocada nas previsões económicas que lhe servirão de base. Neste domínio, o Gabinete de Planeamento Central tem uma intervenção crucial. Por esta razão prossegue-se com um breve descrição da sua actividade.

---

[14] Artigo 42 do Regimento da Câmara dos Representantes.

2.1. Gabinete de Planeamento Central[15]

O Gabinete de Planeamento Central (CPB) é habitualmente descrito como sendo uma instituição muito peculiar e sem par nos demais países da OCDE. Goza de total independência, apesar de integrado no Ministério da Economia, e é credor da confiança de todos os partidos políticos e do público em geral. Como se referiu, o CPB tem um papel central no desenvolvimento da política orçamental constante no Acordo de Coligação e no orçamento anual. Antes das eleições, o CPB publica as previsões económicas para os próximos 4 anos. Todos os partidos elaboram as suas plataformas eleitorais a partir dessas previsões. Os maiores partidos submetem-lhe os seus programas eleitorais em ordem a apurar os respectivos custos e impacto económico. Em regra estas propostas partidárias são muito detalhadas. A sujeição ao CPB, nos termos referidos, não resulta de uma obrigação legal, embora seja descrita como estando assimilada pela prática política do Reino dos Países Baixos. De acordo com o texto citado, a análise do CPB tem clarificado os programas eleitorais, ao apontar inconsistências ou erros dos programas propostos. As suas projecções económicas são tidas por todos como um dado adquirido. E as negociações do Acordo de Coligação são relativamente mais serenas uma vez que as propostas partidárias foram avaliadas antes das eleições. Deve ainda mencionar-se que a estratégia da política orçamental constante do Programa de Estabilidade e Crescimento, centra-se nas previsões do CPB subjacentes ao referido Acordo de Coligação.

Um aspecto operativo do CPB merece particular referência. Em ordem a garantir a transparência e imparcialidade na sua actividade, o acervo técnico que utiliza nas suas análises é público e está disponível no sítio respectivo. São disso exemplo os modelos econométricos e outros meios de análise empregues. Acresce que as organizações representativas dos empregadores e as sindicais podem igualmente solicitar análises técnicas a questões específicas. As respostas assim prestadas pelo CPB são publicadas no seu sítio.

Outros aspectos relevantes são que: – no caso em que venha a ocorrer um processo negocial sobre novas políticas ou compromissos a elas relativos, o CPB promoverá a sua avaliação; – e que o CPB promove também a avaliação *ex-post* nos termos que adiante se referem (ver sub-capítulo 3, ponto 2).

2.2. 1ª Fase: Acordo de Coligação

Ao iniciar funções, o Governo anuncia a sua política orçamental para a totalidade do mandato (i.e. 4 anos) num documento designado por Acordo de Coligação. Este acordo inclui todas as iniciativas políticas. Neste documento, a política

---

[15] Caracterização efectuada a partir do texto entregue pela equipa da direcção orçamental do Ministério das Finanças. Ver caixa nº 1 Jón R. Bolndall e Jens Kromann Kristensen (ver bibliografia).

orçamental ocupa um lugar central, através da definição de objectivos concretos. E não de uma declaração de orientações ou intenções gerais. Um aspecto distintivo é que o foco do Acordo de Coligação é colocado no nível de despesa pública e não no nível de deficit.

2.3. 2ª fase: Orçamento do Estado

Conforme referido, os aspectos-chave da política orçamental são definidos aquando da entrada em vigor do Acordo de Coligação. Anualmente, entre Outubro e Dezembro, tem lugar a apresentação, debate e votação do Orçamento do Estado. Nesta fase "o essencial do papel do Ministro das Finanças e do Ministério das Finanças é assegurar que as regras orçamentais do Acordo de Coligação são cumpridas". A proposta de orçamento anual apresentado pelo Executivo ao Parlamento, baseia-se nas previsões macro-económicas do CPB. A política económica toma também como referência as previsões sobre a evolução da despesa pública total e principais sub-categorias.

3. Orçamento anual e Comités

No apontado período entre Outubro e Dezembro, cada comité dentro da sua esfera de competência, debate o Orçamento anual. Este debate efectua-se através do emprego dos seguintes meios: – perguntas escritas; – debate oral (perguntas técnicas); – e debate plenário (questões políticas). Um aspecto realçado nos testemunhos que nos foram oferecidos, pelos Deputados contactados, é que o processo hoje utilizado é o resultante da reforma introduzida, em 1999, no processo orçamental. Esta reforma é designada por *New Public Management*. Habitualmente é sintetizada por referência às três questões seguintes[16]:

– What do we want to achieve? (output & outcomes)
– What will we do to achieve it? (instruments)
– What will be the costs of our efforts (input: budget).

Uma proposta de alteração ao Orçamento tem que ser baseada numa avaliação de impacto e numa proposta de financiamento. O apoio técnico nesta fase articula a intervenção do Ministério das Finanças e do CPB, nos termos que adiante se descrevem (sub-capítulo 3, ponto 2.1.).

---

[16] O Relatório Anual do Tribunal de Contas será escrutinado, pelos apontados Comités com base nas mesmas questões.

4. Comité de Despesa Pública

Este comité tem uma actividade de natureza consultiva. De acordo com a apresentação efectuada, pela sua Presidente, a Deputada Ineke Hamming-Bluemink, os principais tópicos da sua actividade incluem pronunciar-se sobre: – assuntos relacionados com a eficácia e eficiência da despesa pública; – grandes projectos, com especial relevância parlamentar (*special parliamentary status*), por exemplo os que envolvem grandes montantes financeiros; – os Relatórios dos Tribunal de Contas; – e assuntos relacionados com o Orçamento do Estado e Lei de Contabilidade (*Accounting Act*).

Um aspecto também salientado foi a estreita relação deste Comité com o Tribunal de Contas. Nos termos do Regimento da Câmara dos Representantes os relatórios deste tribunal em matéria de auditoria serão enviados directamente para esta Comissão[17]. A mencionada proximidade institucional consubstancia-se, designadamente na realização de *briefings*. Outras actividades deste Tribunal com relevo para o Comité incluem: – as auditorias anuais; – as auditorias de desempenho (*performance*) as quais são apresentadas no decurso do ano; – e as auditorias a pedido.

Um aspecto importante é que é o Tribunal que define a sua própria agenda.

O Relatório Anual, é apresentado em Maio de cada ano, cobrindo a execução orçamental efectuada por cada Ministério, sendo depois escrutinado pelos vários Comités especializados.

Os Comités de Inquirição têm poder de iniciativa para requerer uma Auditoria a pedido. Porém, o processo de auditoria não pode ser iniciado antes de obtida a opinião do Comité de Despesa Pública.[18]

5. Comité de Finanças
Ver sub-capítulo1, ponto 4.2.

SUB-CAPÍTULO 3 – Apoio técnico à actividade parlamentar
1. Aspectos gerais

Tal como foi destacado nos testemunhos oferecidos pelos Deputados referidos, o apoio técnico ao Parlamento apura-se a partir da solução criada para responder à seguinte preocupação: *how to obtain (unbiased) information as Parliament*. Com base no sistema em vigor, o Parlamento dispõe de uma pluralidade de fontes de apoio técnico externas e as internas. Entre as fontes externas incluem-se os Ministérios e os Conselhos Consultivos. Entre as fontes internas, incluem-se o Conselho de Conselheiros Económicos, o Gabinete de Investigação e Verifica-

---

[17] Ver nº 2 do artigo 21.(a) do Regimento da Câmara dos Representantes.
[18] Ver nº 3 do artigo 21.(a) do Regimento da Câmara dos Representantes.

ção, o Staff parlamentar e os Mecanismos *ad hoc*. Referem-se em seguida os seus aspectos mais significativos.

2. Apoio exterior ao Parlamento

No exercício dos seus poderes o Parlamento recorre a apoio técnico que lhe é prestado por organismos a si exteriores. Referem-se em seguida as suas principais modalidades.

2.1. Ministérios.

A filosofia e a lógica de funcionamento do sistema de apoio técnico à actividade Parlamentar, no domínio das Finanças Públicas flui do primado do princípio da imparcialidade da Administração Pública. Objectivamente o sistema baseia-se na efectiva ligação entre os Comités Parlamentares e o Ministério das Finanças e o CPB. Ou dito de outro modo, existe uma real distinção entre o Ministério das Finanças e o Ministro das Finanças (entre o gabinete de orientação política e a estrutura técnica do Ministério). Como destacou Marteen Brabers, Director-Geral de Política e Legislação Fiscal e Aduaneira: **'The Parliament can ask and get whatever they ask for' (sic.)**. Esta ligação reveste-se de várias modalidades de colaboração, incluindo o apoio ao escrutínio que o Parlamento entenda fazer, incluindo ao próprio Ministro das Finanças. Um exemplo dado pelo Deputado Nerée Tot Babberich do Comité de Finanças e do Comité de Despesa Pública ajuda na ilustração do que ficou dito. Tomem-se as iniciativas da Comissão Europeia em matéria de fiscalidade directa em curso na UE. A agenda dos Conselhos Ecofin, é enviada ao Parlamento e o Ministro das Finanças vai sempre, antes do Conselho, ao Comité de Finanças com o objectivo de articular a posição do país. Nessa ocasião responde a perguntas orais ou escritas dos Deputados. Decorrido o Conselho Ecofin volta, sempre, ao Parlamento para dar nota dos desenvolvimentos. Caso o Parlamento considere necessário pode solicitar apoio técnico ao Ministério das Finanças para preparar a inquirição ao Ministro das Finanças. No caso do já referido Código de Conduta, o Parlamento promove audições regulares e acompanha o evoluir das negociações num quadro descrito de proximidade e confidencialidade.

Regra geral, o Parlamento pode e solicita apoio técnico e informação aos Ministérios, em especial aos gabinetes de planeamento dos ministérios (podendo consultar ou utilizar as suas competências profissionais). Um exemplo seria um partido político pedir ao CPB para efectuar uma análise económica das suas propostas orçamentais. Outro exemplo é relativo ao escrutínio pré-legislativo do impacto orçamental de uma proposta fiscal. Tal como referido, o Ministério das Finanças desempenha o papel de guardião do Acordo de Coligação, mas tem, também, um papel central no escrutínio pré-legislativo do impacto orçamental de medidas fiscais ou de modificações ao Orçamento do Estado. Com efeito, qualquer medida fiscal é alvo de um estudo de impacto orçamental *ex-ante*. Na prática e como destacou a equipa de Marteen Brabeers tal consiste em apurar: **"*how much the cost will be or how much revenue will bring*"** (sic.). Especificamente as alterações ao Orçamento do Estado requerem uma avaliação de impacto orçamental e uma proposta de financiamento. Ao CPB cabe proceder ao estudo *ex-post*, i.e. avaliar os seus resultados económicos, incluindo em confronto com aqueles que estiveram na sua origem.

Um importante traço distintivo do CPB e do corpo técnico do Ministério das Finanças é o de gozarem de alta reputação e credibilidade técnica junto de todos os partidos políticos e da opinião pública. Foi salientado no curso das reuniões com a equipa de Marteen Brabers e com a equipa de H. Monnickendam, responsável pelo Departamento de Política Orçamental do Ministério das Finanças, que o Parlamento e todos os partidos enviam funcionários para fazerem estágios no Ministério das Finanças.

2.2. Conselhos consultivos. O Reino dos Países Baixos tem vários conselhos consultivos em áreas de política pública (v.g. Conselho para a Energia, Conselho para a Cultura; Conselho para a Saúde; Conselho Económico e Social). A maior parte deles presta apoio ao Executivo e ao Parlamento. Frequentemente o Parlamento solicita a opinião destes conselhos em assuntos em debate, em especial ao Conselho Económico e Social (onde têm assento as organizações representativas dos trabalhadores e dos empregadores).

2.3. Câmara de Auditoria. O Parlamento pode solicitar a esta câmara uma investigação num tópico determinado. Dado que a Câmara é independente pode recusar o pedido. Exemplos da sua actividade seriam a averiguação da compra de helicópteros para a polícia, ou o descarrilamento orçamental de um projecto de construção de uma linha-férrea.

3. Apoio técnico do próprio Parlamento
3.1. Aspectos gerais

Como se referiu, o Parlamento tem o seu próprio apoio técnico. Aponta-se em seguida as suas modalidades, para no número seguinte se focar nas características de funcionamento e perspectivas de evolução futura.

3.1.1. Conselho de Conselheiros Económicos. Criado em Março de 2005, tem como missão prestar conselho ao Parlamento em assuntos económicos e financeiros. Integra 5 membros (reputados académicos na área das ciências económicas). Emite avaliações independentes acerca de previsões, análises e números relativos à política macro-económica. Este Conselho procede a avaliações a pedido ou por iniciativa própria.

3.1.2. Gabinete de Investigação e Verificação. Criado em 2002, tem como função apoiar o Parlamento em qualquer tipo de investigação. Este apoio inclui: – o aconselhamento sobre a abertura de uma investigação; a minuta de perguntas para serem formuladas e respondidas no curso de uma Inquirição parlamentar; – e a análise e verificação dos resultados de inquéritos governamentais entregues à Câmara dos Representantes.

Realça-se que uma das principais atribuições deste gabinete é a de verificar a informação enviada pelo Governo à Câmara dos Representantes. Como se salienta no sítio do Parlamento **"it takes time and expertise to arrive at a well founded assessment of these reports (sic.)"**. Neste contexto, e dado que os Deputados recebem com regularidade extensos relatórios e estudos promovidos pelo governo, o Gabinete foi incumbido das seguintes tarefas: – escrutinar as inconsistências dos relatórios; – avaliar as inconsistências dos métodos aplicados; – e conferir se as recomendações efectuadas são um seguimento lógico dos resultados da investigação. Na concretização desta incumbência o Gabinete deve responder às duas questões seguintes:

– Is the statement made in the report correct?
– Can the conclusions and policy recommendation be derived from the investigation results?

Este gabinete é integrado por 5 membros com altas qualificações académicas em ciências sociais e ciência política. Não integra nenhum especialista em Finanças Públicas. Para estas matérias ver ponto 3.2.

Um último traço institucional merecedor de referência é que o Secretariado deste gabinete dá apoio ao Consultor Especial do *Presidium*. Este consultor foi nomeado com o objectivo de assegurar a independência do aconselhamento que é dado ao *Presidium* e à Câmara dos Representantes em assuntos sobre Inquérito. Presta aconselhamento a pedido ou por iniciativa própria e goza de independência da estrutura política ou administrativa da Câmara dos Representantes.

3.1.3. Mecanismos *ad hoc*. São mecanismos criados para obter informação relativa a projectos de 'grande dimensão' ou complexidade. Anualmente cerca de 15 projectos são designados pelo Parlamento como projectos de grande dimensão. O efeito prático desta qualificação consiste na obrigação de apresentação semestral, pelo Ministro respectivo, de um relatório relativo ao âmbito, financiamento, planeamento e organização do projecto. Alguns exemplos: linhas de caminho de ferro, projectos de defesa, etc.

3.2. Comité de Despesa Pública
O Comité em título está dotado do seu próprio pessoal de apoio técnico (3 pessoas). Acresce, nos termos já apontados, o apoio do Ministério das Finanças (ver ponto 2.1.). Sobre a sua evolução futura ver ponto 5.

3.3. Comité Finanças
O Comité de Finanças dispõe do apoio do staff do Comité de Despesa Pública. Beneficia nos termos descritos em 3.3. do apoio do Ministério das Finanças.

4. Funcionamento
O funcionamento do apoio técnico está protegido por regras práticas destinadas a garantir a sua independência e imparcialidade. Está também rodeado de regras práticas que assegurem a sua eficácia e exequibilidade, em especial que o Parlamento dispõe da informação necessária à boa efectivação da sua actividade de escrutínio. Indicam-se em seguida os aspectos mais significativos.

4.1. Independência e imparcialidade
A actividade técnica é prestada aos Comités Parlamentares. Acresce que do ponto de vista funcional, os técnicos em apreço não se relacionam, nem prestam apoio aos Deputados a título individual. Como salientado pelo Deputado Nerée Tot Babberich, os tópicos de trabalho são estabelecidos pelos Comités de Inquirição, baseando-se num entendimento partilhado pelo Comité Parlamentar respectivo, constando de um mandato escrito objectivamente expresso. A natureza do trabalho técnico consiste na prestação de informação técnica e não de aconselhamento técnico. São ainda válidas as considerações efectuadas no ponto relativo ao Reino Unido (ver capítulo 1, sub-capítulo 2, ponto 2.1.).

4.2. Eficácia
Aplicam-se com as necessárias alterações as considerações apontadas no ponto 2.2., sub-capítulo 3, capítulo 1.

4.3. Exequibilidade
Aplicam-se com as necessárias alterações as considerações apontadas no ponto 2.3., sub-capítulo 3, capítulo 1

5. Futuro
Os testemunhos oferecidos e a evolução institucional realçam o reforço da intervenção do Parlamento ligada a uma maior habilitação da sua capacidade técnica, em especial no domínio das Finanças Públicas. Disso são exemplos a recente criação do Conselho de Conselheiros Económicos e a criação já no curso de 2007 de uma unidade a ser designada *Bureau for Research and Public Expenditure* a qual integrará os especialistas hoje ao serviço do Comité de Despesa Pública. Realçam, igualmente, o reforço da independência do aconselhamento (*advice*) que seja prestado à Câmara dos Representantes no âmbito das investigações que conduz.

PARTE III – Comissão Europeia

1. Aspectos gerais

Efectuaram-se os contactos com os gabinetes e os serviços dos Comissários Europeus dos Assuntos Económicos e Monetários e da Fiscalidade e União Aduaneira e com um Conselheiro do Presidente da Comissão Europeia, Dr. António José Cabral que se assinalam no Anexo nº 2.

O propósito destes contactos foi o de apresentar a UTAO, em testemunho, também, do crescente envolvimento do Parlamento Português no processo de construção Europeia, e recolher impressões da Comissão Europeia sobre assuntos de primeira actualidade no domínio das Finanças Públicas.

Na Comissão Europeia, foi sublinhada a importância da existência da UTAO, a qual vem ao encontro da preocupação da Comissão da criação de unidades técnicas independentes e da credibilidade ligada à qualidade e rigor do seu funcionamento. Foi especialmente reforçada a importância da publicação dos trabalhos que efectue e que o seu ciclo de existência e avaliação, não se ligue ao ciclo eleitoral.

Principais ilações

Na perspectiva do apuramento de boas práticas para o funcionamento da UTAO, os resultados do levantamento efectuado por ocasião da Missão de Estudo permitem assentar, numa primeira análise, as seguintes ilações:

1. Nos Parlamentos visitados, o reconhecimento que o exercício dos poderes respectivos no domínio das Finanças Públicas, se reveste de elevado grau de complexidade e especialização técnica originou a criação, de soluções orgânicas de apoio técnico. Trata-se de uma inovação recente, em fase de afirmação e aprofundamento em ambos casos.

2. Nas experiências nacionais visitadas apurou-se em comum a origem e razão de ser do apoio técnico instituído. Porém, já o seu formato e modo operativo reflecte as especificidades do contexto constitucional e legal em que se insere, assim como da metodologia de trabalho dos Comités especializados. Não obstante as diferenças, que se assinalam nos ponto 3 e 4 seguintes, o apoio técnico aos Comités que se dedicam às Finanças Públicas tem carácter *a se*. Distintivo deste carácter é o de não se integrar no apoio técnico criado no Parlamento para apoiar os Comités afectos a outras matérias parlamentares.

3. No Reino Unido, a actividade legislativa está a cargo de Comités Legislativos ('Standing) e a actividade de escrutínio a cargo de Comités de Inquirição

('Select'). Acresce que todos os Comités de Inquirição escrutinam a execução orçamental do Ministério respectivo. Em resultado desta configuração, a unidade de apoio técnico: a Unidade de Escrutínio está funcionalmente organizada para responder a esta dualidade: escrutínio legislativo e escrutínio financeiro.

3.1. Os Comités de Inquirição que se dedicam ao escrutínio das Finanças Públicas não recorrem à Unidade de Escrutínio. Dispõem de apoio técnico próprio. O Comité de Contas Públicas recorre ao Gabinete de Auditoria Nacional, enquanto que o Comité de Finanças dispõe de *staff* próprio. O fundamento apresentado é comum: a elevada complexidade e grau de especialização da matéria envolvida.

3.2. No momento decorrem trabalhos de reflexão institucional sobre o futuro do apoio técnico ao exercício dos poderes do Parlamento. O sentido dessa reflexão coincide quanto ao reforço dos meios a ele afectos.

4. No Reino dos Países Baixos, a organização do apoio técnico existente no Parlamento é determinada em grande parte pelo processo orçamental. O Acordo de Coligação, tal como referido, é uma peça charneira com a qual se articulam os orçamentos anuais. Assim, o apoio técnico ao Parlamento arma-se na articulação entre os seus próprios órgãos e os órgãos técnicos exteriores, em função da especificidade de cada fase e nos termos antes descritos.

4.1. O Parlamento intervém no escrutínio das Finanças Públicas através do Comité de Contas Públicas e do Comité das Finanças. Porém, a filosofia do apoio técnico à sua actuação está fortemente baseada no princípio da imparcialidade da Administração Pública *rectius* Ministério das Finanças e do Gabinete de Planeamento Central (CPB). Ao Ministério referido cabe, em especial, a função de 'guardião da conformidade' do 'orçamento anual' com o apontado Acordo de Coligação, bem como a função de apoio à medição do impacto orçamental *ex-ante* de propostas legislativas em matéria fiscal ou de modificações ao orçamento. Ao CPB cabe a avaliação *ex-post* das medidas. É também este organismo que fornece as projecções macroeconómicas nas quais se baseia a política orçamental de todos os actores políticos, incluindo os programas eleitorais dos partidos em fase eleitoral.

4.2. O corpo técnico do Ministério das Finanças e do CPB gozam de alto prestígio e credibilidade técnica junto de todos os sectores políticos e da população em geral.

4.3. Os Comités parlamentares que se dedicam às Finanças Públicas dispõem do seu próprio pessoal técnico especializado. Recentemente este apoio foi reforçado com a criação de um órgão técnico independente: o Conselho de

Conselheiros Económicos e, no curso e 2007, está prevista a criação do *Bureau for Research and Public Expenditure,* que integrará os especialistas hoje ao serviço do Comité de Despesa Pública.

5. As soluções orgânicas de apoio técnico, como se apontou, são diferentes na sua configuração nacional. Porém, comuns na filosofia: confiança de todos os sectores políticos e do público em geral, ligada aos seus princípios-rectores: independência e imparcialidade dos técnicos envolvidos e alta qualidade do trabalho produzido. Igualmente comum é a criação de regras práticas destinadas a proteger tais princípios. Uma dessas regras consiste na não prestação de apoio técnico a Deputados, mas unicamente aos Comités especializados respectivos.

5.1. Também ao serviço da independência e da imparcialidade do apoio técnico estão as regras práticas de funcionamento que se reflectem na fixação dos tópicos a serem objecto de apoio técnico, cuja decisão é da responsabilidade do Comités especializados e concretizada num mandato escrito objectivamente expresso. Reflectem-se, também, no conteúdo do trabalho técnico prestado que não versa sobre as opções políticas (*policy*), nem na formulação de recomendações, incluindo sobre as opções políticas.

5.2. O escrutínio da independência e imparcialidade do apoio técnico prestado assim como da sua qualidade, é outra preocupação central que é protegida pelo recrutamento dos especialistas técnicos através de concurso público aberto. Reforça-a a regra da publicação do trabalho técnico efectuado, salvo razão tornada pública, como seja a confidencialidade das matérias envolvidas.

6. Uma outra preocupação central nas experiências visitadas é o da eficácia do trabalho técnico, a qual aflora em dois aspectos. Um afloramento é no que respeita ao acesso pelo Parlamento de elementos em tempo útil que habilitem análises técnicas *rectius* escrutínio informado. Assim, em ambos os casos são os Comités que requerem directamente a informação que necessitam. O apoio técnico intervém a sinalizar aos Comités a necessidade de obter a informação e a habilitá-lo com uma minuta de carta. Diferentemente, no Reino Unido o NAO acede directamente às fontes de informação. O outro afloramento é o que respeita ao momento da intervenção do apoio técnico e visa garantir que a formação da decisão política nele se pode apoiar.

7. Outra regra prática de funcionamento destinada a acautelar a qualidade e rigor do trabalho técnico assim com a reputação das unidades respectivas, é que na selecção dos tópicos e na fixação dos prazos de entrega existem preocupações relativas à sua exequibilidade (*feasability*).

8. As modalidades de apoio técnico consistem, designadamente: – na preparação de informações técnicas; – relatórios; – *briefings* aos Comités; – minuta de questões para as inquirições; – conferir a informação enviada ao Parlamento, incluindo as respostas dadas pelo Executivo; – e indicação da informação escrita ou testemunhos orais a solicitar para a adequada concretização dos objectivos dos Comités.

9. Na Comissão Europeia, foi sublinhada a importância da existência da UTAO, a qual vem ao encontro da preocupação da Comissão da criação de unidades técnicas independentes e da credibilidade ligada à qualidade e rigor do seu funcionamento. Foi especialmente reforçada a importância da publicação dos trabalhos que efectue e que o seu ciclo de existência e avaliação não se ligue ao ciclo eleitoral.

PARTE V – Fontes bibliográficas
A. Sítios:

www.parliament.uk
www.nao.uk
www.tweedekamer.nl

B. Textos:

Assemblée Nationale, 1999, "Rapport du groupe de travail sur l'efficacité de la Dépense publique et le Controle Parlimentaire", 27 Janeiro, http://www.assemblee-nationale.fr/dossiers/depense/rapport.asp

Departmental Select Committees, 2006 "Fact sheet P2 Procedure Series, Revised November 2006", House of Commons Information Office (www.parliament.uk)

Ian Lienert, 2005, "Who controls the Budget: The Legislature or the Executive?"(IMF Working Paper WP/05/115, FMI.

Jón R. Bolndal e Jens Kromann Kristensen, 2002, "Budgeting in the Netherlands", *OECD Journal on Budgeting*.

OECD, 2002, *"Relations Between Supreme Audit Institutions and Parliamentary Committees"* (SIGMA PAPERS: Nº 33).

Rules of Procedure of the Tweede Kamer der Staten-Generaal (www.tweedekamer.nl)

Department of the Clerk of the House, 2006, "The UK Parliamentary System", House of Commons.

C. Apresentações:

Reino Unido
– Simon Fiander, Scrutiny Unit, House of Commons, 23 January 2007
– Joe Cavanagh, Relations with the Parliament (presentation to Portuguese Budgetary and Financial Committee) UK National Audit Office, January 2007.

Reino dos Países Baixos
- Tweede Kamer der Staten-General, *Visit of the Portuguese Delegation, Brief Introduction about the House of Representatives of the Netherlands and Budget*, 25 January 2007.
- Wim van Tol and Evert Vos, Visit of the Portuguese Delegation, Taxes, budgetary effects, 25 January 2007.

D. Reuniões
Ver Anexo nº 2

Anexo nº 1

Dear Mr. --

Thank you very much for your most kind phone call of this afternoon. As agreed please find some background information about the goals of our visit:

- Stability and Growth Programme 2006-2010 (December 2006 update): Chapter IV, Box 3, p. 49 will provide you with information on the creation of the Parliamentary Budget Technical Unit (UTAO).
- Technical Consultants: biographical resume.

Regarding the key concerns of our visit the following might help you in designing your presentation:

1. UTAO's main purpose is to provide technical support to the work of the Commission of Budget and Finance. To put it in a simplistic way I would say that the gist of the UTAO technical work is to assess the financial impact of legislative measures, namely to support the Parliament's scrutiny of the budget options and execution by the government (revenue, expenditure and financing).

2. We understand that the -- Parliament has experience on this field. Accordingly, we are delighted to be visiting it on ----, to learn more about the Dutch experience in the framework of a visit to other countries such as the UK. The Portuguese Parliamentary Delegation will be integrated by two MPs and headed by the President of the Parliamentary Commission of Budget and Finance, Prof. Dr. Mário Patinha Antão.

3. A key concern of our visit is to understand the information that is effectively provided to the Parliament, in order to allow parliamentary scrutiny of Public Finances (notably in the situations referred to in point 1. and 2.). Accordingly, the scope and mechanics of the interaction of the Parliament with the information sources would also be of extreme interest to us. This is also because UTAO would

like to enter formal protocols with Portuguese agencies (such as the Directorates-General of Budget, of Taxation, Statistics National Institute, etc.), with a view to have timely access to information that allow the Parliament informed analysis.

4. In light of the above we would be delighted to meet you to learn from the experience of the ---------.

Some topics of interest to us would include:

5. **Case study I**: Assume that the government is willing to create a tax exemption package. A) The Parliament, prior to its approval, gets a study on the financial impact of that package proposal? B) If yes. Who does what, and in which time frame (the institutional mechanics of this process would be of extreme interest to us, e.g. how does it work the liasion in between the tax authorities and the Parliament in such scenario).

6. **Case study II** : State aids regimes: what is the Parliamentary control of the expenditure impact?

7. **Case study III:** EC tax legislation: does the Parliament issues its opinion on the national position on the EC pipeline proposals or only when the text its pending for approval at EC? Say Common Consolidated Corporate Tax Base initiative. What kind of interaction will exist with the Parliament?

8. **Case study IV:** Does the Parliament gets from the Dutch Government information on the Code of Conduct Group (Business Taxation)? If yes. Essentials of the interaction.

9. **Case study V:** Stability and Growth Programme: which kind of scrutiny is made by the Parliament insofar the options made by the Government? Which is the time frame to submit information to the Parliament?

10. **Case study VI:** Budget execution control by Parliament: essentials of the process.

Goes without saying that the above is just an attempt to fuel your imagination, and that it lies entirely with you the choice and extent of the presentation. For which I thank you very much in advance.

May I also very much apologise for the inconveniences of such late notice arrangements, and I trust that you don't hesitate to contact me if you need any assistance or additional information (please find my contacts below).

I very much look forward to meet you,

Kind regards,

UNIDADE TÉCNICA DE APOIO ORÇAMENTAL: COMO FUNCIONAR?

Anexo nº 2

MAPA DAS REUNIÕES EFECTUADAS
(autoria mapa: Carlos Marinheiro)

Data	Hora	Instituição	Participantes	Função	Tema
Reino Unido					
22.01.2007	9h45	NÃO	Sandy Gordon	Audit Manager	Briefing relatório *Sure Start Children's Centres*
	10h	NÃO	Joe Cavanagh Alex Kidner	Director Business Development Audit Manager	Support to Parliament
	11h45	Parlamento	Dorian Gerhold	Principal Clerk of Select Committees and Secretary of the Public Accounts Committee	Introdução: apoio técnico e Scrutiny Unit
	15h30	Parlamento	Simon Fiander	Deputy Head (Finance), Scrutiny Unit	Scrutiny Unit
	16h30	Parlamento	Audição da PAC		*Sure Start Children's Centres*
	18h	Parlamento	Mark Etherton	Clerk of the Public Accounts Committee	Funcionamento da PAC
23.01.2007	11h30	Parlamento	Audição Treasury Committee		Climate change and the Stern review: the implications for HM Treasury policy on tax and the environment
	12h30	Parlamento	John McFall	Chairman of the Treasury Committee	
Holanda					
24.01.2007	10h	Parlamento	Ineke Dezentjé Hamming-Bluemink	Presidente do Comité de Despesa Pública	Processo orçamental (óptica parlamentar)
			Frans de Nerée Tot Babberich	Deputado (Comité de Finanças e Comité de Despesa Pública)	
	14h	Ministério das Finanças	Maarten Brabers e 3 membros da sua equipa	Director-General for Tax and Customs Policy and Legislation	Processo orçamental (óptica fiscal)
		Ministério das Finanças	H. Monnickendam	Head Budgetary Policy/Deputy Director	Processo orçamental (óptica orçamental)
			Mark Roscam Abbing	Budget Affairs Directorate Deputy Head Fiscal Policy Department	
			Evert Vos		
Comissão Europeia					
26.01.2007	10h	Comissão Europeia	Stephen Bill	Chefe de Gabinete Comissário László Kovács (Taxation and Customs Union)	Iniciativas da Comissão Europeia na área da fiscalidade
			Gaspar Molnár	Membro do Gabinete	
			Alexander Wiedow Matthias Mors	Director – Indirect Taxation and Tax administration (Principal Adviser)	
	11h30	Comissão Europeia	Gabriele Giudice	Membro do Gabinete do Comissário Joaquín Almunia (Economia e Finanças)	Enquadramento das Finanças públicas no âmbito do PEC
			Carlos Martínez Mongay	Adviser in Directorate-General Economic and Financial Affairs	
			Orlando Abreu	Deputy Head of Unit	
			Ignacio González Vázquez	Desk Officer Portugal	
			Pedro Cardoso		
	12h30	Comissão Europeia	António José Cabral	Senior Adviser - Gabinete do Presidente José Manuel Barroso	Unidades técnicas independentes de apoio aos Parlamentos nacionais

Anexo nº 3

A. Core Tasks for Select Committees

On 20 June 2002, the members of the Liaison Committee agreed a set of *Core Tasks for Select Committees*.[1] The core tasks are set out in the table below. They were agreed in the wake of the debate on the Modernisation Committee's report on Select Committees, which took place on 14 May 2002, when the House invited the Liaison Committee "to establish common objectives for select committees".[2] The Modernisation Committee had provided the Liaison Committee with its own illustrative objectives, which are reported in Section B.

Table 1 – Core Tasks for Select Committees

OBJECTIVE A: TO EXAMINE AND COMMENT ON THE POLICY OF THE DEPARTMENT	
Task 1	To examine policy proposals from the UK Government and the European Commission in Green Papers, White Papers, draft Guidance etc, and to inquire further where the Committee considers it appropriate.
Task 2	To identify and examine areas of emerging policy, or where existing policy is deficient, and make proposals.
Task 3	To conduct scrutiny of any published draft bill within the Committee's responsibilities.
Task 4	To examine specific output from the department expressed in documents or other decisions.
OBJECTIVE B: TO EXAMINE THE EXPENDITURE OF THE DEPARTMENT	
Task 5	To examine the expenditure plans and out-turn of the department, its agencies and principal NDPBs.
OBJECTIVE C: TO EXAMINE THE ADMINISTRATION OF THE DEPARTMENT	
Task 6	To examine the department's Public Service Agreements, the associated targets and the statistical measurements employed, and report if appropriate.
Task 7	To monitor the work of the department's Executive Agencies, NDPBs, regulators and other associated public bodies.
Task 8	To scrutinise major appointments made by the department.
Task 9	To examine the implementation of legislation and major policy initiatives.
OBJECTIVE D: TO ASSIST THE HOUSE IN DEBATE AND DECISION	
Task 10	To produce reports which are suitable for debate in the House, including Westminster Hall, or debating committees.

In addition to the core tasks reported in the table above, the Liaison Committee provided each Committee with guidance on the core tasks. This guidance was circulated to select

---

[1] Liaison Committee, *Annual Report 2002*, 1 April 2003, HC 558 2002-03, para 13
[2] HC Deb 14 May 2002 c648

Contributo ao aprimoramento da avaliação do processo orçamentário

ADRIANA DA ROSA SILVA

Formada em Direito pela Universidade Candido Mendes é Mestre em Ciências Jurídico-Económicas pela Faculdade de Direito da Universidade de Coimbra e pós graduada em Direito do Estado pela Universidade do Estado do Rio de Janeiro. Exerceu a função de assessora do Tribunal de Contas do Estado do Rio de Janeiro de 1997-2005. Atualmente é assessora parlamentar na Câmara Municipal do Rio de Janeiro e sócia da LIMASI Consultores e Auditores associados.

RESUMO: A pesquisa do tema aqui proposto iniciou-se nas aulas de Direito Fiscal assistidas na Universidade de Coimbra e ministradas pelo Profesor Doutor Diogo Leite Campos, em 2006, que sempre preocupado com as finanças de seu país foi grande incentivador de pesquisas sobre o tema.

A pesquisa tem o objetivo de identificar com base em estudo bibliográfico a importância do desenvolvimento de instrumentos avaliativos no processo orçamentário visando dirimir a crescente dicotomia existente na sociedade moderna com relação a utilização de recursos públicos e instrumentalização do controle social por parte do cidadão, destacando a relevância da demonstração de metas físicas que indiquem os resultados esperados diante da aplicação dos recursos públicos.

Além de bibliográfica o estudo é classificado como exploratório, uma vez que é dirigido a fim de esclarecer e definir a natureza de um problema levantado e que está representado pela carência de mecanismos de controle social representado pelo controle que a sociedade deve exercer sobre o Estado.

Para atingir tal finalidade, necessário se faz a introdução de um sistema de indicadores capaz de acoplar na Lei Orçamentária valiosas informações, não apenas que indiquem as opções macro políticas e governamentais dos seus gestores, mas, também, que reflitam as expectativas do cidadão com relação ao alcance, eficiencia e efetividade de dos dispêndios ali representados.

Introdução

Na década de 70, JAMES O'CONNOR[1] chamou de *Crise Fiscal do Estado* a problemática do crescimento rápido dos gastos estatais, sem a respectiva agilidade na captação dos recursos necessários para financiar os projetos sociais.

Conseqüentemente, a análise do Estado migrou para a análise das políticas públicas onde a legitimação do Estado foi focada nas suas finalidades com uma visão fragmentada da atuação estatal, procurando substituir o direito por instrumentos de análise econômica na compreensão do aparato estatal.

Tal tentativa de compreensão da realidade política por meio da fragmentação das políticas públicas recebeu criticas. BERCOVICI (2006)[2] afirma que a compreensão da amplitude do conceito de Estado não deve ser limitada a uma análise do aparelho burocrático-administrativo, sendo necessária a articulação entre fatos históricos, das histórias das ideias e das representações sociais. Segundo Herrmman Heller[3], a Teoria do Estado é uma ciência que estuda o Estado enquanto realidade, enquanto formação real e histórica sendo impossível proceder a uma compreensão isolada.

Ao analisar os poderes estatais, BOBBIO (1998)[4] destaca o que chama de tipologia dos três poderes: econômico, político e ideológico.

Assim, o poder econômico seria aquele em que, numa situação de escassez, alguém se vale da posição de certos bens, para induzir, a quem não os possui, a adoção de certas condutas. O poder político seria visto como o poder do grupo dominante. Já o poder ideológico seria aquele que, tendo o domínio de certas formas de saber, exerce influência no comportamento alheio, induzindo os membros do grupo a realizar ou deixar de realizar uma determinada ação.

Como os objetivos supremos da atividade do Estado são dinâmicos e não estáticos, há a necessidade de permanente revisão, harmonização, ponderação e modificação quando necessário, pois visa à projeção futura de modelos de ordenação e planificação de ações relacionadas às políticas interna e externa[5]. O controle ganha então importancia fundamental no processo orçamentário, destacando-se o controle de fiscalização, que segundo classificação dada por MOREIRA NETO

---

[1] Apud BERCOVICI, Gilberto. *As possibilidades de uma Teoria do Estado*. O Estado. Revista História das Idéias. Vol. 26. Instituto de História e Teoria das Idéias. Coimbra: Faculdade de Letras da Universidade de Coimbra. 2006. p. 31.
[2] BERCOVICI, G. *ibidem*, p. 31.
[3] Apud BERCOVICI, G. *ibidem*, p. 21.
[4] BOBBIO, Norberto. *Estado, Poder y Gobierno: Por uma Teoria General de la Política*. Trad. José F. Fernández Santillán. México: Fondo de Cultura Económica. 1998. p. 110-111.
[5] ZIPPELIUS, R. Op.cit. 1994. p. 412.

(1989)[6] é o controle exercido pelo desempenho de funções de vigilância, exame e sindicância dos atos de um poder por outro.

As informações obtidas com a fiscalização sobre o plano organizacional, acerca da execução dos programas, ações, projetos e atividades, verificando a conformidade, ou não, com o planejamento; sobre o comportamento dos agentes e promotores da execução de projetos e de atividades, do seu grau de adesão às políticas da Administração; sobre o comportamento da ação executiva, bem como sobre os resultados obtidos, em confronto com as metas planejadas[7] poderá indicar o grau de eficiência e aceitação, não apenas dos projetos, mas também do gestor.

Neste sentido, como desmembramento do controle de fiscalização tem-se o controle operacional, voltado para o aprimoramento das técnicas utilizadas e constante observação dos anseios da sociedade visando medir o impacto que os gastos financeiros têm no atendimento das demandas sociais que conforme propõe PELLINI (2002)[8] pode ser medido com a introdução de indicadores sociais.

Tratando do controle da administração pública ZIPPELIUS (1994)[9] denomina o direito orçamental de *a rédea curta do governo*.

Independentemente do sistema de governo adotado, os meios orçamentais necessitam da prévia aprovação do Poder legislativo para que tenham eficácia e, este, possa controla-los, pelo menos, em termos financeiros, todos os programas, ações, projetos e atividades planejados pelo governo. Consequentemente, sendo o Parlamento o órgão de representação política dos cidadãos[10], o Poder legislativo atua na defesa do interesse do povo, colaborando para que os objetivos socialmente definidos sejam concretizados com equilíbrio na relação custo--econômico/benefício-social pela administração. Ressalta-se aqui a importância do instrumento de controle operacional, colocando em pauta a discussão sobre a qualidade do gasto e a satisfação aos destinatários de tais ações, não apenas sobre o quantitativo do gasto.

---

[6] Apud MOREIRA NETO, Diogo Figueiredo. *Interferências entre Poderes do Estado.* In: Revista de Informação Legislativa, Brasília: Senado. nº 103. p. 13. Jul./Set. 1989. Disponível no endereço eletrônico: http://www.al.sp.gov.br/web/instituto/sep_poderes.pdf Acesso em 20.07.2007.
[7] REMYRECH, R. *ibidem.* 2007
[8] PELLINI, Ana Maria. *Os Sistemas de Planejamento, Execução e Controle da Gestão Pública: Uma nova proposta.* In: VII CONGRESO INTERNACIONAL DEL CLAD SOBRE LA REFORMA DEL ESTADO Y DE LA ADMINISTRACIÓN PÚBLICA. Lisboa. Out. 2002. Disponível no endereço eletrônico: www.CLAD.org.ve
[9] ZIPPELIUS, R. Op. cit. 1994. p. 416.
[10] Interessante abordagem sobre o conceito de representação pode ser encontrada no livro de PITKIN, Hanna Fenichel. *The Concept of Representation.* (S.I) California Press Berkeley. 1972.

Avaliação no processo orçamentário

O teste definitivo para o governo, ao contrario do que acontece no setor empresarial-privado, não é o rendimento (o lucro), mas sim a reeleição[11]. Portanto, o indicador de *performance* do governo é o nível de satisfação dos eleitores[12] que é revelada, ainda que percepção, nas urnas quando do processo eleitoral.

No entanto, atualmente, a complexidade da máquina burocrática, a ineficiência dos serviços prestados e a ausência de transparência vêm gerando insatisfação e frustração nos cidadãos. Diante dessa situação, termos como responsabilidade, *performance* e resultados são utilizados em um campo de atuação que vai muito alem de estudos e pesquisas acadêmicas.

Os estudos de Floriani (1998)[13] mostram que após exercer um papel estratégico no desenvolvimento econômico no período que abrange dos anos 30 aos anos 70, o Estado mergulhou numa crise durante os anos 80. Esta crise se traduz por três tipos de problemas: primeiro, a crise fiscal, que ocasionou de uma só vez a perda da margem de manobra econômica do Estado e um aumento da dívida pública, associada às taxas inflacionárias elevadas, ao déficit interno crônico e a uma relativa estagnação do crescimento econômico; em seguida, por excesso de regulamentação econômica e de abuso de subsídios, o Estado tornou suas intervenções cada vez menos eficazes; finalmente, o sentimento generalizado de que os serviços públicos são administrados de uma maneira burocrática, ineficaz e rígida.

A chamada Reforma da Gestão Pública ou Gerencial do Estado que iniciou-se no Brasil em 1995 com o objetivo de contribuir para a formação no Brasil de um Estado forte e eficiente, buscou a redefinição das relações entre a sociedade e o Estado, construindo uma esfera pública que verdadeiramente envolva a sociedade e os cidadãos na gestão das políticas públicas[14], abordando três dimensões[15]:

---

[11] OSBORNE, David e GAEBLER, Ted. *Reinventando o Governo: Como o espírito empreendedor está transformando o setor público.* Trad. Sergio Fernando Guarischi Bath e Evandro Magalhães Jr. 10ª edição. Brasília: MH Comunicação. 1998.

[12] LEE JR, Robert D. e JOHNSON, Ronald W. Public Budgeting Systems. Maryland: Aspen Publication. 1998. p. 7. No original: "(...) most voters do not diligently study the US budget before casting their votes in presidential and congressional elections. However, as the government's share of the total economy grows, it is increasingly clear that voters do hold elected representatives responsible for overall budget, the budget deficit, and the general performance of the economy."

[13] FLORIANI, Dimas. Brésil: à qui profite La reforme de l'Etat? In La pensée comptable – État, Néolibéralisme, Nouvelle Gestion Publique. Les Nouveaux Cahiers de L'Institut Universitaire D'Études du Développement. Paris: Presses Universitaires de France, 1998.

[14] CENTRO LATINO AMERICANO DE ADMINISTRAÇÃO PARA O DESENVOLVIMENTO – CLAD. Relatório. Disponível no endereço eletrônico: <www.clad.org.ve>.

[15] BRESSER-PERREIRA, Luiz Carlos. Reforma da Getão Pública: apresentação. Disponível no endereço eletrônico: http://www.bresserpereira.org.br/rgp.asp. Acesso em agosto 2011.

a) dimensão institucional-legal (descentralização da estrutura organizacional do aparelho do Estado através da criação de novos formatos organizacionais, como as agências executivas, regulatórias, e as organizações sociais);

b) dimensão gestão (maior autonomia e novas formas de responsabilização dos gestores – a administração por resultados, a competição administrada por excelência, e o controle social); e

c) dimensão cultural (mudança de mentalidade)

As tentativas de mudança de um estado burocrático para um estado gerencial tiveram alguns marcos históricos, tais como, o Plano Diretor de Reforma do Aparelho do Estado de 1995, a Emenda Constitucional nº 19 de 1998, o *New Public Management*, o *Progessive Era*, todos alicerçados no paradigma neodesenvolvimentista, traduzido pela retirada do foco no estável e redirecioná-lo para o usuário do serviço, cidadão–cliente para o resultado tendo como objetivo o enfoque social. Porém no Brasil, estas tentativas resultaram em um modelo híbrido que apresenta em alguns momentos o viés burocrático e em outros o gerencial.

Assim, peça fundamental na estrutura da Administração Pública, o controle serve, não apenas, como instrumento de avaliação para a própria administração, mas também como alicerce à avaliação da administração por parte da sociedade.

Esta importantíssima ferramenta pode ser implementada através do uso da tecnologia, mediante a criação de canais permanentes de comunicação entre poder público e população, promovendo a confiança entre ambos[16], diminuindo a insatisfação gerada, muitas vezes, pela falta de informação.

CANE (1996)[17] sugere dois critérios de medição de satisfação:

1. verificação do alcance dos objetivos que foram planejados pelo governo e que foram aprovados pelo legislativo (planejamento/resultados esperados).

2. realização de auto-análise para verificar se os mesmos resultados poderiam ter sido atingidos a um custo menor mesmo quando há relativa satisfação dos cidadãos e do governo em torno dos resultados alcançados (resultados alcançados/custo menor).

---

[16] SPECK, Bruno W. (Org). *Caminhos da Transparência: Análise dos Componentes de um Sistema Nacional de Integridade*. São Paulo: Ed. UNICAMP. 2002.

[17] CANE, Peter. *An Introduction to Administrative Law*. Third Edition. Oxford: Clarendon Press. 1996. No original: *An obvious criterion of success is provided by the level of citizen satisfaction with the administrative machine. The number of errors made and the number of complaints lodged with grievance-handling bodies give an important guide to how well the administrative system is working. Other criteria of success could also be suggested. In particular, two issues seem important: first, is the administration effectively achieving the policy goals which the government wants it to achieve and which Parliament has set for it in legislation? (...) Secondly, assuming that the administration is working well both from the citizen's and the government points of view, it is doing so efficiently, or could the same results be achieved at less cost?*

Para SANCHES (2002)[18] a direção da ação governamental deve ser apoiada continuamente sobre um conjunto de informações fiáveis de *feedback* quanto aos resultados e efeitos logrados.

Assim, diversas medidas necessitam ser implementadas para identificar as reais necessidades da população e, via de conseqüência, avaliar de forma mais precisa a execução de políticas, melhorando a avaliação dos gestores, tanto no curso do processo de planejamento, quanto na fase da execução do orçamento.

A incorporação de indicadores de custos e metas físicas e diretrizes a serem alcançadas, a modificação do paradigma social sobre o controle dos gastos com a introdução de maior transparência quando da alocação de recursos públicos nos programas governamentais e a efetiva responsabilização dos reais gestores dos programas são algumas das soluções que necessitam ser implementadas na pela orçamentária.

O documento orçamentário, elaborado pela administração, com a alocação dos recursos fracionada conforme as aspirações da sociedade, aproxima o cidadão da administração e torna possível um maior controle dos resultados alcançados quando da sua execução, gerando transparência nos processos, facilitando a identificação de responsabilidades e possibilitando a auto-avaliação dos programas executados pelo governo e, a identificação dos que não foram executados, bem como, daqueles, cujo nível de execução ficou abaixo do que estava designado no orçamento, sendo possível assim, conhecer as causas do não cumprimento das responsabilidades assumidas pelos administradores públicos perante o Parlamento.

Para dar maior materialidade às propostas políticas do governo visando a obtenção de uma avaliação positiva ou negativa dos programas implementados deve-se buscar maior instrumentalidade às ferramentas colocadas à disposição da administração e da sociedade, pelo ordenamento constitucional.

Para promover a efetiva verificação da economia, eficiência e eficácia na aplicação dos recursos públicos a avaliação do desempenho se mostra como um instrumento mais adequado.

A avaliação de desempenho orçamentário visa, portanto, a oferecer informações quanto aos resultados obtidos por organizações e programas sendo, de acordo com CAUPERS (1998)[19], um dos instrumentos de racionalização das intervenções políticas, situada, à margem de preocupações legalistas, refletindo a idéia

---

[18] SANCHES, Adérito Alain. *O Aperfeiçoamento dos Sistemas de Monitoramento e Avaliação do Executivo nos Programas de Modernização do Sector Público.* In: VII CONGRESO INTERNACIONAL DEL CLAD SOBRE LA REFORMA DEL ESTADO Y DE LA ADMINISTRACIÓN PÚBLICA, Lisboa. Out. 2002. Disponível no endereço eletrônico: www.CLAD.org.ve

[19] CAUPERS, João. *Controlo Institucional e avaliação.* A Avaliação da Administração Pública. Lisboa. INA. 1998. p. 175.

de que não basta à Administração cumprir a lei, é preciso que atue conforme critérios de racionalidade social e econômica de eficiência e eficácia.

A avaliação tem por finalidade, oferecer entendimento e uma visão justificada dos programas de implementação de políticas, deixando claro que tal processo avaliativo não substitui o processo de tomada de decisão política, mas sim permite que as decisões sejam tomadas de maneira mais consciente..

Constitui um processo que implica um ciclo de planejamento/preparação, dotação orçamentária, implementação e avaliação, esta ultima é a ligação que fecha o círculo e completa o circuito de *feedback*. Após ser submetida a uma avaliação, uma política ou programa pode ser melhorado, expandido ou substituído.

Portanto, sendo o orçamento o instrumento pelo qual são distribuídos os recursos arrecadados, a utilização de informação avaliativa que indique a eficiência na utilização destes recursos pelos variados departamentos, é essencial. Para POLLITT (1998)[20] a utilização das avaliações tem como objetivo informar os cidadãos e os parlamentares das principais políticas de interesse público.

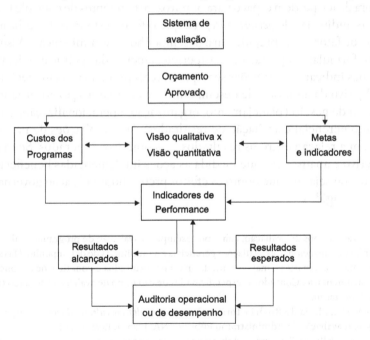

[20] POLLITT, Christopher. *Papéis alternativos para a avaliação no processo de reforma da gestão pública*. Tradução de texto fornecido pelo autor. In: A Avaliação da Administração Pública. Lisboa: INA. 1998. p. 49. Destaca neste âmbito que o reino Unido não teve qualquer iniciativa neste sentido até aquela data, mas que, ao contrário a Finlândia e os EUA introduziram mecanismos complexos para avaliar os impactos dos seus programas.

No entanto, para que seja possível a utilização de instrumentos avaliativos, necessário se faz à obtenção de certas informações e dados configurados no chamado sistema de avaliação[21], do qual um dos vértices é a mensuração do desempenho.

Importante também é a implementação de um sistema de informação fiável e adequado, preparado para captar e processar as informações para se ter conhecimento de que as metas propostas foram ou não atingidas.

De significativa relevância é a proposta de ALEXANDRE (1998)[22], sugerindo que, quando da aprovação das escolhas políticas por meio da apreciação da proposta de lei orçamentária, as informações constantes nas avaliações sejam utilizadas como base. Um dos objetivos da avaliação é informar o cidadão e o Parlamento, portanto, o sistema de avaliação acoplado ao sistema orçamentário, possibilitaria à fiscalização da economicidade, eficiência e eficácia pelos órgãos competentes, a partir da definição de indicadores de *performance*[23].

Assim, as auditorias ligadas àquela idéia de administração pública como mera executora da lei, perdem espaço para os novos instrumentos de controle fazendo surgir as auditorias de *performance*, vez que o foco deste tipo de auditoria é a detecção de fatores que prejudicam o desempenho da administração. Assim, seu intuito é formular propostas para o aperfeiçoamento das políticas e decisões e não apenas indicar imperfeições sem que os reais problemas sejam detectados.

O objetivo da auditoria de desempenho é examinar a ação governamental, o processo de gestão (planejamento, organização, operacionalização, acompanhamento gerencial e avaliação de resultados). Já as avaliações de programas examinam a relação entre os resultados e os objetivos esperados. Seu principal objetivo é analisar em que medida as ações implementadas beneficiaram a sociedade, ou seja, até que ponto os efeitos pretendidos pela ação governamental foram atingidos[24].

---

[21] Existem vários tipos de avaliação, como por exemplo: a avaliação de programa, avaliações do desempenho organizacional, as avaliações gerenciais e as auditorias de desempenho. Há também avaliações mais sistemáticas, mais orientadas para os resultados e com ligações explícitas ao processo orçamentário. Contudo, as especificidades de cada tipo de avaliação não serão trazidas para esta dissertação.

[22] ALEXANDRE, Maria do Rosário Torres. *Controlo e Avaliação: culturas diferentes em processo de convergência*. A avaliação da Administração Pública. INA. Lisboa. 1998. p. 182.

[23] Apud JESUS, Alfredo Fernandes. *Aplicação do orçamento baseado em atividades na mensuração de indicadores de desempenho em organização hospitalar do comando da aeronáutica*. Tese (Mestrado em Ciências Contábeis, apresentado à Faculdade de Administração e Finanças. Universidade do Estado do Rio de Janeiro). 2003. p. 140.

[24] FERRAZ, Luciano. *Modernização da Administração Pública e Auditorias de Programas. In*: Revista Eletrônica sobre Reforma do Estado n. 4. Jan-Fev 2006. Disponível no endereço eletrônico: http://www.direitodoestado.com.br Acesso em agosto de 2007.

Em face do exposto, verifica-se que a relevância da área de controle deve ir além dos aspectos da legalidade para acompanhar as metas mensuráveis em relação a outros aspectos não menos importantes, como é o caso da economicidade, eficiência e eficácia.

Tais parâmetros levam para uma análise voltada para a instrumentalização do controle social como, por exemplo: se o número de incidência de uma doença diminuiu após a campanha de vacinação em massa, se o número de matrículas nas escolas aumentou após a construção de novas escolas, se o número de jovens empregados aumentou após a diminuição da evasão escolar.

Neste sentido, importante pesquisa realizada por técnicos da Controladoria Geral do Município do Rio de Janeiro, em 1995, no Estado de Maryland, nos EUA, fruto de intercâmbio entre governos, traz informações importantes que merecem destaque[25].

Naquela ocasião, foi constatado que no Estado de Maryland é utilizado o sistema de indicadores de desempenho, baseado em quatro categorias:

1. Indicadores *input* – são os recursos usados para executar um programa durante um determinado período. Focalizam o total dos recursos aplicados na atividade, entretanto não consideram os resultados.
2. Indicadores *output* – indicam o produto de várias atividades.
3. Indicadores de eficiência – está relacionado aos consumos dos recursos (custos) necessários ao montante de produção.
4. Indicadores *outcomes* – representam os resultados esperados. Aqui o monitoramento é dos resultados e não da atividade em si.

Os indicadores *outcomes* desenvolvidos com o foco voltado para determinar se a medida é ou não apropriada, refletem a missão, a prioridade da administração e a satisfação do cidadão.

Os pesquisadores afirmam que o *output* por si só não é capaz de mostrar o desempenho do programa. Eles dão como exemplo que um *output* pode ser o número de vacinações que foram aplicadas nas crianças anualmente, no entanto, o *outcome* corresponde à verificação do resultado destas vacinações, ou seja, a redução de incidência da doença.

A grande importância do *outcome* é o balizamento estratégico por parte dos altos escalões do governo, para que as entidades hierarquicamente inferiores definam suas metas em termos de *output* e *input*, com base nos parâmetros pré-estabelecidos[26]. Contudo, apesar da evidente importância, a coleta de dados do

---

[25] Apud JESUS, A. F. Op. cit. 2003. p. 143.
[26] JESUS, A. F. Op.cit. 2003. p. 143.

outcome é um investimento caro, e alguns resultados necessitam de muito tempo para serem mensurados[27].

MAJONE (1997)[28], ao analisar os processos avaliativos das políticas públicas, afirma que o verdadeiro desafio em avaliação é o desenvolvimento de um processo que enfatiza aprendizado e mudanças, em vez de um sistemático julgamento de valor, bom ou mau.

O referido autor questiona se a confiança gerada pela prestação de contas depende da relação entre algum resultado medido por um critério de êxito predeterminado, e afirma, que tal relação de confiança pode, sim, depender de métodos de avaliação capazes de abarcar mais informações que um simples juízo de êxito ou fracasso.

De qualquer forma, MAJONE (1997)[29] concorda que a análise dos resultados pode contribuir para o aprendizado social, refinando os critérios de avaliação dos programas públicos e estimulando um entendimento mais amplo das políticas públicas. Para tanto, a ênfase que deve ser dada recai sobre a perspectiva instrumental da avaliação, integrando os resultados da avaliação ao planejamento e ao orçamento, criando instrumentos de gestão focados na realidade, que é dinâmica, incerta e conflituosa.

A implementação de um sistema de mensuração de desempenho e de custos capaz de medir e avaliar cada despesa efetuada é uma das ferramentas que possibilitará o alcance de um novo modelo de gestão administrativa que suplica, não só por responsabilização e transparência, mas também, por resultados satisfatórios[30]. Conseqüentemente, tal ferramenta possibilitará a verificação da eficiência da administração pública pelos respectivos órgãos de controle.

MOZZICAFREDDO (2006)[31] acrescenta que é preciso juntar aos indicadores de eficiência e de economia na gestão dos recursos públicos, indicadores de avaliação da qualidade e justiça desses mesmos programas.

---

[27] GRIZZLE, Gloria A . *Linking Performance to Funding Decisions: What is the Budgeter's Role?* In: Performance Based Budgeting. Miller, Hildreth e Rabin (Coord.). (S.I.) An Aspa Classic. 2001. p. 208. No original: "(...) Because of the long time required for measuring some programs results (...)"
[28] MAJONE, Giandomenico. *Evidencia, argumentación y persuasión en la formulación de políticas.* Trad. Eduardo L. Suárez. México: Colegio Fundo de Cultura Economica. 1997. p. 228.
[29] MAJONE, Giandomenico. *ibidem*. p. 229.
[30] FUKUYAMA, Francis. .*A Construção de Estados – Governação e Ordem mundial no século XXI.* Trad. F J Azevedo Gonçalves. Gradiva. 2006. p. 67.
[31] MOZZICAFREDO, Juan. *A responsabilidade e a cidadania da Administração Pública.* Sociologia. Setembro de 2002, n. 40. Disponível no endereço eletrônico: http://www.scielo.oces.mctes.pt Acesso em março de 2006.

Por sua vez, PELLINI (2002)[32] propõe que se incluam nas prestações de contas, ao lado dos números financeiros, indicadores sociais, com o objetivo de demonstrar, em termos numéricos, a qualidade de vida da população.Tais indicadores, calculados e apresentados pelos controles internos em parceria com uma instituição estatística específica, fariam parte de um banco de dados cujo objetivo é medir a evolução dos resultados das políticas implementadas ao longo dos anos em relação à qualidade de vida dos destinatários das políticas – o cidadão.

Diversos estudos revelam que é essencial proceder a uma revisão do modelo de organização burocrática hierárquica, no sentido de alterar os padrões de comportamento dos agentes da administração[33], fixando responsabilidades pessoais aos administradores públicos pelas suas ações e introduzindo mecanismos que liguem os funcionários públicos à obtenção de resultados[34], com o objetivo de incrementar a eficiência e eficácia das estruturas públicas e fornecer dados que possam ser utilizados pelos cidadãos para sua própria avaliação do governo.

No ordenamento jurídico norte-americano a questão envolvendo o desempenho do governo foi introduzida com o *Government Performance and Results Acts* cujo objetivo era alterar o *modus operandi* da burocracia, para que todas as agencias federais pudessem especificar os resultados a serem produzidos, estabelecendo um vínculo direto entre as medidas e os objetivos propostos e as dotações do Congresso[35].

A idéia era forçar o Congresso americano a exercer um papel mais ativo, visando ao estabelecimento de algumas metas específicas para as agências federais. Para o Senador Willian Roth, maior incentivador do desenvolvimento de tal sistema, o Congresso tem a obrigação de dizer aos contribuintes americanos que resultados pretendemos alcançar com o dinheiro que gastam, e essa exigência deveria ser incluída na legislação[36].

---

[32] PELLINI, Ana Maria. *Os Sistemas de Planejamento, Execução e Controle da Gestão Pública: Uma nova proposta. In:* VII CONGRESSO INTERNACIONAL DEL CLAD SOBRE REFORMA DEL ESTADO Y DE LA ADMINISTRACIÓN PÚBLICA. Lisboa. Out. 2002. Disponível no endereço eletrônico: http://www.clad.org.ve Acesso em agosto de 2007. No Estado de São Paulo foi criado o Índice Paulista de Responsabilidade Social, nos moldes do Índice de Desenvolvimento Humano que é calculado pelo programa das nações Unidas (PNUD) a partir dos anos 90, em todos os países. Adicionalmente tramita no Congresso Nacional Projeto de lei nº 64/2007 estendendo o cálculo do índice para todos os Estados brasileiros.

[33] GONÇALVES, Pedro. *Entidades Privadas com Poderes Públicos.* Coimbra Editora. 2005. p. 334.

[34] ROSENBLOOM, David H. e KRAVCHUK, Robert S. *Public Administration – Understanding management, politics, and law in the public sector.* (S.l.) MC Graw Hill. 5ª ed. 2002. p. 596.

[35] KUSEK, Jody Zall. *Mudar a Administração: a experiência Americana. Tradução de gravação da comunicação oral. In:* A Avaliação da Administração Pública. INA. Lisboa. 1998. p. 82.

[36] BEHN, Robert D. *O novo paradigma da gestão pública e a busca da accountability democrática. In:* Revista do Serviço Público. Ano 49. nº 4. Out-Dez 1998. p. 32.

A experiência americana mostra que a aprovação da Lei orçamentária e do plano, seguida da gestão de dados de qualidade e aprovação de parâmetros avaliativos, gera interação ampla dos sistemas, sem os quais, o planejamento perderia a finalidade como instrumento que situa no momento presente as necessidades estratégicas do futuro, e o orçamento, como instrumento identificador dos gastos, perde seu valor primordial de transparência e controle dos gastos do governo.

Neste sentido, a Comissão Européia, em 1996, adotou uma política de avaliação sistemática de programas. Assim, as avaliações ficaram a cargo de departamentos operacionais e as Diretorias-Gerais, responsáveis pelo orçamento e controle financeiro, dando suporte ao controle de qualidade das avaliações.

Segundo TALBOT, DAUNTON e MORGAN (2001)[37], o elo de conexão entre orçamento e avaliação é verificado na obrigatoriedade de que todas as propostas de programa sejam acompanhadas de um demonstrativo financeiro que estabeleça um plano avaliativo para o programa. As propostas de novos programas precisam ter por base uma avaliação *ex ante*, e as propostas para renovação dos programas também precisam estar apoiadas em avaliações. Em resumo, sem avaliação não deveria ocorrer a alocação de recursos.

Para se evitar a vulnerabilidade do sistema, no momento da implementação e melhoria de todo sistema de avaliação deveria ser levado em conta:

Agente Avaliador - quem terá competência para avaliar o quê.

Maturação da Avaliação - não é aconselhável a realização de avaliações antes de o programa ter atingido um certo grau de maturidade[38]. A boa avaliação é aquela apoiada por um sistema eficiente de monitoramento assim que iniciado o programa, permitindo, durante a avaliação, o transcurso de tempo suficiente para a análise eficiente do material.

Foco das Avaliações - atender às necessidades dos usuários, isto é, aos anseios dos cidadãos. Um diálogo entre as culturas dos usuários e dos avaliadores deve ser enfatizado[39]. Depois de realizada a avaliação, o juízo de valor e as recomendações que dali se extraem são de responsabilidade exclusiva dos requerentes ou usuários da avaliação, podendo ainda ser úteis para a provocação e orientação de discussões, sinalizando as decisões e ações que devem ser tomadas. A sugestão de melhorias constante nas avaliações é um mecanismo construtivo que não se limita a apontar as debilidades de um programa, podendo contribuir para um consenso quanto às mudanças necessárias.

Indicadores de desempenho/ custos - implementação de um sistema de custos acoplado a indicadores que revelem além dos outputs, conhecimento dos custos/

---

[37] TALBOT, Collin; DAUNTON, Lyn e MORGAN, Collin. Op.cit. 2001.
[38] MARJUKKA, A. e SIGURDUR, H., Op. cit. 2000.
[39] MARJUKKA, A. e SIGURDUR, H. Op.cit. 2000.

benefícios, custo/eficiência e valor criado (*value for money*). Tal sistema revela não apenas o resultado que se quer alcançar, mas também o que a sociedade espera da aplicação daquele recurso. O conhecimento dos custos auxiliaria na introdução de metas físicas na peça orçamentária visando garantir maior transparência na execução dos programas, possibilitando uma avaliação pelo Parlamento e pelo órgão de controle externo, para além da conformidade dos números financeiros e da legalidade dos atos, refletindo uma avaliação voltada para o cumprimento ou não das metas e objetivos, conforme proposta do Poder executivo e aprovação pelo Poder legislativo.

Responsabilização – Para TALBOT, DAUNTON e MORGAN (2001)[40] ao analisar a responsabilidade pelo desempenho devem ser observadas as seguintes variáveis:

1) Grau de obrigatoriedade conferido às organizações para produzir a informação sobre o desempenho;

2) Grau de especificação e de orientação dos tipos de mensuração de desempenho;

3) Grau de força dos incentivos e penalidades para o desempenho atual alcançado.

Um exemplo de tal responsabilidade solidária pode ser verificada quando da execução de obra publica. Trago como exemplo obra de conserto de uma via expressa. A falha na atestação de um serviço prestado é o passaporte que leva o ordenador de despesa principal a autorizar o pagamento de um serviço mal prestado. Assim, uma atestação equivocada feita por agente público devidamente autorizado induz o ordenador principal ao erro. Vejamos o quadro ilustrativo a seguir:

---

[40] TALBOT, C.; DAUNTON, L. e MORGAN, C. Op.cit. 2001.

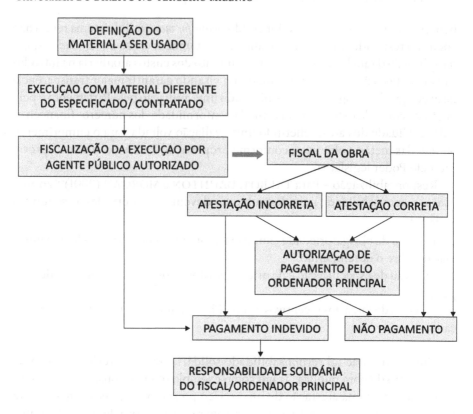

Diante de tudo o que foi explanado, observa-se que a mudança visionada para a nova administração pública questiona os sistemas de controle tradicionais. O controle financeiro, cujo objetivo principal era a manutenção da integridade de sistemas e procedimentos capazes de identificar eventuais falhas orgânicas e no processo de decisão, passa a existir para assegurar resultados que deverão ser julgados nos termos estipulados.

Os instrumentos de avaliação devem estar, assim, a serviço não apenas do controle financeiro, mas também da gestão como um todo, auxiliando o governo e o Parlamento na elaboração de metas e objetivos da administração, direcionando-os aos anseios da população, mediante intercâmbio de informações nos diversos setores, mudança de paradigmas e rotinas consideradas nocivas e gerenciamento de dados de qualidade.

Contudo, as expectativas em relação à utilização dos resultados avaliativos no processo de alocação de recursos públicos devem ser realistas. O processo orçamentário pressupõe um processo de escolhas políticas, dentre as quais o resultado da avaliação é apenas um dos fatores a serem considerados.

Neste aspecto é significativa a lição de CAMPOS[41] (2003) ao discutir o poder absoluto do estado lembrando que "a administração pública, longe (espera-se) de qualquer *imperium*", nada mais é que um instrumento ao serviço dos cidadãos para prosseguir os fins que estes lhe assinalem.

O mesmo autor ao tratar da participação dos cidadãos no procedimento administrativo esclarece que "todas as garantias a nível do processo de criação das leis serão insuficientes se não houver um controle bastante sobre o procedimento administrativo, sobretudo sobre a liquidação dos impostos e a actividade da Administração" que constitui, portanto, ação perfeitamente aplicável para informar aos cidadãos de onde o dinheiro veio e onde o dinheiro foi aplicado, ou seja, a essência do orçamento como instrumento de controle social.

Conclusão

Partindo da premissa que o controle da eficiência, economia e eficácia dos atos da administração é dever dos órgãos de controle interno e externo, é possível perceber a necessidade de comprovar a não apenas a legalidade dos atos e dispendios, mas também de avaliar os resultados, quanto à eficácia e eficiência da gestão orçamentária, financeira e patrimonial.

Neste sentido, pela bibliografia e legislação pesquisada, conclui-se que a matéria relativa à avaliação de desempenho como parte integrante da Lei de Orçamento há a necessidade de produzir um esforço entre Executivo e Legislativo para estabelecimento de metas e objetivos permanentes de longo prazo, conjugados com os objetivos conjunturais de curto prazo, que dariam ao processo orçamentário o conteúdo imprescindível para a avaliação do desempenho.

Assim, a pesquisa indica que para uma avaliação da administração pública sobre o aspecto da eficiência, economia e eficácia depende da introdução, no planejamento quanto das metas e objetivos que se pretendem atingir, permitindo o controle, não só do quanto será aplicado, como também se os recursos aplicados atingiram ou não os objetivos esperados, podendo-se assim avaliar a continuidade ou não de determinada política.

É imperioso que os órgãos de controle interno e externo adotem um modelo integrado com o legislativo e com o governo, para que a fiscalização da eficiência e eficácia dos atos do governo seja efetivada, mediante a observação dos *inputs* e, principalmente, dos *outputs*, para identificar os produtos gerados e os benefícios de tais ações para o cidadão. Desta forma, caberá aos órgãos de controle a orientação dos responsáveis a respeito dos projetos em curso, e não apenas a

---

[41] CAMPOS, Diogo Leite de e Campos, Monica Horta Neves de. Direito Tributário, 2ª. edição. Editora Almedina. Coimbra, 2003.

aplicação de sanções em face do descumprimento de dispositivos legais ou irregularidades financeiras ou fiscais.

Portanto, os órgãos e instituições de controle interno e externo precisam buscar uma análise para além da conformação jurídico-legal e financeira, confrontando os resultados fornecidos com as metas estipuladas, visto que os cidadãos querem saber, não apenas se as despesas foram feitas em conformidade com a lei, mas também, se houve ou não uma boa gestão dos dinheiros públicos com o atendimento das metas propostas[42].

Ao Poder legislativo e aos órgãos de controle externo, como as Cortes de Contas, fiscalizar a administração pública mediante a realização de auditorias operacionais permitindo conhecer a economicidade, eficiência e eficácia em relação aos produtos colocados ou oferecidos aos cidadãos.

No âmbito do sistema orçamentário, é o Poder legislativo o órgão competente que, aprovando as despesas, autoriza os gastos. Portanto, é ele o órgão competente para definir os critérios de avaliação da administração pública e os objetivos pretendidos no instrumento orçamentário.

Neste aspecto, fica evidente que a participação do Poder legislativo na aprovação dos orçamentos e dos planos não é meramente figurativa. Este poder tem o dever, como órgão representante do povo, de co-dirigir a administração pública visando à construção de uma sociedade melhor e mais justa, defendendo os interesses e preferências dos cidadãos.

Não se pode esquecer que no âmbito do sistema orçamentário é o Poder legislativo o órgão competente que, aprovando as despesas, autoriza os gastos. Portanto, é ele o órgão competente para normatizar a respeito dos parâmetros em termos de metas e resultados que deverão ser alcançados pelo governo quando da execução do orçamento, estabelecendo as regras para os resultados que devem ser atingidos durante o ano fiscal subseqüente.

Notadamente, verifica-se que o controle exercido pelo Poder legislativo e pelos Tribunais de Contas é balizado em última análise pela vontade popular, isto é, pelos anseios da sociedade. O conhecimento dos anseios da população, aliado às regras legalmente estabelecidas, possibilitará alocar os recursos recebidos dos contribuintes de maneira mais eficiente e eficaz, atendendo às reais necessidades da sociedade, e posteriormente auxiliará o governo a elaborar uma prestação de contas mais transparente e responsável, seja para submissão aos órgãos técnicos de controle interno ou externo, ou à população de modo permanente.

Para que os limites deste controle seja claro e transparente é necessária maior aproximação entre Poder legislativo e Poder executivo, pois enquanto cabe ao

---

[42] Apud ESTORNINHO, Maria João. *Fuga para o Direito Privado.* Coimbra. Editora Almedina. 1999. p. 311.

primeiro a concordância e aprovação dos planos e orçamentos, ao segundo cabe a responsabilidade pelo encaminhamento da proposta, que deve refletir os anseios da sociedade, a qual, em ultima instância, é representada pelo próprio Legislativo. Em conseqüência, é de vital importância a implementação de um sistema de orçamento que expresse essa convergência.

A aprovação de um plano avaliativo, elaborado pelo Poder executivo e aprovado pelo Poder legislativo, contendo as metas a serem atingidas, seguidas da aprovação da lei orçamentária anual, dá ao Parlamento, sem engessar as ações governamentais, os contornos legais necessários para uma efetiva avaliação da administração quanto à execução do orçamento. A ausência de colaboração de um ou outro prejudica o controle, além do planejamento, a transparência e a responsabilização (accountability).

A percepção do resultado alcançado em favor da comunidade só poderá ser conseguida mediante o conhecimento dos custos/benefícios, custo/eficiência e valor criado (*value for money*) que somente será adquirido, por via complementar, através de auditorias operacionais internas e externa disponibilizadas de forma clara e transparente para o cidadão.

Para isso a introdução de metas físicas na peça orçamentária garantiria maior transparência na execução dos programas, possibilitando uma avaliação pelo Parlamento e pelo órgão de controle externo, para além da conformidade dos números financeiros e da legalidade dos atos, refletindo uma avaliação voltada para o cumprimento ou não das metas e objetivos, conforme proposta do Poder executivo e aprovação pelo Poder legislativo.

As metas serão, por sua vez, medidas a partir do controle efetivo do resultado alcançado e por intermédio da realização de pesquisas e elaboração de índices de satisfação dos cidadãos com os programas desenvolvidos visando a conhecer a efetividade das ações desempenhadas pelos administradores. Ato contínuo, a ausência de normatização de tais metas definindo parâmetros e conectando-os aos correspondentes instrumentos normativos de planejamento e orçamento é elemento impeditivo para uma análise e avaliação consistente e precisa pelos competentes órgãos de controle. Portanto, tal lacuna obstrui os canais de comunicação entre os Poderes legislativo, executivo e a sociedade, prejudicando todo o sistema de controle entre os poderes, previsto pelas Constituições modernas.

A pesquisa permitiu concluir que a avaliação, quando utilizada de forma apropriada e devidamente integrada a um arcabouço legal e de gestão de desempenho, é capaz de preencher uma importante lacuna, fomentando o aumento da eficiência e da eficácia do setor público e fortalecendo, conseqüentemente, os pilares das atividades públicas, permitindo aos governos melhorar em seu desempenho, sua responsabilidade e capacidade para prestar contas.

A avaliação também pode ajudar os cidadãos a controlar a administração, que, ao tomarem conhecimento do que está sendo feito com seu dinheiro, são capazes de considerar as alternativas possíveis às políticas implementadas. No campo de estudo da avaliação é preciso considerar que a adição de indicadores de desempenho apresentando o impacto que os gastos aprovados terão no atendimento das demandas sociais e os resultados a serem atingidos, estimularia a concorrência positiva[43], mobilizaria a população para a melhora dos indicadores e, por via de conseqüência, é capaz de demonstrar a melhora na qualidade de vida da população.

Ponto relevante deste estudo mostrou que a avaliação pode ser também um instrumento auxiliar na alocação de recursos, ajudando os formuladores de políticas e os responsáveis pelo orçamento a distribuir os recursos e a fazer melhor uso dos fundos disponíveis, auxiliando na identificação dos meios mais eficientes e eficazes de se alcançarem os resultados desejados e de promover os gastos, de modo a facilitar o desenvolvimento de novas áreas de prioridade.

Seja qual for o mecanismo adotado, sua implementação e utilização só será possível com uma reformulação administrativa, não apenas a nível de busca por profissionais mais capacitados e conectados às novas tecnologias, mas também, com ênfase nas idéias explicitadas do *New Public Manangement*, mediante a criação de mecanismos que ressaltem a missão a ser realizada, que deleguem a autoridade, que desenvolvam orçamentos por resultados, que incentivem a competição nas operações do governo, buscando o mercado antes de soluções administrativas, medindo o nível de satisfação do cidadão.

Entretanto, é preciso alertar que todo o esforço será em vão se não for efetuado mediante alterações legislativas no processo de escolhas de prioridades, tanto pelo Executivo como pelo Legislativo, vez que a seleção cautelosa dos tópicos a serem submetidos à avaliação, os objetivos, os critérios a serem observados, a identificação dos usuários dos serviços avaliados, a definição da responsabilidade dos diferentes atores e etc, torna mais fácil o gerenciamento das avaliações e contribui para a qualidade dos resultados. Por sua vez, sendo parte do processo dinâmico de ações administrativas, o planejamento da avaliação deve permitir mudanças e ajustamentos conforme as necessidades.

Por fim, a pesquisa indica que o estudo do orçamento não está restrito ao cumprimento de mandamentos legais, cuja maior preocupação é com as metas financeiras. Ao contrário, o orçamento deve ser utilizado como ferramenta de gestão através do qual o administrador e a sociedade terão a sua disposição informações importantes para análise e controle. Sob a influência deste novo paradigma, a

---

[43] PELLINI, Ana Maria. Op. cit. 2002. A concorrência positiva de que a autora fala, refere-se ao estabelecimento de um *score* capaz de promover a comparação entre municípios.

atividade de controle do Estado é reorientada, cedendo espaço para novos instrumentos de controle capazes de ligar todas estas variantes.

Deste modo, ao fim do ano fiscal, o Poder legislativo, quando da análise das prestações de contas, será capaz de verificar o atingimento ou não das metas por ele definidas e colaborar para a melhora na qualidade de vida da população.

Bibliografia

ALEXANDRE, Maria do Rosário Torres. *Controlo e Avaliação: culturas diferentes em processo de convergência*. A avaliação da Administração Pública. INA. Lisboa. 1998.

BEHN, Robert D. *O novo paradigma da gestão pública e a busca da accountability democrática*. In: Revista do Serviço Público. Ano 49. nº 4. Out-Dez 1998.

BERCOVICI, Gilberto. *As possibilidades de uma Teoria do Estado*. O Estado. Revista História das Idéias. Vol. 26. Instituto de História e Teoria das Idéias. Coimbra: Faculdade de Letras da Universidade de Coimbra. 2006.

BOBBIO, Norberto. *Estado, Poder y Gobierno: Por uma Teoria General de la Política*. Trad. José F. Fernández Santillán. México: Fondo de Cultura Económica. 1998.

BRESSER-PERREIRA, Luiz Carlos. *Reforma da Getão Pública: apresentação*. Disponível no endereço eletrônico: http://www.bresserpereira.org.br/rgp.asp. Acesso em agosto 2011.

CAMPOS, Diogo Leite de e Campos, Monica Horta Neves de. Direito Tributário, 2ª. edição. Editora Almedina. Coimbra, 2003.

CANE, Peter. *An Introduction to Administrative Law*. Third Edition. Oxford: Clarendon Press. 1996.

CANOTILHO, J J. Gomes. *Direito Constitucional e Teoria da Constituição*. Coimbra: Almedina. 2006.

CAUPERS, João. *Controlo Institucional e avaliação*. A Avaliação da Administração Pública. Lisboa. INA. 1998.

CENTRO LATINO AMERICANO DE ADMINISTRAÇÃO PARA O DESENVOLVIMENTO - CLAD. Relatório. Disponível no endereço eletrônico: <www.clad.org.ve>.

FLORIANI, Dimas. Brésil: à qui profite La reforme de l'Etat? In La pensée comptable – État, Néolibéralisme, Nouvelle Gestion Publique. Les Nouveaux Cahiers de L'Institut Universitaire D'Études du Développement. Paris: Presses Universitaires de France, 1998.

FUKUYAMA, Francis. .*A Construção de Estados – Governação e Ordem mundial no século XXI*. Trad. F J Azevedo Gonçalves. Gradiva. 2006.

GONÇALVES, Pedro. Entidades Privadas com Poderes Públicos. Coimbra editora. 2005.

MAJONE, Giandomenico. *Evidencia, argumentación y persuasión en la formulación de políticas*. Trad. Eduardo L. Suárez. México: Colegio Fundo de Cultura Economica. 1997.

MOREIRA NETO, Diogo Figueiredo. *Interferências entre Poderes do Estado*. In: Revista de Informação Legislativa, Brasília: Senado. nº 103. p. 13. Jul./Set. 1989. Disponível no endereço eletrônico: http://www.al.sp.gov.br/web/instituto/sep_poderes.pdf Acesso em 20.07.2007.

MOZZICAFREDO, Juan. *A responsabilidade e a cidadania da Administração Pública*. Sociologia. Setembro de 2002, n. 40. Disponível no endereço eletrônico: http://www.scielo.oces.mctes.pt Acesso em março de 2006.

PELLINI, Ana Maria. *Os Sistemas de Planejamento, Execução e Controle da Gestão Pública: Uma nova proposta. In:* VII CONGRESSO INTERNACIONAL DEL CLAD SOBRE REFORMA DEL ESTADO

Y DE LA ADMINISTRACIÓN PÚBLICA. Lisboa. Out. 2002. Disponível no endereço eletrônico: http://www.clad.org.ve Acesso em agosto de 2007.

POLLITT, Christopher. *Papéis alternativos para a avaliação no processo de reforma da gestão pública.* Tradução de texto fornecido pelo autor. In: A Avaliação da Administração Pública. Lisboa: INA. 1998.

SANCHES, Adérito Alain. *O Aperfeiçoamento dos Sistemas de Monitoramento e Avaliação do Executivo nos Programas de Modernização do Sector Público.* In: VII CONGRESO INTERNACIONAL DEL CLAD SOBRE LA REFORMA DEL ESTADO Y DE LA ADMINISTRACIÓN PÚBLICA, Lisboa. Out. 2002. Disponível no endereço eletrônico: www.CLAD.org.ve

SILVA, Lino Martins. *Contabilidade Governamental – um enfoque administrativo.* São Paulo: Editora Atlas, 2004.

TALBOT, Collin; DAUNTON, Lyn e MORGAN, Collin. *A mensuração de desempenho de ministérios e agencias de governo: evoluções internacionais.* Trad. René Locan Filho. Revista do serviço Público. Ano 52. nº 3. Jul-Set 2001.

ZIPPELIUS, Reymond. *Teoria Geral do Estado.* Trad. Karin Praefke-Aires Coutinho. J. J. Canotilho (Coord.). Lisboa : Fundação Calouste Gulbenkian. 1994.

A Resolução Extrajudicial de Conflitos em Portugal no Século XXI

CÁTIA MARQUES CEBOLA

Docente na Escola Superior de Tecnologia e Gestão do Instituto Politécnico de Leiria. Mestre em Direito pela Faculdade de Direito da Universidade de Coimbra e Doutora em Direito pela Faculdade de Direito da Universidade de Salamanca.

SUMÁRIO: Introdução; 1. Os meios de resolução extrajudicial de conflitos; 1.1. O panorama português na actualidade; 1.1.1. A mediação; *i. A mediação como um método*; *ii. O objecto da mediação: conflitos jurídicos*; *iii. Os sujeitos da mediação*; *iv. O resultado da mediação*; 1.1.2. A arbitragem; 1.1.3. Os Julgados de Paz; 2. Critérios de selecção do meio apropriado a cada conflito; 2.1. *Fitting the forum to the fuss*; 2.2. A concepção de Sander e Rozdeiczer; 2.3. *Fitting the forum to the fuss* em Portugal; *i. Celeridade*; *ii. Confidencialidade*; *iii. Minimização de custos*; *iv. Manutenção da relação pessoal*; *v. Criação de novas soluções*; *vi. Controlo do processo pelas partes*; *vii. Controlo do resultado pelas partes*; *viii. Controlo judicial*; *ix. Decisão executória*; Conclusão.

Introdução

O «Direito, geral e abstracto, prévio a cada caso, e a todos, tem vindo a perder terreno perante a afirmação de direitos individuais que, em conflito, "só" permitem composições concretas, em termos de "direito" de cada caso»[1]. Na esteira da afirmação do Professor Doutor Diogo Leite de Campos ganha crescente importância a implementação de meios extrajudiciais de resolução de conflitos, assentes na busca de uma solução concreta fora do cenário judiciário para os diferendos

---

[1] Cfr. CAMPOS, Diogo Leite: "A arbitragem voluntária (jurisdição dos cidadãos) nas relações tributárias", *I Congresso do Centro de Arbitragem da Câmara de Comércio e Indústria Portuguesa: Intervenções*, Org. Centro de Arbitragem Comercial, Associação Comercial de Lisboa, Almedina, 2008, pp. 224.

que emergem naturalmente da interacção humana em sociedade. Na verdade, o monopólio dos tribunais na Administração da Justiça constitui neste novo século um paradigma em superação[2], preconizando-se hodiernamente a convivência e uma relação de equilíbrio entre o sistema judicial e os mecanismos extrajudiciais que despontam no actual panorama nacional e internacional.

É dos EUA que, desde os anos 60/70 do século passado, sopram ventos de mudança, impulsionados pela corrente de pensamento *Critical Legal Studies*, movimento crítico da situação do sistema judicial norte-americano, por um lado, e, por outro, da tendência legislativa federal sentida naquele país, assente num normativismo excessivo[3]. A *Pound Conference*[4] de 1976 vem dar voz a esta insatisfação, colocando a primeira pedra na tendência contemporânea de aplicação de meios extrajudiciais de resolução de conflitos, comummente designada pela expressão anglo-saxónica *Alternative Dispute Resolution* (ADR). No actual contexto, a predita designação é objecto de críticas por ter ínsita uma conotação concorrencial face ao sistema judicial, a qual é rejeitada[5]. Na verdade, tribunais e meios extrajudiciais não constituem vias antagónicas, mas apenas caminhos distintos cujas

---

[2] Cfr. CAMPOS, Diogo Leite de, "A arbitragem voluntária, jurisdição típica do estado-dos-direitos e dos-cidadãos", *A Evolução do Direito no Século XXI: Estudos em Homenagem ao Prof. Arnoldo Wald*, Coord. Diogo Leite de Campos, Gilmar Ferreira Mendes, Ives Gandra da Silva Martins, Almedina, Coimbra, 2007, pp. 39-53.

[3] A corrente *Critical Legal Studies* tem como representante Dereck Bok, decano da Faculdade de Direito de Harvard, que em 1983 definiu o sistema judicial americano como um sistema "sembrado de las esperanzas defraudadas de aquellos que lo encuentran demasiado difícil de comprender, demasiado quijotesco para imponer respecto y demasiado caro para resultar práctico". Cfr. BARONA VILAR, Sílvia, *Solución extrajurisdiccional de conflictos: «Alternative Dispute Resolution» (ADR) y Derecho Procesal*, 1ª edição, Tirant lo Blanch, Valência, 1999, p. 48.

[4] Formalmente conhecida como *National Conference on the Causes of Popular Dissatisfaction with the Administration of Justice*, reuniu juristas e investigadores em torno do debate relativo ao sistema legal norte-americano e à administração da justiça neste país.

[5] Karl Mackie critica a expressão "alternative" por três ordens de razões. Em primeiro lugar porque determinados conflitos dificilmente são levados a tribunal. Em causa estão, por exemplo, os conflitos de consumo que pelo seu valor, geralmente reduzido, exigem outras formas de resolução e, portanto, as vias extrajudiciais acabam por traduzir não uma alternativa mas, muitas vezes, o único caminho para que os cidadãos obtenham uma resposta ao seu diferendo. Em segundo lugar, uma percentagem elevada de litígios que são levados aos órgãos jurisdicionais acabam por terminar por acordo, antes mesmo da realização do julgamento. Assim, dificilmente se poderá apelidar de alternativa uma forma de resolução de conflitos que, em vez de excepção, acaba por ser a regra. Por último, o autor indica que o termo alternativo tem uma infeliz conexão com movimentos rebeldes, parecendo querer excluir a utilização de órgãos jurisdicionais e dos seus agentes o que se declina. Na verdade, não se pretende ensaiar qualquer substituição ou extinção dos tribunais judiciais, mas antes almeja-se criar a sua convivência com os meios extrajudiciais. Cfr. MACKIE, Karl J., *A handbook of dispute resolution: ADR in action*, Routledge, Londres, 1991, pp. 3-5.

especificidades revelam vantagens e inconvenientes na resolução de cada conflito concreto, pelo que preferimos a designação "extrajudiciais".

A tão debatida "crise da justiça", que assombra os sistemas judiciais no dealbar deste novo século, tem servido de mote para a implementação dos meios extrajudiciais de resolução de conflitos, concepção que não propugnamos. Melhorar a fluidez processual nos tribunais portugueses não deve ser o objectivo daqueles mecanismos, mas tão só uma consequência, uma vez que em causa está uma nova forma de fazer Justiça. Importará então distinguir "os casos em que aos tribunais tem de caber a primeira palavra daqueles casos em que o direito de acesso dos cidadãos à justiça se basta com a atribuição aos tribunais da última palavra"[6].

Neste sentido, Paula Costa e Silva afirma que o direito de acesso à justiça não é mais "um direito de acesso ao Direito através do direito de acesso aos tribunais para passar a ser um direito de acesso ao direito, de preferência sem contacto ou sem passagem pelos tribunais"[7]. De facto, o direito fundamental de acesso à justiça, consagrado no art. 20º da Constituição da República Portuguesa (CRP), garante aos cidadãos o acesso aos tribunais para defesa dos seus direitos e interesses legalmente protegidos sem, contudo, erguer qualquer obstáculo à implementação de formas de composição não jurisdicional de conflitos, as quais vêm de resto admitidas no art. 202º, nº 4 da CRP.

Também o Tribunal Europeu dos Direitos do Homem (TEDH) assinalou por diversas vezes que o direito de acesso à justiça, consagrado no art. 6º da Convenção Europeia dos Direitos do Homem, não tem carácter absoluto, podendo sofrer limitações, desde que as mesmas sejam válidas prosseguindo objectivos legítimos e proporcionais à realização dos fins que se almejam[8]. Tendo como pano de fundo estas premissas, o TEDH considerou, por exemplo, que os Estados contratantes não estão obrigados a submeter litígios sobre direitos e obrigações de carácter civil a procedimentos que se desenrolem em cada um dos seus estádios em "Tribunais" conformes com as suas prescrições, admitindo, desta feita, a existência de outros mecanismos de resolução de conflitos.

No estudo de Cappelletti e Garth relativo à evolução histórica do direito de acesso à justiça, os meios extrajudiciais vêm inseridos no âmbito da terceira vaga ainda vigente nos tempos modernos, comprovando que os tribunais perderam

---

[6] V. TORRES, Mário, "Por uma economia do serviço público da justiça", *Justiça em crise? Crises da justiça*, Org. António Barreto, 1ª edição, Publicações Dom Quixote, Lisboa, 2000, p. 389.

[7] Cfr. SILVA, Paula Costa e, *A nova face da justiça – os meios extrajudiciais de resolução de controvérsias*, Coimbra Editora, Lisboa, 2009, p. 19.

[8] Ver, entre outras, a Sentença do TEDH de 8 de Julho de 1986 no caso *Lithgow e Outros* c. *Reino Unido* e a Sentença de 27 de Agosto de 1991, no caso *Philis* c. *Grecia*.

a exclusividade na resolução de conflitos jurídicos[9]. Nesta senda, o direito de acesso à justiça deixa de ser a possibilidade de que todos vão a tribunal, mas sim a realização da justiça do caso concreto através de um qualquer meio de administração da justiça, que, naturalmente, garanta a igualdade efectiva das partes e evidencie as características de imparcialidade e independência.

Nos E.U.A. a actual panóplia de mecanismos extrajudiciais é variada, distinguindo-se ao lado da negociação, da mediação e da arbitragem, considerados mecanismos primários de resolução de conflitos, outras formas híbridas que bebem dos caracteres essenciais daqueles meios conjugando, contudo, novas variantes e modalidades. Estamos a referir-nos, neste último caso e a título meramente exemplificativo, ao *Mini-trial*, ao *Summary Jury Trial*, ao *Early Neutral Evaluation*, ao *Settlement Conference*[10]. Em Portugal, como veremos, são já várias as possibilidades abertas aos cidadãos para a resolução dos seus diferendos. A mediação, a arbitragem ou os Julgados de Paz são caminhos que se apresentam disponíveis no actual contexto, detentores de características e especificidades próprias, importando por isso perceber que critérios poderão ser atendidos pelas partes na escolha do método mais adequado ao seu conflito. Abordaremos esta questão, já analisada na doutrina norte-americana sob a designação *"fitting the forum to the fuss"*, não sem antes expormos a panorâmica dos meios de resolução extrajudicial de conflitos em Portugal.

1. Os meios de resolução extrajudicial de conflitos

O mundo dos meios de resolução de conflitos é comummente dividido no hemisfério da heterocomposição, integrado pelos mecanismos cuja decisão do litígio é prescrita por um terceiro externo à disputa e, por outro lado, no hemisfério da autocomposição, sendo a resolução do diferendo desenhada pelos próprios indivíduos em conflito. A linha equatoriana que divide os dois hemisférios assenta, assim, no critério dos sujeitos por quem é exercida a actividade de composição dos conflitos[11]. Tendo em conta esta fronteira, integra-se a negociação, mediação e conciliação nos mecanismos autocompositivos por serem as partes que resolvem por acordo a sua disputa e os mecanismos heterocompositivos abrangem,

---

[9] Cfr. CAPPELLETTI, Mauro e GARTH, Bryant, *Access to Justice – a World Survey*, Vol. I, Giuffrè Editora, Milão, 1978, pp. 49-66.

[10] Ver, *inter alia*, GOLDBERG, Stephen B., SANDER, Frank E. A., ROGERS, Nancy H., COLE, Sarah Rudolph, *Dispute Resolution. Negotiation, Mediation, and Other Processes*, 5ª edição, Aspen Publishers, Nova York, 2007, pp. 3-6.

[11] Para mais desenvolvimentos relativamente aos sistemas de composição de conflitos e suas diferenças, veja-se SOVERAL MARTINS, *Processo e Direito Processual – Noções Complementares*, Vol. I, Centelha, Coimbra, 1985.

por seu turno, a arbitragem e os tribunais judiciais, cabendo ao árbitro ou ao juiz ditar a sentença que as partes deverão acatar.

Um outro critério distintivo, recorrente no âmbito dos sistemas de resolução de conflitos, diferencia as formas não adversariais, das adversariais[12]. A distinção reside no facto de, nas primeiras, as partes cooperarem com vista à obtenção do acordo e, no que concerne às segundas, as partes manterem a sua oposição conflitual, defrontando-se[13].

A distinção que importará traçar no presente trabalho respeita, todavia, aos meios extrajudiciais, cujos procedimentos se desenrolam externamente ao palco judicial, face aos meios judiciais, em concreto os tribunais, reduto constitucional da defesa dos direitos e interesses legalmente protegidos dos cidadãos nos termos do art. 20º da CRP.

1.1. O panorama português na actualidade

A história dos meios de resolução extrajudicial de conflitos em Portugal, no período pós 25 de Abril de 1974, escreve-se, essencialmente, a partir da publicação da Lei nº 31/86, de 29 de Agosto – Lei da Arbitragem Voluntária[14]. Esta lei veio apresentar o quadro legal nos termos do qual se desenvolveram as expe-

---

[12] Cfr. WILDE, Zulema e GAIBROIS, Luis M., *O que é a Mediação*, Agora Publicações, Lisboa, 2003, p. 20.

[13] Apresentam-se ainda como características distintivas das formas adversariais e não adversariais, o controlo do processo. Assim, se nas primeiras o processo é controlado pelo terceiro que impõe a decisão, seja ele o árbitro ou o juiz; nos meios não adversariais, por contraposição, são as partes que exercem esse controlo, podendo, inclusive, desistir a qualquer momento, o que não ocorre naqueles outros. Nestes termos, as formas adversariais tendem a ser mais formais, instituindo-se um conjunto de trâmites que devem ser respeitados e, nessa medida, constituem meios com menor flexibilidade de actuação. Pelo contrário, os meios não adversariais, apresentam-se flexíveis por se traduzirem em mecanismos não formais de resolver conflitos. Estão em causa, nestes últimos, formas de resolver conflitos que se adaptam ao tipo de disputa e aos envolvidos no mesmo. Assim, as formas não adversariais como a mediação ou a conciliação são normalmente mais céleres, por oposição às delongas inerentes a um processo arbitral e à eternidade que caracteriza as acções judiciais.

[14] Antes desta lei é de referir, no âmbito do Direito do Trabalho, o DL nº 164-A/76, de 28 de Fevereiro que, nos arts. 13º e ss., previa a existência de mecanismos de conciliação, mediação e arbitragem para a resolução de conflitos resultantes da celebração ou revisão de uma convenção colectiva. Todavia, na prática o número de arbitragens voluntárias na sequência daquele diploma foi diminuto, a conciliação "reduzia-se a uma formalidade a preencher perante os serviços competentes e as mediações realizadas eram escassas". Cfr. PEDROSO, João e CRUZ, Cristina, *A arbitragem institucional: um novo modelo de administração de justiça – o caso dos conflitos de consumo*, Centro de Estudos Sociais, Coimbra, 2000, pp. 177-178.

riências de arbitragem voluntária no nosso país[15]. É, contudo, com a criação do primeiro centro de arbitragem de conflitos de consumo em Lisboa, corria o ano de 1989, que estes meios ganham novo fôlego[16-17]. Pela primeira vez passam a estar integrados na mesma estrutura procedimental a mediação, como fase prévia de tentativa de resolução amigável do litígio, seguida, em caso de frustração da obtenção de acordo, de julgamento arbitral. Sem embargo, a mediação rea-

---

[15] A Constituição da República Portuguesa de 1974 consagra, após a revisão constitucional de 1982, a existência de tribunais arbitrais, no então art. 212º, nº 2. Com esta previsão, o instituto da arbitragem deixa de estar regulamentado no Código de Processo Civil e passa a ter enquadramento legal autónomo no DL nº 243/84, de 17/07, o qual foi, todavia, alvo de inúmeras críticas pelas insuficiências e ambiguidades de que era portador, desde logo, por se revelar já inadequado aos contornos do comércio internacional vigente na altura. O falecimento deste diploma é, todavia, ditado pelas dúvidas de inconstitucionalidade que assolavam a sua publicação, na medida em que, nos termos do anterior art. 168º, nº 1, alínea q), da CRP, compete à Assembleia da República, e não ao Governo, legislar sobre a competência dos tribunais. Nestes termos, em 1986, o Tribunal Constitucional declara a inconstitucionalidade daquele diploma e surge, neste mesmo ano, a Lei nº 31/86, de 29/8, através da qual se adopta a regulamentação do instituto da arbitragem voluntária. Sobre os trabalhos de preparação desta lei, veja-se MENDES, Armindo Ribeiro, "Balanço dos vinte anos de vigência da lei de arbitragem voluntária (Lei nº 31/86, de 29 de Agosto): sua importância no desenvolvimento da arbitragem e necessidade de alterações", *I Congresso do Centro de Arbitragem da Câmara de Comércio e Indústria Portuguesa: Intervenções*, Org. Centro de Arbitragem Comercial, Associação Comercial de Lisboa, Almedina, 2008, pp. 22 e ss..

[16] Sobre a arbitragem institucional em Portugal e, em especial, os Centros de arbitragem de conflitos de consumo, veja-se PEDROSO, João e CRUZ, Cristina, *A arbitragem institucional: um novo modelo de administração de justiça – o caso dos conflitos de consumo*, Centro de Estudos Sociais, Coimbra, 2000, pp. 214 e ss..

[17] Em sede de Direito do Consumo podemos distinguir dois tipos de centros. Por um lado, os centros de arbitragem de competência horizontal, os quais estão habilitados para a resolução de qualquer conflito de consumo, definido nos termos da Lei de Defesa do Consumidor (art. 2º da Lei nº 24/96, de 31 de Julho). Existem actualmente sete centros deste tipo com competência territorial limitada estatutariamente (Lisboa, Coimbra, Porto, Vale do Cávado, Vale do Ave, Algarve e Região Autónoma da Madeira). As limitações territoriais destes centros estão, desde 2009, supridas pela competência subsidiária do Centro Nacional de Informação e Arbitragem de Conflitos de Consumo (CNIACC), cuja criação foi autorizada pelo Despacho do Secretário de Estado da Justiça nº 20778/2009, de 16 de Setembro de 2009. Assim, os processos relativos a conflitos de consumo que os sete centros referidos não possam receber por incompetência territorial e/ou material, serão dirigidos e resolvidos no CNIACC. Por outro lado, existem ainda centros de arbitragem de conflitos de consumo de competência vertical que, não obstante terem âmbito territorial nacional, apenas julgam determinados conflitos em razão da matéria. Integram esta categoria o CASA (para o sector automóvel) e o CIMPAS (no âmbito dos seguros). Encontra-se em fase de instalação o CIMACE, competente para resolver litígios emergentes das relações de comércio electrónico, que ocorram entre fornecedores e consumidores, em ambiente de *Internet*.

lizada nestes centros era, e em certa medida ainda é, incipiente, uma vez que "a formação dos mediadores era reduzida"[18].

Em 1993 surge o Instituto Português de Mediação Familiar (IPMF) e, em 1984, teve lugar o primeiro curso de mediadores familiares, promovido por aquela entidade em colaboração com o Centro de Estudos Judiciários[19]. A mediação em Portugal ganha, assim, uma nova dinâmica que conflui, em 1999, na entrada em funcionamento do primeiro Gabinete de Mediação Familiar, a funcionar inicialmente apenas na área de Lisboa[20]. Neste ano é ainda introduzida no regime da Organização Tutelar de Menores (OTM) a possibilidade de aplicação da mediação num processo de regulação do exercício do poder paternal (art. 147º-D, do DL nº 314/78, de 27 de Outubro, introduzido pela Lei nº 133/99, de 28 de Agosto).

O ponto de viragem da resolução extrajudicial em Portugal e a sua transformação num caminho sem retorno verifica-se, todavia, em 2001 com a criação da DGAE (Direcção-Geral da Administração Extrajudicial)[21] e a publicação da regulamentação dos Julgados de Paz através da Lei nº 78/2001, de 13 de Julho.

Em termos institucionais, Portugal passa a apresentar uma entidade cujas funções residiam exclusivamente na promoção dos meios de resolução extrajudicial neste país. Em 2007, esta entidade foi substituída pelo GRAL – Gabinete para a Resolução Alternativa de Litígios[22], mantendo os mesmos propósitos da sua antecessora, sendo o figurino desta entidade praticamente único no panorama europeu.

No que concerne aos Julgados de Paz, de inspiração brasileira baseada na experiência dos Juizados Especiais Cíveis, a sua implementação é decisiva para um novo impulso que a mediação experimenta no nosso país. Na verdade, surgem os primeiros cursos de mediação com reconhecimento e certificação pelo Ministério da Justiça, cuja frequência passa a ser exigida para que os mediadores

---

[18] Cfr. GOUVEIA, Mariana França, "Meios de Resolução Alternativa de Litígios: Negociação, Mediação e Julgados de Paz", *Estudos Comemorativos dos 10 anos da Faculdade de Direito da Universidade Nova de Lisboa*, Vol. II, Almedina, Lisboa, 2008, p. 730.

[19] Cfr. RODRIGUES, Ana Paula Trindade, "A Mediação Familiar em Portugal", *Newsletter do Gabinete para a Resolução Alternativa de Litígios*, nº 6, GRAL-Ministério da Justiça, Lisboa, Junho 2009.

[20] Criado através do Despacho do Ministro da Justiça nº 12 368/97, de 9 de Dezembro, publicado em Diário da República, nº 283, II Série, de 9 de Dezembro de 1997. Para mais desenvolvimentos sobre este Gabinete, veja-se, RIOS, Paula Lucas, "Mediação Familiar", *Verbo jurídico*, 2005, disponível no seguinte endereço electrónico, acedido em 20 de Abril de 2011, http://www.verbojuridico.com/doutrina/familia/mediacaofamiliar.pdf.

[21] Ver DL nº 90/2001, de 23 de Março.

[22] Através do DL nº 127/2007, de 27 de Abril, estando actualmente o GRAL integrado na Direcção-Geral da Política de Justiça, nos termos do DL nº 123/2011, de 29 de Dezembro, que aprova a Lei Orgânica do Ministério da Justiça.

possam exercer a sua actividade no âmbito dos Julgados de Paz[23]. A mediação adquire, de forma definitiva, estatuto de mecanismo de resolução extrajudicial de conflitos em Portugal.

Em 2006 é criado no âmbito laboral o primeiro sistema de mediação pública em Portugal, através da assinatura, em 5 de Maio desse ano, do Protocolo de Acordo entre o Ministério da Justiça e a Confederação da Indústria Portuguesa (CIP), a Confederação do Comércio e Serviços de Portugal (CCP), a Confederação do Turismo Português (CTP), a Confederação dos Agricultores de Portugal (CAP), a Confederação Geral dos Trabalhadores Portugueses – Intersindical Nacional (CGTP - IN) e a União Geral dos Trabalhadores (UGT). O sistema caracteriza-se pela participação do Ministério da Justiça, concretamente através do GRAL, na recepção dos pedidos de mediação que reencaminha para mediadores qualificados, constantes de uma lista elaborada também por aquela entidade.

No ano seguinte é publicada a Lei nº 21/2007, de 12 de Junho, que cria em Portugal o regime da mediação penal, em execução do art. 10º da Decisão-Quadro do Conselho nº 2001/220/JAI, de 15 de Março, relativa ao estatuto da vítima em processo penal[24]. E, ainda no mesmo ano de 2007, o Gabinete de Mediação Familiar cede lugar ao Sistema de Mediação Familiar, criado pelo Despacho nº 18 778/2007, de 22 de Agosto, do Ministério da Justiça, que vem alargar não só o âmbito territorial daquele Gabinete, como também amplia a sua competência material, abrangendo-se agora novas questões como o divórcio e a separação de pessoas e bens, ou a atribuição do direito de alimentos.

A história da mediação nos tempos modernos não ficaria completa sem a referência à Lei nº 29/2009, de 29 de Junho, que vem introduzir este mecanismo nos arts. 249º-A a 249º-C e 279º-A do Código de Processo Civil português.

---

[23] Cfr. GOUVEIA, Mariana França, "Meios de Resolução Alternativa de Litígios: Negociação, Mediação e Julgados de Paz", *Estudos Comemorativos dos 10 anos da Faculdade de Direito da Universidade Nova de Lisboa*, Vol. II, Almedina, Lisboa, 2008, p. 731.

[24] O predito sistema pode aplicar-se em processos por crime cujo procedimento dependa de acusação particular ou de queixa e, neste último caso, quando se trate de crimes contra as pessoas ou contra o património. A título exemplificativo, estão em causa crimes de injúria, difamação, ofensas à integridade simples ou crimes de dano. Ficam, assim, excluídos os crimes públicos e, ainda, crimes cuja previsão de pena seja superior a 5 anos, crimes contra a liberdade ou autodeterminação sexual, crimes de peculato, corrupção ou tráfico de influência, crimes em que o ofendido seja menor de 16 anos ou se for aplicável processo sumário ou sumaríssimo (art. 2º da Lei nº 21/2007). A remessa do processo para mediação depende de decisão do Ministério Público se tiverem sido recolhidos indícios suficientes da prática do crime e de que o ofendido foi o seu agente. Ofendido e arguido também podem de comum acordo requerer ao Ministério Público a aplicação da mediação ao caso (art. 3º da Lei nº 21/2007). Se a mediação penal terminar em acordo, este deve ser homologado pelo Ministério Público, não podendo incluir-se sanções privativas da liberdade ou cujo cumprimento se prolongue por mais de seis meses (art. 6º da Lei nº 21/2007).

As referidas estipulações visaram transpor para o ordenamento jurídico português a Directiva 2008/52/CE do Parlamento Europeu e do Conselho, de 21 de Maio de 2008[25], cujo objectivo se prende com a criação de um quadro legal em sede de mediação, uniformizador da realidade europeia.

Não obstante o fulgor que a aplicação da mediação sofre no nosso país no dealbar do Séc. XXI, a arbitragem não foi olvidada do actual panorama da resolução extrajudicial de conflitos[26]. Surgiram novos centros de arbitragem institucionalizada de que merece destaque o CAAD – Centro de Arbitragem Administrativa, competente para a resolução de conflitos administrativos, emergentes de relações jurídicas de emprego público (funcionalismo público) e contratos administrativos, através da consulta, mediação e arbitragem. Este centro, em funcionamento desde 2009, vem assim dar plena aplicação à Lei nº 15/2002, de 22 de Fevereiro, que aprova o Código de Processo nos Tribunais Administrativos (CPTA), concretamente ao art. 187º daquele diploma, que dava o mote para a implementação da arbitragem administrativa institucionalizada.

Recentemente, as competências deste Centro foram alargadas com a publicação do DL nº 10/2011, de 20 de Janeiro, que regula o regime jurídico da arbitragem em matéria tributária. Termina, assim, uma longa querela doutrinária relativa à admissibilidade deste mecanismo nas questões fiscais[27]. Ora, nos termos do art. 4º, nº 2, do *supra* referenciado Decreto-Lei, os tribunais arbitrais fiscais funcionam junto do CAAD, que viu, por isso, ampliado o seu âmbito de competências.

Cumpre ainda referir, desta feita no âmbito do Direito do Consumo, a criação de um mecanismo de arbitragem necessária no acesso à justiça por parte dos utentes de serviços públicos essenciais. Assim, através da Lei nº 6/2011, de 10 de Março[28], os litígios de consumo em matéria de serviços públicos essenciais estão sujeitos a arbitragem necessária quando, por opção expressa dos utentes

---

[25] Publicada no Jornal Oficial da União Europeia L136, de 24 de Maio de 2008.

[26] A 6 de Abril o Ministério da Justiça mantinha a autorização para a realização de arbitragens institucionalizadas em 36 Centros de Arbitragem, conforme informação disponibilizada pelo GRAL no seguinte endereço electrónico, acedido em 30 de Abril de 2011, http://www.gral.mj.pt/categoria/conteudo/id/11.

[27] Sobre a arbitragem em matéria tributária, veja-se, *inter alia*, CAMPOS, Diogo Leite de, "A arbitragem em direito tributário", *Estudos Jurídicos e Económicos em Homenagem ao Prof. Doutor António de Sousa Franco*, Vol I, Coimbra Editora, 2006, pp. 739 e ss.; CAMPOS, Diogo Leite de, "A Indisponibilidade dos Créditos Tributários e a Arbitragem", *Revista de Finanças Públicas e Direito Fiscal*, Ano II, nº 1, Almedina, 2009, pp. 63-78; CAMPOS, Diogo Leite de, *A Arbitragem Tributária - A Centralidade da Pessoa*, Almedina, Coimbra, 2010; AA.VV., *Mais justiça Administrativa e Fiscal – Arbitragem*, Org. Nuno de Villa-Lobos e Mónica Brito Vieira, Coimbra Editora, 2010.

[28] Que veio proceder à terceira alteração à Lei nº 23/96, de 26 de Julho, relativa aos serviços públicos essenciais.

que sejam pessoas singulares, forem submetidos à apreciação do tribunal arbitral dos centros de arbitragem de conflitos de consumo legalmente autorizados.

Em Dezembro de 2011 foi aprovada a nova Lei da Arbitragem Voluntária, através da Lei 63/2011, de 14 de Dezembro, pondo fim aos 25 anos de vigência da LAV de 1986.

Fica desta forma resumida a história recente da resolução extrajudicial de conflitos em Portugal. Verificámos que recebem regulamentação legal no nosso ordenamento jurídico a mediação, a arbitragem e os Julgados de Paz (que poderemos considerar, como veremos melhor, uma forma híbrida de resolução de conflitos). Desta feita, analisaremos sumariamente as premissas essenciais de cada um dos mencionados meios, norteados pelo ensejo de perceber o seu modo de funcionamento e melhor compreender as valências e inconvenientes respectivos quando aplicados em concreto na solução de conflitos, para que as partes possam escolher o meio apropriado à sua disputa.

1.1.1. A mediação

A definição de mediação implica a imposição de limites conceptuais a um mecanismo cujas virtualidades assentam na liberdade de actuação do mediador, na informalidade dos seus trâmites e na sua capacidade de aplicação a vários âmbitos temáticos. No entanto, é desejável a apresentação dos elementos caracterizadores deste meio, que nos permitam não só perceber em que consiste, mas também distingui-lo de outros mecanismos.

Na Lei dos Julgados de Paz, a mediação é apresentada como uma *modalidade extrajudicial de resolução de litígios, de carácter privado, informal, confidencial, voluntário e natureza não contenciosa, em que as partes, com a sua participação activa e directa, são auxiliadas por um mediador a encontrar, por si próprias, uma solução negociada e amigável para o conflito que as opõe*[29]. Já na Lei nº 21/2007, de 12 de Junho, relativa à mediação penal, este mecanismo é definido como *um processo informal e flexível, conduzido por um terceiro imparcial, o mediador, que promove a aproximação entre o arguido e o ofendido e os apoia na tentativa de encontrar activamente um acordo que permita a reparação dos danos causados pelo facto ilícito e contribua para a restauração da paz social*. Tais noções são, contudo, restritas aos âmbitos específicos a que as respectivas leis se aplicam. Por outro lado, o quadro legal da mediação previsto no Código de Processo Civil português é omisso quanto à definição de mediação.

A doutrina também não logra total uniformidade nesta questão. Nos E.U.A., Moore define mediação como "the intervention in a negotiation or a conflict of an acceptable third party who has limited or no authoritative decision-making power, who assists the involved parties to voluntarily reach a mutually acceptable

---

[29] Ver art. 35 º, nº 1, da Lei nº 78/2001, de 13 de Julho.

settlement of the issues in dispute"[30]. Na Europa, Michèle Guillaume-Hofnung considera que "Globalement la médiation se définit avant tout comme un processus de communication éthique reposant sur la responsabilité et l'autonomie des participants, dans lequel un tiers – impartial, indépendant, neutre, sans pouvoir décisionnel ou consultatif, avec la seule autorité que lui reconnaissent les médieurs – favorise par des entretiens confidentiels l' établissement, le rétablissement du lien social, la prévention ou le règlement de la situation en cause"[31].

Quanto a nós, preferimos uma abordagem baseada nos seus elementos essenciais, sem os quais não se poderá falar de mediação e que, simultaneamente, nos permitam afirmar o que a mediação não é. Desta feita, consideramos serem quatro os seus elementos essenciais e distintivos, concretamente, o método, o objecto, os sujeitos e o resultado.

i. A mediação como um método

Em primeiro lugar, a mediação deverá ser considerada como um *método* de resolução de conflitos, sendo de evitar as expressões processo ou procedimento, com inegável conotação ao âmbito jurisdicional ou arbitral. Procedendo do grego ᾶέθοδος (*meta* = hacia e *odos*= camino), a palavra método significa o caminho para se chegar a um fim, que se percorre através da análise prévia dos objectivos que se pretendam alcançar, das situações a enfrentar, bem como dos recursos disponíveis, para a construção de várias alternativas possíveis, escolhendo-se, no final, a que melhor satisfaça os objectivos traçados. Ora, é precisamente esta concepção que está subjacente à mediação, consistindo este mecanismo no método de resolução de conflitos através do qual um profissional – o mediador – percebendo os interesses das partes, bem como, os obstáculos e recursos disponíveis, emprega técnicas e instrumentos metodológicos para fomentar o diálogo e a colaboração entre os mediados, visando a construção de diversas alternativas de solução, com intuito de permitir que as partes convencionem o acordo que melhor responda aos interesses de ambos.

Em causa está, todavia, um método especial. Não só pelas metodologias inerentes, uma vez que essas poderão variar atendendo às concretas opções do mediador, mas principalmente porque a mediação concretiza-se num método sujeito a elevados princípios éticos e deontológicos que lhe conferem um carácter único. Apresentamos três princípios que nos parecem fundamentais a qualquer mediação. Em primeiro lugar, o princípio da voluntariedade, sendo essencial que as

---

[30] Cfr. MOORE, Christopher W., *The mediation process: practical strategies for resolving conflict*, 3ª edição, Jossey-Bass, São Francisco, 2003, p. 15.
[31] Cfr. GUILLAUME-HOFNUNG, Michèle, *La médiation*, 4ª edição, Presses Universitaires de France, Paris, 2007, p. 71.

partes concordem com a aplicação deste mecanismo na resolução do diferendo que as opõe, podendo livremente desistir em qualquer momento e tendo ambas de consentir quanto aos termos do acordo final[32]. Em segundo lugar, o princípio da confidencialidade prescrito no art. 7º da Directiva 2008/52/CE e no art. 249º-C do Código de Processo Civil, que se concretiza na impossibilidade de divulgação das informações prestadas no âmbito da mediação, concretamente não podendo o conteúdo das sessões ser valorado como prova num processo judicial. E, ainda, o princípio da igualdade das partes nos termos do qual se exige que sejam dadas aos mediados as mesmas oportunidades de participação e defesa, devendo o mediador terminar o processo de mediação se for insuprível o desequilíbrio de poderes (*power imbalance*) entre as partes, fomentador de pressões psicológicas ou financeiras e cerceador, em última instância, da liberdade de defesa dos interesses individuais[33].

ii. O objecto da mediação: conflitos jurídicos

O segundo elemento caracterizador da mediação respeita ao seu objecto, que se consubstancia no conflito jurídico, ou seja, numa concreta disputa que apresenta uma conexão com o mundo do Direito. Deste modo, distingue-se a mediação de outras formas de resolução de conflitos, como a terapia ou a psicologia. Como bem acentua Vinyamata Camp, "Conviene dejar bien claro que la mediación no es una terapia, ni representa un tratamiento psiquiátrico ni el desarrollo de las capacidades educativas o aquellas otras propias de un trabajador social"[34].

Uma questão pertinente que se coloca nesta sede refere-se ao problema da *mediabilidade*, ou seja, relativamente aos tipos de conflitos jurídicos que podem ser submetidos a mediação. A Directiva 2008/52/CE no art. 1º, nº 2 consagra o critério da disponibilidade de direitos, ao excluir do âmbito de aplicação deste mecanismo os direitos e obrigações de que as partes não possam dispor ao abrigo do direito aplicável. A Lei nº 29/2009, de 29 de Junho, pelo contrário, não incluiu qualquer restrição a este respeito, admitindo-se no art. 249º-A do CPC a mediação para qualquer litígio. Parece-nos, de facto, difícil estabelecer *ab initio* e de forma categórica qualquer exclusão ao campo de aplicação da mediação em ter-

---

[32] Sobre a problemática inerente aos sistemas de mediação obrigatória, veja-se Silva, Paula Costa e, *A nova face da justiça – os meios extrajudiciais de resolução de controvérsias*, Coimbra Editora, Lisboa, 2009, pp. 43-74.

[33] Neste sentido, na vizinha Espanha, a Lei de Mediação no âmbito do Direito Privado da Catalunha - Lei 15/2009, de 22 de Julho - consagra no art. 6º, nº 1, o dever do mediador garantir a igualdade das partes, podendo interromper a sessão de mediação quando a igualdade de poder e a liberdade de decidir das partes não está garantida.

[34] Cfr. Vinyamata Camp, Eduard, *Aprender mediación*, 1ª edição, Editora Paidós Ibérica, Barcelona, 2006, p. 16.

mos de indisponibilidade de direitos. Desde logo, porque algumas das questões mais profícuas a obterem solução por este método, sendo até incentivadas legalmente, respeitam precisamente a direitos indisponíveis, como sejam os conflitos familiares, laborais ou penais[35]. Depois, não é exigível legalmente – e não nos parece que deva ser de exigir – a formação jurídica dos mediadores, no sentido de os mesmos apresentarem como habilitação académica uma licenciatura em Direito ou Ciências Jurídicas, capaz de lhes permitir avaliar, perante cada caso concreto, se o conflito tem inerentes direitos indisponíveis[36]. Por outro lado ainda, face à flexibilidade da mediação, poderiam ser frequentes situações que, numa primeira análise, não levantariam qualquer questão indisponível, sendo este problema apenas colocado no decurso da mesma com a investigação promovida pelo mediador. Neste caso, os mediados seriam forçados a interromper a mediação, mesmo que tivessem já dispendido o seu tempo na tentativa de resolução do conflito, o que no parece contraproducente.

A opção pela admissibilidade da mediação no âmbito de direitos indisponíveis tem, contudo, de ser regulamentada em coerência com as regras estabelecidas ao nível da homologação do acordo ou executoriedade do mesmo. Não rejeitamos, como faz Dário Moura Vicente, que possa existir homologação de acordos de mediação relativamente a direitos indisponíveis o que seria, aliás, incoerente com a própria possibilidade de mediação neste campo. De facto, de que valeria aceitar que direitos indisponíveis pudessem ser submetidos a mediação se no final não poderia haver homologação do acordo sobre os mesmos? Consideramos, todavia, que sendo permitidos na mediação tais convenções contratuais no campo da indisponibilidade, devem ser conferidos ao juiz, no âmbito da sua homologação ou execução, maiores poderes de avaliação relativamente à justiça e equidade

---

[35] Acompanhamos neste ponto Dário Moura Vicente. Cfr. VICENTE, Dário Moura, "A directiva sobre a mediação em matéria civil e comercial e a sua transposição para a ordem jurídica portuguesa", *Revista Internacional de Arbitragem e Conciliação*, Ano II, Associação Portuguesa de Arbitragem, Lisboa, 2009, p. 144. Contra esta posição, veja-se, GOUVEIA, Mariana França, "Algumas questões jurídicas a propósito da mediação", *Mediação e criação de consensos: os novos instrumentos de empoderamento do cidadão na União Europeia*, Edit. José Vasconcelos-Sousa, 1ª edição, MEDIARCOM/MinervaCoimbra, 2010, pp. 231-232

[36] A opção legal por consagrar a formação académica em Direito como requisito profissional dos mediadores é seguida em alguns ordenamentos jurídicos europeus. Na Grécia, por exemplo, a nova lei de mediação – Lei 3898/2010, aprovada pelo Parlamento Grego a 16 de Dezembro de 2010 – exige no art. 7º que o mediador seja um advogado (cfr. BOURAS, Niki, "Mediation in civil and commercial matters: an overwiew of the new Greek Law 3898/2010", *Newsletter AIA – Association for International Arbitration*, Fevereiro 2011, p. 4). Esta não é uma exigência patente no nosso ordenamento jurídico, opção com a qual concordamos na medida em que não consideramos ser essencial ao exercício da actividade de mediação a formação jurídica, até porque o papel do mediador não é prestar aconselhamento legal.

do acordo. Na esteira desta concepção, e a título exemplificativo, a lei belga, no âmbito da mediação familiar, impõe que o juiz verifique se o acordo é contrário aos interesses dos menores[37]. Do mesmo modo, poderia ser consagrado no ordenamento jurídico português, em sede de homologação ou execução do acordo de mediação, o dever do juiz, relativamente - e apenas - a convenções referentes a direitos indisponíveis, avaliar o respeito pela ordem pública e, bem assim, pela equidade da convenção, podendo solicitar que as partes revejam uma concreta estipulação contratual quando contrária àqueles critérios ou mesmo que apresentem as razões subjacentes ao conteúdo de determinada cláusula.

iii. Os sujeitos da mediação

Em terceiro lugar, a mediação caracteriza-se pelos sujeitos intervenientes a título principal neste mecanismo[38], concretizados na figura do mediador, enquanto terceiro neutral e imparcial que promove o diálogo entre as partes para que estas alcancem por si a solução do conflito, e nos mediados, enquanto directos representantes da disputa. Ora, a relação entre estes intervenientes principais não se traduz na comum relação processual tripartida e triangular que coloca o terceiro no vértice superior do triângulo e as partes em cada um dos vértices inferiores. No âmbito da mediação, a relação estabelecida entre mediador e mediados baseia-se num círculo de interligação entre todos os intervenientes, pois o trabalho e objectivos de cada um estarão na directa dependência dos restantes. A competitividade inerente ao conflito terá de ceder lugar à cooperação e à participação seja do mediador, seja das partes para um desfecho bem sucedido do problema.

Desta forma, a mediação induz o *empowerment* dos mediados relativamente à solução do seu conflito, através da participação directa na construção da mesma, o que a distingue dos meios judiciais e até arbitrais, nos quais as partes devem estar representadas pelos seus mandatários que dão voz às suas reivindicações e agem em sua substituição.

No que concerne ao mediador, o seu papel reveste igualmente especificidades. Não tanto pelas metodologias que sempre dependerão das suas concretas opções técnicas, atendendo aos mediados e ao conflito, mas pelas características ínsitas à sua actuação. Nas palavras de Zulema Wilde e Luis Gaibros, os mediadores devem ser "sensatos, serenos, preceptivos, pacientes, predispostos a escutar, criativos e desprovidos de sentimentos de omnipotência", além de, naturalmente,

---

[37] Cfr. GOUVEIA, Mariana França, "Algumas questões jurídicas a propósito da mediação", *Mediação e criação de consensos: os novos instrumentos de empoderamento do cidadão na União Europeia*, Edit. José Vasconcelos-Sousa, 1ª edição, MEDIARCOM/MinervaCoimbra, 2010, p. 236.

[38] Podem estar presentes na mediação outros sujeitos eventuais, como advogados ou terceiros ao conflito (*v.g.* filhos das partes, relativamente aos quais se pretende regular o poder paternal).

não poderem pretender impor as suas convicções às partes[39]. Conseguir reunir todas as qualidades mencionadas parece ser tarefa hercúlea de difícil concretização. De todo o modo, a actuação do mediador sempre terá de ser adjectivada como imparcial, isenta e independente, sob pena de ter violado regras deontológicas essenciais ao exercício da sua actividade[40].

iv. O resultado da mediação
Por último, a mediação apresenta como quarto elemento distintivo o carácter peculiar do resultado potencial[41] que proporciona, consubstanciado no acordo de mediação, definido por García Villaluenga como o "negocio jurídico lícito, nacido a consecuencia de la labor mediadora, constituido generalmente por varias declaraciones de voluntad, tutelado por el Derecho, que le atribuye determinados efectos jurídicos consecuencia de lo que se manifiesta como querido (*ex voluntate*)"[42]. Pois bem, o carácter particular do acordo de mediação resulta do seu modo de criação (pelas próprias partes em conflito através de técnicas metodológicas específicas aplicadas pelo mediador), pelo seu conteúdo (visando satisfazer todos os interesses em jogo) e pelo seu carácter voluntário (sendo livremente convencionado e aceite pelas partes e não imposto pela força ou por qualquer outro mandato, como se verifica na arbitragem).

A natureza contratual do acordo de mediação tem repercussões, desde logo, na impossibilidade de recurso. Efectivamente, como poderá uma parte recorrer de um acordo que ajudou a construir e ao qual deu o seu assentimento? O recurso em mediação significaria, por isso, um *venire contra factum próprio*. Questão diferente é a solicitação da modificação do acordo de mediação com base em alteração das circunstâncias que fundaram o pacto. Por exemplo, a situação do pai que concorda com uma determinada pensão de alimentos a prestar ao seu filho, sendo posteriormente despedido do seu emprego habitual, motivo pelo qual deixa de poder suportar o valor estipulado. Neste caso, o mediado poderá requerer uma nova mediação para avaliar os acontecimentos entretanto verificados, não consubstanciando esta uma situação de recurso, mas uma mutação das cláusulas estipuladas por alteração superveniente das circunstâncias.

---

[39] Cfr. WILDE, Zulema/GAIBROIS, Luis M., *O que é a Mediação*, Agora Publicações, Lisboa, 2003, p. 66. Referindo-se também aos requisitos de um mediador, veja-se BROWN, Henry e MARRIOTT, Arthur, *ADR: Principles and Practices*, 2ª edição, Sweet & Maxwell, Londres, 1999, pp. 329 e ss..
[40] Ver Código Deontológico Europeu dos Mediadores, disponível no seguinte endereço electrónico, acedido em 1 de Maio de 2011, http://ec.europa.eu/civiljustice/adr/adr_ec_code_conduct_pt.pdf.
[41] Consideramo-lo potencial, na medida que são cogitáveis outros resultados como a desistência ou a não obtenção de acordo.
[42] García Villaluenga *apud* BLANCO CARRASCO, Marta, *Mediación y Sistemas Alternativos de Resolución de Conflictos. Una visión jurídica*, 1ª edição, Editorial Reus, Madrid, 2009, p. 206.

Um particular problema que se poderá colocar no âmbito do acordo de mediação respeita à eficácia do negócio jurídico mediado, importando saber se deverá o mesmo ser portador de força executiva directa ou deverá antes ser exigido um acto de homologação para verificação das cláusulas estipuladas. Esta questão ganha maior acuidade quando a Directiva 2008/52/CE vem estabelecer, no seu art. 6º, que os Estados membros devem garantir que as partes possam solicitar o carácter executivo do acordo escrito, mediante sentença, decisão ou acto autêntico de um tribunal ou de outra autoridade competente. A prescrição da Directiva pretende, como se refere no seu Considerando 19, que a mediação não constitua uma alternativa inferior ao processo judicial pelo facto de o cumprimento dos acordos, resultantes da mediação depender da boa vontade das partes.

Na senda desta prescrição, o legislador português vem prescrever no art. 249º-B do Código de Processo Civil, que as partes possam requerer a homologação do acordo resultante da mediação por um juiz, em qualquer tribunal competente em razão da matéria. Apesar de o texto da lei não o referir expressamente, deduz-se que a intenção escondida por trás desta norma seja a de conferir força executiva ao acordo de mediação. A este respeito pensamos que o legislador português foi demasiado tímido, existindo condições processuais para se ter consagrado em Portugal a executoriedade directa dos negócios jurídicos mediados. Na verdade, consideramos que poderiam ter sido acrescentados ao rol de títulos executivos constante do art. 46º do Código de Processo Civil, os acordos de mediação, criando-se, consequentemente, no art. 812º-D do mesmo normativo, a necessidade de ser proferido despacho liminar pelo juiz do processo executivo para verificação da conformidade do acordo com a legislação em vigor[43]. Desta forma, estariam criadas as premissas para se permitir num único processo o mesmo resultado pretendido pela homologação do acordo, ou seja, a avaliação legal das estipulações contratuais convencionadas pelos mediados, acrescida da sua própria execução, se a mesma fosse viável. Em respeito pelo princípio da economia processual, evitar-se-ia, deste modo, que as partes tivessem de recorrer duplamente a tribunal (uma primeira vez para solicitar a homologação do acordo e, em caso de incumprimento, uma segunda vez para requerer a sua execução).

---

[43] No que concerne ao tipo de controlo que deve existir em sede de homologação, a Directiva refere que o conteúdo do acordo não deve ser contrário ao Direito do Estado membro (art. 6º, nº 1) e o legislador português no art. 249º-B, nº 3 do CPC indica que a homologação pretende verificar a conformidade do negócio jurídico mediado com a legislação em vigor. Não aprofundaremos neste estudo esta questão, mas sempre diremos que o acordo de mediação não deverá nunca ser contrário à Ordem Pública. Sobre esta temática, veja-se, *inter alia*, GOUVEIA, Mariana França, "Algumas questões jurídicas a propósito da mediação", *Mediação e criação de consensos: os novos instrumentos de empoderamento do cidadão na União Europeia*, Edit. José Vasconcelos-Sousa, 1ª edição, MEDIARCOM/ MinervaCoimbra, 2010, pp. 236-239.

Tal solução adquire maior relevância se atentarmos que o objectivo de terem preferido a mediação foi, precisamente, evitar a via judicial.

Os elementos caracterizadores da mediação ficam desta forma plasmados, apresentando-se este mecanismo como o método integrado no sistema de resolução de conflitos de um determinado ordenamento jurídico, com a intervenção de um terceiro independente, isento e imparcial em relação ao diferendo e às partes, que, sob o respeito de elevados princípios éticos e deontológicos, visa promover a solução da disputa por acordo.

1.1.2. A arbitragem

A arbitragem não constitui um fruto da época em que vivemos, sendo antes um legado ancestral de utilização remota, que conhece hoje uma aplicação historicamente inigualável, essencialmente face aos desenvolvimentos verificados no comércio internacional. Assim, são conhecidos registos desta figura na Mesopotâmia, 3.000 anos a.C.. No Direito português não são precisas as origens do instituto da arbitragem, apontando-se, todavia, o século XIII como marco referencial, pelos vestígios encontrados nas denominadas leis "As Sete Partidas"[44].

Constitucionalmente consagrada no art. 209º, nº 2 CRP, a arbitragem constitui um meio de resolução extrajudicial de conflitos, através do qual um terceiro, o árbitro, decide o litígio que opõe as partes em confronto, impondo-lhes uma decisão vinculativa e, portanto, de cumprimento obrigatório. Assim definida, entende-se o seu carácter heterocompositivo projectado na resolução do conflito pelo árbitro e não pelas partes, cuja participação neste processo ocorre *ab initio* através da decisão de submeter o litígio a arbitragem, mas já não pela solução final da questão.

Atendendo à sua tipologia, a arbitragem pode ser necessária ou voluntária. A primeira encontra expressão legislativa nos arts. 1525 e ss. do CPC, existindo sempre que prescrita por regulamentação especial. Nestes termos, é a própria lei que vem determinar a criação de um tribunal arbitral para a resolução de uma questão específica[45]. No que concerne à arbitragem voluntária, esta assenta, não

---

[44] Não obstante notar-se que as leis visigodas, seguidas em Portugal no século XII, já referiam esta figura. Cfr. José Duarte Nogueira *apud* PEDROSO, João e CRUZ, Cristina, *A arbitragem institucional: um novo modelo de administração de justiça – o caso dos conflitos de consumo*, Centro de Estudos Sociais, Coimbra, 2000, pp. 168 e ss..

[45] A título de exemplo, esta situação verificou-se em Portugal no conhecido "caso dos hemofílicos", no qual o Estado, admitindo "que o normal funcionamento dos mecanismos de ordem jurídica não providenciaria de forma adequada a reparação devida aos doentes que tenham sido, eventualmente em estabelecimentos de saúde pública, contaminados pelo vírus da imunodeficiência humana", previu no DL nº 237/93, de 3 de Julho (rectificado pela Declaração de Rectificação nº 147/93, de 25 de Agosto), a celebração de convenções de arbitragem entre ele próprio e hemofílicos, ou seus

numa previsão legal especial, mas no princípio da autonomia privada, dependendo o desencadeamento do processo arbitral da iniciativa das partes, e encontra-se regulada na actual Lei nº 63/2011, de 14 de Dezembro. As partes decidem por sua iniciativa submeter a resolução do litígio que as envolve através de arbitragem, em substituição do processo judicial comum.

Por sua vez, a arbitragem voluntária subdivide-se em arbitragem *ad-hoc* e institucionalizada[46]. No que respeita à primeira, está em causa a criação pontual de um tribunal arbitral para a resolução de um determinado litígio, o qual se extingue após a decisão do mesmo pelos árbitros. No tocante à arbitragem institucionalizada, esta traduz-se na criação de estruturas arbitrais com regras e árbitros próprios, competentes para a resolução de determinados litígios no âmbito da sua competência, permanecendo em funcionamento após cada decisão arbitral[47].

O actual enquadramento legal da arbitragem voluntária em Portugal encontra-se plasmado na recente Lei nº 63/2011, de 14 de Dezembro, a qual resulta, em grande medida, de um projecto defendido pela Associação Portuguesa de Arbitragem (APA)[48], de inspiração na Lei Modelo de Arbitragem da UNCITRAL, apresentando-se seguidamente algumas das principais alterações carreadas pelo predito diploma face à legislação anterior.

A primeira nota essencial da reforma protagonizada pela actual lei respeita ao problema da *arbitrabilidade*, que Raúl Ventura qualificava em 1986 de neologismo usado "para exprimir uma «qualidade» do litígio e que constitui, simultaneamente, um requisito da validade da convenção de arbitragem, da constituição do tribunal arbitral e da validade da sentença proferida por este"[49]. Concreti-

---

herdeiros, tendo em vista a decisão sobre o direito a indemnização pelos danos causados pela ministração, em estabelecimentos de saúde pública, de medicamentos derivados do plasma humano contaminados com o vírus HIV.

[46] Sobre esta distinção, veja-se SANTOS, António Marques dos, "Arbitragem no Direito do Consumo", *Estudos do Instituto do Direito do Consumo*, Coord. Luís Menezes Leitão, Vol. I, Almedina, Lisboa, 2002, pp. 284 e ss..

[47] Os centros de arbitragem institucionalizada têm de requerer autorização para a sua criação junto do Ministério da Justiça, nos termos do DL nº 425/86, de 27/12, expondo as razões que justificam a sua pretensão e delimitando o objecto das arbitragens que pretendem levar a efeito. Por sua vez, o Ministério da Justiça irá analisar a sua solicitação atendendo a dois critérios, concretamente, a representatividade e idoneidade da entidade requerente (art. 2º do *supra* mencionado Decreto-Lei). Tal como *supra* referido, actualmente existem 36 centros autorizados para a realização de arbitragens institucionalizadas.

[48] Ver Proposta da APA de uma nova Lei de Arbitragem Voluntária, disponível no seguinte endereço electrónico, acedido em Junho de 2011, http://arbitragem.pt/noticias/projecto-nova-lav-anotada-21052010.pdf.

[49] Cfr. VENTURA, Raúl, "Convenção de Arbitragem", *Revista da Ordem dos Advogados*, Ano 46, Vol. II, Lisboa, 1986, p. 317.

zando, está em causa no plano objectivo saber que matérias podem ser submetidas a um tribunal arbitral.

O anterior critério de arbitrabilidade, assente na disponibilidade de direitos, cede lugar na lei vigente ao critério da *patrimonialidade*, combinado, ainda que subsidiariamente, com a transigibilidade do direito controvertido. Assim, e nos termos do art. 1º, nºs 1 e 2 da nova LAV, podem ser submetidos a arbitragem voluntária litígios respeitantes a interesses de natureza patrimonial ou, não revestindo aquela natureza, litígios relativamente aos quais as partes possam transaccionar.

Em segundo lugar, é de referir a previsão ampla do designado efeito negativo do princípio da competência-competência (*"Kompetenz-Kompetenz"*), nos termos do qual compete ao tribunal arbitral decidir da sua própria competência, com prioridade sobre os tribunais estaduais. Deste modo, e tendo em conta o art. 5º, nº 1, da nova LAV, se for proposta uma acção num tribunal estadual relativa a uma questão abrangida por uma convenção de arbitragem e sendo invocada a preterição daquela convenção pelo réu, até ao momento em que este apresentar o seu primeiro articulado, deve o tribunal estadual absolver da instância, excepto se a convenção de arbitragem for manifestamente nula, ineficaz ou inexequível.

A terceira alteração que maior importância adquire na Lei 63/2011 é a introdução da competência dos tribunais arbitrais para decretar medidas cautelares e ordens preliminares, reivindicação há muito exarada pela doutrina portuguesa. Atentos os arts. 20º e 22º da nova LAV, as providências cautelares, pela sua durabilidade e susceptibilidade de execução coerciva (art. 27º), apenas devem ser decretadas após a audição da parte contrária, a qual pode ser dispensada no âmbito das ordens preliminares que, constituindo medidas transitórias, visam evitar a frustração da finalidade da providência cautelar e, por isso, podem ser emitidas sem prévia revelação à parte contra a qual elas se dirigem[50].

Last, but not least, a nova Lei de Arbitragem Voluntária fica marcada pela alteração profunda das regras em termos de recursos de sentenças arbitrais. Assim, se o art. 29º da Lei 31/86 apenas excluía os recursos das sentenças arbitrais caso tivesse havido renúncia das partes aos mesmos[51], já o art. 39, nº 4, da actual Lei 63/2011, prescreve que a possibilidade de recurso dos laudos arbitrais só se verificará se as partes expressamente o prescreverem na convenção de arbitragem

---

[50] Ver a anotação nº 69 da APA ao art. 20º da Proposta de Lei de Arbitragem Voluntária, disponível no seguinte endereço electrónico, acedido em Junho de 2011, http://arbitragem.pt/noticias/projecto-nova-lav-anotada-21052010.pdf.

[51] Esclarecia Paula Costa e Silva que esta era uma solução "praticamente única nos países europeus, que na generalidade não admitem a revisão de mérito das decisões proferidas em arbitragem voluntária". Cfr. SILVA, Paula Costa e, "Os meios de impugnação de decisões proferidas em arbitragem voluntária no direito interno português", *Revista da Ordem dos Advogados*, Ano 56, Vol. I, Lisboa, 1996, pp. 180-181.

e se a causa não houver sido decidida segundo a equidade ou mediante composição amigável. Desta forma, os recursos dos laudos arbitrais passam de regra a excepção.

A breve análise que tecemos anteriormente revela o espírito de mudança que subjaz à nova LAV, esperando-se que a arbitragem conheça um novo ímpeto aplicativo em Portugal neste novo milénio.

1.1.3. Os Julgados de Paz

Com menção histórica desde os primórdios da nossa nacionalidade[52], os Julgados de Paz são regulamentados actualmente no ordenamento jurídico português, com um figurino diverso, pela Lei nº 78/2001, de 13 de Julho[53]. Iniciaram a sua actividade em 2002 a título experimental em apenas quatro localidades: Lisboa, Seixal, Vila Nova de Gaia e Oliveira do Bairro. Actualmente existem 25 Julgados de Paz em Portugal, propugnando-se a criação de 120 entidades similares distribuídas por todo o país[54]. A sua criação depende de diploma do Governo (ouvidos os Conselho Superior de Magistratura, a Ordem dos Advogados, a Associação Nacional de Municípios Portugueses e a Associação Nacional de Freguesias), o qual define também a circunscrição territorial respectiva[55].

Considerados tribunais não judiciais ou mistos[56/57], os Julgados de Paz apresentam um modelo de actuação vocacionado para permitir a participação cívica

---

[52] Refere Joel Timóteo Pereira que a memória dos Julgados de Paz "recua até aos primórdios da nacionalidade, onde os conceitos medievais de justiça se subjugavam à palavra régia que tinha nos juízes de paz os aplicadores da mesma junto das populações". Cfr. PEREIRA, Joel Timóteo Ramos, *Julgados de Paz – organização, trâmites e formulários*, 3ª edição, Quid Juris, Lisboa, 2005, p. 18.

[53] Doravante referida apenas por Lei dos Julgados de Paz ou LJP.

[54] Ver estudo do ISCTE de 2007, encomendado pelo Governo, que concluiu deverem ser criados em 12 fases os referidos 120 Julgados de Paz, disponível no seguinte endereço electrónico, acedido em 30 de Abril de 2011, http://www.conselhodosjulgadosdepaz.com.pt/Noticias/AlargamentodaRededeJulgadosdePazemPortugalISCTE.pdf.

[55] Os Julgados de Paz podem ser concelhios ou funcionar em agrupamento de conselhos ou freguesias (art. 4º da LJP)

[56] Cfr. GOUVEIA, Mariana França, "Meios de Resolução Alternativa de Litígios: Negociação, Mediação e Julgados de Paz", *Estudos Comemorativos dos 10 anos da Faculdade de Direito da Universidade Nova de Lisboa*, Vol. II, Almedina, Lisboa, 2008, p. 751.

[57] Discute-se em Portugal se a competência dos Julgados de Paz é alternativa aos tribunais judiciais comuns ou exclusiva relativamente às matérias da sua competência, previstas no art. 9º da LJP. O Acórdão de Uniformização de Jurisprudência, de 24 de Maio de 2007, aderiu à tese da alternatividade, considerando que as partes poderão optar por resolver um conflito, abrangido pelo referido art. 9º, ou nos Julgados de Paz ou nos Tribunais Judiciais. Esta solução merece-nos as maiores dúvidas, acompanhando Mariana França Gouveia quando vê "com alguma dificuldade (e resistência) a criação de tribunais pelo Estado numa lógica concorrencial". Sobre esta temática, veja-se GOUVEIA, Mariana França, "Meios de Resolução Alternativa de Litígios: Negociação,

dos interessados e para estimular a justa composição dos litígios por acordo das partes (art. 2º, nº 1 da LJP). Constituem, assim, princípios gerais destes tribunais a simplicidade, a adequação, a informalidade, a oralidade e a absoluta economia processual (art. 2º, nº 2 da LJP). Acresce que, a tramitação dos Julgados de Paz comporta, como fase prévia ao julgamento, a realização da mediação do conflito, a qual é, todavia, meramente eventual, na medida em que estará dependente das partes não terem afastado esta possibilidade (art. 49º, nº 1 da LJP).

Em termos de competência, várias são as limitações plasmadas na Lei nº 78/2001, de 13 de Julho. Desde logo, os Julgados de Paz apenas julgam acções declarativas, aplicando-se, quanto à execução das suas decisões, o Código de Processo Civil (art. 6º da LJP). Por outro lado, em razão do valor, a competência dos Julgados de Paz está limitada pela alçada do tribunal de primeira instância[58] (art. 8º da LJP).

No que concerne à competência material, apenas podem ser apreciadas nos Julgados de Paz as acções constantes no art. 9º da LJP, com as condicionantes aí plasmadas, concretamente as acções destinadas a efectivar o cumprimento de obrigações [al. a)]; as acções de entrega de coisas móveis [al. b)]; as acções resultantes de direitos e deveres de condóminos [al. c)]; as acções de propriedade [al. d)]; as acções possessórias, usucapião e acessão [al. e)]; as acções relativas ao direito de uso e administração da compropriedade, da superfície, do usufruto, do uso e habitação e ao direito real de habitação periódica [al. f)]; as acções no âmbito do arrendamento urbano (com excepção da acção de despejo) [al. g)]; as acções que respeitem à responsabilidade civil contratual e extracontratual [al. h)]; as acções relativas ao incumprimento contratual [al. i)] e as acções inerentes à garantia geral das obrigações [al. j)]. No âmbito criminal, a competência dos Julgados de Paz restringe-se à apreciação dos pedidos de indemnização cível, quando não haja sido apresentada participação criminal ou após desistência da mesma, estando ainda limitada aos crimes constantes do nº 2 do art. 9º.

Relativamente à tramitação, o processo nos Julgados de Paz tem inicio com a apresentação do requerimento, pelo demandante, na secretaria respectiva (art. 43º da LJP). Tal requerimento pode ser apresentado verbalmente ou por escrito em formulário, não sendo necessária a constituição de advogado, salvo se a parte for cega, surda, muda, analfabeta, desconhecedora da língua portuguesa ou, se por qualquer outro motivo, se encontrar numa posição de manifesta inferioridade (art. 38º da LJP). O demandado é citado para contestar no prazo de 10 dias a contar da correspondente citação, que pode ser postal ou pessoal, não se admi-

---

Mediação e Julgados de Paz", *Estudos Comemorativos dos 10 anos da Faculdade de Direito da Universidade Nova de Lisboa*, Vol. II, Almedina, Lisboa, 2008, pp. 751-752.

[58] Actualmente cifra-se no valor de 5000 euros.

tindo, contudo, a citação edital[59]. Só é admitida reconvenção se o demandado se propuser obter a compensação ou tornar efectivo o direito a benfeitorias ou despesas relativas à coisa cuja entrega lhe é pedida (art. 48º da LJP).

Com a citação do demandado é usual agendar-se a sessão de pré-mediação, salvo se o demandante tenha afastado, desde logo, a aplicação deste mecanismo[60]. Se as partes assim o acordarem, é marcada a sessão de mediação propriamente dita, que, regra geral e na prática, se verifica no mesmo dia e com o mesmo mediador que realizou a pré-mediação (arts. 50º e 51º da LJP). Alcançado o acordo entre as partes é o mesmo reduzido a escrito para homologação pelo juiz de paz, adquirindo valor de sentença (art. 56º, nº 1 da LJP). Não se almejando o acordo desejado na mediação, é marcado dia para a audiência de julgamento, na qual "o juiz faz uma nova tentativa de resolução do litígio por consenso, através da conciliação"[61]. Em termos probatórios, as partes podem apresentar as provas que considerem necessárias ou úteis, não podendo, contudo, ser oferecidas por cada parte mais de cinco testemunhas (art. 59º da LJP). Produzida a prova, é proferida sentença da qual apenas cabe recurso nos processos cujo valor exceda metade do valor da alçada do tribunal de primeira instância (art. 62º da LJP). Cumpre referir, por último, que nos Julgados de Paz há lugar ao pagamento de custas (art. 5º da LJP), sendo, contudo, o seu valor diminuto, cifrando-se actualmente em 70 euros[62].

Tendo em conta as anotações *supra* tecidas, é patente a simplicidade inerente ao processo nos Julgados de Paz e as especificidades desta nova forma de fazer justiça em Portugal.

2. Critérios de selecção do meio apropriado a cada conflito

No quadro de um sistema de resolução de conflitos integrado por diversos mecanismos com diferentes valências e *modus operandi*, como verificámos anteriormente, torna-se pertinente apontar alguns critérios que permitam às partes optar

---

[59] Ver arts. 46º e 47º da LJP.

[60] Não obstante a lei não o impedir, consideramos que a predita sessão de pré-mediação, cujo objectivo prende-se com a explicação do funcionamento deste meio, não deve verificar-se antes de decorrido o prazo da contestação, por forma a garantir a total igualdade das partes em termos de argumentos de defesa e, bem assim, para evitar constrangimentos quanto ao principio da confidencialidade da mediação (regulado no art. 52º da LJP).

[61] GOUVEIA, Mariana França, "Meios de Resolução Alternativa de Litígios: Negociação, Mediação e Julgados de Paz", *Estudos Comemorativos dos 10 anos da Faculdade de Direito da Universidade Nova de Lisboa*, Vol. II, Almedina, Lisboa, 2008, p. 758.

[62] Nos termos da Portaria nº 1456/2001, de 28 de Dezembro, alterada pela Portaria nº 209/2005, de 24 de Fevereiro, cada parte entregará a quantia de 35 euros. No final do processo, a parte vencida terá de satisfazer uma nova parcela de 35 euros, sendo a parte vencedora reembolsada em 35 euros, o valor inicialmente entregue. Se o processo terminar por mediação as custas serão de apenas 50 euros, a dividir de forma igual pelas partes.

pelo meio considerado adequado ou com maior aptidão para resolver o seu diferendo. Esta perspectiva tem levado a doutrina norte-americana a defender que a sigla ADR deverá designar *"appropriate dispute resolution"* em substituição do tradicional vocábulo *"alternative"*[63].

Claro que sempre se poderá afirmar, como aceitam Sander e Rozdeiczer[64], que definir, em abstracto e genericamente, o mecanismo adequado à resolução de um conflito concreto implicará mais arte e engenho que ciência, não sendo possível estabelecer uma fórmula matemática exacta susceptível de aplicação de igual modo a todos os casos. Mas o esforço por determinar alguns critérios, que constituam arrimos a que as partes possam recorrer para, perante um conflito específico, escolherem o melhor meio para a sua resolução, revelar-se-á oportuno para garantir eficácia e celeridade na decisão definitiva do diferendo.

Acresce que tais parâmetros poderão ainda revelar-se úteis aquando da definição contratual de uma cláusula de resolução de conflitos, ou seja, de uma disposição que estabeleça, a montante, qual o mecanismo que as partes deverão aplicar se no futuro emergir do contrato um qualquer litígio. Estas cláusulas assumem muitas vezes a forma de *multi-step clauses, multi-tier clauses* ou *ADR clauses*[65], na medida em que os contratantes determinam várias escalas ou etapas que envolvem diferentes procedimentos na resolução do conflito. Assim, a par das típicas cláusulas compromissórias no âmbito da arbitragem, começam a ser frequentes, em sede contratual, cláusulas de mediação, mas também estipulações que prescrevem, numa primeira fase, que o conflito deve ser resolvido por mediação e, não se logrando acordo, numa segunda etapa dever-se-á remeter o diferendo para arbitragem, dando-se concretização aos sistemas *med-arb*. Desta feita, no momento de estipulação das preditas cláusulas, os contratantes deverão ter presentes critérios de decisão relativamente ao meio adequado à resolução dos conflitos que se possam despontar, o que justificará igualmente a análise que agora encetamos.

---

[63] Neste sentido veja-se, MOORE, Carl M., "Why do we Mediate?", *New Directions in Mediation: communication research and perspectives*, Edit. Joseph P. Folger, Tricia S. Jones, SAGE Publications, California, 1994, p. 195 e MULLERAT BALMAÑA, Ramón María, "La justicia alternativa («Alternative Dispute Resolution») en los Estados Unidos de Norteamérica", *Anuário de Justicia Alternativa*, nº 3, Ano 2002, Barcelona, p. 52, nr. 17.
[64] Cfr. SANDER, Frank E. A. e ROZDEICZER, Lukasz, "Matching Cases and Dispute Resolution Procedures: Detailed Analysis Leading to a Mediation-Centered Approach", *Harvard Negotiation Law Review*, Vol. 11, 2006, p. 2.
[65] V. FILE, Jason, "United-States: multi-step dispute resolution clauses", *Mediation Committee Newsletter*, Vol. 3, nº 1, IBA Legal Practice Division, 2007, p. 36, nota 1.

2.1. Fitting the forum to the fuss

Um dos primeiros autores a definir princípios de aplicação para os diferentes meios de resolução de conflitos, consignando a cada mecanismo a sua particular integridade funcional e a sua própria "moralidade", foi Lon Fuller, considerado por muitos como " *the jurisprudent of ADR*"[66].

Seguindo o pensamento deste autor, a moralidade da mediação radicava na obtenção de um acordo óptimo, em que cada parte prescindia do que valorava menos, para receber o que mais desejava. Assim, este mecanismo deveria ser aplicado quando se verificasse entre as partes em conflito uma relação directa e pessoal, concretamente familiar ou laboral, sendo necessária uma reorientação do vínculo que os une, mais do que uma decisão judicial.

No que concerne à arbitragem, este seria o meio indicado, segundo Lon Fuller, quando as partes de um conflito tivessem criado regras específicas para regulamentar as suas relações jurídicas, necessitando de um árbitro que aplicasse as preditas normas convencionadas. Seria, desta forma, o meio óptimo no âmbito de conflitos resultantes de contratos comerciais ou de acordos colectivos, relativamente aos quais as partes não pretendessem a aplicação da lei, mas das regras contratualizadas por árbitros especialistas na matéria. A moralidade da arbitragem residia, desta feita, na decisão do conflito tendo em conta os contratos ou as regras estipuladas pelas partes.

Por último, os tribunais somente seriam necessários quando fosse pretendida uma decisão pública relativa à aplicação da lei. Da análise do entendimento de Fuller são, assim, perceptíveis como critérios diferenciadores da aplicação dos diversos mecanismos de resolução de conflitos, desde logo, o papel do terceiro, mas também os efeitos da solução do diferendo, a relação entre as partes e o papel do precedente judicial.

O pensamento que subjaz à escolha do mecanismo adequado à resolução de cada conflito derivou da escola dos anos 1950, denominada *"Process Pluralism"*[67]. Esta corrente mantém plena pertinência na actualidade, pelo que, sob a designação *"fitting the forum to the fuss"*, procura-se hoje igualmente definir os critérios de selecção do meio ajustado a cada litígio. Sander e Goldberg na década de 1990 abordaram este problema, baseando a sua tese na determinação dos objectivos das partes (*What are the client's goals in chosing a dispute resolution procedure?*) e nos obstáculos existentes à obtenção de acordo numa concreta situação (*If the client*

---

[66] Cfr. MENKEL-MEADOW, Carrie, "Roots and inspirations – a brief history of the foundations of dispute resolution", *The Handbook of Dispute Resolution*, Edit. Michael L. Moffitt e Robert C. Bordone, 1ª edição, Jossey-Bass, São Francisco, 2005, pp. 17-18.

[67] Cfr. MENKEL-MEADOW, Carrie, "Roots and inspirations – a brief history of the foundations of dispute resolution", *The Handbook of Dispute Resolution*, Edit. Michael L. Moffitt e Robert C. Bordone, 1ª edição, Jossey-Bass, São Francisco, 2005, p. 19.

is amenable to settlement, what are the obstacles?)⁶⁸. Na mesma senda, também o *International Institute for Conflict Prevention and Resolution* (CPR)⁶⁹ e o *Federal Judicial Center* (FJC)⁷⁰ estabeleceram a sua própria taxonomia de decisão relativamente aos meios apropriados de resolução de conflitos.

A selecção do método adequado ao conflito pode ser analisada segundo duas perspectivas: ou partindo das características de cada método (*the forum*), ou atendendo aos objectivos e interesses das partes. Na primeira perspectiva, o método adequado será aquele cujas características melhor respondam às especificidades do conflito que se pretende resolver. Na segunda perspectiva, o método apropriado é determinado pela capacidade de resposta aos objectivos das partes.

Considerando, todavia, que a melhor tese será a que conjugar as duas concepções, descreveremos seguidamente o estudo de Sander e Rozdeiczer⁷¹, tentando ulteriormente adaptar as suas premissas à realidade portuguesa, norteados pelo objectivo de desenhar uma tabela própria de selecção do meio apropriado à resolução de conflitos em Portugal.

2.2. A concepção de Sander e Rozdeiczer

Em 2006, Sander e Rozdeiczer apresentaram o seu método de selecção do meio adequado à resolução de cada conflito, o qual se desenrola em três fases ou níveis (*three-step approach*). No primeiro nível, dão os autores enfoque aos interesses e objectivos das partes, tentando perceber o que cada parte pretende e privilegia no procedimento de decisão do conflito. Depois, numa segunda fase, devem ser analisadas as características de cada método a aplicar. E, por último, observam os autores como as particularidades de cada mecanismo melhor superam os impedimentos à resolução efectiva do diferendo. Esta perspectiva dos três níveis assenta, assim, em três categorias fundamentais: (1) objectivos das partes; (2) especificidades do meio; (3) impedimentos à solução.

No que concerne aos objectivos das partes em relação à sua satisfação com o procedimento escolhido, os autores indicam que a celeridade, a privacidade, a minimização de custos, a criação de novas soluções ou o controlo do processo e

---

⁶⁸ SANDER, Frank E. A. e GOLDBERG, Stephen B., "Fitting the Forum to the Fuss: a User-Friendly Guide to Selecting an ADR Procedure", *Negotiation Journal*, Vol. 10, nº 1, 1994, pp. 49-68.

⁶⁹ Ver *CPR ADR Suitability Guide*, 2001, disponível no seguinte endereço electrónico, acedido em 21 de Abril de 2011, http://www.cpradr.org/Portals/0/Resources/ADR%20Tools/Tools/cpr%20 suitability%20guide.pdf.

⁷⁰ Ver NIEMIC, Robert J., *et al.*, *Guide to Judicial Management of Cases in ADR*, Federal Judicial Center, 2001.

⁷¹ Ver SANDER, Frank E. A. e ROZDEICZER, Lukasz, "Matching Cases and Dispute Resolution Procedures: Detailed Analysis Leading to a Mediation-Centered Approach", *Harvard Negotiation Law Review*, Vol. 11, 2006, pp. 1-41.

da decisão são factores que determinam como métodos preferenciais a mediação, o *mini-trial*, o *summary jury trial* e o *early neutral evaluation*. Pelo contrário, se as partes pretendem uma decisão directamente executável em juízo, a maximização dos seus ganhos ou a atribuição a um terceiro da responsabilidade pela decisão do conflito, então devem optar ou pela arbitragem ou pelos tribunais judiciais[72]. Exemplificam os autores com um caso de divórcio entre Anna e John indicando que se ambos preferem que a decisão seja rápida ou que os seus filhos não sejam afectados pela exposição pública de um processo judicial ou, ainda, desejam manter uma boa relação pessoal entre pais e filhos, o método adequado à resolução do conflito será a mediação. Todavia, se Anna receia que John não pague a pensão de alimentos aos seus filhos, deverá então intentar um processo judicial, por forma a obter uma decisão executável.

Na segunda etapa do seu método, Sander e Rozdeiczer analisam as características e vantagens de cada procedimento, tendo em conta os factores facilitadores da obtenção de um acordo para o conflito. Deste modo, se existe uma boa relação entre advogados e as partes, a comunicação entre todos será fluida o que contribuirá para que se consiga construir um consenso sobre a solução a aplicar ao caso concreto. Pelo contrário, os tribunais poderão contribuir para a deterioração das relações pessoais existentes, uma vez que tenderá a ser declarado um vencedor e uma parte vencida, ampliando-se o espírito de batalha existente.

Se uma das partes necessita descobrir todos os bens do réu, como contas bancárias ou propriedades, ou se é importante a convocação de terceiras pessoas, neste caso, os tribunais deverão ser o caminho escolhido, na medida em que possuem os instrumentos processuais necessários para a satisfação de tais solicitações. No exemplo de Anna, se esta desconfiar que John é detentor de rendimentos económicos superiores aos declarados e que, por isso, poderá receber uma pensão de alimentos acrescida, deverá enveredar pela via judicial.

Um processo judicial é também a melhor opção para obtenção de uma decisão executável. Ao revés, os trâmites processualmente fixados por lei poderão constituir um obstáculo quando o conflito envolva mais de duas partes (como os conflitos comunitários, com vizinhos ou ambientais). Disputas com estas características exigem uma maior flexibilidade de procedimentos que a mediação poderá proporcionar.

A nota mais importante desta segunda fase proposta é, assim, a percepção de que cada mecanismo tem características específicas que poderão ser mais vanta-

---

[72] Por imperativos de espaço não apresentamos as tabelas desenhadas pelos autores. Para uma melhor percepção de todos os critérios apresentados e respectiva classificação, vejam-se as tabelas expostas em SANDER, Frank E. A. e ROZDEICZER, Lukasz, "Matching Cases and Dispute Resolution Procedures: Detailed Analysis Leading to a Mediation-Centered Approach", *Harvard Negotiation Law Review*, Vol. 11, 2006, pp. 12, 21 e 28.

josas nuns casos que noutros e tais especificidades poderão ainda repercutir-se ou transformar-se em obstáculos à resolução efectiva do caso concreto, como é melhor vislumbrável na análise da terceira fase do método em estudo.

Nesta última etapa, os autores indicam alguns impedimentos à resolução do conflito por acordo, apontando os mecanismos apropriados para superar tais resistências. Deste modo, se a resolução do diferendo não é lograda porque as partes têm dificuldade em comunicar, o método apropriado é a mediação, cujo funcionamento assenta precisamente em fomentar o diálogo entre os sujeitos em conflito, melhorando a comunicação entre si. Também se as partes evidenciam uma necessidade de expressar as suas emoções, será indicada a mediação uma vez que este mecanismo possibilita a oportunidade para que se exponham os sentimentos subjacentes a uma situação de conflito.

Se em causa estiver um desacordo sobre os factos em litígio ou se as partes têm interpretações legais diferentes sobre o direito aplicável ao caso, já o método preferencial será, segundo os autores, o *summary jury trial* ou o *early neutral evaluation*, na medida em que o parecer do terceiro poderá proporcionar o cabal esclarecimento legal do direito aplicável e propiciar orientações sobre a solução judicial da disputa.

Um conceito interessante nesta temática é o "Síndrome de Jackpot", que traduz a situação em que uma das partes possui uma certeza quase inabalável de que em tribunal obterá uma indemnização ou outra quantia monetária superior aos danos verificados no caso concreto, sendo que a parte contrária considera este resultado pouco provável[73]. A disparidade quantitativa avaliada pelas partes torna o acordo praticamente impossível, sendo os tribunais neste caso o melhor método para decidir o litígio.

Um último obstáculo apontado, que levanta os maiores desafios e dificuldades na resolução de um conflito, reside nos desequilíbrios de poder (*power imbalance*) que possam verificar-se entre as partes. Os factores deste desequilíbrio são variados, podendo estar em causa diferentes recursos económicos, representação legal ou capacidades negociais, e ainda situações de dependência emocional ou debilidade psicológica (como se verifica aquando da prática de crimes ou violência doméstica). Existindo uma situação de *power imbalance* entre as partes, os autores sugerem a adopção de um método baseado na lei e nos direitos das partes (*rights-based mechanism*), como os tribunais ou a arbitragem, não sendo aconselhados métodos fundados nos interesses das mesmas (*interest-based mechanism*),

---

[73] Para mais desenvolvimentos sobre o "Síndrome de Jackpot", veja-se SANDER, Frank E. A. e GOLDBERG, Stephen B., "Fitting the Forum to the Fuss: a User-Friendly Guide to Selecting an ADR Procedure", *Negotiation Journal*, Vol. 10, nº 1, 1994, p. 59.

como a mediação, na medida em que esta poderá possibilitar um aproveitamento das fragilidades da parte mais débil.

Em rigor, e como salientam os autores, nenhum método é totalmente capaz de eliminar todos os factores de desequilíbrio, bastando pensar-se na necessidade de um parecer técnico em sede judicial. Neste caso, a parte economicamente mais forte poderá solicitar avaliações a entidades com maior reconhecimento que, por isso, serão mais dispendiosas e não suportáveis pela parte com menos poder financeiro, o que redundará em última instância num desequilíbrio desfavorável para esta.

Após exporem a sua metodologia para determinação do método apropriado à resolução de cada conflito, nos termos que apenas resumidamente apresentámos, concluem os autores que a mediação é o método que maiores probabilidades possui de produzir a *"eficiência de Pareto"*[74], constituindo o melhor mecanismo de resolver um conflito satisfazendo da forma mais proveitosa os interesses das partes. Deste modo, a mediação deverá traduzir, na visão de Sander e Rozdeiczer, o ponto de partida (*starting process*) na resolução de um concreto conflito, excepto se as partes recusarem *ab initio* este método, ou se se verificarem impedimentos ao mesmo, concretamente legais.

Independentemente das críticas que possam ser tecidas ao método explanado e do grau de concordância com esta taxinomia, a elaboração deste tipo de metodologias exerce um papel de inegável relevância no conhecimento das valências e inconvenientes dos mecanismos de resolução de conflitos. Na verdade, os meios extrajudiciais são neste novo século um caminho sem retorno quer na realidade portuguesa, quer na realidade internacional, pelo que importará dar a conhecer as vicissitudes de cada método, por forma a promover perante os cidadãos um cabal conhecimento e uma decisão informada sobre as possibilidades que lhes são disponibilizadas em matéria de resolução dos seus problemas. Assim, apresentaremos seguidamente um ensaio metodológico relativo à escolha do método apropriado para resolver conflitos em Portugal, tendo em conta os meios disponíveis e regulados legalmente, sem a pretensão da taxinomia apresentada constituir o modelo perfeito e irrefutável.

2.3. *Fitting the forum to the fuss* em Portugal

A proposta que apresentamos para selecção do método apropriado à resolução de um conflito concreto em Portugal conjugará, quer os objectivos das partes,

---

[74] O conceito de *eficiência de Pareto* (também designado *óptimo de Pareto* ou *óptimo paretiano*) foi enunciado por Vilfredo Pareto para designar a situação na qual não é possível melhorar ou beneficiar mais numa determinada circunstância, sem prejudicar alguma das partes ou elementos existentes, produzindo-se um ponto óptimo de proveito.

quer a capacidade de resposta de cada mecanismo a esse mesmo objectivo[75]. Deste modo, indicaremos na tabela seguinte diversos factores a que as partes genericamente podem atender aquando da decisão por um determinado meio de resolução de conflitos, atribuindo uma avaliação de 0 a 3 valores para a aptidão desse mecanismo em relação a cada factor, tendo em conta as suas características e especificidades. Os factores apontados têm subjacentes os critérios plasmados nas tabelas elaboradas por Sander e Rozdeiczer, aplicados à realidade do ordenamento jurídico português, constando apenas os que considerámos ter maior relevância. Não teremos naturalmente em conta as limitações legais relativamente ao âmbito de aplicação, quer material, quer territorial, de cada método, que apenas em cada caso concreto poderão ser avaliadas[76].

FACTOR DE DECISÃO	MEIO A SELECCIONAR			
	Mediação	Arbitragem	Julgado de Paz	Tribunal
Celeridade	3	1-3	3	0
Confidencialidade	3	2	1	0
Minimização de Custos	3	0-3	3	0
Manutenção da relação pessoal	3	1	1	0
Criação de novas soluções	3	1	0	0
Controlo do processo pelas partes	3	2	0	0
Controlo do resultado pelas partes	3	0	0	0
Controlo judicial	0	2	2	3
Decisão executória	1	3	3	3

0 = Pouco satisfatório;   2 = Muito satisfatório
1 = Satisfatório   3 = Completamente satisfatório

---

[75] Também se referindo a esta questão, veja-se GOUVEIA, Mariana França, *Curso de Resolução Alternativa de Litígios*, 1ª edição, Almedina, Lisboa, 2011, pp. 217-220.
[76] No âmbito da mediação e arbitragem estarão em causa as fronteiras da mediabilidade e da arbitrabilidade, anteriormente analisadas. No que concerne aos Julgados de Paz deve ter-se em atenção não só os arts. 6º e ss. da Lei nº 78/2001, como também a jurisdição territorial de cada Julgado. Relativamente aos tribunais, em cada processo devem estar verificados os pressupostos processuais exigidos legalmente.

i. Celeridade

Concretizando a tabela *supra* apresentada, considerámos que em termos de celeridade serão a mediação ou os Julgados de Paz as vias preferenciais para a obtenção de uma solução rápida para o conflito. De facto, os dados estatísticos existentes revelam que quer nos sistemas de mediação pública, quer nos Julgados de Paz, a duração média de um processo, desde a sua entrada até à solução final, cifra-se em três meses[77]. No âmbito da arbitragem fizemos oscilar a avaliação atribuída entre 1 a 3, na medida em que a realidade relativamente a este mecanismo não é uniforme. Assim, se tivermos em conta, por exemplo, a experiência dos Centros de arbitragem de conflitos de consumo existentes em Portugal, a duração média de um processo nestas entidades é também relativamente reduzida, rondando igualmente os três meses[78]. Já no que concerne à arbitragem *ad-hoc*, a heterogeneidade de situações que caem neste âmbito não nos permitirá apresentar a mesma conclusão, até porque o alargamento do prazo de decisão dos árbitros de 6 meses, para 12 meses (segundo a nova LAv – art. 43º, nº 1, da Lei nº 63/2011, de 14 de Dezembro), induz a um possível alargamento da duração de um processo arbitral. Por último, e relativamente aos tribunais, a falta de celeridade processual é um mal crónico sem solução à vista, constituindo esta uma das principais críticas que lhes são dirigidas na actualidade.

ii. Confidencialidade

O segundo factor indicado respeita à confidencialidade inerente a cada mecanismo, sendo a mediação o meio mais eficaz para garantir este parâmetro[79]. Na verdade, a confidencialidade constitui um dos princípios basilares presente em todos os sistemas de mediação pública existentes em Portugal, estando igualmente prescrito para a mediação pré-judicial civil no art. 249º-C do Código de Processo Civil (na redacção da Lei nº 29/2009, de 29 de Junho). No âmbito da arbitragem a garantia de confidencialidade dependerá da convenção das partes ou do regulamento inerente à entidade institucional que promove este mecanismo. Actualmente, a generalidade dos Centros de arbitragem de conflitos de consumo publicita nos seus *websites* algumas das sentenças arbitrais proferidas no seu seio, o que revela uma tendência de publicitação nesta sede. Também as sentenças dos Julgados de Paz estão disponibilizadas na Base Jurídico Documental do Ministério da Justiça[80]. No entanto, na medida em que estas entidades comportam uma

---

[77] Dados estatísticos apresentados no *website* do GRAL (www.gral.mj.pt)

[78] Ver dados estatísticos disponíveis no *website* http://www.gral.mj.pt/userfiles/Estat%C3%ADstica_CA.pdf, consultado a 20 de Abril de 2011.

[79] Sobre a regulamentação da confidencialidade na mediação em Portugal, veja-se, *inter alia*, CAMPOS, Joana, "O princípio da confidencialidade na mediação", *Scientia Ivridica*, Tomo LVIII, nº 318, 2009, pp. 311-333.

[80] Consultar *website* www.dgsi.pt.

fase processual facultativa de mediação (arts. 49 e ss. da Lei nº 78/2001, de 13 de Julho), é possível que um processo que dê entrada num Julgado de Paz termine por acordo, mantendo-se sob sigilo as declarações e os problemas inerentes ao mesmo, pelo que atribuímos a qualificação de 1 no que concerne ao factor em análise. Relativamente aos tribunais, a regra plasmada nas leis processuais civil e penal é a da publicidade, que apenas cede em casos excepcionais[81].

iii. Minimização de custos

Uma das questões que maior relevância adquire para as partes, principalmente no actual contexto económico que o mundo e, de forma especial, Portugal vivencia, relaciona-se com os custos do procedimento escolhido. No nosso país, os mecanismos que asseguram a solução do conflito a baixos custos são a mediação, levado a cabo nos actuais sistemas de mediação pública[82], e os Julgados de Paz[83]. Relativamente à arbitragem, a realidade existente em Portugal é novamente díspar. Assim, se no âmbito dos Centros de arbitragem de conflitos de consumo o processo é, de forma geral, gratuito[84], já na arbitragem *ad-hoc*, ou mesmo nos restantes centros de arbitragem institucionalizados, os custos podem variar demasiado, pelo que atribuímos uma classificação num intervalo de 0 a 3.

iv. Manutenção da relação pessoal

Em quarto lugar, avaliámos a capacidade de cada mecanismo para promover as boas relações entre as partes após o conflito. Nesta questão não surpreende que a mediação constitua o meio com a nota máxima, uma vez que as metodologias

---

[81] Ver art. 167º do Código de Processo Civil e art. 86º do Código de Processo Penal, vigentes na presente data no ordenamento jurídico português.

[82] Se o sistema de mediação penal é gratuito para as partes (art. 9º da Lei nº 21/2007, de 12 de Junho), o sistema de mediação familiar (art. 6º, nº 2, do Despacho nº 18778, de 22 de Agosto) e o sistema de mediação laboral (art. 10º do Manual de Procedimentos e Boas Práticas do Sistema de Mediação Laboral, de 6 de Maio de 2008), comportam o pagamento de uma taxa pela sua utilização de 50 euros, a suportar por cada parte.

[83] A cada processo tramitado nos Julgados de Paz é inerente uma taxa única de 70 euros, sendo que se o processo terminar por mediação a taxa é de apenas 50 euros, nos termos previstos na Portaria nº 1456/2001, de 28 de Dezembro, alterada pela Portaria nº 209/2005, de 24 de Fevereiro.

[84] O CASA e o CIMPAS, Centros de arbitragem de conflitos de consumo com competência vertical, comportam desde a sua criação uma tabela de custas. Os Centros de arbitragem de conflitos de consumo de competência horizontal iniciaram funções tendo subjacente o princípio da gratuitidade. Todavia, com o recente o aumento de competências em razão do valor (deixando, na sua generalidade, de estar limitados pela alçada de primeira instância) e também da matéria (com a abrangência das questões inerentes ao sistema da Casa Pronta) discute-se actualmente se aquele princípio não deverá ceder à existência de custas, ainda que de reduzido valor, como já se prescreve no Centro de Informação, Mediação e Arbitragem de Consumo do Vale do Cávado (CIAB), nos termos do art. 21º do seu Regulamento (na redacção de 2007).

inerentes implicam a promoção do diálogo entre as partes e a colaboração para a criação do acordo final. Atendendo a que a arbitragem, os Julgados de Paz e os Tribunais Judiciais constituem mecanismos heterocompositivos e adversariais, a decisão final do litígio redundará na existência de uma parte vencedora e vencida, podendo agravar, ou pelo menos manter, o abismo de posições que existia entre os sujeitos em conflito. Na arbitragem não foi atribuída a nota 0, na medida em que, não obstante o que dissemos anteriormente, sempre terá de se verificar um compromisso entre as partes no que à submissão a este mecanismo respeita, face ao princípio da voluntariedade inerente, concretizado na convenção de arbitragem. Os Julgados de Paz também mereceram a classificação de 1 valor, na medida em que a actuação destas entidades é vocacionada para permitir a participação cívica dos interessados e para estimular a justa composição dos litígios por acordo das partes (conforme prescreve o art. 2º da Lei nº 78/2001, de 13 de Julho).

v. *Criação de novas soluções*

A criação de novas soluções constitui um factor de selecção importante quando o resultado prescrito por lei não é o adequado ou gera na situação concreta um desajustamento aos factos em causa. Não existirá por parte das partes, qualquer tentativa de fuga à lei, mas apenas uma vontade de produzir no caso concreto uma solução mais justa e adaptada ao caso. Nesta medida, e novamente pelas metodologias inerentes, a mediação constitui o melhor método para responder a esta exigência. Efectivamente, o *brainstorming* promovido pelo mediador, norteado pelo objectivo de construir várias soluções criativas para o conflito, configura a mediação como o mecanismo com maiores aptidões neste parâmetro. A arbitragem e os Julgados de Paz poderão proferir decisões baseadas na equidade do caso concreto, se as partes assim o acordarem[85] e, deste modo, a promoção de resoluções criadoras pode ser alcançada, pelo que considerámos a pontuação de 1 valor nesta sede. A mesma oportunidade já não se verifica de forma tão recorrente no âmbito dos Tribunais Judiciais, cujo papel se traduz, em geral, na aplicação da lei ao caso.

vi. *Controlo do processo pelas partes*

Relacionado com o item anterior está o controlo do processo pelas partes. De facto, ao serem as partes na mediação a construírem a solução para o conflito que as opõe, estas controlam o processo de resolução do seu diferendo. Acresce que, por força do princípio da voluntariedade, são as partes que têm de optar pela adopção deste mecanismo, podendo desistir em qualquer momento e terminando o procedimento quando considerarem que o acordo é o desejado ou,

---

[85] Ver art. 39º da nova LAV e art. 26º da Lei nº 78/2001, de 13 de Julho, dos Julgados de Paz.

pelo contrário, que o acordo não é possível. Claro que não negligenciamos o papel fulcral do mediador durante a mediação. Todavia, o seu papel é influenciado e moldado pelas características do conflito e pelas próprias partes. Estes factos dão verdadeira latitude ao controlo do procedimento que os mediados exercem na mediação, sendo-lhe atribuída a classificação de 3 valores. No que concerne à arbitragem, e atendendo ao que é plasmado no art. 30º, nº 2, da nova LAV, o controlo das partes é exercido através da possibilidade de definição das regras de processo a observar pelos árbitros. Não descuramos que serão depois os árbitros a colocar em prática tais regras e, por este motivo, merece a arbitragem a avaliação 2 quanto ao factor que ora analisamos. Estando as regras processuais definidas na lei, quer quanto aos Julgados de Paz, quer quanto ao processo civil, penal ou administrativo, ambos os mecanismos não permitem qualquer controlo do processo pelas partes, estando-lhe inerente a classificação 0.

vii. Controlo do resultado pelas partes
O controlo do resultado pelas partes tem intrínseca a própria natureza de cada mecanismo. Assim, os meios autocompositivos, como a mediação, são aqueles que permitem que as partes sejam as obreiras da solução do conflito que as aparta. Contrariamente, nos meios heterocompositivos, as partes adjudicam o poder de decisão do seu diferendo a um terceiro, sendo este que dita o resultado final da disputa. Desta forma, na arbitragem, Julgados de Paz e Tribunais, o controlo do resultado pelas partes é nulo. Assim, se o primeiro mecanismo recebeu a nota 3, aos restantes meios foi atribuída 0.

viii. Controlo judicial
De forma inversa, se focarmos atenções no controlo judicial do resultado alcançado em todos os meios, *rectius* no recurso da decisão do conflito, verificamos que esta possibilidade não é cogitável na mediação. Na verdade, as partes não poderão aceitar de forma livre e esclarecida um acordo que solucione o seu diferendo e, no momento imediatamente seguinte, recorrer da sua própria manifestação de vontade, alegando que a solução que coadjuvaram a encontrar não deve ser aplicável ao caso. Tal situação redundaria na verdade num *venire contra factum proprium*, pelo que a situação de recurso judicial dos acordos de mediação é excluída pelo próprio funcionamento deste mecanismo. Já as decisões ditadas pelos árbitros são susceptíveis de recurso nos termos do art. 39º, nº 4, da nova LAV, desde que as partes expressamente tenham previsto tal possibilidade na convenção de arbitragem e não se tenha verificado um julgamento por equidade ou mediante composição amigável. Em sede de Julgados de Paz apenas é possível recurso da decisão nos processos cujo valor exceda metade do valor da alçada do tribunal de 1ª instância (art. 62º, nº 1, da Lei nº 78/2001, de 13 de Julho). Desta forma,

perante a existência de algumas limitações à possibilidade de recurso nestes dois últimos meios referidos atribuímos a classificação 2 no factor controlo judicial, sendo a nota dos Tribunais de 3 face à regra da recorribilidade patente em sede de processo judicial.

ix. Decisão executória

Por último, indicámos a obtenção de uma decisão executória, permitindo que, em caso de incumprimento, as partes possam directamente prosseguir com um processo executivo. Pois bem, nos termos do art. 46º, alínea a), do Código de Processo Civil português, as sentenças judiciais constituem títulos executivos servindo de base ao processo executivo. Também adquirem esta especial força executiva as decisões arbitrais e as decisões do juiz de paz, por força da sua equiparação legal às sentenças dos tribunais judiciais de 1ª instância[86], pelo que, quanto a este factor, os três mecanismos mereceram a nota 3. Relativamente aos acordos de mediação e em virtude do seu carácter contratual, a questão revela maior acuidade. Em Portugal a Lei nº 29/2009, de 29 de Junho, veio introduzir no art. 249º-B do Código de Processo Civil a possibilidade de homologação dos acordos de mediação por um juiz para que os mesmos adquiram força executiva. Tendo em conta a necessidade de um acto adicional pelas partes para que os acordos obtidos possam ser executados, não estando prescrita a sua força executiva directa no art. 46º daquele Código, a classificação assacada é de 1.

Fica desta forma resumida uma possível taxinomia para selecção dos meios de resolução de conflitos em Portugal, sem descurarmos que outros factores poderiam ser apresentados, como por exemplo, a possibilidade de resolução do conflito por especialistas na matéria subjacente ao litígio, sendo a arbitragem o meio que maior aptidão apresenta para a satisfação deste parâmetro, face à possibilidade de escolha de árbitros peritos na questão. Na verdade, apresentámos apenas uma proposta tendo em conta a realidade portuguesa, podendo outras soluções serem avançadas.

Independentemente da tese que se adopte, parece-nos importante reflectir sobre este caminho para implementar na Europa e, particularmente, em Portugal um modelo adaptado de "tribunais multiportas" ou, na expressão norte-americana, *Multidoor Courthouse*, existentes nos E.U.A.. A ideia, proposta e sistematizada pela primeira vez por Frank Sander na *Pound Conference*[87], assenta na integração num mesmo espaço de vários métodos de resolução de conflitos judiciais e extra-

---

[86] Ver art. 42º, nº 7, da nova LAV para as decisões arbitrais e art. 61º da Lei nº 78/2001, de 13 de Julho, para as decisões dos Julgados de Paz.

[87] Para uma análise do discurso de Frank Sander na *Pound Conference*, veja-se SANDER, Frank, "Varieties of Dispute Processing", *The Pound Conference: Perspectives on Justice in the Future*, Edit. A. Leo Levin e Russell R. Wheeler, Editora West, 1979, pp. 65-87.

judiciais. Segundo o autor, o conflito levado ao "tribunal multiportas" seria recebido por um funcionário que, depois de analisar a natureza do litígio, apontaria às partes o método mais apropriado à sua resolução[88]. Deste modo, o edifício no qual se reuniam os diversos meios de resolução de conflitos, quer extrajudiciais, quer judiciais, estaria dividido em diversas portas representando os vários mecanismos, as quais seriam abertas tendo em conta a sua adaptabilidade e vantagens resolutivas em relação ao conflito[89]. Na esteira deste sistema, ganha importância a definição de taxinomias que, tais como as anteriormente expostas, possam servir de base e arrimo à selecção da porta que abre caminho à resolução dos diferendos jurídicos que opõem os cidadãos na sua convivência social.

Conclusão

O presente trabalho está prestes a terminar e a nossa viagem no oceano dos meios de resolução extrajudicial de conflitos quase concluída. Iniciámos esta jornada com a apresentação dos preditos meios, submergindo na sua história, concretamente no período pós 25 de Abril de 1974 até à presente data. Vislumbrámos quais os momentos decisivos na construção do actual panorama português nesta matéria.

Seguimos viagem rumo à análise, ainda que breve e resumida, dos mecanismos que granjeiam em Portugal regulamentação legal específica, norteados pelo objectivo de conhecer a forma de operar de cada meio.

No âmbito da mediação analisámos os seus quatro elementos essenciais, para concluir que este mecanismo se apresenta como um método específico de resolução de conflitos, que tem subjacentes elevados princípios éticos e deontológicos, traduzindo-se na participação activa das partes na construção da solução

---

[88] Para mais desenvolvimentos relativamente aos *Multidoor Courthouse* nos E.U.A., veja-se, *inter alia*, GOLDBERG, Stephen B.; SANDER, Frank E. A.; ROGERS, Nancy H., COLE, Sarah Rudolph, *Dispute Resolution. Negotiation, Mediation, and Other Processes*, 5ª edição, Aspen Publishers, Nova York, 2007, pp. 396-397; PLAPINGER, Elizabeth e SHAW, Margaret, *Court ADR – Elements of Program Design*, Centre for Public Resources, Nova York, 1992; SANDER, Frank e HERNANDEZ CRESPO, Mariana, "A Dialogue Between Professors Frank Sander and Mariana Hernandéz Crespo: Exploring the Evolution of the Multi-Door Courthouse", *University of St. Thomas Law Journal*, Vol. 5, nº 3, 2008, pp. 665-674 e, ainda, PÉREZ MARTELL, Rosa, *Mediación Civil y Mercantil en la Administración de Justicia*, Editora Tirant lo Blanch, Valência, 2008.

[89] Exemplificando com o sistema do *Superior Court of the District of Columbia*, as partes que tenham um conflito deverão recorrer ao *Community Information and Referral Center* deste tribunal para que através de uma entrevista, pessoal ou telefónica, os especialistas do Centro possam ajudá-las na escolha do melhor método para solucionar a sua disputa. Mais informações relativamente ao *Multi-Door Dispute Resolution Division* do *Superior Court of the District of Columbia*, podem ser obtidas no seu endereço electrónico, acedido em 30 de Agosto de 2010, http://www.dccourts.gov/dccourts/superior/multi/index.jsp.

para a sua disputa, coadjuvadas pelo mediador, terceiro independente, neutral e isento. Nesta sede abordámos, ainda, algumas questões problemáticas, como os problemas da *mediabilidade* ou da execução directa dos acordos de mediação. Em jeito de conclusão, expressamos agora o nosso anseio pela publicação de uma lei autónoma, que constitua o quadro legal genérico da mediação em Portugal, à semelhança do que se verificou em alguns ordenamentos jurídicos europeus, como a Grécia, ou se projecta na vizinha Espanha. Tal como a arbitragem, também a mediação merece uma lei de enquadramento geral que reflicta as opções jurídicas relativamente à regulamentação deste mecanismo.

Viajámos depois por terras da arbitragem, dando conta das principais alterações trazidas pela actual Lei da Arbitragem Voluntária, a qual tenta receber os parâmetros norteadores da Lei Modelo de Arbitragem da UNCITRAL. A reforma introduzida pela nossa lei tem subjacente a redução da dependência dos tribunais arbitrais face aos tribunais estaduais, conferindo-lhes agora, por exemplo, competência para decretar providências cautelares e ordens preliminares. Também em matéria de recursos, o regime vigente confere maior autonomia e força vinculativa às decisões arbitrais ao prescrever que apenas será possível recorrer de um laudo arbitral se as partes o prescreverem na convenção de arbitragem, superando-se velhos temores e preconceitos relativamente a este meio de resolução extrajudicial de conflitos.

Na mesma senda e volvidos 10 anos após a publicação da Lei dos Julgados de Paz, pensamos que a mesma deveria ser objecto de alterações, precisamente para eliminar, em determinadas situações, a cessação da competência do Julgado de Paz e a remessa do processo para um tribunal judicial. Assim se verifica relativamente às providências cautelares ou outro incidente processual (por aplicação do art. 41º da LJP) e, bem assim, quando seja requerida prova pericial (art. 59, nº 3 LJP).

Após esta curta incursão pelos meios de resolução extrajudicial de conflitos, tentámos construir, à luz das concepções norte-americanas, concretamente de Sander e Rozdeiczer, os critérios de selecção do meio apropriado a cada situação conflitual, tendo em conta as características estudadas anteriormente. A taxinomia que edificámos não pretende constituir uma resposta absoluta e imutável a esta questão. Antes pretende abrir as portas para a discussão em torno desta problemática, visando que a implementação de todos os meios, judiciais ou extrajudiciais, de resolução de conflitos se baseie numa relação equilibrada e harmoniosa entre si.

Por outro lado, e no actual contexto de crise económica, não é vislumbrável que se possa, de forma imediata, centralizar em cada comarca do nosso país todos os meios de resolução de conflitos num único edifício ou espaço físico. Sem embargo, pensamos que este modelo deve ser progressivamente instalado e tido em conta em futuras decisões políticas a respeito, passando a ser frequentes "Campus da Justiça" integradores de todos os meios de resolução de conflitos, tornando a justiça mais próxima dos cidadãos e de todos os seus agentes.

Colocando um ponto final neste trajecto e olhando o horizonte nasce a certeza de que muito mais havia por investigar e outras tantas questões convocavam novas viagens neste mundo que ganha paulatinamente dimensão no velho mapa do Direito. Mas acreditamos que tenhamos transposto o Cabo das Tormentas, na esperança de que aberto caminho, não se ergam mais Adamastores na implementação dos meios de resolução extrajudicial de conflitos.

Coimbra, 16 de Janeiro de 2012

Arbitragem e arbitrabilidade sob uma perspectiva Luso-Brasileira[1]

MARCIO EL KALAY

Bacharel em Direito pela Faculdade de Direito da Universidade Mackenzie de São Paulo, Brasil; Especialista em Direito Processual Civil pelo Instituto de Pós-Graduação da Faculdade de Direito da Universidade Mackenzie de São Paulo, Brasil; Mestre em Ciências Jurídico-Forenses pela Faculdade de Direito da Universidade de Coimbra, Portugal; e advogado sócio de Puerto Henriques Advogados, em São Paulo, Brasil.

1. Introdução

Voltando os olhos ao instituto da arbitragem voluntária, pretendemos tratar dos critérios utilizados pelo legislador português e brasileiro para determinar a capacidade do objeto do litígio de ser submetido ao crivo de um juízo arbitral.

Enquanto o tratamento da questão aproxima-se no quesito disponibilidade; isto é, sobre a admissão da arbitragem apenas à controvérsia cujo objeto encontre-se no universo do direito disponível, por outro lado distancia-se, na medida em que o direito português confere à lei especial a tarefa de reservar certas matérias à tutela exclusiva do *tribunal judicial* ou da *arbitragem necessária*; e no Brasil, para além de disponível, deve o bem da vida objeto da controvérsia situar-se no âmbito patrimonial.

A matéria tem, portanto, na arbitrabilidade do direito disponível, uma relevante identidade, apta a impulsionar nossa pesquisa pelo universo dogmático

---

[1] Artigo extraído da Dissertação de Mestrado *Arbitrabilidade objetiva sob uma perspectiva luso-brasileira*, apresentada pelo Autor no âmbito do 2º Ciclo de Estudos em Direito da Faculdade de Direito da Universidade de Coimbra, na área de especialização Jurídico-Forenses, tendo como orientador o Exmo. Senhor Professor Doutor Diogo Leite de Campos.

luso-brasileiro, valendo-se, também, de elementos paradigmáticos encontrados em outros ordenamentos jurídicos.

Sob uma perspectiva prática, o tema não poderia ser mais atual. A existente "crise da justiça", que, dentre uma constelação de motivos, também decorre da lentidão na obtenção de uma prestação jurisdicional eficaz e da baixa capacidade do Judiciário em *compor os conflitos*[2] que lhe são submetidos, sugere naturalmente o desenvolvimento de vias *alternativas*[3] de solução, dentre as quais se destaca mundialmente a arbitragem.

Não é à toa que o direito fundamental à razoável duração do processo esteja em evidência, ocupando o tempo e o pensamento de legisladores em busca de meios a atribuir eficácia a tão importante preceito constitucional.

Vivemos uma época marcada pela insegurança e pelo descrédito dos jurisdicionados em relação ao pálio do Estado-Juiz[4], que – sem aqui pretender exaurir os motivos pelos quais – nem sempre entrega a melhor prestação jurisdicional. Referimo-nos ao fato de que talvez este (o Estado) não seja o mais indicado à apreciação de determinadas lides, ao menos, e com evidente menosprezo de sua relevância, no entendimento das partes litigantes.

Nas palavras de DIOGO LEITE DE CAMPOS:

> O Direito público depara-se com a crise de "soberania" de um Estado que tem dificuldade em se afirmar como superior aos cidadãos e de uma Administração pública que teve de abandonar o conceito de "acto" admi-

---

[2] Cfr. DIOGO LEITE DE CAMPOS, para quem *"os conflitos de direitos não se julgam, compõem-se"*, in *A Arbitragem voluntária, jurisdição típica do Estado-dos-Direitos e Dos-Cidadãos*. Separata da obra: A Evolução do Direito no Século XXI – Estudos em Homenagem ao Professor Doutor Arlnoldo Wald. Editora Almedina. 2007. P. 41. Novamente in *Arbitragem Voluntária (jurisdição dos Cidadãos) nas Relações Tributárias*. I Congresso do Centro de Arbitragem da Câmara de Comércio e Indústria Portuguesa. Livraria Almedina. Coimbra. 2008. P 225.

[3] Referindo-se apenas às seguintes acepções: *alternativa*: (...) 2. uma de duas ou mais possibilidades pelas quais se pode optar; (...)4. Rubrica: termo jurídico. faculdade que tem alguém, em virtude de lei ou convenção, de escolher uma entre várias coisas; opção (...)". Dicionário Houaiss da língua portuguesa. Disponível em: http://houaiss.uol.com.br/ em 23 de junho de 2009.

[4] E de todas as outras instituições estatais. Para J. E. CARREIRA ALVIM, referindo-se por vezes às palavras de ADA PELLEGRINI GRINOVER *"a crise das instituições é a praga do século: crise no Legislativo, crise no Executivo e crise no Judiciário. Em todo lugar, independentemente da forma de Estado e do sistema de Governo, as instituições funcionam mal, o povo não confia nelas, e, para fortalecê-las, busca-se uma forma de controlá-las, na certeza de que o controle do Poder pelo Próprio Poder (le pouvoir arrête Le pouvoir) faliu e já não atende à sociedade do limiar do Século XXI. No que tange ao Poder Judiciário, fala-se cotidianamente em 'crise da administração da Justiça' como se a única solução para os nossos problemas estivesse no malsinado 'controle externo'. A conseqüência do desaparelhamento judiciário, para atender à solução dos conflitos, conduz à 'obstrução das vias de acesso à Justiça e ao distanciamento cada vez maior entre o Judiciário e seus usuários.'"*, in *Alternativas para uma maior eficácia da prestação jurisdicional* Revista de Processo, São Paulo, v. 21, n. 84, p. 175. 1996.

nistrativo enquanto acto de autoridade criador de obrigações, em benefício de um procedimento vinculado à lei, e que vem deixando o "ingrediente" autoritário do contrato administrativo, a favor de uma normal contratação segundo as regras e fins do Direito "privado".(...)[5]

Neste cenário de ponderações, em que perde força o monopólio estatal para lentamente dar espaço à autonomia privada, é que pretendemos tratar da amplitude da arbitragem voluntária. Será ou não salutar a desmonopolização estatal na solução de conflitos, com a atribuição de maior alcance e credibilidade para as vias alternativas como a arbitragem?

2. Arbitragem

Considerando as diversas conotações possíveis para o termo *arbitragem*, atentamos, inicialmente, à noção de FRANCISCO CORTEZ:

> (...) a arbitragem é uma forma de administração da justiça em que o litígio é submetido, por convenção das partes ou por determinação imperativa da lei, ao julgamento de particulares, os árbitros, numa decisão a que a lei reconhece o efeito de caso julgado e a força executiva iguais aos da sentença de um qualquer tribunal estadual, a quem é retirada, por sua vez, a competência para julgar tal litígio[6]

Partimos intencionalmente deste posicionamento que, esclarecedor, sugere a distinção presente no direito português entre a arbitragem voluntária, emanada da vontade das partes, e aquela necessária, imposta por lei imperativa.

No Brasil, ao conceituar a arbitragem, leciona CARLOS ALBERTO CARMONA:

> A arbitragem – meio alternativo de solução de controvérsias através da intervenção de uma ou mais pessoas que recebem seus poderes de uma convenção privada, decidindo com base nela, sem intervenção estatal, sendo a decisão destinada a assumir a mesma eficácia da sentença judicial – é colocada à disposição de quem quer que seja, para a solução de conflitos relativos a direitos patrimoniais acerca dos quais os litigantes possam dispor.[7]

---

[5] In O Direito em Nós. Texto destinado a servir de base a conferência proferida no Congresso de Cultura Jurídica luso-brasileira, Rio de Janeiro, Setembro de 2008. P. 21/22.
[6] In A Arbitragem Voluntária em Portugal – Dos <<ricos homens>> aos tribunais privados. O Direito. Lisboa. Ano 124º I-II. P. 365.
[7] In Arbitragem e processo. Um comentário à Lei 9.307/96. 3a.ed., rev. e atual. e ampliada. São Paulo: Atlas, 2009. P. 31.

Ainda que estas palavras sejam extraídas de comentários à lei brasileira, visivelmente por limitar a atuação da arbitragem a conflitos que tenham seu objeto inserto nos direitos *patrimoniais* e *disponíveis*, vale notar que este conceito corrobora também o caráter de justiça privada intrínseco à arbitragem, bem ressaltado, aliás, pela equiparação da eficácia de seu *decisum* a de verdadeira sentença judicial.

Ainda, outras classificações merecem menção. Critério de nomenclatura auto-explicativa é o utilizado para se distinguir a arbitragem *nacional* da *internacional*, também tratada na doutrina por *transnacional*[8].

A legislação portuguesa sobre arbitragem voluntária (LAV) ocupa-se de conceituar a arbitragem internacional em seu artigo 32º, sendo esta *"a que põe em jogo interesses de comércio internacional."*

Importa observar nesta formulação, aparentemente inspirada no direito francês[9], que não se enquadram em sua abrangência os litígios de direito internacional público[10], mas apenas aqueles que tenham por objeto conflitos emanados de operações voltadas à circulação de bens, capitais ou serviços além das fronteiras[11].

Fato é que a arbitragem constitui método fundamental para solução de conflitos no âmbito internacional, pois, em rol exemplificativo, e em contraposição à jurisdição estatal, confere aos litigantes maior sensação de neutralidade dos julgadores, viabiliza a escolha dos árbitros e preserva a tão importante confidencialidade.

Sobre o tema, LUÍS DE LIMA PINHEIRO observa que, enquanto a arbitragem nacional é considerada regularmente meio alternativo de solução de litígios, a *"arbitragem transnacional constitui o modo normal de resolução de diferendos no comércio internacional"* [12], conferindo aos tribunais estaduais lugar subsidiário.

Em outro importante corte dicotômico, tem-se a arbitragem institucionalizada e arbitragem *ad hoc*. A primeira é organizada por uma instituição permanente, com regulamento próprio aplicável ao processo arbitral; e esta última pressupõe a constituição do tribunal arbitral e o desenvolvimento dos atos processuais carentes do apoio de uma entidade especializada, o que, naturalmente, reflete em sua menor utilização.

---

[8] Em Portugal, com sentido próprio.
[9] *Article 1.492. Est international l'arbitrage qui met en cause des intérêts du commerce international.* Nouveau Code de Procedure Civile (com redação dada pelo *Décret* nº 81-500, de 12.05.1981, publicado no *Journal Officiel de la République Française* de 14.05.1981 e retificado no *JORF* de 21.05.1981).
[10] Sobre arbitragem entre Estados, V. CESAR BARRIO. *A arbitragem e o sistema internacional de solução de controvérsias entre estados.* Novos rumos da arbitragem no Brasil. São Paulo: Fiúza. 2004. P. 61-83;
[11] Cfr. DÁRIO MOURA VICENTE, *in Portugal e a arbitragem internacional.* Revista de Arbitragem e Mediação, São Paulo. 2004. P. 209/210.
[12] *In "Direito Comercial Internacional".* Editora Almedina. 2005. P. 344.

Em razão dos critérios de julgamento utilizados pelos árbitros, distinguem-se, por outro lado, a arbitragem de direito daquela fundada na equidade. No direito brasileiro, a escolha é facultada às partes nos termos do artigo 2º da Lei 9.307/96; já em Portugal o artigo 22º da LAV consagra o *julgamento conforme o direito constituído* como o regime regra, autorizando à utilização da equidade por opção expressa em convenção, ou em documento subscrito até o momento da aceitação pelo primeiro árbitro.

Assim, em Portugal torna-se conteúdo facultativo nas convenções de arbitragem a inclusão de estipulação pela adoção da equidade como critério de julgamento[13], o que, aliás, freqüentemente acontece[14].

2.1. Arbitragem e Mediação

Sabemos que a arbitragem é apenas uma das vias chamadas de alternativas para a solução de conflitos. Costumeiramente ao seu lado é apresentada a mediação, que com aquela não se confunde.

O ponto fulcral da distinção entre os institutos encontra-se na função da intervenção de um terceiro, árbitro ou mediador. A arbitragem sujeita-se à *heterocomposição*, resultante da intervenção decisória do árbitro, aproximando-se da jurisdição do Estado e distanciando-se da mediação, uma das formas da *autocomposição*, que conta com o auxílio (e nada mais do que isso) do mediador em busca de uma solução para a lide.

ADEMIR BUITONI, ao referir-se a natureza da atuação do mediador, escreve que:

> Trata-se de um verdadeiro não-poder. O mediador, diferentemente do Juiz, não dá sentença; diferentemente do árbitro, não decide; diferentemente do conciliador, não sugere soluções para o conflito. O mediador fica no meio, não está nem de um lado e nem de outro, não adere a nenhuma das partes. É um terceiro mesmo, uma terceira parte, quebrando o sistema binário do conflito jurídico tradicional. Busca soluções, que podem mesmo não estar delimitadas pelo conflito, que podem ser criadas pelas partes, a partir de suas diferenças. Não é apenas o lado objetivo do conflito que é analisado na mediação, mas também, e sobretudo, o lado subjetivo[15].

Indo além, o posicionamento acima deixa transparecer a distinção, ainda que sutil, entre mediação e conciliação. Aqui, contudo, basta dizer que ambas as for-

---

[13] Cfr. RAÚL VENTURA, in *Convenção de Arbitragem*. Revista da Ordem dos Advogados. Lisboa. Ano 46. 1986. P. 347.
[14] Cfr. ANTÓNIO MENEZES CORDEIRO, in *A decisão segundo a equidade*. O Direito. Lisboa. Ano 122. 1990. P. 261.
[15] In *A ilusão do normativismo e a mediação*. Revista do Advogado. Ano XXVI. Set. 2006. P. 111/112

mas de composição diferem-se da arbitragem por, essencialmente, não se submeterem ao julgamento de um terceiro, fundado no direito constituído ou na equidade, que pode importar na prevalência dos interesses de uma parte sobre aqueles da outra vencida.

Não queremos com isso dizer que sob os auspícios da jurisdição arbitral ou estatal não se possa promover a autocomposição. Não há qualquer obstáculo, mas antes verdadeiro estímulo – muitas vezes pelos próprios advogados – ao restabelecimento da paz entre os litigantes, por mútuas concessões que importem em um acordo de vontades. Esta, porém, deve ter lugar, preferencialmente, em uma fase preliminar à conclusão da prestação jurisdicional, arbitral ou mesmo judicial[16].

Vale notar que tanto a mediação quanto a arbitragem, como alternativas que são, exercem também um importante papel na desobstrução da tão congestionada via judicial.

E o sucesso da mediação vai além, pois, com maior frequência, presta-se a restabelecer a paz entre os litigantes com a reestruturação, ou mesmo o fortalecimento, da relação social/comercial anteriormente existente. Enquanto isso, ao término de uma arbitragem, por mais que haja o sentimento de acatamento pela parte vencida e, costumeiramente, o cumprimento voluntário da decisão, não se consegue com a mesma facilidade evitar o indesejável sentimento de perda e o rompimento da relação entre as partes, justamente pela referida intervenção decisória do árbitro[17].

2.2. Arbitragem Voluntária

Como dissemos, pretendemos tratar dos litígios suscetíveis de serem submetidos à arbitragem por força de convenção arbitral, na forma de um compromisso arbitral, ou mesmo de uma cláusula compromissória.

Não nos ocupa, nestes termos, a análise da chamada arbitragem necessária, cuja força obrigatória emana de lei e não da vontade das partes. No Brasil, aliás,

---

[16] Um bom exemplo, aliás, é o trabalho desenvolvido no estado de São Paulo, no Brasil, pelos centros de conciliação de primeira e segunda instância, com autonomia para intervir nos processos que versem sobre "*direitos patrimoniais disponíveis, questões de família e da infância e juventude*", respeitadas as normas do Provimento CSN nº 953/2005. Veja-se, como exemplo de sucesso, que durante a Semana Nacional da Conciliação de 2009 o centro paulista obteve 38,31% de sucesso nas audiências realizadas. http://www.tj.sp.gov.br/Conciliacao/Estatisticas.aspx.

[17] Atentando-se aos resultados alcançados pelas vias alternativas de solução de conflitos (*Alternative Dispute Resolution – ADR*) a Ministra do Superior Tribunal de Justiça brasileiro, FÁTIMA NANCY ANDRIGHI, escreve que: "(...) ao se examinar as formas alternativas de resolução de conflitos, observa-se que a mediação é a que mais se destaca pelos benefícios que pode proporcionar e, por isso, deve receber nosso maciço investimento.", in *Mediação – Um instrumento judicial para a paz social*. Revista do Advogado. Ano XXVI. Set. 2006. P. 136.

não há arbitragem obrigatória desde 1866[18], pelo que, naturalmente, tornou-se comum tratar a arbitragem voluntária simplesmente por arbitragem.

Em Portugal, assim como em alguns outros ordenamentos, há a figura da arbitragem necessária, imposta por lei, conforme previsão dos artigos 1525º a 1528º de seu Código de Processo Civil.

Exemplo material comumente encontrado na doutrina portuguesa é o caso do artigo 38º do Código das Expropriações, que submete ao juízo arbitral necessário, na falta de acordo entre expropriante e expropriado, a apuração do valor indenizatório para a desapropriação[19].

Porém, ao contrário do que se possa pensar, a generalidade das arbitragens nos litígios com entes públicos não se sujeitam a uma solução de arbitragem necessária, no âmbito do direito administrativo[20].

CARLOS ALBERTO CARMONA, após considerar a aplicação do instituto em Portugal e também na Costa Rica, conclui que *"a arbitragem obrigatória é instituto francamente em desuso, que tende a ser abolido nos sistemas mais evoluídos, sendo substituído tal mecanismo por tribunais ou juízos especializados"*[21].

Sendo tal arbitragem necessária imposta por força de lei, poucas são as discussões sobre arbitrabilidade objetiva que se podem suscitar, pelo que prosseguimos apenas na seara daquela voluntária que, com o perdão pela reiteração, cuida-se de via de resolução de controvérsias, onde, diante da exteriorização da vontade das partes, submete-se a decisão a um terceiro, que não represente o Estado ou o interesse de qualquer um dos litigantes[22].

Sem perder de vista o objeto do litígio, uma das características que mais nos instigam na arbitragem voluntária talvez seja a possibilidade de eleger os árbitros, preferencialmente profundos conhecedores da matéria controvertida, ao contrário do que acontece com os tribunais judiciais.

Esta faculdade parece prestigiar mais o mérito do que a forma; parece ocupar-se com os verdadeiros interesses (materiais) contrapostos.

---

[18] Apesar dos esforços, combatidos por ação direita de inconstitucionalidade, para tentar reintroduzir esta modalidade arbitral no ordenamento nacional, por meio da Media Provisória nº 2.221/2001, especialmente direcionada para casos pontuais de litígios decorrentes de incorporação imobiliária. Veja-se: *"Art. 30-F. Serão dirimidos mediante arbitragem, nos termos do disposto na Lei no 9.307, de 24 de setembro de 1996, os litígios decorrentes de contratos de incorporação imobiliária: I - obrigatoriamente, quando relativos à vinculação de obrigações de que tratam o § 2o do art. 30-C e o art. 30-D; e II - facultativamente, nos demais casos." (NR).*

[19] Cfr., por exemplo, ANA PERESTRELO DE OLIVEIRA, *in Arbitragem de Litígios com Entes Públicos.* Editora Almedina. Coimbra. 2007. P. 13.

[20] Cfr. JOSÉ LUÍS ESQUÍVEL, *in Os Contratos Administrativos e A Arbitragem.* Editora Almedina. Coimbra. 2004. P. 115.

[21] *Ob cit.* P. 36.

[22] Cfr. PINHEIRO, Luis Lima de, *ob. cit.* p. 343.

Temos a impressão, aliás, de que o aprofundamento técnico da discussão exerce relevante papel pacificador quando da prolação da sentença arbitral, pois o árbitro, especialista, desenvolve com mais qualidade a motivação que conduz ao trecho dispositivo do *decisum*, favorecendo, naturalmente, o seu cumprimento voluntário. O simples fato da parte confiar a certo árbitro a decisão, empresta--lhe maior credibilidade e força retórica.

Sobre o tema, Jesus Roque, juiz de direito e árbitro, escreve que:

"(...) face à simplicidade da tramitação processual e ao afastamento dos formalismos exigíveis nos tribunais comuns pelo Código de Processo Civil, as soluções dos conflitos que temos decidido têm-se aproximado, segundo pensamos, bem mais do direito substantivo e da justiça em termos ideais do que muitas decisões também por nós proferidas no Tribunal Cível de Lisboa."[23]

Por isso é que os árbitros técnicos em outras ciências que não as jurídicas podem (e devem) ser chamados para dirimir conflitos, sem que a falta de domínio dos aspectos formais seja responsável por algum prejuízo às partes litigantes.

Em sentido diametralmente oposto, sabemos que a natureza da matéria em algumas disputas *"extrapola as habilitações acadêmicas ou profissionais dos senhores juízes dos tribunais judiciais"*[24].

E a preocupação, em nosso sentir, não se limita às habilitações técnicas dos julgadores do Estado, mas alcança o desgaste da própria figura do juiz na ótica de juristas e jurisdicionados, sobre o que discorre Digo Leite de Campos:

Temos vindo a ultrapassar a configuração "utópica" de um juiz, erudito objectivo, racional e ilustrado, subsumindo todos os casos nas factualidades típicas previstas nas leis. A função de julgar (interpretar/aplicar), de dizer o Direito, envolve uma margem de subjetividade, dado o carácter necessariamente indeterminado de todos os conceitos. Indeterminação que se vem acentuando pelo rápido evoluir do comércio jurídico, dos aprofundamentos sobre a pessoa e seu estatuto jurídico, das representações sociais, que determina a capacidade dos velhos conteúdos de conceitos jurídicos que têm de ser preenchidos de novo ou afastados, com todas as incertezas que daqui decorrem.[25]

Além disso, a tramitação do processo arbitral também fica a critério das partes, que podem estipular formas mais simples e céleres para sua conclusão, respeitados os princípios fundamentais do processo, o que facilita, sobremaneira, a atuação do árbitro não jurista.

---

[23] In *Arbitragem de conflitos de consumo, que futuro?*, DECO, Lisboa, 1992, P. 23.
[24] Cfr. PEREIRA, Fernanda da Silva, in *"Arbitragem Voluntária Nacional – Impugnação de sentenças arbitrais – O tortuoso e longo caminho a percorrer"*, Livraria Petrony, Lisboa, 2009, p. 12.
[25] *Ob Cit.* P. 40.

Naturalmente, por enxugar fases processuais dispensáveis para aquele conflito em especial, a arbitragem voluntária alcança mais facilmente a tão almejada celeridade. Vale dizer que podem as partes convencionar prazos para a decisão arbitral, ao que, em Portugal, supletivamente a lei atribui 6 meses[26].

Outro aspecto vantajoso e já referido da arbitragem é a sua confidencialidade[27], que discrepa da regra geral da publicidade dos atos processuais na esfera judicial. Este é um dos elementos que a torna tão eficiente em questões que, se reveladas, podem prejudicar o desempenho das atividades comerciais das empresas litigantes, por exemplo.

Estas são algumas das prerrogativas que tornam a arbitragem um meio de solução de conflitos tão eficiente, que, contraposto aos duros tramites judiciais, acaba por promissoramente ganhar espaço, tanto em termos práticos como no pensamento da doutrina jurídica moderna.

2.3. Convenção de Arbitragem

A competência do Tribunal arbitral decorre da existência de válida convenção de arbitragem[28], que tanto pode ser um compromisso arbitral, versando exclusivamente sobre a vontade das partes em eleger a arbitragem como alternativa[29] à jurisdição estatal, como pode emanar de cláusula compromissória com o mesmo objetivo, porém inserta em um contrato com fins específicos[30].

A convenção de arbitragem afasta a apreciação da controvérsia do Poder Judiciário, conduzindo-a necessariamente ao tribunal arbitral. Revelam-se, destarte, seus efeitos *negativo*, em face da jurisdição estatal, e *positivo*, em face do juízo arbitral.

Segundo DÁRIO MOURA VICENTE, a convenção de arbitragem é *"o acordo pelo qual as partes submetem à decisão de árbitros um litígio actual ou litígios eventuais emergentes de determinada relação jurídica."*[31]

---

[26] Artigo 19º, nº 1 e 2, da LAV.
[27] Anote-se, apenas, que em Portugal a confidencialidade não se encontra estampada no artigo 16º da LAV, que trata dos *princípios fundamentais a observar no processo*.
[28] Sobre os pressupostos e requisitos de validade da convenção de arbitragem V. LUÍS DE LIMA PINHEIRO, in *"Convenção de Arbitragem (Aspectos Internos e Transnacionais)"*, Revista da Ordem dos Advogados. Lisboa. Ano 64, 2004, p. 125-200.
[29] Aqui empregamos a expressão *alternativa* em sua acepção lógica: "(...) sistema de duas ou mais proposições em que a verdade de uma implica a falsidade das outras, através da utilização do conectivo "ou" (p. ex., hoje é sábado, domingo ou segunda-feira) 6. Rubrica: lógica. cada uma das proposições excludentes que compõem este sistema". Dicionário Houaiss da língua portuguesa. Disponível em: http://houaiss.uol.com.br em 23 de junho de 2009.
[30] Critério empregado, por exemplo, na Convenção de Nova Iorque e na Convenção de Genebra sobre Arbitragem Comercial Internacional.
[31] In *A manifestação do consentimento na convenção de arbitragem*. Revista da Faculdade de Direito da Universidade de Lisboa, Lisboa, v.43. 2002. P. 988.

Vale conferir o proposto neste assunto pela previsão do artigo 7º, da Lei Modelo da *United Nations Commission on International Trade Law* (UNCITRAL) Sobre Arbitragem Comercial Internacional:

Artigo 7º.
Definição e Forma da Convenção de Arbitragem.

1 – "Convenção de arbitragem" é uma convenção pela qual as partes decidem submeter à arbitragem todos ou alguns dos litígios surgidos ou a surgir entre elas com respeito a uma determinada relação jurídica, contratual ou extracontratual. Uma convenção de arbitragem pode revestir a forma de uma cláusula compromissória num contrato ou a de uma convenção autônoma.

2 – A convenção de arbitragem deve ser reduzida a escrito. Considera-se que uma convenção tem forma escrita quando constar de um documento assinado pelas partes ou de uma troca de cartas, telex, telegramas ou qualquer outro meio de telecomunicação que prove a sua existência, ou ainda da troca de alegações referentes à petição e á contestação na qual a existência de uma tal convenção for alegada por uma parte e não seja contestada pela outra. A referência num contrato a um documento que contenha uma cláusula compromissória equivale a uma convenção de arbitragem, desde que o referido contrato revista a forma escrita e a referência seja feita de tal modo que faça da cláusula uma parte integrante do contrato.

Ainda que, assim como o brasileiro, o legislador português tenha optado por não definir a convenção de arbitragem, este, porém, unificou dentro do possível o compromisso arbitral e a cláusula compromissória, especialmente em relação aos seus efeitos[32], seguindo a orientação internacional.

Vale notar esta ter sido também a opção espanhola, que na vigente lei nº 60/2003 apenas manteve o regime anterior[33], tratando a convenção de arbitragem de maneira unitária[34].

---

[32] Sobre o regime anterior, V. INOCÊNCIO GALVÃO TELLES, *in Cláusula Compromissória (oposição ao respectivo pedido de efectivação)*. O Direito. Lisboa. Ano LXXXIX. 1957.

[33] Artículo 5º da Lei nº 36/1988: *1. El convenio arbitral deberá expresar la voluntad inequívoca de las partes de someter la solución de todas las cuestiones litigiosas o de algunas de estas cuestiones, surgidas o que puedan surgir de relaciones jurídicas determinadas, sean o no contractuales, a la decisión de uno o mas árbitros, así como expresar la obligación de cumplir tal decisión.*

[34] Artículo 9º da Leu nº 60/2003: *1. El convenio arbitral, que podrá adoptar la forma de cláusula incorporada a un contrato o de acuerdo independiente, deberá expresar la voluntad de las partes de someter a arbitraje todas o algunas de las controversias que hayan surgido o puedan surgir respecto de una determinada relación jurídica, contractual o no contractual.*

RAÚL VENTURA, referindo-se a esta inovação trazida pela LAV[35], escreve que:

Tomando o nosso Código de Processo Civil, Livro IV, Título I, a arbitragem assentava ou num compromisso ou numa decisão do tribunal que excepcionalmente substituía um compromisso; a cláusula compromissória nunca era bastante, por si só, para a constituição de tribunal arbitral.

Daí, que ao compromisso fossem assinadas duas funções: ou uma função autónoma, quando ele era celebrado sem prévia relação com uma cláusula compromissória, ou uma função complementar, quando ele era celebrado em cumprimento de uma anterior cláusula compromissória.[36]

Pois bem. Esta posição não é adotada claramente pela Lei nº 9.307/96 no Brasil, que, curiosamente, neste assunto acatou o exemplo francês[37], ao afirmar em seu artigo 4º que a cláusula compromissória *"é a convenção através da qual as partes em um contrato comprometem-se a submeter à arbitragem os litígios que possam vir a surgir, relativamente a tal contrato."*

Apesar de falar em convenção, a lei insistiu no modelo próximo ao já superado em Portugal (desde 1986), mediante o qual a cláusula compromissória, aparentemente, assumia papel de pré-contrato do compromisso. A contribuir para esta equivocada interpretação, veja-se, por exemplo, o *caput* do artigo 7º da lei brasileira:

Art. 7º. Existindo cláusula compromissória e havendo resistência quanto à instituição da arbitragem, poderá a parte interessada requerer a citação da outra parte para comparecer em juízo a fim de lavrar-se o compromisso, designando o juiz audiência especial para tal fim.

(...)

Aqui é importante esclarecer o que se disse sobre aparentemente representar a cláusula compromissória pré-contrato do compromisso. Trata-se realmente de mera aparência, pois comprometidas estão as partes desde quando celebram o contrato, dispondo sobre o método de solução de controvérsias, por força do efeito vinculante da cláusula arbitral.

---

[35] Artigo 1º: 2 – *A convenção de arbitragem pode ter por objecto um litígio actual, ainda que se encontre afecto a tribunal judicial (compromisso arbitral), ou litígios eventuais emergentes de uma determinada relação jurídica contratual ou extracontratual (cláusula compromissória).*
[36] In Convenção de Arbitragem. Revista da Ordem dos Advogados. Lisboa. 1986. P. 294.
[37] *Nouveau Code de Procedure Civile: CHAPITRE I – LA CLAUSE COMPROMISSOIRE - Article 1442. La clause compromissoire est la convention par laquelle les parties à un contrat s'engagent à soumettre à l'arbitrage les litiges qui pourraient naître relativement à ce contrat. – CHAPITRE II - LE COMPROMIS – Article 1447. Le compromis est la convention par laquelle les parties à un litige né soumettent celui-ci à l'arbitrage d'une ou plusieurs personnes.*

Os artigos 6º e 7º, da lei brasileira, tratam de procedimentos específicos, voltados à celebração do compromisso em razão da existência de cláusula compromissória, apenas quando vazia ou em branco. Ou seja, supletiva é a incidência destas previsões, que têm lugar somente quando as partes deixam de prever a forma pela qual se institui a arbitragem, além da forma de nomeação dos árbitros.

Ainda, recorrendo-se a interpretação teleológica do artigo 7º, acima transcrito, é possível notar que sua finalidade é a instituição da arbitragem e não a celebração do compromisso arbitral[38].

Em síntese, apesar da dúvida que pode sugerir a letra fria da lei, a cláusula compromissória bem elaborada representa convenção em potencial, que aguarda o surgimento da pretensão resistida no seio de determinado contrato para fazer valer sua previsão e efeitos.

Não está na finalidade, portanto, a diferença entre o compromisso e a cláusula arbitral, mas sim no tempo e local de sua aplicação, respectivamente para um litígio presente, contratual ou extracontratual, ou futuro, exclusivamente no âmbito contratual. Ambos, porém, prestam-se a instituir compulsoriamente a arbitragem, afastar a competência judicial e estabelecer a forma como deve o árbitro compor o litígio, modelando os limites de sua atuação.

3. Arbitrabilidade

O termo *arbitrabilidade*, que na década de 80 era tratado por neologismo[39], atualmente, e já há alguns anos, é admitido e recorrente no estudo arbitragem, nos mais variados idiomas.

Note-se, contudo, que duas são as conotações possíveis para este mesmo vocábulo, que pode expressar:

> *(i.)* Qualidade das partes signatárias da convenção de arbitragem, ao determinar *quem* pode ser parte num procedimento arbitral, quando é tratada por arbitrabilidade subjetiva ou *ratione personae*; e

> *(ii.)* Qualidade do objeto do litígio, quando empregada com o fim de circundar os limites de atuação da arbitragem em razão *do que* pode a ela ser submetido, sendo chamada de arbitrabilidade objetiva ou *ratione materiae*.

Fato é que, sob qualquer ângulo, a arbitrabilidade está intrinsecamente relacionada com limitações à competência do tribunal arbitral para decidir certas disputas.

---

[38] Cfr. SELMA M. FERREIRA LEMES, in *Convenção de Arbitragem e Termo de Arbitragem. Características, efeitos e funções*. Revista do Advogado. Ano XXVI. Nº 57. 2006. P.96.
[39] Cfr. RAÚL VENTURA, *ob. cit.* (1986). P. 317

3.1. Arbitrabilidade Subjetiva

A capacidade de celebrar uma convenção de arbitragem, antes de mais, deve observar toda a noção de capacidade jurídica, inserta na teoria geral do direito civil[40], aquela que, para ANGELO FAVATA, *"consiste na aptidão de tornar-se sujeito de direitos e deveres."*[41]

Enquanto o artigo 67º, do Código Civil português, prevê que a *"capacidade jurídica consiste na possibilidade das pessoas poderem ser sujeitos de quaisquer relações jurídicas, salvo disposição legal em contrário"*, o artigo 1º do Código Civil brasileiro, simplesmente afirma que *"toda pessoa é capaz de direitos e deveres na ordem civil"*.

Sabemos que essa capacidade pode ser restringida por força de lei, como ocorre em ambos os ordenamentos, seja no âmbito da *titularidade*, seja quanto ao *exercício pessoal e livre* de direitos e deveres[42].

Bem ilustra a limitação ao exercício de direitos JOSÉ CRETELLA NETO, ao comentar a primeira parte do art. 1º da Lei de Arbitragem brasileira[43]:

> Art. 1º As pessoas capazes de contratar poderão valer-se da arbitragem para dirimir litígios relativos a direitos patrimoniais disponíveis.
> (...)
> A capacidade para contratar coincide, em geral, com a capacidade das pessoas para a prática dos atos da vida civil; mas, em determinadas circunstâncias, aqueles civilmente capazes podem estar impedidos de firmar contratos, como, por exemplo, os sócios da empresa em processo falimentar, pois, desde o momento da abertura da falência, ou da decretação do seqüestro, o comerciante devedor perde o direito de administrar seus bens ou deles dispor (...) O empresário que se encontrar nessa situação não poderá contratar acerca dos bens da empresa e, portanto, não poderá valer-se da arbitragem para a resolução de litígios referentes a contratos que os envolvam.

Por outro lado, quando o Estado intervém na qualidade de parte em uma convenção de arbitragem, naturalmente há quem questione sua *capacidade-titularidade* para tal, já que, neste caso, interesses públicos podem estar em jogo, de modo a tornar inviável a opção pela arbitragem.

---

[40] Sobre o tema, V. PEDRO PAIS DE VASCONCELOS, *in Teoria Geral do Direito Civil*. Editora Almedina, 5ª ed. 2008. P 90 e ss.
[41] *Apud* CARLOS ALBERTO CARMONA, *ob. cit.* (2009). P. 37.
[42] Cfr. PEDRO PAIS DE VASCONCELOS, *ob. cit.* P. 90.
[43] *In Curso de Arbitragem*. Editora Milennium. 2009. P. 55

A LAV, em seu artigo 1º, nº 4, enfrenta o assunto da seguinte forma:

4 – O Estado e outras pessoas colectivas de direito público podem celebrar convenções de arbitragem, se para tanto forem autorizados por lei especial ou se elas tiverem por objecto litígios respeitantes a relações de direito privado.

Veja-se que o comando parte de uma regra de arbitrabilidade subjetiva, quando confere ao Estado, sujeito de direitos e obrigações, a genérica autorização para figurar como parte em um tribunal arbitral, restringindo-a aos casos em que aquele esteja legalmente legitimado, ou quando contrate convenção de arbitragem do âmbito do direito privado.

Disso, conclui Ana Perestrelo de Oliveira *"ou o ente público actua como qualquer privado, desprovido de poderes de imperium (i.e. pratica atos jure gestionis) – e nesse caso, os litígios que ocorram são arbitráveis nos mesmos termos em que o são os litígios entre privados; ou o ente público actua enquanto ente público, praticando actos jure imperii e, em tal hipótese, tem que existir lei especial a autorizar a arbitragem"*[44].

E o posicionamento brasileiro sobre o tema disso não discrepa. O Supremo Tribunal Federal, em 1973, antes mesmo do advento da Lei 9.307/96, teve a oportunidade de atestar a capacidade do Estado de intervir como parte em um processo arbitral, no chamado "caso Lage", que restou assim ementado:

INCORPORAÇÃO, BENS E DIREITOS DAS EMPRESAS ORGANIZAÇÃO LAGE E DO ESPOLIO DE HENRIQUE LAGE. JUÍZO ARBITRAL. CLÁUSULA DE IRRECORRIBILIDADE. JUROS DA MORA. CORREÇÃO MONETÁRIA.

1. LEGALIDADE DO JUÍZO ARBITRAL, QUE O NOSSO DIREITO SEMPRE ADMITIU E CONSAGROU, ATÉ MESMO NAS CAUSAS CONTRA A FAZENDA. PRECEDENTE DO SUPREMO TRIBUNAL FEDERAL.[45]

(...) (g.n.)

Vivemos um momento de forte participação estatal nas atividades comerciais, nacional e internacionalmente, ainda que nos últimos anos frequentes tenham sido as privatizações, especialmente nos países em desenvolvimento.

Dessa forma, cada vez mais comuns são os contratos celebrados entre Estados e particulares, pelo que, com mais freqüência, faculta-se ao Estado optar pela jurisdição arbitral privada, prevista em cláusulas compromissórias.

De modo geral, a capacidade do Estado para celebrar um compromisso arbitral será regida pela respectiva lei nacional. Dito de outra forma: incumbe-se a lei local a função de tratar da capacidade de contratar do Estado.

---

[44] *Ob cit*. P. 34.
[45] Agravo de Instrumento nº 52181, Ministro Relator Bilac Pinto, Tribunal Plento, julgamento em 14/11/1973.

Com isso, pouca dúvida sugere a matéria no âmbito interno, ao contrário das questões de direito internacional. É matéria recorrente na doutrina a possibilidade de Estados, signatários de convenções arbitrais em contratos internacionais de direito privado, suscitarem oportunamente limitações à própria capacidade, impostas por força de leis internas, com a finalidade de impedir a constituição do tribunal arbitral.

A Corte de Cassação francesa já teve a oportunidade de decidir sobre o assunto, quando, no caso *GALAKIS*[46], concluiu que as proibições dos artigos 83 e 1004 do Código de Processo Civil francês de 1806 não eram aplicáveis a um contrato internacional, restringindo seu campo de incidência às relações contratuais domésticas.

A evolução do pensamento jurisprudencial francês veio corroborar e acentuar este posicionamento, ao afirmar que uma convenção de arbitragem inserta em um contrato internacional, tendo como uma das partes um Estado, não seria nula em razão da inobservância de limitações legais nacionais por este último, como um desdobramento do princípio *venire contra factum prorium* (caso *GATOLI*[47]).

A vigente Lei Suíça de Direito Internacional Privado traz em seu artigo 177, nº 2, norma expressa sobre a matéria, nos termos seguintes:

> 2. Um estado, ou uma empresa pública, ou uma organização controlada pelo estado, que é parte em uma convenção de arbitragem, não pode invocar lei nacional para contestar sua capacidade de ser parte em uma arbitragem ou a arbitrabilidade da controvérsia inserta na convenção de arbitragem.[48]

Praticando, portanto, o Estado atos de natureza privada em uma relação jurídica negocial, em posição que poderia ser ocupada por qualquer particular, não há porque àquela aplicar-se normas próprias dos contratos administrativos, com fulcro no direito público. *"Se a premissa desta constatação é de que o Estado pode contratar na órbita privada, a consequência natural é de que pode também firmar um compromisso arbitral para decidir os litígios que possam decorrer da contratação."*[49]

Seja por força de lei de direito internacional, seja pela simples e consagrada vedação do comportamento contraditório, as leis nacionais não podem servir de subterfúgio a Estados signatários de convenções arbitrais internacionais, com o fim de tentar evitar oportunamente a competência arbitral.

---

[46] Corte de Cassação, 1ª Câmara Cível, julgamento em 2 de maio de 1966.
[47] Corte de Apelação de Paris, julgamento em 17 de dezembro de 1996.
[48] "2. *A state, or an enterprise held by, or an organization controlled by a state, which is party to an arbitration agreement, cannot invoke its own law in order to contest its capacity to arbitrate or the arbitrability of a dispute covered by the arbitration agreement.* Disponível, em 10 de janeiro de 2010, em: https://www.sccam.org/sa/download/IPRG_english.pdf
[49] Cfr. CARLOS ALBERTO CARMONA, *ob cit*. (2009). P. 45.

Todavia, é no âmbito da arbitrabilidade objetiva que a matéria desperta-nos maior interesse.

3.2. Arbitrabilidade Objetiva

Referindo-se àquela objetiva, RAÚL VENTURA[50] sustenta que o vocábulo arbitrabilidade expressa *qualidade* do litígio e, simultaneamente, *a licitude de sua solução por via arbitral*, representando requisito de validade da convenção arbitral, da constituição do tribunal arbitral e da respectiva sentença.

Com efeito, os limites deste predicado do objeto da lide, que o torna apto a ser submetido à via arbitral, devem ser expressos e limitados em leis nacionais. Até por isso é que se pode cumular na arbitrabilidade a licitude da aplicação da norma abstrata aos casos concretos.

Nos países com maior tradição em arbitragem, vê-se certa flexibilização destes critérios de arbitrabilidade, nomeadamente quando aplicados as convenções de arbitragem a nível internacional.

Semelhante situação à narrada linhas atrás, sobre a inviabilidade de um Estado alegar vedações legais nacionais à sua arbitrabilidade subjetiva, esta postura complacente sobre o alcance da arbitragem, no que se refere ao objeto do litígio, tem como objetivo incentivar o comércio internacional. Para JOÃO BOSCO LEE, *"a evolução da arbitragem é verificável de modo nítido pela liberalização do domínio da arbitrabilidade."*[51]

Tenha-se em mente que as normas que versam sobre arbitrabilidade limitam, por consequência, o conteúdo da convenção arbitral. Então, a válida previsão sobre arbitrabilidade objetiva depende da conjugação da manifestação de vontade das partes com a permissão (ou ausência de vedação) legal.

Nesta seara, diversas são as soluções adotadas pelos vários ordenamentos jurídicos que admitem a arbitragem, mas, de modo geral, três são as principais metodologias, aplicáveis em conjunto ou isoladamente, a saber, a ligação do litígio com a ordem pública, a natureza patrimonial da pretensão e a disponibilidade do direito em causa.

3.2.1. Os Critérios de Atribuição de Competência

Alguns países optam por adotar, como regra geral, a livre arbitrabilidade dos litígios, seguindo por excetuar pontualmente os casos em que deve intervir necessa-

---

[50] *Ob. cit.*, p. 317

[51] *In O conceito de arbitrabilidade nos Países do Mercosul.* Revista de Direito Bancário, do Mercado de Capitais e da Arbitragem. São Paulo. 2000. P. 346.

riamente o tribunal judicial, como na Inglaterra e nos E.U.A.[52], ainda que, nestes exemplos, por construção jurisprudencial e não por força de lei.

Por outro lado, onde se aproxima boa parte dos países europeus e latino-americanos, a solução mais comum é a adoção de um destes modelos gerais supracitados, que passamos a apreciar individualmente:

3.2.1.1. Da Ligação do Litígio com a Ordem Pública

Na França, a utilização da ligação do litígio com a ordem pública[53] operava-se em sentido oposto à correspondente arbitrabilidade. Isto é, na *"presença de uma norma pública qualquer possibilidade de arbitragem era excluída"*[54].

Nestes termos, a ordem pública apresenta-se mais como uma modalidade de restrição à arbitragem do que um critério de arbitrabilidade propriamente dito.

Ocorre que tal restrição apresentava-se extremamente limitativa, já que, diante da oponibilidade por qualquer das partes litigantes de uma suposta infração à norma de ordem pública, restaria excluída a sujeição do litígio ao juízo arbitral.

Assim, impulsionada pela doutrina, a jurisprudência francesa ocupou-se de tentar afinar este critério, tema sobre o qual escreveu GOLDMAN:

"a jurisprudência francesa oscilou entre duas soluções extremas: uma consistia em excluir a arbitragem cada vez que a solução do litígio implicava a aplicação duma disposição imperativa; a outra, em deslocar inteiramente a intervenção da ordem pública do nível da concepção de arbitragem para o da sentença, decidindo que o árbitro podia ocupar-se de qualquer questão de ordem pública, mas não devia desconhecer a ordem pública. Entre estes dois extremos, diversas soluções intermediárias foram propostas: em particular, limitar a não arbitrabilidade aos casos em que seria pedido ao árbitro que pronunciasse uma decisão contrária à ordem pública (quando, por exemplo, uma parte num contrato restritivo da concorrência, ou ambas, pediam ao árbitro que aplicasse este contrato, por hipótese diferentemente interpretado); ou então, numa concepção mais limitativa da arbitrabilidade, proibir o árbitro de se pronunciar a título principal, sobre a validade ou nulidade de um contrato ao qual disposições de ordem pública são aplicáveis, mas autorizá-lo a examinar o contrato sob a prisma dessas disposições, para decidir se ele é ou não competente, ou, indo mais longe, a examinar a nulidade do contrato quando

---

[52] Vale dizer, aliás, que nos Estados Unidos o termo arbitrabilidade é também utilizado para caracterizar a determinação do campo de atuação da cláusula compromissória.
[53] Ainda que cumulado com o da disponibilidade do direito, cfr. Luís DE LIMA PINHEIRO, in *"Direito Comercial..."* (2005). P. 375.
[54] ANTÓNIO SAMPAIO CARAMELO, in *"A Disponibilidade do Direito Como Critério de Arbitrabilidade do Litígio"*, Revista da Ordem dos Advogados. Lisboa. Ano 66. 2006. P. 1236.

é apresentada como meio de defesa, e a deduzir as consequências (designadamente quanto à reparação do prejuízo) quanto à inexecução do contrato.[55]

Ainda hoje, o art. 2.060 do Código Civil francês determina que *"não é possível comprometer sobre questões de estado e capacidade das pessoas, sobre aquelas relativas ao divórcio e à separação de corpos ou sobre litígios de interesse das coletividades públicas ou dos estabelecimentos públicos e, de modo mais geral, sobre todas as matérias que interessam à ordem publica"*[56].

Em jurisprudência mais recente, contudo, admite-se a idéia de que o árbitro possa constatar e sancionar uma nulidade de ordem pública. *"Fora daquelas matérias relativamente às quais a ordem pública impede que sejam apreciadas por um juiz privado (por exemplo, as questões relativas ao estado civil das pessoas), o caráter de ordem pública das normas aplicáveis não pode ser causa de inarbitrabilidade do litígio"*[57].

Não se deve entender esta construção jurisprudencial como liberdade total ao tribunal arbitral. Primeiro porque sua atuação segue adstrita àquelas normas de ordem pública, como limite ao seu poder decisório; e segundo que a sentença arbitral permanece sujeita ao controle do tribunal estadual, afastando-se assim qualquer perigo ao Estado e aos jurisdicionados.

Em breve síntese, a ordem pública desempenha, e não apenas na França, papeis importantes em matéria de arbitrabilidade, nomeadamente em duas frentes: uma a fim de excluir matérias do campo de atuação da arbitragem, quando chega a ser tratada na doutrina por "critério de inarbitrabilidade", como, por exemplo, no que se refere ao direito de família (excluída aquela parcela patrimonial dessa área do direito); e outra como fundamento garantidor de regularidade da sentença arbitral, o que, aliás, pode submeter-se ao crivo do Poder Judiciário. Neste último caso, bom exemplo é a própria Lei de Arbitragem brasileira, que, em seu artigo 2º, autoriza as partes a dispor sobre as regras de direito aplicáveis à arbitragem, respeitados os bons costumes e a ordem pública.

A questão talvez seja uma das mais complexas que enfrentamos neste artigo, não somente em razão da sua aplicação concreta, mas pela própria essência e dificuldade de conceituação da ordem pública[58], o que extrapola as fronteiras destas breves linhas.

---

[55] *Apud* RAUL VENTURA, *ob. cit.*, P. 323.

[56] art. 2.060 – *On ne peut compromettre sur les questions d'état et de capacité des personnes, sur celles relatives au divorce et à la separation de corps ou sur le contestations intéresant les collectivités publiques et lês établissements publics et plus généralement dans toutes les matières qui intéressant l'ordre public. (...)*

[57] ANTÓNIO SAMPAIO CARAMELO, *ob. cit.*,P. 1239.

[58] Para IRINEU STRENGER, ordem pública é o *"conjunto de normas e princípios que, em um momento historio determinado, refletem o esquema de valores essenciais, cuja tutela atende de maneira especial cada*

3.2.1.2. Da Disponibilidade do Direito em Causa

O critério da disponibilidade do direito é observado, por exemplo, pela lei italiana[59], espanhola, brasileira[60] e portuguesa.

Para que o objeto da lide seja suscetível à jurisdição arbitral no Brasil, este há de ser disponível e, ainda, patrimonial, critério a ser examinado em seguida.

Em Portugal, nos termos do artigo 1º da LAV[61], é arbitrável todo litígio que não esteja submetido, por lei especial, exclusivamente a tribunal judicial ou a arbitragem necessária, e que não trate de direitos indisponíveis.

FRANCISCO CORTEZ ressalta que, apesar de suposta aparência de acerto do critério adotado em Portugal[62], este não é o mais comum no direito comparado.

Vemos que em Portugal o critério da disponibilidade não tem aplicação isolada, já que agora acompanhado pela necessária inexistência de competência exclusiva de autoridades estatais – regra de competência e não de arbitrabilidade.

Esta competência exclusiva, disposta em lei especial, parece exercer semelhante papel ao quesito da ordem pública, enquanto elemento excludente da via arbitral, ainda que não diretamente associada à qualidade originária do objeto do litígio, ou mesmo ao mérito da sentença arbitral a ser proferida.

Luís de LIMA PINHEIRO sustenta que *"são indisponíveis os direitos que as partes não podem constituir ou extinguir por acto de vontade e os que não são renunciáveis."* [63]

Anota ainda o A. que, em regra, os direitos patrimoniais são disponíveis, enquanto os pessoais são indisponíveis, ressalvando a existência de exceções a justificar a não coincidência entre o critério da disponibilidade e o da patrimonialidade.

---

ordenamento jurídico concreto." In Arbitragem Comercial Internacional. Editora Ltr. São Paulo. 1996. P. 215.

[59] Codice di Procedura Civile: *art. 806. Le parti possono far decidere da arbitri le controversie tra di loro insorte che non abbiano per oggetto diritti indisponibili, salvo espresso divieto di legge. Le controversie di cui all'articolo 409 possono essere decise da arbitri solo se previsto dalla legge o nei contratti o accordi collettivi di lavoro.*

[60] Artigo 1º da Lei de Arbitragem: *"Art. 1º As pessoas capazes de contratar poderão valer-se da arbitragem para dirimir litígios relativos a direitos patrimoniais disponíveis."*

[61] *"1 – Desde que por lei especial não esteja submetido exclusivamente a tribunal judicial ou a arbitragem necessária, qualquer litígio que não respeite a direitos indisponíveis pode ser cometido pelas partes, mediante convenção de arbitragem, à decisão de árbitros."*

[62] *Ob. cit.*, P. 558, ao referir-se ao seguinte posicionamento de RAÚL VENTURA: *"A Lei nº 31/86 utiliza o critério da disponibilidade dos direitos e a escolha parece acertada, não porque o critério da transigibilidade conduza a resultados diversos, mas sim por que chega ao mesmo resultado só indiretamente"*, ob. cit., p. 321..

[63] In *"Direito Comercial..."*. P. 376.

A corroborar este posicionamento, leia-se ANTONIO JOSÉ DE MATTOS NETO:

A disponibilidade é qualidade que se insere na patrimonialidade do direito. Entretanto, nem todo direito patrimonial é direito disponível. Como frisado, patrimonial quer dizer apreciável pecuniariamente, mas nem tudo que representa utilidade econômica é disponível. Exemplo é o bem imóvel (patrimonial) clausulado com a inalienabilidade (indisponível).

É que o patrimônio liquido é representado pela acervo pecuniário (ativo) abatendo-se os débitos que o oneram (passivo). E a disponibilidade é resultante da natureza essencial de pecuniariedade dos direitos patrimoniais.[64] (sic)

Ainda neste tema, escreve CARLOS ALBERTO CARMONA, referindo-se aos ensinamentos de ALCIDES DE MENDONÇA LIMA:

Diz-se que um direito é disponível quando ele pode ser ou não exercido livremente pelo seu titular, sem que haja norma cogente impondo o cumprimento do preceito, sob pena de nulidade ou anulabilidade do ato praticado com sua infringência. Assim, são disponíveis (do latim *disponere*, dispor, pôr em vários lugares, regular) aqueles bens que podem ser livremente alienados ou negociados, por encontrarem-se desembaraçados, tendo o alienante plena capacidade jurídica para tanto.[65]

A Espanha, de fato, adota como critério de arbitrabilidade objetiva a disponibilidade do direito, quando no artigo 2 da Lei 60/2003 diz-se que *"son suceptieles de arbitraje las controversias sobre materias de libre disposición conforme a derecho"*.

Ao comentar a lei espanhola, FREDERIC MUNNÉ CATARINA sustenta que é matéria disponível tudo o que seja negociável. Assim, o legislador se limita a dizer que cabe contratar arbitragem em tudo aquilo que as partes podem contratar, ou tudo aquilo que possa ser objeto de contratação.[66]

NURIA BOUZA VIDAL, também em comentário à norma espanhola, lembra que a identificação das matérias de livre disposição com as relações jurídicas reguladas por normas dispositivas não se ajusta à função que o ordenamento jurídico atribui à arbitragem. Segundo ela, a vedação à utilização de meios alternativos (de solução de disputas) em matérias reguladas por normas imperativas apenas é compreensível quando diante de transação (método de autocomposição). Na arbitragem, por outro lado, a situação é outra, uma vez que existe um verda-

---

[64] In *Direitos patrimoniais disponíveis e indisponíveis à luz da lei da arbitragem*. Revista de Processo, São Paulo. V.30. 2005. P. 156.
[65] Ob. cit. (2009). P. 38.
[66] In *El Arbitraje en la Ley 60/2003*. Ediciones Experiencia. 2004. P. 43.

deiro processo perante um ou vários árbitros elegidos de comum acordo pelas partes (método de heterocomposição). E conclui que a origem contratual dos poderes do árbitro não o converte em um prisioneiro ou mero servidor da vontade das partes, já que este, da mesma forma que o juiz, pode e deve sancionar as condutas contrárias ao direito.[67]

ANTONIO SAMPAIO CARAMELO, em peculiar construção, questiona o critério em comento, especialmente em relação à dúvida vislumbrada na determinação da disponibilidade, ou não, do direito em causa. Mais do que isso, trata o A. de uma possível distinção entre disponibilidade absoluta, que não sugere questionamento, e a disponibilidade relativa, como uma disposição admitida apenas em certas circunstâncias e ou a favor de certas pessoas. E sustenta:

> Será de exigir a "disponibilidade absoluta"? Isso implicaria restringir excessivamente o âmbito das matérias arbitráveis, pois que há direitos que, embora não sejam extinguíveis por vontade de seu titular, em todas e quaisquer circunstâncias, apesar disso, tendo esses direitos carácter patrimonial, não se vê razão ponderosa (à luz da hierarquia ou grau de relevância dos valores ou interesses tutelados pelo ordenamento jurídico) para vedar a submissão a arbitragem de litígios a eles respeitantes.[68]

O exemplo utilizado pelo A. para ilustrar sua insatisfação em relação ao critério são os direitos indenizatórios que o agente comercial, no contrato de agência, ou mesmo, e por analogia, no contrato de distribuição, adquire após sua cessação (art. 32º e 34º da Lei do Contrato de Agência [L.C.A.]), e que não são suscetíveis de renúncia até esta efetiva cessação do contrato, pelo que não podem ser excluídos da avença. Por outro lado, estes mesmos direitos indenizatórios, quando já presentes da na esfera jurídica de seu titular, podem ser renunciados.

Com isso em mente, o A. atribui à possibilidade de dispor de determinando direito a qualquer tempo, sem restrições, o nome de *disponibilidade forte*, enquanto àquela ocasião em que só se pode renunciar ao direito após a efetiva transferência à esfera jurídica de seu titular, *disponibilidade fraca*.

É o caso, no Brasil, da arbitragem no direito do trabalho. Se, por um lado, o artigo 444 da Consolidação das Leis do Trabalho[69] impõe restrições à disposição das partes sobre as estipulações do contrato de trabalho, o que faz transpa-

---

[67] In La arbitrabilidad de los litigios en la encrucijada de la competencia judicial internacional y de la competencia arbitral. Revista Española de Derecho Internacional, Madrid. V.52. 2000. P. 375.
[68] *Ob. cit.*, p. 1244.
[69] Art. 444 - As relações contratuais de trabalho podem ser objeto de livre estipulação das partes interessadas em tudo quanto não contravenha às disposições de proteção ao trabalho, aos contratos coletivos que lhes sejam aplicáveis e às decisões das autoridades competentes.

recer a indisponibilidade de proteções trabalhistas, por outro, quando extinta a relação laboral, os direitos, antes indisponíveis, são convertidos em verbas indenizatórias (patrimoniais).

Justamente por isso é que parte da doutrina brasileira, especialmente neste ramo do direito, entende pertinente distinguir a viabilidade da arbitragem para as relações de trabalho vigentes daquelas já extintas.[70]

Neste aspecto, concordamos em parte com as conclusões traçadas por ANTÓNIO SAMPAIO CARAMELO, já que temos por pertinente a utilização da patrimonialidade da pretensão[71] como critério de arbitrabilidade, mas, na parte que divergimos, preferimos aplaudir a opção legislativa brasileira, que cumula este critério com o da disponibilidade do direito, fazendo com que intervenções de leis especiais autorizando ou restringindo a arbitrabilidade, em razão de políticas legislativas, tornem-se menos frequentes, exigindo-se menos também do Poder Judiciário nesta seara.

Aliás, se cumulado com o critério da patrimonialidade, vemos na chamada *disponibilidade fraca* o bastante para viabilizar a opção pela arbitragem.

Respeitado o posicionamento em sentido diverso, não vislumbramos tamanho impasse na constatação da disponibilidade (ou não) do objeto do litígio. Sem pretendermos ofertar uma solução simplista, a nosso ver, tais questionamentos não circundam a dificuldade na aplicação do critério, mas apenas o tempo adequado para a verificação da arbitrabilidade objetiva [72].

---

[70] E não é só, pois há ainda que se distinguir as controvérsias individuais das coletivas, nas quais, por força constitucional é admitida a arbitragem. Constituição Federal: *Art. 114. Compete à Justiça do Trabalho processar e julgar: (...) §1º - Frustrada a negociação coletiva, as partes poderão eleger árbitros.*

[71] Até mesmo pela falta de bons exemplos a justificar o interesse e a viabilidade da via arbitral para matérias extra-patrimoniais.

[72] As normas sobre arbitrabilidade estão inseridas no campo daquelas hipotéticas, condicionais (por oposição às normas categóricas), cuja aplicação opera-se em uma estrutura de causa e conseqüência, onde o dever enunciado fica subordinado à ocorrência de um fato previsto, do qual resultam, ou não, determinadas conseqüências.

Por exemplo, leia-se a previsão da LAV sobre arbitrabilidade: *1 - Desde que por lei especial não esteja submetido exclusivamente a tribunal judicial ou a arbitragem necessária, qualquer litígio que não respeite a direitos indisponíveis pode ser cometido pelas partes, mediante convenção de arbitragem, à decisão de árbitros.* Tendo o litígio como campo de incidência (e não a convenção de arbitragem), a norma é composta pelas seguintes proposições: Hipóteses ("desde que") – Características do litígio: não estar submetido por lei especial à competência exclusiva de tribunal judicial ou de arbitragem necessária; e não se tratar de direito indisponível = Consequência: autorização para submetê-lo (o litígio) à arbitragem, mediante convenção de arbitragem.

Em síntese, neste exemplo, temos que, verificadas cumulativamente em concreto as proposições hipotéticas, estão autorizadas as partes a submeter o litígio, mediante convenção de arbitragem, ao julgamento de árbitros.

3.2.1.3. Da Natureza Patrimonial da Pretensão

Por direito patrimonial, podemos considerar aquelas relações jurídicas aptas a formar patrimônio, sendo este último *"o conjunto de direitos avaliáveis em dinheiro, pertencentes a uma pessoa, abstraindo, portanto, das obrigações."*[73]

Trata-se de critério que não suscita muitas dúvidas. A patrimonialidade do direito é facilmente verificada quando as pretensões têm um valor pecuniário para as partes, sejam credoras ou devedoras, de modo que possam ser avaliadas em dinheiro.

O ordenamento jurídico alemão adota este critério, quando nº 1 da Secção 1030 (ZPO), que trata da admissibilidade da arbitragem, dispõe que *"qualquer interesse financeiro pode ser objeto de uma convenção de arbitragem."*[74] Em seguida, o nº 2 logo cuida de ponderar que *"uma convenção de arbitragem sobre interesses não pecuniários produz efeitos jurídicos na medida em que as partes possam concluir transação sobre o assunto".*[75] E, em sentido contrário, no nº 3, declara nula a convenção de arbitragem sobre litígios relativos a arrendamentos habitacionais.[76]

Mais uma vez, o critério de arbitrabilidade não se opera isoladamente. Aqui, quando o objeto ultrapassa a patrimonialidade, impõe-se a transigibilidade a fim de validar os efeitos da convenção.

Pensando em alargar o âmbito de atuação da arbitragem, parece impensável um critério possa operar isoladamente, sem o apoio de leis especiais ou mesmo precedentes jurisprudenciais.

O regime de arbitrabilidade alemão, vale dizer, muito se aproximava do antigo sistema brasileiro (anterior à Lei 9.307/96), que, estampado no revogado artigo 1.072 do Código de Processo Civil, autorizava a contratação de compromisso

---

Neste cenário, pouca dúvida suscita a celebração de um compromisso arbitral, quando diante de litígio presente podem as partes, com tranquilidade, avaliar a disponibilidade do objeto e a ausência de vedação legal à sua submissão à arbitragem.

Por outro lado, na contratação de cláusula compromissória, estamos diante de um litígio em potencial, o que nos leva a crer que não há motivos aptos a justificar a aplicação da norma abstrata imediatamente, mas apenas quando diante da concretização do litígio.

Somando-se a isso a autonomia da cláusula compromissória em relação ao contrato em que se insere, com sua validade e eficácia próprias, é que acreditamos que a chamada disponibilidade fraca é o bastante para admitir a via arbitral, desde que, no surgimento do litígio sobre ele se possa dispor.

[73] CARLOS ALBERTO DA MOTA PINTO, in *Teoria Geral do Direito Civil*. 4ª edição. Editora Almedina. 2005. P. 345.

[74] *(1) Jeder vermögensrechtliche Anspruch kann Gegenstand einer Schiedsvereinbarung sein.*

[75] *(2) Eine Schiedsvereinbarung über nichtvermögensrechtliche Ansprüche hat insoweit rechtliche Wirkung, als die Parteien berechtigt sind, über den Gegenstand des Streites einen Vergleich zu schließen.*

[76] *(3) Eine Schiedsvereinbarung über Rechtsstreitigkeiten, die den Bestand eines Mietverhältnisses über Wohnraum im Inland betreffen, ist unwirksam. Dies gilt nicht, soweit es sich um Wohnraum der in § 549 Abs. 2 Nr. 1 bis 3 des Bürgerlichen Gesetzbuchs bestimmten Art handelt.*

arbitral sobre pendências judiciais ou extrajudiciais de qualquer valor, desde que *"concernentes a direitos patrimoniais, sobre os quais a lei admite transação."*

Contudo, apesar de poder passar despercebida, a diferença entre os critérios é grande: na Alemanha a regra é a patrimonialidade, com o suporte da transigibilidade para os casos excedentes; e no Brasil, a regra era a patrimonialidade cumulada com a transigibilidade, necessariamente.

A nosso ver, esta dupla filtragem do objeto do litígio aproxima, indiretamente, o critério legal alemão à disponibilidade do direito em causa. Isto porque a grande maioria dos direitos patrimoniais será disponível, assim como também serão aqueles direitos não patrimoniais sobre os quais se possa transigir, por mais que neste segundo caso não consigamos pensar em exemplos de real interesse.

Em diferente proposição, no ordenamento jurídico Suíço, também encontramos o critério da patrimonialidade, mais precisamente no artigo 177, nº 1, da Lei Federal Suíça de Direito Internacional Privado, que determina que *"toda causa de natureza patrimonial pode ser objeto de uma arbitragem."*[77]

Este sim nos parece o melhor exemplo da patrimonialidade como critério de arbitrabilidade, já que desacompanhada de ressalvas. Pouco importa a possibilidade *dispor* do – ou *transigir* sobre o – objeto do litígio.

Sob o crivo do Tribunal Federal Suíço, no julgamento do caso FINCANTIERI, este liberal entendimento foi ratificado, mediante a admissão à arbitragem de litígio envolvendo um representante comercial, mandatário, e seu mandante, sobre a venda de armas e munições no Iraque. Ali se afirmou que a patrimonialidade compreende *"todas as pretensões que tem um valor pecuniário para as partes, a título de ativo ou de passivo, dito de outra forma, os direitos que representem, para ao menos uma das partes, um interesse que possa ser apreciado em dinheiro"*[78]

Temos a sensação de que esse critério da patrimonialidade, isolado, atende de forma mais adequada a arbitrabilidade dos litígios internacionais. Em primeiro lugar porque, liberal, possui espectro de maior alcance, promovendo a difusão da aplicação do instituto da arbitragem no âmbito internacional, o que agrega segurança jurídica ao comércio internacional, servindo de estímulo à economia mundial. Em segundo, mas não em ordem de importância, porque, ao contrário do que ocorre nacionalmente, não há um tribunal internacional constitucionalmente legitimado para dirimir controvérsias de direito indisponível.

---

[77] *"1. Any dispute of financial interest may be the subject of an arbitration."* Disponível, em 10 de janeiro de 2010, em: https://www.sccam.org/sa/download/IPRG_english.pdf
[78] Tribunal Federal Suíço, 1ª Corte Civil, 23/06/1992, Fincantieri-Cantieri Navali c/M. *Revue de l'Arbitrage*, Paris: Litec. 1993. P. 695. Apud EDUARDO DAMIÃO GONÇALVES. *Arbitrabilidade objetiva*. São Paulo, 2008. P. 172.

3.3. Arbitrabilidade Objetiva no Âmbito Internacional

Internacionalmente, não há um critério claro sobre arbitrabilidade objetiva. Compulsando convenções sobre arbitragem, não encontramos referências de autêntica preocupação legislativa na busca da harmonização por um critério internacional.

A Convenção de Nova Iorque Sobre o Reconhecimento e Execução de Sentenças Arbitrais Estrangeiras, de 10 de junho de 1958, que atualmente conta com mais de 140 países signatários[79], incluindo Portugal (1994) e Brasil (2002), quanto ao objeto do litígio, determina apenas o seguinte:

Artigo V
(...)
2. O reconhecimento e a execução de uma sentença arbitral também poderão ser recusados se a autoridade competente, no país onde se pretende o reconhecimento e a execução, constatar que:

    a) o objeto da divergência não é passível de solução mediante arbitragem conforme a lei daquele país; ou

    b) o reconhecimento ou a execução da sentença seria contrário à ordem pública daquele país.[80]

A Convenção ratifica, ainda que indiretamente, o que já nos referimos linhas atrás, sobre o fato de que atualmente incumbe a cada ordenamento jurídico nacional, movido por questões internas de política legislativa, a determinação do critério de arbitrabilidade objetiva. Pois, nos termos do artigo acima transcrito, o que garantirá exeqüibilidade à sentença arbitral, no que se refere à legalidade do objeto do litígio, será a lei do país onde se pretende o respectivo cumprimento forçado.

No texto da Convenção de Genebra Sobre Arbitragem Comercial Internacional, de 1961, também não há previsão sobre critério de arbitrabilidade objetiva. Apesar do artigo 1º afirmar sua aplicação às convenções de arbitragem firmadas com o propósito de resolver litígios emergentes do comércio internacional[81], trata-se, na verdade, de regra para determinação do campo de atuação da Con-

---

[79] Cfr. http://www.uncitral.org/uncitral/en/uncitral_texts/arbitration/NYConvention_status.html

[80] *2. Recognition and enforcement of an arbitral award may also be refused if the competent authority in the country where recognition and enforcement is sought finds that:*
(a) The subject matter of the difference is not capable of settlement by arbitration under the law of that country; or
(b) The recognition or enforcement of the award would be contrary to the public policy of that country.

[81] *1. This Convention shall apply:*
(a) to arbitration agreements concluded for the purpose of settling disputes arising from international trade between physical or legal persons having, when concluding the agreement, their habitual place of residence or their seat in different Contracting States;

venção[82], sem, contudo, ter a pretensão de estabelecer limites à matéria objeto da arbitragem.

Por sua vez, no sistema interamericano, sobre a natureza da matéria submetida à arbitragem, veja-se o artigo 1º da Convenção do Panamá de 1975[83]:

> Artigo 1º É válido o acordo das partes em virtude do qual se obrigam a submeter à decisão arbitral as divergências que possam surgir ou que hajam surgido com relação a um negócio de natureza mercantil. O respectivo acordo constará de documento assinado pelas partes, ou de troca de cartas, telegramas ou comunicações por telex.

Em tese de doutorado[84], EDUARDO DAMIÃO GONÇALVES entendeu que, ao restringir-se a aplicação da Convenção aos negócios de natureza mercantil, os redatores basearam-se na dicotomia entre *negócios de natureza mercantil* e *negócios de natureza civil*. E prossegue:

> Essa referência é limitante. Com efeito, desde 1972 o direito francês contava com uma referência semelhante para a arbitragem interna que constava da redação dada ao artigo 2.061 do Código Civil francês, que erigia uma nulidade de princípio da cláusula compromissória, exceto em matéria comercial. Essa referência foi duramente criticada pela doutrina, principalmente por estabelecer um princípio de nulidade contrário ao espírito favorável à arbitragem que se desenvolveu de modo virtuoso na França, mas também pelo caráter limitante da noção de "matéria comercial" para a exceção. Em 2001, por intermédio da Lei das Novas Regulações Econômicas, o artigo 2.061 foi alterado para transformar a nulidade de princípio em validade de princípio.

De fato, o critério mostra-se contrário ao visível e crescente interesse de legisladores, julgadores e doutrinadores, em incentivar a utilização da arbitragem e desenvolver novos elementos para tal, especialmente no âmbito internacional.

Ainda que com expressa aplicação subsidiária à Convenção do Panamá, a Convenção de Montevidéu de 1979[85] trouxe critério distinto. Veja-se:

---

[82] O que se percebe, aliás, pelo próprio título do artigo 1º, transcrito na nota anterior, qual seja, "Escopo da Convenção".

[83] Convenção Interamericana sobre Arbitragem Comercial Internacional, celebrada na cidade do Panamá em 1975.

[84] *Arbitrabilidade objetiva*. São Paulo, 2008. Pós-graduação em Direito da Faculdade de Direito da Universidade de São Paulo.

[85] Convenção Interamericana Sobre Eficácia Extraterritorial Das Sentenças E Laudos Arbitrais Estrangeiros de 1979.

Artigo 1º
Esta Convenção aplicar-se-á às sentenças judiciais e laudos arbitrais proferidos em processos civis, comerciais ou trabalhistas em um dos Estados-Partes, a menos que no momento da ratificação seja feita por algum destes reserva expressa de limitá-la às sentenças condenatórias em matéria patrimonial. Qualquer deles poderá, outrossim, declarar, no momento da ratificação, que se aplica também às decisões que ponham termo ao processo, às tomadas por autoridades que exerçam alguma função jurisdicional e às sentenças penais naquilo em que digam respeito a indenização de prejuízos decorrentes do delito.

As normas desta Convenção aplicar-se-ão, no tocante a laudos arbitrais, em tudo o que não estiver previsto na Convenção Interamericana sobre Arbitragem Comercial Internacional, assinada no Panamá, em 30 de janeiro de 1975.

Se é verdade que a Convenção do Panamá trouxe como critério de arbitrabilidade objetiva os litígios originados de negócios de natureza mercantil (comercial), por oposição aos de natureza civil, a Convenção de Montevidéu dirigiu-se às sentenças, judiciais e arbitrais, proferidas em matéria civil, comercial e trabalhista.

A questão que se põe é a de saber se de fato estamos diante de um critério de arbitrabilidade, ou simples delimitação de campo de aplicação, como ocorre no artigo 1º da Convenção de Genebra. Cremos na segunda proposição.

De forma ou de outra, as soluções apresentadas nestas convenções interamericanas estão longe de alcançar um resultado relevante em matéria de arbitrabilidade objetiva.

Repisamos, por concluir, que esta é uma matéria carente de determinação em âmbito internacional. Hoje, seguindo as orientações da Convenção de Nova Iorque, possivelmente o diploma internacional de maior relevo em matéria de arbitragem, as partes contratantes de uma convenção de arbitragem devem ocupar-se de apreciar se, conforme as leis do país onde se encontra a outra parte contratante, os limites do objeto do litígio são admitidos como matéria suscetível à arbitragem, sob pena de retirar-lhe efetividade, especialmente em caso de não cumprimento voluntário da sentença arbitral, por frustrar-lhe a utilização da via executiva.

4. Conclusão
Dentro do que se pode extrair deste artigo, acreditamos que devemos insistir em tentar afinar os critérios em matéria de arbitrabilidade objetiva, tanto para o direito interno, quanto para o internacional, de modo a torná-los aptos a alargar ao máximo a competência dos tribunais arbitrais, sem, contudo, rasgar garan-

tias constitucionais alcançadas ao longo de muitos anos de desenvolvimento do direito.

Identificadas estão algumas das principais barreiras que impedem o melhor desenvolvimento da arbitragem, como o monopólio da administração da justiça pelo Estado, seu autoritarismo acentuado[86] e a marginalização do juízo arbitral, como media alternativa, subsidiária, dirigida às contendas de direito disponível.[87]

No Brasil, a questão do monopólio do Estado sobre os meios de manutenção da justiça é extraída da Constituição Federal, que, em seu artigo 5º, XXXV, dispõe que *"a lei não excluirá da apreciação do Poder Judiciário lesão ou ameaça a direito"*, norma responsável por considerável parcela da relutância, hoje superada, à vanguarda da vigente Lei de Arbitragem.[88]

Pensar a realização da justiça exclusivamente pelo Judiciário é a opção prévia do legalismo formalizante, que equivale à apropriação do conceito de justiça pelo direito positivo, com a ascensão do Estado e da Lei.[89]

Em meados de 1900, LEON TOLSTOI, entre outros, também tratados por anarquistas, já questionava o monopólio estatal em relação à resolução de conflitos. Veja-se:

> (...) atualmente, as pessoas são capazes de organizar os mais variados aspectos de suas vidas incomparavelmente melhor do que poderiam fazê-lo aqueles que os governam. Sem a menor ajuda oficial, e muitas vezes apesar da interferência do governo, os indivíduos organizam toda a espécie de empreendimentos – uniões operárias, sociedades cooperativas, companhias de estrada de ferro, cartéis e sindicatos. Se é necessário arrecadar fundos para essas obras, por que deveríamos supor que indivíduos livres não podem arrecadar, voluntariamente e sem recorrer à violência, os meios necessários para levar avante qualquer empreendimento que atualmente é sustentado por meio de impostos, desde que as obras em questão sejam realmente úteis? Por que devemos supor que é impossível existir tribunais sem violência? Sempre existiram – e continuarão a existir, sem que seja necessário recorrer à violência – julgamentos, feitos por quem merece a confiança dos disputantes. Estamos de tal

---

[86] Cfr. DIOGO LEITE DE CAMPOS, in *A Arbitragem*. Tratado de Direito Constitucional Tributário. Estudos em Homenagem a Paulo de Barros Carvalho. Editora Saraiva. São Paulo. 2005. P. 777.

[87] Cfr. DIOGO LEITE DE CAMPOS, in *Arbitragem Voluntária (jurisdição dos Cidadãos) nas Relações Tributárias*. I Congresso do Centro de Arbitragem da Câmara de Comércio e Indústria Portuguesa. Livraria Almedina. Coimbra. 2008. P. 223.

[88] Em razão do efeito negativo da convenção de arbitragem, que subtrai competência dos tribunais do Estado.

[89] Cfr. JOAQUIM FALCÃO, in *O futuro é plural: administração de justiça no Brasil*. Revista USP. São Paulo. Nº 74. Jun/ago 2007. P. 22-35.

modo viciados pela servidão que já dura há tanto tempo, que mal podemos imaginar uma administração que não se utilize da violência.[90]

Não pretendemos fazer apologia ao fim do Estado, com as conquistas civilizacionais que representa em muitos aspectos, mas parece-nos que a experiência demonstra exuberantes indícios de que este não tem condições de cumprir alguns dos papeis que assume, muitas vezes em caráter monopolista, de modo que a desmonopolização mostra-se salutar, como no caso de algumas das privatizações, das parcerias público privadas, da arbitragem voluntária, entre outros.

Por outro lado, é interessante notar a abordagem sobre a possibilidade submeter um litígio a julgamento, sem violência, *feito por quem merece a confiança dos disputantes*. Despida do *imperium* estatal, a arbitragem atinge essa expectativa. Não há força executiva independente em suas decisões, é verdade, mas, ainda assim, alcança-se considerável índice de cumprimento voluntário.

Nesse sentido é que, cada vez mais, faz-se presente uma revisão dos fundamentos do Estado, dentre os quais aqueles que os legitimam no âmbito das relações que mantém com os indivíduos e a sociedade, ainda que na seara das relações tributárias, acima referidas, isso tarde a ocorrer.

Em Portugal, um importante exemplo dessa evolução é a recente inclusão na Proposta de Lei do Orçamento do Estado para 2010[91] de uma autorização legislativa para a arbitragem em matéria tributária.

Referido Diploma, em seu artigo 116º, confere ao Estado legitimidade para legislar em matéria de arbitragem tributária, como direito potestativo dos contribuintes e regida, exclusivamente, pelo direito constituído (vedada a decisão por equidade). Por concluir, festejamos o posicionamento de DIOGO LEITE DE CAMPOS diante dessa notícia:

Tenho a saudar, antes de mais, a qualidade técnica do articulado da autorização legislativa.

Devo acentuar os seguintes pontos, fundamentais para o sucesso da arbitragem tributária:

a) Não deve ser considerada um meio de segunda ordem, a seguir aos tribunais de Estado, mas um dos meios de resolução dos conflitos à disposição dos cidadãos;

b) Deve ter custos moderados, compatíveis com o valor da causa, a rapidez da resolução, e levando em conta os desmesurados custos que os contribuintes e o Estado suportam com as delongas no procedimento e no processo tributário;

---

[90] *A história de nosso tempo*, in *Os Grandes Escritos Anarquistas*. Introdução e seleção de GEORGE WOODCKOCK. L & PM. São Paulo. 1998. P. 291.

[91] http://www.portugal.gov.pt/pt/GC18/Documentos/MFAP/Prop_Lei_OE2010.pdf

c) Deve ser alargada a todos os assuntos fiscais, e não só aos "direitos disponíveis". Os tribunais do Estado também decidem sobre "direitos indisponíveis". Por que não os tribunais arbitrais?

d) Poderão ser nomeados árbitros, não só juristas, como auditores, economistas, contabilistas, etc.

e) Se for decidido iniciar a arbitragem tributária só por um âmbito restrito, este não deve ter a ver com o valor da causa, mas sim com a sua natureza: preços de transferência, fixação da matéria colectável por métodos indirectos, cláusula anti-elisão, etc., onde a decisão é mais técnica, relevando de outras ciências que não, ou não só, o Direito.[92]

Note-se que considerável parcela das orientações acima transcritas deve ser aplicada para a generalidade das arbitragens. Possivelmente, a maior discussão permaneceria em torno da arbitrabilidade de matérias indisponíveis, no sentido da qual, com as mais sinceras homenagens, pretendemos aprofundar nossa pesquisa.

---

[92] In Arbitragem Tributária: Agilizar a justiça e cobrar impostos mais rapidamente. Sindicato dos Magistrados do Ministério Público – disponível em : http://www.smmp.pt/?p=7621, em 20 de março de 2010.

Princípios Fundamentais da Coordenação das Legislações da Segurança Social dos Estados-Membros da União Europeia e os Trabalhadores Migrantes

FABIO LUIZ GOMES[1]

Mestre e Doutorando em Direito pela Universidade de Coimbra. Professor Universitário (Graduação e Pós-graduação). Membro do Instituto dos Advogados Brasileiros.

SUMÁRIO: **Introdução. Capítulo I – Princípio Geral da Igualdade.** 1. Fundamento Comunitário; 2. Eliminação dos obstáculos no âmbito da União Europeia. **Capítulo II – Princípio da Determinação da Legislação Aplicável.** 1. Objetivo; 2. Aspectos Gerais. **Capítulo III – Princípio da Conservação dos Direitos.** 1. Objetivo; 2. Aplicação coordenada dos diversos sistemas nacionais de segurança social; 3. Garantia de conservação dos direitos adquiridos; 4. Conceito de territorialidade e o direito adquirido; 5. Prorratização das prestações sociais; 6. Cumulação de prestações. **Conclusão.**

Introdução

Nos países europeus que tinham visto nascer os regimes clássicos de seguros sociais, a proteção social se aplicava inicialmente aos assalariados do comércio e da indústria. As demais categorias deviam enfrentar pela previdência individual os riscos e encargos excepcionais da existência.

Não por acaso iniciaram-se os seguros sociais pelos assalariados do comércio e da indústria, fora, sem dúvida, porque o seu nível de vida estava entre os mais baixos existentes.

Uma vez instituídos os primeiros regimes de segurança social, e em conformidade com a doutrina que gradualmente se ia afirmando, o campo de aplicação

---

[1] Mestre e Doutorando em Direito pela Universidade de Coimbra. Professor Universitário (Graduação e Pós-graduação). Membro do Instituto dos Advogados Brasileiros.

foi em muitos casos ampliado e certas categorias de não-assalariados, inclusive, a toda a população.

O Tratado da Comunidade Europeia consagra um importante princípio que é o da eliminação dos obstáculos à livre concorrência e pessoas entre os Estados-membros, bem como a adoção de medidas necessárias para não subsistirem diferenças entre os regimes de segurança social de cada Estado-membro.

Não ficou estabelecido um sistema autônomo próprio dos trabalhadores migrantes, objetiva-se que os trabalhadores possam usufruir das prestações de segurança social, qualquer que seja o seu local de emprego ou de residência. A mobilidade dos trabalhadores migrantes restaria prejudicada se não houvesse a coordenação entre as normas internas dos Estados-membros.

A Europa é constituída de sistemas de segurança social muito diferentes, uma ampla variedade de direitos aos seus assalariados e aos trabalhadores independentes às prestações sociais.

Mas o estabelecimento de um mercado comum tornou necessária a adoção de medidas destinadas a favorecer a livre circulação de trabalhadores.

Nos últimos trinta anos a segurança social tem sido caracterizada pela realidade de certa crise do sistema, que se manifesta como estrutural, e por um quadro diversificado de reações, tendo em vista a melhor caracterização do diagnóstico da situação e a definição de meios adequados de reajustamento das políticas e das respectivas decisões legislativas.

Fez-se necessária a coordenação dos sistemas de segurança social, este teve início em 1971, com a adoção do Regulamento (CEE) nº 1408/71. Este regulamento permitiu garantir a todos os trabalhadores nacionais dos Estados-membros a igualdade de tratamento e o benefício das prestações de segurança social, independentemente do lugar de emprego ou residência.

Desde 1971, o referido regulamento foi objeto de várias alterações, por um lado para se adaptar às evoluções das legislações nacionais e por outro para integrar a evolução decorrente dos acórdãos do Tribunal de Justiça das Comunidades Europeias. Estas alterações contribuíram para a complexidade das regras comunitárias de coordenação.

Por conseguinte, a substituição dessas regras por outras mais modernas e simplificadas foi essencial para alcançar o objetivo da livre circulação de pessoas.

Assim foi necessário criar o Regulamento (CE) nº 883/2004 do Parlamento. Este Regulamento manteve em vigor o Regulamento (CEE) 1408/71, preservando determinados atos comunitários e acordos em que a Comunidade faz parte, a fim de resguardar o princípio da segurança jurídica.[2]

---

[2] Cf. Considerando nº 44 do Regulamento nº 883/2004 do Parlamento e Art. 8º do mesmo Regulamento.

CAPÍTULO I – Princípio Geral da Igualdade

1. Fundamento Comunitário

O princípio geral da igualdade de tratamento é particularmente importante para os trabalhadores que não residem no Estado-membro em que exerçam a sua atividade, nomeadamente os trabalhadores fronteiriços.[3]

Os trabalhadores migrantes assalariados ou os trabalhadores independentes devem ser, de forma incondicional, tratados de forma igual aos trabalhadores locais.[4] Um Estado-membro não pode reservar aos seus nacionais o benefício da cobertura social.[5]

2. Eliminação dos obstáculos no âmbito da União Europeia

Este princípio estabelece conexão com a idéia de reciprocidade. Busca-se o trato igual do trabalhador estrangeiro ao nacional.[6]

Eliminam-se os obstáculos que se opõem à mobilidade dos trabalhadores e reconhece-se a esses trabalhadores a mesma prioridade no acesso ao emprego de que beneficiam os trabalhadores nacionais.

Não pode haver discriminação entre as cotizações e prestações.[7] Não só é proibida a recusa a um estrangeiro comunitário de uma prestação reservada pela lei dos nacionais, mesmo sob pretexto de ausência de identidade de situação jurídica, mais ainda a discriminação consistente em por em condições mais difíceis a satisfazer os não nacionais (discriminação indireta).[8]

CAPÍTULO II – Princípio da Determinação da Legislação Aplicável

1. Objetivo

Pretende-se definir qual das legislações em presença deve regular a situação internacional concreta, haja vista que os critérios de inscrição nos regimes de segurança social podem variar consoante as legislações nacionais.

Tenta-se evitar um eventual conflito negativo ou positivo de leis.

A ocorrência de eventuais conflitos poderia conduzir à ausência de qualquer proteção, se nenhuma legislação fosse competente, ou à acumulação de prestações com a aplicação de mais de uma legislação.

---

[3] Considerando oito do Regulamento (CE) nº 883/2004.
[4] Diretiva 77/486/CEE do Conselho, de 25 de Julho de 1977.
[5] Abrangem todos os ramos clássicos da segurança social, ou seja: doença; maternidade; acidente de trabalho; doenças profissionais; prestação de invalidez; prestação de desemprego; prestações familiares; prestações de reforma e subsídios por morte.
[6] Art. 4º do Regulamento (CE) nº 883/2004.
[7] Art. 5º do Regulamento (CE) nº 883/2004.
[8] Também neste sentido: LYON-CAEN, Gerard e LYON-CAEN, Antoine. Droit social International et Européen. Précis Dalloz. 7.ª edição. Paris: 1991, pp. 227-228.

A situação das pessoas que exercem uma atividade assalariada ou não no território de dois ou mais Estados-membros foi regularizada em 11 de dezembro de 1986.[9]

O Regulamento (CE) nº 883/2004 contêm um Título II, que inclui os Arts. 11º a 16º, relativos à determinação da legislação aplicável aos trabalhadores assalariados, aos trabalhadores não assalariados e aos membros da sua família que se deslocam no interior da Comunidade.

2. Aspectos gerais[10]

Verifica-se que para garantir a igualdade de tratamento de todas as pessoas que trabalham no território de um Estado-membro, a regra geral é estabelecida pela legislação de um[11] Estado-membro em que o interessado exerce atividade por conta de outrem ou por conta própria.[12]

A regra geral para os trabalhadores é a legislação nacional do lugar onde o trabalho é exercido. Se for trabalhador temporário[13], itinerantes[14] e trabalhadores internacionais, a legislação é a do país de origem, como se disse, exerce atividade por conta de outrem ou por conta própria.[15]

---

[9] JO L355 de 16.12.1986.
[10] Dispõe o "Artigo 12º
Regras especiais
1. A pessoa que exerça uma atividade por conta de outrem num Estado-Membro, ao serviço de um empregador que normalmente exerça as suas atividades nesse Estado-Membro, e que seja destacada por esse empregador para realizar um trabalho por conta deste noutro Estado-Membro, continua sujeita à legislação do primeiro Estado-Membro, na condição de a duração previsível do referido trabalho não exceder 24 meses e de não ser enviada em substituição de outra pessoa.
2. A pessoa que exerça normalmente uma atividade por conta própria num Estado-Membro e vá exercer uma atividade semelhante noutro Estado-Membro permanece sujeita à legislação do primeiro Estado-Membro, na condição de a duração previsível da referida atividade não exceder 24 meses."
Este dispositivo foi introduzido para dar resposta à preocupação de vários Estados-membros face à prática que consistia em certas pessoas repartirem a sua atividade profissional entre Estados-membros diferentes a fim de evitar o pagamento de contribuições para segurança social relativa a uma parte dessa atividade.
[11] Art. 11 do Regulamento (CE) nº 883/2004.
[12] Considerando 17 do Regulamento (CE) nº 883/2004.
[13] Cf. C-255/1971.
[14] Esses trabalhadores se deslocam por definição no território de vários países, portanto, convêm esclarecer que a lei a ser aplicada é a da sede da empresa de transporte. Repita-se, o país origem é o país se da empresa.
[15] Cf. RIQUITO, Ana Luísa. O Acesso à Segurança Social. Direitos Humanos, Estrangeiros, Comunidades Migrantes e Minorias. Coord. José Joaquim Gomes Canotilho. Celta Editora, 2000, p. 175.

CAPÍTULO III – Princípio da Conservação dos Direitos

1. Objetivo

A abertura de certas prestações ou pensões poderia exigir o cumprimento de prazos de carência com longa duração. Portanto, caso fosse desconsiderado o total dos períodos contributivos, os trabalhadores migrantes estariam em extremo desfavor perante os demais.

Para abertura de direitos às prestações e para os seus cálculos, a lei deve tomar em consideração os períodos de segurança social que se desenvolveram no estrangeiro.[16]

Os períodos de segurança são períodos de cotização e também, onde a lei exige, os períodos de emprego ou períodos de residência.

Caracteriza-se pelo método de totalização dos períodos de contribuição para segurança social[17], no que se refere à aquisição do direito às prestações num determinado Estado deve ter em conta os períodos de seguro, de emprego, de atividade por conta própria ou de residência cumpridos noutro Estado-membro da EU.

Por conseguinte, os períodos cumpridos ao abrigo da legislação de outro Estado-Membro deverão ser tidos em conta com base exclusivamente no princípio da totalização dos períodos.[18]

2. Aplicação coordenada dos diversos sistemas nacionais de segurança social

O trabalhador migrante pode fazer uso de todos os períodos tidos em conta pelas diversas legislações nacionais para aquisição e manutenção dos direitos às prestações e para o respectivo cálculo.[19]

A totalização se verifica quando vários períodos em que o trabalhador esteve sucessivamente ao abrigo dos diversos sistemas nacionais de segurança social são totalizados. Ao abrigo, portanto, da liberdade de circulação dos trabalhadores.

3. Garantia de conservação dos direitos adquiridos

A garantia de conservação dos direitos adquiridos tem por aspecto mais relevante o pagamento extraterritorial das prestações. Ocorre que é necessário levar em consideração períodos de cotização, períodos de emprego ou os períodos de residência[20], sob pena de se tratar desigualmente os trabalhadores migrantes.

---

[16] LYON-CAEN, Gerard e LYON-CAEN, Antoine. Op. Cit., pp. 228 e ss.
[17] PIZARRO, Sebastião Nóbrega. Direito de Segurança Social das Comunidades Européias. Edição Caixa Central de Segurança Social dos Trabalhadores Migrantes. Lisboa: 1982, p. 43.
[18] Considerando 10 do Regulamento.....
[19] Cf. Sétimo Considerando do Regulamento nº 1408/71.
[20] RIQUITO, Ana Luísa. Op. cit., pp. 182 e ss.

Analisa-se este princípio sobre duas vertentes: direitos em curso de aquisição (expectativa de direito) e direitos adquiridos.

Os direitos em curso de aquisição são assegurados pela técnica da totalização de períodos de seguro ou equiparados.

4. Conceito de territorialidade e o direito adquirido[21]

Os trabalhadores para migrarem dependem da transferência de residência de um Estado-membro para o território de outro.

O conceito de territorialidade do direito às prestações é ainda predominante, portanto, restringe-se o direito às prestações no território onde as legislações se aplicam.

No entanto, no direito comunitário, ocorre a derrogação deste princípio para garantir a liberdade de circulação dos trabalhadores migrantes, suas famílias etc. Mas não só, garante aos segurados os direitos adquiridos (relativamente à segurança social) já consubstanciados no país em que obtiveram o benefício.

Assim, se o trabalhador já começara a receber as prestações duráveis poderá continuar a percebê-las ainda que mude de residência.

5. Prorratização[22] das prestações sociais

A prorratização significa que uma vez feita a totalização e o cálculo da prestação social, esta deverá ser dividida entre os Estados-membros, isto é, pelas diversas instituições nacionais por ela responsáveis em função do tempo em que o benefício esteve coberto do respectivo sistema de segurança social.

Faz-se a prorratização em função dos períodos efetivamente completados de acordo com a legislação aplicada, por exemplo, pensões, desemprego prestações familiares e abonos família etc.

6. Cumulação de prestações

A prestação cumulada é vedada.[23]

---

[21] Pinto Ferreira transcreve a noção de direito adquirido do direito Norte-Americano segundo o qual é " direito completo e consumado, de tal caráter que não pode ser desconstituído sem o consentimento da pessoa a que pertence, e fixado ou estabelecido, e nunca mais aberto a controvérsia."
Ferreira, Pinto. Comentários à Constituição Brasileira. Editora Saraiva: São Paulo, 1992, V. 1, pp. 150 e ss.

[22] Vem da expressão latina *pro rata temporis*.

[23] *Vide* Art. 12 do Regulamento nº 1408/71.
Pizarro apresenta traços gerais sobre o princípio da não-cumulação:
"– a proibição de uma pessoa, em resultado de coordenação internacional, beneficiar de várias prestações da mesma natureza relativas a um mesmo período de seguro obrigatório;

O interessado tem direito à soma das prestações calculadas desde que os montantes adicionados de todas as pensões nunca ultrapassem o montante da pensão mais elevada a que o trabalhador pudesse aspirar.[24]

Conclusão
Houve evolução em nível principiológico através da evolução constantes nas legislações nacionais e da interpretação do Tribunal de Justiça Europeu.

No desenvolvimento do Mercado Comum uma das principais realizações da União Europeia foi assegurar o direito dos seus cidadãos viverem e trabalharem em qualquer ponto da União Europeia.

Essa mobilidade dos trabalhadores traz vantagens para eles em termos de desenvolvimento pessoal e profissional.

No que concerne à segurança social, há autores que vêem nesse processo evolutivo mais do que uma mera coordenação.[25] O fato é que existem muitas dificuldades a serem transpostas, ainda no campo da coordenação.

Por exemplo, não há uma coordenação entre a legislação fiscal e a regulamentação aplicável da segurança social (como é o caso das contribuições sociais), podem surgir problemas que geram o desfavor entre o trabalhador migrante e o nacional. Alguns têm de pagar elevadas taxas de impostos no país de residência e de segurança social no país emprego, ao passo que outros possuem essa vantagem simétrica.

Respeitar os direitos do homem, nestes incluem-se os direitos sociais, implica necessariamente em lhes dar caráter prioritário.[26]

– a oponibilidade das cláusulas de redução, suspensão ou supressão previstas pela legislação de um um Estado-membro, caso de cumulação de prestação com outras prestações de segurança social ou com outros rendimentos, ainda se trate de prestações ou rendimentos adquiridos ao abrigo da legislação ou no território de outro Estado-membro"
PIZARRO, Sebastião Nóbrega, Op. cit., p. 42.
[24] *Vide* Art. 46º do Regulamento nº 1408/71.
[25] *Vide* AVILÉS, Antonio Ojeda. El processo de integración europea en materia de seguridad social: princípios, fines, medios. Civitas. Revista española de derecho del trabajo 107. Septiembre Octubre 2001, p. 684.
[26] Cf. SCHEINEIN, Martin. The right to social security. In Economic, Social and Cultural Rights. The Netherlands: Martinus Nijhoff Publishers, 1995, pp. 159-167.

A Justa Causa de Resolução do Contrato de Arrendamento Urbano: Pressupostos e Consequências[1]

DAVID MAGALHÃES
Professor Assistente da Faculdade de Direito da Universidade de Coimbra

1. Pressupostos da adopção de um regime de justa causa de resolução do contrato de arrendamento urbano

A ligação ao período temporal durante o qual decorre faz com que a relação obrigacional duradoura não se extinga pela sua execução mas pelo decurso do tempo (nos contratos celebrados por tempo determinado – estaremos face a um caso de caducidade) ou através de um acto de denúncia ou de resolução; enquanto nenhuma destas hipóteses ocorra, continuarão a surgir novos vínculos jurídicos singulares (deveres de prestação principais e secundários, deveres acessórios de conduta)[2].

---

[1] Nesta justíssima homenagem ao Senhor Professor Doutor Diogo Leite de Campos, nosso Professor no Curso de Mestrado em Ciências Jurídico-Civilísticas e Orientador da dissertação aí apresentada, foi-nos pedida uma versão resumida dessa tese (entretanto já publicada: *A Resolução do Contrato de Arrendamento Urbano*, Coimbra Editora, Coimbra, 2009). Atendendo ao estrito objectivo proposto, importantes contributos jurisprudenciais e doutrinais entretanto surgidos não serão tidos em conta. Assim, aproveitar-se-á o que já escrevemos numa *Nótula Sobre a Justa Causa de Resolução do Contrato de Arrendamento Urbano*, in "Julgar" (Revista da Associação Sindical dos Juízes Portugueses), nº 5, Maio-Agosto 2008, pp. 29-35, ao que serão acrescentados alguns tópicos, num singelo mas muito sentido tributo a um Mestre cujo exemplo não esquecemos.

[2] OTTO VON GIERKE, *Dauernde Schuldverhältnisse*, in "Jherings Jahrbücher für die Dogmatik des bürgerlichen Rechts", 1914, 2ª série (vol. 64 de "Jherings Jahrbücher für die Dogmatik des heutigen römischen und deutschen Privatrechts"), p. 359 e ss., KARL LARENZ, *Lehrbuch des Schuldrechts*, vol. I, *Allgemeiner Teil*, 14ª edição, Verlag C. H. Beck, Munique, 1987, p. 31, JOSEF ESSER/EIKE SCHMIDT, *Schuldrecht*, vol. I, *Allgemeiner Teil*, tomo 1, 8ª edição, C. F. Müller Verlag, Heidelberg,

Os efeitos da sua cessação surgem como que dependentes do facto de as prestações já efectuadas estarem intimamente conexionadas com o lapso temporal a que respeitam³, correspondendo a uma determinada situação passada em que também foi exercido um direito correlativo, não se justificando que se reponha a situação prévia à execução do contrato⁴. O cariz não retroactivo da resolução dos contratos duradouros (art. 434º/2 CC) é disto um corolário.

A predisposição da relação obrigacional duradoura para uma permanência temporal dá azo a um mais prolongado e intenso contacto pessoal entre as partes, que, assim, poderão revelar uma acentuada dependência relativamente ao comportamento negocial da outra em termos de preservação de bens jurídicos de que são titulares e prossecução dos seus interesses⁵. Este tipo de vinculação

---

1995, p. 256, : PETER GAUCH, *System der Beendigung von Dauerverträgen*, Universitätsverlag Freiburg Schweiz, Freiburg, 1968, p. 8, JOACHIM GERNHUBER, *Die Erfüllung und ihre Surrogate sowie das Erlöschen des Schuldverhältnisse aus anderen Gründen*, 2ª edição, Mohr Siebeck, Tübingen, 1994, pp. 126-127 (chamando a atenção, na esteira de LARENZ, para a circunstância de que tais modos de cessação apenas extinguem a relação duradoura enquanto tal, não sucedendo o mesmo aos singulares créditos dela emergentes), HARMUT OETKER, *Das Dauerschuldverhältnis und seine Beendigung: Bestandaufnahme und kritische Würdigung einer tradierten Figur der Schuldrechtsdogmatik*, Mohr Siebeck, Tübingen, 1994, p. 322 e ss., GÜNTHER BEITZKE, *Nichtigkeit, Auflösung und Umgestaltung von Dauerrechtsverhältnissen*, Otto Meissners Verlag, Schloss Bleckede an der Elbe, 1948, pp. 19-20, CHRISTIAN GRÜNEBERG, *§ 314 BGB*, in PALANDT, *Bürgerliches Gesetzbuch*, 65ª edição, Verlag C. H. Beck, Munique, 2006, p. 505, PETER KREBS, *§314 BGB*, in BARBARA DAUNER-LIEB/ THOMAS HEIDEL/ MANFRED LEPA/ GERHARD RING, *Anwaltkommentar. Schuldrecht: Erläuterungen des Neuregelungen zum Verjährungsrecht, Schuldrecht, Schadensersatzrecht und Mietrecht*, Deutscher Anwalt Verlag, Bona, 2002, p. 470, e, entre nós, CARLOS ALBERTO DA MOTA PINTO, *Cessão da Posição Contratual*, reimpressão, Livraria Almedina, Coimbra, 2003, p. 435, ANTÓNIO MENEZES CORDEIRO, *Da Boa Fé no Direito Civil*, 2ª reimpressão, Livraria Almedina, Coimbra, 2001, p. 588, nota 208, e JOÃO BAPTISTA MACHADO, «Denúncia-Modificação» de um Contrato de Agência, Anotação ao Acórdão do Supremo Tribunal de Justiça de 17 de Abril de 1986, in "Revista de Legislação e de Jurisprudência", ano 120º, 1987-1988, p. 185.

³ Neste sentido, JOÃO DE MATOS ANTUNES VARELA, *Das Obrigações em Geral*, I, Livraria Almedina, Coimbra, 2000, p. 95, MÁRIO JÚLIO DE ALMEIDA COSTA, *Direito das Obrigações*, 10ª edição, Livraria Almedina, Coimbra 2006, p. 701, RUI DE ALARCÃO, *Direito das Obrigações*, texto elaborado por J. SOUSA RIBEIRO, J. SINDE MONTEIRO, ALMENO DE SÁ E J. C. PROENÇA, com base nas lições ao 3º Ano Jurídico, reimpressão em computador da edição policopiada de 1983, Coimbra, p. 42, LUÍS MANUEL TELES DE MENEZES LEITÃO, *Direito das Obrigações*, vol. I, 5ª edição, Livraria Almedina, Coimbra, 2006, pp. 127-128, e CARLOS ALBERTO DA MOTA PINTO/ANTÓNIO PINTO MONTEIRO/ PAULO MOTA PINTO, *Teoria Geral do Direito Civil*, 4ª edição, Livraria Almedina, Coimbra, 2005, p. 662.

⁴ Note-se que se trata, como é manifesto, de relações contratuais cuja execução já se iniciou: por todos, BEITZKE, *Nichtigkeit*, cit., p. 23, e GRÜNEBERG, *§ 314*, cit., p. 507. Na hipótese oposta não haveria qualquer necessidade de distinção para estes efeitos.

⁵ Seguem-se JOACHIM GERNHUBER, *Das Schuldverhältnis. Begründung und Änderung. Pflichen und Strukturen. Drittwirkungen*, Mohr Siebeck, Tübingen, 1989, p. 388, e, especificamente quanto ao

já levou vários Autores a sublinhar o elemento pessoal que lhe está ligado, próximo de um fenómeno associativo[6].

O conteúdo da relação obrigacional duradoura espelha tal realidade, com a assunção de protagonismo por banda, designadamente, de particulares deveres de conduta (de cooperação com a contraparte, de cuidado com a sua pessoa e património e de lealdade), baseados no princípio da boa fé e fundamentais para o alcance cabal do fim contratual[7].

Da particular estrutura da relação obrigacional duradoura e desta teia de vínculos que a compõe surge como fundamento da resolução dos contratos duradouros a chamada *justa causa*, isto é, uma circunstância que, atento o caso concreto e os interesses envolvidos, torna inexigível a uma das partes a continuação da relação contratual até à verificação do seu termo final ou ao decurso do prazo de pré-aviso necessário para que a respectiva denúncia produza efeitos, legitimando a extinção imediata[8].

---

arrendamento urbano, UDO WOLTER, *Mietrechtlicher Bestandsschutz. Historiche Entwicklung seit 1800 und geltendes Wohnraum-Kündigungsschutzrecht*, Fritz Knapp Verlag, Frankfurt am Main, 1984, p. 290. Ainda que a propósito do contrato de trabalho (gerador de uma das mais relevantes relações obrigacionais duradouras), BERNARDO DA GAMA LOBO XAVIER, *Da Justa Causa de Despedimento no Contrato de Trabalho*, Coimbra, 1965, p. 21, indica os "riscos específicos determinados pelo intenso «contacto social»".

[6] É relevante, neste conspecto, o contributo de BEITZKE, *Nichtigkeit*, cit., p. 9 e ss., com a identificação de uma *personenrechtliche Gemeinschaftverhältnisse* como característica da relação obrigacional duradoura. Mas *vide*, ainda, GAUCH, *System der Beendigung von Dauerverträgen*, cit., p. 10 (referindo a aptidão dos contratos duradouros para alicerçarem uma ordenação relativamente objectiva entre as partes, através da qual se lançaria uma ponte entre o direito das obrigações e o direito das associações de pessoas), e, em sentido idêntico, JOÃO BAPTISTA MACHADO, *Pressupostos da Resolução por Incumprimento*, in "Estudos em Homenagem ao Prof. Doutor J. J. Teixeira Ribeiro", vol. II – *Iuridica*, "Boletim da Faculdade de Direito da Universidade de Coimbra", 1979, p. 360.

Extremamente crítico desta perspectiva perfila-se, por exemplo, GERNHUBER, *Das Schuldverhältnis*, cit., pp. 388-389, embora reconheça, tal como BAPTISTA MACHADO, *últ. ob cit.*, p. 359, que se avoluma um dever de abstenção de todos os comportamentos que possam fazer perigar o fim contratual.

[7] Destacam estas especificidades LARENZ, *Lehrbuch des Schuldrechts*, I, cit., p. 32, BEITZKE, *Nichtigkeit*, cit., p. 10, OETKER, *Das Dauerschuldverhältnis und seine Beendigung*, cit., p. 233 e ss. e 244 e ss., e JOACHIM GERNHUBER, *Hinausgeschobene Dauerschulden – Das Schuldverhältnis vor dem Anfagstermin*, in "Festschrift für Wolfgang Zöllner zum 70. Geburtstag", vol. II, Carl Heymans Verlag, Colónia/Berlim/Bona/Munique, 1998, pp. 1127-1129.

[8] Cf. GIERKE, *Dauernde Schuldverhältnisse*, cit., p. 390 e ss., LARENZ, *Lehrbuch des Schuldrechts*, I, cit., pp. 32-33 e 136-137, GERNHUBER, *Das Schuldverhältnis*, cit., p. 393, OETKER, *Das Dauerschuldverhältnis und seine Beendigung*, cit., p. 264 e ss., e BAPTISTA MACHADO, *Pressupostos da Resolução por Incumprimento*, cit., p. 361.

Mais uma vez, a jurisprudência alemã teve um papel pioneiro no reconhecimento das particularidades da relação duradoura, com a densificação do conceito de justa causa (*wichtigem Grund*) no seio da *außerordentliche Kündigung* (denúncia extraordinária, equivalente à nossa resolução sem

2. Consequências de um regime de justa causa

De acordo com a tradição do direito português, a resolução do contrato de arrendamento pelo senhorio obedecia a uma taxatividade de fundamentos: cf. o art. 64º do Regime do Arrendamento Urbano, aprovado pelo Decreto-lei nº 321-B/90, de 15 de Outubro[9]. Como efeitos dessa opção surgiam o afastamento da facul-

---

efeitos retroactivos): FRANZ WIEACKER, *História do Direito Privado Moderno* (tradução de A. M. BOTELHO HESPANHA), 2ª edição, Fundação Calouste Gulbenkian, Lisboa, 2004, p. 598. A reforma do Direito das Obrigações de 2001/2002 veio codificar o direito de resolução por justa causa, consagrando um preceito (o § 314 BGB) aplicável na falta de disposição especial: consultem-se, por exemplo, KARL VON HASE, *Fristlose Kündigung und Abmahnung nach neum Recht*, in "Neue Juristische Wochenshrift", 2002, nº 32, p. 2278, e ARND ARNOLD, *Kodifizierung von Richterrecht*, in BARBARA DAUNER-LIEB/THOMAS HEIDEL/MANFRED LEPA/GERHARD RING, *Das Neue Schuldrecht*, C. F. Müller Verlag, Heidelberg, 2002, p. 155.

[9] Por uma questão de conforto de exposição e de confronto com o regime actual, transcreve-se o conteúdo do art. 64º RAU, na redacção que lhe foi conferida pelo Decreto-Lei nº 329-B/2000, de 22 de Dezembro:

Casos de resolução pelo senhorio

1 – O senhorio só pode resolver o contrato se o arrendatário:

a) Não pagar a renda no tempo e lugar próprios nem fizer depósito liberatório;

b) Usar ou consentir que outrem use o prédio arrendado para fim ou ramo de negócio diverso daquele ou daqueles a que se destina;

c) Aplicar o prédio, reiterada ou habitualmente, a práticas ilícitas, imorais ou desonestas;

d) Fizer no prédio, sem consentimento escrito do senhorio, obras que alterem substancialmente a sua estrutura externa ou a disposição interna das suas divisões, ou praticar actos que nele causem deteriorações consideráveis, igualmente não consentidas e que não possam justificar-se nos termos dos artigos 1043º do Código Civil ou 4° do presente diploma;

e) Dar hospedagem a mais de três pessoas das mencionadas no nº 3 do artigo 76º, quando não seja esse o fim para que o prédio foi arrendado; ou violar cláusula contratual, estabelecida nos termos da alínea b) do nº 1 do mesmo artigo;

f) Subarrendar ou emprestar, total ou parcialmente, o prédio arrendado, ou ceder a sua posição contratual, nos casos em que estes actos são ilícitos, inválidos por falta de forma ou ineficazes em relação ao senhorio, salvo o disposto no artigo 1049° do Código Civil;

g) Cobrar do subarrendatário renda superior à que é permitida nos termos do artigo 1062º do Código Civil;

h) Conservar encerrado, por mais de um ano, o prédio arrendado para comércio, indústria ou exercício de profissão liberal, salvo caso de força maior ou ausência forçada do arrendatário que não se prolongue por mais de dois anos;

i) Conservar o prédio desabitado por mais de um ano ou, sendo o prédio destinado a habitação, não tiver nele residência permanente, habite ou não outra casa, própria ou alheia;

j) Deixar de prestar ao proprietário ou ao senhorio os serviços pessoais que determinaram a ocupação do prédio.

2 – Não tem aplicação o disposto na alínea i) do número anterior:

a) Em caso de força maior ou de doença;

b) Se o arrendatário se ausentar por tempo não superior a dois anos, em cumprimento de deveres militares, ou no exercício de outras funções públicas ou de serviço particular por conta de outrem,

dade de estipulação de cláusulas resolutivas[10] e a impossibilidade de valoração da gravidade do não cumprimento[11].

A Lei nº 6/2006, de 27 de Fevereiro, que aprovou o "Novo Regime do Arrendamento Urbano", veio alterar radicalmente a matéria.

O novo artigo 1083º do Código Civil (doravante CC), proclamando (nº 1) que qualquer das partes pode resolver o arrendamento "nos termos gerais de direito, com base em incumprimento pela outra", estabelece, no seu nº 2, que "É fundamento de resolução o incumprimento que, pela sua gravidade ou consequências, torne inexigível à outra parte a manutenção do arrendamento". Consagrou-se, sem margem para dúvidas, uma regra de resolução por justa causa[12] – aplicável, salvo indicação expressa em contrário, a todas as relações contratuais duradouras. Sublinhe-se que do nº 2 do art. 1083º CC resulta que qualquer das partes pode resolver o contrato por justa causa[13]. Ou seja, impende sobre ambas a necessidade de invocação e prova de eventos reveladores de um incumprimento que configure uma justa causa, o que em nada é prejudicado pelo facto de as hipóteses exemplificativas elencadas serem apenas de resolução pelo senhorio.

Assim, pela primeira vez entre nós, a extinção antecipada do arrendamento urbano não se funda, relativamente ao senhorio, num elenco fechado de motivos resolutivos, oferecendo-se ao juiz margem de apreciação da relevância extintiva dos incumprimentos invocados.

A um conjunto de fundamentos pré-estabelecidos que, uma vez preenchida a sua hipótese fáctica (reveladora do que o legislador *a priori* considerou ser um fenecer das razões de protecção do arrendatário), permitia a imediata extinção

---

e bem assim sem dependência de prazo, se a ausência resultar de comissão de serviço público, civil ou militar por tempo determinado;

c) Se permanecerem no prédio o cônjuge ou parentes em linha recta do arrendatário ou outros familiares dele, desde que, neste último caso, com ele convivessem há mais de um ano.

[10] Cf., por todos, FRANCISCO PEREIRA COELHO, *Arrendamento – Direito Substantivo e Processual*, edição policopiada, Coimbra 1988, p. 278, e *Regulamentação Imperativa do Contrato de Arrendamento*, in "Revista de Direito Comparado Luso-Brasileiro", ano I, 1982, nº 1, p. 146.

[11] Neste sentido, JOÃO BAPTISTA MACHADO, *Resolução do Contrato de Arrendamento Comercial. Uso do Prédio para Ramo de Negócio Diferente*, in "Colectânea de Jurisprudência", IX (1984), 2, pp. 18-19: o legislador já graduara a importância do inadimplemento, determinando imperativamente os casos em que o contrato poderia ser resolvido. Ver, também, ANTÓNIO MENEZES CORDEIRO, *Acção de Despejo. Obras sem Autorização do Senhorio. Exercício do Direito de Resolução*, in "O Direito", 1988, p. 232: "o funcionamento do art. 1093º, nº 1, não assenta na maior ou menor *gravidade subjectiva* de certas condutas; *joga, tão-só, uma perturbação objectiva da ordem dominial dos bens, tal como a ordem jurídica a estabelece e garante*".

[12] O art. 1083º seguiu directamente o art. 1085º do projecto de "Regime dos Novos Arrendamentos Urbanos" apresentado pelo XVI Governo Constitucional em 2004.

[13] Já quanto ao projecto de 2005, ANTÓNIO MENEZES CORDEIRO, *O Novo Regime do Arrendamento Urbano*, in "O Direito", 137º (2005), II, p. 330.

do contrato sem outras considerações, substituiu-se uma directriz vaga, que qualquer incumprimento contratual pode fundar. Ambas as soluções – quer durante a vigência do RAU, quer agora – aplicam-se, indiscriminadamente, aos contratos em que a denúncia não motivada pelo senhorio é admitida e àqueles em que não o é. Se o revogado art. 64º RAU, na sua evidente rigidez, não consentia qualquer distinção, a plasticidade do art. 1083º CC já o permite.

Um contrato de arrendamento que não seja livremente denunciável pelo senhorio, mas somente dentro das apertadas hipóteses das alíneas a) e b) do art. 1101º CC, dificilmente cessará por sua iniciativa unilateral (até porque os preceitos seguintes condicionam fortemente os já escassos fundamentos de denúncia, ao que acresce a permanência da vigência do art. 107º RAU quanto aos arrendamentos habitacionais, ressalvada pelo art. 26º/4/a) da Lei nº 6/2006). O sacrifício que se impõe ao locador, em benefício da outra parte, atingirá o patamar da inexigibilidade perante situações que, num contrato sujeito a um regime de autonomia privada, não alcandoraria. Aqui o senhorio poderá, através da sua mera vontade, pôr termo à relação contratual num prazo mais ou menos curto de tempo, pelo que a conservação daquela implica uma situação em que os seus interesses, sendo beliscados, sê-lo-ão de forma muito menos gravosa do que os daquele que é onerado por uma vinculação tendencialmente perpétua.

Semelhante linha argumentativa, que encara a cláusula geral na plenitude da sua função de avaliação específica do caso decidendo, foi desenvolvida por BERNARDO XAVIER, que, a propósito de problema análogo no campo juslaboral, escreve: "...antes do actual regime de bloqueamento dos despedimentos, o conceito de justa causa era necessariamente mais estrito. Recorde-se que os interesses patronais em jogo não teriam de merecer considerável tutela no ordenamento, já que a justa causa servia, tão-somente, para exonerar o empresário de aviso prévio e indemnização (...) Nos nossos dias (...) O quadro de interesses que justifica o despedimento imediato tem de ser muito mais amplo, já que foram eliminadas outras formas de desvinculação (v.g. despedimento com aviso prévio)"[14].

O art. 1083º/2 CC circunscreveu a justa causa a comportamentos que configurem incumprimentos contratuais[15], introduzindo, quanto à resolução pelo

---

[14] *Justa Causa de Despedimento: Conceito e Ónus da Prova*, in "Revista de Direito e de Estudos Sociais", 1988, ano XXX, nº 1, p. pp. 25-26. Esclareça-se que a Lei dos Despedimentos de 1975 (Decreto-Lei nº 372-A/75, de 16 de Julho) pôs fim ao direito de denúncia *ad nutum* do contrato pelo empregador (art. 107º da Lei do Contrato de Trabalho de 1969 – Decreto-Lei nº 49408, de 24 de Novembro).

[15] O art. 1085º/2 do projecto de 2004 apresentava uma amplitude que permitiria abranger a justa causa objectiva ("uma circunstância que, pela sua gravidade ou consequências, torne inexigível à outra parte, a manutenção do arrendamento"): ANTÓNIO PINTO MONTEIRO/PAULO VIDEIRA HENRIQUES, *A Cessação do Contrato no Regime dos Novos Arrendamentos Urbanos*, in " O Direito", 136º (2004), II-III, pp. 292-293, apontavam, precisamente, a contradição entre as palavras do legislador

senhorio, alguns dos incumprimentos que poderão constituir justa causa. A enumeração é, nitidamente, exemplificativa ("designadamente")[16]; como já se sublinhou, qualquer incumprimento de deveres estabelecidos por lei ou dimanados da vontade das partes pode preencher a cláusula geral[17], admitindo-se o recurso directo a esta[18].

Desta maneira, obrigações cuja violação anteriormente apenas permitia fazer valer um direito de indemnização devido à taxatividade do n.º 1 do art. 64º RAU[19], são agora susceptíveis de basear a resolução: pense-se na recusa de acesso do senhorio ao imóvel para o examinar, no impedimento de reparações urgentes ou de obras determinadas pela autoridade pública[20] e na falta de aviso de vícios do imóvel, de perigo que o ameace ou de que terceiros se arrogam de direitos em

no preâmbulo do projecto (afirmando que, quanto ao senhorio, se admitiam somente "justas causas subjectivas") e aquele n.º 2.

Certo é que a Lei n.º 6/2006 harmonizou a *mens legis* com a letra do preceito. Ficaram de fora da hipótese normativa, quanto a qualquer dos contraentes, situações como um aproveitamento económico mais adequado do imóvel (estabelecido pelo § 573 II 3 BGB como fundamento de denúncia pelo locador), ou, como nas situações escalpelizadas por RONALD KANDELHARD, § 543 BGB, in HERRLEIN/KANDELHARD, *Mietrecht Kommentar*, 2ª edição, ZAP Verlag, Münster, 2004, p. 269 e ss., a frustração de expectativas de lucros, o aumento de despesas em relação ao esperado, ou motivações relacionadas com a vida pessoal (por exemplo, doença). Ou seja, mesmo ao arrendatário não foi reconhecido o direito de resolução por justa causa objectiva, que tinha sido previsto pelo já mencionado projecto da responsabilidade do XVI Governo Constitucional (como analisaram PINTO MONTEIRO/PAULO HENRIQUES, *últ. ob. cit.*, p. 294), nomeadamente no respectivo art. 1087º, alíneas b) (degradação material, ambiental ou social do prédio ou do bairro ou zona onde aquele se situasse) e c) (perda ou mudança do emprego do arrendatário ou a alteração do seu estado civil, familiar ou pessoal, da sua fortuna ou de qualquer outro factor relevante que haja justificado o arrendamento). Há, porém, que ter em conta a possibilidade de algumas destas hipóteses permitir a resolução com fundamento em alteração das circunstâncias.

[16] LUÍS MANUEL TELES MENEZES LEITÃO, *Arrendamento Urbano*, 2ª edição, Livraria Almedina, Coimbra, 2006, p. 134; MARIA OLINDA GARCIA, *A Nova Disciplina do Arrendamento Urbano*, 2ª edição Coimbra Editora, Coimbra, 2006 p. 25, e *Arrendamentos Para Comércio e Fins Equiparados*, Coimbra Editora, Coimbra, 2006, p. 206.

[17] As cláusulas gerais visam, justamente, evitar regulamentações de tipo casuístico que correm o risco de não compreender situações carecidas de tutela, embora sejam compatíveis com tipificações casuísticas meramente *exemplificativas* – cf. JOÃO BAPTISTA MACHADO, *Introdução ao Direito e ao Discurso Legitimador*, 12ª reimpressão, Livraria Almedina, Coimbra, 2000, pp. 116-117.

[18] MENEZES LEITÃO, *Arrendamento Urbano*, cit., p. 134, e JOAQUIM DE SOUSA RIBEIRO, *O Novo Regime do Arrendamento Urbano: Contributos Para uma Análise*, in "Cadernos de Direito Privado", n.º 14, Abril/Junho 2006, pp. 20-21.

[19] *V. g.*, PEREIRA COELHO, *Arrendamento*, cit., 194.

[20] E se alguma dúvida (ilegítima, diga-se) restasse sobre esta eventual relevância resolutiva, ela dissipar-se-ia quando o n.º 3 do art. 1083º determina que é sempre inexigível ao senhorio a manutenção do arrendamento quando o arrendatário se oponha à realização de obra determinada pela autoridade pública.

relação a ele (respectivamente, alíneas b), e) e h) do art. 1038º CC). "No fundo, constitui causa de resolução do contrato de arrendamento por parte do senhorio a violação das obrigações do locatário indicadas no art. 1038 do CC"[21].

Por outro lado, fundamentos que anteriormente a lei previa expressamente continuam a constituir motivo de despejo: a realização de deteriorações no prédio (v. art. 64º/1/d) RAU), apesar de não constar do elenco do novo preceito, representa um incumprimento de uma obrigação a cargo do arrendatário (art. 1038º/d) CC) que pode configurar uma justa causa de resolução[22].

Mesmo outros deveres que componham a relação contratual de arrendamento e que não estejam expressamente previstos na lei ou no contrato – mas que, por exemplo, sejam decorrência do princípio da boa fé – entrarão nesse elenco resolutivo ou ajudarão a enquadrá-lo devidamente. O que é necessário é que o concreto incumprimento, no caso concreto, "pela sua gravidade ou consequências, torne inexigível à outra parte a manutenção do arrendamento", o que passa por uma apreciação de circunstâncias como o comportamento prévio das partes e o tipo, duração, frequência e efeitos do inadimplemento.

Aqui serão chamados à colação os deveres acessórios de conduta baseados na consideração dos legítimos interesses da contraparte: deveres de abstenção, de aviso, de esclarecimento, de cooperação e de lealdade, abrangendo as fases pré-contratual e de execução do negócio e que variam consoante o caso concreto, de forma a conseguir-se uma optimização dos bens jurídicos envolvidos ou, pelo menos, a sua menor lesão possível[23].

3. Reflexos nos concretos fundamentos resolutivos

A aplicação dos vários fundamentos de resolução não pode deixar de sofrer importantes reflexos advindos da opção por um regime de justa causa, nomeadamente a distinção entre contratos vinculísticos e não vinculísticos. Vejamos alguns dos mais expressivos exemplos.

a) Falta de pagamento da renda[24]

No âmbito da resolução fundada em declaração do senhorio (art. 1084º/1 CC), o art. 1083º/3 CC estabelece que é inexigível a manutenção do contrato perante mora superior a três meses no pagamento da renda, o que também vale, eviden-

---

[21] PEDRO ROMANO MARTINEZ, *Da Cessação do Contrato*, 2ª edição, Livraria Almedina, Coimbra, 2006, p. 344.

[22] Em sentido convergente, MARIA OLINDA GARCIA, *A Nova Disciplina do Arrendamento Urbano*, cit., p. 25.

[23] Sobre o que se acaba de expor, e com outros desenvolvimentos, *A Resolução do Contrato de Arrendamento Urbano*, cit., pp. 140 e ss.

[24] Cf. *A Resolução do Contrato de Arrendamento Urbano*, cit., pp. 220-222.

temente, para a resolução judicial, estando o julgador vinculado à determinação legal de justa causa.

Preferindo intentar acção de despejo, o senhorio que invoca como motivo resolutivo a mora no pagamento da renda de duração inferior a 3 meses fica sujeito à cláusula geral do art. 1083º/2. Tem, pois, de alegar e provar factos que constituam uma justa causa de resolução – regressando-se ao arbítrio do julgador sobre a gravidade do incumprimento.

Todavia, crê-se que, em contexto vinculístico (ao qual se associam, habitualmente, rendas legalmente bloqueadas), o não pagamento da renda reveste-se de uma especial gravidade. Apesar do benefício que lhe é concedido, o arrendatário viola o interesse creditório nuclear do senhorio onerado com a protecção de outrem. Deixa, por isso, de merecer a tutela legal, pois não será minimamente exigível ao locador permanecer adstrito a uma vinculação sem fim à vista (e, por isso, particularmente onerosa) quando a contraparte não cumpre a sua principal obrigação, fazendo perigar o próprio equilíbrio vinculístico. Nessas circunstâncias, assim que sobrevenha mora no pagamento já se deverá considerar inexigível a manutenção do arrendamento.

b) Utilização do prédio contrária à lei, aos bons costumes ou à ordem pública[25]

Por seu turno, e em regra, o aproveitamento de benefícios vinculísticos para cometer os actos previstos no art. 1083º/2/b) (utilização do prédio contrária à lei, aos bons costumes ou à ordem pública) deve ser considerado fundamento de resolução. Compreende-se que o senhorio, onerado com uma vinculação contratual temporalmente indefinida e à qual, em regra, não pode obstar, queira pôr termo ao arrendamento quando este seja aproveitado para atentados contra normas legais ou princípios jurídicos ou morais. Proteger juridicamente o que é condenado pelo Direito ou pela Moral (para a qual o primeiro remete) é contraditório.

c) Uso do prédio para fim diverso daquele a que se destina[26]

Quanto ao uso do prédio para fim diverso daquele a que se destina (alínea c) do nº 2 do art. 1083º CC), no presente contexto de resolução do arrendamento por incumprimento quando este constitua justa causa, a prossecução de quaisquer actividades não compreendidas no fim acordado deve ser considerada fundamento resolutivo quando o direito de denúncia geralmente reconhecido nos contratos duradouros seja afastado do senhorio. Como não poderá pôr termo à relação através dos meios que normalmente a isso são destinados, a resolução

---

[25] Cf. *A Resolução do Contrato de Arrendamento Urbano*, cit., p. 244.
[26] Vide *A Resolução do Contrato de Arrendamento Urbano*, cit., pp. 255-257.

imediata justifica-se como defesa contra uma vinculação tendencialmente perpétua em que a contraparte viola o equilíbrio negocial pactuado.

Um juízo de insignificância do incumprimento para efeitos de resolução só será admissível, deste modo, se, atendendo aos interesses do senhorio, o inadimplemento não lhe tornar inexigível a manutenção do arrendamento porque é titular de um direito de denúncia *ad nutum* que lhe permite, num espaço de tempo consentâneo com aquele juízo de exigibilidade do contrato, desvincular--se unilateralmente.

Assim, nos contratos vinculísticos, o preenchimento da hipótese da alínea c) do nº 2 do art. 1083º não está sujeito à alegação e prova de quaisquer prejuízos causados ao senhorio. Em rigor, há um uso para fim diferente independentemente de a conduta do arrendatário conduzir a maiores riscos, desgastes ou desvalorizações do prédio, compreendendo-se uma reacção contra a infracção da estipulação contratual e da correspondente regulamentação de interesses que as partes assumiram, visto que o senhorio, sem este meio de tutela dos seus direitos, não poderá libertar-se do negócio. Seria inadmissível que o arrendatário alterasse unilateralmente o contrato e, apesar dessa violação do princípio *pacta sunt servanda* e da protecção da confiança contratual, pretendesse impô-la à contraparte com o argumento de que esta não só não seria prejudicada como, eventualmente, seria beneficiada...

d) *Não uso do prédio*[27]

O art. 1072º/1 CC consagra um dever de uso efectivo do prédio por parte do arrendatário, não podendo este deixar de o utilizar por mais de um ano. A violação do determinado no preceito pode ser fundamento de resolução do contrato (art. 1083º/2/d) CC).

Como o dever de usar o prédio para o fim convencionado está notoriamente pensado para contexto vinculístico é neste que o não uso superior a um ano constituirá, necessariamente, justa causa de resolução. Não estando o senhorio abrangido pelas malhas vinculísticas (sem impedimentos de denunciar livremente o contrato), julga-se que, em regra, é de lhe exigir o decurso do prazo de pré-aviso de denúncia (ou de "oposição à renovação"), pois a violação do dever do arrendatário será muito menos gravosa.

Por conseguinte, acompanhando a *ratio* da consagração do dever de uso, em arrendamentos sujeitos à liberdade contratual apenas será de admitir a resolução do contrato quando tenha sido expressamente prevista pelos contraentes a utilização do prédio ou a vinculação inicial se estenda por um longo período de tempo (que pode ir até trinta anos – art. 1095º/2) e a omissão de uso cause a

---

[27] *A Resolução do Contrato de Arrendamento Urbano*, cit., p. 264.

deterioração do imóvel (o que até estará predominantemente relacionado com a violação do dever de custódia).

e) *Cessão, total ou parcial, temporária ou permanente, e onerosa ou gratuita, quando ilícita, inválida ou ineficaz perante o senhorio*[28]
Em concordância com o que determinam a justa causa de resolução e a sua teleologia, deve-se considerar sempre inexigível ao senhorio a manutenção do contrato vinculístico, quando o arrendatário ceda ilícita, inválida ou ineficazmente o gozo do prédio a terceiros (art. 1083º/2/e) CC). Especialmente, constitui incumprimento grave o aproveitamento da tutela legal para proporcionar o gozo do prédio a quem é de todo estranho ao locador. A violação do dever acessório de não cedência do prédio a outrem assume particular dimensão quando o senhorio esteja coactivamente adstrito a suportar uma vinculação contratual que não pode fazer cessar de acordo com os meios a tal comumente destinados. Ainda que estejam presentes razões de altruísmo ou de cortesia, não deve ser o património alheio a satisfazê-las. Consequentemente, não merece continuar a ser seguida certa orientação jurisprudencial[29] que obstava à extinção do contrato devido à "escassa importância" do comodato do imóvel e que patenteava a maior permissividade para com situações abusivas.

f) *Realização de obras não consentidas e deterioração do imóvel*[30]
O art. 64º/1/d) RAU permitia ao senhorio a resolução do contrato quando o arrendatário realizasse sem consentimento escrito obras que alterassem de forma substancial a estrutura externa ou a disposição interna das divisões do prédio, bem como quando praticasse actos que provocassem deteriorações consideráveis não justificáveis ao abrigo dos arts. 1043º CC e 4º RAU.
Incompreensivelmente, o novo art. 1083º omite este fundamento – o que, dada a cláusula geral do nº 2, não impede que o senhorio continue a poder resolver o arrendamento com base na violação das obrigações constantes dos arts. 1043º, 1073º e 1074º/2.
Seguindo MENEZES LEITÃO, constata-se que foi ampliado o fundamento resolutivo, pois todas as obras e deteriorações não permitidas por aqueles preceitos passaram a poder basear a justa causa de resolução[31] – o que se entende, já

---

[28] *A Resolução do Contrato de Arrendamento Urbano*, cit., p. 234.
[29] Assim, o Acórdão do Supremo Tribunal de Justiça de 3 de Julho de 1997, in "Boletim do Ministério da Justiça", 469º, p. 486.
[30] *A Resolução do Contrato de Arrendamento Urbano*, cit., pp. 324-326. Fundamental a este respeito, MENEZES LEITÃO, *Arrendamento Urbano*, cit., pp. 141-142.
[31] Em sentido diferente, afirmando que devem continuar a ser seguidas as soluções anteriormente consagradas, ROMANO MARTINEZ, *Da Cessação*, cit., p. 349 – o que olvida as potencialidades da

que o poder de disposição do imóvel (no sentido de transformação) não cabe ao locatário. Tal tem particular pertinência em sede de arrendamentos vinculísticos, onde é maior o sacrifício imposto ao senhorio – que apenas em casos muito limitados pode denunciar o contrato, justificando-se que lhe ponha termo se o arrendatário não respeitar o património alheio, o qual lhe foi confiado. Sendo esta a mais grave violação do contrato por banda do locatário, pois contende directamente e materialmente com o seu objecto, o inadimplemento de qualquer dos deveres consagrados nos dispositivos citados legitima a resolução.

Já em contratos livremente denunciáveis por qualquer das partes, cremos que o recurso ao que anteriormente a lei considerava fundamento de resolução pode revestir-se de interesse (embora o alargamento do fundamento resolutivo não possa ser ignorado). O senhorio já não está sujeito à manutenção *ad aeternum* do negócio, podendo extingui-lo mediante um mero prazo de pré-aviso. A inexigibilidade da prossecução contratual até ao decurso desse prazo só se verifica ante incumprimentos (*in casu* obras e deteriorações ilícitas) de particular gravidade, ou que ponham em causa interesses expressamente salvaguardados pelas partes[32]. E com esta diferenciação de tratamento dos contratos consoante o seu regime de denúncia (e, consequentemente, de duração) dá-se pleno cumprimento à justa causa.

---

justa causa e não tem em devida conta que o art. 64º/1/d) provinha de um contexto próprio de exasperação vinculística.

[32] Já não poderá ser seguida, por isso, a orientação restritiva do Acórdão da Relação de Coimbra de 28 de Abril de 1992, in "Boletim do Ministério da Justiça", 416º, p. 716: "A violação da cláusula do contrato que proíbe ao arrendatário forrar as paredes com papel só pode fundamentar a resolução do contrato se puder integrar-se na previsão de alguma das alíneas do art. 1093º, nº 1, do Código Civil". A nova disciplina de resolução por justa causa impõe que seja dado especial relevo ao que as partes expressamente convencionaram como lesivo dos seus interesses.

Subsídios para a compreensão do fenómeno urbanístico: a gestão dos solos e da habitação

EVARISTO DA SILVA E ROCHA

Mestrado em Ciências Jurídico-Civilísticas pela Faculdade de Direito da Universidade de Coimbra em 2006. Exerce a Advocacia e Consultoria de empresas desde 1988 em regime liberal e autónomo. Consultor Jurídico de diversas empresas estatais e privadas em Angola e na Europa (Portugal e Espanha). Inscrito na Ordem dos Advogados de Angola desde 1988. Licenciado em Direito pela Faculdade de Direito da Universidade Agostinho Neto em Luanda. Docente com a categoria de Assistente às disciplinas de Introdução ao Estudo das Instituições Angolanas, Teoria do Estado e do Direito, Teoria Geral do Direito Civil e Direitos Reais de 1984 a 1990, na Faculdade de Direito da Universidade Agostinho Neto. Docente com a categoria de Assistente à disciplina de Introdução ao Estudo do Direito na Faculdade de Economia da Universidade Agostinho Neto em 1988/89.

Abreviaturas
- BFD – Boletim da Faculdade de Direito
- CCA – Código Civil Angolano
- CCB – Código Civil Brasileiro
- CCP – Código Civil Portuuês
- CCNOTU – Comissão Consultiva Nacional do Ordenamento do Território e do Urbanismo
- CCPOTU – Comissão Consultiva Provincial do Ordenamento do Território e do Urbanismo
- CIMOTU – Comissão Interministerial de Ordenamento do Território e do Urbanismo.
- CNCS – Conselho Nacional de Concertação Social
- CRA – Constituição da República de Angola
- CRFB – Constituição da República Federativa do Brasil
- CRP – Constituição da República Portuguesa
- DR – Diário da República
- DTJ – Dicionário de Tecnologia Jurídica
- EPI – Enciclopédia Portuguesa Ilustrada
- FD – Faculdade de Direito

FNUAP – Fundo das Nações Unidas para o Ambiente e População
LOTU – Lei do Ordenamento do Território e do Urbanismo
OE – Orçamento do Estado
ONG – Organização Não Governamental
PEC – Pacto de Estabilidade e Crescimento
ONU – Organização das Nações Unidas
POOTN – Principais Opções de Ordenamento do Território Nacional
POE – Principais Opções Estratégicas
PP – Plano de Pormenor
PPE – Plano de Pormenor Estratégico
PPOT – Plano Provincial de Ordenamento do Território
PIPOT – Plano Inter-Provincial de Ordenamento do Território
PDIP – Plano Director Inter-Provincial
PDM – Plano Director Municipal
UC – Universidade de Coimbra
UNICEF – Fundo das Nações Unidas para a Infância
UE – União Europeia

I – Introdução
1. As pessoas, seus direitos, liberdades, garantias e expectativas fundamentais.

Será verdade que as pessoas nascem livres e iguais em direitos?

Será que não houve engano ao serem enunciados os postulados da Declaração Universal dos Direitos do Homem? Serão a liberdade e a igualdade ali expressas, meros propósitos, realidades virtuais ou realidades factuais?

Em tal sede, não será pois intempestivo desde já, e a mero benefício de reflexão, recordar Jean-Jacques Rousseau:

> *"Concebo na espécie humana duas formas de desigualdade:*
> uma a que chamarei natural ou física, porque é estabelecida pela natureza e que consiste na diferença de idades, de saúde, de força corporal e de qualidade do espírito ou da alma, outra que se pode chamar desigualdade moral ou política, porque depende de uma espécie de convenção e porque é estabelecida, ou pelo menos autorizada, pelo consentimento dos homens. Esta consiste nos diferentes privilégios de que gozam alguns em prejuízo dos outros, como o ser-se mais rico, mais honrado, mais poderoso que os outros ou mesmo o fazer-se obedecer por eles.
>
> Não se pode perguntar qual é a fonte da desigualdade, uma vez que a resposta a encontraríamos enunciada na simples definição da palavra. Menos ainda se poderia procurar saber se haveria qualquer ligação essencial entre as duas desigualdades, porque isso seria querer saber por outras palavras se aqueles que têm o mando valem necessariamente mais que aqueles que

obedecem e se a força do corpo ou do espírito, a sabedoria ou a virtude se encontram sempre nos mesmos indivíduos em proporção do poder ou da riqueza: problema talvez bom para agitar entre os escravos escutados pelos seus donos, mas que não convém de modo algum a homens racionais e livres que procuram a verdade.

Jean-Jacques ROUSSEAU in
"Discurso sobre A Origem e Fundamentos da Desigualdade Entre os Homens"
Publicações Europa-América (Grandes Obras) 3ª edição 23.

2. Ordenar, Urbanizar e Modernizar

Não é fácil ordenar, urbanizar e modernizar, mas também não é difícil. O que é preciso é saber. Saber ordenar. A dificuldade, está em regra, na correspondência directa da ignorância. Não se pode exigir (nem se deve permitir sequer) de alguém, que faça o que não sabe, porque o resultado seria catastrófico. Quem ordena, disciplina, orienta e controla a execução, assumindo os sucessos e os insucessos, os êxitos e os fracassos.

Por isso, ordenar o território significa estabelecer regras através das quais os solos, os subsolos, as águas lacustres, pluviais e marítimas, a plataforma continental, as florestas deverão ser prudente e racionalmente utilizados em proveito das pessoas, sem degradar os ecossistemas, preservando a biodiversidade e em especial proporcionando a renovação das espécies animais e vegetais, bem como os recursos minerais necessários à sua existência. O homem é conhecido como o maior dos predadores existentes neste planeta, pois ao mesmo tempo que age em busca do seu desenvolvimento, degrada o meio ambiente e hipoteca o seu futuro. Ordenar o território tem em vista evitar que o futuro das pessoas se torne incerto, sombrio, sem esperança, visa melhorar a qualidade de vida, a qualidade das cidades e dos campos em que vivem, a qualidade das águas que consomem, enfim, a qualidade do ar que respiram.

O tratamento e reciclagem dos lixos e demais resíduos sólidos e outros industriais e domésticos, o loteamento e alinhamento dos solos urbanizáveis, a definição do tipo de habitação a implantar nos lotes urbanizados, a construção de rodovias e habitações em função da variação cíclica do sol e dos ventos para o seu melhor aproveitamento e criação de óptimas condições de conforto, a construção de estações de tratamento de águas residuais, a prévia criação de infra-estruturas de esgotos e saneamento, a implantação de redes de energia eléctrica, televisão, telefones, gás, água potável, a criação de infra-estruturas comunitárias e sociais, zonas verdes, jardins e parques florestais de lazer e de campismo, fontes artificiais de água, aproveitamento de nascentes, a construção de portos, aeroportos, estações ferroviárias e rodoviárias, enfim o estabelecimento de regras claras para um melhor e ordenado aproveitamento da terra em benefício das pessoas, deve constar da agenda de uma boa governação.

A adopção de critérios claros e racionais para a estruturação político-administrativa do território, a delimitação das fronteiras internas[1] segundo critérios sérios e credíveis, são premissas de que se pode vislumbrar uma boa governação, e em cuja sede nada pode ser deixado ao acaso. A fauna e a flora no seu estado natural encontram-se dispostas segundo uma certa ordem, uma ordem que ultrapassa o entendimento humano.

É normal que as pessoas pensem que as árvores e toda a flora em geral nas florestas naturais, se encontram desalinhadas, misturadas, desordenadas, dispostas ao acaso. As densas florestas tropicais, as florestas amazónicas e outras, bem como a variedade de animais que fazem delas o seu *habitat*, simplesmente encontram-se sob um ordenamento que a compreensão humana desconhece, não alcança, sendo por isso que as pessoas, ao criar florestas fazem-no plantando as árvores e arbustos segundo um certo alinhamento, segundo uma certa ordem por si estabelecida, e como tal, facilmente perceptível e ajustável à sua mentalidade. Trata-se tão só de adequar o que existe na natureza ao seu estilo de vida, aos seus usos e costumes.

Este é, em nosso entendimento o primeiro passo para a modernização: Impedir a todo o custo e por todos os meios a instalação e a proliferação de bairros de lata, favelas, guetos, musseques, zonas de casas degradadas e outras semelhantes, significa cuidar do bem público e oferecer às pessoas o mínimo de conforto em consonância com a sua tão apregoada dignidade humana. Mas, atenção: Impedir não é demolir indiscriminadamente e deixar as pessoas ao relento ou em tendas de campanha durante anos a fio.

II. O ORDENAMENTO GLOBAL

1. Divisão político-administrativa

Após a independência do País em 1975, o território da República de Angola manteve as fronteiras externas delimitadas pela potência colonizadora. Fazendo uso das prerrogativas que lhe conferia o seu poder soberano, o governo de Angola lançou um programa de adequação do território à sua máquina administrativa e encetou estudos tendentes a proceder a uma nova divisão político-administrativa.

Desde logo, do ponto de vista político entendeu-se que o território do País deveria politico-administrativamente dividir-se em Províncias, estas em Muni-

---

[1] A divisão administrativa e política num dado território não pode ser obra do acaso. Embora impere uma boa dose de amadorismo à mistura com os insaciáveis e despóticos apetites de alguma governação, a divisão administrativa deve obedecer a critérios de racionalidade e ter em conta as afinidades diversas entre a geografia e a população, entre outros factores.

cípios e estes em Comunas, seguindo-se abaixo destas os Bairros ou Povoações[2]. Não são conhecidos os critérios que presidiram à reformulação operada na divisão político-administrativa em Angola, sendo que a divisão de maior relevo foi a que surgiu da divisão da antiga Província da Lunda em duas – as Províncias da Lunda Norte e a da Lunda Sul, passando assim o País a contar com 17 províncias.

Presume-se que esta reformulação tenha sido ditada por critérios de natureza eminentemente económica já que aquela região, envolvendo ainda as províncias de Malanji, Moxiku e Bié é tida como um extenso reservatório de diamantes e outros recursos minerais, embora em todas elas a prática da agricultura no passado tenha garantido a suficiência alimentar e a especialização na produção agrícola de produtos de exportação. De todo o modo, a Província da Lunda Norte melhor "apetrechada" de diamantes, tem uma superfície de 103.000[3] Km^2, cerca de 300.000 habitantes e como capital a cidade de Lukapa, contando com nove municípios. A Província da Lunda Sul por seu turno, com apenas quatro municípios, ficou com uma superfície menor – 77.637 Km^2 – conta com uma população de cerca de 130.000 habitantes e tem como capital a cidade de Saurimo[4].

Outra reformulação igualmente importante foi a que ditou a criação da Província do Bengo, operada à custa da redução da superfície da província de Luanda[5] que passou a ter apenas 2.257 Km^2 em que porém o número de habitantes aumentou dos cerca de 1.900.000 em 1992 para pouco mais de 3 milhões em 2002, tendo o País passado a contar com 18 Províncias. Apesar dos seus 33.016 Km^2 de superfície, a província do Bengo tem uma população de cerca de 350.000 almas, circunda por completo a província de Luanda e posiciona-se como o pri-

---

[2] *Vide artigo 55º da Lei Constitucional. O projecto da Nova Constituição para Angola, estabelece que para efeitos de Administração Local do Estado, o território do País dividir-se-á em Províncias, Municípios e Comunas, abandonando a ideia da divisão em Bairros ou Povoações actualmente consagrada na Lei Constitucional, deixando porém a porta aberta para a possibilidade do estabelecimento de "outros níveis de divisão administrativa abaixo da comuna", lê-se no artigo 263º do projecto, que prevê igualmente no artigo 270º, uma divisão administrativa para efeitos de Administração Local Autónoma, em que aparecem o município, a comuna e a povoação, algo que não se contempla na actual Lei. Contudo, nos termos do artº. 5º. da Constituição em vigor (de 2010), "organiza-se territorialmente, para fins político-administrativos, em Províncias e estas em Municípios, podendo ainda estruturar-se em Comunas e em entes territoriais equivalentes, nos termos da Constituição e da lei".*

[3] A superfície da província da Lunda Norte ultrapassa a de todo o território português (incluídas as ilhas) já que aquela tem 103.000 Km2 contra 92.080 Km2 deste, sendo a percentagem de 1,11%. A maior parte das referências a Portugal foram obtidas em http://pt.wikipedia.org/wiki/Portugal visitado aos 12.11.05.

[4] Estes são dados ou informações referentes a 2005. Não há, todavia, notícia de que tenha havido mudanças substanciais.

[5] Funcionários do Ministério da Administração do Território asseguram que a criação da Província do Bengo deveu-se igualmente à subtracção de pequenas parcelas das províncias do Zaire e Uiji a norte, mas esta tese é pouco defensável.

meiro e mais bem colocado parceiro no apoio à província de Luanda no domínio do fornecimento de produtos agrícolas e também no que toca a receber desta os subsídios técnico-materiais para o desenvolvimento da sua indústria.

Qual o critério subjacente a esta divisão?

Em nosso entender presidiu a esta divisão um critério misto político-económico na medida em que, fruto da pressão provocada pelo enorme afluxo para Luanda de pessoas[6] provenientes das zonas rurais e dos teatros de operações militares durante a guerra, tornava-se necessário administrar um maior número de pessoas, criando desde logo as condições mínimas de sobrevivência[7], e tentando ao mesmo tempo proporcionar-lhes sustento por meios próprios, em regra através do exercício de pequenas actividades agrícolas e mercantis. Na senda da actividade de ordenamento do território, ainda em 1976 as autoridades dividiram a Província de Luanda inicialmente em nove municípios[8]. A nível de municípios temos conhecimento de que na Província de Luanda, foi criado há relativamente pouco tempo um novo município, o de Belas, que abrange uma parte a sul do município da Samba e a maior parte da área actualmente apelidada de Luanda Sul, onde se erguem novos empreendimentos urbanísticos do género condomínios à moda brasileira, quanto a nós com desprezo pelas mais elementares normas ambientais, já que parecem estar a crescer e a prosperar enormes florestas de betão, onde raramente se vêm árvores, com bastantes ruas estreitas.

Actualmente a República de Angola conta com 18 províncias[9] cada uma das quais dirigida por um Governo presidido por um Governador coadjuvado geral-

---

[6] Estima-se que terão aportado a Luanda durante a guerra em sucessivas e periódicas vagas, mais de três milhões de pessoas.

[7] Essas sucessivas vagas de pessoas deslocadas fugindo das zonas mais fustigadas pela guerra, eram geralmente acolhidas pelos serviços competentes do MINARS (Ministério da Assistência e Reinserção Social) e alojados em tendas de campanha na periferia das grandes cidades, em especial na de Luanda, que, em abono da verdade pouco tinham para oferecer, mesmo com a ajuda do PAM (Programa Alimentar Mundial) e de diversas ONGs (Organizações não Governamentais).

[8] Nessa altura foram constituídos os Municípios de Ingombota, Samba, Maianga, Sambizanga, Rangel, Kilamba Kiaxi, Kazenga, Viana e Kakuaku. Embora rumores apontassem em2005 para a constituição do município de Belas, apenas muito recentemente em 2011 o mesmo foi oficial e legalmente constituído. Cada um destes municípios abrange áreas extensas, pelo que encontram-se divididos em Comunas. O município com o menor número de comunas é de Kakuaku com duas e com o maior número é o da Ingombota com cinco comunas.

[9] As províncias angolanas no território que cobre 1.246.700 Km2 são Kabinda (com 4 municípios), Zaire (6 municípios), Uíji (15 municípios), Bengo (5 municípios), Kwanza Norte (13 municípios), Malanji (14 municípios), Lunda Norte (9 municípios), Lunda Sul (4 municípios), Luanda (9 municípios), Kwanza Sul (12 municípios), Benguela (9 municípios), Huambo (11 municípios), Bié (9 municípios), Moxiku (9 municípios), Kuandu-Kubangu (9 municípios), Kunene (6 municípios), Huíla (13 municípios) e Namibe (5 municípios), sendo a mais ao norte a de Kabinda e a mais ao Sul a do Kuandu-Kubangu e a mais a leste a província do Moxiku. A mais extensa província angolana é

mente por dois Vice-Governadores. A sua composição numérica é variável e integra em regra os Administradores Municipais.

Até ao presente, em tudo o resto, a divisão político-administrativa enquanto forma particular de ordenamento do território manteve o traçado deixado pelos portugueses, e isto permite-nos compreender as razões subjacentes a este modelo de ordenamento em que umas províncias são extremamente extensas e outras demasiado pequenas. Um olhar ao mapa do País adverte-nos para o facto de que as províncias mais extensas[10] se encontram mais a leste, mais distantes do litoral e, ao contrário, as menos extensas[11] situam-se no litoral, tal como as mais densamente povoadas e com um maior rendimento *per capita* localizam-se no centro--norte e as menos povoadas e mais pobres no sul.

Não é alheia a essa divisão o facto de a colonização se ter feito sentir mais na área litoral, não só porque os colonizadores vinham por mar, mas também porque em termos de administração do território era preciso adequar esse mesmo território aos meios humanos e materiais necessários e suficientes à sua correcta e eficaz administração.

E, tal como os portugueses não vieram em número suficiente para levar a cabo uma administração eficaz da totalidade do território de Angola, o governo debate-se desde a proclamação da independência com uma gritante falta de quadros, com formação multidisciplinar para assegurar as tarefas de uma boa administração.

Importa deixar claro que, em muitos casos, numa atitude incompreensivelmente farisaica, lamenta-se a falta de quadros em sectores onde muitos quadros são votados ao ostracismo, tão somente porque não optaram por envergar as cores políticas do partido da situação ou por não terem optado por qualquer outra cor política, sendo por isso verdade que a tão apregoada falta de quadros, consiste na falta de quadros *"militantes"* ou quadros *"fiéis à causa"* ou ainda de quadros que tenham feito *"mea culpa"* e mostrem *"arrependimento sincero"*.

Ainda antes da independência os movimentos de libertação fizeram um esforço hercúleo enviando jovens bolseiros para estudar no estrangeiro, tendo em vista a formação de quadros para a futura governação do País, e após a independência o governo deu seguimento a essa política, todavia, após a formação, os quadros regressados ao País eram, e em muitos casos ainda são pura e simplesmente esquecidos, em especial os que fizeram formação na ex-União Soviética e

---

a do Kuandu-Kubangu com uma superfície de 199.049 Km2, cerca de 2.16% superior à de Portugal e 88,19% superior à de Luanda. Conta igualmente com 163 municípios e 475 comunas.

[10] São os casos das províncias das Lundas que no tempo colonial eram apenas uma, Moxiku e Kuandu-Kubangu.

[11] A título de exemplo temos as províncias de Benguela, Kwanzas Norte e Sul, Luanda, Zaire e Kabinda.

em Cuba, sendo tais quadros preteridos em favor da contratação de "cooperantes", muitos deles de fraca ou duvidosa preparação técnico-profissional.

Deste modo, o ordenamento do território a que a divisão político-administrativa obedece, teve em conta, no tempo colonial, à afectação de quadros às zonas de maior impacto económico, com a exploração de diversas espécies agrícolas e a indústria agro-alimentar que lhe está associada, a exploração de recursos minerais e a indústria extractiva e a actividade piscatória e a indústria transformadora, adiando-se o desenvolvimento das regiões mais distantes, inóspitas e pouco exploradas.

Ultrapassada a fase em que o grau de escolaridade não tinha a menor expressão nem serventia, em que os quadros eram colocados apenas em função da sua *"fidelidade"* à linha político-partidária e das eventuais alianças de conveniência, assiste-se hoje a um maior desenvolvimento das áreas de exploração petrolífera e diamantífera, tendo o ordenamento do território obedecido a critérios essencialmente referentes ao potencial de riqueza explorável numa determinada região, mantendo-se em estado virgem ou semi-virgem as terras da Angola profunda ou do fim do mundo, como são conhecidas as províncias do Moxiku e do Kuandu-Kubangu.

Não existindo embora, critérios classicamente definidos de ordenamento do território, a serem seguidos obrigatoriamente, há que lançar mão de certos critérios sem os quais não poderá existir homogeneidade e um denominador comum relativamente à marca que se pretende imprimir em matéria de ordenamento. Não é possível ordenar o território partindo da ideia de que cada província, município ou comuna deve ter uma superfície padrão ou uma determinada conformação geológica, porém, tendo em atenção que de acordo com a "Carta Europeia do Ordenamento do Território", o ordenamento do território é *"simultaneamente, uma disciplina científica, uma técnica administrativa e uma política que se desenvolve numa perspectiva interdisciplinar e integrada, tendente ao desenvolvimento equilibrado das regiões e organização física do espaço segundo uma estratégia de conjunto"*[12], ou como *" forma de organizar as estruturas humanas e sociais num espaço geográfico determinado, tendo como objectivo valorizar as potencialidades do território, desenvolver as estruturas ecológicas de que depende a vida e a expressão cultural da paisagem, para, dessa forma melhorar a qualidade e a dignidade de vida das populações"*[13], ou ainda como se afirma *"a acção e a prática de dispor num espaço, ordenados e prospectivamente, os homens e as suas*

---

[12] *Website* visitado aos 14.11.05 às 06H21 sobre O Ordenamento do Território em http://www.biodesign.pt/Ordenamento do Território.html.

[13] *Vide Glossário de Termos. Ordenamento do Território, Ambiente, Património Cultural e Reabilitação*, MEPAT, Comissão de Coordenação da Região Norte, Porto, 1998 p, 124, citado por Fernanda Paula Oliveira *in Direito do Ordenamento do Território*, Cadernos CEDOUA, Livraria Almedina Coimbra 2002, 10 e ss.

actividades, os equipamentos e os meios de comunicação, tendo em conta as disparidades naturais, humanas, económicas e mesmo estratégicas. O campo de aplicação das políticas de ordenamento do território é diversificado: definição, evolução e reforço da rede urbana; ordenamento desenvolvimento e protecção das zonas rurais; desenvolvimento e localização das actividades; planeamento e priorização das redes de infra-estruturas sanitárias, rodoviárias, ferroviárias, portuárias e das redes de infra-estruturas imateriais (electricidade, telecomunicações, informática etc.) implantação de equipamentos ou pólos de atracção económica (universidade, centros de investigação), ordenamento das regiões turísticas (montanha, litoral, lazer, campismo, parques e reservas naturais da fauna e flora) *associado à protecção do ambiente ou do património cultural.*[14]", há que observar determinados princípios cuja aplicação permite alcançar índices satisfatórios de sucesso.

As pessoas encarregadas de proceder a trabalhos de ordenamento do território não podem deixar de observar os princípios da solidariedade ou da cooperação intergeracional, da sustentabilidade ou do desenvolvimento sustentado, da economia, da coordenação, da equidade, da subsidiariedade, da participação, da responsabilização, da contratualização e da segurança jurídica. Com efeito, o que as gerações precedentes fizeram no território tem reflexos no presente e condiciona inelutavelmente as acções a serem empreendidas pelas gerações actuais que por seu turno hão de influenciar o *modus faciendi* das gerações futuras, em termos tais, que importa encontrar sempre um ponto de equilíbrio ou de conciliação entre a necessidade do desenvolvimento intimamente ligada à exploração dos recursos naturais por um lado, com a preservação desses mesmos recursos de forma a não hipotecar ou comprometer a vida e o desenvolvimento das futuras gerações[15]. É nisto que se analisam os princípios da sustentabilidade e da solidariedade intergeracional. A este propósito Fernanda Paula Oliveira[16] afirma que *"cada geração é responsável pelo que faz no território face às gerações futuras. Esta responsabilidade contém obrigações particulares, sendo inadmissível que se deixe degradar um património que constitui um suporte essencial da vida e das actividades da população.*

---

[14] Ibidem.
[15] Tomemos como exemplo o petróleo. Trata-se de um recurso natural valiosíssimo na actualidade, porém não renovável. Ora, a não renovabilidade desse recurso impõe que a sua exploração e utilização actual, tenha como desiderato não apenas a melhoria da qualidade de vida actual, mas que se criem as premissas que hão de permitir uma vida digna e de elevada qualidade, e o desenvolvimento sustentado das gerações que nos hão de suceder, numa altura em que já não houver petróleo. O mesmo se poderá dizer de outros recursos naturais não renováveis, como os diamantes. Há quem afirme que os diamantes são eternos. Porém é indesmentível e axiomático que eles têm fim. É, aliás, por isso que muitos países vêm já optando por outras formas e fontes de obtenção de energia eléctrica, de combustíveis, etc. Em suma a utilização dos recursos deve ser feita de forma ponderada e sóbria, sem despesismo nem jactância exageradas.
[16] *Vide* Fernanda Paula Oliveira *in Direito do Ordenamento do Território,* Cadernos CEDOUA, Livraria Almedina Coimbra 2002, 28.

Exprimindo idênticas preocupações ALEXANDRA ARAGÃO[17] enfatiza a complexa relação, ora de conflitualidade e antagonismo, ora de estímulo e sustentação mútua, entre desenvolvimento económico e protecção ambiental, na hora de localizar e construir as grandes infra-estruturas sociais, como pontes, incineradoras, barragens, aeroportos, portos, instalações fabris do sector industrial pesado, aterros sanitários, estações de tratamento de águas residuais, de resíduos sólidos orgânicos, de resíduos líquidos e/ou efluentes perigosos, complexos polidesportivos, empreendimentos turísticos, jardins botânicos, reservas da fauna selvagem, portanto mesmo as que dizem directamente respeito ao ambiente, como vimos, trazem consigo invariavelmente impactos multidimensionais significativos de carácter sócio-económico e cultural no meio ambiente, geralmente negativos, pelo que a decisão sobre a sua localização constitui indubitàvelmente um quebra-cabeças.

Se é verdade que ninguém ter uma incineradora ou um aterro sanitário por perto, também é verdade que tais equipamentos e infra-estruturas são absolutamente necessários, justamente para reduzir ou mesmo eliminar os impactos negativos que elas próprias e outras têm no ambiente. Ora bem, em algum lugar tais infra-estruturas terão de ser construídas. Alguém vai ter de conviver paredes-meias com elas, isto é, perto delas. Afinal, governar, ordenar o território, planear e construir cidades e ao mesmo tempo preservar o meio ambiente, são actividades levadas a cabo por pessoas, com as pessoas, por causa das pessoas e sempre a pensar no bem-estar das pessoas, pelo menos assim deve ser. Daí que, *"nestas decisões com incidências ambientais consideráveis, relativas ao ordenamento territorial, reveste-se de especial importância a adopção de medidas destinadas a minorar os impactes ambientais negativos destes projectos, os quais, muitas vezes, são permanentes e irreversíveis"*[18].

Economizar, poupar, utilizar apenas o necessário é o que determina o princípio da economia, que tem de ser observado em matéria tão sensível como é a do ordenamento do território. De igual modo é necessário estabelecer uma articulação entre os vários actores, que evite atropelos e sobreposições de interesses públicos ou privados no processo de desenvolvimento, e que assegure adequada integração, compatibilização e complementaridade nas acções de ordenamento, o que tão só significa coordenação. As acções de ordenamento do território devem ser levadas a cabo de tal forma que aos diversos níveis da administração as decisões sejam tomadas em apoio e suporte a outras anteriores, para que a decisão

---

[17] Assistente da Faculdade de Direito da Universidade de Coimbra e docente do curso de pós-graduação do Centro de Estudos de Direito do Ordenamento, do Urbanismo e do Ambiente.
[18] ALEXANDRA ARAGÃO in *AS DECISÕES DE LOCALIZAÇÃO DE GRANDES INFRA-ESTRUTURAS: UMA LOTARIA AMBIENTAL? Vide* em http://www.informac.gov.mo/aam/portuguese/boletim/3/art3-5.html website visitado em 25.11.05 11H16.

última reflicta com a maior fidelidade possível os anseios, as aspirações das pessoas na sua vida quotidiana, e que isso propicie o reforço da coesão nacional, corrija as assimetrias regionais e mesmo locais, e assegure igualdade de oportunidades das pessoas no acesso aos equipamentos sociais, infra-estruturas e serviços públicos, o que deverá envolver e contar com a participação de todos de forma organizada e disciplinada.

O ordenamento do território pode, deve e tem de ser visto sob vários e diferentes ângulos, numa perspectiva de integração e multidisciplinaridade, em que o todo territorial é parcelado, devendo mesmo começar pela empresa e terminar de forma integrada abrangendo o todo nacional, passando pelos bairros, comunas, municípios, províncias e no seio destas unidades administrativas ordenar os parques naturais, as reservas da fauna e da flora, o litoral marítimo, os rios e lagos projectando e planeando espaços verdes exteriores e urbanos, promovendo a conservação da fauna e da flora, protegendo as espécies em vias de extinção, procedendo a trabalhos de arquitectura e engenharia paisagística e de recuperação ou requalificação de zonas ou paisagens degradadas, a criação e valorização de zonas remotas e distantes pela criação de infra-estruturas industriais, turísticas e outras, precedidos obviamente de rigorosos estudos de impacto ambiental. Neste sentido indubitavelmente o Urbanismo subsume-se no Ordenamento do Território mas não se confunde com ele, já que é impensável falar de Urbanismo sem falar òbviamente de Ordenamento do território. O território que abrange como dissemos o todo nacional pode e deve ser parcelado para efeitos de ordenamento sério e sustentável. Ora, o urbanismo é, grosso modo, uma faceta desse ordenamento, visionado num ângulo mais restrito abrangendo parcelas do todo nacional que não deixa entretanto de ser ou apresentar-se como *"um campo científico de interacção de diferentes saberes, colocando desafios interessantes à sua conceptualização ao impor a necessidade de definição de temáticas e de promoção de novas articulações dogmáticas capazes de sustentarem a sua análise e complexidade"*[19].

O urbanismo[20] é, *lato sensu*, a actividade de estudo, regulação, controlo e planeamento das cidades em especial e, nesse sentido, apresenta-se como uma ciência humana aplicada e inserida no contexto de um mundo em constante crescimento demográfico e responde aos problemas e à procura de soluções suscitadas por uma forte pressão do desenvolvimento. Do ponto de vista técnico, o urbanismo

---

[19] Cfr. COLAÇO ANTUNES, Luís Filipe *in* DIREITO URBANÍSTICO – UM OUTRO PARADIGMA: A PLANIFICAÇÃO MODESTO-SITUACIONAL, Livraria Almedina Coimbra 2002, 16.
[20] A palavra foi usada pela primeira vez pelo engenheiro catalão Ildefons Cerdà, *responsável pelo projecto de ampliação da cidade de Barcelona na década de 1860. Cerdà, durante o período, sintetizou os vários estudos sobre as cidades e os seus projectos, existentes no seu livro intitulado* **Teoria geral da urbanização**, *no qual apresentou o vocábulo, em 1867. Vide* em http://pt.wikipedia.org/wiki/Urbanismo website visitado em 16.11.05 às 09H47.

corresponde à acção de projectar e ordenar as cidades, sendo portanto, uma actividade multidisciplinar e complexa que age estreitamente em coordenação com áreas do saber como a arquitectura tradicional, a arquitectura paisagística, a ecologia, a geografia, a geologia, as ciências sociais, o design e a política em particular, nas quais busca e alicerça a sua própria identidade. Na verdade, em vista da multidisciplinaridade que caracteriza a área do saber ligada ao ordenamento do território, ao urbanismo e ao ambiente, é justo constatar e afirmar que nunca estivemos tão próximos de reconhecer que só no cruzamento de diferentes campos discursivos e tradições intelectuais pode a cidade ser pensada e reencontrar-se na plenitude da sua múltipla vocação e polivalência. A concretização da modernidade em matéria de ordenamento, planeamento e gestão das cidades impõe que sejamos capazes de ponderar sobre o hibridismo das suas próprias construções que não podem sujeitar-se a interpretações de natureza elitista ou exclusivista, mas antes, socorrer-se de outros contributos para firmar a sua própria identidade.

O urbanismo e obviamente a arquitectura, observadas como áreas de conhecimento científico aplicado e de interesse público têm como objectivo central e primacial assegurar a qualidade de vida de todas as pessoas e de cada uma nas suas diversas comunidades, por meio de uma gestão programada e sustentada do planeamento territorial, que respeite a sua identidade e características peculiares e salvaguarde os recursos naturais e patrimoniais, pelo desenvolvimento das suas potencialidades e estabelecimento de uma estratégia, que responda aos desafios de uma sociedade em permanente mutação. Estimulando-se a qualidade dos projectos urbanísticos, de construção de edifícios e de infra-estruturas sociais, promove-se uma melhor construção e concomitantemente uma criteriosa utilização, na lógica de que o que se constrói hoje será o património das gerações vindouras.

No caso concreto de Angola, e em matéria de ordenamento do território, torna-se imperioso não deixar de lado o ordenamento dos solos e dos subsolos, dada a supostamente enorme reserva de minérios de alto valor económico, como sejam os diamantes, o ouro, o urânio e outros, bem como outros recursos naturais de inegável valor como o petróleo. No que respeita aos solos, as grandes cidades, à excepção dos seus pequenos centros urbanos, constituem o degradante espectáculo da miséria que graça nos musseques ou bairros de lata da periferia sem as mínimas condições de higiene.

A "invasão" das cidades por grandes massas populacionais por ocasião da revolução industrial na Europa, colocou aos governos o desafio de proporcionar às pessoas, condições de vida minimamente aceitáveis. As pessoas procuravam emprego e melhores condições de vida nas grandes cidades, mas em regra a venda da sua força de trabalho apenas lhes permitia o mínimo para comer, acordar no dia seguinte e regressar ao local de trabalho. Jamais podendo almejar a enriquecer ou a conseguir um modo de vida um pouco mais desafogados permaneciam confinados nas periferias das cidades em bairros degradados, desprovidos dos mais elementares equipamentos sociais, sem água potável nem energia eléctrica, e a resposta foi o ordenamento das cidades através de planos de urbanização devidamente estruturados, coerentes e exequíveis, assentando a grande responsabilidade dos governos na determinação das áreas a urbanizar, na implantação dos equipamentos sociais e de saneamento básico, redes de água potável e de energia eléctrica e na criação de parcerias para a edificação de habitações.

Actualmente o cenário em Angola não é muito diferente do daqueles tempos da Revolução Industrial na Europa. O deslocamento em massa de inúmeras vagas de pessoas deveu-se não a uma qualquer revolução industrial mas à guerra. Também é verdade que não terá sido apenas por causa da guerra que as pessoas se dirigiam para os grandes centros urbanos, para as cidades. Estas têm em regra algo de muito especial, de muito atraente que faz com que as pessoas as procurem. Trata-se das oportunidades de emprego, de negócios, de estudo e até de lazer. É nas grandes cidades ou ao redor delas onde existe um parque industrial capaz de absorver grandes massas de trabalhadores, onde prosperam os serviços e o comércio e todo o tipo de actividades em *full e part time*. Se por um lado os industriais e empresários do comércio e serviços agradecem por poderem dispor permanentemente de um exército de desempregados que constitui abundante mão de obra, o governo vê-se a braços para alojar condignamente as pessoas, dando-lhes condições habitacionais condizentes com a constitucionalmente eleita dignidade da pessoa humana.

Em muitos pontos do País o governo decidiu implementar um conjunto de acções, quanto a nós verdadeiramente paliativas, infelizes e ineficazes sob todos os aspectos, mostrando-se, ao contrário, como um veículo de subtracção indevida de dinheiros do Estado, desvios, despesas inúteis que apenas servem para manter no activo pessoas que, se calhar, nem deviam estar na administração pública. A suspeição que sobre os mesmos recai, radica na crónica e inexplicável inapetência para a prestação de contas, aliada à inércia e à provável conivência de quem tem a responsabilidade de as exigir. Essas acções concebidas e executadas no âmbito de fundos de apoio social, prevêem a construção de latrinas, minúsculos centros de saúde e escolinhas nos subúrbios e bairros degradados da periferia das cidades. É francamente um desperdício, uma falta de visão governativa ou, o que é pior, uma autêntica brincadeira de muito mau gosto. Nos bairros encarregam o soba ou a autoridade tradicional do lugar, para indicar o sítio onde deve ser construída a retrete pública, a escolinha e o centro de saúde. Essa autoridade por seu turno pede à população para se pronunciar sobre o melhor lugar para a construção e instalação de tais equipamentos. Ora, isso constitui, desde logo, um golpe demolidor no princípio da coordenação e no princípio da responsabilidade, porque a afectação de equipamentos sociais pressupõe um prévio ordenamento do território que se efectiva através de planos urbanísticos directores quer ao nível dos municípios quer ao nível das comunas e dos bairros, e ter em atenção o impacto que tais propósitos, a efectivarem-se, podem ter no meio ambiente.

Agir de outra forma, é condenar gerações inteiras a viver em bairros degradados, é a reprodução e eternização da degradação, da indigência e da miséria, pois as ditas retretes para além de se transformarem num foco de infecções diversas são toscamente construídas em qualquer lugar, ali onde der mais jeito às pessoas. Como mandar construir uma latrina onde já se sabe que não há água? Onde a pouca água que as pessoas consomem nem sequer é potável? Como manter a higiene de latrinas onde não há água? O pior é que, para a construção das retretes públicas, geralmente um metro quadrado de superfície, ou metro e meio nalguns casos, obrigam as pessoas a levar a água, pedra e/ou brita, que eles (os administradores dos fundos de apoio) se encarregam da areia, cimento, blocos e pedreiros. Como mandar alguém levar água quando mal ela a consegue para beber? O transporte de materiais como pedra e brita exige a utilização de meios rolantes às vezes de grande porte e não tendo tais meios, as pessoas têm de os levar por meio de carrinhos de mão ou outros meios rudimentares. Além do mais, pelo menos nas maiores cidades, é habitual as pessoas dos bairros degradados construírem toscamente uma casinha em que no interior ou no quintal fazem uma retrete. Não se vislumbra nem se percebe por isso, o alcance de tais práticas, a não ser o de mostrar à evidência o menosprezo que nutrem pelas pessoas e, quiçá, a forma tranquila de obter dividendos de ordem financeira, já que também não é muito comum prestarem-se contas de como se gastam os dinheiros de todos nós.

Ora se esses recursos financeiros fossem utilizados com a parcimónia que o erário público impõe, antes de mais teriam sido estabelecidos planos directores de urbanização e criação de pólos habitacionais com as infra-estruturas que a vida moderna exige, nomeadamente sistemas de saneamento, de fornecimento de água potável e de energia eléctrica. A gritante falta de energia eléctrica nas cidades, transforma os subúrbios na antecâmara do inferno e proporciona um super enriquecimento de alguns, com o negócio da venda de geradores de energia eléctrica, negócio que parece querer eternizar-se, já que mesmo nalgumas capitais provinciais, no que toca à energia eléctrica, "vive-se" de "fontes alternativas" que são exactamente os ditos geradores. Não seria necessário construir palacetes. Uma casa, por mais modesta que possa ser, não pode deixar de ter água e energia eléctrica. Ao menos isso, porque a vida moderna assim o exige. As escolinhas construídas, em regra não têm professores e quando os têm, estão eles próprios necessitados de reciclagem, formação e aperfeiçoamento, para não dizer que estão necessitados de comida, o que também é verdade. O mesmo acontece com os "centros de saúde" que em muitos casos pode dizer-se sem receio de errar que são verdadeiros "centros de doença", tão parca é a higiene[21].

Não existe, neste particular, aquilo a que pomposamente muitos chamam de "vontade política" para resolver de forma inteligente um problema que não tem nada de complicado, antes pelo contrário, é bastante simples. Os exemplos oferecidos por outros países, principalmente europeus, que ainda há menos de uma década se debatiam com sérios problemas de alojamento e realojamento das pessoas dos bairros degradados em pólos habitacionais com um mínimo de dignidade, poderia ser aproveitado sem grande esforço, e aplicado de forma inovadora e inteligente, na medida em que alguns desses países até têm menos recursos do que Angola.

Porém, entretêm-se alguns gestores dos "fundos" em estabelecer "parcerias" de objectivos duvidosos ou pelo menos não tão transparentes como seria de desejar, como os que se pretendem nalguns casos emprestar às chamadas "geminações" de cidades. Os acordos ou Protocolos, dentre os quais os de geminação bilateral ou mesmo multilateral, sendo acordos de natureza particular, de cooperação intermunicipal descentralizada ou entre cidades, serão ainda mais eficazes se puderem pôr em relevo novas dimensões do desenvolvimento territorial sustentável e gozar de cobertura institucional aos níveis das Administrações Centrais, não constituindo por isso um mal em si, pelo contrário. Porém, como em tudo na vida, a seriedade e a determinação na consecução dos objectivos propostos no âmbito de tais acordos deve constituir o *punctum saliens* da Administração Local, do município ou da cidade, de forma a tirar o máximo proveito das sinergias proporcionadas por essas parcerias em todos os domínios de actividade. Os protocolos de geminação entre municípios desempenharam na Europa após a 1ª grande guerra[22] até aos nossos dias um notável papel no desen-

---

[21] Mas este é, infelizmente um aspecto que se generaliza cada vez mais, não sendo portanto uma característica de Angola. Por exemplo, o Jornal METRO, publicado em Lisboa, na sua edição nº 201 de 22.11.05, citando a agência LUSA, sob a epígrafe "Ar dos Hospitais tem excesso de bactérias – Um em cada dez doentes sofre de infecções" publica um artigo em que apresenta um estudo da Associação de Defesa do Consumidor – DECO – que refere existirem pelo menos dez hospitais, 6 em Lisboa e outros quatro noutros pontos de Portugal em que o ar que se respira provoca infecções e outras doenças.

[22] Segundo o website htttp//www.cities-localgovernments.org//uclg/upload/template/templatedocs/status.doc. citado por MARIA DO ROSÁRIO COSTA da Câmara Municipal de Loures e MANUEL ENNES FERREIRA do Instituto Superior e Economia e Gestão. No seu trabalho intitulado "GEMINAÇÕES AUTÁRQUICAS E CPLP: QUE ARTICULAÇÃO NO APOIO AO DESENVOLVIMENTO ECONÓMICO LOCAL? apresentado no VIII Congresso Luso-Afro-Brasileiro de Ciências Sociais realizado no CES em Coimbra a 16,17 e 18.09.04, "do ponto de vista histórico, foi no ano de 1925 que o interesse pela cooperação municipal internacional teve o seu primeiro marco ao ficar consagrado no âmbito da Sociedade das Nações (SN 1925 e 1925ª). Muito mais tarde, em 1971, a Resolução 2861

volvimento e consolidação das cidades e municípios, em especial nos casos de ordenamento das cidades, como ponto de partida para objectivos mais ambiciosos de desenvolvimento. Não podem compadecer-se pois, com as exigências de desenvolvimento sustentado e harmonioso dos municípios e das cidades, os actos e negociatas que a troco de uma qualquer actividade, quiçá mais lucrativa para quem a ela se dedica e para quem viabiliza a sua existência, se disponibilizem vastas[23] áreas de terreno à alegada contraparte na geminação, para os mais diversos fins, nomeadamente a implantação de estruturas de natureza comercial, industrial, turística ou até de áreas de actividade em que o investimento mais se faz sentir, como empreendimentos no sector da educação e ensino regular e técnico-profissional. Por conseguinte, ao pensar-se na construção de uma cidade, na requalificação urbana de cidades já existentes, no ordenamento de áreas rurais, é importante, crucial até e será uma atitude inteligente seguir o sensato conselho de J. J. Gomes Canotilho, segundo o qual *"o ambiente tem de estar no princípio da linha e nunca no fim da linha"*[24].

2. O direito do ordenamento do território

Entre nós o Direito do Ordenamento do Território, assim como o Direito do Urbanismo e o Direito do Ambiente enquanto disciplinas académicas são incipientes e mesmo a legislação a este respeito não é extensa nem homogénea, encontrando-se dispersa por diversos diplomas e por vários sectores de actividade. Vale por isso começar por dizer que o Direito do Ordenamento do Territó-

---

(XXVI) de 20.12 da Assembleia Geral da ONU reafirma-o. Em Outubro de 1994 a ONU aceita no seu seio a constituição de uma representação mundial de poderes locais na Conferência HABITA II (Conferenciada ONU para os Estabelecimentos Locais), e em 1996 foi criada em Istambul (Turquia) a "Coordenação das Associações Mundiais das Cidades e das Autoridades Locais" (CAMVAL). Realizada que foi no Rio de Janeiro a II Assembleia Mundial das Cidades e Autoridades Locais (IULA), o papel e a dimensão da cooperação descentralizada saíram reforçadas quando em Maio de 2004 foi constituída a nova organização mundial de poderes locais denominada Cidades e Governos Locais Unidos.

[23] É óbvio que aqui se trata de outro tipo de "geminações" ou geminações de tipo novo, geminações entre empresários, diplomatas, políticos, quadros superiores da administração, comerciantes e outros negociantes. Nalguns casos os terrenos cedidos ou a ceder atingem consideráveis áreas, sendo por isso absolutamente importante que de forma clara e inequívoca sejam divulgados os objectivos que se pretendem atingir com tais parcerias, pois casos há em que não estando devidamente fundamentadas ou justificadas, também não se consegue explicar até que ponto tais "cessões" têm fundamento legal. Isto porque às vezes, embora a lei privilegie o investimento privado nacional, essa primazia esbarra muitas vezes diante de interesses "mais altos" e a necessidade de um terreno numa determinada zona para um determinado fim, pode ser pretensão condenada à recusa com fundamento no facto de que, tal terreno é para a Z, X ou Y com quem se estabeleceu um acordo de geminação.

[24] *Vide* nota de rodapé nº 218, pág. 113.

rio é uma disciplina afim, porém autónoma e mais abrangente relativamente ao Direito do Urbanismo. Para ALVES CORREIA[25], *o direito do urbanismo é o conjunto de normas e de institutos respeitantes à ocupação, uso e transformação do solo, isto é, ao complexo das intervenções e das formas de utilização deste bem (para fins de urbanização e de construção, agrícolas e florestais, de valorização e protecção da natureza, de recuperação de centros históricos, etc.)*[26].

Tentando encontrar uma definição sintética e que espelhasse os distintos pontos de vista da doutrina portuguesa acerca do Direito do Ordenamento do Território e do Direito do Urbanismo, JORGE CASTELO BRANCO[27] começou por referir-se a ANTÓNIO CORDEIRO a propósito da sua obra *"A Protecção de Terceiros em face de Decisões Urbanísticas"*, ed. Almedina, Coimbra, 1995, afirmando que este autor, sobre a tese de doutoramento apresentada sobre direito do urbanismo, em 1989" intitulada *"O Plano Urbanístico e o Princípio da Igualdade"* (Coimbra, 1990) da autoria de FERNANDO ALVES CORREIA, na qual este define *direito do urbanismo como o conjunto de normas e institutos que disciplinam não apenas a expansão e a renovação dos aglomerados populacionais, mas também o complexo das intervenções no solo e das formas de utilização do mesmo (que dizem respeito à edificação, à valorização e protecção das belezas paisagísticas e dos parques naturais, à recuperação dos centros históricos, etc.)*, retoma a discussão que deu lugar a pontos de vista divergentes por parte de FREITAS DO AMARAL. Com efeito, este autor considera Direito do Urbanismo

---

[25] FERNANDO ALVES CORREIA, Prof. Da Faculdade de Direito da Universidade de Coimbra e Juiz do Tribunal Constitucional.

[26] ALVES CORREIA, Fernando, in DIREITO DO URBANISMO PORTUGUÊS (Breve Caracterização), visitado em http://www.informac.gov.mo/aam/portuguese/boletim/3/art3-2.html escreve ainda que *"esta noção de direito do urbanismo - que se baseia num conceito amplo de "urbanismo", como ciência que tem por objecto o território globalmente entendido, e não apenas o espaço da cidade ou da urbe (já que esta não se apresenta como uma entidade com vida própria, independente e isolada, antes sofre influências de diversos tipos do vasto território em que está inserida) - não é aceite por alguns autores, que contestam a sua excessiva amplitude. Há, por isso, quem considere que o direito do urbanismo é constituído apenas pelas normas jurídicas respeitantes ao "ordenamento racional da cidade" (seu planeamento, operações económico-administrativas a que dá lugar, regras destinadas a garantir a segurança, a salubridade e a estética das construções urbanas, etc.) ou, numa concepção um pouco mais lata, que aquele integra tão-só o conjunto de normas e princípios jurídicos que disciplinam a actuação da Administração e dos particulares com vista ao correcto ordenamento da ocupação, utilização e transformação dos solos para fins urbanísticos, isto é, para fins que excedam um aproveitamento agrícola, florestal, pecuário ou cinegético dos solos. A essência do direito do urbanismo reside na harmonização ou compatibilização entre os diferentes interesses implicados no uso e transformação desse bem essencial - por natureza, escasso e irreprodutível - que é o solo, sendo, por isso, constituído por normas jurídicas cuja função precípua é a ponderação de interesses e a superação dos conflitos de interesses surgidos a propósito da utilização do mesmo (ponderação que reveste uma tríplice vertente: entre interesses públicos e privados colidentes, entre interesses públicos que não são coincidentes e entre interesses privados divergentes)".*

[27] JORGE CASTELO BRANCO, *in ORDENAMENTO(S)*. Website visitado aos 25.11.05 pelas 11H16 em http://www.informac.gov.mo/aam/portuguese/boletim/3/art3-4.html.

"o sistema de normas jurídicas que, no quadro de um conjunto de orientações em matéria de Ordenamento do Território, disciplinam a actuação da Administração Pública e dos particulares com vista a obter uma ordenação racional das cidades e da sua expansão"[28]

Entende pois JORGE CASTELO BRANCO que a definição de FREITAS DO AMARAL também peca por excessivamente sintética e que incide mais ou apenas "sobre o tipo da relação jurídica complexa que nele se estabelece, multidirigida mas também difusa, quantas vezes incerta e tacteante, do ponto de vista da Administração, perante problemas fundamentais como sejam os da imperatividade do interesse público, perante a não menor exigência de salvaguarda de interesses e direitos privados". Considera o autor ser este um aspecto "sensível" já que se analisa na "contraposição entre o absolutismo do direito de propriedade com o conteúdo que resulta da tradição e construção jusromanista em que nos inserimos e a necessidade do sacrifício desse direito, ou a da sua limitação, perante exigências de bens e valores colectivos, ou de um bem comum que para segmentos da comunidade ou para grupos significativos dos seus membros não passa de uma abstracção largamente sentida como tal e sem configuração palpável que justifique a sua imposição/aceitação, ou a mera orientação de que fala o Prof. Freitas do Amaral"[29]., terminando por referir que no âmbito do ordenamento do território, o plano urbanístico deve ser o mais concreto e preciso possível e tomar em consideração os mais diversos aspectos da realidade quotidiana através de uma actualização constante que permita um conhecimento e previsibilidade por parte das pessoas, em ordem a poderem em cada momento, discernir e optar pelo que poderá ser melhor, na base de uma ponderada relação custo/benefício.

Com a aprovação e entrada em vigor em Angola, da Lei do Ordenamento do Território e do Urbanismo[30], abreviadamente LOTU, passou a dispor-se de um instrumento de grande utilidade no tratamento das questões relacionadas com a forma de utilização do território e de conformação deste às necessidades humanas numa perspectiva de desenvolvimento integrado e harmonioso, aliás, segundo o Relatório do Projecto de Lei do Ordenamento do Território e do Urbanismo, a expressão "ordenamento do território" não é pacífica em termos de significação, incluindo "concepções diferentes, que reflectem diferentes significados, funções, densificações e mesmo concepções ideológicas, económicas e políticas" e aparece

---

[28] FREITAS DO AMARAL, Diogo, in DIREITO DO URBANISMO (Sumários), Lisboa 1993, 26.
[29] JORGE CASTELO BRANCO, Ob. cit.
[30] Esta Lei, com o nº 3/04 de 25 de Junho foi vista e aprovada pela Assembleia Nacional aos 25.03.04, promulgada pelo Presidente da República em 04 de Maio do mesmo ano e entrou em vigor 90 dias após a sua publicação no DR nº 51 – I série em 04 de Junho de 2004. Esta diminuta lei comporta 71 artigos divididos por cinco capítulos tratando por ordem crescente os temas inerentes à Disposições e Princípios Gerais, aos Instrumentos do Ordenamento do Território, à Orgânica do Ordenamento do Território, ao Regime dos Planos Territoriais e finalmente às Disposições Transitórias e Finais.

"*para dar uma resposta integral aos problemas derivados da ocupação da terra*"[31]. Esta lei, que *tem por objecto o estabelecimento do sistema de ordenamento do território e do urbanismo e da sua acção política*[32] encontra suporte profundo no facto de que "*o crescimento das cidades e muito em particular o das nossas grandes cidades, após a independência, mercê, quer de factores de atracção das cidades, quer do êxodo rural por pressão da guerra, colocou e coloca com acuidade problemas graves e específicos da gestão do espaço urbano, com uma gama complexa e especializada de questões a apelarem soluções que, de forma integrada, global e coordenada, passam por instrumentos de gestão sistemáticos de planeamento*"[33], ordenando, infra-estruturando e valorizando os solos para uso geral e colectivo, segundo uma "*concepção integrada de ordenamento*" de que relevam a "*interactividade que deve presidir aos planos económicos e territoriais... nas relações entre a cidade e o campo*"[34], e estabelece as definições que a respeito considera pertinentes, as finalidades do ordenamento do território e os princípios fundamentais e directivas gerais.

No âmbito dos princípios começa por estabelecer princípios gerais e directivos, dentre os quais o da soberania territorial, o da unidade territorial e nacional, do respeito e efectivação dos direitos, liberdades e garantias fundamentais das pessoas, da organização e divisão político-administrativa do território, do domínio público, da utilidade pública, da propriedade estatal dos recursos naturais, da propriedade originária da terra do Estado, da transmissibilidade do domínio privado do Estado, da qualificação e classificação dos solos, do planeamento territorial geral e urbanístico, da defesa do território e segurança interna, do desenvolvimento económico e social e da melhoria da qualidade de vida das populações. Estabelece ademais, os princípios orientadores para a intervenção do Estado e de pessoas colectivas de direito público na actividade de ordenamento do território, designadamente o da defesa do ambiente, dos valores rurais, paisagísticos, históricos, culturais, urbanísticos e arquitecturais, da utilização racional dos recursos naturais, da equidade, da distribuição justa e equilibrada dos solos, da sustentabilidade e solidariedade intergeracional, do reforço da coesão nacional e regional, da reconversão e/ou recuperação de áreas urbanas degradadas ou de ocupação ilegal[35], da expropriação por utilidade pública, da participação pública,

---

[31] Vide RELATÓRIO FINAL DOS ANTE-PROJECTOS DE LEIS DE TERRA E DO ORDENAMENTO DO TERRITÓRIO E URBANISMO, 2002, 29 e ss.
[32] Vide artigo 1º da Lei nº 3/04 de 25 de Junho.
[33] Vide proémio da Lei nº 3/04 de 25 de Junho.
[34] Ibidem.
[35] A propósito do princípio da reconversão e/ou recuperação das áreas urbanas degradas ou de ocupação ilegal, debruçar-nos-emos mais adiante em pormenor no capítulo sobre o ordenamento local. Apesar disso podemos adiantar que é justo, correcto e normal que se proceda à requalificação urbana, como forma de debelar o mal que constituem as zonas degradadas das cidades e não só.

da coordenação e compatibilização, da responsabilidade e contratualização e da segurança jurídica. Como se observa, esta lei confere expressamente ao Estado e às pessoas colectivas de direito público, a capacidade de intervir na realização de actividades de ordenamento, parecendo excluir as pessoas colectivas de direito privado e as singulares. Na verdade não é exactamente assim, pois estas gozam da prerrogativa da participação, ao serem chamadas a título consultivo embora não vinculativo, em geral, para opinar sobre a bonomia e oportunidade de uma dada opção de ordenamento.

Além do mais, ganha maior impacto e visibilidade a participação das pessoas singulares e colectivas de direito privado, no âmbito do urbanismo e ambiente, na medida em que sendo o urbanismo a ciência que estuda ao métodos e as técnicas que permitem adaptar o "habitat" urbano às necessidades humanas e os processos pelos quais se deve orientar o desenvolvimento do tecido urbano, é também um estilo de vida, um conjunto de valores, atitudes e comportamentos das pessoas que habitam as cidades, pelo que, os planos regionais e sectoriais ao nível das províncias, municípios, cidades, comunas e bairros têm a marca dessas entidades, que localmente influenciam a actuação administrativa em função dos interesses das pessoas viventes nessas parcelas territoriais[36]. Em diversos países, para além do acolhimento constitucional da participação das pessoas singulares e colectivas de direito privado, legislação específica veio corporizar aquele desiderato. É, entre outros, o caso de Portugal em que, com a aprovação da Lei nº 83/95 de 31 de Agosto, do "Direito de Participação Procedimental e de Acção Popular" se veio a permitir *"a qualquer cidadão, independentemente de ter ou não interesse directo ou pessoal na matéria, participação em procedimentos administrativos ambientalmente relevantes,* ou seja, *susceptíveis de produzirem efeitos no ambiente, recorrer de quaisquer actos administrativos lesivos do ambiente e ainda interpor acções de defesa dos interesses tutelados pela lei"*[37] " sendo tais direitos atribuídos também às associações e fundações defensoras dos interesses em causa.

Porém quando se acrescenta a este princípio a componente da ocupação ilegal, a questão modifica-se substancialmente, como teremos ocasião de perceber.

[36] Na verdade é no domínio do urbanismo que as pessoas singulares e colectivas intervêm de maneira marcante, impondo muitas vezes aos agentes administrativos o sentido e orientação dos planos de utilização dos solos (por exemplo o loteamento urbano), e concepção e localização de parques florestais, retiros e zonas de lazer nas cidades (os pulmões das cidades), a implantação de infra-estruturas de saneamento, redes de esgotos, águas, energia eléctrica, gás, telecomunicações, etc.

[37] *Cfr.* FIGUEIREDO DIAS, José Eduardo, e JOANA MARIA PEREIRA MENDES *in LEGISLAÇÃO AMBIENTAL – Sistematizada e comentada.* Coimbra Editora 2004, 4ª edição, 61 e ss. *Vide* também ALVES CORREIA, Fernando, in *DIREITO DO ORDENAMENTO DO TERRITÓRIO E DO URBANISMO* (Legislação Básica) 6ª edição Almedina 2004, 695.

O Meio Ambiente ou simplesmente Ambiente é tudo aquilo que envolve os seres vivos e as coisas, é o ar que se respira, a água que se utiliza para diversos fins, o solo e o subsolo, a fauna, a flora, as paisagens naturais, é enfim o conjunto das componentes naturais da biodiversidade, dos ecossistemas, que determinam a estruturação e desenvolvimento das comunidades humanas, tendo em atenção os processos através dos quais as pessoas se adaptam ao meio envolvente, cuja preservação é de tal modo relevante que, os governos mundiais preocupados com a sua crescente e acelerada degradação decidiram em importantes[38] reuniões estabelecer as bases para uma acção humana que permita a um só tempo o difícil equilíbrio entre desenvolvimento por um lado e a preservação do Ambiente por outro. Sobre o tema, J. J. Gomes Canotilho afirmou que *"o ambiente tem de estar no começo da linha e nunca no fim da linha. Ou seja, antes de fazermos obras, antes de decidirmos construções e aterros, nós temos que fazer estudos prévios de impacto ambiental. O ambiente é um dos bens essenciais"*[39].

A Conferência de Estocolmo, já em 1972 propunha o estabelecimento entre os Estados de *"uma aliança mundial nova e equitativa mediante a criação de novos níveis de cooperação entre os Estados, os sectores-chave das sociedades e as pessoas, procurando alcançar acordos internacionais em que se respeitem os interesses de todos e se proteja a integridade do sistema ambiental e de desenvolvimento mundial, reconhecendo a natureza integral e interdependente da Terra"*[40], sendo, pois, sem dúvida importante e indispensável a participação das pessoas singulares ou em associações neste domínio. Foi a relevância das questões ambientais que deu lugar à criação da Comissão de Desenvolvimento Sustentável das Nações Unidas, e sua actualidade tem sido de tal modo constante e crescente, porém, apesar dos esforços no sentido de se concertarem

---

[38] São os casos da primeira Conferência das Nações Unidas sobre o Ambiente, realizada em Estocolmo em 1972, às quais outras se seguiram até à mais importante, 20 anos mais tarde, a Conferência das Nações Unidas sobre o Ambiente e Desenvolvimento, realizada no Rio de Janeiro em 13 e 14 de Junho de 1992, também conhecida por Carta do Rio, em que foi adoptado um conjunto de documentos e compromissos, donde ressalta a Convenção sobre a Diversidade Biológica ou Convenção sobre a Biodiversidade.

[39] Extracto da intervenção do Prof. Dr. Gomes Canotilho, Professor da Faculdade de Direito da Universidade de Coimbra, na qualidade de moderador, no *Vídeo-Forum realizado no passado dia 14.12.04, subordinado ao tema "Direito do Ambiente e do Urbanismo", por iniciativa da Associação dos Advogados de Macau (AAM), co-organizada pelo Centro de Estudos de Direito do Ordenamento, do Urbanismo e do Ambiente (CEDOUA), da Faculdade de Direito de Coimbra e pela Associação Portuguesa para o Direito do Ambiente (APDA), sedeada em Lisboa.*

[40] Lê-se no preâmbulo da Carta adoptada no final da Conferência das Nações Unidas sobre o Ambiente e Desenvolvimento, realizada no Rio de Janeiro em 13 e 14 de Junho de 1992, também conhecida por Carta do Rio. Foi, aliás, na sequência dessa Conferência que foi adoptada a Convenção do Rio de Janeiro sobre a Diversidade Biológica, conforme Decisão 93/626/CEE do Conselho de 25.10.93.

ideias exequíveis visando a utilização racional dos recursos da Terra, de forma a garantir a sustentabilidade do planeta que é de todos nós, muito pouco ou quase nada tem sido efectivamente levado à prática para a consecução daquele objectivo. Transcorridos que foram dez anos após a Cimeira da Terra, designação pela qual ficou conhecida a Conferência das Nações Unidas sobre Desenvolvimento Sustentável realizada no Rio de Janeiro em 1992, teve lugar em 2002 uma outra com o mesmo objectivo no Verão de 2002, de 26 de Agosto a 4 de Setembro em Joanesburgo, que ficou conhecida por *Rio Mais Dez* ou Rio+10, e cujas conclusões dificilmente são levadas à prática, em vista da enorme dificuldade, principalmente demonstrada pelas grandes potências, em conciliar a exploração dos recursos naturais com a preservação do meio ambiente.

Em 2003, na XI Sessão da Comissão de Desenvolvimento Sustentável das Nações Unidas que teve lugar em Nova Iorque em 28 de Abril, a Ministra do Ambiente do Brasil, associando-se ao pronunciamento do Ministro do Ambiente de Marrocos em nome do grupo dos 77 e da China referiu a necessidade e urgência de se passar da teoria à prática, no que respeita à implementação das resoluções daquela Comissão sobre a preservação do Meio Ambiente como único meio de preservar a vida na Terra. Aquela governante brasileira chamou a atenção para o facto de que a Comissão estava confrontada com o *"enorme desafio de efectivamente reduzir o substantivo déficit de implementação dos compromissos que os Estados-Membros das Nações Unidas assumiram nos últimos anos"* e que era passada a hora da retórica com que os paísises se vinham comportando rtelativamente a acordos, convenções e demais compromissos internacionais sobre esta matéria e que era chegada a hora de responderem às críticas e aos resultados da Cimeira de Joanesburgo, pois o tempo escasso e a terra cada vez mais empobrecida não poderiam continuar reféns das vontades políticas, poucas ou nenhumas de alguns governos, poucos, porém bastante ruidosos e poluidores[41]. É incontestável o esforço de muitos governos, em regra os menos desenvolvidos, no sentido de contribuírem para a melhoria do ambiente na Terra. Assim, ainda em Portugal, a Lei nº 35/98 de 18 de Julho que revogou a Lei das Associações de Defesa do Consumidor[42], veio consagrar, assim como no anterior uma participação efectiva de pessoas singulares associadas ou não em questões tidas como relevantes no domínio do Ambiente

---

[41] A Ministra Brasileira do Ambiente em 2003, Marina Silva, enfatizou com veemência a necessidade de incluir, nesta luta pela vida, todos os actores sociais, designadamente ONGs, partidos políticos, ecologistas, verdes e outros, organizações empresariais públicas e privadas, organizações da sociedade civil, confissões religiosas, grupos de pressão, lobistas, etc., para *que não sejam utilizados apenas para legitimar as decisões* que tomam *em nome da população do planeta*. Visitado em http://www.un.int/brazil/speech/03d-ms-cds-portugues-2804.htm 15.11.05 17H09.

[42] Lei (portuguesa) nº 10/87 de 4 de Abril em que a denominação de tais Associações passou a ser Organizações Não Governamentais de Ambiente, abreviadamente ONGA.

e Urbanismo, tal como o Decreto-lei nº 69/2000 de 03 de Maio que veio estabelecer o novo regime jurídico das acções de Avaliação de Impacte[43] Ambiental, segundo o qual a lei impunha a sujeição à avaliação de impacto ambiental todos os projectos públicos e privados susceptíveis de produzirem efeitos significativos no ambiente, em cumprimento de uma Directiva do Conselho Europeu. Com efeito todas as acções humanas têm alguma influência no meio ambiente em maior ou em menor grau, mas não é habitual fazerem-se estudos de impacto ambiental sempre que se realizam quaisquer acções. Talvez porque pudesse tornar-se demasiado fastidioso ou oneroso, nalguns casos por falta de pessoas com formação e qualificação para os levarem a cabo, entendem os que governam, não apenas em Angola, que nem todas as acções humanas devem ser precedidas de um estudo de impacto ambiental. Contudo, há acções, designadamente as de construção de obras públicas de grande vulto[44], que não podem deixar de ser precedidas de um rigoroso estudo de impacto ambiental.

É por exemplo consabido que, ao longo das últimas décadas, em todo o planeta a quantidade de água potável disponível tem vindo a diminuir de forma drástica e dramática, admitindo-se que a poluição das águas seja hoje responsável pela morte de cerca de 2,2 milhões de pessoas por ano. Pelas mesmas razões, mais de 75% da reserva mundial de peixes é sobre-explorada e o aumento no nível dos oceanos causado pelo aquecimento global pode propiciar o desalojamento e o deslocamento de dezenas de milhões de pessoas. Todas essas crises, que têm seus maiores impactos na empobrecida população dos países ditos em desenvolvimento, estão entre os problemas ambientais que colectivamente representam uma barreira significativa à redução da pobreza, como bem refere um relatório

---

[43] Não sendo conservador, considero ainda assim despropositada e até desprovida de algum sentido a utilização do termo "Impacte", preferindo o termo "Impacto", que, este sim, significa "choque contra", "abalo psicológico ou moral", "colisão contra um ou mais corpos" que metaforicamente transposto para o domínio ambiental tem o significado do que se abate e provoca mudanças no meio ambiente. Desde logo porque embora possa soar muito bem aos ouvidos de muita gente e tal possa significar um elevado grau de conhecimentos em determinadas matérias, nomeadamente na do Ambiente, não tem com rigor, uma correspondência do ponto de vista da semântica. Até porque "Impacte", significa simplesmente "Impacto" tal como nos convence o Grande Dicionário Universal da Língua Portuguesa da Texto Editores, Edição *on line*.

[44] Por exemplo a implantação de infra-estruturas para depósito e abastecimento de combustíveis no interior dos grandes centros urbanos, a construção de pontes, barragens hidroeléctricas, edifícios, túneis rodoviários, ferroviários e outros, a concepção e edificação de novos pólos habitacionais, etc., reclamam um prévio estudo de impacto ambiental que determine com rigor quais as implicações que essas obras têm no meio ambiente e se na relação custo/benefício, é maior o benefício do que o custo, isto é, se vale a pena correr o risco de ter um ambiente mais pobre, mais debilitado em favor de um arranha-céus.

do Projecto Milénio das Nações Unidas sobre a Sustentabilidade Ambiental intitulado "M*eio ambiente e bem-estar humano: uma estratégia prática*".

Em Angola, se existem estudos de impacto ambiental não são divulgados ou não chegam do conhecimento do grande público, entretanto, nesta altura em que se começa a reconstrução do País, há que fazê-los partindo de bases sólidas, criteriosas e que permitam uma maior longevidade das obras edificadas. É público e notório que as explorações petrolíferas em quase toda a costa angolana já provocaram males terríveis. As inúmeras marés negras já ocorridas em Kabinda e no Soyo[45] são bem a prova de que estudos prévios de impacto ambiental tenham de ser levados a cabo ao menos para permitir que medidas de protecção das pessoas e da fauna e flora marinhas ou de remoção de detritos e resíduos diversos sejam imediatamente accionadas para reduzir ao mínimo possível os nefastos efeitos da exploração petrolífera, sempre que não for possível preterir o petróleo em favor do ambiente. Todavia, este é o dilema dos nossos dias e que se coloca relativamente ao desenvolvimento. O que fazer? Deixar de explorar o petróleo? Deixar de obter a madeira das árvores da floresta? Deixar de retirar da terra os minérios que hão-de proporcionar o desenvolvimento? Claro que não. Mas através de uma acção coordenada e inteligente é possível extrair todas essas riquezas provocando o menor mal possível às pessoas. Por intermédio de uma adequada organização administrativa do ambiente será possível não só ordenar coerentemente o território como também elaborar planos urbanísticos que viabilizem uma articulação mais perfeita entre o que é necessário fazer e o que se pode esperar no futuro.

É neste domínio onde se realça o princípio do Desenvolvimento Sustentável ou da Sustentabilidade. *"Pode-se explicar a "Sustentabilidade", como o equilíbrio numa balança de três pratos: a sociedade, as funções e o ambiente. A ponta do fiel desta balança giraria numa cúpula semiesférica com aspecto de alvorada em cujo zénite se encontraria sempre instável e esquiva a "Sustentabilidade".*

A sustentabilidade faz referencia, basicamente, à consciencialização da limitação dos recursos, à eficiente gestão da capacidade limitada do ambiente e à necessidade de um desenvolvimento prudente para preservar os recursos tanto naturais como artificiais, em favor das operações actuais e das futuras, conseguindo ao mesmo tempo, a eficiência e a equidade social e económica"[46].

Daí que, o desenvolvimento sustentável ou simplesmente sustentabilidade implique a adopção de princípios, procedimentos, acções, estratégias, objectivos

---

[45] Sem esquecer o desmatamento da floresta do Mayombe, que implicou em muitos casos a extinção de espécies animais e vegetais de grande valor e a falta de acções de reflorestação. As poucas acções de reflorestação levadas a cabo são insuficientes e não adicionam mais nem melhor do que o que se tira.

[46] Vide *CONCLUSÕES DO III CONGRESSO IBÉRICO DE URBANISMO – ALGARVE 99*, realizado no Algarve (Portugal) nos dias 21, 22 e 23 de Outubro de 1999.

e medidas sustentáveis, *acompanhadas de mudanças institucionais que permitam a sua orquestração através de uma estrutura e procedimentos adequados às novas necessidades*[47].

Foi com base na necessidade dessa organização administrativa do ambiente que a uma só vez e voz, foi possível que se coordenassem as matérias atinentes ao ordenamento do território, ambiente e urbanismo e que em Portugal se aprovou o diploma oferecendo um novo enquadramento *"orgânico-funcional"* afirmando o *"carácter transversal imediato entre os domínios do ambiente, do ordenamento do território e das estratégias de qualificação e desenvolvimento sustentável dos espaços urbanos e rurais"*[48], dando assim lugar ao surgimento do Ministério das "Cidades, Ordenamento do Território e Ambiente". Felizmente entre nós continua-se em busca de um modelo que melhor sirva as pessoas e o Governo, passado que foi uma Secretaria de Estado da Habitação, um Ministério das Obras Públicas, Habitação e Urbanismo, temos agora um Ministério da Administração do Território e um Ministério do Urbanismo e Ambiente[49].

Ao conceber-se o Ambiente como um todo diversificado, as acções de ordenamento do território e consequentemente as de urbanismo não podem deixar de reflectir os vários aspectos desse todo, como sejam as questões relacionadas com o ar e a sua qualidade, a poluição atmosférica que é hoje o grande cancro dos centros urbanos devido aos benditos automóveis e não só, a poluição sonora especialmente verificada graças à proximidade dos portos, aeroportos e caminhos de ferro dos centros urbanos e vice-versa, a água, sua captação, tratamento, distribuição, e racionalização do seu consumo e a sua qualidade para as pessoas[50], a crescente incapacidade de os solos poderem sustentar a vida humana em virtude da degradação[51] dos solos provocada pelo Homem. Na obra supracitada[52],

---

[47] Idem.
[48] Trata-se do Decreto-Lei (português) nº 97/2003 de 07 de Maio.
[49] Após a última remodelação governamental, foi criado um MINISTÉRIO do AMBIENTE, em obediência ao postulado no artigo 39º da Constituição, segundo o qual, sob a epígrafe Direito ao Ambiente "Todos têm o direito de viver num ambiente sadio e não poluído, bem como o dever de o defender e preservar".
[50] A propósito da qualidade da água, os planos urbanísticos devem prever medidas severas que impeçam ou pelo menos reduzam a sua poluição ou degradação pelos resíduos e efluentes industriais.
[51] FIGUEIREDO DIAS, José Eduardo e JOANA MARIA P. Mendes, ob. cit. 215. Segundo estes autores, a definição dada pelo GLASOD – Global Assessement of Human-Induced Soil Degradation para a degradação dos solos é a de um *"fenómeno causado pelo Homem que diminui a capacidade actual e/ou futura do solo para sustentar a vida humana"*. Na sua caminhada para a autodestruição o homem terá já transformado em deserto cerca de 10% da superfície arável ou coberta de florestas da Terra. No mesmo sentido, *vide*, em ALVES CORREIA, Fernando, Ob. cit. 175 (Regime Jurídico da Reserva Agrícola Nacional – RAN), 195 (Disciplina Jurídica da Reserva Ecológica Nacional – REN), 209 (Regime Jurídico da Rede Nacional de Áreas Protegidas), 225 (Regime das Zonas Especiais de Conservação e Zonas de Protecção Especial), 231 (Disciplina da Ocupação, Uso e Transformação

os professores Figueiredo Dias e Joana Maria reconhecem que *"é especialmente no que respeita a esta componente ambiental (o solo) que o direito do ambiente se cruza com o direito urbanístico. Tendo este último por objectivo directo a fixação das regras jurídicas de uso, transformação e ocupação do território, não pode deixar de se assinalar a tutela e promoção do ambiente como um dos fins a ter em consideração pela planificação territorial,* tendo sido esta matéria objecto de tratamento jurídico tendente a melhorar os procedimentos, eliminar a burocracia e definir com clareza os seus contornos no âmbito do planeamento territorial, urbanístico e ambiental[53]. Do mesmo modo outras duas componentes naturais importantes que não podem ser afastadas dos planos de ordenamento do território são a fauna e a flora, impondo-se a conservação das espécies e/ou a recuperação das que estiverem em vias de extinção, sendo que, para tal conservação ou recuperação incluindo a da vida humana, impõe-se a regulamentação dos sons e dos ruídos. Com efeito, *"o ruído constitui uma ofensa ecológica com repercussões psicológicas e fisiológicas graves, podendo implicar a perda da acuidade auditiva, problemas cardíacos e vasculares, distúrbios no sono e problemas psicológicos como a irritabilidade, a fadiga e diminuição da capacidade de concentração"*[54].

Em nosso entender, as autoridades a quem incumbe velar pelas questões ambientais, entre nós, têm-se mostrado apáticas e muito distantes da realidade pois o crescimento de novas urbanizações na zona de Luanda Sul[55] não está a ser acompanhado dos correspondentes estudos de impacto ambiental, pelo menos delas não se tem conhecimento nem há notícia. Embora a lei angolana sobre o ordenamento do território preveja a intervenção no domínio ambiental[56], não podemos deixar de referir que importantes edificações estão a surgir em Luanda

---

da Faixa Costeira), 239 (Regime das Áreas Florestais), 265 (Servidões Administrativas e Restrições de Utilidade Pública: Código das Expropriações), 395 (Lei dos Solos), e 415 (Direito de Preferência Urbanística)

[52] Ibidem.

[53] No que respeita à matéria da ocupação e uso dos solos, em Portugal produziu-se bastante legislação disciplinadora, como o Regulamento Geral das Edificações Urbanas e Licenciamento Municipal de Obras Particulares, Medidas de Segurança contra Riscos de Incêndio, Regulamentos de Segurança de redes Eléctricas de Alta e Baixa Tensão, Regulamentos de Redes de Telefones, de Canalizações, de Esgotos, de Gás e também um novo regime Jurídico dos Loteamentos Urbanos.

[54] FIGUEIREDO DIAS, José Eduardo e JOANA MARIA P. Mendes, ob. cit. 227.

[55] Existem entretanto outras urbanizações a norte de Luanda e a Leste como adiante teremos ocasião de referir com mais detalhe.

[56] Vide artigo 14º da Lei nº 3/04 de 25 de Junho em que claramente se propugna pelo ordenamento da ocupação e uso do espaço territorial, em termos que se preserve o ambiente, a qualidade e organização dos espaços rurais e urbanos, os valores da vida comunitária rural e urbana, paisagísticos, históricos e culturais, urbanísticos e arquitecturais. Mais se estabelece a necessidade de protecção pelos instrumentos de ordenamento do território, das *paisagens naturais biologicamente equilibradas e as resultantes da actuação humana, caracterizadas pela diversidade, pela harmonia estética e pelos sistemas sócio-culturais,* dispondo igualmente que as *"edificações isoladas ou em conjunto que*

Sul como sejam os casos da nova cidade universitária, a fábrica de lapidação de diamantes recentemente inaugurada, a fábrica da Coca-Cola, os condomínios de Talatona, a "cidade" do Kilamba, e outros[57], para as quais não consta que tenham sido levados a cabo estudos de impacto ambiental, até porque situam-se próximo do aeroporto internacional em que todas as aeronaves ao descolarem sobrevoam essa área e estão também muito próximas da orla costeira defronte do arquipélago do Mussulo.

3. A actividade jurisdicional
NO ÂMBITO DO ORDENAMENTO DO TERRITÓRIO.
No domínio do ordenamento do território, urbanismo e ambiente apenas a lei constitui fonte de Direito. A actividade jurisdicional em matéria de resolução de conflitos suscitados pela elaboração e execução de planos de ordenamento do território, urbanísticos ou ambientais é desconhecida e ainda assim presume-se bastante escassa dada a novidade da lei e da actividade decorrente da sua aplicação prática. No que ao ordenamento do território diz respeito, embora tivessem sido levadas a cabo acções nesse domínio, pode dizer-se que tiveram natureza empírica pois não existia uma lei-quadro sobre o ordenamento do território, e resultaram da necessidade que as questões de administração suscitavam. No referente às questões urbanísticas, são do nosso conhecimento conflitos que não tendo chegado à barra dos Tribunais, alguns foram resolvidos, outros não, mas esquecidos, e outros ainda em que o litígio se mantém. Na periferia sul da cidade de Luanda são conhecidos casos de loteamento de terrenos, efectuados segundo critérios de oportunidade, porém sem fundamento legal, casos de subtracção fraudulenta ou indevida de terrenos aos agricultores pobres que povoavam aquela zona, de demolição arbitrária de pequenas casas rudimentares dos camponeses pobres e de supostas expropriações de terrenos, sem fundamento nem observância dos requisitos legais sobre esta matéria.

---

integram a paisagem ou representam valores históricos e contribuam para a valorização dos espaços" devem ser preservadas.

[57] Em 2008, aquando da campanha para as eleições gerias do mesmo ano, o governo prometeu a construção de um milhão de fogos, por forma a oferecer mais dignidade e conforto aos cidadãos, alojando-os em habitações minimamente condignas. Embora a crise económica e financeira que abalou o mundo tenha afectado gravemente a consecução de tal desiderato, a verdade é que se tem vindo a verificar uma verdadeira revolução no domínio da construção civil e obras públicas. Para além das novas centralidades, o coração da cidade de Luanda está a mudar completamente com a construção de novos edifícios altos.

4. Expropriações

A EXPROPRIAÇÃO é uma das figuras que se distingue da nacionalização, pois enquanto esta é um acto político-legislativo, de origem político-idelológica, que não pode ser judicialmente impugnado senão com fundamento em inconstitucionalidade, aquela é um acto administrativo que deve obedecer a uma lei que a autorize, pode ser impugnado e anulado por decisão judicial, tem um fundamento prático que decorre do exercício normal da função administrativa, em regra não visa a alteração do sentido da gestão do bem. Com efeito, a expropriação, pelas suas características específicas é mais conhecida por expropriação por utilidade pública, pelo que, se não for por e para utilidade pública, poderá ser qualquer outro acto, por exemplo o esbulho e não a expropriação.

A expropriação é um acto administrativo através do qual a Administração Pública sacrifica direitos privados, decidindo com base na lei, retirar um bem do património de um particular, e apropriar-se do mesmo bem, extinguindo o seu direito (de propriedade) subjectivo, com fundamento na necessidade de tal bem imóvel se destinar à realização de um fim de interesse público, quer seja pelo aproveitamento directo de tal bem ou até pela sua destruição, desde que isso sirva para atingir os tais fins de interesse público, constituindo-se todavia a entidade expropriante, na obrigação de, simultaneamente com o acto de expropriação, pagar ao expropriado, titular do direito sacrificado, uma justa indemnização. No seu conteúdo essencial a expropriação pode assim ser vista *como um poder* da Administração, de se apropriar de bem imóvel alheio, *como relação jurídica* entre expropriante e expropriado, *como a decisão* do Estado de tomar para si (expropriar) *baseada em lei* que a autorize, *como o efeito jurídico* traduzido no sacrifício de um direito e interesse privado em favor da satisfação de um interesse público e a *obrigação* de pagamento simultâneo *de uma justa indemnização*[58]. Porém nem sempre a expropriação assume a forma de um acto administrativo definitivo e executório, porquanto sendo tal acto, passível de impugnação contenciosa junto dos tribunais administrativos, a expropriação pode configurar um acto judicial[59].

As expropriações devem pois, ser objecto da mais ampla divulgação, e devem ser seguidos dados os passos e os caminhos definidos por lei, por forma não só a conformar os actos à lei mas sobretudo para conferir transparência, certeza e segurança aos expropriados. Ora, admitindo que estivessem em causa obras de loteamento, de urbanização ou de abertura de vias de comunicação de reconhecido interesse público, o normal seria que a lei fosse observada, na medida

---

[58] *Vide* FREITAS DO AMARAL, Diogo, *in DIREITO DO URBANISMO*, (Sumários). Lições proferidas aos alunos do 5º ano da Licenciatura em Direito na Faculdade de Direito da Universidade de Lisboa em 1992/93. Págs. 89 e ss.

[59] Idem. Págs, 94 e ss.

em que os bens imóveis e os direitos a eles inerentes podem ser expropriados por razões de utilidade pública compreendida nas atribuições, fins, ou objecto da entidade expropriante, mediante o pagamento contemporâneo de uma justa indemnização. Em tal consiste e se analisa a admissibilidade das expropriações. O que se viu e se vê é que, desde logo a expulsão das pessoas não foi por causa de utilidade pública[60], o que configura um grave atropelo às disposições constitucionais que determinam o respeito e a protecção da *"propriedade e posse da terra pelos camponeses"*[61] apesar disso não prejudicar a *"possibilidade de expropriação por utilidade pública"*, nem tão pouco a acção estava compreendida nas atribuições, fins ou objecto da entidade expropriante. A Constituição em vigor desde 2010 é peremptória ao afirmar que *"o Estado respeita e protege a propriedade e demais direitos reais das pessoas singulares, colectivas e das comunidades locais, só sendo permitida a requisição civil temporária e a expropriação por utilidade pública, mediante justa e pronta indemnização, nos termos da Constituição e da lei"*, e de seguida *"o pagamento da indemnização a que se refere o número anterior é condição de eficácia da expropriação"*[62].

Eis por que não houve uma expropriação na acepção normal e legal do termo, mas uma mera arbitrariedade, um autêntico esbulho, já que no âmbito da actividade das entidades que procedem às supostas expropriações, estão inscritos objectivos de natureza comercial e lucrativa acima de tudo.

5. A cidade e o Plano Director

> *A cidade não é uma coisa. Ela reconhece-se simultaneamente como real e representacional, como texto e como contexto, como ética e como estética, como espaço e como tempo, socialmente vividos e (re)construídos.*
>
> CARLOS FORTUNA in *INTRODUÇÃO: SOCIOLOGIA, CULTURA URBANA E GLOBALIZAÇÃO*. Website visitado aos 07.01.06 às 06H10 em www.ces.fe.uc.pt Publicações Oficina CES.

---

[60] *Vide* J.A.SANTOS in *CÓDIGO DAS EXPROPRIAÇÕES, ANOTADO E COMENTADO* 3ª edição DISLIVRO 2002, 18. Este autor, citando o Prof. Marcello Caetano em *Manual*, Vol. III, 10ª edição p. 1020, escreve que *"A relação jurídica pela qual o Estado, considerando a conveniência de utilizar determinados bens imóveis em fim específico de utilidade pública, extingue os direitos subjectivos constituídos sobre eles e determina a sua transferência definitiva para o património da pessoa a cujo cargo esteja a prossecução desse fim, cabendo a esta pagar ao titular dos direitos extintos uma indemnização compensatória"*.
[61] *Vide* nº 4 do artigo 12º da Lei Constitucional e nºs 1 e 2 do artigo 212º do projecto de Constituição e artº 15º da Constituição de 2010.
[62] *Vide* nºs 2 e 3 do artº. 37º da Constituição.

Num contexto de explosão do processo de urbanização como o que ocorre em Angola[63], a actividade de planeamento e gestão urbana deve corresponder à ideia de projecção e construção de cidades para o futuro, os PDMs[64] desempenham um papel fundamental e através da sua execução pode ser aferido o grau, a bondade e a seriedade com que tais planos estão a ser implementados. Esse planeamento não pode, sob pena de fracasso à partida, alhear-se da definição de padrões de qualidade adequados ou pelo menos aceitáveis de organização do espaço biofísico, que se analisam num conjunto de investimentos públicos e que tenha por base uma legislação de ocupação, aproveitamento ou uso dos solos, segundo modelos previamente concebidos. A responsabilidade pela elaboração e aprovação dos PDMs deve ser do poder público municipal, bem como a sua implementação através de investimentos na área de infra-estruturas de educação escolar e técnico-profissional, de saúde, do sistema viário e transportes, infra-estrutura de saneamento, águas e energia eléctrica e equipamentos públicos e disciplinando a acção dos agentes privados no que à ocupação e uso dos solos respeita. Impõe-se assim a conciliação entre a adopção de padrões urbanísticos modernos, exigentes e de alta complexidade com planos tecnicamente exequíveis e humanizados em que a componente humana sobressaia e as pessoas possam sentir-se felizes e tranquilas, titulares de direitos de cidadania nos locais que escolherem para viver.

Actualmente em muitos casos, a actividade de planeamento e gestão urbana encontra-se refém da concepção de cidade como um corpo anquilosado, inerte ou doente, a ser permanentemente "remendado" ou curado pelas acções de planeamento urbano. As cidades velhas não são velhas cidades e como tal, devem ter um tratamento que passa pela elaboração aprovação e execução prática de um PDM especial. A problemática das cidades e da sua evolução histórica é fundamental para a compreensão do mundo em que vivemos e para a planificação de novas cidades, em novos moldes, com um novo estilo, com novo design arquitectónico, em que a atitude inovadora e criadora, não seja incompatível nem contrarie a lógica orgânica urbana, nem destrua as funcionalidades preexistentes (nomeadamente no caso de monumentos, sítios, núcleos históricos e lugares de prospecção arqueológica).

Para responder de forma eficaz e em tempo útil, os PDMs têm de estar em permanente diálogo com a realidade não podendo de forma alguma o planeamento ser o produto de uma visão redutora, centralizadora, tecnocrática e distante da realidade, como as que se levam a cabo em gabinetes e tentam impor-se a situ-

---

[63] As áreas de Luanda Sul, os municípios da Samba, Golfe, Viana e Kakuaku na Província de Luanda são disso a prova mais visível
[64] Plano Director Municipal

ações e lugares completamente diferentes daqueles para os quais tenham sido concebidos. O planeamento, quando tratado isoladamente em especial quando desfasado da gestão, dá lugar à ocorrência de situações absurdas de completa desconexão administrativa, em que de um lado os planos apresentam padrões e directrizes de uma cidade metodicamente concebida, de outro o destino da cidade é diariamente negociado com os detentores de algum capital, cujos interesses não se compaginam com os do PDM e assim se vão construindo cidades caracterizadas pelo contraste entre um espaço interior de cada vez mais minuciosamente emoldurada pela legislação urbanística, e outro, regra geral muitas vezes maior, e por isso mesmo eternamente situado numa zona periférica entre o legal e o ilegal, ficando-se com a ideia de que é completa a incapacidade de o planeamento e a gestão urbana produzirem cidades equilibradas e de acordo com as normas.

Em Angola, a Administração Pública apesar de ter dado início há relativamente pouco tempo à criação das condições legais de ordenamento do território e em especial do ordenamento das cidades com planos e programas que permitam uma adequada conciliação de interesses, principalmente o do grande capital estrangeiro com os interesses nacionais e dos nacionais, tem de ser firme no que respeita à concretização dos planos elaborados, para não sucumbir à pressão dos *lobbies* do petróleo, dos diamantes e da indústria hoteleira e turística entre os que se perfilam na *pole position* para a exploração desse autêntico filão de oportunidades que são os terrenos para todo o tipo de actividades lucrativas e para morar. A par dessa pressão, os fundamentos em que se alicerça o ordenamento do território em geral e a planificação urbanística em particular em breve começarão a ser fortemente postos em causa, e com razão, por movimentos sociais urbanos, organizações da sociedade civil, movimentos ecologistas, de protecção dos animais e da natureza, se não forem desde já tomadas medidas tendentes a verdadeiramente salvaguardar e jamais sacrificar os interesses dos *"100dólares"*[65] em favor dos *petrodólares*.

Deste modo, mais do que um documento técnico, fechado, sintético ou genérico, como que produzido por génios, *"distante dos conflitos reais que caracterizam as cidades e os municípios, o PDM passa a significar um espaço de debate dos cidadãos e de definição de opções, conscientes e negociadas, por uma estratégia de intervenção no território. Não se trata aqui da tradicional fase de "consultas" que os Planos Directores costumam fazer – aos seus interlocutores preferenciais, "clientes" dos planos e leis de loteamento, que*

---

[65] Deve ler-se "sem dólares" já o significado tem em vista retratar quem não tem meios financeiros ou se os tem são tão parcos que é como se n~ºao os tivesse, em contraste com os petrodólares que se referem aos que têm avultados proventos de natureza financeira, geralmente provenientes do petróleo, mas não só.

dominam a sua linguagem e simbolização, mas de um processo de construção colectiva da "cidade que queremos"[66].

Não está em causa recuperar ou reconverter zonas degradadas. Elas têm de ser necessariamente recuperadas e reconvertidas. Também não está em causa recuperar ou reconverter zonas ilegalmente ocupadas, pois indubitavelmente as mesmas têm de ser recuperadas e reconvertidas, transformando-as em zonas modernas, dotadas de infra-estruturas e equipamentos sociais que permitam aumentar o nível e a qualidade de vida dos cidadãos principalmente no tocante às questões ambientais.

O que se questiona são os métodos utilizados para levar a cabo a execução de tais planos, sendo que em muitos casos não há plano algum. Além do mais, a ocupação regra geral não é tão ilegal quanto possa parecer. A ilegalidade da ocupação deve consistir na ocupação à margem do que a lei determina. Ora é por todos conhecido que há casos em que simplesmente não existe lei a proibir a ocupação, e logo, não se pode falar em ocupação ilegal. Do mesmo modo, o desalojamento das pessoas de uma determinada área não se opera apenas por virtude da existência de um plano especial de recuperação ou reconversão, na medida em que podem ser desalojadas pessoas de uma área que se mostre importante para a realização de um empreendimento público e nesse caso deverá lançar-se mão do mecanismo da expropriação por utilidade pública, o que significa dizer que, independentemente das razões subjacentes à expulsão ou desalojamento das pessoas de uma determinada área territorial, é necessário criar condições de acolhimento dessas pessoas noutros locais prèviamente urbanizados, infra-estruturados e com os equipamentos sociais indispensáveis e que proporcionem uma qualidade de vida aceitável, sob pena de a acção da Administração se transformar na expressão territorial de uma ordem urbanística excludente e predatória, como claramente simbolizam os antigos e principalmente os novos musseques[67].

Com efeito, e por mais que o não queiramos admitir, a urbanização dos territórios municipais ou dos perímetros das grandes cidades, introduz nesses territórios um significado novo, porquanto, parecendo embora sinónimo de desenvolvimento ou de progresso, reproduzem, como modelos, as desigualdades e injustiças que a cada momento caracterizam a sociedade. Apresentando-se sob formas

---

[66] O Estatuto das Cidades, Ob. cit.
[67] A palavra angolana *"musseque"* designa uma pequena área territorial degradada, sem as mais pequenas condições de habitabilidade, sem quaisquer infra-estruturas, porém, densamente habitadas pelas pessoas de fracos recursos económicos. Etimològicamente significa um local arenoso, e provém da expressão em língua nacional Kimbundu *"mu seke"* que quer dizer *"na areia"* e retrata justamente a característica das áreas periurbanas das grandes cidades, para onde são "empurrados" os mais pobres.

diversas, elas reflectem as assimetrias, abismais algumas, entre as zonas centrais e as periféricas dos territórios municipais ou das zonas metropolitanas.

A maior parte das pessoas ocupa as áreas periféricas onde tudo é precário em oposição à elevada qualidade dos bairros das áreas centrais, das zonas ribeirinhas ou à beira-mar devidamente infra-estruturadas, com equipamentos sociais, rodovias asfaltadas, zonas verdes e zonas de lazer, sobressaindo a eterna linha de fronteira entre o musseque e o asfalto, enfim entre as dezenas de ricos e os milhões de pobres. A discrepância entre a minoria rica e abastada residente nas áreas urbanizadas do asfalto e os pobres desprovidos de tudo, até da dignidade de serem chamadas pessoas humanas, porque moradoras fora do asfalto, nas áreas miseráveis e degradadas, não é apenas a desigualdade referida pelos números percentuais do PIB e pelas análises macroeconómicas, não é apenas a expressão da desigualdade na obtenção de rendimentos. Essa discrepância é o corolário da perversão do pacto social a que se referia J. J. RUSSEAU e constitui um agente de reprodução dessa desigualdade.

Ora, numa sociedade fraccionada entre os poucos que têm muito, tudo ou demais e os muitos que apenas têm restos de vida e pouco mais, para oferecer como mercadoria no mercado de trabalho, até neste domínio os pobres estão em situação desfavorável e raramente tem acesso às oportunidades de trabalho, educação, ambiente saudável, ao contrário, as oportunidades de acesso ao emprego e de melhoria das condições de vida estão com e no meio dos que já vivem melhor, pois *"a sobreposição das diversas dimensões da exclusão incidindo sobre a mesma população faz com que a permeabilidade entre as duas partes seja cada vez menor*[68]. *Esse mecanismo é um dos factores que acabam por estender a cidade indefinidamente: ela nunca pode crescer para dentro, aproveitando locais que podem ser adensados, é impossível para a maior parte das pessoas o pagamento, de uma vez só, pelo acesso a toda a infra-estrutura que já está instalada. Em geral, a população de baixa renda só tem a possibilidade de ocupar terras periféricas – muito mais baratas porque em geral não têm qualquer infra-estrutura – e construir aos poucos as suas casas. Ou ocupar áreas ambientalmente frágeis, que teoricamente só poderiam ser urbanizadas sob condições muito mais rigorosas e adoptando soluções geralmente dispendiosas, exactamente o inverso do que acaba acontecendo.*

Eis por que, na verdade, os chamados planos especiais de recuperação e reconversão de áreas de ocupação ilegal a que a lei se refere, não tem o significado que

---

[68] Segundo os dados levantados pelo IBGE do Brasil, foram encontradas favelas em 27,6% dos municípios brasileiros. (...) Em 56,6% dos municípios com população entre 50 mil e 100 mil habitantes existem favelas, o mesmo acontecendo em 79,9% daqueles com população entre 100 mil e 500 mil habitantes e na totalidade dos municípios com população superior a 500 mil habitantes". François E. J. Bremaeker, O Papel do Município na Política Habitacional Rio de Janeiro, Série Estudos Especiais no 32, IBAM, Junho de 2001, p. 7. Website visitado em 26.11.05 pelas 11H10 em www.camara.gov.br/internet/infdoc/Publicacoes/html/pdf/EstatutoCidade.pdf

pretende transmitir, porque os actos da Administração supostamente tendentes à materialização desses planos, têm em vista outros objectivos, como acabamos de constatar e de que mais adiante daremos exemplos acabados.

Segundo a lei, as grandes cidades e áreas metropolitanas integradas por diversos municípios, para o seu planeamento urbanístico geral deverão elaborar planos directores gerais que permitam uma integração e complementaridade entre os PDM e os planos directores inter-provinciais (PDIP) bem como entre estes e os PPOT em que se integrem, sempre em consonância com o estabelecido nas POOTN, dispensando, todavia, os aglomerados urbanos de pequenas dimensões da adopção de planos urbanísticos municipais, aconselhando-se inclusive sempre que necessário e viável a opção por um modelo de plano mais rudimentar, mas equivalente e com a mesma força jurídica dos PDM.

Em razão da diversidade dos valores em causa no que respeita à ocupação, uso e aproveitamento dos solos rurais, a lei determina que os planos de ordenamento rural deverão definir os modelos de preservação e evolução natural da biodiversidade e dos espaços biofísicos bem como da organização e fixação das comunidades humanas, para uma correcta qualificação e utilização das potenciais áreas de exploração mineira, das terras aráveis e das espécies agrícolas, das terras para a pastorícia e as áreas de protecção da fauna e da flora.

Os conteúdos dos planos territoriais de ordenamento podem ser materiais quando incluem as características do espaço territorial de intervenção, nomeadamente da ocupação e uso de espaços por categorias e classes, a sua afectação a fins de natureza económica e social, a fixação de sistemas de protecção dos recursos naturais, mineiros, agrários, florestais, paisagísticos, culturais e turísticos, quando estabelecem os objectivos a acções propostas, os meios disponíveis, quando mencionam a distribuição das áreas e definem estratégias de localização, ocupação e desenvolvimento dos solos rurais e urbanos.

Os conteúdos podem entretanto ser formais ou documentais quando os planos tiverem natureza regulamentar, quando são representados por plantas de ordenamento com a estrutura espacial de intervenção, por plantas de condicionantes que identifiquem as áreas de domínio público, quando são representados por estudos de caracterização do território, por relatórios fundamentados das soluções propostas ou por directrizes programáticas sobre a execução.

Aqui chegados, e à guisa de conclusão, podemos entender o PDM como sendo um conjunto de princípios e normas que orientam a acção dos agentes da administração e demais pessoas e organizações da sociedade civil que se dedicam à construção e utilização do território do município ou da cidade, visando a criação de um ambiente propício e favorável à manutenção e reprodução da vida e do bem-estar das pessoas. O PDM partindo de uma visão projectada da cidade real, constrói uma cidade ou município virtuais, formulando hipóteses realistas sobre as distintas opções de desenvolvimento e modelos de planos territoriais, envolvendo aspectos relevantes relativos ao urbanismo nas cidades ou municípios reais, nos quais se incluem questões sociais, económicas, ambientais e de recursos humanos, e culmina ou deve culminar, com a participação dos interessados, porquanto é objectivo do Plano Director constituir-se num instrumento para a definição de uma estratégia de intervenção mediata, que estabeleça ao seu nível, as normas e os princípios, as linhas mestras de orientação para a acção dos agentes envolvidos na construção da cidade, estabelecendo para a sua implementação níveis de actuação que envolvem os planos de carácter operativo como os Planos parciais, os Planos especiais de desenvolvimento urbano, os Planos especiais de reforma interior, os Projectos de urbanização, e os Planos de carácter complementar como os Estudos de detalhes e os Catálogos, largamente utilizados em diversos países.

CIDADE de LUANDA[69]

Bibliografia

1. OBRAS ESCRITAS

ESTATUTO DA PROPRIEDADE PERANTE O NOVO ORDENAMENTO CONSTITUCIONAL BRASILEIRO por LUIZ ROLDÃO DE FREITAS GOMES Prof. de D .Civil da UFF, Procurador do MP-RJ.

INSTRUMENTO DO CRIME, artigo do DR. J. CARMONA DA MOTA de 26.05.87 in Tribuna da Justiça, 1986, 22, 14.

---

[69] Esta foto da cidade de Luanda foi tirada em 1967, cerca de 8 anos ante do fim do período colonial e mostra o edifício do Banco Nacional de Angola – BNA - tendo em frente a famosa Avenida Marginal, actualmente 4 de Fevereiro e a Baía de Luanda, por detrás, da direita para a esquerda vê-se no canto superior direito a Igreja da Sé, seguida do edifício onde está actualmente instalada a sede da Sonangol, depois o do antigo BCA (Banco Comercial de Angola) hoje BPC – Banco de Poupança e Crédito e a seguir à esquerda o edifício onde funciona actualmente o Ministério da Indústria. As obras de requalificação e modernização desta zona, levam-nos a assegurar que dentro de pouco menos de cinco anos, ninguém se vai lembrar de que alguma vez existiu uma presença colonial neste lugar.

PROIBIÇÃO DO USO DA FORÇA – **Um Princípio de Direito Internacional Público**, por Patrícia M. Rocha. Lisboa 2004, pág.1 – Introdução.

UM PRINCÍPIO À BEIRA DO FIM – A irreversibilidade das Nacionalizações (alguns elementos) por José Manuel Meirim (Técnico do Gabinete de Documentação e Direito Comparado da PGR). in Revista do SMMP nº 32 – 4º trimestre de 1987 pág. 101.

NACIONALIZAÇÕES E PRIVATIZAÇÕES, CADERNOS DE CIÊNCIAS E TÉCNICA FISCAL, CENTRO DE ESTUDOS FISCAIS, DIRECÇÃO-GERAL DAS CONTRIBUIÇÕES E IMPOSTOS, MINISTÉRIO DAS FINANÇAS, LISBOA- 1988 por NUNO SÁ GOMES, Encarregado da regência de Direito da Economia I e II na Faculdade de Direito de Lisboa, Investigador-Jurista do Centro de Estudos Fiscais.

ESTUDOS SOBRE EXPROPRIAÇÕES E NACIONALIZAÇÕES, Edição da IMPRENSA NACIONAL CASA DA MOEDA por JOSÉ DE OLIVEIRA ASCENSÃO, Professor da Faculdade de Direito de Lisboa.

DIREITO ECONÓMICO * A ORDEM ECONÓMICA PORTUGUESA, 3ª Edição Revista e actualizada, Coimbra Editora Limitada – 1994 por MANUEL AFONSO VAZ, Professor Auxiliar da Faculdade de Economia da Universidade do Porto e da Faculdade de Direito da Universidade Católica Portuguesa.

DIREITO ECONÓMICO, 3ª Edição, reimpressão, Livraria Almedina, Coimbra 1998 por ANTÓNIO CARLOS DOS SANTOS, Professor do Instituto Superior de Economia e Gestão da Universidade Técnica de Lisboa; MARIA EDUARDA GONÇALVES, Professora da Faculdade de Economia da Universidade Nova de Lisboa, e MARIA MANUEL LEITÃO MARQUES, Professora Associada da Faculdade de Economia da Universidade de Coimbra.

LIÇÕES DE DIREITO DA ECONOMIA, A. A. Univ. Lisboa, reimpressão, Lisboa 2002 por EDUARDO PAZ FERREIRA, Professor Associado da Faculdade de Direito de Lisboa e da Universidade Autónoma de Lisboa.

DIREITOS FUNDAMENTAIS (TEORIA GERAL) Coimbra Editora 2002, por CRISTINA M. M. QUEIRÓZ, Professora da Faculdade de Direito da Universidade do Porto.

CONSTITUIÇÃO, DIREITOS FUNDAMENTAIS E DIREITO PRIVADO, Livraria DO ADVOGADO Editora, Porto Alegre 2003, Organizado por INGO WOLFGANG SARLET

OS DIREITOS FUNDAMENTAIS NA CONSTITUIÇÃO PORTUGUESA DE 1976, 2ª Edição, Almedina 2001, por JOSÉ CARLOS VIEIRA DE ANDRADE, Professor da Faculdade de Direito de Coimbra.

CONSTITUIÇÃO E CIDADANIA, Coimbra Editora 2003, por JORGE MIRANDA

DIREITOS FUNDAMENTAIS E DIREITO PRIVADO, Almedina 2003, por CLAUS WILHELM CANARIS, Professor Catedrático da Universidade de Munique, Tradução de INGO WOLFGANG SARLET e PAULO MOTA PINTO.

DECLARAÇÃO UNIVERSAL DOS DIREITOS DO HOMEM de 10.12.1948, publicada no DR nº 57. I série de 09.03.78 em Portugal.

CONSTITUCIONALIZAÇÃO DO DIREITO CIVIL, por JOAQUIM SOUSA RIBEIRO, in Boletim da Faculdade de Direito da Universidade de Coimbra, Vol. LXXIV, *escritos*, 729.

OS DIREITOS FUNDAMENTAIS NA CONSTITUIÇÃO PORTUGUESA DE 1976 por JOSÉ CARLOS VIEIRA DE ANDRADE, 2ª Ed. Almedina 2001.

ANTÓNIO DOS SANTOS JUSTO – *DIREITO PRIVADO ROMANO III – DIREITOS REAIS*, BFD, STVDIA IVRIDICA 26, Coimbra Editora 1997.

PIRES DE LIMA E ANTUNES VARELA – *CÓDIGO CIVIL ANOTADO*, Vol. III – 2ª Edição revista e actualizada (reimpressão), Coimbra Editora, Lda., 1987.

ANTÓNIO MENEZES CORDEIRO – *Tratado de Direito Civil Português*, I Parte Geral, Tomo III, Pessoas, Almedina 2004.

ANTÓNIO MENEZES CORDEIRO – *Tratado de Direito Civil Português*, I Parte Geral, Tomo II, Coisas, 2ª edição 2002, Livraria Almedina.

JOSÉ DE OLIVEIRA ASCENSÃO – *DIREITO CIVIL – REAIS*, 5ª edição, reimpressão, Coimbra editora 2000.

MANUEL HENRIQUE MESQUITA – *OBRIGAÇÕES REAIS E ÓNUS REAIS*, Colecção Teses, 3ª reimpressão, Almedina 2003.

TEIXEIRA MARTINS, José, *Teoria Geral do Direito Civil, Apontamentos, Lições*, 1985

DIOGO LEITE DE CAMPOS, *NÓS – ESTUDOS SOBRE O DIREITO DAS PESSOAS*, Almedina Coimbra 2004.

COLAÇO ANTUNES, Luís Filipe, *DIREITO URBANÍSTICO, UM OUTRO PARADIGMA: A PLANIFICAÇÃO MODESTO-SITUACIONAL*, Almedina Coimbra 2002

FERNANDA PAULA OLIVEIRA, *DIREITO DO ORDENAMENTO DO TERRITÓRIO*, Cadernos CEDOUA, Almedina Coimbra 2002.

PEREIRA DA COSTA, António, *DIREITO DOS SOLOS E DA CONSTRUÇÃO*, Livraria Minho 2000

ANUÁRIO ECONÓMICO DE ANGOLA, 1992/93, Revista da Câmara de Comércio e Indústria de Angola. Edition Pro Concept International – Paris.

REDE TERRA – *SISTEMAS DE USO DA TERRA AGRÍCOLA EM ANGOLA. ESTUDOS DE CASOS NAS PROVÍNCIAS DO HUAMBU, UÍJI E LUNDA SUL*, Relatório Final, I Vol. – Revista elaborada pela ADRA – Acção para o Desenvolvimento Rural e Ambiente.

CONFIANÇA NO FUTURO, *GOVERNO DE ANGOLA, ORÇAMENTO GERAL DO ESTADO 2005*, Revista do Ministério das Finanças.

RELATÓRIO FINAL DOS *ANTE-PROJECTOS DE LEIS DE TERRAS E DO ORDENAMENTO DO TERRITÓRIO E URBANISMO*, 2002.

FIGUEIREDO DIAS, José Eduardo, e JOANA MARIA PEREIRA MENDES – *LEGISLAÇÃO AMBIENTAL, SISTEMATIZADA E COMENTADA*, Coimbra Editora 2004. 4ª Edição.

J. A. SANTOS, *CÓDIGO DAS EXPROPRIAÇÕES, ANOTADO E COMENTADO*, 3ª edição, DISLIVRO 2002.

ANUÁRIO ECONÓMICO DE ANGOLA 1992/93 Edition Pro Concept International * Paris - Câmara de Comércio e Indústria de Angola.

REDE TERRA, *SISTEMAS DE USO DA TERRA AGRÍCOLA EM ANGOLA – ESTUDOS DE CASOS NAS PROVÍNCIAS DO HUAMBU, UIJI e LUNDA SUL*. Relatório Final. Vol I. elaborado pela ADRA – Acção para o Desenvolvimento Rural e Ambiente.

FREITAS DO AMARAL, Diogo, *Sumários* das lições proferidas aos alunos do 5º ano de Licenciatura em Direito na Faculdade de Direito da Universidade de Lisboa no ano lectivo de 1992/93.

ALVES CORREIA, Fernando, *DIREITO DO ORDENAMENTO DO TERRITÓRIO E DO URBANISMO*[6ª], (Legislação Básica) Almedina 2004.

2. DOUTRINA

PARECER DO PROFESSOR DOUTOR JOSÉ DE OLIVEIRA ASCENSÃO, in CJ, 1986,2,15.

PARECER DOS PROFS. JOÃO BAPTISTA MACHADO e RUI MANUEL MOURA RAMOS in CJ, 1985, 5, 11.

3. JURISPRUDÊNCIA
ACÓRDÃOS DO STJ (Brasil) In Jurisprudência da Revista dos Tribunais, nºs 30 a 35.
TRIBUNAL DE ALÇADA DE MINAS GERAIS (Brasil)
ACÓRDÃO (STJ) SUPREMO TRIBUNAL DE JUSTIÇA de 02.03.1994 (P. 84.385) (Portugal).
ACÓRDÃO DO SUPREMO TRIBUNAL ADMINISTRATIVO de 29.09.1990 Ver, Dir. Público V, 9, 67 (Portugal)
ACÓRDÃO DO TRIBUNAL DA RELAÇÃO DO PORTO nº 0315777 DE 21.01.2004 (Portugal)
ACÓRDÃO DO TRIBUNAL DA RELAÇÃO DE LISBOA nº 7023/2003-7 de 16-12-2003 (Portugal).
ACÓRDÃO DO TRL (R.1534) DE 10.07.1985 in (CJ) Colectânea de Jurisprudência, 1985, 4, 159.
ACÓRDÃO DO TRIBUNAL DA RELAÇÃO DE COIMBRA 3394/03 de 16.12.2003 (Portugal).
ACÓRDÃO nº 108-92 DE 19.03.92 do TRIBUNAL CONSTITUCIONAL (Portugal).

4. LEGISLAÇÃO (Portuguesa e outras)
CÓDIGO CIVIL PORTUGUÊS ANOTADO por PIRES DE LIMA e ANTUNES VARELA com a colaboração de M. Henrique Mesquita, 2ª edição revista e actualizada (reimpressão), Coimbra Editora 1987.
CONSTITUIÇÃO DA REPÚBLICA PORTUGUESA.
CÓDIGO CIVIL PORTUGUÊS ANOTADO - ABÍLIO NETO, 13ª edição actualizada, Coimbra Editora 2001.
REGIME DO ARRENDAMENTO URBANO (Portugal) – DECRETO-LEI nº 329-B/2000 de 22.12
CÓDIGO CIVIL BRASILEIRO (Novo) introduzido pela Lei nº 10.406 de 10.01.02
LOCAÇÃO PREDIAL URBANA (Brasil) – LEI nº 6.649 de 16 de MAIO de 1979

5. LEGISLAÇÃO (ANGOLA)
CÓDIGO CIVIL ANGOLANO e LEGISLAÇÃO COMPLEMENTAR
LEI nº 3/76 de 03 de Março, do Conselho da Revolução, publicada no Diário da República nº 52, 1ª série
LEI nº 43/76 de 19 de Junho, do Conselho da Revolução, publicada no DR nº 144, 1ª série de 1976.
DESPACHO CONJUNTO nº 62/85 de 12.08, do Ministério da Justiça e da Secretaria de Estado da Habitação, publicado no DR nº 65, I série de 12.08.85.
DESPACHO CONJUNTO nº 71/85 de 02.09 do Ministério da Justiça e da Secretaria de Estado da habitação, publicado no DR nº 71, I série de 02.09.85.
DESPACHO CONJUNTO nº 86/85 de 12.10 do Ministério da Justiça e da Secretaria de Estado da Habitação, publicado no DR nº 82, I série de 12.10.85.
LEI nº 19/91 de 25 de Maio, da Assembleia do Povo, publicada no DR nº 22 1ª série de 25.05.
DESPACHO CONJUNTO nº 53/91 de 25 de Maio do Ministério da Justiça e da Secretaria de Estado da Habitação, publicada no DR nº 22, I série de 25.05.91, pág. 298.
DECRETO nº 4/92 de 17.01 da Comissão Permanente do Conselho de Ministros. DR nº 3, I série de 17.01.92, pág. 37.
DESPACHO CONJUNTO nº 189/99 de 03.12 pub. DR. nº 49, I série de 03.12.99.
LEI nº 3/04 de 25.06 da A.N. – DR nº 51 - I série de 25.06.04.

LEI nº 9/04 de 09.11 da A.N. – DR nº 90 - I série de 09.11.04.

6. DICIONÁRIOS

DICIONÁRIO JURÍDICO de ANA PRATA sobre Direito Civil, Processual Civil e Organização Judiciária, da MORAES Editores. Idem da mesma autora, 3ª Edição, revista e actualizada, Livraria Almedina, Coimbra 1995.

GRANDE DICIONÁRIO DA LINGUA PORTUGUESA, 10ª edição revista, corrigida, muito aumentada e actualizada por AUGUSTO MORENO, CARDOSO JÚNIOR E JOSÉ PEDRO MACHADO, Vol. V, Editorial Confluência.

DICIONÁRIO DA LÍNGUA PORTUGUESA CONTEMPORÂNEA DA ACADEMIA DAS CIÊNCIAS DE LISBOA, realização da Academia das Ciências de Lisboa e da Fundação Calouste Gulbenkian II Volume, da editorial Verbo.

DICIONÁRIO DE TECNOLOGIA JURÍDICA, por PEDRO NUNES (*Do Instituto dos Advogados Brasileiros*), 13ª edição revista, ampliada e actualizada da editora RENOVAR.

DICIONÁRIO JURÍDICO DA ADMINISTRAÇÃO PÚBLICA Vol. VI

VOCABULÁRIO JURÍDICO, 15ª edição, Revista e actualizada por Nagib Slaibi Filho /Juiz de Direito no Rio de Janeiro) e Geraldo Magela Alves (Membro efectivo do Instituto dos Advogados Brasileiros), Editora Forense, Rio de Janeiro, 1999.

DICIONÁRIO de Princípios e Conceitos Jurídicos

7. ENCICLOPÉDIAS

ENCYCLOPEDIA PORTUGUEZA ILLUSTRADA, DICCIONARIO UNIVERSAL publicado sob a direcção de Maximiano Lemos, VOL. V, Fourierista Isabel, da editora Lemos & Cª. Successor, Porto.

ENCICLOPEDIA DEL DIRITTO, VOL I, de GIUFFRÈ EDITORA.

ENCICLOPEDIA GIURIDICA Instituto della enciclopedia Italiana, Fondata da Giovanni Treccani, Roma Vol. I.

GRAND LAROUSSE ENCICLOPÉDIQUE, en dix volumes, Vol. V, Librairie Larousse, Paris.

ENCICLOPÉDIA VERBO, Luso-Brasileira de Cultura, Edição Século XXI, Vol. XIV, Editorial Verbo, Lisboa - São Paulo.

ENCICLOPÉDIA LUSO-BRASILEIRA DE CULTURA, Vol. 9º, Editorial VERBO, Lisboa.

ENCICLOPEDIA JURIDICA ESPANHOLA por Luís Moutón y Ocampo e outros, de Francisco Seix Editor, Tomo Décimoseptimo, publicação autorizada em Junho de 190, Barcelona.

NUEVA ENCICLOPEDIA JURIDICA, sob a direcção de Carlos Mascarenhas, com a colaboração e preparação de Buenaventura Pelissé Prats, Tomo X, Editorial Francisco Seix, S. A. 1960.

O Contrato de Confirming ou Contrato de Gestão de Pagamentos a Fornecedores*

ANA LÚCIA DA SILVA GONÇALVES
Licenciou-se em Direito, pela Faculdade de Direito da Universidade de Coimbra, em Outubro de 2004. Concluiu, igualmente, na mesma Universidade, em Outubro de 2009, o Mestrado em Direito Civil cuja dissertação, sob a orientação do Professor Doutor Diogo Leite de Campos, incidiu sobre um tema, à data, virgem na doutrina portuguesa, "O contrato de confirming ou contrato de gestão de pagamentos a fornecedores". Actualmente, exerce funções de consultora jurídica numa instituição bancária.

I. INTRODUÇÃO
O contrato de *confirming*[1] *ou contrato de gestão de pagamentos a fornecedores*[2], surgido da praxis negocial, é aquele pelo qual um empresário contrata com uma enti-

---
* O presente artigo resulta da adaptação da dissertação de Mestrado, subordinada ao tema "O Contrato de *Confirming* ou Contrato de Gestão de Pagamentos a Fornecedores", sob a orientação do Professor Doutor Diogo Leite de Campos, apresentada na Faculdade de Direito da Universidade de Coimbra e discutida em acto público no dia 12 de Outubro de 2009, a qual foi objecto de publicação, pela Livraria Almedina, em Fevereiro de 2011.

[1] A designação "confirming" não é nova. Surge, pela primeira vez, no século XIX, na praça de Londres, ligada ao comércio internacional. Introduzida em França, em 1958, aí recebeu o nome de "confirmação de pedido". Originariamente, o uso do *confirming* está associado ao financiamento de bens de equipamento. As *Confirming Houses*, situadas no país do importador, sob a iniciativa deste, através da designada confirmação de ordem, procedem ao fornecimento das mercadorias acordadas entre importador e exportador a pronto pagamento ou no prazo acordado, mediante a entrega dos documentos de expedição. Uma vez na posse dos documentos, a sociedade de *confirming* entrega-os ao importador, concedendo-lhe, regra geral, uma dilação de prazo em relação ao pagamento de juros atinente a esta operação cambiária. Esta verdadeira actividade de financiamento em benefício do importador, apresenta, no entanto, inegáveis vantagens para o exportador, uma vez que este, através do empenho da *Confirming House* no pagamento das mercadorias acordadas,

dade financeira especializada[3] (a denominada entidade de *confirming*) o pagamento das suas dívidas aos fornecedores na data do seu vencimento, a não ser que esta acorde com os fornecedores do seu cliente-empresário o pagamento antecipado das mesmas.

Parece simples, mas por detrás deste nome existe uma complexa construção que a Banca[4] elaborou sempre na expectativa de oferecer melhores produtos aos

---

reduz o risco de um eventual inadimplemento do importador/devedor no que diz respeito ao pagamento do preço. Para o efeito, o exportador desembolsa a comissão de confirmação cujo percentual oscila entre 1% e 3% do valor garantido. Actualmente, o *confirming* assumiu, na prática comercial interna, uma configuração distinta, passando a designar um contrato de gestão de pagamentos a fornecedores. Daí que a utilização da expressão *confirming*, no plano interno, para designar o referido contrato de gestão de pagamento a fornecedores tenha sido qualificada de "exótica" pelo autor José Maria de Eizaguirre. Cfr. ROLIN, "El Factoring", Madrid, 1974, p. 35; PULIDO FERNANDEZ, "El confirming", Boletin Económico de ICE nº 2559, 1997, p. 62, nota 2; SANTANDREU/SANTANDREU/SANTANDREU, "Confirming, Factoring y Renting", Santandreu Consultors, Gestión 2000, SA, Barcelona, pp. 15 e 18; GARCIA CRUCES, "El contrato de factoring", Madrid, 1990, p. 75; Hilário de Oliveira, "Títulos de Crédito", São Paulo. Pillares, 2006, p. 150.

[2] A presente tradução surge por influência da doutrina espanhola e, em concreto, pela expressão utilizada pela Factorcat Entidad de Financ SA para designar este contrato. A este propósito, cfr. SANTANDREU/SANTANDREU/SANTANDREU, op. cit., p. 18.

[3] O contrato de confirming começou por ser desenvolvido pelas entidades financeiras especializadas em *factoring* e por estas comercializado como uma modalidade de *factoring*. Porém, o desenvolvimento do contrato de *confirming* foi tal que, actualmente, outras entidades financeiras, para além das especializadas em *factoring*, comercializam este produto que se autonomizou em relação ao *factoring* e a qualquer outro serviço financeiro. Neste sentido, cfr. PULIDO FERNANDEZ, op. cit., p. 62.

[4] A designação "confirming" constitui uma marca nominativa registada em nome de Santander Factoring SA desde 1993 para distinguir "Serviços administrativo-financeiros prestados a empresas na gestão de pagamentos a fornecedores." Actualmente, outras entidades financeiras, como, por exemplo, o BBVA Factoring SA comercializam este produto, pois consideram que a designação *confirming* é de uso livre pela generalidade do sector financeiro espanhol. Tal uso por outras entidades que não o Santander Factoring SA deu origem a uma controvérsia jurídica. Algumas entidades, podendo referir-se o Banco Popular Español e o Banco Guipuzcoano, no sentido de contornar este problema jurídico, e assim respeitar o uso exclusivo da marca pelo Santander Factoring SA, utilizam a denominação "contrato de pagamentos confirmados." Outras há como o Bansabadell Factoring, Citibank e Factorcat Entidad de Financ SA que preferem, respectivamente, as designações "controle integrado de pagamentos", "rapidcash" e "gestão de pagamentos a fornecedores". Por último, há entidades que propõem o registo de marcas nas quais se incluem a designação "confirming" junto ao nome da entidade correspondente. O que é certo é que o *confirming* revelou-se, desde cedo, um produto financeiro com um grande potencial de crescimento. Segundo a Associação Espanhola de Factoring, só em 1996, três anos depois de o Santander Factoring ter registado a designação "confirming" como marca, o volume de negócios situou-se em 220.488 milhões de pesetas, representando quase 22% do volume total de negócios das entidades de factoring. Em Portugal, este é, também, um produto financeiro que assinala um considerável crescimento, sendo comercializado, por exemplo, pelos Bancos Santander Totta SA, Banco Português de Investimento SA, Banco Bilbao

seus clientes. O *confirming* não é filho da crise, mas antecedeu-a em poucos anos. Em momentos de crise é tão difícil pagar como receber, é fácil vender, mas é difícil vender firme. O *confirming* dá resposta a essas dificuldades.

Ao pressupor a prestação, por uma entidade financeira especializada, de um conjunto de serviços administrativos e económico-financeiros[5] quer ao cliente, quer aos fornecedores, o *confirming* apresenta inúmeras vantagens.

Do ponto de vista do cliente-empresário, o *confirming* permite-lhe libertar-se dos trabalhos administrativos imprescindíveis para pagar aos seus fornecedores. Tal agilização administrativa, possibilitada pela intervenção de uma entidade financeira especializada, possibilita uma gestão mais eficaz da tesouraria com consequente redução de custos. Com os pagamentos assegurados por uma entidade especializada, o cliente-empresário passa a gozar, junto dos seus fornecedores (credores), de maior credibilidade, minimizando, assim, os riscos inerentes a qualquer contrato de compra e venda[6]. Para o vendedor, o não pagamento do preço, após a entrega da mercadoria, é um risco, porquanto à consensualidade[7] própria do contrato de compra e venda (por oposição a contrato real *quoad constitutionem*), juntam-se, por exemplo, a insolvabilidade do comprador e as crises nos mercados financeiros. Com o contrato de *confirming*, reduzem-se[8] tais riscos.

Viscaya Argentaria SA, Caixa Geral de Depósitos SA. Cfr. PULIDO FERNANDEZ, op. cit., pp. 61 e 62, notas 1 e 3.; GRIMALDOS GARCIA, "El Contrato de Confirming", Revista Jurídica, Région de Murcia, Fundación Mariano Ruiz Funes, nº 34, 2003, p. 83; SANTANDREU/SANTANDREU/SANTANDREU, op. cit., pp. 15 e 18; Sobre o pioneirismo da Espanha na introdução desta figura, consultar MANUEL ROMERA, "Confirming o Factoring: dos modalidades para eliminar riesgos", Estrategia Financiera, nº 181, 2002, p. 56

[5] Os serviços oferecidos pela entidade de *confirming* são idênticos aos prestados por um qualquer departamento de tesouraria de uma empresa. Poder-se-á destacar, pela sua importância, elaboração de ordens de pagamento, controlo, registo e assinatura de cheques. Cfr. SANTANDREU/SANTANDREU/SANTANDREU, op. cit., p. 19.

[6] Como adverte GARCIA SANCHEZ o *confirming* não se destina, única e exclusivamente, ao pagamento de facturas decorrentes da celebração de contratos de compra e venda, podendo destinar-se a liquidar facturas decorrentes de contratos de prestação de serviços. Cfr. GARCIA SANCHEZ, "El contrato de *confirming*, un producto financiero desde la óptica contable", Actualidad Financiera, nº monográfico 4/99, 1999, p. 72.

[7] Para maiores desenvolvimentos sobre o contrato de compra e venda enquanto contrato consensual, cfr. ANTÓNIO A. VIEIRA CURA, "O Fundamento Romanístico da Eficácia Obrigacional e da Eficácia Real da Compra e Venda nos Códigos Civis Espanhol e Português", STVDIA IURIDICA 70, COLLOQUIA 11, Jornadas Romanísticas, Boletim da Faculdade de Direito da Universidade de Coimbra, Coimbra Editora, pp. 45 e ss. e LUIS MANUEL TELES DE MENEZES LEITÃO, "Direito das Obrigações", Contratos Em Especial, Volume III, 4.ª Edição, Almedina, pp. 14 e ss.

[8] Não podemos falar de eliminação de riscos, mas apenas de redução, uma vez que a figura em análise não constitui ainda uma garantia, podendo, no entanto, vir a evoluir nesse sentido.

Assim, a utilização do contrato de *confirming* representa também para o fornecedor (o designado cliente beneficiário[9]) um conjunto de vantagens. Desde logo, a segurança de ver o seu crédito satisfeito na data de vencimento da obrigação, com a possibilidade de ser pago antecipadamente. Acresce que, a partir do momento em que recebe a confirmação de pagamento, o fornecedor poderá exercer o seu direito ao pagamento, sem ter que apresentar, para o efeito, quaisquer documentos. Tal representa para o fornecedor melhores rácios de solvabilidade e liquidez de balanço.

As vantagens não se reduzem, porém, aqueles que o procuram (empresário) ou aqueles que dele beneficiam (os fornecedores). Estendem-se à própria entidade financeira que, a partir da comercialização deste produto, pode aceder a um mercado de potenciais novos clientes.[10]

O contrato de *confirming* põe, assim, a descoberto as mais recentes tendências da economia moderna no sentido da descentralização e maior especialização das funções empresariais. Ao ocupar-se da gestão de pagamentos, a entidade financeira possibilita ao empresário dedicar-se, quase em exclusivo, ao processo produtivo e à prossecução do objecto social.

A actividade de *confirming* reconduz-se a seis momentos fundamentais: o da celebração do contrato; o da remessa das facturas à entidade financeira; o da comunicação aos fornecedores do pagamento das facturas; o da resposta dos fornecedores, o da informação periódica por parte da entidade financeira e, finalmente, o do vencimento das facturas.

II. A ACTIVIDADE DE CONFIRMING

1. Celebração do contrato

Celebrado entre a entidade financeira e o cliente-empresário, só opcionalmente é comunicada a sua celebração aos fornecedores[11][12]. Este contrato deve[13], porém, especificar qual a quantidade máxima de facturas que a entidade financeira deve

---

[9] Neste sentido, SANTANDREU/SANTANDREU/SANTANDREU, op. cit., p. 21.
[10] Quanto às vantagens do contrato de *confirming* do ponto de vista da entidade financeira, *vide* LAHOZ LAZARO, "Guía Práctica de Contabilidad Para Pymes", Thomson, Aranzadi, 2008 p.93.
[11] Ver neste sentido MANUEL ROMERA, op. cit., p. 57.
[12] Não quer dizer, porém, e uma vez que este produto financeiro se revela vantajoso para os fornecedores, que a entidade financeira e o cliente-empresário não possam fazer junto destes uma pequena exposição sobre o funcionamento do *confirming*, incidindo sobre as vantagens que o mesmo apresenta sob o ponto de vista dos fornecedores. Esta é também uma forma de a entidade financeira se auto promover e poder, assim, aumentar a sua carteira de clientes. Outras vezes, porém, é inserta uma cláusula nestes contratos nos termos da qual o cliente-empresário fica adstrito ao dever de comunicar aos fornecedores a celebração do contrato de *confirming* com determinada entidade financeira. Cfr. PULIDO FERNANDEZ, op. cit., p. 65.
[13] Teve-se em conta a estrutura subjacente à generalidade dos contratos de *confirming*.

pagar por conta e ordem do cliente, o prazo pelo qual é celebrado[14], a possibilidade e forma de pagamento antecipado aos fornecedores[15].

2. Remessa das facturas à entidade financeira

Periodicamente, o cliente-empresário deve proceder ao envio[16] das facturas à entidade financeira com ordem de pagamento[17].

3. Comunicação aos fornecedores do pagamento das facturas

Após recepção das denominadas facturas "confirmadas" enviadas pelo cliente-empresário, a entidade financeira comunica aos fornecedores que o seu cliente deu instruções para proceder ao pagamento de um lote de créditos, numa data futura.[18]

Em tal comunicação a entidade financeira poder-se-á oferecer para liquidar os montantes apostos nas facturas em datas anteriores ao seu vencimento em condições previamente acordadas com o cliente-empresário.[19] [20]

---

[14] Regra geral, o contrato de *confirming* tem a duração de um ano, automaticamente renovável, por igual período, caso não seja denunciado, com um mês de antecedência em relação à data de vencimento, por qualquer das partes. Cfr. PULIDO FERNANDEZ, op. cit., p. 65. e MANUEL ROMERA, op. cit., p. 57.

[15] Há casos excepcionais em que, pela dimensão da empresa cliente e pelo volume financeiro das facturas em questão, esta consegue negociar junto da entidade de *confirming* uma percentagem do valor por ela cobrado ao fornecedor face à antecipação do pagamento das facturas. Cfr. PULIDO FERNANDEZ, op. cit., p. 65. e MANUEL ROMERA, op. cit., p. 57.

[16] É necessário, como ensina, Juan Ignácio Pulido Fernandez, estabelecer um procedimento eficaz de troca de informação entre a entidade financeira e o cliente-empresário. Os sistemas mais usuais são a banca electrónica ou a transmissão telefónica. Cfr. PULIDO FERNANDEZ, op. cit. p. 64, nota 11.

[17] Ainda na senda do mesmo Autor, no sentido da entidade financeira poder observar a conformidade de cada uma das facturas que compõem a remessa enviada pelo cliente-empresário, tendo em vista, por um lado, a aceitação ou não do seu pagamento e, por outro lado, a sua liquidação em perfeitas condições, o cliente está obrigado a facilitar à entidade financeira um conteúdo mínimo de informação relativa a cada uma das facturas: data de emissão e de vencimento da factura; nome completo, endereço, nº de contribuinte, número de fax de cada fornecedor, montante total a liquidar, incluindo IVA. Cfr. Cfr. PULIDO FERNANDEZ, op. cit. p. 65.

[18] Esta data corresponde ao prazo previamente acordado entre o cliente e os fornecedores.

[19] É de referir que as condições acordadas não têm que ser necessariamente as mesmas para todos os clientes, podendo fixar-se condições diferentes consoante o cliente ou o grupo de clientes. Neste sentido, cfr. MANUEL ROMERA, op. cit. p. 58.

[20] Em situações excepcionais, as condições podem ser modificadas a pedido do fornecedor.

4. Resposta dos fornecedores

Os fornecedores, ao recepcionarem a comunicação emitida pela entidade financeira, poderão optar pelo pagamento antecipado[21] [22]das facturas ou pela sua liquidação na respectiva data de vencimento.

5. Informação periódica

A entidade financeira deve periodicamente informar o cliente-empresário dos pagamentos antecipados efectuados, especificando os fornecedores a quem tais pagamentos foram feitos, as facturas liquidadas.

6. Vencimento das facturas

Neste momento, o cliente-empresário provisiona a conta corrente destinada para o efeito em quantia igual aos valores das facturas a pagamento. Pode, no entanto, ocorrer uma situação de falta de liquidez por parte do cliente-empresário.

Nesta hipótese, a entidade de *confirming* poderá abrir uma linha de crédito a favor do seu cliente-empresário ou, no caso de este a não solicitar, pode aquela recusar o pagamento das facturas. Em alternativa, através do recurso à figura do descoberto bancário, também denominado facilidades de caixa, proceder à liquidação das mesmas.

Os fornecedores poderão, porém, ver liquidados os montantes apostos nas facturas, no caso da entidade financeira ofertar o pagamento antecipado das mesmas.

A actividade de *confirming*, assim configurada, poder-se-á reconduzir por parte da entidade financeira, de um ponto de vista económico, a três tipos de serviços: serviço de gestão de pagamentos ao cliente-empresário, serviço de financiamento ao cliente-empresário e serviço de financiamento aos fornecedores que passamos, de seguida, a analisar[23].

---

[21] Esta liquidação antecipada recai sobre uma percentagem do valor nominal do crédito a ser satisfeito, podendo tal percentagem variar de acordo com o tipo de cliente e cuja determinação ficou já previamente acordada aquando da celebração do contrato entre cliente-empresário e entidade financeira. Cfr. neste sentido GRIMALDOS GARCIA, op. cit. p. 86.

[22] A liquidação antecipada dos valores apostos nas facturas concretiza-se através da celebração entre a entidade financeira e o fornecedor de um de dois contratos. A saber: um contrato generalista, em que as partes acordam a liquidação antecipada de todas as facturas ou apenas das facturas que o fornecedor considere oportunas, fazendo sempre referência às condições assentes entre o cliente-empresário e a entidade financeira, ou então, um contrato pontual, sempre que o fornecedor queira ver as facturas pagas antes da data de vencimento. Ver MANUEL ROMERA, op. cit., p. 58.

[23] Quanto a este ponto, seguiremos de perto os estudos de GRIMALDOS GARCIA, op. cit., pp. 85 e ss.

III. SERVIÇOS PRESTADOS PELA ENTIDADE FINANCEIRA

1. Serviço de Gestão de pagamentos

A trave mestra da actividade desenvolvida pela entidade financeira assenta, na sequência do exposto, na gestão de pagamentos das facturas emitidas pelos fornecedores do seu cliente-empresário. A entidade financeira compromete-se a efectuar os pagamentos ordenados pelo seu cliente, após recepção das denominadas facturas confirmadas cujo envio compete ao próprio cliente empresário.

Desta forma, o cliente-empresário liberta-se de tarefas administrativas e dedica-se ao processo produtivo, uma vez que aquelas são levadas a cabo pela entidade de *confirming*: elaboração de ordens de pagamento, controlo, registo e assinatura de cheques a remeter aos fornecedores, controlo de gastos, gestão de contas bancárias.

Tais serviços prestados pela entidade financeira permitem concentrar a gestão da tesouraria, reduzindo custos com a administração dos pagamentos aos fornecedores e fortalecendo a confiança entre cliente-empresário e fornecedores.

2. Serviço de financiamento ao cliente-empresário de *confirming*

A entidade financeira poderá igualmente prestar ao seu cliente-empresário um serviço de financiamento.

No designado *"confirming simples"*, o cliente empresário obriga-se a disponibilizar à entidade financeira os fundos necessários à liquidação das facturas na data do seu vencimento ou na data de vencimento médio das mesmas.

Ao contrário, no *"confirming de financiamento"*[24], a entidade financeira adianta os fundos necessários à satisfação dos valores em dívida. Por sua vez, o cliente-empresário obriga-se a restituir os fundos adiantados na data e à taxa de juro acordadas com a entidade de *confirming*.

Nem sempre a entidade financeira se compromete a adiantar os fundos necessários ao pagamento das facturas confirmadas. Ocasionalmente, a possibilidade de financiar o cliente articula-se, do ponto de vista contratual, com os chamados descobertos em conta corrente ou facilidades de caixa.[25] Por outras palavras,

---

[24] Quanto ao *confirming* de financiamento, sugerimos também o estudo da doutrina de PULIDO FERNANDEZ, op. cit., p. 65. Este autor distingue ainda uma outra modalidade de *confirming*, o designado *"confirming* de inversão" nos termos do qual o cliente empresário obriga-se a disponibilizar à entidade financeira os fundos necessários para liquidar as facturas em data anterior ao vencimento médio das mesmas com a dedução de um desconto financeiro."

[25] Como ensina ANTÓNIO MENEZES CORDEIRO, "Manual de Direito Bancário", 2.ª Edição, 2001, Almedina, p. 589 "O descoberto em conta corrente, também chamado facilidades de caixa, é a situação que se gera quando, numa conta-corrente subjacente a uma abertura de conta, o banqueiro admite um saldo a seu favor, isto é, um saldo negativo para o seu cliente. O descoberto pode advir dum negócio prévio com o banqueiro – abertura de crédito ou crédito pessoal. Pode também ser

a fim de a entidade financeira proceder ao pagamento das facturas, o cliente acorda a abertura de uma conta corrente nos termos da qual o cliente empresário se obriga a ter saldo suficiente para satisfazer os valores em dívida na data de vencimento. Pode ocorrer, no entanto, que o cliente não disponha de fundos suficientes à satisfação das dívidas. Colocando-se essa hipótese, a entidade de *confirming* poderá recusar o pagamento das facturas ou proceder à sua liquidação, recorrendo à figura do descoberto bancário.

3. Serviço de financiamento aos fornecedores

Raramente o contrato de *confirming* surge como um mero serviço de gestão de pagamentos ou como um serviço de financiamento ao seu cliente-empresário[26].

Este contrato é frequentemente associado ao financiamento que a entidade de *confirming* pode[27] facultar aos fornecedores do seu cliente-empresário no caso dos valores em dívida serem pagos antecipadamente. A entidade de *confirming* pode oferecer igualmente ao fornecedor a possibilidade de diferir para data posterior à do vencimento das facturas a liquidação das mesmas a troco do pagamento de juros, permitindo-lhe, deste modo, rentabilizar excedentes de tesouraria.

IV. NATUREZA JURÍDICA DO CONTRATO DE CONFIRMING

1. Considerações preliminares

Por força das conquistas tecnológicas, do acréscimo de necessidades, do intercâmbio de bens ou de serviços, interna e internacionalmente, a economia moderna

---

consequência automática de outros dispositivos, por exemplo, lançamento de despesas, lançamento de movimentos automáticos concretizados com o ATM off line". Acrescentamos aos dispositivos apontados por este Autor, o contrato de *confirming*.

[26] Refere Grimaldos Garcia que alguma literatura económica descreve o *confirming* como um contrato mediante o qual se oferece um serviço de financiamento aos fornecedores (cfr. GRIMALDOS GARCIA, op. cit., p. 91, nota 26). Porém, não cremos ser esta a visão mais correcta da estrutura contratual do *confirming*. Ele perfila-se, antes de mais, como um serviço de gestão de pagamentos a fornecedores. Na sua origem, esteve a necessidade de libertar as empresas da realização de tarefas meramente administrativas que as impediam de se dedicar em exclusivo à prossecução do seu objecto social. Subsiste ainda outro argumento que nos afasta da posição referida. No caso dos fornecedores não aceitarem o pagamento antecipado das facturas, a entidade de *confirming*, desde que provisionada para o efeito pelo seu cliente-empresário, não poderá deixar de liquidar os montantes em dívida, pelo que é redutor afirmarmos que o *confirming* é um contrato de financiamento a fornecedores, ainda que este seja um aspecto importante da figura contratual em análise.

[27] Há minutas de *confirming* que, no seu clausulado, estabelecem que o empresário-cliente autoriza a entidade de *confirming* a oferecer o pagamento antecipado das suas dívidas ou que a entidade de *confirming* se reserva no direito de financiar o fornecedor. Cfr. GRIMALDOS GARCIA, op. cit., p. 94.

observou um crescimento sem paralelo.[28] Tal crescimento desembocou em novas figuras contratuais ou na reinvenção das já existentes, evitando-se, desta forma, a estagnação dos tipos contratuais já conhecidos.[29] O contrato de *confirming* insere--se nesta realidade.

A pergunta que agora se coloca é a de saber se o contrato de *confirming* corresponde a um tipo contratual *ex novo*. Para respondermos a esta questão, teremos em conta o conteúdo negocial do contrato de *confirming* por referência aos serviços prestados pela entidade de *confirming*.

2. Na modalidade de serviço de gestão de pagamentos

Um dos serviços prestados pela entidade de *confirming* é o de gerir, em representação do seu cliente-empresário, os pagamentos aos fornecedores deste.

O cliente-empresário comunica e ordena o pagamento das denominadas facturas confirmadas, indicando a data de vencimento e o modo de pagamento. Por sua vez, na data de vencimento das referidas facturas, e após ter recebido do seu cliente-empresário fundos para o efeito,[30] a entidade de *confirming* procede ao pagamento dos montantes apostos nas mesmas, de acordo com as indicações daquele.

Com efeito, no âmbito de um contrato de *confirming*, o empresário cliente encarrega a entidade de *confirming* de pagar as facturas dos fornecedores daquele, por conta e em representação do seu cliente-empresário, observando as instruções recebidas, em troca de uma remuneração.

Parecem, pois, estar preenchidos todos os elementos essenciais do contrato de mandato comercial, plasmado no artigo 231º do CCom[31]. Ao abrigo da norma-

---

[28] Neste sentido, *vide* MÁRIO JÚLIO DE ALMEIDA COSTA, "Direito das Obrigações", Almedina, 8.ª Edição, Revista e Aumentada, 2000, p. 183.

[29] Desenvolvendo o tema das tendências actuais do direito contratual, o Saudoso Professor ANTUNES VARELA, "Das obrigações Em Geral", Vol. I, 10º Edição, Almedina, 2000, p. 229 conclui que "(...) a progressiva implantação de alguns contratos importados de países economicamente mais evoluídos, onde as novas figuras (como o *leasing*, o *engineeiring*, o *franchising*, o *know-how* ou a *joint venture*), nasceram como fruto das exigências do desenvolvimento económico."

[30] Sendo normal, nestes casos, a abertura de conta corrente.

[31] Esta é a posição da Autora Grimaldos Garcia que escreve "Concurren pues, en este negocio, las notas propias de la comisión mercantil (art. 244º Código de Comercio) (...) estimamos que el contrato de *confirming*, bajo la concreta modalidad de gestión de pagos al vencimiento, debe ser calificado como mandato mercantil por cuanto, junto a las actividades señaladas, la entidad de *confirming* realiza un acto con eficacia jurídica para la empresa-cliente: el pago. Efectuado por cuenta de su cliente, el pago libera a este frente al acreedor pagado." Pese embora, como iremos dilucidar *infra*, o contrato de *confirming* tenha algumas notas próprias do contrato de mandato comercial, esta posição não é, no entanto, sustentável. Porquanto, o contrato de mandato comercial é configurado, pelo ordenamento jurídico espanhol, em termos que não coincidem exactamente com o mandato comercial tal como ele é perspectivado pelo legislador português. Na verdade, nos termos do artigo

tividade emergente do referido preceito legal "Dá-se mandato comercial quando alguma pessoa se encarrega de praticar um ou mais actos de comércio por mandado de outrem."

A esta qualificação não obstará a terminologia – *confirming* – empregue para designar tal contrato.

É doutrina comummente aceite que "a natureza de um contrato não corresponde necessariamente à designação".[32] Isto porque, imprescindível para a qualificação, é a interpretação que venha a ser feita de harmonia com as disposições legais existentes.

Deste modo, a qualificação de um determinado contrato como deste ou daquele tipo ou desta ou daquela espécie torna-se essencial para decidir, pelo menos no que diz respeito aos seus traços fundamentais, o regime jurídico aplicável, tendo, assim, consequências no que concerne à vigência da disciplina constitutiva e reguladora do tipo[33].

Podemos, em síntese, dizer que se trata de uma operação lógica que sucede ao esforço interpretativo das declarações de vontade das partes e dela dependente[34].

244º do Código de Comércio Espanhol "Se reputará comisión mercantil el mandato, cuando tenga por objeto un acto u operación de comercio y sea comerciante o agente mediador del comercio el comitente o el comisionista". Prossegue o artigo 245º do mesmo diploma "El comisionista podrá desempeñar la comisión contratando en nombre propio o en el de su comitente." Há, pois, no sistema jurídico espanhol, uma fusão entre mandato e comissão mercantil, ao contrário do que acontece entre nós, fazendo o Código de Comércio Português uma destrinça entre mandato comercial e comissão mercantil, residindo a diferença entre as duas figuras no facto da primeira constituir um mandato com representação e a segunda um mandato sem representação. Parece-nos, assim, mais defensável a tese de outro autor espanhol Natera Hidalgo, segundo a qual o contrato de *confirming* "se trata de un contrato atípico, por lo que se regulará por lo establecido por las partes, por las normas del contrato de comisión y, en su caso, por las normas del contrato de arrendamiento, según lo que se pacte por las partes ya que la propia naturaleza del contrato dependerá de lo que se estipule por estas." Seguindo o mesmo raciocínio Garbayo Blanch escreve "(...) el contrato de "confirmación y gestión de pagos" debe ser tratado fundamentalmente como un contrato "sui generis" no ya solo por no existir norma que de modo explícito lo regule, sino por adentrar su núcleo en diferentes figuras jurídicas existentes desde antaño así como en las propias a fines en el ámbito mercantil y, especialmente, bancario" Cfr. Quanto à qualificação do contrato de *confirming* enquanto contrato de mandato comercial, GRIMALDOS GARCIA, op. cit. pp. 89 e ss. No que concerne à atipicidade deste contrato, *vide* NATERA HIDALGO, Fiscalidad de los Contratos Civiles y Mercantiles, CISS, grupo Wolters Kluwer, 2008, p. 1057 e GARBAYO BLANCH, "El Contrato de Confirming" in "La Contratación Bancaria, Gadea Solar, Sequeira Martins, Universidad Complutense de Madrid, Dykinson, 2007, p. 3.

[32] Cfr. RUI RANGEL, "Espaços Comerciais, Natureza e Regime Jurídico dos Contratos de Utilização", Edições Cosmos, Lisboa, 1998, p. 34

[33] Cfr. Rui Rangel, op.cit., p. 34.

[34] Para mais desenvolvimentos sobre a qualificação jurídica dos contratos, *vide* PEDRO PAIS DE VASCONCELOS, "Contratos Atípicos", Colecção Teses, Almedina, 1995, pp. 160 e ss.

O contrato de *confirming*, analisada a sua mecânica normativa, parece reunir as notas caracterizadoras de um contrato de mandato comercial.

Pese embora a entidade de *confirming* aja por conta e em representação do seu cliente ela, na prática, actua sem poderes representativos, uma vez que na *"coeva devoragem concorrencial da inovação financeira"*[35], este contrato surge sem a outorga, pelo cliente, de uma procuração a favor da entidade financeira.

O mandato comercial é executado com representação, sendo o mandato sem representação qualificado como contrato de comissão, sujeito à disciplina dos arts. 266 e ss do CCom[36]. Com efeito, poderíamos ser conduzidos a subsumir a figura do contrato de *confirming* na estrutura normativa do contrato de comissão mercantil.

Ao abrigo do perímetro normativo circunscrito no art. 266º do CCom "Dá-se contrato de comissão quando o mandatário executa o mandato mercantil, sem menção ou alusão alguma ao mandante, contratando por si e em seu nome, como principal e único contraente."

Ora, no contrato em análise, a entidade de *confirming* jamais actua sem fazer menção ou alusão ao seu cliente-empresário[37], pelo que arredada fica a hipótese do presente contrato consubstanciar um contrato de comissão mercantil nos termos do artigo 266º do CCom.

O contrato de *confirming* insere-se, antes, ao lado da cessão financeira ou facturização (*"factoring"*), do contrato de franquia (*"franchise"*, *"franchising"*), do contrato de empreendimento comum ou de empresa comum (*"joint venture"*), do contrato de transferência de tecnologia (*"know-how"*, *"the know-how to do it"*), do contrato de patrocínio (*"sponsorship"*, *"sponsoring"*) na gama de novos e originais produtos que foram sendo desenvolvidos pelas entidades financeiras com o objectivo de dar resposta às necessidades da sua clientela no quadro de uma economia globalizada.[38]

---

[35] Esta expressão é da autoria do Professor Calvão da Silva, cfr. CALVÃO DA SILVA, "Direito Bancário", Almedina, 2001, pág. 332.

[36] Neste sentido, *vide* LUIS MANUEL TELES DE MENEZES DE LEITÃO, "Direito das Obrigações", Contratos Em Especial, Volume III, 4.ª Edição, 2006, p. 463.

[37] É prática corrente inserir-se uma cláusula neste contrato nos termos da qual compete è entidade financeira, na qualidade de mera gestora de pagamentos, processar toda a informação recebida sob a forma de ordens de pagamento e informar os fornecedores que aceitou a relação de documentos a regularizar, a data de pagamento e o correspondente montante, agrupados em avisos de pagamento com os seguintes dados: a) data de pagamento, b) relação de facturas, c) eventuais notas de crédito que hajam sido emitidas; d) montante total a pagamento.

[38] A propósito da realidade contratual no domínio bancário, escrevem os Autores JORGE ALVES MORAIS, CARLA MENESES ESTEVES, JÚLIA RODRIGUES DA SILVA, MARIA ADELAIDE RESENDE, ANA TERESA SANTOS, estarmos perante uma "vastidão de atipicidade contratual de cuja natureza

Tal inovação financeira foi possibilitada pelo princípio da autonomia privada. Assume-se como princípio da liberdade contratual no domínio dos contratos, onde tem aí a sua mais cabal expressão.

Disciplinado no artigo 405º do CC, o princípio da liberdade contratual desdobra-se em vários aspectos. À possibilidade de as partes poderem ou não contratar, acresce a de poderem escolher livremente o seu parceiro negocial, regulamentando os seus interesses recorrendo a contratos típicos, a contratos atípicos, a contratos mistos, coligados ou em união (art. 405º/2 do CC).

Neste processo de inovação financeira, atenta a densificação e complexidade dos esquemas contratuais utilizados[39], fala-se frequentemente de operações bancárias para referir os negócios das instituições de crédito com a clientela.[40]

As operações bancárias podem traduzir-se em actos isolados.[41] Porém, na maioria das vezes, "repetem-se ou renovam-se no quadro de um relacionamento estável e duradouro entre a instituição financeira."[42]

Estas últimas operações pressupõem uma relação de clientela, uma relação reiterada no tempo entre a instituição financeira e o seu cliente cujo processo genético tem início com os primeiros contactos das partes tendo em vista a realização de um negócio e prolonga-se até à sua efectiva celebração.

Os referidos elementos reconduzem-nos ao conceito de relação obrigacional complexa, também denominada relação obrigacional em sentido amplo, assente na confiança pessoal entre as partes (*uberrima fides*).

A relação bancária caracteriza-se precisamente pela sua complexidade e durabilidade. Tem início nas negociações de um primeiro contacto e desenvolve-se, ao longo do tempo, em tantos outros contactos[43]. Com efeito, a par das prestações

---

e disciplina jurídica tão pouco se tem escrito." (*in* "Manual de Contratos de Direito Bancário e Financeiro", *Quid Iuris*, 2.ª Edição Revista e Actualizada, 2008, p. 8.).

[39] Como ensina ANTÓNIO MENEZES CORDEIRO, "No Direito Bancário, de resto numa manifestação simples duma regra de Direito Privado, vigora um postulado de *numerus apertus*: o número de actos bancários teoricamente possíveis é ilimitado" (*vide* ANTÓNIO MENEZES CORDEIRO, "Manual de Direito Bancário, 2.ª Edição, 2001, Almedina, p. 407).

[40] Neste sentido, JOÃO CALVÃO DA SILVA, op. cit., p. 332.

[41] Por exemplo, operações de caixa feitas ao balcão por pessoas que não têm qualquer conta aberta em nome na instituição de crédito, como, por exemplo, o pagamento de um cheque no banco sobre ele sacado. Cfr. CALVÃO DA SILVA, op. cit, p. 334.

[42] Cfr. CALVÃO DA SILVA, op. cit. 334. Este Autor dá como exemplos de operações bancárias que se repetem ou renovam-se no quadro de um relacionamento estável e duradouro entre a instituição financeira e o cliente a conta de depósito à ordem ou conta corrente.

[43] Observa, a este propósito, António Menezes Cordeiro que "Entre o banqueiro e o seu cliente não é, em regra, celebrado um único negócio jurídico. Pelo contrário, iniciada uma relação, ela tende a prolongar-se no tempo, intensificando-se, mesmo, com a prática de novos e mais complexos negócios. Esta relação bancária, de natureza complexa, mutável mas sempre presente, constitui um dos aspectos mais marcantes e mais característicos do Direito bancário material." Cfr. ANTÓNIO

primárias, vão nascendo outras, acessórias, laterais que se prendem com deveres de cuidado e protecção, a fim de evitar lesões nas esferas pessoal e patrimonial da contraparte. Assim, não podemos falar de um contrato bancário geral[44], mas de uma relação contínua de negócios assente na lealdade e confiança mútuas. Assim sendo, as partes, na procura do consenso contratual, devem ter um comportamento exímio, traduzido numa postura pautada pela probidade e honestidade. Da concatenação dos artigos 73º a 77º do Regime Geral das Instituições de Crédito e Sociedades Financeiras[45], surge a necessidade da entidade bancária proceder com diligência, neutralidade, lealdade, discrição e respeito consciencioso dos interesses que lhes estão confiados pelo seu cliente, devendo informá--lo com transparência.

Face ao exposto, e muito embora o domínio do princípio da liberdade contratual na esfera do Direito Privado, este não pode ser exercido, pelas partes, sem limites como refere expressamente o enunciado normativo do art. 405º/1 do CC (*"Dentro dos limites da lei"*). O sistema jurídico consagra sempre válvulas de segurança de que a boa fé é um exemplo clássico. Para ela remete a letra do artigo 227º do CC que determina "quem negoceia com outrem para conclusão de um contrato deve, tanto nos preliminares como na formação dele, proceder segundo as regras da boa fé, sob pena de responder pelos danos que culposamente causar à outra parte" e ainda para o disposto no artigo 334º do CC nos termos do qual "É ilegítimo o exercício de um direito, quando o titular exceda manifestamente os limites impostos pela boa-fé, pelos bons costumes ou pelo fim social ou económico desse direito."

Numa palavra, não se exige aos contraentes uma mera atitude de correcção, traduzida em obrigações de conteúdo negativo, no sentido de impedir qualquer lesão na esfera jurídica de outrem. Pelo contrário, é exigida das partes uma cooperação activa, tendo em vista a satisfação das expectativas da contraparte.

MENEZES CORDEIRO, Estudos de Direito Bancário, "O Contrato Bancário Geral", Faculdade de Direito da Universidade de Lisboa, Coimbra Editora, 1999, p. 11.

[44] O desenvolvimento doutrinário desta figura deve-se a CANARIS, apud JOÃO CALVÃO DA SILVA, op. cit., p. 33, nota 234.

[45] O Regime Geral das Instituições de Crédito e Sociedades Financeiras foi aprovado pelo Decreto--Lei nº 298/92, de 31 de Dezembro, com as alterações introduzidas pelos Decretos-Lei nºs 246/95, de 14 de Setembro, nº 232/96, de 5 de Dezembro, nº 222/99, de 22 de Junho, nº 250/2000, de 13 de Outubro, nº 285/2001, de 3 de Novembro, nº 201/2002, de 26 de Setembro, nº 319/2002, de 28 de Dezembro, nº 252/2003, de 17 de Outubro, nº 145/2006, de 31 de Julho, nº 104/2007, de 3 de Abril, nº 357-A/2007, de 31 de Outubro, nº 1/2008, de 3 de Janeiro, nº 126/2008, de 21 de Julho, nº 211-A/2008, de 3 de Novembro, pela Lei nº 28/2009, de 19 de Junho, pelo Decreto-Lei nº 162/2009, de 20 de Julho, pela Lei nº 94/2009, de 01 de Setembro, pelos Decretos-Lei nº 317/2009, de 30 de Outubro, nº 52/2010, de 26 de Maio, nº 71/2010, de 18 de Junho, pela Lei nº 36/2010, de 02 de Setembro.

Tudo visto, o contrato de *confirming* perfila-se como um contrato organizatório, isto é, "um contrato que conduz à colaboração duradoura entre as partes, com vista à satisfação de interesses respectivos"[46], desenvolvido no quadro de uma relação obrigacional complexa, assente numa "relação contínua e duradoura de negócios pautados por uma ligação especial de confiança e lealdade mútua das partes.[47]" O cliente-empresário, ao encarregar uma entidade financeira de pagar as suas dívidas aos fornecedores, tem interesse em libertar-se de tarefas meramente administrativas, podendo dedicar-se, assim, quase em exclusivo, ao processo produtivo. Por sua vez, a entidade de *confirming* visa, com a disponibilização deste serviço de gestão de pagamentos, para além de obter lucro, aumentar o seu *portfolio* e potenciar a sua capacidade de angariação de clientela. Isto exige de ambas as partes uma colaboração activa. O cliente-empresário deverá atempadamente enviar à entidade financeira a informação necessária à identificação e selecção dos fornecedores elegíveis, emitindo uma ordem de pagamento. Por sua vez, a entidade de *confirming*, depois de recepcionar os elementos imprescindíveis à identificação e selecção dos fornecedores elegíveis, deve proceder ao pagamento das referidas facturas. Para o efeito, o cliente-empresário abre uma conta-corrente através da qual os pagamentos são efectuados.

Daqui decorre, perspectivado na modalidade de gestão de pagamentos, a natureza mista do contrato de *confirming*. Cruza diversos mecanismos contratuais de que o contrato de prestação de serviços e a abertura de conta corrente constituem arquétipo, mas vai além desses tipos contratuais. Isto porque na determinação da natureza jurídica das figuras contratuais no âmbito do Direito Bancário, devem ser levados em conta não só aspectos estruturais, mas também aspectos funcionais. Com efeito, não raras vezes, o Direito Comercial utiliza esquemas tradicionais de contratação atribuindo-lhes funções muito distintas das funções clássicas, nomeadamente funções financeiras de que é exemplo o *factoring*, a *joint venture*. O contrato de *confirming* desempenha também uma importante função, a de pagamento das dívidas do cliente-empresário da entidade de *confirming*.

Do que vem sendo dito, podemos concluir que na modalidade de gestão de pagamentos, o contrato de *confirming* apresenta-se como um contrato-quadro organizatório, com elementos dos contratos de prestação de serviços[48] e aber-

---

[46] No que diz respeito à expressão "contrato organizatório" e respectiva definição, ver ANTÓNIO MENEZES CORDEIRO, op. cit., p. 626.
[47] Neste sentido, ver CALVÃO DA SILVA, op. cit., p. 336.
[48] Para mais desenvolvimentos sobre o contrato de prestação de serviços e respectivas modalidades, consultar LUIS MANUEL TELES DE MENEZES LEITÃO, "Direito das Obrigações...", pp. 427 e ss.

tura de conta corrente com uma função de pagamento. Muito embora seja tecnicamente atípico, corresponde a um tipo social de actuação.[49]

3. Na modalidade de serviço de financiamento ao cliente-empresário.

Nesta modalidade de *confirming*, o cliente-empresário, em função das suas necessidades, pode solicitar à entidade de *confirming* que adiante os fundos necessários para pagar aos seus fornecedores. Pode ainda acontecer que devendo provisionar[50] a entidade de *confirming* com os montantes indispensáveis à liquidação das suas dívidas, o cliente-empresário o não faça[51], decidindo a entidade de *confirming*, ainda assim, proceder à liquidação das facturas, recorrendo à figura do descoberto bancário.

Nesta vertente, o contrato de *confirming* consolida a sua natureza de contrato-quadro organizatório, contendo, agora, não só elementos caracterizadores dos contratos de prestação de serviços e abertura de conta corrente mas ainda elementos do contrato de descoberto bancário[52], com uma função predominantemente financeira, isto é, desempenha as funções de mútuo bancário. Legalmente atípico, corresponde a um tipo social de actuação.[53]

---

[49] Como ensina PEDRO PAIS DE VASCONCELOS "Tem acontecido com alguma frequência a importação de tipos contratuais originários de outros sistemas e que são muito diferentes de tudo quanto está consagrado tipicamente, quer na lei quer na prática. Tal tem sucedido com contratos que são típicos no sistema anglo-americano como, por exemplo, o "leasing", o "factoring", o "franchising" e que em grande parte dos ordenamentos europeus continentais são legalmente atípicos, embora socialmente típicos. Cfr. PEDRO PAIS DE VASCONCELOS, op. cit., pp. 212 e ss.

[50] O conteúdo contratual do *confirming* costuma consagrar que a entidade financeira fica expressa e irrevogavelmente autorizada a debitar a conta de depósito à ordem do cliente indicada nas condições particulares, pelo montante de cada ordem de pagamento, obrigando-se o cliente a manter a referida conta de depósito à ordem devida e antecipadamente provisionada com fundos suficientes e imediatamente disponíveis para o efeito.

[51] É habitual o contrato de *confirming* contemplar uma cláusula nos termos da qual a entidade de *confirming*, sempre que na data de pagamento não possa pagar os avisos de pagamento por falta de saldo disponível da conta de depósito à ordem do cliente indicada nas condições particulares, este fica obrigado a informar os fornecedores quanto à forma pretendida de regularização, reiterando que a entidade de *confirming* é expressamente exonerada de qualquer responsabilidade quanto à satisfação do disposto nos avisos de pagamento.

[52] Compulsando a jurisprudência dos nossos tribunais superiores "O "descoberto em conta" apresenta-se como uma afloração clara da relevância jurídica das relações contratuais de facto: as relações entre o Banco e o cliente resultam de um comportamento típico de confiança coenvolvendo uma proposta tácita de ordem de levantamento por parte do cliente e a aceitação tácita dessa ordem pelo Banco. O "descoberto em conta" ficará sujeito ao regime do contrato de mútuo, dado a sua natureza ser semelhante à do contrato de depósito bancário." (cfr. Ac. STJ, de 16-03-2000, MIRANDA GUSMÃO, Processo Nº 99B1221, in http://www.stj.pt/?idm=43).

[53] No que concerne a esta modalidade, GRIMALDOS GARCIA continua a defender a tese de que o contrato de *confirming* consubstancia um contrato de mandato ou comissão mercantil com

4. Na modalidade de serviço de financiamento aos fornecedores

No âmbito de um contrato de *confirming*, compete à entidade de *confirming*, na qualidade de gestora de pagamentos do cliente-empresário, processar toda a informação recebida sob a forma de ordens de pagamento e informar os fornecedores que aceitou a relação de documentos a regularizar, a data de pagamento e o montante correspondente.[54]

Não obstante, é próprio da dinâmica contratual do *confirming*, que a entidade financeira convide os fornecedores do seu cliente-empresário a aceitar a antecipação do pagamento das quantias que lhes sejam devidas, através da cessão pelo fornecedor à entidade de *confirming* dos respectivos créditos. Para o efeito, a entidade de *confirming* emite propostas dirigidas aos fornecedores tendo por base o aviso de pagamento, no qual poderá incluir essa oferta de cessão, a qual, sendo aceite[55], deverá ser formalizada através de um contrato de cessão de créditos.

subrogação. Escreve esta Autora "En esta modalidad del contrato de *confirming*, el cliente puede elegir, respecto a cada remesa de facturas cuyo pago ordena a la entidad de *confirming*, proveer los fondos a la fecha de vencimiento medio ponderado de sus deudas o, si lo estima conveniente, solicitar a la entidad de *confirming* que adelante los fondos precisos para atender los pagos o, si pagó anticipadamente en su nombre y adquirió el crédito por subrogación, que retrase el cobro respecto a la fecha de vencimiento del crédito adquirido." (...) Se trata de una estipulación que no altera la estructura básica del contrato como subespecie de la comisión mercantil, ni varía la función económico-social perseguida con el negocio, la gestión de pagos." Não cremos, no entanto, que a tese da subrogação seja compatível com a de mandato mercantil. Isto porque, tendo o devedor capacidade pode cumprir ele próprio ou fazer-se substituir no acto da prestação por um representante voluntário (art. 767º/1 CC), não podendo, todavia, o credor ser constrangido a receber de terceiro a prestação, quando se tenha acordado expressamente em que esta deva ser feita pelo devedor, ou quando a substituição o prejudique (art. 767º/2 CC). Em ambas as hipóteses, isto é, quer a prestação seja cumprida pelo próprio devedor ou por um seu representante, é o devedor quem juridicamente cumpre a obrigação. Ao lado do cumprimento efectuado pelo devedor, directamente ou por intermédio de um representante legal ou voluntário, a lei admite que a prestação seja cumprida por terceiro, sendo que o credor que recebe a prestação de terceiro pode subrogá-lo nos seus direitos, desde que o faça expressamente até ao momento do cumprimento da obrigação (art. 589º do CC). Acontece, porém, que se admitirmos que o contrato de *confirming* é um contrato de mandato comercial, a entidade de *confirming* não é um terceiro para efeitos de cumprimento da prestação, uma vez que ela actua na veste de representante do devedor (cliente-empresário). Cfr. GRIMALDOS GARCIA, op. cit., pp. 90. Quanto à subrogação, cfr. MÁRIO JÚLIO DE ALMEIDA COSTA, op. cit., pp. 752 e ss e 923 e ss. e JOÃO DE MATOS ANTUNES VARELA, "Das Obrigações Em Geral", Volume II, Almedina, Reimpressão da 7.ª Edição, 2001, p. 334 e ss.

[54] Neste tipo de contrato poderá ser aposta uma cláusula que obrigue o cliente-empresário a informar o fornecedor que o aviso de pagamento não constituirá garantia de pagamento por parte da entidade de *confirming* na data de pagamento, uma vez que tal liquidação poderá depender da efectiva provisão, em fundos imediatamente disponíveis, e da concretização do débito do mesmo montante na conta de depósito à ordem do cliente

[55] É de referir que a não-aceitação do contrato de cessão de créditos não implica a anulação da ordem de pagamento ou aviso de pagamento, ficando, porém, sem efeito, a cessão de créditos.

Na modalidade agora descrita densifica-se a complexidade de entrelaçamento de esquemas contratuais entre as três partes intervenientes: entidade de *confirming*, cliente-empresário e fornecedores.

Nesta vertente, o contrato de *confirming*, sem embargo de continuar a reunir elementos de vários negócios regulados na lei, está na base da eventual celebração de outro negócio jurídico: um contrato de cessão de créditos.

Neste caso, estamos perante dois contratos entre si ligados, todavia sem prejuízo da individualidade própria que subsiste.

Quer isto dizer que o *confirming* que, nas duas modalidades anteriores, consubstanciava um contrato misto, parece agora, na modalidade de serviço de financiamento aos fornecedores, perfilar-se como um exemplo de união ou coligação de contratos.

É comummente aceite que na união ou coligação de contratos há pluralidade de contratos enquanto que nos contratos mistos há uma unidade contratual[56].

Em rigor, na coligação sucede que os contratos, mantendo embora a sua individualidade, estão ligados entre si, segundo a intenção dos contraentes assente num nexo funcional que influi na respectiva disciplina. A relação de dependência assim criada pode assumir as mais diversas formas. Um dos contratos pode funcionar como condição, contraprestação ou motivo do outro, sendo certo que a opção por um ou outro está dependente da verificação ou não verificação da mesma condição. Não raras vezes um dos contratos constituirá a base negocial do outro.

Em todos estes casos há já uma certa dependência entre os contratos coligados, criada pelas cláusulas acessórias ou pela relação de correspectividade ou de motivação que afectam um deles ou ambos. No entanto, não destroem a sua individualidade nem as cláusulas acessórias, nem o nexo de correspectividade ou de motivação que prendem um dos contratos ao outro.[57]

---

[56] No que diz respeito à distinção entre contratos mistos e união ou coligação de contratos, seguimos de perto os estudos de MÁRIO JÚLIO DE ALMEIDA COSTA, op. cit., pp. 331 e ss, JOÃO DE MATOS ANTUNES VARELA, op. cit., vol. I, pp. 279 e ss e PEDRO PAIS DE VASCONCELOS, op. cit., pp. 215 e ss.

[57] Orientação diversa é preconizada pela Autora Grimaldos Garcia que, a propósito desta modalidade – serviço de financiamento aos fornecedores – escreve "En consecuencia, consideramos que una explicación coherente de esta situación jurídica se consigue entendiendo que, en efecto, hay transmisión de los créditos cuya satisfacción anticipa la entidad de *confirming*, pero no como consecuencia de una compraventa de créditos sino por subrogación, por el pago anticipado en nombre propio realizado por cuenta de su comitente; y ello determinará que junto a las acciones derivadas del crédito adquirido la entidad de *confirming* posee las derivadas de la comisión en que el *confirming* consiste. Por lo que en definitiva su posición depende de tal relación jurídica subyacente y no solo del crédito adquirido". Cfr. GRIMALDOS GARCIA, op. cit., p.96.

Assim, podemos considerar, no âmbito desta modalidade, que o contrato de *confirming*, ao consagrar no seu clausulado que a entidade de *confirming* poderá seleccionar alguns ou todos os fornecedores com o fito de os convidar a aceitar a antecipação do pagamento das quantias que lhes sejam devidas, através da cessão de créditos à entidade de *confirming* pelo fornecedor dos respectivos créditos, funciona como motivo de celebração de outro contrato: o de cessão de créditos.

Nesta modalidade, o contrato de *confirming* consolida, uma vez mais, a sua natureza de contrato-quadro organizatório, mostrando-se, agora, como união ou coligação de contratos, com uma função predominantemente financeira, isto é, de financiamento. Legalmente atípico, corresponde a um tipo social de actuação.

V. O CONFIRMING E O FACTORING

Como temos vindo a analisar, na sua essência, o *confirming* consiste num serviço de gestão de pagamentos a fornecedores. A celebração deste contrato possibilita, porém, a concretização de outras duas operações, uma de pagamento antecipado, pela entidade de *confirming*, dos montantes apostos nas facturas ou a possibilidade do fornecedor diferir para data posterior à do vencimento das facturas a liquidação das mesmas a troco do pagamento de juros, permitindo, dessa forma, rentabilizar excedentes de tesouraria. Assim perspectivado, o *confirming* poderá parecer um *factoring*[58][59] ao contrário, isto é, enquanto que no *factoring* é o fornecedor quem contrata a entidade financeira para fazer a gestão das suas cobranças junto de um ou mais clientes, no *confirming* é o devedor quem contrata

---

Há, no entanto, quem na doutrina espanhola se pronuncie favoravelmente pela cessão de créditos "Concretamente, en el caso de que el proveedor utilice el pago que le confirme el Banco para pagar o garantizar operaciones con terceros – su propio Banco incluso – a través de la cesión del crédito". Cfr. SANTANDREU/SANTANDREU/SANTANDREU, op. cit., p. 304.

[58] Ou contrato de cessão financeira. Cfr. ANTÓNIO MENEZES CORDEIRO, op. cit., p. 610.

[59] A actividade de *factoring* consubstancia uma actividade parabancária, disciplinada actualmente pelo D. L. 171/95, de 18 de Junho, alterado pelo Decreto-Lei 186/2002, de 21 de Agosto. Nos termos do disposto no artigo 2º desse diploma legal, o *factoring* assenta na aquisição (por intermediário financeiro - factor ou cessionário - de créditos de curto prazo (30, 90 e 180 dias) resultantes da venda de produtos ou da prestação de serviços nos mercados interno e externo. O regime jurídico previsto nesse diploma é, no entanto, insuficiente, pelo que há necessidade de recorrer a regras de outros contratos, fazendo, desse modo, uso no âmbito do contrato de *factoring* da teoria da combinação aplicada aos contratos mistos. Com efeito, aplicar-se-ia a disciplina jurídica do contrato de compra e venda (arts. 874º e ss.) com o objectivo de regular a aquisição onerosa de créditos que ocorre neste contrato bem como os artigos 1154º e ss. do CC para regular as prestações levados a cabo pelo factor que revestem essa natureza. Atenta a proximidade de regulação, a doutrina tem sustentado a aplicação analógica ao *factoring* do regime do contrato de agência regulado pelo D.L. 178/86, de 3 de Julho, alterado pelo D.L. 118/93, de 13 de Abril. Cfr. Luís Manuel Teles de Menezes Leitão, "Cessão de Créditos", Almedina, 2005, p. 512.

a entidade financeira para que esta faça a gestão dos pagamentos das suas dívidas junto dos fornecedores. No entanto, esta perece-nos uma visão demasiado simplista do contrato de *confirming* e respectivos elementos caracterizadores.[60]

No que concerne à relação cliente-entidade financeira a primeira diferença que se vislumbra assenta nos princípios que a regula.

Uma operação de factoring é dominada pelos princípios[61] de globalidade[62] e exclusividade[63] [64].

No que tange ao primeiro, o facturizado transfere ou obriga-se a transferir ao outro contraente a totalidade ou parte dos seus créditos comerciais. Por sua vez, no contrato de *confirming* é o cliente quem determina quais as facturas que devem ser liquidadas pela entidade de *confirming*. Não têm de ser necessariamente todas, nem sequer todas de um mesmo cliente, pese embora algumas entidades de *confirming* exijam que cada remessa de facturas remetidas por cliente atinja um certo número, sem qualquer outro requisito adicional.

No que diz respeito ao princípio da exclusividade, o cliente obriga-se a não manter relações de *factoring* com entidades distintas da primeiramente contratada. Ao contrário, é usual, no *confirming*, a selecção, pelo cliente, de várias entidades com as quais trabalha em simultâneo, inexistindo, em conformidade, no conteúdo contratual do *confirming*, uma cláusula de exclusividade.

Mais consideramos, ao contrário do que ocorre no *factoring*, no âmago do *confirming* não está uma operação de transferência de créditos, pese embora ela possa ocorrer, mas sim um contrato de gestão de pagamentos, em que uma entidade financeira, a pedido de um cliente empresário, que abre para o efeito uma conta corrente, liquida as dívidas deste junto dos fornecedores, após recepcionar as facturas enviadas pelo seu cliente.

---

[60] Ver neste sentido PULIDO FERNANDEZ, op. cit., p. 76 que seguimos de perto no que tange às diferenças existentes entre *confirming* e *factoring*.

[61] Pese embora não se encontrar expressamente consagrado no diploma legal que disciplina o *factoring*, este contrato costuma ser subordinado aos princípios da globalidade e exclusividade, o que leva a que o contrato usualmente contemple, no seu clausulado, cláusulas de globalidade e exclusividade. Cfr. Luís Manuel Teles de Menezes Leitão, "Cessão de Créditos ...", p. 519.

[62] Como ensina SÓNIA ALEXANDRA MOTA DE CARVALHO, no factoring "é comum estarem previstas cláusulas através das quais o cedente se obriga a oferecer, em cessão, todos os seus créditos comerciais que se vençam a curto prazo". Cfr. SÓNIA ALEXANDRA MOTA DE CARVALHO, "O Contrato de Factoring Na Prática negocial e a sua Natureza Jurídica", Teses, Porto 2007, Publicações Universidade Católica, p. 192

[63] O conteúdo de um contrato de *factoring* contém normalmente uma cláusula de exclusividade através da qual o cedente assume a obrigação de não celebrar outro contrato da mesma natureza, durante o período de vigência deste. Cfr. SÓNIA ALEXANDRA MOTA DE CARVALHO, op. cit., p. 191."

[64] Princípios esses referidos no art. 1º, alínea b) do Aviso do Banco de Portugal de 4/91, de 25 de Março.

Há, ainda, outro argumento decisivo para a tese que aqui defendemos. Aquando da concessão de financiamento, no *factoring*, a entidade financeira atende fundamentalmente à solvência patrimonial dos devedores e não do cliente, enquanto que no *confirming* a entidade financeira estuda sobretudo a situação patrimonial do cliente que solicita os seus serviços de gestão de pagamentos e não a dos fornecedores.

Como se referiu *supra*, a celebração de um contrato de *confirming* é um instrumento de projecção funcional de um contrato de cessão de créditos entre a entidade de *confirming* e o fornecedor no caso deste querer ver pagos antecipadamente os seus créditos. Isto levou algumas entidades a referirem-se ao *confirming* como *factoring* a fornecedores, uma vez que em ambos se verifica uma cessão de créditos. Entendemos, no entanto, não ser esta a solução a adoptar. Porquanto, também aqui existem diferenças no que toca aos princípios da globalidade e da exclusividade. No contrato de *confirming*, o fornecedor poderá optar entre antecipar uma única factura ou várias, mas não necessariamente todas as facturas cuja antecipação do pagamento seja pela entidade de *confirming* ofertada, pelo que arredado fica o princípio da globalidade do âmbito do *confirming*. Além do mais, o cliente-empresário encarrega a entidade de *confirming* da gestão de pagamentos de uma remessa concreta de facturas, por isso só essa entidade poderá oferecer a antecipação do pagamento das mesmas. Deste ponto de vista, o princípio da exclusividade parece estar preenchido para as facturas que compõem essa remessa. O fornecedor apenas poderá receber a antecipação do pagamento dessa entidade. Sem embargo do que antecede, esse cliente pode encarregar a gestão de pagamento de outras remessas de facturas desse mesmo fornecedor a outras entidades financeiras, pelo que, em definitivo, o fornecedor receberia o pagamento, em antecipação, das suas facturas através de distintas entidades financeiras, pelo que afastado fica também o princípio da exclusividade do âmbito deste contrato.

Em qualquer caso, o *confirming* não se configura apenas e só como um serviço de financiamento a fornecedores. É, antes, um serviço de gestão de pagamentos prestado pela entidade de *confirming* a pedido de um cliente-empresário. Mesmo que os fornecedores não aceitem o pagamento antecipado das facturas, a subsistência do *confirming* está assegurada, podendo os fornecedores receber os montantes a que se reportam os avisos de pagamento, pelo que consideramos não fazer sentido a expressão *factoring* a fornecedores.

VI. CONTRATO DE CONFIRMING. CESSÃO DE CRÉDITOS. SUB-ROGAÇÃO

Ao longo da exposição precedente vimos que o *confirming* poderá constituir para o fornecedor uma forma rápida e simples de financiamento.

As questões mais complexas a dilucidar no âmbito do contrato em análise prendem-se precisamente com o *confirming* na modalidade de financiamento aos fornecedores.

Sem embargo, do estudo desenvolvido até ao momento, e atendendo aos usos bancários, podemos concluir que o mecanismo que torna possível a antecipação do pagamento dos montantes apostos nas facturas, pela entidade financeira, aos fornecedores, é o da cessão de créditos.

Há, porém, quem veja no *confirming*, na modalidade de serviço de financiamento aos fornecedores, uma transmissão do crédito para a entidade de *confirming* não com fundamento na cessão de créditos, mas sim na sub-rogação[65].

Num esforço de síntese, uma das principais diferenças entre um e outro instituto reside no facto da sub-rogação pressupor a satisfação do crédito, sendo que tal satisfação representa a condição e a medida dos direitos do terceiro sub-rogado[66]. Pelo contrário, na cessão de créditos os direitos do cessionário definem-se nos termos do negócio, a título gratuito ou oneroso, que lhe serviu de base.

Concretizando, o terceiro sub-rogado, que tiver pago €10.000,00, será credor de €10.000,00. O cessionário, na hipótese de negócio gratuito, pode ser credor de €10.000,00 sem ter pago nada em troca ou, no caso de cessão onerosa, ser credor da mesma quantia, tendo o adquirido o crédito por um valor inferior ao seu valor nominal.

À diferença apontada não ficará alheio o facto da cessão servir o interesse da circulação do crédito, enquanto que a sub-rogação visa somente compensar o sacrifício que o terceiro chamou a si com o cumprimento da obrigação alheia[67].

Acresce que a sub-rogação pode concretizar-se por acordo entre o credor e o terceiro, ou entre este e o devedor, ou até, de direito, sem a vontade do credor e do devedor. A cessão, ao invés, pressupõe necessariamente o concurso da vontade do credor.

---

[65] Esta tese é defendida por Grimaldos Garcia. Escreve esta Autora "La oferta de pago anticipado de los créditos es realizada por la entidad de confiming en cumplimiento del encargo de su mandante. Concurren en este supuesto los requisitos necesarios para que se produzca un pago por tercero con subrogación. La entidad de *confirming* es, a los afectos del pago anticipado, un tercero ajeno a la relación obligatoria origen del crédito satisfecho. De un lado, la entidad de *confirming* paga sin estar obligada a ello con los acreedores de su cliente puesto la relación comercial de la que nace el crédito que se ofrece a satisfacer le es totalmente ajena, y solo vincula (salvo, naturalmente, de haber garantes), a su cliente y al acreedor de este." Cfr. GRIMALDOS GARCIA, op. cit., pp. 105.

[66] Poder-se-á ler no Assento de 9 de Novembro de 1977 do Supremo Tribunal de Justiça "Não há sub-rogação sem satisfação efectiva da prestação; o pagamento, como pressuposto daquela, é a condição e medida dos direitos do sub-rogado. Cfr. Assento de 9 de Novembro de 1977 do Supremo Tribunal de Justiça, Boletim do Ministério da Justiça, nº 271, p. 106.

[67] Cfr. JOÃO DE MATOS ANTUNES VARELA, op. cit., vol. II, pp. 336

Além do mais, o sub-rogado, ensina Almeida Costa, "no caso de sub-rogação parcial, suporta a preferência, do credor primitivo ou do cessionário, pelo resto do crédito – segundo a conhecida regra de que se entende que ninguém sub-roga contra si próprio. Ora, não existe na cessão essa vantagem do cedente em face do cessionário."[68]

Face às diferenças apontadas, não parece difícil afastar do contrato de *confirming*, na modalidade de serviço de financiamento aos fornecedores, a disciplina jurídica da sub-rogação.

Porquanto, no contrato em análise, quando a entidade de *confirming* oferece a antecipação do pagamento das facturas aos fornecedores, a transmissão de créditos dá-se, de acordo com a prática bancária, por força de um contrato escrito celebrado entre a entidade de *confirming* e o fornecedor a que as partes atribuem o *nomen iuris* "contrato de cessão de créditos." Vimos já que o intérprete jurídico não está vinculado ao *nomen iuris* dado pelas partes. Contudo, parece-nos que, *in casu*, o nome atribuído corresponde efectivamente às declarações de vontade emitidas pelas partes. Se analisarmos a primeira das diferenças apontadas, concluímos, desde logo, que a entidade de *confirming* adquire tais créditos por um valor inferior ao seu valor nominal, através da cobrança de uma comissão de cessão, pelo que, ao contrário do que acontece na sub-rogação, os direitos do cessionário não se medem em função do cumprimento. Tal aquisição é concretizada mediante uma proposta de compra e venda dos créditos dirigida pela entidade de *confirming* aos fornecedores, a qual, sendo aceite, é formalizada através da celebração de um contrato escrito entre as partes. Assim, a transmissão dos créditos, no âmbito do *confirming*, pressupõe necessariamente o concurso da vontade do credor, isto é, do fornecedor, sendo que, como observamos, tal concurso não é imprescindível no âmbito da subrogação.

O recurso ao instituto da cessão de créditos pela entidade de *confirming* não é, em face do quem sendo dito, despiciente, uma vez que, este contrato, enquanto produto financeiro, visa a circulação do crédito, e não, como acontece na sub-rogação, a mera compensação do sacrifício que o terceiro chamou a si com o cumprimento da obrigação alheia[69]. Atenta a função económica do *confirming*, estranho seria o recurso, pela entidade de *confirming*, à sub-rogação quando sabemos que

---

[68] Cfr. MÁRIO JÚLIO DE ALMEIDA COSTA, op. cit., p. 758.
[69] Observam Planiol, Ripert e Radouant, citados por Vaz Serra, que embora tenham tido uma origem comum, a cessão e a sub-rogação diferenciam-se por motivos de natureza económica. "A cessão tornou-se a operação de especulação, a sub-rogação foi concebida como a operação de benevolência, o acto de amigo, que não comporta para o seu autor o direito de realizar um benefício e que deve saldar-se simplesmente para ele com a ausência de perda, isto é, com o reembolsou do que pagou". Cfr. VAZ SERRA, "Sub-Rogação Nos Direitos do Credor", Boletim do Ministério da Justiça, nº 37, pp. 14 e ss.

a disciplina deste instituto jurídico, onde vigora a regra "nemo contra se subrogasse censetur" é-lhe mais desfavorável que a da cessão de créditos.

Em síntese, examinadas as diferenças, cremos que tem de ser posta de lado a doutrina que defende a aplicação, quanto à transmissão de créditos no *confirming*, na modalidade de serviço de financiamento aos fornecedores, do regime jurídico da sub-rogação, aplicando-se, antes a disciplina jurídica da cessão de créditos.

VII. A UTILIZAÇÃO DO CONFIRMING PELAS AUTARQUIAS LOCAIS
No seu âmago, o *confirming* traduz uma actividade de prestação de serviços desenvolvida pela entidade financeira assente na gestão de pagamentos das facturas emitidas pelos fornecedores do seu cliente. A entidade financeira compromete-se a efectuar os pagamentos ordenados pelo seu cliente, após recepção das denominadas facturas confirmadas cujo envio compete ao próprio cliente que se obriga, igualmente, a disponibilizar os fundos necessários para o efeito ("*confirming* simples"). No *confirming* de financiamento, a entidade financeira adianta os fundos necessários à satisfação dos valores em dívida, sendo que o cliente-empresário se obriga a restituir os fundos adiantados na data e à taxa de juro acordadas com a entidade de *confirming*. Uma vez que o contrato de *confirming* raramente surge como um mero serviço de gestão de pagamentos ou como um serviço de financiamento ao seu cliente, a entidade de *confirming* pode igualmente oferecer aos fornecedores a possibilidade de serem pagos em data anterior à do vencimento das facturas ou diferirem para data posterior à do seu vencimento a liquidação das mesmas a troco de pagamento de juros, permitindo-lhe, deste modo, rentabilizar excedentes de tesouraria.

O contrato de *confirming* perfila-se como um contrato inominado e atípico, oneroso, bilateral, primordialmente consensual, de adesão, duradouro ou de execução continuada e, por último, comercial.

Na verdade, o *confirming* nasceu vocacionado para fazer face às exigências de uma realidade empresarial cada vez mais complexa. Assim, a aplicação deste produto financeiro, originariamente desenhado para as empresas, à realidade autárquica suscita-nos muitas dúvidas. Questionamos se um contrato de *confirming* diz directamente respeito à prossecução de interesses próprios das populações respectivas ou, se pelo contrário, se prende com razões internas, de funcionamento da própria Administração. Se concluirmos pela inexistência de interesses próprias das respectivas populações, não podemos deixar de questionar a validade de um contrato de *confirming* celebrado por uma autarquia local por violação do princípio da especialidade. Discutimos, igualmente, se a utilidade social das despesas que o *confirming* importa, através do pagamento de elevadas comissões, são superiores ao correspondente custo económico. Em caso de resposta negativa, estaria, assim, prejudicada a regra da economicidade ou da boa gestão.

A decisão de contrair ou não determinada despesa deve ser prudentemente sopesada com a consideração das vantagens e dos custos que a mesma poderá implicar. Com efeito, atentos, por um lado, os custos elevados do *confirming* e, por outro lado, a necessidade de, regra geral, o cliente ter de provisionar antecipadamente a conta-corrente aberta junto da entidade financeira para que esta liquide as facturas na sua data de vencimento, este contrato parece apresentar mais desvantagens do que vantagens. Afinal, estamos a falar do recurso a fundos públicos para gerir um serviço que pode ser prestado pelos recursos humanos que as autarquias locais dispõem, tudo se resumindo a uma gestão eficiente dos recursos humanos afectos a este serviço. Parece-nos, pois, que um eventual recurso ao *confirming* pelos municípios prende-se mais com questões de conveniência do que oportunidade.

O *confirming* poderá também, em determinadas modalidades, representar igualmente a celebração de um contrato de abertura de conta e descoberto bancário e ainda que respeitados os princípios rígidos no que concerne à contracção de empréstimos pelo poder local não podemos esquecer o âmago deste contrato que se perfila como um serviço de gestão de pagamentos a fornecedores. Nesse pressuposto consideramos que a celebração de um contrato de *confirming*, pelas autarquias locais, poderá ofender os princípios da especialidade e da boa gestão ou economicidade.

Esta parece-nos, de resto, atenta a conjuntura actual, e o esforço dos legisladores nacional e comunitário no sentido de controlarem e racionalizarem os gastos públicos, ser o entendimento mais prudente dos aludidos princípios, afastando, para já, o *confirming* da realidade financeira autárquica.

Este contrato perfila-se como um produto dispendioso, apenas acessível, de um ponto de vista financeiro, às médias e grandes empresas, pelo que o recurso pelas autarquias locais ao *confirming* poderia significar fragilizar o apertado quadro normativo em matéria de finanças locais.

Sem prejuízo, consideramos possível, futuramente, uma abertura doutrinal e legal à admissibilidade do recurso ao *confirming* pelas autarquias locais.

É indiscutível que a Administração Pública é lenta na adopção de mecanismos inovadores e que só lança mão deles depois de devidamente testados. É igualmente inequívoco que uma Administração Pública moderna tem cada vez menos rebuço em adoptar mecanismos de imaginação privada. Foi, de resto, assim, com o contrato de *factoring*. No entanto, compreendem-se as cautelas e as limitações obrigatoriamente aplicadas à administração local, em que a mínima brecha é aproveitada, não raras vezes, para a construção de finanças locais *criativas* que podem subverter nomeadamente os apertados objectivos do Pacto de Estabilidade e Crescimento.

No entanto, em simultâneo com o aprofundamento da transparência da Administração, em particular da local, na contratação pública, através da entrada em vigor do novo Código dos Contratos Públicos, toma-se consciência que há uma sobrevalorização dos preços praticados pelos privados quando negoceiam com os entes públicos assim antecipando e fixando eles próprios a penalização pelo reiterado incumprimento dos prazos da Administração no que concerne ao pagamento do preço pelos serviços contratados ou pelos bens adquiridos. Dito de outra forma, será crível que, a curto prazo, se consolide a percepção de que o *confirming*, muito embora seja um produto caro, possa corresponder à essência dos princípios que norteiam a Administração Local em matéria financeira, uma vez que possibilita a racionalização, *rectius* a redução de recursos humanos e, sempre, a diminuição dos valores monetários apresentados pelos privados à Administração face ao conforto que a intervenção de uma entidade financeira possibilita no reforço das relações fiduciárias entre a Administração e os seus fornecedores. De resto, a utilização do *confirming*, neste quadro de transparência, será simultaneamente causa-efeito de uma Administração, sujeita já a rankings baseados em critérios similares aos empregues nos sectores privados, que se perfila cada vez mais moderna, ágil e inovadora.

VIII. FACTOS EXTINTIVOS DO CONTRATO DE CONFIRMING

1. Denúncia

De acordo com a prática e os usos bancários, o contrato de *confirming* vigora pelo prazo mínimo de um ano prorrogável[70][71] automaticamente por sucessivos períodos anuais ou prorrogável por tempo indeterminado[72], salvo se qualquer uma

---

[70] Há que valorar positivamente a consagração, pelas partes, de um prazo de pré-aviso na hipótese de uma das partes decidir não prorrogar o contrato. O pré-aviso possibilita à outra parte adoptar temporariamente as medidas necessárias para se adaptar à fase posterior à extinção da relação contratual. Cfr. GRIMALDOS GARCIA, op. cit., p. 122.

[71] Atendendo ao facto do contrato se prorrogar tacitamente, é possível que uma das partes dê por extinta a relação contratual, não cumprindo o dever de pré-avisar a outra parte de que não pretende prorrogar o contrato, confiando a outra parte que o contrato se renovou. Nesta hipótese, o contraente que incumpriu o dever de pré-aviso deverá indemnizar a outra parte pelos danos e prejuízos causados. Danos e prejuízos muito significativos para o cliente-empresário na hipótese de ser a entidade de *confirming* a incumprir o dever de pré-aviso. *Vide* GRIMALDOS GARCIA, op.cit., p. 122

[72] A prorrogação por tempo indeterminado acontece, na prática, menos vezes, transformando o que era inicialmente um contrato com duração determinada num contrato com duração indeterminada. Ensina Almeida Costa que deve admitir-se a denúncia sem uma específica causa justificativa nos contratos de duração indeterminada, uma vez que decorre da tutela necessária da autonomia dos sujeitos, que fica prejudicada por um vínculo demasiado longo. É uma exigência da ordem pública nos termos do art. 280º/2 do CC. Porém, como adverte este mesmo Autor, torna-se indispensável um aviso prévio, cuja antecedência adequada se apura, tendo em conta as circunstâncias de cada

das partes manifestar o propósito de o denunciar. Tal denúncia é, na prática, feita através do envio de carta registada com aviso de recepção para a morada da outra entidade, remetida com um pré-aviso de 30 dias em relação ao termo do período que estiver em curso. É ainda habitual, na estrutura de um contrato de *confirming*, ser aposta uma cláusula que permite à entidade financeira não aceitar mais ordens de pagamento a partir da data em que receber a comunicação escrita da denúncia por parte do cliente.

Tal cláusula coloca-nos muitas dúvidas quanto à sua conformidade com o regime jurídico da denúncia reconhecido pela doutrina. Vimos que, no plano dos efeitos, a denúncia destrói ex-nunc a relação duradoura. De acordo com a doutrina, portuguesa e estrangeira[73], que sobre esta matéria tem colhido audiência, subsiste uma relação congénita entre a denúncia e as relações contratuais com duração indeterminada, não podendo deixar de se reconhecer a eficácia *in futurum* da denúncia. É com base na eficácia *ex-nunc* da denúncia que colocamos algumas reservas quanto à cláusula inserta habitualmente nos contratos de *confirming* que possibilita à entidade financeira não aceitar mais ordens de pagamento a partir da data em que recebe a comunicação escrita da denúncia por parte do cliente. Isto porque, a cessação da relação contratual ocorre apenas na data do termo do contrato e não a partir da data em que a entidade financeira recebe a comunicação escrita da denúncia por parte do cliente. Os efeitos ex-nunc verificam-se apenas a partir da data do termo do contrato. Pelo que, até à cessação completa da relação obrigacional, as partes estão, em homenagem ao princípio do *pacta sunt servanda*, consagrado no art. 406º/1 do CC, adstritas ao cumprimento do plano contratual por elas traçado, inclusivamente aceitando ordens de pagamento até ao término do contrato, desde que tais ordens tenham data de liquidação anterior ou coincidente com o termo do contrato.

2. Resolução por incumprimento

Ao lado da resolução legal coabita a chamada resolução convencional. Nesta modalidade de resolução, confere-se a uma das partes ou a ambas, por convenção, o direito de resolver o contrato. Esta convenção pode coincidir com o próprio contrato. Normalmente é mesmo uma cláusula dele[74]. Na verdade, é usual, nos contratos de *confirming*, a inserção de uma cláusula nos termos da qual constitui causa bastante e fundamentada de resolução, pela entidade financeira, o

---

situação concreta, com o fito de evitar à contraparte desvantagens não razoáveis. Cfr. MÁRIO JÚLIO DE ALMEIDA COSTA, ob. citação, p. 284

[73] Cfr. Pereira Coelho, Menezes Cordeiro, Antunes Varela, Diez-Picazo, Larenz, Brox, Romagnoli, apud JOSÉ CARLOS BRANDÃO PROENÇA, "A Resolução Do Contrato No Direito Civil", Do Enquadramento Jurídico, Coimbra Editora, 2006, pp. 42, nota 81.

[74] *Vide* PIRES DE LIMA E ANTUNES VARELA, "Código Civil ...", op. cit., vol. I, p. 409

não cumprimento definitivo de quaisquer obrigações assumidas pela cliente. É ainda fundamento de resolução, pela entidade de *confirming*, de acordo com o habitualmente estipulado num contrato deste tipo, a verificação de uma situação de mora, incumprimento ou resolução de quaisquer obrigações ou contratos celebrados pelo cliente e cujo objecto sejam empréstimos, outras facilidades de crédito ou outros compromissos com incidência financeira, assumidos ou celebrados com outras entidades incluídas no sistema financeiro, português ou estrangeiro, incluindo com a própria entidade de *confirming*, ou ainda no pagamento de quaisquer obrigações contraídas no âmbito da sua actividade ou que sejam decorrentes de valores monetários ou mobiliários de qualquer natureza por si emitidos. Tal resolução costuma operar automaticamente mediante simples notificação ao cliente e sem dependência de qualquer outro pressuposto.

A estipulação convencional no que diz respeito à resolução no âmbito de um contrato de *confirming* não tem carácter unívoco, podendo colocar-se vários problemas, desde logo a averiguação dos interesses que fundamentam tais cláusulas resolutivas. Alguma doutrina estrangeira[75] defende a raiz sancionatória da estipulação convencional de um direito de resolução. Não podemos, no entanto, separar a raiz sancionatória do interesse liberatório-recuperatório da parte adimplente. Este interesse assume especial importância, de acordo com os ensinamentos de Brandão Proença[76], na hipótese da convenção assumir um conteúdo específico (e típico), traduzido no exercício do direito, no caso de incumprimento de uma ou mais obrigações taxativamente indicadas[77].

Conexionado com o problema anterior está a validade ou a nulidade das cláusulas resolutivas insertas num contrato elaborado unilateralmente (como acontece num contrato de adesão), como já vimos anteriormente. Os interesses em jogo e a inexistência de uma norma, no nosso ordenamento jurídico, semelhante à do art. 1341º do *Codice Civile* ("são ineficazes, se não forem especificamente aprovadas por escrito, as cláusulas que estabelecem, a favor da parte que impôs uma *choice coerced*, a possibilidade de resolver o contrato"[78]) aconselham um controlo judicial do conteúdo de tais cláusulas com base nos princípios da boa-fé e do *pacta sunt servanda*. Com efeito, a ofensa clamorosa dos princípios de lisura,

---

[75] FUNAIOLI citado por BRANDÃO PROENÇA. Cfr. JOSÉ CARLOS BRANDÃO PROENÇA, op. cit., p. 92, nota 81.
[76] Cfr. JOSÉ CARLOS BRANDÃO PROENÇA, op. cit., p. 92.
[77] De acordo com o apontamento doutrinário de Grimaldos Garcia, as obrigações cujo incumprimento dão origem à resolução do contrato devem pelas partes estar devidamente discriminadas. Escreve esta Autora "(...) para que las cláusulas de su tenor tengan efectos resolutorios nuestra jurisprudencia exige que "se concrete expresamente, qué o cuáles obligaciones han de incumplirse(...)" Cfr. GRIMALDOS GARCIA, op. cit., p. 124
[78] Cfr. JOSÉ CARLOS BRANDÃO PROENÇA, op. cit., p. 93.

correcção e cooperação deve ser censurada, aplicando-se o enunciado normativo dos arts.802º/2 e 808º/2 do CC ou o disposto no art. 809º do mesmo diploma legal[79]. Quer isto dizer que nem todo e qualquer incumprimento deve originar a ruptura da relação contratual, surgindo, assim, como limites materiais do direito de resolução os princípios da boa-fé (arts. 239º e 762º, ambos do CC) do abuso de direito (art. 334º) e ainda o art. 808º/2 do CC.

Da exposição precedente extrai-se que o exercício do direito de resolução, assim como as considerações atinentes ao seu campo de actuação, sugerem a elaboração de uma regra segundo a qual a resolução surge associada à imputação subjectiva do comportamento da parte "infiel".[80] Brandão Proença dilucida de forma exímia o que se entende por incumprimento "subjectivo" ou "autêntico". Ensina este Autor que a concepção dominante assenta o direito de resolução no voluntarismo do acto ou do comportamento do devedor e ao carácter necessário ou juridicamente culposo do incumprimento resolutivo[81]. É o mesmo Autor quem sugere que a resolução deve ser perspectivada do lado do credor e não do lado do devedor, uma vez que estamos perante um instituto gizado para favorecer o interesse liberatório-recuperatório do credor, independentemente da subjectividade (normal) ou da objectividade ocasional, mas igualmente relevante do inadimplemento. A resolução surge, assim, configurada como um instituto vocacionado a proteger os interesses do credor (em face do incumprimento culposo ou não culposo), funcionando a culpa como *condictio sine qua non* da indemnização pelos prejuízos derivados da resolução. Quer isto dizer que a tendência é para se superar a exigência de um comportamento censurável por parte do devedor. Porém, adverte o mesmo Autor que a ausência de um juízo de censura na resolução não é incompatível com a exigência de um incumprimento resolutivo suficientemente grave aferido pelos cânones da boa-fé[82].

É inevitável, na defluência do exposto, suscitar-nos dúvidas a inserção de cláusulas nos contratos de *confirming* nos termos das quais constitui causa bastante e fundamentada de resolução, pela entidade financeira, o não cumprimento definitivo de quaisquer obrigações assumidas pelo cliente ou ainda a verificação de uma situação de mora, incumprimento ou resolução de quaisquer obrigações ou contratos celebrados pelo cliente.

---

[79] Esta é a solução proposta por Brandão Proença. Refere o proeminente Autor que a comunidade dogmática, embora se tenha debruçado sobre este problema, não lhe deu uma resposta concreta, desvalorizando a importância de uma análise diferenciada. Cfr. JOSÉ CARLOS BRANDÃO PROENÇA, op. cit., p. 94.
[80] Cfr. JOSÉ CARLOS BRANDÃO PROENÇA, op. cit., p. 122.
[81] Cfr. JOSÉ CARLOS BRANDÃO PROENÇA, op. cit., p. 124.
[82] Cfr. JOSÉ CARLOS BRANDÃO PROENÇA, op. cit., p. 129.

Isto significa, e não perdendo de vista que o contrato de *confirming* constitui um contrato de adesão, e por isso sujeito a controlo judicial do conteúdo das suas cláusulas com base nos princípios da boa-fé e do *pacta sunt servanda*, que a estrutura normativa do *confirming*, no que diz respeito à regulação do exercício do direito de resolução, deveria tipificar quais as obrigações e os contratos[83] cujo incumprimento poderão dar lugar a resolução sob pena de a entidade de *confirming*, de forma arbitrária, poder resolver o contrato que une as partes.

Não é tarefa fácil concretizar *a priori* quais os critérios que permitem determinar, no âmbito de um contrato de *confirming*, quais os incumprimentos que possam ser qualificados como resolutórios. Daí que o princípio da boa-fé desempenhe um papel importante, funcionando como medida e limite dessa qualificação. Se há casos em que a gravidade do incumprimento depende da importância da obrigação incumprida (por exemplo, o incumprimento da obrigação de pagamento de facturas pela entidade de *confirming* ao fornecedor mais importante do cliente-empresário susceptível de o colocar numa situação de mora perante aquele), outras há em que tal gravidade assenta no incumprimento de obrigações acessórias que impedem o cumprimento pontual das prestações principais.

O plano contratual do *confirming* desenvolve-se habitualmente em torno de um conjunto de prestações particulares e sucessivas de pagamento de facturas pela entidade de *confirming* e pela liquidação de uma comissão da responsabilidade do cliente-empresário. Assim, o incumprimento parcial de forma reiterada das prestações singulares a que uma e outra parte estão obrigadas (por exemplo, o atraso sistemático do pagamento da comissão pelo cliente-empresário) podem originar incumprimento resolutório.

De qualquer modo, não podemos perder de vista, nesta sede, que com a celebração de um contrato de *confirming* as partes quiseram estabelecer entre elas uma relação duradoura formada, por sua vez, por um conjunto de prestações recíprocas e continuadas, pelo que o mesmo não assenta somente no cumprimento de uma só prestação de pagamento de facturas ou na liquidação de apenas uma comissão, mas sim na permanência do vínculo que permite a execução de várias ordens de pagamento a que corresponde a retribuição acordada. Com efeito, o incumprimento de uma determinada obrigação, que implicará consequentemente o desequilíbrio do esquema contratual, pode não significar necessariamente a desistência pela parte cumpridora do plano contratual acordado, uma vez

---

[83] A redacção utilizada pela entidade de *confirming* quanto à especificação dos contratos ("empréstimos, outras facilidades de crédito ou outros compromissos com incidência financeira") parece-nos demasiado elástica podendo dar azo a todo o tipo de arbitrariedades, pela entidade de *confirming*. Não devemos fazer uma interpretação demasiado ampla de tal redacção sob pena de secundarizarmos princípios vectores subjacentes ao cumprimento dos contratos, entre os quais se destacam, entre outros, os princípios da boa-fé e da cooperação entre as partes.

que este poderá manter a sua fisionomia inicial. O mesmo é dizer que não ficam perigadas as prestações principais ou não ficam perigadas a ponto de prejudicar todo o esquema contratual. Assim, é possível que o incumprimento absoluto de uma das obrigações não motive a resolução do contrato, pois, muito embora possa ser essencial, não compromete irremediavelmente o cumprimento das restantes obrigações e, consequentemente, do plano contratual acordado pelas partes.

Em conclusão, o incumprimento resolutório deverá ser avaliado casuisticamente, tendo em conta as obrigações em causa, a sua importância na economia do contrato, bem como a sua repercussão na execução futura do esquema contratual. Porém, tal avaliação não poderá deixar de passar pelo crivo dos princípios da boa-fé e *pacta sunt servanda*.

3. Efeitos da Resolução

Em matéria de resolução contratual o *confirming* não segue o regime geral.

Atenta a sua natureza, este contrato, enquanto contrato de execução continuada ou periódica, está sujeito à disciplina do art. 434º/2 CC. Em princípio, a resolução tem efeitos retroactivos (434º/1, 1.ª parte). Porém, tal norma é derrogada nos contratos de execução continuada ou periódica, não abrangendo a resolução as prestações já efectuadas. Tal desvio ao regime geral assenta no facto das partes, no âmbito de um contrato duradouro, estarem adstritas ao cumprimento de um conjunto de obrigações recíprocas que se vão cumprindo e extinguindo paulatinamente. Assim, não seria razoável, relativamente a prestações já cumpridas, impor às partes efeitos *ex tunc* aquando do exercício do direito de resolução. Concretizando, o contrato de *confirming* é conformado por diversas ordens de pagamento que originam várias comissões. As primeiras são cumpridas pela entidade de *confirming* segundo o acordado com o seu cliente-empresário. Por sua vez, as segundas são liquidadas pelo cliente empresário. Cada ordem de pagamento cumprida e cada comissão correspondente liquidada extinguem-se entre si. Seguindo esta linha de raciocínio, afigurar-se-ia contraditório exigir às partes, entidade de *confirming* e cliente-empresário, assim que exercessem o direito de resolução, que restituíssem o que tivesse sido prestado.

IX. CONCLUSÃO

O facto de se estar perante uma figura sobre a qual o Direito ainda não se debruçou e acerca da qual o legislador ainda não sentiu necessidade de se deter, permite, é certamente nesta fase conclusiva o relevante, elaborar uma série de hipóteses de evolução.

Sem qualquer dúvida, a aproximação, a duplicidade com um meio de garantia, será a vertente mais interessante e a que permitirá a consolidação deste mecanismo.

Aliás, numa altura em que mais do que vender, mais do que gerar negócio, o relevante é receber, claro está que cada sinal de garantia de pagamento, de credibilidade do devedor potencia uma relação comercial mais fácil e lucrativa para ambas as partes.

A ser assim poder-se-á até antecipar que o *confirming* pode vir a ser um instrumento mais racional e mais barato. Mais racional porque permitirá uma melhor utilização dos recursos humanos e uma concentração das empresas no seu *focus*. Mais barato porque o balanço entre o custo desses recursos humanos e a desconfiança entre os parceiros negociais a que acresce o sobrecusto do risco do não pagamento, em comparação com a possibilidade de obter melhores preços virá a ser positivo neste último membro da equação, não obstante a comissão paga pelo cliente-empresário.

De qualquer forma, o *confirming* trilhará o seu próprio caminho.

Saber se o momento de crise lhe favorece a implantação (face ao efeito garantia/credibilidade) ou lhe traça o epitáfio (face aos custos que numa época de falta de liquidez são sempre imensos) poderá ser a dúvida a que mais custa responder.

Veremos.

A renúncia da Maternidade: reflexão jurídica sobre a maternidade de substituição
Principais aspectos nos direitos português e brasileiro[1]

LAURA DUTRA DE ABREU

Doutoranda em Ciências Jurídico- Civilísticas, pela Faculdade de Direito da Universidade de Coimbra; Mestre em Ciências Jurídico- Civilísticas, pela Faculdade de Direito da Universidade de Coimbra- Portugal; Professora nas Disciplinas de Contratos pela Faculdade Vianna Júnior e de Empresarial e Civil- Parte Geral, pela Faculdade do Sudeste Mineiro- FACSUM

1. Introdução:

Com o avanço da medicina e da biotecnologia, surgiram novas relações jurídicas no tocante à reprodução humana. Dentro do ordenamento jurídico, ainda é muito conflitante o seu estudo, graças a uma série de pensamentos divergentes; princípios constitucionais colidentes; questões éticas, religiosas e morais que abarcam a sua estrutura; deixando, assim, muitas lacunas de ordem legal a serem preenchidas.

O trabalho em questão tratará sobre uma dessas técnicas de reprodução humana, qual seja, a maternidade de substituição. De acordo com Vera Lúcia

---

[1] Dissertação apresentada em 21 de novembro de 2008, no Programa de Mestrado em Ciências Jurídico- Civilísticas, da Faculdade de Direito da Universidade de Coimbra- Portugal, sob a orientação do Prof. Sr. Dr. Guilherme Freire Falcão de Oliveira e que foi discutida em sessão pública perante um júri constituído pelos Senhores Doutores Diogo José Paredes Leite de Campos, Doutor Guilherme Freire Falcão de Oliveira (da Universidade de Direito da Faculdade de Coimbra) e Doutora Maria Rita Aranha da Gama Lobo Xavier (da Escola de Direito Universidade Católica Portuguesa, Porto).

Raposo[2], pouco se escreveu sobre a maternidade de substituição, não só pela raridade do fenômeno, mas por ser uma ciência recente em nosso meio. No entanto, isso não significa a total inexistência do estudo do fenômeno, mesmo porque alguns trabalhos de investigação sobre esse tema têm ajudado o direito biomédico na sua evolução e aperfeiçoamento.

A maternidade de substituição, sucintamente, é a condição em que uma mulher disponibiliza o seu organismo para o desenvolvimento de uma gravidez, tendo concordado expressamente em entregar a criança ao nascer, a um outro casal, por assim dizer[3].

Foi partir da década de 1970[4], com o avanço e a modernidade da tecnologia e da ciência, que as técnicas de procriação medicamente assistida[5] (PMA), começaram a fazer parte da nossa realidade, inicialmente de maneira embrionária e, hoje, cada vez mais presentes e constantes. Não são mais consideradas ficção científica e nem tampouco intangíveis.

Ao contrário, sua função principal é fornecer subsídios necessários aos casais estéreis, que não podem ou não conseguem ter filhos e, mais atualmente, possibilitam ao indivíduo solteiro e a casais homossexuais a chance de gerar um filho, utilizando-se dessas tecnologias reprodutivas.

Tudo isso, no entanto, de acordo com Maria Helena Diniz[6], engendra implicações valorativas e éticas: de um lado, "soluciona" a esterilidade do casal que terá seu filho, com a interferência de ambos, de um só deles ou de nenhum deles; mas, de outro, acarreta graves problemas éticos, jurídicos, sociais, religiosos, psicológicos, médicos e bioéticos[7].

---

[2] RAPOSO, Vera Lúcia. *De mãe para mãe. Questões legais e éticas suscitadas pela maternidade de substituição*. Coimbra: Almedina, 2005, p. 5.

[3] Editorial Perpétuo Socorro. *Dicionário de bioética*. Aparecida: Santuário, 2001, p. 885 e ss.

[4] LEWICK, Bruno. "O homem construtível: Responsabilidade e reprodução assistida." *In* Heloisa Helena Barbosa, Vicente Paulo Barreto (orgs.), *Temas de biodireito e bioética*. Rio de Janeiro: Renovar, 2001, p. 103.

[5] São técnicas que auxiliam casais inférteis ou portadores de anomalias a engravidar, gerar uma criança, utilizando-se de ciência e medicina reprodutivas como, por exemplo, a fertilização *in vitro*, a maternidade de susbtituição, dentre outras.

[6] DINIZ, Maria Helena. *O estado atual do biodireito*. São Paulo: Saraiva, 2002, p. 477.

[7] Do ponto de vista moral, nas palavras do filósofo e sociólogo alemão Jürgen Habermas, "as convicções morais só condicionam efetivamente a vontade quando se encontram inseridas numa autocompreensão ética, que coloca a preocupação com o próprio bem-estar a serviço do interesse pela justiça. Assevera ainda o autor que dependerá da autocompreensão do sujeito o modo como desejará utilizar o alcance da nova margem de decisão. De maneira autônoma, segundo considerações normativas que se inserem na formação democrática da vontade, ou de maneira arbitrária, em função de suas preferências subjetivas que serão satisfeitas pelo mercado. Não se trata de uma atitude de crítica cultural aos avanços louváveis do conhecimento científico, mas apenas de saber se a implementação dessas conquistas afetam a nossa autocompreensão como seres que

O grande problema que envolve as técnicas de PMA, não obstante as questões logo acima mencionadas, é principalmente a questão jurídica, já que em muitos ordenamentos mundiais, inclusive no Brasil[8], não há leis específicas que regulem e nem norteiem as relações advindas dessas novas tecnologias.

Partindo deste argumento, vislumbra-se que o Direito necessita urgentemente começar a interferir, clarear e, sobretudo, regulamentar as relações jurídicas já surgidas, e vindas por surgir, gerando inúmeros conflitos e, inclusive, muito sofrimento aos que nelas estão envolvidos.

Especificamente, no caso da maternidade de substituição, com a distinção da maternidade separando o vínculo genético do gestacional, o conceito de "mãe" precisa ser reformulado. A grande questão é saber que papel os governos irão desempenhar na regulamentação deste conceito e do comércio que ronda a maternidade de substituição.

É óbvio que não é fácil ainda estabelecer os padrões ético-jurídicos que cercam este tema, mesmo porque, conforme já mencionado anteriormente, é um assunto muito elementar e conflitante.

Contudo, com este estudo, deseja-se principiar a esclarecer a necessidade e a urgência de se legitimar e auxiliar a minimizar os efeitos das relações jurídicas advindas da maternidade de substituição, principalmente de se estabelecer um novo conceito de maternidade, de "o quê é ser mãe"?!

Seria somente o fator biológico que o define? Ou seria o fator socioafetivo? Ou seria ainda o projeto parental? Fica sempre a questão: será que estamos passando por uma época em que há uma renúncia da maternidade, seja pelo altruísmo, seja pelo dinheiro ou pelo comércio? Tudo isso tem de ser delimitado juridicamente, para que os problemas legais advindos da maternidade de substituição possam ser organizados, estabelecidos e os padrões conceituais firmados.

Sem essas leis, a maternidade de substituição corre o risco de se converter num irônico resquício da história: uma tecnologia que os mercados acolheram, mas nunca fomentaram de fato[9].

---

agem de forma responsável e, em caso afirmativo, de que modo isso se dá". (HABERMAS, Jürgen. *O futuro da natureza humana. A caminho de uma eugenia liberal?* São Paulo: Martins Fontes, 2004, p. 7 e 18.)

[8] Um documento a tratar de maneira não específica no Brasil, sobre as técnicas de procriação medicamente assistida, é a Resolução do Conselho Federal de Medicina – Resolução nº 1.358/1992. Ver também o Decreto nº 5.591/2005, que trata sobre a Lei de Biossegurança e que regula as atividades e projetos que envolvam OGM (Organismos Geneticamente Modificados) e seus derivados, relacionados ao ensino com manipulação de organismos vivos, à pesquisa científica, ao desenvolvimento tecnológico e à produção industrial.

[9] Debora L. Spar (*O negócio de bebês: Como o dinheiro, a ciência e a política comandam o comércio da concepção*. Coimbra: Almedina, 2007, p. 134.

2. Conceito:

Na verdade, a maternidade de substituição não se relaciona propriamente com as técnicas de reprodução assistida (TRA). De acordo com Vera Lúcia Raposo[10], o procedimento nem exige assistência médica, mas, tal como sucede com as TRA, desafia igualmente as noções tradicionais de família e maternidade, pois pode envolver a separação da maternidade biológica nos aspectos genéticos e gestacionais[11].

Para Guilherme de Oliveira[12], pode-se entender maternidade de substituição como um contrato pelo qual uma mulher aceita gerar um filho, fazê-lo nascer, comprometer-se a entregá-lo a outra mulher, renunciando em favor desta a todos os direitos sobre a criança, inclusive à própria qualificação jurídica de mãe.

É imperioso enfatizar que esta técnica é conhecida por inúmeras denominações, tais como: útero de aluguel, barriga de aluguel, mãe de aluguel, mãe hospedeira, mãe substituta, mãe portadora, mãe de empréstimo, mãe por procuração, maternidade de substituição, entre outras[13,14].

Há quem distinga mãe portadora de mãe substituta. Segundo Stela Barbas[15], a primeira é aquela que recebe o óvulo já fecundado. Podem ser configurados diversos casos, porém o mais freqüente é o da mãe portadora que aceita abrigar em seu útero o embrião formado pelos gametas de um casal cuja mulher não pode, sob o risco de um aborto, outro perigo ou razão, assumir ela própria a gestação.

Já a mãe substituta ou de substituição é aquela inseminada com esperma puro, fornecendo, portanto, o elemento fertilizante necessário à concepção[16-17].

---

[10] RAPOSO, Vera Lúcia, *op cit.*, p. 10.
[11] No mesmo sentido assevera OLIVEIRA, Guilherme de. *Mãe só há uma (duas)! (O contrato de gestação)*. Coimbra: Coimbra Editora, 1992, p. 10.
[12] OLIVEIRA, Guilherme de. *Mãe só há uma (duas)!......op.cit.,,* p. 8-9.
[13] MENDES, Christine Keler de Lima. *Mães substitutas e a determinação da maternidade: Implicações da reprodução medicamente assistida na fertilização* in vitro *heteróloga*. Boletim Jurídico. Disponível em: http://www.boletimjuridico.com.br/doutrina/texto.asp?id=1310.
[14] Na língua inglesa, é conhecida como *surrogate mother*. Por vezes, distingue *surrogate mother* de *gestacional mother* para designar, com esta segunda expressão, a mulher que gera mas não contribui com o óvulo. Na língua italiana, é chamada de *madre substituta*; na francesa, *maternité de substituition*; na alemã, *ersatzmutterschaft* ou *leihemutterschaft*. (Vide Guilherme de Oliveira. *Mãe só há uma (duas)...*, *op. cit.*, p.9-10.) Há também as expressões em língua inglesa: *surrogacy arrangements* e *womb leasing*. Disponível em: http://www.surrogacy.com/psychres/article/surrsucc.html e em: http://iclq.oxfordjournals.org/cgi/reprint/41/4/866.pdf.
[15] BARBAS, Stela Marcos de Almeida Neves. *Direito ao patrimônio genético*. Coimbra: Almedina, reimpr. ed., 1998, p. 145.
[16] *Idem*.
[17] Em alguns países, como França, Suíça e Argentina, faz-se a distinção entre maternidade sub-rogada e maternidade compartida. Há maternidade sub-rogada quando o embrião fecundado com os gametas de um casal é implantado no útero de uma mulher que gerará a criança e a entregará aos

Existem várias modalidades em que se pode traduzir a maternidade de substituição. Segundo Oliveira, partindo-se da premissa de um casal e de uma mulher que vão gerar o filho, temos[18]: i) a fecundação com os gametas de um casal e a transferência do embrião para a mulher que gera; ii) a fecundação de um óvulo da mulher que gera, com o esperma de um doador; iii) a fecundação de um óvulo da mulher que gera, com o esperma do marido; iv) a fecundação de um óvulo da mulher do casal com o esperma de um doador e a transferência do embrião para a mulher que vai gerar o filho; v) a fecundação de um óvulo de uma doadora com o esperma de um doador e transferência do embrião para a mulher que vai gerar.

É importante frisar que nessas conjecturas inclui-se, também, uma pessoa singular, homem ou mulher, hetero ou homossexual, ou ainda um casal homossexual[19].

Na primeira, terceira e quarta hipóteses acima descritas, ainda existe um elemento comum, um vínculo genético entre o feto e um ou ambos os elementos do casal, conquanto se tenha desenvolvido no útero de uma outra mulher. Na segunda e última hipóteses, não existe qualquer conexão biológica entre o feto e o casal.

Para Raposo[20], a inexistência desse vínculo torna particularmente problemática a admissibilidade da maternidade de substituição, pois nem sempre se pode alegar, em seu favor, que se trata de um caminho a ser tomado para as pessoas realizarem o seu (hipotético) direito a ter filhos.

Importante, neste ponto, fazer uma diferenciação entre a inseminação *in vitro* heteróloga e a maternidade de substituição. Na primeira, a fecundação se dá com material fecundante colhido de uma terceira pessoa, isto é, um doador fértil e anônimo.

De acordo com Eduardo de Oliveira Leite[21], na fertilização *in vitro* heteróloga admite-se duas situações: i) de uma criança nascida após fertilização *in vitro* pelo esperma do marido e de um óvulo doado e implantado no útero da mulher; e ii) de uma criança nascida após fertilização *in vitro* de um óvulo doado ao casal e de um espermatozóide igualmente estranho, que só fica vinculado ao casal pela gestação.

---

pais biológicos após a gestação; há maternidade compartida quando uma mulher é inseminada com o gameta masculino do casal contribuindo com seu óvulo para a fecundação e comprometendo-se a entregar a criança a este casal ao final da gestação. (*Vide* CÓRDOBA, Jorge Eduardo e TORRES, Julio C. Sánchez. *Fecundación humana asistida. Aspectos jurídicos emergentes.* Córdoba: Alveroni, 2000, p. 23)

[18] OLIVEIRA, Guilherme de. *Mãe só há uma (duas)...*, op. cit., p. 8-9.
[19] RAPOSO, Vera Lúcia, op. cit., p. 14.
[20] *Idem.*
[21] LEITE, Eduardo de Oliveira. *Procriações artificiais e o direito: Aspectos médicos, religiosos, psicológicos, éticos e jurídicos.* São Paulo: RT, 1995, p. 401.

Tem-se também a situação da criança nascida após a fertilização *in vitro*, pelo óvulo da mãe e por um esperma doado por um terceiro (situação mais conhecida da FIV heteróloga).

Neste contexto, se a esterilidade for causada pela impossibilidade feminina de carregar o embrião, tema do trabalho em questão, surge o recurso da mãe de substituição, fato que inúmeras vezes pode causar confusão quanto à semelhança de ambas as técnicas[22].

Portanto, na fertilização *in vitro* heteróloga, a mãe concebe e carrega em seu ventre uma criança que, pelo ponto de vista maternal, é inteiramente sua, sem que se possa falar de maternidade dividida ou dissociada: ela é a mãe integral de uma criança, concebida após inseminação natural ou artificial, bebê de proveta ou mãe gestante de um embrião doado, mas ainda mãe pelo parto[23].

Na "mãe de substituição" a maternidade é dividida ou dissociada: a mãe genética, por impossibilidade física recorre à outra mulher, mãe gestacional, para que esta leve a termo a gravidez impossível daquela[24]. Pode acontecer, também, de a mãe gestacional ser de igual modo a doadora dos óvulos, portanto gestacional e genética, sendo a outra "mãe", a que teve o projeto parental.

Para Guilherme de Oliveira[25], se o processo se resumir a uma doação de óvulo fertilizado *in vitro* e implantado no útero da mulher do casal, deixará de se falar de todo em mãe hospedeira para se falar apenas numa FIV heteróloga.

Contudo, é importante diferenciar a técnica de fertilização *in vitro* heteróloga da prática da mãe de substituição, pois a diferença entre as duas situações é sutil, mas os efeitos daí decorrentes, especialmente em nível jurídico, são bastante diversos.

3. A Maternidade de Substituição em Portugal e no Brasil:

Em Portugal vigora a Lei nº 32, de julho de 2006, que regulamenta a utilização de técnicas de procriação medicamente assistida

Especificamente, em seu artigo 8º, que dispõe sobre a maternidade de substituição, assevera:

1. São nulos os negócios jurídicos, gratuitos ou onerosos, de maternidade de substituição;

2. Entende-se por "maternidade de substituição" qualquer situação em que a mulher se disponha a suportar uma gravidez por conta de outrem e

---

[22] Disponível em: http://www.boletimjuridico.com.br/doutrina/texto.asp?id=1310.
[23] LEITE, Eduardo de Oliveira, *op. cit.*, p. 402.
[24] Idem.
[25] OLIVEIRA, Guilherme de. *Mãe só há uma (duas)...*, *op. cit.*, p. 13.

a entregar a criança após o parto, renunciando aos poderes e deveres próprios da maternidade;
3. A mulher que suportar uma gravidez de substituição de outrem é havida, para todos os efeitos legais, como a mãe da criança que vier a nascer.

Ora, já ficou aqui estabelecida a filiação na maternidade de substituição. A lei definiu que a mãe jurídica é aquela que dá à luz, independentemente de ter ou não contribuído com o ovócito[26].

O artigo 39º da referida lei prevê as questões criminais e suas respectivas sanções. "Quem concretizar contratos de maternidade de substituição a título oneroso é punido com pena de prisão até 2 anos ou pena de multa até 240 dias", bem como, "quem promover, por qualquer meio, designadamente através de convite direto ou por interposta pessoa, ou de anúncio público, a maternidade de substituição a título oneroso é punido com pena de prisão até 2 anos ou pena de multa até 240 dias." Ou seja, somente os contratos onerosos são punidos criminalmente.

Na legislação vigente **no Brasil**, não mais se consagra, em alguns casos, a maternidade por gestação e parto. Não mais se considera a mulher que dá à luz necessariamente como aquela que forneceu o óvulo[27].

No entanto, não existe uma legislação específica que regulamente os casos de maternidade de substituição. Um documento que trata de maneira pouco específica no Brasil, sobre as técnicas de procriação medicamente assistida, é a Resolução do Conselho Federal de Medicina – Resolução nº 1.358/92 – em seu capítulo VII, sobre a gestação de substituição (doação temporária do útero).

Tal capítulo preceitua que "as clínicas, centros ou serviços de reprodução humana podem usar técnicas de RA para criarem a situação identificada como gestação de substituição, desde que exista um problema médico que impeça ou contra-indique a gestação na doadora genética". As doadoras temporárias

---

[26] Para Fernando Araújo, em sua obra: *A procriação assistida: o problema da santidade da vida*. Coimbra: Almedina, 1999, p. 37, há uma redundância da proibição e da nulidade da maternidade de substituição, sem sequer distinguir o caso da mãe portadora e biológica, do caso da simples portadora. Os tribunais norte-americanos já foram chamados a pronunciar-se sobre a situação da simples portadora, reconhecendo aí a doadora do ovócito como mãe para todos os efeitos, dada à conexão biológica (além da ênfase à necessidade de cumprimento do vínculo contratual de que emerge toda a situação).

[27] Artigo 1.597º: Presumem-se concebidos na constância do casamento os filhos: I. nascidos cento e oitenta dias, pelo menos, depois de estabelecida a convivência conjugal; II. nascidos nos trezentos dias subseqüentes à dissolução da sociedade conjugal, por morte, separação judicial, nulidade e anulação do casamento: III. havidos por fecundação artificial homóloga, mesmo que falecido o marido; IV. havidos, a qualquer tempo, quando se tratar de embriões excedentários, decorrentes de concepção artificial homóloga e; V. havidos por inseminação artificial heteróloga, desde que tenha prévia autorização do marido.

do útero devem pertencer à família da doadora genética, num parentesco até o segundo grau, sendo os demais casos sujeitos à autorização do Conselho Regional de Medicina, bem como a doação temporária do útero não poderá ter caráter lucrativo ou comercial.

Contudo, a Constituição Federal brasileira, não prevê norma alguma que regulamente o assunto. Extrai-se dela, somente, normas quanto ao direito à procriação, das normas de inviolabilidade do direito à vida (*caput* do artigo 5º); do incentivo e da liberdade de expressão à pesquisa e ao desenvolvimento científico (artigo 218); da liberdade de consciência e crença (inciso VI do artigo 5º); e ainda da previsão do planejamento familiar como livre decisão do casal (§7º do artigo 226).

A única cautela é do artigo 1.597, inciso V, do Código Civil brasileiro, que prevê que são concebidos na constância do casamento os filhos havidos por inseminação artificial heteróloga, desde que com prévia autorização do marido.

Não obstante a falta das previsões legais, tomando-se como base os princípios da legalidade e da anterioridade, vigentes no sistema jurídico brasileiro, conclui-se que a procriação artificial é de fato uma atividade lícita, pois no referido ordenamento tudo o que não é proibido, a princípio é permitido. Assim, não havendo uma proibição legal expressa e específica, nem uma tipificação de crime, são válidas as técnicas de procriação artificial na tentativa de solucionar a infertilidade humana[28].

Quanto à validade dos contratos de maternidade de substituição, propriamente dita, tem-se uma certa divergência na doutrina brasileira. Alguns autores a admitem na modalidade gratuita e, ultimamente, vêm admitindo-a também na onerosa e ,outros nem sequer chegam a admiti-la, em nehuma das duas modalidades. Há uma certa tendência, por conta da Resolução do CFM nº 1.358/92, de se admitir a maternidade de substituição, nos casos dos contratos gratuitos.

---

[28] No tocante ao Decreto nº 5.591/1995, que regulamenta a Lei 11.105/2005, Lei de Biossegurança, cabe uma ressalva. O legislador brasileiro aventurou-se a misturar assuntos tão distintos, como normas de segurança e mecanismos de fiscalização sobre construção, cultivo, produção, manipulação, transporte, transferência, importação, exportação, armazenamento, pesquisa, comercialização, consumo, liberação no meio ambiente e descarte de Organismos Geneticamente Modificados (OGM), com normas para o uso, mediante autorização, de células-tronco embrionárias obtidas de embriões humanos produzidos por fertilização *in vitro* e não utilizados no respectivo procedimento, para fins de pesquisa e terapia. A questão da maternidade de substituição ainda está sem regulamentação, conforme se depreende do texto do decreto. Só se tratou, na verdade, da "Pesquisa e da terapia com células-tronco embrionárias humanas obtidas por fertilzação *in vitro*", ver artigo nº 63, do Decreto nº 5.591/1995.

4: *Barriga de aluguel*: A maternidade contratada

Um dos questionamentos maiores dentro deste estudo envolve os contratos de gestação. Seriam eles um negócio jurídico? Existe sua validade, seja no contrato oneroso, seja no gratuito?

O reconhecimento de uma validade implica, no mundo jurídico, direitos e obrigações para cada um dos intervenientes, cujo cumprimento pontual e completo se espera. Significa também que a falta de cumprimento espontâneo de alguma obrigação justificará que o credor o exija em tribunal[29].

Do ponto de vista civil, a questão maior é a de saber como deve ser encarado o negócio jurídico celebrado pela mulher que encomenda e a mulher que gera o filho. Toda a controvérsia de sua validade se resume entre a preservação da liberdade contratual e a manutenção das relações humanas como não contratuais[30].

Partindo-se da premissa do artigo 1.796º, nº 1, do CC português, de que mãe será a mulher que gera e dá à luz, tem-se, assim, a questão básica de se saber se a mãe jurídica (geradora) pode obrigar-se, por um contrato válido, a renunciar ao estatuto de mãe e ceder o filho, depois do nascimento, à contraparte do negócio.

De outra forma, quando a mãe que tem o projeto parental e também doa os óvulos, sendo que uma "contratada" carregará a criança por nove meses e dará à luz, seria válido este contrato? Teria a mãe hospedeira de cumprir com tal contrato e entregar a criança a quem encomendou a gestação e que também é a mãe biológica?

No Direito português, de acordo com o artigo 8º, nº 1, da Lei nº 32, de julho de 2006, que regula a utilização das técnicas de PMA, os negócios jurídicos de maternidade de substituição, sejam eles gratuitos ou onerosos, são nulos.

Do ponto de vista penal português, como já visto, somente os contratos onerosos são punidos criminalmente. O artigo 39º, da Lei nº 32, de julho de 2006, prevê as questões criminais e suas respectivas sanções[31,32].

---

[29] OLIVEIRA, Guilherme de. *Mãe só há uma (duas)...*, op. cit., p. 21.

[30] RAPOSO, Vera Lúcia, op. cit., p. 46.

[31] A Grã-Bretanha, impressionada com o caso do bebê Cotton – o primeiro caso de recusa da mãe geradora de entregar o filho —, promulgou, seis meses depois de a história ter se tornado conhecida, uma lei incriminadora das atividades de angariação: a Surrogacy Arrengements Act, de 1995. Também a lei alemã, de novembro de 1989, castiga com pena de prisão a atividade dos angariadores. (*Vide* OLIVEIRA, Guilherme de. *Temas de Direito da medicina: Aspectos jurídicos da procriação medicamente assistida*. 2ª ed. aumentada, Coimbra: Coimbra Editora, 2005, p. 85-86)

[32] A maternidade de substituição de caráter comercial gira, muitas vezes, em redor da figura do intermediário, o qual pode ser uma pessoa singular, ou uma agência especializada, cuja função é a de colocar em contato as partes contratantes, estabelecer as regras a que obedecerá o contrato e verificar o cumprimento destas. Quando se opta por criminalizar a maternidade de substituição é usual que a punição recaia apenas sobre estes agentes, pois somente em relação a eles se verificam os requisitos de uma conduta criminalmente reprovável. (*Vide* RAPOSO, Vera Lúcia, op. cit., p. 38.

Contudo, apesar de esses contratos no Direito português serem nulos, não o são em todos os ordenamentos mundiais, como, por exemplo, em alguns estados dos Estados Unidos da América[33].

Na legislação brasileira, conforme já mencionado, na Resolução do Conselho Federal de Medicina, nº 1.358/92, somente se admite o uso das técnicas de RA para criar a situação identificada como gestação de substituição, desde que exista um problema médico que impeça ou contra-indique a gestação na doadora genética, devendo ser a doação temporária do útero, sem caráter lucrativo ou comercial. As doadoras temporárias do útero devem pertencer à família da doadora genética, num parentesco até o segundo grau, sendo os demais casos sujeitos à autorização do Conselho Regional de Medicina.

Não existe, portanto, norma legal que ampare a sub-rogação do útero, nem que a proíba, a não ser a citada resolução que vincula os médicos e as clínicas, mas não "as mães". Por isso a prática vem cercada de dúvidas e questionamentos que geram profunda perplexidade no meio social e grande cautela entre os juristas.

Para alguns juristas brasileiros, no entanto, como Heloisa Helena Barbosa[34] e Orlando Gomes[35], a idéia de contrato da mãe de substituição deve ser rejeitada, pois pessoas não podem ser objeto de contrato. Como afirma Heloisa Helena[36]:

Estando em jogo o estado de filiação, a natureza do direito envolvido não admite qualquer negociação, mormente remunerada.

Contudo, muitos autores o admitem de maneira gratuita, tomando como base a Resolução nº 1.358/92 do CFM, e partindo da premissa que a gratuidade não invalida o negócio jurídico[37].

Sobre o papel dos intermediários, ver: BRINIG, Margaret. *Parent and Child*, Brinig, Margaret. *Parent and Child*, s.e., s.d. p. 242.)

[33] Nos Estados Unidos, apenas os estados de Arkansas e Nevada permitem a maternidade por gestação substituta. A filiação é outorgada pelo ideal de maternidade e paternidade, seja quando a gestante substituta, casada ou não, tiver sido inseminada com sêmen do marido da mãe afetiva ou mesmo de doador anônimo. Disponível em: http://www.direitonet.com.br/artigos/x/21/06/2106/.

[34] BARBOSA, Heloisa Helena. *O estabelecimento da filiação*. p. 88, apud LEITE, Eduardo de Oliveira. *Procriações artificiais e o Direito: Aspectos médicos, religiosos, psicológicos, éticos e jurídicos*. São Paulo: RT, 1995, p. 403-4.

[35] GOMES, Orlando. *Direito da Família*. Rio de Janeiro: Forense, 1977.p. 78.

[36] BARBOSA Heloisa Helena, *op. cit.*, p. 88, apud LEITE, Eduardo de Oliveira, *op. cit.*, p. 403-4.

[37] Neste sentido ver: NETO, Francisco Vieira Lima. "Biodireito, ciência da vida, os novos desafios. A maternidade de substituição e o contrato de gestação por outrem." Maria Celeste Cordeiro Leite Santos (org.). Revista dos Tribunais, 2001, p. 140-1. No entanto, conclui-se que no Brasil o pacto de gestação não fere a moral e os bons costumes quando é feito de maneira gratuita e para solucionar problemas de infertilidade da mulher portadora do material genético. Ainda deve se ter em conta de que todas as leis nacionais, que tratam de matéria relacionada ao corpo humano e sua dignidade, como a Lei Nacional de Biosegurança e a Lei de Transplantes de Órgãos, permitem a sua manipulação e pesquisa quando há um interesse científico ou altruístico relevante.

Uma nova vertente de doutrinadores brasileiros de renome, como Maria Berenice Dias e Rodrigo da Cunha Pereira, começa a admitir a maternidade de substituição na sua forma onerosa. Concordamos com a mesma linha de pensamento da sua validade, visto que não há neste ponto a coisificação da criança que irá nascer e nem, tampouco, a subordinação da mãe de aluguel.

Tem-se suscitado alguns movimentos de repulsa face ao aluguel do útero. Conforme assevera Elizabeth S. Anderson[38], no extremo, alega-se que a admissão do aluguel do útero transformaria as mães portadoras em fábricas de crianças, e as crianças em bens de consumo duradouros, uma intolerável mercantilização de valores socialmente reputados como intangíveis[39].

No entanto, para Alan Wertheimer[40], todo o trabalho subordinado é um aluguel da nossa força corporal, ou da nossa energia mental; há exploração decerto no aluguel de útero, mas fica por demonstrar que essa exploração seja unilateral ou danosa, ou que não se faça com vantagens para ambas às partes.

Em segundo lugar, a idéia de que o aluguel do útero só é consentido pela portadora por força de um estado de necessidade, pode aparentar que as pessoas aceitam todo o desempenho de tarefas apenas por não serem mais ricas do que são[41].

Ora, quanto a "exploração" da mãe de aluguel, caso ela seja absolutamente capaz, tenha discernimento e consciência dos seus atos, não nos parece que esteja sendo "usada" de maneira pejorativa, ou forçada. O livre- arbítrio existe e ele deve ser respeitado na medida em que não fira direito de terceiros.

O que poderia vir a ser questionado seria exatamente que os contratos onerosos acabam por envolver a mercantilização de bebês e, conseqüentemente, a sua coisificação.

Não nos parece que neste ponto da maternidade contratada o objeto do negócio jurídico seja propriamente a criança, mas, sim, o útero da mãe de aluguel que irá proporcionar ao casal ou ao mentor do projeto parental ter seu filho, sendo que na maior parte dos casos essa criança carregará o material genético deste(s).

Inclusive, acorde com o artigo 13 do Código Civil brasileiro, só é defeso o ato de disposição do próprio corpo, quando importar diminuição permanente da integridade física, ou contrariar bons costumes, salvo exigência médica.

---

[38] ANDERSON, Elizabeth. *Value in Ethics and Economics*. Cambridge Mass: Harvard University Press, 1993, p. 168-89, *apud* ARAÚJO, Fernando. *A procriação assistida: O problema da santidade da vida*. Coimbra: Almedina, 1999, p. 29.

[39] Para os defensores do caráter oneroso, trata-se apenas de se pagar por um serviço de caráter pessoal, como se paga ao médico que faz um aborto terapêutico e à clínica particular que cobra, sem que se ouça dizer que, por tal fato, o feto é tratado como uma coisa.

[40] WERTHEIMER, Alan. *Two Questions about Surrogacy and Exploitation. Philosophy and Public Affairs*, 21, 1992, p. 211-39, *apud* ARAÚJO, Fernando, *op.cit.*, p. 29-30.

[41] ARAÚJO, Fernando, *op. cit.*, p. 30.

É óbvio que o "aluguel" do útero, para que um embrião possa se desenvolver durante os nove meses de gestação, não irá causar a diminuição permanente da sua integridade.

Muito menos, há que se fazer delongas acerca de que com isso esteja a se contrariar os bons costumes que, certamente, é um conceito aberto, abstrato e que tem que acompanhar a evolução e demandas que a sociedade necessita.

Portanto, em nosso ponto de vista, não há que se vislumbrar a invalidade do negócio jurídico quando se tratar da maternidade contratada onerosamente. Mesmo porque resta claro a presença de todos os elementos essenciais à validade do negócio jurídico.

Nos contratos de gestação em geral, independentemente de as legislações pátrias os aceitarem ou não, deve-se cuidar de suas conseqüências, mesmo que sejam violadas, quando os mesmos não são admitidos. As crianças que já nasceram e que nascerão fruto do recurso da maternidade de substituição, não devem, obviamente, ser objeto de sanção ou consideradas inválidas ou inexistentes, nem devem esquecer de seus laços de sangue com os pais genéticos[42].

Finalizando, quer as pessoas, quer a sociedade , quer as legislações, acabam tendo que "curvar-se" quanto a existência dessas novas tecnologias reprodutivas e têm que as considerar como um fato que ja está se araigando em nosso direito de família. A maternidade de substituição, conforme ja dito acima, está numa fase em que é "tolerada", mas que tende a ser considerada aceita, na maioria dos casos, dentro dos limites legais que cada legislação mundial a impuser.

Nas sábias palavras de Aristóteles (*Ética a Nicômaco*)[43]:

O abuso não pode eliminar o uso. A posssibilidade de um uso eticamente aceitável de uma técnica, fruto do saber humano, não pode eliminar o seu uso se ela é de benefício para os demais membros dessa sociedade. O que procede é o seu estrito regulamento no marco do bem comum. Este marco é a LEI.

---

[42] BARBAS, Stela Marcos de Almeida Neves, *op. cit.*, p. 158.
[43] ARISTÓTELES. *Ética a Nicômaco*. Trad. de Leonel Vallandro e Gerd Bornheim da versão inglesa de W.A. Pickard. Col. Os Pensadores, São Paulo: Abril Cultural, 1973.

Contemplando a Educação Jurídica e construindo a Justiça Social: um diálogo criativo com a doutrina de Diogo Leite de Campos

RAFAEL AUGUSTO DE MOURA PAIVA

Advogado no Brasil e em Portugal, Mestre e Doutorando em Ciências Jurídico-Civilísticas pela Faculdade de Direito da Universidade de Coimbra, Assessor do Centro de Estudos de Direito do Consumo de Coimbra e Conselheiro da Revista Luso-Brasileira de Direito do Consumo.

"É preciso ser leve como uma andorinha, não como uma pluma"
(Paul Valéry)

1. Agradecimentos

Conhecemos o Professor Doutor Diogo Leite de Campos há cerca de dez anos, na Confederação Nacional do Comércio do Rio de Janeiro, por ocasião de uma reunião de comparatistas dedicados ao estudo do Direito Luso-Brasileiro. Na altura, em plena juventude, chamou-nos a atenção a pompa com que o evento foi organizado – serviam-se chocolates! – e especialmente o valor e o significado dos temas debatidos, os quais adquiriam maior fascínio por serem ensinados – também – por juristas portugueses e, como tal, na língua portuguesa vista de uma maneira mais ampla e até festiva.

Das poucas recordações que guardamos do contacto inicial com tão excepcional ser humano e jurista, lembramo-nos que estavam a ser tratados os temas referentes aos Direitos Humanos quando alguém introduziu na discussão a questão do tráfico de seres humanos, perguntando ao Doutor Leite de Campos o que ele pensava sobre o assunto.

É-nos difícil descrever a expressão com que o Professor respondeu à questão. Demonstrando-se "tocado" pelo problema, mas procurando oferecer estímulo para um futuro mais belo e vivaz, a sua resposta foi mais ou menos a seguinte: *"Mas isto é escravatura...e já estamos no terceiro milénio!"*.

A partir dali, conquanto ainda não pudéssemos compreender, na sua profundidade, o alcance da advertência (já que muitas vezes é o próprio ser humano a fazer-se *"escravo da sua própria vontade"*), tivemos a certeza de que, mais do que um jurista de imenso valor, estávamos diante de um ser humano bom e justo, cujos ensinamentos resplandeciam na nossa mente de forma entusiasmante.

E foi assim que a nossa amizade se desenvolveu, a título de orientação académica a que preferimos classificar como "orientação para a vida": uma vida dedicada ao amor e à salvação do ser humano...

Portanto, primeiramente, gostaríamos de agradecer a oportunidade de oferecer o nosso contributo nos presentes estudos feitos em homenagem ao grande homem e jurista, nosso querido orientador, Professor Doutor Diogo José Paredes Leite de Campos: é para nós uma incomparável satisfação escrever em sua honra, brindando as suas ideias e os seus ideais.

Devemos esclarecer, entretanto, o seguinte: tendo sido concluído um primeiro volume de homenagens versando o tema do Direito Fiscal/Tributário, a proposta que se nos apresentou foi a de redigir um texto em que, resumidamente, expuséssemos o tema por nós abordado durante a tese académica intitulada *"Direito, Turismo e Consumo"*, orientada pelo homenageado.

Contudo, a verdade é que tal tarefa, por obra do acaso, já havia sido empreendida para fins de publicação noutros estudos. Assim, não só por motivos particulares, já que não nos queremos tornar o *"samba de uma nota só"*, como principalmente em nome do respeito e da amizade que sentimos pela vida e obra do Doutor Leite de Campos, optámos por abordar o tema do *ensino jurídico como caminho para o alcance da justiça social*, numa espécie de "diálogo criativo" entre o ensino e aprendizagem, teoria e prática, Direito e Justiça. Tal não impedirá que retomemos o tema central da nossa investigação, isto é, o Direito do Turismo (ou Direito *ao* Turismo?) nalguns pontos, especialmente a título de exemplificação dos pensamentos expostos, com intuitos de facilitar a compreensão do leitor e no sentido de uma concretização das metas a serem atingidas através das propostas delineadas.

2. O que é construir o futuro?

Hoje, parece-nos que construir o futuro deve significar uma compreensão das heranças positivas a serem trazidas do passado, analisando a melhor maneira de aplicá-las ao presente para "antecipar" a resolução dos problemas do futuro. Recuperando o passado, sobretudo através do aprendizado de experiências feito

– e aqui entra o ensino - aproveitamos melhor o presente e nos sentimos mais preparados para conduzir a vida num futuro em constante transformação[44].

Assim, partindo da última grande transformação social, isto é, da "mudança de épocas" – não da "época de mudanças" - que foi a passagem da sociedade *moderna industrial* para a *pós-moderna* (*pós-industrial*), verificamos o estágio de evolução social em que nos encontramos, de onde pretendemos "sair" para avançar rumo a um futuro melhor, especialmente no que toca à Justiça.

Entretanto, o que entendemos por sociedade industrial e pós-industrial?

Industrial é a sociedade em que o centro do sistema é ocupado pela produção em grande escala de bens materiais (automóveis, electrodomésticos, etc.) e em que o poder, consequentemente, está nas mãos dos empresários industriais. Nela, preza-se o trabalho físico e repetitivo, a fim de "ganhar salário" e comprar bens de consumo (produzidos por essa própria sociedade), procurando transmitir-se a ideia de que consumo é igual a lazer e o mesmo que prazer. É uma sociedade que baseou-se num paradigma de *separação*: entre a casa e a fábrica, entre o masculino e o feminino, entre o trabalho e o estudo, entre o trabalho e a reforma... Em síntese, poderíamos dizer que a sociedade industrial teve o seu paradigma na divisão entre "trabalho" e "vida".

A sociedade *pós-industrial*, ao contrário, é aquela em que o poder está na produção dos bens imateriais, isto é, das informações, do conhecimento, da sabedoria, dos serviços, dos símbolos, dos valores, da estética. Valoriza-se portanto, o trabalho criativo e intelectual e procura-se, a nosso ver, alcançar um novo paradigma, não mais de separação, mas agora de "união" entre o trabalho, o estudo e a diversão (o tempo livre), pelo bem da qualidade de vida[45].

No Direito, podemos ver bem a manifestação da aludida "mudança de épocas" através dos ensinamentos de Francesco Galgano quando alertava-nos, ainda em 1993, para ter em consideração que a sociedade contemporânea pós-industrial não era só uma sociedade automatizada, mas desmaterializava-se de tal forma o produto (em serviços, fazeres, *know-how*, licenças de propriedade intelectual, ideias patenteadas), o contrato, os vícios, as garantias e a própria moeda – em crédito – que se poderia chamá-la *società della finanza*, uma sociedade em que a tecnologia industrial tinha sido substituída pela técnica contratual: "*os contratos passavam a significar riqueza*"[46].

---

[44] Domenico de Masi e Frei Betto, *Diálogos Criativos*, (Sextante/Rio de Janeiro, 2008), 17; Lúcio Anneo Sêneca, *Sobre a Brevidade da Vida*, (L&PM/Porto Alegre, 2009), 69.

[45] Domenico de Masi e Frei Betto,cit., 38 e 39. O primeiro autor explicita ainda tais ideias em diversos dos seus vídeos disponibilizados através da *Internet*, com destaque para o que trata dos seus "*Paradigmas*".

[46] *Apud* Cláudia Lima Marques, *A Chamada Nova Crise do Contrato e o Modelo de Direito Privado Brasileiro: Crise de Confiança ou de Crescimento do Contrato?*, em A Nova Crise do Contrato – Estudos

Porém, num plano mais amplo, a verdade é que muitas pessoas não se aperceberam da aludida mudança e continuam a viver numa sociedade pós-industrial segundo o esquema industrial, o que gera enormes desorientações a serem corrigidas. Por exemplo, hoje continuamos a constatar, lamentavelmente, situações de grande disparidade social: miséria, fome, analfabetismo, violência...

Como reflexo, no campo do Direito, vemos que hoje a imaginação e a intelectualidade dos juristas se encontram desafiadas: o desafio consiste em despertar um potencial criativo que possa atender às novas necessidades da vida em sociedade, nomeadamente através de um novo tratamento da tradicional figura do contrato.

No que toca à educação em geral, temos que a sociedade pós-industrial apresenta-se hoje com imenso potencial de crescimento e desenvolvimento. Verificam-se grandiosos "saltos" na qualidade de vida de alguns (muitos deles, devemos dizer, herdeiros de alguns aspectos positivos da sociedade industrial, como o progresso científico e tecnológico e o aumento da expectativa de vida); porém, ao mesmo tempo, outros continuam analfabetos, sem receber instruções e condições para viver de uma maneira mais saudável, intelectualmente criativa, sem ter a menor ideia do que seja qualidade de vida, sabedoria, etc.

Conquanto acreditemos francamente na possibilidade de reversão do estado de coisas antes explicitado, como a seguir pretendemos demonstrar, a verdade é que por diversas vezes, os avanços desta sociedade pós-industrial são pouco ou nada aproveitados pelos juristas, seja através do ensino, em franca situação de mudança, seja na prática de diversas profissões, levadas a cabo pelos mais variados operadores.

Em suma, pergunta-se: atentos aos problemas e à possibilidade de mudanças na sociedade pós-industrial, qual será a melhor maneira de construir um futuro mais justo?

Para responder, tomemos como exemplo um assunto sempre em voga como a *globalização*. Temos defendido a globalização como possibilidade de diálogo universal e paritário entre todos os povos da Terra, também graças às ajudas extraordinárias que a ciência nos oferece. Nesse aspecto, portanto, *globalizar* pode ser altamente positivo para a sociedade pós-industrial, eis que o processo de ideação ou criação intelectual, bem como a interacção entre as inovações e o desenvolvimento humano, podem ser compartilhados de maneira facilitada, em termos de espaço e tempo, por todos.

Contudo, existe um aspecto negativo da globalização, que é o *imperialismo* e a homologação forçada de todas as culturas à cultura dominante. Pensemos que uma informação falsa e/ou com intuitos de consenso e dominação pode ser difun-

sobre a Nova Teoria Contratual, Cláudia Lima Marques (Coordenação), (Revista dos Tribunais/São Paulo, 2007).

dida em simultâneo numa escala praticamente global, sem apresentar nenhum estímulo à criatividade, sem ensinar aqueles que recebem a informação, sem gerar para eles riqueza ou algum trabalho intelectual[47]. Esta *"globocolonização"*, deve ser combatida justamente através dos aspectos positivos antes sublinhados, isto é, através da troca de experiências, recursos, instrumentos, tecnologias, ideias, graças ao progresso organizativo, à escolarização difundida, à *media*, etc.

Sem a globalização, como teríamos feito para conhecer o Professor Doutor Leite de Campos, numa conferência realizada no Rio de Janeiro, abrindo as portas para interagir com uma cultura maravilhosa como a portuguesa, para "descobrir Portugal", inclusivamente no que respeita ao presente diálogo?

Note-se: quando o mundo não era globalizado, nosso avô conseguiu fazer apenas uma viagem para fora da sua região e continuou a mencioná-la – ou melhor, a vivê-la - por toda a sua existência...

Até a Segunda Guerra Mundial, a única oportunidade para um homem sair da sua própria terra era dada pelo trabalho militar ou pela deslocação em nome dos interesses industriais. As mulheres viviam e morriam na mesma casa do mesmo bairro da mesma cidade. Por que os livros referentes ao *grand tour* realizado por Goethe ou Stendhal tiveram tanto sucesso? Porque transportavam, através da leitura, as pessoas a lugares e situações que não podiam conhecer... Hoje, ao contrário, vemos um "novo nomadismo" de pessoas que se deslocam das suas terras natais por tempos mais prolongados: intelectuais, jogadores de futebol, diplomatas, executivos, etc.

A *Internet*, que nos permite "viajar" para incontáveis destinos, vem sendo usada de maneira cada vez mais intensiva. As cátedras já têm páginas na *Internet* e tudo aquilo que é feito à distância funciona por meio da página, onde é possível encontrar programas, indicações para desenvolvimento de pesquisas, preparação de teses, fóruns de estudantes sobre os mais variados temas, informações organizativas, indicações bibliográficas, mas também poesias, canções escritas pelos estudantes, críticas de livros e filmes, troca de correspondência entre a cátedra e os pais dos estudantes, fotografias, etc., fazendo-nos mesmo lembrar do simpósio grego, com vinho, música, inteligências subtis, culturas refinadas, desejo de crescer simultaneamente, erotismo (buscando a *filia* e até o *ágape*), enfim, uma miscelânea pedagógica e criativa que possibilita a cada cérebro ser estimulado por todos os outros e estimular todos em seu redor.

Contudo, muito se fala da *Internet*, dos seus perigos e benefícios, mas as pessoas esquecem-se da *televisão*, cuja abordagem dentro de salas de aula é bastante

---

[47] Não seria melhor difundir uma mensagem verdadeira, com intuitos de discussão construtiva, estimulando-se o pensamento no próximo e com o próximo, o processo de aprendizagem, a geração e a distribuição de riquezas, o trabalho intelectual e até a diversão?

restrita, senão inexistente. Antes de avançar com as preocupações relacionadas à *Internet*, poderíamos pensar também em como a televisão poderia educar melhor.

Como é sabido, a TV surge como instrumento de dominação e consenso e cresce muito apoiada nessa base: na violência e na pornografia, no estímulo ao "consumismo" como prazer (no caso infantil, aproveitando-se das debilidades típicas das crianças, que desde cedo começam a ser induzidas a "ter" mais do que "ser"), no impulso à competição em vez da cooperação, no desestímulo ao pensamento divergente (foi uma surpresa quando uma criança, perguntada numa aula de inglês sobre quais seriam os dias da semana a começarem com a letra "T", respondeu à Professora *"Today and Tomorrow"*, quando a própria ensinante esperava receber *"Tuesday"* e *"Thursday"*), à dialética, à imaginação, caminhando no sentido de um conformismo intelectualmente improdutivo, irracional e fora de época: desde os antigos colonizadores até os novos navegadores da *Internet* vemos perpetuada a ideia de que o "rico" somente deve estimular o "pobre" ao *trabalho físico como dever* e ao *consumo como entretenimento*. Trata-se de um "imperialismo cultural" que merece, a nosso sentir, ser de todo combatido.

Como os jovens e as gerações futuras poderão ter uma visão crítica a partir da televisão, separando o "joio" do "trigo", diante de tal "estado da arte"? Como desenvolverão a participação social? Os males verificados na televisão não serão perpetuados com a *Internet*?

Os programas que simulam uma espécie de debate comandado por um mediador, se este não quer assumir a posição de protagonista, antes devotando-se ao diálogo criativo e divertido, reunindo diversos especialistas de várias áreas do conhecimento para tratar de relevantes temas, utilizando-se de *videoconferências* para tornar mais ampla a reunião e mais plural o debate, é interessante alternativa a ser explorada em todos os sentidos.

A reunião de artistas, por exemplo de escritores, actores (de teatro, de ficções televisivas e/ou de cinema), produtores, artistas plásticos, críticos de arte, etc., pode ser bastante profícua, inclusivamente através de um programa televisivo que explore a figura metalinguística, ou seja, que assuma como tema central o próprio *carácter educativo da televisão*, o mesmo valendo, futuramente, para outros meios de comunicação, como a *Internet*[48].

---

[48] Veja-se que, no passado, foi a própria Amália Rodrigues, baluarte da cultura portuguesa e mundial, a afirmar que o espectáculo em que se sentiu mais à vontade, realizado no Rio de Janeiro, não se resumia simplesmente ao canto, antes permitindo à artista que expusesse a sua "própria vida" à plateia (reunindo, portanto, também a escrita, o teatro, o debate com as pessoas, etc., a fim de discutir a própria "vida" que a artista encontrava, com amor, na sua arte), de maneira autêntica e caminhando no sentido da união: *"Foi no Brasil que fiz o meu primeiro espectáculo todo organizado. Chamava-se 'Um Amor de Amália' (...) Além de cantar, eu contava episódios da minha vida. Mas nunca decorei o texto (...) Não estava habituada, mas ninguém dava por isso. Isto também nasceu comigo. No palco,*

Por esses motivos, entre outros, ousamos defender a criação de uma nova pedagogia e de uma escola que ensinem o Direito do Turismo não como a simples positivação normativa de regras jurídicas aplicáveis à actividade turística, mas como ensino e aprendizado a nível mundial, ofertado e recebido de maneira itinerante, procurando alcançar, através do estímulo ao pluriculturalismo e ao desenvolvimento do potencial criativo dos seus integrantes, a tão almejada "paz social", a qual, lembrando Eduardo Couture[49], é o melhor substituto da Justiça social. Isto sem deixar de acreditar que a globalização, utilizada com o seu potencial "benéfico", possa ser efectivamente o caminho para finalmente "inventar" a tal Justiça social.

É preciso pensar numa *globalização de igualdade,* compreendendo-se esta como o *"tratar desigualmente os desiguais na medida das suas desigualdades"* (Rui Barbosa). Só assim poderemos superar os aspectos negativos do fenómeno de modo a alcançar, a nível global e material (não no papel, pois outro dia vimos um homem sentar-se em cima da Constituição porque não lhe ofereciam assento numa repartição pública), a tão almejada "igualdade que liberta".

A crise financeira é tema recorrente porque também ela foi "globalizada". As pessoas comuns do povo foram estimuladas a celebrar contratos de crédito e de financiamento, sem adequadas informações - isso na "era das informações". Veja-se que partiu-se de premissas erradas. Os investidores particulares a investirem nos créditos futuros. Deu-se o fenómeno da titularização dos créditos com a ideia de que os bancos poderiam manter o seu capital líquido, o seu negócio argentário, transferindo os riscos para os seus clientes. Esqueceram-se, porém, que, na pujança da vida real, em que as pessoas são diferentes dos números, havendo mortes, doenças, divórcios e separações, desemprego, acidentes, trapaças, etc., os devedores não tinham dinheiro para pagar e os investidores ficaram sem receber. Os bancos que haviam pedido garantias, especialmente as de hipoteca, "atacaram" as casas das pessoas mas, quando queriam vendê-las para serem compensados pelo que lhes era devido, as pessoas já não tinham mais dinheiro para comprar, para investir.

É certo que essa é uma visão simplificada do fenómeno, que é bem mais complexo e no plano jurídico depende da compreensão de um "circuito" de negócios em que muitas pessoas são envolvidas e o dinheiro, segundo se diz, vai parar bem longe do bolso dos mais fragilizados... Entretanto, pergunta-se (ou pelo menos ouve-se no meio da rua ou vê-se nos *e-mails* da *Internet*): e o povo diante da crise?

---

quando falo, apesar da timidez, saio-me bem. Quando me engano, vou para a frente, chego a inventar quadras inteiras. Quando o público começa a estar comigo, eu também estou com ele e pronto (...) Gostava de fazer em Portugal um espectáculo assim". Ver *Amália (Uma Biografia),* (Contexto, 1987), 80.

[49] *Os Dez Mandamentos do Advogado,* (Ordem dos Advogados do Brasil/ Rio de Janeiro, 2007).

E as pessoas que perderam suas casas e ainda estão a dever? E o Direito, como dará resposta a isso? Será justo que as pessoas fiquem sem ter onde viver ou que morram durante o curso de um processo judicial para resolver tais questões?

Pelo menos no que diz respeito às realidades brasileira, portuguesa e espanhola (estas duas últimas, obviamente integradas no plano da União Europeia), temos ouvido falar, entre outros, nos seguintes temas:

(i) na situação do *sobre-endividado* ou *superendividado* (que alcançou as famílias, os países e quer chegar aos grandes blocos de nações), ou seja, daquele que, de boa-fé e por algum motivo grave que não pode controlar, não tem como saldar os seus débitos sem prejuízo do sustento próprio e de sua família, sendo que, nesses casos, procuram-se "remédios" que vão desde a renegociação (que já teve as suas falhas no Brasil) até ao "perdão da dívida" com "*fresh start*" americano (visto entretanto com restrições nos mencionados países);

(ii) numa ampla revisão do Direitos dos Contratos (o ideal seria a análise um por um e cláusula por cláusula, mas destacaríamos, por importante, a necessidade de repensar os contratos formados por adesão, os de consumo e ainda os "electrónicos");

(iii) na revisão dos meios de resolução de litígios (no caso dos judiciais, pugnando-se pelo adequado tratamento da acção colectiva; no caso dos extrajudiciais, como a arbitragem e a mediação, oferecendo alternativas em que as partes geralmente não são colocadas como oponentes; noutros casos, reclamando-se uma intervenção do Legislativo para favorecer a resolução dos problemas, deixando de lado a "selva de normas" que muitas vezes tem criado para adoptar uma actuação proactiva, esperando-se que o Executivo crie órgãos de aconselhamento e apoio aos menos favorecidos, "ressuscite" comissões de análise e registos de cláusulas contratuais abusivas e proibidas, etc.)[50].

Portanto, temos que existe não só a necessidade, mas a possibilidade de construir um futuro mais atento às diversas injustiças que temos sentido no seio da sociedade. As pessoas já têm dedicado seus pensamentos ao assunto, os temas já têm sido debatidos, falta agora agir para prevenir as novas injustiças e para corrigir os velhos problemas com novas soluções.

---

[50] As observações aqui transmitidas são uma síntese de algumas ideias apresentadas durante o IV Seminário de Direito do Consumidor levado a cabo a 8 e 9 de Setembro de 2011, na Escola da Magistratura do Rio de Janeiro, para discutir o seguinte tema: "*A Revisão do Código de Defesa do Consumidor: Debater é Preciso!*".

3. Educação, Direito e Justiça

Parece-nos que um ponto de partida para rever o ensino, especialmente o jurídico, poderia ocorrer através da revisão da sua *epistemologia*, entendida esta como doutrina dos fundamentos e métodos do conhecimento científico.

Vemos uma sociedade em grande parte "alienada" pelo poder e pelo capital, acreditando muito no "senso comum" como "verdade absoluta" (mantendo tantas vezes o esquema industrial do "trabalhar para ganhar salário" e "ganhar salário para consumir" pois "consumo é diversão, é prazer") e sem capacidade para desconfiar dessa "normalidade" e investigar a fim de comprovar se, na realidade, "tudo é mesmo o que parece" ou se o que se apresenta como *"realidade natural"* a rigor não chega a ser, sequer, uma *"verdade cultural"*[51].

Não será preciso repensar o trabalho, o salário, o lazer, o prazer e as suas relações? O Direito enquanto ciência pode aceitar pura e simplesmente que tudo funcione conforme descrito antes? Será que em todo o lado os ídolos são sempre o poder e o dinheiro, o mercado e a competitividade? Estará certo Stefano Rodotà ao classificar o "consumo" como o Novo Evangelho, quando já não há nada mais importante do que vender e comprar[52]? Ou aos *"alienados quantitativos"*, na expressão de Agnes Heller, poderemos opor, desde sempre, *"radicais qualitativos"*, como a introspecção, o amor, a amizade, a diversão, a beleza, as actividades lúdicas e o convívio? Note-se: de raiz e com qualidade!

O discurso pró-desenvolvimento de um Direito do Turismo insere-se bem nessa reflexão. Confere-lhe beleza, valoriza a comunhão. O turista, motivado para descobrir o novo, através de uma experiência que indubitavelmente lhe permitirá analisar os problemas da vida por novos pontos de vista e desenvolver o seu potencial criativo (pensemos nos sofistas), é na verdade fragilizado por línguas, hábitos, alimentação e moedas com os quais não está familiarizado, bem como pela distância entre os locais de residência e de férias, pela impossibilidade de controlar a execução futura de contratos complexos com alto carácter pessoal, celebrados por adesão, etc. Por isso temos assistido à verificação de abusos por parte dos profissionais que operam empresarialmente no sector, sobretudo se quando a actividade já ingressou no rol dos produtos a serem consumidos "em massa".

Reduzir o Turismo somente ao seu valor económico é pensar somente nos "alienantes qualitativos", esquecendo do seu grande potencial enquanto "radical qualitativo".

---

[51] Diogo Leite de Campos, *As Relações de Associação – O Direito sem Direitos*, (Almedina/Coimbra, 2011), 104, enquadra essa realidade, no plano jurídico, como *"a perda de sentido dos direitos da pessoa... do outro"*, quando a liberdade não gera igualdade e o que se apresenta como estado natural tantas vezes se torna um estado de guerra.

[52] *La Vida y Las Reglas*, (Editorial Trotta/Madri, 2010), 11.

Não obstante, no Brasil, vemos tantas vezes a epistemologia de que *"a cabeça pensa onde os pés pisam"* (Frei Betto). Acreditamos que o mesmo ocorra em muitos outros países. É preciso, em vez disso, *"colocar os pés"* em determinadas situações, para que possamos compreender o mundo de uma maneira talvez diferente daqueles que escreveram a história ou definiram os princípios considerados como verdadeiros e até pragmáticos. Isso torna-se cada vez mais relevante num cenário mundial globalizado e pós-industrial.

É preciso, pois, predispor os jovens à inovação, ajudá-los a *"resistir às suas resistências"* no que respeita às mudanças, adoptando a atitude de Heráclito, segundo o qual *"é na mudança que as coisas repousam"*[53]. Quem aprende a apreciar o fluxo das mudanças, sem deixar-se arrastar, mas conduzindo-as, dirigindo-as, sente-se em equilíbrio constante consigo mesmo e com o contexto que muda ao seu redor. A actividade de viajar por prazer, nestes termos, é uma escola de vida: se avançamos com os nossos estudos sobre o Direito do Turismo, é por acreditarmos que também o Turismo possa ajudar o Direito, no sentido desse trabalho mental, tantas vezes difícil e importante, de harmonização e alcance da paz.

Em termos educacionais, temos o mesmo encargo que o casal Lynd confiou às ciências sociais: na sua opinião, a sociologia tem o dever de ser incómoda, de especificar as contradições do nosso mundo e de guiá-los na direcção de saídas melhores. O mesmo vale para a escola ou mesmo para a filosofia, segundo Nietzsche (*Ecce Homo*).

Conforme ensina Leite de Campos, há pessoas que não têm liberdade pois são escravizadas por seus interesses, tantas vezes mesquinhos e predatórios – atente-se – de si próprias e dos outros[54]. Nesses casos, é preciso pensar em *"libertação"* para podermos progredir, pois a progressão que temos visto é muitas vezes predatória, retrocedendo até à escravidão. Nesse sentido, mesmo em termos de pro-

---

[53] Tais ideias são bem transmitidas por Domenico De Masi na sua obra *O Ócio Criativo*, (Sextante/ Rio de Janeiro, 2000).

[54] *As Relações*, cit., 106, voltando as suas atenções para as relações entre a Lei e o Direito dos Contratos. De facto, aquele que ainda pensa, quiçá ingenuamente, na Lei como *"a vontade do povo"*, sendo *"justa em si mesma"* porque *"o povo não se pode enganar e determinará o que lhe for mais conveniente"*, dá-se conta facilmente do seu engano quando olha para a face triste e concreta de um funcionário por detrás de qualquer "guiché". Sem querer desmerecer o valor e a dignidade do trabalhador, perguntamos: estará ele ali porque quer? Concordará ele, no seu íntimo e para além das suas necessidades de sobrevivência, com as ordens que recebe? Concordará com os contratos que lhe são "impostos" ou que ele mesmo "impõe" aos seus semelhantes, no estilo *take it or leave it* ("*é pegar ou largar*", como se diz no Brasil)? Será essa a melhor maneira de aproveitarmos as nossas energias? Quais serão as perspectivas de crescimento dessas pessoas, de superação criativa de suas limitações, de diversão?

dução legislativa, não se pode perder de vista que *"a liberdade só deve ser limitada quando ela própria limitar a liberdade de todos"*[55].

Entretanto, basta sair pela rua e fazer-se de potencial "interessado em qualquer coisa" para analisar contratações que estão aí, para qualquer jurista ver, no sentido de limitar a liberdade dos cidadãos. Corre-se apenas o risco de, antes mesmo de começar a procurar, ser "encontrado" por mais uma vendedora: *"O senhor acaba de ganhar um prémio! Venha buscar o seu relógio, o seu ´binóculo-espião´, o seu colchão, o rastreio das suas doenças (...)"*. Por outras palavras, já são donos do tempo, da privacidade, do sono, da saúde, do sustento...

O que dizer acerca do debate sobre a vida?

Pensemos, por exemplo e por simplicidade, nos limites indemnizatórios estabelecidos por Lei para o ressarcimento das vítimas ou dos entes queridos em consequência de acidentes de transporte, *maxime* no caso de perda da vida de um ser humano. Veja-se o disposto nas convenções internacionais de Varsóvia e Montreal, na COTIF e na CIV, no Novo Regulamento Europeu sobre os Transportes por Autocarro para ter-se uma noção de que não estamos a querer *"argumentar com excepções"*... A vida humana tem preço?

É que se a resposta for afirmativa, os estudantes devem conhecer esse preço, devem reflectir sobre ele, devem poder criticá-lo, em suma, devem saber como, quando, onde e por que razão ela recebe um preço. Como calcular esse valor?

Certa vez, num centro de estudos muito bonito, um aluno perguntou a um professor como eram feitos tais cálculos. A resposta foi sucinta: *"está na Lei, logo é para ser cumprido"*.

Ora essa! Que resposta tão contrária à doutrina de Leite de Campos! Então a Lei contém todo o Direito? É na partitura que se resume toda a música?

O simples ensino do Direito, se estimulado o potencial crítico-construtivo e até criativo, pode corrigir muitos enganos. Pode, por exemplo, permitir que um estudante chegue à conclusão de que, se algum dia tiver de julgar alguém (não estamos só a falar dos Juízes de Direito, pensemos por exemplo num advogado que compõe o Tribunal de Ética), o melhor a fazer é conhecer a realidade desta pessoa, com a mente aberta, não-engessada pela Lei e pelos seus formalismos, antes livre para viver a justiça, mesmo que de maneira diferente da prescrição legal, desde que atento às suas finalidades. E essa finalidade não pode nunca diferir da protecção da vida de um ser humano[56].

---

[55] Nesse sentido, Leite de Campos, *As Relações*, cit., 100.
[56] Diogo Leite de Campos, *Pessoa Humana e Direito*, (Almedina/Coimbra, 2009): *"A pessoa humana cria 'ipso facto' o seu estatuto jurídico, os seus direitos fundamentais, objectivando-se em normas. Antes e acima do Direito legislado; servindo como fundamento primeiro e necessário deste"*.

Segundo a aludida proposta de "colocar os pés" na situação, aqueles que defendem as aludidas limitações de indemnização, sobretudo no caso de morte, poderiam não gostar de colocar-se a si próprios ou a algum ente querido na situação de perda da vida. O que realmente não deve ser feito é o *"mascararamento"* de tudo na complicação (a tecnologia, a divisão de tarefas, a autonomia da vontade, a liberdade contratual, a lógica do mercado, o interesse empresarial, o circuito jurídico, a crise financeira, etc., como se inovação tecnológica e progresso social estivessem sempre associados), em nome do privilégio de poucos, subtraindo aos estudantes a compreensão sobre as situações a que podem estar sujeitos quando viajam para matar as saudades de seus parentes, quando desejam concluir seus estudos, quando buscam deleite, descobertas, sabedoria... numa palavra: vida.

É preciso dar valor ao diálogo: graças à escolarização, nunca nos aproximamos tanto dos objectivos que a humanidade persegue desde sempre: distanciar a morte, debelar a dor, derrotar a miséria, eliminar a fadiga, evitar o tédio, superar a tradição, desencorajar o autoritarismo, conquistar a beleza. Acrescentaríamos hoje também o analfabetismo e a falta de intrução para lidar com as novas tecnologias como males a combater.

A questão da metodologia, de facto, discute-se ainda em vários níveis, havendo quem manifeste intenção no sentido de partir do "mundo dos alunos" no sentido prática-teoria-prática - isto é, o ponto de partida e o ponto de chegada deve ser a vida dos educandos - enquanto outros preferem elevar a teoria a algo muito superior à prática, determinando que, na verdade, é a teoria que, através da ideação, culmina no poder de alguns, estabelecido sobre os outros. Para reequilibrar a situação, esses "outros" também devem aprender a teoria.

Sobre esse ponto, vamos aqui dedicar uma linha à questão das oficinas, academias e outros "pontos de referência" para o ensino, mesmo em nome das orientações que temos recebido: académicas e para a vida.

Na oficina de artes, desde novo o estudante era posto em prática pelo seu Mestre. Ele morava no mesmo lugar em que aprendia, no mesmo local em que trabalhava e onde eram guardadas, expostas e vendidas as suas obras. Ele ajudava com os afazeres domésticos, conversava com outros artistas, convivia com os críticos e conversava com diversos visitantes sobre variados temas. Portanto, acompanhava todo o processo de ideação, criação, produção, distribuição, etc., mas também o de partilha, de convivência, influência mútua e estimulante para o bem da Oficina, através de uma *full immersion* que não merece ser desprezada pelos académicos.

O que sugerimos, portanto, não é o fim da Academia, com os seus vários Mestres trabalhando com base numa teoria dogmática firme e rigorosa, essencialmente racional, mas um "repensar" das necessidades subjectivas e emocionais dos alunos, da eficiência do ensino, da falência de um ponto de referência baseado na hierarquia piramidal, na economia de escala... Ou seria a Academia uma mera "*fábrica de produção em massa de juristas*"?

O que se sugere, portanto, é um saudável diálogo, não só com a Oficina (que teve as suas falhas, não é demais lembrar, como o abuso de pupilos ou a rivalidade), como também com outros "lugares" onde aconteça o aludido "mergulho", como pode suceder, actualmente, não só em laboratórios de pesquisadores, como até em *troupes* cinematográficas, em grandes ateliês, etc., funcionando a Universidade como uma "*escola de convivência humana*".

Conhecemos um advogado que, quando devia referir-se ao seu próprio escritório, dizia: "*lá no nosso 'hospital jurídico'*"... É de aplaudir!

Se medirmos o valor da prática pelo mundo dos alunos, torna-se interessante o expediente de fazê-los lidar com o Direito através de uma "imersão" que inclua visitas aos Tribunais (mesmo que seja para investigarem se, na prática, o acesso à justiça é ou não igual para todos), aos escritórios, aos órgãos de Administração Pública, etc., tudo para que possam compreender o que poderão fazer no futuro... O advogado que dá voz aos injustiçados, defendendo interesses e não a Lei; o magistrado que se põe "acima dos homens" para contrariar o mandamento cristão (no sentido de "*Não julgueis*"[57]), mas ao mesmo tempo está "do lado dos homens", pois essa é a sua natureza; o Ministério Público, fiscal da Lei, que acusa "um que pode ser culpado" (Carnelutti), fazendo o seu nobre ofício, mas que num belo dia pode descobrir que um condenado afinal era inocente; o Júri Popular que tem consciência do que é matar e perder a liberdade, logo não precisa estudar Direito para condenar o seu semelhante; o funcionário público que recebe a mesma pergunta trezentas vezes por dia, qual "martelada" impiedosa dos operadores do Direito que não valorizam o próximo, o cliente que "arrumou" uma briga para poder sair do bar sem pagar e ainda por cima quer receber indemnização por danos morais em virtude da expulsão...

Querem filmes? Querem livros? Sobre o quê? Querem teatro, querem "cenas", querem contos "legais"? Em que sentido? Querem "*O Advogado*"? Qual deles, um como o de Henri-Robert ou uma literatura mais ligeira, como a de um romance de John Grisham? Querem compreender "*O Processo*" de Kafka? E por que não compulsar – e por que não "folhear" – os autos de um processo de verdade? Não é preciso despertar o gosto pela leitura nos alunos antes de exigir que enfrentem a dogmática do Direito "puro e duro"? Querem conhecer a figura do erro judiciário pela pena de um Dumas? Querem ver "*Os miseráveis*" que injustamente perderam a sua liberdade e até a sua vida? Querem "*Justiça para Todos*"?

Vamos ao Tribunal, vamos trazer o Tribunal para junto de NÓS! Vamos ao cinema, ao teatro, à biblioteca: vamos trazê-las para junto de NÓS! Vamos aos

---

[57] São João, VIII, 1.

injustiçados e vamos fazer com que os injustiçados venham a NÓS! Vamos (re)inventar o Tribunal, mesmo dentro da Universidade, pois ele já entrou nos estádios de futebol e nos aeroportos por onde transitamos NÓS! Trabalho, estudo e diversão em NÓS!

Somente da sabedoria pode emanar uma melhor qualidade de vida, que não consiste em possuir mais coisas, mas em descobrir *significados* cada vez mais ricos nas coisas que temos: a natureza, os amigos, a vida... Educar significa enriquecer a vida de significados.

Retomando a nossa educação "indígena", não poderíamos encerrar sem lembrar da necessidade de valorização da Natureza: é fundamental retomar o discurso de prevenção das agressões contra ela (pois *"quem ama preserva"*), como acontece no caso da poluição, inclusivamente sonora. É imprescindível retomar o discurso do respeito pelas diferenças étnicas, já que todas as discriminações ou preconceitos, como o *apartheid*, vêm disso: os brancos consideram os negros inferiores ou o judeu considera o árabe inferior (e vice-versa). É preciso ressaltar, que todo tipo de preconceito vem da falta de "alteridade", sujeito a sujeito, pensando no "outro". A educação deve trabalhar isso profundamente: substituir a *autoridade* separadora pela *alteridade* enquanto diálogo, compreensão, colocar-se no lugar do outro, caminhando no sentido da união.

Nesse caminho, não poderíamos deixar de abordar, mesmo em meio à toda a profusão de tecnologia em que vivemos, a questão da fome no mundo. Se é verdade que dois terços das pessoas passam fome, por viverem naquilo a que os entendidos chamam de limiares da miséria e da pobreza (essa última rendendo ao pobre dois dólares por dia em 2008), então torna-se unânime e fora de discussão que algo deve ser feito.

Vimos uma vez na televisão uma cena em que se pedia a um comediante para fazer um juramento. Pediam-lhe que jurasse por algo que lhe fosse mais valioso do que a sua própria honra. Sem hesitar, o homem respondeu: *"Juro pela minha própria fome!"*. É claro que ali o juramento não se referia à fome enquanto consequência da escassez, mas à possibilidade de saciá-la. Afinal, em termos mais sérios, de nada vale o prestígio conquistado ou a honra com que nasce uma pessoa se ela não tem condições de se alimentar... Por outro lado, quando tais condições existem, a vida da pessoa recebe o impulso que não pode faltar!

Para não tornar o nosso discurso feio nem óbvio, devemos dizer que defendemos, anteriormente, como proposta de desenvolvimento do Direito do Turismo, a remuneração de trabalhos jurídicos de protecção ao turista através da comida e do alojamento típicos dos anfitriões e das suas localidades, no âmbito de um projecto global e itinerante. Assim, caminha-se para diminuir a fome e, ao mesmo tempo, desenvolver o turismo. Um bom exemplo de "contra-ataque" aos abusos cometidos pelo empresariado turístico-imobiliário, em nome de uma globalização de igualdade, seria aproveitar o esquema dos sistemas de troca do *time--share* para desenvolver sistemas de troca de tais "empregos" jurídico-turísticos.

4. Conclusões-Propostas

Em conclusão, é preciso examinar se a mesma globalização e a mesma tecnologia usadas para manter e sobrecarregar as discriminações não podem ser usadas, ao contrário, para reduzi-las. Sustentamos que é possível! Sustentamos, ainda, que é possível, a um só tempo, gerar riqueza, aprendizado e diversão, produzindo uma nova qualidade de vida às pessoas na sociedade em que vivemos.

O impossível é combater os inimigos pós-industriais usando as velhas armas pré-industriais. Uma solução jurídica pode passar pela compaixão da Igreja, pela análise da luta de classes retratada pelo Marxismo, pelo *Welfare* do capitalismo - mas não pode parar por aí. É preciso avançar, contrariar a *"globocolonização"*.

No que toca ao ensino jurídico, pensamos que um jurista, ao sair da Universidade, deveria estar pronto para dar aulas, para trabalhar conforme a sua aptidão e vontade numa das diversas profissões relacionadas com a prática jurídica (advogado, magistrado, membro da Administração Pública e outras actividades que vierem a ser inventadas), para oferecer consultorias a pessoas e a empresas, para escrever (nos diversos meios de comunicação de que hoje se dispõe), para trabalhar com novos colaboradores na organização de festivais, convenções, etc., enfim, para melhorar a qualidade de vida das pessoas da forma mais ampla e global através de uma reunião do estudo, do trabalho e do lazer como algo de "único".

No que toca à teoria, o Direito, através de seus estudiosos, vem compreendendo a situação de mudança de épocas e procurando avançar, como comprovam as recentes alterações nos princípios do Direito Privado, geralmente em decorrência do próprio Direito Constitucional, quando a autonomia privada, a força obrigatória dos contratos e a sua relatividade vêm sendo questionadas, amenizadas e até substituídas pela boa-fé objectiva e pela confiança (enquanto consideração razoável e exteriorizada dos interesses alheios), pela necessidade de equivalência económica entre as prestações (como medida de justiça distributiva e dignificante) e pela função social do contrato (inclusivamente através da sua eficácia perante terceiros, ou melhor, perante a colectividade)[58].

---

[58] Gustavo Tepedino, Heloísa Helena Barboza e Maria Celina Bodin de Moraes (Coordenação), *Código Civil Interpretado conforme a Constituição da República - Vol. II*, (Renovar/Rio de Janeiro, São Paulo e Recife, 2006), 6-8, referindo o voto vencido do Ministro Ruy Rosado de Aguiar Júnior no Recurso Especial 45.666 do Superior Tribunal de Justiça do Brasil (4ª Turma), Relator Ministro Barros Monteiro, julgado em 17.05.1994, do qual se pode extrair um trecho que bem reflecte a mencionada fase de transição por que passou – e de facto vem passando – o Direito dos Contratos: *"O primado não é da vontade, é da justiça, mesmo porque o poder de vontade de uns é maior do que o de outros (...)"*.

Além desta aplicação, poderíamos referir ainda outros "princípios gerais" da Nova Teoria Contratual: a importância do *status* das partes; a importância das técnicas de controlo interior da operação económica, por meio do estudo da causa, do objecto e da formação do contrato; a aplicação de critérios de justiça contratual referindo-se a valores da pessoa e à eqüidade da troca; a aplicação de normas gerais, abertas à conformação do intérprete, para controlo do comportamento das partes durante as fases de negociação, conclusão e execução do contrato, etc. Ao lado da liberdade contratual, o Direito Privado de hoje impõe boa-fé, probidade, bom senso e visa à protecção dos vulneráveis[59].

Nessa esteira de "revisão jurídica", acreditamos ser plausível, no momento, a aceitação da nossa proposta de "união" dos turistas do mundo para desenvolvimento da disciplina do Direito do Turismo, inclusivamente indagando-se sobre a viabilidade de pensar-se num Direito *"ao"* Turismo – ou, em homenagem ao nosso querido amigo, viajante e viajado, Doutor Leite de Campos, numa disciplina do *"Turismo em NÓS"*. Desde logo algumas propostas podem ser avançadas quanto ao tema:

(i) partir de uma epistemologia em que o próprio *"colocar-se no lugar do turista"* seja, por si só, uma viagem - sobretudo educacional e fundada na alteridade - que pode beneficiar também o Direito;

(ii) cada turista de qualquer país, cada vez que viaje, deve provar que ajudou uma pessoa sem condições de fazê-lo a viajar também, em atenção ao Direito ao Turismo (pensemos, por exemplo, no Ano Europeu do Voluntariado que vivemos, quando existem comunidades carentes em vários países, mesmo em virtudes de desastres naturais ou do analfabetismo, as quais poderiam ser beneficiadas);

(iii) criar projectos transnacionais que demonstrem as injustiças da contratação turística, lutando contra elas em conjunto, estimulando o pluriculturalismo, a educação e a ciência (*v.g.* com a alfabetização de estrangeiros) e

(iv) na televisão, além de mostrar-se o câmbio do dinheiro (1U$ = x €) pode ser mostrado o câmbio das expressões mais básicas com as suas pronúncias (exemplo: *hi = oi* ou *olá*) e de outras características dos povos no intervalo de cada programa (*v.g.* nos canais especializados em viagens, mas também durante Copas do Mundo e Jogos Olímpicos, como os que o Brasil deve sediar proximamente).

---

[59] Guido Alpa e Remo Danovi (Raccolta), *Diritto Contrattuale Europeo e Diritto del Consumatore*, (Giuffrè/Milão, 2003), especialmente 10 e 11, bem como Lima Marques, *A Chamada Nova Crise*, cit., 34. Importa ainda ressaltar que muitas destas ideias podem ser encontradas nos *Principles, Definitions na Model Rules of European Private Law - Draft Common Frame of* Reference (DCFR), (Sellier – European Law Publishers/Munique, 2009) do Study Group coordenado por Christian Von Bar.

Até o momento, pensamos que o *"Turismo em NÓS"* deva ser uma disciplina geradora de riquezas, sim, mas que também possa ser estudada e trabalhada com diversão e pelo bem de todos, isto é, contra o imperialismo cultural e a favor da justiça social. Deve, portanto, ser uma disciplina que, permitindo às pessoas viajarem como gostam, não desvirtue o carácter essencial de cada localidade e do seu povo, tanto em termos naturais como culturais.

Nesse sentido, dada a proximidade da verificação da Copa do Mundo de 2014, no Brasil, bem como das Olimpíadas de 2016, no Rio de Janeiro, podemos ainda sugerir: (i) que se propicie às pessoas um "reviver" da criação e da evolução da "escola" brasileira de futebol (o mesmo podendo ser aproveitado para outros esportes), através de filmes, mostras nos museus, programas com traduções na TV, etc., todos ligados à cultura local e à sua preservação; (ii) o amor pelos valores indígenas, pelas riquezas naturais, por tudo o que representam os diversos carnavais do Brasil, pelo samba, pela bossa nova e por outros ritmos típicos no caso do Rio de Janeiro; (iii) a realização de debates com grandes jogadores e atletas da História na famosa "mesa-redonda"; (iv) a identificação e criação de *"Memórias"*, com intuitos de melhorar o futuro; (v) o compartilhar da cozinha local com sabor, qualidade, diversidade e generosidade; (vi) a preservação do meio ambiente, inclusive com estímulo ao turismo rural e (vii) a reversão dos valores pagos por bilhetes e ingressos para erradicação de grandes males que teimam em assolar o Brasil (fome, miséria, pobreza, analfabetismo, falta de instrução, etc.)[60].

Por outras palavras, tomando como exemplo o Brasil, esperamos que o Turismo represente um grande enriquecimento para o povo, por um lado, mas que mantenha e até desenvolva, por outro, os extraordinários valores da *acolhência*, da sensualidade, da alegria e da tal *leveza* dos pássaros (não da pluma, que vai comandada pelo vento até cair) que se verificam tantas vezes presentes entre brasileiros e brasileiras, a fim de que a nação, por si só, possa "voar" rumo ao seus ideais e ao cumprimento de suas metas. Sem perder a *"brasilidade"*, mas também sem sem perder a capacidade de indignação e a vontade de evitar e corrigir quaisquer injustiças, por mais "pequenas" que sejam[61].

---

[60] Tais ideias formaram-se como resultado da absorção e partilha de conhecimentos multidisciplinares durante o Congresso Internacional de Turismo, Lazer e Cultura realizado em Coimbra entre os dias 27 e 29 de Setembro de 2011, comemorando-se diversas datas, como o Dia Mundial do Turismo, o centenário do primeiro Congresso sobre Turismo realizado em Portugal e ainda o centenário da Faculdade de Letras da Universidade de Coimbra.

[61] Refira-se, nesse sentido, a notícia *"Turistas terão direitos iguais a cidadãos nativos"*, veiculada no jornal *O Globo* de 28.09.2011, relatando a criação de um grupo ibero-americano de países que pretendem harmonizar o Direito Internacional no que toca à protecção de turistas e de consumidores no mercado globalizado, com a ideia de *"integrar para avançar"*. O Brasil encontra-se representado no grupo através do Departamento de Protecção e Defesa do Consumidor (DPDC) do Ministério da Justiça.

Estamos, assim, plenamente de acordo com a doutrina de Leite Campos quando, inserindo no discurso jurídico conhecimentos de Teologia, História, Filosofia, etc. – pois *"quem sabe só Direito nem direito sabe..."* – parte de "premissas" facilmente aplicáveis por todo ser humano que se preocupa com a Justiça Social – ao lembrar-nos que *"ninguém se salva sozinho"*, que *"nem tudo é possível"* e que *"o simples acto de existir influencia toda a humanidade"* – para concluir pela necessidade de superar a ideia segundo ao qual o *direito subjectivo* é um meio para as pessoas estabelecerem *poderes sobre outras*, consoante muitas vezes "acontece" *via* Teoria Geral da Relação Jurídica e do Direito[62].

Por conseguinte, falando de uma maneira ampla, concordamos plenamente com a proposta de substituição do *individualismo predatório*, da *ilimitada liberdade contratual* e do *positivismo legalista* – desatento, para dizer o mínimo, à legitimidade – por uma *ética solidarista* de amor, compaixão, exteriorização dos valores e conjugação dos verbos sempre em "NÓS", o que no campo contratual materializa--se, em síntese muito apertada, através da análise do *interesse socialmente relevante*.

É acima de tudo necessário compreender que o processo de aprendizagem não termina nunca (por isso um herói propôs a criação da primeira escola de samba de Coimbra, sob o nome de Eternos Aprendizes): quanto mais se avança, mais se "desvendam coisas a desvendar". Assim, temos que os Grandes Mestres não só assumiram a sua incompletude, a sua imaturidade, a sua *experimentalidade*, como até buscavam que as suas ideias e os seus estilos fossem propriamente assim. Logo, para um educador, a única actuação possível e justa será a preparação para a mudança. Para um jurista, o que importará não será simplesmente o Direito, mas a vida e o mundo injusto que necessita modificar.

Enfim, é preciso não esmorecer, trabalhando, estudando e divertindo com dedicação e humildade, respeito e dignidade, projectando intelectualmente o futuro não para a vantagem de uma elite usurpadora, mas para o bem de toda a Humanidade, aproveitando todos os computadores, Internets e escolarizações possíveis desta e de outras "globalizações", com a finalidade de "subir a montanha" para ver, de maneira cada vez mais ampla, o "belo horizonte" de conhecimentos que se abre: caminhamos sempre na sua direcção, nunca vamos alcançá-lo, mas é bom saber que está lá, sempre no seu lugar, a servir naturalmente de guia para os nossos avanços... Bem-haja, Doutor Leite Campos!

Rafael Augusto de Moura Paiva

---

[62] *As Relações de Associação*, cit., em especial 127 e 128.

ÍNDICE

PREFÁCIO DOS ORGANIZADORES	5
HOMENAGEADO	11
BIBLIOGRAFIA DO HOMENAGEADO	13

O Direito Tributário face à Internet e ao Comércio Electrónico Internacional
DANIEL FREIRE E ALMEIDA — 27

Regime da Transparência Fiscal Internacional e a Convenção Modelo da OCDE contra a dupla tributação internacional
GISELE BARRA BOSSA — 62

Os preços de transferência na Convenção Modelo da ocde e sua (não) aplicação na legislação brasileira
PATRÍCIA LEATI PELAES — 91

Os *Trusts* e seus aspectos fiscais no Direito Português
VERÔNICA SCRIPTORE FREIRE E ALMEIDA — 129

A securitização de créditos no direito português(titularização) e o "trust": um breve estudo
MARCUS HENRIQUE N. STEELE — 149

Elementos para um Sistema Tributário dos Cidadãos
MARCO AURÉLIO BORGES DE PAULA — 169

La caducidad de los procedimientos tributarios en España: especial referencia a su inaplicación al procedimiento inspector
ALFONSO SANZ CLAVIJO — 233

Aproximações entre os conceitos de consumidor e contribuinte
JOÃO BOSCO COELHO PASIN
MARCELA JUDITH WASSERMAN — 257

ÍNDICE

A avaliação indirecta padronizada da matéria tributável
JOÃO PEDRO RODRIGUES ... 279

Direito Fiscal Ambiental: considerações iniciais e breve comparativo entre as normas portuguesas e brasileiras
WANGRY BONK ... 317

A garantia da não discriminação do contribuinte
JURACY APARECIDA DA SILVA ... 361

Unidade Técnica de Apoio Orçamental: como funcionar?
NUNO SAMPAYO RIBEIRO ... 391

Contributo ao aprimoramento da avaliação do processo orçamentário
ADRIANA DA ROSA SILVA ... 427

A resolução extrajudicial de conflitos em portugal no século XXI
CÁTIA MARQUES CEBOLA ... 447

Arbitragem e arbitrabilidade sob uma perspectiva Luso-Brasileira
MARCIO EL KALAY ... 485

Princípios Fundamentais da Coordenação das Legislações da Segurança Social dos Estados-Membros da União Europeia e os Trabalhadores Migrantes
FABIO LUIZ GOMES ... 515

A Justa Causa de Resolução do Contrato de Arrendamento Urbano: Pressupostos e Consequências
DAVID MAGALHÃES ... 523

Subsídios para a compreensão do fenómeno urbanístico: a gestão dos solos e da habitação
EVARISTO DA SILVA E ROCHA ... 535

O Contrato de Confirming ou contrato de gestão de pagamentos a fornecedores
ANA LÚCIA DA SILVA GONÇALVES ... 575

A renúncia da maternidade: reflexão jurídica sobre a maternidade de substituição Principais aspectos nos direitos português e brasileiro
LAURA DUTRA DE ABREU ... 607

Contemplando a Educação Jurídica e construindo a Justiça Social: um diálogo criativo com a doutrina de Diogo Leite de Campos
RAFAEL AUGUSTO DE MOURA PAIVA ... 619